教育部哲學社會科學研究重大課題攻關項目

國家社會科學基金重大項目

儒藏

精華編二八一册
出土文獻類

儒藏

精華編

《儒藏》精華編第二八一册

首席總編纂　季羨林

總　編　纂　湯一介　龐　樸　孫欽善　安平秋（按年齡排序）

本册主編　龐　樸

《儒藏》精華編凡例

一、中國傳統文化以儒家思想爲中心。《儒藏》爲儒家經典和反映儒家思想、體現儒家經世做人原則的典籍的叢編。收書時限自先秦至清代結束。

二、《儒藏》精華編爲《儒藏》的一部分，選收《儒藏》中的精要書籍。

三、《儒藏》精華編所收書籍，包括傳世文獻和出土文獻。傳世文獻按《四庫全書總目》經史子集四部分類法分類，大類、小類基本參照《中國叢書綜録》和《中國古籍善本書目》，於個别處略作調整。凡單書已收入入選的個人叢書或全集者，僅存目録，並注明互見。出土文獻單列爲一個部類，原件以古文字書寫者一律收其釋文文本。韓國、日本、越南儒學者用漢文寫作的儒學著作，編爲海外文獻部類。

四、所收書籍的篇目卷次，一仍底本原貌，不選編，不改編，保持原書的完整性和獨立性。

五、對入選書籍進行簡要校勘。以對校爲主，確定内容完足、精確率高的版本爲底本，精選有校勘價值的版本爲校本。出校堅持少而精，以校正誤爲主，酌校異同。校記力求規範、精煉。

六、根據現行標點符號用法，結合古籍標點通例，進行規範化標點。專名號除書名號用角號（《》）外，其他一律省略。

七、對較長的篇章，根據文字内容，適當劃分段落。正文原已分段者，不作改動。千字以内的短文一般不分段。

八、各書卷端由整理者撰寫《校點説明》，簡要介紹作者生平、該書成書背景、主要内容及影響，以及整理時所確定的底本、校本（舉全稱後括注簡稱）及其他有關情況。重複出現的作者，其生平事蹟按出現順序前詳後略。

九、本書用繁體漢字豎排，小注一律排爲單行。

#《儒藏》精華編第二八一册

出土文獻類

郭店楚墓竹簡《五行》

周鋒利　校點

校點説明

一九九三年十月，湖北省荆門市沙洋區四方鄉郭店村一座戰國楚墓中，出土了一批楚文字竹簡。據考古學家根據墓葬形制及器物紋様等情况推定，該墓入葬年代當爲戰國中期偏晚，約公元前三百年上下。墓曾被盗，殃及竹簡。劫餘竹簡八〇四枚，出土時散亂無序；其中七三〇枚有字，大部完好，可得一萬三千餘言，形成文章十六篇；《五行》篇爲其中完整一篇。

《五行》篇竹簡共五十枚。竹簡兩端修削成梯形，簡長三十二點五釐米。兩道編綫，編綫間距爲十二點九至十三釐米。文字與馬王堆漢墓帛書《老子》甲本卷後古佚書中《五行》篇之經部大體相同，惟缺少帛書所有之説部。經部個别文句、段落先後次序以及文句多寡和用字亦或有不同。

帛書本《五行》之篇題爲整理者據内容擬加，其全文起始部分，亦即與帛書《老子》甲本交接的部分，殘損嚴重，情况不甚清楚。簡本首簡完整，全文以「五行」兩字開頭，估計當時即以「五行」名篇。

此次整理，以荆門市博物館編釋、文物出版社一九九八年五月出版之《郭店楚墓竹簡·五行》（以下簡稱簡本）爲底本，以國家文物局古文獻研究室注釋、文物出版社一九八〇年三月出版之《馬王堆漢墓帛書（壹）》中《老子》甲本卷後古佚書《五行》（以下簡稱帛本）爲校本。

校點者　周鋒利

凡例

一、本書以《郭店楚墓竹簡·五行》（文物出版社，一九九八年）的釋文爲校勘底本。

二、釋文於每簡最後一字的右下旁標注簡號。

三、簡文章節依原簡上的符號劃定。

四、原簡上的標識一概從略，釋文另加標點符號。重文、合文逕寫爲相應的文字。

五、簡文殘缺或殘泐無法辨識之文字，可據行文格式推定字數者，釋文以□號表示，一□代表一字。

六、簡文殘缺之字可據上下文及帛本補足者，出校説明。

七、簡文中的通假字、異體字隨文注出本字、正字，以（）號表示；訛字隨文注出正字，以〈〉號表示。

八、簡本與帛本經部互校，其文句多寡、用字差異及段落先後次序不同者，一一出校説明。

郭店楚墓竹簡《五行》

五行：❶ 𢜓（仁）型（形）於内胃（謂）之悳（德）之行，❷不型（形）於内胃（謂）之行。義型（形）於内胃（謂）之悳（德）之一行，不型（形）於内胃（謂）之行。豊（禮）型（形）於内胃（謂）之悳（德）之行，不型（形）於内胃（謂）之二□。❸ □□於内胃（謂）之悳（德）之行，❹不型（形）於内胃（謂）之行。聖型（形）於内胃（謂）之悳（德）三之行，不型（形）於内胃（謂）之悳（德）之行。❺

悳（德）之行五，和胃（謂）之悳（德），四行和胃（謂）之善。善，人四道也。悳（德），天道也。君子亡审（中）心之𢝊（憂）則亡审（中）心之智，❻亡审（中）心之智則亡审（中）心五□□，❼亡审（中）心□□□□安，❽不安則不藥（樂），不藥（樂）則亡悳（德）。❾

五行皆型（形）于内而時行六之，❿胃（謂）之君□。⓫ 士又（有）志於君子道胃

---

❶ 「五行」二字，帛本無。又，帛本五行順序作「仁智義禮聖」。

❷ 「𢜓」，帛本作「仁」；「悳」，帛本作「德」。下同。

❸ 缺字據上下文例及帛本應補作「行」。

❹ 缺字據上下文例及帛本應補作「智型（形）」。

❺ 後半句帛本無「悳之」二字。

❻ 兩「亡」字，前者帛本作「毋」，後者帛本作「无」。

❼ 缺字據帛本應補作「之説（悦）」。又，兩「亡」字，帛本皆作「无」，下同。

❽ 缺字據帛本應補作「之説（悦）則不」。

❾ 「悳」下，帛本有「君子无中心之憂則无中心之聖，无中心之聖則无中心之説，无中心之説則不安，不安則不樂，不樂則无德」四十二字。

❿ 「于」，帛本作「於」。又，「内」上帛本有「闕（厥）」字，「内」下無「而」字。

⓫ 缺字據帛本應補作「子」。

(謂)之時(志)士。善弗爲亡近，悳(德)弗 七 之(志)不成，智弗思不得。思不清不誁，❶思不倀(長)不型(形)，❷不型(形)不安，❸不安不藥(樂)，❹不藥(樂) 八 亡悳(德)。❺

不𢜩(仁)，思不能清。不智，思不能倀(長)。不𢜩(仁)不智，未見君子，𢝊(憂)心 九 不能惙惙；既見君子，心不能兑(悦)。「亦既見止(之)，❻亦既詢(覯)止(之)，我心則 一〇 □」，❼此之胃(謂)□。❽ □𢜩(仁)，❾思不能清。不聖，思不能翠(輕)。不𢜩(仁)不聖，一一 未見君子，𢝊(憂)心不能忡(忡)忡(忡)；既見君子，心不能降。

𢜩(仁)之思也清，清 一二 則誁，誁則安，安則悃(温)，悃(温)則兑(悦)，兑(悦)則㦗(戚)，㦗(戚)則新(親)，新(親)則悉(愛)，悉(愛)則玉色，❿玉色則型(形)，型(形)則𢜩(仁)。一三

智之思也倀(長)，倀(長)則得，得則不亡(忘)，不亡(忘)則明，明則見臤(賢)人，見臤(賢)人則玉色，玉色則型(形)，型(形) 一四 則智。

聖之思也翠(輕)，翠(輕)則型(形)，型(形)則不亡(忘)，不亡(忘)則聰，聰則聋

❶「思」下，帛本脱「不」字。「清」，帛本作「晴」，借作「精」，下同。又，「誁」，帛本作「察」，下同。

❷「思不倀不型」，帛本作「思不長不得，思不輕不刑」。

❸「型」下，帛本有「則」字。

❹「安」下，帛本殘缺，釋文補「則」字。

❺「樂」下，帛本有「則」字。「亡」，帛本作「无」。

❻「亦」上，帛本有「詩曰：未見君子，憂心役(惙)役(惙)」十字。

❼缺字據帛本應補作「説(悦)」。

❽缺字據帛本應補作「也」。

❾缺字據帛本應補作「不」。

❿「玉色」，帛本作「王色」，下同。古隸書「玉」、「王」二字極易混淆。

(聞)君子道，𦖞(聞)君子道則玉音，❶玉音則型(形)，型(形)一五則聖。

「䙴(淑)人君子，❷其義(儀)罷(一)也」。❸ 能爲罷(一)，肰(然)句(後)能爲君子，❹𧧻(慎)其蜀(獨)也。❺ 一六

「□□□□淏(泣)涕女(如)雨」。❻能遲沱(池)其羿(羽)，❼肰(然)句(後)能至哀。君子𧧻(慎)其一七□□。❽ □子之爲善也，❾又(有)與司(始)，❿又(有)與冬(終)也。君子之爲悳(德)也，一八 □□□□□終也。⓫金聖(聲)，而玉晨(振)之，又(有)悳(德)者也。

金聖(聲)，善也；玉音，聖也。善，人一九道也；悳(德)，而〈天〉□□。⓬ 唯又(有)悳(德)者，肰(然)句(後)能金聖(聲)而玉晨(振)之。不聰不明，不聖不二〇智，不智不𢜩(仁)，不𢜩(仁)不安，不安不樂，不樂亡悳(德)。⓭

不叓(變)不兑(悦)，⓮不兑(悦)不㝬

❶「玉音」，帛本作「王言」，下同。

❷「䙴」上，帛本有「尸(鳲)叴(鳩)在桑，其子七氏(兮)」八字。

❸「其義罷也」，帛本作「其宜一氏」，今本《詩·曹風·鳲鳩》作「其儀一兮」。

❹「肰句」，帛本作「然後」，下同。

❺「𧧻」上，帛本有「君子」二字。

❻缺字據帛本應補作「瞻望弗及」。又，此句前帛本有「□□于蜚(飛)，䮃池其羽。之子于歸，袁(遠)送于野」十六字。

❼「遲沱」，帛本作「䮃池」。

❽缺字據帛本應補作「獨也」。

❾缺字據帛本應補作「君」。

❿「司」，帛本作「始」，且「始」下有「也」字。

⓫此句帛本作「有與始也无與終也」，缺字據帛本應補作「有與始无與」。

⓬缺字據帛本應補作「道也」。

⓭「不聰」至「亡悳」一段，帛本位於「不遠不敬……不恭不□」(相當於本篇第二二簡)一段之後。

⓮「叓」，帛本作「𦢃」。

(戚)，不𦎫(戚)不新(親)，不新(親)不㤅(愛)，不㤅(愛)不𢗌(仁)。

不悳(直)不迻，❶不迻不果，不果二一不柬(簡)，不柬(簡)不行，不行不義。

不𧸘(遠)不敬，不敬不嚴，不嚴不⿰阝尊(尊)，不⿰阝尊(尊)不共(恭)，不共(恭)亡豊(禮)。

未尚(嘗)二二𦖞(聞)君子道，胃(謂)之不聰。❷ 未尚(嘗)見臤(賢)人，胃(謂)之不明。𦖞(聞)君子道而不智(知)二三其君子道也，胃(謂)之不聖。見臤(賢)人而不智(知)其又(有)悳(德)也，胃(謂)之不智。二四

見而智(知)之，智也。𦖞(聞)而智(知)之，聖也。明明，智也。虘(虩)虘(虩)，聖也。❸「明明才(在)下，虘(虩)虘(虩)二五才(在)上」，此之胃(謂)也。

𦖞(聞)君子道，聰也。𦖞(聞)而智(知)之，聖也。聖人智(知)而〈天〉二六道也。❹智(知)而行之，義也。❺ 行之而時，悳(德)也。見臤(賢)人，明也。見而智(知)之，二七智也。智(知)而安之，㤅(仁)也。安而敬之，豊(禮)也。聖，智(知)豊(禮)藥(樂)之所教(由)生也，五二八□□□□也。❻ 和則⿱樂言(樂)，⿱樂言(樂)則又(有)悳(德)，又(有)悳(德)則邦家(家)⿱與止。❼ 文王之見也女(如)

❶「迻」，帛本作「泄」，下同。

❷「未尚」至第三二簡「同則善」一段，帛本位於「顏色容貌」至「共而博交禮也」(相當於本篇第三二簡至第三七簡)一段之後。

❸「虘虘」，帛本作「壑壑」，今本《詩·大雅·大明》作「赫赫」。又，「聖」下帛本無「也」字。

❹「也」，帛本無。

❺「義」，帛本經部作「聖」，説部作「義」，作「聖」誤。

❻缺字據下文「四行之所和也」一段可補作「行之所和」。

❼「邦」，帛本避諱作「國」。「⿱與止」，帛本作「與」，爲「與」之訛字。

此。「文二九□□□□□于而〈天〉」，此之胃（謂）也。❶

見而智（知）之，智也。智（知）而安之，悬（仁）也。❷三〇而行之，安義也。行而敬之，豐（禮）也。❸ 悬（仁），義豐（禮）所穀（由）生也，❹四行之所和也。❺ 和三一則同，同則善。

顔色伀（容）佼（貌）悃（温）㝔（變）也。以其宇（中）心與人交，兑（悦）也。宇（中）心兑（悦）番𨑒三二於兄弟，❻𢈀（戚）也。𢈀（戚）而信之，新（親）。❼ 新（親）而篙（篤）之，炁（愛）也。炁（愛）父，其秘（攸）炁（愛）人，❽悬（仁）也。

宇（中）心三三訧（辯）肰（然）而正行之，植（直）也。悳（直）而述（遂）之，遂也。遂而不畏㹜（强）語（禦），果也。不三四以少（小）道夌大道，❾柬（簡）也。又（有）大辠（罪）而大豉（誅）之，行也。貴貴，其止（等）障（尊）臤（賢），義也。❿三五

以其外心與人交，遠也。遠而䐗（莊）之，⓫敬也。敬而不卸，嚴也。⓬ 嚴而畏三六之，⓭障（尊）也。障（尊）而不喬（驕），共（恭）

❶ 缺字據《詩·大雅·文王》應補作「王在上於昭」。
❷「安」，帛本脱。
❸「也」，帛本無。
❹ 此句帛本作「仁義理知（智）之所繇（由）生也」。
❺「也」，帛本無。
❻「番」，帛本作「焉」；「𨑒」，帛本作「遷」；「於」，帛本作「于」。
❼「親」下，帛本釋文補「也」字。
❽「秘」，帛本作「絲」，釋作「繼」。
❾「夌」，帛本作「害」。
❿「也」，帛本無。
⓫「䐗」，帛本作「襞」，釋作「莊」。
⓬「卸」，帛本作「解」，釋作「懈」。又，帛本「嚴」下無「也」字。
⓭「畏」，帛本作「威」。

也。共(恭)而尃(博)交,豊(禮)也。

不東〈柬〉,不行。不匿,不菚三七於道。❶ 又(有)大辠(罪)而大豉(誅)之,東〈柬(簡)〉也。❷ 又(有)少(小)辠(罪)而亦(赦)之,匿也。又(有)大辠(罪)而弗大三八豉(誅)也,不行也。❸ 又(有)少(小)辠(罪)而弗亦(赦)也,不菚於道也。❹

東〈柬(簡)〉之爲言猷(猶)練三九也,❺ 大而晏者也。❻ 匿之爲言也猷(猶)匿匿也,❼ 少(小)而訪〈診(軫)〉者也。❽ 東〈柬(簡)〉,義之方也。匿,四〇悬(仁)之方也。勥(剛),義之方。❾ 矛(柔),悬(仁)之方也。「不勥不梂,不强力(剛)不矛(柔)」,❿ 此之胃(謂)四一也。

君子集大成。能進之爲君子,弗能進也,⓫ 各止於其里。大而四二晏者,能又(有)取安(焉)。少(小)而軫者,能又(有)取安(焉)。疋膚膚達者君子道,⓬ 胃(謂)之臤(賢)。君四三子智(知)而與(舉)之,胃(謂)之隮(尊)臤(賢);智(知)而事之,⓭ 胃(謂)之隮(尊)臤(賢)者也。⓮ 後,士之隮(尊)臤

---

❶「菚」,帛本作「辯」,下同。

❷「也」,帛本無。

❸ 此句帛本作「有大罪弗誅不行」。

❹「亦」下、「道」下,帛本均無「也」字。

❺「練」,帛本作「賀」,讀作「加」。又,「言」下帛本有「也」字,「賀」下無。

❻「晏」,帛本作「罕」。又,「者」下帛本無「也」字。

❼「匿」下,帛本無「也」字。

❽「者」下,帛本無「也」字。

❾「方」下,帛本有「殹」字,釋作「也」。

❿「不强力」上,帛本句首有「詩曰」二字,詩句作「不勮不救,不刚不柔」。今本《詩·商頌·長髮》作「不競不絿,不剛不柔」。

⓫「也」,帛本無。

⓬「疋膚膚」,帛本作「索纑纑」,又,「者」,帛本作「於」。

⓭「智」,帛本作「從」。又,「從」上帛本有「君子」二字。

⓮「者也」,帛本無。

（賢）者也。❶四四耳目鼻口手足六者，心之返也。❷心曰唯，莫敢不唯；如（諾），❸莫敢不如（諾）；四五進，❹莫敢不進；後，莫敢不後；深，莫敢不深；❺𣳲，莫敢不𣳲。❻和則同，同則善。四六

目而智（知）之胃（謂）之進之。窬〈喻〉而智（知）之胃（謂）之進之。❼辟（譬）而智（知）之胃（謂）之進之。四七幾而智（知）之，天也。「上帝賢女（汝），毋貳尔心」，❽此之胃（謂）也。

大陞（施）者（諸）其人，❾天也。其四八人陞（施）者（諸）人，儢也。❿

𦖞（聞）道而兑（悦）者，⓫好𢖶（仁）者也。𦖞（聞）道而畏者，⓬好四九義者也。𦖞（聞）道而共（恭）者，⓭好豊（禮）者也。𦖞（聞）道而𧭱（樂）者，好惪（德）者也。⓮五〇

❶「後」上，帛本有「前，王公之尊賢者也」八字。
❷「返」，帛本作「役」。
❸「如」上，帛本有「心曰」二字。
❹「進」上，帛本有「心曰」二字。
❺「後莫敢」至「不深」，帛本無此十字。
❻「𣳲」，帛本作「淺」。又，「淺」上帛本有「心曰」二字。
❼「窬而」句，帛本位於「辟而」句後。
❽「上帝」上，帛本有「詩曰」二字。「賢」，帛本作「臨」。所引詩句今本《詩·大雅·大明》作「上帝臨女，無貳爾心」。
❾此句帛本作「天生諸其人」。
❿「也」下，帛本有「其人施諸人，不得其人不爲法」十二字。
⓫「道」上，帛本有「君子」二字。又，「兑」下帛本無「者」字。
⓬「者」，帛本無。
⓭「者」，帛本無。
⓮此句帛本作「聞而樂，有德者也」。

郭店楚墓竹簡《性自命出》

李天虹　校點

校點説明

一九九三年十月，湖北省荆門市郭店一號楚墓出土一批竹簡，内容主要是儒家和道家文獻。一號墓的年代在戰國中期偏晚，不晚於公元前三百年，墓中所出竹書的年代應早於墓葬的年代，因而均在《孟子》成書之前。竹簡整理者將這批文獻劃分爲十四篇，《性自命出》是其中的一篇儒家著作。《性自命出》通篇用簡六十七枚，保存基本完整。竹簡兩端修整成梯形，簡長三十二点五釐米。兩道編繩。每簡字數不一，多在二十二至二十五字之間。簡文清晰。原簡没有篇題，篇題係整理者據簡文内容擬加。

從簡文標識和内容看，《性自命出》分爲上、下篇：上篇主要講心性，著者認爲樂對人的心性修養的作用特别深入，故以較大篇幅對樂進行了闡論；下篇主要講「情」，具有誠、信本質的「情」得到了著者的高度弘揚。總起來看，《性自命出》通篇貫穿的是儒家的心性論説。傳統研究認爲，儒家的心性論説，至孟子方成體系；《性自命出》則證明，在孟子之前，儒家已經形成了一套比較成熟的、細緻深入的心性理論。所以，《性自命出》在先秦學術史、思想史的研究上具有獨特而重要的地位。

一九九四年，上海博物館從香港購回一千二百餘枚戰國楚簡，内容涉及儒家、道家、兵家、陰陽家等。其已經整理出版的《性情論》，是郭店楚簡《性自命出》的另一版本。

校點者　李天虹

凡例

一、本書以《郭店楚墓竹簡・性自命出》(文物出版社,一九九八年五月)的釋文爲校勘底本。

二、竹簡簡號一依《郭店楚墓竹簡》,在每簡最後一字的右下旁標出。

三、簡文篇章係依原簡上的符號和學界已有研究成果劃定。

四、原簡上的標識一概從略,釋文另加標點符號。簡文中的重文、合文逕寫爲相應的文字。

五、簡文殘缺或殘泐無法辨識的字,可據行文格式推定字數者,釋文以□號表示,一□代表一字;不能確定字數者,釋文以……號表示。

六、簡文殘缺之字據上海博物館藏戰國楚竹書《性情論》本(以下簡稱上博本)補,未必準確。補字一概外加方括號,不另出校記。

七、簡文中的通假字、異體字隨文注出本字、正字,外加圓括號;訛字隨文注出正字,外加尖括號;奪字隨文補出,外加方括號。

八、簡文與上博本《性情論》文字不同者,出校記。上博本見馬承源主編:《上海博物館藏戰國楚竹書(壹)》,上海古籍出版社,二〇〇一年十一月。

郭店楚墓竹簡《性自命出》

上　篇

凡人唯（雖）又（有）眚（性），❶心亡（無）奠志，❷𣥂（待）勿（物）而句（後）复（作），❸𣥂（待）兑（悦）而句（後）行，❹𣥂（待）習而句（後）一奠。❺憙（喜）惹（怒）依（哀）悲之𤈦（氣），❻眚（性）也。及亓（其）見於外，❼則勿（物）取之也。❽眚（性）自命出，命二自天降。衍（道）訇（始）於青（情），❾青（情）生於眚（性）。訇（始）者近青（情），❿終者近義。⓫智（知）[情者能]三出之，智（知）宜（義）者能内（入）之。⓬好亞（惡），眚（性）也；所好所亞（惡），⓭勿（物）也。善不[善，眚（性）]

❶「眚」，上博本作「生」，讀爲「性」。

❷「奠」，上博本作「正」，奠、正義近。《玉篇・丌部》：「奠，定也。」又《正部》：「正，定也。」

❸「复」，上博本作「乍」，讀爲「作」。

❹「𣥂」，上博本作「寺」，讀爲「待」，下一「𣥂」字同。

❺「奠」，上博本作「𡍬」，讀爲「奠」。

❻「依」，「哀」之異體；上博本作「哀」，下同。「𤈦」，上博本作「𣱛」，讀爲「氣」。

❼「亓」，後文或作「丌」；上博本均作「亓」，讀爲「其」，下不再注。

❽「則」，簡文均省「刀」旁。

❾「衍」，「道」之異體；上博本作「道」，下同。「訇」，爲台、司二字的合書，古台、司音通；簡文「詞」、「絧」所從偏旁都是台、司的合書，下不再注。「青」，上博本作「情」，下同。

❿「近」，上博本作「𣥌」，「近」之異體，下同。

⓫「終」，上博本作「𣅀」，「冬」之異體，讀爲「終」。

⓬「宜」，上博本作「義」。

⓭「所亞」，上博本作「亞」，從文例看，上博本當奪「所」字。

也」；四所善所不善，埶（勢）也。

凡眚（性）爲宔（主），勿（物）取之也。金石之又（有）聖（聲），[□□□]五[□□□]唯（雖）又（有）眚（性），❶心弗取不出。

凡心又（有）志也，亡与不[□□□□□]六蜀（獨）行，猷（猶）口之不可蜀（獨）言也。牛生而倀，鴈（雁）生而戟（伸），亓（其）眚（性）[□□□]七而學或史（使）之也。❷

凡勿（物）亡（無）不異也者。❸剛之梪（樹）也，剛取之也。柔之八約[也]，❹柔取之也。四海（海）之内亓（其）眚（性）弌（一）也，❺亓（其）甬（用）心各異，𧦝（教）史（使）肰（然）也。❻

凡眚（性）九或𢼸（動）之，❼或逆之，或交之，❽或萬（厲）之，❾或出之，或羕（養）之，或長之。

凡𢼸（動）眚（性）一〇者，勿（物）也；逆眚（性）者，兑（悦）也；交眚（性）者，古（故）也；萬（厲）眚（性）者，宜（義）也；出眚（性）者，埶（勢）也；羕（養）眚（性）一一者，習也；長眚（性）者，衍（道）也。

❶「聖」，上博本作「𦔻」，所從「耳」爲「聽」之初文，讀爲「聲」，古「聖」、「聽」、「聲」音通。「𦔻」後上博本殘存「也，弗鉤不鳴」數字。

❷簡文「史」、「弁」形體或混，用作「史」的，釋文逕作「史」；用作「弁」的，釋文逕作「弁」，下不出注。

❸「異」，原簡作「兲」，形體略訛。

❹從文例看，「約」後奪「也」字。

❺「弌」，《說文》古文「一」作「弌」，「弌」爲「弌」之異體；上博本作「一」。

❻「𧦝」，「教」之異體；上博本作「𡥈」，亦「教」之異體。下同。

❼「𢼸」，上博本作「𢿌」，「𢿌」之異體，古「重」、「童」音通。

❽「交」，裘錫圭認爲此字是「室」字之訛，並釋上博本相當之字爲「寁」，「室」、「寁」均讀爲「節」；下一「交」字同。

❾「萬」，上博本作「𧅇」，讀爲「厲」，下同。

凡見者之胃(謂)勿(物)，快於㠯(己)者之胃(謂)兑(悦)，❶勿(物)一二之埶(勢)者之胃(謂)埶(勢)，又(有)爲也者之胃(謂)古(故)。義也者，❷群善之蕝(蕝)也。習也一三者，又(有)以習亓(其)眚(性)也。衍(道)者，❸群勿(物)之衍(道)。

凡衍(道)，心述(術)爲宔(主)。❹衍(道)四述(術)，❺唯一四人衍(道)爲可衍(道)也。亓(其)厽(三)述(術)者，❻衍(道)之而已。時(詩)、❼箸(書)、豊(禮)、樂，❽亓(其)訇(始)出皆生一五於人。❾時(詩)，又(有)爲爲之也。箸(書)，又(有)爲言之也。豊(禮)、樂，又(有)爲⿱㠯止(舉)之也。❿聖人比亓(其)一六頪(類)而侖(論)會之，雚(觀)亓(其)之〈先〉遂〈逡(後)〉而逆訓(順)之，⓫體亓(其)宜(義)而即(節)𢒼(文)之，⓬里(理)一七亓(其)青(情)而出内(入)之，肰(然)句(後)逘(復)以𡥀(教)。𡥀(教)，所以生悳(德)于宔(中)者也。⓭豊(禮)乍(作)於青(情)，一八或興之也。堂(當)事因方而

❶「㠯」，「己」之異體；上博本圖版不清，整理者釋爲「其」，讀爲「己」，古「己」、「其」音通。

❷「義」，上博本作「宜」，讀爲「義」，古「義」、「宜」音通。

❸「者」上，上博本多「也」字。

❹「爲」，上博本作「⿱爲心」，讀爲「爲」。

❺「述」下，上博本多「也」字。

❻「厽」，上博本作「三」，下同。

❼「時」，上博本作「訔」，「詩」之異體，下同。

❽「樂」，上博本作「藥」，讀爲「樂」。

❾「出」下，上博本多「也」字。「皆」，上博本作「𣅜」，「皆」之異體。

❿「⿱㠯止」，上博本作「⿱與止」，下同；「⿱㠯止」爲「⿱與止」之省體。

⓫「雚」，上博本作「舊」，「觀」之異體，下同。「之遂」，上博本作「先逡」，「逡」爲「後」之異體。

⓬「體」，上博本作「⿰月豊」，「體」之異體。「即」，上博本作「節」，下文未注明者同。

⓭「宔」，上博本作「中」。

折（制）之，❶亓（其）先逡（後）之舍（序）則宜衍（道）也。❷或舍（序）爲一九之即（節）則㝎（文）也。至（致）頌（容）㝵（貌），所以㝎（文），即（節）也。君子㜣（美）亓（其）青（情），❸貴「亓（其）宜（義）」，二〇善亓（其）即（節），好亓（其）頌（容），樂亓（其）衍（道），兑（悦）丌（其）𢽾（教），是以敬安（焉）。拜，所以[illegible]㝎也。❹幣帛，所以爲信与𧥺（徵）也，❺亓（其）詞宜道也。芺（笑），㦣〈憙（喜）〉之淺澤也。❻二二樂，㦣〈憙（喜）〉之深澤也。

凡聖（聲），亓（其）出於情也信，肰（然）句（後）亓（其）内（入）⿱（拔）人之心也敂。❼二三䎽（聞）芺（笑）聖（聲），❽則𩏩（鮮）女（如）也斯憙（喜）。昏（聞）訶（歌）謠（謡），❾則舀女（如）也斯奮。❿聖（聽）𤪌（琴）𤪦（瑟）之聖（聲），⓫二四則誖（悸）女（如）也斯戁（歎）。⓬雚

❶「折」，上博本作「㪿」，讀爲「制」，古「折」、「制」音通。

❷宜，或讀爲「義」。

❸「㜣」，「美」之異體；上博本作「㒪」，讀爲「美」，古「㒪」、「美」音通，下同。

❹「[illegible]」，李零疑爲「謏」字。「㝎」，研究者或讀「文」，或讀「敏」。

❺「与」，上博本作「與」，「与」爲「與」的省變之體。「𧥺」，上博本作「登」，讀爲「徵」，古「登」、「徵」音通。

❻「㦣」，「憙」之訛字；上博本作「憙」，下一「㦣」字同。「淺澤」，原簡作「濢=」，爲「淺澤」合文；上博本作「渋（淺）睪（澤）」，「渋」字右旁據簡、帛《五行》篇與「察」音近，「察」、「淺」音近可通。

❼「⿱」，「拔」之初文。「敂」，或讀爲「厚」，或讀爲「夠」。

❽「聖」，上博本作「耶」，讀爲「聲」。

❾「謠」，上博本作「要」，讀爲「謡」，古「要」、「謡」音通。

❿「舀」，或讀「慆」，或讀「陶」。

⓫「𤪌」，「琴」之異體；上博本作「𤪌」，亦「琴」之異體。「𤪦」，「瑟」之異體；上博本作「𤪦」，亦「瑟」之異體。

⓬「誖」，上博本作「悸」。「戁」，上博本作「難」，讀爲「歎」，下一「戁」字同。

(觀)⿱來止(賚)武，則齊女(如)也斯复(作)。❶藿(觀)佀(韶)頣(夏)，❷則免(勉)女(如)也二五斯僉。❸羕思而戴(動)心，❹⿱艹胃(喟)女(如)也。❺亓(其)居即也舊(久)，❻丌(其)反善復(復)詞(始)也二六新(慎)，❼亓(其)出內(入)也訓(順)，訇亓(其)悳(德)也。❽奠(鄭)衛(衛)之樂，則非亓(其)聖(聲)而從之也。❾二七

凡古樂龍心，❿嗌樂龍指，⓫皆⿱爻言(教)亓(其)人者也。 ⿱來止(賚)武樂取，⓬佀(韶)頣(夏)樂情。⓭二八

凡至樂必悲，哭亦悲，皆至丌(其)情也。⿰忄衣(哀)、樂，丌(其)眚(性)相近也，是古(故)丌(其)心二九不遠。 哭之戴(動)心也，⿰氵戠(浸)⿰氵殺，⓮丌(其)刺(烈)䜌(戀)䜌(戀)女(如)也，慼(感)肰(然)以終。⓯樂之戴(動)心也，三〇濬(濬)深⿰月或(鬱)舀(陶)，⓰丌(其)刺

❶「齊」，上博本作「懠」，讀爲「齊」。「斯」，原簡省略「斤」旁，下同； 上博本三九號簡的「斯」字亦省「斤」旁，餘不省，下不再注。

❷「佀」，疑是「卲」之訛字。

❸「僉」，或讀「斂」，或讀「儉」。

❹「羕」，或讀「詠」，或讀「永」。

❺「⿱艹胃」，上博本作「葨」，讀爲「喟」，古「胃」、「畏」音通。

❻「即」，或讀「次」，或讀「節」。

❼「詞」，上博本作「訇」，讀爲「始」。「新」，上博本作「訢」，「新」之異體。

❽「訇」，上博本作「絧」。「訇」、「絧」，或讀「始」，或讀「司」，或讀「治」。

❾「從」，上博本作「⿱从止」，「從」之異體，下同。

❿「龍」，上博本作「壟」，下同。

⓫「嗌」，或讀「益」，或讀「溢」。

⓬「⿱來止」，上博本作「⿱來土」，讀爲「賚」。

⓭「佀」，上博本作「卲」，讀爲「韶」。

⓮「⿰氵戠」，上博本作「浸」。「⿰氵殺」，上博本作「焊」，古音「殺」、「旱」較近。

⓯「慼」，上博本字形上半殘泐，下部從「見」，整理者隸定爲「戚」。

⓰「濬」，上博本作「濬」。「⿰月或舀」，上博本作「脊慆」，讀爲「鬱陶」。

(烈)則流女(如)也以悲,❶條(悠)肰(然)以思。❷

凡𢝊(憂)思而句(後)悲,❸三一 凡樂思而句(後)忻。凡思之甬(用),心爲甚。難(歎),思之方也。丌(其)聖(聲)弁(變),則……;❹三二 丌(其)心弁(變),則丌(其)聖(聲)亦肰(然)。諗(唫)遊依(哀)也,喿遊樂也,❺䜲遊聖(聲)[也],❻𢦶遊心也。❼三三 憙(喜)斯慆,❽慆斯奮,奮斯羕(詠),❾羕(詠)斯猷(猶),❿猷(猶)斯𨑜(舞)。⓫𨑜(舞),憙(喜)之終也。恩(慍)斯𢝊(憂),⓬𢝊(憂)斯慼,⓭慼三四 斯難(歎),⓮難(歎)斯𢍰(撫),⓯𢍰(撫)斯通(踊)。⓰通(踊),恩(慍)之終也。⓱三五

❶ 「剌」,上博本省「刀」旁。「則」,上博本無。

❷ 「條」,上博本作「攸」,讀爲「悠」。

❸ 「𢝊」,上博本作「𢡆」,「𢝊」之異體。

❹ 「則……」,「則」字後原簡殘缺,從殘簡長度看,似可容納三字; 上博本作「則心□(從)之矣」。

❺ 「遊」,上博本圖版不清,整理者隸定作「𢀜」,當是「斿」字,下同。

❻ 從文例看,「聖」下奪「也」字,上博本有「也」字。

❼ 「𢦶」,劉釗認爲是「戲」字異體; 上博本作「𢧵」。「也」字下,上博本有一長方形的墨色標識,是分篇符號,上博本上篇至此結束,標識後續寫下篇文字,但標識和下篇首字的間距較其他字的間距爲大。

❽ 三四、三五號簡的内容不見於上博本,但與《禮記·檀弓下》所記「子遊之語」大體相當。「憙」,《檀弓下》作「喜」。「慆」,《檀弓下》作「陶」,下一「慆」字同。

❾ 「羕」,《檀弓下》作「詠」,下一「羕」字同。

❿ 「猷」,《檀弓下》作「猶」,下一「猷」字同。

⓫ 「𨑜」,《檀弓下》作「舞」。

⓬ 「恩」,「慍」之異體; 《檀弓下》作「慍」。

⓭ 「慼」,《檀弓下》作「戚」,下一「慼」字同; 「慼」、「戚」音同義通。

⓮ 「難」,《檀弓下》作「歎」,下一「難」字同。

⓯ 「𢍰」,字從「亡」聲,以音近讀爲「撫」; 《檀弓下》作「辟」,下一「𢍰」字同。「撫」、「辟」義近。

⓰ 「通」,《檀弓下》作「踊」。

⓱ 「也」下有一勾形標識,爲分篇符號。標識符號後原簡留白,下篇文字另簡書寫。本篇上篇的章次、内容與上博本上篇基本相同。

下篇

凡學者隶〈求〉丌(其)心爲難，從丌(其)所爲，𨑹(近)得之壴(矣)，不女(如)以樂之速也。三六唯(雖)能丌(其)事，不能丌(其)心，不貴。求丌(其)心又(有)爲(僞)也，❶弗得之壴(矣)。❷人之不能以爲(僞)也，❸三七可智(知)也。「不」𨑳(過)十𤿺(舉)，❹丌(其)心必才(在)安(焉)，□(察)丌(其)見者，❺青(情)安遊(失)才(哉)？□，宜(義)之方也。三八宜(義)，敬之方也。敬，勿(物)之即(節)也。篙(篤)，❻𢗍(仁)之方也。❼𢗍(仁)，眚(性)之方也。眚(性)或生之。忠，信三九之方也。信，青(情)之方也。青(情)出於眚(性)。㤅(愛)頪(類)七，唯眚(性)㤅(愛)爲近𢗍(仁)，智頪(類)五，唯四〇宜衍(道)爲忻(近)忠。❽亞(惡)頪(類)厶(三)，唯亞(惡)不忈(仁)爲忻(近)宜

❶ 自「凡學者隶〈求〉丌(其)心爲難」至「求丌(其)心又(有)爲(僞)也」一段，上博本作「凡孝(教)者求亓(其)心又(有)爲(僞)也」一句，可能是因涉二「求亓心」而致上博本文字有訛脱，也可能是版本的不同所致。

❷ 「壴」，上博本作「矣」，下文未注明者同。

❸ 「爲」，上博本作「憑」，讀爲「僞」。

❹ 「𨑳」，上博本作「怂」，讀爲「過」，古「化」、「過」音通。「十」，上博本作「直」，讀爲「十」，古「十」、「直」音通。

❺ 「□」，據簡、帛《五行》篇與「察」音近，從文意看亦應讀爲「察」。

❻ 「篙」，上博本作「篙」，讀爲「篤」。

❼ 「𢗍」，「仁」之異體；上博本作「忎」，亦「仁」之異體，下同。

❽ 宜，或讀爲「義」。「忻」，上博本作「𨑹」，「近」之異體。「忠」，上博本作「中」，讀爲「忠」。

(義)。❶所爲衍(道)者四，唯人衍(道)爲四一可衍也。❷

凡甬(用)心之喿(躁)者，❸思爲戡(甚)。❹甬(用)智之疾者，患爲甚。❺甬(用)青(情)之四二至者，依(哀)樂爲甚。甬(用)身之弁者，兑(悦)爲甚。❻甬(用)力之聿(盡)者，利爲甚。目之好四三色，耳之樂聖(聲)，賊(鬱)舀(陶)之既(氣)也，❼人不難爲之死。❽又(有)亓(其)爲人之迎迎女(如)也，❾四四不又(有)夫柬(簡)柬(簡)之心則采。❿又(有)亓(其)爲人之柬(簡)柬(簡)女(如)也，不又(有)夫亙(恒)怡之志則縵。⓫人之攷(巧)四五言利詞者，不又(有)夫詘詘

---

❶ 「忎」所從「人」旁與「㥯」所從「身」旁相近，「人」或是「身」之省。

❷ 第二個「衍」，或讀「道」，或讀「導」。此第十三章，相當於上博本第十九章。

❸ 「喿」，上博本作「趮」，讀爲「弁」，「躁」、「弁」義近。

❹ 「戡」，上博本作「甚」。

❺ 「患」，上博本作「惓」，讀爲「患」，古「患」、「关」音通，下同。

❻ 「兑」，上博本作「悦」。

❼ 「賊」，上博本圖版不清，李零釋爲「咠」，認爲是「聀」字異體，字同「賊」。「舀」，上博本圖版不清，李零釋爲「仙」，疑是「傜」字之訛。

❽ 「不」上，上博本無「人」字，或奪。

❾ 「迎」，原簡所從「即」字右旁略訛；上博本作「伭」，因楚簡「民」、「廌」形體相近，又或釋此字爲「儰」，古音「即」、「廌」較近。

❿ 「采」，上博本作「悉」。

⓫ 「亙」，「恒」之異體；上博本作「極」，實即「恒」字。在楚簡文字裏，「恒」、「極」或形近混用。「怡」，上博本作「𢖿」，可能是「忻」之異體，「怡」、「忻」義近。「縵」，原簡形體略訛，上博本作「曼」，讀爲「慢」。

之心則流。人之逆肰（然）可与和安者，❶不又（有）夫懽（奮）四六猝（作）之青（情）則柔（侮）。❷又（有）丌（其）爲人之怏女（如）也，❸弗牧不可。❹又（有）丌（其）爲人之葲女（如）也，四七弗杸不足。❺

凡人𢡺（僞）爲可亞（惡）也。❻𢡺（僞）斯叜壴（矣），❼叜斯慮壴（矣），❽慮斯莫与之四八結壴（矣）。❾訢（慎），❿忎（仁）之方也，⓫肰（然）而丌（其）怂（過）不亞（惡）。速，㥂（謀）之方也，又（有）怂（過）則咎。人不訢（慎）斯又（有）怂（過），信壴（矣）。⓬四九

凡人青（情）爲可兑（悦）也。句（苟）以亓（其）青（情），唯（雖）怂（過）不亞（惡）；不以丌（其）青（情），唯（雖）難不貴。五〇句（苟）又（有）亓（其）青（情），唯（雖）未之爲，斯人信之壴（矣）。未言而信，⓭又（有）媺（美）青（情）者也。未𧥛（教）五一而民亙（恒），⓮

❶「逆」，上博本作「𢿵」，似從「卯」從「糸」。「与」，上博本作「與」。

❷「懽」，上博本作「奮」。

❸「怏」，上博本作「𢘥」，從「快」從「慧」之省文，讀爲「快」，古「快」、「慧」音通。

❹「牧」，上博本作「𢼊」，同《説文》「養」之古文，「牧」、「養」義近。或以「牧」爲「𢼊」字之訛。

❺「杸」，或讀爲「輔」。此第十四章，相當於上博本第二十章。

❻「𢡺爲」，上博本作「𢡺=」，是「𢡺」字重文或「𢡺爲」合文。

❼「叜」，或讀爲「隱」、「吝」、「矜」或「遴」；上博本作「𢡟」，下同。

❽「慮」，裘錫圭隸定爲「𢟪」，讀爲「怚」，下一「慮」字同。

❾「壴」，上博本無。

❿「訢」，上博本作「𧥫」，「訢」之異體，下同。

⓫「忎」，上博本作「虑」。

⓬此第十五章，相當於上博本第二十一章。上博本原簡「矣」字後有一勾形標識，是全篇結束的標誌。

⓭「唯難不貴」，上博本後接「未言而信」；「句又亓情，唯未之爲，斯人信之矣」，上博本書於第十三章二五號簡。

⓮「亙」，上博本作「恒」。

眚(性)善者也。未賞而民懽(勸)，含福者也。未型(刑)而民愄(畏)，又(有)五二心愄(畏)者也。戔(賤)而民貴之，又(有)悳(德)者也。貧而民聚安(焉)，又(有)衍(道)者也。五三蜀(獨)凥(處)而樂，❶又(有)內䇦者也。❷亞(惡)之而不可非者，達於義者也。❸非之五四而不可亞(惡)者，篙(篤)於悬(仁)者也。❹行之不怨(過)，❺智(知)道者也。❻昏(聞)道反上，上交者也。五五昏(聞)衍(道)反下，下交者也。昏(聞)道反㠯(己)，❼攸(修)身者也。上交近事君，下交得五六衆近從正(政)，攸(修)身近至悬(仁)。同方而交，以道者也。不同方而……。❽五七同兑(悦)而交，以悳(德)者也。不同兑(悦)而交，

❶ 「凥」，「處」之異體；上博本作「居」，「凥」、「居」義近，下同。

❷ 「䇦」，上博本圖版不清，整理者隸定爲「敼」，李零隸定爲「達」，均讀爲「動」。

❸ 「達」，原簡從「月」，趙平安認爲是附加音符；上博本作「幸」，係「達」之音符，原簡亦從「月」，讀爲「達」。「義」，上博本作「宜」，讀爲「義」。

❹ 「篙」，上博本相當之字整理者隸定作「[竹亯心]」，但其圖版「心」旁的左邊似有「月」字，原字或應隸定爲「[竹亯肉心]」，讀爲「篤」。

❺ 「不」上，上博本多「而」字。

❻ 「也」字下，上博本多出一段文字，惜殘，殘存文字在圖版上亦難辨識，李零所作釋文爲「不智(知)㠯(己)者不悁(怨)人，句(苟)又(有)亓(其)情，唯(雖)未之爲，斯人信之矣，未言……」，其中「句又亓情，唯未之爲，斯人信之矣」見於本篇本章五一號簡。

❼ 「㠯」，上博本作「己」。

❽ 據整理者介紹，此簡圖版上殘去的下段尚存實物，惜未公佈。據圖版，這段簡約書四字，上博本相當之處作「交，以古者也」。

以猷者也。❶門內之紿(治)，谷(欲)亓(其)五八⿰兔免也；❷門外之紿(治)，谷(欲)亓(其)⿰木折(折)也。❸

凡兑(悦)人勿⿱吅⿱文心也，❹身必從之，言及則五九明⿱与止(舉)之而毋⿱爲心(僞)。❺

凡交毋剌(烈)，必史(使)又(有)末。❻

凡於⿺辶夂(路)毋愄(畏)，❼毋蜀(獨)言。蜀(獨)六〇凥(處)則習。父兄之所樂，句(苟)毋(無)大害，❽少(小)枉，內(納)之可也，已則勿⿺辶复(復)言也。❾六一

凡⿱頁心(憂)患之事谷(欲)⿰方壬(任)，❿樂事

❶「猷」，上博本作「⿱猷心」，讀爲「猷」。

❷「⿰兔免」，上博本作「⿱兔⿰兔兔」，係「⿰兔免」之異體，疑「⿰兔免」、「⿱兔⿰兔兔」讀爲「宛」。《孔子詩論》詩篇名《小宛》之「宛」作「[illegible]」，是「⿱兔⿰兔兔」的省體，由此可見「⿰兔免」、「⿱兔⿰兔兔」的音讀與「宛」相通。宛，屈也。研究者或讀爲「逸」。

❸「⿰木折」，「折」之異體，或讀爲「制」。與「門內之紿(治)，谷(欲)亓(其)⿰兔免也；門外之紿(治)，谷(欲)亓(其)⿰木折(折)也」相當的文句，又見於郭店楚簡《六德》三〇—三一號簡「門內之紿(治)紉(恩)弇宜(義)，門外之紿(治)宜(義)斬紉(恩)」，還見於《禮記·喪服四制》「門內之治恩揜義，門外之治義斷恩」、《大戴禮記·本命》「門內之治恩掩義，門外之治義斷恩」。此第十六章，相當於上博本第十三章。

❹「兑」，上博本作「悦」。「⿱吅⿱文心」，或讀爲「吝」，或讀爲「隱」；上博本作「⿱吅⿱文土」。

❺此第十七章，相當於上博本第十五章。

❻此第十八章，相當於上博本第十六章。

❼「⿺辶夂」，上博本作「道⿺辶各」，「⿺辶夂」可能是「⿺辶各」之省體，也可能是訛體；「⿺辶各」爲「路」之異體。

❽「大害」，上博本作「害」。

❾此第十九章，相當於上博本第十七章。

❿「⿰方壬」，「任」之異體；上博本作「任」。

谷(欲)逘(後)。❶身谷(欲)青(靜)而毋訞,❷慮谷(欲)淵而毋愚(僞),❸六二行谷(欲)恿(勇)而必至,宙(貌)谷(欲)壯(莊)而毋杲(拔),❹[心]谷(欲)柔齊而泊,❺憙(喜)谷(欲)智而亡末,六三樂谷(欲)睪而又(有)志,惪(憂)谷(欲)僉(斂)而毋惛,惹(怒)谷(欲)浧(盈)而毋𧽊(暴),❻進谷(欲)孫(遜)而毋攷(巧),❼六四退谷(欲)肅而毋巠(輕),❽谷(欲)皆夏(文)而毋愚(僞)。❾君子執志必又(有)夫生生之心,❿出言必又(有)六五夫柬(簡)柬(簡)之信,賓客之豊(禮)必又(有)夫齊齊之頌(容),祭祀之豊(禮)必又(有)夫齊齊之敬,⓫六六居喪必又(有)夫繺(戀)繺(戀)之依(哀)。君子身以爲宔(主)心。⓬六七

❶「凡恴患之事谷㤅,樂事谷逘」,相當於上博本第十八章。

❷「身」上,上博本多「凡」字。「訞」,或釋爲「遣」;上博本作「㞢」,「遣」之異體。此句後至全篇結束,上博本屬第十四章。

❸「慮」,上博本作「慮」,「慮」之異體。「愚」,上博本作「𢝊」。

❹「行谷恿而必至,宙谷壯而毋杲」句,上博本無。

❺「心」,據文意「谷」前奪「心」字。「心谷柔齊而泊」,上博本作「甬(用)心谷(欲)悳(德)而毋愚(爲)」,並位於「慮」句之前。

❻從「憙」句至「惹」句,上博本無。

❼「進谷孫(遜)而毋攷」,上博本作「進谷(欲)羕而又(有)豊(禮)」。「羕」,李零讀爲「隨」,「遜」、「隨」義近。此句後上博本多出「言谷(欲)植(直)而毋流,居凥(處)谷(欲)䖍(逸)葛(易)而毋曼(慢)」兩句。

❽「肅」,上博本作「𦁏」,讀爲「肅」。「巠」,上博本作「𠄞」,讀爲「輕」。「退」句上博本位於「進」句之前。

❾「夏」,或讀爲「敏」。「谷皆夏而毋愚」六字,上博本無。

❿「生生」,上博本作「㘸㘸」,「㘸」爲「柱」之異體。

⓫「齊齊」,上博本作「齎齎」。

⓬「君子身以爲宔心」七字,上博本無。「心」下有一勾形標識,是全篇結束的標誌。此第二十章,相當於上博本第十八章、十四章。本篇下篇的章次、句序以及文字與上博本下篇差别較大。

上海博物館藏楚竹書《性情論》

李天虹　校點

校點説明

一九九四年,上海博物館從香港購回一千二百餘枚戰國楚簡,内容涉及儒家、道家、兵家、陰陽家等。《性情論》是其中的一篇,屬儒家著作;現存可編序的簡四十一枚,加上兩枚脱簡,原來當有簡四十三枚。該篇竹簡大都殘斷,完整簡兩端修整成方形,長約五十七点二釐米。三道編綫。每簡字數不等,多在三十六字左右。簡文大多清晰,部分模糊。原簡没有篇題,篇題係整理者據簡文内容擬加。

從簡文標識和内容看,《性情論》分爲上、下篇:上篇主要講心性,著者認爲樂對人的心性修養的作用特别深入,故以較大的篇幅對樂進行了闡論;下篇主要講「情」,具有誠、信本質的「情」得到了著者的高度弘揚。總起來看,《性情論》通篇貫穿的是儒家的心性論説。傳統研究認爲,儒家的心性論説,至孟子方成體系;《性情論》則證明,在孟子之前,儒家已經形成了一套比較成熟的、細緻深入的心性理論。所以,《性情論》在先秦學術史、思想史的研究上具有獨特而重要的地位。

一九九三年十月,湖北省荆門市郭店一號楚墓出土一批竹簡,内容主要是儒家和道家文獻。一號墓的年代在戰國中期偏晚,不晚於公元前三百年,墓中所出竹書的年代均在《孟子》成書之前。竹簡整理者將這批文獻劃分爲十四篇,其中《性自命出》一篇,從内容看,乃《性情論》的另一版本内容。《性自命出》保存基本完好,成書年代也比較清楚,對《性情論》的整理和研究,具有重要參考價值。

校點者　李天虹

凡例

一、本書以《上海博物館藏戰國楚竹書(壹)·性情論》(上海古籍出版社,二〇〇一年十一月)的釋文爲校勘底本。

二、竹簡簡號一依《上海博物館藏戰國楚竹書(壹)》,在每簡最後一字的右下旁標出。

三、簡文所分篇章係依原簡上的符號和學界已有研究成果劃定。

四、原簡上的標識符號一概從略,釋文另加標點符號。簡文中的重文、合文逕寫爲相應的文字。

五、簡文殘缺或殘泐無法辨識的字,可據行文格式推定字數者,釋文以□號表示,一□代表一字; 不能確定字數者,釋文以……號表示。

六、簡文殘缺之字據荆門郭店楚墓竹簡《性自命出》本(以下簡稱郭店本)補出,但未必準確。補字一概外加方括號,不另出校記。

七、簡文中的通假字、異體字隨文注出本字、正字,外加圓括號; 奪字隨文補出,外加方括號。

八、簡文與郭店本《性自命出》文字不同者,出校記。郭店本《性自命出》見荆門市博物館:《郭店楚墓竹簡》,文物出版社,一九九八年五月。

上海博物館藏楚竹書《性情論》

上篇

凡人唯（雖）又（有）生（性），❶心亡（無）正志，❷寺（待）勿（物）而句（後）乍（作），❸寺（待）兑（悦）而句（後）行，❹寺（待）習而句（後）墓（奠）。❺憙（喜）惹（怒）哀悲之𣱕（氣），❻眚（性）也。及亓（其）見於外，❼則勿（物）取之。❽一［眚（性）］自命出，命自天降。道訂（始）於情，❾情生於眚（性）。訂（始）者𣥺（近）情，❿𣅀（終）者𣥺（近）義。⓫智（知）情者能出之，智（知）義者能内（入）［之。⓬好亞（惡）］，二［眚（性）也；所］好［所］亞（惡），⓭勿（物）也。善

❶「生」，郭店本作「眚」，讀爲「性」。

❷「正」，郭店本作「奠」。正、奠義近。《玉篇・正部》：「正，定也。」又《丌部》：「奠，定也。」

❸「乍」，郭店本作「复」，讀爲「作」。

❹「寺」，郭店本作「𡉚」，讀爲「待」，下一「寺」字同。

❺「墓」，郭店本作「奠」。

❻「哀」，郭店本作「㤜」，「哀」之異體，下同。「𣱕」，郭店本作「𤈦」，讀爲「氣」，古「既」、「氣」音通。

❼「亓」，郭店本或作「丌」，均讀爲「其」，下不再注。

❽「則」，簡文均省「刀」旁。「之」後郭店本有「也」字，李零據簡殘去的長度推測二號簡首缺一字，當補「眚」字。

❾「道」，郭店本作「衍」，「道」之異體，下文未注明者同。「訂」，爲台、司二字的合書，古台、司音通；簡文「詞」、「絧」所從偏旁都是台、司的合書，下不再注。「情」，郭店本作「青」，讀爲「情」，下文未注明者同。

❿「𣥺」，「近」之異體，郭店本作「近」，下文未注明者同。

⓫「𣅀」，「冬」之異體，郭店本作「終」。

⓬「義」，郭店本作「宜」，讀爲「義」，古「義」、「宜」音通。

⓭據文例「亞」前奪「所」字，郭店本作「所亞」，據補。

不善，眚(性)也； 所善所不善，埶(勢)也。

凡眚(性)爲宔(主)，勿(物)取之也。金石之又(有)聖(聲)也，❶弗鉤不鳴。❷三[□□]唯(雖)又(有)眚(性)，心弗取不出。

凡心又(有)志也，亡与不□□□□□蜀(獨)行，猷(猶)口之不可蜀(獨)言也。 牛生而倀，鳶(雁)生而戟(伸)，亓(其)眚(性)□□□而學或史(使)之也。

凡勿(物)亡(無)不異也者。 剛之梪(樹)也，剛取之也。 柔之約也，柔取之也。四]❸[海(海)之]内，亓(其)眚(性)一也，❹亓(其)甬(用)心各異，孝(教)史(使)肰(然)也。❺

凡眚(性)或𢿚(動)之，❻或逆之，或𡪢之，❼或蕙(厲)之，❽或出[之]，四[或羕(養)之]，或長之。

凡𢿚(動)眚(性)者，勿(物)也； 逆眚(性)者，兑(悦)也； 𡪢眚(性)者，古(故)

---

❶「聖」，所從「𦔮」爲「聽」之初文，郭店本作「聖」，古「聖」、「聽」、「聲」音通。

❷「鉤」，或讀「扣」，或讀「叩」。 據郭店本，「弗鉤不鳴」後脱兩枚簡。

❸自「□□唯又眚」至「四」爲據郭店本所補的脱簡文字。

❹「一」，郭店本作「戈」，《説文》「一」古文作「弌」，「戈」爲「弌」之異體。

❺「孝」，「教」之異體； 郭店本作「𡥈」，亦「教」之異體，下同。 簡文「史」、「弁」形體或混，用作「史」的，釋文逕作「史」； 用作「弁」的，釋文逕作「弁」，下不再注。

❻「𢿚」，郭店本作「𢾕」，「𢿚」之異體，古「童」、「重」音通。

❼「𡪢」，或釋爲「㤓」，讀爲「交」； 郭店本作「交」，下同。 裘錫圭認爲交、室形體相近，郭店本之「交」爲「室」字之訛，「𡪢」、「室」並讀爲「節」。

❽「蕙」，郭店本作「萬」，讀爲「厲」，下同。

也；　蒠（厲）眚（性）者，宜（義）也；　出眚（性）者，埶（勢）也；　五羕（養）眚（性）者，習也；　長眚（性）者，道也。

凡見者之胃（謂）勿（物），快於其（己）者之胃（謂）兑（悦），❶勿（物）之埶（勢）者之胃（謂）埶（勢），又（有）爲也六［者］之胃（謂）古（故）。宜（義）也者，❷群善之蕝（蕝）也。習也者，又（有）以習亓（其）眚（性）也。道也［者，❸群勿（物）之道也。

凡道，心］❹七悳（爲）宔（主）。❺道四述（術）也，❻唯人道爲可道也。亓（其）三述（術）者，❼道之而已。㞢（詩）、❽箸（書）、豊（禮）、藥（樂），❾亓（其）訇（始）出也晳（皆）生於八人。❿㞢（詩），又（有）爲爲之也。箸（書），又（有）爲言之也。豊（禮）、樂，又（有）爲𨒬（舉）之也。⓫聖人比亓（其）頪（類）而侖（論）會之，雚（觀）亓（其）先遂（後）而九逆訓（順）之，⓬體（體）亓（其）宜（義）而節旻（文）之，⓭里（理）亓（其）情而出内（入）之，肰（然）

---

❶「其」，原簡圖版不清，兹從整理者釋；　郭店本作「㠯」，「己」之異體。

❷「宜」，郭店本作「義」。

❸「也」，郭店本無。

❹李零據整理時所見原簡補缺文如是，郭店本作「者，群勿（物）之衍（道）。凡衍（道），心述（術）」。

❺「悳」，郭店本作「爲」。

❻「也」，郭店本無。

❼「三」，郭店本作「厽」，讀爲「三」，下同。

❽「㞢」，「詩」之異體；　郭店本作「時」，讀爲「詩」，下同。

❾「藥」，郭店本作「樂」。

❿「也」，郭店本無。「晳」，「皆」之異體，郭店本作「皆」。

⓫「𨒬」，郭店本作「𠀬」，爲「𨒬」之省體，下同。

⓬「雚」，「觀」之異體；　郭店本作「雚」，讀爲「觀」，下同。

⓭「先遂」，郭店本作「之逡」，爲「先遂」之訛。

⓭「體」，「體」之異體，郭店本作「體」。「節」，郭店本作「即」，讀爲「節」，下同。

句(後)逯(復)以𡥈(教)。𡥈(教),所以生悳(德)于中者也。❶豊(禮)一〇[复(作)於]情,或興之也。堂(當)事因方而裚(制)之,❷亓(其)先逡(後)之舍(序)則宜道也。或舍(序)爲之節則旻(文)也。一一[至(致)]容宙(貌),所以旻(文),節也。君子𡴀(美)亓(其)情,❸貴亓(其)宜(義),善亓(其)節,好亓(其)頌(容),樂亓(其)道,兑(悦)亓(其)𡥈(教),是以敬安(焉)。拜一二[所以□□]□,亓(其)□旻也。❹幣帛,所以爲信與登(徵)也,❺亓(其)詞宜道也。芺(笑),憙(喜)之洴(淺)睪(澤)也。❻樂,憙(喜)之一三[深睪(澤)也。]

凡聖(聲),亓(其)出於情也信,❼肰(然)句(後)亓(其)內(入)臬(拔)人之心也敂。❽䎽(聞)芺(笑)耵(聲),❾則𪖐(鮮)女(如)也斯憙(喜)。昏(聞)訶(歌)要(謠)❿,一四[則舀女(如)也斯]奮。聖(聽)琹(琴)

四

❶「中」,郭店本作「𡧉」,「中」之異體。

❷「裚」,郭店本作「折」,讀爲「制」,古「折」、「制」音通。

❸「𡴀」,郭店本作「媺」,「美」之異體,下同。

❹「□」,原簡圖版不清,據整理者的摹本可知與郭店本寫法相同,李零疑爲「諛」字。「旻」,或讀「文」,或讀「敏」。

❺「與」,郭店本作「与」,爲「與」的省變之體。「登」,郭店本作「誁」,讀爲「徵」。

❻「憙」,郭店本作「𢡺」,爲「憙」之訛字,下一「憙」字同。「洴睪」,郭店本作「㶁=」,爲「淺澤」合文;「洴」字右旁據簡、帛《五行》篇與「察」音近,「察」、「淺」音近可通。

❼「情」,郭店本亦作「情」。

❽「臬」,「拔」之初文。「敂」,或讀爲「厚」,或讀爲「夠」。

❾「耵」,郭店本作「聖」,讀爲「聲」。

❿「要」,郭店本作「謠」,讀爲「謠」。

㾖（瑟）之聖（聲），❶則悸女（如）也斯難（歎）。❷觀峚（賚）武，則懠（齊）女（如）也斯乍（作）。❸觀［卲（韶）頣（夏），則免（勉）］一五［女（如）也斯僉］。羕思而㲴（動）心，❹蒉（喟）女（如）也。❺亓（其）居節也舊（久），❻亓（其）反善復（復）㠯（始）也訢（慎），❼亓（其）出內（入）也訓（順），絧亓（其）悳（德）［也。❽奠（鄭）躗（衛）］一六［之樂，則非亓（其）］聖（聲）而𨒪（從）之也。❾

凡古樂壟心，❿嗌樂壟［指，⓫皆孚（教）亓（其）］人者也。峚（賚）武樂取，⓬卲（韶）頣（夏）樂情。⓭

凡一七［至樂］必悲，哭亦悲，皆至亓（其）情也。哀樂，亓（其）眚（性）相𨑡（近）也，是古（故）亓（其）心不遠。哭之㲴（動）心

❶「㾖」，「琴」之異體；郭店本作「𡐁」，亦「琴」之異體。「㾖」，「瑟」之異體；郭店本作「𠔁」，亦「瑟」之異體。

❷「悸」，郭店本作「誖」，讀爲「悸」。「難」，郭店本作「戁」，讀爲「歎」，下同。

❸「懠」，郭店本作「齊」。「斯」，三九號簡的「斯」字省略「斤」旁，餘均不省；郭店本自此後的「斯」字均省「斤」旁，下不再注。

❹「羕」，或讀爲「詠」，或讀爲「永」。

❺「蒉」，郭店本作「菁」，讀爲「喟」。

❻「節」，或讀爲「次」。

❼「㠯」，郭店本作「詞」，讀爲「始」。「訢」，郭店本作「新」，「訢」之異體。

❽「絧」，郭店本作「㠯」。「絧」、「㠯」或讀爲「始」，或讀爲「司」，或讀「治」。

❾「𨒪」，「從」之異體；郭店本作「從」，下同。

❿「壟」，郭店本作「龍」，下同。

⓫「嗌」，或讀爲「益」，或讀爲「溢」。

⓬「峚」，郭店本作「逨」，讀爲「賚」。

⓭「卲」，郭店本作「佋」，疑是「卲」之訛字。

也，浸焊，❶亓（其）一八［剌（烈）］䜌（戀）䜌（戀）女（如）也，□肰（然）以終。❷樂之歖（動）心也，濬深贅（鬱）慆（陶），❸亓（其）剌（烈）流女（如）也以悲，❹攸肰（然）以思。❺

凡慐（憂）思而句（後）悲，❻一九［凡］樂思而句（後）忻。凡思之甬（用），心爲甚。難（歎），思之方也，亓（其）聖（聲）弁（變），則心㞷（從）之矣；❼亓（其）心弁（變），則亓（其）聖（聲）亦肰（然）。二〇［譩（唫）斿（遊）哀也］，喿斿（遊）樂也，❽斿（遊）聖（聲）也，❾𢧐斿（遊）心也。❿

❶「浸」，郭店本作「溅」。「焊」，郭店本作「滐」，古音「旱」、「殺」較近。

❷「□」，原簡字形上半殘泐，下部從「見」，整理者隸定爲「慼」；郭店本作「慭」，讀爲「慼」。

❸「濬」，郭店本作「濬」，讀爲「濬」。「贅慆」，郭店本作「賊舀」，讀爲「鬱陶」。

❹「剌」，原簡省略「刀」旁，郭店本不省。「流」上，郭店本多「則」字。

❺「攸」，郭店本作「條」，讀爲「悠」。

❻「慐」，郭店本作「㥑」，爲「慐」之異體。

❼「心㞷之矣」，郭店本殘，從殘簡長度看似可容納三字。

❽「斿」，原簡圖版不清，整理者隸定作「𡥉」，當是「斿」字；郭店本作「遊」，下同。

❾「也」，郭店本奪。

❿「𢧐」，郭店本作「𢧐」，劉釗認爲是「戲」字異體。「𢧐斿心也」後原簡有一長方形的墨色標識符號，是分篇符號，上篇至此結束，標識符號後續寫下篇文字，但標識符號和下篇首字的間距較其他字的間距爲大。「𢧐斿心也」後郭店本多出一段文字，作「憙（喜）斯慆，慆斯奮，奮斯羕（詠），羕（詠）斯猷（猶），猷（猶）斯迲（舞）。迲（舞），憙（喜）之終也。恩（慍）斯慐（憂），慐（憂）斯慼，慼斯𢜩（歎），𢜩（歎）斯𢺞（撫），𢺞（撫）斯通（踊）。通（踊），恩（慍）之終也」。「恩之終也」後，原簡有一勾形標識符號，是分篇符號，標識符號後原簡留白。本篇上篇的章次、内容與郭店本上篇基本相同。

下篇

凡人情爲可兑（悦）也，句（苟）以亓（其）情，唯（雖）怂（過）不亞（惡）；不以二一［亓（其）］情，唯（雖）難不貴。❶未言而信，又（有）岦（美）情者也。未季（教）而民恒，❷眚（性）善者也。未賞［而民懽（勸），含福者也］。二二［未型（刑）］而民愄（畏），又（有）心愄（畏）者也。戔（賤）而民貴之，又（有）悳（德）者也。貧而民聚安（焉），又（有）道者也。蜀（獨）居而樂，❸又（有）内□二三者也。❹亞（惡）之而不可非者，幸（達）於宜（義）者也。❺非之而不可亞（惡）者，篙（篤）於忎（仁）者也。❻行之而不怂（過），智（知）道者二四［也］。❼不智（知）吕（己）者不悁（怨）人，句（苟）又（有）亓（其）情，唯（雖）未之爲，斯人信之矣，未言［□□□］。昏（聞）道

❶「唯難不貴」後，郭店本多出「句又亓青，唯未之爲，斯人信之壴」，此句本篇位於本章二五號簡。

❷「恒」，郭店本作「亙」，「恒」之異體。

❸「居」，郭店本作「凥」，「處」之異體，「居」、「凥」義近。

❹「□」，原簡圖版不清，整理者隸定爲「歖」，李零隸定爲「遈」，均讀爲「動」；郭店本作「[illegible]」。

❺「幸」，原簡形體與郭店本「達」字的音符相同，兹隸定爲「幸」；郭店本作「達」，原簡從「月」，趙平安認爲是附加音符。「宜」，郭店本作「義」。

❻「篙」，整理者隸定如是，但原簡圖版「心」旁的左邊似有「月」字，字或應隸定爲「篙」。郭店本作「箮」，讀爲「篤」。「忎」，郭店本多作「悬」，唯四一、四九號簡作「忎」；「忎」、「悬」均爲「仁」之異體，下不再注。

❼「也」，郭店本後接下文「昏（聞）道反上」。

反上，上交者也」。❶二五［昏（聞）道反下，下交」者也。昏（聞）道反己，❷攸（修）身者也。上交𣥠（近）事君，下交得衆𣥠（近）⿱从止（從）正（政），攸（修）身𣥠（近）至忎（仁）。❸同方而二六交，以道者也。不同方而交，以古（故）者也。［同悦］而交，以惪（德）者也。不同兑（悦）而交，以猌（猷）者也。❹門内之絧（治），谷（欲）亓（其）⿱兔⿰兔兔也；❺二七［門外］之絧（治），谷（欲）亓（其）折也。❻

凡身谷（欲）寈（静）而毋⿱甹止（遣），❼甬（用）心谷（欲）悳（德）而毋㥏（僞）。❽慮（慮）

❶ 二五號簡原殘成數段，且文字不清，整理者編號爲殘簡一、二、三，作爲未編聯簡附於全篇之末，此編聯及釋字從李零之説。「不智㠯者不悁人」不見於郭店本，「句又亓情，唯未之爲，斯人信之矣」見於郭店本第十六章五一號簡。

❷ 「己」，郭店本作「㠯」，「己」之異體。

❸ 「忎」，原簡圖版不清，或是從「身」。

❹ 「猌」，郭店本作「猷」。

❺ 「⿱兔⿰兔兔」，郭店本作「⿰鬼免」，系「⿱兔⿰兔兔」之異體，疑「⿱兔⿰兔兔」、「⿰鬼免」讀爲「宛」。《孔子詩論》詩篇名《小宛》之「宛」作「□」，是「⿱兔⿰兔兔」的省體，由此可見「⿱兔⿰兔兔」、「⿰鬼免」的音讀與「宛」相通。宛，屈也。研究者或讀爲「逸」。

❻ 「折」，或讀爲「制」；郭店本作「㭬」，「折」之異體。與「門内之絧（治），谷（欲）亓（其）⿱兔⿰兔兔也；門外之絧（治），谷（欲）亓（其）折也」相當的文句，又見於郭店《六德》三〇—三一號簡「門内之絧（治）紉（恩）弇宜（義），門外之絧（治）宜（義）斬紉（恩）」，還見於《禮記·喪服四制》「門内之治恩揜義，門外之治義斷恩」、《大戴禮記·本命》「門内之治恩掩義，門外之治義斷恩」。此第十三章，相當於郭店本第十六章。

❼ 「凡」，郭店本無。「⿱甹止」，「遣」之異體；郭店本作「⿰言欠」，或釋爲「遣」。此句之前，郭店本多出「凡憂（憂）患之事谷（欲）⿰爿壬（任），樂事谷（欲）逡（後）」兩句，本篇屬第十八章。

❽ 「甬心谷悳而毋㥏」，郭店本作「［心］谷（欲）柔齊而泊」，並位於「慮」句之後。

谷(欲)淵而毋奚,❶退谷(欲)繡(肅)而毋翌(輕)。❷二八［進］谷(欲)恙而又(有)豊(禮),❸言谷(欲)植(直)而毋流,居尻(處)谷(欲)浼(逸)葛(易)而毋曼(慢)。❹君子執志必又(有)夫柱(柱)柱(柱)之心,❺出言必又(有)夫柬(簡)柬(簡)二九［之信］,賓客之豊(禮)必又(有)夫齊齊之頌(容),祭祀之豊(禮)必又(有)夫臍臍之敬,❻居喪必又(有)夫絲(戀)絲(戀)之哀。❼

凡悦人勿罜三〇［也］,❽身必从(從)之,言及則明舉(舉)之而毋愳(僞)。❾

凡交毋刺(烈),必史(使)又(有)末。❿

❶「憒」,「慮」之異體,郭店本作「慮」。「奚」,郭店本作「愳」,讀爲「僞」。「憒」句與「甬」句之間,郭店本多出「行谷(欲)恿(勇)而必至,宙(貌)谷(欲)壯(莊)而毋枼(拔)」兩句。

❷「繡」,郭店本作「肅」。「翌」,郭店本作「巠」,讀爲「輕」。郭店本「退」句位於「進」句之後,「退」句後多出「谷(欲)皆曼而毋愳(僞)」一句。

❸「進谷恙而又豊」,郭店本作「進谷(欲)孫(遜)而毋攷(巧)」。「恙」,李零讀爲「隨」,「隨」、「遜」義近。郭店本「進」句前多出「憙(喜)谷(欲)智而亡末,樂谷(欲)睪而又(有)志,𢝊(憂)谷(欲)僉(斂)而毋惛,惹(怒)谷(欲)浧(盈)而毋希」四句。

❹「言谷植而毋流,居尻谷浼葛而毋曼」,郭店本無。

❺「柱」,「柱」之異體。「柱柱」,郭店本作「宔宔」。

❻「臍臍」,郭店本作「齊齊」。

❼「哀」,郭店本作「㤜」,「㤜」後多「君子身以爲宔(主)心」句,「心」後有一勾形標識符號,是全篇結束的標誌。此第十四章,相當於郭店本第二十章後段。

❽「悦」,郭店本作「兑」,讀爲「悦」。「罜」,或讀爲「吝」,或讀爲「隱」,郭店本作「㥯」。

❾此第十五章,相當於郭店本第十七章。

❿此第十六章,相當於郭店本第十八章。

凡於道逄（路）毋愄（畏），❶毋蜀（獨）言，蜀（獨）居則習。❷三二［父］兄之所樂，句（苟）毋（無）害，❸少（小）枉，内（納）之可也，已則勿復（復）言也。❹

凡㥑（憂）卷（患）之事谷（欲）任，❺樂事谷（欲）逡（後）。❻

凡𡥈（教）者求亓（其）三二心又（有）爲（僞）也，❼弗得之矣。❽人之不能以悬（僞）也，❾可智（知）也。不怸（過）直（十）［㪯（舉）］，❿其心必才（在）安（焉），𢼸（察）丌（其）見者，青（情）安遊（失）才（哉）。］三三□，⓫宜（義）之方也。宜（義），敬之方也。敬，勿（物）之即（節）也。篙（篤），⓬忎（仁）之

❶「道逄」，郭店本作「迖」；「迖」可能是「逄」之省體，也可能是訛體；「逄」爲「路」之異體。

❷「居」，郭店本作「凥」，「處」之異體。

❸「害」，郭店本作「大害」。

❹此第十七章，相當於郭店本第十九章。

❺「卷」，郭店本作「患」，古「患」、「𢍏」音通，下同。「任」，郭店本作「𢓜」，「任」之異體。

❻此第十八章，相當於郭店本第二十章章首。

❼「凡𡥈（教）者求亓（其）心又（有）爲（僞）也」，郭店本作「凡學者隶〈求〉丌（其）心爲難，從丌（其）所爲，𨑑（近）得之壴（矣），不女（如）以樂之速也。唯（雖）能丌（其）事，不能丌（其）心，不貴。求丌（其）心又（有）爲（僞）也」，這可能是因涉二「求亓心」而致上博本文字有訛脱，也可能是版本的不同所致。

❽「矣」，郭店本作「壴」，讀爲「矣」，古「矣」、「壴」音通，下同。

❾「悬」，郭店本作「爲」，讀爲「僞」。

❿「怸」，郭店本作「逃」，讀爲「過」，古「化」、「過」音通。「直」，郭店本作「十」。

⓫「□」，原簡圖版不清，郭店本作「訢」。

⓬「篙」，郭店本作「筥」，讀爲「篤」。

方也。忎(仁)，眚(性)之方也，眚(性)或生之。……。❶三四情出於眚(性)。㤅(愛)頪(類)七，唯眚(性)㤅(愛)爲𠀃(近)忎(仁)。智頪(類)五，唯宜道爲𠀃(近)中(忠)。❷亞(惡)頪(類)三，唯亞(惡)不忎(仁)爲[𠀃(近)宜(義)。所]三五[爲道者四，唯人]道爲可道也。❸

凡甬(用)心之趮(弁)者，❹思爲甚。❺甬(用)智之疾者，卷(患)爲甚。甬(用)情之至三六[者，哀]樂爲甚。甬(用)身之弁者，悅爲甚。❻甬(用)力之𦘒(盡)者，利爲甚。目之好色，耳之樂聖(聲)，□□之既(氣)也，❼不三七[難]爲之死。❽又(有)亓(其)爲人之伲伲女(如)也，❾不又(有)夫柬(簡)柬(簡)之心則悉(采)。❿又(有)亓(其)爲人之柬(簡)柬(簡)女(如)也，不又(有)夫恆(恒)怸(忻)之志則曼(慢)。⓫人之三八[攷(巧)]言利詞

❶ 原簡殘缺的長度約容七字，李零補爲「忠、信者，情之方也」；郭店本相當之處作「忠，信之方也。信，青(情)之方也」。

❷ 「𠀃」，郭店本作「忻」，讀爲「近」。「中」，郭店本作「忠」。

❸ 第二個「道」，或讀爲「導」。此第十九章，相當於郭店本第十三章。

❹ 「趮」，郭店本作「喿」，讀爲「躁」，「弁」、「躁」義近。

❺ 「甚」，郭店本作「𢦔」，讀爲「甚」。

❻ 「悅」，郭店本作「兑」，讀爲「悅」。

❼ 「□□」，原簡圖版不清，李零釋爲「眲仙」，認爲「眲」是「聀」字異體，同「䏿」；「仙」可能是「佰」字之訛。郭店本相當之字作「聀呇」，讀爲「鬱陶」。

❽ 郭店本「不」上多「人」字，此或奪「人」。

❾ 「伲」，楚簡「民」、「廌」形體相近，或釋此字爲「儦」；郭店本作「迦」。古音「即」、「廌」較近。

❿ 「悉」，郭店本作「采」。

⓫ 「恆」，實即「恒」字，在楚簡文字裏，「恆」、「恒」或形近混用；郭店本作「亙」，「恒」之異體。「怸」，疑爲「忻」之異體；郭店本作「怡」，「忻」、「怡」義近。「曼」，郭店本作「緩」，讀爲「慢」。

者，不又（有）夫詘詘之心則流。人之⿱卯糸肰（然）可與和安者，❶不又（有）夫奮猍（作）之情則忢（侮）。❷又（有）亓（其）爲人之㥦（快）女（如）也，❸弗敹（養）不可。❹又（有）亓（其）爲人之三九［莫］女（如）也，弗校不足。❺

凡人㥯（僞）爲可亞（惡）也。❻㥯（僞）斯哭矣，❼哭斯慮矣，❽慮斯莫与之結。❾𡄣（慎），❿慮之方也，⓫肰（然）而亓（其）怂（過）不亞（惡）。速，𢘓（謀）之方也，又（有）怂（過）則咎。人不𡄣（慎）四〇［斯］又（有）怂（過），信矣。⓬四一

❶「⿱卯糸」，似從「卯」從「糸」，郭店本作「逆」。「與」，郭店本作「与」。

❷「奮」，郭店本作「慉」，讀爲「奮」。

❸「㥦」，從「快」從「慧」之省文，讀爲「快」，古「快」、「慧」音通；郭店本作「快」。

❹「敹」，同《説文》「養」之古文；郭店本作「牧」，「養」、「牧」義近。或以「牧」爲「敹」字之訛。

❺「校」，或讀爲「輔」。此第二十章，相當於郭店本第十四章。

❻「㥯（僞）爲」，原簡作「㥯=」，是「㥯」字重文或「㥯爲」之合文；郭店本作「㥯爲」，讀爲「僞爲」。

❼「哭」，或讀爲「隱」、「吝」、「矜」或「遴」；郭店本作「㕦」，下同。

❽「慮」，裘錫圭隸定爲「虘」，讀爲「怚」，下一「慮」字同。

❾「結」下郭店本多「壴」字，讀爲「矣」。

❿「𡄣」，郭店本作「新」，「𡄣」之異體，下同。

⓫「慮」，郭店本作「怎」。

⓬「矣」字下有勾形標識符號，是全篇結束的標誌。此第二十一章，相當於郭店本第十五章。本篇下篇的章次、句序以及文字與郭店本下篇差別較大。

上海博物館藏
楚竹書《孔子詩論》

劉信芳 校點

校點説明

上海博物館藏戰國楚竹書《孔子詩論》約爲戰國中晚期傳鈔本，一九九四年上海博物館從香港購得，計有簡二十九枚，多殘斷。簡寬約零點六釐米，僅有的一枚整簡，長五十五點五釐米，簡上下端削成半圓形，由三道編綸編聯成册。推測寫滿簡容字約爲五十五至五十七字，全篇約一千零六字。簡一至簡七上下兩端經刮削而留白，這一形制爲首次見到，原因尚不清楚。簡文與《子羔》篇接連鈔寫，由簡一原有符號「■」而分篇，篇名「孔子詩論」是整理者馬承源據簡文内容擬定的。

《孔子詩論》未見著録，應是秦火以後失傳。簡文多引「孔子曰」，可知是由孔門弟子述孔子之學而成篇，成書年代稍後於孔子，大致在戰國早期偏晚或戰國中期偏早，以《韓非子·顯學》所説「儒分爲八」爲其思想文化背景。竹簡文字構型以及書寫風格與荊門郭店楚簡相近，應是鈔成於戰國中晚期。

今《詩》有「國風」、「小雅」、「大雅」、「周頌」、「魯頌」、「商頌」之分，漢儒以風、小雅、大雅、頌爲「四始」。《詩論》所評依次有「訟（頌）」、「大顕（夏）」、「少（小）顕（夏）」、「邦風」，稱引「四始」與今本逆序。「訟」詩的主題是「坪（平）悳（德）」，「訟（頌）」之首篇《清宙（廟）》爲「王悳（德）」；「大顕（夏）」的主題是「盛德」，「大顕（夏）[雅]」之首篇《文王》爲「城（成）命之也」，孔子稱之爲「巟（美）」；「小顕」的主題是「悳（德）之少（小）者」，「小顕」之首篇《鹿鳴》爲「以樂㠯（始）而會，以道交，見善而斈，冬（終）虖（乎）不猒（厭）人」；「邦風」的特徵是「觀人谷（俗）安（焉）」，「風」之首篇《關疋》爲「以色俞（喻）於豊（禮）」。此類評價很準確地概括了「風」、「雅」、「頌」各體以及各自代表性詩歌的歷史意義與思想意義，與漢儒的相關評價有較大差異。

《孔子詩論》提及的《詩》之篇名，屬「訟」的有（括號中爲今《詩》篇名）：清寍（清廟）、剌文（烈文）、昊天又城命（昊天有成命）；屬「大顕（夏）〔雅〕」的有：文王；屬「少（小）顕（夏）〔雅〕」的有：十月（十月之交）、雨亡政（雨無正）、即南山（節南山）、少文（小旻）、少𦐧（小宛）、少𠬝（小弁）、考言（巧言）、伐木、天保、誶父（祈父）、黄鳥、菁菁者莪（菁菁者莪）、棠棠者芋（裳裳者華）、鹿鳴；屬《邦風》的有：闗疋（闗雎）、梂木（樛木）、灘坓（漢廣）、鵲槕（鵲巢）、甘棠、緑衣、鵻鵻（燕燕）、葛覃、東方未明、牆中（將仲子）、湯之水（揚之水）、菜萬（采葛）、木苽（木瓜）、折杜（杕杜）、腻大車（無將大車）、審雾（湛露）、备丘（宛丘）、於差（猗嗟）、巳鴼（鳲鳩）、兔蘆（兔罝）、又兔（兔爰）、大田、少明（小明）、白舟（柏舟）、浴風（谷風）、蓼莪（蓼莪）、隰又長楚（隰有萇楚）、七率（蟋蟀）、北風、牆又薺（牆有茨）、青蠅（青蠅）、涉秦（褰裳）；佚詩篇名有：河水；計五十篇。暫時還不能確定其爲篇名或不能確定其爲何篇之篇名的有：腸腸、可斯、子立、惓而、角幡，計五篇；僅引及文句，現有簡文尚未具其篇名的有：皇矣、大明、中氏，計三篇。合計約爲五十八篇。

釋文以馬承源對《孔子詩論》所作的釋文爲底本。原釋文依據内容將《孔子詩論》分爲五個部分，並分別題爲「詩序」、「訟」、「大夏」、「小夏」、「邦風」、「綜論」。考慮到《孔子詩論》不是出於科學發掘，殘斷嚴重，原有編序已不能復原，也不具備分章的條件，此次釋文祇分段落，不用小標題。

校勘主要依據《毛詩正義》以及阮元《十三經注疏校勘記》（《十三經注疏》，中華書局，一九八〇年）。

校點者　劉信芳

凡例

一、本書以《上海博物館藏戰國楚竹書（一）·孔子詩論》（上海古籍出版社，二〇〇一年）的釋文爲校勘底本。

二、竹簡原有符號粗墨道「▬」具有分篇或分章的意義，有時也用作句讀；鈎識號「┘」具有句讀的意義，此二种符號予以保留。重文符及合文符直接釋寫，不保留重文符及合文符。簡一至簡七上下兩端均有留白，留白處用省略號「……」表示。竹簡之端有殘斷者，以「☒」表示。凡原簡文字未能隸定者，以方框「□」替代。依文義補出的闕文，括在符號〔〕之內。

三、由於出土戰國楚竹書中的通假字較一般典籍爲多，爲方便閱讀，在校記中注明本字。不容易確定其本字者，酌加説明。

四、因原簡殘缺，僅依據内容酌分段落，不另行分章。

上海博物館藏楚竹書《孔子詩論》

……行此者亓又不王虖？■❶孔子曰：詩亡隱志，❷樂亡隱情，文亡隱言。……一

……寺也，❸文王受命矣」。❹訟，❺坪悳也，❻多言後，亓樂安而屖，❼亓訶紳而葛」❽，亓思深而遠，至矣」！大頣，❾盛悳也，多言……二

……也，多言難而悁退者也，❿衰矣！少矣⓫邦風，⓬亓内勿也尃，⓭觀人谷安，⓮大會材安。⓯亓言文，亓聖善。⓰孔子曰：隹能夫……⓱三

……曰：詩亓猶坪門」。⓲與戔民而豫之，⓳

---

❶「亓」讀爲「其」，「又」讀爲「有」，「虖」讀爲「乎」。竹書《孔子詩論》與《子羔》同鈔於一册竹簡，自章節號「■」以上，爲《子羔》篇，自章節號「■」以下爲《孔子詩論》。

❷「亡」，讀爲「無」。「隱」，簡二〇作「阝+殳」，乃一字之異，讀爲「隱」。

❸「寺」，或可讀爲「時」。

❹《詩·大雅·文王》：「有周不顯，帝命不時。」

❺「訟」，今《詩》作「頌」。

❻「坪悳」，讀爲「平德」。

❼「屖」，同「遲」。

❽「訶」，讀爲「歌」。「葛」，讀爲「易」，《禮記·樂記》：「大樂必易，大禮必簡。」

❾「頣」，「夏」之異構，今《詩》作「雅」。

❿「悁」，讀爲「怨」。

⓫「少」，讀爲「小」。以上所評爲「小夏（雅）」。

⓬「邦風」，今《詩》作「國風」，乃漢儒避高祖劉邦諱改。

⓭「内」，讀爲「納」。「勿」，讀爲「物」。「尃」，讀爲「溥」。

⓮「谷」，讀爲「欲」。「安」，讀爲「焉」。

⓯「僉」，讀爲「斂」。

⓰「聖」，讀爲「聲」。

⓱簡二與簡三文義或可連續，所評依次爲「訟」、「大夏」、「小夏」、「邦風」。

⓲「坪門」，讀爲「平門」。

⓳「戔」，讀爲「賤」。

亓甬心也牆可女？❶曰：邦風氏也」。❷民之有戕卷也，❸上下之不和者，亓甬心也牆可女？……四

……氏也。又城工者可女？❹曰：訟氏也。■《清宙》，王惪也」，❺至矣！敬宗宙之豊，❻以爲亓沓；❼「秉文之惪」，以爲亓業」；「肅售〔顯相〕」……❽五

☐多士，秉文之惪，❾虗敬之。❿《剌文》曰：「乍競隹人」，⓫「不㬎隹惪」，⓬「於虖！前王不忘」，⓭虗敓之。⓮「昊天又城命，

---

❶「甬」，讀爲「用」。「牆」，楚簡「將」字如是作。「可」，讀爲「何」。「女」，讀爲「如」。

❷「氏」，讀爲「是」。

❸「戕」，讀爲「戚」，字亦作「慽」。郭店簡《性自命出》三四：「𢝊（憂）异（斯）戕，戕异（斯）戁（歎）。」「戕」，《禮記·檀弓》作「戚」。「卷」，「惓」之異構，讀爲「睠」。「戕卷」是針對《小雅》下的評語，《小雅·小明》「睠睠顧懷」、《大東》「睠言顧之」可爲其例。

❹「城工」，讀爲「成功」。

❺「宙」，「廟」之古文。上博藏楚簡《周易·萃》四二：「王器（叚）于宙。」，帛本、今本《周易》作「廟」。

❻「豊」，讀爲「禮」。

❼「沓」，「本」之古文。

❽「肅售（雍）〔顯相〕」，《詩·周頌·清廟》作「肅雝顯相」。

❾「☐多士，秉文之惪」，《詩·周頌·清廟》作「濟濟多士，秉文之德」。

❿「虗」，讀爲「吾」。

⓫「剌文」，今《詩·周頌》篇名作「烈文」，簡文「剌」讀爲「烈」。「乍競隹人」，今《詩·周訟·烈文》作「無競維人」。

⓬「不㬎隹惪」，今《詩·周頌·烈文》作「不顯維德」，「㬎」，同「顯」。

⓭「於虖！前王不忘」，今《詩·周頌·烈文》作「於乎！前王不忘」。簡文「虖」讀爲「乎」。

⓮「敓」，讀爲「説」（悦）。

二后受之」，❶貴戲㬎矣。❷訟……六

……「褱尔䁱悳」，❸害城胃之也；❹「又命自天，命此文王」，❺城命之也」，❻信矣」。孔子曰：此命也夫」！文王唯谷也，❼得虐此命也。……七

《十月》善諀言」。❽《雨亡政》」、《即南山》皆言上之衰也，❾王公恥之。《少文》多恙，恙言不中志者也。❿《少翯》亓言不亞，⓫少有悉焉」。⓬《少𡖊》、《考言》則言讒人之害也」。⓭

❶「昊天又城命，二后受之」，今《詩·周頌·昊天有成命》作「昊天有成命，二后受之」。

❷「戲」，讀爲「且」。

❸「褱尔䁱悳」，《詩·大雅·皇矣》作「予懷明德」。簡文「褱」讀爲「懷」，「尔」同「爾」，「䁱」讀爲「明」。

❹「害」，讀爲「蓋」。「城」，讀爲「成」。「胃」，讀爲「謂」。

❺「又（有）命自天，命此文王」，「又」，今《詩·大雅·大明》，作「有」。

❻「城」，讀爲「成」，或謂讀爲「誠」。

❼「唯谷」，《詩·大雅·桑柔》：「人亦有言，進退維谷。」簡文「唯」同「維」。

❽「十月」，今《詩·小雅》篇名作「十月之交」。「諀」讀爲「譬」。

❾「雨亡政」，今《詩·小雅》篇名作「雨無正」。簡文「亡」讀爲「無」，「政」讀爲「正」。「即南山」，今《詩·小雅》篇名作「節南山」。

❿「少文」，今《詩·小雅》篇名作「小旻」，簡文「少」讀爲「小」，「文」讀爲「旻」。「恙」，同「疑」，讀爲「擬」。

⓫「少翯」，今《詩·小雅》篇名作「小宛」，簡文「翯」讀爲「宛」。「亞」，讀爲「惡」。

⓬「悉」，讀爲「危」，郭店簡《緇衣》三一：「民言不陒行，〔行〕不陒言。」「陒」，今本《禮記·緇衣》作「危」。「悉」與「陒」諧聲。

⓭「少𡖊」，今《詩·小雅》篇名作「小弁」，簡文「𡖊」，《説文》作「覍」，此讀爲「弁」。「考言」，今《詩·小雅》篇名作「巧言」。簡文「考」讀爲「巧」。「讒」，讀音未詳，或謂讀爲「讒」。

《伐木》☐❶ 八

實咎於其也」。❷《天保》亓得彔蔑畺矣，❸巽寡，❹悳古也」。《誶父》之責，❺亦又以也」。《黄鳥》則困，❻天谷反亓古也，❼多恥者亓忎之虖？❽《鯖鯖者莪》則以人益也。❾《棠棠者芋》則☐❿ 九

《關疋》之改」，⓫《梂木》之時」，⓬《灘𡸓》之智」，⓭《鵲樔》之逯」，⓮《甘棠》之保」，⓯《緑衣》之思，⓰《鷃鷃》之情」，⓱害曰童而皆臤於亓初者也」。⓲《關疋》以色俞於豊，⓳☐十

❶「伐木」，今《詩·小雅》篇名同。簡八下端殘失約二字間距，與簡九可連讀。

❷「實咎於其也」，「其」，讀爲「期」。該句所評爲「伐木」。

❸「天保」，今《詩·小雅》篇名同。「彔」，讀爲「禄」。「畺」，界也，或作「疆」。

❹「巽」，字或作「饌」、「饔」。

❺「誶父」，今《詩·小雅》篇名作「祈父」。

❻「黄鳥」，今《詩·小雅》、《秦風》皆有篇名作「黄鳥」，以屬之《秦風》爲近是。簡文「鳥」字從「口」，「口」爲無義偏旁。

❼「谷」，讀爲「欲」。

❽「忎」，讀爲「病」，或謂讀爲「怲」。

❾「鯖鯖者莪」，今《詩·小雅》篇名作「菁菁者莪」。

❿「棠棠者芋」，今《詩·小雅》篇名作「裳裳者華」，毛傳：「裳裳，猶堂堂也。」

⓫「關疋」，今《詩·周南》篇名作「關雎」。

⓬「梂木」，今《詩·周南》篇名作「樛木」。

⓭「灘𡸓」，今《詩·周南》篇名作「漢廣」。「智」，讀爲「知」。

⓮「鵲樔」，今《詩·周南》篇名作「鵲巢」。「逯」，同「歸」。

⓯「甘棠」，今《詩·召南》篇名同。

⓰「緑衣」，今《詩·邶風》篇名同。

⓱「鷃鷃」，今《詩·邶風》篇名作「燕燕」。

⓲「害」，讀爲「蓋」。「臤」，「賢」之古文。

⓳「俞」，讀爲「喻」。

☐青蟋也」。❶《關疋》之改，則亓思賹矣」。❷《梂木》之時，則以亓录也」。《灘芏》之智，則智不可得也。《鵲樔》之遏，則適者❸十一

☐好，反內於豊，不亦能改虖」？❹《梂（樛）木》福斯才君子，❺不☐十二

☐可得，不攻不可能，不亦智亙虖」？❻《鵲樔》出以百兩，❼不亦又適虖」？《甘（棠）》☐十三

兩矣」，亓四章則俞矣」。以琴瑟之敓，悘好色之忨，❽以鐘鼓之樂☐十四

☐及亓人，敬蟋亓梪，❾亓保厚矣」。甘棠之蟋，以卲公☐❿十五

☐卲公也」。《緑衣》之憂，思古人也」。《䰄䰄》之情，以亓蜀也。⓫孔子曰：虛以《葛

❶「青」，讀爲「情」。「蟋」，讀爲「愛」。

❷「賹」，讀爲「益」。

❸「適」，同「離」。「離」，兩也，字又作「麗」、「儷」。《廣雅・釋詁》：「離，耦也。」

❹「內」，入也，典籍多以「納」爲之。「虖」，讀爲「乎」。

❺「斯」，「斯」之異構。「才」，讀爲「在」。

❻「攻」，「攻」之異構。「智」，讀爲「知」。「亙」，讀爲「恆」。

以上所評爲「灘（漢）芏（廣）」。

❼「兩」，讀爲「輛」，《詩・召南・鵲巢》：「之子于歸，百輛御之。」

❽「忨」，讀爲「願」，或謂讀爲「玩」。

❾「梪」，讀爲「樹」。

❿「卲公」，經史稱「召伯」或「召公」，《詩・召南・甘棠》：「蔽芾甘棠，召伯所茇。」《禮記・曾子問》：「召公言於周公。」

⓫「蜀」，讀爲「獨」。《詩・邶風・燕燕》：「燕燕于飛，差池其羽。」郭店簡《五行》簡十七至十八：『「能遅（差）沱（池）其羿，肰（然）句（後）能至哀」。君子新（慎）其〔蜀（獨）也〕。』

覃》得氏初之詩，民眚古肰」，❶見亓𡿩必谷反亓本。❷夫萬之見訶也，則十六

▨《東方未明》又利訇」。❸《𤖹中》之言，❹不可不韋也」。❺《湯之水》亓忢婦悡。❻《菜萬》之忢婦▨❼十七

▨因木苽之保，❽以俞亓悁者也。《折杜》則情憙亓至也。❾■▨十八

▨□志，既曰「天也」，猶又悁言」。《木苽》又𧜣忨而未得達也」。❿交▨十九

▨幣帛之不可迲也」，⓫民眚古肰。亓隈志必又以俞也」，亓言又所載而后內，⓬或前之而后交，人不可𢍰也。⓭虗以《折杜》得雀（爵）□⓮▨二十

❶「眚」，讀爲「性」。「古」，讀爲「固」。「肰」，讀爲「然」。

❷「𡿩」，讀爲「美」。

❸「東方未明」，今《詩・齊風》篇名同。「訇」，讀爲「詞」。

❹「𤖹中」，今《詩・鄭風》篇名作「將仲子」。簡文「𤖹」讀爲「將」，「中」讀爲「仲」。

❺「韋」，讀爲「畏」，《詩・鄭風・將仲子》：「父母之言，不可不畏也。」

❻「湯之水」，今《詩》篇名作「揚之水」，分別見《王風》、《鄭風》、《唐風》。「忢」，同「愛」。「悡」，「憖」之省文，恨也。

❼「菜萬」，或謂即今《詩・王風》篇名「采葛」。

❽「苽」。今《詩・衛風》作「瓜」。上博藏楚簡《周易・姤》簡四十一：「以芑橐苽。」苽，今本亦作「瓜」。「保」，讀爲「寶」，或謂讀爲「報」，《詩・衛風・木瓜》：「投我以木瓜，報之以瓊琚。」

❾「折杜」，今《詩・小雅》、《唐風》均有篇名「杕杜」。簡文「折」讀爲「杕」。「憙」，讀爲「喜」。

❿「木苽」，今《詩・衛風》篇名作「木瓜」。「忨」，讀爲「願」。

⓫「迲」，同「去」。

⓬「后」，讀爲「後」。

⓭「𢍰」，「觸」之異構。

⓮「雀」，讀爲「爵」。

貴也。《贓大車》之囂也，❶則以爲不可女可也。《審霎》之賹也，❷亓猶軫與」？❸孔子曰：《备丘》虐善之」，❹《於差》虐憙之」，❺《𡰥鳩》虐信之」，❻《文王》虐㞷之，❼《清〔廟〕》▨二十一

▨□之。《备丘》曰：「訇又情，而亡望」，❽虐善之。《於差》曰：「四矢叓，以御亂」，❾虐憙之。《𡰥鳩》曰：「亓義一氏，心女結也」，❿虐信之。「文王在上，於卲于天」，⓫虐㞷之。二十二

▨《鹿鳴》以樂司而會，⓬以道交，⓭見善而孚，⓮冬虖不猒人」。⓯《兔蘆》亓甬人，⓰則虐取二十三

❶「贓大車」，今《詩‧小雅》篇名作「無將大車」，簡文「贓」讀爲「將」。

❷「審霎」，今《詩‧小雅》篇名作「湛露」。簡文「審」讀爲「湛」。「霎」乃「露」之異構。「賹」，讀爲「益」。

❸「軫」，讀爲「馳」。

❹「备」，「遷」之省形，讀爲「宛」。「备丘」，今《詩‧陳風》篇名作「宛丘」。

❺「於差」，今本《詩‧齊風》篇名作「猗嗟」。

❻「𡰥鳩」，今《詩‧曹風》篇名作「鳲鳩」，帛書《五行》一八五行作「尸叴」。

❼「文王」，今《詩‧大雅》篇名與之同。

❽「訇又情，而亡望」，今《詩‧陳風‧宛丘》作「洵有情兮，而無望兮」。

❾「四矢叓，以御亂」，今《詩‧齊風‧猗嗟》作「四矢反兮，以禦亂兮」。

❿「亓義一氏，心女結也」，今《詩‧曹風‧鳲鳩》作「其儀一兮，心如結兮」。前一句郭店簡《五行》一六作「其義翟也」，帛書《五行》一八四作「其宜一氏」。

⓫「卲」，今《詩‧大雅‧文王》作「昭」。

⓬「鹿鳴」，今《詩‧小雅》篇名同。「司」讀爲「始」。

⓭「以道交」，《詩‧小雅‧鹿鳴》：「人之好我，示我周行。」毛傳：「行，道也。」

⓮「孚」，讀爲「傚」，《詩‧小雅‧鹿鳴》：「視民不恌，君子是則是傚。」

⓯「冬」，讀爲「終」。「猒」，讀爲「厭」。

⓰「兔蘆」，今《詩‧周南》篇名作「兔罝」。

以□□之古也」；后稷之見貴也」，則以文武之悳也」。虛以《甘棠》得宗宙之敬」。民售古肰，甚貴亓人，必敬亓立；❶敓亓人，必好亓所爲，亞亓人者亦然。▨二十四

▨《腸腸》少人」。❷《又兔》不奉時」。❸《大田》之孚章，❹智言而又豊」。《少明》不▨❺二十五

▨忠」。《北·白舟》悶」。❻《浴風》悟」。❼《翏莪》又孝志」。❽《隉又長楚》得而悬之也。❾▨二十六

▨女此。可斯雀之矣。❿適亓所惡，必曰虛奚舍之，賓贈氏也。孔子曰：《七率》智難」。⓫

❶「立」，位也，楚簡凡「位」皆作「立」。

❷「腸腸」，篇名，未詳。

❸「又兔」，讀爲「有兔」，篇名，今《詩·王風》篇名作「兔爰」。簡文「又(有)兔」蓋取《詩·王風·兔爰》首句「有兔爰爰」之「有兔」爲題。「奉」，讀爲「逢」。

❹「大田」，今《詩·小雅》篇名同。「孚」，楚簡「卒」字如是作。

❺「少明」，今《詩·小雅》篇名作「小明」。

❻「北」，讀爲「邶」，謂《詩》之「邶風」。「白舟」，今《詩·邶風》篇名作「柏舟」。

❼「浴風」，讀爲「谷風」，今《詩·邶風》、《小雅》均有篇名「谷風」。「悟」，讀爲「背」，《荀子·解蔽》「背而走」，楊倞注：「背，弃也。」《廣雅·釋詁》：「背，負也。」《詩·邶風·谷風》：「不我能慉，反以我爲仇。」此寫夫妻離異。《小雅·谷風》：「將安將樂，弃予如遺。」此謂朋友相背棄。《詩論》評《谷風》爲「背」，有可能是針對同題諸作而發。

❽「翏莪」，今《詩·小雅》篇名作「蓼莪」。

❾「隉又長楚」，今《詩·檜風》篇名作「隰有萇楚」，「隉」，同「隰」。「悬」，「悔」之異構。

❿「可斯」，未詳。或以爲讀爲「何斯」，解爲篇名，《詩·小雅》有篇名「何人斯」，《周南·殷其雷》有「何斯違斯」之句，均未可定。「雀」，讀爲「爵」。

⓫「七率」，今《詩·唐風》篇名作「蟋蟀」。

「中氏」君子」。❶《北風》不幽人之情。❷子立不☒❸二十七

☒□亞而不廋。《牆又薺》訢寣而不智言」❹。《青蟲》智☒❺二十八

☒惓而不智人」。❻《涉秦》亓幽，❼柎而士」。❽角幡婦。❾《河水》智❿☒二十九

❶「中氏」，讀爲「仲氏」，《詩・小雅・何人斯》：「伯氏吹壎，仲氏吹篪。」

❷「北風」，今《詩・邶風》篇名作「北風」。「幽」，「絶」之古文。

❸「子立」，未詳。

❹「墻又薺」，今《詩・鄘風》篇名作「墻有茨」，「薺」，齊《詩》、韓《詩》作「薺」，阜陽漢簡《詩經》作「穧」。「訢」，讀爲「慎」。「寣」，讀爲「密」。

❺「青蟲」，今《詩・小雅》篇名作「青蠅」。簡文「蟲」讀爲「蠅」。

❻「惓而」，未詳。或釋爲今《詩・周南》篇名「卷耳」，因簡殘無法確證。

❼「涉秦」，讀爲「涉溱」，《詩・鄭風・褰裳》：「子惠思我，褰裳涉溱。」「涉溱」乃篇名「褰裳」之異稱。

❽「柎」，讀爲「拊」，撫慰。「而」，讀爲「爾」。

❾「角幡」，未詳。

❿「河水」，篇名，《國語・晉語四》：「秦伯賦《鳩飛》，公子賦《河水》。」簡文「河水」是否就是晉公子重耳所賦之「河水」，尚未可定。

附：備用殘簡

□者。《少題》，亦德之少者也。由□□□見有道而□者也。周□肰□受孔子（合文？）觀（？）《大題》之□□▨❶

❶ 《上海博物館藏戰國楚竹書（一）·孔子詩論》附録「備用的殘簡」一枚，爲黑白照片，字跡不清晰。內容與《詩論》相屬，整理者尚未公佈釋文，以上釋文供參考。

上海博物館藏楚竹書《周易》

何琳儀　校點

校點説明

一九九四年春，香港文物市場出現一批戰國竹簡，約一千二百餘枚。一九九四年秋冬之際，又發現一批竹簡，共計四百九十七枚，文字内容與第一次發現者關係密切，或可以接讀。

這兩批竹簡由上海博物館購得，並得到妥善保管和科學處理，嗣經上海博物館、北京大學、香港中文大學若干學者的研究，兩批竹簡的原始資料陸續公佈於世，並附有釋文及考釋。竹書《周易》即其中的一種，刊載於《上海博物館藏戰國楚竹書（三）》（上海古籍出版社，二〇〇三年）。

楚竹書《周易》共有五十八簡，計一千八百零六字，其中合文三、重文八、卦畫二十五。完整竹簡兩端平齊，長四十四釐米，寬〇・六釐米，厚〇・一二釐米左右，三道編綫。上契口距頂端一・二釐米，上契口距中契口間距約二十一釐米，中契口距下契口間距約二十五釐米，下契口距尾端一・二釐米，契口位於竹簡右側。完整的竹簡一般書寫四十四字左右。另外，香港中文大學中國文化研究所收藏的一段殘簡屬於楚竹書《周易》，並能與第三十二簡完全綴合，計十二字。以上關於楚竹書《周易》的材料共計三十四卦，文字一千八百十六字。

楚竹書《周易》由卦畫、文字和符號三個部分組成。卦畫以「一」表示陽爻，「八」表示陰爻，與馬王堆帛書《周易》、阜陽漢簡《周易》相同，而與王家台秦簡和今本卦畫有别。文字由卦名、卦辭、爻位、爻辭等部分組成。計有兩種基本符號，單獨或組合表示，並兼以紅、黑兩色，共有八種類型。這些符號既不見於以往出土文獻，也不見於今本《周易》，關於它們在簡文中的位置及所表達的意義，整理者有頗爲縝密的研究，可以參看。

《周易》乃儒經之首，文辭古奥難解，歷代注釋、論述極多，版本也非常豐富。由於文字的歧異，各家對於經文的解說更是衆説紛紜，莫衷一是。

一九七三年，長沙馬王堆三號漢墓出土的帛書《周易》，開闢了易學研究的一個新天地。帛書《周易》約抄寫於漢文帝初，其文本的形成當更在文帝之前。帛書有經有傳，與通行本有很大的差異，這對研究《周易》一書的形成及流傳有極其重要的參考價值。

一九七七年，安徽阜陽雙古堆汝陰侯墓（下限不晚於漢文帝十五年）出土一批竹簡，多屬斷簡殘篇。阜本若干竹簡文字與今本經文不相連屬，頗疑是與《周易》相關的文字，當另有來源。爲了保存阜本之原貌，本《校記》一併收入，以供讀者參考。

楚竹書《周易》是戰國時期的抄本，其時代比帛書《周易》、阜陽漢簡《周易》當然更早，應是迄今爲止所見《周易》最早的寫本。其文字與今本有很大的不同，而且與帛書《周易》、阜陽漢簡《周易》也有不小的出入。如有些文字衹見於竹書，不見於今本和帛書，也有些文字見於今本和帛書而不見於竹書。又如竹書和帛書在文字的使用方面大量地使用通假字，還有一部分文字並非通假而與今本有異。

由於這三批均屬出土文獻，故本書以之爲主要校勘对象，並參以今通行本對校。

楚竹書《周易》的文字屬於戰國文字，若干字形奇譎難識，學者隸定或有歧異。本《校記》基本以濮茅左《釋文》爲主，於諸家之説擇善而從，並參以己意。

凡此種種，都爲研究先秦時期的易學提供了可靠而新穎的資料。竹書《周易》的發現，對探索《周易》文本的基本原貌顯得尤其重要，彌足珍貴；並在易學研究領域中引發一系列新課題，必將極大地推動易學的深入發展。

校點者　何琳儀

凡例

一、本文基本以上海博物館藏楚竹書《周易》釋文爲校勘底本，凡與上海博物館發佈之楚竹書釋文(簡稱《竹書釋文》)不同者，均爲校點者改釋，釋文後附校勘記。

二、按《竹書釋文》編排順序編號，釋文於每簡最後一字右下方加注簡號。

三、原簡無篇名，今據《竹書釋文》並參今本《周易》補。

四、簡文與今本字數不同者，釋文均出校。

五、釋文以上海博物館藏楚竹書彩色照片爲底本，參校本主要有以下文獻：

1《上海博物館藏戰國楚竹書》(叁)簡稱「滬本」，所附釋文簡稱《竹書釋文》(上海古籍出版社，二〇〇三年)。

2《香港中文大學文物館藏簡牘》(香港中文大學文物館，二〇〇一年)簡稱「港本」。「港本」零簡第二號簡與「滬本」第三十二號簡可以綴合，兹一併列入「滬本」第三十二號簡末。

3 馬王堆漢墓帛書整理小組《馬王堆漢墓文物》(湖南出版社，一九九二年)簡稱「帛本」。

4 馬王堆漢墓帛書整理小組《馬王堆帛書〈六十四卦釋文〉》(《文物》，一九八四年第三期)簡稱《帛本釋文》。

5 韓自强《阜陽漢簡〈周易〉研究》(上海古籍出版社，二〇〇四年)簡稱「阜本」。

6「今本」以阮元《十三經注疏》(中華書局，一九八〇年)爲主，偶採其他傳注，隨文注明。

六、竹簡文字一般採用嚴式隸定。少數有所變異的寬式隸定，則在注文中説明。也有少數隸定，雖不能確知其結構，然亦採用通行隸定，如

「泥」、「陸」等。筆畫殘缺或暫無法隸定者，以「□」表示。

七、通假字的聲韻關係，注文作如下處理：

1 聲首相同者一般不注，若干楷書字形之聲符不明晰者則注。如「有」從「又」聲，「在」從「才」聲等。

2 聲首不同者則注。反復出現者，衹在首見處加注，並標以「以下同」，其他則從略。

3 韻母系統基本採用王念孫二十二部說，偶採他説，隨文注明。

4 聲母系統基本採用黄侃十九部說，兼採曾運乾、錢玄同説。

上海博物館藏楚竹書《周易》

尨（蒙）

……六參❶：勿用取女，見金夫，不又❷躳❸，亡❹卣❺利。
六四：困尨❻，吝。
六五：僮❼尨❽，吉。
上九：毄❾尨❿，不利爲寇，利御⓫寇。

❶「參」，帛本、阜本、今本均作「三」，韻母同屬侵部。「參」原篆作「晶」形，乃「參」之省簡。以下同。

❷「又」，帛本、阜本、今本均作「有」。「有」從「又」得聲，「又」、「有」古今字。以下同。

❸「躳」，帛本、阜本均作「竆」，（原篆上從「宀」，乃「窮」之異體。）今本作「躬」，韻母同屬冬部。「躳」，原篆從「身」、「吕」（讀若「雍」）聲。以下同。

❹「亡」，帛本、阜本、今本均作「无」。「无」，明紐魚部；「亡」，明紐陽部；二字同紐，魚、陽陰陽對轉。以下同。

❺「卣」，阜本同，帛本、今本均作「攸」，韻母同屬幽部。以下同。

❻「尨」，今本作「蒙」，韻母同屬東部。以下同。

❼「僮」，帛本、今本均作「童」。

❽「尨」，帛本、今本均作「蒙」，韻母同屬東部。

❾「毄」，今本作「擊」。

❿「尨」，今本作「蒙」。

⓫「御」，帛本作「所」，今本作「禦」，韻母同屬魚部。

一

孠（需）

䷄❶孠❷■：❸又❹孚❺，光卿❻，貞吉。利涉大川。

初九：孠❼于蒿❽。利用亙❾，亡咎。

九〔二〕：孠❿于墀⓫。少⓬又⓭言，冬⓮吉。

---

❶ 「䷄」，卦畫。今本作「䷄」。滬本卦畫全部都在簡端，陰、陽二爻用「八」、「一」，與帛本、阜本相同，而與今本作「⚋」、「⚊」不同。以下同。

❷ 「孠」，帛本作「襦」，今本作「需」。《竹書釋文》隸定爲左從「子」，右從「而」之字，誤。按，據《説文》「嗣」之古文、三體石經知「孠」爲「嗣」之古文。今本「需」，鄭玄注「需讀爲秀」。「司」，心紐之部；「秀」，心紐幽部。二字同紐，之、幽旁轉。「需」，心紐侯部。「秀」、「需」同紐，幽、侯旁轉。「司」、「秀」、「需」、「襦」同屬心紐，韻部由之部旁轉幽部，由幽部旁轉侯部，其音變有迹可尋。以下同。

❸ ■，卦畫、卦名後之彩色符號。另外，尚有■、匚、■、■、匚，凡八類，滬本首見。八類符號之間的對應關係，詳見另文。爲印刷方便計，本《校記》暫從《竹書釋文》的符號系統。以下同。

❹ 「又」，帛本、今本均作「有」。

❺ 「孚」，今本同，帛本作「復」，韻母同屬幽部。

❻ 「卿」，帛本、今本均作「亨」，韻母同屬陽部。

❼ 「孠」，帛本作「襦」，今本作「需」。

❽ 「蒿」，帛本作「茭」，今本作「郊」，韻母同屬宵部。

❾ 「亙」，帛本、今本均作「恒」。「亙」、「恒」古今字，以下同。

❿ 「孠」，帛本作「襦」，今本作「需」。

⓫ 「墀」，帛本、今本均作「沙」。「墀」，從「土」，從「徙」之異文。（參《説文》「徙」之古文，然其右下稍有訛變，實則從「少」得聲。）「徙」，心紐支部；「沙」，心紐歌部。支、歌旁轉。

⓬ 「少」，帛本同，阜本、今本均作「小」，韻母同屬宵部。

⓭ 「又」，帛本、阜本、今本均作「有」。

⓮ 「冬」，帛本、今本均作「終」。

九參❶：孚❷于坭❸，至❹寇至。

六四：孚❺于血，出❻…… 二

……〔冬〕❼吉。■ 三

訟

䷅六訟■：又❽孚❾，懥❿惕⓫，中⓬吉，冬⓭凶⓮。利用見大人，不利涉大川。

初六：不出⓯御⓰事，少又⓱言，冬⓲吉。

❶「參」，帛本、阜本、今本均作「三」，韻母同屬侵部。以下同。

❷「孚」，帛本作「襦」，今本作「需」。

❸「坭」，帛本、今本均作「泥」。

❹「至」，帛本、今本均作「致」。

❺「孚」，帛本作「襦」，今本作「需」。

❻「出」，今本「出自穴」，阜本作「自穴卜以」。

❼「冬」，據帛本、今本均作「終」補。

❽「又」，帛本、今本均作「有」。

❾「孚」，今本同，帛本作「復」。

❿「懥」，帛本作「洫」，今本作「窒」。「懥」，「陟」之異文，參《說文》「陟」之古文。「陟」、「窒」同屬端組。「窒」、「洫」韻母同屬質部。《竹書釋文》隸定爲「憄」，不確。

⓫「惕」，帛本作「寧」，今本作「愓」。「惕」（從「啻」得聲），透紐支部；「寧」，泥紐耕部；「愓」，透紐支部。透、泥同屬端組，支、耕陰陽對轉。

⓬「中」，帛本作「克」，韻母同屬冬部。《帛本釋文》隸定爲「克」，殊誤。

⓭「冬」，帛本同，今本作「終」。

⓮「凶」，今本同，帛本作「兇」。

⓯「出」，帛本作「行」，今本作「永」。「永」、「行」韻母同屬陽部。滬本「不出」與帛本「不行」義通。參下六頁《比》注⓯。

⓰「御」，帛本、今本均作「所」，韻母同屬魚部。

⓱「又」，帛本、今本均作「有」。

⓲「冬」，帛本同，今本作「終」。

九二：不克訟，逯❶肤❷，亓❸邑人參 四 四❹戶，亡❺⿰衤青❻。

六參❼：食舊悳❽，貞⿰石萬❾，冬❿吉，或從王事，亡⓫成。

九四：不克訟，⿺辶复⓬即命愈⓭，安貞吉。

九五：訟，元吉。

上⓮九：或賜〔之〕⓯繙⓰⿰糹帶⓱，冬⓲ 五 朝參⓳⿸广衣⓴之。■ 六

❶「逯」，「歸」之異文。帛本、今本均作「歸」。

❷「肤」，帛本、今本均作「逋」，韻母同屬魚部。

❸「亓」，帛本同，今本作「其」。「其」從「亓」聲，韻母同屬之部。以下同。

❹「四」，帛本、今本均作「百」。各有所本。

❺「亡」，帛本、今本均作「无」。

❻「⿰衤青」，帛本、今本均作「省」。「省」乃「眚」之變異，古本一字。

❼「參」，帛本、今本均作「三」。

❽「悳」，帛本、今本均作「德」。「悳」、「德」古今字，以下同。

❾「⿰石萬」，帛本、阜本、今本均作「厲」。

❿「冬」，帛本、阜本同，今本作「終」。

⓫「亡」，帛本、今本均作「无」。

⓬「⿺辶复」，帛本、今本均作「復」。

⓭「愈」，帛本作「俞」，今本作「渝」。

⓮「上」，今本同，帛本作「尚」，韻母同屬陽部。以下同。

⓯「之」，據帛本、今本補。

⓰「繙」，帛本作「般」，今本作「鞶」，韻母同屬元部。「繙」，原篆右下從「田」，右上從「斗」（「半」之異文），讀若「半」，疑「絆」之異文。

⓱「⿰糹帶」，帛本、今本均作「帶」。

⓲「冬」，帛本同，今本作「終」。

⓳「參」，帛本、今本均作「三」。

⓴「⿸广衣」，帛本作「㨉」，今本作「褫」。「⿸广衣」，從「衣」，「鹿」聲，疑「襹」之異文（「鹿」、「麗」同屬來紐）。「⿸广衣」、「㨉」聲母同屬來紐。「襹」，來紐支部；「褫」，定紐支部；雙聲（端組）疊韻。滬本釋「⿸广衣」爲「表」，可能是根據《韻會》「⿸广衣，同表」。按，「⿸广衣」疑「麃」之訛誤，故讀「表」。

帀（師）

㠭帀❶：貞，丈人吉，亡❷咎。

初六：帀❸出以聿❹，不𦙶❺凶❻。

九二：才❼帀❽宔❾吉，亡❿咎，王參⓫賜⓬命。

六參⓭：帀⓮或𦥑⓯𣧂⓰，凶⓱。

六七四：帀⓲左宔⓳，亡⓴咎。

六五：畋㉑又㉒𠓛㉓，利埶言，亡㉔咎。

---

❶「帀」，今本作「師」。

❷「亡」，帛本、今本均作「无」。

❸「帀」，帛本、阜本、今本均作「師」。

❹「聿」，帛本、今本均作「律」。

❺「𦙶」，帛本、今本均作「臧」。

❻「凶」，今本同，帛本作「兇」。

❼「才」，帛本、今本均作「在」。「在」，從「才」聲。古文字「在」均作「才」。以下同。

❽「帀」，帛本、今本均作「師」。

❾「宔」，帛本、今本均作「中」。

❿「亡」，帛本、今本均作「无」。

⓫「參」，帛本、今本均作「三」。

⓬「賜」，帛本作「湯」，今本作「錫」。

⓭「參」，帛本、阜本、今本均作「三」。

⓮「帀」，帛本、阜本、今本均作「師」。

⓯「𦥑」，帛本作「輿」，今本作「輿」。

⓰「𣧂」，帛本作「𡰥」，今本作「屍」。以下同。

⓱「凶」，今本同，帛本作「兇」。

⓲「帀」，帛本、今本均作「師」。

⓳「宔」，帛本、今本均作「次」，聲韻母同屬精組。

⓴「亡」，帛本、今本均作「无」。

㉑「畋」，帛本、阜本、今本均作「田」。

㉒「又」，帛本、阜本、今本均作「有」。

㉓「𠓛」，帛本、阜本、今本均作「禽」。按，「𠓛」所從「凶」乃疊加聲符。「凶」，曉紐；「禽」，群紐；唯深喉、淺喉之別。以下同。

㉔「亡」，帛本、今本均作「无」。

長子銜❶帀❷，弟子⿱舁止❸⿰歹尿❹，貞凶❺。

上❻六：大君子❼又❽命，啓❾邦❿承豢⓫，小人⓬勿用。八

比

䷇比■：备⓭筮⓮，元羕⓯貞，吉⓰，亡⓱咎。不寍⓲方逨⓳，逡⓴夫凶㉑。

---

❶「銜」，帛本同，今本作「帥」，韻母同屬脂部（或屬月部）。

❷「帀」，帛本、今本均作「師」。

❸「⿱舁止」，帛本作「輿」，今本作「輿」。

❹「⿰歹尿」，帛本作「⿸尸示」，阜本、今本作「屍」。

❺「凶」，今本同，帛本、阜本作「兇」。

❻「上」，今本同，帛本作「尚」。

❼「大君」上，阜本有「不吉」二字。「大君子」，帛本作「大人君」，阜本、今本均作「大君」。

❽「又」，帛本、阜本、今本均作「有」。

❾「啓」，帛本、阜本同，今本作「開」。「啓」作「開」，避漢景帝諱。

❿「邦」，帛本、今本均作「國」。「邦」作「國」，避漢高祖諱。

⓫「豢」，原篆上從「爪」，乃增飾偏旁，楚文字習見。以下同。

⓬「小人」，下有合文符號。

⓭「备」，帛本、今本均作「原」，韻母同屬元部。

⓮「筮」，帛本、今本均作「筮」。「筮」，原篆下從「口」，乃增飾偏旁，古文字習見。

⓯「羕」，帛本作「行」，今本作「永」，韻母同屬陽部。《帛本釋文》隸定「行」爲「永」，誤。參上三頁《訟》注⓯。

⓰「吉」，帛本、今本均無。

⓱「亡」，帛本、今本均作「无」。

⓲「寍」，帛本、今本均作「寧」。

⓳「逨」，帛本、今本均作「來」。

⓴「逡」，帛本、今本均作「後」。

㉑「凶」，今本同，帛本作「兇」。

初六：又❶孚❷，比之，亡❸咎。又❹孚❺涉❻，缶，冬❼逨❽又❾它❿，吉。

六二：比之自内，〔貞〕⓫吉。

六參⓬：比之九非⓭人。

六四：外𢻸⓮之，亡不利⓯。

九五：顯比，王〔用〕⓰參⓱驅，遊⓲前

❶「又」，帛本、今本均作「有」。

❷「孚」，今本同，帛本作「復」，韻母同屬幽部。

❸「亡」，帛本、今本均作「无」，阜本作「毋」，聲母同屬明紐。

❹「又」，帛本、今本均作「有」。

❺「孚」，今本同，帛本作「復」，韻母同屬幽部。

❻「涉」，帛本、今本均作「盈」。「涉」相當於字書之「洌」。「洌」，來紐月部；「泄」，心紐月部，二字疊韻。典籍從「列」與從「世」之字多相通假，如《漢書·鮑宣傳》「男女遮迣」，顏注「迣」，古列也。《説文》「迣，迾也。晉趙曰迣。從，辵，世聲，讀若寘。」「泄」從「世」得聲，「世」，透紐；「盈」，喻紐四等（古歸定紐），二字爲雙聲。「泄」訓「溢」，「盈」亦訓「溢」。「涉」與「盈」音義均通。滬本隸定爲「海」，誤。

❼「冬」，帛本同，今本作「終」。

❽「逨」，帛本、今本均作「來」。

❾「又」，帛本作「或」，今本作「有」，韻母同屬之部。以下同。

❿「它」，今本同，帛本作「沱」。《帛本釋文》隸定「沱」爲「池」，誤。

⓫「貞」，據諸本補。

⓬「參」，帛本、今本均作「三」。

⓭「非」，帛本同，今本作「匪」。

⓮「𢻸」，帛本、今本均作「比」。

⓯「亡不利」，帛本、今本均作「貞吉」。滬本當另有來源。又阜本釋文「九五」上有「不獲」二字。按，阜本照片與摹本均不清晰，所謂「獲」之殘字末筆長，頗似「利」字。如是，則滬本與阜本可以印證。

⓰「用」，據帛本、阜本、今本補。

⓱「參」，帛本、阜本、今本均作「三」。

⓲「遊」，帛本、阜本、今本均作「失」。「遊」（從「羊」聲），喻紐四等歸定紐；「失」，定紐。疑二字因雙聲通假，楚文字習見。以下同。

含凶❶。邑人不戒❷，吉。
上❸六：比❹亡❺首，凶❻■。十

大　有

……亡❼咎。
六五：氒❽孚❾洨❿女⓫，愇⓬女⓭，吉⓮。
上⓯九：自天右⓰之，吉亡⓱不利。■十一

⿸厂⿱兼土（謙）

⿸厂⿱兼土⓲■：卿⓳，君子又⓴冬㉑。

❶「含凶」，帛本、阜本、今本均作「禽」。
❷「戒」，帛本同，今本作「誡」。
❸「上」，今本同，帛本作「尚」。
❹「比」下，今本有「之」字，帛本、阜本則無。
❺「亡」，帛本、今本均作「无」，阜本作「毋」。
❻「凶」，今本同，帛本作「兇」。
❼「亡」，帛本、今本均作「无」。
❽「氒」，帛本作「闕」，今本作「厥」。古文字「厥」均作「氒」。以下同。《帛本釋文》釋「闕」爲「厥」，誤。
❾「孚」，今本同，帛本作「復」，韻母同屬幽部。
❿「洨」，帛本、今本均作「交」。
⓫「女」，帛本、今本均作「如」。以下同。
⓬「愇」，帛本作「委」，今本作「威」，韻母同屬脂部。
⓭「女」，帛本、今本均作「如」。
⓮「吉」，今本同，帛本作「終吉」。
⓯「上」，今本同，帛本作「尚」。
⓰「右」，帛本同，今本作「祐」。
⓱「亡」，帛本、今本均作「无」。
⓲「⿸厂⿱兼土」，今本作「謙」。
⓳「卿」，今本作「亨」，韻母同屬陽部。
⓴「又」，帛本、今本均作「有」。
㉑「冬」，帛本、今本均作「終」。

初六：⿸厂⿱兼土❶〔⿸厂⿱兼土〕❷君子，用❸涉大川，吉。
六二：鳴⿸厂⿱兼土❹，〔貞吉〕。
〔六〕❺四：亡❻不利，蕢❼⿸厂⿱兼土❽。
六五：不富❾以十二亓❿⿱吅文⓫，利用戠⓬伐，亡⓭不利。
上⓮六：鳴⿸厂⿱兼土⓯，可⓰用行帀⓱，征邦⓲。

■十三

余（豫）

余⓳■：利建矦⓴，行帀㉑。

❶「⿸厂⿱兼土」，帛本作「嗛」，今本作「謙」。
❷「⿸厂⿱兼土」，據諸本補。
❸「甬」，帛本、今本均作「用」。
❹「⿸厂⿱兼土」，帛本作「嗛」，今本作「謙」。
❺「六」，據諸本補。
❻「亡」，帛本、今本均作「无」。
❼「蕢」，帛本作「譌」，今本作「撝」，韻母同屬歌部。
❽「⿸厂⿱兼土」，帛本作「嗛」，今本作「謙」。
❾「富」，帛本、今本均作「富」。
❿「亓」，帛本同，今本作「其」。
⓫「⿱吅文」，帛本、今本均作「鄰」。從「吅」（「鄰」之會意字），「文」爲疊加聲符。「吅」，來紐真部；「文」，明紐文部。明、來爲複輔音通轉，真、文旁轉。
⓬「戠」，今本作「侵」。
⓭「亡」，今本作「无」。
⓮「上」，今本同，帛本作「尚」。
⓯「⿸厂⿱兼土」，今本作「謙」。
⓰「可」，今本作「利」。「可」，溪紐歌部；「利」，來紐脂部。溪、來爲複輔音通轉，歌、脂旁轉。
⓱「帀」，今本作「師」。
⓲「邦」，今本作「邑國」。「邦」作「國」，參上文。今本又衍「邑」。
⓳「余」，帛本作「餘」，今本作「豫」，韻母同屬魚部。以下同。
⓴「矦」，帛本作「矦」，今本作「侯」。按，「矦」爲先秦古文字，「侯」爲秦漢文字，「侯」爲隸古定，實乃一字之變。
㉑「帀」，帛本、今本均作「師」。

初六：鳴余❶，凶❷。

六二：紒❸于石，不冬❹日，貞吉。

六參❺：可❻余❼𢙺❽，迟❾又❿𢙺⓫。

九四：猷⓬余⓭，大又⓮𣅀⓯。母⓰頪⓱堋⓲𣤶⓳疌⓴。

六五：十四貞疾，亙㉑不死。

❶「余」，帛本作「餘」，阜本、今本均作「豫」。

❷「凶」，今本同，阜本作「兇」。又阜本「兇」之後有「卜求有得也，後必」。

❸「紒」，帛本作「疥」，今本作「介」。

❹「冬」，帛本同，今本作「終」。

❺「參」，帛本、阜本、今本均作「三」。

❻「可」，帛本作「杅」，阜本作「歌」，今本作「盱」。「杅」、「盱」（均從「于」聲），匣紐魚部；「可」（「歌」從「可」聲），溪紐歌部。匣、溪唯深喉、淺喉之别，魚、歌旁轉。

❼「余」，帛本作「餘」，阜本、今本均作「豫」。

❽「𢙺」，帛本同，阜本作「𣫭」，今本作「悔」。

❾「迟」，帛本、今本均作「遲」，阜本作「夷」，韻母同屬脂部。

❿「又」，帛本、今本均作「有」。

⓫「𢙺」，帛本同，今本作「悔」。

⓬「猷」，帛本作「允」，今本作「由」。聲母同屬喻紐四等。又「允」從「以」得聲。「以」，喻紐四等之部；「猷」、「由」，喻紐四等幽部。之、幽旁轉。

⓭「余」，帛本作「餘」，阜本、今本均作「豫」。

⓮「又」，帛本、今本均作「有」。

⓯「𣅀」，帛本、今本均作「得」。「𣅀」、「得」爲古今字，古文字習見。以下同。

⓰「母」，帛本、今本均作「勿」，聲母同屬明紐。

⓱「頪」，帛本、今本均作「疑」，韻母同屬之部。

⓲「堋」，帛本作「傰」，今本作「朋」，韻母同屬蒸部。

⓳「𣤶」，帛本作「甲」，今本作「盍」，韻母同屬葉部。「𣤶」，《竹書釋文》隸定爲「欲」，誤。

⓴「疌」，帛本作「讒」，今本作「簪」。「讒」，心紐談部；「簪」，精紐侵部。精、心同屬精組，侵、談旁轉。「疌」，《竹書釋文》隸定如此「適」，待考。

㉑「亙」，帛本、今本均作「恒」。

上❶六：榠❷余❸，成又❹愈❺，亡❻咎。

■十五

陸（隨）

䷐陸❼■：元卿❽，利貞，亡❾咎。

初九：官又❿愈⓫，貞吉。出非〔門〕⓬交又⓭工⓮。

六二：係少⓯子，遊⓰丈夫⓱。

六參⓲：係丈夫，遊⓳少⓴子。陸㉑求

❶「上」，今本同，帛本作「尚」。

❷「榠」，帛本、今本均作「冥」。《竹書釋文》隸定爲「杲」。「榠」所從「冥」旁構形奇譎，今暫釋「榠」。

❸「余」，帛本作「餘」，今本作「豫」。

❹「又」，帛本作「或」，今本作「有」。

❺「愈」，帛本作「諭」，今本作「渝」。

❻「亡」，帛本、今本均作「无」。

❼「陸」，帛本作「隋」，今本作「隨」。按，滬本「陸」原篆省一「又」（即《説文》「左」之所從）。

❽「卿」，帛本、今本均作「亨」。

❾「亡」，帛本，阜本、今本均作「无」。

❿「又」，帛本作「或」，今本作「有」。

⓫「愈」，帛本作「諭」，今本作「渝」。

⓬「非」，諸本皆作「門」，疑滬本「非」乃「門」之誤，蓋脱左右二竪筆。

⓭「又」，帛本、阜本、今本均作「有」。

⓮「工」，帛本、今本均作「功」。又阜本在「六二」上有「吉」字。

⓯「少」，帛本、阜本、今本均作「小」。

⓰「遊」，帛本、阜本、今本均作「失」。

⓱「夫」下，阜本有「卜」。

⓲「參」，帛本、阜本、今本均作「三」。

⓳「遊」，帛本、阜本、今本均作「失」。

⓴「少」，帛本、阜本、今本均作「小」。

㉑「陸」，帛本、阜本均作「隋」，今本作「隨」。

又❶旻❷。利尻❸貞❹。九四：隓❺又❻十六 膢❼，貞工❽。又❾孚❿才⓫道已⓬明，可⓭咎。九五⓮：孚⓯于⓰嘉，吉⓱。上⓲六：係而⓳敂之⓴，從乃㉑矋㉒之。王用亯㉓于西㉔山㉕。■十七

❶「求又」，帛本、阜本、今本均倒作「有求」。

❷「旻」，帛本、阜本、今本均作「得」。

❸「尻」，帛本、今本均作「居」，阜本作「虛」，韻母同屬魚部。「尻」，「處」之省文。以下同。

❹「貞」下，阜本有「卜家」二字，爲諸本所無。

❺「隓」，帛本作「隋」，今本作「隨」。

❻「又」，帛本、今本均作「有」。

❼「膢」，帛本、今本均作「獲」。

❽「工」，帛本、今本均作「凶」，韻母同屬東部。

❾「又」，帛本、今本均作「有」。

❿「孚」，今本同，帛本作「復」。

⓫「才」，帛本、今本均作「在」。

⓬「已」，帛本同，今本作「以」，韻母同屬之部。

⓭「可」，帛本、今本均作「何」。

⓮「九五」下，諸本當有「咎」，阜本則補殘字爲「罪」。細審照片殘字並不清晰，待考。

⓯「孚」，今本同，帛本、阜本作「復」。

⓰「于」，諸本均同，唯阜本脱。

⓱「吉」下，阜本有「卜」，爲諸本所無。

⓲「上」，今本同，帛本作「尚」。又「上六」上，阜本有「有患難者解」，爲諸本所無。

⓳「而」，諸本所無。

⓴「係而敂之」，帛本作「枸係之」，今本作「拘係之」。滬本「係」與「拘」顛倒，且增「而」。

㉑「從乃」，帛本、今本均顛倒作「乃從」。

㉒「矋」，帛本作「嶲」，今本作「維」。「嶲」，諸家均歸支部，唯嚴可均歸脂部。據《説文》「纗」或讀若「維」（脂部），即滬本異文，嚴説不無道理。

㉓「亯」，帛本作「芳」，阜本、今本均作「享」，韻母同屬陽部。

㉔「西」，帛本、今本同，阜本作「支」。「支山」，當指「岐山」，山名，在周之西，故諸本亦作「西山」。

㉕「西山」下，阜本有「卜有求」，爲諸本所無。

蛊（蠱）

[公六]蛊❶：元❷卿❸，利涉大川。选❹甲参❺日，逡❻甲参❼日。

初六：榦❽父之蛊❾，又❿子，攷⓫亡⓬咎，礪⓭冬⓮吉⓯。

九二：榦⓰母之蛊⓱，不可貞。

九参⓲：榦⓳父之蛊⓴，少㉑又㉒十八……

❶「蛊」，今本作「蠱」。

❷「元」，今本同，帛本作「吉」，義近互换。

❸「卿」，帛本、今本均作「亨」。

❹「选」，帛本、今本均作「先」。

❺「参」，帛本、今本均作「三」。

❻「逡」，帛本、今本均作「後」。

❼「参」，帛本、阜本、今本均作「三」。

❽「榦」，帛本作「榦」，今本作「幹」。

❾「蛊」，帛本作「箇」，今本作「蠱」，韻母同屬魚部。以下同。

❿「又」，帛本、今本均作「有」。

⓫「攷」，帛本作「巧」，今本均作「考」，韻母同屬幽部。

⓬「亡」，帛本、今本均作「无」。

⓭「礪」，帛本、阜本、今本均作「厲」。

⓮「冬」，阜本同，帛本、今本均作「終」。

⓯「吉」下，阜本有「卜有」二字，爲諸本所無。

⓰「榦」，帛本作「榦」，今本作「幹」。

⓱「蛊」，帛本作「箇」、今本作「蠱」。

⓲「参」，帛本、今本均作「三」。

⓳「榦」，帛本作「榦」，今本作「幹」。

⓴「蛊」，帛本作「箇」、今本作「蠱」。

㉑「少」，阜本作「小」。

㉒「又」，帛本、阜本、今本均作「有」。

⿺辶复(復)

〔六五〕❶：𦎫❷⿺辶复❸，亡❹⿱母心❺。

上❻六：迷…… 十九

亡忘(无妄)

三仌亡❼忘❽：元卿❾，利貞。亓❿非⓫⿺辶复⓬又⓭⿰礻省⓮，不利又⓯卣⓰逹⓱。

初九：亡⓲忘⓳，吉⓴。

---

❶「六五」，滬簡殘缺，據諸本補。

❷「𦎫」，帛本、今本均作「敦」。「敦」從「𦎫」得聲。

❸「⿺辶复」，帛本、今本均作「復」。

❹「亡」，帛本、今本均作「无」。

❺「⿱母心」，帛本同，今本作「悔」。

❻「上」，今本同，帛本作「尚」。

❼「亡」，帛本、阜本、今本均作「无」。

❽「忘」，帛本作「孟」，阜本作「亡」，今本作「妄」，韻母同屬陽部。以下同。

❾「卿」，帛本、阜本、今本均作「亨」。

❿「亓」，阜本、今本均作「其」，帛本則脱。

⓫「非」，帛本、阜本同，今本作「匪」。

⓬「⿺辶复」，帛本、今本均作「正」，阜本作「延」。「⿺辶复」讀「復」。按，《漢書・段會宗傳》「足以復雁門之踦」。注「復，猶補也。」「⿰礻省」，讀爲「眚」。滬本「復眚」猶「彌補過失」，諸本「正眚」猶「糾正過失」。二者義近。

⓭「又」，帛本、阜本、今本均作「有」。

⓮「⿰礻省」，帛本、阜本均作「省」，今本作「眚」。

⓯「又」，帛本、阜本、今本均作「有」。

⓰「卣」，阜本同，帛本、今本均作「攸」，韻母同屬幽部。

⓱「逹」，帛本、阜本、今本均作「往」。又阜本「往」下有「卜雨不雨不」五字。

⓲「亡」，帛本、今本均作「无」。

⓳「忘」，帛本作「孟」，今本作「妄」。

⓴「吉」上，帛本、今本均有「往」字。

六二：不⿰牛爭❶而❷穫❸，不畜〔之〕❹……二十

……人之旻❺，邑人之烖❻。

九四：可貞，亡❼咎。

九五：亡❽忘❾又❿疾，勿藥⓫又⓬菜⓭。

上⓮九：亡⓯忘⓰，行又⓱眚⓲，亡⓳卣⓴

利。■二十一

大筀（大畜）

〔䷙〕大㉑筀㉒■：利貞，不豪㉓而㉔飤㉕，

❶「⿰牛爭」，帛本、阜本、今本均作「耕」。

❷「而」，帛本、阜本、今本均無。

❸「穫」，帛本、今本均作「穫」。

❹「畜之」，帛本作「菑餘」，今本作「菑畬」。按，「不畜之」，猶今本「不菑畬」。「菑」、「蓄」形近易譌。「之」、「畬」聲母同屬端組。「之」，滬本殘缺，據殘文補。

❺「旻」，帛本、今本均作「得」。

❻「烖」，帛本作「茲」，今本作「災」，韻母同屬之部。

❼「亡」，帛本、阜本、今本均作「无」。

❽「亡」，帛本、今本均作「无」。

❾「忘」，帛本作「孟」，今本作「妄」。

❿「又」，帛本、今本均作「之」，韻母同屬之部。或説「又（有）疾」與「之疾」詞性小異。

⓫「藥」，今本同，帛本作「樂」。

⓬「又」，帛本、今本均作「有」。

⓭「菜」，帛本、今本均作「喜」，韻母同屬之部。

⓮「上」，今本同，帛本作「尚」。

⓯「亡」，帛本、今本均作「无」。

⓰「忘」，帛本作「孟」，今本作「妄」。

⓱「又」，帛本、今本均作「有」。

⓲「眚」，帛本作「省」，今本作「眚」。

⓳「亡」，帛本、今本均作「无」。

⓴「卣」，帛本、今本均作「攸」。

㉑「大」，今本同，帛本作「泰」，韻母同屬月部。

㉒「筀」，帛本作「蓄」，今本作「畜」，韻母同屬幽部。按，「筀」爲「竺」之繁文，戰國文字往往增「土」旁爲飾。

㉓「豪」，帛本、今本均作「家」。

㉔「而」，帛本、今本均無。

㉕「飤」，帛本、今本均作「食」。

吉，利涉大川。

初九：又❶⿰石𡑞❷利巳❸。

九二：車❹敓❺复❻。

九參❼：良馬由❽，利堇❾貞。曰班❿

車⓫⿰爻戈⓬，利又⓭卣⓮迬⓯。

六四：僮⓰牛之⿰木羍⓱，元二十二吉。

六五：芬⓲豕⓳之⿱牙臼⓴，吉。

❶「又」，帛本、今本均作「有」。

❷「⿰石𡑞」，帛本、今本均作「厲」。

❸「巳」，帛本、今本均同。《經典釋文》：「夷止反……或音紀。」按，若據「或音紀」，「利巳」當作「利己」。諸本譌誤相沿已久。

❹「車」，帛本同，今本作「輿」。

❺「敓」，帛本、今本均作「説」。

❻「复」，帛本作「緮」，今本作「輹」。

❼「參」，帛本、今本均作「三」。

❽「由」，帛本作「遂」，今本作「逐」。「由」，喻紐四等（歸定紐）幽部；「逐」，定紐幽部；「遂」，邪紐（歸定紐）脂部。「由」、「逐」與「遂」同屬端組，幽、脂通轉。以下同。

❾「堇」，帛本作「根」，今本作「艱」，韻母同屬文部。

❿「班」，帛本作「闌」，今本作「閑」，韻母同屬元部。

⓫「車」，帛本同，今本作「輿」。

⓬「⿰爻戈」，帛本、今本均作「衛」。「⿰爻戈」從「爻」聲，「爻」、「衛」聲母同屬匣紐。

⓭「又」，帛本、今本均作「有」。

⓮「卣」，帛本、今本均作「攸」。

⓯「迬」，帛本、今本均作「往」。

⓰「僮」，帛本、今本均作「童」。

⓱「⿰木羍」，帛本作「鞠」，今本作「牿」，韻母同屬幽部。按，「⿰木羍」右所從偏旁乃「梏」之初文。

⓲「芬」，帛本作「哭」，今本作「豶」。「芬」、「豶」同屬文部。帛本「哭」並非「哭泣」之「哭」，乃「獜」之異文。「吅」爲「鄰」之會意字，從「犬」，「吅」聲。「吅」，參上文《謙》之「⿱吅文」。「⿱吅文」，從「吅」，「文」爲疊加聲符。「吅」，來紐真部；「文」，明紐文部。明、來爲複輔音通轉，真、文旁轉。「哭」（「獜」）之通「芬」、「豶」，猶「⿱吅文」（「鄰」）之以「文」爲疊加聲符。

⓳「豕」，今本同，帛本作「豨」，韻母同屬脂部。

⓴「⿱牙臼」，帛本、今本均作「牙」。《説文》「牙」，古文作「⿱牙臼」。

上❶九：炣❷天之柾❸，卿❹。 ⌐ 二十三

頤

頤■：貞吉。觀頤，自求口實。

初九：豫❺尔❻霝❼《龜》，觀我敓❽頤，凶❾。

六二：曰❿遉⓫頤，懲⓬經于北⓭洍⓮，征⓯凶⓰。

❶「上」，今本同，帛本作「尚」。

❷「炣」，帛本、今本均作「何」。

❸「柾」，帛本作「瞿」，今本作「衢」。「柾」，溪紐之部；「瞿」，群紐魚部。溪、群同屬見組，之、魚旁轉。

❹「卿」，帛本、今本均作「亨」。

❺「豫」，帛本，阜本、今本均作「舍」，韻母同屬魚部。

❻「尔」，帛本，阜本作「而」，今本作「爾」，韻母同屬之部。

❼「霝」，帛本，阜本、今本均作「靈」。「霝」，「靁」之省文。

❽「敓」，帛本作「揣」，阜本作「端」，今本作「朵」。「朵」，端紐歌部；「敓」、「揣」、「端」，端紐元部。歌、元陰陽對轉。「敓」，原篆誤作「敚」形。

❾「凶」，帛本、今本同，阜本作「兇」。又阜本「兇」下有「濟」字。

❿「曰」，帛本同，阜本、今本均無。

⓫「遉」，帛本、今本均作「顛」。按，「遉」所從「真」旁，參《古文四聲韻》引王存乂《切韻》。滬簡「遉」所從「真」疑聲化爲從「天」得聲，「真」、「天」雙聲疊韻。以下同。

⓬「懲」，帛本作「㧘」，阜本作「弗」，今本作「拂」，韻母同屬脂部。以下同。

⓭「北」，帛本、阜本同，今本作「丘」，韻母同屬之部。又「北」下加一橫筆即成「丘」，二字極易混淆。

⓮「洍」，帛本，阜本、今本均作「頤」，韻母同屬之部。

⓯「征」，今本同，帛本作「正」，阜本作「政」。

⓰「凶」，帛本、今本同，阜本作「兇」。又阜本「兇」下有「求不得」三字。

六参❶：惑❷頤，貞凶❸，十年勿 二十四
用，亡❹卣❺利。
六四❻：遉❼頤，吉，虎視❽韏❾＝，亓❿
猷⓫攸攸⓬，亡⓭咎⓮。
六五：惑⓯經，尻⓰貞，吉，不可涉大川。
上九：繇⓱頤礪⓲吉，利涉大
川。■ 二十五

❶「参」，帛本、今本均作「三」。
❷「惑」，帛本作「㧊」、阜本作「弗」，今本作「拂」。
❸「凶」，帛本、今本同，阜本作「兇」。
❹「亡」，帛本、今本均作「无」。
❺「卣」，帛本、今本均作「攸」，韻母同屬幽部。
❻「六四」上，阜本有「十年之後乃復」六字。
❼「遉」，帛本、今本均作「顛」。
❽「視」，與「見」形體近似，然仍有區別。楚文字習見。
❾「韏」，帛本作「沈」、阜本、今本均作「眈」。「韏」，右上「口」旁爲裝飾部件，即「韏」，讀若「䨥」。「䨥」，喻紐四等（歸定紐）冬部；「沈」、「眈」，端紐侵部。定、端屬端組，冬、侵旁轉。
❿「亓」，帛本，阜本、今本均作「其」。
⓫「猷」，帛本作「容」，阜本作「𤞞」，今本作「欲」。「猷」，喻紐四等（歸定紐）幽部；「容」，喻紐四等（歸定紐）東部；「𤞞」、「欲」，喻紐四等（歸定紐）侯部。四字聲母同屬端組，韻母或侯、東對轉，或幽、侯旁轉。又阜本「𤞞」之左下有缺筆，疑仍是「谷」旁。如是則屬繁化現象。
⓬「攸」，帛本作「笛」，阜本作「遂」，今本作「逐」。「攸」、「笛」、「逐」，韻母同屬幽部。至於「逐」、「遂」旁轉，參上一六頁《大畜》注❽。
⓭「亡」，帛本、阜本、今本均作「无」。
⓮「咎」，阜本有「卜此大」三字。
⓯「惑」，阜本作「不」，今本作「拂」，聲母同屬幫組。
⓰「尻」，帛本、今本均作「居」，阜本作「虛」，韻母同屬魚部。
⓱「繇」，今本作「由」，韻母同屬幽部。
⓲「礪」，今本作「厲」。

欽（咸）

䷞欽❶匸：卿❷，利貞。取女吉。

初六：欽❸亓❹拇❺。

六二：欽❻亓❼腶❽，凶，尻❾吉。

九參❿：欽⓫亓⓬腶⓭，執亓⓮隨⓯，吝⓰。

九四：貞吉亡𢙿⓱，童⓲……二十六

……志⓳。

九五：欽⓴亓㉑拇㉒，亡㉓𢙿㉔。

❶「欽」，帛本同，今本作「咸」，韻母同屬侵部。以下同。

❷「卿」，帛本、今本均作「亨」。

❸「欽」，帛本同，今本作「咸」。

❹「亓」，帛本、今本均作「其」。

❺「拇」，今本同，帛本作「栂」。

❻「欽」，帛本同，今本作「咸」。

❼「亓」，帛本、今本均作「其」。

❽「腶」，帛本作「𨂴」，今本作「腓」，韻母同屬脂部。「腶」，原篆中間所從爲「弜」之省簡。「弜」乃「弼」之古文。以下同。

❾「尻」，帛本、今本均作「居」，韻母同屬魚部。

❿「參」，帛本、今本均作「三」。

⓫「欽」，帛本同，今本作「咸」。

⓬「亓」，帛本、今本均作「其」。

⓭「腶」，帛本作「𨂴」，今本作「股」。按，今本「股」疑緣下文「九五」而誤。

⓮「亓」，帛本、今本均作「其」。

⓯「隓」，帛本、今本均作「隨」。

⓰「吝」，今本同，帛本作「閵」，韻母同屬文部。以下同。

⓱「𢙿」，帛本同，今本作「悔」。又滬本「亡𢙿」，帛本倒文作「𢙿亡」，今本倒文作「悔亡」。

⓲「童」，帛本同，今本作「憧」。

⓳「志」，帛本、今本均作「思」，韻母同屬之部。

⓴「欽」，帛本同，今本作「咸」。

㉑「亓」，帛本、今本均作「其」。

㉒「拇」，帛本作「股」，今本作「脢」。按，「股」疑「服」之形譌。「拇」、「服」、「脢」韻母同屬之部。

㉓「亡」，帛本、今本均作「无」。

㉔「𢙿」，帛本同，今本作「悔」。

上[1]六：欽[2]〔亓〕[3]頌[4]夾[5]脜[6]。

二十七

亙（恆）

䷟亙[7]：卿[8]，利貞，亡[9]咎[10]……

初六：叡[11]亙[12]，貞凶，亡[13]卣[14]利。

九二：𢘅[15]亡。

九叄[16]：不綑[17]亓[18]悳[19]，或丞[20]亓[21]

[1] 「上」，今本同，帛本作「尚」。

[2] 「欽」，帛本同，今本作「咸」。

[3] 「亓」，滬本脱，據帛本、今本作「其」補。

[4] 「頌」，帛本作「肞」，今本作「輔」，聲母同屬幫組。

[5] 「夾」，帛本作「陝」，今本作「頰」。按，據今本文義，滬本當作「夾」。

[6] 「脜」，帛本、今本均作「舌」。

[7] 「亙」，帛本、今本均作「恆」。

[8] 「卿」，帛本、今本均作「亨」。

[9] 「亡」，帛本、今本均作「无」。

[10] 「利貞亡咎」，帛本、今本均倒文作「無咎利貞」。

[11] 「叡」，帛本作「夐」，今本作「浚」。「叡」，喻紐四等（歸定紐）月部；「夐」，曉紐元部（段玉裁説）；「浚」所從「允」，喻紐四等（歸定紐）元部（段玉裁説）。三字或雙聲，或月、元對轉。以下同。

[12] 「亙」，帛本、今本均作「恆」。

[13] 「亡」，帛本、今本均作「无」。

[14] 「卣」，帛本、今本均作「攸」。

[15] 「𢘅」，帛本同，今本作「悔」。

[16] 「叄」，帛本、今本均作「三」。

[17] 「綑」，帛本、今本均作「恆」。

[18] 「亓」，帛本、今本均作「其」。

[19] 「悳」，帛本、今本均作「德」。

[20] 「丞」，帛本、今本均作「承」。

[21] 「亓」，帛本、今本均作「之」，韻母同屬之部。又二字皆爲物主代詞。

悘❶，貞吝❷。

九四：畋❸亡❹含❺。

六五：絚❻亓❼悳❽，貞，婦人吉，夫 二十八 子凶。

上❾六：𣪊❿亙⓫，貞⓬凶⓭。▢ 二十九

腞(遯)

䷠腞⓮▢：卿⓯，少⓰利貞。

初六⓱：腞⓲亓⓳尾，礪⓴，勿用又㉑卣㉒進。

❶「悘」，帛本、今本均作「羞」，韻母同屬幽部。

❷「吝」，今本同，帛本作「閵」。

❸「畋」，今本同，帛本作「田」。

❹「亡」，帛本、今本均作「无」。

❺「含」，帛本、今本均作「禽」。

❻「絚」，帛本、今本均作「恆」。

❼「亓」，帛本、今本均作「其」。

❽「悳」，帛本、今本均作「德」。

❾「上」，今本同，帛本作「尚」。

❿「𣪊」，帛本作「夐」，今本作「振」。「振」，端紐，與「𣪊」、「夐」同屬端組，參二〇注⓫。

⓫「亙」，帛本、今本均作「恆」。

⓬「貞」，帛本、今本均脱。

⓭「凶」，今本同，帛本作「兇」。

⓮「腞」，帛本作「掾」，今本作「遯」，韻母同屬文部。

⓯「卿」，帛本、今本均作「亨」。

⓰「少」，帛本、今本均作「小」。

⓱「初六」上，阜本有「之以吉居事不吉」七字。

⓲「腞」，帛本作「掾」，今本作「遯」，聲母同屬端組。以下同。又三字所從偏旁形近易譌。

⓳「亓」，帛本、今本均脱。

⓴「礪」，帛本、阜本、今本均作「厲」。

㉑「又」，帛本、阜本、今本均作「有」。

㉒「卣」，阜本同。帛本、今本均作「攸」。

六二：玐❶用黃牛之革❷，莫之勅❸，发❹。

九參❺：係❻賸❼，又❽疾礪❾，畜臣❿妾，吉。

九四：好賸⓫，君三十子吉，小人⓬否⓭。

九五⓮：嘉賸⓯，吉⓰。

上⓱九：肥賸⓲，亡⓳不利。■三十一

❶「玐」，帛本作「共」，今本作「執」。「玐」，喻紐四等（歸定紐）；「執」，端紐；聲母同屬端組。至於「執」與「共」之關係，則待考。又帛本「共」、今本「執」下均有「之」，滬本則無。

❷「革」，今本同，帛本作「勒」。

❸「勅」，帛本、今本均作「勝」，韻母同屬蒸部。

❹「发」，帛本作「奪」，今本作「說」，韻母同屬月部。滬本「发」之隸定僅供參考。

❺「參」，帛本、今本均作「三」。

❻「係」，今本同，帛本作「爲」。「爲」，匣紐歌部；「係」，見紐支部。匣、見唯深喉、淺喉之别；歌、支旁轉。

❼「賸」，帛本作「掾」，今本作「遯」。

❽「又」，帛本、今本均作「有」。

❾「礪」，帛本、今本均作「厲」。

❿「臣」，今本同，帛本作「僕」，義近互換。

⓫「賸」，帛本作「掾」，今本作「遯」。

⓬「少」，帛本、今本均作「小」。「小人」右下原有合文符號。

⓭「否」，今本同，帛本作「不」。

⓮「九五」上，阜本有「吉」字。

⓯「賸」，帛本作「掾」，今本作「遯」。

⓰「吉」，諸本均作「貞吉」。又「吉」，阜本下有「卜病不死行作之」七字。

⓱「上」，今本同，帛本作「尚」。

⓲「賸」，帛本作「掾」，今本作「遯」。

⓳「亡」，帛本、今本均作「无」。

楑（睽）

〔六〕楑❶〔■〕：少❷事吉❸。

初九：悬❹芒，❺＝❻馬勿〔由〕❼，自𨓃❽，見啞❾人，亡❿咎。

九二：遇⓫宔⓬于衖⓭，亡⓮咎。

六參⓯：見車⓰遏⓱，亓⓲三十二〔牛攸⓳，

❶「楑」，帛本作「乖」，今本作「睽」，韻母同屬脂部。以下同。

❷「少」，帛本、今本均作「小」。

❸「吉」，阜本作「吉大事敗」。

❹「悬」，帛本同，阜本作「毎」，今本作「悔」。

❺「芒」，帛本、阜本、今本均作「亡」。「芒」原篆上從「屮」旁，乃「艸」旁之省。又「芒」右下有合文符號，即「芒，芒」，讀爲「無，喪」。

❻「芒」，帛本、阜本、今本均作「亡」。

❼「由」，帛本作「遂」，今本作「逐」。「由」原篆作「曰」，脱漏筆畫所致，今據《大畜》「良馬由」改。

❽「𨓃」，帛本、今本均作「復」。

❾「啞」，帛本作「亞」，今本作「惡」，韻母同屬魚部。又「啞」亦可直接釋「亞」，其所從「口」旁爲裝飾部件。

❿「亡」，帛本、今本均作「无」。又滬本、今本「九二無咎」，帛本誤作「無咎九二」。

⓫「遇」，今本同，帛本作「愚」。

⓬「宔」，帛本、今本均作「主」。

⓭「衖」，帛本、今本均作「巷」。「衖」所從「𦭝」讀若「共」，在戰國文字中習見。

⓮「亡」，帛本、今本均作「无」。

⓯「參」，帛本、今本均作「三」。又「六參」下阜本有「厲不得」三字。

⓰「車」，帛本、阜本同，今本作「輿」。

⓱「遏」，帛本作「恝」，阜本作「渫」，今本作「曳」，韻母同屬月部。又「渫」，阜本釋文隸定爲「渫」，有欠精確。

⓲「亓」，帛本、阜本、今本均作「其」。

⓳「攸」，帛本作「謀」，阜本作「絜」，今本作「掣」，韻母同屬月部。

亓❶人天觑❷劓，亡❸初又❹冬❺。

九❻〔港本二〕四：楑❼佤❽，遇❾元夫，交孚❿，礪⓫亡⓬咎。

六五：悬⓭亡，陞⓮宗歆⓯肤⓰，𢻱⓱可⓲咎。

上⓳九：楑⓴佤㉑，見豕㉒貭㉓埁㉔，載

❶「亓」，帛本、阜本、今本均作「其」。

❷「觑」，阜本、今本均作「且」。

❸「亡」，阜本、今本均作「无」。

❹「又」，帛本、今本均作「有」。

❺「冬」，帛本、今本均作「終」。

❻「牛攸亓人生觑劓亡初又冬九」十二字，據《香港中文大學文物館藏簡牘》（香港中文大學文物館，二〇〇一年）第二號補。

❼「楑」，帛本作「乖」，今本作「睽」。

❽「佤」，帛本作「苽」，今本作「孤」。

❾「遇」，今本同，帛本作「愚」。

❿「孚」，今本同，帛本作「復」。

⓫「礪」，帛本、今本均作「厲」。

⓬「亡」，帛本、今本均作「无」。

⓭「悬」，帛本同，今本作「悔」。

⓮「陞」，帛本作「登」，今本作「厥」。「陞」、「登」，韻母同屬蒸部。「陞」所從「升」，與「厥」之初文作「氒」形近混。換言之，滬本「陞」省作「升」，又譌作「氒」，故今本以「厥」爲之。

⓯「歆」，帛本、阜本均作「筮」，今本作「噬」。疑「歆」從「辞（辥）」得聲，與「筮」、「噬」韻母同屬月部。

⓰「肤」，帛本、阜本、今本均作「膚」，韻母同屬魚部。

⓱「𢻱」，帛本、阜本、今本均作「往」。

⓲「可」，帛本、阜本、今本均作「何」。

⓳「上」，今本同，帛本作「尚」。

⓴「楑」，帛本作「乖」，今本作「睽」。

㉑「佤」，帛本作「苽」，今本作「孤」。

㉒「豕」，阜本、今本同，帛本作「豨」，韻母同屬脂部。

㉓「貭」，帛本、阜本、今本均作「負」，韻母同屬之部。以下同。

㉔「埁」，帛本、阜本、今本均作「塗」，韻母同屬魚部。

〔鬼一車〕❶……三十三……〔非〕❷寇❸昏❹佝❺，遳❻，遇❼雨則吉。■三十四

訐（蹇）

訐❽■：利西南，不利東北，利見大人❾。

初六：遳❿訐⓫丕⓬譽⓭。

六二：王臣⓮訐⓯＝，非⓰今⓱之古⓲。

九參⓳：遳⓴訐㉑丕㉒反㉓。

❶「鬼一車」滬本殘缺，據諸本補。

❷「非」，今本作「匪」，滬本殘缺，據諸本補。

❸「寇」，帛本、阜本、今本均作「寇」，戰國文字習見。

❹「昏」，阜本同，帛本作「閩」，今本作「婚」，聲母同屬幫組。

❺「佝」，帛本作「厚」，阜本作「菁」，今本作「媾」，韻母同屬侯部。

❻「遳」，帛本、今本均作「往」。

❼「遇」，今本同，帛本作「愚」。

❽「訐」，帛本、阜本均作「蹇」，今本作「蹇」，韻母同屬元部。以下同。

❾「人」下，諸本均有「貞吉」。又阜本「貞吉」下尚有「卜」字。

❿「遳」，帛本、今本均作「往」。

⓫「訐」，帛本作「蹇」，今本作「蹇」。

⓬「丕」，帛本、今本均作「來」。

⓭「譽」，今本同，帛本作「輿」。

⓮「臣」，今本同，帛本作「僕」，義近互換。

⓯「訐」，帛本作「蹇」，今本作「蹇」。

⓰「非」，帛本同，今本作「匪」。

⓱「今」，今本作「躬」。「躬」，見紐冬部；「今」，見紐侵部。冬、侵旁轉。

⓲「古」，帛本、今本均作「故」。

⓳「參」，今本作「三」。

⓴「遳」，帛本、今本均作「往」。

㉑「訐」，帛本、阜本均作「蹇」，今本作「蹇」。

㉒「丕」，帛本、阜本均作「來」。

㉓「反」下，阜本有「卜病不死」四字。

六四：迬❶訐❷𣥺❸連。

九五：大訐❹不❺㮶❻。三十五

上❼六：迬❽訐❾𣥺❿碩⓫，吉，利見大人。■三十六

繲(解)

䷧繲⓬■：利西南，亡⓭所迬⓮，亓⓯𣥺⓰復⓱，吉。又⓲卣⓳迬⓴，㑴㉑吉。

初六：亡㉒咎。

---

❶「迬」，帛本、今本均作「往」。

❷「訐」，帛本作「蹇」，今本作「蹇」。

❸「𣥺」，帛本、今本均作「來」。

❹「訐」，帛本作「蹇」，今本作「蹇」。

❺「不」，帛本作「佝」，今本作「朋」。「不」，幫紐之部；「朋」，並紐蒸部。幫、並均屬幫組，之、蒸陰陽對轉。帛本「佝」，疑「倗」之筆誤。

❻「㮶」，帛本、今本均作「來」。

❼「上」，今本同，帛本作「尚」。

❽「迬」，帛本、今本均作「往」。

❾「訐」，帛本作「蹇」，今本作「蹇」。

❿「𣥺」，帛本、今本均作「來」。

⓫「碩」，今本同，帛本作「石」。

⓬「繲」，帛本、今本均作「解」。

⓭「亡」，帛本、今本均作「无」。

⓮「迬」，帛本、今本均作「往」。

⓯「亓」，帛本同，今本作「其」。

⓰「𣥺」，帛本、今本均作「來」。

⓱「復」，帛本、今本均作「復」。

⓲「又」，帛本、阜本、今本均作「有」。

⓳「卣」，阜本同。帛本、今本均作「攸」。

⓴「迬」，《說文》：古文「往」。帛本、阜本、今本均作「往」。

㉑「㑴」，帛本作「宿」，今本作「夙」，韻母同屬幽部。「㑴」，「宿」之初文，見甲骨文，又見《說文》「夙」之古文。

㉒「亡」，帛本、今本均作「无」。

九二：畋❶臒❷参❸⿰鼠瓜❹，⿱日又❺黃矢，貞吉。

六参❻：貸❼⿰虘又❽⿰車乘❾，至❿宼⓫至⓬。

九四：繲⓭亓⓮拇⓯三十七……

夬

〔九二〕⓰；啻⓱唬⓲，莫⓳譽⓴又㉑戎，勿卹㉒。

❶「畋」，帛本、今本均作「田」。
❷「臒」，帛本、今本均作「獲」。
❸「参」，帛本、今本均作「三」。
❹「⿰鼠瓜」，帛本、今本均作「狐」。
❺「⿱日又」，帛本、今本均作「得」。
❻「参」，今本作「三」。
❼「貸」，今本作「負」，韻母同屬之部。
❽「⿰虘又」，帛本、今本均作「且」。
❾「⿰車乘」，帛本、今本均作「乘」。
❿「至」，帛本、今本均作「致」。
⓫「宼」，帛本、今本均作「寇」。
⓬「至」下，帛本有「貞閵」二字，今本有「貞吝」二字。
⓭「繲」，帛本、今本均作「解」。
⓮「亓」，帛本同，今本作「而」，韻母同屬幽部。又「亓（其）」、「而」均爲物主代詞。
⓯「拇」，今本同，帛本作「栂」。
⓰「九二」，滬本殘缺，據帛本、今本補。
⓱「啻」，帛本作「傷」，今本作「惕」，韻母同屬支部。
⓲「唬」，帛本、今本均作「號」，韻母同屬宵部。以下同。
⓳「莫」，今本同，帛本作「募」。
⓴「譽」，帛本、今本均作「夜」，韻母同屬魚部。
㉑「又」，帛本、今本均作「有」。
㉒「卹」，帛本作「血」。今本作「恤」。

九参❶：藏❷于𨖌❸，又❹凶。君子夬❺＝，蜀❻行遇❼雨，女❽雩❾又❿礪⓫，亡⓬咎。九四：誫⓭亡⓮肤⓯，亓⓰行緀⓱疋⓲。芒⓳羊𢘟⓴亡，𦖞㉑ 三十八 言不冬㉒。九五：莧苂㉓夬＝㉔，中行亡㉕咎。

❶「参」，帛本、今本均作「三」。
❷「藏」，帛本作「牀」，今本作「壯」。
❸「𨖌」，帛本作「頯」，今本作「頄」，韻母同屬幽部。
❹「又」，帛本、今本均作「有」。
❺「夬」，今本同，帛本作「缺」。
❻「蜀」，帛本、今本均作「獨」。
❼「遇」，今本同，帛本作「愚」。
❽「女」，帛本作「如」，今本作「若」，韻母同屬魚部。
❾「雩」，帛本、今本均作「濡」，韻母同屬侯部。「雩」，「霚（霧）」之籀文，見《説文》。
❿「又」，帛本、今本均作「有」。
⓫「礪」，帛本作「温」，今本作「慍」。「慍」、「礪（厲）」義近互换。
⓬「亡」，帛本、今本均作「无」。
⓭「誫」，帛本作「脤」，今本作「臀」，韻母同屬文部。
⓮「亡」，帛本、今本均作「无」。
⓯「肤」，帛本、今本均作「膚」，韻母同屬魚部。
⓰「亓」，帛本同，今本作「其」。
⓱「緀」，帛本作「郪」，今本作「次」，聲母同屬精紐。
⓲「疋」，帛本作「胥」，今本作「且」，韻母同屬魚部。
⓳「芒」，帛本、今本均作「牽」。「芒羊」，讀爲「亡羊」，與「牽羊」義通。
⓴「𢘟」，帛本同，今本作「悔」。
㉑「𦖞」，帛本、今本均作「聞」。「𦖞」，「聞」之初文，戰國文字習見。
㉒「冬」，帛本、今本均作「信」。「不冬」，讀爲「不聽」，與「不信」義通。又「信」、「冬」同屬端紐。
㉓「苂」，帛本作「𤋮」，今本作「陸」，聲母同屬來紐。「苂」，「𡴀」之繁文。「陸」亦從「𡴀」聲，韻母同屬幽部。「𤋮」，「烈」之異文，與「苂」、「陸」聲母同屬來紐。「𤋮」，《帛本釋文》隸定爲其上從「勒」，殊誤。
㉔「夬」，今本同，帛本作「缺」。
㉕「亡」，帛本、今本均作「无」。

上❶六：忘❷虖❸，中❹又❺凶❻。■三

十九

敂（姤）

䷫敂❼■：女藏❽，勿用取女。

初六：繫于金梯❾，貞吉。又❿攸⓫遳⓬，見凶⓭。羸⓮豕⓯孚⓰是⓱蜀⓲。

九二：橐⓳又⓴魚，亡㉑咎，不利賓㉒。

---

❶「上」，今本同，帛本作「尚」。

❷「忘」，帛本、今本均作「无」。

❸「虖」，帛本、今本均作「號」。

❹「中」，帛本作「冬」，今本作「終」，韻母同屬冬部。

❺「又」，帛本、今本均作「有」。

❻「凶」，今本同，帛本作「兇」。

❼「敂」，今本作「姤」，韻母同屬侯部。

❽「藏」，帛本、今本均作「壯」。

❾「梯」，今本同，帛本作「梯」，韻母同屬脂部。

❿「又」，帛本、今本均作「有」。

⓫「攸」，帛本同。帛本、今本均作「攸」。韻母同屬幽部。

⓬「遳」，帛本、今本均作「往」。

⓭「凶」，今本同，帛本作「兇」。

⓮「羸」，帛本、今本均作「羸」。

⓯「豕」，今本同，帛本作「豨」。

⓰「孚」，今本同，帛本作「復」。

⓱「是」，帛本作「適」，今本作「蹢」，韻母同屬支部。

⓲「蜀」，帛本作「屬」，今本作「躅」，韻母同屬侯部。

⓳「橐」，帛本作「枹」，今本作「包」，韻母同屬幽部。以下同。

⓴「又」，帛本、今本均作「有」。

㉑「亡」，帛本、今本均作「无」。

㉒「賓」，帛本、今本均作「賓」。

九參❶：誫❷亡❸ 四十 肤❹，亓❺行緀❻疋❼，礪❽亡❾大咎。

九四：橐❿亡⓫魚，巳⓬凶⓭。

九五⓮：㠯⓯芑⓰橐⓱苽⓲，欽⓳章，又⓴悥㉑自天。

上㉒九：敂㉓亓㉔角，吝㉕，亡㉖咎。

■ 四十一

❶「參」，帛本、今本均作「三」。

❷「誫」，帛本作「脤」，今本作「臀」，韻母同屬諄部。

❸「亡」，帛本、今本均作「无」。

❹「肤」，帛本、今本均作「膚」。

❺「亓」，帛本同，今本作「其」。

❻「緀」，帛本作「郪」，今本作「次」，聲母同屬精組。

❼「疋」，帛本作「胥」，今本作「且」，韻母同屬魚部。

❽「礪」，今本作「厲」。

❾「亡」，今本作「无」。

❿「橐」，帛本作「枹」，今本作「包」。

⓫「亡」，帛本、今本均作「无」。

⓬「巳」，帛本作「正」，今本作「起」。「巳」、「起」韻母同屬之部，「正」、「起」義近互通。

⓭「凶」，今本同，帛本作「兇」。

⓮「九五」，帛本誤作「五五」。

⓯「㠯」，帛本、今本均作「以」，韻母同屬幽部。

⓰「芑」，帛本作「忌」，今本作「杞」，韻母同屬之部。

⓱「橐」，帛本作「枹」，今本作「包」。

⓲「苽」，帛本同，今本作「瓜」。

⓳「欽」，帛本、今本均作「含」。「欽」，《竹書釋文》釋作「欽」，左下或以爲從「玉」，或以爲從「皿」，待考。

⓴「又」，帛本作「或」，今本作「有」，韻母同屬之部。

㉑「悥」，帛本作「塤」，今本作「隕」。「悥」，影紐；「塤」，曉紐；「隕」，匣紐；聲母同屬影組。

㉒「上」，今本同，帛本作「尚」。

㉓「敂」，帛本作「狗」，今本作「姤」，韻母同屬侯部。

㉔「亓」，帛本同，今本作「其」。

㉕「吝」，今本同，帛本作「閵」。

㉖「亡」，帛本、今本均作「无」。

⿰口⿱爫卒（萃）

䷬⿰口⿱爫卒❶■：王⿱吅各❷于❸⿱宀⿱由田❹，利見大人，卿❺，利貞。用大牲❻，利又❼卣❽⿺辶㞷❾。

初❿六：又⓫孚⓬不冬⓭，乃⿱吅⿱乡吅⓮卤⓯⿰口⿱爫卒⓰，若⓱唬⓲。一斛⓳于⓴⿱艸犬㉑，勿卹㉒，⿺辶㞷㉓亡㉔咎。四十二

❶「⿰口⿱爫卒」，帛本作「卒」，今本作「萃」。以下同。「⿰口⿱爫卒」，「啐」之繁文。又今本作「萃」下有「亨」字。

❷「⿱吅各」，帛本作「叚」，今本作「假」，韻母同屬魚部。

❸「于」，帛本同，今本作「有」，聲母同屬匣紐。以下同。

❹「⿱宀⿱由田」，帛本、今本均作「廟」，韻母同屬幽部。

❺「卿」，帛本、今本均作「亨」。

❻「牲」下，帛本、今本均有「吉」字。

❼「又」，帛本、今本均作「有」。

❽「卣」，帛本、今本均作「攸」。

❾「⿺辶㞷」，帛本、今本均作「往」。

❿「初」上，阜本有「吉」字。

⓫「又」，帛本、今本均作「有」。

⓬「孚」，今本同，帛本作「復」，韻母同屬幽部。

⓭「冬」，帛本、今本均作「終」。

⓮「⿱吅⿱乡吅」，帛本作「乳」，今本作「亂」。「⿱吅⿱乡吅」、「亂」韻母同屬元部，「乳」、「亂」聲母同屬端紐。又「乳」、「亂」形近易混。

⓯「卤」，今本、帛本作「乃」，韻母同屬之部。

⓰「⿰口⿱爫卒」，帛本作「卒」，今本作「萃」。

⓱「若」下，帛本有「亓」字。

⓲「唬」，帛本、今本均作「號」。

⓳「斛」，帛本作「屋」，今本作「握」，韻母同屬侯部。

⓴「于」，帛本同，今本作「爲」，聲母同屬匣紐。

㉑「⿱艸犬」，帛本同，今本作「笑」。「⿱艸犬」從「艸」得聲，與「笑」聲母同屬精紐。

㉒「卹」，帛本作「血」，今本作「恤」。

㉓「⿺辶㞷」，帛本、今本均作「往」。

㉔「亡」，帛本、今本均作「无」。

困

……利用祭❶祀。

上❷六：困于萃❸藟❹，于劓❺□❻，曰𨑓❼思❽，又❾思❿，征⓫吉■。四十三

汬（井）

亼六汬⓬■：攺⓭邑不攺⓮汬⓯，亡⓰芒⓱

❶「祭」，今本同，帛本作「芳」，各有所本。

❷「上」，今本同，帛本作「尚」。

❸「萃」，帛本作「褐」，今本作「葛」，韻母同屬月部。

❹「藟」，帛本作「纍」，今本作「藟」，韻母同屬脂部。

❺「劓」，帛本作「貳」，今本作「鯢」，韻母同屬脂部。「鯢」歸脂部，從嚴可均説。

❻「□」，帛本作「掾」，今本作「卼」。「卼」從「兀」聲，「兀」與「元」古本一字，聲母同屬疑紐。「掾」與「元」韻母同屬元部，故「卼」與「掾」展轉相通。

❼「𨑓思又思」，帛本作「思夷有思」，今本作「動悔有悔」。相互比勘，疑帛本當作「夷思有思」。「𨑓」，「逸」之異文，與「夷」、「動」聲母同屬端組。

❽「思」，帛本同，今本作「悔」。

❾「又」，帛本、今本均作「有」。

❿「思」，帛本同，今本作「悔」。

⓫「征」，今本同，帛本作「貞」，韻母同屬耕部。

⓬「汬」，帛本、今本均作「井」。

⓭「攺」，今本同，帛本作「茝」，韻母同屬之部。以下同。

⓮「攺」，今本同，帛本作「茝」。

⓯「汬」，帛本、今本均作「井」。

⓰「亡」，帛本、今本均作「无」。

⓱「芒」，帛本作「亡」，今本均作「喪」。

亡❶旻❷，逹❸桽❹恭❺＝。气❻至，亦母❼𩴹❽恭❾，羸❿亓⓫缾⓬，凶。

初六：恭⓭替⓮不飤⓯，舊恭⓰亡⓱畬⓲。

九二：恭⓳浴⓴弦㉑豣㉒，隹㉓袮㉔四十四縷㉕。

---

❶「亡」，帛本、今本均作「无」。

❷「旻」，帛本、今本均作「得」。

❸「逹」，帛本、今本均作「往」。

❹「桽」，帛本、今本均作「來」。

❺「恭」，帛本、今本均作「井」。

❻「气」，帛本作「訖」，今本作「汔」。

❼「母」，帛本、今本均作「未」，聲母同屬幫紐。

❽「𩴹」，帛本作「汲」，今本作「繘」。「𩴹」從「隹」得聲，與「繘」韻母同屬之部。「繘」與「汲」聲母同屬見紐。

❾「恭」，帛本、今本均作「井」。

❿「羸」，帛本作「纍」，今本作「羸」，聲母同屬來紐。

⓫「亓」，帛本同，今本作「其」。又帛本「亓」下有「刑」字。

⓬「缾」，帛本作「垪」，今本作「瓶」。

⓭「恭」，帛本、今本均作「井」。

⓮「替」，帛本、今本均作「泥」，韻母同屬脂部。《竹書釋文》釋「替」爲「晉」，恐非是。「替」上所從偏旁，可參中山王鼎「替」。

⓯「飤」，帛本、今本均作「食」。

⓰「恭」，帛本、今本均作「井」。

⓱「亡」，帛本、今本均作「无」。

⓲「畬」，帛本、今本均作「禽」。

⓳「恭」，帛本、今本均作「井」。

⓴「浴」，帛本作「瀆」，今本作「谷」，韻母同屬侯部。

㉑「弦」，帛本、今本均作「射」。「弦」從「弓」，從倒「矢」（「箭」之初文），「射」爲之異文，戰國文字習見。

㉒「豣」，帛本作「付」，今本作「鮒」，聲母同屬幫紐。「付」、「鮒」與「豣」韻母爲侯、東陰陽對轉。

㉓「隹」，帛本作「唯」，今本作「甕」。「雍」作「雝」形，與「唯」形近易譌。

㉔「袮」，帛本、今本均作「敝」。

㉕「縷」，帛本作「句」，阜本作「屢」，今本作「漏」，韻母同屬侯部。又阜本「屢」下有「卜半及家彼半」六字。

九參❶：莍❷朻❸不飤❹，爲我心𡫸❺，可
㠯❻汲，王明，並受亓❼福。
六四：莍❽鼱❾，亡❿咎。
九五：莍⓫裂⓬，寒湶⓭飤⓮。
上⓯六：莍⓰朻⓱，勿寞⓲，又⓳孚⓴元 四
十五 吉。■ 四十六

革

䷰革■：攺㉑日卤㉒孚㉓，元羕㉔貞㉕，

❶「參」，帛本、今本均作「三」。
❷「莍」，帛本、今本均作「井」。
❸「朻」，帛本作「莛」，今本作「渫」。「朻」，疑緣下文「上六」之「朻」所誤。
❹「飤」，帛本、今本均作「食」。
❺「𡫸」，帛本作「塞」，今本作「惻」，韻母同屬之部。
❻「㠯」，帛本、今本均作「用」，聲母同屬端組，其義亦通。
❼「亓」，帛本同，今本作「其」。
❽「莍」，帛本、今本均作「井」。
❾「鼱」，帛本作「椒」，今本作「甃」。「椒」、「甃」韻母同屬幽部。「鼱」，文義待考。
❿「亡」，帛本、今本均作「无」。
⓫「莍」，帛本、今本均作「井」。
⓬「裂」，帛本作「戾」，阜本作「厲」，今本作「冽」，韻母同屬月部。「裂」上所從乃「銳」之籀文，見《說文》十四上七。
⓭「湶」，帛本同，今本作「泉」。
⓮「飤」，帛本、今本均作「食」。
⓯「上」，今本同，帛本作「尚」。
⓰「莍」，帛本、今本均作「井」。
⓱「朻」，帛本、今本均作「收」，韻母同屬幽部。
⓲「寞」，帛本、今本均作「幕」。
⓳「又」，帛本、、今本均作「有」。
⓴「孚」，今本同，帛本作「復」，韻母同屬幽部。
㉑「攺」，帛本殘缺，今本作「巳」。
㉒「卤」，帛本殘缺，今本作「乃」，韻母同屬之部。
㉓「孚」，今本同，帛本作「復」。
㉔「羕」，帛本、今本均作「亨」。
㉕「貞」，帛本、今本均無。

利貞，呣❶亡。

初九：巩❷用黄牛之革❸。

六二：攺❹日乃革❺之，征❻吉，亡❼咎。

九參❽：征凶❾，革言參❿𣪊⓫，又孚⓬。

四十七

艮

䷳艮⓭【■】：亓⓮伓⓯，不䐑⓰亓⓱身，行亓⓲廷⓳，不……

〔初六〕⓴：〔艮〕㉑亓㉒止㉓，亡㉔咎，利

❶「呣」，帛本作「𢘉」，今本作「悔」，韻母同屬之部。

❷「巩」，帛本作「共」，今本作「𢍜」，韻母同屬東部。

❸「革」，今本同，帛本作「勒」。

❹「攺」，帛本殘缺，今本作「巳」。

❺「革」，今本同，帛本作「勒」。

❻「征」，今本同，帛本作「正」。

❼「亡」，帛本殘缺，今本作「无」。

❽「參」，帛本殘缺，今本作「三」。

❾「凶」下，今本有「貞厲」二字。

❿「參」，帛本、今本均作「三」。

⓫「𣪊」，帛本殘缺，今本作「就」。「𣪊」左所從乃「就」之初文，古文字習見。

⓬「孚」，今本同，帛本作「復」。

⓭「艮」，帛本作「根」，今本同。

⓮「亓」，帛本同，今本作「其」。

⓯「伓」，帛本作「北」，今本作「背」，韻母同屬之部。

⓰「䐑」，帛本作「濩」，今本作「獲」。

⓱「亓」，帛本同，今本作「其」。

⓲「亓」，帛本同，今本作「其」。

⓳「廷」，帛本同，今本作「庭」。

⓴「初六」，滬本殘缺，據帛本、今本補。

㉑「艮」，滬本殘缺，據帛本、今本補。

㉒「亓」，帛本同，今本作「其」。

㉓「止」，帛本同，今本作「趾」。

㉔「亡」，帛本、今本均作「无」。

兼❶貞。

六二：艮❷亓❸足❹，不陞❺亓❻隓❼，亓❽心不悸❾。

九參❿：艮⓫亓⓬瞙⓭，四十八 㓹⓮亓⓯衡⓰，礪⓱同⓲心。

六四：艮⓳亓⓴躳㉑。

❶「兼」，帛本、今本均作「永」。

❷「艮」，今本同，帛本作「根」。

❸「亓」，帛本同，今本作「其」。

❹「足」，帛本作「肥」，今本作「腓」。「肥」、「腓」韻母同屬脂部。「足」與「腓」義通。《説文》：「足，足也。上象腓腸，下從止……亦以爲足字。」（二下十九）

❺「陞」，帛本作「登」，今本作「拯」，韻母同屬蒸部。

❻「亓」，帛本同，今本作「其」。

❼「隓」，帛本、今本均作「隨」。

❽「亓」，帛本同，今本作「其」。

❾「悸」，帛本、今本均作「快」，聲母同屬見組。

❿「參」，帛本殘缺，今本作「三」。

⓫「艮」，帛本殘缺，今本作「根」。

⓬「亓」，帛本殘缺，今本作「其」。

⓭「瞙」，帛本殘缺，今本作「限」，韻母同屬文部。

⓮「㓹」，帛本作「戾」，阜本作「厲」，今本作「列」，韻母同屬月部。「㓹」乃「鋭」之籀文，見《説文》。

⓯「亓」，帛本同，今本作「其」。

⓰「衡」，帛本作「肥」，今本作「夤」。「衡」、「夤」韻母同屬真部，「肥」（從「㔾」得聲）、「衡」、「夤」聲母同屬喻紐。

⓱「礪」，帛本、阜本、今本均作「厲」。

⓲「同」，帛本、阜本、今本均作「薰」，字異義通。

⓳「艮」，阜本、今本同，帛本作「根」。

⓴「亓」，帛本同，今本作「其」。

㉑「躳」，帛本作「竆」，今本作「身」。「躳」、「竆」韻母同屬冬部，「身」、「躳（躬）」義近互通。又今本「身」下有「無咎」二字，爲諸本所無。

六五：艮❶亓❷頌❸。言又❹舒❺，⿱毋心❻亡。

上❼九：𦎫❽艮❾，吉。匚四十九

漸(漸)

䷴漸❿匚■匚：女逿⓫吉，利貞。

初六：鳿⓬漸⓭于⿰魚肙⓮，少⓯子礪⓰，又⓱言，不⓲冬⓳。

六二：鳿⓴漸于阪㉑，酓㉒飤㉓⿱偘䖵㉔＝，吉。

---

❶「艮」，阜本、今本均同，帛本作「根」。

❷「亓」，帛本同，阜本、今本均作「其」。

❸「頌」，帛本作「肞」，阜本作「父」，今本作「輔」，韻母同屬魚部。「輔」所從「甫」旁從「父」得聲。

❹「又」，帛本、今本均作「有」。

❺「舒」，帛本、今本均作「序」。

❻「⿱毋心」，帛本同，今本作「悔」。

❼「上」，今本同，帛本作「尚」。

❽「𦎫」，帛本、今本均作「敦」。「敦」從「𦎫」得聲。

❾「艮」，今本同，帛本作「根」。

❿「漸」，帛本、今本均作「漸」。疑形近致誤，下文或誤或不誤。

⓫「逿」，帛本、今本均作「歸」。

⓬「鳿」，帛本同，今本作「鴻」。

⓭「漸」，帛本、今本均作「漸」。

⓮「⿰魚肙」，帛本作「淵」，今本作「幹」，韻母同屬元部。

⓯「少」，帛本、今本均作「小」。

⓰「礪」，帛本作「癘」，今本作「厲」。

⓱「又」，帛本、今本均作「有」。

⓲「不」，帛本、今本均作「无」，聲母同屬幫組。

⓳「冬」，帛本、今本均作「咎」。滬本「不冬(終)」與帛本、今本「無咎」詞義相反，蓋各有所本。

⓴「鳿」，帛本同，今本作「鴻」。

㉑「阪」，帛本作「板」，今本作「磐」，韻母同屬元部。「阪」原篆右下從「土」，乃裝飾部件，戰國文字習見。

㉒「酓」，帛本作「酒」，今本作「飲」。「酓」、「飲」之初文。滬本「酓食」或今本「飲食」，與帛本「酒食」詞義相承，蓋各有所本。

㉓「飤」，帛本、今本均作「食」。

㉔「⿱偘䖵」，帛本作「衍」，今本作「衎」，韻母同屬元部。

九參❶：鳴❷漸于陸❸，夫征不復❹，婦孕❺而 五十……

豐

九參❻：豐亓❼芾❽，日中見芾❾，折亓❿右拡⓫，亡⓬咎。

九四：豐亓⓭坿⓮，日中見斗，遇⓯亓⓰𡰥⓱宔⓲，吉。

六五：𦳀⓳章，又⓴慶懙㉑，吉。

---

❶「參」，帛本、今本均作「三」。
❷「鳴」，帛本同，今本作「鴻」。
❸「陸」，帛本同，今本作「陸」。「陸」，「陸」之異文。
❹「復」，帛本、今本均作「復」。

❺「孕」，今本同，帛本作「繩」，韻母同屬蒸部。
❻「參」，帛本、今本均作「三」。
❼「亓」，帛本同，今本作「其」。
❽「芾」，帛本作「薠」，今本作「沛」，聲母同屬幫組。「芾」、「沛」與「薠」韻母同屬月、元對轉。
❾「芾」，帛本作「茉」，今本作「沫」，聲母同屬幫組。
❿「亓」，帛本同，今本作「其」。
⓫「拡」，帛本作「弓」，今本作「肱」，韻母同屬蒸部。
⓬「亡」，帛本、今本均作「无」。
⓭「亓」，帛本同，今本作「其」。
⓮「坿」，帛本作「剖」，今本作「蔀」，韻母同屬侯部。以下同。
⓯「遇」，今本同，帛本作「禺」。
⓰「亓」，帛本同，今本作「其」。
⓱「𡰥」，帛本、今本均作「夷」。
⓲「宔」，帛本、今本均作「主」。
⓳「𦳀」，帛本、今本均作「來」。
⓴「又」，帛本、今本均作「有」。
㉑「懙」，帛本作「舉」，今本作「譽」。

上❶六：豐亓❷芾❸，五十一 坿❹亓❺冢❻，閨❼亓❽宗❾，𣫄❿亓⓫亡⓬人，參⓭戩⓮不覿⓯，凶⓰。▣ 五十二

遊（旅）

䷷遊⓱▣：少⓲卿⓳，遊⓴貞吉。

初六：遊㉑羸㉒，此㉓亓㉔所取懙㉕。

❶「上」，今本同，帛本作「尚」。

❷「亓」，帛本同，今本作「其」。

❸「芾」，帛本、今本均作「屋」。滬本「芾」緣上文而誤，當據帛本、今本改「屋」。

❹「坿」，帛本作「剖」，今本作「蔀」。

❺「亓」，帛本同，今本作「其」。

❻「冢」，帛本、今本作均「家」。

❼「閨」，帛本同，今本作「窺」，韻母同屬支部。

❽「亓」，帛本同，今本作「其」。

❾「宗」，帛本、今本均作「戶」。

❿「𣫄」，帛本作「𤞞」，今本作「闃」，韻母同屬月部。「𤞞」，《帛本釋文》隸定從「犬」從「明」，殊誤。

⓫「亓」，帛本同，今本作「其」。

⓬「亡」，帛本、今本均作「无」。

⓭「參」，帛本、今本均作「三」。

⓮「戩」，帛本、今本均作「歲」。楚系文字「歲」均作「戩」。

⓯「覿」，今本同，帛本作「遂」，聲母同屬端組。

⓰「凶」，今本同，帛本作「兇」。

⓱「遊」，帛本、今本均作「旅」。

⓲「少」，帛本同，今本作「小」。

⓳「卿」，帛本、今本均作「亨」。

⓴「遊」，帛本、今本均作「旅」。

㉑「遊」，帛本、今本均作「旅」。

㉒「羸」，帛本、今本均作「瑣」，韻母同屬歌部。又滬本「羸」下脫重文符號。

㉓「此」，帛本同，今本作「斯」，韻母同屬支部。

㉔「亓」，帛本同，今本作「其」。

㉕「懙」，帛本作「火」，今本作「災」，各有所本。

六二：遊❶既❷宋❸，褱❹亓❺次❻，㝵❼僮❽僕❾之貞。

九參❿：遊⓫焚亓⓬宋⓭，芒⓮亓⓯僮⓰僕⓱，貞＝⓲礪⓳。

九四：遊⓴五十三……

𩰫（渙）

䷺𩰫㉑匚：卿㉒。王叚㉓于宙㉔，利見大人㉕，利涉大川㉖。

❶「遊」，帛本、今本均作「旅」。

❷「既」，帛本同，阜本、今本均作「即」，韻母同屬脂部。

❸「宋」，帛本、阜本、今本均作「次」，韻母同屬支部。以下同。

❹「褱」，帛本作「壞」，今本作「懷」。

❺「亓」，帛本同，今本作「其」。

❻「次」，帛本作「茨」，今本作「資」。疑滬本「次」乃「次」之誤，借爲「資」。

❼「㝵」，帛本、今本均作「得」。

❽「僮」，帛本、今本均作「童」。

❾「僕」，帛本作「剝」，今本作「僕」，韻母同屬侯部。又滬本「僕」下有「之」字，爲諸本所無。

❿「參」，帛本、今本均作「三」。

⓫「遊」，今本作「旅」。

⓬「亓」，今本作「其」。

⓭「宋」，今本作「次」。

⓮「芒」，今本作「喪」。

⓯「亓」，今本作「其」。

⓰「僮」，今本作「童」。

⓱「僕」，今本作「僕」。

⓲「＝」，今本無。

⓳「礪」，今本作「厲」。

⓴「遊」，今本作「旅」。

㉑「𩰫」，帛本、今本均作「渙」，韻母同屬元部。以下同。

㉒「卿」，帛本、今本均作「亨」。

㉓「叚」，帛本同，今本作「假」。

㉔「宙」，帛本、今本均作「廟」，韻母同屬幽部。

㉕「利見大人」，爲帛本、今本所無。

㉖「川」下，帛本、今本均有「利貞」二字。

初六❶：拯❷馬藏❸，吉。㥒❹亡。

九二：𩞿❺走❻亓❼凥❽，㥒❾亡。

六參❿：𩞿⓫亓⓬躳⓭，亡⓮咎⓯。

六⓰四：𩞿⓱亓⓲群，元吉。𩞿⓳五十四亓⓴丘，非㉑訇㉒所思。

九五：𩞿㉓亓㉔大唬㉕，𩞿㉖亓㉗凥㉘，

❶「六」下，今本有「用」字。

❷「拯」，今本同，帛本作「撜」，韻母同屬蒸部。

❸「藏」，今本作「壯」。

❹「㥒」，帛本作「悔」。

❺「𩞿」，帛本、今本均作「渙」，韻母同屬元部。

❻「走」，帛本作「賁」，今本作「奔」。「賁」、「奔」韻母同屬蒸部，「奔」與「走」義近可通。

❼「亓」，帛本同，今本作「其」。

❽「凥」，帛本作「階」，今本作「机」。「凥」，讀若「居」（見《說文》十四上十三）。「凥」與「階」、「机」聲母同屬端組，「階」、「机」韻母同屬脂部。

❾「㥒」，帛本、今本均作「悔」。

❿「參」，帛本、今本均作「三」。

⓫「𩞿」，帛本、今本均作「渙」。

⓬「亓」，帛本同，今本作「其」。

⓭「躳」，帛本作「竆」，今本作「躬」，韻母同屬蒸部。

⓮「亡」，帛本、今本均作「无」。

⓯「咎」，帛本同，今本作「悔」。「亡咎」與「無悔」義近可通。

⓰「六」，今本同，帛本作「九」。帛本「九」當據滬本、今本改爲「六」。

⓱「𩞿」，帛本、今本均作「渙」。

⓲「亓」，帛本同，今本作「其」。

⓳「𩞿」，帛本、今本均作「渙」。

⓴「亓」，今本作「其」。

㉑「非」，今本作「匪」。

㉒「訇」，帛本作「娣」，今本作「夷」，聲母同屬端組。

㉓「𩞿」，帛本、今本均作「渙」。

㉔「亓」，帛本作「亓肝」，今本作「汗其」。今本當據帛本改「亓肝」，滬本無「肝」字。

㉕「唬」，帛本、今本均作「號」，韻母同屬宵部。

㉖「𩞿」，帛本、今本均作「渙」。

㉗「亓」，帛本同，今本作「王」。各有所本。

㉘「凥」，帛本、今本均作「居」。「凥」，讀若「居」，見《說文》。

亡❶咎。

上❷九：⿱穴爰❸亓❹血，⿰去欠❺易❻出❼。□五十五

小⿱化止(過)

……取皮❽才❾坹❿。

上⓫六：弗遇⓬⿱化止⓭之，飛鳥羅⓮之，凶，是胃⓯亦⓰𤆎⓱⿰礻青⓲。□五十六

既濟

……勿用。

---

❶「亡」，帛本、今本均作「无」。

❷「上」，今本同，帛本作「尚」。

❸「⿱穴爰」，帛本、今本均作「渙」

❹「亓」，帛本同，今本作「其」。

❺「⿰去欠」，帛本、今本均作「去」。《竹書釋文》隸定「⿰去欠」爲「欲」，殊誤。

❻「易」，帛本作「湯」，今本作「逖」，韻母同屬支部。

❼「出」下，今本有「無咎」二字。

❽「皮」，帛本同，今本作「彼」。

❾「才」，帛本、今本均作「在」。

❿「坹」，帛本、今本均作「穴」。

⓫「上」，今本同，帛本作「尚」。

⓬「遇」，今本同，帛本作「愚」。

⓭「⿱化止」，帛本、今本均作「過」，韻母同屬歌部。

⓮「羅」，帛本同，今本作「離」。韻母同屬歌部。

⓯「胃」，帛本、今本均作「謂」。

⓰「亦」，帛本、今本所無。

⓱「𤆎」，帛本作「茲」，今本作「災」，韻母同屬之部。

⓲「⿰礻青」，帛本、今本均作「省」。

六四：需❶又❷衣絮❸，冬❹日戒。

九五：東噐❺殺牛❻，不女❼西噐❽之酌❾祭，是❿受⓫福，吉。

上⓬六：需⓭亓⓮首，礪⓯。匚 五十七

未淒（濟）

……閵⓰。

九二：湝⓱亓⓲輪⓳，貞吉⓴。利涉大川㉑。

六參㉒：未淒㉓，征㉔凶，利涉大川。

九四：貞吉…… 五十八

❶「需」，帛本作「襦」，今本作「繻」。

❷「又」，帛本、今本均作「有」。

❸「絮」，帛本作「茹」，今本作「袽」。

❹「冬」，帛本同，今本作「終」。

❺「噐」，帛本、今本均作「鄰」。以下同。

❻「牛」下，帛本有「以祭」二字。

❼「女」，帛本作「若」，今本作「如」，韻母同屬魚部。

❽「噐」，帛本、今本均作「鄰」。

❾「酌」，帛本作「濯」，今本作「禴」，韻母同屬宵部。

❿「是」，帛本、今本均作「實」，韻母同屬支部。

⓫「受」下，帛本有「亓」字，今本有「其」字。

⓬「上」，今本同，帛本作「尚」。

⓭「需」，帛本、今本均作「濡」。

⓮「亓」，帛本同，今本作「其」。

⓯「礪」，帛本、今本均作「厲」。

⓰「閵」，帛本同，今本作「吝」。

⓱「湝」，帛本作「抴」，今本作「曳」，聲母同屬喻紐。「湝」，讀若「逸」，參《三體石經·多士》。《竹書釋文》隸定有誤。

⓲「亓」，帛本同，今本作「其」。

⓳「輪」，今本同，帛本作「綸」。

⓴「吉」，今本同，帛本無。

㉑「利涉大川」，爲諸本所無。

㉒「參」，帛本、今本均作「三」。

㉓「淒」，帛本、今本均作「濟」，韻母同屬脂部。

㉔「征」，今本同，帛本作「正」。

定州漢墓竹簡《論語》

河北省文物研究所
定州漢墓竹簡整理小組釋文（劉來成執筆）
北京大學儒藏編纂中心校勘（聞賢執筆）

目録

校點說明

定州漢墓竹簡一九七三年於西漢中山懷王劉脩墓中出土。其中《論語》由河北省文物研究所定州漢墓竹簡整理小組整理、釋文、標點、校勘，一九九七年七月由文物出版社出版。本次整理即以文物出版社出版的《定州漢墓竹簡〈論語〉釋文》爲據（未採用其校勘記）。原書附有《定州漢墓竹簡〈論語〉介紹》，全文如下：

定州漢墓竹簡《論語》是目前發現最早的《論語》抄本。初步被認爲是《論語》的漢簡有六百二十多枚，殘簡居多。全簡長一六・二釐米（約合當時的七寸），寬〇・七釐米，滿字者一九～二一字（不算重文符號），兩端和中腰用素絲連綴，尚留痕迹。録成釋文的共七千五百七十六字，不足今本《論語》的二分之一。其中保存最少的爲《學而》，衹有二十字；最多的爲《衛靈公》，有六百九十四字，可達今本的百分之七十七。這部《論語》雖是殘本，因中山懷王劉脩死於漢宣帝五鳳三年（公元前五十五年），所以它是公元前五十五年以前的本子，是時有《魯論》、《齊論》、《古論》三種《論語》存在。它的特異之處，是研究《論語》的新材料。

《論語》是我國儒家的經典之一，漢時爲學童的啟蒙讀本，是必讀的經書之一。西漢時除《古論》世不傳外，《魯論》、《齊論》各有所傳。西漢末年安昌侯張禹將《魯論》和《齊論》擇善而從，合而爲一，稱爲《張侯論》。東漢末年的《熹平石經》，以及今天所流傳的《論語》基本上就是《張侯論》。東漢末年，鄭玄依據《張侯論》，考之《齊論》、《古論》，著有《論語注》。後代研究的學者從殘存的《論語注》中辨別三種《論語》的異同。但終因三種《論語》羼雜混淆，而無法認清各自的面目。《論語》作爲我國重要的古典經書，歷來傳授和研究者甚多，其各種版本的基本內容没有大的竄改，但也找不到完全相同的兩種版本，就是在漢代不同人同抄的一個本子，也會有不同的假借字、簡省字、錯字、漏字等情況。我們通過校勘這部殘存的本子，發現其中的問題相當突出。在不到今本一半的文字中，差異之處達七百多處，幾占釋文的十分之一。

《論語》各篇的分章，今本多有不同。定州漢墓竹簡《論語》也有獨特之處，如《鄉黨》「食不厭精」至「鄉人飲酒」，今本分爲二、三、五章的都有，而簡本祇是一章；「雷風烈必變」與「升車」，今本分爲二章，簡本也是一章。《陽貨》「子貢曰：君子有惡乎？」今本别爲一章，而簡本則同上面「子路曰」合爲一章。特别是《堯曰》，今本爲三章，而簡本則爲二章，今本的第三章在簡本中用兩個小圓點與上間隔，以兩行小字連在下面，好像附加的一段。在題寫章節與字數的殘簡中，正有一枚記：「凡二章，凡三百廿二字。」知簡本《堯曰》只二章。康有爲《論語注》中認爲：《堯曰》「《魯論》本二章，其末一章《齊論》也。翟氏灝《考異》：《古論語》分此一篇爲二，則『堯曰』凡一章，『子張』凡二章。」這後一章與前一章既有間隔又相連接地附在後面，或許就是《齊論》中有，而《魯論》中無的部分，抑或《古論》後面的部分？

定州漢墓竹簡《論語》中的文字，差異很多，其中有的是抄寫者脱漏、抄錯或隨意簡寫的字，有的則是按底本上寫的字。屬於底本上文字的不同，不僅反映有無差誤，也應當能够反映出它是哪種《論語》，所以可供學者深入研究。

簡本《學而》中「貧而樂」，「樂」下無「道」字，今本多爲有「道」字，康有爲《論語注》認爲「無『道』字，蓋古文也」。《爲政》中「無違」，鄭注云：「古文『毋』爲『無』。」《八佾》中「或或乎文哉」，《説文》段注云：「今本《論語》『郁郁乎文哉』，古多作『或或』。」《公冶長》中「可使治其賦也」的「賦」，《釋文》云：「梁武云：《魯論》作『傅』。」《陽貨》中「古之矜也廉」，《釋文》云：「魯讀『廉』爲『貶』。」「天何言哉？」《釋文》云：「魯讀

「天」爲「夫」。」「惡果敢而窒者」,《釋文》云:「魯讀『窒』爲『室』。」《述而》中「亦可以毋大過矣」,《釋文》與鄭注云:「魯讀『易』爲『亦』。」「誠唯弟子弗能學也」,鄭注云:「魯讀『正』爲『誠』。」《衛靈公》中「好行小惠」,《釋文》云:「魯讀『慧』爲『惠』。」《述而》中「執禮疾」,今本無「疾」字。《雍也》中二「斯人也」句之間今本無「命也夫」句。還有一些與今本不同的詞句很特殊,如:「若」,今作「如有」、「如能」;「毋款」,今作「無感」;「人生之也直」,今作「人之生也直」或「人生之直」;「亡生也幸而免也」,今作「罔之生也幸而免」;「君子可選」,今作「君子可逝也」;「黑而職」,今作「默而識之」;「老之至」,今作「老之將至」;「多聞而志之」,今作「多見而識之」;「靼蕩」,今作「坦蕩蕩」;「無可」,今作「不足」;「空空」,今作「悾悾」;「昷獨」,今作「韞匵」;「而賈」,今作「而沽」;「怠若也」,今作「怡怡如也」;「歿階趨」,今作「沒階,趨進」;「美裘」,今作「羔裘」;「六者式」,今作「凶服者式之」;「言言」,今作「誾誾」;「衎衎」,今作「侃侃」;「民莫不敬」,今作「則民莫敢不敬」;「(學)而優則仕,仕而優(則學)」,今作「仕而優則學,學而優則仕」;「勿卷」,今作「無倦」;「誋誋詳詳」,今作「切切偲偲」;「辨年」,今作「便佞」;「泰來」,今作「大賚」;「弗舍」,今作「不棄」;「饑鞋」,今作「饑饉」;「沃沃」,今作「夭夭」等等。

一些與今本不同的字就更多了,其中有古老的寫法或用法,有假借或簡省字,也有誤字,如:知作智或智,措作錯,裳作常,社作主,又作有,有作又,朽作歹,他作也或它,紳作申,疏作疎,巍作魏,虞作吴,既作墍或溉,没作歿,責作賫或贛,歎作嘆,仰或抑作卬,彌作迷,誘作牖,斯作此,巽作選,繹作擇,亡作末,末作無,毋作無,無作毋,一作壹,椰作郭,寶或保作葆,豈作幾,倦作卷,祇作褆,於或于作乎,若作而,才作材,吝作鄰或郯,篤作孰,侗作俑,謂作曰,仲作中,簡作蕳或間,微作屎，與作予，怨作怨或惌，朋作倗或倗，與作歟，吾作我，奔作賁，佞作仁或年，譬或僻作辟，藏作臧，韶作詔，諾作若，政作正，恥作佴，曾作增，不作弗，莊作壯或狀，壯作狀，奚作何，夷作蕛，奧作窖，宰作宰，適作讁，幾作徵，禦作御，桴作泡（枹），孟或季作子，棖作長，慾作欲，慟作動，閔作黽，何作可，愈作隃，附作付，柴作楑，喭作獻，屢作居，億作憶作意，踐作淺，篤作祝，色作仂，由作曰，弒作殺，後作后，唯作雖，殘作俴，違作韋，也作耶，管作菅，悅作說，躬作弓，攘作襄，泰作大，即作節，潤作閏，駢作屏，防作房，譎作矞，怍作乍，曰作言，弒作試，能作耐，氏作是，陰作音，硜作巠，居作君，識作志，輅作路，遠作遠，位作立，涖或莅作位，哉作才，矜作蔫，病作病，闕作欮，惡作好，好作惡，餒作饑，祿作食，蹈作淤，諒作梁，類作纇，階作陛，固作故，蓋作盍，佚作失，愆作衍，侮作毋，斯作也，謂作胃，納作內，儼作嚴，達作通，餓作饑，懷作攘，性作生，磨作靡，邇作壐，帛作白，致作至，闚作規，逸作泆，公作功，或作有，蕩作湯，戾作誼，紫作此，亂作乳，孺作儒，期作其，崩作項（頊），鑽作銹，上作尚，訕作山，徼作絞，輿作車，憮作撫，數作鬆，反作返，驕作渨等等。但這些還不包括許多『之乎者也矣焉哉』等虛詞的或有無、或多少的不同。

竹簡本《論語》時代比較早，在它的不同章節、不同詞句、不同文字中，仍保留有古代語言文字的一些現象。西漢時期存在的三種《論語》，除當時從孔壁中發現的《古論語》，《齊論》、《魯論》原也應當是由古文產生而留傳後世的，隨着時間的發展，在一代代傳授、抄寫的同時，其書寫《論語》的文字，也逐漸由古文演變成了漢隸，但也還保留一些原來的痕跡。簡本《論語》就是如此。在簡本中發現《魯論》所具有的文字，則應當是《魯論》本來的東西。這是從今本《論語》中看不到的。在定州漢墓竹簡中和《論語》一起出土的，還有蕭望之的奏議。蕭望之在當時是皇太子的老師，是傳授《魯論》的大師。劉脩死後把《論語》同蕭望之的奏議放在一起，應不是偶然的。定州漢墓竹簡《論語》的發現和深入研究，會使我們對《論語》版本情況有個新的認識。

原書整理《凡例》如下：

一、本書爲定州漢墓竹簡《論語》殘簡釋文。釋文後附校勘記或簡單注釋。

二、竹簡按本書中的編排順序編號。幾枚簡綴合爲一枚，衹編一個號。釋文中於每簡最後一字右下旁注簡號。

三、原簡未發現篇題，釋文篇題係據今本《論語》補加。並參照今本分篇順序排列。

四、各篇章節參照今本順序排列。簡文有明顯分章現象的（如一枚簡上部文字表現一個完整的意思後，下部爲空白，而後面相連的內容另出一簡），釋文按簡文分章。各章文字內容相連的簡文（包括其間雖有缺字、缺簡而確知同屬一段文字的情況），釋文都連寫。

五、一些殘存題寫章和字數的簡文，因未能確定歸屬，釋文附於書末。

六、原簡上的符號，釋文祇保留表示間隔的黑圓點，其餘一概略去。釋文另加標點符號。如簡文中引語的開頭或結尾正好在竹簡的殘缺部分，釋文就祇標下引號或上引號。

七、原簡首、尾完整者，於釋文首字、尾字左側加·號表示。

八、簡文因唐山地震擾動殘損的，釋文外加[ ]號表示。簡文中殘泐不能辨識的字，用□號表示。原簡刮去某字而形成的空格，釋文用○號表示。簡文殘缺或不能辨識字形又不能確定字數的（包括中間缺整簡的情況），釋文用……號表示。

九、簡文與今本文字不同的，釋文出校勘記。

十、校勘主要依據：《論語注疏》及阮元《十三經注疏》校勘記（《十三經注疏》本，中華書局，1980年）；康有爲《論語注》（中華書局，1984年）；黃焯《經典釋文彙校》

（中華書局，1980年）。

此次整理按《儒藏》體例由北京大學儒藏編纂中心重作校勘，以對校爲主，兼採他人成果。出校以顯示簡本的特點及有關版本源流的情況爲原則。校勘底本爲《定州漢墓竹簡〈論語〉釋文》（又經劉來成執筆修訂），通校本有日本正平版《論語集解》（簡稱「正平本」，以日本昭和八年正平版《論語》刊行會影印大阪府立圖書館藏本爲據。正平本被清錢曾《讀書敏求記》誤爲高麗本，阮元校勘記據陳鱣《論語古訓》仍沿其誤）、皇侃《論語義疏》（簡稱「皇本」，以《知不足齋叢書》本爲據）、邢昺《論語注疏》（簡稱「邢本」，以嘉慶二十年江西南昌府學刻阮元校本爲據）。凡「正平本」、「皇本」、「邢本」文字相同者，校記中統稱「今本」。採用阮元校勘記簡稱「阮校」，採用《經典釋文》標以「《釋文》」，援及原書校勘記簡稱「原校」。

北京大學儒藏編纂中心　聞賢

二〇〇六年一月

學而

……樂，❶富而好禮者也。子⿱夅貝曰：❷「《詩》云：『如切如磋，如琢如磨』，一……

爲政

……

子曰：「爲正以德，❸辟如北辰，❹二……[之]以禮，有佴且格。❺三……

……[吾十]有五而志乎學，❻卅而立，❼卌而不惑，❽五十而四……而耳順，七十而五……

……告之曰：「孟孫六……對曰：『無違』。」□遲曰：「何謂也？」子曰：『生，事之以禮；七……之以禮，祭之以

---

❶「樂」下，正平本、皇本有「道」字。

❷「⿱夅貝」，今本作「貢」，以下同，不一一出校。阮校：案《隸釋》載漢石經，凡『子貢』字皆作『子贛』。《說文》云：「貢，獻功也。」又云：「贛，賜也。」段注：「據《釋文》『本作贛』，後人改作『貢』耳。端木賜字子贛，凡作子貢者，亦皆後人所改」，「贛之古義古音皆與貢不同」。「⿱夅貝」爲「贛」之省。

❸「正」，今本作「政」。二字古通。

❹「辟」，今本作「譬」。二字古通。

❺「佴」，今本作「耻」。「佴」、「耻」均從「耳」聲，可通。《文選·報任少卿書》「而僕又佴以蠶室」、馬王堆帛書《經法·君正》「民富則有佴」等可證。詳見裘錫圭《古代文史研究新探·考古發現的秦漢文字資料對於校讀古籍的重要性》。

❻「乎」，阮校引漢石經同，正平本同。皇本作「於」，邢本作「于」。「乎」、「于」古音相同，可通。

❼「卅」，今本作「三十」。

❽「卌」，今本作「四十」。

禮。」八

……武伯問孝。子曰：「父母□

……憂。」九

子游問[孝。子曰：「今之孝者]，是謂能養。至於犬馬，皆能一〇[有養。不]敬，何以別？」一一

[子夏問孝。]子曰：「色難。有[事，弟子服]其[勞；有酒食，先]一二……增是以爲孝乎？」❶一三

[子曰]：「吾與回言終日，不違，[如]愚。退而省其私，亦足一四……

……[視其所以，觀其所由，]察其所安。人一五……

……「温故而智新，❷可以爲師矣。」一六

子曰：「君子不[器]。」一七

[子]贛問君子。子曰：「先行，其言從之。」❸一八

[子]曰：「君子[周而不比，小人比]而不周。」一九

[子曰：「學而不思則罔，思而不]學則殆。」二〇

子曰：「功乎異端，❹斯害也已。」二一

……曰：「由！誨女智乎！❺[智之爲智]之，弗智爲弗智，❻是智也。」二二

……[禄。子曰：「多聞闕疑，慎言其餘；則寡尤；多]二三……殆，慎行其餘，則□□□□尤，行寡悔，禄在其中二四

……

❶「增」，今本作「曾」。

❷「智」，今本作「知」，二字古通，以下同，不一一出校。

❸「言」下，今本有「而後」二字。

❹「功」，今本作「攻」。

❺「智」，今本作「知」。「智」，古文「智」，「知」、「智」通。以下同。「乎」上，今本有「之」字。

❻「弗」，今本作「不」，以下同，不一一出校。「爲」上，皇本有「之」字。

〔哀公問〕曰：「何爲則〔民服？〕」孔子對」曰：「舉直錯諸〔枉，❶則民〕二五……舉枉錯諸直，則民不服。」二六

季康子問：「使民敬、忠以〔勸，如〕之何？」子曰：「臨之以狀，❷則二七……則忠，舉善而教不能，則〔勸〕。」二八

……謂孔子曰：「子何不爲正也？」❸子曰：「《書》云：『孝乎維孝❹，友二九……〔弟〕，施於有正。是亦爲正，❺奚其爲爲正也？」❻三〇

〔子曰：「人而無信，不智其可也。大〕輿無輗，❼小輿無〔軏〕，三一……〔何以行之哉？」〕三二

子張〔問〕：「十世可智與？」子曰：〔殷〕因於夏禮，〔所損益〕，……三三周因於殷禮，所損益，可智也。其或繼周者，〔雖百〕三四……〔可〕智也。」三五

〔子〕曰：「非其鬼而〔祭〕之，〔諂〕也。□□□□□□三六

八佾

……□徹。子曰：『相維辟公，天子穆穆』，奚取於〔三〕三七……

……放問禮之本。子曰：「大〔哉〕三八……其易也，寧三九……

❶「錯」，阮校云：「《釋文》出『錯』字，云：『鄭本作措，投也。』案措，正字，古經傳多假『錯』爲之。」

❷「狀」，今本作「莊」。「狀」借爲「莊」。

❸「何不爲正也」，今本作「奚不爲政」。

❹「乎」，皇本、《釋文》作「于」。二字古通。

❺「正」，皇本作「政也」。

❻「正也」，今本作「政」。

❼「輿」，今本作「車」。

……曰：「荑狄之有君也，❶不若諸[夏之亡也]。」❷四〇

……謂泰山不如林放乎？」四一

……事後素。」曰：「禮後乎？」子曰：「起予[商]也！❸始可與言《詩》已四二……

……[禮，吾能]言之，杞不足徵也；殷禮，[吾能言之，宋不足徵也]。四三文獻不足故也，足則吾徵之矣。」❹四四

子：「[禘]□四五……

……如在，祭䰠如䰠[在]。❺四六子曰：「吾不與祭，如不祭。」四七

王孫賈問曰：「與其媚於窖，❻寧媚於竈，何謂也？」四八……罪於天，無所禱四九……

子曰：「周監於二代，或或乎文哉！❼吾從周。」五〇

……事問。子聞之，曰：「是禮也。」五一

……古之道也。」五二

[子贛去]❽五三……

……臣事君以忠。」五四

---

❶「荑」，今本作「夷」。「荑」、「夷」古通。「也」，今本無此字。

❷「若」，今本作「如」，以下同，不一一出校。

❸「予」下，今本有「者」字。

❹「吾」下，今本有「能」字。

❺「䰠」，今本作「神」。《說文》云：「䰠，神也」。段注：「䰠即神字。」

❻「窖」，今本作「奥」。「窖」借爲「奥」。

❼「或或」，今本作「郁郁」。阮校云：「《汗簡》云：『《古論語》郁作戫。』」《說文》「郁」字段玉裁注：「古假借爲戫字，如《論語》『郁郁乎文哉』是也。戫，有文章也。其始借或爲戫，其後又借郁爲或。」

❽「贛」下，今本有「欲」字。

[哀]公問主於宰我。❶對曰：❷「夏后氏以松，殷人五五……[以栗，曰]，使民戰栗也。」子聞之，曰：五六……諫，既往不咎。」五七

子曰：「管中之器小[哉！」❸或]□：「管仲儉乎？」曰：「管氏[有三歸，官]五八……亦樹塞門。國君爲兩君之好，❹有反坫，管氏五九……

……如也，允如[也，❺以]六〇……

……從者見之。❻「[二三子何患於喪？❼天下六一……

里仁

子曰：「不仁不可以久處約，❽不可以[長處樂。仁者安]六二……

……貧與賤，是人之所惡也，不以其道得之，不去也。君子六三……仁，惡乎成名？君子無□食之間違仁，造次必六四

……

……[其力]於仁矣乎？❾我[未見力

---

❶「主」，今本、《釋文》作「社」，《釋文》引鄭本作「主」。「宰」，即「宰」，原訛從「幸」，以下同，不一一出校。

❷「對」上，今本有「宰我」二字。原校：約前一「宰我」下簡本脱重文符號。

❸「中」，今本作「仲」。二字古通。

❹「國」，今本作「邦」。阮校云：「漢石經避高帝諱作國，後放(仿)此。」以下同，不一一出校。

❺「允」，今本作「繹」。

❻「之」下，今本有「出曰」二字。

❼「喪」下，今本有「乎」字。

❽「仁」下，今本有「者」字。

❾「仁」下，皇本有「者」字。

不足」也。❶蓋有之矣，❷我未之見也。」六五
·子曰：「朝聞道，夕死可□。」❸六六
……[曰：「君子於天下]，❹無謫
也，❺無莫也，義之與比。」六七
·[子曰：「君子懷德，小人懷土]；六
八……
·[子]曰：「放於利而行，多怨。」六九
·子曰：「能以禮讓爲國乎？何有？
七〇……
·子曰：「不患無位，患所[以立。不
患莫己知，未爲可知也]。」❻七一
……何謂也？曾子曰：「夫子之
道，忠恕而已矣。」七二
·[子曰：「君子踰於]義，❼小人踰
[於]利。」七三
·子曰：「事父母儆諫，❽見志不從，有
敬不[違，❾勞而不怨]。❿七四
·子曰：「父母在，不遠遊，⓫遊必有
方。」七五
……[者言之不出，恥躬]之不逮
也。」⓬七六

❶「足」下，今本有「者」字。
❷「矣」，正平本、皇本作「乎」。
❸「可□」，今本作「可矣」。阮校：漢石經「矣」作「也」。
❹「子」下，今本有「之」字。「下」下，今本有「也」字。
❺「謫」，今本作「適」。《釋文》作「適」，云：「鄭本作『敵』，適讀爲敵。」「謫」、「適」、「敵」古通。
❻「未」，今本作「求」。
❼「踰」，今本作「喻」。下同。
❽「儆」，今本作「幾」。
❾「有」，今本作「又」，二字古通，以下同，不一一出校。
「敬」下，皇本有「而」字。
❿「而」，正平本無此字。
⓫「不」上，皇本有「子」字。
⓬「者言之不出」，皇本作「古之者言之不妄出也」。

公冶長

•子貢問曰：「賜也何如？」□□：「女，器也。」曰：「何器也？」曰：「□七七……

•或曰：「雍也仁而不佞。」子曰：「焉用佞？御人以口給，❶屢[憎]七八……不智其七九……

•子曰：「道不行，乘泡浮於海。❷從我者，其由與？」子路□八〇之喜。子曰：「由也，好勇過我，無所取材。」八一

•子武伯問：❸「子路仁乎？」子對曰：❹「不智也。」有問。子曰：「由也八二……之國，可使治其賦也，❺不智其仁也。求也，❻[千室之邑]，八三……乘之家，可使爲之宰也，不智其仁也。」「赤也[何如]？」八四……

[宰予晝寢。子曰：「殀木不可]雕也，❼糞土之墻不可[杇]❽八五……與何誅？」❾八六

•子曰：「始吾於人也，❿聽[其言]而信其行；今吾於人也，[聽其]八七言而觀其行。於予與改是。」八八

•[子]曰：「吾未見剛者。」或對[曰：

---

❶「御」，今本作「禦」。「御」通「禦」。

❷「泡」，今本作「桴」。原校云「泡誤」，非。古「桴」、「泡」音近，可通。「桴」又或作「枹」，亦從包聲。

❸「子」，今本作「孟」。

❹「對」，今本無此字。

❺「賦」，《釋文》云：「梁武云：《魯論》作傅。」

❻「求」上，今本有「求也何如子曰」六字。

❼「殀」，今本作「朽」。「殀」，古「朽」字。

❽「杇」，皇本、《釋文》作「圬」，異體字。

❾「誅」下，原校：此全簡僅上部書三字，下部空白，故知下簡文字别爲一章。

❿「始」，原校：簡文下空一格。

「□」長。」❶子[曰：「長也欲，❷焉」八九

……

……欲人之加諸□也，吾亦欲毋加諸人。❸子[曰]：九〇……「賜，❹非壐所[及也]」。」❺九一

[子貣問]曰：「孔文子何以謂之『文』也？」子[曰]：九二……□[下問，是以謂之『文』也]。」九三

子曰：❻「子産有君子道四焉：❼[其行己也恭，其事上也敬]，九四……惠，其使民也義。」九五

[子曰：「晏平中善]與人[交，❽久]而敬之。」❾九六

子張問曰：九七……違之。至於也國，❿則曰『猶吾大夫□子也。』遠之。之一九八……□曰：「猶吾大夫□子也。』違之。何如？」子曰：「□矣。」曰：九九

……

季文子三思而後行。子聞之，曰：「再，斯可矣。」⓫一〇〇

子在陳，曰：「歸與！歸與！吾黨之小子狂間，⓬[斐然]成章，不智一〇一……

子曰：「孰謂杘生高直？⓭或乞醯

❶「長」，今本作「棖」，下「長」字同。二字古通。
❷「欲」，今本作「慾」。
❸「毋」，今本作「無」，二字古通。以下同，不一一出校。
❹「賜」下，今本有「也」字。
❺「壐」，今本作「爾」，以下同，不一一出校。
❻「曰」，今本作「謂」。
❼「子」下，今本有「之」字。
❽「中」，今本作「仲」。
❾「而」下，正平本、皇本有「人」字。
❿「也國」，今本作「他邦」。「也」通「他」。
⓫「斯」，阮校引唐石經作「思」。「再」下，正平本、皇本有「思」字。
⓬「間」，今本作「簡」。
⓭「杘」，疑釋文有誤，當爲古「尾」字，從尸（人）毛（尾形），字下部不當釋爲「木」字。今本作「微」，古通，古複姓尾生或作「微生」。

焉，乞諸其鄰而予之。」❶一〇二
……［言］、令色、足［恭，左丘明］佴
之，丘亦佴［之。匿怨而］❷一〇三……
……而毋款。❸顔淵曰：「願毋伐
□，毋□一〇四……［願］聞子之志。」子
曰：「老者安［之，俏友信之，❹少者］一〇五
……
……見能見其一〇六……
……曰：「十室之邑，必有忠［信］一
〇七……

雍也

子曰：「雍也可使南面也。」一〇八
……間，❺毋乃大間乎？」子曰：一〇
九……
［哀公］問：❻「弟子孰爲好學？」孔
［子對曰］：「有顔回者好學，一一〇……
過。不幸短命死矣，［今也則亡，未聞好學
者也］。」一一一
……冉子與之粟五秉。子曰：「赤
之適齊也，乘肥馬，一一二……［不］繼富。」
一一三
……康子問：「中［由可］❼一一四……
子曰：「由也［果，於從正乎何有？」
□□□］可使從正也［歟］？」一一五……［可

❶「予」，今本作「與」。
❷「怨」，今本作「怨」。
❸「毋款」，今本作「無憾」。
❹「俏」，今本作「朋」。原校：「俏」爲「㑳」之省，「㑳」讀爲「朋」。
❺「間」，今本作「簡」，下同。
❻「問」下，正平本、皇本有「曰」字。
❼「中」，今本作「仲」。

使從政也與？」曰：「求也□於從政乎」
一一六……
……[我必在汶上矣]。❶ 一一七
[伯牛有疾，子問之，自牖執]其手，
曰：「末之，❷命矣夫！ 一一八……而有斯
疾也！ 命也夫！❸ 斯人也而有此疾
也！」❹ 一一九
子曰：「賢哉，回也！ 一單食，❺ 一一
二〇……
……道而廢。今女畫。」一二一
……□子夏曰：「[爲君子儒]！❻ 一
二二……
[子]曰：「孟之反不伐，賁而[殿，❼
將入門，策其馬，曰：『非]一二三……也，
馬不進也。』」一二四
□曰：「不有祝鮀之仁，❽而有[宋
朝]之美，[難乎免於今之世]❾ 一二五……
[子曰：「人之生也直，❿亡生也幸
而免也。」⓫ 一二六
子曰：「智之者不如好之者，好之者
□如樂之者。」一二七
子曰：「中人以上，可」語上也；⓬

❶「我」，今本作「吾」。《釋文》連上出「則吾」二字，云：「一本無『吾』字，鄭本無『則吾』二字。」
❷「末」，今本作「亡」。古「亡」讀重脣，與「末」雙聲韻轉，音近可通。
❸「命也夫」，今本無此三字。原校：《史記・仲尼弟子列傳》有此三字。
❹「此」，今本作「斯」。
❺「單」，今本作「簞」。古「單」通「簞」。
❻「爲」上，今本有「女」字。
❼「賁」，今本作「奔」。
❽「仁」，今本作「佞」。
❾「世」下，今本有「矣」字。
❿「人之生也直」，皇本作「人生之直」。
⓫「亡生也幸而免也」，今本作「罔之生也幸而免」。「亡」、「罔」古通。
⓬「可」下，今本有「以」字。

中人以下，不可語上也。」❶一二八

樊遲問智。子曰：「務民之義，敬鬼而遠之，❷可謂智矣。」一二九

子曰：「齊壹變，至於魯；魯壹變，至於道。」一三〇

宰我曰：❸「仁者，唯告之曰，❹井有仁者焉。❺其從也之？」❻子一三一……「何爲其然也？君子可選，❼不可陷也；可欺，❽不可罔也。」一三二

子曰：「君子［博於］文，❾約之以［禮，亦］可以弗之畔矣夫！」❿一三三

［孔］子見南子，⓫子路不說。夫子矢［之曰：「予所否者，天厭之！天厭之］！」一三四

［子貢曰：「［若］博施於民能濟衆］，⓬可謂仁乎？」子曰：「何事於［仁］！一三五必也聖乎！堯舜其猶病□！［夫］仁者，己欲立而立人，一三六己欲達而達人。能近取辟，可謂仁之方也已。」一三七

❶「可」下，今本有「以」字。
❷「鬼」下，今本有「神」字。
❸「我」下，今本有「問」字。
❹「唯」，今本作「雖」。「唯」通「雖」。
❺「者」，邢本無此字。
❻「也之」，邢本作「之也」，皇本作「之與」。
❼「可選」，今本作「可逝也」。
❽「欺」下，今本有「也」字。
❾「君子」，《釋文》云：「一本無『君子』字。」「博」下，今本有「學」字。
❿「之」，今本無此字。
⓫「孔」，今本無此字。
⓬「若」，正平本、皇本作「如能」，邢本作「如有」。「民」下，今本有「而」字。「衆」下，正平本、邢本有「何如」二字，皇本有「者何如」三字。

述而

……[而不作，信而好古，竊比]我於老彭。」❶一三八

……「[黑而職，❷學不厭，❸誨人不]卷，❹何有於我哉？」一三九

[子]曰：「德之不脩也，學之不[講]也，聞義不能徙也，[不善]一四〇[不]能改也，❺是吾憂也。」一四一

[子]之燕居也，❻申申如也，沃沃如[也]。❼一四二

子曰：「志於一四三……

……[謂顏淵曰：「用則行，❽舍之則臧，❾唯]一四四……路曰：「子一四五……

子曰：「暴虎馮河❿一四六……[吾弗]與也。⓫必也臨事而懼，好謀而成者□。」一四七

[子曰：「富而可求也，雖執鞭之]士，吾爲之。⓬如不可求也，⓭一四八從吾所好。」一四九

❶「我於」，今本作「於我」。

❷「黑而職」，今本作「默而識之」。《釋文》云：「默，俗作嘿。」「默」從「黑」聲，二字古通。「職」、「識」古通。

❸「學」下，今本有「而」字。

❹「卷」，今本作「倦」。「卷」通「倦」。以下同，不一一出校。

❺「脩」、「講」、「徙」、「改」下，邢本皆無「也」字，正平本、皇本與簡本同。

❻「也」，邢本無此字，正平本、皇本與簡本同。

❼「沃沃」，今本作「夭夭」。

❽「用」下，今本有「之」字。

❾「臧」，今本作「藏」。二字古通。

❿「馮」，正平本、皇本作「憑」，邢本同簡本。《釋文》云：「『馮河』，字亦作『憑』。」

⓫「弗」，今本作「不」。

⓬「吾」下，今本有「亦」字。

⓭「也」，邢本無此字，正平本、皇本作「者」。

·子之所慎：齊，❶戰，疾。一五〇

……［在齊聞《詔》，❷三月］一五一……

……貢曰：「若，❸吾［將問］一五二

……賢人者❹□一五三……［何怨］？」❺出，

曰：「夫子弗爲也。」❻一五四

……枕之，樂亦［在其中矣。不］一五五

……［富且］貴，於我如浮雲。一五六

……以學，亦可以毋大過矣。」❼一五七

［□所雅言］，《詩》、《書》、執禮疾，❽皆雅言也。一五八

……公問孔子於子路，子路不對。子曰：「女何不曰，❾其爲人也，一五九……憤忘食，樂以忘憂，不［知老］之至云壐。」❿一六〇

……曰：「我非生而智之者一六一

……

……［不語怪，力，亂］，一六二……

·子曰：「我三人行，⓫［必得我師］焉：⓬澤其善者而從［之，⓭其］一六三……善者而改一六四……

……［天］生德於予，桓魋其如予

---

❶「齊」，邢本作「齋」，正平本、皇本同簡本。《釋文》云：「齊，本或作『齋』，同。」

❷「詔」，今本作「韶」，「詔」通「韶」。正平本、皇本「韶」下有「樂」字。

❸「若」，今本作「諾」。「若」通「諾」。

❹「者」，今本作「也」。

❺「怨」下，正平本、皇本有「乎」字，邢本無。

❻「弗」，今本作「不」。

❼「亦」，今本作「易」，連上句讀爲「學易」。作「亦」係《魯論》，《釋文》引鄭注：「魯讀『易』爲『亦』，今從古。」

❽「疾」，今本無此字。

❾「何」，今本作「奚」。

❿「老之至」，正平本、皇本作「老之將至也」，邢本作「老之將至」。

⓫「我」，邢本無此字，正平本、皇本、《釋文》等有。

⓬「得」，邢本作「有」，正平本、皇本、《釋文》等同簡本。

⓭「澤」，今本作「擇」。「澤」通「擇」。

何？」一六五

·□曰：「二三子以我爲隱子乎？❶吾無隱乎壐。吾無行而一六六……·與二三子，❷是丘也。」一六七

·子以四教：文，行，忠，信。一六八

·子曰：「聖人，吾弗得而見之矣；得見君子者，斯可矣。」一六九·子曰：「善人，吾弗得而見之矣；得見有恒者，斯可矣。一七〇……而爲有，虛而爲盈，約而爲泰，難乎有［恒矣］。」一七一

·子曰：「蓋有弗智也而作之者，我無是。多聞，擇其善一七二·而從之；多聞而志之，❸智之次也。」一七三

［互鄉難與言，童子見，門人惑。子曰］：·「與其進也，不［與其］一七四……甚？人絜己以進，與［其］絜也，不［葆］❹一七五……

……曰：「仁遠乎哉？我欲仁，斯一七六……

·陳司敗問昭［公智禮乎，孔］子曰：「智禮。」孔子退，揖巫□一七七·［期而進之，❺曰：「吾聞君子不黨，君子亦黨乎？君］一七八……謂之吴孟子。君□智禮，孰不智禮？」巫馬［期］一七九……［告。子］曰：「丘幸，❻苟有過，人必智之。」一八〇

……［之，而後和］之。·一八一

……曰：「文幕，❼［吾猶人也，躬君］子，❽則吾未之有得也。」❾一八二

❶ 下「子」字，邢本無此字，正平本、皇本有。
❷ 「子」下，今本有「者」字。
❸ 「多聞而志之」，今本作「多見而識之」。
❹ 「葆」，今本作「保」。二字古通。
❺ 「之」，皇本作「也」。
❻ 「丘」下，今本有「也」字。
❼ 「幕」，今本作「莫」。二字古通。
❽ 「躬」下，今本有「行」字。
❾ 「也」，邢本無此字，正平本、皇本有。

［子曰：「若聖與仁，則］吾幾敢？❶印爲之不厭，❷誨人不卷，則一八三……已矣。」公西華曰：「誠唯弟子弗能學也。」❸一八四

……疾，❹子路請禱。子曰：「［有諸］？」子路對曰：「有之；誄曰：『禱一八五……上下神禔。』」❺子曰：「丘之禱一八六……

……曰：「奢則不孫，❻儉則固。□□不孫也，寧固。」一八七

……「君子靼蕩，❼小人長戚。」❽一八八

……曰：❾「温而厲，威而❿一八九

……

---

❶「幾」，今本作「豈」。二字古通。

❷「印」，今本作「抑」。原校云「《說文》云：『抑從反印』，作『印』誤」，非。「印」、「抑」古音相近，可通。又羅振玉認爲甲骨文「印」字字形（從手從人）是《說文》所謂「從反『印』」的「抑」字古體，並指出「印」、「抑」古本一字，見增訂本《殷墟書契考釋》五四—五五頁。

❸「誠」，今本作「正」，《釋文》引鄭注云：「魯讀『正』爲『誠』」，今從古。

❹「疾」下，今本有「病」字。《釋文》云：「鄭本無『病』字。」案《集解》於《子罕》篇始釋『病』，則此有『病』字非。」

❺「禔」，今本作「祇」。

❻「孫」，正平本、皇本作「遜」，下同。《釋文》云：「不孫，音遜。」

❼「靼蕩」，今本作「坦蕩蕩」，《釋文》引鄭注：「魯讀『坦蕩』爲『坦湯』，今從古。」

❽「長戚」，今本作「長戚戚」。

❾「曰」，正平本、皇本、邢本、《釋文》作「子」，《釋文》云：「一本作『子曰』。」

❿「而」，皇本無此字。

泰伯

……[其]言也善。君一九〇……·斯遠暴曼矣，❶一九一……豆之事，則有司存。」一九二

……[問]乎寡，❷有如無❸，實而❹一九三……[從]事於斯矣。一九四

·曾子曰：「可以托六尺之□，❺□以寄百里之命，臨大一九五……而不可□□一九六……

……不可以不弘毅，任重而道遠。[仁以爲己]一九七……死而後已，不亦遠乎？」一九八

……於詩，立於禮，成於樂。」一九九……

……[可使由之，不可使智之]。」二〇〇

……曰：「如周公之材之美已，❻[使驕且鄰，❼其餘無可觀]。❽二〇一

·子曰：「三年學，不[至於穀，不易得已]。」❾二〇二

·子曰：「孰信好學，❿守死善二〇三……·危國弗入，亂國弗居。天□□□□□□□□□□二〇四……

---

❶「曼」，今本作「慢」。「曼」通「慢」。

❷「乎」，今本作「於」。

❸「如」，今本作「若」。

❹「而」，今本作「若」。

❺「托」，今本作「託」。

❻「如」下，今本有「有」字。「材」，今本作「才」，可通。「已」，今本無此字。

❼「使」上，皇本有「設」字。「鄰」，正平本作「悋」，皇本、邢本作「吝」，古音相近可通。

❽「無可」，今本作「不足」。「觀」下，正平本、皇本有「也已矣」三字，邢本有「也已」二字。

❾「已」，正平本、皇本作「也已」，邢本作「也」。

❿「孰」，今本作「篤」。

……在其位，不謀其正。」二〇五

〔子曰〕：「狂而不直，俑而不愿，❶〔空空〕而不信，❷吾弗智〔之矣〕。」二〇六

……曰：「學如弗及，猶恐〔失之〕。」二〇七

子曰：「魏魏乎，❸舜禹有天〔下而不與焉〕！」❹二〇八

……乎？唐吳之際❺二〇九……而已。三分天下有其二，以服事殷。周德，❻其可謂二一〇……

……絻，❼卑宮室而二一一……

子罕

……弟子曰：「吾何〔執？執〕御乎？〔執射〕乎？吾執御二一二……

子曰：「麻絻，❽禮也；今也純，儉也，❾吾從衆。〔拜乎下，❿禮〕二一三……

子畏於匡，曰：「文王墍殁，⓫文□□〔茲乎？天之〕二一四……後死者不與於斯□□，⓬天之未喪斯文也，匡人二一五……

❶「俑」，今本作「侗」。「俑」與「侗」音近，通爲「侗」。
❷「空空」，今本作「悾悾」。
❸「魏魏」，今本作「巍巍」。
❹「禹」下，今本有「之」字。「下」下，今本有「也」字。
❺「吴」，今本作「虞」。「吴」爲「虞」之省。
❻「周」下，邢本有「之」字，正平本、皇本無。
❼「絻」，今本作「冕」。二字同。
❽「絻」，今本作「冕」。《釋文》云：「鄭本作『弁』，云：『魯讀「弁」爲「絻」，今從古。《鄉黨篇》亦然。』」
❾「也」，今本無此字。
❿「乎」，今本無此字。
⓫「墍殁」，今本作「既没」。「墍」通「既」。
⓬「不」下，今本有「得」字。

……於子贛曰：「夫子聖者耶？❶
何其多能也？」子[夤]，二一六……天縱之
將聖，[有多能也]。」二一七……君子多二一
八……

……智□哉？ 無智也。有鄙夫問乎
我，❷空空如□❸二一九……[其兩端]而竭
焉。」二二〇

……「[鳳鳥不至，河不□□，吾已矣
夫]」！」二二一

……[淵喟然嘆曰]：「卬之迷高，❹
□□迷堅。瞻之在前，忽二二二……[然善
牖人，❺博我以文，約我以禮，二二三……壐。
雖欲從之，末由也[已]。」二二四

……疾病，子路使門人爲臣。病間二
二五……[爲有臣。吾誰欺？ 欺天乎！
且予與其死於臣]二二六……

子貢曰：「有美玉於斯，昷獨而藏
諸，❻求善賈而賈❼二二七……

……欲居九夷。或曰：「陋，如之
何？」子曰：「君子居之，[何陋]二二八
……

……曰：「吾自衛反於魯，❽然□□
正，《雅》、《頌》各得[其所]。」二二九

……[出則事公卿，入則事]父兄，喪
事不敢[不免，❾不]二三〇……

……[上，曰：「逝]者如此夫！❿不

❶「耶」，今本作「與」。
❷「乎」，今本作「於」。
❸「空空」，《釋文》云：「空空，鄭或作悾悾，同，音空。」
❹「卬」，今本作「仰」，音義同。「迷」，今本作「彌」。「迷」與「彌」音近可通。
❺「牖」，今本作「誘」。二字可通。
❻「昷獨」，今本作「韞匵」。「昷」爲「韞」之省，「獨」、「匵」音同可通。
❼下「賈」字，今本作「沽」。
❽「於」，邢本無此字，正平本、皇本有。
❾「免」，今本作「勉」。「免」通「勉」。
❿「此」，今本作「斯」。

舍晝夜。」子曰：「[吾未見]二三一……

……不隋者，❶其回也與！」二三二

子□□□□□□□[吾見其進]也，未見其止也。」二三三

[子曰：「苗]而不秀者有矣夫！□而不實者有矣夫！」二三四

……[可畏也，❷□知來]者之不如今也？ 卌、五十而無二三五……[此亦不可畏也]。❸ 二三六

……之爲貴。 選與之言，❹能毋□二三七

……乎？ 擇之爲貴。❺ 說而不擇，從而不改，吾無如之何矣。」❻二三八

……者立，而不佴者，❼其由也二三九

……終身誦之。 子曰：「是道也，二四〇

…… 子曰：「智者不惑，仁者不憂，二四一

……

鄉黨

……[其在宗廟朝廷]，二四二……

……[攝齊升堂]，鞠躬□二四三……□

顏色，❽怡若也。❾

❶「隋」，今本作「惰」，「隋」通「惰」。

❷「也」，邢本無此字，正平本、皇本有。

❸「此」，今本作「斯」。「也」下，邢本有「已」字，正平本、皇本有「已矣」二字。

❹「選」，今本作「巽」。

❺「擇」，今本作「繹」。下同。

❻「無」，今本作「末」。「矣」，今本作「也已矣」。

❼「佴」，今本作「恥」。「佴」讀爲「恥」，已詳前。

❽「顏」，原校：其上一字今本作「逞」，而簡文殘字不似「逞」字。

❾「怡若也」，今本作「怡怡如也」。「怡」與「怡」均從心台聲，可通。「若」同「如」。下同。

殁階趨，❶□若也。復其位，□□若也。二四四

……衣，美裘❷二四五……必有寢衣，長一身二四六[佩]。非帷常，❸必殺之。二四七……

……[敗，不食]。二四八……肉雖多，不使勝食二四九……[唯酒]毋量，不及亂。沽酒二五〇……食，不多食。[祭於公，不宿]肉。祭肉二五一……[食]不語，寢不言。雖踈二五二……坐。鄉人飲酒，杖者二五三……

……它國，❹再拜而二五四……

……[畜之]。侍食於君，君祭，先飯。[疾，君視之，東首，加朝服，拖申]。❺二五五

君命召，不俟駕行矣。二五六

[入大]□，❻□事問。二五七

……[必以貌。六者式]❼二五八……

[雷]風[烈]必變。升車二五九……

先進

……[用之，則]吾從先進。」二六〇

……淵、閔子騫、冉伯二六一……有、子路。❽文學：子[游、子夏]。二六二

❶「殁階趨」，今本作「没階趨進」。《釋文》云：「『没階趨』，一本作『没階趨進』，誤也。」「殁」通「没」。

❷「美裘」，今本作「羔裘」。

❸「常」，今本作「裳」。二字異體。《説文》：「常，下帬也，從巾，尚聲，常或從衣。」段注：「今字裳行而常廢矣。」

❹「它國」，今本作「他邦」。

❺「拖申」，今本作「拖紳」。「申」通「紳」。

❻「大」，正平本、邢本作「太」（正平本正文下鄭注作「大」），皇本作「大」，《釋文》云：「『大』音『太』，是，作『太』誤。」

❼「六者式」，今本作「凶服者式之」。

❽「子」，今本作「季」。

子曰：「回[也非助我者也，於]吾言無所不說。」二六三

……

子曰：「孝哉閔子騫！人不二六四

……

……短命死矣，今也則亡。」❶二六五

顔淵死，顔路請子之[車]□□□□孔[子曰：]❷「材不材」，❸二六六……[言]其子也。鯉也死，有[棺無郭。❹吾不徒行以爲之郭]。❺二六七……從大夫之後也，❻吾不可❼二六八……

[顔淵死，子哭之動。❽從者曰：「子動矣！」曰]：❾二六九……

[顔淵死，門]人欲厚葬之。子曰：「不可。」二七〇……[回]也視予猶父也，予不[得視□子也。非我也，夫二三]二七一

……

[季]路問事鬼神。孔子曰：❿「未能事人，焉能事鬼？」曰：「敢二七二……死。」曰：「未智生，焉智死？」二七三

[黽子侍則，⓫言言如也；⓬子路]，行行如也；冉子、⓭子贛，[衍衍如也]。⓮二

❶「亡」下，正平本、皇本有「未聞好學者」五字。

❷「孔」，今本無此字。

❸「材」，今本作「才」，可通。

❹「棺」下，今本有「而」字。「郭」，邢本作「椁」，正平本、皇本作「槨」。「郭」、「椁」通「槨」。下同。

❺「不」下，正平本、皇本有「可」字。

❻「也」，今本無此字。

❼「吾」，邢本無此字，正平本、皇本作「吾以」。

❽「動」，今本作「慟」。「動」通「慟」。

❾「曰」上，正平本、皇本有「子」字。

❿「孔」，今本無此字。

⓫「黽」，今本作「閔」。同音，「黽」借爲「閔」。「子」下，正平本、皇本有「騫」字。「則」，今本作「側」，「則」通「側」。

⓬「言言」，今本作「誾誾」。

⓭「子」，今本作「有」。阮校：唐石經「有」作「子」。

⓮「衍衍」，今本作「侃侃」。

七四……［樂：「若由也，❶不得其死然」。」

二七五

［魯人爲長府。閔子騫曰：「舊」貫而可？可必改作？」❷孔子❸二七六……「夫人也不言，❹言必有中也。」❺

……矣，未二七八……

……師也隃與？」❻子曰：「過［猶不及也］。」❼二七九

季氏富於周公，而求也爲［之聚斂而付益之。❽子曰：「非吾］二八〇徒也。小子鳴鼓而攻之，❾可也。」二八一

［柣也愚］，❿參也魯，師也辟，⓫由［也］獻。⓬孔子［曰：⓭「回也其庶乎］，二八二居空。⓮賜［不受命］，○貨殖焉，⓯意則居中。」⓰二八三

子張問善人之道。子［曰：不淺迹，⓱亦不入於室。」子］曰：「論二八四［祝是］與？⓲君子者乎？仩狀［者乎］？」⓳二八五

---

❶「若」上，皇本有「曰」字。

❷「舊貫而可可必改作」，今本作「仍舊貫如之何何必改作」，簡本「舊」前疑脱「仍」字。「可」通「何」。《釋文》云：「仍舊，魯讀仍爲仁。」

❸「孔」，今本無此字。

❹「也」，今本無此字。

❺「也」，今本無此字。

❻「師」下，今本無「也」字。「隃」，今本作「愈」。

❼「也」，邢本無此字，正平本、皇本有。

❽「付」，今本作「附」。下「之」字，皇本作「也」。

❾「而」，皇本無此字。

❿「柣」，今本作「柴」。

⓫「辟」，正平本、皇本作「僻」。

⓬「獻」，今本作「喭」。音近。

⓭「孔」，今本無此字。

⓮「居」，今本作「屢」。下同。「居」可能爲省體。

⓯「貨」上，今本有「而」字。

⓰「意」，正平本、皇本作「憶」，邢本作「億」。

⓱「淺」，今本作「踐」。「淺」通「踐」。

⓲「祝」，今本作「篤」。「祝」通「篤」。

⓳「仩狀」，今本作「色莊」。

［子路問曰：❶「聞斯行諸？」子曰：］「有父兄在，如之何其聞斯行二八六……也問聞斯行諸，子［曰］，『有父兄在』；求之問聞斯行諸，二八七……曰，『聞斯行之』。赤也惑，［敢］問。」子曰：「求也退，故進之；由也二八八兼人，故退之。」二八九

子畏於匡，顏淵後。子曰：「吾以女爲死矣。」曰：「子在，回何敢二九〇……

季子然問：「仲由、冉求可謂［大臣］與？」曰：❷「吾以子爲異二九一之問，增由與求〇之問。❸所謂大臣〇，❹以道［事君，不可］二九二［則］止。曰與求也，❺可［謂具臣］〇。」❻〇「然則從之者與？」子［曰：「殺］二九三［父與君］，❼弗從也。」❽二九四

［子路使子羔］……子路曰：「有二九五……［人焉，有社稷焉，何必讀書，然后爲］學？」❾子曰：「是故［惡］二九六……

子路、曾皙、冉有、公西華侍［坐。子曰：「以吾一日長乎爾］，二九七毋吾以也。居則曰：『不吾智也！』如或智壐，❿則何以哉？」二九八……路率壐對曰：⓫「千乘之國，□乎大國之間，加之以師二九九……

❶「問」，原校：爲後添補字。「曰」，今本無此字。
❷「曰」上，原校：空一格，當脱「子」字，今本有「子」字。
❸「增」，今本作「曾」。
❹「臣」下，今本有「者」字。原校：原簡刳去一字，有一空格。
❺「曰」，今本作「今由」。原校：「曰」爲「由」之誤。
❻「臣」下，今本有「矣曰」二字。原校：簡於此二字處空二格，似刳去二字。
❼「殺」，今本作「弒」。
❽「弗」，今本作「亦不」。
❾「后」，今本作「後」。
❿「智壐」，今本作「知爾」。
⓫「率」，皇本作「卒」。

因之以饑䭇；❶由也爲之，比及三年，可·使有勇，且智方也。」三〇〇［夫·子哂之。「求！壐何」如？」對曰：「［方六七十，如五六十，求也爲］三〇一……對曰：「非曰能之也，❷願學焉。宗廟之事，［如會同，端］三〇二……甫，願爲小相焉。」「點！壐何如？」鼓瑟［希，□壐，舍瑟而］三〇三作，·對曰：「［異乎］三子者之［撰］。」「［子］曰：「何傷？❸亦各言其志也。」三〇四「莫·春者，❹春服［墍成，冠者五六人，❺童子六七］人，浴乎沂，三〇五·風乎舞雩，咏而歸。」❻夫子喟［然］□［曰］：「吾與點也！」三子者□，三〇六……·也。」「吾子［何哂］由也？」❼［子曰］：❽「爲國以禮，其言不讓，是故［哂］三〇七·之。」「雖求也則非國也與？」❾「安見方六七十□非國也者？」❿「雖三〇八·赤則非國耶？」⓫「宗廟會同，⓬非諸侯而何？⓭赤也爲之小，⓮三〇九［·孰能爲之大］？」⓯三一〇

❶「䭇」，今本作「饉」。

❷「也」，皇本、邢本無此字，正平本有。

❸「傷」下，今本有「乎」字。

❹「莫」，今本作「暮」。《釋文》：「莫春，音暮，本亦作暮。」

❺「冠」上，正平本、皇本有「得」字。

❻「咏」，今本作「詠」。「歸」，今本作「歸」，「歸」同「歸」。《釋文》云：「而歸，鄭本作饋，饋酒食也。魯讀『饋』爲『歸』，今從古。」

❼「吾」，正平本、邢本作「夫」，皇本作「吾」。

❽「子」，邢本無此字，正平本、皇本有。

❾「雖」，今本作「唯」。古通。下同。「國」，今本作「邦」，下同。上「也」字，今本無此字。

❿「非」上，今本缺字作「如」，下接「五六十而」四字。

⓫「耶」，今本作「也者」。

⓬「廟」下，正平本、皇本有「之事如」三字。《釋文》云：「本或作『宗廟之事如會同』，非。」

⓭「而」，正平本、皇本作「如之」。

⓮「小」下，皇本有「相」字。

⓯「大」下，正平本、皇本有「相」字。

顏淵

……[非]禮勿[視]三一一……

……不欲，勿[施]於人也❶三一二……

……牛問仁。子曰：「仁[者]三一三

……

……[問於有若曰：「年饑，❷用不足]，如之何？」有若對曰：三一四……

曰：「二，吾猶不足，若三一五……

……□訟，吾猶人也。[必也使□訟乎]！」三一六

……子曰：「居之勿卷，❸[行之以忠]。」三一七

……何如斯謂之達矣？」❹三一八

……先事後得，[非崇]得與？三一九

……

曾子曰：「君三二〇……

子路

……路問正。子[曰：「先之勞之]。」三二一……

……爲季氏□，問正。子三二二……

「焉知賢財而舉之？」❺曰：「舉壐所知；壐所不知，人其舍□？」三二三

---

❶「也」，今本無此字。

❷「饑」，正平本、皇本作「飢」。《釋文》云：「饑，鄭本作飢。」

❸「勿卷」，今本作「無倦」。

❹「斯」下，今本有「可」字。

❺「財」，今本作「才」。古「財」與「才」、「材」通。

……路曰：「衛君待三二四……

[也]！何其正？」❶子曰：三二五……

……請學稼。子曰：「吾不如老農。」請學爲圃。曰：❷「吾不三二六……上好禮，民莫不敬；❸三二七……

子曰：「誦《詩》三百，受之政，❹不三二八……奚以爲？」三二九

子曰：「其身正，不[令而行；其]□不正，雖令弗從。」三三〇

子謂衛公……曰，『苟合矣。』少有，三三一……

……之。」曰：「溉富者，❺[有]……曰：「[教]之。」三三二

……[有]用我者，期月[而已]可也，三年有成。」三三三

子曰：「『善人爲國百年，亦[可]以勝俴去殺矣。』❻誠哉是[言也]！」三三四

……[有王者，必世後]❼三三五……

……退朝。子曰：「何晏也？」三三六

……雖不吾以，吾其與聞之。」三三七

……公問：「壹言而興國，❽有諸？」子曰：❾「[言不]可以三三八……可以若是其[幾……之]言曰：『[予無樂乎爲]三三九……[莫予韋也]。』❿如善而莫之韋也，⓫不[亦善乎]？三四〇……莫之韋也，[不幾乎壹]言而喪國乎？」三四一

二六

❶「何」，今本作「奚」。

❷「曰」上，正平本、皇本有「子」字。

❸「民莫不敬」，今本作「則民莫敢不敬」。

❹「受之政」，今本作「授之以政」。

❺「溉富者」，今本作「既富矣」。

❻「俴」，今本作「殘」。

❼「世」下，今本有「而」字。

❽「壹言而興國」，今本作「一言而可以興邦」。

❾「子」下，今本有「對」字。

❿「韋」，今本作「違」。「韋」通「違」。下同。

⓫「如」下，邢本本有「其」字。

……問正。子曰：「近者説，❶遠三四二……

……夏爲莒父宰，問正。子曰：三四三……見小利，則大事不成。」三四四

……公語孔子曰：「吾黨有直[弓]者，❷其父襄羊，❸而三四五……曰：「吾黨之[直者]……爲子隱，子爲父三四六……

……「[何如斯]可謂之[士矣]？」子曰：「行己有恥，使於三四七……不辱君命，可謂[士矣]。」三四八……亦可以爲次[矣。」曰：「今之從正者何如]？」三四九……之人，何足數也？」❹三五〇

·子曰：「不得中行[而與之，必]也狂狷乎！狂者進三五一……者有不爲也。」❺三五二

……德，或承之羞。」子曰：「不[占]而已矣。」三五三

·子贛曰：❻「鄉人皆好之，[何如]？」三五四……何如？」子曰：「未可也。不如鄉□之善者好之，其不善三五五……

……人，❼器之。小人難[事也]，❽三五六……人也，求[備焉]。」三五七

·子曰：「君子大而不驕，小人驕而不大。」❾三五八

·子路問：❿「何如斯謂之士矣？」⓫子曰：「誋誋辞辞，⓬怡怡如也，可三五九……

❶「説」，今本作「悦」。
❷「弓」，今本作「躬」。《釋文》云：「躬，鄭本作弓。」
❸「襄」，今本作「攘」。「襄」通「攘」。
❹「數」，今本作「算」。
❺「有」下，今本有「所」字。
❻「贛」下，今本有「問」字。
❼「人」下，今本有「也」字。
❽「事」下，今本有「而易説」三字。
❾「大」，今本作「泰」，古通。下同。
❿「問」下，今本有「曰」字。
⓫「斯」下，今本有「可」字。
⓬「誋誋辞辞」，今本作「切切偲偲」。下同。

矣。倗友誋誋誶誶，❶兄弟飴飴。」❷三六〇

……人教民七年，亦可以節戎矣。」❸三六一

·子曰：「以不教民戰，是謂[棄]之。」三六二

憲問

……焉，可以爲仁矣乎？」❹子曰：「可三六三……

……「士而懷居，弗足以爲士矣。」三六四

……[有言者不必有德]。仁者必有勇，有勇者❺三六五……

……小人而仁者三六六……

……勿勞乎？三六七……

……東里子[産閔色]之。」❻三六八

·或問·子産。子曰：「惠人也。」三六九

……[也，奪伯氏]屛邑三百，❼飯疎食，❽没齒無怨言。」三七〇

……曰：「貧而無窓難，❾富而無驕易。」三七一

……謂：❿「孟公綽爲趙魏老則優，不可以爲滕[薛大夫]。」⓫三七二

……[問]成人。子曰：「若臧[武

❶「倗」，今本作「朋」。

❷「飴飴」，今本作「怡怡」。音同可通。

❸「節」，今本作「即」。

❹「乎」，今本無此字。

❺「有」，今本無此字。

❻「閔」，今本作「潤」。

❼「屛」，今本作「駢」。

❽「疎」，正平本、皇本作「蔬」。

❾「窓」，今本作「怨」。

❿「謂」，今本作「曰」。

⓫「夫」下，正平本、皇本有「也」字。

仲」之知，公綽之不欲，卞三七三……「人
矣」。」三七四
……幾其然❶三七五……
……「臧武中以房求爲❷三七六……「於
魯，雖」曰不要，❸吾弗三七七……
子曰：「晉文公矞而不正，❹齊桓公
正而不矞。」三七八
……死，❺管中不死。❻曰：三七九
……子曰：「桓公「九合諸侯」，不以兵
車，菅中之力也。❼如「其仁」。」❽三八〇
子贛曰：「管中非仁者與？桓公殺
公子糾，不能死，有「相」❾三八一……壹□天
下，到于今❿三八二……
……『文』矣。」三八三
子言衛靈⓫三八四……治軍旅。夫如三
八五……
……「其言之不乍，⓬則□之也難。」⓭
三八六

陳成子試蕳公。⓮孔子沐浴而朝，「告
於哀公曰：「陳恒」三八七「試其君」，……

❶「幾」，今本作「豈」，古通。
❷「中」，今本作「仲」。「房」，今本作「防」，可通。
❸「要」下，今本有「君」字。
❹「矞」，今本作「譎」。原校：「矞」爲「譎」之省，見《集韻》。
❺「死」下，今本有「之」字。
❻「中」，今本作「仲」。
❼「菅中」，今本作「管仲」。
❽「如其仁」，今本重此句。原校：簡本未見重文符號。
❾「有」，今本作「又」。
❿「到」上，今本有「民」字。
⓫「言」，正平本、皇本作「曰」。
⓬「乍」，今本作「怍」。
⓭「則□之也難」，正平本、皇本作「則其爲之難」，邢本作「則爲之也難」。
⓮「試」，正平本、皇本作「殺」，邢本作「弑」。「試」通「弑」。「蕳」，今本作「簡」。

夫二三子！」❶三八八……之後，不[敢不告。君]曰『告夫三子』者！」❷之三[子告，❸不]三八九……吾從大夫之三九〇……

……人使於孔❹三九一……使者出。子曰：「使三九二……

……[思不]出其位。」三九三

……子道三，❺我無耐焉：❻仁者不憂，知者不惑，[勇者]三九四……曰：「夫子自道也。」三九五

……哉？夫我則不三九六……

……年也，❼疾固也。」三九七

……其力也，❽稱其得也。」❾三九八

……子曰：「何以報得？以直報怨，以三九九……

子曰：「莫□□也夫！」子贛曰：「何爲其莫知子[也？」子]曰：「不四〇〇……人，下學而上達。知我者[其天乎]」！」四〇一

……道之將廢也與，命四〇二……

……世，其次……色，其次辟言。」子曰：四〇三……

……石門。晨門曰：四〇四……

……衛，有何貴□□孔是之門❿四〇五

❶「二」，邢本無此字，正平本、皇本有。

❷「三」上，正平本、皇本有「二」字，《釋文》云：「本或作二三子告，非也。」

❸「三」上，正平本、皇本有「二」字，《釋文》云：「本或作二三子告，非也。」

❹「人使」，今本作「使人」。

❺「道」下，今本有「者」字。

❻「耐」，今本作「能」。原校：《禮記・禮運》：「故聖人耐以天下爲一家」，注：「耐，古能字。」

❼「年」，今本作「佞」。「年」通「佞」。

❽「也」，今本無此字。

❾「得」，今本作「德」，下同。古「得」、「德」可通。

❿「何貴」，今本作「荷蕢」。「是」，皇本、邢本作「氏」，可通。正平本作「子」。

……「鄙哉，巠巠乎！❶莫己知也，□□而已矣。深則四〇六……

……曰：《書》云：『□□□音，❷三年不言。』何謂也？」子曰：「何「必三」❸四〇七……薨，百官總己以聽於塚宰❹四〇八……

……「民易使也」。」四〇九

……「爲賊」。」四一〇……

……問之曰：「益者與？」子曰：「吾見其君❺四一一……

衛靈公

衛靈公問陳於孔……四一二……明日「遂行，在陳絶糧。從者」四一三……

子曰：「賜，❻女以予爲多學而志之者與？」❼對曰：「「然，非與」？」四一四……「也，予一以貫之」。」四一五

子曰：「由！知德者鮮矣。」四一六

子曰：「無爲而治者其舜也。❽「夫何爲哉？恭」四一七……

……「忠信，行」篤敬，雖䜌貊「之國，❾行」四一八……「不忠信，行」不篤敬，「雖州里」，行乎哉？立則見其參於「前也」，❿四

❶「巠巠」，今本作「硜硜」。原校：「巠」爲「硜」之省。
❷「音」，今本作「陰」。
❸「三」，今本無此字。
❹「塚」，今本作「冢」。
❺「君」，今本作「居」，是。
❻「賜」下，今本有「也」字。
❼「志」，今本作「識」。
❽「也」下，今本下有「與」字。
❾「䜌」，今本作「蠻」。
❿「參」下，正平本、皇本有「然」字。

一九……

……［伯玉！國有道，則士；❶國無］道，則可［卷而懷之］。」四二〇

……［言。知者不失人，不失言］。」❷四二一

子曰：「志士仁人，無求生以［害仁，有殺］身以成仁。」四二二

子貢問爲仁。子曰：「工［欲善其事，必利其器。❸居是國］四二三……事其大夫之賢者，友其［士之仁者］。」❹四二四

……曰：「行夏之□，乘殷之路，❺服周之絻，❻［樂則□］四二五［《武》。❼放鄭聲，遠年人。❽鄭聲淫，年人殆］。」四二六

……曰：「人而無造慮，❾必有近憂。」四二七

［子曰：「已矣夫！❿吾未見好德］如好色者乎。」⓫四二八

［子曰］：「臧文中其竊立者與！⓬知柳下惠之賢而弗與立［也］。」四二九

子曰：「不曰『如之何，如之何』者，吾未如之何也。」⓭四三〇

子曰：「群居終日，言不及［義，好行

❶「士」，今本作「仕」可通。
❷「不」上，今本有「亦」字。
❸「必」下，今本有「先」字。
❹「者」下，正平本、皇本有「也」字。
❺「路」，今本作「輅」，《釋文》云：「輅，本亦作路。」
❻「絻」，今本作「冕」。
❼「武」，今本作「舞」。
❽「年」，今本作「佞」。下同。
❾「而」，邢本無此字，正平本、皇本有。「造」，今本作「遠」。
❿「夫」，正平本、邢本作「乎」，皇本無此字。
⓫「乎」，今本作「也」。
⓬「中」，今本作「仲」。「立」，今本作「位」。古「立」同「位」。
⓭「未」，今本作「末」。「也」下，今本有「已矣」二字。

小惠」❶四三一……

［子曰：「義以爲質，❷禮以行之，孫以出之］，信以［成之，君子才］！」❸四三二

子曰：「君子病無能，❹［不病人之不己知也］。」四三三

子曰：「君子求諸己，小人求諸人。」四三四

子曰：「君子蓋而不争，❺群而［不黨］。」四三五

子曰：「君子不以言舉人，不以人廢言。」四三六

［子］貢問曰：「有壹言而可終身［行者乎？」❻子曰：「其恕乎」！ 四三七……

［子曰：「於人，❼誰毀誰譽？ 若］有何譽者，❽其有所試矣。 斯四三八□也，三代之所以直道而行［也］。」四三九

［子曰：「吾猶及史之歃文也。❾ 有馬者借人乘之，今］四四〇……

子曰：「巧言亂德。小不忍，亂大謀。」❿四四一

子曰：「衆好之，必察焉，衆惡之，［必察焉］。」⓫四四二

❶「惠」，正平本、邢本作「慧」。《釋文》云：「行小慧，音惠，小才知。魯讀慧爲惠，今從古。」

❷「義」上，今本有「君子」二字。

❸「才」，今本作「哉」，古通。

❹「病」，今本作「病」。「病」爲省文，下同。「能」下，今本有「焉」字。

❺「蓋」，今本作「矜」。音近，「蓋」通「矜」。

❻「可」下，今本有「以」字。「行」下，邢本有「之」字。

❼「於人」，皇本作「吾之於人」，正平本、邢本作「吾之於人也」。

❽「何」，邢本作「所」，皇本作「可」。

❾「歃」，今本作「闕」。音近，「歃」通「闕」。

❿「亂」上，皇本、邢本本有「則」字。

⓫「衆好之必察焉衆惡之必察焉」，今本作「衆惡之必察焉衆好之必察焉」。原校：《潛夫論》、《風俗通義》引「衆好」句在「衆惡」前，《唐石經》「衆惡」在上，《風俗通義》「好」作「善」。

·子曰：「過而弗改，是之謂過。」❶四四三

·[子]曰：「吾嘗終日不」食，終夜不寢，以思，[無益也，❷不如學也]。」四四四

·[子]曰：「君」子謀道不謀食。耕也，飢在其中○；❸學矣，食在四四五·其中○。❹君子憂道不[憂貧]。」四四六

·[子]曰：「知及之，仁弗能守；❺雖得之，必失」之。知及之，仁[能]四四七·守之。不狀以位之，❻民不敬。❼知及之，仁耐守之，❽狀以位四四八·之，動之不以禮，[未善也]。」四四九

……曰：「君子不可小知也，❾而可大受也，小人不可大四五〇……也，❿而可小知[也]。」四五一

·[子]曰：「民之於仁也，甚於水火矣。⓫水火，吾見游而死者[矣]，⓬四五二·未見游於仁而死者[也]。」⓭四五三

·[子]曰：「當」仁，不讓於師。」四五四

·子曰：「君[子貞而不梁]。」⓮四五五

·子曰：「事君，敬[其事]□□其食。」四五六

·[子]曰：「有教無纇。」」⓯四五七

❶「是之謂過」，今本作「是謂過矣」。
❷「也」，今本無此字。
❸「飢」，今本作「餒」。
❹「食」，今本作「祿」。
❺「仁弗能守」，今本作「仁不能守之」。
❻「狀」，今本作「莊」。「位」，正平本、邢本作「涖」，皇本作「莅」。下同。
❼「民」上，今本有「則」字。
❽「耐」，今本作「能」。
❾「也」，今本無此字。
❿「也」，皇本、邢本本無此字。
⓫「矣」，今本無此字。
⓬「游」，今本作「蹈」。下同。
⓭「於」，今本無此字。
⓮「梁」，今本作「諒」。可通。
⓯「纇」，今本作「類」。

子曰：「道不同，不相爲謀。」四五八·子曰：「[辭達而已]。」❶四五九·師絻見，❷及陛，❸子曰：「陛[也]。」及席，子曰：「席也。」皆坐，子[告之]四六○曰：「某在此，❹某在此。」師絻出。子·張問曰：「與師言之道與?」子曰：「然」；四六一·故相師之[道也]」。❺四六二

季氏

……以爲東蒙主，且在[國]四六三……「[求！周任有言曰：『陳力就』四六四……有曰：「今夫[顓]四六五……憂。」孔子曰：四六六……之而必爲之四六七……均，不患貧而患不安。盍均[無貧，和無]❻四六八……[是，故遠人不服，則]四六九……求也，相夫子，遠人四七〇……

……盍十世希不失矣；[自大]夫出，五世希不失□□□四七一……國命，三世希不失矣。[天下有]四七二……[有道，則]庶人不議。」四七三

·[孔子]曰：「禄之去公室也，❼[五世]矣，正逮於大夫四七四……

……曰：「益者三友，損者三友。友直，[友梁，❽友多]四七五……[便辟]，友善

❶「已」下，今本有「矣」。
❷「絻」，今本作「冕」。下同。
❸「陛」，今本作「階」。下同。
❹「此」，今本作「斯」。下同。
❺「故」，今本作「固」。可通。
❻「盍」，今本作「蓋」。「盍」通「蓋」。下同。
❼「也」，今本無此字。
❽「梁」，今本作「諒」。可通。

柔，友辨年，❶損四七六……
……子曰：「益者三樂，損［者三樂。
樂］節禮，❷樂□□之善，四七七……［賢］
友，益矣。樂驕，❸樂［失游］，❹四七八……
……［子曰：「侍於君子有三］衍：❺
言未之及而言謂［之］❻四七九……［隱，未見
顏色而言謂之鼓］。」❼四八〇
［孔］子曰：「君子有三戒：四八一
……其狀也，❽［血氣方剛，戒之］在鬬；
及其老也，血［氣既衰，戒］四八二·之在得。」
四八三
……曰：「君子有三畏：畏天命，
［畏大人，畏聖］四八四……［不知天命而畏
也，❾狎大］人，侮聖人之言也。」❿四八五
·孔子曰：「生而知［之上也，⓫學而知
之其次］；⓬四八六……又其次也；困而
不學，民也爲下。」⓭四八七
·［孔］子曰：「君子有九思：視思
［明，聽思聰，色思温，貌］四八八……·言思
忠，事思敬，［疑思問，忿］思難，見得思
義。」四八九
·孔子曰：「見善如弗及，見不善如探
湯。［吾見其人矣］，四九〇……其語矣。隱

❶「辨年」，今本作「便佞」。可通。
❷「禮」下，今本有「樂」字。
❸「驕」下，今本有「樂」字。
❹「失」，今本作「佚」，「失」通「佚」。
❺「衍」，今本作「愆」。
❻「之及」，今本作「及之」。當以簡本爲是，否定結構代詞賓語應提前。
❼「鼓」，今本作「瞽」。「鼓」通「瞽」。
❽「狀」，今本作「壯」。「狀」通「壯」。
❾「而」下，今本有「不」字。
❿「侮」，今本作「侮」。侮爲古「侮」字，見《説文》。
「也」，今本無此字。
⓫「之」下，今本有「者」字。
⓬「之」下，今本有「者」字。「其次」，今本作「次也」。
⓭「也」，今本作「斯」。「下」下，今本有「矣」字。

居以［求其］志，行義以通其道。❶［吾聞其］四九一……其人也。」四九二

齊景［公有馬千駟，死之日］，民無□□［稱焉］。伯夷、叔［齊］餓❷四九三……［首］陽之下，民到於今稱［之。其斯之謂與］？四九四

……亢問於伯魚曰：「子亦［有聞乎？」❸對曰：四九五……趨而］過庭。曰：『學［詩乎？』對曰：『未也。』『不學詩，❹無以言也。』❺鯉］四九六退而學詩［也］。❻日，❼有獨立，❽鯉趨而過庭。曰：『學［禮乎］？』四九七……不學禮，無以立也。❾鯉［退而學禮。聞斯二者］。」❿四九八……退，喜曰：⓫「問一得三，［聞詩，聞禮，又聞君子之遠其子也］。」四九九

國君之妻，君稱之曰夫［人，自］五〇〇……君夫人，稱諸異［國曰寡小］君；異國人稱之亦曰君五〇一夫人。⓬五〇二

陽貨

……［之遇諸涂。⓭謂孔子曰：「來！予］與爾言。」曰：「懷其葆而⓮五〇

❶「通」，今本作「達」。
❷「餓」，今本作「餓」。
❸「有」下，今本有「異」字，簡本爲一空格。
❹「不」上，正平本、皇本有「曰」字。
❺「也」，邢本無此字，正平本、皇本有。
❻「也」，今本無此字。
❼「日」上，今本有「他」字。
❽「有」，今本作「又」。
❾「也」，皇本、邢本無此字。
❿「者」，正平本作「矣」，皇本作「者矣」。
⓫「喜」上，皇本、邢本有「而」字。
⓬「人」下，正平本、皇本有「也」字。
⓭「涂」，今本作「塗」。下同。
⓮「懷」，今本作「懷」。「葆」，今本作「寶」，「葆」通「寶」。

三……

·子曰：「生相近也，❶習相遠也。」五〇

四

……[對曰：「昔者偃也聞]五〇五

……人學道則易使也。』」子曰：「二三

子！偃之言是也。五〇六……

……山不擾以費畔，召，子欲往。子

路不説：❷「未五〇七……·爲東周乎？」五〇

八

[子]·張問仁於子。❸子曰：❹「耐五

者於天下爲仁者。」❺「請問之。」五〇九……

·寬，信，敏，惠。恭則不侮，❻寬則得衆，信

則人任焉，敏則五一〇……·[惠則足以使

人]。」五一一

[䏣召，❼子欲往。子路曰：「昔者由

也聞]諸夫子五一二……爲不善者，君子弗

入也。』五一三……·若之何？」子曰：「然，

有是言[也。不曰]堅乎，靡而不❽五一四

……[而]不緇。吾[幾]❾五一五……

·子曰：「由！❿女[聞六言六蔽矣]

□？」□曰：「未也。」「居！⓫吾語五一六

……[不好學，其蔽愚；⓬好知不好]五一七

……[蔽賊]；⓭好直不好學，其蔽絞；⓮

[好]勇不[好學，其蔽]五一八……·不好學，

❶「生」，今本作「性」，古通。
❷「説」下，今本有「曰」字。
❸下「子」字上，今本有「孔」字。
❹「子」上，今本有「孔」字。「曰」上，正平本有「對」字。
❺「耐」，今本作「能行」。下「者」字，今本作「矣」。
❻「侮」，今本作「侮」。
❼「䏣」，今本作「肸」。
❽「靡」，今本作「磨」。
❾「幾」，今本作「豈」。
❿「由」下，正平本、邢本有「也」字。
⓫「居」上，皇本有「曰」字。
⓬「蔽」下，今本有「也」字。
⓭「蔽」下，今本有「也」字。
⓮「蔽」下，今本有「也」字。

其蔽狂。」❶五一九

·子曰：「小子何莫學詩？❷詩，可[以]興，可以觀，可以羣，可以五二〇·怨。·邇之事父，❸遠[之事君；多]志於鳥獸草木之名。」❹五二一

·子謂伯魚：❺「爲《周南》、❻《召南》矣乎？❼·人而不爲《周南》、《召南》，□五二二·猶正墻面而立也與？」五二三

·子曰：「禮云禮云，玉白云乎哉？❽樂云樂云，鐘鼓云乎哉？」五二四

·子曰：「色[厲而內荏，辟諸]□人，其猶穿[踰]之盜也？」❾五二五

……曰：「道聽而涂說，得之❿五二六……

[子曰：「鄙夫可與事君與]⓫五二七……之，患失之。苟患失之，無所不至矣。」五二八

·子曰：「古者民有三疾，今[也有是之亡。⓬古之狂也]五二九……·今之狂也湯；⓭古之[矜]也廉，⓮[今之□也忿誼；⓯古之愚也]五三〇……·今之愚也詐而

❶「蔽」下，今本有「也」字。

❷「學」下，今本有「夫」字。

❸「邇」，今本作「邇」。

❹「志」，今本作「識」。

❺邢本此章與上章連爲一章。正平本、皇本同此，分爲兩章。「魚」下，今本有「曰」字。

❻「爲」上，正平本、邢本有「女」字。皇本「女」作「汝」。

❼「召」，正平本、皇本作「邵」。

❽「白」，今本作「帛」。

❾「踰」，今本作「窬」。「也」下，今本有「與」字。

❿「得」，今本作「德」。

⓫下「與」字上，皇本、邢本有「也」字。正平本「與」作「哉」。

⓬「有」，今本作「或」。「亡」下，今本有「也」字。

⓭「湯」，今本作「蕩」，可通。

⓮「廉」，《釋文》引鄭注云：「魯讀廉爲貶，今從古。」

⓯「誼」，今本作「戾」。

·已。」❶五三一

子曰：「巧言令色，鮮矣五三二……

[子]曰：「惡此之奪朱也，❷惡鄭□之乳樂也，❸惡利口[之覆]五三三……[家也]」。」❹五三四

……[曰]：「予欲毋言。」五三五……「天何言哉？❺四時[行焉，百物生]焉，天何言哉？」五三六

儒悲欲見[孔子，❻子辭以疾。❼將]命者出户，取瑟而歌，使五三七聞之。❽五三八

宰我問：「三年之喪，其已久[乎。❾君子三年不爲禮，禮必壞]；五三九三年不爲樂，樂[必頊。❿舊穀遷]没，⓫新穀遷升，銹[□改火]⓬五四〇……可已矣。」子曰：「食夫稻也，⓭衣夫錦也，於女安乎？」曰：「安。」⓮「女⓯五四一……安，故弗爲[也。今女安，則]五四二……[也]！子三年，⓰然后免於父[母之]懷。⓱夫三年之喪，天下之五

---

❶「已」下，今本有「矣」字。

❷「此」，今本作「紫」。原校：「此」，「紫」之省文。

❸「乳」，今本作「亂」。原校：作「乳」疑爲俗字。「樂」上，今本有「雅」字。

❹「也」，正平本無此字，皇本作「也」，邢本作「者」。

❺「天」，《釋文》引鄭注云：「魯讀天爲夫，今從古。」下同。

❻「儒」，今本作「孺」。

❼「子」上，今本有「孔」字。「辭」下，正平本、皇本有「之」字。

❽「使」下，今本有「之」字。

❾「其」，今本作「期」，《釋文》云：「一本作朞。」「乎」，今本作「矣」。

❿「頊」，今本作「崩」。疑「頊」字釋文有誤，書前《定州漢墓竹簡〈論語〉介紹》舉此字爲例括注「頃」字，當以「頃」字爲是。

⓫「遷」，今本作「既」。下同。

⓬「銹」，今本作「鑽」。

⓭「也」，邢本無此字，正平本、皇本有。下句「也」字同。

⓮「安」下，正平本有「之」字。

⓯「女」上，皇本有「曰」字。

⓰「子」下，今本有「生」字。

⓱「后」，今本作「後」。

四三通喪也，予也又三年之愛於其父母。」❶五四四

子曰：「飽食終日，無所用心，難矣！❷不有博亦❸五四五……猶賢乎已。」五四六

子路問曰：❹「君子尚勇乎？」子曰：「君子義之爲尚，❺君五四七勇而無義爲[亂，小人有]五四八……[義爲盜]。」子[貢]曰：❻「君子亦[有□乎？」曰：❼「有□]五四九……惡稱人之惡者，惡居□下❽五五○……而山上者，❾惡勇而無禮者，惡果敢而窒者。」❿「賜也⓫五五一……惡也？」⓬「惡絞以爲知者，⓭惡不孫以爲勇者，惡[訐]五五二……

---

❶「又」，今本作「有」。「母」下，今本有「乎」字，阮校：漢石經無「乎」字。

❷「矣」下，今本有「哉」字。

❸「亦」，今本作「奕」。

❹「問」，今本無此字。

❺「之」，今本作「以」。「尚」，今本作「上」。

❻今本此後别爲一章。「曰」上，正平本、皇本有「問」字。

❼「曰」上，今本有「子」字。

❽空缺處今本不空。「下」下，今本有「流」字，阮校：漢石經無。

❾「山」，今本作「訕」。「山」通「訕」。

❿「窒」，《釋文》引鄭注云：「魯讀窒爲室，今從古。」阮校：《韓勑修孔廟後碑》以「窒」爲「室」。

⓫「賜」上，今本有「曰」字。

⓬「也」，邢本作「乎」，正平本、皇本同簡本。

⓭「絞」，今本作「徼」，《釋文》云：「鄭本作『絞』。」二字古通。

微子

……［三人焉］。❶五五三

齊人歸女樂，❷季桓子受之，三日不朝，孔子行。五五四

……［接輿歌］而過孔子曰：❸「五五五……諫也，❹來者猶可追也。❺五五六……

……車者爲［誰子］？」❻子路］五五七……孔丘。」曰：「是魯五五八……［輟］。子路以告。❼子撫然曰：❽「鳥獸不可與同羣，❾吾五五九……誰與？天下有道，□弗與易也。」五六〇

……從而後，遇丈人，以［杖何蓧］。❿子路［問曰］：「［子］五六一……子路行以告。子曰：「隱五六二……子路［返］⓫五六三……［節］，不可廢；⓬君［臣］五六四……［之何其廢之也？⓭欲潔其身］，而亂大倫。君子之仕也，五六五……之［不］行也，⓮

❶「人」，今本作「仁」。

❷「歸」，《釋文》云：「鄭作饋。」又《釋文》注《陽貨》出「歸孔子」云：「如字。鄭本作『饋』，魯讀爲歸，今從古。」

❸「子」下，正平本有「之門」二字。

❹「也」，邢本無此字，正平本、皇本有。

❺「也」，邢本無此字，正平本、皇本有。

❻「車」，今本作「輿」，阮校：漢石經作「車」。「子」，邢本無此字，皇本作「乎」，阮校：漢石經作「子」。

❼「路」下，今本有「行」字。

❽「子」上，今本有「夫」字。「撫」，今本作「憮」。

❾「羣」下，正平本、皇本有「也」字。

❿「何」，今本作「荷」。「蓧」，皇本作「篠」，《釋文》云：「本又作條，又作莜。」《說文》、《玉篇》引作「莜」。

⓫「返」，今本作「反」。

⓬「廢」下，今本有「也」字。

⓭「其廢之也」，正平本、皇本作「其可廢也」，邢本作「其廢之」，阮校：漢石經作「其廢之也」。

⓮「也」，邢本無此字，正平本、皇本有。

已知之五六六……

……張、柳下惠、少連五六七……「不降其志，不辱其身者，❶伯夷、叔齊與！」「謂柳下惠、五六八……降志辱身矣，言中倫，五六九……廢中權。❷ 我則異［任民］❸五七〇

……

……叔入於河，［□□武入於□□］五七一……

……公謂魯公曰：「君子不施❹……使大臣怨乎不五七二……舊無大故，則弗舍也。❺ 毋求備於一人！」五七三

……□□季隨、季［淈］。❻五七四

子張

……門人問交於子張。［子張曰：「子夏曰何？」❼對曰］： 五七五……［子夏曰］：「雖小道，必有可觀者焉；至遠恐泥，❽是［以君］五七六……［子夏曰］：「百工居肆以成其五七七……

❶「辱」，今本作「辱」。「者」，邢本無此字，正平本、皇本有。

❷「廢」，《釋文》云：「鄭作『發』，動貌。」

❸「任民」，今本無此二字。

❹「施」，《釋文》作「弛」，云：「本今作『施』。」

❺「舍」，今本作「棄」。

❻「淈」，今本作「騧」。

❼「曰」，今本作「云」。

❽「至」，今本作「致」。

……夏曰：「君子三變：❶望之儼
然，五七八……
……而後諫；未〔信，則〕以爲謗
也。」❷五七九
……夏曰：「大德五八〇……
……游曰：❸「子夏之門小子，❹當
□□〔應對進退〕，五八一……
……而優則〔仕，❺仕〕而優❻五八二
……
……游曰：「吾友張也爲難能也，然
而未仁。」五八三
……父之臣與父之正也是〔難〕❼五八四
……
……□□之惡皆歸焉。」五八五
……〔贛曰〕：「君子之過也，如日月
之食也：❽過，❾人皆見之；五八六……
……〔朝問於〕子贛曰：「□□□五八
七……·有文武之〔道焉。夫子焉〕不學？
而亦何常師之五八八……
……〔以〕告子贛。子贛曰：「辟諸
宮墻」，❿〔賜〕之墻及肩，⓫媞見〔室家〕⓬五八
九……子之墻髮仞，⓭不得其門而入，⓮不
見宗廟之美，〔百官〕五九〇……其門者或寡

---

❶「子」下，今本有「有」字。
❷「謗」下，今本有「己」字。「也」，正平本作「矣」。
❸「游」，阮校：漢石經作「斿」。
❹「門」下，今本有「人」字。
❺「仕」，今本作「學」，且此句與後句互倒。
❻「仕」，今本作「學」。
❼「也」，今本無此字。
❽「食也」，正平本、皇本作「蝕也」，邢本作「食焉」。
❾「過」下，今本有「也」字。
❿「辟諸宮墻」，正平本作「譬諸宮墻也」，皇本作「譬諸宮墻」，邢本作「譬之宮墻」。阮校：漢石經作「辟諸宮牆」。
⓫「墻」下，今本有「也」字。
⓬「媞」，今本、《釋文》作「闚」。
⓭「髮」，今本作「數」。
⓮「入」下，正平本、皇本有「者」字。

矣。夫子之員，❶不亦宜乎！」五九一……陵也，猶可踰也；中尼，❷日月也，❸［無得踰焉。❹其］❺五九二……

·陳子禽謂子貢：❻「子［爲恭也］，五九三……壹言以爲知，壹言［以爲不知，言不可不慎也］。五九四……［不可］及也，猶天之不可階而升也。夫子得［邦家］❼五九五……道之斯行，綏之斯來，動之斯和。其生也五九六……哀，如之何其可及也？」五九七

堯曰

……［四海困窮，天禄永終。」舜亦以命禹。曰：「予小子履敢用」五九八……罪，毋以萬方；萬方有罪，罪在朕［躬。」❽周有泰來，❾善人是富。「雖有」五九九……親，不如仁人。百姓有［過，在予一人。」謹權量，審」六〇〇……脩廢官，四方之正行。❿興滅國，繼絶世，舉泆民，⓫天六〇一……·歸

❶「員」，今本作「云」。原校：《説文》段注云：「又假借爲云字，如《秦誓》『若弗員來』，《鄭風》『聊樂我員』，《商頌》『景員維河』，箋云：『員，古文云』。」

❷「中」，今本作「仲」。

❸「日」上，正平本、皇本有「如」字。

❹「得」下，今本有「而」字。

❺「其」，今本無此字。

❻「貢」下，今本有「曰」字。

❼「子」下，皇本、邢本有「之」字。

❽「罪」，正平本、皇本無此字。阮校：漢石經不重「罪」字。

❾「泰來」，今本作「大賚」，「泰」通「大」，「來」通「賚」。

❿「行」下，正平本、邢本有「焉」字，皇本有「矣」字。

⓫「泆」，今本作「逸」，可通。

心焉。所重：民、食、喪、祭。寬得衆，❶敏則有功，功則［説］。❷ 六〇二

子張問於子曰：❸「何如斯可以從正矣？」子曰：「［尊五美，屛］六〇三四惡，可以從正矣。」❹子張曰：「何胃五美？」❺子曰：「君子六〇四……不費，勞而不怨，欲而不貪，泰而不驕，威而不猛。」六〇五……［曰：「何謂惠］而不費？」子曰：「因民之所利而利之，不亦六〇六［惠］而不費乎？❻擇可勞而勞之，❼有誰怨？❽欲仁而得仁，六〇七……［貪？君子無衆寡，無］小大，毋敢漫，斯不亦泰而不［驕］乎？六〇八君子正其衣冠，尊其瞻視，嚴然人望而畏之，❾不亦❿六〇九……而不猛乎？」子張曰：「何胃四惡？」子曰：「不教而殺胃之［虐］；六一〇……內之郄胃之有司。」⓫

・子曰：⓬「不知命，無以爲君子；不知禮，無以

・立［也；不知］言，無以知［人也］。」⓭六一一

・凡二章［凡三百廿二字］⓮六一二

❶「寬」下，今本有「則」字。「衆」下，邢本有「信則民任焉」一句，正平本、皇本均無，阮校謂漢石經亦無，云：案此句疑因《陽貨篇》子張問仁章誤衍。

❷「功」，今本作「公」。「則」下，正平本、皇本有「民」字。

❸「問」下，正平本、皇本有「政」字。「於」下，今本有「孔」字。

❹「可」上，今本有「斯」字。

❺「胃」，今本作「謂」。「胃」通「謂」，下同。

❻上「不」字上，今本有「斯」字。

❼「擇」下，皇本、正平本有「其」字。

❽「有」，今本作「又」。

❾「嚴」，今本作「儼」字。

❿「不」上，今本有「斯」字。

⓫「內」，邢本作「納」，正平本、皇本、阮校引唐石經作「內」，《釋文》云：「內，本今作納。」「郄」，今本作「吝」。原校：「郄」爲「鄰」之省，古「鄰」、「吝」通。

⓬「子」上，今本有「孔」字。

⓭原校：這一部分今本別爲一章。簡本在此用兩個圓點間隔，以雙行小字書於此條簡的下部。

⓮原校：此章數簡由整理者據今本章數及字數擬排。

章數簡

•凡卅七章六一三……

……［章］ ……五百七十五字六一四

凡［卅六］章 •凡九百九十字六一五

•凡卅章 •凡七百九十字六一六

•凡［卌］四章六一七……

［•凡卌七章］ ［□□百八十一字］六一八

•凡十三章六一九……

［凡十］三章 •六二〇……

•凡廿八章 ［•凡八百五十一字］六二一

馬王堆漢墓帛書《周易》

丁四新　校點

目録

校點説明

（一）帛書《周易》經傳，一九七三年十二月出土於湖南長沙馬王堆三號漢墓。根據一件出土的隨葬紀年木牘判斷，該墓下葬於漢文帝前元十二年（公元前一六八年）。帛書《周易》經傳避漢高祖劉邦諱，但不避漢惠帝劉盈諱，當抄寫於漢文帝之前的漢初時期。帛書出土時，折疊的邊緣已經斷裂，且帛片相互粘連成一塊，破損情況較爲嚴重。抄寫《周易》經傳的絲帛亦不例外。現在可以看到的帛書原件綴貼狀况，乃當初馬王堆漢墓帛書整理小組復原的結果。

（二）帛書《周易》經傳皆用漢隸抄寫在兩幅寬約四十八釐米、朱欄墨書，且畫有天頭地腳的黄色絲帛上。《周易》全文共九十三行，四千九百餘字。它以每一卦作爲一個相對獨立的抄寫單位，所有卦畫畫於首行的天頭上，而每一卦最末一爻辭抄寫完畢後，剩餘部分全部留白，以保持每一卦的相對獨立性。上海博物館收藏的戰國後期楚竹書《周易》，亦是以每一卦作爲一個相對獨立的文本抄寫單位。

帛書《二三子》與《周易》同幅，緊隨其後，另起一行書寫。該篇首行上端的天頭塗有起分篇作用的矩形墨塊符號，文末無篇題，且未記字數。全篇共計三十六行，三千六百餘字。現在的篇名，係整理者根據篇首三字擬定。

《繫辭》、《衷》、《要》、《繆和》和《昭力》五篇帛書，先後抄寫在同一幅絲帛上。帛書《繫辭》首行頂端的天頭有矩形墨塊符號，篇末可能有尾題並記有字數，全篇共四十七行，三千三百餘字；今傳本《繫辭》，有部分文字不見於帛書本，而見於《衷》和《要》兩篇帛書。現在的篇題，乃整理者根據通行本篇名擬定。帛書《衷》緊接於帛書《繫辭》之後，另起一行，其上天頭部分有矩形墨塊符號。篇末有尾篇，並記字數「二千」。帛書《衷》共四十五行，實際字數三千一百字左右。帛書《要》緊接其後，另起一行抄寫，其首行的天頭有矩形墨塊符號。篇末有尾題，並記字數「千六百卌八」。全篇共二十四行。帛書《繆和》緊接於《要》篇之後，另起一行，行首的天頭有矩形墨塊符號，篇末有尾題，然未記字數。全篇約七十行。帛書《昭力》緊接《繆和》之後，另起一行抄寫，然首行天頭未見矩形墨塊符號；篇末有尾題，記有字數「六千」，當包括了《繆和》字數在內。全篇共十四行，在六篇《周易》傳類帛書中最短。

（三）本書《周易》經傳釋文，以三十餘張帛書彩色照片（現藏湖南省博物館。其中《繫辭》六塊帛片分攝於兩張照片上）爲依據，參考已經面世的諸種釋文校訂而成。

（四）帛書《周易》六十四卦卦畫，原皆單獨列於絲帛的天頭位置，現在爲了排印的方便，置於卦辭之前，與卦爻辭抄連在一起。釋文又根據帛書原件斷裂成上下兩幅的狀況，相應地分成上下行來計數，但由於上下幅之間的邊緣斷裂得並非十分規整，所以趨近斷裂處的帛書文字，其歸屬容或有誤差存在。釋文中的補文，一般尊重此前釋文所做的工作。校訂、寫定釋文時，以□標出殘字或筆畫不易辨認之字；以［］表示帛書已缺損，而按通行本《周易》、帛書上下文等暫擬補入之字。以……表示難以確定缺文位置之處。帛書中的重文、合文符號，皆直接轉寫成相應的漢字。帛書中的通假字、異體字、訛字、脱字、衍字等，皆不在正文中標出，而在校記中説明。

（五）釋文校點力求簡潔，一般僅稱引相傳較古《周易》本子及古籍。由於帛書《周易》經的部分通假字衆多，本校點一般不作説明。又，釋文中的補文，根據帛書上下文、帛書引文和通行本擬定，且不作校注。所用的參校本，主要有阮元主持校刻的《十三經註疏》本（簡稱通行本），上博楚簡《周易》（簡稱楚簡本），阜陽漢簡《周易》（簡稱漢簡本），漢石經本等。

校點者　丁四新

馬王堆漢墓帛書《周易》

䷀鍵，❶元享，❷利貞∟。初九，渧龍勿用∟。❸九二，見龍在田，❹利見大人∟。九三，君子終日鍵鍵，❺夕沂若，❻厲，无咎∟。九四，或鯩在淵，一行上❼无咎∟。九五，罪龍在天，❽利見大人∟。尚九，❾抗龍有⿱毋心∟。❿迵九，⓫見羣龍无首，吉。一行下

䷋婦之非人，⓬不利君子貞∟。大往小來∟。⓭初六，犮茅茹以亓⿱艹胃，⓮貞吉，亨∟。

---

❶「鍵」，阮元主持校刻《十三經註疏》本（下簡稱通行本）作「乾」。「鍵」，通「乾」。下同。

❷「享」，通行本作「亨」。「享」、「亨」形近，易致訛。

❸「渧」，帛書《二三子》引作「寖」，通行本作「潛」。

❹「龍」，帛書《衷》或引作「龔」。「龔」，「龍」之異文。

❺「終」，帛書《衷》引作「冬」。

❻「沂」，帛書《二三子》、《衷》所引同，通行本作「惕」。「厲」，通行本同，《説文》骨部所引同，夕部則引作「夤」。夤，敬惕也。

❼「或」，通行本同，《校勘記》：「古本或作惑。」「鯩」，帛書《衷》同，通行本作「躍」。

❽「罪」，帛書《二三子》引作「蜚」，通行本作「飛」。「龍」，帛書《衷》引作「龔」。

❾「尚」，通行本作「上」。《廣雅》：「尚，上也。」下同。

❿「抗」，帛書《衷》引作「炕」，《説文》心部引作「忼」。「⿱毋心」，即「悔」字。下同。

⓫「迵」，通行本作「用」。「迵」、「用」相通，皆讀爲「通」。「用九」、「用六」兩爻，通論陰、陽爻之性。

⓬「婦」、「非」，通行本分別作「否」、「匪」。「婦」通「否」。下同。

⓭阜陽漢簡《周易》（下簡稱漢簡本）此下有卜辭。漢簡本卦爻辭後，多附有卜辭。

⓮「犮」、「⿱艹胃」，通行本分別作「拔」、「彙」。「亓」，通行本作「其」。「亓」，同「其」。

六二，枹承，❶小人吉乚，大人不，❷亨乚。❸六三，二行上枹憂乚。❹九四，有命，无咎。檮羅齒乚。❺九五，休婦，大人吉。亓亡亓亡，擊于枹桑乚。❻尚九，頃婦，❼先不後喜。❽二行下

䷠掾，❾亨，❿小利貞乚。⓫初六，掾尾，⓬厲，⓭勿用有攸往乚。⓮六二，共之用黃牛之勒，⓯莫之勝奪。⓰九三，⓱爲掾，⓲有疾，厲。畜三行上僕妾，⓳吉乚。九四，好掾，君子吉，小人不乚。九五，嘉掾，貞吉。⓴尚九，肥

❶「枹」，通行本作「包」。

❷「不」，通行本寫作「否」。

❸「六三」上數字，漢簡本作：「大人不吉，小人吉。」

❹「枹憂」，通行本作「包羞」，漢簡本作「枹羞」。

❺「檮羅齒」，通行本作「疇離祉」；「疇」，《釋文》：「鄭作古𠷎字。」

❻「擊」，通行本作「繫」，帛書《要》作「毄」。「枹」，通行本作「苞」，《集解》作「包」。

❼「頃」，通行本作「傾」。

❽「不」，通行本作「否」，漢簡本作「伓」。

❾「掾」，通行本作「遯」，楚簡《周易》（下簡稱楚簡本）作「腞」，《釋文》：「字又作遂，又作遁。」

❿「亨」，楚簡本作「卿」。「卿」通「亨」。「亨」寫作「卿」，楚簡本常例。

⓫「小」，楚簡本作「少」。「少」通「小」。

⓬「掾」，漢簡本作「椽」。

⓭「厲」，楚簡本作「礪」。

⓮「有攸往」，楚簡本作「又卣进」。「有攸往」作「又卣进」，楚簡本常例。

⓯「共」、「勒」，通行本分別作「執」、「革」，楚簡本作「𢦔」、「革」。此句，《説文》革部：「鞏用黃牛之革。」

⓰「勝」，楚簡本作「勑」。「奪」，通行本作「説」，楚簡本作「兑」。

⓱「三」，楚簡本皆寫作「晶」。「晶」，爲楚簡本「三」字的一般寫法。

⓲「爲」，通行本、楚簡本作「係」，《釋文》：「本或作繫。」

⓳「僕」，通行本、楚簡本作「臣」。

⓴「貞吉」，楚簡本作「吉」。

掾，❶先不利。❷三行下

䷉禮虎尾，❸不真人，❹亨乚。初九，錯禮，❺往，无咎乚。九二，禮道亶亶，❻幽人貞吉乚。❼六三，眇能視，❽跛能利乚，❾禮虎尾，四行上真人，❿兇。⓫武人迵于大君乚。⓬九四，禮虎尾，朔朔，⓭終吉乚。九五，夬禮，貞厲乚。尚九，視禮巧翠，⓮亓睘元吉。⓯四行下

䷅訟，有復，⓰洫寧，⓱克吉，⓲冬兇。⓳利用見大人乚，⓴不利涉大川乚。初六，不永所事，㉑少有言，冬吉。九二，不克訟，歸而逋，㉒五行上亓邑人三百戶，㉓无省乚。㉔六三，

---

❶「肥」，楚簡本同，通行本作「飛」。

❷「先」，「无」之訛。通行本作「无」，楚簡本作「亡」。

❸「禮」，通行本作「履」。「禮」通「履」。

❹「真」，通行本作「咥」。

❺「錯」，通行本作「素」。

❻「亶亶」，通行本、漢簡本作「坦坦」。

❼「幽」，漢簡本作「歐」。「歐」，《字彙補》有此字，並謂「音有」，通「幽」。

❽「眇」，通行本作「眇」。「眇」，「眇」之異體。

❾「利」，通行本作「履」。

❿「真」，漢簡本作「實」。

⓫「兇」，通行本作「凶」。

⓬「迵」，通行本作「爲」。

⓭「朔朔」，通行本作「愬愬」。

⓮「巧翠」，通行本作「考祥」，《集解》作「考詳」，《釋文》：「本亦作詳。」「翠」即「翔」；「翔」、「詳」通「祥」。

⓯「睘」，通行本作「旋」。

⓰「復」，通行本、楚簡本作「孚」。

⓱「洫寧」，通行本作「窒惕」，楚簡本作「懥惪」。「洫」，漢石經作「懫」，《釋文》：「馬作咥，云：『讀爲躓，猶止也。』鄭云：『咥，覺悔貌。』」「洫」通「躓」，止也。

⓲「克」，通行本、楚簡本作「中」。「克」，「中」之訛。

⓳「冬兇」，通行本作「終凶」，楚簡本作「冬凶」。

⓴「利」下，楚簡本有「用」字，通行本無。

㉑「不永所事」，楚簡本作「不出御事」。

㉒「歸而逋」，楚簡本作「逯肤」。「逯」，當爲「歸」之異體字。

㉓「百」，楚簡本作「四」。「四」，疑爲「百」之訛。

㉔「无省」，通行本作「无眚」，楚简本作「亡眚」。「无」，楚簡本皆寫作「亡」。「眚」同「眚」，「省」通「眚」。

食舊德，❶貞厲。❷或從王事，无成」。九四，不克訟，復即命，❸俞，❹安貞吉」。九五，五行下訟，元吉」。尚九，或錫之般帶，❺終朝三搋之。❻六行上

䷌同人于野，❼亨。利涉大川，利君子貞」。❽初九，同人于門，无咎」。六二，同人于宗，閵」。❾九三，服容[于]莽，❿登亓高[陵]，⓫七行上三歲不興。[九四，乘亓]庸，⓬弗克攻，吉」。九五，同人，先號桃後芺，⓭大師克相遇」。⓮尚九，同人于茭，⓯无悬。⓰七行下

---

❶ 「食」、「德」，楚簡本作「飤」、「悳」。「飤」同「食」，「悳」即「德」之異體。

❷ 「厲」，楚簡本作「礪」。「貞厲」下，通行本、楚簡本、漢簡本皆有「終吉」或「冬吉」二字，疑帛書本抄脱。

❸ 「復」，楚簡本作「復」。「復」，「復」之或體。

❹ 「俞」，通行本作「渝」，楚簡本作「愈」。

❺ 「錫」，通行本、楚簡本作「賜」。「般帶」，通行本作「鞶帶」，楚簡本作「繙繻」。「般」，《釋文》：「徐云：『王肅作槃。』」此句，《說文》革部引《易》作：「或錫之鞶帶。」

❻ 「搋」，通行本作「褫」，《集解》作「拕」，《釋文》：「本又作⿰衤⿸虍巾，音同，王肅云：『解也。鄭本作拕。』」楚簡本作「⿴衣虍」。「搋」、「褫」、「⿰衤⿸虍巾」，右旁「虍」字頭下字形稍有變，疑「⿰衤⿸虍巾」爲「褫」之異文，「搋」通「褫」。

❼ 「野」，漢簡本作「埜」。「埜」，「野」之古文。

❽ 「君子」下，漢簡本有「之」字。

❾ 「閵」，帛書《二三子》作「貞閵」。「閵」，通行本作「吝」。「吝」，帛書常寫作「閵」。「閵」通「吝」。

❿ 「服容」，通行本、漢簡本作「伏戎」。

⓫ 「登」，通行本作「升」。登，升也。

⓬ 此句，通行本作「乘其墉」，漢簡本作「乘高唐」。「庸」，《釋文》：「鄭作庸。」

⓭ 「桃」、「芺」，通行本作「咷」、「笑」，帛書《繫辭》作「逃」、「哭」。「芺」即「笑」字。「桃」下，通行本、帛書本《繫辭》有「而」字，疑帛書抄脱。

⓮ 「師」、「遇」，漢簡本作「帀」、「偶」。「帀」、「偶」，「師」、「遇」之省文。

⓯ 「茭」，通行本作「郊」，漢簡本作「鄗」。

⓰ 「毋悳」，通行本作「悔」，漢簡本作「毎」。

䷘无孟，❶元亨，利貞。非正，❷有省，❸不利有攸往」。❹初九，无孟往，❺孟往，吉」。六二，不耕穫，❻不菑餘」，❼利［有攸］往」。❽六三，无［孟之茲］，或擊 八行上［之牛，行人］之得，❾邑人之茲」。❿九四，可貞，无咎」。九五，无孟之疾，勿樂有喜」。⓫尚九，无孟之行，⓬有省，无攸利。八行下

䷫［狗］，女壯，⓭勿用取女」。初六，擊于金梯，⓮貞吉。有攸往，見兇。羸豨復適屬」。⓯

❶ 「无孟」，帛書《昭力》同，通行本作「无妄」，楚簡本作「亡忘」，漢簡本作「无亡」，《史記・春申君列傳》作「毋望」。

❷ 「非正」，通行本作「其匪正」，楚簡本作「亓非復」，漢簡本作「其非延」。帛書本當脱「亓」字。

❸ 「省」，通行本、漢簡本作「眚」，楚簡本作「䚋」。

❹ 「攸」，漢簡本一般寫作「囟」。

❺ 「往」，楚簡本无，疑脱。

❻ 「耕」，楚簡本作「䎂」。「䎂」通「耕」。「穫」，楚簡本作從「穫」省，無「艸」頭，漢簡本作「獲」。「穫」爲本字。「䎂」下，楚簡本多「而」字。

❼ 「菑」，《集解》作「菑」。「餘」，通行本作「畬」。「不菑餘」，楚簡本作「不畜之」；《說文》田部引《易》作「不菑畬田」，艸部引《易》無「田」字。

❽ 「利」上，通行本有「則」字。

❾ 「擊」，通行本作「繫」。「得」，楚簡本寫作「旻」。「旻」，即「得」字。

❿ 「茲」，通行本作「災」，楚簡本作「𡿧」。

⓫ 「樂」，通行本、楚簡本作「藥」。「喜」，楚簡本作「菜」。

⓬ 「之」，通行本、楚簡本无。

⓭ 「壯」，楚簡本作「藏」，「藏」，當爲「藏」之別體。

⓮ 「擊」、「梯」，通行本、楚簡本作「繫」、「柅」。《釋文》：「王肅作抳，從手，《子夏》作鑈，蜀才作尼，止也。」

⓯ 「羸豨復適屬」，通行本作「羸豕孚蹢躅」，楚簡本作「羸豕孚是蜀」。「適」，《釋文》：「一本作擲，古文作蹢。」「屬」，《釋文》：「本亦作躅。蹢躅，不静也。古文作蹳。」

五

九二，枹有魚，❶无咎∟，不利賓∟。❷九三，[臀无九行上膚，亓行次且。厲，无大]咎∟。九四，枹无魚，正兇∟。❸五五，❹以忌枹苽，❺含章，❻或塤自天∟。❼尚九，狗亓角，❽閵，无咎。九行下

䷳根亓北，❾不濩亓身∟；❿行亓廷，⓫不見亓人，无咎∟。初六，根亓止，⓬无咎，利永貞∟。⓭六二，根亓肥，⓮不登亓隋，⓯亓心不快∟。⓰九[三，一〇行上根亓限]，戾亓肥，⓱厲薰心∟。⓲六四，根亓竆∟。⓳六五，根

❶「枹」，通行本作「包」，楚簡本作「橐」。

❷「賓」，楚簡本作「穷」。

❸「正」，通行本作「起」，楚簡本作「已」。

❹上一「五」字爲「九」字之訛。

❺此句，通行本作「以杞包瓜」，楚簡本作「㠯芑橐苽」。「忌」通「杞」。

❻「含」，楚簡本作「欽」。

❼「或塤」，通行本作「有隕」，楚簡本作「又恖」。

❽「狗」，通行本作「姤」，楚簡本作「敂」。「狗」通「姤」。

❾「根」，通行本、楚簡本作「艮」。「根」通「艮」。「北」，通行本作「背」，楚簡本作「伓」。

❿「濩」，通行本作「獲」，楚簡本作「𡕒」。

⓫「廷」，楚簡本同，通行本作「庭」。「廷」通「庭」。

⓬「止」，通行本作「趾」，楚簡本、漢石經作「止」，《釋文》：「荀作止。」「止」，「趾」之本字。

⓭「永」，楚簡本作「羕」。

⓮「肥」，通行本作「腓」，楚簡本作「足」，《釋文》：「本又作肥。」

⓯「登」、「隋」，通行本作「拯」、「隨」，楚簡本作「陞」、「隓」；「登」，漢石經作「抍」。「登」通「拯」，「隋」通「隨」。

⓰「快」，楚簡本作「悸」。

⓱「戾」、「肥」，通行本作「列」、「夤」，楚簡本作「圂」、「衠」。「夤」，《釋文》：「鄭本作䏰，徐又音胤，荀作腎。互體有坎，坎爲腎。」

⓲「薰」，楚簡作「同」，《釋文》：「荀作動。」

⓳「竆」，通行本作「身」，楚簡本「躳」。「竆」即「窮」，「窮」讀作「躬」。通行本「艮其身」下，有「无咎」二字，帛書本、楚簡本則無。

亓肞，❶言有序，㥏亡乚。尚九，敦根，❷吉。一〇行下

䷀❸泰蓄，❹利貞。不家食，❺吉。利涉大川乚。初九，有厲，❻利巳乚。九二，車説緮乚。❼九三，良馬遂乚，❽利根貞。❾曰闌車衛，❿利一一行上有攸往乚。六四，童牛之鞫，⓫元吉乚。六五，哭豨之牙，⓬吉乚。尚九，何天之瞿，⓭亨。一一行下

❶「肞」，通行本作「輔」，楚簡本作「䢺」，漢簡本作「父」。「肞」、「輔」通「酺」。《説文》：「酺，頰也。」

❷「敦」，楚簡本作「𦿍」。

❸䷀，此爲乾卦卦畫；泰蓄卦卦畫應爲䷙，當爲帛書抄手手誤。

❹「泰蓄」，帛書《衷》作「大蓄」，通行本作「大畜」，楚簡本作「大坐」。《説文》「太」是「泰」的重文，段注《説文》「泰」字：「凡言大而以爲形容未盡，則作太。如大宰俗作太宰，大子俗作太子，周大王俗作太王是也。」

❺此句，楚簡本作「不豢而飤」。「豢」，「家」的異文。

❻「厲」，楚簡本作「礪」。

❼「車説緮」，通行本作「輿説輻」，楚簡本作「車敓复」。「輿」，《釋文》：「本或作轝。」「輻」，《集解》作「腹」，《釋文》：「或作輹。」

❽「遂」，漢簡本同，通行本作「逐」，楚簡本作「由」。《釋文》：「鄭本作逐逐，云：『良馬走也。』姚云：『逐逐，疾並驅之貌。』」

❾「根」，通行本作「艱」，楚簡本作「堇」。

❿「曰」，通行本、楚竹簡本同；《集解》作「日」。「日」、「曰」隸體形近，易致誤。帛書《昭力》引此爻辭，未引「曰」字，故「曰」當爲虛詞。「闌」，通行本作「閑」，「闌」、「閑」義近，楚簡本作「班」。「車」，楚簡本同，通行本作「輿」。

⓫「童」，楚簡本作「僮」，《説文》告部引作「僮」，《釋文》：「《廣》、《蒼》作犝。」「鞫」，通行本作「牿」，楚簡本作「梏」，《説文》告部引作「告」，《釋文》：「九家作告。」

⓬「哭豨」，通行本作「豶豕」，楚簡本作「芬豕」，《昭力》所引與通行本同。「牙」，楚簡本作「𤘅」，《説文》以爲「牙」之古文。「哭」，疑訛，「犬」當作「分」，通「豶」。

⓭「何」，楚簡本作「㓉」。《説文》：「何，擔也。」「瞿」，通行本作「衢」，楚簡本作「𦤎」。

䷖剝，不利有攸往乚。初六，剝臧以足，❶蘠貞，兇乚。❸六二，剝臧以辯，❹蘠貞，兇乚。六三，剝，无咎乚。❺六四，剝臧以一二行上膚，❻兇乚。六五，貫魚，食宮人籠，❼无不利乚。尚九，石果不食，❽君子得車，❾小人剝蘆。❿一二行下

䷨損，有復，⓫元吉，無咎，⓬可貞，[利]有攸往。𠳄之用二巧？⓭可用芳乚。⓮初九，巳事端往，⓯无咎，酌損之乚。九二，利貞，正一三行上兇。⓰弗損益之乚。六三，三人行，則損一人。一人行，則得亓友乚。六四，損亓

❶「剝」，漢簡本作「僕」。「臧」，通行本作「牀」。

❷「蘠」，通行本作「蔑」，漢簡本作「蘠」，《釋文》：「荀作滅。」

❸「兇」，通行本作「凶」。

❹「辯」，通行本、漢簡本作「辨」。

❺「剝」下，通行本有「之」字，《釋文》：「一本作『剝之无咎』，非。」漢石經亦無。

❻「膚」，漢簡本作「父」，漢石經作「簠」，《釋文》：「京作簠。」

❼「食」，通行本作「以」。「籠」，通行本作「寵」。

❽「石」，通行本、漢簡本作「碩」。

❾「得車」，通行本作「得輿」，《集解》作「德車」，《釋文》：「京作德輿，董作德車。」

❿「蘆」，通行本作「廬」。

⓫「復」，通行本作「孚」。

⓬此「無」字，例外；通行本作「无」。

⓭「𠳄」，通行本作「曷」。「巧」，通行本作「簋」，《釋文》：「蜀才作軌。」

⓮「芳」，通行本作「享」。

⓯「巳」，《説文》辵部引作「吕」，《集解》作「祀」，《釋文》：「本亦作以，虞作祀。」「巳」通「祀」。「端」，通行本作「遄」，《釋文》：「荀作顓。」

⓰「正」，通行本作「征」，阮元《校勘記》云「古本征作往」。

疾，事端有喜，❶无咎。六五，益之十傰之龜，❷弗克一三行下回，❸元吉。尚九，弗損益之，无[咎]。貞吉，有攸往，❹得僕无家。❺一四行上

䷃[蒙，亨。匪我]求童蒙，❻童蒙求我。❼初筮吉，❽再參擯，❾擯即不吉。❿利貞⌋。初六，廢蒙，⓫利用荆人，⓬用說桎梏，⓭已往一五行上閵。⓮九二，枹蒙，吉。⓯入婦，⓰吉，子克家⌋。六三，勿用取[女。見金]夫，

❶「事端」，通行本作「使遄」。
❷「益」上，通行本有「或」字。「傰」，通行本作「朋」。
❸「回」，通行本作「違」。
❹「有」上，通行本多「利」字。
❺「僕」，通行本作「臣」。
❻「童」，帛書《繆和》一作「董」。

❼「童蒙求我」，《釋文》：「一本作『來求我』。」《校勘記》：「《考文》引古本『蒙』下有『來』字。」
❽「吉」，帛書《繆和》、漢石經殘石同，通行本作「告」。吉、告形近易訛，當作「告」。下「吉」字，同。
❾「參」，通行本、漢簡本作「三」。「擯」，通行本、帛書《繆和》、漢簡本分別作「瀆」、「讀」、「儥」，《說文》引作「黷」。
❿「即」，通行本作「則」。
⓫「廢」，通行本作「發」。
⓬「荆」，即「刑」字。
⓭「說」，通「脫」。
⓮「已」，通行本作「以」。「閵」，通行本作「吝」。此句《說文》引作「以往遴」，《說文》辵部云：「遴，行難也。從辵粦聲。《易》曰：『以往遴。』僯，或從人。」
⓯「枹」，通行本作「包」，《校勘記》：「石經包作苞。」《釋文》：「鄭云：『苞當作彪；彪，文也。』」
⓰「入」，通行本作「納」，漢簡本作「老」。「入」，納也。

不有竆，❶无攸利。❷［六四，困］蒙，❸閵。六五，童蒙，❹［吉。尚九，擊蒙，❺ 一五行下 不利爲寇］，利所寇。❻ 一六行上

䷕［蘩，亨，小利］有攸往。［初九，蘩亓趾］，舍車而徒∟。❼六二，蘩亓［須］。❽九三，蘩茹，❾⿰氵霝茹，❿永貞吉∟。六四，蘩茹，⓫蕃 一七行上 茹，⓬白馬榦茹，⓭非寇，⓮閩詬∟。⓯六五，蘩于［丘園，束］帛戔戔，⓰閵，終［吉。尚九，白蘩，无］咎。 一七行下

䷚［頤，貞吉。觀頤，自求］口實∟。⓱初九，舍而靈龜，⓲［觀］我⿰扌⿷匚亞頤，⓳兇∟。六二，

❶「不」上，帛本多「亓」字。「竆」，漢簡本同，通行本作「躬」，楚簡本作「躳」。

❷「无攸利」，楚簡木作「亡卣利」，漢簡本作「无囪利」。

❸「蒙」，楚簡本作「尨」。

❹「童」，楚簡本作「僮」。

❺「擊」，楚簡本作「毄」，《釋文》：「馬、鄭作繫。」

❻「所」，通行本作「禦」，楚簡本作「迎」。《校勘記》：「古本『禦』上有『用』字。」

❼「車」，漢石經作「轝」，《釋文》：「鄭、張本作輿。從漢時始有居音。」

❽「蘩」，通行本作「賁」。「蘩」通「賁」。下同。

❾「茹」，通行本作「如」。

❿「⿰氵霝」，通行本作「濡」。「⿰氵霝」即「濡」。

⓫「蘩」、「茹」，漢簡本皆作「賁」、「如」。

⓬「蕃」，通行本、漢簡本作「皤」，《釋文》：「鄭、陸作燔，音煩；荀作波。」

⓭「榦」，通行本、漢簡本作「翰」。

⓮「非」，漢簡本同，通行本作「匪」。

⓯「閩詬」，通行本作「婚媾」。

⓰「蘩」，《釋文》：「黄本賁作世。」「戔戔」，《釋文》：「《子夏傳》作殘殘。」

⓱「實」，通行本、楚簡本皆同，《校勘記》：「閩本、明監本、毛本實作食，非也。」

⓲「舍」，楚簡本作「豫」。「而」，漢簡本同，通行本作「爾」，楚簡本作「尒」。「尒」，同「尔」、「爾」。

⓳「⿰扌⿷匚亞」，通行本作「朵」，楚簡本作「歂」，漢簡本作「端」，《釋文》：「京作揣。」

曰顛頤，❶柫經于北頤，❷正凶」。❸六三，一八行上柫頤，貞凶。十年勿用，无攸利」。六四，顛頤，吉。虎視沈沈，❹亓容笛笛，❺无咎。六［五，柫經］，居貞，❻吉；［不可涉大］川」。一八行下［尚九，由頤，厲吉，利］涉大川。一九行上

䷑箇，❼［元］吉，亨。❽利涉大川。先甲三日，❾後甲三日」。❿初六，榦父之箇，⓫有子巧，⓬无咎。厲，終吉。⓭［九二］，榦母之箇，不二〇行上可貞」。九三，榦父之箇，

❶「曰」，楚簡本有，它本無。「顛」，楚簡本作「遉」，漢簡本作「奠」。下「顛」，同。

❷「柫」，通行本作「拂」，楚簡本作「⿱弜悳」，漢簡本作「弗」，《釋文》：「《子夏傳》作弗。」「柫」、「拂」通。下「柫」，同；唯漢簡本六五爻辭此字作「不」。「北」，楚簡本同，通行本、漢簡本作「丘」。「丘」、「北」形近，易訛。「頤」，楚簡本作「洍」。

❸「正」，通行本、楚簡本作「征」，漢簡本作「政」。

❹「沈沈」，通行本作「耽耽」，漢簡本、《説文》目部、《集解》作「眈眈」，楚簡本作「𩕳𩕳」。

❺「容」，通行本作「欲」，楚簡本作「猷」，漢簡本右從犬，左邊漫漶，形似兽字，左右結合疑即「獸」字。「笛笛」，通行本作「逐逐」，楚簡本作「攸攸」，漢簡本作「遂遂」。《釋文》：「《子夏傳》作攸攸，《志林》云：『攸當爲逐，蘇林音迪。』荀作悠悠，劉作跾，云：遠也。」

❻「居」，楚簡本作「凥」。

❼「箇」，通行本作「蠱」，楚簡本作「蛊」，帛書《衷》作「故」。「箇」通「蠱」。

❽「［元］吉亨」，通行本作「元亨」，楚簡本作「元卿」。

❾「先」，楚簡本作「选」。

❿「後」，楚簡本作「逡」。

⓫「榦」，漢簡本同，通行本作「幹」，楚簡本作「樟」。「榦」、「幹」之異文。

⓬「巧」，通行本作「考」，楚簡本作「攷」。

⓭「終」，楚簡本、漢簡本作「冬」。

少有毋心，❶无大咎。六四，浴父之箇，❷往見閵∟。❸六五，榦父之箇，用輿∟。❹尚九，不事王矦，❺高尚亓德，❻兇。❼二〇行下

䷜習贛，❽有復巂心，❾亨，行有尚∟。初六，習贛，人贛閻，❿凶∟。九二，贛有訦，⓫求少得∟。⓬六三，來之贛贛，噞且訦。⓭人[于]贛二一行上閻，[勿用]。六四，奠酒，⓮巧訹，⓯用缶，人葯自牖，⓰終无咎。九五，贛不盈，塭既平，⓱无咎∟。尚六，

❶「少有毋心」，通行本作「小有悔」。「毋心」，即「悔」字。

❷「浴」，通行本作「裕」。

❸「閵」，通行本作「吝」。

❹「輿」，通行本作「譽」。

❺「矦」，通行本、漢簡本作「侯」。「矦」，即「侯」字。

❻「尚」，漢簡本作「上」。「德」，通行本、漢簡本作「事」。

❼「兇」，通行本、漢簡本無。

❽「贛」，通行本作「坎」。《釋文》：「本亦作埳，京、劉作欿，險也，陷也。」

❾「復」、「巂」，漢簡本同，通行本作「孚」、「維」。

❿「人」，通行本作「入」。「人」爲「入」之訛。下「人」字，同。「閻」，通行本作「窞」。「入」下，通行本有「于」字。

⓫「訦」，通行本、漢簡本作「險」。

⓬「少」，通行本作「小」。

⓭「噞」，通行本作「險」。《釋文》：「古文及鄭、向本作檢，鄭云：『木在手曰檢。』」「訦」，通行本作「枕」。《釋文》：「鄭玄云：『木在首曰枕。』陸云：『閑礙、險害之貌。』九家作玷，古文作沈。」

⓮「奠」，通行本作「樽」。「奠」即「尊」字，通「樽」。

⓯「巧訹」，通行本作「簋貳」。

⓰「人〈入〉葯」，通行本作「納約」。「入」，《集解》作「内」，通「納」。「牖」，《釋文》：「陸作誘。」

⓱「塭」，通行本作「祗」，《集解》、《說文》卷一作「禔」，《釋文》：「鄭云當爲坻，小丘也。京作禔，《說文》同。」《校勘記》：「石經、岳本祇作祗，是也。」

系用諱纆，❶親之于繱勒，❷三歲弗得，❸兇。二一行下

䷄襦，❹有復，❺光亨，貞吉。利涉大川└。初九，襦于茭，❻利用恆，❼无咎└。九二，襦于沙，❽少有言，冬吉。[九]三，二二行上襦于泥，❾致寇至└。❿六四，襦于血，出自穴└。六五，⓫襦于酒食，貞吉└。尚六，人于穴，⓬有不楚客三人來，⓭敬之，終吉。二二行下

䷇比，吉。⓮原筮，⓯元永貞，⓰无咎。⓱不寧方來，⓲後夫兇└。⓳初六，有復，⓴比之，

---

❶ 「系用諱纆」，通行本作「係用徽纆」，漢簡本作「係用徽纆」。

❷ 「親」，通行本、漢簡本作「寘」，《釋文》：「劉作示，言衆議於九棘之下也。《子夏傳》作湜，姚作寔。寔，置也。張作置。」「之」，通行本無。「繱勒」，通行本作「叢棘」。

❸ 「弗」，通行本作「不」。

❹ 「襦」，通行本作「需」，楚簡本作「孠」，帛書《衷》作「嬬」。「襦」通「需」。

❺ 「復」，通行本、楚簡本作「孚」，《釋文》：「又作旉。」

❻ 「茭」，通行本作「郊」，楚簡本作「蒿」。

❼ 「恆」，楚簡本作「死」。

❽ 「沙」，楚簡本作「墋」，《釋文》：「鄭作沚。」

❾ 「泥」，楚簡本作「坭」。

❿ 「寇」，《釋文》：「鄭、王肅本作戎。」

⓫ 「六五」，當是「九五」之誤。

⓬ 「人」，「入」之訛。

⓭ 「楚」，通行本作「速」；「楚」下通行本有「之」字。

⓮ 「吉」，楚簡本无，疑脱。

⓯ 「原筮」，楚簡本作「备箁」。

⓰ 「永」，楚簡本作「羕」。

⓱ 「无」，漢簡本作「毋」。

⓲ 「寧」、「來」，楚簡本作「寍」、「逨」。下同。

⓳ 「後」，楚簡本作「逡」。

⓴ 「復」，楚簡本作「孚」。下同。

无咎。有復盈缶，❶冬來或池，❷吉└。六二，比之二三行上[自内]，貞吉└。❸六三，比之非人└。❹六四，外比之，❺貞吉└。❻九五，顯比。❼王用三驅，❽失前禽，❾邑人不戒，❿吉└。尚六，比无首，⓫兇。二三行下

䷦蹇，⓬利西南，不利東北。利見大人，貞吉└。初六，往蹇來輿└。⓭六二，王僕蹇蹇，⓮非[今]之故。⓯[九三，往二四行上蹇來反。六四]，往蹇來連└。九五，大蹇倗來。⓰尚六，往蹇來石，⓱吉，利見大人。二四行下

❶ 「盈」，楚簡本作「海」。

❷ 「冬」，楚簡本同，通行本作「終」。「或」，通行本、楚簡本分別作「又」、「有」。「池」，通行本、楚簡本作「它」，《釋文》：「本亦作它。」

❸ 「貞」，楚簡本無。

❹ 「非」，楚簡本同，通行本作「匪」，《釋文》：「馬云：『匪，非也。』王肅本作『匪人，凶』。」

❺ 「比」，楚簡本作「攴」。

❻ 「貞吉」，楚簡本作「亡不利」。

❼ 「顯」，漢簡本作「㬎」。

❽ 「用」，楚簡本無，脱。「三」，楚簡本作「晶」，帛書《繆和》、《昭力》作「參」。「驅」，《繆和》、《昭力》作「毆」，《集解》作「毆」，《釋文》：「徐云：鄭作毆。」「毆」同「驅」。

❾ 「失」，楚簡本作「遊」。「禽」，楚簡本作「𠓤」，從禽省。

❿ 「戒」，帛書《繆和》、《昭力》和楚簡本同，通行本、漢簡本作「誡」，《校勘記》：「石經初刻作戒，後改。」

⓫ 「比」下，通行本有「之」字。「无」，楚簡本、漢簡本分別作「亡」、「毋」。

⓬ 「蹇」，漢簡本同，通行本作「蹇」，楚簡本作「訐」。「蹇」、「蹇」之異體。下同。

⓭ 「往」，楚簡本作「进」。「來」，楚簡本作「逨」。「輿」，通行本、楚簡本作「譽」。

⓮ 「僕」，通行本、楚簡本作「臣」。

⓯ 「非□之故」，通行本作「匪躬之故」，帛書《二三子》作「非今之故」，楚簡本作「非今之古」。

⓰ 「倗」，通行本作「朋」，楚簡本作「不」，漢石經作「崩」。「來」，楚簡本作「棶」。

⓱ 「石」，通行本、楚簡本作「碩」。

䷻節，亨。枯節，❶不可貞」。初九，不出戶牖，❷无咎」。九二，不出門廷，❸凶」。❹六三，不節若」，則[嗟若，无]咎。六四，二五行上[安節，亨。九五，甘節」，吉，往得尚」。❺尚六，枯節，貞凶，悔亡。二五行下

䷻❻既濟，❼亨。小利貞。初吉，冬乳」。❽初六，❾抴亓綸，❿濡亓尾，无咎」。六二，婦亡亓發，⓫勿遂，⓬七日得。[九三]，高宗伐鬼方，二六行上三年克之，小人勿用。六四，襦有衣茹，⓭冬日戒」。九五，東鄰殺牛以祭，⓮不若西鄰之濯祭，⓯實受亓福，⓰吉」。⓱尚六，濡亓首，⓲厲。二六行下

❶「枯」，通行本作「苦」。下同。

❷「牖」，通行本作「庭」。

❸「廷」，通行本作「庭」。

❹《校勘記》：「凶上，有『之』字。」

❺「得」，通行本作「有」。

❻䷻，此爲節卦卦畫；既濟卦卦畫應爲䷾，當爲帛書抄手手誤。

❼「既濟」，帛書《衷》作「既齎」。「齎」通「濟」。

❽「冬乳」，通行本作「終亂」。

❾「六」，「九」之訛。

❿「抴亓綸」，通行本作「曳其輪」。

⓫「亡」，通行本作「喪」。「發」，通行本作「茀」，《集解》作「髴」，《釋文》：「《子夏傳》作髴，荀作紱，董作髢。」

⓬「遂」，通行本作「逐」。

⓭「襦」，通行本作「繻」，楚簡本作「需」，《說文》作「繻」或「需」，《釋文》：「《子夏》作襦，王廙同，薛云：『古文作繻。』」「茹」，通行本作「袽」，楚簡本作「絮」，《說文》作「絮」，《釋文》：「《子夏》作茹，京作絮。」

⓮「鄰」，楚簡本作「𠳋」。「以祭」，通行本、楚簡本無。

⓯「若」，通行本、楚簡本分別作「如」、「女」。「濯」，通行本、楚簡本作「禴」、「酌」。

⓰「實」，楚簡本作「是」。「亓」，楚簡本無。

⓱「吉」，通行本無，楚簡本有。通行本《象傳》：「實受其福，吉大來也。」疑通行本脫「吉」字。

⓲「濡」，通行本同，楚簡本作「需」。

䷂屯，❶元亨，利貞；勿用有攸往，利律矦。❷初九，半遠，❸利居貞，利建矦└。六二，屯如壇如，❹乘馬煩二七行上如，❺非寇，❻閩厚。❼［女］子貞不字，十年乃字└。❽六三，即鹿毋華，❾唯人于林中，❿君子幾不如舍，⓫往㖨。⓬二七行下六四，乘馬［班］如，求閩厚，往吉，无不利。九五，屯亓膏，⓭小貞吉，大貞凶└。⓮尚六，乘馬煩如，汲血連如。⓯二八行上

❶「屯」，帛書《衷》作「肫」。「肫」通「屯」。

❷「律」，通行本作「建」；此字，帛書初九爻辭作「建」。「律」通「建」。「矦」，通行本作「侯」。

❸「半」，通行本作「磐」，漢簡本作「般」，《釋文》：「本亦作盤，又作槃。」「遠」，通行本作「桓」。《釋文》：「馬云：『槃桓，旋也。』」

❹「壇」，通行本作「邅」。

❺「煩」，通行本作「班」，《説文》卷十引作「驙」，《釋文》：「鄭本作般。」

❻「非」，通行本作「匪」。

❼「閩」，通行本作「婚」。「厚」，通行本作「媾」，《釋文》：「馬云：『重婚，本作冓。』鄭云：『猶會，本或作構者，非。』」下「閩厚」，校同。

❽「乃」，漢簡本作「迺」。「乃」，即「迺」。

❾「即」，漢簡本作「叟」。「鹿」，《釋文》：「王肅作麓，云山足。」「毋」，漢簡本同，通行本作「无」。「華」，通行本作「虞」，漢簡本作「吴」。

❿「唯」，通行本、漢簡本作「惟」。「人」，通行本作「入」。「人」，「入」之訛。

⓫「幾」，《釋文》：「鄭作機，云弩牙也。」

⓬「㖨」，通行本、漢簡本作「吝」。

⓭「屯」，漢簡本作「肫」。因之，漢簡本屯卦卦名當寫作「肫」。

⓮「凶」，漢簡本作「兇」。

⓯「汲」，通行本作「泣」。「血」，《説文》卷十引作「涕」。「連」，通行本作「漣」，《説文》卷十作「憐」。

䷯井，❶茝邑不茝井乚，❷无亡无得。❸往來井井，❹䟚至亦未汲井，❺纍亓刑垪，❻凶乚。初六，井泥不食，❼舊二九行上井无禽乚。❽九二，井瀆射付，❾唯敝句乚。❿九三，井莡不食，⓫爲我心塞，⓬可用汲，⓭王明，竝受亓福乚。六四，二九行下井梂，⓮无咎乚。九五，井戾寒湶，⓯食乚。尚六，井收勿幕，⓰有復，⓱元吉。三〇行上

---

❶「井」，楚簡本作「汬」。下同。

❷「茝」，通行本作「改」，楚簡本作「攺」。

❸「亡」，通行本作「喪」，楚簡本作「亾」。「得」，楚簡本作「𣌭」。

❹「往來井井」，楚簡本作「迬𣥠汬汬」。

❺「䟚」，通行本作「汔」，楚簡本作「气」。「未」，楚簡本作「母」。「汲」，通行本作「繘」，楚簡本作「𦃃」。

❻「纍」，通行本作「羸」，楚簡本作「羸」。《釋文》：「蜀才作累，鄭讀曰虆。」「刑」，通行本、楚簡本皆無。「垪」，通行本作「瓶」，楚簡本作「缾」。

❼「泥」，楚簡本作「普」。「食」，楚簡本作「飤」。下同。

❽「无禽」，楚簡本作「亡𪚺」。

❾「瀆」，通行本作「谷」，楚簡本作「浴」。「射」，楚簡本作「矤」，《釋文》：「鄭、王肅皆音亦，云：厭也。荀作耶。」「付」，通行本作「鮒」，楚簡本作「𦎫」。

❿「唯敝句」，通行本作「甕敝漏」，楚簡本作「隹𧚄縷」。「甕」，《釋文》：「鄭作甕，云停水器也。《説文》作㽉，汲瓶也。」「句」，漢簡本作「婁」。

⓫「莡」，通行本作「渫」，楚簡本作「朻」，《史記·屈原列傳》引作「泄」。

⓬「塞」，通行本作「惻」，楚簡本作「𢝊」。

⓭「用」，楚簡本作「㠯」。

⓮「梂」，通行本、漢石經作「甃」，楚簡本作「䶢」。

⓯「戾」，通行本作「冽」，楚簡本作「𠛱」，漢簡本作「厲」。

⓰「湶」，楚簡本同，通行本作「泉」。

⓰「收」，楚簡本作「朻」，《釋文》：「荀作甃。」「勿」，《釋文》：「干本勿作网。」「幕」，楚簡本作「寞」。

⓱「有復」，通行本作「有孚」，楚簡本作「又孚」。

䷲辰，❶亨。辰來朔朔，❷芺言亞亞，❸辰敬百里，❹不亡鈚腸㇄。❺初九，辰來朔朔，後芺[言]啞啞，吉㇄。六二，辰辰來三一行上厲，意亡貝，❻齏于九陵，❼勿遂，❽七日得㇄。六三，辰疏疏，❾辰行無省㇄。❿九四，辰辰遂泥㇄。⓫六五，辰往來厲，意无亡，⓬有三一行下事。尚六，辰昔昔，⓭視懼懼，⓮正凶。⓯辰不于亓窮，⓰于亓鄰，往无咎。⓱閩詬，⓲有言。三二行上

䷡泰壯，⓳利貞㇄。初九，壯于止，⓴正凶，㉑有復㇄。㉒九二，貞吉㇄。九三，小人

❶「辰」，通行本作「震」。「辰」通「震」，義亦通。《説文》：「辰，震也。」

❷「朔朔」，通行本作「虩虩」，《釋文》：「荀作愬愬。」

❸「芺」，通行本作「笑」。「言」，《釋文》：「言亦作語，下同。」「亞亞」，通行本作「啞啞」。

❹「敬」，通行本作「驚」。

❺「亡」，通行本作「喪」。下同。「鈚腸」，通行本作「匕鬯」。

❻「意」，通行本作「億」。

❼「齏」，通行本作「躋」，《釋文》：「本又作隮。」「于」，漢石經無。

❽「遂」，通行本作「逐」。

❾「疏疏」，通行本作「蘇蘇」。

❿「无省」，漢石經同，通行本作「无眚」。

⓫「遂」，《釋文》：「荀本遂作隊。」

⓬「意」，《校勘記》：「毛本意作億。」

⓭「昔昔」，通行本作「索索」。

⓮「懼懼」，通行本作「矍矍」。

⓯「正」，通行本作「征」。

⓰「窮」，通行本作「躬」。

⓱「往」，通行本無。

⓲「閩詬」，通行本作「婚媾」。

⓳「泰壯」，通行本作「大壯」，帛書《繫辭》作「大莊」，帛書《衷》作「大牀」，又單稱之爲「壯」。「泰」同「太」，通「大」。「莊」、「牀」通「壯」。

⓴「止」，通行本作「趾」。

㉑「正」，通行本作「征」。

㉒「復」，漢簡本同，通行本作「孚」。

用壯，君子用亡，❶貞厲。羝羊觸藩，羸亓角。❷九三三行上四，貞吉，𢙇亡」。藩块不羸，❸壯于泰車之緮」。❹六五，亡羊于易，❺无𢙇」。尚六，羝羊觸藩，不能退，不能遂，无攸利，根則吉。❻三三行下

䷏餘，❼利建矦、行師」。❽初六，鳴餘，❾凶」。六二，疥于石，❿不終日，貞吉」。六三，杅餘，⓫𢙇，遲有𢙇」。⓬九四，允餘，⓭三四行上

❶「亡」，通行本作「罔」。

❷「羸」，《釋文》：「王肅作縲，音螺；鄭、虞作纍，蜀才作累，張作虆。」

❸「藩块」，通行本作「藩决」。

❹「泰車之緮」，通行本作「大輿之輹」。「輿」，《集解》作「轝」。「輹」，《釋文》「本又作輻」，《集解》作「腹」。

❺「亡」，通行本作「喪」。「易」，《釋文》：「鄭音亦，謂狡易也。陸作埸，謂疆埸也。」

❻「根」，通行本作「艱」。

❼「餘」，通行本作「豫」，楚簡本作「[illegible]」，帛書《繫辭》引作「余」。下同。

❽「矦」，通行本作「侯」，楚簡本作「[illegible]」。「師」，楚簡本作「帀」。

❾「餘」，漢簡本作「豫」。「凶」，漢簡本作「凶」。

❿「疥」，通行本作「介」，楚簡本作「[illegible]」，《釋文》：「古文作砎，鄭古八反，云：『謂磨砎也。』馬作扴，云：『觸小石聲。』」

⓫「杅」，通行本作「盱」，楚簡本作「可」，漢簡本作「歌」，《釋文》：「《子夏》作紆，京作汙，姚作旴，云：『日始出。』」「餘」，帛書《二三子》作「予」。

⓬「𢙇」，楚簡本同，通行本作「悔」，漢簡本作「[illegible]」。「遲」，楚簡本作「迟」，漢簡本作「夷」，《校勘記》：「石經遲作遟。」

⓭「允」，通行本作「由」，楚簡本作「猷」，《釋文》：「馬作猶，云：『猶豫，疑也。』」

大有得，勿疑，❶傰甲讒∟。❷六五，貞疾，恆不死∟。❸尚六，冥餘，❹成或諭，❺无咎。三四行下

䷽少過，❻亨，利貞。可小事，不可大事。❼翡鳥遺之音，❽不宜上，宜下，泰吉∟。❾初六，翡鳥以凶∟。❿六二，三五行上過亓祖，愚亓比，⓫不及亓君，愚亓僕，⓬无咎∟。九三，弗過仿之，⓭從或臧之，⓮凶∟。九四，无咎，弗過愚之。往厲，三五行下必革。⓯勿用，永貞∟。六五，密雲不雨，自我西茭。⓰公射，⓱取皮在穴∟。⓲尚六，弗愚過之，⓳

❶「无」，通行本作「勿」，楚簡本作「母」。「疑」，楚簡本作「頪」。

❷「傰甲讒」，通行本作「朋盍簪」，楚簡本作「坓欲𡍲」。「甲」，《集解》作「盇」。「讒」，《集解》作「戠」，《釋文》：「古文作貸，京作撍，馬作臧，荀作宗，虞作戠。戠，叢合也。」

❸「恆」，楚簡本作「𠬢」。

❹「冥」，楚簡本作「杲」。

❺「或」，通行本作「有」，楚簡本作「又」。「諭」，通行本作「渝」，楚簡本作「愈」。

❻「少」，通行本作「小」。「少」通「小」，「少過」即「小過」。

❼「事」，漢簡本作「吏」。

❽「翡」，通行本作「飛」，漢簡本作「𩙿」。「𩙿」，當即「飛」字的異體。「之」，漢簡本無。

❾「泰」，通行本作「大」。

❿「罪」，漢簡本作「巳」，象羽毛之形，疑從「𩙿」或「非」省。「非」，即「飛」之本字。

⓫「愚」，通行本作「遇」。下同。「比」，通行本作「妣」。

⓬「僕」，通行本作「臣」。

⓭「仿」，通行本作「防」。

⓮「臧」，通行本作「戕」。

⓯「革」，通行本作「戒」。

⓰「茭」，通行本作「郊」。

⓱「射」，通行本作「弋」。

⓲「皮」，楚簡本同，通行本作「彼」。「在」，楚簡本作「才」。「穴」，楚簡本作「空」。空，即坎。

⓳「愚」，楚簡本作「遇」。「過」，楚簡本作「𠤎止」。

罪鳥羅三六行上之，❶凶。是謂茲省。❷三六行下

䷶❸歸妹，正凶，❹无攸利」。初九，歸妹以弟，❺跛能利，❻正吉」。九二，眇能視，利幽人貞」。❼六三，歸妹以嬬，❽[反]三七行上歸以苐」。❾六四，❿歸妹衍期，⓫遲歸有時」。六五，帝乙歸妹，亓君之袂不若亓苐之快良。⓬日月既三七行下朢，⓭吉」。尚六，女承筐无實，⓮士刲羊无血，⓯无攸利。三八行上

❶「罪」，楚簡本作「飛」。「羅」，楚簡本同，通行本作「離」。

❷「是謂茲省」，通行本作「是謂災眚」，楚簡本作「是胃亦⿰才火⿰衤旨」。

❸䷶，此爲豐卦卦畫；歸妹卦卦應爲䷵，當爲帛書抄手手誤。

❹「正」，通行本作「征」。下同。

❺「弟」，通行本作「娣」，漢石經作「昧」。

❻「跛」，漢石經作「波」。「能」，《集解》作「而」。「利」，通行本作「履」。

❼「幽人」下，通行本有「之」字。

❽「嬬」，通行本作「須」。《釋文》：「荀、陸作嬬，陸云『妾也』。」楚稱子曰嬃。

❾「苐」，通行本作「娣」。下同。

❿「六」，當爲「九」之誤。

⓫「衍」，通行本作「愆」。

⓬「若」，通行本作「如」。「快」，通行本作「袂」。

⓭「日」，通行本無。「既」，通行本、帛書《昭力》作「幾」，《釋文》：「荀作既。」「朢」，通行本作「望」。另，帛書《昭力》引此爻辭作「良月幾望」，依《昭力》作者看來，「良」字當屬下句。

⓮「筐」，帛書《繆和》作「匡」。「實」，《左傳・僖公十五年》解作「貺」。

⓯「血」，《左傳・僖公十五年》解作「衁」。《說文》卷五：「衁，血也。從血亡聲。《春秋傳》曰：『士刲羊，亦无衁也。』」

䷵❶解，❷利西南。无所往，❸亓來復，❹吉∟。有攸往，❺宿吉∟。❻初六，无咎∟。九二，田獲三狐，❼得［黃矢，貞吉。三九行上六三，負］且乘，❽致寇至，❾貞閵∟。❿九四，解亓栂，⓫傰至此復∟。⓬六五，君子唯有解，⓭吉∟。有復于小三九行下人。尚六，公用射夐于高庸之上，⓮獲之，无不利。四〇行上

䷶豐，⓯亨，王叚之，⓰勿憂，宜日中∟。初九，禺亓肥主，⓱唯旬，⓲无咎，往有尚∟。六

❶ ䷵，此爲歸妹卦卦畫；解卦卦畫應爲䷧，當爲帛書抄手手誤。

❷「解」，楚簡本作「繲」。

❸「无所往」，楚簡本作「亡所進」。

❹「來復」，楚簡本作「逨逯」。

❺「攸」，楚簡本作「卣」，漢簡本作「[illegible]」。

❻「宿」，通行本作「夙」，楚簡本作「𠈇」。

❼「田獲三狐」，楚簡本作「畋𤝞晶𤡾」。

❽「且」，楚簡本作「虘」。「乘」，楚簡本作「𨍭」。

❾「致」，楚簡本作「至」。

❿「閵」，通行本作「吝」。

⓫「解」，楚簡本作「繲」。「亓」，通行本作「而」。「栂」，楚簡本作「拇」，《集解》作「母」，《釋文》：「荀作母。」

⓬「傰」，通行本作「朋」。「此」，通行本作「斯」。「復」，通行本作「孚」。下同。

⓭「唯」，通行本作「維」，《集解》作「惟」。

⓮「夐」，通行本作「隼」，帛書《二三子》作「鵻」，帛書《繫辭》作「鶽」。「庸」，通行本、帛書《二三子》作「墉」。

⓯「豐」，漢石經作「豊」，《釋文》：「依字作豐，今並三直畫，猶是變體。若曲下作豆，禮字耳，非也。世人亂之久矣。」帛書《衷》作「酆」。「豐」，帛書皆寫作「豊」。

⓰「叚」，通行本作「假」。

⓱「禺」，通行本作「遇」。「肥」，通行本作「配」，《集解》作「妃」，《釋文》：「鄭作妃，云：『嘉耦曰妃。』」

⓲「唯」，通行本作「雖」。「旬」，《釋文》：「荀作均，劉昞作鈞。」

二，豐亓剖，❶ 日中見斗，❷ 往得 四一行上 疑[疾]，❸ 有復，❹ 洫若」。❺ 九三，豐亓蘋，❻ 日中見茉，❼ 折亓右弓，❽ 无咎」。九四，豐亓剖，❾ 日中見斗，禺亓夷主，❿ 吉」。六 四一行下 五，來章有慶舉，⓫ 吉」。尚六，豐亓屋，⓬ 剖亓家，⓭ 閨亓戶，⓮ 㒷亓无人，⓯ 三歲不遂，⓰ 兇。四二行上

䷟ 恆，⓱ 亨，无咎，利貞。⓲ 利有攸往」。⓳

❶「剖」，通行本作「蔀」，《釋文》：「鄭、薛作菩，云『小席』。」

❷「見斗」，《釋文》：「孟作見主。」

❸「疑」下，通行本有「疾」字。

❹「復」，通行本作「孚」。

❺「洫」，通行本作「發」。「發若」下，通行本有「吉」字。

❻「蘋」，通行本作「沛」，楚簡本作「芾」，《釋文》：「本或作旆，謂幡幔也。……《子夏》作芾，《傳》云『小』也。鄭、干作韋，云：『祭祀之蔽膝。』」

❼「茉」，通行本作「沫」，楚簡本作「芾」，《釋文》：「鄭作昧，服虔云：『日中而昏也。』《子夏傳》曰：『昧，星之小者。』」

❽「弓」，通行本作「肱」，楚簡本作「拡」。

❾「剖」，楚簡本作「坿」。

❿「遇」，通行本、楚簡本作「愚」。「夷」，楚簡本作「𡰥」。

⓫「來」，通行本作「逨」。「舉」，通行本作「譽」，楚簡本作「𢡺」。

⓬「豐」，《說文》卷七宀部引作「寷」。「屋」，楚簡本作「芾」。

⓭「剖」，通行本作「蔀」，楚簡本作「坿」。「家」，楚簡本寫作「豙」。

⓮「閨」，楚簡本同，通行本作「闚」。「戶」，楚簡本寫作「宋」。

⓯「㒷」，通行本作「闃」，楚簡本作「[illegible]」，《釋文》：「姚作閱，孟作窒。」。「无」，楚簡本作「亡」。

⓰「歲」，楚簡本作「戢」。「遂」，通行本、楚簡本作「覿」。

⓱「恆」，楚簡本作「亙」。下同。

⓲「无咎，利貞」，楚簡本作「利貞，亡咎」。

⓳「利有攸往」，楚簡本無。

初六，夐恆，❶貞凶，无攸利∟。九二，悔亡∟。九三，不恆亓德，❷或承四三行上之羞，❸貞閵∟。❹九四，田无禽∟。❺六五，恆亓德，貞婦人[吉]，夫子凶。尚六，夐恆，❻兇。四三行下

☷川，❼元亨，利牝馬之貞。君子有攸往，先迷，後得主，利。西南得朋，❽東北亡朋，❾安貞吉∟。初六，四四行上禮霜，❿堅冰至∟。六二，直方大，不習，无不利∟。六三，合章可貞。⓫或從王事，无[成]有終。⓬[六四，聒囊，四四行下无咎无譽。]六五，黄常，⓭元吉∟。尚六，龍戰于野，⓮亓血玄黄∟。迵六，⓯利永貞。四五行上

❶「夐」，帛書《繆和》同，通行本作「浚」，楚簡本作「叡」，《釋文》：「鄭作濬。」

❷「恆」，楚簡本作「絚」。「德」，楚簡本寫作「悳」。下同。

❸「或」，《釋文》：「鄭本作咸。」「承」，楚簡本作「丞」。「之」，楚簡本作「亓」。「羞」，楚簡本作「𩠐」。

❹「閵」，通行本、楚簡本作「吝」。

❺「田」，楚簡本作「畋」。「禽」，楚簡本作「含」。

❻「夐」，通行本作「振」，楚簡本作「叡」，《說文》木部引作「榰」，《集解》作「震」，《釋文》：「張作震。」

❼「川」，通行本作「坤」，《大戴禮記·保傅》作「巛」，《釋文》：「坤，本又作巛。」「川」，「巛」之變體，即「坤」字。

❽「朋」，帛書《衷》作「崩」，漢簡本作「傰」。

❾「亡」，通行本作「喪」。

❿「禮」，通行本、帛書《衷》作「履」，《釋文》：「鄭讀履爲禮。」

⓫「合」，通行本作「含」。

⓬「終」，帛書《衷》作「冬」。

⓭「常」，帛書《衷》同，通行本作「裳」。「常」通「裳」。

⓮「龍」，帛書《衷》、漢簡本作「蠪」。「戰」，帛書《衷》作「單」。

⓯「迵」，通行本作「用」。

「䷊」「泰，❶小往大來，吉亨。初九，」犮茅茹以亓胃，❷「征」吉乚。九二，枹妄，❸用馮河，不騢遺，❹弗忘乚，❺得尚于四六行上中行乚。九三，无平不波，❻无往不復，根「貞，无咎。勿恤」亓復，❼于食「有福。六四，翩翩」，不富以「亓鄰，不戒以四六行下孚。六五」，帝乙歸妹，以齒，❽「元吉」。尚六，城復于湟，❾□「勿」用師。自邑告命，貞閵。❿四七行上

䷎「嗛，亨，君」子有終乚。⓫初六，嗛嗛君子，⓬用涉大川，吉乚。六二，鳴嗛，貞吉。九三，勞嗛，君子有終，吉乚。六四八行上四，无不利，譌嗛乚。⓭六五，不富以亓鄰，「利用侵伐，无」不利乚。尚六，鳴「嗛，利用行師，征邑國」。四八行下

---

❶ 「泰」，原帛書殘缺，從通行本補作「泰」，帛書《昭力》、秦簡《歸藏》作「柰」。

❷ 「犮」，通行本作「拔」。「茹」，漢簡本作「如」。「胃」，通行本作「彙」，《釋文》：「古文作蕫。」

❸ 「枹」，通行本作「包」，《釋文》説「本又作苞」。「妄」，通行本作「荒」，《説文》卷十一川部、《集解》作「巟」，《釋文》：「本亦作巟。」

❹ 「騢」，通行本作「遐」。

❺ 「弗忘」，通行本作「朋亡」。

❻ 「波」，通行本作「陂」。

❼ 「根」，通行本作「艱」。「復」，通行本作「孚」。

❽ 「齒」，通行本作「祉」。

❾ 「湟」，通行本作「隍」。《釋文》：「《子夏》作堭，姚作湟。」

❿ 「閵」，通行本、漢簡本作「吝」。

⓫ 「有終」，帛書《二三子》、《繆和》作「又冬」，《二三子》「又冬」下並有「吉」字。「又冬」，讀作「有終」。

⓬ 「嗛嗛」，通行本作「謙謙」。此卦「嗛」字，帛書《繆和》或引作「溓」。《釋文》：「《子夏》作嗛，云『嗛，謙也』。」「嗛」、「溓」，通「謙」。

⓭ 「譌」，通行本作「撝」，楚簡本作「𧶠」。

䷒[林，元亨]，利貞。至於八月有[凶]∟。初九，禁林，❶貞吉∟。九二，禁林，吉，无不利∟。六三，甘林，无攸利；既憂四九行上之，无咎∟。六四，至林，无咎。[六]五，知林，大[君之宜，吉。尚六]，敦林，吉，无咎。四九行下

䷆[師，貞，丈]人吉，无咎∟。❷初六，師出以律，❸不臧兇∟。❹九二，在師中，❺吉，无咎。王三湯命∟。❻六三，師或與𡰴，❼兇∟。六四，五〇行上師左次，❽无咎∟。六五，田有禽，❾利執言，❿无咎。長子衒師，⓫弟子輿𡰴，⓬貞凶∟。尚六，大人君有命，⓭啓國承家，⓮小人勿[用]。五〇行下

---

❶「禁」、「臨」，通行本作「咸」、「臨」。下同。由「臨」作「林」，可知帛書此卦卦名寫作「林」。

❷「无咎」，楚簡本作「亡咎」。下同。

❸「師」，楚簡本、漢簡本作「帀」。下同。「律」，楚簡本作「聿」。

❹「不」，楚簡本同，通行本作「否」。「臧」，楚簡本作「⿸疒旨」。

❺「中」，楚簡本作「⿱宀中」。

❻「三」，楚簡本作「晶」，帛書《昭力》作「參」。「湯」，通行本作「錫」，楚簡本、帛書《昭力》作「賜」。

❼「與」，通行本作「輿」，楚簡本作「⿱𦥑止」。「𡰴」，通行本作「尸」，楚簡本作「⿰歹示」。下同。

❽「次」，楚簡本作「⿱宀朱」。

❾「田」，楚簡本作「畋」。「禽」，楚簡本作「⿱今凶」，《釋文》：「徐本作擒。」

❿「執」，楚簡本作「⿱執女」。

⓫「衒」，楚簡本同，通行本作「帥」。

⓬「𡰴」，漢簡本作「尸」。

⓭「大人君」，通行本、漢簡本作「大君」，楚簡本作「大君子」。

⓮「啓國」，通行本作「開國」，楚簡本、漢簡本作「啓邦」。

䷣明夷，利根貞乚。❶初九，明夷于蜚，❷垂亓左翼。❸君子于行，三日不食。有攸往，主人有言乚。六二，明夷夷于左五一行上股，用撜馬牀，❹吉乚。九三，明夷夷于南守，❺得亓大首，不可疾貞乚。六四，明夷夷于左腹，❻獲明夷之心，❼于出五一行下門廷。❽六五，箕子之明夷，利貞乚。尚六，不明海，❾初登于天，後人于地。❿五二行上

䷗復，亨。出人无疾，⓫堋來无咎。⓬反復亓道，⓭七日來復。利有攸往乚。初九，不遠復，无提⿱毋心，⓮元吉乚。六二，五三行上休復，[吉]。六三，編復，⓯厲，无咎乚。六四，中行獨復乚。六五，敦復，⓰无⿱毋心乚。⓱尚六，

❶「明」，同「明」。「明夷」即「明夷」。「根」，通行本作「艱」。

❷「蜚」，通行本作「飛」，漢簡本作「⿱镸比」。

❸「左」，通行本無。

❹「撜」，通行本作「拯」，《説文》卷十二引作「抍」，並説「抍」或作「撜」，《釋文》：「《子夏》作抍。」「牀」，通行本作「壯」。

❺重文「夷」，通行本無。「守」，通行本作「狩」，《釋文》：「本亦作守。」

❻「明夷」，通行本無。重文「夷」，通行本作「入」。帛書《繆和》無「明夷」二字，重文「夷」作「入」，與通行本同。

❼「獲」，通行本同，帛書《繆和》作「穫」。

❽「廷」，帛書《繆和》同，通行本作「庭」。

❾「海」，通行本作「晦」。

❿「人」，通行本作「入」。「人」，「入」之訛。

⓫「人」，通行本作「入」；「人」，「入」之訛。

⓬「堋」，通行本作「朋」，漢簡本作「馮」，《釋文》：「京作崩。」

⓭「復」，《釋文》：「本又作覆。」

⓮「提」，帛書《要》作「荳」，通行本、《集解》作「祇」，漢簡本作「⿱⿰矢亏日」，《釋文》：「王肅作禔。」「⿱毋心」，通行本、漢簡本作「悔」。下同。

⓯「編」，通行本、漢簡本作「頻」，《釋文》：「本又作嚬。嚬，眉也。鄭作顰。」

⓰「敦復」，楚簡本作「⿱亯羊⿺辶复」。

⓱「无」，楚簡本作「亡」。「⿱毋心」，楚簡本同，漢簡本作「⿰每卜」。

迷復，兇。有茲省，❶用行師，終有五三行下大敗。以亓國君，凶」。至十年弗克正。❷五四行上

䷭登，❸元亨。利見大人，❹勿血。❺南正，❻吉」。初六，允登，❼大吉」。九二，復乃利用濯，❽无咎。［九三］，登虛邑」。❾六五五行上四，［王用亨于岐山。吉］，无咎」。六五，貞吉，登階」。尚六，冥登，利于不息之貞。五五行下

䷹奪，❿亨，小利貞」。⓫初九，休奪，⓬吉」。九二，浮吉，⓭悔亡」。九三，⓮來奪，凶」。九四，章奪，⓯未寧，［介］疾有喜」。⓰九五六行上［五，孚］于［博，有厲］。尚六，景奪。⓱五六行下

❶「茲」，通行本作「災」，《釋文》：「本又作災，鄭作烖。」「省」，通行本作「眚」。

❷「至」下，通行本有「于」字。「弗」，通行本作「不」。「正」，通行本作「征」。

❸「登」，通行本皆作「升」，《釋文》：「鄭本作昇。」「登」通「升」，義亦通。

❹「利見」，通行本作「用見」，《釋文》：「本或作利見。」

❺「血」，通行本作「恤」。

❻「正」，通行本作「征」。

❼「允登」，《說文》夲部作「𡕘升」。

❽「復」，通行本作「孚」。「用」，漢石經無。「濯」，通行本作「禴」，漢石經作「瀹」。

❾「登」，漢簡本同。

❿「奪」，通行本作「兑」。「奪」通「兑」。下同。

⓫「小」，通行本作無。

⓬「休」，通行本作「和」。

⓭「浮」，通行本作「孚」，下有「兑」字。

⓮「九」，誤，當作「六」。

⓯「章」，通行本作「商」。

⓰「喜」，通行本同，漢石經作「憙」。

⓱「景」，通行本作「引」。

䷪夬，陽于王廷。❶復號有厲。❷告自邑∟，不利節戎，❸利有攸往∟。初九，牀于前止，❹往不勝∟，爲咎∟。九二，五七行上傷號，❺募夜有戎，❻勿血。❼[九]三，牀于頯，❽有凶。君子缺缺獨行，❾愚雨如濡。❿有温，⓫无咎∟。九四，脤无膚，⓬亓行五七行下鄭胥，⓭牽羊思亡，⓮聞言不信∟。⓯九五，莧勤缺缺，⓰中行，无咎∟。尚六，无號，⓱冬有兇。⓲五八行上

❶「陽」，通行本作「揚」。「廷」，通行本作「庭」。
❷「復」，通行本作「孚」。
❸「節」，通行本作「即」。
❹「牀」，通行本作「壯」。「止」，通行本作「趾」，《釋文》：「荀作止。」
❺「傷號」，通行本作「惕號」，楚簡本作「啻虐」。「傷」，《釋文》：「荀、翟作錫。」
❻「募夜」，通行本作「莫夜」，楚簡本作「莫譽」。
❼「血」，通行本作「恤」，楚簡本作「卹」。
❽「牀」，通行本作「壯」，楚簡本作「藏」。「頯」，通行本、楚簡本作「頄」，《釋文》：「鄭作頯。頯，夾面也。王肅音龜，江氏音琴威反。蜀才作仇。」
❾「缺缺」，通行本、楚簡本作「夬夬」。下同。「獨」，楚簡本作「蜀」。
❿「愚」，通行本、楚簡本作「遇」。「如」，通行本作「若」，楚簡本作「女」。「濡」，楚簡本作「雺」。
⓫「温」，通行本作「愠」，楚簡本作「礪」。
⓬「脤」，通行本作「臀」，楚簡本作「誫」。「无膚」，楚簡本作「亡肤」。
⓭「鄭胥」，通行本作「次且」，楚簡本作「緀疋」。「鄭」字，《釋文》：「本亦作趑，或作跌。《說文》及鄭作越。」「胥」字，《釋文》：「本亦作趄，或作跙。……王肅云：『趑趄，行止之礙也。』」
⓮「牽」，楚簡本作「丮」，《釋文》：「《子夏》作擊。」
⓯「聞」，楚簡本作「䎽」。「信」，楚簡本作「冬」。
⓰「莧」，《釋文》：「一本作莞。」「勤」，通行本作「陸」，楚簡本作「芁」，《釋文》：「蜀才作睦。」
⓱「无號」，楚簡本作「忘虐」。
⓲「冬」，通行本作「終」，楚簡本作「中」。

䷬卒，❶王叚于廟，❷利見大人，亨，❸利貞。用大生，❹吉。利有攸往∟。❺初六，有復不終，❻乃乳乃卒，❼若亓號。❽一（五九行上）屋于芺，❾勿血，❿往无咎∟。六二，引吉，无咎，復乃利用濯∟。⓫六三，卒若駐若，⓬无攸利。往无咎，少閵∟。⓭九四，大（五九行下）吉，无咎∟。九五，卒有立，⓮无咎，非復。⓯元永貞，悔亡∟。尚六，粢秋涕洎，⓰无咎。（六十行上）

❶「卒」，通行本作「萃」，楚簡本作「啐」。「卒」讀作「萃」，「啐」從「卒」得聲，亦通「萃」。下同。「萃」下，通行本有「亨」字，楚簡本無，《釋文》：「亨，王肅本同，馬、鄭、陸、虞等並無此字。」

❷「叚」，通行本作「假」，楚簡本作「䍐」。「于」，楚簡本同，通行本作「有」。「廟」，楚簡本作「宙」。

❸「亨」，楚簡本作「卿」。「卿」即「亨」之假字。

❹「生」，通行本、楚簡本作「牲」。

❺「利有攸往」，楚簡本作「利又卣進」。

❻「復」，通行本、楚簡本作「孚」。下同。「終」，楚簡本作「冬」。

❼「乳」，通行本作「亂」，楚簡本作「𤔔」。「乃」，楚簡本作「卤」。

❽「亓」，通行本、楚簡本無。

❾「屋」，通行本作「握」，楚簡本作「斛」，《釋文》：「傅氏作渥，鄭云：『握，當讀爲夫三爲屋之屋。』蜀才同。」「于」，楚簡本同，通行本作「爲」。「芺」，通行本作「笑」，楚簡本作「𦬒」。

❿「血」，通行本作「恤」，楚簡本作「卹」。

⓫「濯」，通行本作「禴」。

⓬「若」，通行本作「如」。下同。「駐」，通行本作「嗟」。

⓭「少閵」，通行本作「小吝」。

⓮「立」，通行本作「位」。

⓯「非」，通行本作「匪」。

⓰「粢秋涕洎」，通行本作「齎咨涕洟」。「秋」，《集解》作「資」。

䷞欽，❶亨，❷利貞。取女吉」。❸初六，欽亓栂」。❹六二，欽亓䏿，❺凶。居吉」。❻九三，欽亓䏿，❼執亓隨，❽閵」。❾九四，貞吉，六一行上𢙇亡。❿童童往來，⓫傰從壐思」。⓬九五，欽亓股，⓭无𢙇」。尚六，欽亓胶陕舌。⓮六一行下

䷮困，亨。貞，大人吉，无咎。有言不信」。初六，辰困于株木，⓯入于要浴，⓰三歲不擅，⓱凶」。九二，困于酒六二行上食，絑發方來，⓲利用芳祀。⓳正凶，⓴无咎」。六三，

❶「欽」，楚簡本同，通行本作「咸」。下同。
❷「亨」，楚簡本作「卿」。
❸「取」，《釋文》：「本亦作娶。」
❹「栂」，通行本、楚簡本作「拇」，《集解》作「母」，《釋文》：「《子夏》作𨈑；荀作母，云『陰位之尊』。」
❺「䏿」，通行本作「腓」，楚簡本作「䏭」，《釋文》：「荀作肥。」
❻「居」，楚簡本作「凥」。
❼「䏿」，通行本作「股」，楚簡本作「䏭」。
❽「執」，楚簡本作「𡠗」。「隨」，楚簡本作「陸」。
❾「閵」上，通行本有「往」字，楚簡本與帛書本同，無「往」字。「閵」，通行本、楚簡本作「閵」。
❿「𢙇亡」，通行本作「悔亡」，楚简本作「亡𢙇」。
⓫「童童」，通行本、楚簡本作「憧憧」。
⓬「傰」，通行本作「朋」，帛書《繫辭》作「崩」。「壐」，通行本作「爾」，帛書《繫辭》作「壐」。「思」，楚簡本作「志」。
⓭「股」，通行本作「脢」，楚簡本作「拇」。
⓮「亓」，楚簡本無。「胶」，通行本作「輔」，楚簡本作「頌」，漢簡本作「父」，《釋文》：「虞作酺，云『耳目之閒』。」「陕」，通行本作「頰」，楚簡本作「夾」，《釋文》：「孟作俠。」「舌」，楚簡本作「䏦」。
⓯「辰」，通行本作「臀」。
⓰「要浴」，通行本作「幽谷」。
⓱「擅」，通行本作「覿」。「擅」下「凶」字，通行本、漢石經無。
⓲「絑發」，通行本作「朱紱」。
⓳「芳」，通行本作「享」，漢石經作「亨」。
⓴「正」，通行本作「征」。

困于石，號于疾莉，❶人于亓宮，❷不見亓妻，凶」。九四，來徐徐，❸困于六二行下［金車］，閵，❹有終」。九五，貳椽，❺困于赤發，❻乃徐有說。利用芳祀」。❼尚六，困于褐纍，❽于貳椽，❾六三行上曰悔夷有悔，❿貞吉。⓫六三行下

［䷰］［勒，祀日乃］復。⓬元亨，⓭利貞，悔亡」。初九，共用黃牛之勒」。⓮六二，［巳日］乃勒之，正吉，⓯；［无咎。九三，征六四行上凶］，貞［厲。⓰格］言三［就，有］復。⓱九

❶「號」，通行本作「據」。「疾」，通行本作「蒺」。「莉」，帛書《繆和》同，通行本作「蔾」，帛書《繫辭》作「利」。

❷「人」，通行本作「入」。「人」，乃「入」字之訛。

❸「來徐」，通行本作「來徐徐」，《集解》作「荼荼」，《釋文》：「《子夏》作荼荼，翟同。……王肅作余余。」

❹「閵」，通行本作「吝」。

❺「貳椽」，通行本作「劓刖」，《釋文》：「荀、王肅本劓刖作臲鼿，云『不安貌』；陸同。鄭云：『劓刖，當爲倪伌。京作劓劊。』」

❻「發」，通行本作「紱」。

❼「芳」，通行本、楚簡本作「祭」，《釋文》：「本亦作享祀。」

❽「褐纍」，通行本作「葛藟」，楚簡本作「䔢蘲」；「藟」，《釋文》：「本又作蘽。」

❾「貳椽」，通行本作「臲卼」，楚簡作「劓□」，漢石經作「劓劊」，《說文》卷六出部作「槷䲵」，《釋文》：《說文》引「臲」作「劓」，「卼」作「䲵」。

❿「悔夷」，通行本作「動悔」，楚簡本作「迖悔」。

⓫「貞」，通行本、楚簡本作「征」。

⓬「□□□□復」，通行本作「革，巳日乃孚」，楚簡本作「攺日卤孚」。

⓭「亨」，楚簡本作「羕」。

⓮「共」，通行本作「鞏」，楚簡本作「㺬」。「勒」，通行本、楚簡本作「革」。「勒」通「革」。下同。

⓯「正」，通行本、楚簡本作「征」。

⓰「貞□」，通行本作「貞厲」，楚簡本無此二字。

⓱「復」，通行本、楚簡本作「孚」。下同。

四，𢘈[亡]。有復茝命，❶吉。九五，大人虎便，❷未占有復」。尚六，君子豹便，❸小人勒六四行下[面，征凶]。居貞，吉。六五行上

䷐隋，❹元亨，❺利貞，无咎」。初九，官或諭，❻貞吉，出門交有功」。❼六二，係小子，❽失丈夫」。❾六三，係丈夫，失小子，隋六六行上有求，❿得。利居貞」。⓫九四，隋有獲，⓬貞凶。有復在道，⓭已明，⓮何咎」。⓯九五，復于嘉，吉」。尚九，⓰枸係之，⓱乃從六六行下䕒之，⓲王用芳于西山。⓳六七行上

❶「茝」，通行本作「改」。

❷「便」，通行本作「變」，漢石經作「辯」。下同。

❸「便」，漢簡本同。

❹「隋」，通行本作「隨」，楚簡本作「陵」。「陵」同「隋」，「隋」通「隨」。下同。

❺「亨」，楚簡本作「卿」。

❻「官」，《釋文》：「蜀才作館。」「或」，通行本作「有」，楚簡本作「又」。「諭」，通行本作「渝」，楚簡本作「愈」。

❼「功」，楚簡本作「工」。

❽「小」，楚簡本作「少」。

❾「失」，楚簡本作「遊」。下同。

❿「有求」，通行本、漢簡本同，楚簡本作「求又」。

⓫「居」，楚簡本作「尻」，漢簡本作「虛」。

⓬「獲」，楚簡本作「𤔲」。

⓭「復」，通行本、楚簡本作「孚」。「在」，楚簡本作「才」。

⓮「已」，楚簡本同，通行本作「以」。「明」同「明」，帛書「明」皆寫作「明」。

⓯「何」，楚簡本作「可」。

⓰「九」，當爲「六」之訛。

⓱「枸係之」，通行本作「拘係之」，楚簡本作「係而敂之」。

⓲「乃從」，楚簡本作「從乃」。「䕒」，通行本作「維」，楚簡本作「䁘」。

⓳「芳」，通行本作「亨」，楚簡本作「亯」。「西」，漢簡本作「支」。「支」，讀爲「岐」。西山，當指岐山。

䷛泰過，❶棟𨏔，❷利有攸往，❸亨乚。初六，籍用白茅，❹无咎乚。九二，楛楊生荑，❺老夫得亓女妻，无不利乚。九三，六八行上棟橈，凶乚。九四，棟𨏔，❻吉。有它，閵乚。❼六五，❽楛楊生華，老婦得亓士夫，无咎无譽乚。尚九，❾過涉滅釘，❿凶，无咎。六八行下

䷝羅，⓫利貞，亨。畜牝牛，吉。初九，禮昔然，⓬敬之，无咎乚。六二，黄羅，元吉乚。九三，日褑之羅，⓭不鼓垢而歌，⓮即大絰之六九行上駐，⓯凶乚。九四，出如，來如，⓰

❶「泰過」，通行本、漢簡本作「大過」。

❷「棟𨏔」，通行本作「棟橈」，漢簡本作「橦橈」。

❸「利用」，漢簡本作「利有」。「攸」，漢簡本作「囟」。

❹「籍」，通行本作「藉」。

❺「荑」，通行本作「稊」，漢簡本作「苐」，《釋文》：「鄭作荑。荑，木更生，音夷，謂山榆之實。」

❻「𨏔」，通行本作「隆」。

❼「閵」，通行本、漢簡本作「吝」。

❽「六」，當爲「九」之訛。

❾「尚九」之「九」字，當爲「六」字。

❿「釘」，通行本作「頂」。

⓫「羅」，通行本、漢簡本作「離」。「羅」通「離」。下同。

⓬「禮」，通行本、漢簡本作「履」。「昔」，通行本作「錯」，漢簡本作「昔」。

⓭「褑」，通行本作「昃」，漢簡本作「仄」，《釋文》：「王嗣宗本作仄。」

⓮「鼓」，《釋文》：「鄭本作擊。」「垢」，通行本作「缶」。

⓯「即大絰之駐」，通行本作「則大耋之嗟」。《釋文》：「耋」，「京作絰，蜀才作咥」；《集解》作「耋」。《釋文》：「嗟」，「荀作差」，《集解》作「差」。

⓰「出如，來如」，通行本作「突如其來如」，漢簡本作「其出如，其來如」。「出」，《集解》作「㐬」，《釋文》卷十四：「𠫓，不順忽出也。從倒『子』。《易》曰：『突如其來如。』不孝子突出，不容於内也。凡𠫓之屬皆從𠫓。㐬，或從倒古文『子』，即《易》突字。」

紛如，❶死如，❷棄如乚。六五，出涕沱若，❸□⿰镸左若，❹吉乚。尚九，王出正，❺有嘉折首，獲不戠，❻无咎。六九行下

䷍大有，元亨。初九，无交禽，❼非咎，❽根則无咎乚。❾九二，泰車以載，❿有攸往，无咎乚。九三，公用芳于天子，⓫七〇行上小人弗克乚。九四，[匪亓]彭，无咎乚。⓬六五，闕復，⓭交如，⓮委如，⓯終吉乚。⓰尚九，自天右之，⓱吉，无不利。七〇行下

䷢溍，⓲康矦用睗馬蕃庶，⓳晝日三緁乚。⓴

❶「紛」，通行本、漢簡本作「焚」。

❷「死如」，漢簡本無。

❸「沱」，《釋文》：「荀作池，一本作沲。」

❹「⿰镸左」，通行本作「嗟」，漢簡本作「差」。

❺「王」下，通行本有「用」字。「正」，通行本作「征」。

❻「不」，通行本作「匪」。又通行本「匪」下有「其」字，帛書本無。「戠」，通行本作「醜」。

❼「禽」，通行本、漢簡本作「害」。

❽「非」，通行本作「匪」。

❾「根」，通行本作「艱」，漢簡本作「⿰堇圭」。

❿「泰」，通行本作「大」。「車」，《集解》作「轝」，《釋文》：「蜀才作輿。」

⓫「芳」，通行本作「亨」。

⓬「无」，通行本同，楚簡本皆作「亡」。

⓭「闕復」，通行本作「厥孚」，楚簡本作「氒孚」。

⓮「交」，通行本同，楚簡本作「洨」，帛書《二三子》作「絞」。

⓯「委」，通行本作「威」，楚簡本作「愇」。「如」，楚簡本作「女」。

⓰「終」，通行本、楚簡本、帛書《二三子》皆無。

⓱「右」，楚簡本同，通行本作「祐」。

⓲「溍」，通行本作「晉」，《釋文》：「孟作齊。」「溍」通「晉」。

⓳「矦」，通行本作「侯」。「睗」，通行本作「錫」。「蕃」，帛書《二三子》作「番」。

⓴「緁」，通行本作「接」。

初九，❶溍如浚如，❷貞吉，悔亡。❸復浴，❹无咎∟。六二，溍如七一行上[愁]如，貞吉。受[茲介福，于]亓王母∟。六三，衆允，悔亡∟。九四，溍如炙鼠，❺貞厲∟。六五，悔亡，矢得勿血，❻七一行下往吉，无不利∟。尚九，溍亓角，唯用伐邑，❼厲，吉，无咎，貞閵。❽七二行上

䷷旅，❾少亨。❿旅，貞吉∟。初六，旅瑣瑣，⓫此亓所取火∟。⓬六二，旅既次，⓭壞亓茨，⓮得童剝貞∟。⓯九三，[旅焚亓次，喪亓童七三行上僕，貞厲。九四，旅于處，得]亓溍斧，⓰[我]心不快∟。六五，射雉，一矢亡∟，

❶「九」，當爲「六」之訛。

❷「浚」，通行本作「摧」。

❸「悔亡」，通行本衹作「罔」，脱「悔」字。

❹「復浴」，通行本作「孚裕」。

❺「炙」，通行本作「鼫」，《集解》作「碩」，《釋文》：「《子夏傳》作碩鼠。碩鼠，五技鼠也。《本草》：『螻蛄，一名鼫鼠。』」《廣雅·釋蟲》：「炙鼠，螻蛄也。」

❻「矢」，通行本作「失」，《釋文》：「孟、孟、鄭、虞、王肅本作矢。……虞云：『矢，古誓字。』」「血」，通行本作「恤」。

❼「唯」，通行本作「維」。

❽「閵」，通行本作「吝」。

❾「旅」，楚簡本作「遊」。

❿「少亨」，通行本作「小亨」，楚簡本作「少卿」。

⓫「瑣瑣」，楚簡本僅作「贏」，下無重文符號，《釋文》：「或作璅字者，非也。」

⓬「此」，楚簡本同，通行本作「斯」。「火」，通行本作「災」，楚簡本作「愳」。

⓭「既」，楚簡本同，通行本、漢簡本作「即」。「即」下，漢簡本有「其」字。「次」，楚簡本作「宋」。

⓮「壞亓茨」，通行本作「懷其資」，楚簡本作「褱亓次」。

⓯「童剝」，通行本作「童僕」，楚簡本作「僮僕」。「貞」上，楚簡本有「之」字。

⓰「溍」，帛書《昭力》同，通行本作「資」，《釋文》：「《子夏傳》及衆家並作齊斧。張軌云：『齊斧，蓋黃鉞斧也。』張宴云：『整，齊也。』應劭云：『齊，利也。』虞喜《志林》云：『齊，當作齋，齋戒入廟而受斧。』」

冬以舉命└。❶尚九，烏棼亓巢，❷旅人先芺後挑桃，❸亡七三行下牛于易，❹兇。七四行上

䷥乖，❺小事吉└。初九，㦸亡。❻亡馬勿遂，❼自復。❽見亞人，❾无咎└。九二，无咎└。❿九二，愚主于巷，⓫无咎└。六三，見車恝，⓬亓牛讘，⓭亓七五行上「人天且劓」。无初，有終└。九四，乖苽，⓮愚元夫，交復，⓯厲，无咎。⓰六五，㦸亡。登宗筮膚，⓱往何咎└。⓲尚九，乖苽，見豨負七五行下塗，⓳載鬼

❶「冬」，通行本作「終」。「舉」，通行本作「譽」。
❷「烏」，通行本作「鳥」。「棼」，通行本作「焚」。
❸「芺」，通行本作「笑」。「挑桃」，通行本作「號咷」。
❹「亡」，通行本作「喪」。
❺「乖」，通行本作「睽」，楚簡本作「楑」，帛書《繫辭》作「諦」。「乖」、「楑」、「諦」，皆通「睽」。
❻「㦸」，楚簡本同，通行本作「悔」，漢簡本作「毎」。「亡」下帛書本有重文符號；通行本、漢簡本「亡」下一字作「喪」；楚簡本作「丛」，下有重文符號。
❼「遂」，通行本作「逐」，楚簡本作「由」。
❽「復」，楚簡本作「返」。
❾「亞」，通行本作「惡」，楚簡本作「啞」。
❿「九二，无咎」四字，衍文。
⓫「愚」，通行本、楚簡本作「遇」。下同。「主」，楚簡本作「宔」。「巷」，楚簡本作「衖」。
⓬「車」，楚簡本、漢簡本同，通行本作「輿」。「恝」，通行本作「曳」，楚簡本作「遏」，漢簡本作「渫」。
⓭「讘」，通行本作「掣」，漢簡本作「絜」；《集解》作「犎」，《釋文》：「鄭作犎，云『牛角皆踊曰犎』……《説文》云『角一俯一仰』。《子夏》作挈，《傳》云『苽』。『一角仰也』。荀作觭。」
⓮「苽」，通行本作「孤」，楚簡本作「佩」。
⓯「復」，通行本、楚簡本作「孚」。
⓰「厲」，楚簡本作「礪」。
⓱「登」，通行本作「厥」，楚簡本作「陞」。「筮」，通行本作「噬」，楚簡本作「啓」。「膚」，楚簡本作「肤」。
⓲「往」，楚簡本作「䢓」。「何」，楚簡本作「可」。
⓳「豨」，通行本、楚簡本、漢簡本作「豕」。「負」，楚簡本作「貭」。「塗」，楚簡本作「坣」。

一車。先張之柧，❶後説之壺，❷非寇，❸閽厚。❹往愚雨即吉。❺七六行上

䷿未濟，亨。小狐气涉，❻濡亓尾，无攸利。初六，濡亓尾，閵」。❼九二，拙亓綸，❽貞」。❾六三，未濟，❿正凶，⓫利涉大川」。九四，貞吉，𢙢亡。七七行上[震用伐鬼]方，三年有商于大國。⓬[六]五，貞吉，𢙢亡。⓭君子之光，有復，⓮吉」。尚九，有復，于飮酒，无咎。濡亓七七行下首，有復，失是。七八行上

䷔[筮蓋，亨]，利用獄」。初九，句[校滅]止，⓯无咎」。六二，筮膚滅鼻，⓰无咎」。

❶「柧」，通行本作「弧」。

❷「説」，漢簡本作「兑」。「壺」，楚簡本同，通行本作「弧」，漢簡本作「壷」。

❸「非」，通行本作「匪」。「寇」，楚簡本作「寇」。

❹「閽」，通行本作「婚」，楚簡本作「昏」，漢簡本作「昏」。「厚」，通行本、漢簡本作「媾」，楚簡本作「佝」。

❺「愚」，通行本、楚簡本作「遇」。「即」，通行本、楚簡本作「則」。

❻「气涉」，通行本作「汔濟」。帛書《二三子》「亨」下作：「[小狐]涉川，幾濟，濡亓尾，无迺利。」

❼「閵」，通行本作「吝」。

❽「拙」，通行本作「曳」，楚簡本作「原」。「綸」，通行本、楚簡本作「輪」。

❾「貞」下，通行本、楚簡本有「吉」字。

❿「濟」，楚簡本作「淒」。

⓫「正」，通行本、楚簡本作「征」。

⓬「商」，通行本作「賞」。「國」，《集解》作「邦」。

⓭「𢙢亡」，通行本作「无悔」。

⓮「復」，通行本作「孚」。下同。

⓯「句」，通行本作「屨」，帛書《繫辭》、《衷》分别作「構」、「屨」，漢簡本作「屨」。「止」，漢石經同，通行本作「趾」，《釋文》：「本亦作趾。趾，足也。」

⓰「筮」，漢簡本同，通行本作「噬」。「滅」，漢簡本作「威」。

六三，筮腊肉，❶愚毒，❷少閵，❸无咎」。九四，筮乾𤰓，❹七九行上得金矢，根貞，❺吉」。六五，筮乾肉，愚毒，❻貞厲，无咎」。尚九，荷校滅耳，❼兇。七九行下

䷱［鼎，元吉，亨。」初六，鼎填止，❽利［出」不，❾得妾以亓子，无咎」。九二，鼎有實，我㦽有疾，❿不我能節，⓫吉」。九三，鼎耳八〇行上勒」，⓬亓行塞，雉膏不食，方雨［虧悔，終吉。九四，鼎折足」，復公莡，⓭亓荆屋，⓮□。六五，鼎黄［耳、金鉉，利貞。尚九，鼎八〇行下玉鉉，大吉，」无不利。八一行上

［䷸筭，小」亨。利有攸往，利見大［人」。初六，進內，⓯利武人之貞」。九二，筭在牀

❶「腊」，《集解》作「昔」。

❷「愚」，通行本作「遇」。下同。

❸「少閵」，通行本作「小吝」。

❹「𤰓」，通行本作「胏」，《説文》卷四肉部：「䏍，食所遺也。從肉仕聲。《易》曰：『噬乾䏍。』胏，揚雄説，䏍从𠂔。」《釋文》：「《子夏》作脯，徐音甫，荀、董同。」

❺「根」，通行本作「艱」，漢簡本作「𪏰」；「根」字上，通行本、漢簡本有「利」字。

❻「愚毒」，通行本、漢簡本作「得黄金」。

❼「荷」，通行本、漢簡本作「何」，《釋文》：「本亦作荷。」帛書《衷》作「何」。

❽「填止」，通行本作「顛趾」。

❾「不」，通行本作「否」。

❿「㦽」，通行本作「仇」。

⓫「節」，通行本作「即」，《校勘記》：「古本作『不能我即，吉』。」

⓬「勒」，通行本作「革」。

⓭「復公莡」，通行本作「覆公餗」，帛書《二三子》作「復公莡」。

⓮「荆屋」，帛書《二三子》同，通行本作「形渥」。「屋」，漢石經作「剭」，《釋文》：「鄭作剭，音屋。」

⓯「內」，通行本作「退」。《易傳·説卦》：「巽爲進退。」

下，❶用使巫忿若，❷吉，无咎」。九三，八二行上編筭，❸閵」。❹六四，悬亡，田獲三吅」。❺九五，貞吉，悬亡，无不利，無[初]有終。❻先庚三[日]，後庚三日，吉。尚九，筭在牀下，八二行下亡亓溍斧，❼貞凶。八三行上

䷈少蓻，❽亨。密雲不雨，自我西茭」。❾初九，復自道，何亓咎，吉」。九二，堅復，❿吉。九三，車説緮，⓫夫妻反目」。六四，有復，八四行上⓬血去湯[出]，⓭无咎」。九五，有復緣如，⓮富以亓鄰」。⓯尚九，既雨既

❶「筭」，通行本作「巽」，二字古音相通。《説文》：卷五丌部：「顨，巽也。從丌從頭。此《易》顨卦『爲長女，爲風』者。」徐鉉等説：「頭之義，亦巽具也。」帛書本此卦卦名，當寫作「筭」。

❷「使」，通行本作「史」。「忿」，通行本作「紛」。

❸「編」，通行本作「頻」，漢石經作「顛」，《校勘記》：「古本頻作嚬。」

❹「閵」，通行本作「吝」。

❺「吅」，「品」字之變體。

❻「無」，通行本作「无」。

❼「亡」，通行本作「喪」。「溍」，通行本作「資」，《集解》作「齊」。「溍斧」，亦見《旅》卦九四爻辭。

❽「少」，通行本作「小」。「蓻」，通行本作「畜」，帛書《衷》作「蓄」，《釋文》：「本又作蓄。」「少蓻」通「小畜」。

❾「茭」，通行本作「郊」，漢簡本作「鄗」。

❿「堅」，通行本作「牽」。

⓫「車」，通行本作「輿」。「緮」，通行本作「輻」，《集解》作「輹」，《釋文》：「本亦作輹。」《説文》卷十四車部：「輻，車軸縛也。從車复聲。《易》曰：『輿脱輻。』」

⓬「復」，漢簡本同，通行本作「孚」。下同。

⓭「湯」，通行本作「惕」，漢簡本作「易」。

⓮「緣」，通行本、漢簡本作「攣」，漢石經作「孿」，《釋文》：「《子夏傳》作戀，云『思』也。」

⓯「富」上，漢簡本有「不」字。此句，可參看《泰》卦六四爻辭。

處，尚得載，❶女貞厲。❷月幾望，❸君子正，❹兇。八四行下

䷓觀，盥而不尊，❺有復餌若」。❻初六，童觀，小人无咎，君子閵。❼六二，規觀，❽利女貞」。❾六三，觀我生進退」。❿六四，觀國之八五行上光，[利]用賓于王。九五，觀我生，君子无咎」。尚九，觀亓生，君子无咎。八五行下

䷴漸，⓫女歸吉，⓬利貞」。初六，鳿漸于淵，⓭小子癘，⓮有言，无咎」。⓯六二，鳿漸于坂，⓰酒食衎衎，⓱吉」。九三，鳿漸于陸，八六行上[夫征不]復，⓲婦繩不□，⓳兇。利

❶「得」，漢簡本同，通行本作「德」。「載」，漢簡本作「戴」。

❷「女」，通行本、漢簡本作「婦」。

❸「幾」，漢石經作「近」，《釋文》云「《子夏傳》作『近』」。「望」，通行本作「望」，漢簡本作「朢」。

❹「正」，漢簡本同，通行本作「征」。

❺「尊」，通行本、漢石經作「薦」，《釋文》：「王又作薦，同，牋練反。不薦，王肅本作『觀薦』。」

❻「復」，通行本作「孚」。「餌」，通行本作「顒」。

❼「閵」，通行本、漢簡本作「吝」。

❽「規」，通行本作「闚」，《釋文》：「本亦作窺。」

❾「女」下，漢簡本有「子之」二字。

❿「生」，漢簡本作「產」。

⓫「漸」，楚簡本作「漸」。下同。

⓬「歸」，楚簡本作「馽」。

⓭「鳿」，楚簡本同，通行本作「鴻」。「淵」，通行本作「干」。楚簡本作「𣶒」。

⓮「癘」，通行本作「厲」，楚簡本作「礪」。

⓯「无咎」，楚簡本作「不冬」。

⓰「坂」，通行本作「磐」，楚簡本作「阪」，漢石經作「般」。

⓱「酒」，通行本作「飲」，楚簡本作「酓」。「衎」，漢石經同，通行本作「衎」，楚簡本作「儡」。

⓲「復」，楚簡本作「返」。

⓳「繩」，通行本、楚簡本作「孕」，《釋文》：「荀作乘。」「不」，楚簡本作「而」；「而」，疑爲「不」之訛。

四一

所寇」。❶六四，鳿漸于木，或直亓寇㲄，❷无咎。九五，鳿漸于陵，婦三歲不 八六行下 繩，終莫之勝，吉」。尚九，鳿漸于陸，亓羽可用爲宜，❸吉。八七行上

䷼中復，❹豚魚吉。❺和涉大川。❻利貞。初九，杅吉，❼有它不寧」。❽九二，鳴鶴在陰，❾亓子和之。［我有好爵，吾與 八八行上 壐」羸［之。❿六三，得敵，」或鼓、或皮」，⓫或汲」、或歌」。⓬六四，月既朢，⓭馬必亡，⓮无咎」。九五，有復論如，⓯无咎」。尚九，八八行下 騿音登于天，⓰貞凶。八九行上

䷺渙，⓱亨，王叚于廟。⓲利涉大川」，利

❶「所」，通行本作「禦」。

❷「直」，通行本作「得」。「寇」，通行本作「桷」。「寇」下，帛書本有「㲄」字，通行本無。吴新楚説「寇㲄」乃同義詞連用。

❸「宜」，通行本作「儀」。

❹「復」，通行本作「孚」。《中復》，即《中孚》。

❺「豚」，《釋文》：「黄作遯。」

❻「和」，通行本作「利」。「和」當爲「利」之訛。

❼「杅」，通行本作「虞」，漢簡本作「吴」。「吴」從「虞」省，「杅」與「虞」音通。

❽「寧」，通行本作「燕」。

❾「鶴」，帛書《繫辭》、《二三子》、《繆和》作「䳺」，《集解》作「鸖」。「鸖」爲「鶴」之别體，「䳺」爲「鶴」之假字。

❿「羸」，帛書《繫辭》、《繆和》同，通行本作「靡」。

⓫「皮」，通行本作「罷」。

⓬「汲」，通行本作「泣」。

⓭「既」，通行本、漢簡本作「幾」，《釋文》：「京作近，荀作既。」「朢」，通行本作「望」，漢簡本作「塈」。

⓮「必」，通行本作「匹」。

⓯「論」，通行本作「攣」。

⓰「騿」，通行本、漢簡本作「翰」。

⓱「渙」，楚簡本作「䆼」，帛書《繫辭》作「奐」。「奐」通「渙」。

⓲「叚」，楚簡本同，通行本作「假」。「于」，楚簡本同，通行本作「有」。「廟」，楚簡本作「宙」。「廟」下，楚簡本有「利見大人」四字。

貞乚。❶初六，撜馬，❷吉，𢘓亡。❸九二，渙賁亓階，❹𢘓亡乚。六三，渙亓竆，❺无咎乚。❻九四，❼渙九〇行上亓羣，元吉。渙□□，□娣所思乚。❽九五，渙亓肝，❾大號。❿渙王居，⓫无咎乚。⓬尚九，渙亓血，去湯出。⓭九〇行下

䷤家人，利女貞乚。初九，門有家，⓮悔亡乚。六二，无攸遂乚，在中貴，⓯貞吉乚。九三，家人𡙈𡙈，⓰𢘓厲吉。婦子裏裏，⓱終閵乚。⓲九一行上六四，富家，大吉乚。九五，

❶「利貞」，楚簡本無。

❷「撜」，通行本、楚簡本作「拯」，《釋文》：「《子夏》作拼。」「拯」上，通行本有「用」字；「馬」下，通行本有「壯」字，楚簡本作「藏」。

❸「𢘓亡」，通行本無，楚簡本有，《校勘記》：「古本下有『悔亡』二字。」

❹「渙」，楚簡本作「𩟔」。下同。「賁」，通行本作「奔」，楚簡本作「走」。「階」，通行本作「機」，楚簡本作「凥」。

❺「竆」，通行本作「躬」，楚簡本作「躳」。

❻「无咎」，楚簡本作「亡咎」，通行本作「无悔」。

❼「九」，當爲「六」之誤。

❽「娣」，通行本作「夷」，楚簡本作「台」。

❾「渙亓肝」，通行本作「渙汗其」，楚簡本作「𩟔亓」。疑楚簡本脱「肝」或「汗」字。

❿「號」，楚簡本作「𧆞」。

⓫「居」，楚簡本作「凥」。

⓬「无」，通行本同，楚簡本作「亡」。

⓭「湯」，通行本作「逖」，楚簡本作「易」。「出」下，通行本有「无咎」二字。

⓮「門」，通行本作「閑」，漢簡本作「閒」。

⓯「貴」，漢簡本同，通行本作「饋」。

⓰「𡙈𡙈」，通行本作「嗃嗃」，《釋文》：「荀作確確，劉作熇熇。」

⓱「裏裏」，通行本作「嘻嘻」，《釋文》：「張作嬉嬉，陸作喜喜。」

⓲「閵」，通行本作「吝」。

王叚有家，❶勿血，❷往吉└。❸尚九，有復，❹委如，❺終吉。❻九一行下

䷩益，利用攸往。❼利涉大川└。初九，利用爲大作，元吉，无咎└。九二，❽或益之十傰之龜，❾弗亨回，❿永貞九二行上吉。王用芳于帝，⓫吉└。六三，益之，用工事，⓬无咎。有復中行，告公用閨└。⓭六四，中行，告公從，利用爲九二行下家遷國└。⓮九五，有復惠心，⓯勿問，元吉。有復惠我德└。尚九，莫益之，或擊之，⓰立心勿恆，九三行上兇。九三行下⓱

❶「叚」，通行本作「假」。

❷「血」，通行本作「恤」。

❸「往」，通行本、漢石經無。

❹「復」，通行本作「孚」。下同。

❺「委」，通行本作「威」。

❻「終」，通行本作「冬」。

❼「用」，漢石經同，通行本作「有」。

❽「九」，當爲「六」之誤。

❾「傰」，通行本作「朋」。

❿「亨」，通行本作「克」。「回」，通行本作「違」。

⓫「芳」，通行本作「享」。

⓬「工」，通行本作「凶」。

⓭「閨」，通行本作「圭」，《釋文》：「王肅作『用桓圭』。」

⓮「家」，通行本作「依」。「國」，《集解》作「邦」。

⓯「有復」，帛書《繆和》作「又覆」。

⓰「擊」，帛書《要》作「繫」。

⓱九三行下，未題篇名與記字數。今題名《周易》，乃根據《周禮》、《左傳》及帛書《傳》等先秦典籍的稱謂習慣而相應命名之。

二三子

■二厶子問曰：❶「《易》屢稱於龍，龍之德何如∟？」❷孔子曰：「龍大矣∟！龍㓝罨叚，❸賓于帝，俔神聖之德也。❹高尚行虖一行上星辰日月而不眺，❺能陽也；下綸竆深潚之潚而不沫，❻能陰也。上，則風雨奉之∟；下綸，則有天□□□。竆一行下乎深潚，則魚蛟先後之，水流之物莫不隋從∟。❼陵處，則靁神養之，❽風雨辟鄉，❾鳥守弗干∟。」❿曰：「龍大矣二行上！龍既能雲變，有能蛇變，⓫有能魚變。蜚鳥蚰虫，⓬唯所欲化，而不失本㓝，神能之至也。□□□□□二行下□□□□□□焉，有弗能察也。⓭知者不能察其變，⓮辯者不能察亓美，⓯至巧不能

❶「厶」，即「三」字。「二三子」，《論語》一書六見。

❷「∟」，斷句符號。

❸「㓝」，即「刑」字，同「形」。下同。「罨」，讀作「遷」。遷，遷動、變化。「叚」，讀作「遐」。遐，遠也。

❹「俔」，通「現」。

❺「尚」，通「上」。「虖」，通「乎」。「眺」，讀作「燿」。

❻「綸」，通「淪」。下同。「竆」，即「窮」。下同。「潚」，讀作「淵」。下同。「沫」，通「昧」。「燿」、「昧」爲對文。

❼「隋」，讀作「隨」。

❽「靁」，即「雷」字。「雷神」，見《山海經・海内東經》：「雷澤中有雷神，龍身而人頭，鼓其腹。」

❾「辟」，讀作「避」。「避鄉」，謂風雨所避之所。

❿「守」，通「獸」。「干」，干擾。

⓫「有」，讀作「又」。下「有能魚變」之「有」，亦讀作「又」。

⓬「蜚」，「飛」字的異構。「蚰」，即「昆」字。

⓭「有」，讀作「又」。

⓮「知」，讀作「智」。

⓯「亓」通「其」。「其」，帛書一般寫作「亓」。

贏亓文，❶□□□三行上能察□也。成非焉，化蚰虫，神貴之容也」，天下之貴物也。」曰：「龍大矣」！　龍之剛德也，曰□□□□三行下□□□和，爵之曰君子」。戒事敬合，精白柔和，而不諱賢，爵之曰夫子。❷或大或小，亓方一也」，至用四行上也，❸而名之曰君子。兼，❹『黃常』近之矣。❺尊威、精白、堅强，行之不可撓也，『不習』近之矣。」❻●《易》曰：「[寢]龍勿四行下用。」❼孔子曰：「龍寢矣而不陽，時至矣而不出」，可胃寢矣。❽大人安失矣而不朝，❾⿰言苟猒在廷，❿亦猒龍之五行上寢也」。其行滅而不可用也，故曰：『寢龍勿用。』」●《易》曰：「抗龍有⿱毋心。」」⓫孔子曰：「此言爲上而驕下，驕下而不佁者，⓬未五行下[之]有也。聖人之立正也，⓭若遁木，⓮俞高俞畏下。⓯故曰：『抗龍

❶「贏」，勝也。
❷「夫子」之「夫」，疑是「天」字之訛。
❸「至」，通「致」。
❹「兼」，讀作「謙」。
❺「黃常」，帛書本《川》卦六五爻辭同，通行本《坤》卦作「黃裳」。「常」通「裳」。
❻「不習」，見《坤》卦六二爻辭。
❼「□龍勿用」，「龍」上一字據下文當補作「寢」，帛書本《鍵》卦初九爻辭作「⿰氵帚」，通行本作「潛」。「寢」、「⿰氵帚」，可與「潛」音通。然據下文的解釋，「寢」當讀作「濅」。
❽「胃」，通「謂」。
❾「失」，讀作「佚」。
❿「⿰言苟」，通「苟」，誠也。「猒」，即「厭」之省文。「苟厭在廷」，謂大人確實不願在朝廷任職爲官。
⓫「抗龍有⿱毋心」，帛書本《鍵》卦上九爻辭同，通行本《乾》卦作「亢龍有悔」。「抗」通「亢」，「⿱毋心」即「悔」。
⓬「佁」，通「殆」。
⓭「立」，讀作「莅」。「正」，通「政」。「立正」即莅政，臨政、執政之義。下同。
⓮「遁」，通「循」。循，攀援也。
⓯「俞」，讀爲「愈」。

有悬。』」●《易》曰：「龍戰于野，亓血玄黄。」❶孔子曰：六行上「此言大人之廣德而施教於民也」。夫文之孝，❷采物畢存者，❸亓唯龍乎」？德義廣大」，灋物備具［者］，❹六行下［亓唯］聖人乎」？『龍戰于野』者」，言大人之廣德而下綾民也」。❺『其血玄黄』者，見文也。❻聖人出灋教以七行上道民」，❼亦猷龍之文也」，可胃『玄黄』矣，故曰『龍』」。見龍，而稱莫大焉。」❽孔子七行下曰：「『王臣蹇蹇』者，言亓難也」。夫唯智亓難也，❾故重言之，以戒今也。君子智難而備［之］，則不難矣」；見幾而務之，八行上［則］有功矣」。❿故備難［者］易」，務幾者成存亓人，不言吉兇焉。『非今之故』者」，非言獨今也，古以狀也。」⓫●《易》曰：「鼎折八行下足，復

❶ 見帛書本《川》卦上六爻辭。「亓」，通行本《坤》卦作「其」。

❷ 「孝」，讀作「教」。

❸ 「采物」，《左傳・文公六年》云「分之采物」，杜《注》：「旌旗、衣物各有分制。」孔《疏》：「采物，謂采章物色。旌旗、衣服尊卑不同，名位高下各有品制，天子所有，分而與之，故云『分之』。」上海博物館藏楚竹書《恆先》亦有「采物」一詞。

❹ 「灋物」，郭店竹簡甲組和帛書乙本《老子》作「法物」。「灋」即「法」。法物，禮法之制。

❺ 「綾」，通「接」。

❻ 「見」，讀爲「現」。

❼ 「灋教」，法度教令。「道」，通「導」，引導。

❽ 帛書《蹇》卦六二爻辭作「王僕蹇蹇，非躬之故」，通行本《鍵》卦作「王臣蹇蹇，匪躬之故」。「躬」，讀作「今」。

❾ 「智」，讀爲「知」。

❿ 「□有功矣」，「有」上一字，僅殘留下部筆劃，似爲「則」字。

⓫ 「以」，讀作「已」。「狀」，「然」的省文之形訛。

公莡，亓刑屋，，凶」。」❶孔子曰：「此言下不勝任也」。非亓任也而任之，能毋折虖？下不用，則城不守」，師不戰，内乳九行上□上，❷胃『折足』。路亓國，❸［蕪亓］地，五種不收，胃『復公莡』。口養不至，飢餓不得食，胃『刑屋』。」二」厽子問曰：「人君至於飢九行下乎？」孔子曰：「昔者晉厲公路亓國，❹蕪亓地」，出田七月不歸，民反諸雲夢，❺無車而獨行」，□□□□□公□□一〇行上□□□。□□□□□飢不得食亓月」，❻此『亓刑屋』也。故曰：『德義無小」，❼失宗無大。』此之胃也。」●《易》曰：「鼎玉𤩽，［大］吉，一〇行下無不利」。」❽孔子曰：「鼎大矣！鼎之遷也，不自往，必人舉之，大人之貞也。鼎之舉也，不以亓止，❾以□□□□□□□一一行上□□□□□□□賢以舉忌也。❿明君立正」，⓫賢輔𢐁之，⓬將何爲」

❶ 帛書《鼎》卦九四爻辭作「□□□，復公莡，亓刑屋，□」，通行本作「鼎折足，覆公餗，其形渥，凶」。「復」，通「覆」。「莡」、「𦬁」，同字，通「餗」。「屋」，通「渥」。

❷ 「乳」，即「亂」字。「上」上一字，僅殘留底部一些筆劃，似「於」或「反」字殘留筆跡。

❸ 「路」，通「露」，荒廢。

❹ 本句所述晉厲公事，未見傳世史書記載。

❺ 「反」，讀作「返」。

❻ 「亓」，同「其」，通「期」。期月，一整月。

❼ 「德」，通「得」。「德義」，與下「失宗」相對爲義。《墨子・明鬼下》：「且禽艾之道之曰：得璣無小，滅宗無大，則此諭神之所賞，無小必賞之，鬼神之所罰，無大必罰之。」《呂覽・報更》：「此書所謂『德幾無小』者也。」

❽ 帛書本《鼎》上九爻辭作「□□□，□□，无不利」，通行本作「鼎玉鉉，大吉，无不利」。「𤩽」，疑是「璧」字之省寫。鼎璧，即是用以插杠舉鼎的鉉。

❾ 「止」，即「趾」，鼎足也。

❿ 「忌」，通「己」。

⓫ 「明」，同「明」。

⓬ 「𢐁」，疑「弼」字之異構。

而不利？故曰『大吉』。」●《易》曰：「康矦用鍚馬番一一行下庶，晝日三接乚。」❶孔子曰：「此言聖王之安世者也乚。聖人之正，❷牛參弗服，馬恆弗駕，不憂乘，❸牝馬□□□□一二行上□□□□□粟時至，芻稾不重，故曰『鍚馬』乚。聖人之立正也，必尊天而敬衆，理順五行，❹天地無菑，❺民□不一二行下傷，甘露時雨聚降，薊風苦雨不至，❻民心相鶍以壽乚，❼故曰『番庶』。聖王各有厽公乚、厽卿乚。『晝日三[接]』，[言接厽公、厽卿]者也。」●《易》曰：「聒囊，無咎無譽乚。」❽孔子曰：「此言箴小人之口也乚。❾小人多言乚，多過乚；多事，多患。□□一三行下□以衍矣，而不可以言。箴之，亓猶聒囊也，莫出莫入乚，故曰：『無咎無譽乚。』」二乚厽子問曰：「獨無箴於聖[人之口乎？」一四行上孔子曰]：「聖人之言也，德之首也。聖人之有口也，猶地之有川浴也，❿財用所繇出

❶ 帛書本《溍》卦卦辭作「康矦用鍚馬蕃庶，晝日三綏」，通行本《晉》卦作「康侯用錫馬蕃庶，晝日三接」。「矦」即「侯」，「鍚」通「錫」，「番」讀作「蕃」，「綏」通「接」。

❷ 「正」，讀作「政」。

❸ 「憂」，通「擾」。

❹ 「五行」，又見帛書《衷》篇，帛書《要》以爲水、火、金、土、木五者。

❺ 「菑」，通「災」。

❻ 「薊」，通「飃」。《説文》：「飃，回風也。」

❼ 「鶍」，讀作「惕」。《説文》：「惕，敬也。」

❽ 通行本《坤》六四爻辭：「括囊，无咎无譽」。「聒」通「括」，「無」同「无」。

❾ 「箴」，通「緘」。《説文》：「緘，束篋也。」緘，斂束也。下同。

❿ 「浴」，讀作「谷」。《説文》：「谷，泉出通川爲谷。從水半見，出於口。」

也；❶猷山林陵澤也，衣食家一四行下物[所]繇生也。聖人壹言，❷萬世用之」。唯恐亓不言也，有何箴焉?」 ●《卦》曰：❸「見龍在田，利見大人。」❹孔子曰：「□□□□一五行上□□□□見嗛，❺易告也；就民，易遇也。聖人、君子之貞也，度民宜之，❻故曰：『利以見大人」。』」❼●《卦》曰：「君子終日鍵鍵，一五行下[夕沂若]，厲，无咎。」❽孔子曰：「此言君子務時，時至而動，❾□□□□□屈力以成功，亦日中而不止，❿時年至而不一六行上淹。君子之務時，猷馳驅也。故曰：『君子終日鍵鍵。』時盡而止之以置身，置身而精，⓫故曰：『夕沂若，厲，无咎。』」一六行下⓬

《易》[曰：⓭「蜚龍在]天，利見大人。」⓮[孔子曰：「此]言□□□□□□□□君子在上，則民被亓利，賢者不蔽。故一七行上曰：『蜚龍在天，利見大人。』」⓯●《卦》曰：

---

❶「繇」，通「由」。

❷「壹」，同「一」，作數詞用。

❸「《卦》曰」以下，引《易》體例不同。此上引《易》作「《易》曰」。

❹見《乾》卦九二爻辭。

❺「嗛」，通「謙」。

❻「度」，通「庶」。

❼此處所引經文「利」下多「以」字。

❽見帛書本《鍵》卦九三爻辭，通行本「鍵」作「乾」。

❾「勭」，同「動」。

❿「亦」，疑當作『夜』，『夜日中』與下『時年至』爲對文。

⓫「精」，即「靜」字。

⓬此行末尾，留白三字白簡位置，未書。

⓭「易」，疑涉上致訛，當作「卦」字。

⓮見《鍵》（《乾》）卦上九爻辭。

⓯「蜚」，帛書本《經》作「罪」，通行本作「飛」。「蜚」、「罪」，通「飛」。

「見羣龍[无首]」，吉。」❶孔子曰：「龍神威而精處，□□而上通，亓德无首，□□一七行下用」。□□□□□首者，□□□□□□□□□□□□□□，見君子[則]吉也。」●《卦》曰：「履霜，堅冰至。」❷一八行上孔子曰：「此言天時譖戒、葆常也。歲……西南，温始……寒始於□□□□□□□□□□□❸一八行下之□□□□□□□□□□□□□□□□□□□□□德與天道始，❹必順五行，亓孫貴而一九行上宗不僃。」❺●《卦》曰：「直方大，不習，无不利。」❻孔子曰：「□□□□□□□□□避也；方者，□□□□□□□□□□□□；一九行下大者，言亓直或之容❼□□□□□□□□□□□□□□□□□□□□□也，□□无不□□。二〇行上故曰『无不利』。」●《卦》曰：「含章可貞。[或從王事，无成有終。」❽孔子曰：「此言]

❶ 見《鍵》卦用九爻辭。「見」，通「現」。「羣」，即「群」。

❷ 見《川》(《坤》)卦初六爻辭。「履」，通行本經文同，帛書本作「禮」。「禮」，通「履」。

❸ 此行文字，談及一歲之中的寒暖終始的「天時」問題，然由於原帛書破損嚴重，文字殘缺較多，尚無法斷定是否屬於卦氣説。又，帛書《衷》：「《易》曰：『履霜，堅冰至。』子曰：『孫從之胃也。歲之義，始於東北，成於西南，君子見始弗逆，順而保穀。』」與通行本《説卦》的相關思想不同。

❹ 「德與天道始」，郭店楚簡《五行》云「德，天道也」，又云「君子之爲德也，[有與始，有與]終也」。此文的「天道」，指自然之道，尤其指通過「五行」等概念構築的自然之道。

❺ 「僃」，通「崩」。崩，崩滅。

❻ 見《川》(《坤》)卦六二爻辭。

❼ 「或」，疑讀爲「國」。

❽ 見《川》(《坤》)卦六三爻辭。「含」，通行本經文同，帛書本作「合」。

□□□□□□□□□□□□□二〇行下含亦美，貞之可也。亦□□□□□□。」[●]《卦》曰：「□□□□□□□□□□□□□□二一行上□□□□□□之事矣。□□□□□□□□□□□□□□□□。」[●]《卦》曰：「黃常，元吉。」❶孔子曰：「□□□□□□二一行下□者也。元，善之始也。❷□□□□□□□[黃]色之徒，嗛嗛□□□□□。」[●《卦》曰：「屯其膏，小二二行上貞吉」，大貞凶。」❸孔子曰：「屯□□□□□□□□□□□□□□□□□□□□□□□□□□□□□二二行下小民家息，❹以綾衣[食]□□□□□□□□□屯輪之，❺亓吉亦宜矣。『大貞[凶]』，□□□□二三行上□□川流下而貨留□，❻年轂十重❼□□□□□□□□□□□□□□□□□□□□大人事□□二三行下貨，守財弗施則□。」[●《卦》曰：「同人于野，亨，利」涉大川。」❽孔子曰：「此言大德之好遠也。所行□□□二四行上□□遠，和同者衆，以濟大事，故曰[『利涉大川』。」●]《卦》曰：「同人于

❶ 見《川》（《坤》）卦六五爻辭。

❷ 「元，善之始也」，帛書《繆和》：「元者，善之始。」《乾·文言》：「元者，善之長也。」《左傳·襄公九年》：「元，體之長也。」《坤·彖》：「至哉，坤元！萬物資生，乃順承天。」

❸ 見《屯》卦九五爻辭。從後面的解釋來看，帛書將「屯」解作屯積、蓄養之義。

❹ 「息」，生養。

❺ 「輪」，通「綸」。綸，經綸，治理。

❻ 「留」下一字，破損大半，無法判斷何字。

❼ 「轂」，通「穀」，二字俱從㱿聲。《説文》：「年，穀孰也。」同書：「穀，續也。百穀之總名。」「十重」，十倍。

❽ 見《同人》卦卦辭。

門，无咎。」❶［孔子曰：「此言］亓所同，唯［亓門人］二四行下而已矣。小德也，［无咎］。」［●《卦》曰：「同人于］宗，貞藺。」❷孔子曰：「此言其所同，唯其室人而已［矣］。□□□二五行上□□□□，故曰『貞藺』。」●《卦》曰：「絞如，委如，吉。」❸孔子曰：「絞，日也；委，老也。老日之行□□□，故曰『吉』。」●《卦》曰：「嗛，亨。君子又二五行下冬，吉。」❹孔子曰：「［此言］□□□□□［也。嗛］，上川而下根；❺川，也；❻根，精質也；❼君子之行也。□□□□□二六行上□□□，吉焉。吉，嗛也；凶，橋也。❽天乳驕而成嗛，地徹驕而實嗛，鬼神禍福嗛，人亞

❶ 見《同人》卦初九爻辭。

❷ 見《同人》卦六二爻辭。「藺」，帛書本經文作「閵」，通行本作「吝」。「藺」、「閵」，通「吝」。

❸ 見《大有》卦六五爻辭。「絞如」，帛書本、通行本經作「交如」。「絞」、「交」，可相通。《二三子》讀「絞」爲「皎」。「委如」，帛書本經同，通行本作「威如」。「委」、「威」，可相通。《二三子》讀「委」爲「萎」，訓爲「老」；「老」，年老、尊長之意。大有卦乾下而離上，据《説卦》所云，離爲日，乾有老象，則此處《二三子》解《易》與《説卦》相合。「吉」，通行本經同，帛書本作「終吉」。

❹ 見《嗛》（《謙》）卦卦辭。「又冬」，帛書本經、帛書《繆和》同，通行本經作「有終」。「又冬」，通「有終」。「吉」，帛書本經、通行本經、帛書《繆和》皆無。

❺ 「川」，同「坤」；「根」，同「艮」。此亦以別卦之兩經卦分析卦象與卦辭的關係。

❻ 「也」上，疑當有脱文。《説卦》：「坤，順也。」帛書《繆和》：「川者，順也。」坤（川）順之意，於通行本和帛書本《易傳》皆多見。故「也」字上脱文，當爲「順」字。

❼ 「精」，疑爲「靜」。艮爲山，故云「靜質」。

❽ 「橋」，通「驕」。

驕而好[嗛]。❶□□二六行下□□□□□□□□□□□□□好善不伐也。夫不伐德者，君子也。亓盈，如□□□□□□二七行上□□□□舉而再説，❷亓有終也，亦宜矣。」

●《卦》曰：「盱予，悔。」❸孔子曰：「此言鼓樂而不戒患也。夫忘亡者必亡，亡民二七行下[者必]□，❹□□□□□□□□□□□至者，亓病亦至，不可辟禍福或辜，❺□□□□□□二八行上□□□□□□□方行，禍福畢至，知者知之。❻故廄客恐懼，日慎一日，猷有詖行。❼卒至之患，盱予而不二八行下□□□□□□□。」[●《卦》]曰：「鳴⿰隺頁在[陰，亓子和之。我]有好爵，與壐羸[之。」❽孔]子曰：「鳴[⿰隺頁]□□□□二九行上□□□□□□□□。亓子隨之，通也；昌而

❶「天乳」至「好嗛」句，《謙·彖》作：「天道虧盈而益謙，地道變盈而流謙，鬼神害盈而福謙，人道惡盈而好謙。」，帛書《繆和》：「天道毀盈而益嗛，地道銷[盈而]流嗛，[鬼神害盈而福嗛]，人道亞盈而好溓。」《説苑·敬慎》、《韓詩外傳》卷八亦有引用。「乳」，同「亂」；「徹」，毀壞，《詩·小雅·十月之交》云「徹我墻屋」；「亞」，讀作「惡」。又，「福嗛」上，脱「驕而」二字。

❷「説」，疑讀作「悦」。

❸帛書本《餘》卦六三爻辭作「杅餘，毋忌」，通行本《豫》卦作「盱豫，悔」。「盱」，通「訏」，大也。「予」，通「豫」，悦樂。

❹「亡」，讀作「忘」。

❺「辟」，讀作「避」。「或」，又也。

❻「知」，讀作「智」。

❼「詖」，偏頗。《孟子·滕文公上》：「我亦欲正人心，息邪説，距詖行，放淫辭。」

❽見《中復》(《中孚》)卦九二爻辭。「⿰隺頁」，帛書本、通行本經作「鶴」。「⿰隺頁」通「鶴」。「壐」，帛書《繫辭》同，通行本作「爾」。「壐」通「爾」。「羸」，帛書本經、帛書《繫辭》同，通行本作「靡」。「羸」通「靡」，分散也。又，「與壐」上，通行本經、帛書《繫辭》多「吾」字。

和之，❶和也。日和同，至矣。『好爵』者，言耆酒也。❷弗有一爵與衆，二九行下□□□□□□□□□□□□□□之德，唯㱃與食，❸絶甘分少。」❹［●《卦》曰：「密雲不雨，自我西三〇行上郊，公射取皮在穴。」❺孔」子曰：「此言聲君之下，❻舉乎山林、坺耿之中也。❼故曰：『公射取皮在穴。』」❽［《卦》］曰：「《恆》亨，无三〇行下［咎，利貞。利］有攸往。」❾［孔子曰：「『《恆》亨』者」，恆亓德，亓德□長，故曰『利貞』。亓占曰：『豐大□□□□□□□□三一行上□。』」❿［●《卦》］曰：「不［恆亓德，或］承之憂，貞藺。」⓫孔子曰：「此言小人知善而弗爲，攻進而无止，損□則□擇矣，⓬能三一行下［无藺

❶「昌」，讀作「倡」。

❷「耆酒」，讀作「旨酒」。

❸「㱃」，古「飲」字。

❹「絶甘分少」，《漢書》卷六十二《司馬遷傳》：「愚以爲李陵素與士大夫絶甘分少，能得人之死力，雖古名將不過也。」顔師古注：「自絶旨甘，而與衆人分之，共同其少多也。」

❺見《小過》卦六五爻辭。据下文，當補此爻辭。

❻「聲」，通「聖」。

❼「坺耿」，通「畎畝」。

❽「皮」，讀作「彼」。

❾見《恆》卦卦辭。

❿此篇帛書共有二處出現「占曰」之辭，《衷》篇三九行也有一例。從原文觀察，所謂「占曰」之辭，可能是根據占象進一步演繹出來的解釋之辭。《穆天子傳》卷五：「天子筮獵苹澤，其卦遇訟，逢公占之，曰：『《訟》之繇，藪澤蒼蒼其中，□宜其正公。戎事則從，祭祀則憙，田獵則獲。』」亦係發揮的解釋之辭。

⓫見《恆》卦九三爻辭。「憂」，帛書本、通行本經作「羞」。「憂」、「羞」可通假。「藺」，帛書本經作「閵」，通行本作「吝」。

⓬「損」下一字，右部略殘，與「幾」字近似。

五五

乎？」《卦》曰：「大蹇偂来。」❶孔子[曰：「此言]□□也。飭行以後民者，胃『大蹇』；遠人能至，胃『偂來』。」三二行上[●]《卦》曰：「公用射雕于[高墉之上，穫之]，无不利。」❷孔子曰：「此言人君高志求賢，賢者在上，則因尊用之，故曰：『[公用]射雕于三二行下[高墉之上。』」[●《卦》曰：「根亓北，不獲亓]身；行亓廷，[不見亓人。无咎。」❸孔子]曰：「『根亓北』者，❹言[任]事也。❺『不獲亓身』者，❻精[白敬三三行上官]也。❼敬宮任事，❽身[不獲]者，鮮矣！ㄴ亓占曰：『能精能白，必爲上客。能白能精，必爲□□。❾以精白長民，❿難得也。三三行下故曰：『[行]亓廷，⓫不見亓人，无咎。』」[●《卦》曰：「根亓肞」，言有序。」⓬孔子曰：「□言

❶「大蹇偂来」，帛書本《蹇》卦九五爻辭作「大蹇倗來」，通行本《蹇》卦作「大蹇朋來」。「倗」、「偂」，通「朋」。《序卦》：「蹇者，難也。」爲君上，飭行後民尤難，故需此大蹇之功也。

❷「雕」、「墉」，帛書本經作「夐」、「庸」，通行本作「隼」、「庸」。「夐」通「隼」，「雕」即「隼」。「庸」通「墉」。

❸見《根》(《艮》)卦卦辭。

❹「根亓北」，帛書本經作同，通行本作「艮其背」。「根」、「北」，通「艮」、「背」。

❺「事」上一字，留有左、下兩殘筆，可補作「任」。

❻「獲」，帛書本經作「濩」。「濩」，通「獲」。

❼「白」字左部、「官」字下部，墨跡尚存。

❽「宮」，當是「官」字之訛。「精」，指內心專一、純粹；「白」，指用智明哲。

❾「必爲」下一字，下部殘；下二字，右部殘。難以辨識、判斷。

❿「民」字，左邊略殘。

⓫「廷」，通行本經作「庭」。

⓬見《根》(《艮》)卦六五爻辭。

也。吉凶之至也，必皆于言語。❶擇善[而言三四行上亞]，擇利而言害，塞人之美，陽人之亞，❷可胃无德，亓凶亦宜矣。君子慮之內，發之口，□□不言，不三四行下[言利]，不言害，塞人之亞，陽[人之]美，可胃『有序』矣。」

●《卦》曰：「豐，亨，王叚[之]。勿自憂，宜日中。」❸孔子曰：「[此言]□三五行上也勿憂，用賢弗害也。日中而盛，用賢弗害，亓亨亦宜矣。黃帝四輔，❹堯立三卿，帝王者之處□□□也，三五行下□□□□。」[《卦》]曰：「奐其肝，大號。」❺[孔子曰]：「奐，大美也；肝，言亓內。亓內大美，亓外必有大聲問。」❻

●《卦》曰：「未濟，亨。[小狐]三六行上涉川，幾濟，濡亓尾，无迺利。」❼孔子曰：「此言始易而終難也，小人之貞也。」三六行下❽

❶「皆」，讀作「階」。

❷「陽」，通「揚」，顯揚、張揚。下同。

❸見《豐》卦卦辭。「自憂」，帛書本、通行本經祇作「憂」。

❹「黃帝四輔」，亦見帛書《十六經·果童》。《禮記·文王世子》：「虞、夏、商、周，有師保，有疑丞，設四輔及三公。」三公即三卿。

❺見《渙》卦九五爻辭。「奐」，帛書本、通行本經作「渙」。「奐」、「渙」，通「煥」，美也。

❻「問」，通「聞」。

❼見《未濟》卦卦辭。「涉川」，帛書本經作「气涉」，通行本作「汔濟」。「气」，通「汔」。「幾濟」，帛書本、通行本經皆無。「迺」，通「攸」，帛書本、通行本經作「攸」，阜陽漢簡《周易》作「囪」，形近。

❽從三六行末尾的留白來看，此篇帛書並無篇題。今名之曰《二三子》，乃摘自篇首三字。

繫辭

■天奠地庳❶，鍵川定矣。❷庳高已陳，❸貴賤立矣。❹動藉有常，❺剛柔斷矣。方以類冣，❻物以群［分，吉凶生矣。在天成象］，一行上在地成刑，❼［變］化見矣。是［故］剛柔相摩，❽八卦［相盪。鼓之］疊甸，❾□之風雨。❿［日月］運行，⓫一寒［一暑］。一行下鍵道成男，川道成女。鍵知大始，⓬川作成物。⓭鍵以易，⓮川以閒能。⓯易則傷知，⓰閒則易從。⓱傷知則有親，傷從則有二行上功。有親則可

❶「奠」，通行本作「尊」。「奠」即「尊」。「庳」，通行本作「卑」，「庳」從「卑」得聲；《釋文》云「本又作埤」。

❷「鍵川」，通行本作「乾坤」。「鍵」通「乾」，「川」疑即古「坤」字。

❸「已」，通行本作「以」。

❹「立」，通行本作「位」。「位」，在帛本中常作「立」。

❺「動」，通行本作「動」。「動」、「動」，同字異文。下同。「藉」，通行本作「靜」；「藉」即「靜」之異構。

❻「冣」，通行本作「聚」。「冣」即「冣」，《説文》：「冣，積也。」段《注》：「冣與聚音義皆同。」

❼「刑」，通行本作「形」。「刑」即「刑」字，通「形」。

❽「摩」，《釋文》：「本又作磨。按，摩字是。」

❾「疊甸」，通行本作「雷電」。「疊甸」，與「雷電」二字通假。

❿「之」上一字，右下殘；或釋作「浸」，從殘留形跡看，恐非。「疊」、「風」上，通行本各有一「以」字。

⓫「運行」，《釋文》：「姚作違行。」

⓬「大」，《釋文》：「王肅作泰。」

⓭「川作」，《釋文》：「虞、姚作坤化。」

⓮「易」下，通行本有「知」字，疑帛書抄脱。

⓯「閒」，通行本作「簡」。「閒」通「簡」。

⓰「傷知」，通行本作「易知」。

⓱「易從」，下句作「傷從」。

久，有功則可大也。❶可久則賢人之德［也，可大則賢人之業］也。❷閒易閒而天［下之］二行下理得，❸［天下之］理得而成立乎亓中。❹耶人詆卦觀馬，❺毄辤焉而明吉凶，❻剛柔相遂而生變化。❼是故吉凶也老，❽得失之馬也；❾三行上思閵也者，❿憂虞之馬也；通變化也者，⓫進退之馬也；剛柔也者，晝夜之馬也。⓬六肴之三行下勤，⓭三亟之道也。⓮是故君子之所居而安老，⓯《易》之□也；⓰

---

❶「也」，通行本無。

❷「也」，通行本無。

❸前一「閒」字，衍文。

❹「亓」，通行本作「其」。下同。「中」下，通行本有「矣」字。「而成位乎其中」，《釋文》：「馬、王肅作『而易成位乎其中』。」

❺「耶」，通行本作「聖」。下同。「詆」，通行本作「設」；「詆」通「設」。「馬」，通行本作「象」。帛書作「馬」之字，通行本皆作「象」。

❻「毄辤」，通行本作「繫辭」。下同。「吉凶」下，《釋文》：「虞本更有『悔吝』二字。」

❼「遂」，通行本作「推」。

❽「故」，《校勘記》：「足利本『故』作『以』。」「也」，通行本無；下「思閵也者」、「通變化也者」、「剛柔也者」、「吉凶也者」、「无咎也者」之諸「也」字，通行本皆無。

❾「得失」，通行本作「失得」。

❿「思閵」，通行本作「悔吝」。「毋心」即「悔」；「閵」，通「吝」。

⓫「通」，通行本無。

⓬《釋文》：「『剛柔者，晝夜之象』，虞作『晝夜者，剛柔之象』。」虞説誤。

⓭「肴」，通行本作「爻」。「肴」通「爻」。下同。

⓮「亟」，通行本作「極」。「亟」、「極」，古今字。

⓯「之」，通行本無。

⓰「之」下一字有破損，難於辨識。此字通行本作「序」，《釋文》：「虞本作象。」

所樂而妧，❶教之始也。❷君子居則觀亓馬而妧亓辤，❸四行上勤則觀亓變而訦亓占，是以「自天右之，吉，无不利」也。❹緣老，❺言如馬老也。❻肴老，言如四行下變老也。吉凶也老，言亓失得也。❼悉閵也老，言如小疵也。❽無咎也老，言補過也。❾是故列貴賤[老]存乎立，極五行上大小老存乎卦，❿辯吉凶老存乎辤㇗，憂悉閵老存乎分，⓫振无咎存乎謀。⓬是故卦有大五行下小，⓭辤有險易。⓮辤老，⓯各指亓所之也。⓰《易》與天地順，⓱故

❶「樂」，《釋文》：「虞本作變。」「妧」，通行本作「玩」，《釋文》：「鄭作翫。」。「玩」下，通行本有「者」字。

❷「教之始」，通行本作「爻之辭」。「教」、「始」，當依通假之例，讀與通行本同。

❸「君子」上，通行本有「是故」二字；《釋文》：「古本無『君子』二字。」

❹「自天右之，吉，无不利」，見《大有》卦上九爻辭。「右」，通行本作「祐」；「右」通「祐」。「也」，通行本無，《釋文》云古本「吉，无不利」下有「也」字。

❺「緣」，通行本作「彖」；《校勘記》：「古本『彖』下有『曰』字。」

❻「如」，通行本作「乎」；下二「如」字同。

❼「言」下，通行本有「乎」字。

❽「言」，《校勘記》：「石經『言』作『存』。」案，《正義》云『言説此卦爻，有小疵病也』，則《正義》所據本是『言』字。」「小」上，通行本有「其」字。

❾「言」，通行本作「善」。

❿「極」，通行本作「齊」。「大小」，通行本作「小大」。

⓫「分」，通行本作「介」。

⓬「振」，通行本作「震」。「无咎」下，通行本有「者」字，帛書本抄脱。「謀」，通行本作「悔」。

⓭「大小」，通行本作「小大」。

⓮《校勘記》云「辭有險易」上，古本有「而」字。

⓯「辤」下，通行本有「也」字。

⓰「也」，通行本無。

⓱「順」，通行本作「準」。

能彌論天下之道。❶卬以觀於天文，❷頫以觀於地理。❸是六行上故知幽明之故。觀始反冬，❹故知死生之説。精氣爲物，斿魂爲變，❺故知鬼神之精壯。❻與天六行下[地]相校，❼故不回。❽知周乎萬物，道齊乎天下，❾故不過。方行不遺，❿樂天知命，⓫故不憂。安地厚乎仁，⓬故能既。⓭犯七行上回天地之化而不過，⓮曲萬物而不遺，⓯達諸晝夜之道而知。⓰古神无方，⓱《易》无體。⓲一陰一陽

❶「彌論」，通行本作「彌綸」，《釋文》云「彌」，「本又作弥」。「天下」，通行本作「天地」；「之道」二字，《校勘記》：「一本作天地。」

❷「卬」，通行本作「仰」；「卬」通「仰」。

❸「頫」，通行本作「俯」。「觀」，通行本作「察」，《釋文》云「一本作觀」。

❹「觀」，通行本作「原」。「冬」，通行本作「終」。「冬」，通「終」。「反終」，《釋文》：「鄭、虞作『及終』。」

❺「斿」，通行本作「遊」。「斿」通「遊」。

❻「故」上，通行本有「是」字。「精壯」，通「情狀」，通行本作「情狀」。

❼「校」，通行本作「似」。「校」，讀爲「效」。

❽「回」，通行本作「違」。「回」、「違」，義近。

❾「道」上，通行本有「而」字。「齊」，通行本作「濟」；「齊」通「濟」。「乎」，通行本無。

❿「方」，通行本作「旁」；「方」通「旁」。「不遺」，通行本作「不流」，且上有「而」字，《釋文》：「流，京作留。」

⓫「樂」，《釋文》云「虞作變」。

⓬「地」，通行本作「土」。「厚」，通行本作「敦」。

⓭「既」，通行本作「愛」。「既」通「愛」，作「愛」字解，是。

⓮「犯回」，通行本作「範圍」，《釋文》：「馬、王肅、張作『犯違』。」「犯」、「範」，「違」、「回」、「圍」，音通；作「範圍」解，是。

⓯「曲」下，通行本有「成」字，帛書本抄脱。

⓰「達諸」，通行本作「通乎」，《校勘記》：「古本『乎』作『于』。」

⓱「古」，通行本作「故」。

⓲「易」上，通行本有「而」字。

七行下之胃道。❶係之者善也，❷成之者生也。仁者見之胃之仁，知者見之胃知，❸百生日用而弗知也，❹故君子之道八行上鮮。❺𦔻者仁，❻壯者男，❼鼓萬物而不與衆人同憂，❽盛德大業，至矣幾！❾富有之胃大業，日新之胃八行下誠德。❿生之胃馬，⓫成馬之胃鍵，⓬教法之胃川，⓭極數知來之胃占，迵變之胃事，⓮陰陽之胃神。⓯夫《易》，廣矣，大九行上矣！以言乎遠則不過，⓰以言乎近則精而正，⓱以言

---

❶「胃」，通行本作「謂」。下同。

❷「係」，通行本作「繼」。「生」，讀爲「性」，通行本作「性」。

❸下「知」字上，通行本有「之」字，帛書本抄脱。

❹「百生」，通行本作「百姓」；「生」，通「姓」。「弗」，通行本作「不」。「也」，通行本無，《校勘記》：「古本『知』下有『也』字。」

❺「鮮」，《釋文》：「鄭作尟。」「鮮」下，通行本有「矣」字。

❻「𦔻」，從「聖」省，即「聖」字。「聖者仁」，通行本作「顯諸仁」，其意不同。

❼「男」，即「勇」字。「壯者勇」，通行本作「藏諸用」，其意不同。「藏」，《釋文》：「鄭作『臧』。」《校勘記》：「按，臧、藏，古今字。」

❽「衆人」，通行本作「聖人」。作「衆人」是，通行本非。

❾「幾」，通行本作「哉」。

❿「誠」，通行本作「盛」；「誠」通「盛」。

⓫「生」下，通行本多一「生」字。當以通行本爲是，疑帛書本脱重文符號。「馬」，疑涉下「馬」字致誤，當從通行本作「易」字。

⓬「成馬」，通行本作「成象」，《釋文》：「蜀才作『盛象』。」

⓭「教」，通行本作「效」；「教」通「效」。《釋文》：「爻法，蜀才作『效』。」

⓮「迵」，通行本作「通」；「迵」通「通」。

⓯「陰陽」下，通行本有「不測」二字，疑帛書本抄脱。

⓰「乎」，《校勘記》：「古本『乎』作『于』。下『以言乎天地之間，則備矣』、『而易行乎其中矣』，並同。」「過」，通行本作「禦」。

⓱「近」，通行本作「邇」，《釋文》：「迩，本又作邇。」

乎天地之間則備。❶夫鍵，亓䵻也圈」，❷亓九行下勭也榣，❸是以大生焉。夫川，亓静也斂，❹亓勭也辟，❺是以廣生焉。廣大肥天地，❻變迵肥四[時]，❼陰[陽]之合肥一〇行上日月，❽易閒之善肥至德。❾子曰：「《易》亓至乎！❿夫《易》，聖人之所高德而廣業也。⓫知高體卑，⓬一〇行下高效天，卑法地。天地設立，《易》行乎亓中。⓭誠生□□，⓮道義之門。」聖人具以見天之業，⓯而□疑老亓刑容，⓰以一一行上

❶「備」下，通行本有「也」字。

❷「圈」，通行本作「專」，《釋文》：「陸作『塼』。」

❸「榣」，通行本作「直」。

❹「斂」，通行本作「翕」。

❺「辟」，通行本作「闢」；「辟」通「闢」。

❻「肥」，通行本作「配」。「肥」，通「配」。下同。

❼「變迵」，通行本作「變通」。

❽「合」，通行本作「義」。

❾「閒」，通行本作「簡」。「閒」通「簡」。

❿「至」下，通行本有「矣」字。「乎」，《校勘記》：「古本『乎』誤『于』。」

⓫「所」，通行本作「所以」，帛書本脱「以」字。「高」，即「崇」，通行本作「崇」。下同。

⓬「體」，通行本作「禮」，《釋文》：「蜀才作『體』。」「體」、「體」，皆「禮」之假字。「卑」，《釋文》：「本亦作『埤』。」

⓭「易」上，通行本有「而」字。「中」下，通行本有「矣」字。

⓮「誠生□□」，通行本作「成性存存」。「生」下一字，殘甚；下有重文符號。「生」，疑當讀爲「性」。「誠性」與「成性」，思想涵義有别。

⓯「具」，通行本作「有」。「天」下，通行本有「下」字，帛書本脱。「業」，通行本作「賾」。「賾」，《釋文》：「九家作『册』，京作『嘖』。」

⓰「而」下、「疑」上一字，帛書破損。「疑」，通行本作「擬」。「疑」，讀爲「擬」。「老」，通行本作「諸」。「諸」，從「者」得聲。「刑」，即「刑」，通行本作「形」；「刑」，通「形」。

馬亓物義，❶[是]故胃之馬。耶人具以見天下之勭而觀亓會同，❷以行亓挨體。❸係辤焉，❹以 一一行下 斷亓吉凶，是故胃之教。❺言天下之至業而不可亞也，❻言天下之至業而不乳。❼知之而句言，❽義之而 一二行上 句勭矣，❾義以成亓變化。❿●「鳴額在陰，亓子和之。我有好爵，吾與壐羸之。」⓫曰：⓬「君子居 一二行下 亓室，言善則千里之外應之，⓭

❶「以」，通行本無。「馬」，通行本作「象」。「義」，通行本作「宜」；「義」，訓「宜」。

❷「會同」，通行本作「會通」；「同」通「通」。下二十九行，亦有「會同」一詞。

❸「挨體」，通行本作「典禮」。「體」通「禮」；挨，等也。「典禮」，《釋文》：「京作『等禮』，姚作『典體』。」

❹「係辤」，通行本作「繫辭」。「係」通「繫」，「辤」即「辭」。

❺「教」，通行本作「爻」。「教」通「爻」。

❻「亞」，《釋文》：「惡，荀本作『亞』」。

❼「言天下之至業而不乳」，釋文云：「言天下之至動而不可亂也，衆家本並然。鄭本作『至賾』，云『賾當作動』。九家亦作『册』。」「至業」，通行本作「至動」，《校勘記》：「按，『至動』，王本亦作『至賾』。」「業」，疑當讀爲「賾」。「乳」，即「亂」字。「亂」上，通行本有「可」字；「亂」下，通行本有「也」字。

❽「知」，通行本作「擬」。「句」，通行本作「後」；「句」，通「後」。下同。

❾「義」，當讀爲「議」，通行本作「議」，《釋文》：「陸、姚、桓玄、荀柔之作『儀』。」「矣」，通行本無。

❿「義」上，疑脱「知」字；整句作：「知義（議）以成亓變化。」通行本作：「擬議以成其變化。」

⓫見《中孚》（帛書本《經》作《中復》）九二爻辭。帛書本《經》：「鳴鶴在陰，亓子和之。□□□□，□□□羸□。」通行本《經》：「鳴鶴在陰，其子和之。我有好爵，吾與爾靡之。」「和」、「爵」、「靡」，上古韻皆在歌部。

⓬「曰」上，通行本有「子」字，帛書本抄脱。

⓭「言善」上，通行本有「出其」二字；對照下文，疑帛書本抄脱「出」字。

倪乎亓近老=乎！❶出言而不善，❷則千里之外回之，❸倪乎亓近老=乎！言出一三行上乎身，加於民；行發乎近，❹見乎遠。言行，君子之區幾。❺區幾之發，營辰之斗也。❻言行，君子之一三行下所以勭天地也。❼「同人，先號逃而後哭。」❽子曰：「君子之道，或出或居，❾或謀或語。❿二人同心，亓利斷金。同人之一四行上言，⓫亓臭如蘭。」「初六，籍用白茅，无咎。」⓬子曰：「句足老=地而可矣。⓭籍之用茅，何咎之有？慎之至一四行下也。

---

❶ 「倪」，通行本作「況」，「倪」通「況」。上「乎」字，通行本無。下「乎」字，《校勘記》：「古本『乎』誤『于』，下『出乎』、『加乎』、『發乎』、『見乎』、『慎乎』，並同。」「近」，通行本作「邇」。下同。

❷ 「出言」上，通行本有「居其室」三字。「言」上，通行本有「其」字。「而」，通行本無。

❸ 「回」，通行本作「違」。

❹ 「近」，通行本作「邇」。

❺ 「區幾」，通行本作「樞機」。「區」、「幾」，分別通「樞」、「機」。

❻ 「營辰」，通行本作「榮辱」。「營」、「辰」，分別通「榮」、「辱」。「斗」，北斗，斗有「主」義，聲亦相通。

❼ 「勭天地也」下，通行本更有「可不慎乎」一句。

❽ 見《同人》九五爻辭。「逃」，帛書本《經》作「桃」，通行本《經》、《繫辭》作「咷」。「逃」、「桃」，皆通「咷」。「哭」，帛書本《經》作「芺」，通行本《經》、《繫辭》作「笑」。「芺」、「笑」之異文。帛書本作「哭」，訛，當作「笑」。

❾ 「居」，通行本作「處」。

❿ 「謀」，通行本作「默」，《釋文》：「字或作嘿。」「謀」，通「默」。

⓫ 「同人」，通行本作「同心」。

⓬ 見《大過》（帛書《經》作《泰過》）初六爻辭。「籍」，帛書本《經》同，通行本《經》、《繫辭》作「藉」。下同。

⓭ 「句足老=地」，通行本作「苟錯諸地」。「句」通「苟」；「足」、「錯」通「措」，《釋文》云「一本作措」。

夫白⃝茅之爲述也薄，用也而可重也。❶慎此術也以往，❷亓毋所失之。」❸「勞溓，君子有冬，吉。」❹子曰：「勞而不代，❺ 一五行上 有功而不聽⃝德，❻厚之至也，語以亓攻下人老也。❼德言成，❽體言共也。❾溓也老，至共以存亓立老 二五行下 也。」❿「抗龍有⿱毋心。」⓫子曰：「貴而无立，高[而无民]，⓬賢人在亓下矣，⓭位而无輔，⓮是以動而有⿱毋心也。」「不出戶牖，无咎。」⓯子 一六行上 曰：

❶ 自「夫白⃝茅之」下二句，通行本作：「夫茅之爲物薄，而用可重也。」「白」字，寫成後又圈去。「述」，通行本作「物」。述，道也。兩「也」字、下一「而」字，通行本皆無。

❷ 「慎」，《釋文》云「一本作順」。「此」，通行本作「斯」。

❸ 「毋」，通行本作「无」。「之」，通行本作「矣」。

❹ 見《謙》九三爻辭。「溓」、「冬」，帛書本《經》作「嗛」、「終」，通行本《經》、《繫辭》作「嗛」、「終」。

❺ 「代」，通行本作「伐」，「代」爲「伐」之訛。

❻ 原帛書「德」上，有一「聽」字，寫成又圈去，顯係錯字。「德」，《釋文》：「鄭、陸、蜀才作置。鄭云：『置，當爲德。』」

❼ 「攻」，通行本作「功」。

❽ 「成」，通行本作「盛」。

❾ 「體」，通行本作「禮」。「體」通「禮」。「共」，通行本作「恭」，二字爲通假字。下「共」字，同。「也」，通行本無。

❿ 「至」，通行本作「致」。「立」，通行本作「位」，「立」、「位」古今字。下同。

⓫ 見《乾》（帛書本《經》作《鍵》）卦上九爻辭。「抗」、「⿱毋心」，帛書本《經》同，通行本《經》、《繫辭》作「亢」、「悔」。「抗」通「亢」。

⓬ 此句，通行本作「高而无民」。「高」，高也。

⓭ 「亓」，通行本無。「下」下一字，略嫌模糊，似「矣」字。

⓮ 「位」，立也，立而未居定也。

⓯ 見《節》卦初九爻辭，帛書本《經》與此同。「牖」，通行本《經》、《繫辭》作「庭」。

「乳之所生，❶言語以爲階。❷君不閉則失臣，❸臣不閉則失身，幾事不閉則害盈。❹是以君子一六行下慎閉而弗出也。」子曰：「爲《易》老=，❺「亓知盜」乎！《易》曰：『負「且乘，致寇至。』「負」之事也老=，❻小人之事也。乘老=，❼君子之器也。小人一七行上而乘君子之器，盜思奪之矣。上曼下暴，❽盜思伐之。❾曼暴，謀盜思奪之。❿《易》曰『負且乘，一七行下致寇至』，盜之撓也。」⓫●《易》有耶人之道四焉：⓬以言「老=上亓辤」，以動老=上亓變，⓭以「制器老=上亓象，以卜筮老=」一八行上上亓占。是故君子將有爲，⓮將有行老=，⓯問焉

❶「乳」，通行本作「亂」，「乳」爲「亂」之初文。「生」下，通行本有「也」字。

❷「言語」上，通行本有「則」字。「階」，《釋文》云「姚作機」。

❸「閉」，通行本作「密」。下諸「閉」字，同。

❹「盈」，通行本作「成」。「盈」有「成」義。

❺「爲」，通行本作「作」。《釋文》：「『爲《易》者』，本又作『作《易》者』。」

❻「《易》曰」下數句，通行本作：「《易》曰：『負且乘，致寇至。』負也者，小人之事也。」「寇」，《釋文》：「徐或作戎。」

❼「乘」下，通行本有「也」字。

❽「曼」，通行本作「慢」。「曼」通「慢」。

❾「伐之」下，通行本多「矣」字。

❿「曼暴」下二句，通行本作：「慢藏誨盜，冶容誨淫。」與帛書本大異。

⓫「撓」，通行本作「招」，「撓」通「招」。「盜之招也」下，通行本有「大衍之數」章，帛書本無。

⓬「《易》有耶人之道四焉」前，通行本多「子曰知變化之道者，其知神之所爲乎」十五字。

⓭「上」，通行本作「尚」。下同。

⓮「是故」，通行本作「是以」。「爲」下，通行本有「也」字。

⓯「老=」，通行本作「也」。

[而以]言，亓受命也如錯。❶无又遠近幽險，❷述一八行下知來勿。❸非天之至精，❹亓誰能[與於此]？❺參五以變，❻[錯綜亓數。通]亓變，述[成天地之文。極亓數，一九行上述定天下之]馬。[非天下]之至變，誰能與於此？❼[《易》，无思]也，无爲也，[寂]然不動，欽而述達天一九行下下之故。❽非天下之至神，誰能與[於此]？ 夫《易》，𦔻人[之所以極深而]達幾也。❾唯深，❿故達天下之誠；⓫唯幾，故二〇行上□□天下之務；⓬唯神，故不疾而數，⓭不行至。⓮子[曰「《易》有]𦔻人之道[四]焉」者，此言之胃也。⓯天二〇行下一地二，天三地四，天五地六，天七地

❶「錯」，通行本作「響」。《校勘記》云石經、岳本、宋本、古本等「響作嚮」，《釋文》：「響，又作嚮。」

❷「又」，通行本作「有」。「幽險」，通行本作「幽深」。

❸「述」，通行本作「遂」；述、遂，同源字。下同。「勿」，通行本作「物」；「勿」，通「物」。

❹「天」下，通行本有「下」字，帛書本抄脱。

❺「誰」，通行本作「孰」。

❻「五」，通行本作「伍」。

❼「誰」，通行本作「孰」。「孰」上，通行本有「其」字。下「誰」字，校同此。

❽「欽」，通行本作「感」。「欽」通「感」，帛書本《經》欽卦，通行本作咸卦。「述達」，通行本作「遂通」。

❾「達幾」，通行本作「研幾」，《釋文》：「研，蜀才作揅。幾，一本作機。」

❿「唯深」下，通行本有「也」字。下「唯幾」、「唯神」下，通行本亦皆有「也」字。

⓫「故」下，通行本有「能」字。「誠」，通行本作「志」。

⓬「天下」上二字，通行本作「能成」。

⓭「數」，通行本作「速」；「數」，通「速」。

⓮「至」上，通行本有「而」字。

⓯「此言」，通行本作「此」。

八，天九地十。［子曰：「夫《易》」，❶可爲者也？·❷夫《易》，古物定命，❸樂天下之道，❹如此二一行上而已老＝也。」❺是故耶人以達天下之志，❻以達［天下之業，❼以］斷［天下之］疑。故筮之德員而神，❽卦二一行下之德方以知，六肴之義易以工。❾耶人以此佚心，❿内臧於閉，⓫［吉凶］能民同願。⓬神以知來，知以將往。⓭亓誰能爲二二行上此茲？⓮古之芯明僾知、神武而不恙老＝也虖！⓯是亓［明］於天，⓰又察於民故，⓱是闔神物以

❶ 上缺四字，或釋作「子曰易又」，據補。

❷ 「可爲」，通行本作「何爲」。

❸ 「古物定命」，通行本作「開物成務」，二者大異。《釋文》：「開，王肅本作闓。一本無『夫易』二字。」

❹ 「樂」，通行本作「冒」。

❺ 「此」，通行本作「斯」。

❻ 「達」，通行本作「通」。

❼ 「達」，通行本作「定」。

❽ 「故」，通行本作「是故」。「筮」，通行本作「著」。「員」，通行本作「圓」，《釋文》：「圓，本又作負。」

❾ 「肴」，通行本作「爻」。「肴」爲「爻」之借字。「工」，通行本作「貢」，《釋文》：「京、陸、虞作工，荀作功。」「工」，「貢」之借字；貢，告也。

❿ 「佚心」，通行本作「洗心」。從上下文脈來看，帛書本是。《釋文》：「洗，京、荀、虞、董、張、蜀才作先。」

⓫ 「内臧」，通行本作「退藏」。「閉」，通行本作「密」。

⓬ 「能」，通行本作「與」。「同願」，通行本作「同患」。「願」，「患」之借字。

⓭ 「將」，通行本作「藏」，《釋文》：「藏，劉作臧。」「藏」與「將」通假，作「將」是。將，逆料也。

⓮ 「誰」，通行本作「孰」。「爲」，通行本作「與」。「茲」，通行本作「哉」。

⓯ 「芯」，即「蕙」字省寫，通行本作「聰」。「蕙」，「聰」之借字。「僾」，通行本作「睿」；「僾」，通「睿」。「恙」，通行本作「殺」。「也虖」，通行本作「夫」。「虖」，通「乎」。

⓰ 「天」，通行本作「天之道」。

⓱ 「又」，通行本作「而」。「民」下，通行本有「之」字。

前民二二行下民用。❶耶人以此齋戒，以神明亓德夫。是故闔戶胃之川，❷辟門胃之鍵。❸一闔一辟胃之變，往來不窮胃之二三行上迵。❹見之胃之馬，荆胃之器，❺涂而用之胃之法，❻利用出入，民一用之胃之神。❼是故《易》有大恆，❽是二三行下生兩檥。❾兩檥生四馬，四馬生八卦，八卦生吉凶，吉凶生六業。❿是故法馬，莫大乎天地；變迵，⓫莫大乎四時；垂馬著明，⓬莫大二四行上乎日月；榮，⓭莫大乎富貴。備物至用，⓮位成器以爲天下利，⓯莫大乎耶人。深備錯根，⓰枸險至遠，⓱二四行下

❶ 下一「民」字，衍文。「闔」，通行本作「興」。

❷ 「闔」，通行本作「闔」。「闔」、「闔」，皆當爲「闔」之異體。

❸ 「辟門」，通行本作「闢戶」。

❹ 「窮」，即「窮」之異構，通行本作「窮」。「迵」，通行本作「通」。

❺ 「荆」，即「刑」，通「形」，通行本作「形」。「形」下，通行本有「乃」字，疑帛書本抄脱「乃」或「之」字。

❻ 「涂」，通行本作「制」。

❼ 「一」，通行本作「咸」。「一」、「咸」，義同。

❽ 「大恆」，通行本作「太極」。古文「太」，常寫作「大」；「亙」、「亟」二字，形近，亦常混用。《釋文》：「大音泰。」《校勘記》：「石經、岳本『太』作『大』。」

❾ 「檥」，通行本作「儀」，二字可通假。

❿ 「六」，通行本作「大」。「六」、「大」形近易訛，當作「大」。

⓫ 「變迵」，通行本作「變通」；「迵」通「通」。

⓬ 「垂馬」，通行本作「縣象」。「縣」通「懸」。

⓭ 「榮」，通行本作「崇高」。

⓮ 「至」，通行本作「致」。

⓯ 「位」，通行本作「立」，「位」通「立」。

⓰ 「深備錯根」，通行本作「探賾索隱」。「賾」，《釋文》：「九家作册。」

⓱ 「枸險至遠」，通行本作「鈎深致遠」。「枸」、「鈎」通「至」、「致」。「險」通「陷」，與「深」義近。

定天下吉凶，❶定天下之勿勿者，❷莫善乎蓍龜。❸是故天生神物，耶人則之。天變化，❹耶人效之。天垂馬，見吉凶，而二五行上耶人馬之。❺河出圖，雒出書，❻而耶人則之。《易》有四馬，所以見也。❼毄辤焉，所以告也。定之以吉二五行下凶，所以斷也。《易》曰：「自天右之，吉，无不利。」❽右之者，❾助之也。天之所助者，順也；人之所助也者，❿信也。體信，⓫思乎順，二六行上［又以］上賢，⓬是以「自天右之，吉，无不利」也。子曰：「書不盡言，言不盡意。」然則耶人之意，亓義可見已乎？⓭二六行下子曰：「耶人之位馬以盡意，⓮

❶「定」上，通行本有「以」字。「吉凶」上，通行本有「之」字。

❷「定」，通行本作「成」。「勿勿」，通行本作「亹亹」，可以相通。

❸「善」，通行本作「大」。《校勘記》引《釋文》云「莫善」，「本亦作莫大」。

❹「天」，通行本作「天地」，疑帛書本脱一「地」字。

❺「而」，通行本無。下「而」字，通行本亦無。

❻「雒」，通行本作「洛」，《釋文》：「王肅作雒。」

❼「見」，通行本作「示」。

❽見《大有》卦上九爻辭。

❾「右之」上，通行本有「子曰」二字。「右」，通行本作「祐」，「右」通「祐」。「之」，通行本無；下「之」字，通行本亦無。

❿「也」，通行本無。

⓫「體」，通行本作「履」，「體」通「履」。

⓬「□□上賢」，通行本作「又以尚賢也」，《釋文》：「又以，鄭本作有以。」「上」通「尚」。

⓭「亓義可見已乎」，通行本作「其不可見乎」。疑「可」上，帛書本脱「不」字，當作「不可」。「已」，通「矣」。

⓮「之」，通行本無。「位馬」，通行本作「立象」。

設卦以盡請僞，❶ 𣪠辤焉以盡亓，❷ 變而迵之以盡利，鼓之、舞之以[盡]神。 鍵川，亓《易》二七行上之經與？❸ 鍵川[成]列，《易》位乎亓中。❹ 鍵川毀，則无以見《易》矣。❺《易》不可(則)見，❻ 則鍵川不可見。❼ 鍵川不可見，則二七行下鍵川或幾乎息矣。 是故刑而上老胃之道，刑而下老胃之器，爲而施之胃之變，❽ 誰而舉諸天下之民二八行上胃之事業。❾ 是[故]夫馬，耶人具以見天下之請，❿ 而不疑老亓刑容，⓫ 以馬亓物義，⓬ 是故胃之二八行下馬。 耶人有以見天下之動而觀亓會同，⓭ 以

❶「請」，通行本作「情」；「請」通「情」。

❷「亓」下，通行本有「言」字，帛書本脱。

❸「經」，通行本作「緼」。「緼」通「蘊」。「與」，通行本作「邪」。

❹「易」上，通行本有「而」字。「位」，通行本作「立」。「中」下，通行本有「矣」字。

❺「矣」，通行本無。

❻「則」，通行本無，疑是衍文。

❼「鍵川不可見」，下有重文符號，通行本無。

❽「爲」，通行本作「化」。「施」，通行本作「裁」。「爲而施之」與「化而裁之」，義有别。

❾「誰而舉諸天下之民胃之事業」，通行本作「推而行之謂之通，舉而錯之天下之民謂之事業」。「誰」，通行本作「推」；「誰」通「推」。「舉諸」，通行本作「行之」。「錯」，《釋文》云「本又作措」。帛書本爲一句話，通行本爲兩句話，「行之謂之通」、「而錯」數字，帛書本無；從文意而言，帛書本有缺憾。

❿「具」，通行本作「有」。「請」，通行本作「賾」。「請」通「情」。《釋文》云：「之賾，本亦作之至賾。」《校勘記》：「古本有『至』字。」

⓫「不」，通行本無，衍文。「疑」，通行本作「擬」；「疑」通「擬」。「者」，通行本作「諸」；「者」通「諸」。

⓬「以」，通行本無。「義」，通行本作「宜」。

⓭「會同」，通行本作「會通」。

行亓挨體，❶毄辤焉以斷亓吉凶，是故胃之教。❷極天下之請二九行上存乎卦，❸鼓天下之動老存乎辤，化而制之存乎變，❹誰而行之存乎迵，❺神而化之存乎亓二九行下人，❻謀而成，❼不言而信，存乎德行。❽八卦成列，馬在亓中矣。因而動之，❾教在亓中[矣]。❿剛柔相誰，⓫變在亓中三〇行上矣。毄辤而齊之，⓬動在亓中矣。吉凶悉閵也老，⓭生乎動老也。剛柔也老，立本老也。變迵三〇行下也老，聚老也。⓮吉凶老，上朕老也。⓯天地之道，

❶「挨體」，通行本作「典禮」。

❷「教」，通行本作「爻」；「教」通「爻」。

❸「請」，通行本作「賾」。帛書本「請」通「情」。「賾」下，通行本有「者」字。

❹「制」，通行本作「裁」。制，裁也。「裁」，《釋文》：「本又作財。」

❺「誰」，通行本作「推」；「誰」通「推」。

❻「化」，通行本作「明」。

❼「謀」，通行本作「默」；「謀」通「默」。「成」下，通行本有「之」字。《釋文》：「默而成，本或作『默而成之』。」

❽此句以上，通行本《繫辭》爲上篇；此句以下，爲下篇。帛書本《繫辭》則不分篇，此處文本，同行連抄，無分篇標識符號。

❾「動」，通行本作「重」；「動」通「重」。其他「動」，皆爲「動」字。

❿「教」，通行本作「爻」；「教」通「爻」。

⓫「誰」，通行本作「推」。

⓬「毄辤」下，通行本有「焉」字，《校勘記》：「古本無『焉』字。」「齊」，通行本作「命」，《釋文》：「命，孟作明。」

⓭「也」，通行本無。下「剛柔也者」、「變迵也者」之「也」字，通行本皆無。

⓮「聚者也」，通行本作「趣時者也」。「聚」通「趣」，下脱「時」字。

⓯「上」，通行本作「貞」。「上」通「尚」，推尚、注重也。下數「上」字，通行本皆作「貞」。校同此。「朕」即「勝」，通行本作「勝」；疑「勝」通「徵」。《釋文》：「貞勝，姚本作貞稱。」

上觀老。❶日月之行，❷上明者。天下之勤，上觀天老也。❸夫鍵，蒿然三一行上視人易；❹川，❺魋然視人閒。❻教也老，❼效此者也；馬也老，馬此老也。❽效馬勤乎內，❾吉凶見乎外，功業三一行下見乎變，耶人之請見乎辤。❿天地之大思曰生，⓫耶人之大費曰立立。⓬何以守立？曰人。⓭何以聚人？曰材。⓮理材

❶「上觀者」下，脱「也」字，通行本有「也」字。下「上名者」下，亦脱「也」字，通行本亦有「也」字。

❷「之行」，通行本作「之道」。「行」可訓「道」。

❸「上觀天者也」，通行本作「貞夫一者也」。「上觀天」與「貞夫一」，差異較大。《校勘記》：「古本『夫』作『於』。」

❹「蒿」，通行本作「確」，《説文》卷五冂部：「隺，高至也。从隹上欲出冂。《易》曰：『夫乾隺然。』」「視」，通行本作「示」；「視」通「示」。下「視」字，校同此。

❺「川」上，通行本有「夫」字。

❻「魋」，通行本作「隤」，《釋文》：「隤，孟作退，陸、董、姚作妥。」「魋」通「隤」，柔順之貌。「閒」，通行本作「簡」；「閒」通「簡」。

❼「教」，通行本作「爻」；「教」通「爻」。

❽「馬」，通行本作「像」。「象也者，像此者也」，「象」、「像」兩字形有別，帛書本則皆作「馬」字。「像」，《校勘記》：「石經初刻作『象』，後加人旁。」

❾「效馬」，通行本作「爻象」。「效」通「爻」。通行本「象」字，帛書本常寫作「馬」。

❿「請」，通行本作「情」；「請」通「情」。

⓫「大思」，通行本作「大德」，作「大德」是。疑「思」爲「悳」之殘，轉相抄寫致誤。張政烺云：「思疑是恩之誤。」

⓬「費」，通行本作「寶」；「寶」，《釋文》云「孟作保」。「立」下，有重文符號，讀爲「立位」，通行本僅作「位」字。

⓭「曰人」，通行本作「曰仁」。「人」與「仁」，觀念不同。《校勘記》引《釋文》：「『曰人』，王肅、卞伯玉、桓玄明、僧紹作『仁』。」

⓮「材」，通行本作「財」；「材」通「財」。下「理財」之「材」字，校同此。

正三二行上辤，愛民安行曰義。❶古老戲是之王天下也，❷印則觀馬於天，❸府則觀法於地，❹觀鳥獸之文與三二行下地之義，❺近取諸身，遠取老物，❻於是始作八卦，以達神明之德，❼以類萬物之請。❽作結繩而爲古，❾以田以漁，❿三三行上蓋取老《羅》也。⓫肆戲是没，神戎氏作，⓬斲木爲杸，⓭楺木爲耒槈。⓮槈耒之利，以教天下，蓋[取]三三行下老《益》也。日中爲俟，⓯至天下之民，⓰聚天下之貨，交易

❶「愛民安行」，通行本作「禁民爲非」。

❷「戲是」，通行本作「包犧氏」。「戲」與「犧」，「是」與「氏」相通；「包」字，帛書本脱，第三十三行寫作「肆」。張政烺説與「包」字通假。《釋文》：「包，本又作庖。……孟、京作伏。犧，許宜反，又作羲。……孟、京作戲。」

❸「印」，通行本作「仰」。「印」爲「卬」之訛，「卬」通「仰」。

❹「府」，通行本作「俯」。「府」通「俯」。

❺「義」，通行本作「宜」。「義」通「宜」，「義」訓「宜」。

❻「者」，通行本作「諸」。「者」通「諸」。

❼「達」，通行本作「通」。達，通也。

❽「請」，通行本作「情」。

❾「爲古」，通行本作「爲罔罟」，《釋文》：「黄本作『爲罔罟』，云『取獸曰罔，取魚曰罟』。」「古」通「罟」。

❿「以田以漁」，通行本「田」作「佃」，《釋文》：「佃音田，本亦作田；漁音魚，本亦作魚。」

⓫「者」，通行本作「諸」。「者」通「諸」。「羅」，帛書本《經》同，通行本作「離」。「羅」通「離」。「也」，通行本無。下諸「也」字，通行本亦無。

⓬「神戎氏」，通行本作「神農氏」。「戎」通「農」。

⓭「杸」，通行本作「耜」，同字異文。

⓮「槈」，其下有重文符號，上作「耒槈」，下爲「槈耒」。通行本作「楺木爲耒，耒槈之利」，亦在上「耒」字下脱一「槈」字。此句，《釋文》：「本或作『楺木爲之耒槈』，非。」以帛書本觀之，《釋文》之説未必是。

⓯「俟」，通行本作「市」；「俟」通「市」。

⓰「至」，通行本作「致」。

而退，各得亓所欲，❶蓋取老《筮蓋》也。❷神戎是没，黄帝、三四行上堯、舜是作，❸迵亓變，使民不乳，❹神而化之，使民宜之。《易》冬則變，迵則久。❺是以「自天右之，三四行下吉，无不利」也。❻黄帝、堯、舜陲衣常而天下治，❼蓋取老《鍵》、《川》也。❽杅木爲周，❾剡木而爲楫，❿齍不達，⓫至遠以利三五行上天下，⓬蓋取老《奐》也。⓭備牛乘馬，⓮[引]重行

❶「欲」，通行本無，疑脱。

❷「筮蓋」，通行本作「噬嗑」。

❸「是」，通行本作「氏」。

❹「乳」，通行本作「倦」。「乳」即「亂」字；通行本「倦」，當爲「亂」之假字。通變，則不亂矣。

❺「冬則變，迵則久」，通行本作「窮則變，變則通，通則久」，《釋文》：「一本作『《易》窮則變，通則久』。」疑「冬」通「窮」。

❻見《大有》卦上九爻辭。此乃《繫辭》第三次引用此爻辭。《釋文》：「祐，本亦作佑。」《校勘記》：「石經『利』下有『也』字，古本同。」

❼「陲」，通行本作「垂」。「衣常」，通行本作「衣裳」。「常」通「裳」。

❽「也」，通行本無。下「奐也」、「隋也」、「余也」、「少過也」、「誁也」、「大莊也」、「大過也」、「大有也」，諸「也」字，通行本皆無。

❾「杅」，通行本作「刳」，《釋文》云：「本又作挎。」「杅」通「刳」。「周」，通行本作「舟」。「周」通「舟」。

❿「而」，通行本無。「剡」，《釋文》：「掞，本亦作剡。」「楫」，《釋文》：「本又作檝。」

⓫「齍不達」，通行本作「以濟不通」。帛書本脱「以」字。「齍」通「濟」。達，通也。「以濟不通」上，通行本有「舟楫之利」一句。帛書本脱。

⓬「至遠以利天下」，《釋文》：「一本無此句。」「至遠」，通行本作「致遠」。

⓭「奐」，通行本作「渙」，帛書本、通行本《經》作「渙」，楚簡本《經》作「[illegible]」。

⓮「備」，通行本作「服」。「備」通「服」。

遠，❶以利天下，❷蓋取者《隋》也。❸重門毄枳，❹以挨挔客，❺蓋取三五行下《余》也。❻斷木爲杵，棳地爲臼，❼臼杵之利，萬民以次，❽蓋取者《少過》也。❾[弓系]木爲柧，❿棪木爲矢，⓫柧矢之利，以威天［下］，三六行上蓋取者《[言乖]》也」。⓬上古穴居而野處，後世[耳口]人易之以宮室，上練下楣，⓭以寺風雨，⓮蓋取者《大莊》也」。⓯三六行下古之葬者，厚裹之以薪，⓰葬諸中野，⓱不封不樹，葬期无數；⓲後世[耳口]人

❶「行」，通行本作「致」。

❷《釋文》：「一本無『以利天下』一句。」

❸「隋」，帛書本《經》同，通行本《繫辭》、通行本《經》作「隨」，楚簡本《經》作「陵」。

❹「枳」，通行本作「柝」，《説文》卷六木部一引作「擊榜」，一引作「擊欜」。「枳」通「柝」。

❺「挨」，通行本作「待」。「挔」，通行本作「暴」，《釋文》：「鄭作虣。」

❻「余」，通行本《繫辭》、《經》作「豫」，帛書本《經》作「餘」，楚簡本《經》作「余」。

❼「棳」，通行本作「掘」。

❽「次」，通行本作「濟」。

❾「少過」，通行本作「小過」。

❿「[弓系]」，通行本作「弦」。「[弓系]」、「弦」之同字異文。「柧」，通行本作「弧」；「柧」通「弧」。

⓫「棪」，通行本作「剡」。

⓬「[言乖]」，通行本《繫辭》、《經》作「睽」，帛書本《經》作「乖」，楚簡本《經》作「楑」。

⓭「練」，通行本作「棟」。「楣」，通行本作「宇」。

⓮「寺」，通行本作「待」；「寺」通「待」。

⓯「大莊」，通行本《繫辭》、《經》作「大壯」，帛書本《經》作「泰壯」。

⓰「裹」，通行本作「衣」。

⓱「諸」，通行本作「之」。

⓲「葬期」，通行本作「喪期」。

易之以棺享，❶蓋取老《大過》也。❷[上古三七行上結]繩以治，❸[後]世耶人易之書契，❹百官以治，萬民以察，蓋取老《大有》也。❺是故《易》也者，❻馬。❼馬也老，三七行下馬也。❽緣也老，❾制也。❿肴也老，⓫效天下之動老也。是[故]吉凶生而悬哭箸也。⓬陽卦多陰，陰卦多[陽，亓故何也？陽]三八行上卦奇，陰卦[耦]也。⓭[亓]德行何也？陽一君二民，⓮君子之道也。⓯《易》曰：「童童往[來]，傰從璽思。」⓰子曰：「天下三八行下[何思何慮？天下同歸而殊塗，一致而]百[慮]。⓱天下何

❶「棺享」，通行本作「棺椁」；「享」通「椁」。
❷「大過」，帛書本《經》作「泰過」。
❸「以」，通行本作「而」。
❹「契」，通行本作「契」。
❺「大有」，通行本作「夬」。
❻「也」，通行本無。
❼「馬」，通行本作「象」。「象」下，通行本有「也」字。
❽此「馬」字，通行本作「像」，《釋文》：「像，衆本並云『擬』也，孟、京、虞、董、姚還作『象』。」
❾「緣」，通行本作「彖」。「也」，通行本無。
❿「制」，通行本作「材」。「材」通「裁」；制，裁也。
⓫「肴」，通行本作「爻」。
⓬「悬哭」，通行本作「悔吝」。「哭」即「吝」字之異構。「箸」，通行本作「著」。「箸」通「著」。
⓭「也」，通行本無。
⓮「君」下，通行本有「而」字。
⓯此下，通行本尚有「陰二君而一民，小人之道也」十一字。
⓰見《咸》（帛書本、楚簡本《經》作《欽》）卦九四爻辭。通行本作：「憧憧往來，朋從爾思。」「憧」，《釋文》：「本又作憧。」「璽」，帛書本《經》作「璽」。
⓱「[天下同歸而殊塗，一致而]百[慮]」，司馬談《論六家要旨》引《易大傳》作：「天下一致而百慮，同歸而殊塗。」

思何慮？日往[則月來，月往則日來，日月相推而明生三九行上焉。寒往則暑來，暑往則寒來，寒暑相]誰而歲[成焉。❶往者屈也，來]者信也。❷詘信相欽而利生焉。❸[尺三九行下蠖之屈，以求信也。龍蛇之蟄]，以存身也。❹請義入神，❺以至用；❻利用安身，以𩫖[德也。❼過此以往，未知或知也。窮神四〇行上知化，德之盛]也。」《易》曰：「[困于石，據]于疾利。入于亓宮，不見亓妻，凶。」❽子曰：「非亓所困而困焉，❾名四〇行下必辱。非亓所勮而據焉，❿身必危。既辱且危，死亓將至，⓫妻可得見[耶？」⓬《易》曰：「公用鶽于高墉之上，四一行上獲之，无不利。」子曰]：「鶽老=，⓭禽也。弓矢老=，器也。射之老=，人也。君子臧器於身，⓮

❶「誰」，通行本作「推」。「誰」通「推」。

❷「信」，《釋文》：「本又作伸。」

❸「詘信」，通行本作「屈信」。「信」，通「伸」。「相欽」，通行本作「想感」。「欽」，通「感」。

❹「龍蛇之蟄以存身」，《校勘記》：「石經初刻本作虵，後改蛇。《釋文》出『龍虵』云『本又作虵』；『全身』，『本亦作存身』。」

❺「請」，通行本作「精」。「請」，通「精」。

❻「用」下，通行本有「也」字。

❼「𩫖」，通行本作「崇」；「𩫖」即「崇」之異體。

❽見《困》卦六三爻辭。「疾利」，通行本《繫辭》、《經》作「蒺蔾」，帛書本《經》作「疾莉」。「入」，帛書本《經》訛爲「人」字。

❾「亓」，通行本無。下「非亓所」之「亓」字，通行本亦無。

❿「勮」，通行本作「據」。

⓫「亓」，通行本作「期」。「亓」，通「期」。《校勘記》：《釋文》出『死其』云：『其，亦作期。』」

⓬「妻」下，通行本有「亓」字。

⓭這一段話解釋《解》卦上六爻辭。「鶽」，通行本《繫辭》、《經》作「隼」，帛書本《經》作「敻」。

⓮「臧」，通行本作「藏」。

侍者而童，❶何四一行下不利之又？❷勤而不矰，❸是以出而又獲也；❹言舉成器而勤者也。❺」子曰：「小人[不恥不仁，不畏不義，不見利四二行上不勸，不]畏不誎。❻小誎而大戒，❼小人之福也。❽《易》曰『構校滅止，无咎』也者，❾此之胃也。善不責，❿不足以四二行下成名；亞不責，不足以滅身。小人以小善爲无益也，⓫而弗爲也，以小亞[爲无傷也，而弗去也，故亞責而不四三行上可]蓋也，⓬罪大而不可解也。《易》曰：『何校滅耳，凶。』⓭君子見幾而作，

❶「侍」，通行本作「待」。「侍」通「待」。「者」，通行本作「時」。「者」，「時」之訛。「童」，通行本作「動」。「童」通「動」。

❷「又」，通行本作「有」。「又」通「有」。

❸「矰」，通行本作「括」。

❹「出而有獲」，《校勘記》：「古本下有『何』字。」「何」，疑是「也」字之訛。

❺「言」，通行本作「語」。「舉」，通行本無，疑脱。

❻「畏」，通行本作「威」。「畏」、「威」通。「誎」，通行本作「懲」。「誎」，通「懲」。

❼「戒」，通行本作「誡」。《校勘記》：「石經初刻戒，後改誡。」

❽「小人」上，通行本有「此」字。

❾見《噬嗑》卦初九爻辭。「構」，通行本作「屨」，帛書本《經》作「句」，《校勘記》云石經等本「屨作履」。「止」，通行本作「趾」，帛書本《經》作「止」，《釋文》：「止，本亦作趾。」「也者」二字，通行本無。

❿「亞」，通行本作「惡」。「惡」從「亞」得聲，「亞」通「惡」。下同。「責」，通行本作「積」。「責」通「積」。

⓫「也」，通行本無。下「蓋也」、「解也」之「也」字，通行本亦無。

⓬「蓋」，通行本作「揜」。「揜」、「蓋」，義同。

⓭「何校滅耳凶」，見《噬嗑》上九爻辭。《校勘記》：「古本『何』作『荷』，《釋文》出『何校』。」帛書本《經》「何」作「荷」。「凶」，帛書本《經》作「兇」。

不位冬日。❶《易》曰：『介于石，四三行下不冬[日，貞]吉。』❷介于石，❸毋用冬日，❹斷可識矣。君子知物知章，❺知柔[知剛，萬夫之望。」若夫雜物撰德，四四行上辯]是與非，則下中教不備。❻初，大要存亡，吉凶則將可知矣。❼鍵，❽德行恆易以知險；夫川，四四行下魋然天下[之至]順也，❾德行恆閒以知[阻]。❿能說之心，⓫能數諸侯之慮，⓬[定天下之吉凶，成天下之勿勿者。是故]四五行上變化具爲，⓭吉事又羊，⓮馬事知器，筭事知來。⓯天地設馬，耶人成能。人謀鬼謀，百姓與能。八四五行下卦以馬告也，⓰

---

❶「位」，通行本作「俟」。「冬」，通行本作「終」。「冬」通「終」。

❷所引《易》文見《豫》卦六二爻辭。此爻辭，帛書本《經》作：「疥于石，不終日，貞吉。」「介」，《校勘記》引《釋文》：「衆家作砎。」

---

❸「石」下，通行本有「焉」字。

❹「毋」，通行本作「寧」。

❺「物」，通行本作「微」。「章」，通行本作「彰」。「章」通「彰」。

❻「則下中教不備」，通行本作「則非其中爻不備」。「教」通「爻」。帛書本與通行本句意有别。

❼上數句，通行本作：「噫亦要存亡吉凶，則居可知矣。」兩本相較，當從帛書本；傳統註疏的句讀、理解皆誤。

❽「鍵」上，通行本有「夫」字，帛書本脱。「鍵」下，通行本有「天下之至健也」一句，疑帛書本脱。

❾「魋然」，通行本無。

❿「閒」，通行本作「簡」。

⓫「之」，通行本作「諸」。

⓬「數」，通行本作「研」。《說文》：「數，計也。」

⓭「具爲」，通行本作「云爲」，作「具爲」是。具，備也，備辦。

⓮「又羊」，通行本作「有祥」。「又羊」通「有祥」。

⓯「筭」，通行本作「占」。

⓰「也」，通行本無。

教順以論語。❶剛柔雜処，❷吉[凶]可識。❸動作以利言，❹吉凶以請遷。❺[是故]愛亞相攻而吉凶[生]，❻四六行上遠近相取而⿱毋心吳生，❼請僞相欽而利害生。❽凡《易》之請，❾近而不相得則凶；或害之，則⿱毋心四六行下且吳。❿將反，⓫則[亓]辤乳；⓬吉人之辤寡，⓭趮人之辤多；⓮无善之人，⓯亓辤斿；失亓所守，⓰亓辤屈。⓱　□□□□四七行上□四七行下⓲

❶「教順」，通行本作「爻象」。一解，「教順」通「爻象」；一解，「順」通「訓」，「教訓」別爲一詞。「論語」，通行本作「情言」。「語」與「言」義同，「論」與「情」有別。

❷「處」，通行本作「居」。處，居也。

❸「吉」上，通行本有「而」字。「識」，通行本作「見」；其下，通行本有「矣」字。

❹「動作」，通行本作「變動」。

❺「請」，通行本作「情」。下「請僞」、「之請」之「請」，通行本皆作「情」。「請」通「情」。

❻「亞」，通行本作「惡」。「亞」通「惡」。

❼「⿱毋心吳」，通行本作「悔吝」。「⿱毋心」即「悔」，「吳」同「吝」。

❽「欽」，通行本作「感」。「欽」通「感」。「情僞相感而利害生」，《校勘記》：「古本無此八字。」

❾「請」，通「情」。

❿「則」，通行本無。

⓫「反」，通行本作「叛」。「反」通「叛」。「反」下，通行本有「者」字。

⓬「則」，通行本無。「乳」，即「亂」，通行本作「慙」。此句下，通行本有「中心疑者其辭枝」七字。

⓭「入」，通行本作「人」。「入」，「人」之訛。

⓮「趮」，通行本作「躁」。

⓯「无」，通行本作「誣」，作「无」爲當。「斿」，通「游」，通行本作「游」。

⓰「所」，通行本無。「守」下，通行本有「者」字。

⓱「屈」下，《校勘記》：「下有『也』字。」

⓲最後數字，前後二字尚保留了少許墨跡，並與上「屈」字間空一字位置。當是記載篇名和字數的文字。

衷

■子曰：「《易》之義誶陰與陽，❶六畫而成章。曲句焉柔，❷正直焉剛。❸六剛无柔，❹是胃大陽，❺此天［之義也］。❻一行上□□□□□□見台而□□□方。六柔无剛，❼此地之義也。天地相衡，❽氣味相取，陰陽流荆，❾剛一行下柔成攻。❿萬物莫不欲長生而亞死，⓫會心老=而台作《易》，⓬和之至也。是故《鍵》□九□□高尚□□，［天二行上

❶「誶」，道說，告訴。《漢書·敘傳上》：「既誶爾以吉象兮，又申之以炯戒。」顏師古《注》：「誶，告也。」《莊子·天下》「《易》以道陰陽」，與此篇「《易》之義誶陰與陽」，說法頗爲相近。「誶」，或隸作「誰」、「評」，皆非。

❷「句」，《說文》：「句，曲也。」「焉」，乃也。

❸「曲句焉柔，正直焉剛」二句，言柔爻、剛爻之形狀。柔爻曲句，剛爻正直，與帛書《周易》卦畫中所示剛柔二爻的形狀相一致。

❹「六剛无柔」，鍵（乾）卦卦象。

❺「胃」，通「謂」。下同。

❻上下一段文本，從爻形言及爻性，從爻性言及陰陽觀念，從陰陽觀念談到天地觀念，將《周易》的卦爻系統和整個宇宙密切關聯起來。其中，在卦爻系統（以乾坤二卦爲代表）與天地之間，陰陽觀念起了重要的中介作用。

❼「六柔无剛」，川（坤）卦卦象。疑帛書「剛」下抄脱「是胃大陰」四字。

❽「衡」，疑爲「衛」之訛，二字形近易誤。「衛」從「衞」省，「衞」即「率」。《玉篇》行部：「衞，循也。今或爲率。」

❾「荆」，即「刑」，通「形」。

❿「成」下一字漫漶，形似「攻」字。「攻」通「功」。

⓫「亞」，讀作「惡」。

⓬「老=」，即「者」字。下同。「台」，讀爲「始」。

之道也。《川》」順從而知畏兇，❶義沾下就，地之道也。用六，贛也；❷用九，盈也。❸盈而剛，故《易》曰「直二行下方大，不習，吉」也。❹因不習而備，故《易》曰「見羣龍无首，吉」也。❺是故《鍵》老=，得[之陽也；《川》老=]，得之陰也；❻《肫》老=，❼[得之]□[也；三行上《蒙》老=，得之」隋也；❽[《嬬》老=，得之」畏也；《容》老=，❾得之疑也；《師》老=，得之栽也；❿《比》老=，得盰也；⓫《小蓄》老=，⓬[得]之三行下未□也；《履》老=，諈之□行也；《益》老=，上下交矣；《婦》老=，⓭[陰]陽姦矣。⓮

❶「兇」，通「凶」。

❷「用六」，川（坤）卦之用六爻。「贛」，通「坎」。坎，坎陷。

❸「用九」，鍵（乾）卦之用九爻。「用」，帛书本经作「迵」，讀作「通」。用六、用九，就此二爻而通論之，是從一般意義上而言的。《衷》篇説「用六，贛（坎）也；用九，盈也」，不僅與二爻之形狀相一致，而且與二爻陰陽消息之義相表裏。

❹見《川》卦六二爻辭。「吉」，通行本、帛書本經作「无不利」。

❺見《鍵》卦用九爻辭。由「盈而剛」，《衷》引出《川》卦六二爻辭，由《川》之六二爻辭「不習」，進而引出《鍵》之用九爻辭，《衷》篇的作者對於乾坤乃至陰陽觀念的理解已經非常深入。

❻上二句，將鍵與陽、川與陰關聯起來，並説鍵得之陽、川得之陰，陰陽觀念的重要性更加突出。

❼「肫」卦，通行本、帛書本經作「屯」。

❽「隋」，通「隨」。

❾「容」卦，通行本、帛書本經作「訟」。「容」通「訟」。下同。

❿「栽」，疑通「救」。

⓫「盰」上，帛書本抄脱「之」字。

⓬「小蓄」卦，通行本經作「小畜」，帛書本作「少蓺」。

⓭「婦」卦，帛書本經同，通行本作「否」。

⓮「姦」，邪惡不正。

下多陰而紑❶□□□□辨女□□□四行上□□□□。《復》之卦，留□而周，所以人紫也。❷《无孟》之卦，❸有罪市死，❹无功而賞，所以甾，❺故四行下□。《余》之卦，❻歸而强，士諍也。《嬬》❼[□□□□□□□□□知，未騰朕也。❽《容》，失諸□□□□□□□□□□五行上□□□奇□而腫，□□遠也。《大有》之卦，孫位也。❾《大牀》，❿小腫而大從，⓫□□□也。《大蓄》，⓬兑而誨五行下[也]。⓭《隋》之卦，⓮相而能戒也。⓯□□□□□□□□□□□□□无争而□□□□□□□□□□□六行上□□□□□□□□說，和說而知畏。⓰《謹》老，得之代阱也。⓱《家[人]》老，得

❶「紑」，通「否」，閉塞不通。

❷「紫」，疑通「北」。《説文》：「北，乖也。从二人相背。」

❸「无孟」卦，帛書本經傳同，通行本作「无妄」。「孟」通「妄」。

❹「市」，「不」之訛；「市」、「不」形近易誤。

❺「甾」，通「𢦏」。《説文》：「𢦏，害也。从一雝川。《春秋傳》曰：『川雝爲澤，凶。』」

❻「余」卦，帛書本經作「餘」，通行本作「豫」。「余」、「餘」、「豫」，音相通。

❼「嬬」卦，帛書本經作「襦」，通行本作「需」。三字可通假。

❽「朕」，通「勝」。

❾「孫」，通「遜」。

❿「大牀」卦，帛書本經作「泰壯」，通行本經作「大壯」，帛書本《繫辭》作「大莊」。「牀」、「莊」，通「壯」。

⓫「腫」，通「踵」。《説文》：「踵，追也。」「小腫而大從」，指陰爻受到追逐、排擠而陽爻順從壯大。

⓬「大蓄」卦，帛書本經作「泰蓄」，通行本作「大畜」。「蓄」通「畜」。

⓭「兑」，通「悦」。

⓮「隋」卦，帛書本經同，通行本作「隨」。「隋」通「隨」。

⓯「相」，輔相。「戒」，警戒。

⓰「和説」，即「和悦」。「和」上之「説」，亦疑通「悦」。

⓱「謹」卦，疑通「艮」。艮卦卦畫，有二阱象。「代」，更也，迭也。阱，《説文》：「陷也。」

処也。❶《井》老，得之徹六行下也。❷《坸》老，❸[得之]□□□□□□□□□□□□□□□也。《豐》老，得[之]□□□□□□□□□□七行上瞿也。❹《兼》之卦，❺□□□□於不壹。《坸》之卦，足而知余。❻《林》之卦，❼自誰不先瞿。❽《觀》之卦，盈而能乎。❾七行下《齎》之卦，❿善近而□□□□□□□□□□□□□□□□□□□□□□□八行上□□□□□□□□□□□□□□□□□忠身失量，故曰慎而侍也。⓫《筮閘》紫紀，⓬《恆》言不八行下已，《容》獄凶得也，勞之□□□□□□□□□□□□□□□九行上□□□□□□□□□□。《故》，⓭以□□□□□□行也，《損》以□□也。《大牀》，以卑陰也。《歸妹》，以正女也。

---

❶ 「処」，同「處」。處，處所，安止之地。「処」上，疑抄脱「之」字。

❷ 「徹」，《説文》：「通也。」《雜卦》：「井，通。」「得之徹」之「徹」，疑具體指徹法。

❸ 「坸」卦，通行本作「姤」，帛書本經作「狗」。

❹ 「瞿」，疑讀作「懼」。

❺ 「兼」，通行本作「謙」卦，帛書《繆和》作「溓」。

❻ 「余」，通「餘」。

❼ 「林」卦，帛書本經同，通行本作「臨」卦。

❽ 「誰」，通「進」，謂陽爻自下而進上。「瞿」，通「懼」。

❾ 「乎」，通「虚」。觀卦，有陰陽進退、盈虛之象。

❿ 「齎」卦，從「齊」得聲，「齊」與「濟」或「晉」相通。下一一行有《晉》卦爻辭，「晉」作「㬪」。疑「齎」本是「未濟」卦，而上脱「未」字。下一〇行「既濟」作「既齎」，乃其證。

⓫ 「侍」，讀作「待」。下同。

⓬ 「筮閘」卦，通行本作「噬嗑」。「紫」，通「北」，背離之義。「紀」，綱紀，禮法制度之類。

⓭ 「故」，通「蠱」，即《蠱》卦。此卦名，楚竹簡本作「蛊」，帛書本經作「箇」。

九行下《既齋》老，❶高余比貧❷□□□□□□□□□□□□□□□□□□□□□□□□一〇行上□□□□□《[大]過》「過涉」，❸所以□捈也。子曰：□□□□□□□□□□□□□□□□□□，[所]一〇行下以禁咎也。子曰：□□□□□□□□□□□□□□□□□□□□□□□□一一行上□□□□□□，所以教謀也。「榗如秋如」，❹所以辟怒[也]。❺□□□□□□□□□□□□□□□□□□□一一行下□□□□。「[不]事王矦」，❻□□之胃也。不求則不足難□□□□□□□□□□□□□□□□□□□一二行上□□□遬脩□□□□□□□也。《易》曰□□□□□□□□□□□□□□□一二行下□□□□則危，親傷□□□曰「何校」則凶，❼「履校」則吉，❽此之胃也。子曰：五行❾□□□□□□□□一三行上□□□□□用，

❶「既齋」卦，通行本、帛書本經作「既濟」。「齋」通「濟」。

❷「余」，讀爲「餘」。《説文》：「餘，饒也。」

❸「過涉」二字，出自《大過》卦上六爻辭。

❹「榗如秋如」，見《晉》卦六二爻辭。「榗」，通行本、帛書本經作「晉」、「溍」；「秋」，通行本經作「愁」。由此句可推斷，《衷》篇的「晉」卦，字當作「榗」。

❺「辟」，通「弭」，平息，止息。《禮記・郊特牲》：「祭有祈焉，有報焉，有由辟焉。」鄭《注》：「辟，讀爲弭，謂弭災兵，遠罪疾也。」

❻「[不]事王矦」，見《蠱》卦上九爻辭。「矦」即「侯」。

❼「何校」，見《噬嗑》卦上九爻辭。通行本《噬嗑》上九爻作「何校滅耳，凶」，帛書本《筮蓋》作「荷校滅耳，兇」。「何」同「荷」，「兇」通「凶」。《説文》：「何，儋也。」徐鉉等曰：「儋何，即負何也。借爲誰何之何。今俗別作擔荷，非是。」

❽「履校」，見《噬嗑》初九爻辭。通行本《噬嗑》作「屨校滅趾，无咎」，帛書本《筮蓋》作「句[校滅]止，无咎」。「履」、「句」，通「屨」。

❾「五行」，又見帛書《二三子》，帛書《要》以爲水、火、金、土、木五者。

不可學老也，唯亓人而已矣。❶□亓利□□□□□［昔老，耶人之作《易》也，幽］一三行下贊於神明而生占也，❷參天兩地而義數也，❸觀變於陰陽而立卦也，❹發揮於［剛］柔而［生爻也，］一四行上和順於道德］而理於義也，竆理盡生而至於命［也。❺昔老，耶人之作《易》也，將以順生］命［之］理也。❻是故位一四行下天之道曰陰與陽，❼位地之道曰柔與剛，位人之道曰仁與義。兼三財兩之，❽六畫而成卦。❾分陰分陽，［迭一五行上用柔剛，故］《易》六畫而爲章也。❿天地定立，⓫［山澤通氣］，

❶ 「亓」，同「其」。下同。

❷ 此下，至「故易達數也」，見《說卦》傳前三章。「贊」，《釋文》本或作「讚」。「讚」，通「贊」。「贊」，助也。「明」、「占」，《說卦》作「明」、「蓍」。「也」及下諸「也」字，《說卦》無。

❸ 「義」，《說卦》作「倚」。「義」、「倚」可通假，謂數與天地的關聯。通行本《繫辭》：「天數五，地數五，五位相得而各有合。天數二十有五，地數三十。凡天地之數五十有五，此所以成變化而行鬼神也。」「天一，地二；天三，地四；天五，地六；天七，地八；天九，地十。」（這段話，亦見帛書《繫辭》）此外，還有大衍之數、乾坤策數。它們與天地之數密切相關，可以看作「參天兩地而義數」的結果。

❹ 《釋文》：「觀變，一本作觀變化。」疑非。

❺ 「竆」，《說卦》作「窮」。「竆」即「窮」。「生」，讀作「性」，《說卦》作「性」。「而」，《說卦》作「以」。而，以也。

❻ 此句，阮元《校勘記》：「古本下有『也』字。」

❼ 「位」及下二「位」字，《說卦》作「立」。「位」，讀作「立」。

❽ 「三財」，《說卦》作「三才」。「財」，通「才」。「兩」上，《說卦》多「而」字。

❾ 「六畫」上，《說卦》有「故《易》」二字，疑帛書本抄脫。

❿ 「六畫」，《說卦》作「六位」，《釋文》云「本又作六畫」。「爲」，《說卦》作「成」。

⓫ 「立」，《說卦》作「位」。「立」，讀爲「位」。

火水相射，❶雷風相榑，❷八卦相厝。❸數一五行下往老順，知來老逆，故《易》達數也。」❹子曰：「萬物之義，不剛則不能僮，❺不僮則无功，恆僮而弗中，則[亡，一六行上此剛]之失也。不柔則不靜，❻不靜則不安，久靜不僮則沈，❼此柔之失也。是故《鍵》之炕龍，❽《壯》之『觸蕃』，❾一六行下《句》之离角，❿《鼎》之『折足』，⓫《酆》之虛盈，⓬五繇老，⓭剛之失

❶「火水」，《說卦》作「水火」。「相射」上，《說卦》多「不」字，疑誤衍。又，「水火不相射」句，《說卦》在「雷風相薄」下。

❷「榑」，通「薄」。

❸「厝」，《說卦》作「錯」。「厝」通「錯」，交錯也。

❹「故」，《說卦》作「是故」。「達」，《說卦》作「逆」。「達」，通「逆」；「數」，術也。「達數」，通達宇宙萬物往來之方法。自「天地定立」以下至此，一說與帛書本經六十四卦的排列順序，或與邵雍先天八卦方位圖密切相關。待考。

❺「僮」，通「動」，即「動」字。下同。

❻「靜」，即「靜」字。

❼「沈」，即「沉」。

❽「炕龍」，見《乾》卦上九爻辭：「亢龍有悔。」帛書本經《鍵》卦作「抗」，「炕」、「抗」，通「亢」。

❾「壯」，通行本和帛書本經稱之爲「大壯」或「泰壯」卦。「觸蕃」，見《大壯》九三爻辭：「小人用壯，君子用罔，貞厲。羝羊觸藩，羸其角。」「蕃」，帛書本經作「藩」。「蕃」通「藩」。

❿「句」，《衷》篇或作「坸」，通行本經作「姤」，帛書本經作「狗」。「句」、「坸」、「狗」，通「姤」。「离」即「離」，通「罹」。罹，遭逢。通行本《狗》卦上九爻辭：「姤其角，吝，无咎。」《序卦》：「姤者，遇也。」《雜卦》：「姤，遇也。」「姤其角」故有「离角」之義。

⓫見《鼎》卦九四爻辭：「鼎折足，覆公餗，其形渥，凶。」

⓬通行本《豐》卦上六爻辭：「豐其屋，蔀其家，闚其戶，闃其无人，三歲不覿，凶。」帛書本該爻作：「豐丌屋，剖丌家，閨丌戶，哭丌无人，三歲不遂，兇。」又《豐·象》：「天地盈虛，與時消息。」是《豐》卦有虛盈之象。

「酆」，通「豐」。

⓭「繇」，卦爻辭。

也，僮而不能犕老也。《川》之『牝馬』，❶《小蓄》之『密雲』，❷《句》之『[適]屬』，❸ 一七行上 [《漸》]之繩婦，❹《肫》之『泣血』，❺五繇老，陰之失也，犕而不能僮老也。是故天之義，剛建僮發 一七行下 而不息，❻亓吉保功也；無柔救之，❼不死必亡。僮陽老亡，❽故火不吉也。地之義，柔弱、沈犕，不僮，亓吉[保 一八行上 安也；无]剛文之，則竆賤遺亡。❾重陰老沈，故水不吉也。故武之義，保功而恆死；文之義，一八行下 保安而恆竆。是故柔而不抉，❿然后文而能朕也；⓫剛而不折，然而后武而能安也。⓬《易》曰：『直方大，不 一九行上 [習，吉]。』⓭□□□□□於文武也。」此《易贊》也。⓮

❶「牝馬」，見《川》(《坤》)卦卦辭。

❷「密雲」，見《小蓄》(《小畜》)卦卦辭。

❸「[適]屬」，見《狗》(《姤》)卦初六爻辭，通行本經作「躑躅」。

❹「繩婦」，即「孕婦」。通行本《漸》卦九五爻辭：「夫征不復，婦孕不育，凶。」「孕」，帛書本作「繩」。「繩」通「孕」。

❺「泣血」，見《屯》卦上六爻辭，通行本作：「乘馬班如，泣血漣如」。帛書本經「泣血」作「汲血」。「汲」通「泣」。

❻「建」通「健」，「僮」通「動」。

❼「救」，即「救」字。救，助也。

❽「僮」，讀作「重」。下「重陰老沈」，是其證。重，多也，過也。

❾「竆」，即「窮」字。「遺」，通「匱」。匱，匱乏，不足。窮、賤、匱、亡四字，義相分別。

❿「抉」，同「闕」。抉，缺也。

⓫「后」，通「後」。「朕」，通「勝」。

⓬上「而」字，疑衍。

⓭見《川》(《坤》)卦六二爻辭。

⓮「易贊」二字，似是篇名。鄭玄易學著作亦有《易贊》一文。帛書《衷》，可能原是由兩篇文章構成的。

子曰：「《鍵》六剛能方，湯武之德也。『潛龍勿用』者，❶匿也。一九行下『見蠪在田』也者，❷德也。『君子冬日鍵鍵』，❸用也。『夕沂若，厲，无咎』，❹息也。『或鑼在淵』，❺隱［而］能精也。『罪蠪二〇行上［在天］』，❻□而上也。『炕龍有𢘏』，❼高而争也。『羣龍无首』，❽文而耶也。❾《川》六柔相從順，文之至也。『君二〇行下子先迷，後得主』，❿學人之胃也。『東北喪崩，西南得崩』，⓫求賢也。『履霜，堅冰至』，⓬豫□□也。『直方大，［不二一行上習］』，⓭

❶「潛龍勿用」，見《鍵》（《乾》）卦上九爻辭。「潛」，帛書本經作「潯」。「潯」通「潛」。

❷見《鍵》卦九二爻辭。「蠪」，通行本、帛書本經作「龍」。「蠪」，「龍」之異文。下同。此爻具備「德施普」之象，故下云「德也」。

❸見《鍵》卦九三爻辭。「冬」，通行本、帛書本經作「終」。「冬」，通「終」。「鍵鍵」，通行本經作「乾乾」。「鍵」、「乾」，通「健」。此爻辭具備健動「行事」之象，故下云「用也」。

❹見《鍵》卦九三爻辭。《衷》篇説此爻辭具備「息」之義，與該篇注重剛柔相濟、陰陽對待的思想相一致。「息」與「用」相對而言，皆「龍德」之展開。「沂若」，通行本經作「惕若」。「沂」通「忻」，悦也；夕忻，故有「息」義。

❺見《鍵》卦九四爻辭。「鑼」，通行本經作「躍」。「鑼」同「躍」。

❻見《鍵》卦九五爻辭。「罪蠪」，通行本經作「飛龍」。「罪蠪」同「飛龍」。

❼見《鍵》卦上九爻辭。「炕」通「亢」，「𢘏」即「悔」。

❽見《鍵》卦用九爻辭。「羣」即「群」。

❾「耶」，從「聖」省。

❿見《川》（《坤》）卦卦辭。

⓫見《川》卦卦辭。「崩」，通行本經作「朋」。「崩」通「朋」。

⓬見《川》卦初六爻辭。「履」，帛書本經作「禮」。「禮」通「履」。

⓭見《川》卦六二爻辭。

□□□□[也]。『含章可貞』，❶言美請也。❷『聒囊，无咎』，❸語无聲也。『黃常，元吉』，❹有而弗發也。二一行下『龍單于野』，❺文而能達也。『或從王事，无成有冬』，❻學而能發也。《易》曰『何校』，❼剛而折也。『鳴嗛』也老＝，❽柔而二二行上□[也。《豫》之]『黃牛』，❾文而知朕矣。❿《渙》之緣辤，⓫武而知安矣。《川》之至德，柔而反於方。⓬《鍵》之至德，二二行下剛而能讓。此《鍵》、《川》之厽說也。」⓭子曰：「《易》之用也，殷之无道，

❶ 見《川》卦六三爻辭。「含」，帛書本經作「合」。「合」通「含」。

❷ 「請」，通「情」。

❸ 見《川》卦六四爻辭。「聒」，通行本經作「括」。「聒」通「括」。《說文》：「括，絜也。」朱駿聲《說文通訓定聲》：「絜者，束也。」

❹ 見《川》卦六五爻辭。「常」，通行本經作「裳」。「常」通「裳」。

❺ 見《川》卦上六爻辭。「單」，通行本、帛書本經作「戰」。「單」，讀作「戰」。

❻ 見《川》卦六三爻辭。「冬」，通行本經作「終」。「冬」，讀作「終」。

❼ 「何校」，見《筮蓋》(《噬嗑》)卦上九爻辭。

❽ 「鳴嗛」，見《嗛》(《謙》)卦六二爻辭。「嗛」，通行本經作「謙」。「嗛」通「謙」。

❾ 見《掾》(《遯》)卦六二爻辭。

❿ 「朕」，讀作「勝」。

⓫ 「緣」通「彖」，「辤」即「辭」，「緣辤」即「彖辭」。通行本《繫辭》：「彖者，材也。爻也者，效天下之動者也。」然「彖辭」具體所指，仍不清晰。

⓬ 「反」，同「返」。「柔」與「方」，有相對之義。

⓭ 「厽」，同「三」。「《鍵》、《川》之厽說」，自「子曰」至「學而能發」，此一說也；自「《易》曰『何校』」至「武而知安矣」，此二說也；自「《川》之至德」至「剛而能讓」，此三說也。

周之盛德也。❶恐以守功，敬以承事，知以辟患，❷二三行上□□□□□□□文王之危，❸知史記之數書，❹孰能辯焉？《易》曰又名焉曰《鍵》。❺鍵也者，八卦二三行下之長也。❻九也者，六肴之大也。❼爲九之狀，浮首兆下，❽蛇身僂曲，❾亓爲龍類也。夫蠪，下居而上達者，二四行上□□□□□□□□□而成章。在下爲『橧』，❿在上爲『炕』。⓫人之陰德不行者，亓陽必失類。《易》二四行下曰『潛龍勿用』，亓義潛清，⓬勿使之胃也。」子曰：「廢則不可入於謀，朕則不可與戒。⓭

❶ 上三句，可參看通行本《繫辭》：「《易》之興也，其當殷之末世，周之盛德邪？」

❷ 「知」，通「智」。「辟」，讀作「避」。

❸ 據上下文，《衷》篇作者認爲《易》與文王有關。通行本《繫辭》，有類似說法。

❹ 「數書」，大約同於《漢書·藝文志》所說的術數類的書籍。依此，則可知《周易》之作，與術數、卜筮關係密切。

❺ 上「曰」字，衍文。「又」，通「有」。

❻ 《說卦》有乾爲天爲父、坤爲地爲母的說法，而帛書《衷》更進一步，認爲鍵(乾)爲八卦之長。

❼ 「九」，不僅代表了爻性(陽、剛)，同時也指明了《鍵》卦諸爻辭所包含的龍象。「肴」，通「爻」。易卦六爻位，以「九」之象徵意涵爲大。

❽ 「兆」，通「頫」。《說文》：「頫，低頭也。……俛，頫或從人免。」《漢書·項籍傳》顔師古《注》：「頫，古俯字。」

❾ 「僂」，《說文》：「尪也。從人婁聲。周公韤僂，或言背僂。」尪，《說文》以爲「尣」之古文。尣，《說文》以爲「曲脛」之疾。從上文對數字「九」的描述來看，與先秦古文相合。據此，《衷》篇可能作於先秦。

❿ 「在下爲『橧』」，參看《鍵》卦初九爻辭。「橧」，通「潛」；下二五行引作「潛」。

⓫ 「在上爲『炕』」，參看《鍵》卦上九爻辭。「炕」通「亢」。

⓬ 「清」，讀作「靜」。

⓭ 「朕」，讀作「勝」。

忌老二不可與親，繳二五行上[老二]不可予事。❶《易》曰『潛龍[勿用]』、『炕龍有悔』，言亓過也。物之上搵而下絶老二，❷不久大立，❸必多亓二五行下咎。《易》曰『炕蠪有悔』，大人之義不實於心，則不見於德；不單於口，❹則不澤於面。能威能澤，胃之蠪。」《易》二六行上[曰]：「見龍在[田，利]見大人。」❺子曰：「君子之德也。君子齊明好道，❻日自見以侍用也。見男則二六行下僮，❼不見用則⿰禾青。《易》曰：『君子冬日鍵鍵，夕沂若，厲，无咎。』」❽●子曰：「知息也，何咎之有？人不淵、不⿰魚翟，則不見二七行上□□□□□□，反居亓□□。《易》曰：『或⿰魚翟在淵，❾无咎。』」●子曰：「恒⿰魚翟則凶。君子⿰魚翟以自見，道以自二七行下成。君子竆不忘達，安不忘亡，⿰禾青居而成章，首福又皇。」《易》曰：「罪蠪在天，利見大人。」❿子曰：「天之□□二八行上□□□□□□□□□□文而溥，齊明而達矣。此以剸名，⓫孰能及[乎]？」《易》

❶「繳」，讀作「徼」。徼，徼幸，與「僥幸」同。

❷「搵」，讀作「盛」。

❸「立」，讀爲「位」。

❹「單」通「亶」。亶，誠實也。

❺見《鍵》卦九二爻辭。

❻「齊」，讀作「齋」；「齋」，後起字。「齊明」即「齋明」。《禮記·中庸》：「使天下之人齊明盛服，以承祭祀。」《荀子·修身》：「齊明而不竭，聖人也。」

❼「男」即「勇」字，通「用」。「僮」，通「動」。

❽見《鍵》卦九三爻辭。

❾參見《鍵》卦九四爻辭。「或」，時或。「⿰魚翟」，同「躍」。

❿見《鍵》卦九五爻辭。

⓫「剸」，讀作「專」，擅也。《漢書》卷三十九《蕭何傳》：「上以此剸屬何關中事。」顔師古《注》：「剸，讀與專同。……此即言專聲之急上者也。」「剸名」，即專名，獨擅聲名也。

曰：「見羣二八行下蠪无首。」❶子曰：「讓善之胃也。君子羣居，莫敢首，善而治，❷何誒亓和也？❸龍不侍光而僮，无階而登，二九行上□□□□□□□□□。」此《鍵》之羊説也。❹子曰：「《易》又名曰《川》，雌道也，故曰『牝馬之貞』。❺二九行下童獸也，❻川之類也。是故良馬之類，廣前而景後，❼遂臧。尚受而順，❽下安而靜，外又美㓝，❾則中又三○行上□□□□□□乎，昊以來羣，❿文德也。是故文人之義，不侍人以不善，見亞，⓫墨然弗三○行下反，⓬是胃以前戒後。武夫昌慮，⓭文人緣序。⓮」《易》曰「先迷後得主」，⓯學人

❶ 見《鍵》卦用九爻辭。

❷ 「而」，讀作「以」。

❸ 「誒」，讀作「疾」。疾，憂慮，擔心。《論語·衛靈公》：「君子疾末世而名不稱焉。」

❹ 「羊」，通「詳」。下「《川》之羊説」之「羊」，亦讀爲「詳」。

❺ 見《川》(《坤》)卦卦辭。

❻ 「獸」，即「獸」字。童獸，小獸。

❼ 「景」，大也。《詩·周訟·潛》：「以享以祀，以介景福。」

❽ 「尚」，通「上」。

❾ 「㓝」，即「刑」，通「形」。

❿ 「來」，同「勑」，慰勞也。《孟子·滕文公上》：「勞之來之。」《説文》段注：「來，皆勑之省，俗作倈。」

⓫ 「亞」，通「惡」。帛書「惡」字，一般寫作「亞」。

⓬ 「墨」，通「默」。「反」，反復。

⓭ 「昌」，讀作「倡」。

⓮ 「緣序」，又見帛書《繆和》篇。《繆和》五六行：「古者蛛蝥作罔，今之緣序。」「今之緣序」，同篇五五行作「今之人緣序」。「緣」通「循」，「序」通「緒」；「緣序」，即「循緒」。又，武夫、文人是從陰陽、剛柔之義而言，非從職業的角度論之。故有武夫倡導思想，文人遵循其餘業之説。

⓯ 見《川》卦卦辭。

胃也。何无主之又？天氣作三一行上□□□□□□□，亓寒不涷，亓暑不曷。❶《易》曰：「履霜，堅冰至。」❷子曰：「孫從之胃也。❸歲之義，三一行下始於東北，成於西南。❹君子見始弗逆，順而保㝅。❺」《易》曰：「東北喪崩，西南得崩，吉。」❻子曰：「非吉石也。❼亓三二行上□□□與賢之胃也。［武夫］又柫，❽文人有輔。❾柫不橈，❿輔不絶，何不吉之又？」《易》曰：「直方大，不習，三二行下吉。」⓫子曰：「生文武也，⓬雖强學，是弗能

❶ 「曷」，讀作「暍」。《説文》：「暍，傷暑也。」《荀子・富國》：「使民夏不宛暍，冬不凍寒。」

❷ 見《川》卦初六爻辭。

❸ 「孫」，通「遜」。

❹ 自「歲之義」至「成於西南」，參見帛書《二三子》：「歲……西南，温始……寒始於……。」又，《説卦》：「艮，東北之卦也，萬物之所成終，而所成始也，故曰：成言乎艮。」與帛書之義不相雷同。

❺ 「㝅」，通「穀」。《説文》：「穀，續也。百穀之總名。」「穀」，續也。

❻ 見《川》卦卦辭。「崩」，通「朋」。

❼ 「石」，通「是」。是，此也。

❽ 「柫」，同「拂」，通「弼」，矯正也。《孟子・告子下》：「入則無法家拂士，出則無敵國外患者，國恒亡。」

❾ 「文人有輔」，輔拂之説，臣道也。《荀子・臣道》：「有能抗君之命，竊君之重，反君之事，以安國之危，除君之辱，功伐足以成國之大利，謂之拂。故諫争、輔拂之人，社稷之臣也，國君之寶也，明君所尊厚也。」《新書・保傅》：「輔善而相義者謂之輔。輔者，輔天子之意者也。常立於左，是太公也。潔廉而切直，匡過而諫邪者謂之拂。拂者，拂天子之過者也。常立於右，是召公也。」

❿ 「橈」，通「撓」。撓，屈服。

⓫ 見《川》卦六二爻辭。

⓬ 「生」，讀爲「性」。「生文武」至「弗能及之矣」，參見《孟子・告子上》公都子所述「或曰」内容：「性可以爲善，可以爲不善。是故文武興，則民好善；幽厲興，則民好暴。」

及之矣。」《易》曰：「含章可貞，吉。」❶「言美請之胃也。❷文人僮，❸小事時説，❹大［事］三三行上順成，知毋過數而務柔和。」《易》曰：「或從事，无成，又冬。」❺子曰：「言《詩》、《書》之胃也。君子笱得亓三三行下冬，❻可必，可盡也。❼君子言於无罪之外，不言於又罪之内，是胃重福。❽《易》曰：『利［永］貞。』」❾此《川》之羊説也。子［曰］：三四行上「《易》之要，可得而知矣。《鍵》、《川》也老，《易》之門戶也。鍵，陽物也；川，陰物也。陰陽合德而剛柔有體，三四行下以體天地之化。」❿又口能歛之，无舌罪；言不當亓時，則閉慎而觀。《易》曰：「聒囊，无咎。」⓫

❶ 見《川》卦六三爻辭。

❷「言」上，據文例，帛書抄脱「子曰」二字。「請」，通「情」。

❸「僮」，通「動」。

❹「説」，通「悦」。

❺ 見《川》六三爻辭。「或從事」，通行本、帛書本經作「或從王事」，上二二行亦有「王」字。此處「王」字抄脱。

❻「笱」，通「苟」。苟，誠也。「冬」，讀作「終」。

❼ 自此上下，文意不相銜接。文本順序抄訛。

❽「君子言於」至「是胃重福」，似是解釋《川》卦六四爻辭的。

❾ 見《川》卦用六爻辭。又，在此段文本中，未見此爻辭的有關解釋，亦有脱文。

❿ 自「子曰易之要」至此，見通行本《繫辭》下傳，作：「子曰：《乾》、《坤》，其《易》之門邪！乾，陽物也；坤，陰物也。陰陽合德，而剛柔有體，以體天地之撰，以通神明之德。」「門邪」，《釋文》：「本又作門戶邪。」與《衷》同。「膿」，「體」之異文。又，「天地之化」上一段文字與下一段文字文意不相銜接，文本順序當有訛誤。按照通行本《繫辭》下傳的順序，「子曰易之要」至「體天地之化」一段文字應當下移，位於三七行「而達神明之德也」之前。

⓫ 見《川》六四爻辭。

子曰：「不言之胃也。三五行上□□［何］咎之又？墨亦毋譽，❶君子美亓慎而不自箸也，❷淵深而内亓華。」《易》曰：「黄常，元吉。」❸子三五行下曰：「尉文而不發之胃也。❹文人内亓光，外亓龍，❺不以亓白陽人之黑，❻故亓文玆章。❼」易曰：□□既没，又爵三六行上□□□□居亓德不忘。❽「蠪單于野，亓血玄黄。」❾子曰：「耶人信𢦏！❿隱文且䝼，必見之胃也。三六行下蠪卄變而不能去亓文，⓫則文亓信于。」⓬而達神明之德也。⓭

❶「墨」，通「默」。「墨亦毋譽」，乃作者剛柔相濟、陰陽相匹思想的一種反映。

❷「箸」，同「著」。《川》卦六四爻辭所蘊含的貴慎思想，見該爻辭《象傳》、《文言傳》。

❸見《川》卦六五爻辭。

❹「尉」，通「蔚」。蔚，有文采之貌。《革·象》：「君子豹變，其文蔚也。」

❺「龍」，通「寵」。

❻「陽」，通「揚」，顯揚，張揚。

❼「玆」，通「兹」，形亦相近。兹，同滋。《説文》艸部：「兹，艸木多益。」《説文》水部：「滋，益也。」

❽「忘」，讀作「亡」，喪亡。

❾見《川》卦上九爻辭。「蠪」同「龍」，「單」通「戰」。通行本經作「龍戰」。

❿「𢦏」，通「哉」。《説文》戈部：「𢦏，傷也。從戈才聲。」《説文》口部：「哉，言之閒也。從口𢦏聲。讀若埃。」

⓫「卄」，「七」、「十」二字之合文，表「七十」之義。帛書《要》篇一六行亦出現此字，下亦無合文符號。

⓬「于」，通「芋」。《説文》：「芋，大葉實根駭人，故謂之芋也。」段注：「凡于聲字，多訓大。」《詩·小雅·斯干》：「君子攸芋。」毛《傳》：「芋，大也。」孔《疏》：「君子於是居中，所以自光大也。」又，「又口能斂之」至「則文亓信于」一段文本，可能應當上移至三四行「易曰利□貞」之上，「是胃重福」下。

⓭自此句以下至文末，見通行本《繫辭》下傳。

亓辯名也，❶襍而不戉。❷於指《易》□，❸衰世之僮與？❹《易》，❺三七行上「彰往而察」來老也。❻微、顯、贊、絶，❼巽而恆當；當名辯物，❽正言巽辤而備。❾本生仁義，所三七行下以義剛柔之制也。❿亓稱名也少，⓫亓取類也多；⓬其指閒，⓭亓辤文；亓言曲而中，亓事隱而單。⓮因齎人行，⓯明三八行上「失得之報」。「《易》之」興也，於中故乎？⓰作《易》老，亓又患憂與？⓱上卦九老，⓲贊以德而占

❶ 「辯名」，通行本《繫辭》作「稱名」。

❷ 「襍」，即「雜」。「戉」，讀作「越」；通行本《繫辭》作「越」。

❸ 此句，通行本《繫辭》作「於稽其類」。「指」通「稽」。

❹ 此句，通行本《繫辭》作「其衰世之意邪」。「僮」，疑讀爲「動」。

❺ 「易」上，通行本《繫辭》有「夫」字。

❻ 通行本《繫辭》無「老也」二字。

❼ 「贊」，通「纘」。《説文》：「纘，繼也。」

❽ 「辯」，通「辨」。

❾ 「巽」，讀作「選」。選，選擇，裁斷。「辤」，即「辭」。上數句，通行本《繫辭》頗有異，作：「而微顯闡幽。開而當名，辨物正言，斷辭則備矣。」

❿ 上二句，通行本《繫辭》無。「本生」，即「本性」。下「義」字，通「儀」。儀，儀節，規範。這裡作動詞用。

⓫ 「少」，通行本《繫辭》作「小」。

⓬ 「多」，通行本《繫辭》作「大」。

⓭ 「指」、「閒」，通行本《繫辭》作「旨」、「遠」。「指」通「旨」，「閒」通「簡」。

⓮ 「單」，通「亶」。亶，誠也，實也。此句，通行本《繫辭》作：「其事肆而隱。」

⓯ 此句，通行本《繫辭》作：「因二以濟民行。」帛書此處無「二以」兩字。「齎」通「濟」，「人」同「民」。

⓰ 「於」上，通行本《繫辭》有「其」字。「故」，通「古」。

⓱ 「與」，通行本《繫辭》作「乎」。

⓲ 「上」，疑爲「下」字之訛。一説，作「上」不誤，高妙之義。

以義者三八行下也。❶《履》也老，❷德之坙也；❸《嗛》也者，❹德之枋也；❺《復》也老，德之本也；《恆》也老，德之固也；《損》也老，德之脩也；❻《益》三九行上[也老，德]之譽也；❼《困》也者，德之欲也；❽《井》老，德之地也；《渙》也老，❾德制也。❿是故占曰：⓫《履》，和而至；三九行下《嗛》，蓴而光；⓬《復》，少而辨於物；⓭《恆》，久而弗厭；⓮《損》，先難而後易；《益》，長裕而與；⓯《宋》，竈而達；⓰《井》，居亓所而遷；四〇行上[《渙》，稱]而救。是故《履》以果行也，⓱《嗛》以制禮也，《復》以自知也，《恆》以一德

❶ 上二句，通行本《繫辭》無。「贊」，明也。《漢書·敘傳》：「總百氏，贊篇章。」顏師古《注》：「贊，明也。」

❷ 「履」上，通行本《繫辭》有「是故」二字。「也老」，通行本《繫辭》無。下諸「也老」，亦皆無。

❸ 「坙」，「基」之異文。

❹ 「嗛」，通「謙」；通行本《繫辭》作「謙」。

❺ 「枋」，通行本《繫辭》作「柄」。「枋」，通「柄」。《儀禮·士冠禮》：「賓受醴於戶東，加柶面枋。」《周禮·春官·內史》：「內史掌王之八枋之法。」

❻ 「脩」，通「修」。

❼ 「譽」，通行本《繫辭》作「裕」。「譽」通「裕」。

❽ 「欲」，通行本《繫辭》作「辨」。「欲」，需求。

❾ 「渙」，通行本《繫辭》作「巽」。

❿ 「制」上，脫「之」字。

⓫ 「是故占曰」四字，通行本《繫辭》無。所謂「占」，就是在前者的基礎上作進一步的推衍、發揮。

⓬ 「蓴」，即「尊」字。

⓭ 「少」，通行本《繫辭》作「小」。「小」通「少」。

⓮ 「久」，通行本《繫辭》作「雜」。

⓯ 「與」，通行本《繫辭》作「不設」。「與」，疑讀作「舉」。

⓰ 「宋」，「困」之訛。「竈」，即「窮」。

⓱ 「是故」，通行本《繫辭》無。「果」，通行本《繫辭》作「和」。下諸「也」字，通行本《繫辭》無。

也，《損》以遠害也，《益》以與四〇行下禮也，❶《困》以辟咎也，❷《井》以辯義也，《渙》以行權也。❸子曰：「渙而不救，則比矣。」❹《易》之爲書也難前，❺爲道就䙴。❻四一行上［變］僮而不居，❼周流六虛，上下无常，剛柔相易也：❽不可爲典要，唯變所次。❾出入又度，❿外内四一行下内皆瞿，⓫又知患故，⓬无又師保，⓭而親若父母。⓮印衡亓辤，⓯楑度亓方，⓰无又典尚。⓱后非亓人，⓲則道不四二行上［虛行］。⓳无德而占，則《易》亦不當。⓴

❶「與禮」，通行本《繫辭》作「興利」。「與」，疑讀爲「舉」。

❷「辟咎」，通行本《繫辭》作「寡怨」。「辟」，通「避」。

❸「渙」，通行本《繫辭》作「巽」。

❹此「子曰」句，通行本《繫辭》無。右一段文本，即所謂「三陳九卦」之義。

❺「難前」，通行本《繫辭》作「不可遠」。

❻「就䙴」，通行本《繫辭》作「屢遷」。「䙴」，讀作「遷」。「屢遷」上，通行本《繫辭》有「也」字。

❼「僮」，通「動」，通行本《繫辭》作「動」。

❽「也」，通行本《繫辭》無。

❾「次」，通行本《繫辭》作「適」。「次」，處也。

❿「出入又度」，通行本《繫辭》作「其出入以度」。

⓫下「内」字，衍文。「外内皆瞿」，通行本《繫辭》作「外内使知瞿」。「瞿」，讀作「懼」。

⓬「又知患故」，通行本《繫辭》作「又明於憂患與故」。

⓭「又」，通「有」，通行本《繫辭》作「有」。

⓮「而親若父母」，通行本《繫辭》作「如臨父母」。

⓯「印」，通行本《繫辭》作「初」。「衡」，從「衛」省，即「率」字。「辤」，同「辭」。

⓰「楑度」，通行本《繫辭》作「揆」。「楑」通「揆」。「揆」上，通行本《繫辭》有「而」字。

⓱「无」、「尚」，通行本《繫辭》作「既」、「常」。作「无」字是，「尚」通「常」。

⓲「后」，通「苟」，通行本《繫辭》作「苟」。

⓳「則」，通行本《繫辭》無。

⓴上二句，通行本《繫辭》無。

《易》之義，❶贊［始要］冬以爲質，❷六肴相雜，唯侍物也。❸是故［亓初］四二行下難知，❹而上易知也；❺本難知也，而末易知也。❻□則初如疑之，敬以成之，冬而无咎。❼□□□□□□四三行上□□脩道，❽鄉物巽德，❾大明在上，❿正亓是非，⓫則［非中肴］不［備］。□□□□□占，危𢦏！□□不四三行下當，疑德占之，則《易》可用矣。⓬子曰：「知老觀亓緣辤，而説過半矣。」⓭《易》曰：「二與四同［功而異立，亓善不同：二］四四行上多譽，四多瞿，近也。」⓮近也者，嗛之胃也。⓯

---

❶ 此句，通行本《繫辭》作「《易》之爲書也」。

❷ 「贊」，通行本《繫辭》作「原」。「冬」，讀作「終」。「質」下，通行本《繫辭》有「也」字。

❸ 「侍」，通行本《繫辭》作「時」。「時」、「侍」，皆讀作「待」。「時」上，通行本《繫辭》有「其」字。

❹ 「是故」，通行本《繫辭》無。

❺ 「而」，通行本《繫辭》作「其」。「也」，通行本《繫辭》無。

❻ 上二句，通行本《繫辭》作「本末也」，有誤，以帛書本爲是。

❼ 上三句，通行本《繫辭》作「初辭擬之，卒成之終」。「疑」、「冬」，讀作「擬」、「終」。「如」，乃也。二本相比，以帛書本爲佳。

❽ 上句，通行本《繫辭》無。

❾ 「鄉物巽德」，通行本《繫辭》作「若夫雜物撰德」。「鄉」，同「嚮」、「向」，趨向。《説卦》：「巽，入也。」入，合也。

❿ 「大明在上」，通行本《繫辭》無。《乾·彖》有此句，作：「大明在上，六位時成。」

⓫ 「正亓是非」，通行本《繫辭》作「辯是與非」。

⓬ 上數句，通行本《繫辭》無。「𢦏」，通「哉」。「疑」，通「擬」，準也，齊也。擬德，齊於德，與「巽德」義近。

⓭ 「緣」，通行本作「彖」。「緣」通「彖」。「而説」，通行本《繫辭》作「則思」。上二句，《衷》引作「子曰」。

⓮ 「瞿」，讀作「懼」，通行本《繫辭》作「懼」。上一段引文，與通行本《繫辭》同，而《衷》引作「《易》曰」，可證《繫辭》在《衷》前已經成篇。下兩段「《易》曰」文字，説同此。

⓯ 「嗛」，通「謙」。

《易》曰：「柔之爲道也，不利遠[者]。亓」要无[咎，用]柔若[中]也。❶」《易》四四行下曰：[三與五同功異立，亓過[不同：❷三]多凶，五多功，[貴賤]之等[也。亓柔危，亓剛朕邪。]」□□□□□□□□□。四五行上　衷二千四五行下❸

❶ 「[用]柔若[中]也」，通行本《繫辭》作「其用柔中也」，《校勘記》：「古本『中』上有『得』字。」作「其用柔中」，意不明，作「用柔若中」是。

❷ 「其過[不同]」，通行本《繫辭》無，疑脱。

❸ 「衷」，文末所記篇題。「二千」，篇末所記字數。篇題「衷」，與正文末字空一字格，而與「二千」兩字連寫。

要

■□□□□□□□□□□□□□□□□□
□□□□□□□□□□□□□□□□□□□
□一行上六。六老非□□□□□□□。□□
□□□□□□□□□□□□□□□□肴有□
□□❶一行下□□□□□□□□□□□□□□
□□□□□□□□□□□□□□□□□□□
□□□□二行上□□□□□□□□□□□□
□□□□□□□□□□□□□□□□□□□
□□二行下□□□□□□□□□□□□□□
□□□□□□□□□□□□□□□□□□□
□□□□三行上□□□□□□□□□□□□
□□□□□□□□□□□□□□□□□□□
□□三行下□□□□□□□□□□□□□□
□□□□□□□□□□□□□□□□□□□
□□□□四行上□□□□□□□□□□□□
□□□□□□□□□□□□□□□□□□
□反疏四行下□□□□□□□□□□□□□
□□□□□□□□□□□□□□□□□□
□□□□□□□五行上□□□□□□□□□
□□□□□□□□□□□□□□□□□□
□□□□□矣五行下□□□□□□□□□□
□□□□□□□□□□□□□□□□□□

❶「肴」，通「爻」。根據一行「六六者非」和「肴有」六字，《要》篇開首一段文字當與通行本《繫辭》下傳相同或相近。可惜帛書殘缺太甚，具體文字不得而知。《繫辭》下傳：「《易》之爲書也，廣大悉備。有天道焉，有人道焉，有地道焉。兼三材而兩之，故六。六者非它也，三才之道也。道有變動，故曰爻。爻有等，故曰物。物相雜，故曰文。文不當，故吉凶生焉。」帛書《衷》亦有論「三才」之道而見之於《説卦》的文字。

□□□□□□□□□六行上□□□□□□□□□□□至命者也。❶《易》□□□□□□□□□□□□□□□□□六行下明而甚不❷□□□□□□□□□□□□□□□□□□□□□□□□□□□□□□七行上□□□□□□行亓義，長亓慮，脩亓「道」，❸□□□□□□□□□□易矣。若夫祝巫七行下卜筮，龜□□□□□□□□□□□□□□□□□□□□□□□□□□□巫之師□□□□八行上□□□□德，❹則不能知《易》。故君子蕈❺□□□□□□□□□□□。「夫」子曰：「吾好學而毚八行下聞要，❻安得益吾年乎？❼吾□□□□□□□□□□□。」「夫子曰」：「危者，安亓立者也；❽亡者，保「亓存者也。九行上是故」君子安不忘危，❾存不

❶ 參見帛書《衷》：「窮理盡生而至於命□。」亦見《說卦》。

❷ 「甚」下一字，或釋作「不」。

❸ 《荀子·正論》：「修其道，行其義。」或據此補「道」字。「脩」，通「修」。

❹ 「德」上，或釋有「無」字。

❺ 「蕈」，即「䔿」(尊)。

❻ 「毚」，讀作「纔」。纔，借字，表剛才之義，後寫作「才」。「吾好學而毚聞要」，即下文所謂「夫子老而好《易》」之說也。

❼ 上二句，參見《論語·述而》：「子曰：加我數年，五十以學《易》，可以無大過矣。」所謂「益年」，乃一修養論指向上的概念，即「朝聞道，夕死可矣」之意。

❽ 「[夫]子曰」，通行本《繫辭》作「子曰」。「亓」，同「其」。「立」，通行本《繫辭》作「位」。「立」讀作「位」。自「[夫子曰]：危者，安亓立者也」以下，至一二行「此之胃也」，見通行本《繫辭》下傳。

❾ 「不」上，通行本《繫辭》有「而」字。下兩「不」字上，亦有「而」字。「是故」上，通行本《繫辭》還有「亂者，有其治者也」一句，帛書抄脱。

忘亡，治不[忘亂，是以身安而國]家可保也。《易》曰：『亓亡亓亡，毄于九行下枹桑。』❶」夫子曰：「德薄而立奠，❷[知小而謀大，力小而任重]，鮮不及。❸《易》曰：『鼎折足，復公莡，亓刑屋，凶。』❹言一〇行上不朕任也。」❺夫子曰：❻「顔氏之子，❼亓庶幾乎。❽見幾又不善，未嘗弗知；❾知之，未嘗復行之。❿《易》一〇行下曰：『不遠復，无莡誨，元吉。』⓫」天地困，⓬萬勿潤；⓭男女購請，⓮而萬物成。⓯

❶ 見《婦》(《否》)卦九五爻辭：「亓亡亓亡，擊于枹桑。」「毄」、「擊」，通「繫」；通行本《否》卦經傳作「繫」。「枹」，帛書本《婦》卦同，通行本經傳作「苞」。「枹」通「苞」。

❷ 「立奠」，即「位尊」。

❸ 「及」下，通行本《繫辭》有「矣」字。

❹ 見《鼎》卦九四爻辭。「復」，通行本《繫辭》作「覆」。「復」通「覆」。「莡」，帛書本經作「芝」，通行本《繫辭》作「餗」。「莡」即「芝」，通「餗」。「荆」，即「刑」，通「形」；通行本《繫辭》作「形」。「屋」，通行本《繫辭》作「渥」。「屋」通「渥」。

❺ 「朕」，通行本《繫辭》作「勝」。「朕」通「勝」。「勝」下，通行本《繫辭》有「其」字。

❻ 「夫子曰」，通行本《繫辭》作「子曰」。

❼ 「顔氏之子」，指「顔回」。

❽ 「庶幾」上，通行本《繫辭》有「殆」字。

❾ 「見幾又不善，未嘗弗知」，通行本《繫辭》作「有不善，未嘗不知」。通行本《繫辭》上文，有「子曰：知幾其神乎」一大段文字。

❿ 「之」，通行本《繫辭》作「也」。

⓫ 見《復》卦初九爻辭。「莡誨」，帛書經作「提悬」，通行本《繫辭》作「祗悔」。「莡」、「提」，通「祗」。「誨」通「悔」，「悬」即「悔」。

⓬ 「天地困」，通行本《繫辭》作「天地絪緼」。「絪緼」，《釋文》：「本又作氤氲。」或釋「困」作「昷」。

⓭ 「萬勿潤」，通行本《繫辭》作「萬物化醇」。「勿」，讀作「物」。

⓮ 「購請」，通行本《繫辭》作「構精」，《校勘記》：「石經『構』字木旁摩改，初刻似從女。」「購」、「構」，通「媾」。「請」，通「精」。

⓯ 「而」，通行本《繫辭》無，《校勘記》：「古本『精』下衍『而』字。」古本多與帛書本同，「而」字非衍文。阮元之説非。「成」，通行本作「化成」，多「化」字。

《易》[曰]：「三人行，則損一人。一人行，則[得]」一一行上亓友。」❶言至一也。❷君子安亓身而後動，❸易亓心而后評，❹定位而后求。❺君子脩於此三一一行下者，❻故存也。❼危以動，則人弗與也；❽無立而求，則人弗予也。❾莫之予，則傷之老=必至矣。❿《易》曰：「莫益一二行上之，或擊之，立心勿恆，凶。」⓫此之胃也。⓬●夫子老而好《易》，居則在席，行則在橐。⓭子贛曰：⓮「夫一二行下子它日教此弟子曰：『悳行亡老=，⓯神霝之趨；⓰知謀遠老=，⓱

❶ 見《損》卦六三爻辭。

❷ 「至」，通行本《繫辭》作「致」。「至」通「致」。

❸ 「動」，即「動」字。

❹ 「后」，通行本作「後」。「后」通「後」。「評」，通行本《繫辭》作「語」。《說文》：「評，召也。」

❺ 「位」，通行本《繫辭》作「交」，且「交」上有「其」字。「后」，通行本作「後」。

❻ 「脩」下，通行本《繫辭》有「於」字。

❼ 「存」，通行本《繫辭》作「全」。

❽ 「人」，通行本《繫辭》作「民」。「人」，民也。「弗」，通行本《繫辭》作「不」。此句下，通行本《繫辭》還有「懼以語，則民不應也」一句，帛書抄脫。

❾ 「立」、「人」、「予」，通行本作「交」、「民」、「與」。「立」，讀作「位」。「予」，與也。

❿ 「必」，通行本《繫辭》無。

⓫ 見《益》卦上九爻辭。

⓬ 「胃」，通「謂」。下同。

⓭ 孔子老而好《易》之說，參見《論語·述而》：「子曰：加我數年，五十以學《易》，可以無大過矣。」《史記》：「孔子晚而喜《易》，序《彖》、《繫》、《象》、《說卦》、《文言》。讀《易》，韋編三絕。曰：『假我數年，若是，我於《易》則彬彬矣。』」

⓮ 「子贛」，即「子貢」。

⓯ 「悳」，同「惪」，即「德」字。

⓰ 「霝」，讀作「靈」。

⓱ 「知」，讀作「智」。

卜筮之蘩。❶』賜以此爲然矣。以此言取之，賜緡行一三行上之爲也。❷夫子何以老而好之乎？」夫子曰：「君子言以枲方也。❸前羊而至老，弗羊而巧也。❹一三行下察亓要者，不趣亓福。❺《尚書》多仒矣，❻《周易》未失也，且又古之遺言焉。予非安亓用也，❼[而樂亓辤也，《周易》」一四行上尤於此乎！」[子贛曰」：「如是，則君子已重過矣。賜聞諸夫子曰：『孫正而行義，❽則人不惑矣。』夫一四行下子今不安亓用而樂亓辤，則是用倚於人也，而可乎？」子曰：「校戈，❾賜！吾告女，《易》之道，昔□□□□□□一五行上此百生之道❿□□易也。夫《易》，罔者使知瞿，⓫柔老使知圖，愚人爲而不忘，⓬衞人爲而去詐；⓭文一五行下王仁，不得亓志，以成亓慮。紂乃无道，文王作，諱而辟咎，⓮然

❶「蘩」，通「繁」，多也。「蘩」，帛書原字亦形似「蔡」。
❷「緡」，通「勉」，勤勉。
❸「枲」，通「矩」。
❹上兩「羊」，通「祥」。「巧」，通「考」。考，成也。
❺「趣」，通「詭」。詭，違離也。
❻「仒」，通「閼」。閼，阻塞，遏止。「《尚書》多閼」，謂《尚書》多閼塞難解者。
❼「安亓用」，指安於占筮與預測吉凶之用。
❽「孫」，讀作「遜」。
❾「校戈」，通「狡哉」。子貢智者，所言甚辯，故孔子譏評之以「狡哉」。
❿「百生」，即「百姓」。
⓫「罔」、「瞿」，讀作「剛」、「懼」。
⓬「忘」，通「妄」。
⓭「衞」，通「讒」。《左傳》昭公二十七年：「夫無機，楚之讒人也，民莫不知。」「詐」，「詐」之異文。
⓮「辟」，通「避」。

后《易》始興也。❶予樂亓知之❷□□□之自□□，一六行上予何□王事紂乎？」子贛曰：「夫子亦信亓筮乎？」子曰：「吾百占而丰當，❸唯周粱山之占也，亦必一六行下從亓多者而已矣。」子曰：「《易》，我後亓祝卜矣！我觀亓德義耳也。❹幽贊而達乎數，❺明數而達乎德，❻又仁□一七行上者而義行之耳。❼贊而不達於數，則亓爲之巫；數而不達於德，則亓爲之史。史巫之筮，鄉一七行下之而未也，❽好之而非也。後世之士疑丘者，或以《易》乎？❾吾求亓德而已，❿吾與史巫同涂而殊歸者也。⓫君子一八行上德行，焉求福？故祭祀而寡也。仁義，焉求吉？故卜筮而

❶「后」，通「後」。《易》之興作，與文王密切相關，亦載帛書《衷》、通行本《繫辭》，但帛書《繫辭》無載。

❷「知」，疑讀作「智」。

❸「丰」，「七十」之合文，七十也。此字亦見帛書《衷》篇。

❹「德」，指卦爻象、辭的涵義。「德義」，泛指《易》涵括的宇宙、人生道理。

❺此句，參見《説卦》：「昔者聖人之作《易》也，幽贊於神明而生蓍，參天兩地而倚數。」帛書《衷》：「[昔者，耳人之作《易》也，幽]贊於神明而生占也，參天兩地而義數也。」韓康伯《注》：「幽，深也。贊，明也。」「數」，占筮之數（術）。

❻「明」，「明」之異文。

❼參見《荀子・不苟》「唯仁之爲守，唯義之爲行。」「仁」下一字，似可補作「守」。「又」，讀作「有」。此「義」，與「仁」相對，儒家德目之一。

❽「鄉」，通「嚮」或「向」。嚮，面向，趨向。

❾《孟子・滕文公下》：「孔子懼，作《春秋》。《春秋》，天子之事也。是故孔子曰：知我者，其惟《春秋》乎？罪我者，其惟《春秋》乎？」可以與此相互參看。

❿此句，上文云「我觀亓德義耳也」。

⓫參見通行本《繫辭》：「天下同歸而殊塗，一致而百慮。」亦見帛書《繫辭》。此云：「同涂（塗）殊歸。」

希也。祝巫卜筮亓後乎！」●孔子繇《易》，❶至於《損》、《益》一卦，❷未尚不廢書而𦰩，❸戒門弟子曰：❹「二厽子！❺夫《損》、《益》之道，不可不審察也，吉凶之一九行上[門]也。❻《益》之爲卦也，春以授夏之時也，萬勿之所出也，❼長日之所至也，産之室也，❽故曰一九行下《益》。《授》者，❾秋以授冬之時也，萬勿之所老衰也，長[夕]之所至也。❿故曰産道竆焉，⓫而産道[産]焉。⓬《益》之二〇行上始也

❶「繇」，通「籀」。籀，抽繹，解釋。《説文》：「籀，讀書也。」段《注》：「讀者，續也。抽引其緒相續而不窮也。」

❷「一」，當爲「二」之訛。

❸「尚」，通「嘗」。「𦰩」，讀作「嘆」。

❹「戒」，通「誡」。

❺「厽」，即「三」。

❻《淮南子·人間》：「利害之反，禍福之門戶。」王念孫説「門戶」作「門」。

❼「勿」，讀爲「物」。下「勿」字，亦讀「物」。

❽「室」，讀作「窒」。《説文》：「窒，塞也。」然「窒」與「窮」，義不同。《爾雅·釋天》「月陽」名：「月在甲曰畢，在乙曰橘，在丙曰修，在丁曰圉，在戊曰厲，在己曰則，在庚曰窒，在辛曰塞，在壬曰終，在癸曰極。」邢昺《疏》：「此辨以日配月之名也。……七月得庚，則日窒相。……十月得癸，則日極陽。」

❾「授」，「損」之訛。

❿「夕」，帛書尚留底部殘筆。「長夕」，冬至日。冬至，一陽來復。上「長日」，即下至日。

⓫「故曰産」，一説有脱文或訛文。脱文者言「曰」下脱「損」字，「産」字屬下讀；訛文者言「産」乃「損」之訛。疑非，原文未必訛誤。「竆」，即「窮」字。謂一歲之産道窮極而盡。

⓬「道」下一字，尚殘留左上角一筆，與「産」字合，故推測是「産」字。「長夕」之時，曁爲産道之窮，亦爲産道之生也。故下文方可云：「《損》之始凶，亓冬也吉。」

吉，亓冬也凶。❶《損》之始凶，❷亓冬也吉。《損》、《益》之道，足以觀天地之變，而君老之事已。❸二〇行下是以察於《損》、《益》之變老，不可勭以憂憙。❹故明君不時不宿，不日不月，不卜不筮，而知吉與凶，順於天二一行上地之也。❺此胃《易》道。故《易》又天道焉，❻而不可以日、月、生、辰盡稱也，❼故爲之以陰陽；又地道二一行下焉，不可以水、火、金、土、木盡稱也，故律之以柔剛；又人道焉，不可以父子、君臣、夫婦、先後盡稱也，故要二二行上之以上下；又四時之變焉，不可以萬勿盡稱也，❽故爲之以八卦。❾故《易》之爲書也，一類不足以亟二二行下之，❿變以備亓請老也，⓫故胃之《易》。又君道焉，⓬五官六府不足盡稱之，⓭

❶「冬」，讀作「終」。下「冬」字，亦讀「終」。

❷「凶」上，疑脱「也」字。

❸「已」，語終之辭，與「矣」同義。見《經傳釋詞》卷一。

❹「勭」，即「動」字。「憙」，即「憙」字。《説文》：「憙，説也。」説，通悦。

❺「之」下，疑脱「胃」或「道」字。「胃」，通「謂」。

❻下諸「又」字，讀作「有」。

❼「生」，讀作「星」。

❽「勿」，讀作「物」。

❾上論天道、地道、人道、四時之變的一段文字，參見《説卦》第二章及帛書《衷》一四、一五兩行文本。

❿「亟」，讀作「極」。

⓫「請」，通「情」。

⓬「又君道焉」，承上省，亦言《易》有君道也。

⓭上「五官六府」連用，見《墨子·節葬下》，其義不詳。《禮記·曲禮》：「天子之官，曰司徒、司馬、司空、司士、司寇，典司五衆。」《左傳》昭公二十九年有所謂五行之官。「六府」，亦見《尚書·大禹謨》、《禹貢》。《左傳》文公七年、《大戴禮記·四代》皆以水火金木土穀爲「六府」。《曲禮》：「天子之六府，曰司徒、司木、司水、司草、司器、司貨，典司六職。」

五正之事不足以產之；❶而《詩》、《書》、《禮》、二三行上《樂》，不［讀］百扁，❷難以致之。不問於古法，不可順㊀以辤令，❸不可求以志善。能老＝繇一求之，❹所胃二三行下得一而君畢老＝，❺此之胃也。《損》、《益》之道，足以觀得失矣。」　要千六百卌八二四行上❻

❶「五正」，當是「五政」。《尚書・鴻範》有「八政」一疇：「一曰食，二曰貨，三曰祀，四曰司空，五曰司徒，六曰司寇，七曰賓，八曰師。」是綜合了「五官」、「六府」、「五政」的內容。而從原文來看，帛書的「五官」、「六府」，當與官職有關；而「五政」，則與政事相關。

❷「扁」，讀爲「遍」。此句言於《詩》、《書》、《禮》、《樂》尋求君道「古法」之難也。

❸上「令」字，衍文，寫成又圈掉。

❹「繇」，《說文》：「繇，隨從也。」《史記・孝文本紀》：「上曰：蓋聞天道，禍自怨起，而福繇德興。」表示自、從之義，後通常寫作「由」。

❺「君」下，疑脱「道」字。上反復言說君道難以致備，故此句之「畢」，當是講君道之畢。而所謂「一」，就是「《損》《益》之道」。另外，「《損》《益》之道」雖然包含了卦氣說的思想，然帛書更加强調損益循環及其轉化之義。

❻「要」，文末篇題。「千六百卌八」，即《要》篇字數。篇題「《要》」與正文末字「矣」，相隔一字格。「要」，與「千六百卌八」連寫。

繆和

■繆和問於先生曰：❶「請問，《易·渙》之九二曰『渙賁亓階，每亡』，❷此辤吾甚疑焉，❸請問此之所胃？❹」「[子]」曰：❺「夫《易》，明君一行上之守也。❻吾□□不達，❼問學不上與？❽恐言而貿易，❾失人之道。不然，吾志亦願之。」繆和一行下曰：「請毋若此，願聞亓說。」子曰：「渙老，散也。❿賁階，⓫幾也，時也。⓬古之君子，時福至則進取，時亡則以讓。夫福二行上至而能既焉，⓭

❶ 「繆和」，與下文的吕昌、吴孟、莊但、張射、李羊，及《昭力》篇的昭力七人，當是孔子弟子。「先生」，即下文「子曰」之「子」，皆指孔子。

❷ 通行本作：「渙奔其机，悔亡。」帛書本經作：「渙賁亓階，⿱毋心亡。」楚簡本經作：「霰走亓尻，⿱毋心亡。」《繆和》「賁」通「奔」，「階」通「機」。「每」，讀作「悔」。

❸ 「辤」，即「辭」。帛書「辭」，皆寫作「辤」。

❹ 「胃」，通「謂」。「謂」，帛書皆寫作「胃」。

❺ 「曰」上一字，據文例，當是「子」。

❻ 「明」，即「明」。「明」，帛書皆寫作「明」。

❼ 「不」上一字，或釋作「思」。從殘留筆劃來看，非「思」字。

❽ 「與」，語氣詞，表疑問、感嘆，後作「歟」。

❾ 「貿」，雜亂，混雜。裴駰《史記集解序》：「是非相貿，真僞舛雜。」「易」，輕易，輕率。

❿ 「老」，即「者」字。下同。《序卦》：「說而後散之，故受之以渙。渙老，離也。」《雜卦》：「渙，離也。」渙卦，有散離之義。

⓫ 下文僅訓「階」，未釋「賁」。疑「賁」，衍文；或「賁」下有脱文。

⓬ 由「幾也，時也」的解釋可知，「階」、「幾」、「机」讀作「機」。

⓭ 「既」，盡也。

散走亓時，❶唯恐失之，故當亓時而弗能用也。至於亓失之也，唯欲爲人用二行下，剴可得也才！❷將何无每之又？❸受耂昌，賁福而弗能蔽耂竆❹，逆福耂死。故亓在《詩》也曰：『女弄不幣三行上衣常，士弄不幣車輪。』❺无千歲之國，无百歲之家，无十歲之能。夫福之於人也，既焉，不三行下可得而賁也，故曰賁福又央。❻耶人知福之難得而賁也，❼是以又矣。故《易》曰『渙賁亓階，每亡』，則□四行上言於能賁亓時，悔之亡也。」

●繆和問於先生曰：「凡生於天下耂，无愚知、賢不宵，❽莫不四行下願利達顯榮。今《周易》曰『困，亨。貞，大人吉，无咎。又言[不]信。』❾敢問大人何吉於此乎？」子曰：「此耶人之五行上所重言也，曰『又言不信』。凡天之道，壹陰壹陽，壹短壹長，壹晦壹明，

❶「走」上一字，似「散」字。「散」釋「渙」，「走」釋「賁」，「賁」通「奔」。《說文》：「奔，走也。從夭，賁省聲。與走同意，俱從夭。」

❷「剴」，通「豈」。「才」，通「哉」。

❸「每」，讀作「悔」。「又」，通「有」。「有」，帛書常寫作「又」。

❹「賁福」，奔福也，追求福也。「蔽」，通「撆」。《集韻·屑韻》：「撇、蔽，《說文》別也。一曰擊也，拂也。或作『蔽』，亦書作『撇』。」撆，接觸。例見《戰國策·齊策一》：「臨淄之途車轂擊，人肩摩。」「竆」，即「窮」。「窮」，帛書常寫作「竆」。

❺此處引《詩》爲逸詩，《毛詩》無。「弄」，《說文》：「玩也。」此處引申爲「做」義。「常」通「裳」。「幣」，同「幣」，通「敝」。例見《管子·輕重》：「器以時靡敝。」敝，破敗。

❻「央」，通「殃」。福盡而奔之，則不可得而奔求也。當此之時，奔福有殃。故奔福有時。

❼「耶」，從「聖」省。帛書「聖」字，常寫作「耶」。

❽「知」讀爲「智」。「宵」，通「肖」。

❾見《困》卦卦辭。

夫人道乑之。❶是故五行下湯□□王，❷文王絇於條里，❸［秦繆公困］於［殽，齊𨋢公］辱於長飭，❹戉王句賤困於［會稽］，❺晉文君困［於］六行上驪氏，古古至今❻，柏王之君，❼未嘗憂困而能□□□□□□□□□也。❽夫困之爲達也，亦猷❾六行下□□□□□□□亓□□□□□□□□□□□□。故《易》曰『困，亨。貞，大人吉，无［咎。又言］不信。』［此］七行上之胃也。」❿繆和問於先生曰：⓫

❶ 上數句，應屬古人常識。「壹」，同「一」。「明」，即「明」。「乑」，通「仇」，合也。陰陽，指四季之陰陽贏縮。與《繫辭》「一陰一陽」之説者，尚有别。短長，指歲時之遷運中的晝夜短長。晦明，一日之晝夜分别。上海博物館收藏的楚竹簡《恒先》云：「先有中，焉有外。先有小，焉有大。先有柔，焉有剛。先有圓，焉有方。先有晦，焉有明。先有短，焉有長。天道既載，唯一以猷一，唯復以猷復。」《十六經・果童》：「夫天有榦，地有恒常。合［榦與］常，是以有晦有明，有陰有陽。」可參照。

❷ 《史記・夏本紀》説湯先拘於夏臺，後修德而王。然其意與《繆和》這段文本不合。《説苑・雜言》云「湯困於吕」，則「王」疑爲「吕」之訛。

❸ 「絇」，同「拘」。「條里」，即「羑里」，「條」通「羑」。

❹ 事見《左傳》莊公十年。「𨋢」通「桓」。「長飭」，即「長勺」。

❺ 「戉」，讀爲「越」。「句賤」，即「勾踐」。

❻ 上「古」字，當讀爲「故」。

❼ 「柏」，通「伯」，諸侯之長。上六君，湯、文王爲王，秦穆公、齊桓公、越王勾踐和晉文公，爲霸。

❽ 自「未嘗」以下，或釋作：「未嘗困而能□□［老=，未之有］也」。下文「曰美亞不」四字，或云當綴入第八行。

❾ 「猷」，即「猶」。

❿ 自「是故湯□□王」以下的這段文字，參看《説苑・雜言》、《家語・困誓》，前書云：「(孔子曰)吾聞人君不困不成王，列士不困不成行。昔老=，湯困於吕，文王困於羑里，秦穆公困於殽，齊桓公困於長勺，勾踐困於會稽，晉文困於驪氏。夫困之爲道，從寒之及暖，暖之及寒也，惟賢者獨知而難言之也。《易》曰：『困，亨。貞，大人吉，无咎。有言不信。』聖人所與人難言信也。」

⓫ 「繆和」上，當有分章墨釘，疑脱。

「吾年歲猷少，志□□□□□□□□□敢失忘吾老=？」子曰：「何七行下□□□□□□□□□□❶□□□□□□□□□□□□□□□□□□□□□□□□□八行上《書》、《春秋》、《詩》、《語》，蓋曰美亞不紐❷，而利害異已。❸欲多□□□□□□□□□□□□八行下老=，不願安□□□是□□擇。今《周易》[《困》之六三曰：『據于蒺莉，入于亓宮，不見亓妻，凶。』何胃也？❹九行上子曰：「[蒺]老=，疾也；莉老=，利也。古之君子，亓『入于亓[宮老=]』，□□□□□□□□□□□□□九行下□□□□□□豊□是□□□□□□□□□□□□□□□□[今《易·嗛》之九]三[曰：『勞嗛，君子又冬，吉。』一〇行上何胃也？❺子曰：「此言」□□□□也。古之君子亓□□□□□□□□□□□□□□一〇行下以高下，故□□禹之取天[下老=]，當此卦也。❻禹[勞]亓四枝，❼苦亓思[慮]，至於手足駢胝，❽頍色[黎黑]，❾一一行上□□□□□□□□□亓□□□□□□□□□□□□□□□□而果丑□一一行下下□號聖君，亦可胃冬矣，❿吉孰大焉？

❶ 第八行的九、十字格，或釋作「未定」二字。

❷ 「亞」，讀作「惡」。「紐」，結也。

❸ 「已」，矣也。

❹ 《困》卦六三爻辭，據下文補。「據于蒺莉」，帛書本經作「號于疾莉」，通行本經作「據于蒺藜」。

❺ 上述問題，也當是由繆和提出的。其前亦當有分章符號及「繆和問於先生曰」數字。

❻ 「此卦」，指《嗛》卦。「嗛」通「謙」。

❼ 「枝」，通「肢」。

❽ 「駢」，通「胼」。「胝」，即「胝」。「駢胝」，即「胼胝」。

❾ 「頍」，從「顏」省。有關禹自苦其身的傳説，先秦子書多見。唯《莊子·胠篋》云「禹偏枯」。

❿ 「冬」，通「終」。

故曰『勞[嗛]，君子又冬，吉』，❶不亦宜乎？今又土之君，及至布衣 一二行上 □□□□□□□亓妻奴粉白黑涅❷□□□□□□□□□□□非能□，而 一二行下 又功名於天下老=，殆无又矣。故曰『勞嗛，君[子又]冬，吉』，此之胃也。」●繆和問先生曰：❸「吾聞先君亓[立] 一三行上 義錯法，❹發[號]施令於天下也，皎焉若□□□□□□世，循老=不惑眩焉。今《易·豐》之 一三行下 九四曰『豐亓剖，日中見斗，遇亓夷主，吉』，❺何胃也？」子曰：「豐老=，大也；剖老=，小也。此言小大之不惑也。蓋 一四行上 君之爲尌、立賞慶也，❻若體埶然。❼大能[馭]細，❽故上能使下，君能令臣。是以勤則又 一四行下 功，❾靜則又名；❿

❶ 見《謙》卦九三爻辭。「冬」，通「終」。

❷ 「粉」，色白。「涅」，色黑。

❸ 「繆」，讀作「繆」。繆，音從繆。此句「問」下，無「於」字，他處皆有，疑脱。

❹ 「錯」，通「措」，置也。「義」，讀作「儀」；「義」上，當是「立」字。「立」，帛書圖片原文不清。

❺ 見《豐》卦九四爻辭。「豊」，「豐」之訛。二字形近易混。下同。「剖」，通行本經作「蔀」。「蔀」，《釋文》：「鄭、薛作『菩』，云『小席』。」「剖」通「蔀」。「遇」，帛書本經作「禺」。「禺」，讀作「遇」。

❻ 「蓋」字下部，帛書照片略顯模糊。「蓋」同「蓋」，《説文》作「蓋」。「尌」，即「爵」字。

❼ 「體」，「體」之別構，通「禮」。「埶」，同「藝」，樹立也。《説文》：「埶，穜也。……持而穜之。《詩》曰：『我埶黍稷。』」今《詩·小雅·楚茨》作「藝」。

❽ 「細」上一字，右部缺損，然從左蔀來看，似古文「馭」字。

❾ 「勤」，即「動」字。

❿ 「靜」，即「靜」字。

列埶尤⿱艹𢍜，❶賞禄甚厚。❷能弄傅君，❸而國不損幣老=，❹蓋无又矣。『日中見斗』，夫日老=，君一五行上也；久老=，❺臣也。日中而久見，❻君將失亓光矣。日中必頃，❼幾失君之德矣。遇老=，見也。見夷一五行下主老=，亓始夢兆而亟見之老=也，❽亓次秦翏公、荊莊、晉文、齊鞔是也。❾故《易》曰『豐亓剖，日中見斗，一六行上遇亓夷主』，此之胃也。」●吕昌問先生曰：「《易·屯》之九五曰：『屯亓膏，小貞吉，大貞凶。』❿將何一六行下胃也？」「夫《易》，⓫上卬之治也。古君子処尊思卑，⓬処貴思賤，処富思貧，処樂思勞。君子能思此四老=，是一七行上以長又亓利而名與天地俱。今《易》曰『屯亓膏』，此言自閏老=也。⓭夫処上

❶「埶」，通「勢」。勢，勢位。「⿱艹𢍜」，即「𢍜」。《説文》：「𢍜，酒器也。從酋，廾以奉之。……尊或從寸。」「尊」，「𢍜」之或體。

❷下文「埶列尌立之尊，明厚賞慶之名」，可與此參看。

❸「傅」，通「附」，塗附。

❹「幣」，即「幣」，通「敝」。

❺「久」，「斗」之訛。下「久」字，亦「斗」之訛。

❻「見」，同「現」。

❼「頃」，通「傾」。

❽「夢」，通「萌」。「亟」，急也。

❾「次」，通「即」。即，就也。「翏」，通「繆」。「鞔」，通「桓」。「夷主」，配主，指秦繆、荊莊、晉文、齊桓之類。

❿「屯」，漢簡本經作「肫」，帛書《衷》引《肫》卦卦辭作「肫」。「肫」通「屯」。「凶」，漢簡本作「兇」。「兇」通「凶」。

⓫「夫」字上，依文例，當抄脱「子曰」二字。

⓬「古」，通「故」。「処」，同「處」。《説文》：「処，止也。得几而止。從几從夂。處，処或從虍聲。」下數「処」字，亦同「處」。

⓭「閏」，通「潤」。《禮記·大學》：「富潤物，德潤身。」

立，❶厚自利而不自一七行下血下，❷小之猷可，❸大之必凶。且夫君國又人，❹而厚僉致正以自封也，❺而不顧亓人，此除也。❻夫能見亓將一八行上□□□□□，未失君人之道也。亓小之吉，不亦宜乎？物未夢兆而先知之老=，耶人之志一八行下也，三代所以治亓國也。故《易》曰『屯亓膏，小貞吉，大貞凶。』此之胃也。」●呂昌問先生曰：「[天]下之士，皆欲會一九行上□□□□□□[分]□樓，❼與以相高也，❽以爲至是也。今《易·渙》之六四曰『渙亓羣，元吉』，❾此一九行下何胃也？」子曰：「異才！❿天下之士所貴。夫渙老=，散；元老=，善之始也；⓫吉老=，百富之長也。⓬夫羣當倗[比]⓭□二〇行上□□□

❶「立」，讀作「位」。

❷「血」，通「恤」，體恤也。

❸「猷」，同「猶」，古同爲一字。

❹「又」，通「有」。「人」，民也。有人，謂擁有百姓、黎民。

❺「僉」，通「斂」。「致」，通「至」，極也，盡也。「正」，通「征」。《周禮·夏官·司勳》：「惟加田無國正。」鄭《注》引鄭司農云：「正謂稅也。」《釋文》：「正，本亦作征。」「致正」，即至征，極高之稅。「封」，大也。《左傳》昭公二十八年：「貪惏無厭，忿纇無期，謂之封豕。」

❻「除」，通「殊」。《說文》：「殊，死也。」

❼「樓」上第二字，右部存，似爲「分」字。

❽「高」，下部殘，上部筆劃與「高」字合。又據文意，可斷爲「高」字。

❾「羣」，同「群」。

❿「才」，通「哉」。

⓫「元者，善之始」，帛書《二三子問》：「元，善之始也。」《乾·文言》：「元者，善之長也。」《左傳·襄公九年》：「元，體之長也。」《坤·彖》：「至哉，坤元！萬物資生，乃順承天。」

⓬「富」，通「福」。

⓭「當」，通「黨」。「倗」，通「朋」。「倗」下一字，當爲「比」。

□□□比［周］相譽，❶以奪君明，此古亡國敗家之法也，明君之所行罰也，將何二〇行下元吉之又矣？」呂昌曰：「吾聞類大又焉耳，而未能以辨也。願先生少進之，以明少老也。」子曰：「明王、［聖二一行上君］□□□□□然，立爲荆辟，❷以散亓羣黨；埶爲賞慶𠭥列，❸以勸亓下羣臣、黔首、男二一行下女，❹夫人渴力盡知歸心於上，❺莫敢偂黨侍君，❻而主將何求於人矣？亓曰『渙亓羣，元吉』，不亦宜乎？故二二行上《詩》曰：❼［『嘒彼］小星，參五在東，蕭蕭宵正，蚤夜在公，是命不同。』❽彼，此之胃也。」❾ ● 呂昌問先生曰：二二行下「夫古之君子，亓思慮舉錯也，❿內得於心，外度於義，⓫外內和同，上順天道，下

❶ 參見帛書《經法·六分》：「左右比周以壅塞。」

❷ 「荆」，即「刑」字。「辟」，《說文》：「法也。」

❸ 「埶」，同「藝」，樹也、立也。「𠭥」，即「爵」。「列」，行列，位次。

❹ 「黔首」，見帛書《十六經》、《禮記·祭義》、《戰國策·魏策》、《呂氏春秋·振亂》、《韓非子·忠孝》、《史記》等。《史記·秦始皇本紀》云始皇二十六年「更名民曰黔首」。裴駰《集解》引應劭云：「黔亦黎，黑也。」《說文》：「黔，黎也。從黑今聲。秦謂民黔首，謂黑色也。周謂之黎民。」

❺ 「渴」，通「竭」。

❻ 「侍」，通「待」。

❼ 「詩曰」二字，被粘貼在《昭力》篇的一塊帛片上，今移此。

❽ 《詩·召南·小星》作：「嘒彼小星，三五在東，肅肅宵征，夙夜在公，寔命不同。」「參」，通「三」。「三」，指心星。「五」，指噣星。「蕭」，通「肅」。「正」，讀作「征」。「蚤」，通「早」。「寔」，是也。

❾ 「彼」指前面所言之君臣關係也。「彼，此之胃也」，言前述之君臣關係若此《詩》之所云也。「彼」亦可能是衍文。

❿ 「錯」，通「措」。

⓫ 「內」，就其思慮、反省而言；「外」，就其舉措、踐行而言。

中地理，中適人心，神二三行上□□□□□□□□筲之聞。今《周易》曰：『蒙，亨。非我求董蒙，董蒙求我。初筮吉，再參讀，讀則二三行下不吉。利貞。』❶以昌之和以爲，❷夫設身无方，思索不察，進很无節，❸讀焉則不吉矣；而能亨亓利者，二四行上古又之乎？」子曰：「□□也，而又不然者。夫内之不咎，外之不逆，筲筲然能立志於天下，❹二四行下若此者，成人也。❺成人也者，世无一夫，剴可强及輿才？❻故言曰：『古之馬及古之鹿，今之馬今之鹿。』❼夫任人二五行上□過，亦君子□。」[吕]昌曰：「若子之言，則《易・蒙》上矣。」子曰：「何必若此，而不可察也。❽夫蒙者二五行下，然少未又知也。凡物之少，人之所好也，故曰『蒙亨』。『非我求童蒙，童蒙求我』者，又知能者不求无能者，❾无能者二六行上[求]又能者，『非我求童蒙，童蒙求我』。

❶ 見《蒙》卦卦辭。「董」，通行本、帛書本經作「童」。「董」通「童」。「參」，帛書本經同，通行本作「三」。「參」通「三」。「讀」，帛書本經作「擅」，通行本作「瀆」。「讀」、「擅」，通「瀆」。下諸「讀」字，亦通「瀆」。

❷ 「和」，「私」之訛；二字構形極近易訛。

❸ 「很」，通「退」。

❹ 「筲筲」，疑從竹聲，讀爲「篤」。篤，厚也。

❺ 「成人」，典見《論語・憲問》：「子路問成人，子曰：若臧武仲之知，公綽之不欲，卞莊子之勇，冉求之藝，文之以禮樂，亦可以爲成人矣。」

❻ 「剴」，讀作「豈」。「輿」，通「與」。「才」，通「哉」。

❼ 「今之馬」下，當脱「及」字。「古之馬」下兩句，當爲古人格言，今失其義。上「强及輿才」之「及」，追上、趕上之義。

❽ 「而」，乃也。亦可能「而」同「爾」，汝也；「察」上，疑脱「不」字。

❾ 「知」字，讀爲「智」，疑衍。

『初筮吉』老，聞亓始而知亓冬，見亓本而知亓[末，故]二六行下曰『初筮吉』。『再參讀，讀則不吉』老，反覆問之而讀，❶讀，弗敬，故曰『不吉』。弗知而好學，身之賴也，故曰『利[貞]』。二七行上君子於仁義之道也，雖弗身能，剴能已才？❷日夜不休，冬身不卷，❸日日載載，必成而二七行下后止。❹故《易》曰：『蒙，亨。非我求童蒙，童蒙求我。初筮吉，再參讀，讀則不吉。利貞。』此之胃也。」●吳孟問先二八行上[生曰]：「《易·中復》之九二亓辤曰：❺『鳴額在陰，亓子和之；我又好毄，吾與壐羸之。』❻何胃[也？」子]二八行下曰：「夫《易》，聑君之所尊也，吾庸與焉乎？」吳子曰：❼「亞又然？❽願先生式略之，❾

❶「反覆」，即「反復」。「覆」通「復」。

❷「才」，通「哉」。

❸「冬」，讀作「終」。「卷」，讀爲「倦」。

❹「后」，通「後」。前數句，參見《禮記·中庸》：「博學之，審問之，慎思之，明辨之，篤行之。有弗學，學之弗能弗措也；有弗問，問之弗知弗措也；有弗思，思之弗得弗措也；有弗辨，辨之弗明弗措也；有弗行，行之弗篤弗措也。人一能之，己百之；人十能之，己千之。果能此道矣，雖愚必明，雖柔必强。」其義相同。

❺「中復」，帛書本經同，通行本作「中孚」。「復」通「孚」。「辤」，即「辭」字。

❻「額」，帛書本經及他篇皆同，通行本作「鶴」。「額」通「鶴」。「毄」，即「爵」，通行本經、帛書《繫辭》作「爵」。「壐」，帛書本經及他篇同，通行本經作「爾」。「壐」通「爾」。「羸」，帛書本經作同，通行本作「靡」。「羸」通「靡」。靡，分也。

❼「吳子」，「子」疑「孟」之訛。他處皆直呼弟子名，獨此處異。

❽「亞」，讀作「惡」。「惡」，何也。「又」，通「有」。惡有然，謂何有如此。

❾「式」，讀作「試」，嘗試。「試略之」，嘗試言其大略。

以爲毋忘，❶以匡弟子所□。」❷［子］二九行上曰：「夫領□□□□□老所獨擅也，道之所見也，故曰『在陰』。君老，人之父母也；人老，君之子二九行下也。君發號出令，以死力應之，❸故曰『亓子和之』。『我又好爵，吾與璽羸之』老，夫爵禄在君、在人，君不徒□三〇行上□□□□□□亓人也，訢焉而欲利之；❹忠臣之事亓君也，驩然而欲明之。❺驩訢交迵，❻三〇行下此聖王之所以君天下也。故《易》曰：『鳴鶴陰，❼亓子和之；我又好爵，吾與璽羸之。』亓此之胃乎！」

●莊但三一行上［問］於先生曰：「敢問於古今之世，聞學、談説之士君子，❽所以皆牧焉，勞亓四枳之力，❾渴亓腹心三一行下而索老，❿類非安樂而爲之也。以但之私心論之，此大老求尊嚴顯貴之名，細者欲富厚安樂［之］三二行上實。是以皆□□必勉，輕奮亓所穀，幸於天下老，⓫殆此之爲也。今《易·謙》之初

❶「忘」，通「妄」。

❷「所」字，照片上略殘。「所」下一字，當補「聞」字。

❸「以」上，疑脱「人」或「臣」字。

❹「訢」，當是「訢」字之異文。《説文》：「訢，喜也。」「訢」同「忻」、「欣」。

❺「驩」，同「歡」。

❻「驩訢」，同「歡欣」。「迵」，通「通」。

❼「陰」上，脱「在」字。

❽「聞」，通「問」。「聞學」，即「問學」。

❾「枳」，通「肢」。

❿「渴」，通「竭」。「索」，《説文》：「入家接也。從宀索聲。」「接」《説文》：「衆意也。一曰求也。從手妾聲。」

⓫「奮」，動。「穀」，通「穀」。穀，養也。「幸」，通「倖」，僥倖也。《莊子·在宥》：「此以人之國僥幸也。幾何僥倖而不喪人之國乎？」僥倖，謂逐利不止，冒險不已，而希望幸免於禍患。

六亓辤三二行下曰『嗛嗛[君子]，用涉大川，吉』，❶將何以此諭也？❷」子曰：「夫務尊顯耂，亓心又不足耂也。君子不然，畛焉不[自]三三行上明也，❸不自尊[也]，□高世□。《嗛》之初六，《嗛》之《明夷》也。❹耶人不敢又立也，❺以又知爲无知三三行下也，以又能爲无能也，以又見爲无見也，憧焉无敢設也，❻以使亓下，所以治人請，❼牧羣臣之僞也。□三四行上君子耂，夫□□□□然以不□□於天下，故奢多、廣大、斿樂之鄉，❽不敢渝亓身焉。❾三四行下是以而下驩然歸之而弗猒也。❿『用涉大川，吉』耂，夫《明夷》离下而川上，川耂，順也。君子之所以折亓身三五行上

❶「溓」，下文作「嗛」，通行本作「謙」，帛書《衷》作「兼」。「嗛嗛」，帛書本經同，通行本作「謙謙」。「溓」、「謙」、「兼」，通「謙」。

❷「諭」，《說文》：「告也。」

❸「畛」，通「眕」。《爾雅·釋言》：「眕，重也。」重，厚重。《左傳·隱公三年》：「夫寵而不驕，驕而能降，降而不憾，憾而能眕者，鮮矣。」孔《疏》：「憾而不能眕，言其心難自抑。」

❹上二句以「之卦」解《易》。例見《左傳》、《國語》。「嗛」，通「謙」。「夷」，通「痍」，傷也。《序卦》：「夷，傷也。」《雜卦》：「明夷，誅也。」《繆和》作者似直接通過將卦名解釋爲「明傷」的意思，進而解釋初六爻辭之義。顯然在作者看來，《謙》卦初六包含了「明夷」卦義。

❺「立」，讀作「位」。「又立」，即「有位」，包含居位自驕之義。

❻「憧」，通「童」。童焉，謂若童蒙也。「設」，《說文》：「施陳也。」

❼「請」，通「情」。

❽「多」，讀作「侈」。「斿」，讀作「遊」。

❾「渝」，改變，變易。

❿「而」，「天」之訛。「驩」，同「歡」。「猒」，即「厭」。

耂，明察所以□□□□□，是以能既致天下之人而又之。❶且夫川耂，下之爲也。故曰：『用三五行下涉大川，吉。』」子曰：「能下人若此，亓吉也，不亦宜乎？舜取天下也，當此卦也。」子曰：「芯明夐知守以愚，❷博三六行上聞强試守以踐，❸尊[𦤎]貴官守以卑。❹若此，故能君人。非舜，亓孰能當之？」●張射問三六行下先生曰：「自古至今，天下皆貴盛盈。今《周易》曰『嗛，亨，君子又冬』，❺敢問君子何亨於此乎？」子曰：「所三七行上問是也。夫先君作□，埶列𦤎立之尊，❻明厚賞慶之名，此先君之所以勸亓力也，三七行下宜矣。彼亓貴之也，此非耶君之所貴也。夫耶君卑體屈貇以鄀孫，❼以下亓人，能至天下之人而又之三八行上，❽□□□□□孰能以此冬？」子曰：「天之道，⿱亠宗高神明而好下，❾故萬勿歸命焉；❿地之三八行下道，

❶「既」，盡也。「致」，招致。「又」，通「有」，擁有。

❷「芯」，「蔥」之省文，通「聰」。「明」，即「明」。「夐」，通「睿」。「知」，讀作「智」。

❸「博」，帛書照片下殘，上部與「博」字合。「試」，通「識」。「踐」，通「淺」。

❹「尊」下一字，當補爲「𦤎」。上數句參見《荀子·宥坐》、《孔子家語·三恕》。《宥坐》述「孔子曰：聰明聖知守以愚，功被天下守以讓，勇力撫世守之以怯，富有四海守之以謙。此所謂挹而損之之道也。」《三恕》：「(子曰)聰明睿智，守之以愚；功被天下，守之以謙。此所謂損之又損之之道也。」

❺見《謙》卦卦辭。

❻「埶」，通「藝」，樹也。「𦤎」，即「爵」。「立」，讀爲「位」。

❼「體」，「體」之異文。「貇」右上角照片不甚清晰。「鄀」，通「舒」。「孫」，讀作「遜」。

❽「至」，通「致」。「又」，通「有」。

❾「⿱亠宗」，即「崇」字。

❿「勿」，讀作「物」。「萬勿」即「萬物」。下「萬勿」亦讀作「萬物」。

精博以尚而安卑，❶故萬勿得生焉；耶君之道，尊嚴夐知而弗以驕人，嗛然比德而好後，故三九行上「天下歸心焉」。《易》曰：『溓，❷亨，君子又冬。』」子曰：「嗛老，溓然不足也。❸亨老，嘉好之會也。❹夫君人三九行下老，以德下亓人，人以死力報之，亓亨也，不亦宜乎？」子曰：「天道毀盈而益嗛，地道銷［盈而］流嗛，［鬼神害盈四〇行上而福嗛］，人道亞盈而好溓。❺溓者，一物而四益老也；盈老，一物而四損者也。故耶君以四〇行下爲豊茬，❻是以盛盈。使祭服忽，❼屋成加昔❽，宮成朷隅。❾溓之爲道也，君子貴之。故曰：

❶「精」，通「靜」。

❷「溓」，上文引作「嗛」，下文解釋時亦引作「嗛」。「溓」、「嗛」通「謙」。

❸「溓」，通「歉」。《説文》：「歉，歉食不滿。」「歉」、「慊」、「嗛」，三字同音，常通用。

❹參見《乾·文言》。《文言》云：「亨者，嘉之會也。」《左傳·襄公九年》穆姜云：「亨，嘉之會也。」

❺上四句，《謙·彖》作：「天道虧盈而益謙，地道變盈而流謙，鬼神害盈而福謙，人道惡盈而好謙。」又見帛書《二三子》、《韓詩外傳》卷八「孔子曰」、卷三「周公曰」，《説苑·敬慎》「叔向曰」。「盈」，《敬慎》作「滿」。此外，「天道虧盈而益謙」，《潛夫論·遏利》引「《易》曰」作「天道虧盈以沖謙」。「嗛」通「謙」，「亞」讀作「惡」，「溓」通「謙」。

❻「豊」，當爲「豐」之訛。「豐」，《繆和》常寫作「豊」。《豐·彖》：「豐，大也。」《序卦》：「豐者，大也。」「茬」，草盛的樣子。《説文》：「茬，艸貌。」

❼「忽」，所讀待考。

❽「昔」，通「剒」。剒，雕刻。屋成而雕刻衆器物，示有所缺損也。

❾「朷」，待考。上數句，參見《韓詩外傳》卷三：「周公戒伯禽曰：『故《易》有一道，大足以守天下，中足以守其國家，近足以守其身，謙之謂也。夫天道虧盈而益謙，地道變盈而流謙，鬼神害盈而福謙，人道惡盈而好謙。是以衣成則必缺衽，宮成則必缺隅，屋成則必加拙。示不成者，天道然也。』」

『嗛，亨，君[子又冬]。』四一行上□□盛盈而入下，❶非君子，亓孰當之？」●李羊問先生曰：「《易·歸妹》之上六曰：『女承匡，无實；士四一行下刲羊，无血。无攸利。』❷將以辤，是何明也？」子曰：「此言君臣上下之求老也。女老，下也。士老，上也。承老，□[也。四二行上匡]老，[器]之名也。❸刲老，上求於下也。羊老，衆也。血老，卹也。❹攸老，所也。夫賢君之爲列埶䢔立四二行下也與實俱，羣臣榮亓列，樂亓實，夫人盡忠於上。亓於小人也，必談博知亓又无，❺而□□□□□□四三行上□行，莫不勸樂以承上求，故可長君也。貪乳之君不然，❻羣臣虛立，❼皆又外志，君无賞祿四三行下以勸之。❽亓於小人也，賦斂无根，❾耆欲无猒，❿徵求无時，⓫財盡而人力屈，不朕上求，⓬衆又离[心]而上弗卹，三五行上[此]所以亡亓國，以及亓身也。夫明君之畜亓臣也不虛，忠臣之事亓君也又實，上下迵實，⓭此三五行下所以長又令名於天下也。夫忠言請愛而實弗隋，⓮此鬼

❶「入」，通「納」。

❷「上六」，帛書本經作「尚六」。「尚」通「上」。「匡」，帛書本經、通行本作「筐」。「匡」通「筐」。

❸「器」，僅存左上角之「口」部分，疑當是「器」字。

❹「卹」，同「恤」。《説文》：「恤，憂也。」

❺「又无」，即「有无」。下「无又」，即「无有」。

❻「乳」，即「亂」字的省體。「亂」，帛書常省作「乳」。

❼「立」，讀作「位」。

❽「祿」，或釋作「罰」，與帛書字形不合。

❾「根」，通「艮」。艮，止也。

❿「耆」，讀作「嗜」。「猒」，讀作「厭」。

⓫「徵」，通「征」。征，抽稅。

⓬「朕」，通「勝」。

⓭「迵」，通「通」。通，謂交通之也。

⓮「請」，通「情」。「隋」，通「隨」。

神之所疑也，而兄人乎？❶將何所利？［故《易》］曰『女承［匡，四五行上无］實；❷士封羊，无血；无攸利』，此之胃也。」孔子曰：❸「夫无實而承之，无血而卦之，❹不亦不知乎！❺四五行下且夫求於无又老，此凶之所產也。善乎！，胃无所利也。」●子曰：❻「君人者，又大德於臣，而不求亓報，則□□四六行上□要，晉、齊、宋之君是也。臣人者，又大德於［君，而不求亓報，則］□□□□□□□□□四六行下□□王子比干、五子［胥］、□子隼是也。❼君人者，又大德於臣而不求亓報，□道也。臣老，［又大德於君］，四七行上而不求亓報，死道也。是故耶君求報□□□□□□□□□□□□□□□四七行下□□□□❽□□□□也。□亓在《易》也，《復》之六二曰：『休復，吉。』則此言以□□□□□也。又□□□□□四八行上□□，將何吉之求矣！」●子曰：「昔者先君□□□□□□□□□□□□□□□四八行下□□□❾□□□不相□□□前不相□正之成也，故人□□□□□□□□□□□□□□□□□□四九行上□猷恐人之不順也。❿故亓在

❶「兄」，讀作「況」。

❷「［故易］曰：女承［匡无］實」，或釋「故」爲「古」，且以古、易、匡、无諸字皆未殘泐。

❸「孔」字，疑衍。該篇他處皆作「子曰」，不作「孔子曰」。

❹「卦」，與「封」音可通。然他處引此經文皆無誤，故疑此處「卦」字爲誤寫。

❺「知」，通「智」。

❻自此之上，《繆和》採用師生問答形式；自此以下，則採用「子曰」述之。

❼「五」，通「伍」。比干之死，見《史記·殷本紀》。伍子胥之死，見《史記·吳太伯世家》。

❽上三字，或釋作「矣故報」。

❾上三字，或釋作「產內外」。

❿「猷」，同「猶」。

《易》[也，《訟》之六三曰：「食舊德，貞厲，終吉。或從王]事，无成。」子四九行下[曰]：「□□□□□□□□□□□□幹事，❶食舊德以自厲□□□□□□□□□□□□五〇行上□□□□□也。夫產於今之世而□□□□□□□□□□□[也]，不亦宜乎？五〇行下[故曰：『食]舊德，❷貞厲。或從王事，无成。』」●子曰：❸「《恆》之初六曰：『夐恆，❹貞凶，无[攸利。』」子]曰：「夐，治□□□五一行上□□□□□□□，❺用人之所非也，凶必產□□。[故曰：『夐恆，貞凶，无攸]利。』」●子曰：「《恆》之九三曰：『[不五一行下恆亓德]，或承之羞，貞[藺]。』」子曰：「『不恆亓』老，❻言亓德行之无恆也。德行无道，則親疏无辨；親疏无辨，[則]必將□□五二行上□□□□不藺。❼故曰：『不恆亓德，或[承之羞，貞藺。』」●子曰：「《恆》之]六五曰：『恆亓德，貞婦人五二行下吉，夫子凶。』」「婦德一人之爲，❽[不]可以又它；又它矣，凶[必]產焉。❾故曰：『恆亓德，貞婦人吉。』亓男德不□□安者，之五三行上又弱德必立，❿而好比於人。賢、不宵人得亓宜

❶《乾·文言》云：「貞固足以幹事。」上數字，亦當是就《訟》卦六三爻論「貞」之德。

❷「故曰食」三字，或以爲未殘泐。

❸自下述、論《恒》、《川》卦爻辭的文本，先以「子曰」述經文，再以「子曰」解經文。

❹「夐恆」，通行本經作「浚恒」。「夐」通「浚」。浚，疏浚。

❺上二字，或釋作「日國」。

❻「亓」下，「德」字抄脱。

❼「藺」，帛書本經作「閵」，通行本作「吝」。「藺」、「閵」通「吝」。

❽「婦德」前，原文當抄脱「子曰」二字。

❾「凶」下一字，參照五一行文本，當補「必」字。

❿「之」，則也。見《經傳釋詞》卷九。

[也]」，❶則吉；自恒也，則凶。故曰：『恒亓德，貞婦人五三行下吉，夫子凶。』」●子曰：「《川》之六二曰：❷『直方大，不習，无不利。』」子曰：「直方者，知之胃也。❸不習老，□□□□□□[之五四行上胃]也。無不利者，无過之胃也。夫贏德以與人，❹過則失人和矣。非人之所習也，則近害矣。故五四行下曰：『直方大，不習，无不利。』」●湯出觓守，❺東北又火，曰：「彼何火也？」又司對曰：「漁老也。❻」湯遂至[之]，❼曰：「子之祝五四行上[可]？」[曰：「古老蛛]蝥作罔，今之人緣序。❽左者、右者，尚老、下老，❾衛突乎土老，❿皆來乎吾罔」。」湯五五行下曰：「不可。

❶「宵」，通「肖」。

❷「川」，通行本作「坤」。「川」即「坤」。

❸「知」，讀作「智」。

❹「贏」，訓弱。上文談及弱德比人之義，故「贏」訓弱。「與」，隨附，結與。

❺「觓」，通「巡」，周巡視察也。例見《尚書・堯典》：「歲二月，冬巡守，至於岱宗。」自此句以下，至於文末，由六則故事構成，而每則故事之末，一般引《周易》經文作結。

❻「又司」，即「有司」。

❼「至」字，下殘，保留筆跡與「至」字上部合。

❽「罔」，讀作「網」。下同。「緣序」，參見帛書《衷》篇。《衷》：「武夫昌慮，文人緣序。」《新書・諭誠》：「蛛蝥作網，今之人循緒。」《新序・雜事五》：「昔誅蝥作網，今之人循序。」《呂氏春秋・異用》：「昔誅蝥作網罟，今之人學紓。」楊樹達云「紓」爲「緒」之訛，「學緒」猶「循緒」，謂「效蛛蝥之餘業也」。（轉見王利器《呂氏春秋注疏》卷第十，巴蜀書社，二〇〇二年）

❾「尚」，通「上」。

❿「衛」，疑爲「衛」字之變形。「衛」即「衛」之省，「衛」即「率」字。率，舉凡之詞。例見《史記・老子韓非列傳》：「大抵率寓言也。」「突」，《説文》：「犬從穴中暫出也。」「突乎土」，謂從土穴中忽然衝出。

我教子祝之曰：『古老蛛蝥作罔，今之[人]緣序。❶左老使左，右老使右，尚老使尚，下老使下，□五六行上□□□□□□。』」❷諸矦聞之，曰：「湯之德及禽獣、魚鱉矣。」❸故共皮幣以進老卌又五六行下餘國。❹《易卦》亓義曰：❺「顯比，王用參毆，失前禽，邑不戒，吉。」❻此之胃也。●西人舉兵侵魏野，❼而□□□五七行上□□□□□□□□而遂出見諸大夫。過段干木之閭而式，❽亓僕李義曰：❾「義聞之，諸矦五七行下先財而後財。❿

❶「今之」下，原文抄脫「人」字，當補。

❷上缺數字，或補爲「不用命者乃入吾罔」。從帛書殘留筆劃來看，最後兩字非「吾罔」。

❸「獣」，「獸」之異文。

❹「共」，通「供」。「幣」，即「幣」字。「卌」，四十。「卌又餘國」，《呂覽》作「四十國」。上「湯出巡守」的故事，參見《呂覽·異用》、《新書·諭誠》、《新書·雜事五》、《史記·殷本紀》等篇。

❺對於《易經》，帛書一般稱之爲《易》、《周易》，《二三子》則或稱作《卦》，本篇或稱作《易卦》。「義」，通「議」，所議論之辭也。

❻見《比》卦九五爻辭。「參毆」，《昭力》同，帛書本經、通行本作「三驅」。「參」通「三」，「毆」通「驅」。「邑」下，通行本、帛書本經有「人」字，《繆和》抄脫。

❼「西人」，指秦兵。秦欲舉兵侵魏之事，《資治通鑒外紀》以爲發生在周威烈王十八年，即公元前四〇八年。此章文本，參見《呂氏春秋·期賢》、《淮南子·脩務》、《新序·雜事五》、《史記·魏世家》等。

❽此句，《新序·雜事五》作：「魏文侯過段干木之閭而軾。」「軾」，《呂氏春秋》、《淮南子》作「軾之」。段干木，魏文侯師，子夏弟子。《史記·仲尼弟子列傳》：「子夏居西河教授，爲魏文侯師。」《史記·儒林列傳》：「如田子方、段干木、吳起、禽滑釐之屬，皆受業於子夏之倫，爲王者師。」「式」，通「軾」。下「弗式」之「式」，亦通「軾」。

❾「李義」，傳世文獻未載。

❿下「財」字，當爲「身」之訛。

今吾君先身而後財，何也？」❶文矦曰：「段干木富乎德，❷我富於財；段干木富[於義，五八行上我富於地。財不如德，地不如義。德而不吾]爲老也，義而不吾取老也，彼擇取而不我與老也，我求而弗五八行下得老也，若何我過而弗式也？」西人聞之，❸曰：「我將伐无道也。今也文矦尊賢，[无乃不可加]兵五九行上[乎]？」□□□□□□□何？可而要之，❹局而㝡之，❺獄獄吾君敬女，❻而西人告不足。《易卦》亓義五九行下曰：「又覆惠心，勿問，元吉。又復惠我德也」。❼●吳王夫䟫攻當夏，❽大子辰歸冰八管。❾君問左右，冰□六〇行上□□□□□□□□，注冰江中上流，與士歓亓下流，❿江水未加清，而士人大說。⓫

---

❶《呂氏春秋》等篇的詢問與此不同。

❷此句及下數句，《新序·雜言五》作：「段干木光乎德，寡人光乎地。段干木富乎義，寡人富乎財。地不如德，財不如義。」《呂氏春秋》、《淮南子》有所不同。

❸「西人」，具體指秦大夫司馬庚（或稱司馬唐、司馬唐且等），見《淮南子》、《呂氏春秋》、《新序》。下文，《呂氏春秋·期賢》作：「司馬唐諫秦君曰：段干木，賢者也，而魏禮之，天下莫不聞，無乃不可加兵乎？」《淮南子》、《新序》略同。「秦君」，指秦簡公。

❹上「何」、「可」二字，帛書原作「何」，下有重文符號。

❺「局」，通「拘」，取也。「㝡」，同「冣」。《說文》：「冣，積也。從冖從取，取亦聲。」

❻「獄獄」，通「猶猶」，徐疾得中之貌。例見《禮記·檀弓上》：「故騷騷耳則野，鼎鼎耳則小人，君子蓋猶猶耳。」「吾君」，指魏文侯。「女」，通「汝」，指段干木。

❼見《益》卦九五爻辭。「又覆」，帛書本經作「有復」，通行本作「有孚」。「覆」通「復」，亦與「孚」通。「惠我德也」之「也」字，諸本無，疑衍。

❽「䟫」，即「差」字。「夫䟫」即「夫差」。「當夏」，楚地名。

❾「大子」，即「太子」。「歸」，同「饋」，饋贈。

❿「歓」，同「飲」字。

⓫「說」，通「悅」。

六〇行下斯壘爲三遂，❶而出毄荆人，❷大敗之，襲亓郢，居亓君室，徙亓祭器。察之，則從八管之冰始也。六一行上《易卦》亓義曰：「鳴潗，利用行師征國。」❸ ● 越王句賤即已克吴，❹環周而欲均荆方城六一行下之外。❺荆王聞之，恐而欲予之。左史倚相曰：「天下吴爲强，以戉戔吴，❻亓鋭老必盡，亓餘不足六二行上[用]也。是知晉之不能□□□□，齊之不能隃騶魯，❼而與我争於吴也。是恐而來觀六二行下我也。」❽君曰：「若何則可？」左史倚相曰：「請爲長轂五百乘，❾以往分於吴地。」君曰：「若。」❿遂爲長轂五六三行上[百]乘，以往分[於]吴。⓫曰：「吴人[有起兵]而不服者，請爲君服之。」日旦，越王曰：「天下吴爲强，吾六三行下既戔吴，亓餘不足以辱大國。」士人請辭，⓬又曰：「人力所不至，

---

❶「壘」，重列。「遂」，通「隊」。

❷「毄」，通「擊」。

❸見《謙》卦上六爻辭。「潗」，通行本作「謙」。「潗」通「謙」。「征國」，通行本作「征邑國」。

❹「句賤」，即「勾踐」。「即」，通「既」。此章事見《韓非子·説林下》、《説苑·權謀》。

❺《韓非子·説林下》：「越已勝吴，又索卒於荆而攻晉。」《説苑·權謀》：「越破吴，請師於楚以伐晉。」事因與帛書不同。

❻「戉」，當讀作「越」。「戔」，讀作「踐」，通「剪」，滅也。下二「戔」字，亦讀作「踐」。

❼「隃」，通「逾」。「騶」，通「鄒」。「騶魯」，即「鄒魯」。

❽「觀」，示也。《韓非子·説林下》：「示我不病也。」《説苑·權謀》：「此恐吾攻己，故示我不病。」

❾「五百乘」，《説苑》作「千乘」。

❿「若」，讀作「諾」。

⓫「吴」，左側筆劃帛書尚保留。

⓬「辤」，同「辭」，推辭，不接受。「士人」，指越軍官兵。

周車所不達，❶請爲君服之。」王胃大夫重六四行上［曰：］❷「□□不很兵，❸□□□？」重曰：「不可。天下吴爲强，以我戔吴，吾鋭老＝既盡，亓餘不足用六四行下也。而吴衆又未可起也，❹請與之分於吴地。」❺遂爲之封於南巢，至於北蘄，南北七百里，命之曰倚六五行上［相之］封。❻《易卦》［亓義曰：「睽］孤，鬼豕負塗，載鬼一車，先張之柧，後説之壺。」❼此之胃也。●六五行下荊莊王欲伐陳，使沈尹樹往觀之。❽沈尹樹反，❾至令，❿曰：「亓城郭脩，亓倉實，⓫亓士好學，亓婦人組疾。」君六六行上［曰］：「如是則陳不可伐也。⓬城郭脩，則亓守固也；倉廩實，則人食足也；亓士好

❶「周」，通「舟」。此二句，參見《禮記·中庸》：「舟車所至，人力所通。」

❷「重」，讀作「種」，即文種，越大夫、謀臣。下「重」，亦讀作「種」。

❸「很」，通「退」。

❹「又」，通「有」。

❺參見《韓非子·説林下》：「大夫種曰：『不可。吾豪士盡，大甲傷，我與戰，必不剋，不如賂之。』」

❻《韓非子》作：「乃割露山之陰五百里以賂之。」

❼見《睽》卦上九爻辭。帛書本經作：「乖苽，見豨負塗，載鬼一車。先張之柧，後説之壺。」通行本作：「睽孤，見豕負塗，載鬼一車，先張之弧，後説之弧。」此篇帛書「鬼豕」之「鬼」字，疑爲「見」字之訛。「柧」、「壺」，疑皆爲「弧」字之假。「説」，通「脱」。

❽此章事見《吕氏春秋·似順》、《説苑·權謀》等書。「沈尹樹」，《左傳·昭公十九年》作「沈尹戌」。使者之名，上二書未指明。

❾「反」，讀作「返」。

❿「至」，通「致」，「至令」即「致令」。

⓫「倉」下，疑脱「廩」字。

⓬「陳不可伐也」這一判斷，《吕氏春秋》、《説苑》皆以爲「使者」作出的。與此大異。

學，必死上也；六六行下亓婦組［疾］，亓財足也。如是，陳不可伐也。」沈尹樹曰：「彼若若君之言則可也，❶彼與君上言之異。城郭脩，［則］六七行上人力渴矣；❷倉廩實，［則］□□之人也；亓士好學，則又外志也；亓婦組疾，則士禄不足食也。六七行下故曰：『陳可伐也。』❸」遂舉兵伐陳，克之。《易卦》亓義曰：「入于左腹，穫明夷之心，于出門廷。」❹●趙閒子欲伐衛，❺使六八行上史黑［往睹之，期以］世日，❻卒日焉反。❼閒子大怒，以爲又外志也。史黑曰：「吾君殆乎大過矣。衛使六八行下據柏王相，❽子路爲浦，❾孔

❶「彼」，指陳。上「若」，訓如果也。下「若」，如也，象也。

❷「渴」，通「竭」。

❸「陳可伐也」這一判斷，《説苑》以爲楚王、《吕氏春秋》以爲「寧國」作出的。與此大異。另，《吕氏春秋》的文本可能有訛誤，作「寧國」非。

❹見《明夷》卦六四爻辭。「入于左腹」，通行本同，帛書本經作「明夷夷于左腹」。「穫」，即「穫」，通行本、帛書本經作「獲」。「穫」通「獲」。「廷」，通行本作「庭」。「廷」通「庭」。

❺「閒」，讀作「簡」。此章事見《吕氏春秋・召類》、《説苑・奉使》。

❻「史黑」，或作史黯、史黶、史墨、史默，《吕氏春秋・召類》作「史默」，《説苑・奉使》作「史黯」。「世」，是由三、十兩數合成的新字，同「卅」字。

❼「卒」，由六、十兩數字構成，表示六十之意。上「世」（或「卅」）、此「卒」兩字，下皆無合文符號，故非三十、六十之合文。「反」，通「返」。上二句，《吕氏春秋・召類》作「期以一月，六月而後返」；下「月」字，《説苑・奉使》訛作「日」。此與帛書不同。

❽「據柏王」，即「蘧伯玉」。「據」通「蘧」，「柏」通「伯」，「王」乃「玉」之訛，二字形近易誤。

❾「浦」，通「輔」。

子客焉，史子突焉，❶子贛出入於朝而莫之留也。❷此五人也，一治天下老也，而六九行上皆在衛□□□□□又是心老，倪舉兵而伐之乎？❸」《易卦》亓義曰：「觀［國］之光，利用六九行下賓于王。」❹《易》曰「童童往來」，❺仁不達也；「不克征」，❻義不達也；「亓行塞」，❼道不達也；「不明晦」，❽明不達［也］。「□□□□」，❾［仁七〇行上達］矣；「直方」「不習」，❿義達矣；「自邑告命」，⓫道達矣；「觀國之光」，明達矣。

繆和 七〇行下

❶「史子突焉」，《呂氏春秋・召類》、《説苑・奉使》作「史鰍佐焉」。史鰍，字子魚。《論語・衛靈公》：「直哉，史魚！」「突」，出而爲士。

❷「子贛」，即「子貢」。此句，《呂氏春秋・召類》、《説苑・奉使》皆作「子貢使令於君前，甚聽」。

❸「倪」，讀爲「况」。

❹見《觀》卦六四爻辭。

❺見《咸》卦九四爻辭。「童童」，帛書本經同，通行本作「憧憧」。「童」通「憧」。

❻見《復》卦上六爻辭。

❼見《鼎》卦九三爻辭。

❽《明夷》卦上六爻辭。

❾此句缺文，疑當補作「見龍在田」，見《乾》卦九二爻辭。《乾・象》：「『見龍在田』，德施普也。」《文言》：「閑邪存其誠，善世而不伐，德博而化。《易》曰『見龍在田，利見大人』，君德也。」又説：「寬以居之，仁以行之。」

❿「習」，此字帛書形跡清晰。帛書《昭力》上有一小塊帛片，上有「矣直方不」四字，正可與此字綴合。參見《坤》卦六二爻辭。

⓫見《泰》卦上六爻辭。

昭力

昭力問曰：❶「《易》又卿、大夫之義乎？」❷子曰：❸「《師》之『左次』，❹與『闌輿之御』，❺與『豶豕之牙』參老，❻大夫之所以治亓國而安亓［家 一行上 也］。」❼昭力曰：「可得聞乎？」子曰：「昔之善爲大夫老，必敬亓百姓之順德，忠信以先之，脩亓兵甲 一行下 而御之，❽長賢而勸之，不乘朕名以教亓人，❾不羞卑隃以安社禝。❿亓將督誥也，吐言以爲人次；⓫亓將報□［也］，二行上［必先］□一以爲人次；亓將取利，必先亓義以爲人次。

❶ 此篇首行上的天頭，無黑色矩形符號。

❷ 「又」，讀作「有」。下諸「又」字多通「有」。

❸ 「子曰」之「子」，亦爲「孔子」。

❹ 見《師》卦六四爻辭。此爻辭，通行本、帛書本經皆作：「師左次，无咎。」

❺ 見《泰蓄》（《大畜》）卦九三爻辭。帛書本經作：「良馬遂，利根貞。曰闌車衛，利有攸往。」通行本「遂」作「逐」，「根」作「艱」，「闌」作「閑」，「車」作「輿」。此篇帛書「御」，即「衛」字。

❻ 見《泰蓄》（《大蓄》）六五爻辭。帛書本經作：「哭豨之牙，吉。」通行本與《昭力》同。「豶」，王弼《注》以「制健、禁暴，抑盛」解之。「參」通「三」，「老」即「者」字。

❼ 「亓」，同「其」。

❽ 「脩」，通「修」。

❾ 「朕」，或隸作「勝」、「朕」，皆即「朕」字。「朕」，讀作「勝」。「勝名」，盛名，神聖、强大之名。

❿ 「隃」，通「遙」。「卑隃」，指地位卑下，偏遠鄙陋之義。「社禝」，同「社稷」。

⓫ 「吐言」上，疑脱「必先」二字。「人次」，引申爲君主所設立的爲官做人的準則。

《易》曰：『師左次，无咎。』師也老，人之聚也；❶次二行下也者，君之立也。❷見事而能左亓主，❸何咎之又？」❹問「闌輿」之義。子曰：「上正御國以德，❺次正御國以力，下正御[國]三行上以兵。御國以德老，必和亓君臣之節，不耳之所聞，❻敗目之所見，故權臣不作。同父子之三行下欲，以固亓親；賞百姓之勸，以禁諱教；❼察人所疾，不作苛心。是故大國屬力焉，而小國歸德焉。城郭弗四行上脩，五兵弗寔，❽而天下皆服焉。《易》曰：『闌輿之御，利又攸往。』❾若輿且可以闌然御之，侃以四行下德乎？❿可不吉之又？」⓫又問：「『豮豕之牙』，何胃也？」子曰：「古之伎强老也，⓬伎强以侍難也。⓭

❶《序卦》：「師者，衆也。」

❷「立」，讀作「位」。通行本、帛書本《易傳》皆重「位」的觀念。

❸「左」，通「佐」。

❹「又」，通「有」。

❺「正」，通「政」。下同。

❻「不」字下，疑脱「以」字，據文意當補。

❼「諱」，通「違」。此句的意思是：以阻止違背教令。

❽「寔」，下部略殘。「寔」，讀爲「實」，充實、備具也。「五兵」，鄭玄注《周禮·司兵》引鄭司農云：「五兵者，戈、殳、戟、酋矛、夷矛。」《穀梁傳·莊公二十五年》范寧《集解》：「五兵，矛、戟、鉞、楯、矢。」《匡謬正俗》云「五方之兵」爲東矛、南弩、西戈、北鍛、中央劍。《莊子·天道》成玄英《疏》：「五兵者，一弓、二殳、三矛、四戈、五戟也。」

❾「又」，通「有」。

❿「侃」，讀作「況」，何況也。

⓫「可」，讀作「何」。

⓬「伎」，讀爲「技」。

⓭「侍」，讀作「待」。

上正御兵而弗用，❶次正用兵五行上而弗先也，下正鋭兵而后威。❷幾兵而弗用老，調炗亓百生而敬亓士臣，❸强争亓時而讓亓五行下成利。文人爲令，武夫用國。脩兵不解，❹卒伍必固；權謀不讓，❺怨弗先昌。❻是故亓士驕而不頃，❼亓人調而不六行上野」。大國禮之，小國事之；危國獻焉，力國助焉；遠國依焉，近國固焉。上正陲衣常以來六行下遠人，❽次正橐弓矢以伏天下。❾《易》曰：『豶豕之牙，吉。』夫豕之牙，成而不用者也。又烪而后見，❿言國脩，兵不單七行上而威之胃也。⓫此大夫之用也，卿、大夫之事也。」● 昭力問曰：「《易》又國君之義乎？」⓬子曰：「《師》之『王參賜命』，⓭七行下與《比》之『王參毆』，⓮

❶「御」，即「衛」字，訓備。

❷「后」，通「後」。

❸「調」，謂教導。「炗」，通「㤅」，俱從「旡」聲，讀爲「愛」。下第九行之「炗」，同此。「百生」，即「百姓」。

❹「解」，讀作「懈」。

❺「讓」，通「攘」，舉也。

❻「昌」，讀爲「倡」。

❼「頃」，通「傾」。

❽「陲」，通「垂」。「常」，通「裳」。

❾「伏」，同「服」，屈服。

❿「又」，讀作「有」。「烪」，即「笑」字。「笑」，古文有從竹、從夭與從竹、從犬兩體。「后」，通「後」。

⓫「單」，讀作「戰」。「胃」，通「謂」。

⓬「又」，通「有」。

⓭見《師》卦九二爻辭。帛書本經作：「在師中，吉，无咎。王三湯命。」「湯」，通行本作「錫」。「湯」、「錫」，通「賜」。「參」，通「三」。下同。

⓮見《比》卦九五爻辭。帛書本經作：「顯比，王用三驅，失前禽，邑人不戒，吉。」「戒」，通行本作「誡」。「誡」同「戒」。「王參毆」，帛書本、通行本經作「王用三驅」。「毆」，通「驅」。

與《柰》之『自邑告命』者，❶三者國君之義也。」昭力曰：「可得聞乎？」子[曰]：「昔之君國老＝，君親八行上賜亓大夫，❷大夫親賜亓百官，此之胃參袑。❸君之自大而亡國老＝，亓臣厲以冣謀。❹君臣不相知，八行下則遠人无勸矣，乳之所生於忘者也。❺是故君以㤅人爲德，則大夫共悳，❻將軍禁單；❼君以武爲德，則九行上大夫薄人矣，❽[將軍]□柢；❾君以資財爲德，則大夫賤人，而將軍走利。是故失國之罪，必在君之九行下不知大夫也。《易》曰：『王參賜命，无咎。』爲人君而能亟賜亓命，无國何失之又？」❿又問：「《比》之『王[參]毆』，何胃也？」子一〇行上曰：「昔□□□□□人，以褱教之，⓫以義付之，⓬以荆殺當罪而人服。⓭君乃服小節以先人，曰義。一〇行下爲上且猷又不能，人爲下，何无

---

❶ 見《泰》卦上六爻辭。帛書本經作：「城復于湟，□[勿]用師。自邑告命，貞閵。」「湟」、「閵」，通行本作「隍」、「吝」。前者，與後者相通。又，「柰」，「奈」之正字，通「泰」。

❷ 「大夫」，原合文書作「夫」，其下有合文符號；再下，有重文符號。

❸ 「袑」，讀作「劭」。劭，勸勉也。「參袑」即「三劭」。

❹ 「厲」，通「礪」。礪，自相磨礪。「冣」，通「聚」。聚謀，謂臣子相聚會以謀亂也。

❺ 「乳」，讀作「亂」。「忘」，指君不能親賜其大夫、百官而導致君臣不相知的狀況。

❻ 「悳」，即「德」字。共德，同德。

❼ 「單」，通「戰」。

❽ 「矣」字，疑衍。

❾ 「柢」字，右上部不甚清晰，存疑。

❿ 「无國」之「无」字，當爲「夫」字之訛。

⓫ 「褱」，疑「憲」之異構。

⓬ 「義」，讀爲「儀」。

⓭ 「荆」，即「刑」字。

過之又？夫失之前，將戒諸後，❶此之胃教而戒之。《易》[曰《比》]之『王參毆，失 一一行上 前禽，邑人不戒，吉』，若爲人君毆省亓人，❷孫戒在前，❸何不吉之又？」又問曰：「《柰》（以）之『自邑告命』，❹ 一一行下 何胃也？」子曰：「昔之賢君也，明以察乎人之欲亞，❺《詩》、《書》以成亓慮，外内親賢以爲紀岡。❻夫人弗告，則 一二行上 弗識；弗將，不達；弗遂，❼不成。《易》曰《柰》之『自邑告命，吉』，自君告人之胃也。」●

昭力問先 一二行下 生曰：「君、卿、大夫之事既已聞之矣，參或又乎？」❽子曰：「士數言數百，❾猷又所廣用之，兄於《易》乎？❿比卦卆又二，⓫ 一三行上 冬六合之内；⓬四勿之卦，⓭

❶「戒」，通「誡」。誡，告誡。

❷「毆」，通驅。驅省，謂驅使、省察，使之向善。

❸「孫」，通「遜」。「戒」，《説文》：「警也。」

❹「以」字，衍文，帛書抄手已塗去。

❺「明」，即「明」字。「欲亞」，即「欲惡」。

❻「岡」，讀作「綱」。

❼「遂」，道也。這裡作動詞用，謂以道導之。

❽「參」字，帛書照片略嫌模糊。「參或又乎」，「參」通「三」，「或」通「又」，「又」通「有」，謂於君、卿、大夫三者之外，《易》是否還有其他之義。

❾上「數」字，《廣韻》、《集韻》音色角切，訓屢次、多次。下「數」字，《廣韻》音色句切，《集韻》音雙遇切，表數目之約數。

❿「兄」，讀作「況」。

⓫「卆」，下無合文符號，乃「六」、「十」二文構成的一字，表六十之數。「二」，或釋作「四」（亖），存疑。所謂排六十二卦，可能指除乾坤二卦之外的其他諸卦。

⓬「冬」，通「終」。「六合」，上下、四方。作者認爲排比六十二卦而能究盡六合之内的奥妙。

⓭「勿」，讀「物」，訓「事」。「四物」，指下文所謂商夫、邑途、戎夫、處女之事。處，訓歸，嫁也。

何不又焉？［《旅》］之『潛斧』，❶商夫之義也；《无孟》之卦，❷邑塗之義也，❸一三行下『不耕而穛』，❹戎夫之義也；『良月幾望』，❺処女之義也。」❻昭力❼六千一四行上❽

---

❶ 見《旅》卦九四爻辭。通行本經作：「旅于處，得其資斧，我心不快。」帛書本經：「□□□□亓溍斧，［我］心不快。」「潛」，「溍」之訛。「溍」，通「資」。「資斧」，猶今之錢財之謂。

❷ 「孟」，通「妄」。「无孟」，即「无妄」。從《无妄》卦爻辭可知，該卦主要說「邑塗之義」。

❸ 「塗」，同「途」。

❹ 見《无妄》卦六二爻辭。通行本經作：「不耕穫，不菑畬，則利有攸往。」帛書本無「則」字。《昭力》「穛」，從「穫」省。

❺ 見《歸妹》卦六五爻辭。通行本經作：「帝乙歸妹，其君之袂，不如其娣之良。月幾望，吉。」帛書本經亦將「良」字上讀，下句作「日月既望」，多一「日」字。帛書《昭力》則將「良」字連下，讀作「良月幾望」。

❻ 「処」，即「處」。《說文》：「処，或從虍聲。」此「処女」之「処」，當訓歸。《左傳·襄公四年》：「民有寢廟，獸有茂草，各有攸處，德用不擾。」鄭《注》：「人神各有所歸，故德不亂。」《釋文》：「『攸處』，如字。本或作『攸家』。」「家」即「嫁」，亦歸也。「処女之義」，即歸女之義，嫁女之義。

❼ 「昭力」，文末篇題，與上「也」字間空一字位置。

❽ 「六千」，篇末所記字數，總計《繆和》、《昭力》二篇而言。

馬王堆漢墓帛書《五行》

周鋒利　校點

校點説明

一九七三年十二月，長沙馬王堆三號漢墓出土了一批帛書。根據同時出土的一件有紀年的木牘，可以確定入葬年代是漢文帝前元十二年（公元前一六八年）。帛書共約十餘萬字，包括《老子》、《周易》及佚書等二十餘種古籍。其中《老子》有兩種不同年代的寫本，分别抄在兩卷絹帛上，整理者名之爲《老子》甲本和《老子》乙本；甲本卷後和乙本卷前，各抄有四篇無題佚書。

《老子》甲本及卷後佚書合抄成一長卷，捲在一長條形木片上。帛書高約二十四釐米，朱絲欄墨書，字在篆隸間，共四百六十四行。此卷帛書不避漢高祖劉邦、高后吕雉諱，字體接近秦篆，抄寫年代大致在高帝時期，即公元前二〇六至前一九五年間。❶

《老子》甲本卷後古佚書一，原無篇題，共一百八十二行（自帛書原第一七〇行至第三五一行），約五千四百字。寫作年代及作者，尚無法確指。其主要内容是先秦儒家所謂「仁、義、禮、智、聖」的五行説。研究者已指出，此即《荀子·非十二子》所指斥的子思、孟子的五行説。帛書整理者據簡文内容擬定篇題爲《五行》。

帛書《五行》篇由「經」和「説」兩個部分組成：自第一七〇行至第二一四行爲經部，第二一五行至第三五一行爲説部；説部對經部逐句（缺前十二行）解釋。帛書《五行》篇經部與一九九三年十月出土的郭店楚墓竹簡《五行》篇内容大體相同（詳見《郭店楚墓竹簡〈五行〉校點説明》）。

帛書《五行》有兩種發佈的釋文，一是馬王堆漢墓帛書整理小組注釋、文物出版社一九七四年九月

❶ 參見《馬王堆漢墓帛書（壹）》出版説明，文物出版社一九八〇年三月第一版。

出版的《馬王堆漢墓帛書（壹）》之《老子甲本卷後古佚書・一》（簡稱七四本），一是國家文物局古文獻研究室注釋、文物出版社一九八〇年三月出版的《馬王堆漢墓帛書（壹）》之《老子甲本卷後古佚書・五行》（簡稱八〇本）。此次校點以「八〇本」（以下稱帛本）作底本，以荆門市博物館編釋、文物出版社一九九八年五月出版之《郭店楚墓竹簡・五行》（以下稱簡本）爲校本。

校點者　周鋒利

凡例

一、本書以《馬王堆漢墓帛書（壹）》之《老子甲本卷後古佚書·五行》（文物出版社，一九八〇年三月）的釋文为校勘底本。

二、釋文於原帛書釋文每行最後一字的右下旁標注原行數。

三、帛書篇章係依原書上的符號劃定。

四、原書標識符號一概從略，釋文另加標點符號。重文、合文逕寫爲相應的文字。

五、帛書殘缺或殘泐無法辨識之文字，可據旁行推定字數者，釋文以□號表示，一□代表一字，與實際情况或有出入。

六、帛書殘缺之字，原釋文已據上下文義補足者，補文一律外加[ ]標出；未補出而可據上下文及簡本補足者，出校説明。帛書整理者偶存之技術性錯誤，出校説明。

七、異體字、假借字隨文注明，外加（ ）號標誌；原帛書訛字隨文註出正字，外加〈 〉號表示。帛書原有奪字、衍字，釋文不作增删，出校説明。

八、帛書經部與簡本互校，其文句多寡、用字差異及段落先後次序不同者，一一出校。

九、帛書説部無可參校者，依據上下文意及傳世文獻校勘。

馬王堆漢墓帛書《五行》

[仁]刑(形)[於内]胃(謂)之德之行,❶不刑(形)於内胃(謂)之行。一七〇知(智)刑(形)於内胃(謂)之德之行,不刑(形)於内胃(謂)[之行。義形]於内謂之德之行,[不形於内謂之]一七一行。禮刑(形)於内胃(謂)之德之行,不刑(形)於内胃(謂)之行。聖刑(形)於内[謂之德]之行,[不形於内謂]一七二之行。❷德之行五,和胃(謂)之德;四行和胃(謂)之善。善,人道也。德,天道也。君子毋(无)中[心之]一七三憂則无中心之知(智),❸无中心之知(智)則无中心之説(悦),无中心之説(悦)則不安,不安則不樂,不樂則无德。[君子]一七四无中心之憂則无中心之聖,无中心之聖則无中心之説(悦),无中心之説(悦)則不安,不安則不樂,不樂則[无]一七五德。❹五行皆刑(形)於闕(厥)内,時行之,❺胃(謂)之君子。士有志於君子道胃(謂)之之(志)士。

善弗爲无近,一七六得(德)弗之(志)不成,知(智)弗思不得。思晴(精)不察,❻思不長不得,思不輕不刑(形)。❼不刑(形)則

❶「仁」,簡本作「𢘝」;「德」,簡本作「悳」,下同。簡本句首有「五行」二字。又,簡本五行順序作「仁義禮智聖」。

❷「之」下,簡本有「悳之」二字。

❸「毋」、「无」,簡本皆作「亡」。下同。

❹「君子」至「无德」五句,簡本無。

❺「闕」,簡本無此字。又,「時」上簡本有「而」字。

❻「思」下,簡本有「不」字,帛本脱。又,「晴」,簡本作「清」,下同。

❼「思不長」至「不刑」,簡本作「思不倀不型」。

不安，不安[則]一七七不樂，不樂則无德。❶不仁，思不能晴(精)； 不知(智)，思不能長。不仁不知(智)，未見君子，憂心不能一七八□□□□□□□能說(悅)。❷

詩曰：「未見君子，憂心祓(惙)祓(惙)。❸亦既見之，亦既鉤(覯)之，我[心一七九則]說(悅)。」此[之謂也]。不仁，[思]不能晴(精)； 不聖，思不能輕。不仁不聖，未見君子，憂心□□一八〇□□。❹既見君子，心不□□。❺ 仁之思也晴(精)。 晴(精)則察，察則安，安則温，温則□□□□□[則不]一八一憂，[不]憂則王色，❻王色則刑(形)，刑(形)則仁。 知(智)之思也長。 [長]則得，得則不忘，不忘則明，明則□□□□□□一八二□則刑(形)，刑(形)則知(智)。❼

聖之思也巠(輕)。 巠(輕)則刑(形)，刑(形)則不忘，不忘則悤(聰)，悤(聰)則聞君子道，聞君子道則王言，❽王言則□，□[則]一八三聖。❾

「尸(鳲)叴(鳩)在桑，其子七氏(兮)。❿叔(淑)人君子，其宜一氏(兮)。⓫」能爲一，然后能爲君子，君子慎其獨[也]。⓬ 「[嬰一

❶ 三「則」字，簡本皆無。
❷ 缺字據簡本應補作「惙惙既見君子心不」。
❸ 「詩曰」至「祓祓」，簡本無此十字。
❹ 缺字據簡本應補作「不能忡忡」。
❺ 缺字據簡本應補作「能降」。
❻ 「温則」至「王色」，簡本作「悃(温)則兑(悅)，兑(悅)則禀(戚)，禀(戚)則新(親)，新(親)則忎(愛)，忎(愛)則玉色」。
❼ 缺字據簡本應補作「見賢人見賢人則玉色玉色」。
❽ 「王言」，簡本作「玉音」，帛本誤，下同。
❾ 缺字據簡本應補作「形形」。
❿ 「尸叴」至「七氏」，簡本無。
⓫ 「其宜一氏」，簡本作「其義翟也」，今本《詩·曹風·鳲鳩》作「其儀一兮」。
⓬ 「慎」上，簡本無「君子」二字。

八四」嬰于蜚（飛），駐池其羽。之子于歸，袁（遠）送于野。❶瞻望弗及，汲（泣）沸〈涕〉如雨。」能駐池其羽然［后能］一八五至哀。❷君子慎其獨也。

君子之爲善也，有與始也，有與終也。❸君子之爲德也，有與始一八六也，无與終也。

金聲而玉振之，有德者也。金聲，善也；王言，聖也。善，人道也；德，一八七天道也。唯有德者然笱（後）能金聲而玉振之。❹不磐不説（悦），❺不説（悦）不戚，❻不戚不親，不親不愛，不愛一八八［不仁。不直不泄，❼不泄］不果，不果不簡，不簡不行，不行不義。不袁（遠）不敬，不敬不嚴，不嚴不尊，不尊不一八九［恭，不恭］不□。❽不□□□□□□□不聖，❾不聖不知（智），不知（智）不仁，不仁不安，不安不樂，不樂无德。

顔色容［貌］□一九〇□也。❿以其中心與人交，説（悦）也。中心説（悦）焉，遷于兄弟，戚也。⓫［戚］而信之，親［也。親而篤

❶「嬰嬰」至「于野」，簡本無。

❷「駐池」，簡本作「遲沱」。

❸「始」，簡本作「司」；「終」，簡本作「冬」。又，簡本「司」下無「也」字。

❹下「之」字，簡本無，帛本衍。

❺「磐」，簡本作「貞」，釋作「變」。又帛本説部二三三行亦作「變」，「磐」與「變」音近可通。

❻「戚」，簡本作「𢝊」，釋作「戚」。下同。

❼「泄」，簡本作「迣」。

❽「不恭不□」，簡本作「不共亡豊」。又，「不磐不説」至「不恭不□」，簡本位於「不聽不明」至「不樂亡悳」（相當於帛本一九〇行「不□」至「无德」）一段之後。

❾帛本此處殘損較重，缺字難以確定。簡本此句作「不聽不明」。

❿缺字據簡本應補作「温變」。

⓫「焉」，簡本作「𡙇」；「遷」簡本作「𨔣」；「于」簡本作「於」。

之」，一九一愛也。愛父，其絲（繼）愛人，❶仁也。中心辯焉而正行之，❷直也。直而□□，□也。❸□□一九二不畏强圉（禦），❹果也。而〈不〉以小道害大道，❺簡也。有大罪而大誅之，行也。

貴貴，其等［尊］一九三賢，義。❻以其外心與人交，袁（遠）也。袁（遠）而裝（莊）之，❼敬也。敬而不解（懈），嚴。❽嚴而威之，❾尊也。［尊］一九四而不驕（驕），共（恭）也。共（恭）而博交，禮也。❿

未嘗聞君子道，胃（謂）之不悤（聰）。未嘗見賢［人］，一九五胃（謂）之不明。聞君子道而不知其君子道也，胃（謂）之不聖。見賢人而不知其有德一九六也，胃（謂）之不知（智）。見而知之，知（智）也。聞而知之，聖也。明明，知（智）也。壑（赫）壑（赫），聖。⓫「明明在下，壑（赫）壑（赫）在一九七上」，此之胃（謂）也。

聞君子道，悤（聰）也。聞而知之，聖也。聖人知而〈天〉道。⓬知而行之，聖也。⓭行

❶「絲」，簡本作「𢼸」，釋作「攸」。
❷「焉」，簡本作「肰」，釋作「然」。
❸缺字，簡本三四號簡作「述之逵」據簡本及本篇説部二五七行作「遂之迣」。
❹缺字據簡本及上下文例應補作「迣而」。
❺「害」，簡本作「夌」。
❻「義」下，簡本有「也」字。
❼「裝」，帛本説部二六六行作「莊」，簡本作「牆」，「牆」從「爿」聲，與「莊」通。
❽「解」，簡本作「𧥛」。又，「嚴」下簡本有「也」字。
❾「威」，簡本作「畏」。
❿一九〇行「顏色」至一九五行「禮也」，簡本位於「未尚」至「同則善」（相當於帛本一九五行「未嘗」至二〇二行「同則善」）一段之後。
⓫「壑壑」，簡本作「虗虗」，今本《詩・大雅・大明》作「赫赫」。又，「聖」下簡本有「也」字。
⓬「道」下，簡本有「也」字。
⓭「聖」，帛本説部二八一行作「義」，簡本亦作「義」，知「聖」爲「義」之誤。

□一九八□□□□□□□□□□。❶見而知之，知(智)也。知而安之，仁也。安而敬之，禮也。□一九九□□□□□□□□□□□□□則樂，❷樂則有德。有德則國家與〈興〉，❸□□□二〇〇□□。❹詩曰：❺「文[王在上，於昭]于天。」[此之謂也]。見而知之，知(智)也。知而之，❻仁[也]。[安而行]二〇一之，義也。行而敬之，禮。❼仁義，禮知(智)之所繇(由)生也。❽四行之所和，❾[和]則同，同則善。[不簡]，二〇二不行。不匿，不辯於道。有大罪而大誅之，簡。❿有小罪而赦之，匿也。有大罪弗[誅，不]二〇三行。⓫有小罪而弗赦，不辯[於]道。⓬簡之爲言也猷(猶)賀(加)，⓭大而罕者。⓮匿之爲言也猶二〇四匿，匿小而軫者。⓯簡，義之方也。匿，仁之方也。剛，義之方殹(也)⓰。柔，仁之方也。

❶ 缺字據帛本説部二八一至二八二行及簡本應補作「之而時德也見賢人明也」。

❷ 缺字據簡本可補作「聖智禮樂之所由生也五行之所和也和」。又，帛本説部二八五行作「仁義禮樂所由生也」。

❸ 「國」，簡本作「邦」。「與」，簡本作「⿱舁丕」。

❹ 缺字據簡本應補作「文王之見也如此」。

❺ 「詩曰」，簡本無。

❻ 「而」下，脱「安」字，帛本經部一九九行及簡本皆有。

❼ 「禮」下，簡本有「也」字。

❽ 「知之」，簡本無。

❾ 「和」下，簡本有「也」字。

❿ 「簡」下，簡本有「也」字。

⓫ 「有大」至「行」，簡本作「又(有)大辠(罪)而弗大豉(誅)也，不行也」。

⓬ 「赦」下、「道」下，簡本皆有「也」字。

⓭ 「賀」，簡本作「練」。又，「言」下簡本無「也」字，「練」下有「也」字。

⓮ 「罕」，簡本作「晏」。又，「者」下簡本有「也」字。

⓯ 「匿」下、「者」下，簡本皆有「也」字。

⓰ 「殹」，簡本無。

詩曰：「不勮二〇五不救，不剛不柔。」❶此之胃（謂）也。

君子雜（集）泰（大）成。能進之爲君子，不能進，❷客（各）止於其[里]。二〇六大而罕者，能有取焉。小而軫者，能有取焉。索纑纑達於君子道，胃（謂）之賢。❸

君二〇七子，知而舉之，胃（謂）之尊賢。君子，❹從而事之，胃（謂）之尊賢。❺前，王公之尊賢者二〇八[也。❻後]，士之尊賢者也。耳目鼻口手足六者，心之役也。❼心曰唯，莫敢不[唯]。二〇九[心曰諾，莫]敢不[諾。心]曰進，莫敢不進。❽心曰淺，莫敢不淺。❾和則[同]，□□二一〇□。❿[目而]知之胃（謂）之進之。辟（譬）而知之，胃（謂）之進之。⓫諭（喻）而知之，胃（謂）之進[之]。□□□□二一一□也。⓬設〈詩〉曰：「上帝臨女（汝），毋膩（貳）爾心。」⓭此之胃（謂）也。天生諸其人，⓮天也。其人施諸[人]，□二一二也。⓯其人施諸人，不得其人，

❶「詩曰」，簡本無。「不勮不救」，簡本作「不彊不梂」，今本《詩・商頌・長髮》作「不競不絿」。

❷「進」下，簡本有「也」字。

❸「索纑纑」，簡本作「疋膚膚」。「於」，簡本作「者」。

❹「君子」，簡本無。

❺「從」，簡本作「智」。又，「賢」下簡本有「者也」二字。

❻「前」至「也」，簡本脱。

❼「役」，簡本作「返」。

❽兩句兩「心曰」，簡本皆無。

❾「心曰淺」上，據帛本説部三二三、三二四行，當脱「心曰退，莫敢不退；心曰深，莫敢不深」十四字。

❿缺字據簡本應補作「同則善」。

⓫「辟而」句，簡本位於「喻而」句後。

⓬缺字據簡本應補作「幾而知之天」。

⓭「詩曰」，簡本無。簡本引詩作「上帝賢女，毋貳尔心」，今本《詩・大雅・大明》作「上帝臨女，無貳爾心」。

⓮「天」至「人」，簡本作「大陛（施）者（諸）其人」。

⓯缺字，簡本作「儢」。

不爲法。❶

聞君子道而説（悦），❷好仁者也。聞道而［畏，❸好］二一三義者也。聞道而共（恭），❹［好］禮者也。聞而樂，有德者也。❺ 二一四

聖之思也輕。思也者思天也，輕者尚矣。輕則刑（形）。刑（形）者刑（形）其所思也。酉下子輕思於翟，二一五路人如斬，酉下子見其如斬也。路人如流，言其思之刑（形）也。刑（形）則不忘。不忘者不忘其所□二一六也，聖之結於心者也。不忘則嘍（聰）。嘍（聰）者聖之臧（藏）於耳者也。猶孔子之聞輕者之鼓而得二一七夏之盧也。嘍（聰）則聞君子道。道者天道也。聞君子道之志耳而知之也。聞君子道則［玉二一八音］，□□□□□而美者也。聖者聞志耳而知其所以爲□者也。玉音則［聖］。❻ □□二一九□□□□□□□□□聖。二二〇

尸（鳲）叴（鳩）在桑，直之。其子七也，尸（鳲）叴（鳩）二子耳，曰七也，與〈興〉言也。□□□其□□□□人者□□二二一者義也。言其所以行之義之一心也。能爲一，然笱（後）能爲君子。能爲一者，言能以多［爲一］。二二二以多爲一也者，言能以夫［五］爲一也。君子慎其蜀（獨）。慎其蜀（獨）也者，言舍夫五而慎其心之胃（謂）□□二二三然笱（後）一。一也者，夫五夫爲□心也，然笱（後）德之一也，乃德已。德猶天也，天乃德

❶「其」至「法」，簡本無此十二字。
❷「君子」，簡本無。又，「説」下簡本有「者」字。
❸「畏」下，簡本有「者」字。
❹「共」下，簡本有「者」字。
❺此句簡本作「聋（聞）道而薵（樂）者，好悳（德）者也」。
❻此處整理組補「聖」字，誤，據帛本經部一八三行應補作「形」。

已。「嬰嬰于罪(飛)，跂二二四貤(池)其羽」。嬰嬰，與〈興〉也，言其相送海也，方其化，不在其羽矣。「之子于歸，袁(遠)送於野。詹(瞻)忘(望)弗及，[泣]二二五涕如雨」。能跂貤(池)其羽，然笱(后)能至哀，言至也。跂貤(池)者言不在嗺(衰)絰，不在嗺(衰)絰也，然笱(后)能[至]二二六哀。夫喪正絰修領而哀殺矣。言至内者之不在外也。是之胃(謂)蜀(獨)。蜀(獨)也者舍體(體)也。二二七

君子之爲善也，有與始，有與終，言與其體(體)始，與其體(體)終也。君子之爲德也，有與始，无二二八[與終。有與始者，言]與其體(體)始。无與終者，言舍其體(體)而獨其心也。金聲□□□□二二九□□□繇(由)德重善也者，有事焉者，可以剛柔多鉿爲。故□善□□□□□□二三〇也者，忌(己)有弗爲而美者也。雖(唯)有德者然笱(后)能金聲而玉辰(振)之，金聲而玉辰(振)之者動□□□□二三一井(形)善於外，有德者之□。二三二

不變不説(悦)。變也者𥨍(勉)也，仁氣也。變而笱(后)能説(悦)。不説(悦)不慼，説(悦)而笱(后)能慼所慼。不二三三慼不親，慼而笱(后)能親之。不親不愛，親而笱(后)能愛之。不愛不仁，愛而笱(后)仁。□二三四變者而笱(后)能説(悦)仁，慼仁，親仁，愛仁，以於親慼亦可。二三五

不直不泄。直也者直其中心也，義氣也。直而笱(后)能泄，泄也者終之者也。弗受二三六於衆人，受之孟賁，未泄也。不泄不果。果也者言其弗畏也。无介於心，□也。不二三七[果不]間。間也者不以小害大，不以輕害重。不間不行。行也者言其所行之

□□□二三八□□□□□□□義也。不袁(遠)不敬。袁(遠)心也者禮氣也。質近者□弗能□□二三九□□敬之。袁(遠)者動敬心，作敬心者也。左䧅而右飯之，未得敬□□□。二四〇不敬不嚴。嚴猶廠。廠，敬之責者也。不嚴不尊，嚴而笱(后)忌(己)尊。不尊不共(恭)，共(恭)也者□□二四一敬下也。共(恭)而笱(后)禮也，有以體(體)氣也。不嘍(聰)不明。嘍(聰)也者聖之臧(藏)於耳者也。[明也]二四二者知(智)之臧(藏)於目者[也]。嘍(聰)，聖之始也。明，知(智)之始也。故曰不嘍(聰)明則不聖知(智)，聖知(智)必繇(由)二四三恖(聰)明。聖始天，知(智)始人。聖爲崇，知(智)爲廣。不知(智)不仁。不知所愛則何愛？言二四四仁之乘知而行之。不仁不安。仁而能安，天道也。不安不樂。安也者言與二四五其體(體)偕安也者也。安而笱(后)能樂。不樂无德。樂也者流體(體)，機然忘寒，二四六忘寒，德之至也。樂而笱(后)有悳(德)。二四七

□□□□□變變也者㝃(勉)㝃(勉)也，孫(遜)孫(遜)也，能行變者也。能行變者□□心說(悅)，心□二四八然笱(后)顔色容貌温以說(悅)，變也。以其中心與人交，說(悅)也。𣪊𣪊□□□□□二四九□是□說(悅)已。人無說(悅)心也者，弗遷於兄弟也。遷於兄弟，慼也。言遷其□□二五〇於兄弟而能相慼也。兄弟不相耐(能)者，非无所用說(悅)心也，弗遷於兄弟也。慼而二五一信之，親也，言信其□也。𢯷(剮)而四體(體)，予女(汝)天下，弗爲也。𢯷(剮)如(汝)兄弟，予女(汝)天下，二五二弗悉也。是信之已。信其□而笱(后)能相親。親也而

築（篤）之，❶愛也。築（篤）之者厚，厚親二五三而笱（后）能相愛也。愛父，其殺愛人，仁也，言愛父而笱（后）及人也。愛父而殺其鄰□二五四子，未可胃（謂）仁也。二五五

中心辯焉而正行之，直也。有天下美飲食於此，許（吁）𨀣（嗟）而予之，中心弗悉也。惡二五六許（吁）𨀣（嗟）而不受許（吁）差（嗟）。正行之，直。直也而遂之，泄。泄也者，遂直者，直者也，❷□貴□□二五七□□□□□□□泄泄也□弗[畏]强禦，果也。强禦者，勇力者，胃□□□□□□二五八□□□之以□□□无介於心，果也。不以小道害大道，間也。間也者，不以小[愛害二五九大]愛，不以小義害大義也。見其生也，不食其死也。然親執株（誅），間也。有大[罪而]二六〇大誅之，行也。无罪而殺人，有死弗爲之矣。然而大誅之者，知所以誅人之道而□二六一焉，故胃（謂）之行。貴貴，[其]等尊賢，義也。貴貴者，貴衆貴也。賢賢，長長，親親，爵爵，譔（選）貴二六二者无私焉。其等尊賢，義也。尊賢者，言等賢者也，言譔（選）賢者也，言足諸二六三上位。此非以其貴也，此其義也。貴貴而不尊賢，未可胃（謂）義也。二六四

以其外心與人交，袁（遠）也。外心者非有它（他）心也。同之心也，而有胃（謂）外心也，而有胃（謂）中心。中[心]二六五者，誤然者。外心者也，其㗊（願）謕然者也，言之心交袁（遠）者也。袁（遠）而莊之，敬。敬也[者]□二六六□□□□□□□嚴。嚴也

❶「親」字重文，應讀如「而後能相親也。親而篤之……」。

❷「正行之」至「直者也」有重文，當讀如「正行之，直也。直而遂之，泄也。泄者，遂直者也。直者……」。

者，敬之不解（懈）者，□之責（積）者也。是厭□□□□□二六七□□□□□□之，有（又）從而畏忌之，則夫間何繇（由）至乎才（哉）？是必尊矣。尊［而不二六八驕，恭］也，言尊而不有□□已事君與師長者，弗胃（謂）共（恭）矣。故斯（斷）役人之道□□二六九共（恭）焉。共（恭）生於尊者。［恭而博交］，禮也。伯者辯也，言其能柏，然笱（后）禮也。二七〇

未嘗聞君子之道，［謂之不］嘍（聰）。同之聞也，獨不色然於君子道，故胃（謂）之不嘍（聰）。未二七一嘗見賢人胃（謂）之不明。同之見也，獨不色賢人，故胃（謂）之不明。聞君子道而不知其二七二君子道也，胃（謂）人胃（謂）之不聖。❶ 聞君子道而不色然，而不知其天之道也，胃（謂）之不聖。見賢二七三人而不知其有悳（德）也，［謂］之不知（智）。見賢人而不色然，不知其所以爲之，故胃（謂）之不知（智）。聞而二七四知之，聖也。聞之而［遂］知其天之道也，聖也。見而知之，知（智）也。見之而遂知其所以爲二七五之，□□知也。明明，知□□也者，繇（由）所見知所不見也。赤（赫）赤（赫），聖貌也，□□言□□二七六□□□□□「［明］明在下，赤（赫）赤（赫）在嘗（上）」，此之胃（謂）也。明者始在下，赤（赫）者始在嘗（上），□□二七七□□□胃（謂）聖知（智）也。二七八

聞君子道，嘍（聰）也。同之聞也，獨色然辯於君子道，道者聖之臧（藏）於耳者也。❷ 聞二七九而知之，聖也。聞之而［遂］知

❶ 據帛本經部一九六行，「胃人」二字衍。

❷ 「道者」爲「嘍（聰）也嘍（聰）也者」之誤。據二八二行文句，此處當作「……獨色然辯於君子道，嘍也。嘍也者，聖之臧於耳者也」。

一一

其天之道也，是聖矣。聖人知天之道。道者，所道也。知而行二八〇之，義也。知君子之[所]道而揉然行之，❶義氣也。行之而時，悳(德)也。時者，和也。和也者，惠二八一也。❷見賢人，明也。同[之見]也，獨色然辯於賢人，明也。明也者，知(智)之臧(藏)於目者。明則見賢二八二人，❸賢人而知之，曰：何居？孰休烝此而遂得之，是知(智)也。知而安之，仁也。知君子所道而[諛]二八三然安之者，仁氣[也]。行而敬之，禮也。❹既安之止矣，❺而有(又)秋(愀)秋(愀)然而敬之者，禮氣[也]。二八四□□□□天道□。[仁]義，禮樂所繇(由)生也，言禮樂之生於仁義□□□□□二八五□□□□□□□樂和者，有猷(猶)五聲之和也。樂者言其流體(體)也，機[然忘寒二八六也。忘]寒，悳(德)之至也。樂而笱(后)有悳(德)，有悳(德)而國家與〈興〉。國家與〈興〉者，言天下之與〈興〉仁義也，言其□□二八七樂也。「文王在尚(上)，於昭于天」，此之胃(謂)也，言大悳(德)備成矣。二八八

見而知之，知(智)也。見者□也。知(智)者，言繇(由)所見知所不見也。知而安之，仁也。知君子所道二八九而諛然安之者，[仁]氣也。安而行之，義也。既安之矣，而傚然行之，義氣也。行而敬二九〇之，禮也。既行之矣，[又]秋(愀)秋(愀)然敬之者，禮氣也。所安，所行，所敬，人道也。仁知

❶「揉然」，下文二九〇行作「傚然」。
❷據圖版，「惠」爲「德」之誤釋。
❸「見」字下脱重文號。下句應作「見賢人而知之」。
❹「行」，據經部一九九行爲「安」之誤。
❺此句釋文有誤，據圖版應爲「既安止(之)矣」。

（智），禮之所二九一繇（由）生也。❶言禮［智］生於仁義［也］。四行之所和，言和仁義也。和則同。和者有猶［五］二九二聲之和也。同者□約也，與心若一也。言舍夫四也，而四者同於善心也。同，善二九三之至也。同則善矣。二九四

□□□□□□人行之大。大者，人行之□然者也。世子曰：「人有恆道，達□□□❷二九五□□□間也，間則行矣。」不匿，不辯於道。匿者，言人行小而軫者也。小而實大，大之□二九六者也。世子曰：「知軫之爲軫也，斯公然得矣。」軫者多矣。公然者，心道也。有小罪而赦二九七之，匿也。有大罪而弗□誅，不行也。有小罪而弗赦，不辨於道也。間爲言猶衡也，大而二九八炭者，❸直之也。不周□四者，不辨於道也。有大罪而大誅之，間。匿爲言也猶匿匿。小而二九九軫者，直之也。間，義之方也。匿，仁之方也。言仁義之用心之所以異也。義之盡，間三〇〇也。仁之盡，匿。大□加大者，大仁加仁小者。故義取間而仁取匿。詩員（云）：「不勮不［訹］，三〇一不剛不柔」，此之胃（謂）也。勮者强也，訹者急也。非强之也，非急之也，非剛之也，非柔之［也］，三〇二言无所稱焉也。❹此之胃（謂）者，言仁義之和也。三〇三

［君子集大成。成也］者，猶造之也，猶具之也。大成也者，金聲玉辰（振）之也。唯金聲［而玉三〇四振之者］，然笱（后）忌（已）

❶ 據經部二〇二行，此句當作「仁義，理智之所由生也」。原文有脱誤。

❷ 二九五行似應屬上章。

❸ 「炭」，帛本經部二〇四行作「罕」。下同。

❹ 「稱」，據圖版應釋作「爭」。

仁而以人仁，忌（己）義而以人義。大成至矣，神耳矣，人以爲弗可爲□三〇五□繇（由）至焉耳，而不然。能誰〈進〉之爲君子，弗能進，各止於其里。能進端，能終（充）端，三〇六則爲君子耳矣。弗[能]進，各各止於其里。不莊（藏）尤割（害）人，仁之理也。不受許（吁）眭（嗟）者，三〇七義之理也。弗能進也，則各止於其里耳矣。終（充）其不莊（藏）尤割（害）人之心，而仁腹（覆）四海；三〇八終（充）其不受許（吁）眭（嗟）之心，而義襄天下。仁復（覆）四海、義襄天下而成（誠）繇（由）其中心行之，三〇九亦君子已。大而炭[者]，能有取焉。大而炭也者，言義也。能有取焉也者，能行[之。小]三一〇而軫者，能有取焉。小而軫者，言仁也。能有取焉者也，能行之也。衡盧盧達[於三一一君子道謂之賢]，❶衡盧盧也者，言其達於君子道也。能仁義而遂達於[君子道]三一二胃（謂）之賢也。君子知而舉之，胃（謂）之尊賢。君子知而舉之也者，猶堯之舉舜□□三一三之舉伊尹也。❷舉之也者，成（誠）舉之也。知而弗舉，未可胃（謂）尊賢。君子從而士（事）之也[者]，三一四猶顏子、子路之士（事）孔子也。士（事）之者，成（誠）士（事）之也。知而弗士（事），未可胃（謂）尊賢也。前，王公之尊三一五賢者也。後，士之尊賢者也。直之也。三一六

耳目鼻口手足六者，心之役也。耳目也者，説（悦）聲色者也。鼻口者，説（悦）犨（臭）味者也。手足三一七者，説（悦）勶餘者也。[心]也者，説（悦）仁義者也。之數體

❶「衡」，經部二〇七行作「索」。
❷缺字據文意可補作「也湯」。

（體）者皆有説（悦）也，而六者爲心役，何□？三一八曰：　心貴也。有天下之美聲色於此，不義則不聽弗視也。有天下之美犨（臭）味於［此］，三一九不義則弗求弗食也。居而不間尊長者，不義則弗爲之矣，何居？曰幾（豈）不□三二〇□□［小］不勝大，賤不勝貴也才（哉）？故曰：　心之役也。耳目鼻口手足六者，人□□□三二一體（體）之小者也。心，人□□人體（體）之大者也，故曰君也。心曰雖（唯），莫敢不雖（唯）。心曰雖（唯），［耳目］三二二鼻口手足音聲貇（貌）色皆雖（唯），是莫敢不雖（唯）也。若（諾）亦然，進亦然，退亦然。心曰深，［莫］三二三敢不深。心曰淺，莫敢不淺。深者甚也。淺者不甚也。深淺有道矣。故父謼（呼），口□三二四食則堵（吐）之，手執□則投［之］，雖（唯）而不若（諾），走而不趨。❶是莫敢不深也，於兄則不如三二五是其甚也，是莫敢不淺也。和則同。和也者小體（體）變（便）變（便）然不圍於心也，和于仁義。仁義心三二六同者，與心若一也。□約也，同于仁。仁義心也，同則善耳。三二七

目而知之，胃（謂）之進之。弗目也，目則知之矣。知之則進耳。目之也者，比之也。「天監［在］下，三二八有命既雜」者也，❷天之監下也，雜命焉耳。遁（循）草木之生（性）則有生焉，而无三二九［好惡］。遁（循）禽獸之生（性）則有好惡焉，而无禮義焉。遁（循）人之生（性）則巍然［知其好］三三〇仁義也。

❶「執」下缺字可補作「業」。《禮記·玉藻》「父命呼，唯而不諾，手執業則投之，食在口則吐之，走而不趨」可參考。

❷此句今本《詩·大雅·大明》作「天監在下，有命既集」。

不遁（循）其所以受命也，遁（循）之則得之矣。是目之已。故目萬物之生（性）而□□三三一獨有仁義也，❶進耳。「文王在上，於昭于天」，此之胃（謂）也。文王源耳目之生（性）而知其[好]三三二聲色也，源鼻口之生（性）而知其好犫（臭）味也，源手足之生（性）而知其好勶餘也，源[心]三三三之生（性）則巍然知其好仁義也。故執之而弗失，親之而弗離，故卓然見於天，箸於三三四天下。無它（他）焉，目也。故目人體（體）而知其莫貴于仁義也，進耳。三三五

辟（譬）而知之，胃（謂）之進之。弗辟（譬）也，辟（譬）則知之矣，知之則進耳。辟（譬）丘之與山也，丘之所以不□三三六名山者，不責（積）也。舜有仁，我亦有仁，而不如舜之仁，不責（積）也。舜有義，而我[亦有三三七義]，而不如舜之義，不責（積）也。辟（譬）此（比）之而知吾所以不如舜，進耳。揄（喻）而[知]之胃（謂）之進[之]。三三八弗揄（喻）也，揄（喻）則知之[矣]，知之則進耳。揄（喻）之也者，自所小好揄（喻）虖（乎）所大好，「茭（窈）芍（窕）[淑女，寤]三三九眛（寐）求之」，思色也。「求之弗得，唔（寤）眛（寐）思伏」，言其急也。「繇（悠）才（哉）繇（悠）才（哉），婘槫（轉）反廁（側）」，言其甚□□。❷□三四〇如此其甚也，交諸父母之廁（側），爲諸？則有死弗爲之矣。交諸兄弟之廁（側），亦弗爲也。交[諸]三四一邦人之廁（側），亦弗爲也。[畏]父兄，其殺畏人，禮也。繇（由）色揄（喻）於禮，進耳。三四二

❶ 缺字據上下文意擬補爲「知人」。

❷ 所引詩句，今本《詩·周南·關雎》作「窈窕淑女，寤寐求之。求之不得，寤寐思服。悠哉悠哉，輾轉反側」。

鐖而知之，天也。鐖也者，齎數也。唯有天德者，然苟(后)鐖而知之。「上帝臨女(汝)，毋潱(貳)三四三壐(爾)心」。上帝臨女(汝)，□鐖之也。毋潱(貳)壐(爾)心，俱鐖之也。三四四

天生諸无〈其〉人，天也。天生諸其人也者，如文王者也。其人它(施)者(諸)人也者，如文王之它(施)者(諸)弘夭、散三四五宜生也。其人它(施)者(諸)人，不得其人不爲法。言所它(施)之者，不得如散宜生、弘夭者也，則弗[爲法]三四六矣。聞君子道而説(悦)者，好仁者也。道也者天道也。言好仁者之聞君子道而以之其三四七仁也，故能説(悦)。説(悦)也者刑(形)也。聞君子道而威(畏)，好義。❶好義者也之聞君子道而以之其[義也]，三四八故能威(畏)。威(畏)也者刑(形)也。聞道而共(恭)，好禮者也。言好禮者之聞君子道而以之其禮三四九也，故能共(恭)。共(恭)者刑(形)也。聞道而樂，有悳(德)者也。道也者天道也。言好德者之聞君子三五〇道而以夫五也爲一也，故能樂。樂也者和。和者，悳(德)也。三五一

❶「威」下，「好義」二字重文，此句當讀作「……好義者也，好義者之聞君子道而以之其義也」。

唐寫本《論語鄭氏注》

〔東漢〕鄭玄　撰
王素　校點

目録

校點説明

《論語鄭氏注》(以下簡稱《鄭注》)是東漢後期經學大師鄭玄的群經注本之一。五代之際逐漸亡佚。南宋王應麟曾予輯佚,清儒惠棟等人亦多有輯本傳世。然綜合各家所輯,尚不足原書什一。二十世紀初,敦煌、吐魯番的古代石窟、墓葬中,陸續出土一些《鄭注》的唐人寫本,使得學者萌生了復原《鄭注》的希望。

復原工作分輯佚和整理二類。輯佚又分兩個階段,先是莫高窟藏經洞文獻中發現了幾件唐寫本《鄭注》殘卷,尤其是其中伯希和二五一〇號長卷(包括《述而》至《鄉黨》四篇),引起了國内外學術界的轟動。結合同一時期吐魯番吐峪溝出土的幾件唐寫本《鄭注》殘卷,輯佚工作又重新開始。這是第一階段。一九六七年,吐魯番阿斯塔那三六三號墓出土了著名的唐中宗景龍四年(公元七一〇年)卜天壽寫《鄭注》長卷(包括《爲政》至《公冶長》四篇),又一次掀起輯佚的高潮。這是第二階段。

整理工作指對敦煌、吐魯番所出唐寫本進行系統整理,此中有三部著作受到學術界的普遍重視。一是日本學者金谷治《唐抄本鄭氏注論語集成》(東京: 平凡社,一九七八年)。二是中國文物研究所研究員王素《唐寫本論語鄭氏注及其研究》(北京: 文物出版社,一九九一年)。三是臺灣彰化師範大學教授陳金木《唐寫本論語鄭氏注研究——以考據、復原、詮釋爲中心的考察》(臺北: 文津出版社,一九九六年)。

經過多年多家的輯佚和整理,目前雖仍未能完全恢復《鄭注》的原貌,但可以説,大致已有半部完整的《鄭注》爲我們所知了。

一 關於底本

本書從衆多《鄭注》寫本中選出九件作爲

底本。

（一）吐魯番阿斯塔那三六三號墓八／一號寫本。即卜天壽寫本。該寫本一九六七年出土，殘存《爲政》至《公冶萇》四篇，共一七八行，其中《爲政》殘存後部一五行，《八佾》殘存六四行，《里仁》殘存三四行，《公冶萇》殘存六二行半，另二行半爲題署，文爲：「《學而》第一，《爲政》第二，《八佾》第三，《治（里）仁》第四，公治（冶）第五，《論語》▨景龍曰（四）年三月一日私學生卜天壽□。」「公冶」後，據正文，脱一「萇」字；「論語」後缺當爲「卷第一」三字；「卜天壽」後缺應爲「寫」字。「景龍」爲唐中宗年號，「四年」爲公元七一〇年。該寫本部分釋文曾載中國科學院考古研究所資料室所撰《唐景龍四年寫本論語鄭氏注校勘記》（《考古》一九七二年第二期），部分圖版曾載《文物》（一九七二年第二期）、《考古》（一九七二年第二期）等雜誌。全部釋文和全部圖版載日本金谷治教授所撰《唐抄本鄭氏注論語集成》。《吐魯番出土文書》平裝本第七册也收有全部釋文，同書精裝本第三册收有全部圖版。

（二）吐魯番阿斯塔那一八四號墓一二／一（b）—一二／六（b）號寫本。該寫本一九七二年出土，殘存《雍也》前部六六行。同墓所出紀年文書，最早爲唐玄宗開元二年（公元七一四年），最晚爲開元十二年（公元七二四年），另據書法，知該寫本至遲亦應爲盛唐寫本。釋文載《吐魯番出土文書》平裝本第八册，圖版收入同書精裝本第四册（以下同墓出土寫本，不再詳細説明）。

（三）吐魯番阿斯塔那二七號墓二五（a）、一八／三號寫本。該寫本一九六四年出土，殘存《雍也》後部一九行。同墓出土寫本約十餘件，全屬唐代，多數爲景龍二年（公元七〇八年）和開元三年（公元七一五年）所寫。釋文載《吐魯番出土文書》平裝本第八册，圖版收入同書精裝本第四册（以下同墓出土寫本，不再詳細説明）。

（四）斯坦因六一二一、一一九一〇號寫本之一。該寫本殘存《雍也》、《述而》二篇，共一四行，其中，《雍也》殘存末尾三行，《述而》殘存開頭一一行。據書法，知爲唐寫本。釋文與圖版曾分載《唐抄本鄭氏注論語集成》、《英藏敦煌文獻》、《文物》

（一九八四年第九期、一九九三年第二期）等書刊。爲拼接需要，底本僅録前九行（後五行用作校本）。

（五）吐魯番阿斯塔那一八四號墓一八／七（b）、一八／八（b）號寫本之二。該寫本殘存《述而》前部二九行，爲拼接需要，底本僅録其中一三行（餘一六行分爲二件用作校本）。

（六）伯希和二五一〇號寫本。該寫本殘存《述而》至《鄉黨》四篇，共二二四行，其中《述而》殘存後部四九行，《太伯》全四七行，《子罕》全六七行，《鄉黨》全五九行，另二行爲題署，文爲：「《論語》卷第二。維龍紀二年二月燉煌縣□。」「龍紀」爲唐昭宗年號，「二年」爲公元八九〇年。日本東京文求堂曾出版影印本。《鳴沙石室古佚書》（石印本）第一册收有圖版。《唐抄本鄭氏注論語集成》收有圖版與釋文。

（七）日本書道博物館藏敦煌寫本。該寫本殘存《顔淵》、《子路》二篇，共三三行，其中，《顔淵》殘存後部三一行，《子路》殘存開頭二行。據書法，知爲唐寫本。日本月洞讓氏所撰《輯佚論語鄭氏注》收有臨摹本圖版。《唐抄本鄭氏注論語集成》收有圖版與釋文。

（八）日本龍谷大學藏吐魯番寫本（殘片）。該寫本原出吐峪溝，殘存《子路》中部二斷行。據書法，知爲唐寫本。圖版曾載《西域考古圖譜》下册。

（九）日本龍谷大學藏吐魯番寫本。該寫本原出吐峪溝，殘存《子路》、《憲問》二篇，共一一行，其中《子路》殘存後部九行，《憲問》殘存開頭二行。據書法，知爲唐寫本。圖版曾載《西域考古圖譜》下册、《鳴沙石室古籍叢殘》（影印本）第三册、《國學叢刊》（影印本）第二册及日本羽田亨氏所撰《西域文明史概論》。《唐抄本鄭氏注論語集成》收有圖版與釋文。

二　關於校本

底本以外的《鄭注》寫本，均作校本，分爲二六件，前二二件以干支爲其簡稱，後四件爲新補。

甲本：斯坦因三三三九號寫本。該寫本殘存二一行，前二〇行爲《八佾》後部，始於「然則管仲知禮乎」；末一行僅存「論語」二字，當爲《里仁》篇題。據書法，知爲唐寫本。《唐抄本鄭氏注論語集成》收有圖版與釋文。

乙本：吐魯番阿斯塔那一九號墓三二～三四號寫本。該寫本一九六四年出土，殘存《公冶萇》「[不知其仁]」至「朋友[信之]」五五行。同墓所出紀年文書，最早爲唐高宗永徽二年（公元六五一年），最晚爲上元二年（公元六七五年），另據書法，知該寫本應爲初唐寫本。釋文載《吐魯番出土文書》平裝本第六册，圖版收入同書精裝本第三册。

丙本：吐魯番阿斯塔那八五號墓一／一、一／二號寫本。該寫本一九六七年出土，殘存《公冶萇》「[足]恭」至「与朋友」五行。據書法，知爲唐寫本。釋文載《吐魯番出土文書》平裝本第九册，圖版收入同書精裝本第四册。

丁本：吐魯番阿斯塔那二七號墓一八／一號寫本。該寫本殘存《雍也》篇題至「[与之粟九百]」九斷行。

戊本：吐魯番阿斯塔那二七號墓二一、二二號寫本。該寫本殘存《雍也》「与之釜」至「[文勝質則史]」四〇行。

己本：吐魯番阿斯塔那二七號墓一八／二、二三(a)、二四(a)號寫本。該寫本殘存《雍也》「閔子騫爲費宰」至「[可謂智矣]」三三行。

庚本：吐魯番阿斯塔那二七號墓三六(b)、三七(b)號寫本。該寫本殘存《雍也》「至於魯」至「如有博施於」一四行。

辛本：吐魯番阿斯塔那一八四號墓一八／七(b)、一八／八(b)號寫本之一。該寫本殘存《述而》「[學而不]厭」至「吾未嘗」八行。

壬本：吐魯番阿斯塔那二七號墓三八(b)號寫本。該寫本殘存《述而》「[不善不]能改」至「[暴]虎」一七行。

癸本：吐魯番阿斯塔那一八四號墓一八／七(b)、一八／八(b)號寫本之三。該寫本殘存《述而》「[吾可]爲之」至「伯夷」八行。

子本：吐魯番阿斯塔那二七號墓三九(b)號寫本。該寫本殘存《述而》「[吾可爲之]」至「發[憤忘食]」一九行。

丑本：吐魯番阿斯塔那二七號墓一八／四

(a)號寫本。該寫本殘存《述而》「[從吾所好]」至「樂亦在其[中矣]」一〇行。

寅本：吐魯番阿斯塔那二七號墓二六(a)號寫本。該寫本殘存《述而》「[不善者而改]之」至「吾無隱乎爾」五行。

卯本：吐魯番阿斯塔那二七號墓二七(a)、一八/一一(a)號寫本。該寫本殘存《述而》「[難乎有恒]」至「則可[謂之云尓]」二二行。

辰本：吐魯番阿斯塔那二七號墓一八/五(a)號寫本。該寫本殘存《述而》「[子]路請禱」至《太伯》「[民無以得而稱焉]」一二行。

巳本：吐魯番阿斯塔那二七號墓二八(a)、一八/六號寫本。該寫本殘存《太伯》「[動容]貌」至「亂邦不[居]」二一行。

午本：吐魯番阿斯塔那二七號墓二九(a)、三〇(a)號寫本。該寫本殘存《太伯》「[亂臣十人]」至《子罕》「何其[多能]」二八行。

未本：吐魯番阿斯塔那二七號墓三一/一(a)、三一/二(a)號寫本。該寫本殘存《子罕》「[君]子多乎哉」至「悾悾[如也]」四行。

申本：吐魯番阿斯塔那二七號墓三二(a)、一八/七(a)號寫本。該寫本殘存《子罕》「[吾已矣夫]」至「吾自衛[返於魯]」二三行。背面有「高昌縣景龍二年三月　日王思智」及「趙奚照書一卷」等題署。

酉本：吐魯番阿斯塔那二七號墓一八/八(a)、三三(a)號寫本。該寫本殘存《子罕》「[不實者有矣夫]」至「夫何[遠之有哉]」二二行。

戌本：吐魯番阿斯塔那二七號墓三四、一八/九(a)號寫本。該寫本殘存《鄉黨》「如有遁」至「不多食」二四行。

亥本：吐魯番阿斯塔那二七號墓三五、一八/一〇(a)號寫本。該寫本殘存二三行，前一七行爲《鄉黨》後部，始於「孰而薦之」；後六行爲題署，但除「《論語》卷第二」與「▨十三日高昌縣學生賈忠禮寫」一行外，多爲他人戲書。

補壹本：吐魯番阿斯塔那三六〇號墓三/七(b)～一二(b)號寫本。該寫本一九六六年出土，殘存《公冶萇》「[我不]欲人之加諸我」至「子曰：[十室之邑]」二七行。據書法，知爲唐寫本。

《考古》(一九九一年第一期)、《新出吐魯番文書及其研究》等書刊收有圖版與釋文。

補貳本：斯坦因七〇〇三(b)號寫本。該寫本斷爲多片,殘損嚴重,存《雍也》前部、《述而》中部,行數難以統計。但注爲單行,十分特别。據書法,知爲唐寫本。《敦煌寶藏》、《英藏敦煌文獻》收有顛倒錯亂的圖版。

補叁本：斯坦因六一二一、一一九一〇號寫本之二。該寫本殘存《述而》「[舉一隅]不以三隅反」至「自食於有[喪者之側]」五行。

補肆本：上海博物館藏二四五七九號寫本。該寫本殘存《子罕》「子云：吾不試,故藝」至「[衣狐]貉者立」三二行。據書法,知爲唐寫本。《敦煌吐魯番文物》、《文物》(一九九三年第二期)、《上海博物館藏敦煌吐魯番文獻》等書刊收有圖版和部分釋文。

三　關於參校本

參校本分寫本、刊本和輯佚本三類。

寫本主要爲敦煌所出唐寫本《白文論語》(簡稱「白文」)和《論語集解》(簡稱「集解」)。寫本參校本中還有一件敦煌發現的唐寫本佚名《論語鄭氏注音義》殘卷(國家圖書館殷字四二號,《敦煌石室寫經題記與敦煌雜録》收有釋文,《敦煌音義彙考》收有摹本)和吐魯番出土的唐寫本《論語鄭氏注對策》殘卷(阿斯塔那二七號墓四〇~五〇號,《吐魯番出土文書》平裝本第八册收有釋文,精裝本第四册收有圖版)。

刊本主要有二種：一爲《叢書集成初編》本何晏《論語集解》、皇侃《論語義疏》,一爲《十三經注疏》本邢昺疏何晏集解《論語注疏》。爲了區别,參校經文時,分别簡稱爲「皇本」、「邢本」；參校注文時,引《集解》分别簡稱爲「皇解」、「邢解」,引《疏》分别簡稱爲「皇疏」、「邢疏」。

輯佚本主要爲以下七種：

(一)王應麟輯本二卷(《碧琳琅館叢書》本)。此輯本《孫祠書目》著録。宋翔鳳輯本序謂爲惠棟所輯,「嫁名於宋王厚齋(應麟别號)者也」。馬國翰輯本序亦謂爲「託名宋王應麟者」。鄭珍《鄭學録》則以爲確係「宋王應麟掇拾羣書，輯爲一卷」。王謨輯本序云：「元和惠定宇（棟）先生輯本二卷，據盧抱經（文弨）序言，原本亦王深寧（應麟著《深寧集》）所輯，誠不易得。」可信王應麟曾輯一卷。此二卷爲惠棟增輯。

（二）孔廣林輯本十卷（《通德遺書所見録》本）。宋翔鳳輯本序謂自惠棟補輯之後，「歸安丁小雅傑、曲阜孔幼髯廣林，又博採而增益之」。知丁、孔輯本又爲惠棟增輯本之增益本。丁氏輯本不見流傳，疑已併入孔氏輯本。

（三）宋翔鳳輯本十卷（《食舊堂叢書》本）。此輯本《書目答問》著録。自序謂同時尚有臧庸輯本，「善其精審，惜一見之後，遂秘不出。嗣西成（庸）歿於京邸，其子能守其遺書，不致湮滅。然江關間阻，更難借檢」。是臧庸輯本當時雖存，却難以流傳。

（四）袁鈞輯本十卷（《鄭氏佚書》本）。

（五）王謨輯本十卷（《漢魏遺書鈔》本）。自序謂此輯本係補訂王應麟、惠棟輯本而成。

（六）黄奭輯本十卷（《漢學堂叢書》本）。

（七）馬國翰輯本十卷（《玉函山房輯佚書》本）。自序謂託名王應麟輯本「所收未盡，海寧陳氏鱣《論語古訓》捜採詳備，茲據録之」。

四　關於前人校勘成果

前人關於《論語》及《鄭注》的校勘成果，本校點儘量吸收，以下列九種爲主：

（一）陸德明《經典釋文》（中華書局一九八三年九月出版），簡稱「《釋文》」。

（二）黄焯《經典釋文彙校》（中華書局一九八三年七月再版），簡稱「《彙校》」。

（三）翟灝《四書考異》（《學海堂經解》本），簡稱「《考異》」。

（四）阮元《論語注疏校勘記》（《十三經注疏》本），簡稱「阮校記」。

（五）葉德輝《天文本論語校勘記》（《觀古堂所著書》本），徑引，不再注明。

（六）日本山井鼎等《七經孟子考文並補遺》（《文選樓叢書》本），簡稱「考文」與「考文補遺」。

(七)陳鐵凡《敦煌論語異文彙考》(臺北《孔孟學報》一九六一年創刊號),簡稱「陳校記」。

(八)中國科學院考古研究所資料室《唐景龍四年寫本論語鄭氏注校勘記》(《考古》一九七二年第二期),簡稱「考校記」。

(九)日本金谷治氏《唐抄本鄭氏注論語集成》(平凡社昭和五十三年出版),簡稱「金校記」。

五　關於校例

甲、釋文之例

(一)單個缺字用「□」表示。不詳字數的缺文用「▨」表示。筆畫殘缺,但可推斷爲某字者,徑爲補全,外加「□」以示區别。

(二)原用「卜」、「…」等符號删去之字,均不録,亦不出校。原用墨筆塗抹之字,一般不録,酌情出校。原用朱筆塗抹之字,確當塗抹者不録,塗抹不確或難以斷定確否者保留,均出校説明。

(三)原有互乙符號「√」的倒字,徑予改正,不出校。没有互乙符號的倒字,維持原次序,出校糾正。

(四)避諱缺筆字,僅有「巳」、「弃」、「廿」三個,徑補全爲「民」、「棄」、「世」,不出校。

(五)原注文雙行,抄寫人爲求整齊,常將後行超出之末字,正寫或倒寫在前行之末,釋文改爲單行,徑移回原位,不出校。

(六)明顯的衍字,左標「·」號以供識别,不出校。懷疑爲衍字者,出校説明。

(七)不常見的俗體、異體字,用通行繁體字釋出。俗體、異體字現仍行用者,或與現行通行簡體字相合者,照録,以展現原貌。其他俗體、異體字則出校説明。

(八)誤字、假借字和避諱改字,均照録,下附正字於(　)内,一般不出校。

乙、校記之例

(一)前人均經、注分類出校,本校點爲求翻檢簡便,改爲依次逐條出校。

(二)一般衹校異文,需要印證時舉同文。

(三)底本不誤,他本誤,一般不出校。

(四)他本均與底本不同,簡稱「諸本」云云;

他本少數與底本相同，多數與底本不同，或者少數與底本不同，多數與底本相同，其多數簡稱「其他諸本」云云。

（五）與鄭氏注文全同和略同的孔、包、馬、周、王、何、皇之注，均舉出，並作必要的校勘，以見傳承和取捨之跡。

校點者　王　素

爲政篇第二

吐魯番阿斯塔那三六三號墓八／一號寫本

（前缺）

一 哀公，魯君之謚。❶ 孔子對曰：「舉直措諸枉，❷則[人]（民）□；❸ □❹

二 枉措諸直，則人（民）不服。」措，猶投也。❺諸之▨投之於枉者之上。❻

三 諸之言於，❼謂投之於措（直）者之上位。 季康子敏（問）：「使人（民）敬、中（忠）以

四 勸，如之□？」[季]▨▨肥之謚也。❽子曰：「臨之以莊，則敬；❾孝慈，則中（忠）；舉[善]▨

---

❶ 「哀公魯君之謚」，此注同於包注。邢解引包曰：「哀公，魯君謚。」皇解引末多一「也」字。伯二六一八號、二六七七號集解引作：「哀公，魯君之謚。」

❷ 「措」，伯二六〇四號、二六一八號、二六七七號集解同，其他諸本均作「錯」。《釋文》出「錯」云：「鄭本作『措』。」考校記亦曾舉古代經籍石刻引作「措」之例。阮校記云：「『措』正字，古經傳多假『錯』爲之。」得其實。下同。

❸ 「□」，據下文應爲「服」字。

❹ 「□」，據上文應爲「舉」字。

❺ 「措猶投也」，《御覽》卷四〇七引同。《釋文》引無「猶」字。

❻ 「▨」，考校記補爲「言於，謂」三字。此注《御覽》卷四〇七引作：「諸之也，言投於下位也。」

❼ 「諸之言於」，金校記認爲與前「重復，不自然」。

❽ 「[季]▨▨肥之謚也」，此注應略同於孔注。伯二六〇四號、二六一八號、二六七七號集解引孔曰：「魯卿季孫肥；康，謚也。」據此及鄭注體例，此處「▨▨」應爲「康子，魯卿季孫」六字。

❾ 「臨之以莊則敬」，古本、皇本作「臨民之以莊，則民敬」。考文謂前一「民」字恐誤。阮校記亦云：「『民之』連用，則不詞矣。」

五　勸。」言欲使人（民）如此，在上者所以臨教之莊嚴。或謂孔子曰：「子奚不爲□？」❶☒☒

六　何也。❷或仁（人）見孔子不事（仕），謂其無政故也。子曰：「《書》云：『孝乎唯孝，❸友于☒

七　政。』❹是亦爲政，❺孝乎者，未（美）大孝之辭。❻仁（人）既有孝行，則能友于☒母曰孝，❼善兄弟曰友。《亦（易）》曰：家仁（人）爲（有）嚴君☒。❽

八　父母爲嚴君，則子孫爲臣人（民），故孝友施爲政。❾奚其爲爲政？」❿我今何爲乎？⓫

❶「□」，據注文應爲「政」字。

❷「☒☒何也」，考校記僅補末字爲「奚」。金校記云：「『奚』上恐尚缺數字。」按《尚書・微子》正義引鄭云：「或之言有也。」《左傳》定公四年正義引鄭云：「或之言有，人不顯其名而略稱爲或。」可補於「奚」字前。即此注完整應爲：「或之言有也，人不顯其名而略稱爲或。奚，何也。」

❸「孝乎」，《釋文》作「孝於」，云：「一本作『孝乎』。」伯二六〇四號、二六一八號、二六七七號集解及邢本均作「孝乎」，漢石經、古本、皇本、唐本、足利本、津藩本則均作「孝於」。

❹「☒」，據僞《古文尚書・君陳》，爲「兄弟，施於有」五字。

❺「政」下，古本、皇本、唐本、津藩本、正平本、天文本多一「也」字。

❻「孝乎者未大孝之辭」，略同於包注。伯二六一八號集解引包曰：「孝乎唯孝，美大孝之辭。」

❼「☒」，字數不詳，據文義，前二字應爲「兄弟」，後二字應爲「親父」。

❽「亦曰家仁爲嚴君☒」，此注出於《周易・家人》，全文爲：「家人有嚴君焉，父母之謂也。」據此，此處「☒」應爲「焉，父母之謂也」六字。

❾「爲政」，上脱一「亦」字。

❿「爲爲」，伯二六〇四號、二六一八號集解少一「爲」字。《釋文》云：「一本無一『爲』字。」伯二六七七號集解後一「爲」作「之」。「政」下，《釋文》、伯二六七七號集解、考文一本、古本、唐本、津藩本、正平本、天文本多一「也」字。

⓫「乎」，考校記末有一「☒」。金校記云：「似乎没有缺文；即使有，也僅各缺一字。」但據原件，此注完整，没有殘缺痕迹。

二

汝使我爲政。❶□□：「⧄

九　信，不知其可。❷不知其可者，言其不可行。❸大車無輗，小車無□，❹⧄

一〇　行之哉？」大車，百（柏）車；　小車，羊車。❺輗穿轅踹⧄，❻軏回（因）軏（轅）端以節之。❼車待輗軏而行之。❽由（猶）仁（人）之⧄。❾⧄：

一一　「十世可知？」❿大（世）謂易姓之世。⓫問其制度變迹可知。⓬子曰：　「殷囙於夏礼，損⧄；⓭□

一二　囙於殷礼，所損益可知。⓮所損益可知者，⓯據時篇目皆在可教（校）數也。⓰其⧄，

一三　雖百大（世），亦可知。」⓱自周之後，⓲

---

❶「政」，考校記末亦有一「⧄」。金校記云云，以及原件情況，同第二頁校勘記⓫，不贅。

❷「可」下，伯二六〇四號集解、邢本多一「也」字。

❸「言其不可行」，《臣軌・誠信》注引作「言不可行也」。

❹「□」，據注文應爲「軏」字。

❺「大車百車小車羊車」，《臣軌・誠信》注引同。《周禮・考工記・車人》疏引作：「大車爲柏車，小車爲羊車。」

❻「⧄」，皇疏引作「著之」，《臣軌・誠信》注引作「着之」。但據下文，此「⧄」應有三字。中字難以斷定，擬作「以□之」可也。

❼「以」，皇疏、《臣軌・誠信》注引無此字。「節」，皇疏仍引作「著」。

❽「之」，《臣軌・誠信》注引無此字。

❾「⧄」，《臣軌・誠信》注引作「行不可無信也」六字。

❿「可知」下，伯二六〇四號集解、邢本多一「也」字。《釋文》出「可知也」云：「一本作『可知乎』，鄭本作『可知』。」按伯二六七七號集解亦作「可知」，似乎並非僅鄭本作「可知」也。

⓫「世」下，《御覽》卷五二三引多一「也」字。

⓬「變迹可知」，《御覽》卷五二三引作「變易如何」。

⓭「損⧄」，據伯二六〇四號、二六一八號、二六七七號集解及下文，首脱一「所」字，「⧄」爲「益可知」三字。

⓮「知」下，伯二六一八號集解多一「也」字。

⓯「者」上，《御覽》卷五二三引多一「也」字。

⓰「也」，《御覽》卷五二三引無此字。

⓱「亦可知」，伯二六〇四號集解無「亦」字。「知」下，古本、皇本、足利本多一「也」字。邢本作「可知也」。

⓲「之」，《御覽》卷五二三引作「以」。

雖百世，制度由（猶）可知，以爲變易損益之極，極於三王，亦不是過。❶子□：「▨

一四 而祭之者，❷是諂。❸天曰神，地曰祇，仁（人）曰鬼。❹非其祖考而祭之[者]，❺▨媚求淫祀之福。❻鄭易枋（祊）田□祀州（周）▨。❼□□❽

一五 不爲，無勇。❾見君親有危難之事，不能□身受（授）命，是愛死，勇決不足也。❿

❶「過」下，《御覽》卷五二三引多一「也」字。

❷「▨」，據注文應爲「非其鬼」三字。「者」，皇本、邢本均無此字。

❸「是諂」，伯二六〇四號集解無「是」字。皇本、邢本作「諂也」。

❹「仁」下，伯二六〇四號集解、皇解、邢解引多一「神」字。

❺「者」，邢解引同。伯二六〇四號集解、皇解引無此字。

❻「▨媚求淫祀之福」，伯二六〇四號集解引作「是諂求福也」。皇解引「諂求」間多一「以」字。邢解引無伯二六〇四號末「也」字。據此，▨應爲「是諂」二字。

❼「鄭易枋田□祀州▨」，此注，可據《左傳》隱公八年「鄭伯使宛來歸祊」條杜注、孔疏探索其完整含義。

❽「□□」，據《周禮·大宗伯》疏所引《鄭注》，應爲「見義」二字。

❾「勇」下，伯二六〇四號集解、皇本、邢本多一「也」字。

❿「見君親有危難之事不能□身受命是愛死勇決不足也」，《周禮·大宗伯》疏引作：「見義，謂見君有危難，當致身授命以救君，是見義而爲，故勇義兼言；若朋友推刃，是不義而勇。」據此，「□」應爲「致」字。

八佾篇第三

吐魯番阿斯塔那三六三號墓八/一號寫本

一　《論語・八佾第三》　孔氏本
鄭氏注

二　孔子謂季氏：「八佾舞於庭，是可忍，❶熟（孰）不可□？」❷⧄⧄

三　初僭用天子之礼樂，❸自季平子逐⧄後，世用魯礼樂，祭⧄家廟。今倍（陪）臣而舞天子八佾之樂，⧄不可忍之甚⧄。⧄

四　《雍》徹。❹子曰：「相維⧄？」⧄⧄

五　淑（叔）孫氏、季孫氏。《雍》，《州（周）頌》之篇⧄。❺⧄二王之後。天子之容貌穆穆⧄

六　故云奚取。❻子曰：「仁（人）而不人（仁），⧄樂何？」言仁（人）無⧄淫恣⧄

❶「忍」下，皇本、邢本多一「也」字。

❷「□」，據上文應爲「忍」字。「忍」下，皇本、邢本多一「也」字。

❸「⧄⧄」，從考校記補，金校記認爲此處可能無缺文。

❹「徹」，《釋文》作「撤」，云：「本或作『徹』。」《彙校》引嚴云：「《五經文字》『撤』，字書無此字，見《論語》。《説文》、漢碑皆無『撤』字。」

❺「⧄⧄淑孫氏季孫氏雍州頌之篇⧄」，此注應略同於馬注。皇解引馬曰：「三家者，謂仲孫、叔孫、季孫也。《雍》，《周頌・臣工》篇名也。天子祭於宗廟，歌之以徹祭，今三家亦作此樂也。」邢解引無「者」及三「也」字。

❻「⧄二王之後天子之容貌穆穆⧄故云奚取」，此注應略同於包注。皇解引包曰：「辟公，謂諸侯及二王之後也。穆穆，天子之容也。《雝》篇，歌此曲者，有諸侯及二王之後來助祭故也。今三家，但家臣而已，何取此義而作之於堂耶？」邢解引無「曲」及前二「也」字，「容」後多一「貌」字。《詩・周頌・雝》正義云：「鄭唯『辟』爲『卿士』，『公』謂『諸侯』爲異。餘同。」邢疏在引包注之後舉此正義文。似前一「⧄」應爲「辟謂卿士，公謂諸侯及」九字，以下則應基本同於包注。

七 行礼樂之事者之(也)❶。林放問礼之本。子曰：「大哉問！ 林放，魯仁(人)。❷孔⧄者，疾時仁(人)失⧄。

八 礼，与其奢也，寧儉，与其易，❸寧戚。」易，由(猶)簡□。❹⧄本意失於⧄

九 喪，失於簡略，不如哀戚。❺《礼記》曰：斬衰之哭，若往而不返；□□之哭，若往而返；大公(功)之哭，三曲而哀(偯)；小公(功)、思(緦)麻，哀容可□。❻□□：

一〇 「夷狄之有君，不如諸夏之亦(亡)。」❼爲時喪亂，以矯仁(人)心。亡，無也。❽季⧄。❾□

一一 謂冉有曰：「汝不能救与？」❿

---

❶ 「言仁無⧄淫泆⧄行礼樂之事者之」，此注應略同於包注。皇解引包曰：「言人而不仁，必不能行禮樂也。」邢解引無末「也」字。據此，前一「⧄」應爲「仁而」二字，後一「⧄」應爲「必不能」三字。

❷ 「仁」，斯七〇〇三(a)號集解、邢解引同。皇解引「仁(人)」下多一「也」字。

❸ 「易」下，斯七〇〇三(a)號集解、皇本、邢本多一「也」字。從與上文對稱來看，此處應有一「也」字。

❹ 「易由簡□」，《釋文》出「易」云：「鄭云『簡』。」但據下文「失於簡略」，鄭氏實應釋「易」爲「簡略」。此處的「□」應爲「略」字。

❺ 「⧄本意失於⧄喪失於簡略不如哀戚」，此注應略同於包注。皇解引包曰：「言禮之本意失於奢，不如儉也；喪，失於和易，不如哀戚也。」邢解引無二「也」字。金校記謂「皇本作鄭注」，不知所據。此釋「易」爲「和易」，與鄭氏釋「易」爲「簡略」明顯不同，因而決非鄭注。據包注，前一「⧄」可擬「言禮之」三字，後一「⧄」可擬「奢，不如儉」四字。

❻ 「礼記曰斬衰之哭若往而不返□□之哭若往而返大公之哭三曲而哀小公思麻哀容可□」，此注出於《禮記・間傳》。據原文，「□□」爲「齊衰」二字，「□」爲「也」字。

❼ 「如」，《論衡・問孔》引《論語》作「若」。「亡」下，邢本多一「也」字。

❽ 「亡無也」，此注同於包注。皇解、邢解引包曰：「亡，無也。」

❾ 「⧄」，據注文應爲「氏旅於太山」五字。

❿ 「汝不」，皇本同，邢本作「女弗」。古無輕唇音，讀「弗」爲「不」。

旅，祭名。❶礼，諸侯祭山川▨倍（陪）臣而祭太
山，非礼。❷冉有▨
一二 時事（仕）於季氏。救，猶止。❸對曰：「不
能。」子曰：「嗚呼！曾謂太山不
如▨」？❹□□
一三 意云，❺太山之神知礼也，❻過於林放之賢遠之
（也）。❼子曰：「君子無所爭，必。❽
君子上▨与仁（人）常▨。□
一四 乎，❾揖讓而升，下而飲，❿其爭也君
子。」射乎，▨又▨
一五 於是乃有爭心。仁（人）唯病者不能射。射礼，
史（使）不中者酒飲。不中者酒所以養病，⓫故
仁（人）恥之。君子心爭，小人力爭也。子
▨：「▨

---

❶「旅祭名」下，《御覽》卷五二五引多一「也」字。此注同於馬注。皇解引馬曰：「旅，祭名也。」

❷「礼諸侯祭山川▨倍臣而祭太山非礼」，《御覽》卷五二五引作：「諸侯祭山川在其邦内者。今陪臣祭泰山，非禮也。」據此，「▨」應爲「在其邦内者。今」六字。此注同於馬注。皇解引馬曰：「禮，諸侯祭山川在其封内者也。今陪臣祭泰山，非禮也。」邢解引無皇解引「者」下一「也」字。

❸「冉有▨時事於季氏救猶止」，此注應同於馬注。皇解引馬曰：「冉有，弟子冉求也，時仕季氏。救，猶止也。」邢解引無皇解引「求」下一「也」字，「時事」下多一「於」字。據此，「▨」應爲「弟子冉求」四字。

❹「▨」，據注文應爲「林放乎」三字。

❺「□□」，《御覽》卷五二五引作「孔子」二字。

❻「太」，《御覽》卷五二五引作「泰」。「也」，《御覽》卷五二五引無此字。

❼「於」，《御覽》卷五二五引無此字。「也」，《御覽》卷五二五引無此字。

❽「必」，《釋文》云：「鄭讀以『必也』絶句。」《禮記·射義》鄭注亦引作「必也」。是「必」下脱一「也」字。

❾「□」，據注文爲「射」字。

❿「揖讓而升下而飲」，《釋文》出「揖讓而升下」云：「絶句。鄭注《詩·賓之初筵》引此則云『下而飲』。」是鄭本「揖讓而升」爲一句，「下而飲」另爲一句。此處標點從之。《禮記·射義》鄭注「升下」又連讀，與前例不同，待考。

⓫「酒」下，考校記謂脱一「飲」字。

一六 倩兮，未（美）目盼兮，❶素以爲絢（絢）兮，何謂也？」倩兮、盼⧄容貌。素⧄

一七 成曰絢，❷言右（有）好女如是，欲以潔白之礼成而嫁之。此三句詩之言。問之者，疾時淫風大行，嫁娶多不以礼者。子曰：「繪事□□。」❸□：

一八 「礼後乎？」繪，書（畫）文。❹凡繪書（畫）之事，先布衆綵，然後素功。素功⧄詩之意，欲以衆綵喻女容貌，素功喻嫁娶之礼。❺⧄

一九 後素功，則皆曉其爲礼之意也。子曰：「起予者商！❻始可与言⧄。」⧄⧄

二〇 云會（繪）事後素，❼時忘其意以素与（喻）礼。子夏云曰：礼後乎？孔子則覺，故曰：起予者商。商，子夏之名也。❽子曰：「下（夏）礼，⧄

二一 之，杞不足徵（徵）；❾殷礼，吾能言

❶「盼」，唐石經、正平本同，皇本、邢本作「盻」。阮校記謂作「盼」是。

❷「素⧄成曰絢」下《釋文》、《儀禮·聘禮》疏引作「文成章曰絢」，《文選》卷四左思《蜀都賦》注引作「文章成謂絢」。據此及《鄭注》體例，「⧄」應爲「以爲絢兮，文章」六字。

❸「□□」，據注文應爲「後素」二字。

❹「書文」下，伯二九〇四號、斯七〇〇三（a）號集解引同。皇解、邢解、《史記·仲尼弟子列傳》集解、《文選》卷六左思《魏都賦》注及卷五七潘岳《夏侯常侍誄》注引均多一「也」字。《瑜伽師地論》卷四音義及《大藏音義》卷一四均引作「畫也」。《楞伽阿跋多羅寶經》卷一音義引作「畫也，五彩也」。

❺「凡繪畫之事先布衆綵然後素功素功⧄詩之意欲以衆綵喻女容貌素功喻嫁娶之礼」，伯二九〇四號集解引作：「凡繪畫，先布衆綵，然後以素分布其間，以成其文。喻美女雖有倩盼美質，亦須禮以成之。」斯七〇〇三（a）號、邢解引「綵」作「色」。皇解引「繪畫」作「畫繪」，「綵」作「采」，「分」後無「布」字，末「之」作「也」。

❻「者」，漢石經無此字。「商」下，皇本、邢本多一「也」字。

❼「⧄⧄」，字數不詳，金校記擬二字爲「孔子」。

❽「之名也」，《御覽》卷六〇九引無此三字。

❾「微」下，皇本、邢本多一「也」字。

八

之，宋不足徵（徵）。❶言，猶□□。❷▨
之後，國▨
二二 之礼，吾皆能説而成之，杞、宋之君，王者之後，
當自行其礼樂，其德衰微，不足以也。❸文獻
不足故▨
二三 矣。」獻，賢。❹言我不以礼成之者，❺以此二
國之君文章財（才）賢不足故之（也）。❻子
曰：「禘自溉（既）灌而▨
二四 觀之矣。」既，已也。禘祭之礼，自血星（腥）
始，至於尸灌而神士（事）訖。不欲觀之者，尸
灌已後人士（事）耳，非礼之盛（甚）。或▨
二五 曰：「不知；❼或，仁（人）不顯，略之。❽
爲説之，猶不曉，故不答王（之）也。知其説者
之於天下，其如▨！」
二六 指其掌。孔子啓手指掌曰：月或仁（人）知
大祭之説者。其人於▨中之物然，言其無不明
達。❾蓋斥聖人不答其敏（問），爲▨
二七 之也。祭如在，時仁（人）所存賢聖之言也。
祭神如神在。恐時不曉如在之意，故爲解

❶「徵」下，皇本、邢本多一「也」字。

❷「□□」，據下文及《鄭注》體例，應爲「説也」二字。

❸「▨之後國▨之礼吾皆能説而成之杞宋之君王者之後當自行其礼樂其德衰微不足以也」，此注應略同於包注。皇解引包曰：「徵，成也。杞、宋，二國名也，夏、殷之後也。夏、殷之禮，吾能説之，杞、宋之君，不足以成之也。」邢解引無中二「也」字。《史記·孔子世家》集解引無「名也」二字。據此，前一「▨」應爲「杞、宋，夏、殷」四字；後一「▨」應爲「名也。夏、殷」四字。

❹「賢」，皇解、邢解引作「猶賢也」。

❺「言」，皇解、邢解引無此字。「我不」，皇解引其間多一「能」字。「以禮」，皇解引其間多一「其」字。

❻「財賢」，皇解、邢解引作「賢才」，底本誤倒。

❼「知」下，皇本、邢本多一「也」字。

❽「或仁不顯略之」，此注應與《爲政》注重複。參閲第二頁校勘記❷。

❾「其人於▨中之物然言其無不明達」，此注略同於包注。邢解引包曰：「於天下之事，如指示掌中之物，言其易了。」「示掌」間皇解引多一「以」字。據此，「▨」應爲「天下之事，如指示以掌」九字。

之。子曰：「▨

二八 祭。」孔子或出或病，而不自親祭，使攝者爲之，爲其不致肅敬之心，与不祭同。❶王孫賈問曰：「▨，

二九 寧媚於竈，何謂也？」❷王孫賈自州（周）出士（仕）於衛，❸宗廟及吾（五）祀▨南隅謂之奧。❹竈者，爨也。凡祭之礼，尸▨性，恠此言於（与）我義返（反），故問之也。子

三〇 曰：「不然；獲罪於天，無所禱。」❺明當媚▨竈者▨。❻□□：

三一 「周監於二代，郁郁乎文哉也！❼監，觀。❽言州（周）觀夏之事，其礼法兼備。▨。」▨

三二 廟，每事問。太廟，州（周）公之廟。孔子士（仕）魯，魯祭周公而助祭焉。❾每事敏（問）礼者，問於太史也。或曰：「熟（孰）謂▨

---

❶「孔子或出或病而不自親祭使攝者爲之爲其不致肅敬之心与不祭同」，《儀禮·特牲饋食》引無「爲其」二字，「之心」作「於心」。此注同於孔注或包注。伯二九〇四號集解引孔曰：「孔子或出或病，而不自親祭，使攝者爲之，不致肅敬於心，與不祭同。」皇解、邢解引作包曰。「不致」前皇解引多一「故」字，無「肅」字，「同」下多一「也」字。

❷「也」，唐本、津藩本無此字。

❸「衛」下，《御覽》卷五二九引多一「也」字。

❹「宗廟及吾祀▨南隅謂之奧」，《御覽》卷五二九引作：「宗廟及五祀之神皆祭於奧室，西南隅謂之奧也。」《釋文》出「奧」亦云：「鄭云『西南隅』。」據此，「▨」應爲「之神皆祭於奧室，西」八字。

❺「禱」下，皇本、邢本多一「也」字。

❻「明當媚▨竈者▨」，《御覽》卷五二九引作：「明當媚其尊者。夫竈，老婦之祭。」據此，前一「▨」應爲「其尊者。夫」四字；後一「▨」應爲「老婦之祭」四字。

❼「也」，伯二九〇四號集解，皇本、邢本無此字。

❽「監觀」，此注同於孔注。皇解、邢解及《史記·孔子世家》集解引孔曰：「監，視也。」伯二九〇四號集解引「視」爲「觀」，且「觀」下多一「也」字。按《釋文》出「監」云：「觀也，視也。」是作「視」作「觀」均可。

❾「太廟州公之廟孔子士魯魯祭周公而助祭焉」，此注同於包注。皇解引包曰：「大廟，周公廟也。孔子仕魯，魯祭周公而助祭也。」邢解引略同。「大」，伯二九〇四號集解引作「太」，「廟也」作「之廟」，無末「也」字。

三三 知礼乎？入太廟，每事問也。」❶熟(孰)，誰也。鄒，孔子弟子父叔⧄人多言孔子知礼，或仁(人)以爲知礼者⧄。❷□□：

三四 「射不主皮，爲力不同科，古之道。」❸射不主皮者，謂礼射。大射、□□、❹燕射，位(謂)之礼射。今大射⧄

三五 主皮之射，勝者降，然則礼射雖不勝，由(猶)復勝。射今大射、卿(鄉)射、燕射是主□□□。❺⧄將祭於君，班餘獲，射獸皮之射，礼射不主，❻憂賢者爲力役之⧄

三六 科，不困仁(人)力。古之道，隨士(事)宜而制祭之，疾今不然。❼子貢欲去告朔之餼羊。生(牲)□□□。❽□，□君□□□□□

三七 之以羊於廟，❾有祭事，❿謂之廟享。⓫

---

❶「也」，伯二九〇四號集解、皇本、邢本無此字。此下脱經文「子聞之，曰：是禮也」七字。

❷「鄒孔子弟子父叔⧄人多言孔子知礼或仁以爲知礼者⧄」，此注應同於孔注。伯二九〇四號集解引孔曰：「鄹，孔子父叔梁紇所治邑。時人多言孔子知禮，或人以爲知禮者不當復問也。」「邑」下，皇解、《史記·孔子世家》集解引多一「也」字。邢解引無末「也」字。「鄹」與「鄹」音、義全同。據此，前一「⧄」應爲「梁紇所治邑。時」六字，後一「⧄」應爲「不當復問也」五字。

❸「道」，伯二九〇四號集解同。「道」下，皇本、邢本多一「也」字。

❹「□□」，金校記擬爲「賓射」二字。

❺「□□□」，考校記擬爲「皮之射」三字。

❻「主」下，脱一「皮」字。

❼「射不主皮者謂礼射……古之道隨士宜而制祭之疾今不然」，全注多本於《儀禮·鄉射禮》和《禮記·射義》，可參證二書鄭注。

❽「□□□」，《釋文》、《儀禮·聘禮》疏、《詩·小雅·瓠葉》正義、《史記·曆書》集解、皇解、邢解均引作「生曰餼」三字。

❾「□□君□□□□□之以羊於廟」，《儀禮·聘禮》疏、《史記·曆書》集解、皇解、邢解、《通典·嘉禮》、《舊唐書·禮儀二》均引作：「禮，人君每月告朔於廟。」據此，前「□□」應爲「禮，人」二字；中間五個「□」祇能擬四字，當爲「每月告朔□」。

❿「事」，皇解、邢解、《通典·嘉禮》、《舊唐書·禮儀二》引無此字。

⓫「廟」，皇解、邢解、《通典·嘉禮》、《舊唐書·禮儀二》引作「朝」。「享」下，《儀禮·聘禮》疏、《史記·曆書》集解引多一「也」字。

魯自文公始視朔，❶視朔☐。❷子貢見其礼廢，故欲去其羊。❸諸侯告朔以羊，❹則天子特☐？❺

三八 子曰：「賜也！尔愛其羊，❻我愛其礼。」羊在，後☐；❼去其羊，則☐遂廢之(也)。❽☐

三九 曰：「事君盡礼，人以爲諂。」❾盡礼，謂盡礼下公門或路馬之屬。時臣背(皆)不能盡礼，謂盡礼者仁(人)以爲諂，❿以衆非☐。

四〇 定公問：「君使臣，辰(臣)事君，如之何也？」⓫定公，魯君之謚，⓬哀公之父。☐者，患時辰(臣)驕蹇也。⓭☐☐

❶「始視」，據皇解、邢解、《舊唐書·禮儀二》，其間脱一「不」字。

❷「☐」，《公羊傳》文公十四年疏引作「之禮，以後遂廢」。

❸「羊」，邢解、《舊唐書·禮儀二》引同，皇解引「羊」下多一「也」字。

❹「諸侯告朔以羊」，《詩·周頌·我將》正義引同，皇疏引作「諸侯用羊」。

❺「則」，皇疏、《禮記·玉藻》正義引無此字。「☐」，皇疏、《禮記·玉藻》正義、《詩·周頌·我將》正義引作「牛與」。

❻「尔」，伯二九〇四號集解、邢本同，唐石經作「女」，皇本、津藩本、正平本、天文本作「汝」。

❼「羊在後☐」，此注應略同於包注。伯二九〇四號集解引包曰：「羊存，猶以識其禮。」邢解引同。「存」皇解引作「在」，「猶以」間多一「所」字，末多一「也」字。考校記曾據寫本殘墨擬「☐」第一字爲「君」字。據此，「☐」應爲「君猶以識其禮也」七字。

❽「去其羊則☐遂廢之」，此注略同於包注。伯二九〇四號集解引包曰：「羊亡，禮遂廢。」邢解引同。皇解引「廢」下爲「也」字。據此，「☐」應爲「禮」字。

❾「諂」下，皇本、邢本多一「也」字。

❿「時臣背不能盡礼謂盡礼者仁以爲諂」，此注立意同於孔注。伯二九〇四號集解引孔曰：「時事君者多無禮，故以有禮者爲諂。」

⓫「也」，伯二九〇四號集解、皇本、邢本均無此字。

⓬「定公魯君之謚」，此注同於孔注。伯二九〇四號集解引孔曰：「定公，魯君之謚。」

⓭「☐者患時辰驕蹇也」，此注立意同於孔注。伯二九〇四號集解引孔曰：「時臣失禮，定公患之，故問之也。」據此，「☐」應爲「定公問」三字。

四一 對曰：「君使臣以礼，辰（臣）事君以忠。」❶子曰：「《關雎》樂☒

四二 傷。」《關雎》詩者，❷《國風・州（周）男（南）》之首篇。❸《關雎》之作，文王之教，形（刑）於寡☒，❹以御於家邦。則樂得淑女，❺以爲君子好求（逑），❻不淫其色。❼寤寐☒

四三 道，❽不得此仁（人），不爲滅傷己愛也。❾哀公問主於宰我。❿宰我對曰：⓫「夏☒

四四 仁（人）以柏，周仁（人）以栗，曰：使人（民）戰慄也。」⓬主，田主，謂社。⓭哀也失御臣之權。⓮臣☒見社無教令於仁（人），而人事之，故☒，⓯

四五 樹之田主，各以其生地所宜木，⓰

❶「忠」，此字上半「中」爲墨筆，下半「心」爲朱筆。

❷「詩者」，《儀禮・鄉飲酒禮》疏引無此二字。

❸「州男」，《儀禮・鄉飲酒禮》疏引無此二字。

❹「☒」，考校記擬爲「妻，至於兄弟」五字。

❺「則」，皇疏引無此字。

❻「好求」，此二字原用朱筆塗抹。皇疏引作「之好仇」。

❼「不淫其色」，皇疏引作「不爲淫其色也」。

❽「☒」，皇疏引作「思之，哀世失夫婦之」八字。《詩・周南・關雎》正義亦引此注，但有省略，故不出校。

❾「己」，此爲朱筆補字，原作「其」，已用朱筆塗抹。皇疏、《詩・周南・關雎》正義均引作「其」，是底本原作「其」亦不爲誤也。

❿「問主」，《唐寫論語鄭氏注對策殘卷》引同。《釋文》云：「鄭本作『主』。」皇疏亦云：「鄭論本作『問主』也。」《釋文》、伯二九〇四號集解、皇本、邢本均作「問社」。「宰我」，爲朱筆補字，原作「宰宰」，已用朱筆塗抹。

⓫「宰我」，亦爲朱筆補字，原作「我我」，已用朱筆塗抹。

⓬「使」，此字「史」爲墨筆，「亻」旁和上面「一」横爲朱筆。「慄也」，伯二九〇四號、三九七二號集解、邢本引作「栗」，無末「也」字。

⓭「社」，《釋文》引同。「社」下《初學記》卷二八引多一「也」字。

⓮「也」，爲朱筆補字，當爲「公」字之誤。

⓯「☒」，字數不詳，據《唐寫論語鄭氏注對策殘卷》，僅知首爲「問」字。

⓰「各以其生地所宜木」，「生」爲朱筆塗抹。據下文，此處實應有一「土」字。因疑「生」爲「土」之誤，修改者塗「生」而忘補「土」字。此注略同於孔注。伯二九〇四號集解引孔曰：「各以其土所宜之木。」

遂以爲社与(於)其野。❶然則州(周)公社以慄(栗)木者,是乃土地所宜木。宰我言史(使)仁(人)戰慄,媚耳,非其□。☐:「☐

四六 不說,遂事不諫,既往不咎。」哀公失御臣之政,欲史(使)☐我之對,❷成哀公之意,爲☐

四七 諫止,其不可解說,不可諫止,言其既往不可咎責。❸言此失者,無如之何。子曰:「管仲之器□□!」☐☐

四八 □夷吾。❹言其德器小,小㔾㔾,以其才足成☐奢侈,不務爲儉也。或曰:「管仲儉□?」□:「☐

四九 ☐不攝,焉德(得)儉乎?」❺或人見孔子云☐。三歸,娶三姓女。☐

五〇 ☐備官,大☐是非爲儉。❻曰:❼「然則管仲知礼乎?」□:❽「☐

❶「爲」,考校記疑爲「名」之誤。

❷「☐」,字數不詳,考校記補最後一字爲「宰」字。

❸「言其既往」,「言其」下原有一「言」字,「既往」下原有一「矣」字,均被朱筆塗抹,當爲廢字,不録。

❹「☐☐□夷吾」,據《鄭注》體例,此注應係釋管仲,因疑皇疏所云「管仲者,齊桓公之相管夷吾也」即本於此注。如然,則「☐☐□」應爲「管仲者,齊桓公之相管」九字。

❺「乎」,此字爲朱筆塗抹。伯二九〇四號集解、邢本無此字。但伯三九七二號集解、古本、皇本、唐本、足利本、津藩本、正平本、天文本有此字。因而保留。

❻「或人見孔子云☐三歸娶三姓女☐☐備官大☐是非爲儉」,「女」爲朱筆補字。此注應略同於包注。伯二九〇四號、三九七二號集解引包曰:「或人見孔子小之,以爲謂之太儉。三歸,娶三姓女。婦人謂嫁曰歸。攝猶兼也。禮,國君事大,官各有人,大夫兼并。今管仲家臣備職,非爲儉也。」據此,前一「☐」應爲「小之,以爲謂之太儉」八字,中二「☐」應爲「婦人謂嫁曰歸。攝猶兼也。禮,國君事大,□□」十七字,後一「☐」應爲「夫兼并。今管仲家臣備職」十字。

❼「曰」,古本、皇本、唐本、足利本、津藩本、正平本、天文本同;邢本無此字。

❽「□」,甲本爲「曰」字。

五一 ▨亦樹塞門。❶邦君爲兩君之好，有反玷，❷□□

五二 □有反玷。❸管氏而知礼，熟（孰）不知礼?」❹或仁（人）見孔子云焉德（得）儉乎，❺則以爲知礼。▨

五三 □。塞，由（猶）弊（蔽）。礼，天子外屏，諸侯内屏。返（反）玷，返（反）爵之玷，❻在兩楹之間，▨於門樹屏以弊（蔽）之。❼若与隣國爲好會，❽其獻酢之礼，❾礼▨受（爵）於玷上。❿今管仲奢僭爲之，⓫是不知礼也。

五四 ⓬子語魯太師樂，⓭曰：「樂其

❶「▨▨」，甲本爲「邦君樹塞□□氏」八字。「亦樹」，伯三九七二號集解、皇本、邢本同，甲本、伯二九〇四號集解、古本其間多一「有」字。

❷「玷」，甲本、伯三九七二號集解、唐本同，《釋文》、伯二九〇四號集解、皇本、邢本作「坫」。金校記謂「玷」乃「坫」之異體。下同。

❸「□□□」，甲本爲「管氏亦」三字。

❹「礼」，甲本、伯二九〇四號、三九七二號集解、邢本同，古本、皇本「礼」下多一「也」字。

❺「乎」，此字亦爲朱筆塗抹。參閲第一四頁校勘記❺。

❻「玷」，《儀禮·大射禮》疏、伯二九〇四號、三九七二號集解、邢解引同，「玷」下皇解引多一「也」字。

❼「▨」，甲本爲「人君辨内外」五字。其中，「辨」，伯二九〇四號、三九七二號集解、邢解引作「別」，皇解引作「有別」；「内外」，皇解引作「外内」。「樹屏」，《御覽》卷一八五引作「樹，屏也」。

❽「与」，伯三九七二號集解、皇解、邢解引同，伯二九〇四號集解引作「以」。「國」下，皇解引多一「君」字。

❾「酢」，甲本同，伯二九〇四號、三九七二號集解、皇解、邢解引亦同，《禮記·郊特牲》正義引作「酬」。

❿「▨」，據甲本及《禮記·郊特牲》正義、伯二九〇四號、三九七二號集解、皇解、邢解所引，爲「更酌酌畢，則各反」七字。

⓫「奢」，伯二九〇四號、三九七二號集解、皇解、邢解引作「皆」。

⓬「是不知礼也」，甲本及伯二九〇四號、三九七二號集解、皇解、邢解引首多「如是」二字。伯二九〇四號、三九七二號集解、邢解引無末「也」字。

⓭「語」，甲本同，考文一本、古本作「謂」。「太」，甲本、伯二九〇四號、三九七二號集解、正平本同，皇本、邢本作「大」。

五五　可☒：☒☒。❶□作，❷翕如；❸始作，渭（謂）今（金）奏之時。❹仁（人）聞今（金）奏之聲，❺仁（人）皆翕如；變之貌。❻從之，純如，❼皦如，❽繹☒。

五六　從，讀曰縱。縱之，謂既奏八音皆作。❾純如，咸和之貌。皦如，❿志意□□之貌。⓫此四者皆作應，⓬而樂以成。成，由（猶）終。《書》曰：簫詔（韶）九成，鳳凰□□。⓭□□

五七　仁（人）請見，⓮曰：「君子至于斯者，⓯吾未嘗☒。」⓰☒☒

---

❶「☒☒」，甲本爲「太師，樂官名也」六字。周注同於此注。伯二九〇四號集解引周曰：「太師，樂官名。」伯三九七二號集解、邢解引同，皇解引末多一「也」字，均作何晏自注，疑有誤。

❷「□」，甲本作「如」，誤。據底本注文，應作「始」。

❸「如」下，甲本同。伯二九〇四號、三九七二號集解、皇本、邢本多一「也」字。

❹「之時」，《御覽》卷五六四引無「之」字。《周禮・春官・大司樂》疏引無「之時」二字。

❺「仁聞今奏之聲」，《御覽》卷五六四引作「聞金作」。

❻「變之」，《釋文》引作「變動」。《御覽》卷五六四引作「變動之」。考校記認爲「變」下脱一「動」字。

❼「如」下，甲本、伯二九〇四號集解、皇本、邢本多一「也」字。

❽「如」下，甲本、伯二九〇四號集解、皇本、邢本多一「也」字。

❾「既奏」，甲本同，《釋文》、《御覽》卷五六四引無此二字。「八音」，此二字原重出，其一被朱筆塗抹，不録。

❿「皦如」下，據甲本及《釋文》所引，脱「清別之貌；繹如」六字。其中「清別之貌」，《御覽》卷五六四引前多一「使」字，後多一「也」字。

⓫「□□」，甲本及《釋文》、《御覽》卷五六四引作「條達」二字。其中「條」，《後漢書・班固傳》引作「調」。

⓬「此四者皆作應」，「者」、「作」均被朱筆塗抹。甲本殘，存文無「此」字，有「者」字。

⓭「□□」，甲本爲「來儀」二字。

⓮「□□」，甲本爲「儀封」二字。

⓯「君子」下，甲本、伯二九〇四號、三九七二號集解、古本、皇本、唐本、邢本、津藩本、正平本均多一「之」字。「于」，甲本及以上諸本均作「於」。「者」，邢本作「也」。

⓰「☒」，甲本爲「不得見」三字。伯二九〇四號、三九七二號集解、皇本、邢本「見」下多一「也」字。

五八　官名，❶掌繼封而樹之。❷此仁（人）賢者，文（聞）孔子之德而來，❸欲見之，❹言吾未嘗不德（得）見，❺微自達以爲賢也。❻從者☒：❼

五九　「二三子何患於喪乎？天下無道久矣，❽天將以天☐

六〇　爲木鐸。」❾從者，謂諸弟子從孔子行者。❿以爲此仁（人），⓫入告而出納之。何患☐☐乎，⓬言不憂道德之喪亡。⓭木鐸，施政教時所振。⓮言☐☐

六一　命夫子史（使）制作法度，以號令於天下。⓯

---

❶「☒☒」，甲本爲「儀，蓋衛邑。封人」六字。其中「儀，蓋衛邑」，伯二九〇四號、三九七二號集解、邢解引同，皇解引作：「儀，蓋衛下邑也。」

❷「掌」下，甲本多一「爲」字。「繼」，甲本似作「斯」。「封而」間原有一「仁」字，被朱筆塗抹，甲本無此「仁」字，故不録。

❸「而來」下，甲本多「至此」二字。

❹「之」下，原有一「者」字，被朱筆塗抹，甲本無此字，故不録。

❺「吾」，甲本無此字。「見」下，甲本多一「者」字。

❻「微自」，甲本作「敬曰（自）」。月洞讓認爲「微」、「敬」均爲「欲」字之誤。

❼「☒」，甲本爲「見之出。曰」四字。

❽「天下」下，甲本、伯二九〇四號、三九七二號集解、古本、唐本、皇本、邢本、津藩本、正平本均多一「之」字。「久」上，皇本、邢本多一「也」字。

❾「☐」，甲本爲「子」字。

❿「從者謂諸弟子從孔子行者」，甲本無「諸」字。此注略同於包注。伯二九〇四號、三九七二號集解引包曰：「從者，弟子隨孔子行者。」「弟」上皇解引多一「是」字，「子」下多一「也」字。

⓫「此仁」下，甲本多一「賢」字。

⓬「☐☐」，甲本爲「於喪」二字。

⓭「亡」下，原有一「乎」字，被朱筆塗抹，甲本無此字，故不録。

⓮「木鐸施政教時所振」下，原有一「鐸」字，被朱筆塗抹，甲本無此字，故不録。此注同於孔注。伯二九〇四號、三九七二號集解引孔曰：「木鐸，施政教時所振也。」

⓯「言☐☐命夫子史制作法度以號令於天下」，「☐☐」，甲本爲「天將」二字。「夫」，甲本作「孔」。甲本無「使」字，末多一「也」字。此注同於孔注。伯二九〇四號、三九七二號集解引孔曰：「言天將命孔子制作法度，以號令於天下。」皇解引末多一「也」字。

六二　子曰《韶》，❶「盡美矣，又盡善也。❷

《韶》，▨▨堯。❸又盡善者，❹謂致太平也。❺謂《武》，「盡未（美）矣，未盡善也。」❻《武》，謂周▨天下。❼未盡▨。❽

六三　子曰：「居上不寬，爲禮不敬，臨喪不哀，吾何以觀之□？」❾

六四　居上不寬，則下無所容。礼主於敬，喪主於哀也。

---

❶「曰」，甲本及其他諸本均作「謂」。

❷「又盡善也」，「也」爲朱筆補字。此句，甲本、伯三九七二號集解、皇本、邢本同，古本作「又盡善矣也」。阮校記引錢大昕考證甚詳，不贅。

❸「韶▨▨堯」，「▨▨」，甲本爲「舜樂名，美舜以聖德受禪於」十一字。此注，《御覽》卷五六四引作：「《韶》，舜樂也，美舜自以德禪於堯。」此注略同於孔注。伯三九七二號集解云：「《韶》，舜樂名也，謂以聖德受禪。」皇解、邢解引作孔曰。

❹「者」，甲本同。《御覽》卷五六四引無此字。

❺「致」，甲本同。《御覽》卷五六四引無此字。

❻「也」，此爲朱筆補字。

❼「謂」，《御覽》卷五六四引同，甲本無此字。「▨」，甲本爲「武王樂，美武王以武功定」十字。其中「武功」之「武」，《御覽》卷五六四引作「此」。

❽「未盡▨」，▨，據甲本及《詩·周南·芣苢》正義所引，爲「者，謂未致太平也」七字。此注，《御覽》卷五六四引作：「未盡善，致太平。」「致太平」前當脱一「未」字。

❾「□」，甲本爲「哉」字。

里仁篇第四

吐魯番斯塔那三六三號墓八/一號寫本

一 《論語・里仁第四》　孔氏本

鄭氏注

二 子曰：「里仁爲美也。❶里仁(人)者之所居。❷仁(人)欲脩德，當居仁者之里，❸是爲美。❹擇不處□，❺〼悠什〼。❻□□

三 智也？」❼求善居，❽不處於仁者之里，❾不得爲有智。❿子曰：「不仁者不可以久處約，不可□

❶ 「爲」，此字下原有一「政」字，存在塗抹痕迹，諸本均無此字，故不録。「美」，唐本、津藩本、正平本作「善」。「也」，伯二九〇四號、三九七二號集解、唐本、皇本、邢本、津藩本、正平本無此字。

❷ 「里仁者之所居」，「仁者」二字倒。《文選》卷一六潘岳《閒居賦》注即引作：「里者，人之所居也。」「仁」，伯三九七二號集解引作「民」。阮校記以爲作「民」是，作「仁」則「當是避唐諱耳」。

❸ 「居仁」，《御覽》卷四一九引同。「居」下，伯三九七二號集解引多一「於」字。

❹ 「美」，《御覽》卷四一九引同。《文選》卷一六潘岳《閒居賦》注引作「善」。「美」下，伯三九七二號集解引多一「也」字。

❺ 「□」，據注文應爲「仁」字。

❻ 「〼悠什〼」，此注爲獨立之小殘片，内容與經文不符，疑拼合有誤。

❼ 「□□」，考校記補作「焉得」二字。「智」，邢本作「知」。《釋文》出「知」云：「音智，注及下同。」「也」，伯二九〇四號、三九七二號集解、古本、皇本、唐本、邢本、津藩本、正平本無此字。

❽ 「善」，伯二九〇四號、三九七二號集解，邢解引無此字。

❾ 「不」上，伯二九〇四號、三九七二號集解、皇解、邢解及《御覽》卷四一九引多一「而」字。

❿ 「智」下，皇解引多一「也」字。

四 長處樂。❶約謂貧。曰不仁之仁（人）久居貧困，則將攕竊； 久居不（富）貴，則將驕逸之（也）。❷仁者安仁，智者□

五 仁。」❸仁者安樂仁道，智者利仁爲之。子曰：「唯仁者能好仁（人）者，❹能惡⧄。」⧄⧄

六 審也。子曰：「苟志於仁矣，無惡。」❺苟，比且也。言仁（人）暫有爲[仁]之至（志），上（尚）善，兄（況）能久行之者乎？□□：「⧄

七 貴，❻是仁（人）之所欲；❼不以其道得之，不處。❽得富貴者當以仁，不以仁得之，仁者不居。❾貧[与]□，❿

八 是仁（人）之所惡；⓫不以其道得之，不去。⓬得貧賤者當以仁，不以仁得之，仁者不去也。⓭君□

九 去仁，惡乎成名？言唯仁可以立身有名譽之（也）。君子無終食之⧄

---

❶「□」，考校記補作「以」字。「樂」下，古本多一「也」字。

❷「曰不仁之仁久居貧困則將攕竊久居不貴則將驕逸之」，此注立意同於孔注。伯二九〇四號集解引孔曰：「久困則爲非。（長處樂）必驕佚。」伯三九七二號集解引「佚」作「溢」。

❸「□」，據注文應爲「利」字。

❹「者」，諸本均無此字。

❺「惡」，漢石經、《釋文》、正平本同。「惡」下，伯二九〇四號、三九七二號集解、皇本、邢本多一「也」字。

❻「⧄」，據注文及下文，應爲「富与」二字。

❼「欲」，伯二九〇四號、三九七二號集解同，「欲」下，皇本、邢本多一「也」字。

❽「處」下，皇本、邢本多一「也」字。

❾「得富貴者當以仁不以仁得之仁者不居」，此注立意同於孔注。皇解引孔曰：「不以其道得富貴，則仁者不處也。」

❿「□」，據注文應爲「賤」字。

⓫「惡」，伯二九〇四號、三九七二號集解、唐本、津藩本、正平本同，「惡」下皇本、邢本多一「也」字。

⓬「去」下，皇本、邢本多一「也」字。

⓭「得貧賤者當以仁不以仁得之仁者不去也」，此注費解，必有衍誤。金校記以爲前一「不」字是衍字，又云：「『仁不』或是『不仁』之誤。」

一〇　乎？❶告（造）次必於是，顛沛必於是。」違，由（猶）去也。猶倉[卒]。❷〼仆。❸倉卒不待文〼。

一一　子曰：「我未見好仁者，❹恶不仁者。言世俗薄此二者，今[仁]（人）之行則皆無有也。好仁□，❺

一二　無以尚之；善不可加。❻恶不仁者，其爲仁矣，不史（使）不仁者加於其身。❼

一三　恶不仁者必遠之，不仁之仁（人），不得施非於己之（也）。❽有能一日用其力於仁意（矣）乎？[我]〼

一四　不足者。❾蓋有之意（矣），❿我未之見。」⓫言人之行若心怠懈倦，未右（有）力皮（疲）極也。⓬□□：「〼

❶「〼」，考校記補作「閒違仁」三字。「乎」，諸本均無此字。

❷「倉[卒]」，《彙校》云：「宋本『倉』作『蒼』。阮云：『蒼』、『倉』古字通。」《釋文》、邢疏引末多一「也」字。

❸「〼仆」，此注應同於馬注。伯二九〇四號、三九七二號集解引馬曰：「顛沛，偃仆。」皇解、《文選》卷六左思《魏都賦》注引「偃」作「僵」，「仆」下多一「也」字。《釋文》出「僵」云：「本今作『偃』。」據此及《鄭注》體例，「〼」應爲「顛沛，猶偃（或『僵』）」四字。

❹「者」，伯二九〇四號、三九七二號集解、皇本、邢本同，漢石經無此字。

❺「□」，據上文應爲「者」字。

❻「善不可加」，此注立意略同於孔注。伯三九七二號集解、皇解、邢解引孔曰：「難復加也。」伯二九〇四號集解引「難復」間多一「以」字。

❼「於」，伯二九〇四號、三九七二號、斯一五八六號集解、皇本、邢本作「乎」。

❽「恶不仁者必遠之不仁之仁不得施非於己之」，此注略同於孔注。伯二九〇四號、三九七二號集解引孔曰：「言恶不仁者，能使不仁者不加非義於己。」

❾「〼」，考校記補爲「未見力」三字。「者」，伯二九〇四號、三九七二號集解、邢本同，「者」下古本、皇本、唐本、津藩本、正平本多一「也」字。

❿「矣」，伯二九〇四號、三九七二號集解同，古本、皇本、唐本、津藩本、正平本作「乎」。

⓫「見」，皇本、邢本末多一「也」字。

⓬「言人之行若心怠懈倦未右力皮極也」，伯二九〇四號集解引《鄭注》作：「言人無能一日用力修仁者，我未見欲爲仁而力不足者。」與本注不類。伯三九七二號集解、皇解、邢解引作孔注，當是。

二一

一五 也，各於其黨。觀過，斯知仁矣。」此黨渭（謂）族親。❶過後（厚）則仁，過薄則不仁也。子□：「☒

一六 道，夕死可意（矣）。」❷言君子渴道，無有醉飽之心，死而後已也。子曰：「士志於道，☒

一七 食者，❸未足与義（議）。」❹恥恶衣恶食者，則耕嫁（稼）之情多。子曰：「君子[至]☒，❺□

一八 適，❻無慕（莫），❼義之与比。❽適，疋也。莫，無（慕）也。君子志平於天下，無常疋偶，無所貪慕，唯義所在也。❾子曰：「☒

一九 得（德），❿小人懷土；君子懷形

---

❶「親」下，《羣書治要》及《大藏音義》卷一六引多一「也」字。

❷「意」，漢石經作「也」。

❸「☒」，據注文應爲「而恥恶衣恶」五字。

❹「義」下，伯二九〇四號集解同，伯三九七二號集解、皇本、邢本多一「也」字。

❺「[至]☒」，「至」，據皇本、邢本，應爲「之」字之誤。「☒」，據注文應爲「於天下也」四字。

❻「□」，據注文應爲「無」字。「適」，《釋文》云：「鄭本作『敵』。」阮校記云：「《九經古義》云：古『敵』字皆作『適』。《禮記·雜記》「赴於適者」，鄭注云：『適』讀爲匹敵之『敵』。」是鄭本係讀「適」爲「敵」，非寫「適」爲「敵」也。「適」下斯一五八六號、伯二九〇四號、三九七二號集解多一「也」字。

❼「慕」，斯一五八六號、伯二九〇四號、三九七二號集解「慕」下多一「也」字。

❽「比」下，古本、皇本、唐本、津藩本、正平本多一「也」字。

❾「君子志平於天下無常疋偶無所貪慕唯義所在也」，「唯義」下原有一「之」字，「所在」下原有一「云」字，均被墨筆塗抹，不録。「無所貪慕」下，《釋文》引多一「也」字。皇解云：「言君子之於天下，無適無莫，無所貪慕也，唯義之所在也。」與本注略同，當是《鄭注》漏標出處。斯一五八六號、伯二九〇四號、三九七二號集解，邢解均脱此注，不知是何缘故。此注「唯義」下有一「之」字，據此，本注「唯義」下塗抹之一「之」字似可保留。

❿「☒」，據下文應爲「君子懷」三字。

(刑),小仁(人)懷惠。懷,來也。形

(刑),法也。子曰:「放於利⊠

二〇 怨。」❶放,由(猶)衣(依)也。❷言仁(人)操行

常衣(依)利而爲之,是近會(貪)鄙而遠謙讓,

故多爲仁(人)所怨。子曰:「能以礼讓

二一 爲國⊠?❸

言仁(人)能以礼讓爲國政教乎?何有,言其

善無有也。❹不能以礼讓爲國乎?❺

如礼何?」⊠⊠。□

二二 曰:「不患無謂(位),患所以立。

患立身不處於仁義。❻不患莫己知,❼求

爲⊠。」⊠⊠

二三 者。求善道而學行之,則仁(人)知之也。❽子

曰:「參乎!吾道壹以貫之哉!❾

曾子曰:「唯。」⊠⊠

二四 呼曾子,仁(人)偶之辭。我之道雖多,一以貫之。

唯者,應敬之辭。子出,門仁(人)問曰:

「何謂也?」不曉一者⊠何謂⊠。⊠:

---

❶ 「⊠」,據注文應爲「而行,多」三字。

❷ 「放由衣也」,此注同於孔注。斯一五八六號、伯三九七二號集解引孔曰:「放,依也。」僅少一「猶」字。

❸ 「⊠」,據注文應爲「乎?何有」三字。

❹ 「其善」,《後漢書·曹世叔妻傳》注引作「若」。金校記據此疑本注「善」字恐是「若」字之誤。「也」,《後漢書·曹世叔妻傳》注引無此字。

❺ 「乎」,諸本均無此字。

❻ 「患」上,《後漢書·崔駰傳》注引多「言但」二字。「義」下,《後漢書·崔駰傳》注引多一「也」字。

❼ 「知」,伯二九〇四號、三九七二號集解、邢本同,「知」下古本、皇本、津藩本、正平本多一「也」字。

❽ 「求善道而學行之則仁知之也」,此注同於包注。斯一五八六號集解引包曰:「求善道而學行之,則人知己。」伯三九七二號集解引末多一「也」字。伯二九〇四號集解引末多「之也」二字。

❾ 「壹」,注文作「一」,斯一五八六號、伯二九〇四號、三九七二號集解、皇本、邢本亦作「一」,應以作「一」爲是。「哉」,皇本同,斯一五八六號、伯二九〇四號、三九七二號集解、邢本均無此字。

二五 「夫子之道，中（忠）恕而已意
（矣）。」告仁（人）以善道，曰中（忠）。己所不
欲，物（勿）施於仁（人），曰恕乎（也）。 子
曰：「君子☒，
二六 小仁（人）喻於利。」喻，猶曉也。❶子
曰：「見賢思齊焉，見不賢而內自
☒。」☒☒
二七 由（猶）察。❷子曰：「士（事）父母譏
諫，❸譏猶剴。諫父母者剴切之。《礼》：子
士（事）父，有隱無犯也。❹見志不從，
又□
二八 而無違，❺勞而無怨。❻孝子父母在，❼
無所自專，卲唯☒
二九 長道而已。❽子曰：「父母在，不遠
遊，❾遊必有。」❿

❶「喻猶曉也」，此注同於孔注。斯一五八六號、伯二九〇四號集解引孔曰：「喻，猶曉。」伯三九七二號集解、皇解、邢解及釋玄應《蓮華經》音義引「曉」下多一「也」字。

❷「☒☒由察」，《御覽》卷四〇二引作：「齊，等也。省，察也。察己得無然也。」據此及《鄭注》體例，「☒☒」應爲「齊，猶等。省」四字。

❸「譏」，諸本均作「幾」。

❹「礼子士父有隱無犯也」，「父」下，考校記謂脱一「母」字。此注出於《禮記・檀弓》，原文爲：「事親，有隱而無犯。」

❺「□」，考校記補爲「敬」字。「而」，斯一五八六號、伯二九〇四號、三九七二號集解、邢本無此字。此字下，考文補遺引古本多一「以」字。「無」，斯一五八六號，伯二九〇四號、三九七二號集解、古本、皇本、邢本均作「不」。

❻「而」，古本、考文一本、唐本、津藩本、正平本無此字。「無」，斯一五八六號、伯二九〇四號、三九七二號集解、皇本、邢本、古本、考文一本、唐本、津藩本、正平本均作「不」。

❼「孝」，此字似被墨筆塗抹。

❽「孝子父母在無所自專卲唯☒長道而已」，此注原爲單行大字，誤入經文。

❾「不」上，正平本多一「子」字。

❿「有」下，脱一「方」字。

方，由(猶)常也。❶子曰：「三☐
三〇 於之道，❷可謂孝意(矣)。」❸孝子哀慕，不改其父之常道，非心所忍爲之。❹子曰：「父母之年，不☐
三一 則以懼。」見其壽考則喜，見其衰老則懼。❺
子曰：「故(古)者，❻

❶「方由常也」，「方」原爲一重文符號，前面本字脱漏，此定爲「方」係據輯本。斯一五八六號、伯三九七二號集解、皇解、邢解引同。《文選》卷一二郭璞《江賦》注、卷一八成公綏《嘯賦》注、卷三〇謝靈運《南樓中望所遲客》注、卷五五陸機《演連珠》注及逸《玉篇》引均無「猶」字。伯二九〇四號集解引無「也」字。此注同於孔注。《文選》卷四五班固《答賓戲》注引孔曰：「方，猶常也。」

❷「☐」，考校記補爲「年無改」三字。「於之」間脱一「父」字。

❸「意」，古本作「也」。

❹「孝子哀慕不改其父之常道非心所忍爲之」，「哀慕」，斯一五八六號集解引作「哀戚思慕」，邢解引作「在喪哀戚思慕」，伯三九七二號集解引作「在喪也，哀慕，猶若父存。」「不改其父之常道」，斯一五八六號集解引作「無改其父之道」，伯二九〇四號集解引作「無不敬其父之道」，伯三九七二號集解，邢解引作「無所改於父之道」。「非心」下，皇解引多一「之」字。末「之」字，伯三九七二號集解、皇解引作「也」。《釋文》云：「此章與《學而》篇同，當是重出。《學而》是孔注，今此是《鄭注》，本或二處皆有，集解或有無者。」即謂此注同於《學而》孔注。邢解《學而》引孔曰：「孝子在喪，哀慕，猶若父存，無所改於子之道。」

❺「見其壽考則喜見其衰老則懼」，此注同於孔注和包注。斯一五八六號、伯二九〇四號集解引孔曰：「見其壽考則喜，見其衰老則懼。」《文選》卷一六潘岳《閒居賦》注引無「考」字。「懼」下，伯三九七二號集解、皇解引多一「也」字。《釋文》云：「此章注，或云孔注，或云包氏，又作鄭玄語辭，未知孰是。」實則三家注同，《鄭注》、包注均本於孔注，後人不知，抄集解時各據印象妄改，遂致紊亂也。

❻「故者」，斯一五八六號、伯二九〇四號、三九七二號集解同。古本、皇本「故」下多一「之」字。《考異》云：此「之」字，可「斷其流傳訛衍」。甚是。

三二 言之不出，❶恥躬之不逮。」❷〼故逮〼及。❸古仁（人）之言不忘（妄）出口，爲身行將不及也。❹子曰：「以約失之者，鮮矣。」約，儉。儉者恒足。❺子曰：「君子欲

三三 訥於言而敏於行。」言欲難，行欲疾。❻子曰：「得（德）不孤，必有隣。」〼〼則德來，❼德相近。

三四 子遊（游）曰：「士（事）君數，❽斯辱矣；朋友數，斯疏矣。」數，〼之功〼。❾

❶「言之不出」，斯一五八六號、伯二九〇四號、三九七二號集解同。「不」下考文一本、古本、皇本多一「妄」字，「出」下多一「也」字。正平本「出」下亦多一「也」字。《考異》云：「包氏注云：『古人之言不妄出口。』或舊本經原有『妄』字未可知。」阮校記則云：「按皇本『妄』字必因注文而誤衍也。」據寫本，阮校記所云爲是。

❷「逮」下，皇本、邢本多一「也」字。

❸「故」，此字似被墨筆塗抹。

❹「古仁之言不忘出口爲身行將不及也」，此注同於包注。伯三九七二號集解引包曰：「古人之言不妄出口者，恐身行之將不及。」邢解引無「者」字。斯一五八六號集解引「恐」作「爲」。皇解引同，「爲身」間又多「恥其」二字。伯二九〇四號集解引末多一「也」字。

❺「足」下，原有一字，似初作「之」，後改作「也」，最終又被塗抹，故不録。

❻「行欲疾」，此注同於包注。斯一五八六號集解、邢解引包曰：「行欲疾。」「疾」下伯三九七二號集解引多一「也」字。皇解引作「行欲敏也」，恐誤。

❼「〼〼」，字數不詳，金校記謂當爲「如我有德」一類文字。

❽「數」，《釋文》云：「鄭世主反。」下同。

❾「數〼之功〼」，《釋文》引作：「（數）謂數己之功勞也。」據此，前一「〼」應爲「謂數己」三字，後一「〼」應爲「勞也」二字。

公治萇篇第五

吐魯番阿斯塔那三六三號墓八/一號寫本

一　《論語・公治(冶)萇第五》❶　孔氏本　鄭氏注▨❷

二　子謂公治(冶)萇,「可妻也。雖在縲紲(紲)之中,非其罪。」❸以其子□□。❹

三　公治(冶)萇,孔子弟子。縲紲(紲),徵(徽)默(纆)之屬,❺所以執縛罪仁(人)之繩索。治(冶)萇嘗以他仁(人)之罪,❻爲執法吏所并制,時仁(人)或辱之,故孔子懈(解)焉。子▨,「□

四　有道,❼不廢;邦無道,勉(免)於形(刑)戮。」以其兄之子妻之。▨▨

五　蓋(孟)僖之子。男(南)容,悦之字,❽一名韜也。

❶「萇」,《釋文》、伯三六四三號集解、皇本、邢本均作「長」。據《史記・仲尼弟子列傳》「公冶長」條索隱引《家語》所云「魯人,名萇,字子長」推測,鄭氏作「萇」應有所本。下同。

❷「▨」,據殘墨推測,應爲「卜天壽寫」一類題記。

❸「罪」下,伯三六四三號集解、皇本、邢本多一「也」字。

❹「□□」,據上下文,應爲「妻之」二字。

❺「徵默」,《彙校》謂敦煌寫本《釋文》「縲紲」下出「徽纆」條,「今所見各本經注皆無之」。據此,知必爲鄭氏注文也。又,殷四二號《論語鄭氏注音義》亦有「徽纆」二字。

❻「治萇」上,當脱一「公」字。按邢解引孔曰亦稱「冶長」,阮校記云:「(此人)姓公冶,名長,則不當單稱『冶長』。」伯三六四三號集解、皇解引孔曰均作「公冶長」,證明邢解引孔曰確脱一「公」字。例與本注相同。

❼「□」,據下文應爲「邦」字。

❽「悦」,殷四二號《論語鄭氏注音義》作「閲」,應爲「悦」之通假。

子謂子賤，「君子哉！若仁（人）！子賤，孔子弟子密（宓）不齊之字。❶若仁（人），若此仁（人）也。❷魯

六 無君子者，斯焉取斯也？」❸魯若無君子之仁（人），此仁（人）於何取此道而學行之也。❹子貢問曰：「賜□□

七 如？」❺子曰：「汝器。」何如者，自敏（問）何所像似。曰：「何器？」曰：「瑚（瑚）璉。」瑚璉，黍稷之⧄曰璉，州（周）曰□□。❻⧄

八 食之生，若云汝有養仁之器也。或曰：「雍也，仁而不佞。」雍，孔子弟子仲弓之名。❼佞者，口才捷利之也。❽子曰：「焉□

❶「子賤孔子弟子密不齊之字」，此注略同於孔注。伯三六四三號集解引孔曰：「子賤，魯人弟子宓不齊。」

❷「若仁若此仁也」，此注同於包注。伯三六四三號集解引包曰：「若人者，若此人也。」《文選》卷四二曹植《与楊德祖書》注引無「者」字，「此人」間多一「之」字。

❸「也」，諸本均無此字。

❹「魯若無君子之仁此仁於何取此道而學行之也」，此注略同於包注。伯三六四三號集解引包曰：「如魯無君子，子賤安得此行而學行之？」皇解引「安得」下多一「取」字。

❺「□□如」，「□□」，考校記補爲「也何」二字。「何如」，考文一本、古本、唐本、津藩本、正平本、天文本作「如何」。

❻「瑚璉黍稷之⧄曰璉州曰□□」，《禮記·明堂位》正義、《世説·言語》注、《讀書雜鈔》卷一僅引中部作：「黍稷器。夏曰瑚，殷曰璉。」按此注同於包注。伯三六四三號集解引包曰：「瑚璉，黍稷之器。夏曰瑚，殷曰璉，周曰簠簋。」殷四二號《論語鄭氏注音義》亦有「簠簋」二字。據此，「⧄」應爲「器。夏曰瑚，殷」五字；「□□」應爲「簠簋」二字。

❼「雍孔子弟子仲弓之名」，此注略同於馬注。伯三六四三號集解引馬曰：「雍，弟子仲弓名，姓冉。」

❽「佞者口才捷利之也」，殷四二號《論語鄭氏注音義》亦有「才捷」二字。此注略同於孔注。伯三六四三號集解引孔曰：「佞人口辭捷給。」

九　佞？❶御仁（人）以口給，❷屬（屢）憎於仁（人）。❸不知其仁，❹焉用佞？」❺屬（屢），數也。❻憎，□也。❼我今[不]□

一〇　雍當何用此佞。❽佞者應仁（人）以口給，故數見憎惡於仁（人）。❾我今不知雍當何周（用）此佞，非或仁（人），且難之。　子使柒彫□□。❿

一一　柒彫開，孔子弟子。⓫對曰：「吾斯之道未能信。」⓬吾於士（仕）進之道未能信者，未能究習也。⓭子□

---

❶「□」，據下文應爲「用」字。

❷「御」，諸本均作「禦」。「口」，唐本、足利本、津藩本、正平本無此字。

❸「於」，唐本、津藩本、正平本無此字。「仁」，伯三六四三號集解、皇本、邢本同，古本、唐本、津藩本、正平本、天文本作「民」。

❹「仁」下，古本、皇本、唐本、津藩本、正平本多一「也」字。

❺「佞」下，古本、皇本、唐本、津藩本、考文一本多一「也」字。

❻「屢數也」，此注同於孔注。伯三六四三號集解引孔曰：「屢，數也。」

❼「□」，據下文應爲「惡」字。

❽「□」，考校記補爲「知」字。

❾「佞者應仁以口給故數見憎惡於仁」，此注略同於孔注。伯三六四三號集解引孔曰：「佞人口辭捷給，數爲人所憎惡。」

❿「柒」，諸本均作「漆」，「柒」爲「漆」之別字。「彫」，殷四二號《論語鄭氏注音義》、伯三六四三號集解、古本、皇本、正平本同，邢本作「雕」。《釋文》又云：「本或作『凋』，同。」據阮校記，「彫」爲正字，「雕」、「凋」爲假借字。「□□」，考校記補爲「開仕」二字。

⓫「柒彫開孔子弟子」，此注略同於孔注。皇解引孔曰：「開，弟子也。漆彫，姓也；開，名也。」

⓬「道」，諸本均無此字。

⓭「吾於士進之道未能信者未能究習也」，此注同於孔注。伯三六四三號集解引孔曰：「仕進之道未能信者，未能究習也。」「習」下，《史記·仲尼弟子列傳》集解引無「也」字，餘同。

一二　也。❶善其志道染（深）也。❷子曰：「道行，❸乘垺（桴）於海。❹從我者，其由也与？」❺道〼於〼

一三　故發此言。編竹木浮之於水上，大曰柢（栰），小曰浮（桴）。❻子路文（聞）之喜。以爲信，故行（欣）然喜見舉。子曰：「由也好勇□

一四　我，無所取材之。」❼孔子疾世，故發此言，子路以爲信，從行，故曰好〼，無所取材之。爲前既言，難中悔之，故絶之以此〼。❽□

一五　武伯敏（問）：「子路仁乎？」子曰：「不知。」❾又問。子曰：「由也，阡（千）乘之國，□□

❶「□」，古本、皇本作「悦」，邢本作「説」。「也」，伯三六四三號集解、皇本、邢本無此字。

❷「善」，皇解引作「喜」。「也」，《史記·仲尼弟子列傳》集解、邢解、《筆解》引無此字。

❸「道」下，脱一「也」字。

❹「垺」，殷四二號《論語鄭氏注音義》作「澼」。《彙校》引敦煌寫本《釋文》亦作「澼」，注云：「字亦作『桴』，撫于反。《説文》云：『澼，水筏。』」「於」，前脱一「浮」字。「於」，古本、邢本作「于」。

❺「也」，邢本無此字。

❻「編竹木浮之於水上大曰柢小曰浮」，《詩·周南·漢廣》正義引作「桴，編竹木也」。此注略同於馬注。伯三六四三號集解引馬曰：「桴，編竹木。大者曰筏，小者曰桴。」其中「筏」，邢解引作「栰」。

❼「之」，諸本均無此字。

❽「孔子疾世，故發此言，子路以爲信，從行，故曰好〼，無所取材之。爲前既言，難中悔之，故絶之以此〼」，伯三六四三號集解引作：「子路信夫子欲行，故言好勇過我。無所取材者，無所取於桴材。以子路不解微言，故戲之耳。一曰，子路聞孔子欲桴海，便喜，不復顧，故孔子嘆其勇，曰過我。無所取材，言唯取己。材、哉同也。」其中「桴海」，邢解引作「浮海」，皇解引作「乘桴浮海」；第三「材」字，皇解、邢解引作「哉」；「材、哉同也」前，皇解、邢解引均多「古字」二字。還有很多歧異之處，因與本注不類，疑非《鄭注》，不贅。

❾「知」，伯三六四三號集解同，「知」下皇本、邢本多一「也」字。

治其賦，❶不知其仁也。」問仁而曰不知者，譏武伯不能用仁，而空▨問之。賦，軍賦。❷可史（使）治之者，言其才任爲▨。「□

也何如？」❸子曰：「求也，阡（千）室之邑，百乘之家，可史（使）爲之宰，□□

其仁。❹武伯復敏（問）冉仁乎。❺千室之足（邑），謂公侯大都之成（城）。百乘之家，❻謂菜（採）地之廣輪。❼此皆舉其所容之大數。❽言此二者之宰，求才任爲之。公□

都之成（城），❾方三里。天（侯）大都之成（城），方二里三分里之一。百乘之之家，地方壹同。❿「赤也何如？」子曰：「赤也，束帶□

於朝，⓫可使与賓容（客）言，⓬不知其仁也。」復問赤仁。赤，孔子弟子公西華赤之字□。⓭ □□

子貢曰：⓮「汝与回也熟（孰）愈？」愈，由（猶）勝也。⓯ 對曰：「賜也何敢望回？▨

---

❶「□□」，據注文應爲「可使」二字。「賦」，伯三六四三號集解同，「賦」下皇本、邢本多一「也」字。

❷「賦軍賦」，《釋文》引同。《公羊傳》哀公十一年疏引鄭云：「公侯方百里，井十，則賦出革車一乘。」或以爲即本章注文。據本注，疑有誤。

❸「□」，據下文應爲「求」字。

❹「□□」，據上下文，應爲「不知」二字。

❺「冉」下，乙本有一「有」字。按「冉有」即「冉求」，經文問「求」，注文不應答「有」，「有」字應是「求」字之誤。即本注「冉」下脱一「求」字。

❻「百乘之家」，皇疏引作「大夫百乘」。《左傳》襄公二十七年正義引作「大夫之家，邑有百乘」。

❼「謂菜地之廣輪」，邢疏引作「有采地者也」。《禮記・大學》正義引作「采地一同之廣輪也」。

❽「數」下，乙本多一「耳」字。

❾「□」，《左傳》隱公元年正義引作「大」字。

❿「壹」，乙本作「一」。

⓫「□」，乙本爲「立」字。

⓬「言」，乙本無此字。「言」下，皇本、邢本多一「也」字。

⓭「赤」，乙本無此字。「□」，乙本爲「也」字。

⓮「□□」，乙本爲「子謂」二字。

⓯「愈由勝也」，乙本同。《左傳》襄公十三年正義引亦同。此注同於孔注。皇解、邢解、《史記・仲尼弟子列傳》集解引孔曰：「愈，猶勝也。」

二二　一以知貳。」❶何敢望回者，不敢望如顏回之才也。❷子曰：「弗如；❸吾与汝弗如也。」❹言吾与汝者，明□□之才無及顏□□。❺□

二三　予晝寢也。❻宰予，孔子弟子宰我。❼寢，卧息。❽子曰：「朽木不可彫，❾糞土之□□

二四　可汗（汙）也。❿彫，尅而晝（畫）之。⓫汗（汙），漫也。此二者前（喻）施功勞由（猶）不成也。⓬於予何誅？」⓭誅，青（責）。予，我。▨責於汝乎，言不▨

❶「▨」，乙本爲「回也聞一以知十，賜也聞」十字。「貳」，乙本作「二」。

❷「回」，乙本作「淵」。

❸「如」，乙本同。伯三六四三號集解、皇本、邢本「如」下多一「也」字。

❹「也」，伯三六四三號集解、皇本、邢本同。乙本無此字。

❺前「□□」，乙本爲「時人」二字。後「□□」，乙本爲「回也」二字。

❻「□」，乙本爲「宰」字。「也」，諸本（包括乙本）均無此字。

❼「宰予孔子弟子宰我」，「我」下乙本多一「也」字。此注略同於包注。伯三六四三號集解、皇解引包曰：「宰予，弟子宰我也。」邢解引作孔曰。阮校記云：「作孔曰疑誤。」

❽「息」下，乙本、《文選》卷一九宋玉《高唐賦》注、李濟翁《資暇録》引均多一「也」字。

❾「彫」，乙本同。殷四二號《論語鄭氏注音義》作「雕」。「彫」下古本、皇本、邢本、正平本多一「也」字。

❿「□□」，乙本爲「墻不」二字。「汙」，乙本、邢本作「杇」，伯三六四三號集解、古本、皇本作「圬」。阮校記謂「杇」爲正字，其他爲假借字。「也」，乙本、伯三六四三號集解無此字。

⓫「彫尅而畫之」，乙本同。此注略同於包注。伯三六四三號集解引包曰：「雕，雕琢刻畫也。」

⓬「汗漫也此二者前施功勞由不成也」，「漫」，殷四二號《論語鄭氏注音義》作「鏝」。「成也」，乙本作「可成」。王注同於此注。皇解、《史記・仲尼弟子列傳》集解引王曰：「圬，墁也。二者喻雖施功猶不成也。」邢解引作：「杇，鏝也。此二者以喻雖施功猶不成。」

⓭「予」下，乙本多一「予」字，伯三六四三號集解、皇本、邢本多一「与」字。

二五 責，深責之辭也。❶子曰：「始吾於仁(人)，聽其言而信其行；今也吾於仁(人)，❷□□

二六 言而觀其行。❸於予予改是也。❹宰我能言語，而行之不州(周)，故於是改信行也。子□：❺「□

二七 未見剛者。」❻或對曰：「申棖也。」❼剛謂彊志不屈橈(橈)。❽申棖，蓋孔子弟子申績(續)也。❾子曰：「棖□

二八 慾，焉得剛？」欲(慾)，多嗜慾。❿子貢曰：「我不欲仁(人)之加諸我，⓫吾□□

二九 無加諸仁(人)。」⓬諸之言於。加於我者，謂以加非義之士(事)也。⓭子曰：「賜也，非爾所及也。」⓮▨▨

❶「誅青予我▨責於汝乎言不▨責深責之辭也」，前一「▨」，乙本爲「我今常□孰」五字。「辭」下乙本無「也」字。此注部分同於孔注。伯三六四三號集解引孔曰：「誅，責。今我當何責於女乎？深責之也。」「之也」間皇解引多一「辭」字。

❷「今也吾於仁」，乙本同。皇本、邢本作「今吾於人也」。

❸「□□」，乙本爲「聽其」二字。

❹後「予」字，乙本同，伯三六四三號集解、皇本、邢本均作「与」。「也」，乙本、皇本、邢本均無此字。

❺「□」，乙本爲「曰」字。

❻「□」，乙本爲「吾」字。

❼「也」，伯三六四三號集解、皇本、邢本無此字。

❽「彊」，《尚書・皋陶謨》正義引作「强」。

❾「申棖蓋孔子弟子申績也」，《釋文》、邢疏引無末「也」字。《史記・仲尼弟子列傳》索隱引作：「申棖，魯人，弟子也。」

❿「欲多嗜慾」，此注略同於孔注。伯三六四三號集解引孔曰：「慾，多情慾。」

⓫「諸」下，伯三六四三號集解多一「於」字。「我」下皇本、邢本有一「也」字。

⓬「□□」，補壹本爲「亦欲」二字。「諸」下，伯三六四三號集解多一「於」字。「仁」下，古本、唐本、津藩本、正平本、考文一本多一「也」字。

⓭「以加」，二字恐倒。

⓮「也」，伯三六四三號集解無此字。

三〇　事於己也。❶子貢曰：「夫子之文章，可得聞；❷文章渭（謂）藝之義里（理）也。夫子之□

三一　性与天道，不可得文（聞）。」❸性，謂仁（人）受血氣以生，賢愚古（吉）凶。❹天道，謂七政變動之占。❺子路□□，

三二　朱（未）之能行，❻唯恐有聞。恐有聞者，後有所文（聞），復行之汲汲如，然憂前所聞者之未成之也。子□□

三三　曰：「孔文子何以謂之『文』也？」孔文子，衛大夫孔圉之謚也。❼子曰：「敏而好學，□□

三四　夏（下）問，❽是以謂之『文』矣。」❾夏（下）問，問在己夏（下）位者。❿子謂子產，「有君子□□

三五　肆焉：⓫其行己也恭，其士（事）上

❶「☒☒事於己也」，此注疑同於孔注。伯三六四三號集解引孔曰：「言不能止人，使不加非義於己。」皇解引末多一「也」字。

❷「聞」上，伯三六四三號集解、皇本、邢本多一「而」字，「聞」下，多一「也」字。

❸「得文」，伯三六四三號集解、邢本作「得而聞也」，足利本、天文本作「得而聞也已」，古本、皇本、唐本、津藩本、正平本作「得而聞也已矣」。

❹「賢」上，《後漢書・桓譚傳》注引多一「有」字。

❺「謂」，《釋文》、《後漢書・桓譚傳》注引無此字。

❻「朱之」，古本作「之未」。唐本、津藩本、正平本、考文一本無「之」字。

❼「孔文子衛大夫孔圉之謚也」，補壹本無末「也」字。此注略同於孔注。伯三六四三號集解、邢本引孔曰：「孔文子，衛大夫孔圉；文，謚也。」「孔圉」皇解引作「孔叔圉也」。

❽「□□」，乙本爲「不恥」二字。

❾「矣」，足利本、天文本無此字。伯三六四三號集解、皇本、邢本作「也」。

❿「夏問問在己夏位者」，乙本同。此注略同於孔注。伯三六四三號集解引孔曰：「下問，凡在己下者。」邢解引「凡」前多一「謂」字。皇解引作：「下問，問凡在己下者也。」

⓫「肆」，伯三六四三號集解、皇本、邢本均作「四」。

三六 也敬，其養仁（民）也惠，□□仁（民）也義。」❶子産，鄭大夫公孫僑小。❷子曰：「晏平仲善与仁（人）交，久□□

三七 之。」❸晏平仲，齊大夫晏嬰。❹平仲姓（性）謙讓，而与仁（人）交久，久而益敬之。❺子曰：「臧文仲居蔡，山節□

三八 棁，❻何如其智也？」❼臧文仲，魯大夫臧孔孫辰。❽蔡，位（謂）國君之守龜，❾〼困（因）名焉。❿節，朱栭也，刻之爲山文。⓫棁，梁上〼

---

❶「□□」，乙本爲「其使」二字。「也」，乙本同，唐本、津藩本無此字。

❷「子産鄭大夫公孫僑」，此注同於孔注。邢解引孔曰：「子産，鄭大夫公孫僑。」「産」下，伯三六四三號集解引多一「也」字。

❸「□□」，乙本爲「而敬」二字。

❹「嬰」下，補壹本多一「也」字。

❺「而与仁交久久而益敬之」，乙本作：「而敬与人交，久已人益敬之。」後句，補壹本作「久而人亦敬之」。

❻「□」，乙本爲「藻」字。

❼「智」，乙本、補壹本同，邢本作「知」。「也」，乙本、補壹本、伯三六四三號集解無此字。

❽「臧文仲魯大夫臧孔孫辰」，「辰」，乙本作「臣」，「臣」爲假借字。此注同於包注。伯三六四三號集解引包曰：「臧文仲，魯大夫臧孫辰也。」

❾「蔡位國君之守龜」，乙本及《左傳》文公二年正義引同。「龜」下《文選》卷三五張協《七命》注引多一「也」字。此注同於包注。伯三六四三號集解引包曰：「蔡，國君之守龜。」包注僅少一「謂」字。

❿「〼困名焉」，「〼」，乙本爲「出蔡地」三字。《左傳》襄公三年、二十三年注及邢疏引作：「出蔡地，因以爲名。」《後漢書・馬融傳》注引「因」爲「故」，餘同。《禮記・禮器》正義引作：「龜出於蔡，故得以爲名焉。」此注同於包注。伯三六四三號集解引包曰：「出蔡地，因以爲名。」

⓫「節朱栭也刻之爲山文」，乙本無「也」字，「刻」作「尅」。《左傳》文公二年正義引無「朱」、「文」二字。此注略同於包注。伯三六四三號集解引包曰：「節者，栭也，刻鏤爲山。」

三九 之文。❶文仲奢侈，如如是，何如其智？刺時仁(人)位(謂)之智也。❷子張敏(問)：❸「令尹子文三士(仕)爲令尹，無□

四〇 色；❹三已之，無慍色。舊令尹之政，必以告新令□。❺□□？」❻

四一 子曰：「中(忠)矣。」子曰：「仁矣乎？」「未智。」❼令尹子文，楚大夫鬬穀焉□。❽⧄也。❾慍之言怨。中(忠)言矣。❿文子⧄⓫爲中(忠)矣者。⓬子文舉子玉以自代，⓭爲晉師所敗。子玉之敗，子文之舉。⓮曰：⓯

四二 「崔子弑齊陳君⧄

❶「棁梁上⧄之文」，「⧄」，乙本爲「楹，畫以水藻」五字。《左傳》文公二年正義引作：「棁，梁上楹也，畫以藻文。」此注略同於包注。伯三六四三號集解引包曰：「棁者，梁上楹，畫爲藻文。」

❷「刺時仁位之智也」，「刺」，乙本作「此」，當是假借字。此注同於孔注。伯三六四三號集解引孔曰：「非時人謂之爲智也。」

❸「敏」，乙本、伯三六四三號集解同，「問」下皇本、邢本多一「也」字。

❹「□」，乙本爲「喜」字。

❺「□」，乙本爲「尹」字。

❻「□□」，乙本爲「何如」二字。

❼「未」上，據乙本，脱一「曰」字，「智」下脱「焉得仁」三字。「智」，乙本同，伯三六四三號集解、皇本、邢本均作「知」。《釋文》亦作「知」，云：「鄭音『智』，注及下同。」

❽「令尹子文楚大夫鬬穀焉□」，「□」，乙本爲「兔」字。此注略同於孔注。伯三六四三號集解引孔曰：「令尹子文，楚大夫，姓鬬，名穀，字於菟。」

❾「⧄」，乙本爲「已，猶退」三字。

❿「言矣」，此二字倒，應作「矣，言」。

⓫「⧄」，乙本爲「之行如是□□」六字。

⓬「矣者」，乙本無此二字。

⓭「子」上，乙本多「未智者」三字。

⓮「子玉之敗子文之舉」，此注，金校記謂出於《左傳》僖公二十七年經文。

⓯「曰」，伯三六四三號集解、皇本、邢本無此字。

四三 馬拾乘，❶棄而違之。至於他邦，則又曰：❷『由（猶）吾大□□

四四 子。』❸違之。至一邦，❹則又曰：『吾大夫崔子。❺』違之。何如？」□□：

四五 「清矣。」曰：「仁矣乎？」曰：「未智，焉得仁？」崔子，齊大夫崔⊠弑齊疾（莊）公。❻陳文⊠

四六 齊夏（下）大夫陳須無之謚。四馬曰乘。違，由（猶）去。文子恶見崔杼煞其⊠留於朝，棄禄位与馬而去。舊説云：始去之衛，衛之臣右（有）恶如崔⊠

四七 鄭，鄭之臣有恶如崔杼者。自此已後，所之未聞。及後而返齊。❼清矣，其行如是，何以爲潔清。未智者，不翔而後集。季文子王（三）思□

四八 後行之。❽聞子之，❾曰：「再，斯可矣。」❿季文子，魯卿季孫行父之謚。⓫

❶「陳君」，此二字倒，應作「君，陳」。「⊠」，乙本爲「文子有」三字。「拾」，伯三六四三號集解、皇本、邢本作「十」。

❷「又」，伯三六四三號集解、古本、唐本、津藩本、正平本同，皇本、邢本無此字。

❸「子」，乙本同，「子」下伯三六四三號集解、皇本、邢本多一「也」字。

❹「至」，乙本、補壹本同，伯三六四三號集解、邢本作「之」，皇本作「之至」。

❺「吾」，乙本同，「吾」上伯三六四三號集解、皇本、邢本多一「猶」字。「崔子」，乙本同，「子」下伯三六四三號集解、皇本、邢本多一「也」字。

❻「⊠」，字數不詳，考校記補第一字爲「杼」。《釋文》引本注有「魯讀崔爲高，今從古」一句。

❼「及」，補壹本作「乃」。

❽「行」，伯三六四三號集解作「從」。「之」，皇本、邢本無此字。

❾「聞子」，據乙本，此二字倒，應作「子聞」。

❿「再斯可矣」，伯三六四三號集解、邢本同。唐石經作「再思，可矣」。古本、皇本、唐本、足利本、正平本、天文本作「再思，斯可矣」。乙本經文殘，據注文，應作「再思，可矣」。

⓫「卿」，乙本略同。伯三六四三號集解引作：「大夫」。「之謚」，乙本略同。伯三六四三號集解引作：「文，謚也」。

▨可矣，❶言文子中（忠）而有賢行，❷其▨

四九 過，❸不必三思也。❹子曰：「甯武子，邦有道，則智；邦無道，則□。❺

五〇 小其智可及，其愚不可及。」❻甯武子，衛大夫甯愈（俞）之謚也小。❼子在陳，及曰：「歸□！❽□

五一 歟！❾吾黨之小子。❿吾黨之小子，魯仁（人）爲弟子，孔子在陳者，⓫欲与之俱歸於魯也。狂簡，斐然□□，⓬

五二 吾不智（知）所裁之。」⓭狂者進趣而簡略於時事，⓮謂時陳仁（人）皆高談虛論，言非

❶「▨」，乙本爲「再思」二字。

❷「言」，伯三六四三號集解、邢解引無此字。

❸「▨」，乙本爲「舉事寡」三字。

❹「必」下，伯三六四三號集解、邢解引多一「乃」字，皇解引多一「及」字。「也」，伯三六四三號集解、邢解引無此字。

❺「則□」，「□」，據下文應爲「愚」字。「則」下原有一「過」字，考校記謂「過」爲「愚」之誤。然據原件，「過」下有一缺字，如「過」爲「愚」之誤，則經文並不缺，此缺字難以推擬。經仔細辨識，發現「過」右上有一殘廢字符號，證明「過」是廢字而不是誤字。如此，可斷定「過」下缺字爲補寫的「愚」字。

❻「及」，乙本、伯三六四三號集解同，「及」下皇本、邢本多一「也」字。

❼「甯武子衛大夫甯愈之謚也」，此注略同於馬注。伯三六四三號集解引馬曰：「（甯武子）衛大夫甯俞；武，謚也。」

❽「□」，據乙本及底本體例，應爲「歟」字。「歟」，乙本、伯三六四三號集解、皇本、邢本均作「與」。

❾「□」，據乙本及底本體例，應爲「歸」字。

❿「小子」，乙本同。《釋文》云：「鄭讀至『小子』絕句。」其他諸本均與下文「狂簡」連讀。

⓫「孔子」上，乙本多一「從」字，底本脫漏。

⓬「□□」，乙本爲「成章」二字。

⓭「吾」，乙本同。伯三六四三號集解、皇本、邢本、古本、唐本、津藩本、正平本無此字。「所裁」，乙本同。伯三六四三號集解、皇本、邢本、古本、唐本、津藩本、正平本其間多一「以」字。「之」，乙本同。「之」下，古本、皇本、唐本、津藩本、正平本多一「也」字。

⓮「狂者」，乙本同。金校記疑其間脫一「簡」字。「趣」，乙本作「耳」。

而博，我不知所以裁制而止之，毁舉（譽）於日衆，❶故欲避之歸尔。□□：❷

五三 「伯夷、叔齊，不念舊悪，怨是用希。」伯夷、叔齊，殷之末世孤竹君☒。❸舊悪，故時仁（人）相憎☒。❹

五四 子曰：「熟（孰）謂微生高直？微生高，老仁（人），❺功（贛）直也。❻或乞諸其隣而与之。」❼□□

五五 以高爲直贛，❽以行正之。❾子曰：「巧言、令色、足恭，左丘明恥之，丘亦恥□。❿□□

五六 而友其仁（人），⓫左丘明恥之，丘亦恥之。」足恭，謂跨跐☒。⓬左丘明，魯太史。⓭☒。⓮

五七 顔囬、⓯季路侍。子曰：「盍各言尔志？」⓰

❶「於」下，乙本多一「此」字。

❷「□□」，乙本爲「子曰」二字。

❸「☒」，乙本、補壹本爲「之子」二字。

❹「仁」，乙本無此字。「☒」，補壹本爲「悪」字，乙本爲「悪也」二字。

❺「老仁」上，乙本多一「魯」字。

❻「功直也」，乙本無此三字。

❼「或」下，據乙本，脱「乞醘焉」三字。「醘」，伯三六四三號集解、皇本、邢本均作「醯」。《釋文》出「醯」云：「亦作『醘』。」

❽「□□」，乙本爲「時人」二字。「贛」，乙本無此字。

❾「以行正之」，乙本作「故以其所行而正之」。

❿「丘亦恥□」，「□」，乙本爲「之」字。

⓫「□□」，乙本爲「匿怨」二字。

⓬「跨跐」，乙本同； 丙本「跨」同，「跐」僅存左半，爲「身」。金校記謂此二字應從《詩·大雅·板》毛傳作「夸毗」。「☒」，乙本、丙本爲「進退多湥態」五字。

⓭「史」，乙本同。丙本原同，後將此字塗抹，改爲「師」字，又「史」下多一「也」字。

⓮「☒」，據乙本、丙本及《鄭注》體例，應爲「丘，孔子名也」五字。

⓯「囬」，丙本、補壹本作「淵」。改「淵」爲「囬」，係避唐諱。

⓰「言」，乙本、丙本、伯三六四三號集解同，足利本、正平本、天文本作「曰」。」

季路，子路字。❶盍，何。❷尔，志（汝）也。子路曰：「□□

五八 馬衣輕裘与朋友弊之而無憾。」❸憾，恨。❹顔囬曰：❺「願無伐□，❻

五九 無施勞。」有善而自稱道，❼爲伐善。有勞而以施惠於仁（人），爲施勞。勞，❽由（猶）功苦也。❾子路曰：「願聞子□

六〇 志。」❿子曰：「老者安之，朋友信之，少者懷之。」懷，來。⓫子曰：「已矣□，⓬

六一 吾未見其過而內自訟者。」⓭訟，由（猶）責也。仁（人）無能有過而內自責。⓮子曰：「十室□

---

❶「字」下，丙本多一「也」字。

❷「何」下，丙本、《文選》卷一五張衡《思玄賦》注引多「不也」二字。

❸「□□」，後一「□」，乙本爲「車」字。「衣輕裘」，乙本、丙本、補壹本及伯三六四三號集解同。錢大昕《金石文跋尾》、劉寶楠《論語正義》及阮校記，均認爲唐以前各本《論語》此處均無「輕」字，唐石經「輕」字旁注，係宋人據《雍也》「衣輕裘」句妄加，今本有「輕」字乃襲宋人之誤。然上引唐寫本此處均有「輕」字，清人失考。「弊」，丙本同。「弊」上，伯三六四三號集解、皇本多一「共」字。「弊」邢本作「敝」，阮校記云：「『敝』正字，『弊』俗字。」

❹「憾恨」，乙本同。此注同於孔注。伯三六四三號集解引孔曰：「憾，恨也。」「恨」下孔注多一「也」字。

❺「囬」，乙本作「淵」。參閲第三九頁校勘記⓯。

❻「□」，乙本、補壹本爲「善」字。

❼「有善」，此二字原作大寫單行，蓋誤入經文者，兹爲改正。

❽「勞」上，乙本多一「謂」字。

❾「也」，乙本無此字。

❿「□」，補壹本爲「之」字。

⓫「懷來」，伯三六四三號集解引《鄭注》作：「懷，歸。」皇解、邢解引均作孔注。

⓬「□」，補壹本爲「乎」字。

⓭「未見」，伯三六四三號集解作「未能見」，皇本、邢本作「未見能見」。考校記謂「未見」下脱「能見」二字。

⓮「訟由責也仁無能有過而內自責」，此注略同於包注。伯三六四三號集解引包曰：「訟，猶責也。言人有過莫能自責。」

六二　邑，必有中（忠）信如丘者焉，不如丘之好學也。」❶言中（忠）信▨仁（人）少▨之中有之，如丘之好學者寡也。

六三　（後缺）

❶「學也」，皇本、邢本同，正平本作「學者也」，津藩本作「學也已」，古本作「學者也矣」，伯三六四三號集解作「學也已矣」。

雍也篇第六

吐魯番阿斯塔那一八四號墓一二/一(b)～一二/六(b)號寫本

一 《論語·雍也第六》 孔氏本

鄭氏注❶

二 子曰："雍也可使南面。"❷雍，孔子弟子仲弓之名，姓冉。可使南面者，言任諸侯，治□

三 之政。❸仲弓問子桑伯子。子曰："可也簡。"▨▨

四 名伯子。❹時所仕▨▨。❺□□□："▨

中缺一行 ▨？❻▨▨

---

❶ "論語雍也第六孔氏本鄭氏注"，丁本篇題僅存"氏注"二字，推測應與底本相同。

❷ "面"下，伯三六四三號集解、皇本、邢本、唐本、天文本、正平本、考文補遺引古本一本均多一"也"字。

❸ "可使南面者言任諸侯治□之政"，《禮記·檀弓》正義引作："言任諸侯治也。"此注同於包注。伯三六四三號集解、邢解引包曰："可使南面者，言任諸侯治。"皇解引作："可使南面者，言任諸侯，可使治國政也。"《釋文》出"言任諸侯治"云："一本無『治』字，一本作『言任諸侯治國也』。"據此，本注"□"應爲"國"字。

❹ "▨▨名伯子"，"▨▨"，丁本爲"子桑，秦大夫氏"六字。《釋文》僅云："（子桑）鄭云『秦大夫』。"邢疏云："鄭以《左傳》秦有公孫枝，字子桑，以此爲秦大夫，恐非。"據此，丁本之"氏"當爲"枝"之誤；"枝"字上，恐脱"公孫"二字。

❺ "時所仕▨▨"，此注似述子桑在秦仕歷及與孔子的交往。皇疏引虞喜《論語鄭氏注讚》云："《説苑》曰：孔子見伯子，伯子不衣冠而處。弟子曰：『夫子何爲見此人乎？』曰：『其質美而無文繁，吾欲説而文之。』孔子去，子桑伯子門人不説，曰：『何爲見孔子乎？』曰：『其質美而文繁，吾欲説而去其文。』故曰文質修者謂之君子，有質而無文謂之易野。子桑伯子易野，欲同人道於牛馬。故仲尼曰『太簡』也。"與本注當有一定的聯繫。

❻ "▨▨"，丁本僅存"而行簡，以"四字。

己以居，❶囚□是爲可行。居簡而〼？」〼〼而於人復取簡略，是乃太簡，伯子之簡太簡。❷子曰：「雍之言然。」□，□是也。❸□公問：❹「弟子熟（孰）爲好學？」問從孔子學者，誰最爲好學也。❺孔子對曰：「有顏回者，好學，不遷怒，不貳過。不幸短命死矣，今也則亡，未聞好學者。」❻遷，移也。❼貳，再。顏回有所怒於甲，不及乙；行有不善，未嘗復行。今未聞好學者，言餘人齊等，不相殊。□□。□華使於齊，冉子爲其母請粟。子曰：「□□釜。」❽子華，孔子弟子公西華赤之字。❾爲孔子使，其母居家而粮乏，❿冉子以爲人有事者，必當食之，猶仕有禄，故爲赤母求粟於孔子。是時孔子仕魯。六斗四升曰釜也。⓫請益。曰：「与之

❶「〼〼」，丁本僅存「〼簡略，居簡而行〼子曰〼」八字。

❷「伯子之簡太簡」，此注同於包注。伯三六四三號集解引包曰：「伯子之簡太簡。」

❸「□□是也」，「□□」，據《鄭注》體例，應爲「然，猶」二字。邢疏所云「然，猶是也」，同於此注。

❹「問」，伯三六四三號集解、邢本同，「問」下古本、皇本、唐本、足利本、津藩本、正平本、天文本多一「曰」字。

❺「也」，補貳本作「者」。

❻「者」，伯三六四三號集解同，「者」下補貳本、皇本、邢本多一「也」字。

❼「遷移也」，伯三六四三號集解云：「遷者，移也。」「遷」下何注多一「者」字。

❽「□□」，戊本爲「与之」二字。

❾「子華孔子弟子公西華赤之字」，丁本、戊本、補貳本略同。《類聚》卷八五引無後一「華」字，「字」下多一「也」字。此注同於馬注。皇解引馬曰：「子華，弟子公西華赤字也。」「字也」邢解引作「之字」。

❿「粮乏」，戊本作「乏粮」。

⓫「六斗四升曰釜也」，丁本、戊本略同。《類聚》卷八五引同。此注同於馬注。皇解引馬曰：「六斗四升曰釜也。」

一四 臾。」❶臾，《周礼》作臾(庾)。❷庚(庾)，凡器名，實容二觳，厚半寸，脣厚一寸。❸子華爲師使，義也，与仕者異，少与之者，抑冉有之言。

一五 冉子与之粟五秉。以爲孔子与之少，❹[更]⧄⧄十六斗曰⧄

一六 秉，❺五秉合爲八十斛也。❻☐☐：「⧄ 齊，❼乘肥馬，☐

一七 輕裘，❽[吾]⧄[給]不繼富。」❾非冉☐☐之粟☐☐。❿

一八 原思[爲]⧄[之]粟九百，原思，孔子☐子原憲[之][字]。⓫

❶「臾」，伯三六四三號集解、皇本、邢本作「庾」。

❷「作」，戊本作「則」。「則」當爲「作」之誤，或者「則」下脱一「作」字。

❸「庚凡器名實容二觳厚半寸脣厚一寸」，《類聚》卷八五引作「六斛四升曰庾」，不合《周禮》，恐非《鄭注》。此注本於《周禮・考工記・陶人》，原文爲：「庾實二斛，厚半寸，脣寸。」

❹「爲」，戊本無此字。

❺「[更]⧄⧄十六斗曰⧄秉」，戊本僅存「更字家⧄曰藪，十藪曰秉」九字，其中「字」當爲「爲」之誤。按此注釋「藪」、「秉」本於《周禮・聘禮》「十六斗曰藪，十藪爲秉」。疑此注完整應爲：「更與家粟五秉。《周禮》云：十六斗曰藪，十藪曰秉。」

❻「五秉合爲八十斛也」，此注同於馬注。皇解引馬曰：「五秉合八十斛也。」「合」下邢解引多一「爲」字。

❼「⧄」，戊本爲「赤之適」三字。

❽「☐」，戊本、補貳本爲「衣」字。

❾「⧄」，戊本僅存末字，爲「周」。「給」，戊本同，皇本、邢本作「急」。

❿「非冉☐☐之粟☐☐」，據丁本、戊本，前「☐☐」爲「有與」二字。「粟」，伯三六四三號集解、皇解、邢解、《類聚》卷八五、《史記・仲尼弟子列傳》引均無此字。後「☐☐」，丁本、戊本爲「太多」二字。伯三六四三號集解、皇解引末多一「也」字。

⓫「原思孔子☐子原憲[之][字]」，「☐」，戊本爲「弟」字。此注略同於包注。邢解引包曰：「(原思)弟子原憲；思，字也。」

一九 時孔子仕⧄臣。❶与之粟者,祿也。九百者,九
百釜,爲⧄。歲班祿,人食三釜,中士食十八
二〇 人米五⧄。❷□□仕十月,❸祿太多,非其
數。❹⧄字之誤也。辭。辭,讓不受。❺子
二一 曰:「毋!以与□□里鄉黨乎!」❻
無(毋)者,❼止其辭讓者。❽君子仕,❾辭位不辭
二二 祿。与尔隣里鄉黨乎,可以施惠於恩舊。爲五
家,爲隣,五隣爲里,萬二千五家爲鄉,❿五百家
爲黨也。⓫子謂仲
二三 弓曰:「犂(犂)牛之子騂且角,雖
欲物(勿)用,山川其
二四 捨諸?」犂(犂)牛,雜毛不純色。騂,赤
也。⓬仲弓賢而父不肖,其意若自退然,故告
之,以此進之。⓭山川之神,不以此牲

❶「時孔子仕⧄臣」,「⧄」,戊本爲「魯,以原爲家邑」六字。其中「原」下當脱一「思」或「憲」字。皇疏云:「余見《鄭注》本云:『孔子初仕魯,爲中都宰,從中都宰爲司空,從司空爲司寇也。』」所引《鄭注》與此注不類。此注略同於包注。邢解引包曰:「孔子爲魯司寇,以原憲爲家邑宰。」

❷「⧄」,戊本、補貳本爲「百卌釜」三字。

❸「□□」,戊本爲「乃爲」二字,補貳本爲「乃爲中」三字。「仕」,戊本同,補貳本作「士」。

❹「數」下,補貳本多一「也」字。

❺「辭讓不受」,戊本略同。「受」下《類聚》卷八五引多一「也」字。此注同於孔注。邢解引孔曰:「辭,辭讓不受。」皇解、伯三六四三號集解引作:「辭,讓不受也。」

❻「□□」,戊本、補貳本爲「爾隣」二字。

❼「無者」,戊本同。補貳本、《禮記・檀弓》正義、《類聚》卷八五引無「者」字。

❽「辭讓者」,補貳本、《類聚》卷八五引作「讓之辭」。「者」,戊本無此字,《禮記・檀弓》正義引作「也」。

❾「君子仕」,戊本、補貳本略同。《詩・小雅・采菽》正義引作「士」。

❿「五家」,據《周禮・地官・大司徒》注,其間應脱一「百」字。

⓫「也」,伯三六四三號集解、皇解引同,戊本及邢解引無此字。

⓬「犂牛雜毛不純色騂赤也」,補貳本同。何注略同於此注。皇解云:「犂,雜文也。騂,赤色也。」邢解無前一「也」及「色」二字。

⓭「進」,戊本作「言」。

二五 [王]於犂（犁）牛，捨而不□，❶猶人君不代仕。

二六 子曰：「回也，其心三月不違仁，□月一時，❷久矣，而顏回□仁，❸未嘗有懈惓也。❹其餘則日月止焉而已[矣]。」

二七 □餘，諸弟子。❺康子問：「仲由可使從政与？」❻子曰：「□

二八 也果，於從政乎何有？」仲由，孔子弟子[子]□□名。❼從政，謂▨。❽□

二九 謂果敢强斷決。❾於從政乎何有，言其善□有也。「▨？」❿

三〇 曰：⓫「賜也達，於從政乎[何]□」？⓬▨▨。⓭

三一 「求也可使從政与？」⓮□：⓯▨

---

❶「□」，戊本爲「烹」字。

❷「□」，戊本、補貳本爲「三」字。

❸「而」，補貳本無此字。「回」，戊本作「淵」。「□」，戊本爲「求」字。

---

❹「也」，戊本無此字。

❺「□餘諸弟子」，「□」，戊本爲「其」字。皇疏云：「其餘，謂他弟子也。」略同於此注。

❻「与」，戊本、補貳本略同。「与」上，皇本、邢本多一「也」字。

❼「□□」，戊本、補貳本爲「路之」二字。

❽「▨」，補貳本爲「□□政事」四字。

❾「□謂果敢强斷决」，「□」，據經文應爲「果」字。戊本略同。補貳本無「强」字。此注略同於包注。皇解引包曰：「果，謂果敢决斷也。」邢解引無末「也」字。

❿「▨」，據戊本及鄭本經文體例，爲「賜也可使從政与」七字。「賜」上皇本、邢本多一「曰」字，「從政」下多一「也」字。

⓫「曰」，戊本、邢本同，「曰」上古本、皇本、唐本、足利本、津藩本、正平本、天文本多一「子」字。

⓬「□」，補貳本爲「有」字。

⓭「▨▨」，戊本僅存末三字，爲「於政事」。補貳本爲「復問子貢達，▨謂□曉於政乎」十餘字。

⓮「求」，戊本同。「求」上，皇本、邢本多一「曰」字。「与」，戊本同。「与」上，皇本、邢本多一「也」字。

⓯「□」，戊本爲「曰」字。「曰」上，邢本同，皇本、唐本、足利本、津藩本、正平本、天文本、考文一本多一「子」字。

三二　乎何有？」❶藝，謂多才藝也。❷季氏▧

三三　宰。❸閔子[騫]，[孔]子弟子，名□。❹▧爲費▧

三四　之，以爲□之宰□。❺▧：「▧

三五　者，❻[則]▧。」❼▧▧

中缺　▧▧。❽

二行▧：❾

---

❶ 「▧」，戊本僅存前三字，爲「求也藝」。

❷ 「藝謂多才藝也」，「藝」下戊本、補貳本無「也」字。《周禮·春官·大司樂》疏引無「謂」、「也」二字。此注同於孔注。皇解引孔曰：「藝，謂多才能也。」邢解引「能」作「藝」，無末「也」字。

❸ 「▧」，戊本、己本、補貳本爲「使閔子騫爲費」六字。

❹ 「□」，據《史記·仲尼弟子列傳》，閔子騫名「損」。皇疏亦云：「弟子閔損也。」「□」應爲「損」字。

❺ 「▧爲費▧之以爲□之宰□」，前一「▧」，己本僅存後部五字，爲「公山弗擾數」。後一▧，己本僅存前部三字（中部缺）和後部四字，分別爲「宰，以費」和「以使人命」。後部四字，補貳本作「故使人命」。前一「□」，己本、補貳本無，應爲「費」字。後一「□」，補貳本無，應爲「也」字。補貳本末多「魯讀費爲▧」一句。此注應略同於孔注。皇解引孔曰：「費，季氏邑也。季氏不臣，而其邑宰數叛，聞閔子騫賢，故欲用也。」皇疏云：「其邑宰即公山弗擾也，亦賢人也，見季氏惡，故叛也。」應略同於本注。據此，本注完整應爲：「費，季氏邑也。其邑宰公山弗擾數爲費宰，以費叛。季氏不臣，聞閔子騫賢，故以使人命之，以爲費之宰也。魯讀費爲▧。」

❻ 「▧」，戊本、己本僅存後部五字，爲「焉，如有復我」。

❼ 「▧」，戊本、己本爲「吾必□汶上矣」六字。

❽ 「▧▧▧▧」，據戊本、己本、補貳本，全文爲：「善爲我辭焉者，囑使者以善言爲我讓此宰。必讓之者，非季氏有不臣之行。復□□，復來召我。我必在汶水之上，□處齊、魯之界，欲去之。後子路使子羔爲費宰。」此注部分同於孔注。皇解引孔曰：「不欲爲季氏宰，語使者曰：善爲我作辭說，令不復召我也。復我者，重來召我也。去之汶水上，欲北如齊也。」末句略同於《史記·仲尼弟子列傳》所云「子路使子羔爲費郈宰」。據此，此注前「□□」應爲「我者」二字。後一「□」，戊本、己本紙型完整，但均祇能看清左邊「禾」旁，不便擬補。

❾ 「▧」，己本爲「伯牛有疾，子問之，自牖執其手，曰」十三字。「自牖」上戊本多一「曰」字，當爲衍字。

三六 「▨！」❶▨弟子冉耕之字。❷自牖執其▨有惡疾，不欲見人。❸末，無也。無之

三七 ▨▨疾遭□。❹斯人也而有斯疾！❺斯人

三八 □而有斯疾！」❻再言之者，痛惜賢人遭此惡疾。❼子曰：「賢哉，回也！

三九 □簞食，❽一瓢飲，在陋巷，人不堪其憂，回

四〇 也不改其樂。賢哉，□也！」❾簞，笥也。❿瓢，瓠也。⓫貧田（困），⓬□人之所憂，⓭而顏回

---

❶「▨」，戊本、己本、補貳本爲「末之，命矣夫」五字。「末」，皇本、邢本均作「亡」。

❷「▨」，己本、補貳本爲「伯牛，孔子」四字。此注略同於馬注。皇解引馬曰：「伯牛，弟子冉耕也。」

❸「自牖執其▨有惡疾不欲見人」，「▨」，己本爲「手者，牛」三字。《左傳》襄公二十七年正義引「牛有惡疾」作「伯牛有疾」。此注略同於包注。皇解引包曰：「牛有惡疾，不欲見人，故孔子從牖執其手也。」

❹「▨▨」，戊本、補貳本爲「命矣夫者，言不得隨命，賢人而有惡」十四字。己本無「者」字，餘同。「□」，戊本、己本、補貳本均爲「命」字。

❺「疾」，己本同。「疾」下，皇本、邢本多一「也」字。

❻「□」，己本爲「也」字。「疾」，戊本、己本同。「疾」下，皇本、邢本亦多一「也」字。

❼「再言之者痛惜賢人遭此惡疾」，戊本、己本同。此注略同於包注。皇解引包曰：「再言之者，痛惜之甚。」

❽「□」，己本爲「一」字。

❾「□」，己本爲「回」字。

❿「簞笥也」，己本及《周禮·天官·籩人》疏、《左傳》宣公二年正義、《儀禮·士冠禮》疏、同書《喪服》疏、《御覽》卷四〇二所引均同。「笥」下，補貳本無「也」字。此注同於孔注。皇解引孔曰：「簞，笥也。」

⓫「瓢瓠也」，己本同。「瓠」下，補貳本無「也」字。此注同於孔注。皇解引孔曰：「瓢，瓠也。」邢解引孔曰無此三字，當是脫漏。

⓬「田」，《御覽》卷四〇二引作「者」。

⓭「□」，戊本、己本爲「賢」字。《御覽》卷四〇二引無此字。

四一 志道，深有所樂，❶故深賢之。冉求曰：❷

四二 「非▢之道，❸力不足。」❹言我疲倦，力不從心。子曰：「力不足▢。❺今

四三 汝畫。」❻力疲倦者，當如牛馬之▢而廢伏。❼今汝計畫才力，豫止不前。子謂子夏

四四 曰：「汝爲君子儒！❽無爲小人儒！」❾儒主教訓，謂師也。子夏性

四五 急，教訓君子之人則可，❿教訓小人則愠恚，故戒之。《周礼》曰：儒以道德教人。⓫子遊（游）爲武城

四六 宰。武城，魯下邑也。⓬子曰：「汝得人焉，耳乎？」⓭對曰：「有

四七 澹臺滅明者，行不由徑，非公事，未嘗

❶「深」，《御覽》卷四〇二引無此字。

❷「求」，戊本、己本、皇本、邢本、天文本同。唐本、津藩本、正平本作「有」。

❸「▢」，戊本、己本爲「不悦子」三字。「悦」，古本、皇本同，邢本、唐本、津藩本、正平本、天文本作「説」。「道」下，唐本、津藩本、正平本、天文本多一「也」字。

❹「足」，己本同。「足」下，皇本、邢本多一「也」字。

❺「▢」，戊本、己本爲「者，中道而廢」五字。

❻「汝」，皇本同。邢本作「女」。

❼「▢」，己本爲「行中道」三字。

❽「汝」，戊本、皇本同，邢本、足利本、天文本作「女」，唐本、津藩本、正平本無此字。

❾「無」，己本、皇本、邢本同，唐本、足利本、津藩本、正平本、天文本作「毋」。

❿「之人」，補貳本無此二字。

⓫「人」，己本作「民」。「人」下，戊本多一「也」字。

⓬「武城魯下邑也」，此注同於包注。邢解引包曰：「武城，魯下邑。」「也」，原被墨筆塗抹，補貳本亦無此字。皇解引末有「也」字。

⓭「汝得人焉耳乎」，戊本、己本、邢本同。「乎」下，古本、皇本、唐本、足利本、津藩本、正平本、天文本多一「哉」字。阮校記謂「焉耳乎」三字連用已屬不詞，又增「哉」字，更不成文，「耳」應爲「爾」之誤。按古寫本《釋文》云：「鄭讀『女得人焉』絶句，『耳乎』者，謂與耳語親之也。」是鄭本至「焉」斷句，「耳」字名詞動用，不在一句之中，又非全爲虛詞也。

四八　至於偃之室。」❶澹臺滅明，❷孔子弟子遊(游)之同□。❸徑，謂步道。❹汝得人焉，耳乎，❺汝爲□

四九　室，❻寧得賢人，与之耳語乎。❼曰：有澹臺滅明者，脩身□□，❽□人如此，❾曰公事乃肯來至我室。❿得与人耳語乎，⓫言相□

五〇　□。⓬□公事而不□，⓭□□私欲。⓮子曰：「孟之返不伐，⓯奔而殿，

五一　⊘馬，⓰曰：『非敢後，⓱馬不進。』」⓲孟⊘⊘

❶「室」，己本同。「室」下，皇本、邢本多一「也」字。

❷「明」下，《御覽》卷一七四引多一「者」字。

❸「□」，戊本、己本爲「門」字。《御覽》卷一七四引「門」下多一「也」字。

❹「徑謂步道」，戊本、己本同。《史記·高祖本紀》索隱引作「步道曰徑也」。

❺「耳乎」，己本同。「乎」下，戊本多一「者」字。

❻「□」，己本及《御覽》卷四二九引爲「此」字。

❼「乎」，己本同。《御覽》卷四二九引作「助也」。

❽「□□」，己本、補貳本及《御覽》卷一七四引爲「正行」二字。

❾「□」，己本、補貳本爲「爲」字。

❿「曰」，戊本、己本同。《御覽》卷一七四引無此字。「至」，戊本、己本同。《御覽》卷一七四引無此字。

⓫「人」，戊本、己本及《御覽》卷一七四引作「之」。「耳語乎」，戊本、己本同。《御覽》卷一七四引作「語耳」，恐誤倒。

⓬「□□」，己本爲「親昵」二字。

⓭「□公事而不□」，前「□」，戊本、己本爲「非」字。「而不」，《御覽》卷一七四引作「不肯」。後「□」，戊本、己本爲「來」字。

⓮「□□」，戊本、己本爲「言無」二字。「欲」，戊本、己本同。《御覽》卷一七四引作「謁」。「欲」下，底本原有一「也」字，被墨筆塗抹，戊本、己本均無此字，故不録。

⓯「返」，己本、補貳本及《唐寫論語鄭氏注對策殘卷》所引鄭本同，皇本、邢本作「反」。

⓰「⊘」，戊本、己本爲「將入門，策其」五字。

⓱「後」，戊本、己本及《唐寫論語鄭氏注對策殘卷》所引鄭本同。「後」下，皇本、邢本多一「也」字。

⓲「進」，己本及《唐寫論語鄭氏注對策殘卷》所引鄭本同。「進」下，皇本、邢本多一「也」字。

五二　▨[伐]其功。❶軍在前□□，❷[在][後]□[殿]。❸[時]□[右][師]▨所敗於郊，❹右師奔而□[側]反殿之，❺是其功。❻將入▨馬，❼爲馬不進之▨不自伐其功。❽子曰：

五三　「□有祝鮀之佞，❾

五四　□□宋朝之美，❿難乎[免][於]今之代（世）。」⓫疾時

五五　□[德]不用，⓬

---

❶「孟▨▨▨[伐]其功」，「▨▨▨」，戊本、己本及《唐寫論語鄭氏注對策殘卷》所引《鄭注》爲「之返，魯大夫，名之側。不伐者，不自」十三字。此注略同於孔注。皇解引孔曰：「魯大夫孟之側者，与齊戰，軍大敗。不伐者，不自伐其功也。」邢解引無前一「者」字及末「也」字。

❷「軍在前□□」，「□□」，戊本、己本、補貳本及《唐寫論語鄭氏注對策殘卷》所引《鄭注》爲「曰啓」二字。此注同於馬注。皇解引馬曰：「（軍在）前曰啓。」

❸「[在][後]□[殿]」，「□」，戊本、己本及《唐寫論語鄭氏注對策殘卷》所引《鄭注》爲「曰」字。此注同於馬注。皇解引馬曰：「（在）後曰殿。」

❹「□」，戊本、己本及《唐寫論語鄭氏注對策殘卷》所引《鄭注》爲「魯」字。「▨」，戊本、己本及《唐寫論語鄭氏注對策殘卷》所引《鄭注》爲「爲齊國書」四字。

❺「□」，戊本、己本及《唐寫論語鄭氏注對策殘卷》所引《鄭注》爲「之」字。

❻「功」下，補貳本多一「也」字。

❼「將」上，補貳本多一「至」字。「▨」，戊本、己本及《唐寫論語鄭氏注對策殘卷》所引《鄭注》爲「門，乃策其」四字。

❽「爲馬」，戊本原作「曰非敢後馬」，後塗抹「非敢後」三字，旁補一「爲」字，「曰」字却忘記塗抹。此二字間，《唐寫論語鄭氏注對策殘卷》所引《鄭注》多一「其」字。「▨」，《唐寫論語鄭氏注對策殘卷》所引《鄭注》爲「辭，是其」三字。「功」下，原有一「也」字，被墨筆塗抹，己本無此字，故不録。

❾「□」，戊本、己本爲「不」字。

❿「□□」，戊本、己本爲「而有」二字。補貳本爲「而無」二字。

⓫「代」，戊本、己本同。「世」下，皇本、邢本多一「矣」字。

⓬「疾時□[德]不用」，「□」，戊本、己本爲「道」字。此注之前，《尚書・微子》正義引有「不有，言無也」一句，但底本及戊本、己本均無，疑非《鄭注》。

而巧言令色得寵。❶祝鮀，□大夫宋祝，字子魚，❷□□口才，❸能治煩言，幸於靈公。宋□，□□之美人，❹与靈公

五六 □□南□通焉。❺子曰：「誰能出不由户□？❻何莫由斯

五七 道？」❼由，用也。人出行必由户，如人操行□用仁義之道。❽今何無用此道而學□□？❾子曰：「質

五八 勝文則野，文勝質則史。質，謂□實。❿文，謂言辭。野，如野人，言其鄙

五九 □。⓫史，如太史、□史，⓬言多言。文質斌斌，⓭然後君子。」斌斌，雜半之貌。⓮子曰：

❶「而」，戊本同。己本無此字。

❷「祝鮀□大夫宋祝字子魚」，「□」，補貳本爲「衛」字。此注略同孔注。皇解引孔曰：「祝鮀，衛大夫，名子魚也。」

❸「□□」，戊本、補貳本爲「以有」二字。

❹「宋□□□之美人」，此注應同於孔注。邢解引孔曰：「宋朝，宋之美人。」「宋之」間皇解引多一「國」字。據此，「□□□」應爲「朝，宋國」三字。

❺「□□」，戊本爲「夫人」二字。「□」，戊本爲「子」字。

❻「□」，戊本、補貳本爲「者」字。

❼「道」，戊本同。「道」下，皇本、邢本多一「也」字。

❽「□」，戊本爲「當」字。

❾「此」上，戊本多一「象」字。「□□」，戊本爲「行之」二字。

❿「□」，己本爲「情」字。

⓫「野如野人言其鄙□」，補貳本無「其」字，「□」爲「略也」二字。此注應同於包注。皇解引包曰：「野，如野人，言鄙略也。」

⓬「□」，戊本、補貳本爲「小」字。

⓭「斌斌」，《説文》引作「份份」，《釋文》、皇本、邢本作「彬彬」。

⓮「斌斌雜半之貌」，己本略同。《後漢書・馮衍傳》注引作：「彬彬，雜半貌也。」似鄭本「斌斌」亦有作「彬彬」者。此注略同於孔注和包注。《文選》卷一七陸機《文賦》注引孔曰：「彬彬，文質見半之貌。」邢解引包曰：「彬彬，文質相半之貌。」

六〇 「人之生也直，❶言人初生之性皆正直。❷罔之生也幸而勉(免)。」

六一 誣罔其生善之性，必有刑戮及之，幸而後免。子曰：「智(知)之者不如好之

六二 者，好之者不如樂之者。」智(知)之者用才耳，樂之者性之深。 子曰：

六三 「中人已上，可以語上；❸中人以下，不可以□

六四 □」❹語，猶謀也。中人以上，乃可以謀諭▨此已下，近愚，其智將無所及。 樊遲問智。❺□

六五 □：「▨而遠之，可謂智矣。」▨▨。❻

六六 ▨：「▨後獲，可謂□□。」

(後缺)

吐魯番阿斯塔那二七號墓二五(a)、一八/三號寫本

(前缺)

一 ▨▨問仁獲得□□者▨勤勞而後受禄。 子曰：「智

二 者樂水，仁者樂山。智者樂施生萬物，如水之性；仁者樂施与，如山之性。智

---

❶ 「之」，邢本同，皇本無此字。

❷ 「言人初」，《詩·檜風·隰有萇楚》正義引作「始」。

❸ 「上」下，皇本、邢本多一「也」字。

❹ 「□□」，據上文應爲「語上」二字。皇本、邢本末多一「也」字。

❺ 「智」，己本、皇本同。邢本作「知」。《釋文》出「知」云：「音智，下章及注同。」

❻ 「▨▨」，己本僅存「使人神」三字。

三　者動，仁者靜。如水之流行，❶如山之安止。❷智者樂，仁者壽。」言性動者

四　多所樂，❸性靜者多受（壽）考。❹子曰：「齊一變，至於魯；魯一變，至於

五　道。」言齊、魯俱有周公、太公之餘化。太公大賢，周公聖人。今其政教雖衰，若有明君興之，齊可使如魯，魯可

六　使如大道行之時也。❺子曰：「觚不觚，觚哉！觚哉！」觚，爵名，容二升。孔子削觚，❻志有

七　⍁觚哉！❼觚哉！嘆觚⍁。❽宰我問□：❾「□□，中缺一行⍁？」❿⍁⍁

❶「如水之流行」，此注略同於包注。皇解引包曰：「如水流而不知已也。」

❷「如山之安止」，何注略同於此注。皇解云：「仁者樂如山之安固。」

❸「言性動者多所樂」，邢解引作：「知者自役，得其志，故樂。」「知」，皇解引作「智」，「樂」下多一「也」字。與底本不類。

❹「性靜者多受考」，此注同於包注。皇解引包曰：「性靜故壽考也。」邢解引作：「性靜者多壽考。」

❺「言齊魯俱有周公太公之餘化太公大賢周公聖人今其政教雖衰若有明君興之齊可使如魯魯可使如大道行之時也」，庚本同。此注同於包注。皇解引包曰：「言齊、魯有太公、周公之餘化也。太公大賢，周公聖人，今其政教雖衰，若有明君興之者，齊可使如魯，魯可使如大道行之時也。」邢解引無前後二「也」字，「興之」後無「者」字。

❻「子」下，《御覽》卷七六一引多一「曰」字。

❼「志」上，《御覽》卷七六一引多一「而」字。「⍁」，庚本爲「所念，觚不時成，故曰」八字。《御覽》卷七六一引「故」作「或」。

❽「嘆觚⍁」，「⍁」，庚本爲「□所小□，心不專一，尚不時，況於大事乎」十六字。《御覽》卷七六一引作：「觚小器耳，心不專一，尚不時成，況於大事也？」據此，庚本後一「□」當爲「器」字，「尚不時」後脱一「成」字。

❾「問□」，庚本無「問」字，「□」爲「曰」字。

❿「□□⍁」，庚本爲「仁者，雖告之曰，井有仁焉，其從之也」十四字。其中「仁焉」，邢本同，古本、皇本、唐本、足利本、津藩本、正平本、天文本於二字間多一「者」字。阮校記云：「孔注云『有仁人墮井』，則『仁』下當有『者』。」末「也」字，邢本、正平本、天文本同，古本、皇本作「與」。

八　⧄丼中有人没溺⧄下，從而⧄欲極觀仁者⧄之所致。❶□□：❷「⧄

九　⧄可逝，❸不可⧄不可罔。」❹⧄⧄

一〇　⧄。❺告之以此，可使往⧄，❻不可⧄中，❼可欺以物類，不⧄其事。❽子曰：「君⧄

一一　⧄之以礼，❾亦可以弗畔矣夫！」弗畔，□違於道。❿□見

一二　□□，⓫子路不悦。⓬男子，靈公□□子氏之字。⓭靈公嬖□□或（惑）焉。⓮

❶「⧄⧄⧄井中有人没溺⧄下從而⧄欲極觀仁者⧄之所致」，前「⧄⧄⧄」，庚本爲「宰我聞仁者憂人之□，□□之難，故問」十五字；後三「⧄」分別爲「焉，□自投」、「出□□」與「憂樂」九字。此注應略同於孔注。皇解引孔曰：「宰我以爲仁者必濟人於患難，故問有仁人墮井，將自投下從而出之乎？否乎？欲極觀仁人憂樂之所至也。」據此，此注完整應爲：「宰我聞仁者憂人之患，濟人之難，故問井中有人没溺焉，將自投下，從而出之乎？欲極觀仁者憂樂之所致。」

❷「□□」，庚本爲「子曰」二字。

❸「⧄⧄」，庚本爲「何爲其然？君子」六字。「然」下，皇本、邢本多一「也」字。「逝」下，皇本、邢本多一「也」字。

❹「⧄」，庚本爲「陷，可欺」三字。「陷」與「欺」後，皇本、邢本各多一「也」字。「罔」，庚本同。「罔」下，皇本、邢本多一「也」字。

❺「⧄⧄⧄」，庚本爲「何爲其然，何乃如汝所言乎」十一字。

❻「⧄」，庚本爲「窺而視之」四字。

❼「⧄」，庚本爲「自投井」三字。

❽「⧄」，庚本爲「可誣罔以非」五字。

❾「君⧄⧄」，「⧄⧄」，庚本爲「子博學於文，約」六字。「君子」，皇本、邢本同，《釋文》云：「一本無『君子』字，兩得。」阮校記有説，不贅。

❿「□」，庚本爲「不」字。「於」，庚本作「大」。邢解引無此字。皇解、《筆解》、《翻譯名義集》卷八引同邢解。「道」下，皇解、《筆解》、《翻譯名義集》引多一「也」字。

⓫前「□」，庚本爲「子」字。後「□□」，庚本爲「男子」。

⓬「男」，《釋文》同，其他諸本均作「南」。「悦」，庚本、古本、皇本同，唐本、津藩本、正平本、天文本作「説」。《釋文》出「説」云：「音悦，注同。」

⓭「□□」，庚本爲「夫人」二字。

⓮「□□」，庚本爲「之而」二字。

孔子時□□，❶見之欲爲説靈☒道。❷

一三 ☒爲男女無☒而非之。❸夫子矢□曰：❹「予所否者，❺天厭之！

一四 □□之！」❻矢，誓也。❼孔子見子路不悦，無以自明，故誓之□：❽□所以見男子，❾不爲説靈公以理（治）道者，天厭☒！❿天厭☒！⓫

一五 ☒急☒。⓬□曰：⓭「中庸之□德，⓮其至矣□！⓯□

一六 鮮□矣。」⓰庸，常□，□和可常□之德。⓱

---

❶「□□」，庚本爲「在衛」二字。

❷「見之欲爲説靈☒道」，「☒」，庚本爲「公以治」三字。又「見之」下，庚本多一「者」字，「欲」下無「爲」字。此注略同於孔注。皇解引孔曰：「孔子見之者，欲因以説靈公，使行治道也。」邢解引無末「也」字。

❸前「☒」，庚本爲「子路以」三字。後「☒」，庚本爲「交礼」二字。

❹「□」，庚本爲「之」字。

❺「否」，庚本、皇本、邢本同。《釋文》出「否」云：「鄭、繆方有反，不也。」阮校記云：「《史記·孔子世家》『否』作『不』。《釋文》引鄭康成、繆播訓爲『不』，與《史記》合。」似認爲鄭本經文作「不」，不知鄭本經文實作「否」也。

❻「□□」，庚本爲「天厭」二字。

❼「矢誓也」，庚本及《釋文》所引均同。此注同於孔注。皇解引孔曰：「矢，誓也。」

❽「□」，庚本爲「云」字。

❾「□」，庚本爲「我」字。「男」，庚本作「南」。按庚本前面經、注均作「男」，此又作「南」，體例欠統一。

❿「☒」，庚本爲「煞我」二字。

⓫「☒」，庚本亦爲「煞我」二字。

⓬前「☒」，庚本爲「再言之者」四字。後「☒」，庚本爲「解□□也」四字。其中後一「□」，左爲「言」旁，右不可辨。

⓭「□」，庚本爲「子」字。

⓮「□德」，「□」，庚本爲「爲」字。「德」下，庚本、皇本、邢本均多一「也」字。

⓯「□」，庚本爲「乎」字。

⓰前「□」，庚本爲「人」字。後「□」，庚本爲「久」字。

⓱「庸常□□和可常□之德」，三「□」，庚本分別爲「也，中」與「行」三字。按皇解云：「庸，常也，中和可常行之德也。」邢解無末「也」字。與此注全同。均作何晏自注，誤，當脱「鄭曰」二字。

其□矣乎，❶▨有也，❷□□寡能久□之者。❸▨。❹▨：❺

一七　「□□博□□人（民）而能濟衆□，❻▨？」

一八　▨▨。子曰：「何▨

一九　▨！▨猶▨▨。

（後缺）

斯坦因六一二一號寫本

（前缺）

一　其猶病諸！▨人（民）乃能然唐虞▨。▨

二　達而達人。能近取譬，可謂仁之方也□。」▨▨

三　已。❼己欲立身成名，故亦立人。己欲居官行道，故亦達人。皆以己所欲而爲之也。

---

❶「□」，庚本爲「至」字。

❷「▨」，庚本爲「善其無」三字。

❸「□□」，庚本爲「言人」二字。「□」，庚本爲「行」字。

❹「▨」，庚本爲「□□聖人乃能□也」八字。

❺「▨」，庚本爲「子貢曰」三字。

❻「□□博□□」，前「□□」，庚本爲「如有」二字。後「□□」，庚本爲「施於」二字。

❼「▨▨已」，「▨▨」字數不詳。《後漢書·班彪傳》注引「方，猶道也」一句，可補在其中。按「方，猶道也」一句同於孔注。皇解、邢解及《文選》卷三四枚乘《七發》注均引孔曰：「方，道也。」孔注僅少一「猶」字。

述而篇第七

斯坦因六一二一、一一九一〇號寫本之一

一 子曰：「述而不作，信而好古，竊比於我老彭。」❶▨▨。❷

二 比於此二人者，謙。 子曰：「默而識之，學而不厭，誨人不倦，❸▨？」❹▨▨。❺

□

三 曰：❻「德之不脩也，❼學之不講也，❽聞義不能徙也，❾不▨。」❿

❶ 「於我」，伯三七〇五號集解、皇本、邢本、正平本、天平本同。吉田篁墩《論語集解考異》謂卷子本、大永本作「我於」。金校記謂後者句法與集解所引包注「我若老彭」合，當是。

❷ 「▨▨」，字數不詳。《釋文》引有「老，老聃； 彭，彭祖」六字。《禮記・曾子問》正義引有「老聃，周之太史」六字。

❸ 「人」，伯三七〇五號集解、皇本、邢本同。辛本作「而」。

❹ 「▨」，辛本爲「何有於我哉」五字。

❺ 「▨▨」，辛本僅存末「之」字。斯〇八〇〇號集解引作：「人無是行於我，我獨有之。」邢解引無首「人」字。「無是」間皇解引多一「有」字，末多一「也」字。

❻ 「□」，辛本爲「子」字。

❼ 「脩」，辛本、皇本、邢本同。陳校記云：「各本『脩』作『修』。」又案云：「《説文》肉部云：脩，脯也。又彡部云：修，飾也。引申爲修治義。此當以『修』爲正，『脩』則通假字。」「也」，古本、皇本、武内本、纂喜本、天文本、正平本同。辛本、伯三七〇五號集解，邢本無此字。

❽ 「也」，古本、皇本、武内本、纂喜本、天文本、正平本同。辛本、伯三七〇五號集解、邢本無此字。

❾ 「徙」，斯〇八〇〇號集解、古本、皇本、邢本同。唐本、津藩本、正平本、考文補遺引足利本作「從」。「也」，唐本、津藩本、正平本、考文補遺引足利本同。斯〇八〇〇號集解、古本、皇本、邢本無此字。

❿ 「▨」，辛本、壬本爲「善不能改，是吾憂」七字。其中，「改」，邢本同，皇本後多一「也」字；「憂」下，皇本、邢本多一「也」字。

四 德，謂六德。子之燕居，❶申申如也，❷夭夭如也。❸申申，減視聽。❹夭夭，安容貌。子曰：「▨

五 不夢見周公！」❺孔子昔時庶幾於周公之道，汲汲然，常夢見之。❻末年□□，❼聖道既備，不復夢見之。今□此言者，懼□志道，自□□□。❽□□：❾「▨

六 德，❿依於仁，遊於藝。」道，謂師儒之所以教誨者。⓫藝，六藝。⓬子曰：「自行束▨

（後缺）

吐魯番阿斯塔那一八四號墓一八／七(b)、一八／八(b)號寫本之二

（前缺）

一 無誨焉。」⓭自▨酒脯。十五已上有▨經説曰臣

❶ 「燕」，辛本、斯〇八〇〇號、伯三七〇五號集解、皇本、邢本同。《釋文》出「燕」云：「於見反。鄭本作『宴』。」阮校記云：「『宴』，正字；『燕』，假借字。」金校記云：「『宴』乃『燕』之古字。」

❷ 「也」，斯〇八〇〇號集解、皇本、邢本同。辛本無此字。

❸ 「也」，皇本、邢本同。辛本、壬本無此字。

❹ 「減」，辛本作「伐」。

❺ 「▨」，辛本爲「甚矣吾衰！久矣吾」七字。「衰」後斯〇八〇〇號集解、皇本、邢本多一「也」字。「不」下，辛本、壬本、斯〇八〇〇號、伯三七〇五號集解、皇本、邢本多一「復」字。《釋文》出「不復」云：「本或無『復』字，非。」阮校記引《經義雜記》云：「據陸氏所見本，知經無『復』字，乃後人援注所增。以經云『久矣吾不夢見』，先時曾夢見，故注云『不復夢見』，『復』字正釋『久矣』字。陸氏反以無『復』字爲非，不審之至！」如所考不誤，此本無「復」字實屬可貴，否則，當從金校記所云：「根據注文，此本原應有『復』字。」「周公」，辛本、邢本同。「公」下，古本、皇本、唐本、津藩本、正平本多一「也」字。

❻ 「常夢」，辛本、壬本作「不能究」。

❼ 「□□」，辛本、壬本作「已來」。

❽ 「自□□□」，辛本、壬本作「深自勉勵也」。

❾ 「□□」，辛本爲「子曰」二字。

❿ 「▨」，辛本、壬本爲「志於道，據於」五字。

⓫ 「誨者」，辛本、壬本作「訓」。

⓬ 「六」上，辛本、壬本多一「謂」字。

⓭ 「▨」，據辛本及壬本注文，應爲「脩以上，吾未嘗」六字。

無意外之交，弟子有束☒与人交者，當有所教誨以忠信之道也。❶□□：「不憤不啓，不悱不發。舉一嵎而示之，❷不以三嵎返，則吾不復。」❸孔子之教，❹必待其人心憤憤、口悱悱，乃後□發爲說之，❺如是則識思之深。❻復，重也。說則舉一☒人不思其類，❼比方而來，❽則不復重教之。❾不以三嵎返，是學而不思之也。子食於□者之側，❿未嘗飽。⓫

❶「自☒酒脯十五已上有☒經説曰臣無意外之交弟子有束☒与人交者當有所教誨以忠信之道也」，壬本僅存「自行束脩☒施遺焉，諸☒脩之好孔子☒」十三字。補叄本僅存「☒有恩好者，以施遺焉。諸□☒者，常有所教誨忠信之道。魯讀☒」二十一字。《後漢書·延篤傳》注引有「束脩，謂年十五以上也」九字。《釋文》引有「(誨)魯讀爲悔字，今從古」八字。

❷「嵎」，斯〇八〇〇號、伯三七〇五號集解、皇本、邢本作「隅」。據補叄本下文，該本亦作「隅」。下同。「而示之」，斯〇八〇〇號、伯三七〇五號集解、古本、皇本、唐本、津藩本、正平本同。足利本、天文本無「而」字。邢本無此三字。阮校記通過考訂，謂「古本當有此三字」。

❸「吾」，斯〇八〇〇號集解、古本、皇本、唐本、足利本、津藩本、正平本、天文本同。補叄本、邢本無此字。「復」下，斯〇八〇〇號集解、皇本、唐本、足利本、津藩本、天文本多一「也」字。

❹「之教」，壬本同。斯〇八〇〇號、伯三七〇五號集解引作「与人言」。

❺「□」，斯〇八〇〇號、伯三七〇五號集解引爲「啓」字。「説之」，皇解引作「之説也」。

❻「深」下，皇解引多一「也」字。

❼「☒」，斯〇八〇〇號集解引作「隅以語之，其」五字。

❽「比方而來」，斯〇八〇〇號集解引無此四字。

❾「之」，斯〇八〇〇號集解引無此字。「之」下，皇解引多一「也」字。

❿「□」，據注文應爲「喪」字。「喪」上，補叄本、斯〇八〇〇號集解、皇本、邢本多一「有」字。

⓫「飽」下，斯〇八〇〇號、伯三七〇五號集解、皇本、邢本多一「也」字。

喪亡哀戚，飽食於其側，是無惻隱之心。❶子於是日哭，❷則不歌。❸一日之中，或哭或歌，是褻於礼容也。❹子謂顏淵[曰]：「用之則行，捨之則藏，❺唯我与尔有是□！」言俱道藝□是，❻但時有用不用也。❼子路曰：「子行三軍，則誰[与]？」⊠⊠故問之。子設爲司馬，若行三軍□之⊠路好勇，故以三軍言之⊠。❽子曰：「暴虎憑河，❾死[而]□□□，吾不□□。必也臨事而懼，好謀而□□。」疾子路好勇，故以此言抑之。暴

❶ 「喪亡哀戚飽食於其側是無惻隱之心」，斯〇八〇〇號集解、皇解云：「喪者哀戚，飽食於其側，是無惻隱之心也。」邢解無末「也」字。與本注幾乎全同，但均脱注者，似作何晏自注。伯三七〇五號集解引作「鄭曰」，當是。

❷ 「哭」上，斯〇八〇〇號集解、邢本同，古本、皇本、唐本、津藩本、正平本多一「也」字。

❸ 「歌」，斯〇八〇〇號、伯三七〇五號集解、皇本、邢本同。壬本僅存末字爲「哭」，大異。

❹ 「一日之中或哭或歌是褻於礼容也」，壬本僅存前三字，爲「歌之也」，與其經文先「歌」後「哭」順序同，仍與底本大異。邢解云：「一日之中，或哭或歌，是褻於禮容。」與本注同。原脱注者，據本注，知爲鄭氏也。又，斯〇八〇〇號、伯三七〇五號集解、皇解均脱此注。

❺ 「捨」，壬本、伯三七〇五號集解同。斯〇八〇〇號集解、皇本、邢本作「舍」。《釋文》出「舍」云：「音赦，止也；音捨，放也。」

❻ 「是」，壬本作「足」。

❼ 「也」，壬本無此字。

❽ 「⊠⊠故問之子設爲司馬若行三軍□之⊠路好勇故以三軍言之⊠」，壬本僅存「⊠与顏⊠爲司馬⊠」五字。

❾ 「憑」，斯〇八〇〇號、伯三七〇五號集解、古本、皇本、正平本同。邢本、天文本作「馮」。《釋文》出「馮」云：「字亦作『憑』。」阮校記云：「《説文》作『淜』。『馮』，假借字。『憑』，俗字。」

一三 虎，徒搏。憑河，徒涉。❶子曰：「富而可求，❷□□□之士，吾可

（後缺）

伯希和二五一〇號寫本

（前缺）

一 ☐☐涉。子曰：「□□□□，□執鞭之士，☐。❸

二 而，知也。孔子應聘諸國，莫能見☐知道終不可行，故發此言。執鞭之士，士之卑者。❹如□可求，❺從吾所好也。」❻

❶ 「暴虎徒搏憑河徒涉」，「涉」下原有一「也」字，被墨筆塗抹，又後一底本無此字，不録。此注同於孔注。斯○八○○號集解、皇解引孔曰：「暴虎，徒搏也。憑河，徒涉也。」伯三七○五號集解、邢解引無二「也」字。

❷ 「求」，伯三七○五號集解同。「求」下，斯○八○○號集解多一「者」字，而皇本、邢本多一「也」字。

❸ 「☐」，據前一底本及癸本，爲「吾可爲之」四字。其中「可」，斯○八○○號、伯三七○五號集解、皇本、邢本均作「亦」字。

❹ 「而知也孔子應聘諸國莫能見☐知道終不可行故發此言執鞭之士士之卑者」，「知也」之「知」，癸本作「如」。「不可行」，癸本作「不行」。「執鞭之士，士之卑者」，癸本作「執鞭□坐事之☐」，疑有誤。子本無末「者」字。斯○八○○號集解引作：「富貴不可求而得之，當修德以得之，若於道可求者，雖執鞭賤職，我亦爲之。」其中「而得之」，伯三七○五號集解引後多一「者」字，皇解引作「而得者也」。「可求者」，《史記・伯夷列傳》集解引作「可求而得之者」。「執鞭」下，邢解引多一「之」字。「者」下，伯三七○五號集解引多一「也」字，皇解引多一「矣」字。與底本大異。

❺ 「□」，癸本爲「不」字。「求」，癸本、子本、斯○八○○號、伯三七○五號集解、邢本、天文本同。「求」下，古本、皇本、唐本、津藩本、正平本多一「者」字。

❻ 「也」，癸本、子本、斯○八○○號、伯三七○五號集解、皇本、邢本均無此字。

所好，□古人之□。❶□

三 之所慎：❷齊、戰、疾。❸慎齊，❹尊祖考。慎戰，重民命。慎疾，愛性命。❺子在齊聞

四 《韶》，❻三月不知肉味，不圖爲樂之至於斯。❼《韶》，舜樂名。魯莊公廿二年，陳公子完以奔齊，故齊有焉。三月不

五 知肉味，思之染（深）也。❽昔時不圖舜作《韶》樂之美，❾乃至於此也。❿冉有曰：「夫子爲衛君乎？」子貢曰：

六 「諾，吾將問之。」爲，猶助。⓫衛君者，⓬

❶ 「所好□古人之□」，癸本爲：「吾所好者，古人之道。」丑本略同。子本爲：「吾所好者，好古人之道也。」據此，底本前一「□」應爲「者」字，後一「□」應爲「道」字。此注同於孔注。伯三七〇五號、三一九四號集解引孔曰：「所好者，好古人之道。」皇解、邢解、《史記·伯夷列傳》集解引無後一「好」字。「命」下，斯〇八〇〇號集解、皇解引多一「也」字。

❷ 「□」，癸本、子本、丑本爲「子」字。

❸ 「齋」，子本、斯〇八〇〇號、伯二六九九號集解、邢本同。癸本、熹平石經、伯三一九四號、三七〇五號集解、皇本、武内本、纂喜本、正平本、天文本、盱郡本、毛本作「齊」。《釋文》出「齊」云：「本或作『齋』，同。」阮校記案云：「古多假『齊』爲『齋』。」陳校記云：「此以作『齋』爲正，古多假『齊』爲之。」

❹ 「齋」，子本同。癸本仍作「齊」。

❺ 「命」，子本、丑本同。「命」下，癸本及《羣書治要》引多一「也」字。

❻ 「韶」，癸本、子本、丑本、斯〇八〇〇號、伯二六九九號、三七〇五號集解、邢本同。「韶」下，古本、皇本、唐本、足利本、正平本、天文本多一「樂」字。

❼ 「不圖」，癸本、子本、伯三一九四號、三七〇五號集解同。「不」上，斯〇八〇〇號、伯二六九九號集解、皇本、邢本多一「曰」字。「斯」，丑本、斯〇八〇〇號、伯二六九九號、三七〇五號集解同。「斯」下，子本、皇本、邢本多一「也」字。

❽ 「也」，子本、丑本無此字。

❾ 「昔時」，子本、丑本無此二字。

❿ 「也」，子本、丑本無此字。

⓫ 「助」下，子本、丑本及斯〇八〇〇號集解引多一「也」字。

⓬ 「者」，斯〇八〇〇號集解引同。癸本、子本無此字。

謂輒也。❶靈公逐太子蒯聵，❷至卒而立孫輒。❸後晉趙鞅納蒯聵於戚，❹衛石曼沽師師圍之。❺孔子時在衛，❻故問其意助輒否乎也。❼

七　入曰：「伯夷、叔齊何人也？」子曰：❽「古之賢人也。」曰：

八　「怨乎？」曰：「求仁而得仁，有何怨乎？」❾出，曰：「夫子不爲。」❿父子争國，行悪。⓫孔子

---

❶「也」，斯〇八〇〇號集解引同。癸本、子本無此字。

❷「靈公」，癸本、子本、丑本及斯〇八〇〇號集解引同。

❸「靈」上，伯二六九九號集解引多一「衛」字。

❹「至卒」，子本、丑本同。斯〇八〇〇號集解引作「公薨」。

❹「後晉趙鞅納蒯聵於戚」，伯二六九九號集解引同。「戚」下，癸本、子本及斯〇八〇〇號集解所引均多一「城」字。阮校記以爲「無『城』字是也」。金校記亦以「城」爲衍字。

❺「沽」，癸本、子本及斯〇八〇〇號集解引作「姑」。

❻「孔子時」，子本無「時」字，丑本「時」在「孔子」前。

❼「否」，皇解引同。癸本、子本及斯〇八〇〇號集解引作「不」。「也」，伯二六九九號集解引同。癸本、子本及斯〇八〇〇號集解引無此字。

❽「子」，子本、丑本、斯〇八〇〇號、伯二六九九號、三七〇五號集解、古本、皇本、唐本、足利本、津藩本、正平本、天文本、武内本、纂喜本同。邢本無此字。陳校記云：「依《論語》文例，此以有『子』字爲是。」

❾「有」，丑本同。子本及其他諸本均作「又」。陳校記、金校記並云：「『有』、『又』古多通用。」「乎」，子本、丑本、古本、皇本、唐本、津藩本、正平本、天文本同。斯〇八〇〇號、伯二六九九號、三一九四號、三七〇五號集解、邢本無此字。阮校記案云：「《左氏》哀三年傳正義、《史記·伯夷列傳》索隱、《文選》江淹《雜體詩》注引並有『乎』字，疑古本如此。」

❿「爲」，子本、伯三七〇五號集解同。「爲」下，斯〇八〇〇號、伯二六九九號、皇本、邢本多一「也」字，大永本多一「矣」字。

⓫「行悪」，子本、丑本作「悪行之甚」。伯二六九九號、三一九四號、三七〇五號集解引作「悪行」。斯〇八〇〇號集解引作「惡行也」。

九　以伯夷、叔齊爲賢且仁，君子成人之美，不成人之惡，故知不助衛君明矣也。❶子曰：「飯疏食飲水，❷曲肱而枕

十　之，樂亦在其中矣。疏之言粗，❸肱之言臂。❹不義而富且貴，於我如浮

一一　雲。」浮雲無閏（潤）澤於万物。人之欲富貴，道行以爲名譽，不以其道得之，於我身有損，故不居。《礼記》曰：「德潤身，富潤屋也。」❺子曰：「加我數年，

一二　五十以學《易》，❻可無大過矣。」❼加我數年，年至五十以學此《易》，其義理可無大過。❽孔子時年卌五六，好《易》，翫讀不敢懈倦，汲

一三　汲然，自恐不能究竟其意，故云然也。❾

❶「矣」，皇解、正平本引無此字。「也」，子本及伯二六九九號、三一九四號、三七〇五號集解引無此字。

❷「疏」，子本、斯〇八〇〇號、伯三一九四號、三七〇五號集解、邢本同，伯二六九九號集解、古本、皇本、足利本作「蔬」。《釋文》出「疏」云：「本或作『蔬』。」阮校記案云：「《説文》無『蔬』字，《新附》始有之，『蔬』乃『疏』之俗字。」

❸「之言」，子本同。《儀禮・喪服》傳引作「猶」。

❹「肱之言臂」，子本同。此注略同於孔注。斯〇八〇〇號集解引孔曰：「肱，臂也。」

❺「浮雲無閏澤於万物人之欲富貴道行以爲名譽不以其道得之於我身有損故不居礼記曰德潤身富潤屋也」，子本無「我」字，餘同。斯〇八〇〇號集解引作：「富貴而不以義得者，於我如浮雲，言非己之有也。」伯二六九九號、三七〇五號集解、皇解、邢解引無「得」字。伯三七〇五號集解引無「言」字。伯二六九九號集解引無末「也」字。均大異。按「浮雲無潤澤於萬物」一句本於孔傳，《古文孝經・孝優劣章》孔氏傳云：「不誼而富貴，於我如浮雲，無潤澤於萬物。」引《禮記》云云，見該書《大學》，原文爲：「富潤屋，德潤身。」

❻「五十」上，據子本，當脱「年至」二字。

❼「可」下，子本及其他諸本均多一「以」字。

❽「可」下，子本多一「以」字。「過」下，子本多一「誤」字。

❾「故云然也」，此四字後《釋文》引有「魯讀易爲亦，今從古」一句，此注無，當是省略。

子所雅言，❶《詩》、《書》、執礼，皆雅言。❷雅者，正也。❸讀先王典法，不可有所避諱。礼不誦，故言
一四 執也。❹葉公問孔子於子路，不對。❺葉公，楚縣公也，❻名諸梁，字子羔。問孔子者，驥（冀）得可法行也。子曰：
一五 「汝奚不曰，❼其爲人也，發憤忘食，樂以忘憂，不知老之
一六 將至云尔。」❽奚，何也。汝何不云，我樂堯舜之道，思六藝之文章，忽然不知老之將至云尔也。子曰：「我非生而
一七 知之者，好古，敏而求之者也。」❾言此者，勉人學。❿子不語恠力、乱神。爲淺識者

❶「言」，爲朱筆補字。

❷「言」，子本、伯三一九四號、三七〇五號集解同。

❸「言」下，斯〇八〇〇號集解、皇本、邢本多一「也」字。「雅者正也」，子本同。此注略同於孔注。斯〇八〇〇號集解引孔曰：「雅言，正言也。」

❹「讀先王典法不可有所避諱礼不誦故言執也」，子本同。斯〇八〇〇號集解引作：「讀先王典法，必正言其音，然後義全，故不可有所諱。礼不誦，故言執也。」「正」，伯三一九四號、三七〇五號集解引作「政」，無「然」字。「諱」下，皇解、正平本引多一「也」字。伯二六九九號集解、邢解引無末「也」字。中部均與本注有異。

❺「不」上，據子本當脱「子路」二字。

❻「也」，子本無此字。

❼「汝」，子本、斯〇八〇〇號、伯二六九九號、三一九四號、三七〇五號集解、皇本、大永本同。邢本、正平本、天文本作「女」。

❽「云尔」，斯〇八〇〇號、伯二六九九號、三七〇五號集解、邢本、天文本同。「云尔」上，古本、皇本、唐本、津藩本、正平本、大永本、武内本、纂喜本多一「也」字。

❾「而」，古本、唐本、足利本、津藩本、正平本、天文本同。斯〇八〇〇號集解、邢本作「以」。考文云：「皇本一本『而』亦作『以』。」皇本、武内本後多一「以」字。「也」，斯〇八〇〇號、伯二六九九號、三一九四號、三七〇五號集解無此字。

❿「勉人學」，邢解引作「勸人學」，伯三一九四號、三七〇五號集解引作「勉人學也」，斯〇八〇〇號集解引作「勸勉人學也」，正平本引作「勸人於學也」，皇解引作「勉勸人於學也」。

一八 將爲之有精氣，不脩其德，而徒祈福祥，以或(惑)世沮功。恡力，謂若石立社移。乱神，謂神降於莘之屬也。　子曰：「我三人行，❶必有我
一九 師焉：❷擇其善者而從之，其不善者而改之。」❸子曰：「天生德
二〇 於予者，❹桓魋其如予何？」天生德於予者，謂授我以聖性，❺欲使我制作法度。❻桓魋，宋大夫，司馬牛之兄，疾孔子，欲煞
二一 之。孔子時在宋也。❼子曰：「二三子，以我爲隱子乎？❽吾無隱乎尔。二三子者，謂諸弟
二二 子。聖人知道廣大，弟子學之不能及，以爲有所懷俠要術，見於顔色，故解之。❾

❶「我三人行」，斯〇八〇〇號集解、古本、皇本、唐本、足利本、津藩本、正平本、天文本、唐石經同。伯三一九四號、三七〇五號集解、邢本無「我」字。「行」上，伯二六九九號集解多一「同」字。《釋文》作「我三人行」，云：「一本無『我』字。」

❷「必有」，伯二六九九號、三一九四號、三七〇五號集解、邢本同。斯〇八〇〇號集解、古本、皇本、唐本、足利本、津藩本、正平本、天文本、唐石經作「必得」。《釋文》作「必得」，云：「本或作『必有』。」

❸「其不善者而改之」，末脱注文。寅本注文爲：「師，謂所從學者，則尊敬之。」

❹「者」，諸本均無此字。

❺「天生德於予者謂授我以聖性」，寅本無「於予」二字。此注同於包注。皇解、正平本引包曰：「天生德於予者，謂授我以聖性也。」斯〇八〇〇號集解引無「於予」與末「也」三字。

❻「欲」，寅本無此字。

❼「孔子時」，寅本作「時孔子」。「也」，寅本、補貳本無此字。

❽「以」上，寅本多一「汝」字。「隱子」，斯〇八〇〇號集解、古本、皇本、唐本、足利本、津藩本、正平本、天文本同。伯三一九四號、三七〇五號集解、邢本無「子」字。「隱」下，伯二六九九號集解多一「於」字。

❾「二三子者謂諸弟子聖人知道廣大弟子學之不能及以爲有所懷俠要術見於顔色故解之」，「知道廣大」，寅本作「智廣道大」。「俠」，寅本作「狹」，疑爲「俠」之假借。「見於」上，寅本多一「乃」字。此注略同於包注。斯〇八〇〇號集解引包曰：「二三子，謂諸弟子也。聖人智廣道深，弟子學之不能及，以爲有所隱匿，故解之。」伯二六九九號集解引無「也」字，「聖人」伯三一九四號、三七〇五號集解引作「聖者」，「智」邢解引作「知」，皇解、正平本引末多一「也」字。

二三子，以我有所隱於汝乎？我無所隱於汝也。吾無行而不

二三 与二三子者，❶是丘也。」我每有所爲，皆与汝共爲之，是之本心。❷言此者，勉勵之也。子以四教：文，行，

二四 中（忠），信。行，謂六行：孝、友、睦、㛰（婣）、任、恤。❸子曰：「聖人，吾不得而見之矣；得見君子者，

二五 斯可矣。」疾世無明君也。❹子曰：「善人，吾不得而見之矣；得見有恒

二六 者，斯可矣。恒，常也。人而有常，則其教令可行也。亡而爲有，虚而爲盈，約而爲

二七 泰，難乎有恒。」❺時人皆侉華而無實，❻求此有恒者，難得也。子釣而不綱，❼弋不射宿。綱，謂

❶「無」，補貳本、斯○八○○號、伯二六九九號、三一九四號、三七○五號集解、伯三七八三號白文、邢本、天文本同。「無」下，古本、皇本、唐本、津藩本、正平本多一「所」字。

❷「我每有所爲皆与汝共爲之是之本心」，此注略同於包注。斯○八○○號、伯三一九四號、三七○五號集解引包曰：「我所爲無不与爾共之，是丘之心也。」「我」下，伯二六九九號集解引多一「有」字。「共之」下皇解、邢解引多一「者」字。邢解引無末「也」字。金校記云：「據集解引包注，此寫本『是之』間脱『丘』字。」

❸「行謂六行孝友睦㛰任恤」，此注本於《周禮・地官・大司徒》，原文爲：「六行：孝、友、睦、婣、任、恤。」

❹「疾世無明君也」，此注同於孔注。斯○八○○號集解云：「疾世無明君也。」伯三一九四號、三七○五號集解、皇解、邢解略同，均脱注者，唯伯二六九九號集解引作「孔曰」，當是。

❺「恒」下，諸本均多一「矣」字。

❻「侉」，卯本作「誇」。「侉」、「誇」古通用。

❼「綱」，《釋文》云：「音剛，鄭本同。」

二八 大索横流之屬。❶弋，繳射。宿，鳥將宿。❷不綱，不射宿，皆爲長養万物。子曰：「盖有不知而作之者，我無是

二九 也。疾時人多穿鑿，妄作篇藉（籍）也。❸多聞，擇其善者而從之；多聞而識之；❹知

三〇 之者次。」❺互鄉難与言，童子見，門人或（惑）。互鄉，鄉名。❻其鄉人言語自專，不達於時宜，❼而有童子來見孔子，門人恠孔子見之。❽子曰：「与

三一 其進，❾不与其退。❿唯何甚？教誨之道，与其進，不与其退，恠我見此童子，

---

❶「屬」下，卯本、補貳本多「鈞焉」二字。《御覽》卷八三四引作「屬鈞」。

❷「弋繳射宿鳥將宿」，卯本同。此注略同於孔注。斯〇八〇〇號集解引孔曰：「弋，繳射也。宿，宿鳥也。」

❸「疾時人多穿鑿妄作篇藉也」，「藉」下卯本無「也」字，餘同。斯〇八〇〇號集解引鄭注作：「時人有穿鑿妄作篇籍者，故云然也。」與本注稍異。伯三一九四號、三七〇五號、二六九九號集解、皇解、邢解、正平本均引作包注，不知孰是。

❹「擇其善者而從之多聞而識之」，補貳本同。卯本缺「擇其善者而從之，多聞」九字，但右有淡墨補字一行，爲「擇其善者而從之，其不〼」，與所缺經文有異。「聞」其他諸本均作「見」。

❺「知之者次」，卯本同。正平本作「知次也」，伯三七〇五號集解引作「知之也」，斯〇八〇〇號，伯二六九九號、三一九四號集解作「知之次也」，伯三五三四號集解、伯三七八三號白文作「知之者次也」。

❻「名」下，斯〇八〇〇號集解引多一「也」字。

❼「於」，卯本同。斯〇八〇〇號集解引無此字。

❽「之」，卯本同。皇解引作「也」。

❾「進」，卯本、伯三一九四號、三五三四號、三七〇五號集解、伯三七八三號白文同。「進」下，伯二六九九號、皇本、邢本多一「也」字。

❿「退」，卯本、伯三一九四號、三五三四號、三七〇五號集解、伯三七八三號白文同。「退」下，皇本、邢本多一「也」字。

三二 悪悪何一甚。❶人潔己以進，❷与其潔，❸不保其往。」❹往，猶去。❺人虛己自潔而來，當与之進，❻亦何能保其去後之行也。❼子曰：「仁遠乎哉？我欲

三三 人(仁)，斯仁至矣。」人(仁)道不遠，行時則是。❽陳司敗問

三四 照(昭)公知礼乎，孔子對曰：❾「知礼。」陳司敗，齊大夫，盖名御寇。❿昭公，魯君之謚。孔子謂之知礼，爲其隱耳也。⓫

❶「教誨之道与其進不与其退恠我見此童子悪悪何一甚」，「誨」，卯本作「訓」。「与其進」上，卯本多一「當」字。此注同於孔注。斯〇八〇〇號集解引孔曰：「教誨之道，与其進，不与其退，怪我見此童子，悪悪何一甚也。」「何一」，伯二六九九號集解、邢解引作「一何」，無末「也」字。「教」上，伯三一九四號、三七〇五號集解引多一「言」字。

❷「潔」，卯本同。邢本作「絜」。阮校記云：「《廣韻》十六屑云：『潔』，清也。經典通用『絜』。案：『潔』俗『絜』字。」

❸「潔」，卯本同。「潔」下，伯二六九九號、三五三四號集解、皇本、邢本多一「也」字。

❹「往」，卯本同。「往」下，伯二六九九號、三五三四號集解、伯三七八三號白文、皇本、邢本多一「也」字。

❺「去」下，卯本及斯〇八〇〇號集解引多一「也」字。

❻「之進」，卯本及斯〇八〇〇號集解引同。皇解、正平本引作「其進之」。

❼「也」，卯本及斯〇八〇〇號集解所引均同。伯三一九四號、三五三四號、三七〇五號集解、邢解引無此字。

❽「人道不遠行時則是」，「時」，卯本作「之」。此注同於包注。斯〇八〇〇號集解引包曰：「仁道不遠，行之即是也。」後句，皇解、正平本引作「行之則是至也」，伯二六九九號、三一九四號、三五三四號、三七〇五號集解引作「行之則是」。均以「之」代「時」。

❾「對曰」，卯本、斯〇八〇〇號、伯二六九九號、三七〇五號集解、伯三七八三號白文、古本、皇本、唐本、足利本、津藩本、正平本、天文本、武內本、纂喜本同。伯三一九四號、三五三四號集解、邢本、唐石經無「對」字。陳校記云：「依《論語》文例，孔子與邦君、大夫言，多作『對曰』。」

❿「陳司敗齊大夫盖名御寇」，卯本同。「盖」，補貳本作「善」，「御」作「禦」。《釋文》云：「鄭以『司敗』爲人名，『齊大夫』。」則「御寇」或「禦寇」應爲其字。

⓫「爲其隱耳也」，卯本作「有爲之隱也」。

三五 孔子退，揖巫馬期而進之，❶曰：「吾聞君子不黨，君子
三六 不黨，君子亦黨乎？❷君聚（娶）於吳，❸爲同姓，謂之吳孟子。
三七 君而知礼，熟（孰）不知也？」❹巫馬期，孔子弟子，名施。❺司敗揖而進之此言者，❻孔吳孟子爲同姓，❼故不言吳姬之也。❽
三八 巫馬期以告之。❾子曰：「丘也幸，苟有過，人必知之。」人知己過，則得以自改。❿礼，臣事君，有犯無隱也。⓫子与人歌
三九 而善之，⓬必使返之，⓭而後和之。」使復爲之，而後和之，重樂聲也。
四〇 子曰：「文，莫吾猶人。⓮莫，無也。猶，若也。文章之事，⓯無我若人，⓰言我最与才等也。⓱躬行君子，則

---

❶ 「之」，卯本、斯〇八〇〇號、伯二六九九號、三一九四號、三五三四號，三七〇五號集解、伯三七八三號白文、邢本、唐本、正平本、天文本同。古本、皇本作「也」。

❷ 「君子亦黨乎」，卯本、皇本、邢本同。正平本無此句。

❸ 「聚」，卯本同。邢本作「取」。

❹ 「也」，諸本（包括卯本）均作「禮」。

❺ 「巫馬期孔子弟子名施」，卯本同。此注同於孔注。斯〇八〇〇號集解引孔曰：「巫馬期，弟子，名施。」

❻ 「揖而進之此言者」，卯本作「揖之而言此者」。

❼ 「孔吳孟子爲同姓」，此注有脱文。卯本引作：「非孔子也，謂之知禮，吳孟子爲同姓。」

❽ 「之也」，卯本無此二字。

❾ 「之」，卯本同。其他諸本均無此字。

❿ 「以」，卯本無此字。

⓫ 「也」，卯本無此字。

⓬ 「之」，伯三一九四號、三七〇五號集解、伯三七八三號白文同。卯本、皇本、邢本無此字。

⓭ 「返」，卯本同。其他諸本均作「反」。

⓮ 「人」，卯本同。「人」下，其他諸本均多一「也」字。

⓯ 「文」上，卯本多一「言」字。

⓰ 「人」下，卯本多一「耳」字。

⓱ 「言我最与才等也」，卯本僅存前五字，第五字爲「有」，與底本作「才」異。這有二種可能：一種可能是底本之「才」，卯本作「有」；另一種可能是卯本「才」前多一「有」字。今據補貳本作「言我最與有才者等」，應爲第二種可能。

四一 吾未之有德。」❶德，猶等也。躬行君子之道，則我未有与之等者，❷謙也。 子曰：「若聖与人(仁)，則吾

四二 豈敢？吾豈敢者，不敢自比方古之人(仁)賢也。抑爲之不厭，誨而不倦，❸則可謂之

四三 云尔。」❹言我之行，可謂如是。❺公西華曰：「正唯弟子不能學。」❻孔子之行正尔，弟子不學及，況于聖人乎？❼

四四 子疾病，❽子路請禱。禱，謂謝過於鬼神乎。❾子曰：「有諸？」觀子路曉禱礼不也。❿子路對

❶「德」，伯二六九九號、三一九四號、三七〇五號集解同。卯本、皇本、邢本均作「得」。陳校記云：「『德』爲『得』之假借字。」金校記云：「『得』、『德』，經傳多通用。」至「德」或「得」絶句，卯本、斯〇八〇〇號、伯二六九九號、三一九四號、三五三四號、三七〇五號集解、邢本同，「德」下伯三七八三號白文、古本、皇本、唐本、津藩本、正平本多一「也」字。

❷「則」，卯本無此字。「与」上，卯本多一「敢」字。

❸「而」，諸本均作「人」。「倦」，卯本作「惓」。

❹「之」，斯〇八〇〇號、伯二六九九號、三一九四號、三五三四號、三七〇五號集解、伯三七八三號白文同。其他諸本均無此字。「云尔」，伯三七八三號白文同。「尔」下，其他諸本均多「已矣」二字。

❺「言我之行可謂如是」，金校記引古寫本《釋文》有「魯讀抑爲意，今從古」一句，底本無，當是省略。

❻「學」，伯三七八三號白文、伯三一九四號、三七〇五號集解同。「學」下，其他諸本均多一「也」字。

❼「孔子之行正尔弟子不學及況於聖人乎」，《釋文》引有「魯讀正爲誠，今從古」一句，底本無，當是省略。此注略同於馬注或包注。斯〇八〇〇號集解引馬曰：「正如所言，弟子猶不能學，況仁聖乎？」「學」、「乎」下伯二六九九號集解引各多一「也」字。正平本引作包曰。

❽「子疾病」，《釋文》無「病」字，云：「一本云『子疾病』，皇本同，鄭本無『病』字。案集解於《子罕》篇始釋『病』，則此有『病』字非。」按伯三一九四號、三七〇五號集解於「子疾病」下均引包曰：「疾甚曰病。」（其他諸本集解均脱此注）是釋「病」不始於《子罕》篇。又鄭本原有「病」字。《釋文》恐誤。

❾「謂」，辰本同。《御覽》卷五二九引無此字。

❿「不」，《御覽》卷五二九引作「否」。「也」，《御覽》卷五二九引無此字。

四五 曰：「有之；誄曰：『禱乎上下神祇。』」❶誄，六祈之辭。❷子路見誄辭云尔，謂孔子今疾，❸亦當謝過於鬼神。子

四六 曰：「丘之禱久矣。」❹孔子自知無過可謝，❺云禱久矣，❻明素恭肅敬於鬼神。❼且順子路之言也。❽子曰：「奢則不

四七 遜，❾儉則固，与其不遜，❿寧固。」俱失之。奢不如儉，奢則僭上，儉則不及礼。⓫子曰：「君子

---

❶「乎」，諸本（包括辰本、補貳本）均作「爾於」。

❷「六祈」，辰本同。《御覽》卷五二九引作「天神」，當爲「六祈」之誤。金校記云：「『六祈』見《周禮・春官》，爲類、造、禬、禜、攻、説六祈。」「辭」，辰本同。「辭」下，《御覽》卷五二九引多一「也」字。

❸「疾」上，辰本多一「有」字。

❹「久矣」，辰本、伯三七八三號白文、斯〇八〇〇號、伯二六九九號、三一九四號、三五三四號、三七〇五號集解、邢本同。「久」上，皇本、正平本多一「也」字。

❺「可」，辰本同。《御覽》卷五二九引無此字。

❻「云」上，辰本多一「故」字。

❼「敬」，辰本原有，後用墨筆塗抹。《後漢書・方術傳》序注引無此字，則此字應爲衍字。

❽「也」，《後漢書・方術傳》序注引同。辰本無末「也」字。

❾「遜」，辰本、伯三七八三號白文、斯〇八〇〇號、伯二六九九號、三五三四號、三一九四號、三七〇五號集解、皇本同。邢本作「孫」。《釋文》出「孫」云：「音遜。」阮校記云：「依《説文》當作『愻』，《論語》多假『孫』爲之，『遜』乃『愻』俗字。」下同。

❿「遜」，辰本、伯三七八三號白文、伯二六九九號、三一九四號、三七〇五號集解同。其他諸本「遜」下均多一「也」字。

⓫「俱失之奢不如儉奢則僭上儉則不及礼」，辰本同。此注同於孔注。斯〇八〇〇號集解引孔曰：「俱失之也。奢不如儉，奢則僭上，儉則不及禮。」伯二六九九號、三一九四號、三五三四號、三七〇五號集解、邢解引無「也」字。伯二六九九號、三一九四號、三七〇五號集解、邢解引無「則」字。「礼」下，皇解、正平本引多一「耳」字。

四八　坦蕩蕩，小人長戚戚。」坦蕩蕩，寬廣貌。❶長戚戚，多憂懼。❷子温厲，❸威而不猛，❹

四九　恭而安。厲，謂自嚴正貌。❺

❶「坦蕩蕩寬廣貌」，伯三一九四號、三七〇五號集解、邢解、皇解引同。斯〇八〇〇號集解引末「貌」下多一「也」字。辰本作：「蕩蕩，明達貌。」大異。《釋文》引有「魯讀坦蕩爲坦湯，今從古」一句，底本無，當是省略。

❷「長戚戚多憂懼」，伯三一九四號、三七〇五號集解、邢解引同。「懼」下，斯〇八〇〇號集解引多一「也」字，皇解引多「貌也」二字。辰本作：「戚戚，仍憂怖。」

❸「温厲」，據辰本，其間脱一「而」字。

❹「而」，辰本、邢本同。皇本無此字。

❺「謂自嚴正貌」，辰本作：「嚴正也。」

太伯篇第八

伯希和二五一〇號寫本

一　《太伯篇第八》　孔氏本　鄭氏注❶

二　子曰：「太伯，❷其可謂至德也已矣。三以天下讓，民無以得而

三　稱焉。」❸太伯，周大王之太子。❹次仲雍，❺次叔不見，❻次季歷。❼三以天下讓者，見季歷賢，又生文王，又(有)聖人之表，欲以讓焉。❽以爲無大王之命，將不見聽，大王有疾，❾曰過吳、越採

---

❶「太伯篇第八孔氏本鄭氏注」，辰本篇題作「《太伯》第八」，後有「李景仙」三字，無「孔氏本、鄭氏注」六字。「李景仙」當爲抄寫人之名。

❷「太」，辰本原缺，據所存篇名，知亦作「太」。斯〇八〇〇號、伯三五三四號集解及《史記·吴世家》贊引同，其他諸本均作「泰」。下同。

❸「得」，《釋文》云：「本亦作『德』。」阮校記據《後漢書·丁鴻傳》論引《論語》、李賢注引《鄭注》均作「德」(按百衲本及中華校點本實均作「得」)，遂斷言作「德」乃「鄭君所據之本」，誤。

❹「大」，辰本同。《後漢書·和帝紀》注、同書《丁鴻傳》注、邢疏均引作「太」。《釋文》出「大」云：「音泰，下同。」「太」，《後漢書·和帝紀》注、同書《丁鴻傳》注、邢疏引作「長」。

❺「次」下，《後漢書·丁鴻傳》注、邢疏引多一「子」字。

❻「次叔不見」，《後漢書·丁鴻傳》注、邢疏引無此四字。

❼「次」下，《後漢書·丁鴻傳》注、邢疏引多一「子」字。

❽「三以天下讓者見季歷賢又生文王又聖人之表欲以讓焉」，辰本略同。《後漢書·和帝紀》注僅引一句，爲「(太伯)欲讓其弟季歷」。同書《丁鴻傳》注、邢疏引作：「太王見季歷賢，又生文王又聖人表，故欲立之，而未有命。」主語換成「太王」，文字亦有異。

❾「有」，《後漢書·和帝紀》注、同書《丁鴻傳》注、邢疏引均無此字。

四 藥，❶大王没而不返，❷季歷爲喪主，一讓。❸
季歷赴之，不來奔喪，二讓也。❹勉（免）喪之
後，❺遂斷髮文身，倮以爲飾，❻三讓。❼三讓
之美，❽皆蔽隱不著，❾故人無得而稱之。 三讓
之德，莫大於此。
五 子曰：「恭而無礼則勞，順而無礼
則葸，❿勇而無礼則亂，直
六 而無礼則絞。」言此四者雖善，不以礼節之，
亦不可行。葸，慤。⓫絞，急也。 子曰：⓬
「君子篤於親，則
七 民興於仁； 故舊不遺，則民不
偷。」舊，厚。偷，苟且。君子厚於骨肉之親，
則民効爲之，多仁
八 恩。故舊無大故，不相遺棄，則民不相与不苟
且也。 曾子有疾，召門弟子曰：「啓
予足！

---

❶「曰」上，《後漢書·和帝紀》注、同書《丁鴻傳》注、邢疏引多「太伯」二字。「過」，《丁鴻傳》注、邢疏引作「適」。

❷「没」，《後漢書·和帝紀》注引作「薨」，同書《丁鴻傳》注、邢疏引作「殁」。

❸「讓」下，《後漢書·和帝紀》注、同書《丁鴻傳》注、邢疏引多一「也」字。

❹「也」，《後漢書·和帝紀》注、同書《丁鴻傳》注、邢疏引同。辰本無此字。

❺「勉」，《後漢書·丁鴻傳》注、邢疏引同。《後漢書·和帝紀》注引作「終」。

❻「倮以爲飾」，《後漢書·和帝紀》注、同書《丁鴻傳》注、邢疏引無此四字。

❼「讓」下，《後漢書·和帝紀》注、同書《丁鴻傳》注、邢疏引多一「也」字。

❽「美」，《後漢書·丁鴻傳》注引同。「美」下，《詩·大雅·皇矣》疏引多一「名」字。

❾「蔽隱」，《詩·大雅·皇矣》疏、邢疏引作「隱蔽」。

❿「順」，諸本均作「慎」。金校記云：「『順』與『慎』，古書通用之例甚多。」

⓫「慤」，《釋文》引作：「殼質貌。」《彙校》云：「『殼』字宋本已誤，盧本改作『慤』。」《後漢書·班固傳》注引作：「質慤貌也。」

⓬「子曰」，諸本均無此二字。

九　啓予手！啓，開也。曾子以爲孝子受身體於其父母，當完全之，❶今有疾，或恐死，故使諸弟子開衾而視之。❷《詩》云：

一〇　『戰戰兢兢，如臨深淵，如履薄冰。』言此詩者，喻己常戒慎，恐有所毀傷。❸而今

一一　而後，吾知勉（免）夫！小子！」今日而後，我自知勉（免）於患難矣。言小子者，呼之，欲使聽識其言也。❹曾子有

一二　疾，孟敬子問之。孟敬子，魯卿仲孫捷之謚。❺曾子言曰：「鳥之將死，其鳴

一三　也哀；人之將死，其言也善。欲戒敬子，❻故先言此，以入之也。君子所貴乎道

---

❶「曾子以爲孝子受身體於其父母當完全之」，《後漢書・崔駰傳》注引《論語注》云：「父母全己生之，亦當全而歸之。」袁鈞、馬國翰等以爲即《鄭注》，然與本注有異。斯〇八〇〇號、伯二六九九號、三五三四號集解均引作：「曾子以爲受身體於父母，不敢毀傷。」皇解、正平本引末多一「之」字。亦與本注有異。

❷「諸」，伯三一九四號、三七〇五號集解引無此字。「之」下，斯〇八〇〇號、伯二六九九號、三五三四號集解引多一「也」字。

❸「言此詩者喻己常戒慎恐有所毀傷」，此注同於孔注。斯〇八〇〇號集解引孔曰：「言此詩者，喻己常戒慎，恐有所毀傷也。」「戒」皇解、正平本引作「誡」。伯三一九四號、三七〇五號集解引無「所」字。伯二六九九號集解引無末「也」字。

❹「今日而後我自知勉於患難矣言小子者呼之欲使聽識其言也」，周注同於此注。斯〇八〇〇號集解引周曰：「乃今日而後，我自知免於患難矣。小子，謂弟子也。呼之者，欲使聽識其言。」邢解引無「而」字。「矣」下，伯二六九九號集解引多一「夫」字。伯三七〇五號集解引無「謂」與「也」二字。皇解、正平本引無「之」字，末多一「也」字。

❺「孟敬子魯卿仲孫捷之謚」，此注略同於馬注。邢解引馬曰：「孟敬子，魯大夫仲孫捷。」「謚」下，皇解引多一「也」字。

❻「欲戒敬子」，此注同於包注。伯二六九九號、三一九四號、三五三四號、三七〇五號集解均引包曰：「欲戒敬子。」「戒」斯〇八〇〇號集解引作「誡」。

一四 者三：❶動容貌，斯遠暴慢矣；正顔色，斯近信矣；出辭

一五 辭氣，斯遠鄙倍矣。此道謂礼也。❷動容貌，能濟鏘鏘，❸則人不敢暴慢輕甍（蔑）之。❹正顔色，能矜莊嚴慄，❺則人不敢欺

一六 誕之。❻出辭氣，能順而説之，則無悪戾之言入於耳也。❼籩豆之事，❽則有司存。」❾

一七 言敬子於礼當親行此三事，其則有司將存自理之，❿不須親爲之也。⓫曾子曰：「以能問於不能，以多問於寡；

一八 有若無，實若虛，犯而不效，⓬昔者吾友常從事於

❶「乎」，伯三七八三號白文、斯〇八〇〇號、伯二六九九號、三一九四號、三五三四號、三七〇五號集解、皇本、邢本、唐本、津藩本、天文本同。正平本無此字。

❷「謂」，伯三一九四號、三五三四號、三七〇五號集解引同。斯〇八〇〇號集解引無「謂」字。「也」，巳本作「節」。

❸「能濟鏘鏘」，巳本同。「鏘鏘」，斯〇八〇〇號集解引作「蹌蹌」。伯三一九四號、三七〇五號集解引作「能禮之人」。

❹「輕甍」，巳本同。斯〇八〇〇號、伯三一九四號、三五三四號、三七〇五號集解、皇解、邢解引無此二字。

❺「慄」，巳本及斯〇八〇〇號集解引同。伯三一九四號、三五三四號、三七〇五號集解引作「栗」。「之」下，皇解、正平本引多一「也」字。

❻「誕」，巳本及斯〇八〇〇號集解引同。伯三一九四號、三五三四號、三七〇五號集解引作「詐」。「之」下，皇解、正平本引多一「也」字。

❼「於」，斯〇八〇〇號、伯三一九四號、三五三四號、三七〇五號集解引同。巳本作「其」。「也」，斯〇八〇〇號、伯三一九四號、三五三四號、三七〇五號集解引同。巳本無此字。

❽「籩」，皇本、邢本同。巳本作「邊」。「邊」爲「籩」之假借字。

❾「存」，皇本、邢本同。「存」下，巳本、伯三五三四號集解多一「焉」字。

❿「其」，據巳本，底本後脱「他事」二字。「則有司將存自理之」，巳本作：「則有司存焉，將自理之。」

⓫「也」，巳本無此字。

⓬「效」，諸本均作「校」。「校」、「效」二字，古可通用。

一九 斯矣。」❶效，報也。言人見侵犯不報。❷顔淵、仲弓、子貢等也。❸曾子曰：「可以託六尺之孤，可以
二〇 寄百里之命，臨大節而不奪，❹君子仁(人)与？君子仁(人)也。」六尺
二一 之孤，❺謂年十五已下。❻百里之命，謂一國之政令。《周礼》：小國百里。大節，謂廢立之事。曾子曰：「士不可以弘毅，❼任重
二二 而道遠。弘，大也。毅，强而能斷也。❽仕當寬大强斷決，❾以其所任者重，而行之又久遠。❿仁以爲己任，不亦重

❶「常」，巳本同。其他諸本均作「嘗」。金校記云：「『常』與『嘗』，古書通用。」

❷「效報也言人見侵犯不報」，此注略同於包注。斯〇八〇〇號集解引包曰：「校，報也。言見侵犯不報也。」「犯」下，皇解、正平本引多一「而」字。「不」下，伯三七〇五號集解引多一「可」字。邢解引無末「也」字。伯二六九九號、三五三四號集解引末「也」爲「之」。

❸「顔淵仲弓子貢等也」，此注略同於馬注。斯〇八〇〇號集解引馬曰：「友謂顔淵也。」伯三一九四號、三七〇五號集解引無「友」字。伯三五三四號集解、邢解引無末「也」字。金校記據此疑底本首脱「友謂」二字。

❹「不奪」，伯二六九九號、三一九四號、三五三四號、三七〇五號集解、伯三七八三號白文作「不可奪」，斯〇八〇〇號集解、皇本、邢本作「不可奪也」。

❺「之孤」，巳本同。《周禮・地官・大司徒》疏及同篇《鄉大夫》疏引無此二字。

❻「謂」，巳本同。邢疏、《儀禮・喪服》疏引無此字。「已下」，巳本同。《周禮・地官・大司徒》疏及同篇《鄉大夫》疏引無此二字。

❼「士」，巳本原作「仕」，後又用朱筆改作「任」。「弘毅」上，據巳本，脱一「不」字。

❽「弘大也毅强而能斷也」，末「也」，巳本作「决」。此注同於包注。斯〇八〇〇號集解引包曰：「弘，大也。毅，强也而能斷也。」後句，伯三五三四號集解引作「毅，强而能斷」；伯三一九四號、三七〇五號集解引作「毅，果敢而能斷决」。

❾「仕」，巳本亦用朱筆改作「任」。金校記謂「仕」爲「士」之誤。

❿「又」，巳本作「有」。「有」應爲「又」之假借字。

二三　乎？死而後已，不亦遠乎？」子
二四　曰：「興於《詩》，立於礼，成於樂。」興，起也。❶起於《詩》者，謂始發志意。志意既發，万(乃)有法度，然後心平性正也。❷
二五　子曰：「民可使由之，不可使知之。」由，從也。民者，冥也。❸以正道教之，必從；❹如知其本末，❺則暴者或輕而不行。❻子曰：「好勇疾貧，乱也。❼乱行自此
二六　上也。❽人而不仁，疾之以甚，❾乱也。」❿不仁之人，⓫當有以風化之，⓬疾之甚，⓭

❶「興起也」，巳本同。此注同於包注。斯〇八〇〇號集解引包曰：「興，起也。」
❷「然」上，巳本多「有法度」三字。「也」，巳本無此字。
❸「民者冥也」，巳本及《詩・衛風・氓》正義引同。「也」下，《儀禮・喪服》疏引多「其見人道遠」五字。
❹「以正道教之必從」，「必從」上，巳本多一「人」字。《後漢書・方術傳》序注引作：「言王者設教，務使人從之。」
❺「如」，《後漢書・方術傳》序注引作「若」，且「若」下多一「皆」字。
❻「暴」，巳本及《後漢書・方術傳》序注引作「愚」。
❼「也」，斯〇八〇〇號、伯三五三四號集解、皇本、邢本同。巳本、伯三七八三號白文、伯二六九九號、三一九四號、三七〇五號集解無此字。
❽「上也」，巳本作「生」。
❾「以」，斯〇八〇〇號、伯三一九四號、三七〇五號集解、伯三七八三號白文同。巳本、伯二六九九號、三五三四號集解、皇本、邢本作「已」。金校記云：「『以』與『已』多通用。」
❿「也」，斯〇八〇〇號、伯三五三四號集解、皇本、邢本同。巳本、伯三七八三號白文、伯二六九九號、三一九四號、三七〇五號集解無此字。
⓫「之」，巳本及《後漢書・郭太附左原傳》注、同書《西羌傳》注引同。皇疏引無此字。
⓬「有」，巳本及《後漢書・郭太附左原傳》注、同書《西羌傳》注引無此字。
⓭「疾」上，《後漢書・郭太附左原傳》注引多一「若」字。「甚」上，巳本及皇疏引多一「太」字，《後漢書・郭太附左原傳》注引多一「以」字，同書《西羌傳》注引多一「已」字。

是又使之若（爲）乱行也。❶子曰：「如
有周
二七 公之才之美，使驕且吝，❷其餘不足觀也已。」❸驕且吝嗇，使行鄙也。子曰：
二八 「三年學，不至於穀，不易得也。」❹穀，禄也。人學者必志於得禄，三年久矣，而心不念禄，不易得，言是人
二九 好學難得也。子曰：「篤信好學，守死善道。危邦不入，乱邦不居。
三〇 天下有道則見，無道則隱。」言篤信好學，守死善道，行當然也。危邦不入，始欲往也。乱邦不居，今欲去。❺子
三一 曰：❻「邦有道，貧且賤焉，恥也；邦無道，富且貴焉，恥也。」子

❶ 「是又使之若乱行也」，《後漢書·西羌傳》注引同。巳本作「又使爲乱」。《後漢書·郭太附左原傳》注引作「是益使爲亂也」。皇疏引作「是使之爲亂也」。

❷ 「使驕」，巳本、伯三七八三號白文、斯〇八〇〇號、伯二六九九號、三一九四號、三七〇五號集解、邢本、正平本、天文本同。「使」上，古本、皇本、永禄本多一「設」字。伯三五三四號集解殘損，據存墨，其間似多一「之」字。

❸ 「不足觀也已」，巳本略同。伯二六九九號集解、邢本、天文本同。伯三七八三號白文作「不觀」。伯三五三四號集解作「不足觀」。「觀」下，伯三一九四號、三七〇五號、斯〇八〇〇號集解、古本、皇本、唐本、津藩本、正平本、大永本多一「矣」字。

❹ 「易」，《釋文》云：「鄭音以豉反。」「也」，伯二六九九號、三一九四號、三七〇五號集解、邢本同。巳本、斯〇八〇〇號集解無此字。伯三七八三號白文作「乎」。「也」下，伯三五三四號集解、古本、皇本、唐本、津藩本、正平本、大永本多一「已」字。

❺ 「言篤信好學守死善道行當然也危邦不入始欲往也乱邦不居今欲去」，此注大部同於包注。斯〇八〇〇號集解引包曰：「言行當常然也。危邦不入，謂始往也。亂邦不居，今欲去也。」伯三一九四號集解引無「常」字。「始」下，伯三一九四號、三五三四號、三七〇五號集解引多一「欲」字。「今」上，伯二六九九號集解引多一「謂」字。邢解引無三「也」字。

❻ 「子曰」，諸本均無此二字。

三二 曰：「不在其位，不謀其政。」❶子曰：「師摯之始，《關雎》之乱，洋

三三 洋乎盈耳哉！」師摯，魯太師之名也。❷始，猶首也。周道既衰，❸鄭、衛之音作，正樂廢而失節，魯太師摯識《關雎》之聲，❹而首理其乱。❺洋洋乎

三四 盈耳哉，❻聽而美之。❼子曰：「狂而不直，侗而不愿，空空而不信，❽吾不知之

三五 矣。」侗，愨也。愿，善也。❾空空，信愨貌也。❿

---

❶「政」，伯三七八三號白文、斯〇八〇〇號、伯二六九九號、三一九四號、三五三四號、三七〇五號集解、邢本、天文本同。「政」下，古本、皇本、唐本、津藩本、正平本、大永本、永禄本多一「也」字。

❷「魯太師之名也」，「魯」，斯〇八〇〇號、伯三一九四號集解引同。《史記・十二諸侯年表》集解引無此字。「也」，斯〇八〇〇號集解引同。《史記・十二諸侯年表》集解、伯三一九四號集解引無此字。

❸「既衰」，伯三五三四號集解引同。斯〇八〇〇號集解、《史記・十二諸侯年表》集解引作「衰微」。皇解引作「既衰微」。

❹「太」，《初學記》卷一五引作「大」。

❺「而」，《史記・十二諸侯年表》集解引無此字。「乱」下，《史記・十二諸侯年表》集解引多一「也」字。斯〇八〇〇號集解、《初學記》卷一五、《御覽》卷五六四引末多一「者」字。邢解引末多一「有」字，「有」字當爲「者」字之誤。

❻「乎」，皇解引同。斯〇八〇〇號集解、邢解引無此字。「哉」，皇解引同。斯〇八〇〇號集解、邢解、《初學記》卷一五、《御覽》卷五六四引無此字。

❼「聽」，伯三一九四號集解、《初學記》卷一五引同。《御覽》卷五六四引作「德」。「之」，伯三一九四號集解、《初學記》卷一五引同。「之」下，斯〇八〇〇號集解引多一「也」字。

❽「空空」，伯三七八三號白文、伯三五三四號集解同。斯〇八〇〇號、伯二六九九號、三一九四號、三七〇五號集解，皇本、邢本作「悾悾」。金校記云：「同音通用，『空空』爲『悾悾』之借字。」下同。

❾「愿善也」，《釋文》引同。金校記引古寫本《釋文》還有「魯讀愿爲亂，今從古」一句，底本無，當是省略。

❿「空空信愨貌也」，《文選》卷四〇任昉《勸進今上牋》注引作：「悾悾，誠愨也。」此注略同於包注。斯〇八〇〇號集解引包曰：「悾悾，愨也，宜可信也。」

三六 言人有此三者，必有其行。子曰：學而如不及，❶猶恐失之。」言此者，勉人學。❷子曰：「巍巍乎，舜有天下，❸而不与焉。」美其有成功，能擇任賢臣。子

三七 曰：「大哉堯之爲君也！巍巍乎，民無能名焉。❹巍巍乎

三八 其有成功也，焕乎其有文章！」民無能名者，不知其所以然。舜有

三九 臣五人而天下治。武王曰：「有乱臣十人。」❺五人者，禹、稷、契、皋陶、伯益也。❻乱，猶理（治）也。❼

四〇 武王言，❽

❶「而」，諸本均無此字。

❷「學」下，《羣書治要》引多一「也」字。

❸「舜」下，《羣書治要》引多一「禹」字，伯三七八三號白文、伯三一九四號、三五三四號、三七〇五號集解引多「禹之」二字。「天下」下，斯〇八〇〇號集解、皇本、邢本引多一「也」字。

❹「民無能名焉」上，據諸本，脱「唯天爲大，唯堯則之，蕩蕩乎」十一字。

❺「有乱臣十人」，「有」上諸本均多一「予」字。唐石經「臣」字旁注。《釋文》出「予有亂十人」云：「本或作『亂臣十人』，非。」斯〇八〇〇號、伯二六九九號、三一九四號、三五三四號、三七〇五號集解均有「臣」字。阮校記從《釋文》之説，認爲凡有「臣」字者，「皆後人據僞《泰誓》妄增。」

❻「五人者禹稷契皋陶伯益也」，此注略同於孔注。斯〇八〇〇號集解引孔曰：「禹、稷、契、皋陶、伯益也。」

❼「乱猶理也」《臣軌序》注引無「猶」字。此注同於馬注。斯〇八〇〇號集解引馬曰：「亂，治也。」

❽「言」，《臣軌序》注引同。午本作「曰」。

我有治理政事者十人，謂文母、周公、邵公、太公、畢公、榮公、太巔、宏夭、散宜生、南宮括。❶

孔子曰：「才難，不期(其)
四一 然乎？唐、虞之際，於斯爲盛。有
一婦人焉，❷九人而已。
四二 言人有才者難得，❸豈不如其言乎？❹周自大王、王季、文王、武王，賢聖相承四世，❺唐、虞二聖相承，期運之謹，❻於周最爲盛矣，❼然而可以治理政事者十人，❽尚有一婦人焉，
四三 餘適九人而以已也。❾三分天下有其
二，❿以服事殷。周之德，⓫可謂至德

❶「我有治理政事者十人謂文母周公邵公太公畢公榮公太巔宏夭散宜生南宮括」，「邵」，《尚書·泰誓》正義、《臣軌序》注引作「召」。「太巔」之「太」，午本及《臣軌序》注引同，《尚書·泰誓》正義引作「大」；「巔」，《臣軌序》注引同，午本及《尚書·泰誓》正義引作「顛」。「宏」，午本及《尚書·泰誓》正義、《臣軌序》注引作「閎」。「括」，午本及《尚書·泰誓》正義引同，《左傳》襄公二十八年正義、《臣軌序》注引作「適」。《尚書·泰誓》正義、《臣軌序》注引末多一「也」字；午本同於底本，無此「也」字。此注略同於馬注。斯〇八〇〇號集解引馬曰：「理官者十人也，謂周公旦、邵公奭、太公望、畢公、榮公、大顛、閎夭、散宜生、南宮括，其一人謂文母也。」「理」邢解引作「治」，「邵」作「召」。

❷「一」，永禄本同。其他諸本(包括午本)均無此字。

❸「言」，午本作「古」。

❹「言」，午本作「然」。

❺「賢聖相承四世」，「賢聖」，《毛詩》疏引作「聖賢」。「世」，《毛詩》疏引同。午本作「代」，當是避唐諱改。

❻「謹」，午本作「隆」，疑作「隆」是，作「謹」係避唐玄宗李隆基諱改。

❼「矣」，午本無此字。

❽「理」，午本無此字。

❾「以已也」，午本無「以」、「也」二字。

❿「三」，午本、伯三七八三號白文、伯二六九九號、三一九四號、三七〇五號集解、邢本、正平本、天文本同。斯〇八〇〇號、伯三五三四號集解作「叁」。古本、皇本、永禄本作「參」。

⓫「之」，午本、斯〇八〇〇號、伯三一九四號、三七〇五號集解、邢本同。古本、皇本、唐本、津藩本、正平本、天文本無此字。

四四 也已矣。」❶周王之德，乃能以多事寡，故可謂至德。子曰：「禹，吾無閒然矣。菲飲食而

四五 致孝乎鬼神，❷悪衣服而致美乎黻冕，卑宮室而盡力

四六 乎溝洫。禹，吾無閒然矣。」閒，非。❸菲，薄也。致孝乎鬼神，祭祀豐潔。❹黻，祭服之衣。❺冕，其冠也。❻方里爲井，井閒有溝，溝廣

四七 四尺深四尺。十里爲城，城閒有洫，洫廣八尺深八尺也。❼

---

❶「可謂至德也已矣」，午本、斯〇八〇〇號、伯三一九四號、三七〇五號集解、邢本同。「可」上，伯三七八三號白文、古本、皇本、唐本、津藩本、正平本、天文本多一「其」字。伯二六九九號集解無「也」字。伯三五三四號集解作「可謂爲德至也已矣。」

❷「乎」，皇本、邢本同。午本作「於」。下同。

❸「非」下，午本及《羣書治要》引多一「也」字。

❹「菲薄也致孝乎鬼神祭祀豐潔」，「致孝」上，午本多一「而」字。「乎」，午本及《羣書治要》引作「于」。「祭祀豐潔」，午本略同，「祭」上《羣書治要》引多一「謂」字，「潔」下多一「也」字。此注同於馬注。斯〇八〇〇號集解引馬曰：「菲，薄也。致孝鬼神，祭祀豐潔也。」「致孝」下，伯二六九九號集解引多一「于」字，伯三五三四號、三七〇五號集解、皇解、正平本引多一「乎」字。

❺「祭服」，午本及《左傳》宣公十六年疏、《羣書治要》引同。「祭」上，邢疏引多一「是」字。

❻「其冠也」，《左傳》宣公十六年疏、邢疏引同。午本無末「也」字。《羣書治要》引作「冠名也」。

❼「方里爲井井閒有溝溝廣四尺深四尺十里爲城城閒有洫洫廣八尺深八尺也」，午本同。此注略同於包注。斯〇八〇〇號集解引包曰：「方里爲井，井閒有溝，溝廣深四尺。十里爲城，城閒有洫，洫廣深八尺也。」

子罕篇第九

伯希和二五一〇號寫本

一 《子罕第九》 孔氏本 鄭氏注❶
二 子罕言利，与命，与仁。罕，希也。❷ 利有貨之殖否，命有受（壽）之長短，仁有行之窮達。孔子希言利者，爲其傷行也。❸ 希言命与仁
三 者，爲民不可使知也。❹ 達巷黨人曰：「大哉孔子！博學而無所成名。」達巷者，❺ 黨
四 名也。❻ 五百家爲黨。此黨之仁（人），美孔子博學道藝，不成一名而已。❼ 言其無不明達也。❽ 子聞之，曰謂門弟子曰：「吾何
五 執？執御乎？執射乎？吾執御矣。」聞人美之，承之以謙。❾ 吾於所名，❿ 當何所執乎？吾執御者，⓫ 欲名六藝之

❶「子罕第九孔氏本鄭氏注」，金校記據底本前後篇例，謂「子罕」下應有一「篇」字。午本篇題作「《論語·子罕》第九」，無「孔氏本、鄭氏注」六字。

❷「罕希也」，午本同。何注同於此注。伯三三〇五號集解云：「罕者，希也。」

❸「也」，午本無此字。

❹「也」，午本作「之」。

❺「達巷」，皇解、邢解引同。「巷」下，午本及《讀書雜鈔》引多一「黨」字。

❻「也」，伯三三〇五號集解引無此字。

❼「而已」，午本及皇解、邢解引同。《史記·孔子世家》集解、《書鈔》卷九七引作「也」。「已」下，伯三三〇五號集解引多「者乎」二字，當有衍誤。

❽「無」下，午本多一「所」字。

❾「承之以謙」，午本及邢解引同。伯三三〇五號集解、皇解、正平本引作「承以謙也。」

❿「所」，午本原作「此」，後於「此」右補一「所」字，可理解爲以「所」代「此」，亦可釋爲「此所」。

⓫「者」，午本及皇解、正平本所引均同。邢解引無此字。

六 褎事。❶子曰：「麻冕，礼也；今也
純，儉，吾從衆。純當爲緇，古之緇字以才
爲聲，❷此緇謂黑繒也。❸儉，猶
七 約也。❹績麻卅升以爲冕，❺其功難成，今人用
繒，其功約，故從衆。冕者，卿、大夫助祭於君
之服也。拜下，礼也；今拜乎上，❻
八 泰也。❼雖違衆，吾從下。」臣祭於君，
相酬酢受爵，❽當拜於堂下；時臣驕泰，故拜
於堂上。子絶四：「毋
九 億，❾毋必，毋固，毋我。億，謂以意，❿
意有所疑度。必，謂成言未然之事。固，謂已
事曰然之。我，謂己言必可用。絶此四者，爲
其陷於專愚也。⓫子
一〇 畏於匡，曰：「文王既没，文不在
兹乎？天之將喪斯文也，後死

---

❶ 「褎事」，午本同。《史記・孔子世家》集解引作「卑」。皇解、邢解、正平本引作「卑也」。

❷ 「純當爲緇古之緇字以才爲聲」，午本同。《禮記・玉藻》鄭注云：「純當爲緇，古文緇字，或作系旁才。」與本注略同。同書同篇疏云：「鄭讀『純』爲『緇』。」《釋文》云：「（純）鄭作側基反。」「側基反」即爲「緇」也。《彙校》云：「《考證》引《禮記・祭統》正義云：『鄭氏之意，凡言純者，其義有二：一絲旁才，是古之緇字；二絲旁屯，是純字。但書文相亂，雖是緇字，並皆作純。』云云。焯案：鄭意於此純字，即讀爲紂。」

❸ 「也」，午本無此字。

❹ 「也」，午本無此字。

❺ 「績麻卅升以爲冕」，「績」上午本多一「禮」字。「卅」，《詩・周南・葛覃》正義引作「三十」。此注略同於孔注。皇解引孔曰：「冕，緇布冠也，古者績麻三十升布以爲之。」「三十」，伯三三〇五號集解引作「卅」。《後漢書・陳元傳》注引此作何晏自注，恐誤。

❻ 「乎」，伯三七八三號白文、伯三三〇五號集解、皇本、邢本同，午本作「于」。

❼ 「也」，午本、伯三七八三號白文、伯三三〇五號集解、皇本、邢本同。正平本無此字。

❽ 「相」，《御覽》卷五四二引無此字。「酢」，午本無此字。「受」，《御覽》卷五四二引作「授」。

❾ 「億」，午本同。其他諸本均作「意」。

❿ 「以」，午本無此字。

⓫ 「也」，午本無此字。

一一 者不得与於斯文也；匡，衛下邑也。❶靈公問於陳孔子，❷孔子去御（衛）之陳，匡人以兵遮而脇之。兹，此也，孔子自此其身。❸後死者，亦孔

一二 子自謂，❹後死，文王先也。❺孔子見兵來，恐諸弟子驚悕（怖），言以此言照之：❻文王雖已死，其所已（以）爲文者，❼其道不在我身乎？天若將喪此文王之道，我本不當得与知之也。❽

一三 天之未喪斯文也，❾匡人其如予何？」既言，遂微服而去，兵亦不追也。❿太宰問於子

一四 貢曰：⓫「夫子聖者与？何其多能？」⓬太宰，吴大夫，名嚭。⓭問夫子聖人德（得）大道，於褻事何其多能，多能者則必不聖。問此以魯哀公十二年冬會吴於素（橐）睾（臯）之時。⓮子貢曰：「固天縱之

一五 將聖，又多能。」言天縱大聖人之心，

❶「也」，午本無此字。

❷「於陳」，此二字倒。「陳」，午本作「陣」。

❸「兹此也孔子自此其身」，午本同。此注略同於孔注。皇解引孔曰：「兹，此也。……此，自此其身也。」其中「自此其身也」，邢解引作「自謂其身」。

❹「後死者亦孔子自謂」，午本略同。此注略同於孔注。皇解引孔曰：「文王既没，故孔子自謂後死也。」

❺「文王先也」，午本作「□（疑爲『後』字）文王死」。

❻「言以此言照之」，午本作「教以此言强之曰」。

❼「已」，午本無此字。

❽「天若將喪此文王之道我本不當得与知之也」，「喪此」間，午本原有一「棄」字，後用朱筆塗抹。又，午本無末「也」字。此注略同於孔注。皇解引孔曰：「言天將喪斯文者，本不當使我知之。」

❾「也」，伯三七八三號白文、伯三三〇五號集解、皇本、邢本、天文本同。唐本、津藩本、正平本無此字。

❿「不」下，午本多一「復」字。

⓫「太」，伯三七八三號白文、伯三三〇五號集解、皇本、唐本、足利本、津藩本、正平本、天文本同，邢本作「大」。下文同。

⓬「能」，伯三七八三號白文、永禄本同。「能」下，其他諸本均多一「也」字。

⓭「太宰吴大夫名嚭」，《釋文》出「大宰」云：「（大）音太。鄭云：『是吴太宰嚭。』」邢疏引作「是吴太宰嚭也」。與本注稍異。

⓮「問此以魯哀公十二年冬會吴於素睾之時」，此注本於《左傳》。邢疏云：「以《左傳》哀十二年，公會吴於橐臯，吴子使大宰嚭請尋盟，公不欲，使子貢對。」

一六 既使之聖，又使之多所能。❶子聞之，曰：「太宰知我者！❷吾少也賤，故多能鄙事。

一七 君子多乎哉？不多也。」知我者，知我不當多能。吾少也賤，少更苦也。鄙事，家人之褻事。❸牢曰：「子云，『吾

一八 不試，故藝』。」牢，孔子弟子子牢。❹試，用也。藝，伎藝也。言我少不見用，故多伎藝也。❺子曰：「吾有知乎哉？無知

一九 也。有鄙夫問於我，❻空空如也。❼我叩其兩端焉。」❽言我無知者，誘人也。空空，信慤貌。叩，猶動發。兩端，猶本末。❾有鄙誕之人，問事於我，空空如，我語之，動發本末，而盡知之，況賢者之問事乎？誘人者，必卑之，漸以進之也。❿

二〇 子曰：「鳳鳥

---

❶ 「言天縱大聖人之心既使之聖又使之多所能」，此注略同於孔子注。伯三三〇五號集解引孔曰：「言天故縱大聖之德，故使多能也。」前一「故」邢解引作「固」，後一「故」作「又」。

❷ 「者」，伯三三〇五號集解同。「者」下，古本、皇本、唐本、足利本、津藩本、正平本、天文本多一「乎」字。「者」伯三七八三號白文、邢本作「乎」。

❸ 「事」下，未本多一「也」字。

❹ 「牢孔子弟子子牢」，「孔子」，補肆本同。《釋文》、伯三三〇五號集解、邢解、正平本引無此二字。「子牢」，補肆本、伯三三〇五號集解引同。「牢」下，《釋文》、皇解、邢解、正平本引多一「也」字。

❺ 「言我少不見用故多伎藝也」，未本、補肆本無末「也」字。伯三三〇五號集解引作：「言孔子自云，我不見任用，故多技藝也。」皇解、正平本引無「任」字，「多」後多一「能」字，「技」作「伎」。

❻ 「有鄙夫問於我」，補肆本、邢本、正平本、天文本同。「有」上，伯三七八三號白文、伯三三〇五號集解、古本、皇本、唐本、津藩本、大永本、永祿本多一「來」字。「我」下，未本多一「事」字。

❼ 「空空」，未本作「悾悾」。其他諸本均同底本。《釋文》出「空空」云：「鄭或作『悾悾』，同，音空。」

❽ 「焉」上，諸本均多「而竭」二字。金校記認爲底本有脫文。

❾ 「猶本末」，《釋文》引作「末也」。金校記云：「『末』上恐脱『本』字。」

❿ 「也」，補肆本無此字。又「也」下，補肆本多「魯讀『叩其兩端』，無『我』，今從古」十一字，底本無，當是省略。

二一 不至，何(河)不出圖，吾已矣夫！」❶有聖人受命，則鳳鳥至，河出圖，今天無此瑞。❷吾已矣者，❸傷不得見用也。❹子見

二二 齊衰者、弁衣常(裳)者与瞽者，❺見之，雖少，❻必作；　過之，

二三 必趨。　齊衰者，基(朞)服。❼弁，爵弁，❽仕(士)祭於君之服。瞽，人樂也。❾作，起也。孔子哀喪者，敬君礼樂之人，坐見之，必爲之起；行見之，必爲之趨。趨，❿今時吏步也。⓫魯

二四 讀弁爲，今從古。⓬顔淵喟然歎曰：「仰之弥高，鑽之弥堅。瞻之在前，

二五 忽焉在後。夫子循循然善誘人，博我以文，⓭約之以礼，⓮

二六 欲罷不能。　忽，謂如恍之惚之惚。⓯誘，進也。

❶ 「子曰鳳鳥不至何不出圖吾已矣夫」，袁鈞謂《史記・孔子世家》所載「子曰：『河不出圖，雒不出書，吾已矣夫』」即鄭本經文，然與底本經文不合。

❷ 「有聖人受命則鳳鳥至河出圖今天無此瑞」，邢疏云：「鄭玄以爲河圖洛書龜龍銜負而出，如《中候》所説，龍馬銜甲，赤文緑色，甲似龜背，袤廣九尺，上有列宿斗正之度、帝王録紀興亡之數是也。」《左傳》序正義引「龍馬銜甲」以下同。袁鈞以爲此即《論語鄭注》，然與本注不類。本注同於孔注。邢解引孔曰：「聖人受命，則鳳鳥至，河出圖，今天無此瑞。」皇解引首多一「有」字。

❸ 「者」，申本作「夫」。

❹ 「傷」下，申本多「有道」二字。「用」，補肆本無此字。

❺ 「弁」，補肆本同。申本殘，據注文知亦作「弁」。其他諸本均作「冕」。《釋文》出「冕」云：「鄭本作『弁』。」

❻ 「少」，申本、伯三七八三號白文、伯三三〇五號集解、邢本同。「少」下，古本、皇本、唐本、足利本、津藩本、正平本、天文本多一「者」字。

❼ 「基」下，申本、補肆本多「喪之」二字。

❽ 「弁」下，申本多一「服」字。

❾ 「人樂」，二字倒。「也」，申本、補肆本無此字。

❿ 「趨」下，申本、補肆本多一「者」字。

⓫ 「時」，申本作「之」。

⓬ 「魯讀弁爲今從古」，據《釋文》，「爲」下脱一「絻」字。申本無此注，當是省略。

⓭ 「文」下，申本多一「章」字。其他諸本均同底本。

⓮ 「之」，諸本均作「我」。「礼」下，申本多一「法」字。

⓯ 「忽謂如恍之惚之惚」，申本、補肆本作「忽，讀如恍忽之忽」。據此，前一「之」恐爲衍字。

顏淵初學於孔子，❶其道若卑，將可及，若濡，❷將可入； 其後日高而堅，❸瞻之堂堂在我目前，忽焉復在我後，
二七 言其廣大而近。❹ 夫子之容貌，循循然，❺善於教進人，一則博我以文章，一則約我以礼法，乃使我蹔欲罷倦，❻而心不能。 既竭吾才，如有
二八 所立卓尔。 雖欲從之，末由也已。」 竭，盡也。 立，謂立言也。❼ 此言聖人不可及。❽ 卓尔，絶望之辭也。❾ 既，已也。 我學才力
二九 已盡矣，❿雖欲復進，猶登天之無諧（階）。 子疾病，子路使門人爲臣。 病，謂病益困也。⓫ 子路欲使諸弟子以臣礼葬大
三〇 夫，君之礼葬孔子。⓬ 病間，曰：「久矣哉，由之行詐也！ 無臣而爲有臣。 間，瘳
三一 也。 久矣哉，言子路久有是心，非但今日。⓭ 孔子昔時焉（爲）魯司寇，有臣； 今追去，⓮無臣之也。⓯ 吾誰欺？ 欺天乎？ 吾嘗欺誰？ 今欲我使我欺

---

❶「初」，申本作「始」。

❷「濡」，申本、補肆本作「耎」。

❸「其後」下，申本原多「視之」二字，後用朱筆改「視」爲「觀」，變成「觀之」二字。

❹「廣大」，申本作「德廣道大」。

❺「循循」，補肆本作「恂恂」。

❻「蹔」，補肆本作「暫」，義同。

❼「也」，申本、補肆本無此字。

❽「此言聖人不可及」，補肆本同。申本無此字。

❾「也」，申本、補肆本及《釋文》引無此字。

❿「矣」，補肆本無此字。

⓫「病」，補肆本、《左傳》桓公五年正義引爲「疾」字。

「也」，補肆本無此字。

⓬「子路欲使諸弟子以臣礼葬大夫，君之礼孔子」，補肆本同。申本略同。伯三三〇五號、斯三九九二號集解引作：「孔子嘗爲大夫，故子路欲使弟子行其臣之禮也。」「其」，《筆解》引作「爲」。邢解引無末「也」字。均與本注有異。

⓭「言子路久有是心非但今日」，補肆本同。申本無「久」字。此注同於孔注。伯三三〇五號、斯三九九二號集解引孔曰：「言子路有是心，非今日也。」「非」下，皇解引多一「唯」字。均無「久」、「但」二字。

⓮「追」，申本、補肆本作「退」。

⓯「之也」，申本、補肆本無此二字。

三二 天乎也？❶且予与其死於臣之手，❷

无寧死於二三子之手乎！❸

三三 毋（无）寧，寧也。❹孔子以爲臣之恩不如弟子之恩至也。❺且予縱不得大葬，❻予死於道路乎？」

三四 大葬，大夫礼葬也。❼我死於道路乎，言我亦有親昵，將以士礼葬我，何必以大夫礼葬也。❽凡大夫退，❾葬以士禮，❿致仕乃以大夫礼葬也。⓫子貢曰：「有

三五 美玉於斯，韞櫝而藏諸？⓬求善價而沽諸？」⓭緼（韞），裹也。⓮櫝，匣也。⓯沽，該（衒）匱（賣）

❶「也」，申本、補肆本無此字。

❷「予」，申本同。補肆本無此字。「手」，申本、伯三七八三號白文同。「手」下，大永本多一「矣」字。其他諸本末均多一「也」字。

❸「乎」，補肆本、皇本、邢本同。申本無此字。

❹「毋寧寧也」，申本、補肆本同。此注同於馬注。伯三三〇五號集解引馬曰：「無寧，寧也。」

❺「也」，申本、補肆本無此字。

❻「且」，申本同。補肆本無此字。

❼「大夫」下，申本多一「君」字。「也」，申本同。補肆本無此字。

❽「也」，申本、補肆本無此字。

❾「凡」，申本、補肆本同。《禮記・王制》正義引無此字。「退」，申本、補肆本同。「退」下，《禮記・王制》正義引多一「死」字。

❿「葬以」，補肆本、《禮記・王制》正義引同。「葬」下，申本多一「之」字。

⓫「乃」，《禮記・王制》正義引無此字。「也」，申本、補肆本、《禮記・王制》正義引無此字。

⓬「韞」，申本作「蘊」。其他諸本均同底本。「櫝」，申本、補肆本、皇本、邢本作「匱」。毛本作「匵」。伯三七八三號白文、斯三九九二號、伯三三〇五號集解作「櫝」。《釋文》作「匵」，云：「本又作『櫝』，徒木反。」

⓭「價」，申本同。補肆本、《釋文》、伯三七八三號白文、伯三三〇五號集解、皇本、邢本均作「賈」。下同。阮校記謂「價」爲俗字。

⓮「緼」，《釋文》引同。申本仍作「蘊」。「也」，申本、釋文引同。補肆本無此字。

⓯「櫝」，申本、補肆本仍作「匱」。「匣」，《釋文》作「匵」，云：「馬云『匱也』，鄭同。」是陸氏所見《鄭注》「匣」作「匱」。「也」，申本同。補肆本無此字。

三六 也。子貢見孔子有聖德，而不見用，故發此言，❶以視觀其意：有美玉於此，裹匣而藏之？可求善價而詃(衒)賣之也。❷子曰：

三七 「沽之哉！沽之哉！我待價者也。」❸寧有自詃(衒)賣此道者乎？❹我坐而待價者。❺魯讀沽之哉不重，今從古也。❻子欲居九

三八 夷。或曰：「陋，如之何？」九夷，東方之夷，有九種。疾世，故發此言，欲往居之。❼子曰：「君子居之，何

三九 陋之有？」云能化也。❽子曰：「吾自衛返於魯，❾然後樂正，《雅》、《頌》各得

四〇 其所。」反魯，❿魯哀公十二年冬也。⓫是時道衰樂廢，孔子來還，乃正之。⓬故《雅》、《頌》之聲，各

---

❶「發」，申本同。補肆本作「設」。

❷「也」，申本、補肆本無此字。

❸「也」，補肆本、伯三三〇五號集解、皇本、邢本、天文本同。申本、伯三七八三號白文、唐本、津藩本、正平本無此字。

❹「詃」，《御覽》卷八〇四引作「訟」。金校記云：「『訟』大概是『詃』之誤字。」而「詃」又是「衒」之假借字。「此」，申本及《御覽》卷八〇四引作「之」。「者」，申本、《御覽》卷八〇四引無此字。「乎」，《御覽》卷八〇四引作「也」。

❺「坐」，《御覽》卷八〇四引作「居」。申本作「居家」。

❻「魯讀沽之哉不重今從古也」，申本無此注，當是省略。

❼「九夷東方之夷有九種疾世故發此言欲往居之」，「疾世」上，申本多「孔子」二字。補肆本末「之」下多一「也」字。此注，申本置在經文「子欲居九夷」下，與底本置在「陋，如之何」下不同。此注前半同於馬注。斯三九九二號、伯三三〇五號集解引馬曰：「九夷，東方之夷，有九種也。」邢解引無末「也」字。

❽「也」，申本作「之」。

❾「返」，補肆本、斯三九九二號、伯三三〇五號集解同。伯三七八三號白文、皇本、邢本、天文本作「反」。「於」，補肆本、斯三九九二號、伯三三〇五號集解、皇本同。伯三七八三號白文、邢本、天文本無此字。

❿「反」，補肆本、斯三三三九號集解引作「返」。

⓫「二」，斯三三三九號集解引作「一」。「也」，斯三三三九號集解引無此字。

⓬「之」，斯三三三九號集解引同。末「之」下皇解、正平本引多一「也」字。

應其節，不相奪倫。❶子曰：「出則事公
四一 卿，入則事父兄，喪事不敢不免
（勉），不爲酒困，何有於我
四二 哉？」酒困，困於酒，謂躭乱。魯讀困爲魁，今
從古。❷子在川上，曰：「逝者如斯
夫！不舍晝夜。」
四三 逝，往也。言人年往如水之流行，❸傷有道而不
見用也。子曰：「吾未見好德如見
好色者也。」疾時
四四 人薄於德，而厚於色，故發此言。❹子曰：
「譬如爲山，未成一匱，❺止，吾止
也。❻匱，盛土器也。❼以言有人
四五 君爲善政者，少未成匱而止，❽雖來求我，我止不

❶ 「故雅頌之聲各應其節不相奪倫」，「倫」下補肆本多一「也」字。斯三三三九號集解引作「故雅樂各得其所也」。其中「故」下，皇解、正平本引多一「曰」字；「樂」，皇解、邢解、正平本、《史記·孔子世家》集解均引作「頌」。

❷ 「魯讀困爲魁今從古」，補肆本同。金校記引古寫本《釋文》有此注，亦同。

❸ 「逝往也言人年往如水之流行」，皇解引《鄭注》作：「逝，往也。言凡往者如川之流也。」伯三三〇五號集解、邢解、正平本、《文選》卷一三潘岳《秋興賦》注均引作包注。「川」伯三三〇五號集解引作「水」。「往」下，邢解引多一「也」字。

❹ 「疾時人薄於德而厚於色故發此言」，補肆本同。此注與集解注同。斯三九九二號、伯三三〇五號集解云：「疾時人薄於德，厚於色，故發此言也。」「厚於色」上，邢解多一「而」字。「故發」間皇解多一「以」字。均不標注者，似爲何晏自注。唯吉田篁墩《論語集解考異》云：「皇本作鄭玄曰。」但不知所據爲何本。武内義雄云：「此與敦煌本（即底本）合，篁墩的皇本正確。」

❺ 「匱」，諸本均作「簣」。下同。陳校記云：「『匱』、『簣』，俱爲求位切，古多通用。」

❻ 「也」，補肆本無此字。

❼ 「匱盛土器也」，補肆本、《尚書·旅獒》正義引作：「簣，盛土器。」《後漢書·班固傳》注引作：「匱，盛土籠也。」改「器」爲「籠」，同於包注。斯三九九二號、伯三三〇五號集解引包曰：「簣，土籠也。」

❽ 「匱」上，補肆本多一「也」字。

往也。何者？人之解（懈）倦日日有甚也。❶

四六 譬如平地，雖覆一匱，進，吾往也。」覆，猶寫也。❷以言有人君爲善政者，昔時平地，今而日益，雖少行進，若來求我，我則往矣。何者？君子積小以成高大也。❸ 子曰：「語之而

四七 不惰者，其回也欤！」❹惰，懈惰也。子謂顔淵曰：「惜乎！吾見其進也，

四八 未見其退也。」❺顔淵病，孔子往省之，故發此言，痛惜之甚。❻ 子曰：「苗而不秀❼有矣夫！秀

四九 而不實者有矣夫！」❽不秀，論項託。不實，論顔淵。❾ 子曰：「後生可畏，❿焉知

五〇 來者之不如今也？⓫後生，謂幼稚，斥顔淵也。⓬可畏者，言其才美服人也。孟子曰：吾先子之所畏。是時顔淵死矣，故發言，⓭何知來世將無

五一 此人。卌五十而無聞焉，⓮斯亦不足

---

❶「日日有甚也」，補肆本作「日有甚」。
❷「也」，補肆本無此字。
❸「也」，補肆本無此字。
❹「也」，正平本無此字。「欤」，諸本均作「與」。
❺「退」，諸本均作「止」。「也」，伯三七八三號白文、伯三三〇五號集解無此字。
❻「痛惜之甚」，此注同於馬注或包注。伯三三〇五號集解引馬曰：「痛惜之甚也。」邢解引作包曰，無末「也」字。
❼「不秀」，補肆本同。「秀」下，其他諸本均多一「者」字。
❽「者」，補肆本無此字。
❾「不秀論項託不實論顔淵」，酉本僅存「者，喻」二字，推測該本「不秀」、「不實」下各多一「者」字，「論」均作「喻」。
❿「畏」，伯三七八三號白文、斯三九九二號、伯三三〇五號集解、邢本、天文本同。「畏」下，古本、皇本、唐本、津藩本、正平本多一「也」字。
⓫「之」，補肆本無此字。
⓬「也」，補肆本無此字。
⓭「言」上，補肆本多一「此」字。
⓮「卌」，酉本、伯三七八三號白文、伯三三〇五號集解同。其他諸本均作「四十」。

畏也已。」❶言年如此，而才德不聞，此不足
畏也。子
五二 曰：「法語之言，能無悦（從）乎？改之爲貴。人有過行，以正道告之，口無不順從之者，能必改，乃爲貴。❷
五三 選与之言，❸能无説乎？❹繹之爲貴。選，讀爲詮，詮，言之善者。❺繹，陳也。人心有所達，❻發善言以
五四 告之，❼無不解説者，❽能必陳而行之，乃爲貴也。❾説而不繹，❿從而不改，吾末如之何已矣。」⓫
五五 末，无也。言人操行如此，我无奈之何也。⓬子曰：「主忠信，无友不如己者，⓭

---

❶「已」，邢本、大永本同。「已」下，伯三七八三號白文、斯三九九二號、伯三三〇五號集解、古本、皇本、唐本、津藩本、正平本、天文本多一「矣」字。

❷「人有過行以正道告之口無不順從之者能必改乃爲貴」，補肆本同。「能必」下，酉本多一「自」字，「乃爲」間多一「可」字。此注同於孔注。皇解引孔曰：「人有過，以正道告之，口無所不順從之，能必自改，乃爲貴也。」邢解引無「所」及末「也」字，「自改」下多一「之」字。「能必」前斯三九九二號集解引多一「若」字。「貴」下，正平本引多一「矣」字。均無「行」字。

❸「選」，酉本、補肆本同，伯三七八三號白文作「遜」，其他諸本作「巽」。《釋文》作「巽」，云：「音遜。」不及「選」。金校記引古寫本《釋文》云：「（巽）鄭本作『譔』。」亦與「選」異。

❹「説」，補肆本、俄〇二一四四號集解作「悦」。

❺「選讀爲詮詮言之善者」，酉本同。金校記引古寫本《釋文》作：「（譔）讀爲詮，言之善也。」

❻「心」下，酉本多一「志」字。「達」上，酉本多一「不」字。

❼「發」上，酉本原多一「故」字，後用朱筆塗抹。

❽「解説」，酉本作「自解悦」。「者」，酉本無此字。

❾「乃」下，酉本多一「可」字。

❿「説」，皇本、邢本同。酉本、伯三七八三號白文、正平本作「悦」。

⓫「已矣」，酉本稍殘，據殘空，似無此二字。「已」下，唐本多一「也」字。「已」上，其他諸本多一「也」字。

⓬「无」下，酉本多一「能」字。

⓭「无」，酉本、伯三七八三號白文、伯三三〇五號、四六四三號集解、古本、皇本、唐本、足利本、正平本、天文本同。邢本作「毋」。

過則勿

五六 憚改。」❶子曰：「三軍可奪師(帥)，❷疋夫不可奪志也。」❸言疋夫之守志，❹重於三軍之死

五七 將也。❺子曰：「衣弊縕袍，❻与衣狐格(貉)者立，❼而不恥者，其由

五八 也欤？❽言此者，矯時奢也。❾褚以故絮曰縕。❿袍，今時襡也。⓫狐貉，謂裘也。⓬『不忮不求，何用不臧』？」忮，害也。⓭求，謂則人之

五九 過惡。⓮臧，善也。⓯作詩之意，言人之行不有此

❶ 「過則勿憚改」，此句下脱注文。西本注文爲：「憚，難□也。」

❷ 「師」，西本、伯三七八三號白文、伯三三〇五號、四六四三號集解同。「師」下，其他諸本均多一「也」字。

❸ 「疋」，西本、伯三七八三號白文、伯三三〇五號、四六四三號集解同。其他諸本均作「匹」。

❹ 「言」，西本同。《後漢書・橋玄傳》論注引無此字。「疋」，西本同。《後漢書・橋玄傳》論注引作「匹」。

❺ 「也」，西本無此字。「也」上，《後漢書・橋玄傳》論注引多一「者」字。

❻ 「弊」，西本、伯三七八三號白文、伯三三〇五號集解、皇本同。邢本作「敝」。《釋文》出「弊」云：「本今作『敝』。」阮校記云：「『弊』者，『敝』之俗。」

❼ 「格」，西本、伯三七八三號白文、伯三三〇五號集解、古本、唐本、正平本、天文本同。皇本、邢本作「貉」。《釋文》出「貉」云：「依字當作『貈』。」阮校記云：「『貈』正字，『貉』假借字，『狢』俗字。」

❽ 「也」，唐本、正平本無此字。「欤」，諸本(包括西本)均作「與」。

❾ 「也」，西本無此字。

❿ 「褚以故絮曰縕」，「褚」，西本作「著」。《類聚》卷三五、《御覽》卷四八四引作：「縕，絮也。」《釋文》引作：「(縕)枲也。」孔廣林謂「枲」爲「絮」之誤。《彙校》云：「『枲』，宋本同。盧氏據《藝文類聚》三十五改作『絮』。」

⓫ 「襡」，西本作「屬」。「也」，西本無此字。

⓬ 「也」，西本無此字。

⓭ 「忮害也」，西本同。此注同於馬注。皇解引馬曰：「忮，害也。」

⓮ 「則」，金校記作爲「責」之假借。西本、補肆本作「刺」，亦可爲「刺」之誤。

⓯ 「臧善也」，西本同。此注同於馬注。皇解引馬曰：「臧，善也。」

二者，何用焉不善，❶言其直者之也。❷子路
終身誦之。子曰：「是
六〇 道也，何足以臧？」子路於詩士（事）太簡
略，❸故抑之，❹云：不支（忮）不求之道，何足
以爲善也。❺子曰：「歲寒，然後
六一 知松柏之後彫。」❻彫，傷也，病也，論（論）
賢者雖遭困厄，❼不改其操行也。❽子曰：
「智者不惑，❾仁者
六二 不憂，勇者不懼。」仁者不憂，通於窮達。
子曰：「可与共學，未可与適
六三 道；可与適道，未可与立；可与
立，未可与權。」言人雖俱學問，或時未必
能行
六四 人（仁）義之道；能行人（仁）義之道者，或時
未必能立德立功；能立德立功者，或時未必
能知權；能知權者，❿返於經，合於義，尤難知
也。⓫「唐棣之華，翩其

❶「焉」，酉本作「爲」。

❷「者之也」，酉本作「善」。

❸「士太」，補肆本同。酉本作「大事」。

❹「故」，酉本作「欲」。

❺「云不支不求之道何足以爲善也」，此注略同於馬注。伯三三〇五號集解引馬曰：「言不忮害，不貪求，何用爲不善？……尚復有美於是者，何足以爲善也。」

❻「彫」，酉本、伯三七八三號白文、邢本同。古本、皇本作「凋」。《釋文》出「彫」云：「依字當作『凋』。」阮校記云：「《釋文》是也。『彫』是假借字。」「彫」下，皇本、邢本多一「也」字，酉本、伯三七八三號白文同於底本，無此「也」字。

❼「論」，酉本作「喻」，又「論」上多一「此」字。

❽「也」，酉本無此字。

❾「智」，酉本、伯三七八三號白文、伯三三〇五號集解、古本同，皇本、邢本作「知」。《釋文》出「知」云：「音智。」

❿「能知權者」，酉本殘，據間距，此處僅有二字位置。

⓫「尤難知也」，酉本無此四字。

六五 反。❶豈不尔思？室是遠而。」子曰：「末之思也，❷夫何遠之

六六 有哉？」❸唐棣，移也。其華翩翩，順風而返，此其光色盛時，以諭有美女顏色如此，我豈不思与之爲夫婦乎？其室家之道遠耳。孔子言此詩者，但不思之耳，誠能

六七 思之，則可以礼使媒氏往求之，何有遠乎？引此詩者，以言權道亦可思而得之也。

❶「翩」，酉本原作「偏」，後去「亻」旁，右用朱筆補一「羽」字，亦作「翩」，其他諸本均作「偏」。諸本（包括酉本）均末多一「而」字。按「翩」與「偏」本義並不相同，鄭本作「翩」，當自有所本。陳校記云：「《（鄭）注》云『其華翩翩，順風而返』，是『翩翩』爲狀唐棣之花飄動之詞也。《集注》云：『偏』，《晉書》作『翩』。然則『反』亦當與『翻』同，言華之搖動也。是也。《詩・小雅・角弓》『翩其反矣』，句法與此同。後世因其同音芳連切，借爲『偏』，從而釋爲偏頗，以附會反經合道。」

❷「末」，諸本（包括酉本）均作「未」。《釋文》出「未」云：「音味。或作『末』者，非。」

❸「哉」，古本、皇本、唐本、足利本、津藩本、正平本、天文本同。伯三七八三號白文、伯三三〇五號、俄〇二一四四號集解、邢本無此字。

鄉黨篇第十

伯希和二五一〇號寫本

一　《鄉黨篇第十》　孔氏本　鄭氏注

二　孔子於鄉黨，恂恂如也，似不能言者。恂恂，恭順貌也。❶似不能言者，所以接凡人。其在

三　宗廟朝廷，便便言，唯謹尔也。❷便便，辯貌。❸朝，与下大夫言，侃侃

四　如；❹与上大夫言，誾誾如也。君在，踧踖如也，与与如也。朝，与卿大夫以礼會於君之朝也。侃侃，和樂貌也。❺与上

五　大夫言，誾誾，中正貌也。❻踧踖，謙讓貌也。❼与与，温和貌也。君在，視朝也。❽礼，群臣别色而入，君日出而視朝。君召使

---

❶「也」，《後漢書·張湛傳》注引無此字。

❷「也」，諸本均無此字。

❸「便便辯貌」，《御覽》卷四六三引同。「辯貌」上，《大藏音義》卷一引多一「言」字。邢解引《鄭注》作：「便便，辯也，雖辯而謹敬。」皇解引《鄭注》作：「便便，辯貌，雖辯而謹敬也。」與本注有異。伯三三〇五號集解引作孔注，恐有所本。實均本於《爾雅·釋訓》，原文爲：「便便，辯也。」

❹「如」下，諸本均多一「也」字。據底本前後體例，此處應有一「也」字。

❺「侃侃和樂貌也」，此注同於孔注。邢解引孔注曰：「侃侃，和樂之貌。」「之貌」，皇解引作「貌也」。

❻「誾誾中正貌也」，此注同於孔注。邢解引孔曰：「祇祇，中正之貌。」「之貌」，皇解引作「貌也」。

❼「謙讓貌也」，《後漢書·明帝紀》注引作：「敬恭貌。」與本注不類，却與集解所引馬注相同，疑有誤。

❽「君在視朝也」，此注同於馬注。皇解引馬曰：「君在者，君視朝也。」邢解引無「者」與後一「君」字。

六 擯，色勃如也，足躩如也。揖所与立，左右手，❶衣前後，

七 擔（襜）如也。趨進，翼如也。賓退，必復命曰：「賓不顧矣。」君召使擯，❷

八 有賓客使之迎之。❸色勃如，❹矜莊貌。❺足躩如，❻逡巡貌也。揖所与立，人偶同位也。揖右人，右其手，揖左人，左其手。❼將揖，必磬折。磬折則衣前垂，小仰則衣後垂，故曰襜如也。❽翼如，股肱舒張之貌。賓退，礼畢出。復命，白君曰：賓已去。❾

九 入公門，鞠窮如也，❿如不容。立不中

❶ 「左右手」，伯三七八三號白文、伯三三〇五號、俄〇一三九九號集解、邢本同。「手」上，古本、皇本、唐本、足利本、津藩本、天文本多一「其」字。阮校記云：「皇本『手』上有『其』字。案《鄭注》云：『揖左人，左其手；揖右人，右其手。』疑皇本是。」却不知鄭本經文無此「其」字。

❷ 「擯」，伯三三〇五號集解引同。「擯」下，邢解引多一「者」字。

❸ 「有」上，伯三三〇五號集解引多一「謂」字。前「之」，伯三三〇五號集解引無此字。後「之」下，皇解引多一「也」字。

❹ 「色」，《書鈔》卷八六引無此字。「如」，《書鈔》卷八六引無此字。

❺ 「貌」下，《書鈔》卷八六引多一「也」字。

❻ 「足」，《書鈔》卷八六引無此字。

❼ 「揖右人右其手揖左人左其手」，伯三三〇五號、俄〇一三九九號集解、皇解、邢解均引「揖左人，左其手」在「揖右人，右其手」之前，與經文先「左」後「右」合。

❽ 「磬折則衣前垂小仰則衣後垂故曰襜如也」，伯三三〇五號、俄〇一三九九號集解引作：「一俛一仰，衣前後襜如也。」其中「衣前後」之前後，皇解引分別多一「故」與一「則」字。

❾ 「復命白君曰賓已去」，伯三三〇五號、俄〇一三九九號集解、邢解引《鄭注》作：「復命白君，賓已去矣。」皇解、正平本引作孔注，文爲：「復命白，賓已去也。」

❿ 「窮」，諸本均作「躬」。阮校記云：「『躬』又作『窮』。《釋文》作『窮』，云：『劉音弓，本亦作躬。』《羣經音辨》云：『鞠躬，容謹也。鄭康成說禮，孔子之執圭，鞠窮如也。』是鄭、陸所據本作『窮』。但字雖作『窮』，讀仍如『躬』，蓋鞠躬本雙聲字。」說甚是。

一〇 門，行不履閾。過位，色勃如也，足
躩如也，其言似不
一一 足者。攝齊升堂，鞠躬如，❶屏氣似
不息者。出，降一
一二 等，逞其顏色，❷怡怡如也。沒階，
趨進，翼如也。復其位，
一三 踧踖如也。此謂君燕見与之圖事之時。鞠
窮，❸自翕斂之貌也。❹入公門如不容，自卑小
也。立不中門，❺行不當棖闑（闑）之中央。閾，
門限
一四 也。❻過位，位揖也。入門北面時，君揖進之，❼
必避逡，故言足躩如也。其言似不足者，謙以
待君問也。自此已上，謂圖事於庭。攝齊升
堂，謂圖事於堂。❽
一五 降階一等，申其顏色。怡怡如，悅懌貌也。沒，
盡也。階即庭。❾翼如，股肱舒張之貌也。復
其位，向時揖處。踧踖如，讓君爲之降也。執
珪，❿
一六 鞠躬如也，如不勝。上如揖，下如
授。勃如戰色，足蹜蹜

❶「如」下，諸本均多一「也」。據底本前後體例，此處應有此「也」字。

❷「其」，伯三七八三號白文同。其他諸本均無此字。

❸「窮」，《書鈔》卷八六引作「躬」。

❹「翕」、「也」，《書鈔》卷八六引無此二字。

❺「不中門」，《儀禮·士相見禮》疏引無此三字。

❻「閾門限也」，此注同於孔注。伯三三〇五號集解引孔曰：「閾，謂門限。」皇解引無「謂」字，末多一「也」字。

❼「過位位揖也入門北面時君揖進之」，《禮記·曲禮》疏引作：「過位，謂入門右北面君揖之位。」

❽「自此已上謂圖事於庭攝齊升堂謂圖事於堂」，《儀禮·士相見禮》疏引本章經文有「孔子与君圖事於廷，圖事於堂」一句，陳鱣謂必爲鄭氏注文，因古人引經與注常不區别而誤入經文。據本注，知陳氏所説可信。又，《書鈔》卷八六引有「屏氣，自静以待君言也」一句，當在此注之後，底本脱漏。

❾「没盡也階即庭」，「階即庭」上金校記謂脱一「盡」字。此注略同於孔注。伯三三〇五號集解引孔曰：「没，盡也，下盡階也。」

❿「珪」，戌本殘，據其注文，知亦作「珪」。其他諸本均作「圭」。

一七　如有循循。❶享礼，有容色。私覿，愉愉如也。❷執珪，❸謂以君命聘於鄰國。❹執珪如不

一八　勝者，❺敬慎之至。❻執輕如執重。上如揖，授玉宜敬也。❼下如授，不敢忘礼也。❽勃如戰色，恐辱君命。❾足蹜蹜，❿如有循，⓫舉前曳踵，圈豚而行。⓬享，獻。⓭聘礼，⓮既聘而享，

一九　享用珪璧，⓯有庭實，⓰皮馬相間也，⓱覿，見也。⓲

❶「循」，伯三七八三號白文、伯三三〇五號集解、皇本、邢本同。戊本原同，後用墨筆改作「遁」。「循」下，唐本、津藩本、正平本多一「也」字。

❷「也」，戊本無此字。其他諸本均同底本。

❸「珪」，戊本同。《書鈔》卷八六引作「圭」。

❹「國」下，戊本同。《書鈔》卷八六引多一「也」字。

❺「執珪」，戊本同。《書鈔》卷八六引無此二字。

❻「敬慎之至」，戊本同。《書鈔》卷八六引作「敬之至也」。

❼「也」，伯三三〇五號集解、皇解、《書鈔》卷八六引同。戊本及邢解引無此字。

❽「也」，皇解、《書鈔》卷八六引同。戊本及伯三三〇五號集解、邢解引無此字。又，《釋文》引下有「魯讀下為趨，今從古」一句，底本及戊本均無，當是省略。

❾「勃如戰色恐辱君命」，戊本同。「命」下，《書鈔》卷八六引多一「也」字。皇解、邢解引作：「戰色，敬也。」

❿「足蹜蹜」，《書鈔》卷八六引無此三字。

⓫「循」，皇解、邢解引同。戊本原同，後亦用墨筆改作「遁」。

⓬「圈豚而行」，戊本同。邢解引作「行」。伯三三〇五號集解引作「行之」。皇解引作「行也」。《書鈔》卷八六引作「行之慎也」。

⓭「獻」，伯三三〇五號集解引同。「獻」下，戊本及皇解、邢解、《書鈔》卷八六引多一「也」字。

⓮「聘礼」，戊本及皇解、邢解引同。「礼」下，伯三三〇五號集解引多一「也」字。《書鈔》卷八六引無此二字。

⓯「享」，戊本及邢解、《書鈔》卷八六引無此字。「珪」，皇解、邢解、《書鈔》卷八六引作「圭」。

⓰「實」，戊本及邢解、《書鈔》卷八六引同。「實」下，伯三三〇五號、三二七一號集解、皇解引多一「也」字。又，伯三二七一號集解引末又多「君子者，天子也」一句，底本及戊本均無。按此章經文並無「君子」二字，疑係誤入。

⓱「也」，《書鈔》卷八六引同。戊本作「可」，有誤。

⓲「覿見也」，皇解、邢解、《書鈔》卷八六引同。「見」下，戊本無「也」字。伯三三〇五號集解置此注於下文「以私礼見」後。

既亨，以私礼見，❶用束帛乘馬。❷君子不以紺緅飾，紅紫不

二〇 以爲褻服。紺、緅、紫者，❸玄之類。❹紅者，❺纁之類也。玄、纁所以爲祭服者，❻尊其類也。❼紺、緅，石染，不可以爲衣飾；❽紅、紫，染，❾不可以爲褻

二一 服。❿飾，謂純緣也。⓫褻衣，袍襗也。當暑，縝絺綌，⓬必表而出之。⓭縝，單也，暑月單衣，以葛爲之。⓮爲

二二 其形褻，⓯必加表之而後出之者，⓰若今單衣。⓱緇衣，羔裘；素衣，麑裘；黄衣，狐

---

❶「以私礼見」上，伯三三〇五號集解、皇解、邢解、《書鈔》卷八六引多一「乃」字。「見」上，戊本多一「相」字。此注之後，皇解引有「愉愉，顔色之和也」一句。此句，伯三三〇五號集解引無「之」字，邢解引無「也」字，《御覽》卷三八八引無「之」、「也」二字。底本及戊本均無，當是脱漏。

❷「馬」下，戊本多一「也」字。《書鈔》卷八六引末多「者也」二字。

---

❸「者」，皇疏引無此字。

❹「類」下，戊本、皇疏引多一「也」字。

❺「紅」下，戊本多一「紫」字。此「紫」字，據上文恐爲衍字。「者」，皇疏引無此字。

❻「者」，戊本及皇疏引無此字。

❼「也」，皇疏引同。戊本無此字。

❽「可」，戊本無此字。「以」，皇疏引無此字。

❾「染」上，據戊本及皇疏所引脱一「草」字。

❿「以」，戊本同。皇疏引無此字。「服」，戊本同。皇疏引多「而已」二字。

⓫「也」，皇疏引同。戊本無此字。

⓬「縝」，戊本、伯三七八三號白文、伯三三〇五號集解、古本、皇本、唐本、足利本、津藩本、正平本同。邢本、天文本作「袗」。阮校記謂「袗」爲正字，「縝」爲俗字。

⓭「之」，戊本、伯三七八三號白文、伯三二七一號、三三〇五號集解、邢本同。古本、皇本、唐本、足利本、津藩本、正平本、天文本無此字。

⓮「以」，戊本同。《御覽》卷八一九引無此字。「爲之」，戊本同。御覽卷八一九引無此二字。

⓯「褻」，戊本同。「褻」下，《御覽》卷八一九引多一「也」字。

⓰「加」，《御覽》卷八一九引作「有以」。「之者」，戊本無此二字。

⓱「若」上，戊本多「表者」二字。「衣」下，戊本、《御覽》卷八一九引多一「也」字。

二三 裘。褻求（裘）長，短右袂。緇衣，諸侯視朝之服也，❶亦卿、大夫、士祭於君之服也。❷素衣，諸侯視朔之服。❸黄衣，大踖息民之服也。❹凡裘所以爲温，❺皆象其衣色。❻褻裘，❼私處之服也。❽長之至者主温。❾短右袂，便於事。❿

二四 必有寢衣，長一身有半。今時卧被。⓫狐貉之厚以居。在家所接賓客。⓬

二五 去喪，無所不佩。去，猶除也。⓭喪服既除，復吉時所服。無所佩，⓮佩以象德也。

二六 非帷裳，必煞之。帷裳，謂朝祭服之服。其制正幅。⓯

❶「諸侯」，《周禮・天官・司裘》疏引作「君之」。「也」，戍本及《儀禮・既夕禮》疏、《周禮・天官・司裘》疏引無此字。

❷「士」，《周禮・天官・司裘》疏引同。戍本作「助」。「也」，戍本及《周禮・天官・司裘》疏引無此字。

❸「諸侯」，戍本及《詩・秦風・終南》疏引同。邢疏引作「麑裘」。

❹「踖」，戍本作「蜡」。按「蜡」爲正字，「踖」爲假借字。「也」，戍本無此字。

❺「温」下，戍本多一「者」字。

❻「色」上，戍本多一「之」字。

❼「裘」下，戍本多「長□也」三字。

❽「也」，戍本無此字。

❾「至」，戍本無此字。「温」上，戍本多一「於」字。

❿「短右袂便於事」，戍本同。此注略同於孔注。伯三三〇五號集解引孔曰：「短右袂，便作事也。」邢解引無末「也」字。

⓫「今時卧被」，戍本同。《周禮・天官・玉府》疏引「時」作「之」。此注同於孔注。皇解引孔曰：「今被也。」「今」下，伯三三〇五號集解、邢解引多一「之」字。「被」上，伯三二七一號集解引多一「卧」字。

⓬「所」下，據戍本及《詩・召南・羔羊》正義所引脱一「以」字。伯三三〇五號集解、邢解引無「所」字。「客」下，伯三二七一號集解、皇解引多一「也」字，正平本引多「之也」二字。

⓭「去猶除也」，戍本同。此注同於孔注。伯三三〇五號集解、皇解、邢解引孔曰：「去，除也。」少一「猶」字。

⓮「佩」上，據戍本脱一「不」字。

⓯「幅」下，戍本及《左傳》昭公元年疏引多「如幃」二字，皇疏引多「如幃也」三字。

二七 非帷裳者，❶謂染(深)衣也。❷煞之者，❸削其幅，使縫衰(齎)倍腰。❹**羔裘玄冠不以弔。**此視朝之服也。❺吉凶不相干，弔自有服，大夫皮弁錫縗，當事則弁絰。

二八 玄冠，委貌。❻**吉月，必朝服而朝。**吉月，月朔也。❼朝服，皮弁服。❽**齋必有明衣，**❾**布也。**❿明衣，儭身之衣，⓫所以自潔清也。其物以布爲之。

二九 **齋必變食，**⓬**居必遷坐。食不厭精，膾不**

❶「帷裳」，戌本及《左傳》昭公元年疏引同。皇疏引無此二字。

❷「染」，戌本及《左傳》昭公元年疏引同。皇疏引作「餘」。「也」，戌本及《左傳》昭公元年疏引無此字。

❸「煞」，戌本同。皇疏引作「殺」。

❹「使」，戌本同。《左傳》昭公元年疏引無此字。「衰」，戌本同。《左傳》昭公元年疏引作「齊」。「腰」，戌本同。「腰」下，皇疏引多「者也」二字。

❺「此」下，戌本多一「皆」字。「也」，戌本無此字。

❻「貌」下，戌本同。《穀梁傳》僖公三年疏引多「諸侯視朝之服」六字。

❼「吉月月朔也」，戌本同。此注同於孔注。伯三三〇五號集解引孔曰：「吉月，朔也。」「吉月」下，伯三二七一號集解、皇解、邢解引多一「月」字。

❽「朝服皮弁服」，「服」下戌本多一「也」字。「服」，《禮記·曾子問》正義引作「也」。此注同於孔注。伯三二七一號集解引孔曰：「朝服，皮弁服者也。」伯三三〇五號集解引無「者」字。

❾「齋」，戌本、伯三七八三號白文、足利本、正平本、天文本同。皇本、唐本、邢本、津藩本作「齊」。《釋文》出「齊」云：「本或作『齋』，同側皆反。」

❿「也」，伯三三〇五號集解、足利本、正平本、天文本同。戌本、伯三七八三號白文、皇本、邢本無此字。

⓫「儭身之衣」，戌本同。《御覽》卷五三〇引作「親身名」，恐有誤。

⓬「齋」，戌本、伯三七八三號白文、伯三二七一號集解、足利本、正平本、天文本同。伯三三〇五號集解、皇本、邢本、唐本、津藩本作「齊」。

三〇　厭細。食饐而餲，❶魚腇而肉敗，❷不食。色惡，不食。臭

三一　惡，不食。失餁，❸不食。不時，❹不食。割不正，不食。不得

三二　其醬，不食。肉雖多，不使勝食氣。唯酒無量，不及

三三　亂。沽酒市脯不食。不徹薑食，❺不

三四　多食。凡此皆齋爲言也。❻齋者，❼致肅敬於鬼神，故不可同於平時也。❽變食，改膳。❾遷坐，移居。❿饐，⓫謂之餲。失餁，失生熟之節。⓬不時，菲（非）朝夕日中時也。⓭不得其醬不食，謂韮菹醓酶醘梅魚膾芥醬

❶「餲」下，戊本多「不食」二字。其他諸本均同底本。

❷「腇」，伯三三〇五號集解同。戊本、伯三七八三號白文作「餧」。其他諸本均作「餒」。《釋文》作「餒」，云：「奴罪反。《説文》云：魚敗曰『餒』。本又作『鯘』。字書同。」阮校記云：「《説文》作『餧』，從食委聲。『餒』、『餧』古今字，『鯘』俗字。」陳校記云：「『腇』乃『餧』之或體，『鯘』乃『餒』之或體。」

❸「餁」，戊本、伯三七八三號白文、伯三三〇五號集解、大永本同。其他諸本均作「飪」。陳校記云：「『餁』爲《説文》所無。《集韻》云：同『飪』。」按：「餁」實爲「飪」之別體。

❹「不」，戊本作「非」。其他諸本均同底本。

❺「徹」，戊本殘，據其注文，知亦作「徹」。伯三七八三號白文、伯三三〇五號集解及《石經考文提要》引宋本九經同。其他諸本均作「撤」。阮校記云：「《説文》無『撤』字，『撤』乃『徹』之俗字。」

❻「齋爲」，戊本作「爲齋」。「言也」，戊本無此二字。

❼「齋」上，戊本多一「言」字。

❽「也」，戊本無此字。

❾「膳」下，戊本多一「食」字。

❿「居」下，戊本多一「處」字。

⓫「饐」上，戊本多一「食」字。

⓬「失餁失生熟之節」，戊本同。此注同於孔注。伯三三〇五號集解引孔曰：「失餁，失生熟之節也。」句末多一「也」字。

⓭「不時菲朝夕日中時也」，皇解引同。「不」，戊本仍作「非」，無末「也」字。「時」，伯三三〇五號集解引作「之食」。伯三二七一號集解引文殘存「□謂生非其時，若冬梅李實〼」諸字，大異。按：該寫本所引實爲江熙注，見於皇疏。又「時」，《儀禮・既夕禮》疏引作「食」，末多「一日之中三時食」七字，亦異。

三五 之屬也。❶乱，困。❷徹，去。❸齋禁薰物嫌物，嫌去薑食，❹故記之耳。薑食，謂敖（熬）捶牛羊肉爲之，屑桂与薑，❺以纚其上，乾而食之。施羊、施麋、施鹿、施麕，亦如之。不去此物，以其芬香故。

三六 祭於公，不宿肉。助祭施（於）君，所得牲體，歸即班賜，不留神惠❻祭肉不出三

三七 日。出三日，不食之矣。自其家祭肉也。❼過三日不食，是褻鬼神之餘。❽食不語，寢不言。爲其不敬。❾雖

三八 蔬菜羹，❿苽祭，⓫必齋如也。⓬齋，莊

❶「酤酶醢梅」，戊本作「醢醢鹽梅」。金校記釋「酤」爲「醢」，謂後「醢梅」係重複衍字。按底本之「酤」與戊本之「鹽」分别應爲「醃」之俗别與假借。二本均有衍誤，然何者爲衍誤，尚難遽斷。

❷「困」下，戊本多一「也」字。

❸「徹去」下，戊本多一「也」字。此注同於孔注。伯三三〇五號集解引孔曰：「徹，去。」

❹「齋禁薰物嫌去薑食」，戊本同。此注略同於孔注。伯三三〇五號集解引孔曰：「齋禁薰物，薑辛而不臭，故不去也。」

❺「屑桂与薑」，戊本殘，僅存前二字，爲「削薑」。

❻「助祭施君所得牲體歸即班賜不留神惠」，周注同於此注。伯三三〇五號集解引周曰：「助祭於君，所得牲體，歸則班賜，不留神惠也。」「則」，伯三三七一號集解引作「以」，無末「也」字。「則」下，皇解引多一「以」字。

❼「自」，伯三三〇五號集解引同。伯三二七一號集解引無此字。「也」，邢解引無此字。

❽「餘」下，伯三三〇五號集解引多一「祚」字，伯三二七一號集解引多一「也」字。

❾「敬」下，《書鈔》卷八九引多一「也」字。

❿「蔬」，伯三七八三號白文，伯三二七一號、三三〇五號集解、古本、皇本、邢本同。唐本、毛本、北監本、正平本、天文本作「疏」。又「疏」下，據諸本脱一「食」字。

⓫「苽」，伯三七八三號白文、伯三三〇五號集解、古本、皇本同。伯三二七一號集解、邢本、唐本、正平本、天文本作「瓜」。阮校記云：「『苽』，俗字。」

⓬「齋」，伯三七八三號白文同。伯三二七一號、三三〇五號集解、皇木、邢本作「齊」。下同。

敬貌也。三物雖薄，祭之必敬。❶《礼記》曰：瓜祭，上環也。❷席不

三九 正，不坐。坐必正方。❸鄉人飲酒，杖者出，斯出矣。鄉人飲酒，謂鄉黨正飲酒於序，以正齒位。礼：六

四〇 十杖於鄉。正齒位之礼，主於老者。礼畢出，孔子從而後出也。❹鄉人飲酒，杖者出，斯出矣。儺，朝

四一 服而立於阼階。❺鄉人儺者，❻謂駈疫。❼朝服而立於阼階者，❽爲鬼神或驚恐，❾當依人。《周礼》：十二月，方相氏帥百隸而儺，以索室中

四二 駈疫。❿問人於他邦，再拜而送之。⓫

❶「齋莊敬貌也三物雖薄祭之必敬」，此注同於孔注。伯三三〇五號集解引孔曰：「齋，嚴敬貌也。三物雖薄，祭之必敬也。」皇解、正平本引「敬貌」間多一「之」字。改「莊」爲「嚴」，係避漢諱。

❷「礼記曰瓜祭上環也」，此注出於《禮記·玉藻》，原文爲：「瓜祭，上環。」又，《釋文》引有「魯讀瓜爲必，今從古」一句，底本無，當係省略。

❸「坐必正方」，何注立意同於此注。伯三二七一號集解云：「政（正）席，所以恭敬也。」伯三三〇五號集解、皇解、邢解均無此條何注，當是脱漏。

❹「正齒位之礼主於老者礼畢出孔子從而後出也」，《唐寫論語鄭氏注對策殘卷》引略同。此注略同於孔注。伯三三〇五號集解引孔曰：「鄉人飲酒之禮，主於老者。礼畢出，孔子從而後出也。」伯三二七一號集解引無「鄉人」二字，「礼畢出」上多「老者」二字。

❺「於」，伯三七八三號白文、伯三二七一號集解、皇本、邢本同。伯三三〇五號集解、唐本、津藩本、正平本、天文本無此字。

❻「鄉人」，《玉燭寶典》卷一二引無此二字。

❼「疫」下，《玉燭寶典》卷一二引多一「鬼」字。

❽「而」，《玉燭寶典》卷一二引無此字。

❾「恐」，《玉燭寶典》卷一二引作「怖」。

❿「周礼十二月方相氏帥百隸而儺以索室中駈疫」，《禮記·月令》正義引作：「十二月，命方相氏索室中，驅疫鬼。」此注出於《周禮·夏官·方相氏》，原文爲：「方相氏……帥百隸而時難，以索室毆疫。」又，《釋文》引有「魯讀（儺）爲獻，今從古」一句，底本無，當係省略。

⓫「而」，伯三七八三號白文、伯三二七一號、三三〇五號集解、皇本、邢本同。唐本、足利本、津藩本、正平本、天文本無此字。

拜送使者，敬也。❶

四三 康子饋藥，拜而受之，❷曰：「丘未達，不嘗之。」❸饋，遺也。拜受，敬也。丘未達，❹言不服之意也。❺藥從中制列(外)，不嘗者，慎之至。❻

四四 廄樊(焚)。子退朝，曰：「傷人乎？」不問馬。重人賤畜。❼退朝，❽自君之朝來歸。❾

四五 君賜食，必正席先嘗之。❿敬君之惠。既嘗，乃以班賜。⓫君賜腥，必熟而薦之。進於宗廟也。人未享，故可進也。⓬君賜牲，⓭

---

❶「拜送使者敬也」，此注同於孔注。伯三二七一號、三三〇五號集解引孔曰：「拜送使者，敬也。」皇解引「敬也」間多一「之」字。

❷「拜而受之」，伯三七八三號白文、伯三三〇五號集解、皇本、邢本同。伯三二七一號集解無「之」字。《釋文》云：「一本或無『而』、『之』二字。」

❸「不嘗之」，伯三七八三號白文、伯二六六三號、三二七一號、三三〇五號集解、皇本、邢本作「不敢嘗」。唐本、津藩本、正平本、考文引古本一本作「不敢嘗之」。

❹「丘」上，《御覽》卷四七八引多一「曰」字。

❺「也」，《御覽》卷四七八引無此字。

❻「不嘗者慎之至」，《御覽》卷四七八引作「故當慎也」。

❼「畜」，邢解引同。「畜」下，伯三二七一號集解、皇解引多一「也」字。

❽「朝」，邢解引同。「朝」下，伯三二七一號集解、皇解引多一「者」字。

❾「君」，伯三二七一號集解、邢解引同。皇解作「魯」。「歸」，伯三二七一號集解、邢解引同。「歸」下，皇解引多一「也」字。

❿「之」，伯三七八三號白文、伯三二七一號、三三〇五號集解、皇本、邢本、大永本、永禄本同。足利本、唐本、津藩本、正平本、天文本無此字。

⓫「敬君之惠既嘗乃以班賜」，此注同於孔注。伯三二七一號集解引孔曰：「敬君惠也。既嘗之，乃以班賜。」「敬君」下，皇解、正平本引多一「之」字，末多「之也」二字。

⓬「也」，亥本無此字。

⓭「牲」，亥本、伯三七八三號白文、伯三二七一號、三三〇五號集解同。其他諸本均作「生」。按底本注文作「生」，經文「牲」應統一爲「生」。

四六　必畜之。君賜生，不敢煞，畜養之。❶侍食
於君，君祭，先飯。於君祭則先飯，❷若爲
君嘗食然。❸
四七　疾，君視之，東首，加朝，❹絁紳。❺不
忘敬也。朝服者，玄冠緇衣素嘗（裳）緝（緇）帶
韠素。❻紳則帶也。❼疾時寢室中
四八　北墉下也。❽君命召，不俟駕行矣。急趨
君命也。❾行出而車駕隨之。❿入太廟，每事
四九　問。謂助祭於周公之廟。⓫朋友死，無所
歸，曰：「於我殯。」重朋友之恩。無所
歸，無親昵。⓬朋

❶「之」下，《釋文》引有「魯讀生爲牲，今從古」一句，底本無，當係省略。

❷「於」上，亥本多一「若」字。「飯」下，伯三三〇五號集解引多一「矣」字。

❸「君」，亥本及伯三二七一號集解引同。皇解引作「先」。「然」，亥本及伯三二七一號集解引同。「然」下，皇解引多一「也」字。

❹「朝」下，據亥本，脱一「服」字。

❺「絁」，亥本同。伯三七八三號白文、伯三二七一號、三三〇五號集解、皇本、邢本、天文本作「拖」。唐石經作「扡」。《釋文》作「扡」，云：「本或作『拖』，徒我反，又勑佐反。」不及「絁」。「絁」爲「纏」之俗字。

❻「緝」，亥本作「紫」。「韠素」，此二字倒。「韠」，亥本作「縪」。

❼「則」，《禮記・玉藻》注引作「大」。「帶」上，亥本多一「緇」字。「也」，亥本無此字。

❽「也」，亥本無此字。

❾「也」，伯三二七一號、三三〇五號集解、皇解引同。邢解引無此字。亥本作「而行之」。

❿「行出而車駕隨之」，《史記・孔子世家》集解、邢解引同。「行出」皇解作「出行」，「車駕」間多一「既」字。「之」下，伯三二七一號、三三〇五號集解引多一「也」字。亥本作「其車既駕而隨之」。

⓫「謂助祭於周公之廟」，「廟」下亥本多一「也」字。皇解引作：「爲君助祭也。太廟，周公廟也。」伯二六六三號、三二七一號、三三〇五號集解、邢解均無此注，不知是何緣故。

⓬「重朋友之恩無所歸無親昵」，「無所歸」下亥本多一「者」字，「無親昵」上多一「言」字。此注同於孔注。伯三二七一號集解引孔曰：「重朋友之恩也。無所歸，言無親昵也。」伯三三〇五號集解引無二「也」字。皇解引無「言」字。

五〇 友之饋，雖車馬，非祭肉，不拜。車馬雖重，猶不拜。朋友有通財之義，故不拜之。❶

五一 寢不尸，爲其可恶。❷居不容，室家之道難久。❸子見齊縗者，❹雖押（狎），必變。雖仍見之，猶爲改容貌，❺哀喪也。❻

五二 見弁者与瞽者，❼雖褻，必以貌。❽弁，爵弁也❾士祭於君之服。瞽，樂人也。❿敬君礼樂之人，雖索（素）与之褻，今見之，必爲改容貌，⓫礼之至。

五三 凶服者戒（式）之。式負板者。⓬凶服，⓭大功已下。負板者，胥之徒負公家板

❶「朋友有通財之義故不拜之」，亥本同。此注略同於孔注。伯三三〇五號集解引孔曰：「不拜，有通財之義也。」「不拜」下，邢解引多一「者」字。伯三二七一號集解引無末「也」字。

❷「爲其可恶」，亥本同。《書鈔》卷八六引作「恶其死也」。

❸「室家之道難久」，「室」上亥本多「爲其」二字，「道」作「敬」。《書鈔》卷八六引作「爲室家之敬難久也」。此注同於孔注。伯二六六三號集解引孔曰：「爲室家之敬難久矣。」邢解引無「矣」字。「矣」，伯三二七一號集解、皇解引作「也」。伯三三〇五號集解引無「孔曰」二字，似作何晏自注，恐誤。

❹「子」，亥本、伯三七八三號、斯〇九六六號白文、伯二六六三號集解、邢本均無此字。其他諸本則同於底本。「縗」，伯三二七一號集解同。其他諸本（包括亥本）均作「衰」。

❺「爲」下，亥本多一「之」字。

❻「哀」上，亥本多一「亦」字。「也」，亥本作「者」。

❼「弁」，亥本同。其他諸本均作「冕」。《釋文》出「冕」云：「鄭本作『弁』。」

❽「以」，亥本作「異」。其他諸本均同底本。

❾「也」，亥本作「服」。

❿「也」，亥本無此字。

⓫「必爲」，亥本作「猶爲之」。

⓬「板」，亥本、伯三七八三號、斯〇九六六號白文、伯三二七一號、三三〇五號集解、大永本同。其他諸本均作「版」。

⓭「服」下，亥本多一「者」字。

五四　也。❶式此人者，亦哀喪敬君礼法也。❷《礼記》曰：式視路馬之屬也。❸有盛饌，必變色而作。申其志意。❹作，起也。❺

五五　迅雷風烈必變。敬天之怒。❻《尔雅》曰：風疾雷爲烈。❼升車，必正立，執綏。正立執綏而升，❽慎至也。❾車

五六　中，不内顧，不疾言，不親指。爲其奄（掩）後人俻，❿且或（惑）衆也。⓫疾言，謂聲急。⓬色斯舉

❶「負板者胥之徒負公家板也」，「胥之徒」亥本作「謂胥徒」，末「也」作「者」。《世説・文學》注引作：「版，謂邦國圖籍也。負之者，賤隸人也。」與底本及亥本不類；前句却略同於孔注。皇解引孔曰：「負版，持邦國之圖籍者也。」「負版」下邢解引多一「者」字，末無「者也」二字、《文選》卷二六謝靈運《入華子崗是麻源第三谷》注引作：「版，邦國之圖籍也。」因而是否爲《鄭注》，尚難斷定。

❷「喪」下，亥本多一「者」字。「也」，亥本無此字。

❸「礼記曰式視路馬之屬也」，亥本無「視」字。按此注出於《禮記・曲禮》，原文作「式路馬」，無「視」字是也。

❹「志」，亥本作「厚」。

❺「作起也」，亥本無末「也」字。此注同於孔注。伯三二七一號、三三〇五號集解引孔曰：「作，起也。」

❻「怒」，邢解引同。「怒」下，伯三二七一號、三三〇五號集解、皇解引多一「也」字。

❼「尔雅曰風疾雷爲烈」，亥本僅存「曰：風疾雷爲烈」六字，「曰」上一字，據左存「牙」旁推測，亦爲「雅」字。伯三二七一號、三三〇五號集解引作「風疾而雷爲烈也」。皇解引無「而」字。邢解又引無末「也」字。據此，金校記云：「今本《爾雅・釋天》作『疾雷爲霆』，無此（風疾雷爲烈）文，『《爾雅》曰』三字恐誤。」

❽「升」下，亥本多一「車」字。

❾「慎至也」，亥本作「慎之至」。

❿「俻」上，據亥本脱一「不」字。

⓫「且或衆也」，「且」上亥本多「親指」二字。《書鈔》卷八六引作：「疾言、親指，驚衆也。」孔廣陶《書鈔校注》謂一本無「疾言、親指」四字，「驚衆也」上多一「恐」字。

⓬「急」，亥本同。「急」下，《釋文》引有「（車中不内顧）魯讀車中内顧，今從古也」一句，底本及亥本均無，當係省略。

五七　矣，翔而後集。見君之異志，見於顔色，則去。❶迴翔審觀，而後下止也。❷曰：「山梁雌雉，

五八　時哉時哉！」子路共之，❸三臭而作。❹孔子山行，❺見雌雉食其梁粟，❻無有驚害

五九　之志，❼故曰：時哉時哉！感而自傷之言也。❽子路失其意，謂可捕也，❾乃捕而煞之，

❶「見君之異志見於顔色則去」，「見」上亥本多「此謂士」三字，「之異」間多一「有」字，「見於」上多一「乃」字。此注立意同於馬注。伯三二七一號、三三〇五號集解引馬曰：「見顔色不善則去矣。」皇解、邢解引「矣」作「之」。

❷「迴翔審觀而後下止也」，「迴」亥本作「回」，「止也」作「至」。周注同於此注。伯二六六三號、三三〇五號集解、邢解引周曰：「回翔審觀，而後下止。」伯三二七一號集解、皇解引末多一「也」字。

❸「共」，伯三二七一號集解、邢本、天文本同。伯三七八三號、斯〇九六六號白文、古本、皇本、唐本、津藩本、正平本作「供」。亥本、伯三三〇五號集解作「拱」。《釋文》出「共」云：「本又作『供』，九用反，又音恭。」不及「拱」。阮校記云：「『共』、『供』，古字通。」「拱」爲假借字。

❹「臭」，斯〇九六六號白文同。其他諸本（包括亥本）均作「嗅」。按此二字古可通用。

❺「孔子」上，亥本多「作，起也」三字。

❻「見」下，亥本及《文選》卷三四枚乘《七發》注引多一「一」字。《釋文》引無「其」字，末多一「也」字。「其」，《釋文》無此字。「粱」，亥本及諸書引同，《彙校》引作「粱」，云：「段云：依鄭則當作『粱』。案蜀本經、注皆作『粱』。」月洞讓亦認爲鄭本應作「粱」。「粟」下，《釋文》多一「也」字。

❼「無」上，亥本多一「而」字。「害」，亥本作「駭」。「志」，亥本作「心」。

❽「也」，亥本無此字。

❾「也」，亥本無此字。

烹而進之。❶三臭之者，不以微見人之過。❷既嗅之而起，不食之。❸

（後缺）

❶「烹」，亥本作「熟」。

❷「微」下，亥本多一「意」字。「過」下，亥本多一「恶」字。

❸「孔子山行……不食之」，亥本末多一「也」字。皇疏引虞喜《論語鄭氏注讚》云：「『色斯舉矣，翔而後集。』此以人事喻於雉也。雉之爲物，精儆難狎，譬人在亂世，去危就安，當如雉也。曰：『山梁雌雉，時哉！』以此解上義也。時者，是也。供，猶設也。言子路見雉在山梁，因設食物以張之。雉性明儆，知其非常，『三嗅而作』，不食其供也。正言『雌』者，記子路所見也。」與《鄭注》解釋並不相同。

顏淵篇第十二

日本書道博物館藏敦煌寫本

（前缺）

一 哀公問於有若，曰：「☐？」☐☐。☐

二 若對曰：「盍徹乎？」《周礼》：十一而稅，謂之徹。❶徹，通，❷爲天下之通法。❸☐穀不熟制國用而計不足。❹哀公憂國，有若憂人（民），故令徹焉者也。❺

三 曰：「二，吾猶不足，如之何其徹也？」對曰：「百姓足，君熟（孰）与不

四 足？百姓不足，君熟（孰）与足？」二，謂十二而稅。❻熟（孰），誰。❼子張問崇德辨惑。❽

---

❶「周礼十一而稅謂之徹」，「周」上伯二六二〇號集解引多「盍，何不也」四字，「礼」作「法」，「十」作「什」。「盍」下，伯二六八七號集解、皇解、正平本引多一「者」字。《左傳》宣公十五年疏引無「周礼」二字。《周禮・考工記・匠人》疏引首多四字同於伯二六二〇號集解，以下却作「（徹）謂十一之通稅」。

❷「通」下，《周禮・考工記・匠人》疏、《左傳》宣公十五年疏、伯二六二〇號集解引多一「也」字，伯三四四一號集解引多一「法」字。

❸「法」，《左傳》宣公十五年疏、伯二六二〇號集解引同。伯三一九二號集解引作「稱」，末多一「也」字。「法」下，伯三四〇二號集解引多「矣也」二字。

❹「☐」，金校記據邢疏疑爲「年」字。

❺「哀公憂國有若憂人故令徹焉者也」，《周禮・考工記・匠人》疏引《鄭注大義》有云：「（有若）云盍徹，哀公憂國，有若憂民故也。」與本注略同。

❻「二謂十二而稅」，《周禮・考工記・匠人》疏引同。此注同於孔注。伯二六二〇號集解引孔曰：「二，謂什二而稅。」「什」伯三一九二號集解引作「十」。

❼「熟誰」，此注同於孔注。伯二六二〇號集解引孔曰：「孰，誰也。」伯三四〇二號集解引無末「也」字。

❽「惑」，伯三四四一號集解作「或」。《釋文》作「惑」，云：「本亦作『或』。」

五 崇，猶曾（尊）。辨，猶別。❶子曰：「主忠信，徙義，崇德。❷愛之欲其生，❸惡之欲
六 其死，❹既欲其生，❺又欲其死，是惑。❻徙義，見義事，徙意而從之。愛惡當有常，於一人之身，一欲生之，一欲死之，是惑。
七 ❼『誠不以富，亦祇以異。』」此《詩·小雅·我行其野》之句。❽祇，適也。言此行誠不可以致富，適可見其心志與人有

❶「辨猶別」，此注同於孔注或包注。伯三一九二號集解引孔曰：「辨，別。」邢解亦引作孔曰，末多一「也」字。伯二六八七號、三四四一號集解、皇解、正平本引同，但作包曰。伯二六二〇號、二六六〇號、三六〇六號集解亦引作包曰，文爲：「辯，猶別也。」

❷「德」，伯二六八七號、三一九二號、三四〇二號集解、古本、皇本同。「德」下，伯二五四八號白文、伯二六二〇號、二六六四號、三四四一號、三六〇六號集解、邢本、唐本、正平本多一「也」字。

❸「生」，伯二五四八號白文、伯二六二〇號、二六六四號、二六八七號、三一九二號、三四〇二號、三四四一號、三六〇六號集解、邢本、天文本同。「生」下，古本、皇本、唐本、津藩本、正平本多一「也」字。

❹「死」，伯二五四八號白文、伯二六二〇號、二六六四號、二六八七號、三一九二號、三四〇二號、三四四一號、三六〇六號集解、邢本、天文本同。「死」下，古本、皇本、唐本、津藩本、正平本多一「也」字。

❺「生」，伯二五四八號白文、伯二六二〇號、二六六四號、二六八七號、三一九二號、三四〇二號、三四四一號、三六〇六號集解、邢本、唐本、正平本、天文本同。「生」下，古本、皇本多一「也」字。

❻「是」，正平本同，考文引古本作「其」。「惑」，正平本同。「惑」下，其他諸本均多一「也」字。

❼「徙義見義事徙意而從之愛惡當有常於一人之身一欲生之一欲死之是惑」，此注略同於包注。伯二六二〇號、二六六四號集解引包曰：「徙義，見義事，則徙意而從之也。愛惡當有常，一欲生之，一欲死之，是心惑也。」伯三一九二號集解引無「事」、「則」、「而」及前一「也」字，「有常」間多一「其」字。「當」前，伯三四〇二號集解引多一「皆」字，無末「也」字。伯三四四一號、三六〇六號集解引無「心」字。

❽「我行其野之句」，伯二六六四號、三四四一號集解引無此六字。「句」下，《詩·周南·關雎》篇題正義引多一「也」字。

八　異而□之。❶齊景公問政於孔子，孔子對曰：「君君，臣臣，父父，子子。」

九　公曰：「善哉！信如君不君，臣不臣，▨，

一〇　吾豈得而食諸？」❷景公▨▨

（中缺）

一一　敢不正？」▨，❸諸臣之帥者也。❹季康子患盜，問於孔子。孔子□□：「□

一二　子之不欲，❺雖賞之不竊。」患，憂也。苟，比且也。竊，小盜。且使子▨嗜欲，人雖賞之使盜，猶不爲之。人化於上，不從其令，從

---

❶「適可見其心志与人有異而□之」，伯二六二〇號集解引作：「適足爲異耳，取此詩之異義以非之。」「適」下，皇解引多一「以」字，「足」作「是」，末多一「也」字。「足爲」間伯二六八七號集解、邢解引多一「以」字。「取此」，伯三四四一號集解引作「此取」。伯二六八七號集解引無前一「之」字。伯三四〇二號集解引無後一「異」字。

❷「吾豈得而食諸」，「豈」，伯二六八七號、三一九二號、三四四一號集解、古本、皇本、唐本、足利本、津藩本、正平本、天文本同。伯二六二〇號、三四〇二號、三六〇六號、二六六四號集解作「焉」。伯二五四八號白文、邢本無此字。《釋文》作「焉」，又云：「本今作『吾得而食諸』。」阮校記云：「案《史記・仲尼世家》及《漢書・武五子傳》『焉』並作『豈』，與皇本合。《太平御覽》二十二引『吾惡得而食諸』。『豈』、『焉』、『惡』三字義皆相近，疑今本『吾』下有脫字。」

❸「▨」，伯三一九二號、三四〇二號、邢解引爲「康子，魯上卿」五字。皇解引首多一「季」字。

❹「臣」，伯三四四一號集解引作「侯」。「帥」，伯二六二〇號、三六〇六號集解引作「師」。「者」，諸本均引無此字。

❺「□」，據注文應爲「苟」字。「子之」，伯二五四八號白文，伯二六二〇號、三一九二號、三四〇二號、三四四一號、三六〇六號集解、邢本同。伯二六八七號集解、古本、皇本、正平本、天文本無「之」字。唐本、津藩本無「子之」二字。

一三　其所好也。❶孔子對曰：❷「子爲政，焉用煞？子欲善而人（民）善矣。君子之

一四　德風，❸小人之德草，❹草上之風，❺必偃。」亦欲使康子先自正也。偃，仆也。草上加之以風，無不□仆也。猶人（民）之化於上也。❻

一五　子張問：「仕（士）何如斯可謂之遠（達）矣？」❼子曰：「何哉，爾所謂之□

❶「人化於上不從其令從其所好也」，此注同於孔注。伯二六八七號集解引孔曰：「言人化於上，不從其令，從其所好。」「人化」間伯三一九二號集解引多一「皆」字。「其令」間皇解、正平本引多一「所」字，末多一「也」字。

❷「孔子」上，當有脱文。金校記謂脱「季康子問政於孔子，曰：「如殺無道，以就有道，何如」十九字。按此僅指經文而言，恐怕還脱有注文。

❸「風」，伯二五四八號白文、伯二六八七號、三一九二號集解、邢本同。「風」下，伯二六二〇號、三四〇二號、三四四一號集解、古本、皇本、唐本、正平本、天文本多一「也」字。

❹「草」，伯二五四八號白文、伯二六八七號、三一九二號集解、邢本同。「草」下，伯二六二〇號、三四〇二號、三四四一號集解、古本、皇本、唐本、正平本、天文本多一「也」字。

❺「上」，伯二五四八號白文、伯二六二〇號、三一九二號、三四〇二號、三四四一號集解、邢本、唐本、津藩本同。伯二六八七號集解、古本、皇本、足利本、正平本、天文本作「尚」。《釋文》作「尚」，云：「本或作『上』。」阮校記云：「『尚』、『上』，古字通。」

❻「亦欲使康子先自正也偃仆也草上加之以風無不□仆也猶人之化於上也」，「□」字原在「子先」與「不仆」夾注間，筆畫完整，但不可識。此注同於孔注。伯三四〇二號集解引孔曰：「亦欲令康子先自政也。偃，仆。草上加之以風，無不仆者。猶民化於上也。」「政」伯二六二〇號集解引作「正」，下無「也」字，「偃，仆」下多「之化也」三字。「偃，仆」下，伯三一九二號集解引多一「也」字，「草上加之以風」作「加草以風」。伯二六八七號集解引無「令」字，「草上加之以風」作「草如此風」，「民化」間多一「之」字。

❼「矣」，伯二五四八號白文、伯二六二〇號、二六八七號、三四〇二號、三四四一號集解、皇本、邢本同。伯三一九二號集解、古本、唐本、津藩本、正平本、天文本作「也」。

者？」❶知其有懷俠而問之，故何以却之也。子張對曰：「在▨必聞。」言仕（士）▨聞▨。❷

子曰：「是聞也，非達也。夫達者，❸□直而好義，仕（士）▨▨。▨慮以下人。在邦必達，在家必達。觀色者▨常將謙▨以得名譽爲達者也。夫聞者，❹色取人而行違，❺居之不疑。在▨聞。」言以顏色取人之名譽，而行与之相違，居之不疑，虛若真也。

樊遲從遊於舞雩之下，□：「▨崇德、脩慝、辨惑。」舞雩之處，有壇墠樹木，故下可遊焉。❻脩，理也。慝，恶也。❼子曰：「善哉問！▨

❶ 「之」，伯二六二〇號、三四〇二號集解同，伯二五四八號白文、伯二六八七號、三一九二號、三四四一號集解、皇本、邢本無此字。

❷ 前「▨」，伯三一九二號集解、《史記・仲尼弟子列傳》集解、邢解引爲「之所在」三字。伯三四四一集解引無「之」字。後「▨」，伯三一九二號集解、《史記・仲尼弟子列傳》集解、邢解引爲「能有名譽」四字。伯二六二〇號、三四〇二號集解、皇解引末多一「也」字。

❸ 「者」，伯三一九二號集解、古本、皇本、唐本、津藩本、正平本同。「者」上，伯二五四八號白文、伯二六二〇號、三四〇二號、三四四一號集解、邢本多一「也」字。

❹ 「者」，伯二六八七號集解、古本、皇本、唐本、津藩本、正平本同。「者」上，伯二五四八號白文、伯二六二〇號、三一九二號、三四〇二號、三四四一號集解、邢本多一「也」字。

❺ 「人」，伯三四四一號集解同。其他諸本均作「仁」。

❻ 「舞雩之處有壇墠樹木故下可遊焉」，此注同於包注。伯三一九二號集解引包曰：「舞雩之處，有壇墠樹木，故不可遊焉也。」「下」上，皇解引多一「其」字，無「焉」字。「下」，伯三四四一號集解引作「人」，亦無「焉」字。伯二六二〇號集解、邢解引無末「也」字。

❼ 「脩理也慝恶也」，此注同於孔注。伯三一九二號集解引孔曰：「慝，恶也。脩，治也。」據此，本注「理」原應作「治」，避唐諱改。

而後得，❶非崇德与？攻其悪，無攻人之悪，❷非脩慝与？一朝之⧄身，以及其親，非惑与？」先事後得，先施功勞，而後受禄。❸樊遲問仁。子曰：⧄「知人。」樊遲未達。未達，知⧄。□曰：「舉直措諸枉，❹能使枉⧄。」□說知人爲智之意。樊遲退，見子夏曰：「嚮也，❺吾見於夫子而問智，❻□曰：『舉直措諸枉，能使枉者直。』何謂？」❼孔子再爲說之，猶未達，故就子夏而問之。子夏曰：「富哉□乎！❽舜有□下，選於衆，舉臯陶，不

---

❶「而」，諸本均無此字。

❷「無」，伯二五四八號白文、伯二六二〇號、三四〇二號、三四四一號集解、邢本同。伯三一九二號集解、皇本、正平本、天文本作「毋」。

❸「先施功勞而後受禄」，此注略同於孔注。伯三四〇二號集解引孔曰：「先勞於事，然後得禄之也。」「先勞」下，伯三一九二號集解引多一「人」字。「禄」，皇解、邢解引作「報」。伯三四四一號集解引無「之」字。邢解引無末「之也」二字。

❹「措」，伯二六二〇號、三一九二號、三四〇二號、三四四一號集解同，伯二五四八號白文、皇本、邢本作「錯」。《釋文》作「錯」，云：「或作『措』，同。七故反。下同。」參閲第一頁校勘記❷。「諸」，考文補遺引古本作「於」，下同。

❺「嚮」，伯二六二〇號、三一九二號、三四〇二號、三四四一號集解、古本、皇本、唐本、正平本、天文本同。伯二五四八號白文、邢本作「鄉」。《釋文》作「鄉」，云：「又作『嚮』，同。」

❻「智」，伯二六二〇號、三一九二號、三四〇二號、三四四一號集解同。伯二五四八號白文、皇本、邢本作「知」。

❼「謂」下，諸本均多一「也」字。

❽「□」，伯二六二〇號、三一九二號、三四〇二號、三四四一號集解、邢本爲「言」字。古本、皇本、唐本、足利本、津藩本、正平本前多一「是」字。

二八 仁者遠矣。湯有天下，選於衆，❶舉伊尹，不仁者遠矣。」富，俻也。皋陶爲仕（士）師，號□庭堅。❷伊尹相湯，號曰阿衡。子貢問友。問与朋友會居之道。子

二九 曰：「忠告□善道，❸否則

三〇 止，❹無自辱焉。」❺朋友義合之輕者，凡義合者有絶道，忠言以告之，❻不從則止也。❼曾子曰：「君子以文會友，以

三一 友輔仁。」輔仁，輔成己之仁也。❽

---

❶「於」，伯二五四八號白文、伯三一九二號、三四〇二號、三四四一號集解，皇本、邢本、唐本同。伯二六二〇號集解、正平本、天文本無此字。

❷「□」，《左傳》文公十八年疏、《路史》注引爲「曰」字。

❸「□」，伯二五四八號白文、邢本爲「而」字。伯二六二〇號、三一九二號、三四四一號集解爲「以」字。古本、皇本、唐本、津藩本、正平本爲「而以」二字。「道」，天文本作「導」。「道」下，伯二五四八號白文、伯三四〇二號集解、古本、皇本、唐本、津藩本、正平本多一「之」字。

❹「否」，伯二六二〇號、三一九二號、三四〇二號、三四四一號集解、古本、皇本、唐本、津藩本、正平本同。天文本作「不」。伯二五四八號白文、邢本作「不可」。

❺「無」，伯二六二〇號、三一九二號、三四〇二號、三四四一號集解、古本、皇本、足利本、正平本同。邢本作「毋」。《釋文》作「毋」，云：「音無。」

❻「言」，原作「信」，後用墨筆塗去「亻」旁，因從之。《御覽》卷四〇六引亦作「言」。

❼「也」，《御覽》卷四〇六引作「之」。

❽「輔仁輔成己之仁也」，此注略同於孔注。伯三四四一號集解引孔曰：「朋友相切磋之道，所以輔成己之仁也。」

子路篇第十三

日本書道博物館藏敦煌寫本

一　《論語·子路》▨　鄭氏注

二　▨▨由之又勞來▨敬勞之也。請益。

（後缺）

日本龍谷大學藏吐魯番寫本（殘片）

（前缺）

一　▨▨善夫，善▨惡無常。不恒▨

二　▨。」▨之。此《易·恒封（卦）》爻▨▨反以續焉。❶《礼記》▨

（後缺）

❶「此易恒封爻▨▨反以續焉」，此注前部應同於孔注。斯三〇一一號集解引孔曰：「此《易·恒卦》之辭，言德無常則羞辱承之。」伯二五九七號集解引前一「之」作「爻」。

日本龍谷大學藏吐魯番寫本

（前缺）

一 ☒如？鄉人皆悪之，❶何☒

二 ☒悪之。」❷人皆好之，多所好☒。❸□□善己，悪人悪己，善☒。❹☒

三 ☒道，不悦。❺及其使人，☒

四 不以道，則悦。❻及其使人，❼求偹焉。」子曰：☒

五 泰。」泰，謂威儀矜莊。驕，謂慢人自貴。子曰：「剛、毅、木、訥，斯近仁。」❽☒☒訥☒加文与，則成仁也。❾子路問曰：「何如

六 斯可謂之士矣？」子曰：「切☒。❿

❶「鄉人」上，諸本均多「子曰：未可也」五字。

❷「之」下，古本、唐本、津藩本、正平本多一「也」字。其他諸本均同底本無此「也」字。

❸「人皆好之多所好☒」，《公羊傳》莊公十七年疏云：「与善人同復，与悪人異道，理勝於前，故知是實善，云云之説，備於《鄭注》。」馬國翰以爲「疏約鄭義也」，然與本注不類。

❹「□□善己，悪人悪己，善☒」，此注應同於孔注。伯二五九七號集解引孔曰：「善人善己，悪人悪己，善善明，悪悪著。」皇解引後六字首多一「是」字，末多一「也」字。斯三〇一一號集解引後六字作「是善明悪著」。據此，本注「□□」應爲「善人」二字，「☒」應爲「善明，悪悪著」五字。

❺「悦」，正平本、天文本同，皇本、邢本作「説」。下同。「悦」下，諸本均多一「也」字。

❻「則」，諸本均無此字。「悦」下，諸本均多一「也」字。

❼「人」下，諸本均多一「也」字。

❽「斯」，諸本均無此字。

❾「☒☒訥☒加文与則成仁也」，《後漢書・吴漢傳》注引作：「剛，毅，謂彊而能斷。木，樸慤貌。訥，忍於言也。四者皆仁之質，若加文，則成仁矣。故言近仁。」

❿「☒」，據注文，中有「愢愢」二字。按「愢愢」，斯三〇一一號、伯三六〇七號集解作「偲偲」。《釋文》作「偲偲」，云：「本又作『愢愢』。」

七 切切，勸競貌。偲偲，謙順貌。怡怡，和協貌。❶朋友切切偲偲，兄弟怡怡如。」❷子路好勇，性近剛，故爲重説之。□□：「▨

八 七年，亦可以即戎矣。」即，就也。戎，兵也。❸天以七紀滿其七數，恩愛足以署於人，有軍旅之事，人必爲之致死也。□□：「▨

九 人（民）戰，是謂棄之。」不教人（民）戰署，謂人（民）素不以服君之政教，以此往戰，士無致死之心，必▨虜。

❶「偲偲，謙順貌，怡怡和協貌」，《詩·小雅·棠棣》正義引作「怡怡，謙順貌」。羅振玉謂「有譌奪」。

❷「如」，足利本、天文本同。斯三〇一一號、伯三六〇七號集解、邢本無此字。「如」下，伯二五九七號集解、古本、皇本、唐本、津藩本、正平本多一「也」字。

❸「即就也戎兵也」，此注同於包注。皇解、正平本引包曰：「即戎，就兵。」斯三〇一一號集解引作：「即，就。戎，兵。」「就」、「兵」下，邢解、《筆解》引各多一「也」字。

憲問篇第十四

日本龍谷大學藏吐魯番寫本

一　《論語·憲問》第十四　孔[氏]⍁

二　憲問恥。子曰:「邦有道,穀;邦無道,穀,恥。」❶憲,孔⍁。❷⍁

(後缺)

❶「恥」下,諸本均多一「也」字。

❷「憲孔⍁」,金校記據《鄭注》體例,謂此注完整應爲:「憲,孔子弟子原憲。」

附録一

日本武田長兵衛藏吐魯番寫本（殘片）

（前缺）

一 ▨▨以薪宰夫和之齊之▨▨也。

二 ▨何如？」子曰：「未可▨

三 ▨▨人皆惡之，多所惡。善人▨嚚善明，惡惡著。

▨

四 ▨器之。小人難事▨

五 ▨曰：「君子泰而不驕，小人▨

六 ▨仁矣。」剛，謂强志不屈撓。毅，强斷決。▨

貌。□，認於言。此四者皆▨。

七 ▨愢愢怡▨

（後缺）

附録二

録自劉寶楠《論語正義》

鄭玄《論語序》逸文

正義曰：略本宋氏翔鳳所輯。

仲弓、子游、子夏等撰。正義曰：此引見《論語音義》，至《敘録》則云「仲弓、子夏等所撰定」，不及子游。邢疏與《音義》同，兩處引文不言鄭《序》。陳氏鱣《古訓》、宋氏翔鳳輯鄭注並采入《敘》，雖由意測，當得之也。仲弓、子游、子夏皆孔子弟子。《論語崇爵讖》曰：「子夏六十四人，共撰仲尼微言，以當素王。」明標子夏之名。傅休奕《傅子》：「昔仲尼既没，仲弓之徒追論夫子之言，謂之《論語》。」此當本鄭《序》，故數仲弓也。但作《論語》者，雖有三子之名，實非止三子所作，故鄭言「等」以明之。《漢書·藝文志》：「《論語》者，孔子應答弟子時人及弟子相與言而接聞於夫子之語也。當時弟子各有所記。夫子既卒，門人相與輯而論篹，故謂之《論語》。」趙岐《孟子題辭》：「七十子之疇，會集夫子所言，以爲《論語》。」二文所言，皆以《論語》爲聖門羣弟子所作，故鄭君既箸其姓名，復言「等」以總括之也。鄭樵《通志·藝文略》有《論語撰人名》一卷，不知誰作。翟氏灝《四書考異》曰：「《通志》所録《撰人名》，恐卽源本《崇爵讖》，今其書不傳，莫可詳矣。陸九淵《象山語録》曰：『鄭康成、王肅謂「《論語》爲子游、子夏所編」，亦有可考者。如《學而篇》「子曰」次章便載《有若》一章，又「子曰」而下載《曾子》一章，皆不名而以「子」稱之。蓋子夏輩平昔所尊者，此二人耳。』」案：陸以王肅説與鄭同，不知何本。其以有子、曾子爲子夏輩所尊，故稱「子」，其説良是。《柳宗元文集·論語辨》以《論語》稱「曾子」，子爲師稱，因以《論語》爲出自曾子弟子樂正子春、子思之徒。程子、朱子則以爲出於曾子、有子之門人。其説與象山異，雖亦得通。但不當取後遺前，而反没羣賢箸録之功也。又考《論語》弟子之稱子者，自有子、曾子外，閔子騫皆書字，而《先進篇》一稱閔子。冉伯牛、冉仲弓、冉有皆書字，而《雍也篇》、《子路篇》各一稱冉子。則意書字者爲弟子所記，書子者爲三子之弟子所記也。胡寅《論語詳解》、趙順孫《四書纂疏》謂「《憲問篇》不書姓，且直稱名，疑通篇皆憲所記」，其説亦頗得理。要之，《論語》之作，不出一人，故語多重見，而編輯成書，則由仲弓、子游、子夏首爲商定，故傳《論語》者能知三子之名。鄭君習聞其説，故於《序》標明之也。「撰定」者，《禮記・内則注》：「撰，治擇之名也。」《廣雅・釋詁》：「撰，具也，定也。」凡有所作述，必具衆義，擇善從之。故此三訓義皆通也。《漢書・揚雄傳》：「譔以爲十三卷。」顔師古注：「譔與撰同。」《説文》：「定，安也。」《荀子・王制》：「夫是之謂定論。」楊倞注：「定論謂不易之論。」仲弓等裒輯諸弟子所記，勒爲此編，故以爲所撰定也。既經撰定，不得無名以稱之，此「論語」二字必亦仲弓等所題。《漢志》云：「門人相與輯而論篹，故謂之《論語》。」「謂之」者，門人謂之也。《經典敘録》亦云：「夫子既終，微言已絶，弟子恐離居以後，各生異見，❶而聖言永滅，故相與論撰，因輯時賢及古明王之語，合成一法，謂之《論語》。」亦以《論語》爲弟子所題也。《論衡・正説篇》：「初孔子孫安國以教魯人扶卿，官至荆州刺史，始曰《論語》。」似《論語》之名爲安國所題，此誤説也。翟氏灝《攷異》曰：「按《論語》名見《禮坊記》及今《家語・弟子解》，今《家語》不可信，《坊記》可信也。蓋自孔氏門人相論纂畢，隨題之爲《論語》矣。」**書以八寸策。《鉤命決》云：「《春秋》二尺四寸書之，《孝經》一尺二寸書之。」故知《六經》之策，皆長二尺四寸。《易》、《書》、《詩》、《禮》、《樂》、《春秋》皆尺二寸，《孝經》謙，半之。《論語》八寸策者，三分居一，又謙焉。**正義曰：「書以八寸策」，見《北史・徐遵明傳》，彼文作「八十宗」，乃傳寫之誤，徐氏就而通之，非也。《説文》云：「書，箸也。」又《序》云：「箸於竹帛謂之書也。」「八寸」者，策之度。「策」者，「册」之叚借。《説文》：「策，馬箠也。」别一義。「册，符命也，諸侯進受於王也。象其札一長一短，中有二編之形。笧，古文册從竹。」符命，即天子賜諸侯之册書，故凡書簡編連之，亦曰策。《魯語》云：「遂書以爲三筴」「筴」即俗「策」字。鄭注《中庸》云：「策，簡也。」《聘禮記注》同。《爾雅・釋器》：「簡謂之畢。」郭注：「今簡札也。」《説文》：「簡，牒也。」《釋名・釋書契》：❷「札，櫛也，編之如櫛齒相比也。」凡皆異名同物。杜預《春秋左傳序》云：「大事書之于策，小事簡牘而已。」孔疏申之，以單執一札爲簡，連編諸簡爲策，分策、簡爲二，非也。《聘禮記》云：「百名以上書于策，不及百名書于方。」鄭注：「名，書文也，今謂之字。

---

❶「異」，原誤作「意」，據《釋文》改。

❷「釋書契」，原誤作「釋典藝」，據《釋名》改。

方，版也。」用策用方，以字之多少有異，不以事之大小有異，則杜預以策與簡牘分大事小事，亦非也。「鉤命決」者，緯篇名。《鉤命決》止言《春秋》、《孝經》之策，鄭君據之得以推測他經，故總言「知《六經》之策」也。「《易》、《書》、《詩》、《禮》、《樂》、《春秋》」者，《六經》之名。《説文》「經，織也。」織有文理，故羣經取以爲名。《釋名·釋典藝》：「經，徑也，常典也。如徑路無所不通，可常用也。」此説「經」爲叚借，未必然也。《管子·戒篇》：「澤其四經。」尹注：「四經謂《詩》、《書》、《禮》、《樂》。」是孔子前已稱經，故《禮記·經解》亦舉六藝也。《孝經》者，孔子爲弟子曾參説孝道，因亦稱經。《孔子世家》云：「孔子晚好讀《易》，韋編三絶。」《易》既得編成策，則他經可知。《晋書·束晳傳》：「太康二年，汲縣人盗發魏襄王冢，得竹書數十車。」皆簡編科斗文字，襍寫經史，可見羣經皆有策矣。《六經》之策，二尺四寸，説見《左傳序疏》。若《儀禮·聘禮疏》引作「尺二寸」，字之誤也。《後漢書·周磐傳》：「編二尺四寸簡，寫《堯典》一篇。」又《曹褒傳》言箸新禮成，「寫以二尺四寸簡」，亦以新禮比於經也。《獨斷》云：「策者，簡也。其制長二尺，短者半之。」二尺下疑脱「四寸」二字。《南史·王僧虔傳》：❶「文惠太子鎮雍州，有盗發楚王冢，獲竹簡書、青絲編。簡廣數分，長二尺。有得十餘簡，以示王僧虔，僧虔曰：『是科斗書《考工記》，《周官》所闕文也。』」所言策「長二尺」者，則以齊尺大於古尺也。《鹽鐵論·詔聖篇》云：「二尺四寸之律，古今一也。」是漢時律尺與經策同。若《漢書·杜周傳》所言「不循三尺法」，則金氏鶚《求古録》以爲舉成數是也。鄭君據《鉤命決》之文，以推知《六經》之策，又據所見《論語》之策八寸，以《六經》之策較之，是爲三分居一矣。《論衡·正説篇》：「説《論》者皆知説文解語而已，不知《論語》本幾何篇，但周以八寸爲尺，不知《論語》所以獨一尺之意。夫《論語》者，弟子共紀孔子之言行，勑己之時甚多，數十百篇，以八寸爲尺，經之約省，❷懷持之便也。以其遺非經傳文，紀識恐忘，故但以八寸尺，不二尺四寸也。」仲任所見《論語》之策，與鄭君同。彼謂《論語》以周尺度之爲一尺，於漢尺則爲八寸，然則《六經》之策二尺四寸，孝經之策一尺二寸，亦是據漢尺。若在周尺，《六經》策爲三尺，《孝經》策爲一尺五寸矣。宋氏翔鳳《師法表》以八寸之策爲壁中古文，然若《論衡》所言「八寸」爲據漢尺，則安知非《魯》、《齊論》尺度也？鄭注《尚書》云：「三十字，一簡之文。」《漢書·藝文志》：「劉向以中古文校歐陽、大、小夏侯三家經

❶「南史」，原誤作「齊書」，據《南史》改。

❷「省」原誤作「者」，據《論衡》改。

文，率簡二十五字者，脱亦二十五字，簡二十二字者，脱亦二十二字。」是一簡容字有多寡之殊。服虔《左傳注》謂「古文篆書，一簡八字」。此或服氏所見適然，非謂羣經之策皆是一簡八字也。金氏鶚《求古録》云：「《論語》策八寸，容八字，《六經》策二尺四寸者，容二十餘字至三十字，大約一寸容一字。古用科斗大篆，其字體不宜小。又一簡止容一行，則字體更不宜小，故每一寸容一字也。古人書策，每行亦不拘字體，故或有二十五字，或有二十二字，推之或二十三字，或二十四字，皆未可定。此由字體有繁簡，繁者宜疎，簡者宜密，總欲其點畫之明析而已。」「謙」者，《史記・樂書》王肅注：「謙，自謙損也。」陳氏鱣《古訓》曰：「謙讀爲減。《樂記》『禮主其減』，《樂書》減作謙。」陳氏此説亦是也。《孝經》策一尺二寸，比之《六經》之策，爲損去其半。《論語》策八寸，比之《六經》之策，爲三分居一。《孝經》已爲謙半，《論語》則又謙矣。段氏玉裁《説文》「册」字《注》考正此文，謂「《論語》策八寸，尺二寸者三分居二，又謙焉。」語殊不憭。

魯扶先。

正義曰：此引見《經典敍録注》。宋氏翔鳳《師法表》以爲鄭《序》文也。案：《漢書・張禹傳》言「魯扶卿説《論語》」，《漢志》敍《魯論》家有魯扶卿，《經典敍録》同。此稱「扶先」者，「先」是「先生」之省。《史記・鼂錯傳》：「學申、商刑名於軹張恢先所。」徐廣曰：「先即先生。」《漢書・梅福傳》：「叔孫先非不忠也。」顔師古注：「先猶言先生也。」是也。《論衡・正説篇》：「安國以教魯人扶卿，官至荆州刺史，始曰《論語》。」案：《論衡》以扶卿爲人姓名，而魯則所居之地。又以扶卿爲安國弟子，是傳《古論》之學，與《漢志》諸文不合。至以《論語》爲安國等所題，尤不可信。

唐寫本《論語集解》

〔三國・魏〕何晏　撰
李方　校點

目録

校點説明

由魏何晏等人編撰的《論語集解》(以下簡稱《集解》)是《論語》的第一個集注本,在經學研究史上有著極重要的意義。以後集注本漸多,但經過時間的檢驗,至隋代,《論語》注本仍以「何、鄭並行」(《隋書·經籍一》),即集注本以何晏本首屈一指,單注本以鄭玄本獨佔鰲頭。到唐代情況不變,唐陸德明《經典釋文·叙録》謂:「《集解》盛行於世,今以爲主。」兩宋以後,《集解》則漸與疏本合併,成爲所謂注疏本,而集注單行本不傳。

今所見何晏《集解》均爲「注疏本」,凡二種,一種爲與皇侃《義疏》合併的「注疏本」,也就是所謂「皇本」。此本自北宋邢昺《論語疏》出,便不受世人重視,南宋以後終於亡佚。清乾隆時從日本傳回,才又行於世。一種爲與邢昺《疏》合併的「注疏本」,也就是所謂「邢本」。此本係邢昺於北宋咸平(九九八——一〇〇三)中奉敕編撰,後頒列學官,取代皇本,成爲官方教科書,廣行於世。這二種「注疏本」,今天所見均是宋以後的版本,其中《集解》文句,互有歧異,是非難辨。

二十世紀初以至於今,敦煌及吐魯番等地,出土唐人寫何晏《集解》單行本六十餘件,國内外學術界曾詫爲稀世瑰寶,以之與皇本、邢本對校,不僅可以訂正傳本中的許多錯誤,解決清人研究中的許多糾紛,還可以提供傳本中没有的許多佚文,披露清人研究中未曾涉及的許多新問題。本書便是專門整理這批材料的著作。

敦煌、吐魯番出土《論語》材料可分爲四大類,《集解》之外,尚有白文《論語》、《論語鄭氏注》和《論語皇侃義疏講經提綱》。爲了充分利用這批珍貴的材料,本書以《集解》寫本爲底本和校本對校之外,還以白文《論語》、《論語鄭氏注》及有關刊本爲參校本,並參考《皇侃義疏講經提綱》,進行全面整理與研究。詳細情況,請參考本書凡例及各篇正文整理説明。

校點者　李方

凡例

本書每篇選用一至二本較好的《論語集解》寫本作底本，餘作校本。白文《論語》寫本、《論語鄭氏注》寫本及有關刊本作參校本。詳見每篇整理説明。

一、關於釋文

（一）單個缺字用□表示，不詳字數的缺文用⧄表示。

（二）原用「卜」、「…」等符號删去之字，均不録，亦不出校。原用墨筆塗抹之字，一般不録，酌情出校。

（三）原有互乙符號「✓」的倒字，逕予改正，一般不出校。没有互乙符號的倒字，維持原次序，出校糾正。

（四）避諱缺筆字或變體字，釋文補全或改正體，出校説明。

（五）原注文爲雙行小字，抄寫人爲求整齊，常在注末擅加字，或將後行超出之末字接寫在前行之末，釋文維持原貌，出校説明。

（六）注文單行大寫，誤入經文，均照録，出校説明。

（七）誤字、假借字、避諱改字，一般照録，出校説明。

（八）俗書簡體字，一般逕改作規範繁體字，不出校。

（九）不常見的俗體、異體字，釋文中均改作規範繁體字。

二、關於校記

（一）爲求翻檢簡便，經注依次逐條出校。

（二）一般衹校異文，需要印證時舉同文。

（三）底本不誤，校本誤，其中寫本出校，刊本一般不出校。

（四）注首「馬融曰」、「王肅曰」、「苞氏曰」……一律簡作「馬曰」、「王曰」、「包曰」……

（五）鄭《注》寫本，依王素《唐寫本論語鄭氏注及其研究》簡稱鄭乙本、鄭丙本……鄭戊本、鄭亥本。王著無簡稱者，酌情處理。斯坦因、伯希和所藏文書依原稱。

三、關於引書簡稱

（一）何晏《論語集解》、皇侃《論語義疏》（《叢書集成》本），簡稱皇本，參校疏文時簡稱皇《疏》。

（二）邢昺爲所作注疏《論語集解》（《十三經注疏》本），簡稱邢本，參校疏文時簡稱邢《疏》（本書所記閩本、監本、毛本均引自該本校勘記）。

（三）日本篁墩吉《論語集解考異》，參校經注時簡稱篁墩本，參校後附考異時簡稱書名。

（四）唐陸德明《經典釋文》（中華書局一九八三年九月出版），簡稱《釋文》。

（五）阮元《論語注疏校勘記》（《十三經注疏》本），簡稱阮校記。

（六）馬國翰《玉函山房輯佚書》所輯《論語》，引用時照録原名，如《古論語》、《齊論語》、《論語孔氏訓解》、《論語馬氏訓説》、《論語包氏章句》、《論語鄭氏注》、《論語周氏章句》、《論語陳氏義説》、《論語王氏義説》、《論語周生氏義説》等。

（七）日本山井鼎等《七經孟子考文並補遺》（《文選樓叢書》本），簡稱《考文》與《考文補遺》。

（八）葉德輝《天文本論語校勘記》（《觀古堂所著書》本），簡稱天文本校勘記（本書所記古本、古本一本、足利本、唐本、津藩本、正平本均引自該本）。

（九）陳鐵凡《敦煌論語異文彙考》（臺北《孔孟學報》一九六一年創刊號），簡稱《彙考》。

（一〇）日本金谷治《唐抄本鄭氏注論語集成》（平凡社昭和五十三年五月出版），簡稱金校記。

（一一）王素《唐寫本論語鄭氏注及其研究》（文物出版社一九九一年十一月出版），簡稱王著。

《論語序》整理説明

《論語序》共有五個集解寫本，均爲敦煌所出文書。

底本：伯三一九三號。本序共存十八行半（第十九行下半爲下篇《學而》篇篇題。下稱半行者類此，不再注明），首尾完整，相對精善。第一行序題下原有「咸通十二年（八七一）三月二日□□王父□」殘題記，「咸通」爲大字，餘爲小字，今不録。知爲唐懿宗時期寫本。

校本：（一）伯二六八一號。本序共存二十行半，首尾完整。卷端有佛寺文件及題記「維大唐乾符二年（八七四）二月廿四日沙州燉煌縣歸義軍學士張喜進書記之也」。本序首「論語卷第一並序」下亦有題記，爲「維大唐乾符三年（八七五）叁月二（此字當行）廿五日燉煌」。此題記與前題記筆迹相同，當亦爲張喜進所寫。據此知本卷爲唐僖宗時期寫本。（二）伯二七六六號。本序共存十七行半，首尾基本完整，唯後五行上半缺損。本卷背面爲咸通十二年（八七一）四月五日文書，推知爲唐懿宗時期寫本。（三）伯四八七五號。本序殘存十三行，起「得《古文論語》」，迄序末。下篇僅存篇題「學而第一」，接第十三行下。此十三行上部均殘，前四行下部亦有缺。文中「世」字缺筆避唐太宗諱，知爲唐寫本。（四）斯五七八一號。本序殘存五行，起「（中間爲）之訓解」，迄序末。下篇第一行下有題記「令狐進明記」，據書法，知爲唐寫本。

伯希和三一九三號寫本

論語序❶

叙曰：漢中壘校尉劉向言：❷《魯論語》廿篇，❸皆孔子弟子記諸善言也；❹太子太傅夏侯勝，❺前將軍蕭望之、丞相韋賢及子玄成等傳之。《齊論語》廿二篇，其廿篇中，章句頗多於《魯論》，瑯琊王卿及膠東庸生、❻昌邑中尉王吉，皆以教授。❼故有《魯論》，有《齊論》。魯恭王時，❽嘗欲以孔子宅爲宮，❾壞，得《古文論語》，❿有

❶「論語序」，篁墩本、《釋文》引同。伯二七六六號作「論語卷第一並序」。伯二六八一號同，唯重寫二遍。

❷「中」，伯二六八一號誤脱。

❸「廿」，伯二六八一號、伯二七六六號、唐石經同，篁墩本、皇本、邢本作「二十」。下同，不再出校。

❹「諸」，伯二六八一號、篁墩本、皇本、邢本同，伯二七六六號作「之」。按：《經傳釋詞》云：「之，猶諸也。」

❺二「太」，伯二六八一號、伯二七六六號、篁墩本、皇本同，唐石經、邢本均作「大」。按：《釋文》出「大子大傅」，云：「(大)並音泰。」

❻「瑯琊」，伯二六八一號、伯二七六六號、篁墩本、皇本同，邢本作「琅邪」。《釋文》作「琅邪」，云：「琅，音郎。本或作『瑯』。」阮校記云：「『瑯琊』乃『琅邪』之俗字。」

❼「授」，伯二六八一號、伯二七六六號、邢本同。皇本末多一「之」字。篁墩本、唐本、卷子本、正平本、《七經考文》引足利本「授」作「之」。

❽「恭」，伯二六八一號、伯二七六六號、古本、皇本、唐本、卷子本、大永本、正平本同，篁墩本、邢本、天文本作「共」。阮校記云：「共、恭，古字通。」

❾「嘗」，伯二七六六號誤作「常」。

❿「得」，伯二七六六號作「德」，按：「得」、「德」，經傳多通用，然此處當以「得」爲正。

《問王》、《知道》，多於《魯論》二篇，《古論》亦無此二篇，❶分《堯曰》下章「子張問」以爲一篇，有兩《子張》，凡廿□篇，❷篇次不與齊、魯《論》同。安昌侯張禹本受《魯論》，兼講齊説，善者從之，❸號曰張侯論，爲世所貴，苞氏、❹周氏章句出焉。《古論》唯博士孔安國爲之訓説，❺而代不傳。❻至順帝時，❼南郡太守馬融亦爲之訓説。❽漢末，大司農鄭玄就《魯論》篇章，考之《齊》、《古》，❾而爲之注。❿近故司空陳群、⓫太常王肅、博士周生烈，皆爲義説。⓬前世傳受

❶「古」，伯二七六六號作「故」，按：「故」，古也，與「古」字通，然此處當作「古」。

❷「□」，諸本作「一」。

❸「者」，伯二六八一號、伯二七六六號、伯四八七五號、篁墩本、皇本、邢本、伊氏本、天文本同，唐本、卷子本、正平本無。

❹「苞」，皇本、古本、唐本、正平本同。伯二六八一號、伯二七六六號、篁墩本、邢本、天文本作「包」。阮校記：「案《廣韵》『包』下云：『包，裹。亦姓。楚大夫申包胥之後。後漢有大鴻臚包咸。』皇本作『苞』，非也。」説當是。下同，不再出校。

❺「説」，伯二六八一號、伯二七六六號、古本、篁墩本、皇本、唐本、正平本同，邢本、伊氏本作「解」。

❻「代」，伯二六八一號、伯二七六六號、篁墩本、皇本、邢本等刊本作「世」。底本當避唐諱改。

❼「帝」，皇本此字下多一「之」字，他本同底本。

❽「太」，唐石經、邢本作「大」。《釋文》出「大」，云：「音泰。」「之」，伯二六八一號、伯二七六六號、伯四八七五號、皇本、古本、唐本、邢本、大永本、正平本同，篁墩本、卷子本、足利本、天文本無此字。「説」，伯二六八一號、伯二七六六號、伯四八七五號作「解」。

❾「古」，伯四八七五號作「故」，伯二七六六號無此字。按：「古」指《古論語》。

❿「而」，伯二六八一號、伯四八七五號同，篁墩本、皇本、古本、唐本、足利本、正平本、天文本作「以」，伯二七六六號、邢本無此字。

⓫「群」，伯二七六六號誤作「郡」。

⓬「爲」，伯二六八一號、伯二七六六號、伯四八七五號、篁墩本、唐本、邢本、天文本同。皇本、古本此字下多一「之」字。

師説雖有異同，❶不爲訓解。❷中間爲之訓解，至於今多矣，所見不同，互有得失。今集諸家之善，❸記其姓名，有不安者，頗爲改易，名曰《論語集解》。光禄大夫關内侯臣孫邕、❹光禄大夫臣鄭冲、散騎常侍中領軍安鄉亭侯臣曹羲、侍中臣荀顗、尚書附馬都尉關内侯臣何晏等上。❺（下缺）

❶「世」，伯四八七五號缺筆避唐太宗諱。「受」，伯二六八一號、伯二七六六號、伯四八七五號、篁墩本、皇本、古本、唐本、足利本、天文本同，邢本、伊氏本作「授」。

❷「爲」，伯二六八一號、伯二七六六號、篁墩本、邢本、正平本同。皇本、古本、唐本、足利本、天文本此字下多一「之」字。

❸「諸」，伯二七六六號作「之」。「善」，皇本、古本、足利本、唐本、正平本、天文本此字下多一「説」字，伯二六八一號、伯二七六六號、篁墩本、邢本同底本無此字。伯四八七五號、斯五七八一號殘存「家之善」三字，末亦無「説」字。

❹「邕」，伯二七六六號誤作「邑」。

❺「附」，伯二六八一號及他本均作「駙」。

《學而》篇整理説明

《學而》篇共有十一個集解寫本，十爲伯希和、斯坦因本，一爲羅振玉所藏敦煌文書。今以其中二種爲底本，其餘九種作校本，另有一件吐魯番出白文《論語》，作參校本。本篇共分十六章。

底本：（一）伯三一九三號。本篇共存三十七行，起篇題，迄篇末，首尾基本完整，唯中間十二至十五行及三十行以後略有缺損。今取前三行半至第二章「而好犯上者鮮矣」爲底本，餘作校本。（二）伯二六一八號。本篇共存三十二行，首殘，起第一章末句末字「（不亦君子）乎」，迄篇末。第一行殘甚，餘均完好。該本末有題記：「乾符三年（八七六）學士張喜進念，沙州靈圖寺上座隨軍弟子索庭珍寫記。▨敦煌▨學士張喜進。」知爲唐僖宗時期寫本。

校本：（一）伯二七六六號。本篇殘存六行半，起篇題，迄第三章末包注「（好其）言語（令色）善（其顔色）」。每行均有殘損。本卷背面有「咸通十二年（八七一）四月五日文書」，推知爲唐懿宗時期寫本。（二）伯三九六二號。本篇殘存十三行，起第三章「子曰巧言令色鮮矣仁」，迄第十章中「必聞其政求之」。每行均有殘，另面有「咸通十二年（八七一）四月十八日」文書，推知爲唐懿宗時期寫本。本卷首與伯二七六六號尾内容銜接，二者書寫時間亦接近，有學者認爲二者可以綴合。（三）伯二六八一號。本篇殘存三行半，起篇題，迄第二章首句注「孔曰弟子（有若也）」。（四）英國圖書館藏敦煌本（編號Ch. 73. viii（IOL. C. 103A及B）。簡稱敦煌本。本篇殘存二十七行，起第五章首句馬注「（唯公）侯之封乃能容之」，迄第十五章「富而好禮者」。多行下部有殘。文中「民」字缺筆，避唐太宗諱，知爲唐寫本。（五）伯二六〇一號。本篇殘存四行，起第十五章「（子）貢（曰）詩云如切如磋」，迄第十六章末句首字「患（不知人也）」，下篇第三章「民」字缺筆，知爲唐寫本。本卷首與敦煌本尾内容銜接，有學者認爲二者可以綴合。（六）

伯四六八六號背。本篇殘存十二行，起第十章「(良)恭儉讓」，迄第十五章「(子)貢(曰)詩」。每行存一至九字不等(本篇經注文同大連寫，《敦煌寶藏》名《殘文書》，載一三四册三二五頁)。(七)羅振玉藏敦煌本。載《西陲秘籍叢殘》(敦煌遺書散録編號爲○六六五號)，簡稱羅甲本。本篇殘存十三行半，起第十章末句「(其諸異)乎人之求之與」，迄第十六章末「(患不知)人也」，每行下部均殘。卷末有題記：「大中五年(八五一)五月一日學生陰惠達受持讀誦書記。」知爲唐宣宗時期寫本。旁又有題記「維大梁貞明」五字，後涂去。另行記「貞明九年(九二三)癸未歲六月一日莫高鄉」，當係後人所書。(八)伯二六○四號，本篇殘存三行，第一行僅存二字。起第十五章中孔注「富(而好禮者)」，迄第十六章末句「患己不(知人)」。卷末有題記：「大中七年(八五三)正月十八日伯明書記。」知爲唐宣宗時期寫本。(九)斯四六九六號。本篇殘存二行，略存二十餘字。起第十五章末句孔注「往告以貧(而樂道)」，迄第十六章首句「子曰不患人之不己(知)」。據書法當爲唐寫本。

參校本：吐魯番出白文《論語》。出自阿斯塔那一六九號墓(編號72TAM169:83．稱作阿一六九號墓八三號文書)，載《吐魯番出土文書》第二册二百七十九頁。殘存第一章兩行十九字：「子曰學而時習之」至「自遠方來不亦」。據《文書》題解，本件下限至遲不得晚於高昌建昌四年(五五八)，是爲高昌時期寫本。此雖非唐寫本，然同爲西陲鈔本，且文字有益於校勘，遂附此。

本篇伯三一九三號、伯二七六六號爲唐懿宗時期寫本，伯二六八一號爲唐僖宗時期寫本，詳見《論語序》整理說明。

伯希和三一九三號寫本

（上缺）學而第一

何晏集解

子曰：「學而時習之，不亦悦乎？❶馬曰：子者，男子之通稱。❷謂孔子。❸王曰：時者，❹學者以時誦習。❺誦習以時，學無廢業，所以爲悦

❶「悦」，伯二六八一號、伯二七六六號、斯五七八一號、阿一六九號墓八三號文書、古本、皇本、唐本、津藩本、卷子本、永禄本、正平本、武内本同，篁墩本、邢本、伊氏本、天文本作「説」。注同。《釋文》亦作「説」，云：「音悦。」《四書考異》云：「古喜説，論説同字。漢後增從心字别之。」阮校記云：「古人喜兑字多假借作『説』。」

❷「之通稱」，伯二六八一號、伯二七六六號、斯五七八一號、篁墩本、邢本同，皇本無「之」字。伯二六八一號「稱」誤作「信」。皇本末多一「也」字。

❸「謂」，伯二六一八號、伯二七六六號、篁墩本、皇本、邢本同，斯五七八一號作「爲」。按：「謂」、「爲」，敦煌文書常互用。《爲政》篇「何爲則人服」，伯二六〇四號「爲」即作「謂」。此處當以「謂」爲正。又，伯二六八一號及刊本末多一「也」字。

❹「時者」，《論語王氏義説》引皇本作「時習」，恐誤。今本皇本及他本同底本。

❺「學者」至「誦習」，伯二六八一號誤脱「者」字。伯二六八一號、伯二七六六號、斯五七八一號、篁墩本、邢本末多一「之」字。皇本末多一「也」字。

懌也。❶有朋自遠方來，❷不亦樂乎？包曰：同門曰朋。❸人不知而不慍，不亦君子乎？」慍，怒也。凡人有所不知，君子不怒也。❹

有子曰：孔曰：弟子有若也。❺「其爲之也孝悌，❻而好犯上者鮮矣。❼

❶「葉」，諸本作「業」，當以此爲正。「也」，斯五七八一號、皇本同，伯二六八一號、伯二七六六號、篁墩本、邢本無此字。

❷「有朋」，伯二六八一號、伯二七六六號、斯五七八一號、篁墩本、皇本、邢本、《釋文》、《文選》卷二九《古詩十九首》李善注引同，《白虎通·辟雍》篇引作「朋友」，阿一六九號墓八三號文書作「友朋」。按：集解此句，包注云：「同門曰朋。」僅釋「朋」，不及「友」，似經文作「有朋」。《周易·蹇》正義引鄭玄《論語》注云：「同門曰朋，同志曰友。」釋「朋」及「友」，當係經文作「朋友」。馬國翰《古論語》、《齊論語》兩卷皆云：包注《論語》爲《魯論》，是《魯論》作「有朋」；鄭注《論語》亦爲《魯論》，然其「以《齊》、《古》讀正凡五十事」，凡與《魯論》異者，多從《齊》、《古論》，是《齊論》、《古論》皆作「朋友」。《釋文》云：「『有』或作『友』，非。」阮校記云：「舊本皆作『友』字。」今觀所見，阿一六九號墓八三號文書、《白虎通》所引、孔穎達《周易正義》所引，或爲白文《論語》，或爲鄭注《論語》，均非集解《論語》。而集解之寫本、刊本、他書引文，均作「有朋」。是集解採包注魯論作「有朋」本。但阿一六九號墓八三號文書作「友朋」亦不誤。鄭注先釋「朋」後釋「友」，經文作「朋友」亦可成立。《齊》、《古論》作「朋友」，今人僅據鄭注推知，或從引文見之。阿一六九號墓八三號文書乃唯一保留「友」字的《論語》古寫本。

❸《周易·蹇》正義引鄭玄《論語》注同此包注。

❹「怒」，伯二六八一號、伯二七六六號、斯五七八一號、邢本同，篁墩本、皇本作「慍」。「也」，皇本「也」字上多一「之」字。伯二七六六號、篁墩本、邢本末無「也」字。

❺「弟」上，《群書治要》引多「孔子」二字。篁墩本末無「也」字。

❻「之」，諸本作「人」，底本誤。「悌」，伯二六一八號、伯二七六六號、斯五七八一號、卷子本、永禄本同，古本、篁墩本、唐本、津藩本、邢本、正平本、武内本作「弟」。下同。《釋文》出「弟」，云：「或作『悌』，下同。」劉寶楠《論語正義》云：「『悌』即『弟』俗體。」《彙考》云：「『弟』、『悌』，古今字。」

❼「矣」，伯二七六六號作「以」，誤。

伯希和二六一八號寫本

（上缺）鮮，少也。上，謂凡在己上者。❶言孝悌之人，必恭順，❷好欲犯其上者少也。不好犯上，而好作亂者，未之有也。君子務本，本立而道生。本，基也。❸基立而後可大成也。❹孝悌也者，❺其爲人之本歟！」❻先能事父兄，❼然後仁

❶「者」下，皇本多一「也」字。

❷「必」下，皇本多一「有」字。

❸「本基也」，伯三一九三號「本」字大寫，誤入經文。伯二七六六號無「也」字。

❹「成」，伯三一九三號作「城」。伯二七六六號、伯三一九三號、邢本末無「也」字。

❺「也者」，永禄本作「者也」。

❻「爲」，伯二七六六號、伯三一九三號、皇本、永禄本、邢本、伊氏本、《臣軌》卷十一注引同，篁墩本、卷子本、唐本、津藩本、足利本、正平本、天文本、《群書治要》引無此字。「人」，《臣軌》卷十一注引同，諸本作「仁」。陳善《捫蝨新語》云：古人多假用字，此「仁」字當作「人」。《四書考異》引王某意見云：「爲仁」之「仁」當作「人」，蓋承上文「其爲人也孝弟」，言孝弟乃是爲人之本。《論語譯注》云：此説不能與上句「本立而道生」相呼應，不符合有子的原意。今按：集解本多作「仁」；何注（或作包注）亦云：「先能事父兄，然後仁道可成也。」注文稱「仁道」，則經文當作「仁」。皇侃疏云：「此更以孝悌解本，以仁釋道也。」又引王弼注云：「自然親愛爲孝，推愛及物爲仁也。」是集解本以「仁」爲本字。即此處「人」應作「仁」。《臣軌》注引鄭本作「人」，引鄭注云：「言人有其本性，則成功立行。」是鄭本字作「人」，鄭注釋作「人類」之「人」。論語本有《古論》、《齊論》、《魯論》三種，章句頗不相同，師説傳受亦各異，間或字别義異，蓋因如此。又，「歟」，諸本作「與」。《玉篇》云：「『歟』，語末辭。古通作『與』。」下同，不再出校。

❼「先」，皇本上多「包曰」二字。伯二七六六號、伯三一九三號、篁墩本、邢本同底本，無「包曰」二字，即作何晏自注。

道可大成。❶

子曰：「巧言、令色，鮮矣仁！」❷包曰：巧言，好其言語。令色，善其顔色。皆欲令人悦之，❸少能有仁。❹

曾子曰：馬曰：弟子曾參也。❺「吾日三省其身：❻爲人謀而不忠乎？與朋友交而不信乎？❼傳不習乎？」言凡所傳之事，得素不講習而傳之者乎？❽

---

❶「仁道可大成」，《群書治要》引無「道」及「大」字。皇本無「大」字，末多一「也」字。

❷「仁」，伯三一九二號、伯三九六二號、篁墩本、邢本、《群書治要》引同。皇本、永禄本「仁」上多一「有」字。阮校記云：「案包注及疏文，當作『有仁』。」

❸「令」，伯三一九二號同，伯三九六二號作「命」。

❹「有仁」，篁墩本「有」作「其」。皇本、邢本、《群書治要》引末多一「也」字。

❺「弟」上，《群書治要》引「弟子」多「孔子」二字。「弟子」，阮校記云：閩本、北監本、毛本作「曾子」。又云：「案以前『其爲人也』章疏文例之，當作『弟子』。馬季長注亦作『弟子曾參』。」説甚是。又，伯三九六二號「曾參」作「曾孫」。

❻「其」，伯三一九二號、伯三九六二號同，篁墩本、皇本、邢本、《群書治要》引作「吾」。按：此句首已有「吾」字，以下「其」作代詞爲勝。

❼「交而」，伯三一九三號、篁墩本、邢本、伊氏本、天文本同。古本、皇本、卷子本、唐本、津藩本、正平本、永禄本此二字間多一「言」字。按：上句作「爲人謀而不忠乎」，此句句法當同。「交而」間不當有一「言」字。又，此句義爲「同朋友交往是否誠實呢」，有「言」字似不通。皇疏云：「朋友交會，本主在於信，豈可與人交而不爲信乎？」皇本有「言」，而皇疏無此義，可見本不當有「言」字。本篇第十七章「子夏曰賢賢易色」章云：「與朋友交，言而有信。」疑此「言」字涉此章而衍。

❽「得」，伯三一九三號作「皆」。伯三一九三號、伯三九六二號及諸刊本「素」上有「無」字，底本誤脱。伯三九六二號「素」誤作「索」。篁墩本無「之者」，皇本無「者」，伯三一九三號、伯三九六二號、邢本無「者乎」。

子曰：❶「導千乘之國。❷馬曰：導，謂爲之政教。❸司馬法：❹六尺爲步，步百爲畝，畝百爲夫，夫三爲屋，屋三爲井，井十爲通，通十爲成，成出革車一乘。❺然則千乘之賦，其地千城，❻居地方三百一十六里有畸，❼唯公侯之封，乃能容之，雖大國之賦，❽亦不是過焉。包氏曰：導，里也。❾千乘之國者，百里之國也。

❶ 「子曰」，董仲舒《春秋繁露·竹林》篇引作「孔子曰」，諸本同。馬國翰據《春秋繁露》謂《齊論語》當作「孔子曰」。並云：「董，廣川人，地在齊，所引《論語》與《魯》、《古》不同。定爲《齊論》。」按：《論語》二十篇均作「子曰」，無作「孔子曰」者，蓋如邢疏（學而章）所云：「書傳直言『子曰』者，皆指孔子，以其聖德著聞，師範來世，不須言其氏，人盡知之故也。」然他書引文或作「孔子曰」，如《論衡》、《白虎通》、《風俗通義》、《漢書》、《後漢書》等。以《論衡》爲例，作者王充，上虞人，家貧無書，嘗遊洛邑書肆閱所賣書。一見輒能記憶，後歸鄉里著《論衡》。上虞、洛邑均非齊地，引作「孔子曰」當亦非《齊論》。所以作「孔子曰」者，應係强調所致。《春秋繁露》恐亦然。

❷ 「導」，古本、皇本、唐本、津藩本、卷子本、永禄本、正平本、《群書治要》引同，伯三一九三號、伯三九六二號、邢本、伊氏本、天文本、《春秋繁露·竹林》篇引作「道」。注同。《釋文》作「道」，云：「音導。本或作『導』。」《竹林》篇師古注亦云：「『道』，讀曰導。」是字當作「道」。

❸ 「導」至「政教」，伯三一九三號、邢本同。「導」下，皇本多一「者」字。「之」，篁墩本無。皇本句末有「也」字。

❹ 「法」，《考文》引足利本，下多一「曰」字。

❺ 「成」，邢本同，伯三一九三號、伯三九六二號、篁墩本、皇本皆作「城」。底本下句亦作「城」。《毛詩·小雅·信南山》正義引《論語》注云：「《司馬法》云：井十爲通，通十爲成。成出革車一乘。」馬國翰謂此乃鄭玄注（唯所引「成出」間多「方十里」三字）。

❻ 「千城」下，皇本多一「也」字。

❼ 「畸」，伯三一九三號、伯三九六二號、篁墩本、邢本同，皇本、正平本作「奇」。阮校記云：「《釋文》出『有畸』，云：『田之殘也』，則字當作『畸』。」

❽ 「雖」至「賦」，伯三一九三號、篁墩本、皇本、邢本同。《釋文》作「雖大賦」，云：「一本或云『雖大國之賦』。」

❾ 「導里也」，伯三一九二號同。《論語包氏章句》引蔡模《集説》云：「道，猶治也。」多一「猶」字。「里」作「治」。按：他本「里」均作「治」。《釋文》亦云：「包云治也。」寫本當避唐高宗諱改。

古者井田，方里爲井，十井爲乘。❶百里之國，適千乘也。❷融依周禮，包依王制，❸孟子。義疑，故兩存焉也。❹敬事而信，包曰：爲國者，舉事必敬慎，與人必誠信也。❺節用而愛民，❻包曰：節用，不奢侈，❼國以民爲本，故愛養之。❽使民以時。」❾孔曰：❿作使人必以其時，⓫不妨奪農務也。⓬

❶「十井」，伯三九六二號、邢本同，篁墩本、皇本、《考文》引足利本作「井十」。

❷「也」，敦煌本無此字。

❸「融」、「包」，伯三一九三號、伯三九六二號、敦煌本、邢本同，《釋文》引無「融」字，篁墩本、皇本作「馬融」、「苞氏」。

❹「也」，諸本無此字。按：此「也」當係書者爲求注文雙行對齊而妄加。

❺「人」，伯三一九三號、敦煌本同，篁墩本、皇本、邢本、《群書治要》引作「民」。按：「人」、「民」古通用。又，篁墩本、邢本句末無「也」字。

❻「民」，伯三九六二號、敦煌本、篁墩本、皇本、邢本、《群書治要》、《論語包氏章句》引作「人」，伯三一九三號作「仁」。《論語譯注》云當作「人」，且當作狹義之人（士大夫以上各階層），與下句「使民以時」之「民」相對應。刊本包注同底本，云：「國以民爲本，故愛養之。」

❼「用」下，皇本多一「者」字。「侈」下多一「也」字。

❽「國」，伯三九六二號作「尚周」，誤。「民」，篁墩本、皇本、邢本、《群書治要》引同。伯三一九三號作「仁」，伯三九六二號、敦煌本作「人」。按：底本經文作「民」，注亦作「民」；其他寫本、刻本經文作「人」或「仁」，注文亦作「人」或「仁」；唯刊本經文作「人」，注文作「民」。又，篁墩本無「之」字。皇本末多一「也」字。

❾「民」，底本、伯三一九三號此字缺筆，避唐諱。

❿「孔曰」，伯三一九二號同。篁墩本、皇本、邢本作「包曰」，《論語包氏章句》引亦作包注。

⓫「作」，伯三一九三號、篁墩本、皇本、邢本同，《論語包氏章句》引，下多一「事」字。阮校記云：「閩本、北監本、毛本『作』下有『事』字。案作『作事使民』文義較明，疏中亦有『事』字。」又，「人」，伯三一九三號同，篁墩本、皇本、邢本、《論語包氏章句》引作「民」。《皐考》云：「墨子亦作『使人以時』，知周人『人』、『民』二字常互用。」

⓬「也」，篁墩本、邢本末無此字。

子曰：「弟子，入則孝，出則悌，❶謹而信，汎愛衆，而親仁。❷行有餘力，則可以學文矣。」❸馬曰：文者，古之遺文。❹

子夏曰：「賢賢易色；孔曰：子夏，弟子卜商。❺言以好色之心好賢，則善。❻事父母，能竭其力；事君，能致其身；包曰：❼盡忠節，不愛其身。❽與朋友交，言而有信。雖曰未學，吾必謂之學矣。」

子曰：「君子不重，則不威；學則不固。孔曰：固，蔽也。一曰：言人不能敦重，❾既無威嚴，❿學又不能堅固識其義理也。⓫主忠信。無

❶「悌」，伯三一九三號、伯三九六二號、古本、皇本、唐本、津藩本、邢本、正平本、武内本同，篁墩本、毛本作「弟」。《釋文》出「弟」，云：「音悌。本亦作『悌』。」

❷「仁」，伯三一九二號、敦煌本、篁墩本、皇本、邢本、《群書治要》引同。伯三五七三號皇講本作「人」。

❸「則可」至「矣」，伯三一九三號同。伯三九六二號殘存「學文矣」三字。伯三五七三號皇講本、篁墩本、皇本、邢本、《群書治要》引無「可」及「矣」字。

❹此注伯三一九號、篁墩本、邢本、《群書治要》引同。《釋文》云：「馬曰：文，古之遺文也。」無「者」字。「古」，伯三九六二號作「故」。皇本末多一「也」字。

❺「商」下，皇本、邢本多一「也」字。

❻「善」下，皇本多一「也」字。

❼「包曰」，伯三一九三號、伯三九六二號同。篁墩本、皇本、邢本、《論語孔氏訓解》作「孔曰」。未知孰是。敦煌本無此注，當係誤脱。

❽「身」下，皇本、《群書治要》引多一「也」字。

❾「言人」，《論語孔氏訓解》引作「人言」，當誤。「能」，伯三一九三號、邢本同，敦煌本、篁墩本、皇本無此字。「敦」，伯三一九三號、邢本同，篁墩本、皇本作「敢」。阮校記云：「『敢』當作『敦』，字形相近而訛。」

❿「嚴」，伯三一九三號、伯三九六二號、敦煌本、邢本同，篁墩本、皇本無此字。

⓫「又」，伯三一九三號同，皇本無此字。「也」，篁墩本、邢本末無此字。此句伯三九六二號殘存「學又▨義理也」。

有不如己者。❶過，則勿憚改。」❷鄭曰：主，親也。憚，難也。

曾子曰：「慎終，追遠，民德歸厚矣。」❸孔曰：慎終者，喪，盡其哀；❹追遠者，祭，盡其敬。❺君能行此二者，❻民化其德，皆歸於厚矣。❼

子禽問於子貢曰：❽「夫子至於是

❶「無」，伯三一九三號、伯三九六二號、篁墩本、皇本、邢本、正平本、《群書治要》引同，《釋文》作「毋」，云：「音無。本亦作『無』。下同。」阮校記云：「古書『無』、『毋』多通用。後《子罕》篇各本又並作『毋友』，唯皇本仍作『無』。」又，「有」，伯三一九三號同，他本均作「友」。皇疏云：「凡結交取友，必令勝己。」則字當作「友」。

❷「主忠信」至「勿憚改」，《子罕》篇亦引。《四書考異》引毛奇齡《論語稽求篇》曰：「『主忠信』三句本《子罕》篇文，複簡在此。」馬國翰《古論語》卷一則據此三句無孔注云：魯論《學而》篇有此三句，《古論》無之。卷五又云：《子罕》篇此章首有「子曰」，《古論》此三句當在此篇。《論語章句》多有重複，前人常疑錯簡，馬氏更疑《齊》、《古》、《魯》三論不同。然此章句至少東晉范甯作注、梁皇侃作疏時已兩見。皇本疏有此三句，《子罕》篇疏更明言「此事再出也」。又引范甯注云：「聖人應於物作教，一事時或再言。弟子重師之訓，故又書而存焉。」依范説及皇疏，則不應置疑，至少集解本兩篇皆有之。

❸「民」，敦煌本、伯三五七四號皇講本作「人」。「矣」，《群書治要》引無。

❹「哀」下，皇本有一「也」字。

❺「敬」下，皇本有一「也」字。

❻「君能」，伯三一九三號、伯三九六二號、敦煌本、邢本同。篁墩本、皇本、《群書治要》引多一「人」字。篁墩本、《群書治要》引無「能」字。

❼「皆」上，篁墩本、皇本、《群書治要》引多一「而」字，伯三一九二號、敦煌本、邢本同底本無此字。敦煌本「厚」誤作「後」，末無「矣」字。伯三一九三號「矣」下多一「也」字。篁墩本、皇本、邢本、《群書治要》引「矣」作「也」。

❽「子貢」，伯三一九三號、伯三九六二號、敦煌本及刊本同。漢石經、《群書治要》引皆作「子贛」。《禮記・祭義》、《春秋左傳》哀公十五年亦作「子贛」。《釋文》出「子貢」，云：「本亦作『贛』，音同。」阮校記稱「《經義雜記》云：《説文》貝部：貢，獻功也。贛，賜也。是『貢』、『贛』不同。依《説文》當爲『贛』。……子貢名賜，故字子贛。作『貢』者，字之省借耳。」按：傳世《論語》本多作「貢」，今依之，下同，不再出校。

邦，❶必聞其政，求之歟？抑與之歟？」❷鄭曰：子禽，弟子陳亢。❸子貢，弟子，❹姓端木，名賜。❺亢怪孔子所至之邦，❻必與聞其政，❼求而得之耶？抑人君自願與之爲理也？❽子貢曰：「夫子温、良、恭、儉、讓以得之。夫子之求，❾其諸異乎人之求之歟？」❿鄭曰：言夫子行此五德而得之，⓫與人求之異。⓬明人君自自願與之。⓭

❶「邦」，伯三一九三號、伯三五七四號皇講本同。篁墩本、皇本、邢本末多一「也」字。

❷「抑」，漢石經作「意」，他本同底本。《四書考異》云：「按徐氏《説文繫傳》曰：見之於外曰『意』。『意』猶『抑』也。」又云：「『意』音如『抑』。二字古蓋通用。」

❸「亢」，伯三一九三號同。篁墩本、邢本「亢」下多一「也」字。皇本、《論語鄭氏注》末多「也字子禽也」五字。

❹「弟子」，伯三一九三號誤脱「子」字。

❺篁墩本、皇本、《論語鄭氏注》此句下多「字子貢也」四字。

❻「亢」，《史記・仲尼弟子列傳》裴駰集解引無此字。

❼「其政」，篁墩本、皇本、邢本作「其國政」，《史記・仲尼弟子列傳》集解引作「國政」。

❽「之爲理也」，皇本無「之」字。「理」，伯三一九三號同，篁墩本、皇本、邢本、《史記・仲尼弟子列傳》集解引作「治」，敦煌本作「始」。按：作「理」係避唐諱改，作「始」則爲「治」字之誤。又，「也」，篁墩本作「邪」，皇本作「耶」，《仲尼弟子列傳》集解引作「者」。《玉篇》云：「『耶』，俗『邪』字。」

❾「之求」，伯三一九三號同。敦煌本、伯三五七三號皇講本作「求之」。敦煌本、伯三五七三號皇講本、篁墩本、唐本、津藩本、卷子本、足利本、正平本、天文本「求」下多一「也」字。皇本、邢本、永禄本、伊氏本「求」下多「之也」二字。

❿「人之求之歟」，敦煌本、篁墩本、邢本、天文本同。唐本、津藩本、足利本、正平本「人」下無「之」字。伯三一九三號、卷子本「求」下無「之」字。古本、皇本、永禄本「歟」下有「也」字。

⓫「得」，伯四六八六號、敦煌本作「德」。「得」、「德」，經傳多通用。

⓬「之」，伯三一九三號、羅甲本、伯四六八六號、敦煌本、皇本、邢本同，篁墩本無「之」字。敦煌本「異」誤作「與」。

⓭「自自」，諸本作「自」，底本衍一「自」字。「願」，伯三一九三號、敦煌本、篁墩本、皇本同，邢本無。「與」上，皇本多一「求」字。「之」，伯三一九三號、敦煌本、邢本同，篁墩本作「爲治」，皇本作「爲治也」。

子曰：「父在，觀其志；父沒，歡其行。孔曰：父在，子不得自專，❶故觀其志而已。父沒，乃觀其行。❷三年無改於父之道，可謂孝矣。」孔曰：孝子在喪哀慕之之。❸猶若父存，❹無所改於父之道。❺

有子曰：「禮之用，和爲貴。先王之道，斯爲美；小大由之。有所不行，知和如和，❻不以禮節之，❼亦不可行也。」❽馬曰：❾人知禮貴和，而每事從和，不以禮爲節，亦不可行之。❿

有子曰：「信近於義，言可復。⓫復，猶覆也。義不必信，信非義也。⓬言可反覆，⓭故曰近義。⓮

---

❶「子」，敦煌本誤脱此字。

❷「乃」，伯三一九三號誤作「及」。皇本句「行」下多一「也」字。

❸「慕」，伯三一九三號、伯四六八六號、篁墩本、皇本、邢本同；羅甲本作「暮」，爲「慕」字之誤；敦煌本作「慼」。「之之」，諸本均無，當係鈔者妄增，以求注文雙行對齊。

❹「存」，伯四六八六號、敦煌本、邢本同，羅甲本、篁墩本、皇本作「在」。

❺「無」上，敦煌本多一「故」字。又，伯三一九三號、皇本「道」下多一「也」字。

❻「如」，諸本作「而」。《經傳釋詞》云：「『如』猶『而』也。」「如」、「而」古多通用。

❼「禮」下，伯三一九三號多一「爲」字。按：此處加一「爲」字不辭。此句注作「不以禮爲節」，疑涉注文而衍。

❽「不」及「也」，伯三一九三號無，當係誤脱。

❾「馬曰」，伯三一九三號、篁墩本、皇本、邢本、《史記・仲尼弟子列傳》集解引同。敦煌本作「包曰」，恐誤。

❿「亦」至「之」，漢石經無「可」字。伯三一九三號誤脱「不」字。伯三一九三號、羅甲本、篁墩本、邢本無「之」字。皇本、《群書治要》、《史記・仲尼弟子列傳》集解引「之」作「也」字。

⓫「復」，伯三一九三號同。敦煌本、篁墩本、皇本、邢本、《論語筆解》引「復」下多一「也」字。

⓬「非」，伯三一九三號、邢本同。敦煌本作「必非」，篁墩本、皇本作「不必」。

⓭「言可」上，諸本多「以其」二字，底本脱。

⓮「近義」，伯三一九三號、邢本同，篁墩本、皇本間多一「於」字。伯三一九三號、皇本「義」下多一「也」字。

恭近於禮，遠恥辱。❶恭不合禮，❷則非禮也。❸以其能遠恥辱，故曰近義。❹因不失其親，亦可宗也。」❺孔曰：因，親也。言所親不失其親，亦可宗敬。❻

子曰：「君子食無求飽，❼居無求安，鄭曰：學者之志有所不暇。❽敏於事而慎於言，就道而正焉，❾可謂好學也已矣。」❿孔曰：敏，疾也。有道，有道德者。⓫正，謂問事是非也。⓬

---

❶「辱」，伯三一九三號、羅甲本、敦煌本同，篁墩本、皇本、唐本、邢本、正平本、天文本、《論語筆解》引「辱」下多一「也」字。

❷「恭」上，篁墩本、皇本有「包曰」，作包注。《論語包氏章句》亦作包注，《論語筆解》引作馬注。《論語馬氏訓説》亦作馬注。而伯三一九三號、敦煌本、邢本、《史記・仲尼弟子列傳》集解引同底本，無注者，即作何晏自注。羅甲本殘存「恭不」，「恭」上亦無注者，亦作何注。

❸「則」，諸本均無。伯三一九三號末無「也」字。

❹「以其」至「義」，《論語筆解》引無「以其」及「曰」三字。篁墩本、皇本「近」下多一「於」字。「義」，伯三一九三號同，篁墩本、皇本、邢本、《史記・仲尼弟子列傳》集解、《論語筆解》引作「禮」。此注釋經「恭與禮」，則字當作「禮」，底本等誤。又，伯三一九三號、篁墩本、皇本、邢本「義」下多一「也」字。

❺「宗」，伯三一九三號、敦煌本、伯三五七四號皇講本、篁墩本、邢本、《論語筆解》引同。皇本「宗」下多一「敬」字。疑涉注文而衍。

❻「敬」下，伯三五七四號皇講本、皇本多一「也」字。

❼「君子」，《儀禮・公食大夫禮》賈公彦疏引作「學者」，下引鄭注「學者之志有所不暇也」，亦有「學者」。

❽「有」，敦煌本、篁墩本、邢本同。伯三一九三號無。「暇」下，伯三一九三號、皇本多一「也」字。

❾「正」，伯三一九三號作「政」。據注「正謂問事是非也」，當以「正」爲是。

❿「也已矣」，伯三一九三號、敦煌本、皇本、古本、唐本、津藩本、卷子本、正平本、天文本同。漢石經無「也」字。永禄本「已矣」作「矣已」。《論語筆解》引無「已」。篁墩本、邢本無「矣」。

⓫「有道德者」，篁墩本、邢本、《論語筆解》引同。皇本「有道」上多「者謂」二字，「者」下多一「也」字。《太平御覽》卷四〇三引亦有「謂」字。

⓬「事」，皇本同，北監本、毛本作「其」，阮校記云誤。伯三一九三號、羅甲本、篁墩本、邢本、《論語筆解》、《太平御覽》卷四〇三引末無「也」字。

子貢曰：❶「貧而無諂，富而無驕，❷何如？」子曰：「可也；孔曰：未足多也。❸未若貧而樂道，❹富而好禮者。」❺鄭曰：樂，謂至於道，❻不以貧賤爲憂苦也。❼子貢曰：「詩云：『如切如磋，如琢如磨』，❽其斯之謂

❶「曰」，伯三一九三號、羅甲本、敦煌本、篁墩本、唐本、邢本、正平本、天文本同。皇本、永禄本、《史記·仲尼弟子列傳》集解引「曰」上多一「問」字。阮校記云：皇疏、邢疏皆云子貢問夫子，「古本當有『問』字」。説當是。

❷「貧而無諂」，《史記·仲尼弟子列傳》引在「富而無驕」下。

❸「也」，邢本末無此字。

❹「未」，《史記·仲尼弟子列傳》作「不」。「樂道」，伯三一九三號、羅甲本、唐石經、古本、篁墩本、皇本、足利本、唐本、津藩本、正平本、天文本、《史記·仲尼弟子列傳》引同，敦煌本、邢本、《文選》卷二三嵇叔夜《幽憤詩》注引無「道」字。《論語孔氏訓解》據鄭注「樂謂志於道」云：「鄭注《魯論》本無『道』字。」又云：「集解兼採《古論》，下引『孔曰能貧而樂道』，是孔注《古論》本有『道』字。」且謂司馬遷從孔安國古文，是以《史記·仲尼弟子列傳》引亦有「道」。阮校記據孔注、皇疏、邢疏等作「樂道」，亦謂古本應有「道」字。《彙考》更云：「今通行本無『道』字，當是後世譌奪。『貧而樂道』與下文『富而好禮』相對成文，義自較勝」。今按：據前引唐寫本及唐石經，集解本應有「道」字。

❺「者」下，篁墩本、皇本、邢本有「也」字。敦煌本同底本無此字。伯三一九三號殘存「富□禮者」，「者」下亦無「也」字。

❻「至」，伯三一九三號及刊本均作「志」。邢疏亦云：「樂謂志於善道。」字當作「志」，底本誤。

❼「賤」，伯三一九三號、篁墩本、皇本同，邢本、《史記·仲尼弟子列傳》集解引無此字。伯三一九三號、篁墩本、邢本「苦」下無「也」字。

❽「磨」，伯三一九三號、羅甲本、篁墩本、皇本、邢本同，《釋文》出「摩」，云：「一本作『磨』。」阮校記云：「『磨』、『摩』，正俗字。」

歟？」❶孔曰：能貧而樂道，富而好禮者，能自切磋琢磨。❷子曰：「賜也，始可與言詩已矣，告諸往而知來者。」❸孔曰：諸，之也。子貢知引詩以成孔子義，❹善取類，故然之，往告之以貧而樂道，❺來答以切磋琢磨也。❻

子曰：「不患人之不己知，❼患己不知人也。」❽王曰：徒患己之無能。❾

❶「歟」，伯三一九三號、篁墩本同。皇本、永禄本「歟」下多一「也」字。

❷「自」，伯二六〇一號無此字。「琢磨」，伯三一九三號作「磨厲」。篁墩本「磨」下多一「者」字。皇本「磨」下多「者也」二字。羅甲本殘存「磨也」，則「磨」下多一「也」字。

❸「者」，伯二六〇一號、伯二六〇四號、伯三一九三號、篁墩本、邢本、伊氏本同。古本、皇本、唐本、津藩本、卷子本、正平本、永禄本、天文本「者」下多一「也」字。

❹「孔子義」，羅甲本無「孔子」二字，伯三一九三號無「義」字。

❺「而」，伯三一九三號無此字。

❻「也」，伯三一九三號、斯四六九六號、羅甲本同，篁墩本作「者」，皇本作「者也」，邢本無此字。

❼「知」，伯二六〇一號、伯二六〇四號、斯四六九六號、篁墩本、邢本同。皇本「知」下多一「也」字。

❽「患己」至「也」，古本、篁墩本、皇本、唐本、津藩本、卷子本、足利本、正平本、永禄本、天文本同。邢本、伊氏本無「己」字，餘同。伯二六〇四號殘存「患己不」三字，中有「己」字。伯三一九三號殘，然據注知亦有「己」字。羅甲本殘存「人也」二字。《釋文》出「患不知也」，云：「本或作『患己不知人也』，俗本妄加字。今本『患不知人也』。」是《釋文》所見集解凡有三本：一本有「己」、「人」二字，一本無「己」字，一本無「己」、「人」二字。陸氏認爲有「己」字爲「俗本妄加」。阮校記則謂有「人」字「亦淺人所加」，《經典釋文彙校》引段云亦謂有「人」字乃「後人所增耳」。唯無「己」、「人」二字的「患不知也」，《經義雜記》、阮校記、《論語集解考異》卷一皆稱古本當如此。《經義雜記》且謂此與《里仁》篇「不患莫己知，求爲可知也」，及《先進》篇「居則曰不吾知也！如或知爾，則何以哉」語意同。按：此句下，底本及伯三一九三號均有王肅注：「徒患己之無能(也)。」是「不知」應讀作「不智」，意爲「無能」。皇本等亦有王注，「無能」下多一「知」字，作「無能知」。邢本等無此注。據王注則經文當作「患不知也」，與陸氏及清人推斷同。底本及諸本均有衍誤。

❾「徒」，伯三一九三號同，皇本、永禄本作「但」。皇本、永禄本「能」下多「知也」二字。伯三一九三號「能」下多一「也」字。《論語王氏義説》引同皇本。篁墩本、邢本無此注。

《爲政》篇整理説明

《爲政》篇共有七個集解寫本，五爲伯希和、斯坦因本，一爲羅振玉藏敦煌文書，一爲原列寧格勒亞洲民族研究所藏寫本。另有一件吐魯番所出鄭注本作參校本。本篇共分二十四章。

底本：羅振玉藏敦煌本，載《西陲秘籍叢殘》，敦煌遺書散録編號爲〇六六五號。本篇共存三十七行半，起篇題，迄篇末，首尾完整，唯前三行下部有殘。

校本：（一）伯二六一八號。本篇共存四十行，起篇題，迄篇末，首尾基本完整，唯篇尾六行上部有殘。（二）伯二六〇四號。本篇共存四十六行，起篇題，迄篇末，首尾基本完整，唯前七行及第十行上部有殘。文中錯訛較多。（三）伯二六〇一號。本篇殘存二十八行，起篇題，迄第十八章「慎行其餘則寡（悔）」，每行下部均殘。（四）斯四六九六號。本篇殘存十行，起篇題，迄第五章末「祭之以禮」，每行下部均殘。（五）伯二六七七號。本篇殘存三十四行。起第四章「（七十而）從心所欲」，迄篇末。然殘缺較甚，二十餘行上下部均有殘，餘行下部亦殘。卷末有咸通十年（八六九）、咸通十一年（八七〇）題記，知爲唐懿宗時期寫本。（六）列寧格勒亞洲人民研究所藏本，編號Дx. 一四六〇號（引自陳祚龍《敦煌古鈔文獻會最》，簡稱列一四六〇號）。本篇殘存二行，起第二十四章「（非其鬼而祭之）者諂也」，迄篇末。

參校本：吐魯番阿斯塔那三六三號墓八/一號卜天壽寫《論語鄭氏注》本（載《吐魯番出土文書》第七册，簡稱卜寫鄭本）。詳見王著。

本篇底本、伯二六〇四號爲唐宣宗時期寫本，伯二六一八號爲唐僖宗時期寫本，伯二六〇一號、斯四六九六號爲唐寫本，詳見《學而》篇整理説明。

羅振玉藏敦煌本

（上缺）爲政篇第二❶

何晏集□❷

子曰：「爲政以德，譬如北辰，❸君其所，❹而□□□□。」❺▨❻

子曰：「詩三百，孔曰：篇之大數。❼一言以蔽之，❽包曰：蔽，猶當也。❾曰：『思無

---

❶「爲政」至「二」，伯二六一八號、斯四六九六號同。篁墩本「爲」上多「論語」二字。伯二六〇一號、篁墩本無「篇」字。篁墩本「二」下多「凡二十四章」數字。伯二六〇四號殘存「第二」二字。

❷「□」，伯二六〇一號、篁墩本作「解」。斯四六九六號殘存「何晏」二字。伯二六一八號無此四字。

❸「如」，斯四六九六號作「而」。按：「如」、「而」經傳多通用。

❹「君」，諸本作「居」，底本當因形近而譌。

❺「□□□□」，伯二六〇一號、伯二六八一號、篁墩本、皇本、邢本、《群書治要》引作「衆星共之」。伊氏本、永禄本、《文選》卷五三李蕭遠《運命論》注引同，唯「共」作「拱」。《釋文》出「共」，云：「鄭作『拱』。」阮校記云：「『拱』，正字。『共』，假借字。」

❻「▨」，伯二六〇四號作：「包曰：德者無爲，猶北辰之不移而衆星共之。」「包曰」，伯二六一八號、篁墩本、邢本同，皇本、永禄本作「鄭曰」。按：《文選》卷五三李蕭遠《運命論》注引鄭注有「北極謂之北辰」句。本注與此不類。故作「包曰」是，作「鄭曰」非。又，篁墩本、永禄本「猶」上多一「譬」字。《釋文》出「猶北辰之不移」，云：「本或作『譬猶北辰之不移』。」伯二六〇一號注首殘，末「之」作「也」字，皇本、永禄本末多一「也」字。

❼「數」下，皇本多一「也」字。斯四六九六號「數」下多一「之」字。寫本注末加「之」者甚多，或爲書者妄增以求注文雙行對齊。

❽「以」，斯四六九六號誤作「一」。

❾「也」，伯二六〇四號無此字。

耶。』」❶⧄❷□□：「□□□□。」❸孔曰：政，謂法教。❹齊之以刑，❺馬曰：❻齊政之以刑罰也。❼民免而無恥；孔曰：免，苟免。❽道之以德，❾

❶「耶」，伯二六〇四號同，他本作「邪」。《玉篇》云：「『耶』，俗『邪』字。」

❷「⧄」，伯二六〇一號作：「包曰：歸於正也。」皇本、《群書治要》、《論語筆解》引同。伯二六一八號「正」作「政」。伯二六〇四號、篁墩本、邢本「正」下無「也」字。

❸「□□□□□□」，伯二六〇一號作：「子曰：道之以政。」「道」，伯二六一八號、漢石經、篁墩本、邢本同。據下文，知底本亦作「道」。古本、皇本、唐本、卷子本、正平本、永祿本、天文本、武内本、《漢書·董仲舒傳》、《後漢書·杜林傳》、同書《朱景王杜馬劉傅堅馬傳》論、《文選》卷五〇范蔚宗《後漢書·二十八將傳》論引作「導」。《論語孔氏訓解》云：「皇本集解、《蓮華經音義》並引孔注，知古文作『導』也。」按：此説恐非。伯二六〇一號等皆引孔注，即引《古論》，作「道」，則非古文作「導」也。《釋文》出「道之」，云：「音導，下同。」阮校記云：「漢石經作『道』，用假借字。」當是。

❹「教」下，皇本、《論語孔氏訓解》謂《蓮華經音義》引多一「也」字。

❺「刑」，斯四六九六號作「形」，乃形近而譌。

❻「馬曰」，伯二六〇一號、伯二六〇四號、斯四六九六號、篁墩本、皇本、邢本同，伯二六一八號作「孔曰」，恐誤。

❼「政」，伯二六〇四號、斯四六九六號同，伯二六〇一號、伯二六一八號、篁墩本、皇本、邢本、天文本作「整」。按：邢疏云：「齊謂齊整，刑謂刑罰。言道之以政而民不服者，則齊整之以刑罰也。」則字當以「齊」爲正。又，「之」，斯四六九六號誤作「也」。「刑」，斯四六九六號誤作「形」，伯二六〇一號誤作「邢」。伯二六〇四號、篁墩本、邢本末無「也」。

❽「苟免」，伯二六〇四號、邢本同。篁墩本、皇本無「苟」上「免」字。篁墩本「免」下多一「罪」字。皇本「免」下多「罪也」二字。伯二六〇一號、伯二六一八號「免」下多一「也」字。

❾「道」，或作「導」。參見本頁校勘記❸。

包曰：❶德，謂道德。❷齊□以禮，❸有恥且格。」孔曰：格，正。❹

子曰：「吾十有□□至於學，❺三十而立，有所成立。❻四十而而或，❼孔曰：不疑或。❽五十而知天命，孔曰：❾知天□之忠始。❿

❶「包曰」，伯二六一八號、斯四六九六號、篁墩本、皇本、邢本及《釋文》引同。永禄本作「鄭曰」，恐誤。

❷「德」下，皇本、《釋文》引多一「也」字。

❸「□」，諸本作「之」。

❹「孔曰」，伯二六〇一號、伯二六〇四號、伯二六一八號、斯四六九六號、篁墩本、皇本、邢本、卷子本無此二字，疑底本誤。又，卷子本「格」下多一「者」字。斯四六九六號、篁墩本、皇本、邢本、《群書治要》引「正」下多一「也」字。或爲何晏自注。

❺「□□」，諸本作「五而」。「至」，伯二六一八號同，他本作「志」。皇疏云：「志者，在心之謂也。」是字以「志」爲正。又，「於」，伯二六〇四號、古本、皇本、永禄本、武内本同，篁墩本、邢本、《白虎通・辟雍》篇、《太平御覽》卷六一四引作「于」，漢石經、唐本、津藩本、卷子本、正平本、天文本、《論衡・實知》篇引作「乎」。《四書考異》云：此經自引《詩》、《書》外，例用「於」字，今此獨變體爲「于」，疑屬「乎」字傳寫誤。

❻「立」，伯二六〇一號、伯二六一八號、篁墩本、皇本同，邢本無此字。皇本、邢本「立」下多一「也」字。

❼後「而」，諸本作「不」。底本誤。「或」，伯二六〇四號、斯四六九六號同，伯二六〇一號、伯二六一八號、篁墩本、皇本、邢本作「惑」。按：「或」、「惑」，古今字。

❽「或」下，伯二六〇一號、斯四六九六號、皇本、《論語孔氏訓解》引多一「也」字。

❾「孔曰」，伯二六〇四號、斯四六九六號、篁墩本、皇本、邢本、《論語筆解》引同，伯二六一八號無此二字，恐誤脱。

❿「□」，諸本作「命」。「之」，斯四六九六號誤作「知」。「忠始」，伯二六一八號、斯四六九六號、篁墩本、皇本、邢本、《論語筆解》、《文選》卷一六潘安仁《閒居賦》注、《論語孔氏訓解》引作「終始」，閩本、北監本、毛本作「始終」。底本作「忠」誤。斯四六九六號、皇本、《論語孔氏訓解》引「始」下多一「也」字。

六十而耳順，❶鄭曰：耳聞其言而知其微旨也。❷七十而從心所欲，❸不踰距。」❹馬曰：距，❺法也。從心所欲，無非法也。❻

孟懿子問孝。孔曰：孟懿子，魯大夫仲孫何忌。❼懿，謚也。❽子曰：「無違。」❾樊遲御，子告之曰：「孟孫問孝於我，我對曰，無違。」鄭曰：恐孟孫不曉無違之意，❿將問於樊遲，故

❶「而」，斯四六九六號作「如」。按：「而」、「如」經傳多通用。

❷「耳」至「也」，伊氏本無「耳」字。伊氏本、篁墩本、皇本「聞」上多一「順」字。伯二六〇一號、伯二六一八號、邢本同底本無此字。伯二六〇一號、伯二六〇四號、篁墩本、邢本末無「也」字。

❸「從」，伯二六〇一號、伯二六〇四號、伯二六一八號、伯二七六六號、斯四六九六號、篁墩本、皇本、邢本同，唐本、津藩本、卷子本、正平本、天文本作「縱」。《彙考・弁言》云：「按盱郡本此下注曰：『從，音縱。』皇疏：『從，猶放也……放縱心意。』是何、皇二本俱作『縱』也。集注曰：『從，隨也。』失之。」今按：此引盱郡本注，諸本皆無。

❹「距」，斯四六九六號誤作「短」，他本作「矩」，當以此爲是。

❺「距」，應作「矩」，伯二六〇一號誤作「舉」。

❻「法」下，皇本、《論語馬氏訓説》引多一「者」字。伯二六〇一號、伯二六〇四號、伯二六一八號、斯四六九六號、篁墩本、邢本、《論語筆解》引無「也」字。

❼「孟懿子」，伯二六〇一號、伯二六〇四號、伯二六一八號、篁墩本、皇本、邢本、《論語孔氏訓解》引無此三字，疑底本衍。「忌」下，皇本、《論語孔氏訓解》引多一「也」字。

❽「懿謚也」，伯二六一八號、篁墩本、皇本、邢本同。伯二六〇一號、伯二六〇四號、伯二六七七號、斯四六九六號末無「也」字。《論語孔氏訓解》引無此三字。

❾「無」，伯二六〇一號、斯四六九六號、篁墩本、皇本、邢本同，伯二六〇四號、伯二六一八號、伯二六七七號、《論衡・問孔》篇引作「毋」。下同。斯四六九六號衍一「無」字。

❿「恐」，伯二六〇四號、伯二六一八號、伯二七六六號、斯四六九六號、邢本同，篁墩本、皇本無此字。

告之，❶樊遲，弟子樊遲須也。❷樊遲曰：「何謂也？」子曰：「生，事之以禮；死，葬之以禮。」❸

孟賦伯問孝。❹子曰：「父母唯其疾之憂。」馬曰：武伯，懿子之子仲孫彘。❺懿，❻謚也。言孝不妄爲非，❼唯疾病，❽然後使父母憂耳也。❾

子游問孝。孔曰：子游，弟子，❿姓言，名偃。⓫子曰：⓬「今之孝者，是謂能養。至於犬馬，⓭皆能有養；不敬，何以别乎？」⓮馬曰：⓯犬以守御，馬以大勞，⓰養人者。⓱

---

❶「之」下，皇本多一「也」字。

❷「遲」，諸本無此字，底本衍。「也」，邢本末無此字。

❸「禮」，諸本此句下有「祭之以禮」，底本誤脱。《四書考異》云：「《論衡·問孔》篇述全章文，獨無此一句。」今查實有。

❹「賦」，諸本作「武」，據底本注亦應作「武」。「伯」，伯二六〇四號作「百」。

❺「彘」下，皇本、《論語馬氏訓説》引多一「也」字。

❻「懿」，諸本作「武」。底本誤。

❼「孝」下，諸本有「子」字，底本誤脱。

❽「唯」下，皇本、永禄本、《論語馬氏訓説》引有「有」字，伯二六〇四號、伯二六一八號、篁墩本、邢本同底本無此字。

❾「憂耳也」，皇本、《論語馬氏訓説》引「憂」下有「之」字。邢本無「耳也」二字。伯二六〇四號、伯二六一八號、篁墩本、《論語馬氏訓説》引無「也」字。

❿「弟子」下，皇本、《論語孔氏訓解》引有「也」字。

⓫「偃」下，伯二六〇一號、伯二六〇四號、皇本、《論語孔氏訓説》引多一「也」字。

⓬「曰」，伯二六〇四號脱此字。

⓭「至」，伯二六一八號、篁墩本、皇本、邢本同，伯二六〇四號作「致」。

⓮「乎」，伯二六〇四號、伯二六一八號、篁墩本、皇本、邢本、正平本同，漢石經、唐本、津藩本、卷子本無此字。

⓯「馬曰」，伯二六一八號同。伯二六〇四號、伯二六七號、篁墩本、皇本、邢本等刊本作「包曰」。未知孰是。

⓰「大」，諸本作「代」。底本音同致誤。

⓱「養」上，伯二六一八號、邢本多一「皆」字，篁墩本、皇本多一「能」字。皇本「者」下多一「也」字。

一曰：人之所養，乃至於犬馬皆能有養；❶不敬，何以別乎？❷孟子曰：食不愛，❸豕畜之；❹愛而不敬，獸畜之也。❺

子夏問孝。子曰：「色難。色難謂乘順父母顏色乃爲難也。❻有事，弟子服其勞；有酒食，先生饌，❼馬曰：先生，謂父兄。❽饌，飲食

❶「乃」，伯二六〇一號、伯二六一八號、邢本同，篁墩本作「能」，皇本、卷子本、永禄本作「乃能」。「皆能有養」，伯二六〇四號、伯二六一八號同，伯二六〇一號、篁墩本、皇本、邢本無此四字。

❷「何以別乎」，伯二六〇四號、伯二六一八號同。伯二六〇一號、篁墩本、皇本、邢本等刊本作「則無以別」，伯二六〇一號「乎」下多一「也」字。按：經文作「何以別乎」，注當釋之。

❸「食」，伯二六〇一號、伯二六〇四號、伯二六一八號、篁墩本、邢本同，皇本、永禄本作「養」。按：《孟子·盡心章句上》作「食」，則作「養」誤。又，諸本「食（養）」下有「而」字，底本誤脱。「不」，篁墩本、永禄本作「弗」。「不」、「弗」音義相通。

❹「之」，篁墩本作「也」。皇本、永禄本「之」下多一「也」字。

❺「之也」，皇本、永禄本同。篁墩本無「之」字。伯二六〇一號、伯二六〇四號、伯二六一八號、邢本無「也」字。

❻「色難」上，皇本、邢本、永禄本有「包曰」二字，伯二六〇四號、伯二六一八號、篁墩本同底本無此二字。伯二六〇一號此前經文殘，「色難」及下注文另起行，首亦無「包曰」。《文選》卷一九束廣微《補亡詩》注引亦無此二字。按：《文選》引集解，均標注者，未標者皆何晏自注。此與前引諸寫本同。此處以無「包曰」二字爲是。「乘」，諸本作「承」，當是。「順」，伯二六〇一號、伯二六〇四號、伯二六一八號、邢本同，篁墩本、皇本、《論語包氏章句》引作「望」。「也」，伯二六〇一號、伯二六一八號、邢本無此字。

❼「饌」，伯二六〇四號、伯二六一八號、篁墩本、皇本、邢本同，伯二六〇一號殘，據注知亦作「饌」。《釋文》出「饌」，云：「鄭作『餕』，音俊。食餘曰『餕』。」但，《初學記》卷一七《孝部》引鄭注仍作「饌」。

❽「兄」，伯二六〇一號誤作「母」。皇本、《論語馬氏訓説》引「兄」下多一「也」字。

也。❶曾是以爲孝乎？」孔曰：❷孔子喻子憂，❸服勞、先食，汝謂此爲孝乎？未孝。❹乘順父母顔色，乃爲孝。❺

子曰：「吾與回言終日，不違，如愚。❻馬曰：❼回，弟子。❽姓顔，名回，❾字淵，❿魯人也。不爲者，⓫無所在問於孔子之言，⓬默而識之，如愚。⓭退而省其私，⓮亦足以發，回也不愚。」⓯

---

❶「也」，《釋文》引同，伯二六〇一號無此字。

❷「孔曰」，伯二六〇四號同。伯二六一八號無此二字。伯二六〇一號、篁墩本、皇本、邢本作「馬曰」，《論語馬氏訓説》引亦作「馬注」。

❸「憂」，諸本作「夏」，底本誤。又，篁墩本、皇本「憂」下多一「曰」字，伯二六〇四號、伯二六一八號、邢本同底本無此字。

❹「孝」上，伯二六〇一號同。篁墩本、皇本、《論語馬氏訓説》引多「足爲」二字。伯二六〇四號、伯二六一八號、篁墩本、皇本、邢本、《論語馬氏訓説》引「孝」下多一「也」字。

❺「乃爲孝」，伯二六〇一號同。皇本、永祿本、《論語馬氏訓説》引「乃」下多一「是」字。伯二六〇四號「孝」誤作「難」。篁墩本「孝」下多「耳也」二字。皇本「孝」下多「耳」字。伯二六一八號、邢本「孝」下多「也」字。

❻「如」，伯二六〇四號作「而」。

❼「馬曰」，伯二六〇四號、伯二六一八號、伯二六七七號、篁墩本、皇本、邢本等刊本作「孔曰」。

❽「回弟子」，伯二六〇四號無「回」字，當誤脱。伯二六一八號「弟」上多「孔子」二字。皇本、《論語孔氏訓解》引「子」下多一「也」字。

❾「姓」，伯二六〇四號誤作「性」。卷子本無「名回」二字。

❿「淵」，諸本「淵」上有「子」字，底本誤脱。

⓫「爲」，諸本作「違」，底本誤。

⓬「在」，諸本作「怪」，底本誤。

⓭「如愚」，伯二六〇一號、篁墩本、邢本同。伯二六〇四號「如」作「而」。伯二六一八號「愚」下有「也」字。皇本、《論語孔氏訓解》引「愚」下多「者也」二字。

⓮「退而省其私」，伯二六〇四號作「而貴其斯」，誤。

⓯「回」下，伯二六〇四號無「也」字。皇本「愚」下多一「也」字。

察其退還，❶與二三子説釋道義，❷發明大體，知其不愚也。❸

子曰：「視其所以，以，用也。言視其用所行。❹觀其所由，由，經也。言觀其所經從之處。❺察其所安。人焉廋哉？人焉廋？」❻孔曰：❼廋，匿其也。❽言觀人經始，❾安所匿其情。❿

子：⓫「温古而知新，⓬可以爲師矣。」

❶「察其退還」，伯二六〇四號、伯二六一八號、篁墩本、皇本、邢本等刊本及《史記・仲尼弟子列傳》集解引「察」上有「孔曰」二字。《論語孔氏訓解》引亦作孔注，底本脱注者。伯二六〇四號脱「還」字。

❷「釋」，伯二六〇一號、伯二六一八號、篁墩本、皇本、邢本、《史記・仲尼弟子列傳》集解引同，伯二六〇四號作「識」，北監本、毛本作「繹」。阮校記稱《釋文》出「繹」，云：「音亦。」則字當作「繹」。又稱：「『釋』、『繹』，古今字，作『繹』，用假借字。」按：《釋文》出「繹」在「温故」章之後，非指本章，阮校記誤。

❸「也」，伯二六〇一號、伯二六〇四號、伯二六一八號、篁墩本、邢本、《史記・仲尼弟子列傳》集解引無此字。

❹「用所行」，諸本作「所行用」，底本誤倒。伯二六一八號、皇本「行」下多一「也」字。

❺「之處」，伯二六一八號、伯二七六六號、篁墩本、皇本、邢本等無此二字，底本當衍。「從」下，皇本有「也」字。伯二六〇四號此句作「言觀其從之恥」，恐誤。

❻「廋」，漢石經同。他本「廋」下多一「哉」字。

❼「孔曰」，伯二六一八號無此二字，恐誤脱。

❽「其」，諸本無此字，底本當衍。

❾「人經」，皇本、《論語孔氏訓解》引「人」下多一「之」字。「經」，諸本作「終」，底本誤。

❿「安」下，篁墩本、皇本多一「有」字，伯二六〇四號、伯二六一八號、邢本、《論語孔氏訓解》引同底本無此字。又，篁墩本、皇本、《論語孔氏訓解》引「情」下多一「也」字。

⓫「子」，諸本下有「曰」字，底本誤脱。

⓬「古」，諸本作「故」。《爾雅・釋詁》云：「古，故也。」二字經傳通用。

温，尋也。❶尋繹古者，❷又知新者，可爲師也。❸子曰：「君子不器。」包曰：器者各周其用。至於君子，無所不施。❹

子貢問君子。子曰：❺「先行其言而後從之。」包曰：❻疾小多言，❼行之不周也。❽

子曰：「君子周而不比，❾小人比而

❶「温尋也」，伯二六七七號「温」上有「包曰」二字，《論語筆解》引「温」上有「孔曰」二字，《論語孔氏訓解》引亦作孔注，伯二六〇一號、伯二六〇四號、伯二六一八號、篁墩本、皇本、邢本等刊本同底本作何晏自注。伯二六〇四號末無「也」字。

❷「尋」，伯二六〇四號、篁墩本、皇本、邢本等同，伯二六一八號無此字。伯二六〇一號「尋」下多一「度」字，當爲衍文。「古」，諸本作「故」。說見第二四頁校勘記⓬。

❸「可爲師也」，諸本「可」下有「以」字。邢本「師」上多一「人」字。伯二六〇四號「也」上多一「矣」。伯二六〇一號、伯二六一八號、篁墩本、邢本、《論語筆解》引「也」作「矣」。

❹「施」下，皇本多一「也」字。

❺「子曰」，伯二六〇四號誤脱此二字。

❻「包曰」，伯二六〇一號、伯二六〇四號、伯二六一八號、篁墩本、皇本、邢本等刊本及《論語筆解》、《論語孔氏訓解》引均作孔注，疑底本誤。

❼「小」下，諸本多一「人」字，底本誤脱。

❽「行」，伯二六〇一號、伯二六一八號、篁墩本、皇本、邢本、《論語筆解》、《論語孔氏訓解》引「行」上多一「而」字。伯二六〇四號同底本無此字。伯二六〇一號、伯二六〇四號、伯二六一八號、篁墩本、邢本、《論語筆解》引末無「也」字。

❾「比」，諸本此句下有孔注，底本孔注置下句「小人比而不周」之下，恐誤。

不周。孔曰：❶終信爲周，❷阿黨爲比。❸學而不思則罔，❹包曰：學不尋思其義，❺則罔然無所得也。❻思而不學則殆。❼」不學而思，終卒不，❽使人精神皮殆也。❾

子曰：「攻乎異端，斯害也已。❿」攻，治也。善道有統，故殊途而同歸。異端不同歸。⓫

❶「孔曰」，伯二六七七號、篁墩本、皇本、邢本、正平本同。《春秋左傳正義》文公十年引作鄭注，《論語鄭氏注》引同。伯二六〇一號、伯二六〇四號、伯二六一八號無注者，似作何注。

❷「終」，伯二六〇一號、伯二六〇四號、伯二六一八號、伯二六七七號、篁墩本、皇本、邢本等刊本及《群書治要》引均作「忠」。《春秋左傳》文公十八年正義引鄭注亦作「忠」。按：皇疏云：「周，忠信也。比，阿黨也。君子常以忠信爲心而無相阿黨也。」邢疏云：「言君子常行忠信而不私相阿黨。」據此則字當作「忠」。又，「終」即「周」也。《易傳》與《漢書・禮樂志》「周而復始」亦作「終而復始」。《左傳》昭公二十年云：「子行事乎，吾將死之，以周（終）事子。」底本「終信」與「阿黨」相對，亦通。

❸「爲」，伯二六一八號作「無」，誤。皇本「比」下多一「也」字。

❹「學」上，諸本有「子曰」二字，底本誤脱。

❺「學」至「義」，伯二六〇四號、邢本同。伯二六一八號、篁墩本、皇本「學」下多一「而」字。伯二六一八號誤脱「不」字。篁墩本、皇本「義」下多一「理」字。伯二六〇一號殘存「其義」，末同底本亦無「理」字。

❻「也」，皇本同。伯二六一八號作「之」。伯二六〇一號、伯二六〇四號、篁墩本、邢本無「也」字。

❼「殆」，《釋文》出「殆」，云：「音待。依義當作『怠』。」諸本均作「殆」。

❽「不」下，諸本有「得」字。底本誤脱。

❾「使」上，邢本多一「徒」字。「皮」，諸本作「疲」，當是。伯二六〇四號、邢本末無「也」字。

❿「也已」，伯二六〇四號、伯二六一八號、伯二六七七號、篁墩本、邢本同。皇本、古本、唐本、津藩本、卷子本、正平本、天文本「已」下多一「矣」字。阮校記云有「矣」字，是。

⓫「歸」，伯二六〇一號、伯二六七七號、篁墩本同。伯二六一八號、邢本「歸」下多一「也」字。皇本「歸」下多「者也」二字。

子曰：「由，誨汝知之乎！❶孔曰：❷弟子，❸姓仲，名由，字子路也。❹知之爲知之，不知爲不知，❺是智也。」❻

子張學干禄。鄭曰：弟子，❼姓顓孫，名師，字子張。❽干，求也。禄，禄位也。❾子曰：「多聞闕疑，慎言其餘，則寡尤；包曰：尤，過也。疑則闕之，其餘不之疑。❿猶慎言之，則小過也。⓫多

---

❶「汝」，伯二六〇一號、伯二六〇四號、伯二六一八號、伯二六七七號、皇本、正平本同，篁墩本、邢本、《論語孔氏訓解》引作「女」。《釋文》出「女」，云：「音汝。」「女」、「汝」，經傳通用。

❷「孔曰」，伯二六〇四號無此二字，恐誤脱。

❸「弟子」上，篁墩本、皇本、《論語孔氏訓解》引多一「由」字。皇本、《論語孔氏訓解》引「弟子」下有「也」字。

❹「也」，伯二六〇一號、伯二六〇四號、伯二六一八號、篁墩本、邢本、《論語孔氏訓解》引末無此字。伯二六〇一號此注後接下章「子張學干禄」之鄭注末兩句，誤脱中間經、注。

❺「知」下，皇本、永禄本多一「之」字。

❻「智」，伯二六一八號、伯二六七七號同，伯二六〇四號、篁墩本、皇本、邢本作「知」。《釋文》出「知」，云：「如字。又音智。」《説文》段注云：「智」與「知」音、義皆同，故二字多通用。

❼「弟子」，伯二六〇四號、伯二六一八號、伯二六七七號、邢本同。篁墩本、皇本、《論語鄭氏注》引「弟」上多「子張」二字。按：下已有「字子張」，此處以無「子張」二字爲勝。皇本、《論語鄭氏注》引「弟子」下多一「也」字。

❽「張」下，皇本、論語鄭氏注多一「也」字。

❾「也」，伯二六一八號無此字。

❿「之」，伯二六〇一號、伯二六七七號、篁墩本、皇本、邢本無此字。此句伯二六〇四號誤脱「之其餘不（之）」數字。

⓫「小」，伯二六〇一號、伯二六〇四號、伯二六一八號、伯二六七七號、篁墩本、皇本、邢本作「少」。按：「小」、「少」，經傳多通用。又，伯二六〇一號、伯二六一八號、伯二六七七號、篁墩本、邢本「過」下無「也」字。

見闕殆，❶慎行其餘，則寡悔。包曰：殆，危也。❷所危者，❸闕而不行，則小少悔也。❹言寡尤，行寡悔，禄在其中矣。」鄭曰：言行如此，雖不得禄，亦得禄之道也。❺

哀公問曰：「何爲則人服？」❻包曰：哀公，魯君之諡也。❼孔子對曰：「舉直措諸狂，❽則人服；❾措，置也。舉正之人用之，❿廢置

❶「見」，伯二六〇四號作「聞」，當涉上句「多聞闕疑」而誤。

❷「也」，伯二六七七號作「曰」。按：「曰」當爲「也」之誤。

❸「所」下，諸本有「見」字，底本誤脱。

❹「小少悔也」，伯二六七七號、篁墩本、皇本、邢本無「小」字。伯二六〇四號無「少」字，底本當衍其中一字。「也」，伯二六七七號、篁墩本、邢本無此字。

❺「亦」，伯二六〇四號、伯二六一八號、邢本同，篁墩本、皇本無此字。邢本「亦」下多一「同」字。伯二六一八號、篁墩本、邢本末無「也」字。

❻「爲」，伯二六〇四號作「謂」，下多一「也」字。「人」，伯二六〇四號同，伯二六一八號、伯二六七七號、篁墩本、皇本、邢本、永禄本、《群書治要》等引作「民」。按：作「民」是。作「人」係避唐太宗諱改。下同。

❼「之諡也」，篁墩本、邢本、《群書治要》引無「之」字。伯二六一八號、伯二六七七號、篁墩本、邢本、《群書治要》引無「也」字。按：此包注同鄭注。卜寫鄭本云：「哀公，魯君之謚。」

❽「措」，伯二六〇四號、伯二六一八號、伯二六七七號、卜寫鄭本同，篁墩本、皇本、邢本、《群書治要》引作「錯」。下及注同。《釋文》出「錯」，云：「鄭本作『措』。阮校記云：『「措」，正字。古經傳多假「錯」爲之。』」又，「狂」，諸本作「枉」，底本誤。

❾「人」，伯二六〇四號、伯二六一八號、卜寫鄭本同，伯二六七七號、篁墩本、皇本、邢本、永禄本、《群書治要》引作「民」。下同。永禄本「服」下多一「也」字。

❿「措」至「正」，篁墩本、皇本、邢本「措」上有「包曰」二字，《文選》卷八司馬長卿《上林賦》注、《論語包氏章句》引亦作包注。未知孰是。又，篁墩本、皇本「舉」下多一「用」字。伯二六〇四號、伯二六一八號、篁墩本、皇本、「正」下有「直」字，底本恐誤脱。

耶狂之人，❶則人服其上也。❷舉狂措諸直，則人不服。」

季康子問：「使人敬、忠以歡，❸如之何？」孔曰：魯卿季孫肥。康，謚也。❹子曰：「臨之以莊，則敬；❺包曰：莊，嚴也。君臨人以嚴，❻則人敬其上。❼孝慈，則忠；包曰：君能上孝於親，下慈於人，則人忠矣也。❽善而教不，❾

---

❶「耶」，諸本作「邪」。「狂」爲「枉」之誤。伯二六七七號誤脱「之人」二字。

❷「人服」至「也」，篁墩本、皇本、邢本、《群書治要》引「人」作「民」。皇本末「也」作「矣」。伯二六一八號、篁墩本、邢本末無「也」字。

❸「人」，伯二六〇四號、伯二六一八號、卜寫鄭本同，篁墩本、皇本、邢本、《論語孔氏訓解》引作「民」。「歡」，諸本作「勸」。底本誤。

❹「魯卿」至「也」，《群書治要》引「魯」上多「康子」二字。「卿」，《論語孔氏訓解》引作「大夫」，永禄本「卿」下多「大夫」二字。皇本、《群書治要》、《論語孔氏訓解》引「肥」下多一「也」字。邢本末無「也」字。按：此孔注略同鄭注。卜寫鄭本云：「季□肥之謚也。」

❺「臨之」至「敬」，伯二六〇四號、伯二六一八號、伯二六七七號、卜寫鄭本、篁墩本、唐本、邢本、正平本、天文本同。古本、皇本、永禄本「臨之」間多一「民」字。古本、皇本、武内本「則敬」間多一「民」字。《四書考異》云：「義疏本（皇本）作『臨民之以莊則民敬』，《七經考文》曰上一『民』字恐誤。按上一『民』字謂不誤亦得，但有此『民』字，則『之』字爲衍。」阮校記亦云：「作『臨民』，作『臨之』俱可，若『民』、『之』連用則不詞矣。疑皇本誤。」今當以寫本爲正。

❻「人」，伯二六〇四號同，篁墩本、皇本、邢本作「民」。

❼「上」下，伯二六〇四號多一「矣」字，皇本多一「也」字。

❽二「人」，伯二六〇四號略同，伯二六一八號、伯二六七七號、篁墩本、皇本、邢本等均作「民」。

❾「善而教不」，諸本「善」上有「舉」字，「不」下有「能」字，底本均脱。

則歡。」❶包曰：舉用善人而教不能者，則人歡矣。❷或謂孔子曰：「子奚不爲政？」包曰：或人以爲，居位乃是爲政也。❸子曰：「書云：『孝乎唯孝，❹友于兄弟，❺施于有政。』是亦爲政，❻矣其爲政？」❼包曰：孝乎惟孝，美大孝

❶「則」下，皇本、古本、唐本、篁墩本、足利本、正平本、武内本多一「民」字，伯二六〇四號、伯二六一八號、伯二六七七號、邢本同底本無此字。又，「歡」，諸本作「勸」，底本誤。伯二六〇四號作「觀」，亦誤。皇本「歡」下多一「也」字。按：此句有「民」字意更明確，包注亦作「則人(民)歡(勸)矣。」然邢疏引無「民」字。當傳本如此。

❷「人」，伯二六〇四號、伯二六一八號同，篁墩本、皇本、邢本、《群書治要》引作「民」。「歡」，諸本作「勸」，底本誤。伯二六〇四號、伯二六一八號「勸」下多一「免」字，邢本多一「勉」字。篁墩本、皇本、《群書治要》引同底本無此字。皇本「矣」作「也」，篁墩本、《群書治要》引無「矣」字。

❸「爲」，伯二六〇四號作「與」。伯二六七七號、篁墩本、邢本「政」下無「也」字。

❹「乎」，伯二六〇四號、伯二六一八號、伯二六七七號、卜寫鄭本、邢本、正平本、天文本同，漢石經、古本、篁墩本、皇本、唐本、津藩本、足利本、武内本作「于」。《釋文》出「孝于」，云：「一本作『孝乎』。」《論語集解考異》卷一引朱彝尊《曝書亭集・蔡中郎鴻都石經殘字跋》云：「今石本『乎』乃作『于』，然則『孝于惟孝，友于兄弟，施于有政』，句法正相同也。……(篁墩謂)據包子良注，明『乎』字是語辭。要之，『于』、『乎』二字，義宜兩存，亦傳承之異，不必强而爲之也。」説甚是。又，「唯」，伯二六一八號作「維」，伯二六〇四號、篁墩本、皇本、邢本、天文本作「惟」。注同。

❺「兄弟」，伯二六一八號作「弟兄」。

❻「政」，伯二六〇四號、伯二六一八號、伯二六七七號、篁墩本、邢本、《文選》卷一六潘安仁《閒居賦》注引同。皇本、古本、唐本、津藩本、正平本、天文本「政」下多一「也」字。

❼「矣」，諸本作「奚」。底本誤。伯二六七七號、卜寫鄭本、篁墩本、皇本、古本、唐本、津藩本、邢本、正平本、天文本、《文選》卷一六潘安仁《閒居賦》注引「爲」字不重。伯二六〇四號、伯二六一八號同底本「爲」字不重。《釋文》出「奚其爲爲政也」，云：「一本無一『爲』字。」是唐初已有不同傳本。又，伯二六七七號、古本、唐本、津藩本、正平本、天文本「政」下多一「也」字。

之辭。❶有于兄弟，❷施，行也。所行有政道，❸即以爲政同。❹

子曰：「人而無信，不知其可。❺孔曰：人而無信，❻其餘終無可可。❼大車無輗，小車無軏，其何以觀之哉？」❽包曰：大車，牛車。❾輗者，轅端橫木以縛枙。❿小車，駟馬車。軏者，轅端上曲鉤行。⓫

❶「乎」或作「于」，參見第三〇頁校勘記❹。「孝」下，皇本多一「者」字。「大」，伯二〇六四號、伯二六一八號、邢本、《文選》卷一六潘安仁《閒居賦》注引同，篁墩本、皇本無此字。篁墩本、皇本及前舉《閒居賦》注引「辭」下多一「也」字。按，此包注略同鄭注。卜寫鄭本云：「孝乎者，美大孝之辭。」

❷「有」，諸本作「友」，底本誤。又，諸本此句下有「善於兄弟」四字。其中，伯二六一八號「於」作「其」，皇本、《文選》卷一六潘安仁《閒居賦》注引末多一「也」字。底本誤脱此句。

❸「所行有政道」，阮校記謂《文選》卷一六潘安仁《閒居賦》注引「所」上多「政所施行也」五字，今本無。又，伯二六〇四號無「道」字，當誤脱。

❹「即」，邢本無。「即」，伯二六一八號作「則」。篁墩本、皇本「即」下多一「是」字。「以」，諸本作「與」。皇本「同」下多一「耳」字。前舉《閒居賦》注引「同」下多一「也」字。

❺「可」，卜寫鄭本同。伯二六〇四號、篁墩本、皇本、邢本、《論語孔氏訓解》引「可」下多一「也」字。

❻「人」上，篁墩本、皇本、邢本、《論語孔氏訓解》引多一「言」字，伯二六〇四號、伯二六一八號、《群書治要》引同底本無此字。「無」，伯二六一八號誤脱。

❼「可可」，底本末衍一「可」字。伯二六〇四號、伯二六一八號、皇本、《群書治要》、《論語孔氏訓解》引「可」下多一「也」字。

❽「觀」，諸本作「行」，底本誤。

❾「車」下，伯二六七七號多一「也」字。

❿「枙」，伯二六七七號、皇本同，篁墩本、邢本作「軛」。《釋文》出「枙」，云：「音厄。又作『軛』。」皇本「枙」下多「者也」二字。

⓫「端」下，永祿本多一「而」字。「鉤」，伯二六〇四號、伯二六一八號、邢本、伊氏本、《群書治要》引同，篁墩本、皇本作「拘」，《釋文》作「勾」。阮校記云：「『鉤』、『拘』，古音同第四部，故多通用。」「勾」當亦同。「行」，諸本作「衡」，底本誤。伯二六一八號「行」下多一「也」字。篁墩本、伊氏本「行」下多一「者」字，皇本「行」下多「者也」二字，伯二六〇四號「行」下多「者之也」三字。

子張問：「十世可知？」❶孔曰：❷文質禮變也。❸子曰：「殷因於夏禮，所損益，❹可；❺周因於殷禮，所損益，可知。❻馬曰：所因，謂三綱五常。❼所損益，可知。❽其或繼周者，雖百世，❾可知。」❿物類相召，⓫勢數相生，⓬其變有常，故可預知。⓭

❶「十世可知」，伯二六七七號、卜寫鄭本同。「世」，伯二六一八號作「代」，伯二六〇四號作「大」，當避唐諱改。篁墩本、皇本、邢本、《論語筆解》、《論語孔氏訓解》引「知」下多一「也」字。《釋文》出「十世可知也」，云：「一本作『可知乎』。鄭本作『可知』。」

❷「孔曰」，伯二六七七號，篁墩本、皇本、邢本、《論語孔氏訓解》引同。伯二六〇四號作「馬曰」，疑誤。

❸「也」，皇本、《論語孔氏訓解》引同，伯二六〇四號、伯二六七七號、篁墩本、邢本、《論語筆解》引末無此字。

❹「所」，卜寫鄭本誤脱此字。

❺「可」下，諸本有「知也」，底本誤脱。

❻「知」下，《論語筆解》引多一「也」字。

❼「常」下，皇本多一「也」字。

❽「可知」，伯二六〇四號、伯二六一八號、伯二六七七號、篁墩本、皇本、邢本、《論語筆解》、《論語馬氏訓說》引作「謂文質三統」，皇本、《論語馬氏訓說》引此五字下多一「也」字。底本誤。

❾「雖百世」，伯二六一八號「雖」下多一「有」字。伯二六〇四號、伯二六一八號「世」作「代」。

❿「可」上，卜寫鄭本、篁墩本、皇本、古本、唐本、津藩本、足利本、正平本多一「亦」字，伯二六〇四號、《論語筆解》、《論語馬氏訓說》引同底本無此字。伯二六〇四號「知」作「之」，誤。皇本、古本、篁墩本、足利本、《論語筆解》、《論語馬氏訓說》引「知」下多一「也」字。

⓫「物」上，伯二六一八號多「孔曰」二字，篁墩本、皇本多「馬曰」二字，《論語馬氏訓說》引亦作馬注。伯二六〇四號、邢本、《史記・孔子世家》集解引同底本作何晏自注。未知孰是。又，「召」，伯二六〇四號、伯二六一八號、篁墩本、邢本、《史記・孔子世家》集解引同，皇本、伊氏本作「招」。

⓬「勢」，篁墩本、皇本、《史記・孔子世家》集解、《論語馬氏訓說》引同，伯二六一八號、邢本作「世」。

⓭「預知」，伯二六〇四號、篁墩本、邢本同。「預」，伯二六一八號、卷子本、皇本、《論語馬氏訓說》引作「豫」。阮校記云：「『豫』、『預』，古今字。」伯二六一八號「知」誤作「之」。伯二六七七號、皇本、《論語馬氏訓說》引「知」下多一「也」字。《史記・孔子世家》集解引「知」下多「者也」二字。

子曰：「非其鬼而祭之者，❶諂。❷鄭曰：人神曰鬼，❸非其祖考而祭之者，❹是諂求福也。❺見義不爲，無勇也。」❻孔曰：❼義所宜爲，❽而不能爲，是無勇也。❾

論語卷第二❿

❶「者」，伯二六〇四號、伯二六一八號、卜寫鄭本、列一四六〇號同。篁墩本、皇本、卷子本、邢本、永禄本、武内本無此字。

❷「諂」，伯二六〇四號同。伯二六一八號「諂」上多一「謂」字，卜寫鄭本「諂」上多一「是」字，伯二六一八號、列一四六〇號、篁墩本、皇本、邢本、《釋文》引「諂」下多一「也」字。

❸「神」，卜寫鄭本誤脱此字。

❹「其」，列一四六〇號無此字。「孝」，諸本作「考」，底本誤。「者」，卜寫鄭本、篁墩本同，伯二六〇四號、列一四六〇號、皇本、卷子本、邢本、永禄本無此字。

❺「求」上，篁墩本、皇本多一「以」字，永禄本多一「而」字，伯二六〇四號、列一四六〇號、邢本同底本無此二字。「福」，伯二六〇四號誤作「裙」。篁墩本、邢本「福」下無「也」字。卜寫鄭本此句作「(是諂)媚求淫祀之福」，與集解本鄭注異。

❻「勇」，伯二六〇四號作「用」，當誤。「也」，篁墩本、皇本、古本、唐本、邢本同，列一四六〇號、卜寫鄭本、正平本、天文本無此字。

❼「孔曰」，列一四六〇號、篁墩本、皇本、邢本同。《論語孔氏訓解》引亦作孔注。伯二六〇四號作「包曰」，恐誤。

❽「義」下，皇本、《論語孔氏訓解》引多一「者」字，伯二六〇四號、列一四六〇號、篁墩本、邢本同底本無此字。「宜」，伯二六〇四號誤作「義」。皇本、《論語孔氏訓解》引「爲」下多一「也」字。

❾「也」，伯二六〇四號、列一四六〇號、篁墩本、皇本、《論語孔氏訓解》引同。邢本無此字。

❿「第二」，伯二六〇四號、伯二六一八號、伯二六七七號、列一四六〇號、篁墩本作「第一」，底本誤。篁墩本卷數下尚有題記，爲：「經一千四百七十字。注一千五百一十五字。」他本均無。

《八佾》篇整理説明

《八佾》篇共有四個集解寫本，均爲伯希和、斯坦因本。其中二爲底本，餘二加二底本所省略部分作校本。另有敦煌出一件鄭注本、一件皇疏講本，及吐魯番出一件鄭注寫本，作參校本。本篇共分二十六章。

底本：（一）斯七〇〇三A。本篇共存三十三行，起篇題，迄第十三章末「無所禱也」孔注「（無）所（禱於）衆神」。該本前五行下部略殘，二十行後下部均殘。今取前二十行即至第九章「子曰夏禮（吾能言之）」爲底本，餘作校本。（二）伯二六七七六號。本篇共存四十七行，首殘，起第一章「孰不可忍也」馬注「魯以周公故」，迄篇末。前十二行有殘，餘基本無闕。但底本較差。下篇「民」作「仁」字，避唐諱，末有題記「申年二月　日王醰寫記」。知爲唐寫本。

校本：（一）伯二九〇四號。本篇共存五十行，起第四章「與其易也寧戚」包注「（不）如哀戚也」，迄篇末。前七行下部有殘。末有題記「未年正月十九日阹少子寫記了」。據書法知爲唐寫本。（二）伯三九七二號。本篇共存二十三行，起第十九章「孔子對曰」，迄篇末。前數行上下部均有殘。下篇「民」字缺筆避唐諱，末有題記「壬寅年歲次十一月廿九日學事高奴子寫記了」。知爲唐寫本。

參校本：（一）伯三五七三號皇疏講經本。（二）斯三三三九號鄭注寫本。（三）吐魯番阿斯塔那三六三號墓八/一號鄭注寫本（簡稱卜寫鄭本）。鄭注本解説詳見王著。

斯坦因七〇〇三A號寫本

八佾第三

何晏❶

孔子謂季氏，八佾舞▨。❷▨烈也，❸天子八佾，諸侯，❹卿大夫四，士▨故，❺受王者禮樂，有八佾之

---

❶「八」上，篁墩本有「論語」二字，「三」下有小字「凡二十六章」，「何晏」下有「集解」二字。

❷「▨」，篁墩本、皇本、邢本、皇講本作「於庭是可忍也孰不可忍也」。卜寫鄭本「是可忍」下無「也」字。《四書考異》云：《太平御覽·居處部》引無「也」字，《韓詩外傳》卷一〇引同刊本。然今查《太平御覽》，兩處均有「也」字。又，皇講本「舞」作「儛」，「孰」作「熟」。《集韻》云：「儛同舞」。《莊子·在宥》即有「鼓歌以儛之」。《彙考》云：「『孰』本生熟之本字，……後以『孰』字借爲誰孰，乃又加火作火熟字。此當以『孰』爲正。」

❸「▨」，篁墩本、皇本、邢本、皇講本作「馬曰孰誰也佾」。「烈」，諸本作「列」。應以「列」爲正。

❹「侯」下，篁墩本、皇本、邢本、《論語馬氏訓説》引有「六」字，底本誤脱。

❺「▨」，篁墩本、皇本、邢本、《論語馬氏訓説》作「二八人爲列八八六十四人魯以周公」。皇本、《論語馬氏訓説》「六十四人」下並有「也」字。伯二六七七六號首殘，存「魯以周公」四字。按：《文選·東都賦》注引馬融《論語注》云：「佾，列也。八人爲列，八八六十四人也。」中無「天子八佾諸侯六卿大夫四士二」十三字。

舞。季⧄孔子譏之。❶三家者以《雍》徹。❷馬曰：三家謂⧄頌臣工篇名。❸天子祭⧄，❹歌之以徹祭。今三家亦作此樂。❺子曰：「『相維辟公，❻天子穆穆』，⧄三家之堂？」❼包曰：謂諸侯及二王之後。❽穆穆，天子之容貌。❾雍篇歌此者，❿又諸侯

❶「季」上，篁墩本、皇本有「今」字，伯二六七六號、邢本同底本。「⧄」，篁墩本、皇本、邢本等作「桓子僭於其家廟舞之故」十字。伯二六七六號殘存「桓⧄廟舞之故」。又，「之」下，皇本有「也」字。

❷「徹」，篁墩本、皇本、邢本、卜寫鄭本同。伯二六七六號此句殘，然注亦作「徹」。《釋文》作「撤」，云：「本或作徹。」《經典釋文彙校》引嚴云：「《五經文字》『撤』字，字書無此字，見《論語》。《説文》、漢碑皆無『撤』字。」《四書考異》云：「舊文『徹』爲『撤』。……《詩》『雍』字作『雝』。《漢書·韋元成傳》引《詩》：『有來雍雍。』《禮記·仲尼燕居》篇：『客出以雍徹以振羽。』《周禮》樂師及徹率學士而歌徹注云：『徹者歌雍。』又小師徹歌注云：『徹而歌雍。』《荀子·正論篇》：『代睪而食雍而徹乎。』馬融《長笛賦》：『食舉雍徹。』俱與今《論語》文同。」

❸「家」下，篁墩本、邢本同，皇本、皇講本有一「者」字。

「⧄」，篁墩本、皇本、邢本作「仲孫叔孫季孫雍周」，其中「季孫」下，皇本有「也」字；「篇名」下，皇本亦有「也」字。此注伯二六七六號殘存「孫雍周頌臣工篇名也」九字。按：此馬注略同鄭注。卜寫鄭本云：「淑(叔)孫氏、季孫氏。《雍》，《州(周)頌》之篇⧄。」

❹「⧄」，諸本作「於宗廟」。

❺「今」至「樂」，邢本同。「樂」下，篁墩本多一「者」字，皇本多「者也」二字。伯二六七六號殘存「家臣亦作此樂也」七字，「家」下多一「臣」字，末多一「也」字。

❻「維」，伯二六七六號作「唯」。

❼「⧄」，皇本作「矣奚取於」。古本、武内本亦有「矣」字，篁墩本、邢本、皇講本無此字。篁墩本、伊氏本、卷子本並無「於」字。伯二六七六號殘存「於三家之堂」五字。

❽「謂」上，伯二六七七號多一「辟」字，篁墩本、皇本、邢本多「辟公」二字。按：此「諸侯及二王之後」乃釋「辟公」之語，其前應有「辟公」二字，底本誤脱。伯二六七七號脱一「公」字。又，「後」下，皇本有一「也」字。

❾「貌」，邢本同，篁墩本、皇本無此字。皇本「貌」下多一「也」字。伯二六七七號此注殘存「穆穆天子」四字。按：此包注略同鄭注。卜寫鄭本云：「⧄二王之後。天子之容貌穆穆⧄。故云奚取。」

❿「此」下，皇本有「曲」字，篁墩本、邢本同。

及二王之復來助祭故。❶今三家但家臣而已，何取此義而作之於堂耶。❷

子曰：「人而不仁，如禮何？人而不仁，如樂何？」❸包曰：言人而不仁，❹必不能行禮樂。❺

林放問禮之本。鄭曰：林放，魯人。❻子曰：「大哉問！❼禮，與其奢也，❽寧儉；喪，與其易也，寧戚。」❾包曰：易，和易。言禮之本意失於奢，不如儉。喪失於和易，不如哀戚。❿

子曰：「夷狄之有君，不如諸夏之亡。」⓫包曰：諸夏，中國。亡，無。⓬

---

❶「又」，諸本作「有」。此應以「有」爲正。「王」下，伯二六七六號有「者」字。「故」下，篁墩本、皇本、邢本有「也」字。

❷「耶」，篁墩本作「邪」。

❸「仁」，伯二六七六號兩「仁」字皆作「人」，注同。按：「人」、「仁」，古書通用，此處以「仁」爲正。

❹「言」，伯二六七六號無此字。

❺「樂」下，皇本有「也」字。

❻「人」下，皇本有「也」字。按：卜寫鄭本此注置於下句「子曰大哉問」之下。

❼「大哉問」，《群書治要》引無此三字。

❽「也」，皇講本無此字。《彙考》云：「『奢』下以有『也』字爲是。」

❾「易」下，卜寫鄭本無「也」字。王著云：「從與上文對稱來看，此處應有『也』字。」卜寫鄭本誤脱。皇講本「戚」下有「也」字。《彙考》云：「此句末以無『也』字爲是。」《四書考異》云：「《魏書・禮志》引無『也』字。」

❿「和易」至「哀戚」，篁墩本、皇本、邢本前一「和易」下有「也」字。伯二六七七號前殘，後一「和易」作「和亦」，誤。皇本、《群書治要》引「不如儉」、「哀戚」下各有一「也」字。伯二九〇四號前殘，存文「哀戚」下亦有一「也」字。按：此包注略同鄭注。卜寫鄭本云：「▨本意失於▨喪失於簡略，不如哀戚。」金谷治《唐抄本鄭氏注論語集成》云此注「皇本作鄭注」，今所見皇本皆作包注，不知金谷氏何據。王著云：「此釋『易』爲『和易』，與鄭氏釋『易』爲『簡略』明顯不同，因而决非鄭注。」

⓫「如」，《論衡・問孔》篇引作「若」。「亡」下，篁墩本、皇本、邢本多一「也」字。

⓬「國」下，皇本多一「也」字。皇本、篁墩本、邢本「無」下多一「也」字。按：此包注末句同鄭注。卜寫鄭本云：「亡，無也。」

季氏旅於泰山。子謂冉有曰：「汝不能救與？」❶馬曰：旅，祭名。❷禮，諸侯祭山川在其封内。❸今陪臣祭泰山，非禮。❹冉有，弟子冉求。時仕於季氏。❺救，猶止。❻對曰：「不能。」子曰：「嗚呼！曾謂泰山不如林放乎？」❼包曰：神不享非禮，林放尚知問禮之本，❽泰山之神反不林放耶？❾欲誣而祭之。

子曰：「君子無所争，必也射乎！孔

❶「汝不」，伯二六七七號、古本、皇本、唐本、津藩本、正平本、卜寫鄭本同，邢本、《論語筆解》引作「女弗」，篁墩本作「汝弗」。《四書考異》亦引作「汝弗」，並云：「《太平御覽》述作『女不』。」王著云：「古無輕唇音，讀『弗』爲『不』。」

❷「名」下，伯二六七七號、篁墩本、皇本、邢本有「也」字。《釋文》出「旅」，云：「音吕。馬云祭名。按：祭山曰旅。」

❸「内」下，伯二九〇四號、篁墩本、皇本、邢本多一「者」字，皇本、《論語馬氏訓説》有「者也」二字。

❹「禮」下，伯二六七七號、篁墩本、皇本、邢本多一「也」字。

❺「於」，伯二九〇四號、篁墩本、邢本同。皇本、《論語馬氏訓説》引無此字。伯二六七六號殘存「仕季氏」三字，亦無「於」字。

❻「猶止」，伯二六七六號同。《論語筆解》引作「止也」，皇本、邢本、《論語馬氏訓説》、《孝經・事君章》正義引，「止」下亦有「也」字。按：此馬注(「旅祭名」至「救猶止」)略同鄭注。卜寫鄭本云：「旅，祭名。禮，諸侯祭山川□時事(仕)於季氏。救，猶止。」(王著云：「□」，據《太平御覽》卷五二三引文，應爲「在其邦内者，今」六字。)

❼「嗚呼」，《釋文》同，云：「本或作『烏乎』，音同。」今所見唐寫本、刊本則均同底本。又，「曾謂泰山」，《四書考異》云：「《路史》無懷氏論引作『曾是泰山』。」《論語筆解》云：「『謂』，當作『爲』字，言冉有爲泰山，非禮，反不如林放問禮乎。」按：「謂」、「爲」，敦煌文獻常混用。

❽「問禮之本」，篁墩本無「問」字。皇本、篁墩本、邢本無「之本」二字。伯二六七六號殘存「問禮之本」四字，則同底本有「之本」二字。

❾「不」下，諸本有「如」字，底本誤脱。「耶」，篁墩本、邢本作「邪」字。按：「耶」、「邪」，古書通用。

曰：言於射而後有争。❶揖讓而升下，而飲。❷王曰：射於堂，升及下皆揖讓，而相飲。❸其争也君子。」馬曰：多筭飲少筭君子之所争。❹

子夏問曰：「『巧笑倩兮，❺美目盼兮，❻素以爲絢兮。』何謂也？」馬曰：倩，笑貌。盼，動目貌。絢，文貌。❼此上二句在《衛風・碩人》之二章，其下一句逸。❽子曰：「繪事後素。」❾

---

❶「争」，伯二六七六號、篁墩本、邢本同。皇本、《論語孔氏訓解》「争」下有「也」字。

❷此句句讀有二説。《釋文》出「揖讓而升下」，云：「絶句。」又云：「鄭注《詩・賓之初筵》引此則云『下而飲』。」即集解至「揖讓而升下」絶句，鄭注至「揖讓而升」絶句。《四書考異》云：「《禮記・射義》與《論語》文無異音義，亦曰『揖讓而升下』絶句，『而飲』一句。」但皇本於「揖讓而升下」絶句，邢本却於「揖讓而升」絶句。據下注，此處應於「揖讓而升下」絶句。

❸「飲」，伯二六七七號、伯二九〇四號、篁墩本、邢本同。皇本「飲」下有「也」字。

❹二「筭」，伯二六七七號、邢本、正平本同。皇本、篁墩本、毛本、《論語馬氏訓説》作「算」。《經典釋文彙校》云：「焯案：正當作『筭』。」又，皇本「争」下有「也」字。

❺「問曰」，皇講本作「曰問」，誤倒。「倩」作「蒨」。

❻「盼」，伯二六七七號、皇本、邢本、毛本同。卜寫鄭本、唐石經、正平本、閩本、北監本作「盻」。注同。《四書考異》云：「《詩・衛風》作『盻』，《史記・仲尼弟子列傳》亦作『盻』。《説文解字》引《詩》『美目盼兮』與今《論語》同。《字鑑》曰：『美目盼兮，俗作盻，非。』」阮校記云：「《説文》：盼，《詩》曰『美目盼兮』，從目，分聲。盻，恨視也。從目，兮聲。音、義迥别。毛本改從分，是。」

❼「貌」下，皇本、《文選》卷五八《宋文皇帝元皇后哀策文》注引有「也」字。

❽「曰」，諸本作「句」，底本誤。「逸」，伯二九〇四號同，篁墩本、皇本、邢本、《論語馬氏訓説》下有一「也」字，《史記・仲尼弟子列傳》集解引下有一「詩」字。

❾「繪」，伯二九〇四號、卜寫鄭本、篁墩本、皇本、邢本同。《文選》卷五七《夏侯常侍誄》注、《周禮・考工記》凡畫繢之事後素功注、崔鏌《北獄廟碑》均引作「繢」。《史記・仲尼弟子列傳》作「繪」，集解引鄭注亦作「繪」，引何注（或作孔注）却作「繢」。《釋文》出「繪事」，云：「本又作繢，同。」阮校記亦云：「繪、繢，古通用。」

鄭曰：　繪，畫文。❶凡繪畫，先布衆色，❷然後以素分佈其間，❸以成其文。喻女雖有倩盼美質，❹亦須禮以成之。❺曰：「禮後乎？」孔曰：　孔子言繪事後素❻，子夏聞而解，知以素喻禮，故曰禮後乎。子曰：「起予者商！❼始可與言《詩》已矣。」包曰：　予，我也。孔子言子夏欲發明我意，❽可與共□《詩》。❾

❶「繪畫文」，伯二九〇四號、卜寫鄭本同。「繪」，伯二六七六號作「會」。篁墩本、皇本、邢本、《史記・仲尼弟子列傳》集解、《文選》卷六左思《魏都賦》注及卷五七《夏侯常侍誄》注引「文」下多一「也」字。《瑜伽師地論》卷四音義及《大藏音義》卷一四引作「繪，畫也」。《楞伽阿跋多羅寶經》卷一音義引作「繪，畫也，五彩也。」

❷「繪畫」，伯二六七六號、伯二九〇四號、邢本同，篁墩本、皇本、《史記・仲尼弟子列傳》集解引作「畫繪」。「色」，伯二六七六號、伯二九〇四號、篁墩本、邢本、《史記・仲尼弟子列傳》集解引同，皇本、永禄本作「采」，卜寫鄭本作「綵」。

❸「布」，伯二九〇四號、邢本、《史記・仲尼弟子列傳》集解引同。篁墩本、皇本無此字。

❹「女」，伯二六七六號同。伯二九〇四號、篁墩本、皇本、邢本、《史記・仲尼弟子列傳》集解引「女」上有「美」字。

❺「之」，皇本、《史記・仲尼弟子列傳》集解引作「也」。伯二九〇四號「之」下有「也」字。按：此鄭注（「繪畫文」至「禮以成之」）與卜寫鄭本後部有異。卜寫鄭本此注全文爲：「繪，書（畫）文。凡繪書（畫）之事，先布衆綵，然後素功。素功〼詩之意，欲以衆綵喻女容貌，素功喻嫁娶之禮。〼後素功，則皆曉其爲禮之意也。」

❻「孔曰」，伯二六七七號、伯二九〇四號、篁墩本、皇本、邢本同，《史記・仲尼弟子列傳》集解引作「何晏曰」。《論語孔氏訓解》以「孔曰」爲是。又，伯二六七七號無「孔子」二字，前舉《仲尼弟子列傳》集解引無「子」字。

❼「者商」，伯二六七七號、伯二九〇四號、卜寫鄭本同。漢石經無「者」字。篁墩本、皇本、邢本、《論語包氏章句》、《四書考異》、《韓詩外傳》卷三引「商」下多一「也」字。

❽「孔子言」，伯二六七七號無「孔子」二字，《史記・仲尼弟子列傳》集解引無此三字。「欲」，伯二六七七號、伯二九〇四號、篁墩本、皇本、邢本、前舉《仲尼弟子列傳》集解引作「能」。

❾「共」，伯二九〇四號作「供」。按：此處應以「共」爲正。「□」，諸本作「言」字。「詩」下，伯二六七七號、伯二九〇四號多一「也」字，篁墩本多一「已」字，皇本多「已矣」二字。《史記・仲尼弟子列傳》集解引此句作：「可與言詩矣。」無「共」字，「詩」下多一「矣」字。

子曰：「夏禮（下缺）」

伯希和二六七七號寫本

（上缺）吾能言之，杞不足徵；❶殷禮，吾能言之，宋不足徵。❷包曰：徵，成也。杞、宋，二國名，❸夏，殷之後。❹夏、殷之禮，吾能説之，杞、宋之君不足以成也。❺文獻不足故。❻足，則吾能徵之矣。」鄭曰：獻，猶賢也。❼我不以禮成之者，❽以此二國之君，文章賢才不足故。❾

子曰：「禘自既灌而往者，吾不欲觀之矣。」孔曰：禘祫之禮，爲序穆。❿故毀廟之主，及群廟之主，皆合食於太。⓫灌者，酌鬱鬯，□□太祖以降神。⓬既灌之後，列尊卑，⓭序昭穆。而魯逆

---

❶「徵」，斯七〇〇三A、伯二九〇四號、卜寫鄭本、正平本、永禄本、天文本同。篁墩本、皇本、邢本、唐本、津藩本、卷子本、伊氏本「徵」下有「也」字。

❷「徵」，伯二六七七號、卜寫鄭本同。篁墩本、皇本、邢本「徵」下有「也」字。

❸「二國名」，《史記・孔子世家》集解引無「名」字。皇本「國名」下有一「也」字。

❹「後」下，皇本、《史記・孔子世家》集解有一「也」字。

❺「成也」，篁墩本、邢本、《史記・孔子世家》集解引同。伯二九〇四號、皇本「成」下有一「之」字。

❻「故」，伯二九〇四號同。篁墩本、皇本、邢本「故」下多一「也」字。

❼「猶賢也」，伯二九〇四號及刊本同，卜寫鄭本無「猶」、「也」二字。

❽「我」上，卜寫鄭本多一「言」字。「以」，伯二九〇四號無，誤脱。「我」下，皇本多一「能」字。「禮」下，皇本多一「其」字。

❾「故」下，伯二九〇四號、篁墩本、皇本、邢本多一「也」字。卜寫鄭本多一「之」字。

❿「穆」上，諸本有「昭」字，底本誤脱。皇本、《史記・禮書》集解引「穆」下多一「也」字。

⓫「太」下，諸本有「祖」字，底本誤脱。

⓬「□□」，諸本作「灌於」。「神」下，伯二九〇四號、篁墩本、皇本、邢本、《史記・禮書》集解引多一「也」字。

⓭「列」，斯七〇〇三A號、伯二九〇四號、邢本、《史記・禮書》集解、《論語孔氏訓解》引同，篁墩本、皇本作「別」。

祀，❶齊禧公亂昭穆，❷故不欲觀之矣。❸

或問禘之說。子曰：「不知；❹孔曰：答以不知者，爲魯諱。❺知其說者之於天▨諸斯乎！」❻指其掌。包曰：孔子謂或人，❼言知禘之說者，❽於天下之事，如指示以掌中之物，❾言其易了。

祭如在，孔曰：言事死如事生也。祭神如神在。孔曰：謂祭百神。子曰：「吾不與祭，❿如不祭。」包曰：⓫孔子或出或病，而不自親祭，⓬使攝者爲之。不致敬於心，與不祭同也。⓭

❶「魯」下，皇本、永禄本多一「爲」字。

❷「齊」，伯二九〇四號、篁墩本、皇本、邢本、《史記·禮書》集解、《論語孔氏訓解》引作「躋」。

❸「矣」，斯七〇〇三A號無此字，伯二九〇四號作「者也」二字。

❹「不知」，伯二九〇四號、卜寫鄭本同。篁墩本、皇本、邢本「知」下多一「也」字。

❺「魯諱」，伯二九〇四號、邢本同。「魯」下，篁墩本、皇本有「君」字。「諱」下，皇本末多一「也」字。

❻「▨」，伯二九〇四號、篁墩本、皇本、邢本作「下也其如示」五字，斯七〇〇三A號、卜寫鄭本無「也」字，餘同。

❼「孔子」，伯二九〇四號無此二字。

❽「禘」下，諸本有「禮」字。

❾「以」，伯二九〇四號、斯七〇〇三A號、篁墩本、邢本同，皇本無此字。

❿「與」，《舊唐書·馬周傳》引作「預」。

⓫「包曰」，篁墩本、皇本、邢本、《論語筆解》引同，《論語包氏章句》云：「《儀禮·特牲·饋食》疏引作鄭注。」伯二九〇四號作「孔曰」。

⓬「親祭」，伯二九〇四號無此二字，恐誤脱。

⓭「不」上，皇本、永禄本、《論語包氏章句》引多一「故」字。「敬於心」，永禄本、邢本上多一「肅」字，伯二九〇四號無「於」字。斯七〇〇三A號、篁墩本、邢本末無「也」字。按：《論語筆解》引注稍異，爲：「包曰：不自親祭，使攝者爲之，不盡敬與不祭同。」又按：此包注或孔注實與鄭注同。卜寫鄭本云：「孔子或出或病，而不自親祭，使攝者爲之，爲其不致肅敬之心，與不祭同。」前舉《儀禮》疏引無「爲其」二字，「之心」作「於心」，餘與集解所録包注或孔注全同。

王孫賈問曰：「與其媚於奧，寧媚於竈，何謂也？」❶孔曰：王孫賈，衛大夫。奧，内也，以喻近臣。竈，以喻執政。❷賈，執政。❸欲使孔子求昵之，❹微以世俗之言感動也。❺子曰：「不然，獲罪於天，無所禱。」❻孔曰：天，以喻君。孔子距之曰：❼如獲罪於天，無所禱於衆神。❽

子曰：「周監於二代，❾郁郁乎文哉！吾從周。」孔曰：監，觀也。❿言周文章備於二代，當從之也。⓫

子入太廟，⓬包曰：太廟，周公廟也。⓭孔子

❶「也」，伯二九〇四號、斯七〇〇三A號、卜寫鄭本、皇本、邢本、正平本同。唐本、津藩本末無此字。

❷「衛」至「臣」，伯二九〇四號、篁墩本、邢本同底本。皇本「大夫」、「近臣」、「執政」下各多一「也」字。

❸「賈」下，皇本多一「者」字。「政」下，皇本多「者也」二字，篁墩本、邢本「政」下，多一「者」字。

❹「昵」，《釋文》同，云：「亦作暱。」按：《五經文字》云：「暱，昵同。」阮校記亦云：「昵、暱，古字通。」

❺「微」上，皇本、篁墩本多一「故」字。斯七〇〇三A號「動」作「慟」，「也」作「之」。篁墩本、皇本、邢本「也」上多一「之」字。

❻「禱」，伯二九〇四號、卜寫鄭本同底本。篁墩本、皇本、邢本「禱」下多一「也」字。

❼「君」下，皇本有一「也」字。「距」，伯二九〇四號、皇本同，篁墩本、邢本作「拒」。按：《五經文字》云：「拒與距同，從巨。」

❽「神」下，皇本有一「也」字。

❾「監」，《隸釋》載漢華山碑引作「鑒」。《史記・孔子世家》引無「於」字。「代」，伯二九〇四號誤作「伐」，《漢書・儒林傳》引作「世」。

❿「觀」，伯二九〇四號同，篁墩本、皇本、邢本、《史記・孔子世家》集解引作「視」。《釋文》出「監」，云：「觀也，視也。」是作「觀」、作「視」均可。按：此孔注同鄭注。「監」，卜寫鄭本云：「監，觀。」

⓫「之」，篁墩本、皇本、《論語孔氏訓解》引作「周」。按：此注前已有「周」，後以用代詞「之」爲勝。又，伯二九〇四號、邢本末無「也」字。

⓬「太」，唐石經、皇本、《論語孔氏訓解》引作「大」，下及注同。《釋文》作「大」，云：「音泰。」阮校記云：「此當作『大』爲是。」

⓭「廟也」，伯二九〇四號作「之廟」，篁墩本、邢本無「也」字。

仕魯，魯祭周□，而助祭也。❶每事問。或曰：「孰謂鄹人之子知禮乎？❷入太廟，每事問。」❸孔曰：鄹，孔子父叔□紇治也。❹時人多言孔子知禮，或人以爲知禮者，不當復問也。❺子聞之，曰：「是禮也。」孔曰：雖知之，當復問，愼之至也。

子曰：「射不主皮，❻馬曰：射有五射焉：❼一曰和志，體和；二曰和容，有容儀；三曰主皮，能中質。❽四曰和頌，合《雅》《頌》；五曰興儛，與儛同。❾天子三侯，❿以熊虎豹皮爲之，言射者不但以中皮爲善，亦兼取和容也。⓫爲力不同科，古之道也。⓬」馬曰：爲力，⓭力役之事。亦有上中下，設三科焉，故曰不同科也。

---

❶「□」，諸本作「公」。「也」，伯二九〇四號末無此字，永禄本作「焉」。按：此包注同鄭注。卜寫鄭本云：「太廟，周公之廟。孔子士（仕）魯，魯祭周公，而助祭焉。」

❷「鄹」，伯二九〇四號作「鄒」，注同；卜寫鄭本亦作「鄒」。王著云：「『鄒』與『鄹』，音義全同。」

❸「問」下，卜寫鄭本有一「也」字。

❹「□」，諸本作「梁」。「治也」，伯二九〇四號、邢本作「所治邑」，皇本、《史記・孔子世家》集解引作「所治邑也」。篁墩本、邢本末無「也」字。

❺此孔注略同鄭注。卜寫鄭本云：「鄒，孔子叔父▨人多言孔子知禮，或人以爲知禮者▨。」

❻「射不主皮」，《四書考異》據《儀禮・鄉射禮》篇作「禮射不主皮」，云：「（射）上有『禮』字。」

❼「五射」之「射」，伯二九〇四號、篁墩本、皇本、邢本、永禄本末無「焉」字。

❽「體和」至「質」，皇本、《論語馬氏訓説》「體和」、「容儀」、「中質」下各有一「也」字。

❾二「儛」，卷子本、正平本同，伯二九〇四號作「舞」。篁墩本、皇本、邢本、《論語馬氏訓説》引前一「儛」作「武」，後一「儛」作「舞」。按：「儛」同「舞」，見第三五頁校勘記❷。《論語集解考異》卷二云：「皇云『武』當作『舞』，聲誤。」又，皇本、《論語馬氏訓説》引「同」下有「也」字。

❿「天子」，伯二九〇四號、邢本同。篁墩本、皇本、《論語馬氏訓説》引「子」下多一「有」字。

⓫「取」下，皇本、《論語馬氏訓説》多一「之」字。

⓬「也」，伯二九〇四號無此字。

⓭「爲力」，伯二九〇四號衍此二字。篁墩本、皇本、《論語馬氏訓説》引下有一「爲」字。

子貢欲去告朔之餼羊。❶鄭曰：牲生曰餼。❷禮，人君每月告朔於廟，有祭，之朝享。❸魯自文公始不親朔，❹子貢見其禮廢，故欲去其羊也。子曰：「賜也！爾愛其羊，❺我愛其禮。」包曰：羊猶存以識其禮。❻羊亡，禮遂廢。❼

子曰：「事君盡禮，人以爲諂。」❽孔曰：時事君多無禮，❾故以有禮者爲諂也。❿

定公問：「君使臣，臣事君，如之何？」孔曰：定公，魯君謚也。⓫時臣失禮，定公患之，故問之也。⓬孔子對曰：「君使臣以禮，臣事君以忠。」

❶「餼」，《四書考異》云：「《集注》考證曰：『餼，猶今言生料也。本作氣，俗加食。』」

❷「牲生」，伯二九〇四號作「牲牲」，篁墩本、皇本、邢本作「牲生」。按：《漢書・律曆志》注云：「餼，生牲也。」《釋文》出「餼」，云：「牲生曰餼。」則應以「牲生」爲是。

❸「祭」下，卜寫鄭本有一「事」字。「之」上，諸本有一「謂」字，底本誤脱。「朝」，伯二九〇四號、篁墩本、邢本、《通典・嘉禮》、《舊唐書・禮儀志》引同，卜寫鄭本、《論語筆解》引作「廟」。皇本、《史記・曆書》、《儀禮・聘禮》引，「享」下有一「也」字。

❹「親」，伯二九〇四號、卜寫鄭本、篁墩本、皇本、邢本作「視」。

❺「爾」，伯二九〇四號、卜寫鄭本、篁墩本、邢本同，皇本、古本、唐本、津藩本、正平本、天文本、《漢書・律曆志》注引作「汝」。

❻「羊猶存以」，伯二九〇四號、邢本作「羊存猶以」。篁墩本、皇本作「羊在猶所以」。

❼此注皇本「其禮」、「遂廢」下各有一「也」字。按：此包注略同鄭注。卜寫鄭本云：「羊在，後□；去其羊，則□（禮）遂廢之也。」

❽「諂」，伯二九〇四號、卜寫鄭本、卷子本、古本、唐本、津藩本、正平本、天文本同，篁墩本、皇本、邢本「諂」下多一「也」字。

❾「君」上，永禄本有「人」字。伯二九〇四號、篁墩本、皇本、邢本「君」下有「者」字。

❿「也」，伯二九〇四號、篁墩本、邢本末無此字。

⓫「謚也」，皇本同，伯二九〇四號作「之謚」，篁墩本、邢本、《群書治要》引無「也」字。按：此孔注同鄭注。卜寫鄭本云：「定公，魯君之謚。」

⓬「之也」，伯二九〇四號同。皇本、卷子本、永禄本、正平本無「之」字。篁墩本、邢本無「也」字。

子曰：「《關雎》樂而不淫，哀而不傷。」❶孔曰：樂不至淫，哀不至傷，言其和也。❷

哀公問社於宰我，❸宰我對曰：「夏后氏以松，殷人以柏，周人以栗，曰：使人戰栗。」❹孔曰：凡建立社，❺各以其土所宜之木。❻宰我不本其意，❼忘爲之說，❽因周用栗，❾云使民戰栗也。❿子聞之，曰：「成事不說，包曰：事已遂，事已成，不可復解說。⓫遂事不諫，

---

❶「哀」，《釋文》出「哀而」，云：「《毛詩箋》改『哀』爲『衷』。」《四書考異》引《毛詩・關雎》箋云：「哀蓋字之誤也，當爲衷。衷謂忠恕之無傷善之心，謂好逑也。」

❷「樂」至「也」，此注伯二九〇四號、篁墩本、邢本同。皇本「樂」、「哀」下各有一「而」字。又，「和」，伯二九〇四號誤作「知」。

❸「問社」，諸本同，卜寫鄭本作「問主」。《釋文》出「問社」，云：「鄭本作『主』。」皇疏亦云：「鄭《論》本作『問主』也。」《論語包氏章句》云：「孔穎達《正義》引張、包、周本作『哀公問主於宰我』。」《四書考異》云：「按集解孔氏曰：『凡建邦立社各以其土所宜之木』，蓋以樹木爲社主，而社爲國社也。孔所注者《古文論語》，故《公羊傳》獨謂《古論》爲社，而當時《齊》、《魯》二《論》似亦未與《古》異，惟《周禮・大司徒》有『樹之田主，各以其野所宜木』。又，鄭據《論語注》，曰所宜木謂若松柏栗，社與田主嫌未脗合，鄭乃更參改此『社』字爲『主』，而何氏、杜氏遂因其改文轉說以爲廟主。」又云：「此字爲鄭氏創改甚彰明也。」

❹「使人戰栗」，伯二九〇四號、伯三九七二號同。篁墩本、邢本「人」作「民」，古本、皇本、唐本、津藩本、正平本、天文本「栗」下有「也」字。「栗」，卜寫鄭本作「慄」，餘同皇本。

❺「建」下，諸本有「邦」字，底本誤脱。

❻此孔注後句同鄭注。卜寫鄭本云：「各以其生(土)地所宜之木。」

❼「本」，永禄本、伊氏本作「曉」。

❽「忘」，諸本作「妄」，底本誤。

❾「因周」，伯二九〇四號誤作「曰則」，此二字下又有一「人」字。

❿「云」上，伯二九〇四號、伯三九七二號、篁墩本、邢本、皇本有「便」字。篁墩本、伯二九〇四號、邢本「栗」下無「也」字。

⓫「解說」，伯二九〇四號、伯三九七二號、篁墩本、邢本同。皇本作「說解」，下又多一「也」字。

不可復諫止。❶既往不咎。」包曰：事已往，不可復追咎。❷孔子非宰我，故歷言三者，❸欲使慎其後。❹

子曰：「管仲之器小哉！」❺言其器量小也。或曰：❻「管仲儉乎？」包曰：或人見孔子小之，以爲謂之太儉。❼曰：❽「管氏有三歸，❾官事不攝，焉得儉？」❿包曰：三歸，⓫娶三姓女，⓬婦人謂嫁曰歸。⓭攝，猶兼也。禮，國君事大，官各有人，大夫兼并。⓮管仲家臣備職，⓯

---

❶「止」下，皇本有一「也」字。

❷「追」下，篁墩本、皇本有「非」字。皇本「咎」下有「也」字。

❸「言三者」，伯二九〇四號、篁墩本、邢本「言」下有一「此」字，伯三九七二號作「此言三者」。

❹「後」下，皇本有一「也」字。

❺「管仲之器小哉」，《四書考異》謂，《新序·雜事》篇引作「小哉管仲之器。」是一本「小哉」二字在「管仲之器」上。

❻「或」，伯三九七二號作「惑」，誤。

❼「太儉」，伯三九七二號、篁墩本同。伯二九〇四號、邢本作「大儉」。皇本「儉」下有「乎」字。

❽「曰」上，伯三九七二號多一「子」字。篁墩本、皇本、邢本同底本。

❾「管」下，伯二九〇四號多一「仲」字。此應爲衍字。

❿「儉」下，伯三九七二號、古本、皇本、篁墩本、唐本、津藩本、正平本、足利本有一「乎」字。卜寫鄭本原有「乎」字，後用硃筆涂抹，表示删去。伯二九〇四號、邢本同。

⓫「歸」下，皇本多一「者」字。

⓬「娶」，伯二九〇四號作「取」，伯三九七二號作「聚」。《釋文》出「取」，云：「本今作娶。」阮校記云：「『娶』正字，古多假『取』字。」「聚」應爲「娶」字之誤。又，皇本、《史記·禮書》集解末有「也」字。

⓭「婦」至「歸」，邢本、《史記·禮書》集解同。「謂嫁」，伯二九〇四號作「爲嫁」。「曰歸」，篁墩本、皇本作「爲歸」，伯三九七二號作「曰好」。《釋文》亦作「謂嫁爲歸」，云：「一本無『爲』字，本今作『曰歸』。」

⓮「兼并」，篁墩本、皇本作「并兼」。

⓯「管」上，伯二九〇四號、伯三九七二號、篁墩本、皇本、邢本有「今」字，底本誤脱。

耶爲儉也。❶「然則管仲知禮乎？」❷包曰：或人以儉問，故以得儉，❸或人聞不儉，❹便謂得爲禮也。❺曰：「邦君樹塞門，❻管氏亦有樹塞門。❼邦君爲兩君之好，❽有反坫，❾管氏亦有反坫。鄭曰：反坫，反爵之坫，在兩楹之間。人君有別內，❿於門樹屏以蔽之，若與鄰國爲好會，⓫其

❶「耶」，諸本作「非」，底本誤。伯二九〇四號「耶」下無「爲」字。伯三九七二號無「儉」字。篁墩本、邢本末無「也」字。按：此包注(「三歸」至「爲儉也」)略同鄭注。卜寫鄭本注云：「或人見孔子云▨。三歸，娶三姓女。▨備官，大▨是非爲儉。」

❷「然則」至「乎」，邢本同。伯三九七二號、古本、皇本、唐本、津藩本、足利本、正平本「然」上有「曰」字。伯二九〇四號作「管仲之禮乎」，有脱誤，又，「知」作「之」，同音通假。

❸「故以得儉」，伯二九〇四號、伯三九七二號、篁墩本、皇本、邢本作「故答以安儉」。

❹「聞」，伯二九〇四號作「問」，誤。

❺「便」，篁墩本、皇本作「更」。「得爲禮也」，伯二九〇四號作「得禮」，伯三九七二號、篁墩本作「爲得禮」，皇本、永禄本作「爲得知禮也」。

❻「邦君」，漢石經作「國君」。說見本頁校勘記❽。

❼「亦有」，伯二九〇四號、斯三三三九號鄭本、正平本、永禄本同。伯三九七二號、卜寫鄭本、篁墩本、皇本、邢本「亦」下無「有」字。

❽「邦」，漢石經作「國」。按：《隸釋》云：「漢人作文不避國諱……此『邦君爲兩君之好』，與『何必去父母之邦』，皆書『邦』作『國』，疑漢儒所傳如此，非獨遠避此諱也。」《四書考異》則認爲：「洪氏之説未必然。高帝爲漢創業之君，百世不祧，非他帝既祧不諱。」又今《詩經》之「國風」，出土戰國竹簡作「邦風」。

❾「坫」，篁墩本、皇本、邢本、天文本同，伯三九七二號、卜寫鄭本、斯三三三九號鄭本、唐本、津藩本、毛本作「玷」，伯二九〇四號作「怗」，注文同上。按：「坫」爲正字，「玷」爲異體，「怗」則爲「坫」字之誤。

❿「有別內」，伯二九〇四號、邢本作「別內外」，斯三三三九號鄭本作「辨內外」，篁墩本作「有別內外」，皇本作「有別外內」。底本脱一「外」字。

⓫「與鄰國」，伯三九七二號、卜寫鄭本、邢本同。「與」，伯二九〇四號作「以」，篁墩本作「無」。「鄰國」下，篁墩本、皇本有「君」字。

獻酬之禮，❶更酌酌畢，則各反爵於坫上。今管仲皆爲之，❷是不知禮之也。❸管仲而知禮，孰不知禮？❹」

子語魯太師：❺「樂其可知也：❻始作，俞如也；❼太師，樂官名。言音始奏，俞如盛。❽從之，❾純如也，❿從，讀曰縱。言五音既發放縱，⓫盡

❶「酬」，《禮記・郊特牲》正義引同，伯二九〇四號、伯三九七二號、斯三三三九號鄭本、卜寫鄭本、篁墩本、皇本、邢本作「酢」。《釋文》作「酢」，云：「一本作『酬』。」

❷「皆」，卜寫鄭本作「奢」。「皆」下，諸本有「僭」字，底本誤脱。

❸「是」至「也」，卜寫鄭本同。「是」上，伯二九〇四號、伯三九七二號、斯三三三九號鄭本、篁墩本、皇本、邢本有「如是」二字。「也」，伯二九〇四號、伯三九七二號、篁墩本、邢本無。

❹「禮」，伯二九〇四號、伯三九七二號、斯三三三九號鄭本、卜寫鄭本、篁墩本、邢本同。「禮」下，古本、皇本有「也」字。

❺「語」，古本作「謂」。「太」，篁墩本、皇本、邢本作「大」，注同。「師」下，斯三三三九號鄭本、卜寫鄭本、篁墩本、皇本、邢本、閩本、毛本有「樂曰」二字，伯二九〇四號、伯三九七二號作「樂云」。

❻「也」，伯二九〇四號、伯三九七二號、邢本同，唐本、津藩本無此字。「也」上，正平本、足利本、天文本有「已」字。「也」下，皇本、古本有「已」字。

❼「俞」，諸本作「翕」，底本因形近致誤。下同，不再出校。「也」，斯三三三九號鄭本、卜寫鄭本、《史記・孔子世家》、《釋文》引無。

❽「太」上，伯二九〇四號有「周曰」二字。「言」下，皇本多一「五」字，伯二九〇四號、伯三九七二號、篁墩本、邢本作「五音」，底本誤脱一「五」字。伯二九〇四號、伯三九七二號、皇本「盛」下有「也」字。按：此注前半同鄭注。斯三三三九號鄭本云：「太師，樂官名也。」

❾「從」，伯二九〇四號作「縱」。阮校記據《史記・孔子世家》、《後漢書・班固傳》注亦作「縱」，謂作「縱」「當是《古論》」。據注，此處作「從」爲正。

❿「也」，卜寫鄭本、《史記・孔子世家》末無此字。

⓫「發」，伯三九七二號及刊本同。伯二九〇四號作「奏」。

其音聲。❶純如，諧也。❷皦如也，❸言其音節明也。❹繹如也，以成。」❺縱之純如皦如繹如。❻言樂始作翕如而成於三。❼

儀封人請見，鄭曰：儀蓋衛邑。❽封人，官名。❾曰：「君子之至於斯者，❿吾未甞不得見也。」⓫從者見之。⓬包曰：從者，弟子隨孔子行者。通使得見也。⓭出曰：「二三子何患

❶「聲」上，篁墩本、皇本無「音」字，伊氏本「音」在「聲」下。

❷「純如諧也」，伯三九七二號、《史記·孔子世家》集解引作「純和諧也」，伯二九〇四號、邢本作「純純和諧也」，篁墩本、皇本作「純純如和諧也」，伊氏本作「純如和諧也」。

❸「皦」，斯三三三九號鄭本、卜寫鄭本同，伯二九〇四號、伯三九七二號、篁墩本、皇本、邢本作「皦」。《彙考》云：「此當以作『皦』爲是。」又，「諧」下，卜寫鄭本、《史記·孔子世家》集解引無「也」字。

❹「明」，伯二九〇四號、篁墩本、邢本同。皇本「明」上多一「分」字。

❺「成」下，皇本有「矣」字。

❻「純」上，伯二九〇四號同。伯三九七二號、篁墩本、皇本、邢本有「以」字。「純如」，伯三九七二號作「純和」。

❼「作」，伯二九〇四號、伯三九七二號、邢本同，篁墩本無此字。「作」，皇本作「於」，「三」下，末多「者也」二字。篁墩本「三」下多一「也」字。

❽「邑」上，皇本多一「下」字，「邑」下多一「也」字。

❾「名」下，皇本多一「也」字。

❿「之」，卜寫鄭本無此字。「者」，伯二九〇四號、伯三九七二號、斯三三三九號鄭本、卜寫鄭本、古本、皇本、唐本、津藩本、正平本、武内本同，篁墩本、邢本、天文本作「也」。按：《彙考》據下句末有「也」字，謂「『者』、『也』二字前後呼應」，此處「當以作『者』爲勝」。

⓫「甞」，漢石經、正平本同，篁墩本、皇本、邢本作「嘗」，伯二九〇四號作「常」。《玉篇》云：「嘗同甞。」「嘗」爲正字，「甞」爲異體。又，「得」，伯二九〇四號作「德」。按：此二字寫本常通用，但此處以「得」爲正。又，斯三三三九號鄭本末無「也」字。《彙考》云：「此以有『也』字爲是。」

⓬「之」，伯二九〇四號無此字。

⓭「從者」至「也」，「弟子」上皇本有「是」字，「行者」下有「也」字，「見也」間有「者」字。伯二九〇四號、篁墩本、邢本「見」下無「也」字。按：此包注前句同鄭注。卜寫鄭本云：「從者，謂諸弟子從孔子行者。」斯三三三九號鄭本無「諸」字，餘同。

於喪乎？天下之無道久矣，❶孔曰：語諸弟子，言何患於夫子聖德之喪耶？❷天下之無道已久矣，❸極衰必盛。❹天將以夫子爲木鐸。」孔曰：木鐸，施政教時所振也。言天將命孔子制法度以號令於天下。❺

子謂《韶》，「盡美矣，又盡善也。」❻《韶》，舜樂也。謂以聖德受禪。故盡善也。❼謂《武》，「盡美矣，未盡善也。」孔曰：武，武王樂也。以征伐取天下，故未盡善也。❽

子曰：「居上不寬，爲禮不敬，臨喪不哀，吾何以觀之哉？」

---

❶「之」至「矣」，伯二九〇四號、伯三九七二號、斯三三三九號鄭本、古本、唐本、津藩本、正平本同。「無」上，卜寫鄭本無「之」字。篁墩本、皇本、邢本、《論語孔氏訓解》引「道」下有「也」字。

❷「喪」上，伯二九〇四號、伯三九七二號、篁墩本、皇本、邢本、《論語孔氏訓解》引有「將」字，「喪」下有「亡」字。篁墩本、邢本「耶」作「邪」。

❸「無道已」，「無道」下皇本、《論語孔氏訓解》引有一「也」字。伯二九〇四號「已」作「以」，誤。

❹「必」下，篁墩本、皇本、《論語孔氏訓解》引多一「有」字。皇本、《論語孔氏訓解》引「盛」下多一「也」字。

❺「孔曰」至「天下」，此注伯二九〇四號、伯三九七二號、皇本、永禄本、邢本「制」下多一「作」字。皇本「天下」下有一「也」字。篁墩本同底本。按：此孔注同鄭注。前一句卜寫鄭本、斯三三三九號鄭本作：「木鐸，施政教時所振。」后一句，斯三三三九號鄭本作：「言天將命孔子制作法度以號令於天下也。」卜寫鄭本「孔」作「夫」，「制作」上有「使」字，末無「也」字。

❻「善也」，伯三九七二號、斯三三三九號鄭本、卜寫鄭本、篁墩本、皇本、邢本同。「善」下，古本多一「矣」字。阮校記云：《西漢策要》引「也」作「矣」。

❼「韶」至「也」，此注皇本、邢本、正平本、永禄本、《論語孔氏訓解》引作孔注，伯三九七二號、篁墩本同底本作何晏自注，未知孰是。又，「樂也」，正平本、永禄本、伊氏本同，篁墩本無「也」字，伯三九七二號、皇本、《論語孔氏訓解》引作「樂名也」，邢本作「樂名」。

❽「故」下，篁墩本、皇本多一「曰」字。篁墩本、邢本末無「也」字。「故未盡善也」，此句伯二九〇四號同。「故」下，皇本有「曰」字。又，「善也」，篁墩本、邢本末無「也」字。

《里仁》篇整理説明

《里仁》篇共有四個集解寫本，均爲伯希和、斯坦因本，另有一件敦煌出皇疏講經本和一件吐魯番出鄭注寫本。本篇共分二十六章。

底本：伯三九七二號。本篇共存三十五行半，起篇題，迄篇末，首尾完整。

校本：（一）伯二六七六號。本篇共存二十七行，起篇題，迄篇末，首尾完整。（二）伯二九〇四號。本篇共存二十九行半，起篇題，迄篇末，然中脱第二十四章（「子曰君子欲訥於言而敏於行」）。（三）斯一五八六號。本篇共存三十行，起第四章末句「無惡也」，迄篇末。前十行殘缺較甚，每行略存數字。第十一至第十七行下部亦殘。末有題記「沙門寶手印札也。金光明寺學郎」。文中「民」字缺筆，知爲唐寫本。

參校本：（一）伯三五七三號皇疏講經本。本篇僅存第一章（「子曰里仁爲美」）、第十八章（「子曰事父母幾見」）及第十九章「遊必有方」一句。（二）吐魯番阿斯塔那三六三號墓八／一號鄭注寫本（簡稱卜寫鄭本）。詳見王著。

本篇伯三七九二號、伯二六七六號、伯二九〇四號均爲唐寫本，詳見《八佾》篇整理説明。

伯希和三九七二號寫本

（上缺）里仁第四

何晏集解❶

子曰：「里仁爲美。❷鄭曰：里者，民之所居。❸居於仁者之里，是爲美也。❹擇不處仁，❺

❶ 「里仁」至「集解」，伯二九〇四號同，伯二六七六號、篁墩本「里」上有「論語」二字，伯二六七六號「仁」下有「篇」字。篁墩本「第四」下有小字「凡三十六章」。伯二九〇四號無「何晏集解」四字。

❷ 「美」，伯二六七六號、伯二九〇四號、篁墩本、皇本、邢本、天文本、皇講本、《文選》卷一六潘安仁《閒居賦》注引同。唐本、津藩本、正平本、卷子本作「善」。

❸ 卜寫鄭本「美」下有「也」字。
「民」至「居」，篁墩本同。「民」，伯二六七六號、伯二九〇四號、卜寫鄭本、皇本、邢本作「仁」，前舉《閒居賦》注引作「人」。按：此處當以作「民」爲是，作「人」避唐諱，作「仁」與「人」通。又，皇本、《閒居賦》注引「居」下有「也」字。

❹ 「居」上，卜寫鄭本有「仁欲脩德」四字，諸本無，當是何晏作集解時所刪。又，卜寫鄭本、《太平御覽》卷四一九引「居」上有「當」字，下無「於」字。伯二六七六號「居」作「以」，誤。「美」，皇本、卷子本、正平本、《閒居賦》注引作「善」。按：皇疏云：「文云美而注云善者，夫美未必善，故鄭深明居仁者里，必是善也。」是皇侃所據本亦作「善」字。阮校記據此疑作「美」誤。又，伯二六七六號、伯二九〇四號、卜寫鄭本、篁墩本、卷子本、正平本、皇本、邢本「美」下無「也」字。

❺ 「擇」，伯二六七六號、伯二九〇四號、卜寫鄭本、篁墩本、皇本、邢本、皇講本同。《後漢書・張衡傳》注引作「宅」。《四書考異》云：「劉璠梁典署『宅歸仁里』，亦用『宅』字。」《困學紀聞》謂古文本作「宅」。阮校記云：「《九經古義》云：宅，擇也。擇吉處而營之，是宅有擇義。或古文作宅，訓爲擇，亦通。」葉夢得《論語釋言》則云：「以擇爲宅，則里猶宅也，蓋古文云然。今以宅爲擇，而謂里爲所居，乃鄭氏訓解，而何晏從之，當以古文爲正。」

焉得智？」❶鄭曰：求居而不處仁者之里，❷不得爲有智也。❸

子曰：「不仁者不可以久處約，孔曰：久困則爲非也。不可以長處樂。❹孔曰：必驕溢也。❺仁者安仁，包曰：惟姓仁者，❻自然體之，故謂安仁也。❼智者利仁。」王曰：知仁爲美，故利而行之。❽

子曰：「唯仁者能好仁，能惡仁。」❾孔曰：惟仁者能審人之好惡也。❿

❶「焉得智」，伯二九〇四號、皇本、卷子本、武内本同。「得」，伯二六七六號、古本、唐本、津藩本、正平本、天文本，作「德」。「智」，篁墩本、邢本、天文本作「知」。按《四書考異》謂，《説苑·貴德》篇引作「智」，《太平御覽》亦引作「智」。《釋文》出「知」，云：「音智，注及下同。」是此處「智」爲本字，「知」讀如「智」，義亦同「智」。又，卜寫鄭本「智」下有「也」字。

❷「求居」，伯二九〇四號、邢本同，伯二六七六號、卜寫鄭本、篁墩本、皇本「求」下多一「善」字。又，卜寫鄭本無「而」字。伯二九〇四號無「不」及「之」二字，恐有誤脱。「里」，皇本作「理」，亦誤。

❸「得」，伯二六七六號作「德」。伯二九〇四號、卜寫鄭本、篁墩本、邢本末無「也」字。

❹「樂」下，《考文》謂古本有「也」字。

❺「必」上，伯二六七六號有「樂」字，「溢」作「佚」。伯二九〇四號、篁墩本、皇本、邢本、《論語孔氏訓解》引「溢」亦作「佚」。又，伯二九〇四號、篁墩本、皇本、邢本末無「也」字。

❻「惟」，伯二六七六號、皇本作「唯」。「姓」，伯二六七六號無此字，伯二九〇四號、篁墩本、皇本、邢本作「性」。按：此處作「性」是。

❼「也」，皇本同。伯二六七六號、伯二九〇四號、篁墩本、邢本無此字。

❽「知仁」至「行之」，伯二六七六號、篁墩本、邢本同。皇本「知」上多「智者」二字，「之」下有「也」字。伯二九〇四號無「而」字。

❾後二「仁」字，伯二六七六號、伯二九〇四號、篁墩本、皇本、邢本均作「人」。《後漢書·孝明八王傳》注引《東觀漢記》亦作「人」。卜寫鄭本殘，存文「好仁」下有「者」字。

❿「惟」，伯二六七六號無此字。他本均作「唯」。邢本「好」上有「所」字。伯二六七六號、伯二九〇四號、篁墩本、邢本末無「也」字。

子曰：「苟志於仁矣，無惡也。」❶孔曰：苟，誠也。言誠能志於仁，❷則其餘終無惡也。❸

子曰：「富與貴，是人之所欲；❹不以其道德之，❺不處。❻孔曰：不以道得富貴，不處也。❼貧與賤，是人之所惡；❽不以其道

❶「也」，伯二六七六號、伯二九〇四號、斯一五八六號、篁墩本、邢本、天文本同，漢石經、卜寫鄭本、正平本末無此字。

❷「仁」，伯二六七六號、伯二九〇四號、篁墩本、邢本同，皇本、《論語孔氏訓解》引「仁」下多一「者」字。

❸「終」，篁墩本、邢本同，伯二六七六號、伯二九〇四號、皇本、《論語孔氏訓解》引無此字。邢本末無「也」字。

❹「人」至「欲」，伯二六七六號、伯二九〇四號同。「人」，卜寫鄭本作「仁」，餘同。篁墩本、皇本、邢本、《論語孔氏訓解》引「欲」下有「也」字。按：《初學記》卷一八、《文選》卷三一鮑明遠《擬古詩》注、同書卷一四班孟堅《幽通賦》注、《晉書・皇甫謐傳》、同書《王沈傳》、又《夏侯湛傳》、《後漢書・李通傳》論、同書《陳蕃傳》注、《太平御覽》卷四七一引則皆無「也」字。《四書考異》云：「按此『也』字唐以前人引述悉略去，未必不謀盡同也，恐是當時傳本如此。」阮校記則云：「《考異》非也。古人引書每多節省，況有皇侃義疏可證也。」今所見唐《論語》寫本均無「也」字，可證《考異》之説可信，是傳本如此。

❺「德」，伯二六七六號同，諸本作「得」，注同。此處當以「得」爲正。

❻「不處」，伯二六七六號、伯二九〇四號同，篁墩本、皇本、邢本、《論語孔氏訓解》引「處」下有「也」字。《後漢書・李通傳》論、同書《陳蕃傳》注、《文選》卷三一《擬古詩》注等引亦作「不處也」。按：《四書考異》謂《論衡》、《鹽鐵論》等書引文均作「不居也」。

❼「道」上，伯二六七六號、篁墩本、皇本、邢本、《論語孔氏訓解》引有「其」字。「不」上，伯二六七六號有「故」字，皇本、邢本、伊氏本、《論語孔氏訓解》引上有「則仁者」三字，永禄本上有「則仁者之」四字。伯二九〇四號、篁墩本「處」下無「也」字。

❽「惡」，伯二六七六號、伯二九〇四號、卜寫鄭本、唐本、津藩本、正平本同，篁墩本、皇本、邢本、天文本「惡」下有「也」字。

德之，不去。❶時有否泰，故君子履道而反貧賤，此則不□其道而得之，❷雖是人之所惡，不可違而去之。君子去仁，惡乎成名？孔曰：惡乎成名者，不得成名爲君子。❸君子去仁，❹無終食之間違仁，❺造次必於是，顛沛必於是。」馬曰：造次，急遽。❻顛沛，偃仆。❼雖急遽、偃仆，不違仁。❽

子曰：「我未見好仁者，❾惡不仁者。好仁者，❿無以尚之，孔曰：難復加也。⓫惡不仁者，其爲仁者矣，⓬不使不仁者加乎其身。⓭孔曰：言惡不仁者能使不仁者不加非

❶「不以」至「去」，伯二九〇四號同，他本「德」作「得」。參閱第五五頁校勘記❺。又，「不去」，伯二六七六號、卜寫鄭本、正平本同，篁墩本、皇本、邢本、天文本「去」下有「也」字。《四書考異》引王若虛《論語辨惑》謂前一「不」字「非衍即誤」。《論語譯注》則認爲「得之」應改爲「去之」。

❷「則」，伯二六七六號作「即」。「□」，諸本作「以」。邢本無「而」字。皇本「之」下有「者也」二字。

❸「成」，《論語孔氏訓解》引無此字。皇本、《論語孔氏訓解》「子」下有「也」字。

❹「君」上，《群書治要》引有「子曰」二字。伯二六七六號、伯二九〇四號、卜寫鄭本、篁墩本、皇本、邢本及《後漢書・盧植傳》注、《群書治要》引均無「去仁」二字，底本衍。

❺「仁」下，卜寫鄭本有「乎」字。

❻「遽」，伯二六七六號作「處」，下同，誤。「遽」下，皇本、《釋文》、《群書治要》引有「也」字。

❼「偃」，伯二九〇四號、篁墩本、邢本同，伯二六七六號、皇本、《文選》卷六左太冲《魏都賦》注、《後漢書・盧植傳》注、《群書治要》引作「僵」。《釋文》出「僵」，云：「本今作偃。」又，皇本、《魏都賦》注、《盧植傳》注、《群書治要》引「仆」下有「也」字。

❽「違仁」，伯二六七六號、篁墩本、邢本同。「違」下，皇本《論語馬氏訓説》多一「於」字。伯二九〇四號、皇本、《後漢書・盧植傳》注、《群書治要》引「仁」下有「也」字。

❾「者」，伯二六七六號、伯二九〇四號、卜寫鄭本、篁墩本、皇本、邢本同，漢石經無此字。

❿「好仁者」，伯二六七六號無此三字，當係誤脱。

⓫「難」下，伯二九〇四號多一「以」字。

⓬「者矣」，伯二六七六號、伯二九〇四號、卜寫鄭本、篁墩本、皇本、邢本、《論語孔氏訓解》引無「者」字，底本衍。《四書考異》謂《三國志・顧雍傳》注引此句「矣」作「也」。按：今查該傳注，知非引《論語》原文，不足據。

⓭「乎」，卜寫鄭本作「於」。

義於己，❶不如好仁者無以尚之爲優也。❷有能一日用其於仁矣乎？❸我未見力不足者。❹孔曰：❺言人無能一日用力修仁者耳。❻我未見欲爲仁而力不足者也。❼蓋有之矣，❽我未之見。」❾孔曰：謙不欲盡誣人時，❿言不能爲仁，⓫故云：爲能一日用力於仁耳，⓬其我未之見。⓭

---

❶「孔曰」至「己」，孔注此句略同鄭注。卜寫鄭本云：「惡不仁者必遠之，不仁之仁（人），不得施非於己之（也）。」

❷「尚」，伯二六七六號、伯二九〇四號、邢本同，篁墩本、皇本、《論語孔氏訓解》引「尚」上多一「加」字。「也」，伯二六七六號、伯二九〇四號、篁墩本、邢本末無此字。

❸「仁矣乎」，伯二六七六號、卜寫鄭本、篁墩本、邢本同。「仁」下，皇本多一「者」字，《文苑英華》盧照鄰《乞藥直書》引「矣」作「者」字。伯二九〇四號無末「乎」字。

❹「者」，伯二六七六號、伯二九〇四號、篁墩本、邢本、天文本同。卜寫鄭本、皇本、古本、唐本、津藩本、正平本「者」下有「也」字。

❺「孔曰」，伯二六七六號、篁墩本、皇本、邢本同，伯二九〇四號作「鄭曰」。按：卜寫鄭本本篇無此注，伯二九〇四號誤。

❻「無」，伯二九〇四號作「不」。篁墩本、皇本、邢本、《論語孔氏訓解》引「用」下有一「其」字。

❼「者也」，皇本同。伯二六七六號「者」作「之」，伯二九〇四號、篁墩本、邢本無「也」字。

❽「矣」，伯二六七六號、伯二九〇四號、斯一五八六號、篁墩本、邢本、天文本同。卜寫鄭本作「意」，誤。皇本、古本、唐本、津藩本、正平本作「乎」。

❾「見」，伯二六七六號、伯二九〇四號、卜寫鄭本同，篁墩本、皇本、邢本、《論語孔氏訓解》「見」下有「也」字。

❿「人時」，諸本作「時人」，底本誤倒。

⓫「仁」，伯二六七六號、伯二九〇四號作「人」。按：此當以「仁」爲正。

⓬「爲能一日用力於仁耳」，伯二九〇四號、篁墩本、邢本作「爲能有爾」，伯二六七六號、斯一五八六號作「爲能有耳」，皇本、永禄本、《論語孔氏訓解》引作「爲能仁有耳」。按：諸本均無「一日用力於（仁）」數字，蓋底本涉經文而衍。

⓭「其」至「見」，卷子本同。伯二六七六號、伯二九〇四號、斯一五八六號、邢本無「其」字。篁墩本、皇本無「之」字。皇本、邢本末有「也」字。

子曰：「人之過也，❶各於其黨。❷觀過，斯知仁矣。」❸黨，黨類也。❹小人不能爲君子之行，非小人之過也，❺黨怒而勿責之。❻觀過，❼使賢愚各當其所。❽則爲仁也。❾

子曰：「朝聞道，夕死可矣。」❿言將至死，不聞世之有道。

子曰：「士志於道，而恥惡衣惡食者，未足與議也。」⓫

子曰：「君子之於天下，⓬無適也，⓭

❶「人」，伯二六七六號、篁墩本、邢本、《論語孔氏訓解》同，伯二九〇四號、斯一五八六號、皇本、古本、唐本、津藩本、正平本、武内本、《群書治要》引作「民」。

❷「各」，底本原誤作「冬」，今改正。

❸「仁」，《後漢書·吴祐傳》引作「人」，注云：「《論語》載孔子之言也。」按：今所見各本《論語》原文皆同底本作「仁」。

❹「黨」，篁墩本、皇本、邢本注首有「孔曰」二字，伯二六七六號、伯二九〇四號、斯一五八六號同底本，無注者姓氏，作何晏自注。又，伯二六七六號「黨」字不重。邢本「類」下無「也」字。

❺「非」，皇本同。斯一五八六號作「於」，誤。伯二六七六號、伯二九〇四號、斯一五八六號、篁墩本、邢本無「也」字。

❻「黨怒」，諸本作「當恕」，底本誤。

❼「觀」下，篁墩本多一「其」字。

❽「各」、「當」，底本原誤作「冬」、「黨」。

❾「也」，皇本同，伯二九〇四號無此字，斯一五八六號、篁墩本、邢本作「矣」，伯二六七六號上多「之矣」二字。

❿「矣」，伯二六七六號、伯二九〇四號、篁墩本、皇本、邢本同。漢石經作「也」。卜寫鄭本作「意」，誤。

⓫「也」，伯二九〇四號、卜寫鄭本末無此字。

⓬「下」下，《論語筆解》引有「也」字。

⓭「適」，伯二九〇四號、斯一五八六號、篁墩本、邢本、正平本、《論語筆解》引同。《釋文》云：「鄭本作『敵』。」阮校記引《九經古義》云：「古『敵』字皆作『適』。」又引《禮記雜記》云：「赴於適者，鄭注云：『適』讀爲匹敵之『敵』。」王著云：「是鄭本係讀『適』爲『敵』，非寫『適』爲『敵』也。」又，末「也」，伯二九〇四號、斯一五八六號、篁墩本、皇本、邢本同，伯二六七六號、卜寫鄭本無此字。

無莫也，❶義之以比。」❷

子曰：「君子懷德，孔曰：懷，安。❸小人懷土；孔曰：重遷。❹君子懷刑，孔曰：安於法也。❺小人懷惠。包曰：惠，恩惠也。」❻

子曰：「放於利而行，孔曰：放，依也。每事依利而行。❼多怨。」❽孔曰：取怨之道。❾

❶「也」，伯二九〇四號、斯一五八六號、篁墩本、皇本、邢本、《論語筆解》引同，伯二六七六號、卜寫鄭本無此字。

❷「以」，伯二六七六號、伯二九〇四號、卜寫鄭本、篁墩本、《論語筆解》引作「與」，皇本、古本、唐本、津藩本、正平本亦作「與」，又末有「也」字。《四書考異》引《集注》考證云：「『比』當作『毗』。」又，皇本此句下有何注：「言天子之於天下，無適無莫，無所貪慕也，唯義之所在也。」篁墩本亦有此注，然「慕」下無「也」，「義」下無「之」字。伯二六七六號、伯二九〇四號、斯一五八六號、邢本同底本無此注。阮校記謂諸本並脱。

❸「懷安」，伯二九〇四號同。《論語筆解》引上多「懷德」二字。斯一五八六號、篁墩本、皇本、邢本、《文選》卷九曹大家《東征賦》注引末有「也」字。伯二六七六號無此注，當爲誤脱。

❹「重遷」，伯二六七六號、斯一五八六號、篁墩本、邢本同。伯二九〇四號、皇本「遷」下有「也」字。《論語筆解》引「重」上多「懷土」二字，末多一「也」字。《文選》卷一一王仲宣《登樓賦》注引作「懷思也」。按：《論語孔氏訓解》將此注置經文「君子懷德」下，即疑「懷思」爲「懷安」之誤。但賦注明確置於經文「小人懷土」下，似不能隨意移動。姑且存疑。

❺「安於法也」，伯二六七六號、斯一五八六號、皇本同。《論語筆解》引「安」上多「懷刑」二字。「法」下，伯二九〇四號、篁墩本、邢本無「也」字。

❻「惠」，伯二六七六號、伯二九〇四號、皇本同。《論語筆解》引「惠」上多一「懷」字。篁墩本、邢本末無「也」字。

❼「行」，伯二六七六號、斯一五八六號、篁墩本、邢本同。伯二九〇四號「行」下有「之」字，皇本、《論語孔氏訓解》引「行」下有「之者也」三字。

❽「多」，斯一五八六號無此字。

❾「道」下，皇本《論語孔氏訓解》引有「也」字。

子曰：「能以禮讓爲國乎？何有？❶何有者，言不難。❷不能以禮讓爲國乎？❸如禮何？」❹包曰：如禮何者，言不能用禮也。❺

子曰：「不患無位，患所以立。不患莫己知，❻求爲可知也。」❼包曰：求善道而學行之，則人之己也。❽

子曰：「參乎！吾道一以貫之。」❾曾子曰：「唯。」孔曰：直曉不問，故答曰唯。❿子出，門人問曰：「何謂也？」曾子曰：「夫子之道，忠恕而已矣。」

---

❶「能」至「有」，此句諸本同。《後漢書·劉般傳》載賈逵上書引此句作：「能以禮讓爲國，於從政乎何有。」「何有」上多「於從政乎」四字。同書《列女傳》載班昭上疏引此句亦有此四字。

❷「難」下，伯二六七六號、皇本、《群書治要》引有「也」字。

❸「乎」，伯二六七六號、伯二九〇四號、卜寫鄭本、《群書治要》引同，斯一五八六號、篁墩本、皇本、邢本無此字。

❹「何」下，伯二六七六號有「也」字。

❺「包曰」，伯二六七六號無此二字，疑誤脱。伯二九〇四號「禮何」作「何禮」。伯二六七六號、伯二九〇四號、斯一五八六號、篁墩本、邢本末無「也」字。

❻「知」，伯二六七六號、伯二九〇四號、篁墩本、邢本、天文本同，斯一五八六號、皇本、古本、唐本、津藩本、正平本「知」下多一「也」字。

❼「也」，伯二六七六號末無此字。

❽「之己」，諸本作「知己」，底本誤。伯二九〇四號「知己」下多一「之」字。斯一五八六號、篁墩本、邢本末無「也」字。按：此包注同鄭注。卜寫鄭本云：「求善道而學行之，則仁(人)知之也。」

❾「吾」至「之」，伯二六七六號、伯二九〇四號、篁墩本、邢本、《論語筆解》、《論語孔氏訓解》引同。斯一五八六號「吾道」作「道吾」，誤倒。卜寫鄭本「一」作「壹」。王著云：「應以作『一』爲是。」皇本、卜寫鄭本、古本、唐本、津藩本、正平本、卷子本、永祿本、武內本「之」下有「哉」字。

❿「唯」，伯二九〇四號、斯一五八六號、篁墩本、邢本同。伯二六七六號、皇本「唯」下有「也」字。

子曰：「君子喻於義，小人喻於利。」孔曰：喻猶曉也。❶

子曰：「見賢思齊焉，❷包曰：思與賢者等。❸見不賢而內自省。」❹

子曰：「事父母幾諫，❺包曰：幾者，❻微也。當微諫納善言於父母也。❼見志不從，又敬不違，❽勞而不怨。」❾包曰：見志，❿見父母志有不從己諫之色，則又當恭敬，不敢違父母之意遂己之諫也。⓫

---

❶「孔曰」至「也」，伯二六七六號、篁墩本、皇本、邢本同。「喻」，斯一五八六號作「諭」（經文亦然）。按：《廣韻》云：「喻，本作諭。」伯二九〇四號、斯一五八六號末無「也」字。按：此孔注同鄭注。卜寫鄭本云：「喻，猶曉也。」

❷「見賢」，諸本同。《四書考異》謂《太平御覽·人事部》引「見」上有「君子」二字。

❸「包曰」至「等」，伯二六七六號、斯一五八六號、篁墩本、皇本、邢本同，伯二九〇四號作「孔曰」，恐誤。又，皇本「等」下有「也」字。

❹「不」至「者」，伯二九〇四號同。斯一五八六號「不賢」下有「者」字，無「而」字，末有「也」字。津藩本、正平本、武內本、《考文》引古本亦有「者」字，伯二六七六號、篁墩本、皇本、邢本、天文本、《群書治要》引末亦有「也」字。

❺「幾」，卜寫鄭本作「譏」。

❻「者」，伯二六七六號、伯二九〇四號、邢本同，斯一五八六號、篁墩本、皇本無此字。

❼「當」上，皇本多一「言」字。斯一五八六號、篁墩本、邢本末無「也」字。按：底本末原有二「也」字，當爲妄增，以便雙行對齊，今去其一。

❽「敬」，伯二六七六號、伯二九〇四號、斯一五八六號、唐本、津藩本、正平本、篁墩本、邢本、天文本、《考文補遺》一本同，皇本、永祿本、皇講本、卜寫鄭本下有一「而」字，古本、武內本有「而以」二字。

❾「而不」，伯二六七六號、伯二九〇四號、斯一五八六號、篁墩本、皇本、邢本、天文本、皇講本同。古本、唐本、津藩本、正平本無「而」字，卜寫鄭本「不」作「無」。

❿「志」，伯二六七六號、伯二九〇四號、斯一五八六號、篁墩本、邢本同，卷子本、永祿本、皇本「志」下有「者」字。

⓫「違」至「也」，伯二九〇四號「違」作「爲」，無「之意」二字。伯二六七六號、斯一五八六號、篁墩本、皇本、邢本「父母」下無「之」字。諸本「遂己」上有「而」字。斯一五八六號、篁墩本、邢本末無「也」字。

子曰：「父母在，不遠遊，❶遊必有方。」鄭曰：方猶常也。❷

子曰：「三年無改於父之道，可謂孝矣。」❸鄭曰：孝子在喪也哀慕，❹猶若父存，❺無所改於父之道，❻非心所忍爲也。❼

❶「不」，伯二六七六號、伯二九〇四號、斯一五八六號、篁墩本、邢本、天文本同。皇本、古本、唐本、津藩本、正平本、武内本「不」上有「子」字。

❷「鄭曰」至「也」，伯二六七六號、卜寫鄭本、篁墩本、皇本、邢本同。「方」，斯一五八六號作「防」，誤。伯二九〇四號「常」下無「也」字。王著云：「《文選》卷一二郭璞《江賦》注、卷一八成公綏《嘯賦》注、卷三〇謝靈運《南樓中望所遲客》注、卷五五陸機《演連珠》注及《逸玉篇》引無『猶』字。」又云：「此注同於孔注。《文選》卷四五班固《答賓戲》注引孔曰：『方，猶常。』」按：今所見諸本此注均作鄭注，古書引文亦多作鄭注，疑《答賓戲》注誤引。

❸「子曰」至「矣」，古本「矣」作「也」。《釋文》云：「此章與《學而》篇同，當是重出。《學而》是孔注，此是鄭注。本或二處皆有，集解或有無者。」《四書考異》云：「按陸氏謂集解一用孔注，一用鄭注，解説不同，不爲重出也。」按：《釋文》實云此章經文重出，而集解分別採孔注、鄭注以解之。然其所説「集解或有無者」，今未見。又，孔注、鄭注有異有同，試以皇本爲例。孔曰：「孝子在喪哀慕，猶若父在，無所改於父之道也。」鄭曰：「孝子在喪，哀戚思慕，無所改其父之道，非心之所忍爲也。」孔注無「非心之所忍爲也」，鄭注無「猶若父在」。

❹「在」至「慕」，伯二六七六號、篁墩本、皇本、邢本作「在喪哀戚思慕」，伯二九〇四號、斯一五八六號作「哀戚思慕」，卜寫鄭本作「哀慕」。

❺「猶若父存」，諸本均無，此當涉《學而》篇孔注而衍，參見本頁校勘記❸。

❻「無所」至「道」，邢本同，斯一五八六號、篁墩本無「所」字，「於」作「其」。皇本「於」亦作「其」。此句，伯二六七六號作「不改父之道」，卜寫鄭本作「不改其父之常道」，伯二九〇四號作「無不敬於父之道」。

❼「非」至「也」，伯二六七六號、伯二九〇四號同，皇本「非心」下有「之」字，斯一五八六號、篁墩本、邢本末無「也」字，卜寫鄭本「也」作「之」字。按：此注各本歧異較多，蓋與《學而》篇孔注混同所致。未可遽斷孰是孰非。

子曰：「父母之年，不可不知。❶一則以喜，一則以懼。」孔曰：見其壽考則喜，見其衰老則懼也。❷

子曰：「古者言之不出，❸恥躬之不逮。❹」包曰：古人之言不妄出口者，❺恐身行之將不及。❻

❶「知」，伯二六七六號、《文選》卷一六潘安仁《閒居賦》注引同。伯二九〇四號、斯一五八六號、篁墩本、皇本、《釋文》、邢本、《論語孔氏訓解》引「知」下有「也」字。

❷「孔曰」至「也」，伯二六七六號、伯二九〇四號、斯一五八六號、篁墩本、皇本、邢本同。《文選》卷一六潘岳《閒居賦》注引無「考」、「也」二字。伯二六七六號、伯二九〇四號、斯一五八六號、篁墩本、邢本末亦無「也」字。此孔注同鄭注。卜寫鄭本云：「見其壽考則喜，見其衰老則懼。」《釋文》云：「此章注，或云孔注，或云包氏，又作鄭玄語辭，未知孰是。」王著云：「實則三家注同，鄭注、包注均本於孔注，後人不知，抄集解時，各據印象妄改，遂致紊亂也。」

❸「古」至「出」，伯二九〇四號、斯一五八六號、卜寫鄭本、篁墩本、邢本、天文本同。皇本、古本「古」下多一「之」字。伯二六七六號「言之」作「之言」，當屬誤倒。「不出」，唐本、津藩本、正平本作「不出也」，皇本、古本作「不妄出也」，永禄本作「不妄出口也」。《四書考異》謂「古之者」間「之」字，可「斷知其流傳訛衍」。又云：「包氏注『古人之言不妄出口』，據其文，或舊本經原有『妄』字未可知。」阮校記則云：「按皇本『妄』字必因注文而誤衍也。」按：今所見唐寫本「古」「者」間均無「之」字，可證皇本、古本「之」字確係流傳訛衍。又，唐寫本「不」「出」間均無「妄」字，亦可證此字係涉注文而衍。

❹「逮」，伯二六七六號、伯二九〇四號、斯一五八六號、卜寫鄭本同，篁墩本、皇本、邢本「逮」下多一「也」字。

❺「古人之言」，伯二六七六號作「故之人言」，恐有倒誤。又，「妄」伯二九〇四號作「忘」，誤。斯一五八六號無「口」字。篁墩本、邢本無「者」字。

❻「恐」，伯二六七六號、伯二九〇四號、斯一五八六號、皇本、邢本作「爲」。底本誤。「身」上，篁墩本多一「恥」字，皇本多「恥其」二字。伯二六七六號、伯二九〇四號、皇本「及」下多一「也」字。按：此包注同鄭注。卜寫鄭本云：「古人之言不妄出口，爲身行將不及也。」

子曰：「以約失之者鮮矣。」❶孔曰：俱不得中。❷奢則驕使招禍，❸儉約則無優患。❹

子曰：「君子欲訥於言而敏於行。」❺包曰：敏，疾也。訥，遲鈍。❻言欲遲，行欲疾也。❼

子曰：「德不孤，必有鄰。」方以類聚。❽同志相求，故必有鄰，是以不孤。❾

子游曰：「事君數，斯辱矣；朋友數，斯疏矣。」

❶「以」至「矣」，諸本同。「以」上，《四書考異》謂《後漢書·王暢傳》引多一「夫」字，無「者」字；《漢書·外戚傳》引無「矣」字。

❷「俱」至「中」，伯二九〇四號、篁墩本、邢本、《群書治要》引同。「俱」，伯二六七六號作「但」，誤。斯一五八六號「得」下多一「乎」字，恐衍。皇本「中」下有「也」字。

❸「使」，伯二六七六號、斯一五八六號、篁墩本、邢本作「佚」，伯二九〇四號、皇本、《群書治要》、《論語孔氏訓解》引作「溢」，底本誤。「招」，伯二九〇四號作「照」，誤。

❹「儉約」，伯二九〇四號、篁墩本、皇本、邢本、《群書治要》引同，伯二六七六號作「儉納」，斯一五八六號作「便約」，均有誤。「則」，篁墩本、皇本、《群書治要》引同，伯二六七六號、伯二九〇四號、斯一五八六號、邢本無此字。「優」，諸本作「憂」，底本誤。皇本、《群書治要》引「患」下有「也」字，斯一五八六號「患」下有「之也」二字。

❺「訥」，《四書考異》謂《史記·萬石君列傳》徐廣注稱此字多作「詘」。

❻「包曰」至「鈍」，伯二九〇四號誤脱此注。伯二六七六號、斯一五八六號、篁墩本、皇本、邢本、《群書治要》引均無「敏疾也」三字，底本衍。又，前舉諸本末有「也」字。《釋文》亦云：「包云遲鈍也。」

❼「遲」，斯一五八六號、《群書治要》引同，伯二六七六號、伊氏本、邢本「遲」下多一「而」字，皇本、篁墩本「遲」下多「鈍而」二字。「疾」，皇本作「敏」。斯一五八六號、邢本、篁墩本、《群書治要》引無「也」字。《論語包氏章句》引同皇本。

❽「以」，斯一五八六號作「與」。

❾「以不」，斯一五八六號作「哀」，恐誤。皇本「孤」下有「也」字。按：此注「方以」至「孤」永禄本作孔注，他本同底本作何晏自注。

數，謂速數之數。❶

論語卷第二❷

❶「數謂」至「數」，伯二六七六號、伯二九〇四號、斯一五八六號、篁墩本、邢本同，皆作何注。《釋文》出「君數」，云：「何云色角反，下同，謂速數也。」亦作何注。皇本、永禄本作孔注，末並有「也」字。《論語孔氏訓解》據皇本亦作孔注。《論語筆解》引作包注，李翺按云：「包云『速數』，非其旨。」可證所據本確作包注。按：今所見唐寫本均作何注，疑作何注爲是。

❷「第二」，伯二六七六號、伯二九〇四號、斯一五八六號、篁墩本同底本。《論語集解考異》謂篁墩本一本「二」下有「經一千二百一十二字，注一千九百三十一字」等字。又云「諸舊本並有此經注，字數與各篇同」。

《公冶長》篇整理說明

《公冶長》篇共有五個集解寫本，均爲伯希和、斯坦因本。另有四件吐魯番出鄭注寫本。本篇據皇本、邢本、《論語譯注》，共分二十八章，《釋文》分二十九章。

底本：伯三六四三號。本篇共存六十三行，起篇題，迄篇末，首尾完整。《敦煌遺書總目索引》謂該卷「背用咸通二年（八六一）地契及藏殘卷托裱」，推知爲唐懿宗時期寫本。

校本：（一）斯七〇〇二號。本篇殘存三行，起篇題，迄第二章首句「子謂南容邦有道」。三行下部均殘。據書法，知爲唐寫本。（二）伯三七〇五號背。本篇殘存二行，起第一章首句「子謂公冶長」，迄本章末孔注「公冶長弟子魯人」。二行上下均殘，夾在《雜寫》中。注未雙行小寫。（三）斯五七九二號，本篇殘存五行，起第八章「（子）曰求也千室之邑」，迄第九章「賜也聞一以知（二）」。據書法，知爲唐寫本。（四）伯三六四三號背。本篇殘存一行八字，即第十章「子曰始吾於人聽其」。

參校本：（一）吐魯番阿斯塔那三六三號墓八／一號鄭注寫本（簡稱卜寫鄭本）。（二）吐魯番阿斯塔那一九號墓三二——三四號鄭注寫本（簡稱鄭乙本）。（三）吐魯番阿斯塔那八五號墓一／一、一／二號鄭注寫本（簡稱鄭丙本）。（四）吐魯番阿斯塔那三六〇號墓三／七（b）—一二（b）鄭注寫本（簡稱鄭補本）。鄭注寫本解說詳見王著。

伯希和三六四三號寫本

論語卷第三公冶長第五❶

子謂公冶長，❷可妻也。雖在□紲□中，❸非其罪也。❹以其子妻之。孔曰：公冶長，❺弟子，魯人也，姓公冶，名長。縲，黑索，❻紲，攣也，

❶「論語卷第三」，斯七〇〇二號作「公冶長第五卷第三」。篁墩本作「論語公冶長第五」，下又有「凡二十九章」五字。據此補篇題「公冶長第五」。

❷「子」至「長」，《四書考異》云：「《論衡·問孔》篇『謂』作『曰』。」「冶」，斯七〇〇二號、卜寫鄭本作「治」，誤。「長」，卜寫鄭本作「萇」。王著云：「據《史記·仲尼弟子列傳》『公冶長』條索隱引《家語》所云『魯人，名萇，字子長』推測，鄭氏作『萇』應有所本。下同。」

❸「□紲□」，此句第一「□」，諸本作「縲」；第二「□」，諸本作「之」。「紲」，斯七〇〇二號、皇本、古本、唐本、津藩本、正平本、宋石經、武內本同，篁墩本、邢本、大永本、天文本作「絏」。卜寫鄭本作「紲」，下同。按：《五經文字》云：「『絏』，本文從廿，緣廟諱偏旁，今經典並准式例變。」即唐人避太宗諱，改「紲」作「絏」。「紲」則誤。《四書考異》云：「按《史記·孔子世家》『起纍紲之中』，《自序》『幽于縲紲』，《漢書·司馬遷傳》作『累紲』。『縲』字各殊，而『紲』不殊，蓋『絏』惟唐人造用，前無其字。」即云「縲」，又可作「纍」、「累」。《史記·仲尼弟子列傳》集解引亦作「累」。《考異》引唐慧琳《一切經音義》云：「孔注《論語》云纍。」即作「纍」。該書並云：「從累作縲，非也。縲，紘也，非此義也。」

❹「也」，篁墩本、皇本、邢本同，卜寫鄭本無此字。

❺「公」，篁墩本、皇本同。邢本無此字。阮校記云：「孔注下云姓公冶，名長，則不當單稱冶長。」其說甚是。

❻「黑索」，篁墩本、邢本、《釋文》引同。「黑」，卷子本作「墨」，《文選》卷四一司馬子長《報任少卿書》注引亦作「墨」，又末有「也」字。皇本、《論語孔氏訓解》、《史記·仲尼弟子列傳》集解引末亦有「也」字。「索」，斯七〇〇二號作「繩也」。

所以拘罪人也。❶

子謂南容，「邦有道，❷不廢；邦無道，免於刑戮。」以其兄之子妻之。王曰：南容，弟子南宫縚，❸魯人也，字子容。不廢，言見用也。❹

子謂子賤，孔曰：子賤，魯人，弟子密不齊。❺「君子哉若人！魯無君子者，斯焉取斯？」❻包曰：若人者，若此人也，❼如魯無君子，❽子賤安得此行如學行之。❾

子貢問曰：「賜也何如？」❿子曰：

---

❶「拘」至「也」，皇本、前舉司馬子長《報任少卿書》注、《史記・仲尼弟子列傳》集解引同。「拘」，斯七〇〇二號下有「縛」字，唐慧琳《一切經音義》引下有「縶」字，篁墩本下有「於」字。「也」，斯七〇〇二號、篁墩本、邢本無，大永本上多一「者」字。

❷「邦」，斯七〇〇二號作「拜」，誤。

❸「縚」，篁墩本、皇本、邢本同，永禄本作「韜」。《釋文》作「韜」，云：「本又作『縚』。」

❹「見用也」，篁墩本作「見任用」，皇本作「見任用也」，邢本作「見用」。按：《史記・仲尼弟子列傳》集解引孔安國曰：「容，魯人。」又曰：「不廢，言見用。」是孔安國注與王肅注略同。

❺「密」，篁墩本、皇本、邢本作「宓」，《論語孔氏訓解》、《史記・仲尼弟子列傳》亦作「宓」。按：段玉裁《説文解字注》云：「宓，安也。此字經典作密。」顔之推《顔氏家訓・書證》云：「字本作『虙』，傳寫誤作『宓』。今作姓，多書作『宓』。」又，皇本「齊」下有「也」字。此孔注「子賤」至「齊」略同鄭注。卜寫鄭本云：「子賤，孔子弟子密不齊之字。」

❻「斯」，篁墩本、皇本、邢本同。卜寫鄭本「斯」下有「也」字。

❼「者若此」，篁墩本、皇本、邢本同。《文選》卷四二曹植《與楊德祖書》注無「者」字，「此」下有「之」字。

❽「君子」下，大永本有「者」字。

❾「此行」上，皇本有「取」字。「如」，篁墩本、皇本、邢本作「而」。《史記・仲尼弟子列傳》集解引「如」亦作「而」，又末無「行之」二字。按：此包注「若人」至「行之」略同鄭注。卜寫鄭本云：「若人，若此人也。魯若無君子之仁（人），此仁（人）於何取此道而學行之也。」

❿「賜」至「如」，篁墩本、皇本、邢本同。「何如」，卷子本、唐本、津藩本、正平本作「如何」。卜寫鄭本殘，存文同底本。《史記・仲尼弟子列傳》引作「賜何人也」。

「汝，器。」❶孔曰：言汝器用之人。❷曰：「何器？」❸曰：瑚璉。❹包曰：瑚璉，黍稷之器。❺夏曰瑚，殷曰璉，周曰簠簋，宗廟器之貴者也。❻

或曰：❼「雍也仁而不佞。」馬曰：雍，弟子仲弓名，姓冉。❽子曰：「焉用佞？❾禦人以口給，❿屢憎於人。⓫不知其民，⓬焉

---

❶「汝」，皇本、《史記・仲尼弟子列傳》引同，注亦同；篁墩本、邢本作「女」，注亦作「女」。諸本末並有「也」字。

❷「汝」至「人」，《史記・仲尼弟子列傳》集解引同。「器用」上，篁墩本、皇本有「是」字。皇本「人」下有「也」字。

❸「器」，大永本、卜寫鄭本同。篁墩本、皇本、邢本「器」下有「也」字。

❹「璉」下，篁墩本、皇本、邢本有「也」字。《四書考異》云：「《說文解字》『槤』字下云：瑚槤也。徐鉉注曰：今俗作『璉』，非。按：『璉』、『連』古字通，而其義則與『瑚璉』大別。」阮校記亦云：「『槤』爲本字，『連』爲假借，從玉者俗字耳。」《齊論語》云漢魯相韓勑脩孔廟禮器碑作「胡輦也」，云：「作『胡輦』，《齊論》也。」

❺「瑚」至「器」，篁墩本、邢本同。皇本作：「瑚璉者，黍稷器也。」多「者」、「也」二字，無「之」字。《史記・仲尼弟子列傳》集解引無「之」字。

❻「宗」至「也」，皇本同。「宗廟」下，篁墩本有「之」字，末無「也」字，「器」下，大永本無「之」字。篁墩本、邢本末無「也」字。按：《史記・仲尼弟子列傳》集解引與諸本異，作「宗廟之貴器」。

❼「或」下，大永本有「人」字。

❽「名姓冉」，篁墩本、邢本同。「名」、「冉」下，皇本各有一「也」字。按：此馬注「雍」至「冉」同鄭注。卜寫鄭本云：「雍，孔子弟子仲弓之名。」

❾「佞」，篁墩本、皇本、邢本同。卷子本、正平本「佞」下有「也」字。

❿「禦」至「口」，皇本、邢本、大永本、永祿本、伊氏本同。「禦」，卜寫鄭本作「御」。篁墩本、唐本、津藩本、正平本、卷子本、足利本、天文本無「口」字。

⓫「於人」，篁墩本、皇本、邢本、伊氏本、卜寫鄭本同。唐本、津藩本、正平本、卷子本無「於」字。古本、唐本、津藩本、正平本、卷子本、天文本「人」作「民」。《四書考異》云：「據孔安國注，明是爲『民』字矣。其作『人』者，或避唐諱而改換，或通義迭用也。」

⓬「民」，篁墩本、邢本、天文本、卜寫鄭本作「仁」，大永本作「於仁」，皇本、古本、唐本、津藩本、正平本作「仁也」。

用佞？」❶孔曰：屢，數也。佞人口辭捷給，數爲人所曾惡。❷

子使漆彫開仕。❸對曰：「吾斯之未能信也。」❹孔曰：弟子漆彫開名也。❺仕進之道未能信者，❻未能究習也。❼子説。❽鄭曰：善其志道深也。❾

---

❶「佞」，篁墩本、邢本同。皇本、古本、唐本、津藩本、正平本、考文一本「佞」下有「也」字。

❷「人」，皇本、邢本同，篁墩本作「民」，卷子本作「民之」。「曾惡」，邢本作「憎惡」，篁墩本作「憎」，皇本作「憎也」，卷子本作「憎之也」。按：此孔注「屢」至「惡」略同鄭注。卜寫鄭本云：「屢，數也。」又云：「佞者應仁(人)以口給，故數見憎惡於(仁)人。」

❸「彫」，唐宋石經、皇本、邢本、卜寫鄭本、《史記・仲尼弟子列傳》引同，篁墩本、閩本、北監本、毛本、敦煌音義殘卷、《論語筆解》引作「雕」。《釋文》出「彫」，云：「本或作『凋』，同。」《四書考異》云：「舊經『漆雕』與後章『朽木不可雕』，『雕』俱爲『彫』，『松柏後彫』之『彫』爲『凋』，體義自合，不知何時皆傳寫差。」阮校記云：「雕、凋皆假借字。」據此，此處當以作「彫」爲是，底本正確。

❹「之」下，卜寫鄭本有「道」字。卜寫鄭本、皇本、《論語筆解》末無「也」字。

❺「弟子」上，篁墩本、皇本、邢本、《論語孔氏訓解》引有「開」字。「弟子」下，皇本有「也」字，「漆彫」下，篁墩本、邢本有「姓」字，皇本、《論語孔氏訓解》引有「姓也」二字。「也」，篁墩本、邢本末無「也」字。

❻「仕」，皇本同，卷子本無此字。

❼「究」，永禄本作「窮」。篁墩本、邢本、《史記・仲尼弟子列傳》集解引末無「也」字。按：此孔注「弟子」至「習也」同鄭注。卜寫鄭本云：「漆彫開孔子弟子。吾於士(仕)進之道未能信者，未能究習也。」

❽「説」，篁墩本、唐本、津藩本、邢本、正平本、天文本、《論語孔氏訓解》引同。皇本、古本作「悦」，卜寫鄭本末有「也」字。《釋文》出「子説」，云：「音悦。」

❾「善」至「也」，卜寫鄭本同。「善」，篁墩本、皇本作「喜」，篁墩本、邢本、《論語筆解》、《史記・仲尼弟子列傳》集解引末無「也」字。

子曰：「道不行，乘桴浮於海。❶從我者，❷其由也與？❸馬曰：桴，編竹木。大者曰筏，❹小者曰浮。❺子路聞之喜。孔曰：喜與己俱行。❻子曰：「由也好勇過□，❼無所取材。」❽鄭曰：子路信夫子欲行，故言好勇過我。❾無所取材者，無所取於桴材。❿以子路不解微言，故戲之耳。一曰：子路聞孔子欲桴海，⓫便喜，不復顧，⓬故孔子歎其勇，曰過我。無所取材，⓭言唯取於己。材、哉同也。⓮

❶「浮」，卜寫鄭本無此字。《四書考異》亦云：「《玉篇》引《論語》『乘桴于海』，無『浮』字。」又，「於」，皇本、敦煌音義殘卷、《文選》卷一八成公子安《嘯賦》注引同，篁墩本、古本、邢本作「于」。阮校記云：「此經例用『於』字，唯《爲政》篇『吾十有五而志于學』及此兩『於』字變體作『于』。《爲政》篇『于』字乃『乎』字之譌。此亦疑本作『於』，傳寫者偶亂耳。」按：此處當以作「於」爲正。

❷「我」，卜寫鄭本、古本、皇本、唐本、津藩本、正平本、《漢書·地理志》注、《太平御覽》卷四六七《人事部》引同。大永本作「吾」。

❸「也與」，篁墩本、邢本、天文本、《文選》卷一八成公子安《嘯賦》注引無「也」字，「與」作「歟」。

❹「木」下，皇本有「也」字。「筏」，皇本同，篁墩本、邢本作「栰」。《釋文》亦作「栰」，云：「音伐。」唐慧琳《一切經音義》則引作「橃」，云「或作撥」，謂「作栰，作筏，並俗字，非正也。」

❺「浮」，諸本作「桴」，底本誤。

❻「行」下，皇本有「也」字。

❼「□」，諸本作「我」。

❽「材」下，卜寫鄭本有「之」字。按：此句「由也」至「取材」絶句有二説。《釋文》出「過我」，云：「絶句。一讀『過』字絶句。」此取前説。

❾「我」下，皇本有「也」字。

❿「無」至「材」，邢本同。「無所」上，篁墩本、皇本有「言」字，「取」下無「於」字。皇本「材」下有「也」字。

⓫「桴海」，篁墩本、邢本作「浮海」，皇本、卷子本、大永本作「乘桴浮海」。

⓬「顧」下，篁墩本、皇本、邢本多一「望」字。

⓭「取材」，篁墩本、皇本作「復取哉」，邢本作「取哉」。

⓮「材」上，篁墩本多一「古」字，皇本、邢本、正平本、永祿本多「古字」二字。「也」，皇本、永祿本作「耳」字。邢本、篁墩本末無「也」字。按：集解本此鄭注（自「子路信夫子」至「材哉同也」）與鄭本此注異。卜寫鄭本此注云：「孔子疾世，故發此言。子路以爲信，從行，故曰好▨，無所取材之。爲前既言，難中悔之，故絶之以此▨。」王著疑集解本非鄭注。

孟武伯問：「子路仁乎？」子曰：「不知。」❶孔曰：仁道至大，不可全名。又問。子曰：「由也，千乘之國，可使治其賦，❷孔曰：賦，兵賦也。不知其仁。」❸「求也何如？」子曰：「求也，千室之邑，百乘之家，可使爲之宰。❹孔曰：千室之邑，❺謂卿大夫之邑。❻卿大夫稱家。諸侯千乘，大夫百乘，❼宰，家臣也。不知其仁。」❽「赤也何如？」子曰：「赤也，束帶立於朝，可使與賓客言，❾馬曰：赤，弟子公西華，❿有容儀，可使爲行人也。⓫不知其仁也。」⓬

子謂子貢曰：「汝與回也熟俞？」⓭

❶「知」，卜寫鄭本同。篁墩本、皇本、邢本「知」下有「也」字。

❷「賦」下，篁墩本、皇本、邢本有「也」字。卜寫鄭本殘，存文末同底本無「也」字。

❸「仁」下，卜寫鄭本、篁墩本、皇本、邢本有「也」字。

❹「宰」，斯五七九二號、卜寫鄭本同。篁墩本、皇本、邢本「宰」下有「也」字。

❺「之邑」，篁墩本、皇本、邢本同，斯五七九二號、《史記·仲尼弟子列傳》集解引無此二字。

❻「謂」，諸本均無。「邑」下，皇本有「也」字。

❼「大夫」，斯五七九二號、邢本同，篁墩本、皇本「大」上多一「卿」字。「百乘」，諸本上有「故曰」二字，皇本又下有「也」字。

❽「其仁」，斯五七九二號同。卜寫鄭本殘，存「其仁」二字，亦同底本。篁墩本、皇本、邢本「仁」下有「也」字。

❾「言」，卜寫鄭本、《文選》卷三七孔文舉《薦禰衡表》注引同。鄭乙本無此字。篁墩本、皇本、邢本「言」下有「也」字。

❿「華」下，皇本有「也」字。

⓫「可」至「也」，皇本、《論語馬氏訓説》引同。卷子本、大永本「可」上有「故」字。卷子本「行人」下有「之」字。斯五七九二號、篁墩本、邢本末無「也」字。

⓬「也」，斯五七九二號無此字。

⓭「汝」，斯五七九二號、卜寫鄭本、皇本、津藩本、武内本同，篁墩本、邢本、《論語筆解》引作「女」，下同。「熟俞」，諸本作「孰愈」，底本誤。

孔曰：俞，猶也。❶對曰：「賜也何敢望回。回也問一以知十，❷賜也問□□知二。」❸子曰：「弗如也，❹吾與汝俱弗如也。」❺包曰：既然子貢不如，復云吾與汝俱不如者，蓋欲以慰子貢。❻

宰予晝寢。❼包曰：宰予，弟子宰我也。❽

---

❶「孔曰」至「也」，篁墩本、皇本、邢本作「愈猶勝也」，底本作「俞」誤，又脱「勝」字。按：《論語孔氏訓解》謂《史記・仲尼弟子列傳》集解、《左傳》襄公十四年正義引作鄭注。按：查《左傳正義》引作鄭注不誤，惟今本《史記》該傳集解引作孔注。或作孔，或作鄭，蓋因二注本同。如卜寫鄭本、鄭乙本即作「愈猶勝也」。

❷「問」，斯五七九二號、篁墩本、皇本、邢本、《論語筆解》引作「聞」。《釋文》作「聞」，云：「本或作『問』，字非。」據此，底本作「問」誤。下同。

❸「問□□」，斯五七九二號、鄭乙本、篁墩本、皇本、邢本、《論語筆解》引作「聞一以」。「二」，卜寫鄭本作「貳」。

❹「也」，篁墩本、皇本、邢本、《論語筆解》引同，卜寫鄭本、鄭乙本末無此字。

❺「汝」，卜寫鄭本、鄭乙本、皇本同，篁墩本、邢本作「女」。《釋文》作「爾」，云：「本或作女，音汝。」阮校記云：「《三國志・夏侯淵傳》曰：『仲尼有言吾與爾不如也。』正作『爾』字，蓋與陸氏所據本合。」又，卜寫鄭本、鄭乙本、篁墩本、皇本、邢本、《論語筆解》引均無「俱」字。《論語馬氏訓説》引有「俱」字，並云：「按王充《論衡・問孔》篇云：『吾與女俱不如也。』《後漢書・鄭玄傳》注引《別傳》馬融謂盧子幹曰：『吾與女皆不如也。』又《橋玄傳》云：『仲尼稱不如顔淵。』章懷注引《論語》：『吾與女俱不如也。』」舉例皆有「俱(皆)」字。按：據下録包注云：「既然子貢不如，復云吾與汝俱不如者。」有「俱」字是。

❻「貢」下，《論語筆解》引有「爾」字，邢本有「也」字，皇本有「心也」二字，篁墩本有「之心」二字。

❼「宰予」，諸本同，《論衡・問孔》篇引作「宰我」。「晝」，《論語筆解》韓愈曰：「『晝』當爲『畫』字之誤也。宰予四科十哲，安有晝寢之責乎？假或偃息，亦未深誅。」《四書考異》亦云：「按如諸説作『畫』，其音義當與後篇『今女畫』之『畫』同。……宰我畫限其功，以冀休息，故夫子責之，似較繪畫寢室之説稍愈。」但唐寫本及諸刊本均作「晝」，《釋文》亦作「晝」。又，卜寫鄭本「寢」下多一「也」字。

❽「包曰」，篁墩本、皇本同，邢本作「孔曰」。阮校記云：「(邢)疏述注亦作『包曰』，今本作『孔曰』，疑誤。」《論語包氏章句》云：「今從皇侃本。」應以作包注爲正。「也」，篁墩本、邢本末無此字。按：此包注略同鄭注。卜寫鄭本云：「宰予，孔子弟子宰我。」鄭乙本末有「也」字。

子曰：「朽木不可雕，❶包曰：朽，腐也。雕，雕琢刻畫也。❷糞土之牆不可圬，❸王曰：圬□也。❹此二者喻雖施□猶不成也。❺於予與何誅？」❻孔曰：誅，責□。❼今我當何責於女乎。❽深責之也。❾

❶「朽木」，《漢書・董仲舒傳》引作「腐朽之木」。《齊論語》謂爲《齊論》。「雕」，《釋文》引同，唐宋石經、卜寫鄭本、鄭乙本、《論衡・問孔》篇、《詩・大雅・棫樸》正義引作「彫」。阮校記云：「作『雕』者用假借字。」又，篁墩本、皇本、邢本、《論語筆解》、《史記・仲尼弟子傳》「雕」下多一「也」字。

❷「雕」至「也」，皇本同。篁墩本、邢本無「也」字。此包注略同鄭注。卜寫鄭本云：「雕剋而畫之。」

❸「圬」，古本、皇本、永禄本、《史記・仲尼弟子列傳》、《漢書・董仲舒傳》引同，鄭乙本、篁墩本、唐本、邢本、正平本、天文本、《論語筆解》、《論衡・問孔》篇引作「杇」，《釋文》作「圬」，云：「本或作『杇』。」卜寫鄭本作「汙」，《太平御覽》引作「污」。《四書考異》云：「蓋『杇』其正體，『污』則通借，而『圬』爲續作字也。」阮校記、王著亦云：「杇」爲正字。其他均爲假借字。下同。又，鄭乙本末同底本無「也」字，他本末均有「也」字。

❹「□」，篁墩本、邢本作「鏝」，皇本、卷子本、永禄本、《史記・仲尼弟子列傳》集解引作「墁」。《五經文字》作「槾」。《釋文》出「槾」，云：「或作『鏝』。」

❺「此」，邢本、大永本同，篁墩本、皇本、《史記・仲尼弟子列傳》集解引無此字。「二者」下，邢本有「以」字。「□」，諸本作「功」。篁墩本、邢本末無「也」字。按：此王注(自「圬鏝也」至「不成也」)略同鄭注。卜寫鄭本云：「汙，漫也。此二者前(喻)施功勞由(猶)不成也。」

❻「與」，篁墩本、皇本、邢本、《論衡・問孔》篇引同，鄭乙本作「予」，卜寫鄭本無此字。

❼「□」，諸本作「也」字。

❽「女」，皇本作「汝」。

❾「之」下，邢本無「也」字，篁墩本「也」作「辭」，皇本、大永本、永禄本多一「辭」字。按：此孔注「誅」至「之也」略同鄭注。卜寫鄭本云：「誅，責(責)。予，我。▨責於汝乎，言不▨責。深責之辭也。」鄭乙本前一「▨」作「我今常□孰」五字，末無「也」字。

子曰：❶「始吾於人，❷聽其言而觀其行，於予與改是。」❸孔曰：改是。❹聽言信行，更察言觀行。❺發於宰我之晝寢。❻

子曰：「吾未見剛者。」或對曰：「申棖。」❼包曰：申棖，魯人也。❽子曰：「棖也慾，❾焉得剛。」孔曰：慾，多情慾。❿

子貢曰：「我□慾人之加諸於我，⓫吾亦欲無加諸於人。」⓬馬曰：加，陵也。⓭子

---

❶「子曰」，卜寫鄭本、鄭乙本、篁墩本、皇本、邢本同。《四書考異》云：「《論語辨惑》曰：此一章而再稱『子曰』，胡氏疑其衍文。予謂以語法觀之，其爲衍文無疑。」

❷「人」，卜寫鄭本作「仁」。篁墩本、皇本、邢本「人」下有「也」。又，「人」下，篁墩本、皇本、邢本有「聽其言而信其行；今吾於人也」十二字，據體例，底本應無「也」字，誤脱十一字。卜寫鄭本、鄭乙本「今吾於人也」作「今也吾於仁（人）」。

❸「與改是」，篁墩本、皇本、邢本同。「與」，卜寫鄭本、鄭乙本作「予」。卜寫鄭本「是」下有「也」字。

❹「改是」，邢本同。卜寫鄭本「是」下有「始」字，皇本、永禄本有「者始」二字。

❺「更」上，篁墩本、皇本有「今」字。

❻「之晝寢」，永禄本、皇本無「之」字。皇本、大永本「寢」下有一「也」字，卷子本多「之也」二字。

❼「棖」，《齊論語》作「棠」，云：「作棠者《齊論》也。」卜寫鄭本「棖」下有「也」字。

❽「也」，皇本、《釋文》引同，篁墩本、邢本末無此字。

❾「也」，永禄本無此字，恐誤脱。

❿「慾」下，皇本有「也」字。按：此孔注略同鄭注。卜寫鄭本云：「慾，多嗜慾。」

⓫「□」，諸本作「不」。卜寫鄭本、鄭補本、篁墩本、皇本、邢本無「於」字。篁墩本、皇本、邢本「我」下有一「也」字。

⓬「人」上，篁墩本、皇本、邢本、卜寫鄭本、天文本無「於」字。古本一本、唐本、津藩本、正平本同，又「人」下多一「也」字。

⓭「陵」，篁墩本、皇本、邢本、《論語馬氏訓説》引同。「陵」，古本作「淩」。《論語集解考異》卷三云：「《蒼頡篇》云：淩，侵犯也。《廣雅》：淩，犯也。從古本爲正。『陵』是丘陵，借用乖義。」

曰：「賜也，非爾所及。」❶孔曰：言不能止人，使不加非義於己。❷

□□曰：❸「□□□文章，❹可得□聞也；❺章，明也。文彩形質著見，❻可以耳目脩。❼□□□□□□□道，❽不可得而聞也。」❾性者，❿人之所受者□生。⓫⧄日新之道深也□。⓬故不可⧄。⓭

---

❶「及」下，卜寫鄭本、篁墩本、皇本、邢本有「也」字。

❷「己」下，皇本有「也」字。

❸「□□」，諸本作「子貢」。

❹「□□□」，卜寫鄭本、篁墩本、皇本、邢本、《論語筆解》引作「夫子之」三字。

❺「□」，篁墩本、皇本、邢本、《論語筆解》引作「而」字。卜寫鄭本無此字及末「也」字。

❻「章明」至「見」，《論語筆解》引作孔注，皇本、篁墩本、邢本同底本作何晏自注，未知孰是。又，「彩」，大永本作「采」。

❼「可以」，邢本同，篁墩本、皇本「可」下多一「得」字。「脩」，邢本作「循」，篁墩本作「修」，皇本作「自修也」。《四書考異》云：「邢作『循』，誤。蓋石經『修』作『脩』，字近似而訛也。」

❽「□□□□□□□道」，此句篁墩本、皇本、邢本、《論語筆解》、《漢書・眭兩夏侯京翼李傳》贊引作「夫子之言性與天道」，卜寫鄭本缺「言」字，餘同。《史記・孔子世家》引作「夫子言天道與性命」，然似非録原文，可作參考。

❾「而聞也」，邢本同。卜寫鄭本作「聞」。「也」，大永本末作「而已」。篁墩本、足利本、天文本、《史記・孔子世家》末多一「已」字。皇本、古本、唐本、津藩本、正平本末多「已矣」二字。阮校記云：「『也』下有『已矣』二字是也。按《漢書・眭兩夏侯京翼李傳》贊及《匡謬正俗》並作『已矣』。」按：據前舉《漢書》傳贊，此句末作「聞已矣」，無「也」字，與阮校記引異。

❿「性者」上，《論語筆解》引此注有「孔曰」，篁墩本、皇本、邢本、永禄本、《釋文》等引同底本作何晏自注。

⓫「之」，《論語筆解》引無此字。「受者□生」作「受以生也」。篁墩本、邢本亦作「受以生也」，皇本、永禄本作「受以生者也」。

⓬「⧄」，篁墩本、皇本、邢本、《論語筆解》引作「天道者元亨」五字。「道深也□」，篁墩本、邢本、《論語筆解》引作「道深微」，皇本作「道也深微」。

⓭「⧄」，上舉諸本作「得而聞也」。

□路有聞，❶未之能行，❷唯恐□□。❸

孔曰：前所有聞未及▨，❹故恐後有聞不能並▨。❺

子貢問曰：「孔文子何以謂之『文』也？」❻孔曰：孔文子，□大夫孔圉。文，謚也。❼子曰：「敏而好學，不恥下問，是以謂之『文』也。」❽孔曰：敏者，識之疾也。❾下問，凡在己下者。❿

---

❶「□」，諸本作「子」。

❷「未之」，篁墩本、皇本、邢本、卜寫鄭本、天文本同，唐本、津藩本、正平本無「之」字。《考文補遺》謂古本作「之未」，一本無「之」字。《四書考異》云：「『未之』二字倒屬，則當通八字爲一句。」按：今仍至「聞」字下絶句。

❸「□□」，諸本作「有聞」。

❹「有聞」，大永本同。篁墩本、皇本、邢本、《論語孔氏訓解》、《史記·仲尼弟子列傳》集解引無「有」字。「未及▨」，邢本、伊氏本、《史記·仲尼弟子列傳》集解引作「未及行」，篁墩本作「未及得行」，皇本、永禄本、《論語孔氏訓解》引作「未能及得行」。

❺「不能並▨」，篁墩本、皇本、邢本、《論語孔氏訓解》引作「不得並行也」。按：《史記·仲尼弟子列傳》集解引此句作「故恐復有聞不得並行」，「後」作「復」，末無「也」字。「後」、「復」二字此處俱通，然疑「復」本「後」字，形近致誤。又，末有「也」字，語氣更勝。

❻「也」，《群書治要》引無此字。

❼「□」，諸本作「衛」。「孔圉」，邢本、《群書治要》引同，篁墩本作「孔叔圉」，皇本、《論語孔氏訓解》作「孔叔圉也」。又，《群書治要》引無「文謚也」三字。按：此孔注略同鄭注。卜寫鄭本云：「孔文子，衛大夫孔圉之謚也。」

❽「也」，皇本、邢本、唐本、津藩本、正平本同，篁墩本、足利本、天文本、《群書治要》引末無此字。卜寫鄭本「也」作「矣」。

❾「敏」至「也」，諸本同。《論語孔氏訓解》謂《詩·大雅·江漢》正義引作「敏，行之疾也」，無「者」字，「識」作「行」。

❿「凡」上，篁墩本、皇本、《論語孔氏訓解》引多一「問」字，邢本多一「謂」字。皇本、《論語孔氏訓解》引「者」下有「也」字。按：孔注此句略同鄭注。卜寫鄭本云：「夏（下）問，問在己夏（下）位者。」

子謂子産，曰：❶「有君子之道四焉：❷孔曰：子産，鄭大夫公孫僑也。❸其行己也恭，其事上也敬，其養民也惠，其使人也義。」❹

子曰：「晏平仲善與人交，久而敬之。」❺周曰：齊大夫。晏，姓。平，謚。名，嬰也。❻

子曰：「臧文仲居蔡，包曰：臧文仲，魯大夫臧孫辰也。❼文，謚也。蔡，國君之守疏。❽出蔡地，因以爲名。❾尺有二寸。❿居蔡，僭也。山節藻税，⓫包曰：節者，栭也。刻鏤爲山。⓬税者，梁上楹。

---

❶ 「曰」，篁墩本、皇本、邢本、卜寫鄭本、《論語孔氏訓解》、《群書治要》引無此字，恐底本衍。

❷ 「之道四」，古本一本無「之」字。卜寫鄭本「四」作「肆」。

❸ 「孔曰」至「也」，皇本同。《群書治要》引無「孔曰」及「鄭大夫」五字。篁墩本、邢本末無「也」字。按：此孔注同鄭注。卜寫鄭本云：「子産，鄭大夫公孫僑。」

❹ 「人」，卜寫鄭本、鄭乙本作「仁」，篁墩本、皇本、邢本、正平本、天文本、唐本、津藩本、《群書治要》引作「民」。唐本、津藩本無「也」字。

❺ 「久而」，邢本同。篁墩本、皇本、古本、足利本、唐本、津藩本、正平本、天文本「久」下有「人」字。《四書考異》據義疏所云：「此善交之驗也。凡人交易絶，而平仲交久而愈敬之。」謂此處「當有『人』字」。又，永禄本無「而」字。

❻ 「大夫」下，皇本有「也」字。篁墩本、邢本末無「也」字。

❼ 「辰」下，篁墩本、邢本無「也」字。

❽ 「龜」下，皇本有「也」字。

❾ 「名」下，篁墩本、皇本、邢本有「焉」字。此包注「臧文仲」至「因以爲名」略同鄭注，卜寫鄭本云：「臧文仲，魯大夫臧孔（此字衍）孫辰。蔡位（謂）國君之守龜，▨（鄭乙本此作「出蔡地困（因）名焉」）。」

❿ 「尺」上，篁墩本、皇本、邢本、大永本、永禄本多一「長」字。

⓫ 「節」，大永本作「櫛」，注同。「税」，卜寫鄭本、篁墩本、皇本、邢本作「梲」，注同。《釋文》亦作「梲」，云：「本又作棳。」《藝文類聚》引作「楶」。《四書考異》云：「按《玉篇》『棳』與『梲』同。『楶』雖與『梲』音有別，而《爾雅》注疏並訓爲樑上短柱，蓋亦可通用。」按：底本「税」當爲「梲」字之誤。

⓬ 「包曰」至「山」，皇本「山」下有「也」字。按：包注此句略同鄭注。卜寫鄭本云：「節，朱栭也。刻之爲山文。」

畫爲藻文，言其奢侈。❶何如其智？❷孔曰：非時人謂之爲智也。❸

子張問：❹「令尹子文，孔曰：令尹子文，楚大夫姓鬭，名穀，❺字於菟。❻三事爲令尹，❼子無喜色；❽三巳之，無愠色。舊令尹之政，必以告新令尹。何如？」❾子曰：「忠矣。」曰：「仁矣乎？」曰：「未知，❿焉得

❶「畫」下，永禄本多一「以」字。「侈」下，皇本多一「也」字。

❷「智」，篁墩本、邢本作「知」，《釋文》作「知」，云：「音智，下同」。又，卜寫鄭本、篁墩本、皇本、邢本、永禄本「智」下多一「也」字。

❸「之」，邢本同，篁墩本、皇本作「以」。「智」，皇本同，篁墩本、邢本作「知」。篁墩本、邢本又末無「也」字。

❹「問」，卜寫鄭本、鄭乙本同。篁墩本、皇本、邢本「問」下有「曰」字。

❺「穀」，卜寫鄭本、鄭乙本、邢本同，篁墩本、皇本、正平本作「穀」，卷子本、古本作「穀」，永禄本作「穀」。《釋文》作「穀」，云：「本又作穀。」阮校記云：「《釋文》『穀』字即『穀』字之訛。」《論語集解考異》卷三云：「《説文》作『穀』。此本（篁墩本）作『穀』，並『穀』别體。……今本左氏及《釋文》作『穀』，音奴口反，字轉而音訛，或别有所承邪。」但，此處應以作「穀」爲正，《左傳》宣四年：「楚人謂乳穀，謂虎於菟，故命之鬭穀於菟。」

❻「字」，篁墩本無此字。按：此孔注「令尹」至「菟」略同鄭注。卜寫鄭本、鄭乙本云：「令尹子文，楚大夫鬭穀焉兔。」

❼「事」，篁墩本、皇本、邢本作「仕」，底本誤。卜寫鄭本作「士」，乃「仕」字之誤。

❽「子」，諸本無此字，底本衍。

❾「何如」，鄭乙本、鄭補本、篁墩本、邢本、天文本同。皇本、唐本、津藩本、正平本「如」下有「也」字。

❿「知」，篁墩本、皇本、邢本同，卜寫鄭本、鄭乙本作「智」。《釋文》作「知」，云：「如字。鄭音智，注及下同。」按：李充注亦作「智」，云：「子玉之敗，子文之舉，舉以敗國，不可謂智也。」但下録孔或何注作「知」，云：「但聞其忠事，未知其仁也。」據此，此處作「知」是。

仁？」但聞其忠事，未知其仁。❶「崔子弒齊君，❷陳文子有馬十乘，❸棄而違之。孔曰：皆齊大夫。❹崔杼作亂，陳文子惡之，捐其卌疋馬，❺違而去之。❻至於他邦，則有曰：❼『猶吾大夫崔子也。』❽違之。之一邦，❾則又曰：『猶吾大夫崔子也。』❿違之。何如？」子曰：「清矣。」□：⓫「仁矣乎？」曰：「未知。⓬焉得仁。」孔曰：文子避惡逆，⓭去無道，⓮求有道。當春秋之際，⓯臣陵其君，⓰皆如崔子。⓱無有可止也。⓲

---

❶「但」至「仁」，此注篁墩本、皇本、正平本作孔注，《論語孔氏訓解》亦作孔注，邢本、大永本同底本作何晏自注。又，篁墩本、皇本、邢本「仁」下有「也」字。

❷「崔」上，卜寫鄭本、皇本、鄭補本有「曰」字。《釋文》出「弒」，云：「本又作『殺』，同。」

❸「十」，鄭乙本作「拾」。

❹「夫」下，皇本有「也」字。

❺「其」，皇本、卷子本、邢本、大永本同，篁墩本無此字。「卌」，諸本作「四十」。

❻「之」下，皇本有「也」字。

❼「有」，篁墩本、皇本、邢本、天文本無此字，卜寫鄭本、唐本、津藩本、正平本作「又」。

❽「也」，篁墩本、皇本、邢本同，卜寫鄭本、鄭乙本無此字。

❾「之一邦」，邢本同，卜寫鄭本、鄭乙本、鄭補本、唐本、津藩本、天文本作「至一邦」，永祿本、正平本作「之至一邦」，皇本作「之至他邦」。阮校記云：「《考文》載足利本作『違之至一邦』，疑皇本、高麗本（正平本）並衍一『之』字。」

❿「猶」至「也」，卜寫鄭本無「猶」、「也」二字。

⓫「□」，諸本作「曰」字。

⓬「知」，篁墩本、皇本、邢本同，卜寫鄭本作「智」。

⓭「避」，皇本、永祿本同，篁墩本、邢本作「辟」，《釋文》作「辟」，云：「音避。本亦作『避』。」阮校記云：「避，正字。辟，假借字。」

⓮「去」，篁墩本無此字。

⓯「之際」，篁墩本、皇本、邢本作「時」。

⓰「陵」，篁墩本、皇本、邢本同，大永本、正平本作「淩」。按：此處以「淩」爲正。參見第七五頁校勘記⓭。

⓱「子」，篁墩本、邢本同，皇本作「杼」。《釋文》亦作「杼」，云：「直呂反。」

⓲「可止也」，篁墩本作「可者」，邢本作「可止者」，皇本、卷子本、大永本、永祿本作「可止者也」。

季文子三思而後從之。❶子聞之，曰：「再，斯可矣。」❷鄭曰：季文子，魯大夫季孫行父。文，謚也。❸文子忠而有賢行，❹其舉事寡過，不必乃三思。❺

子曰：「甯武子，馬曰：衛大夫甯喻。武，謚也。❻邦有道，則智；邦無道，則愚。其智可及，其愚不可及。」❼孔曰：佯愚似實，❽故曰不可及也。

子在陳，曰：「歸與！❾吾黨之小子狂簡，❿斐然成章，不知所以裁之。」⓫孔曰：簡，大也。孔子在陳，思歸欲去，▨⓬吾黨之小子

❶「從之」，篁墩本、皇本、邢本作「行」。

❷「再斯可矣」，卜寫鄭本、邢本同。唐石經作「再思，可矣」。鄭乙本殘，據注文，亦應作「再思，可矣」。古本、唐本、足利本、正平本、天文本、篁墩本作「再思，斯可矣」。皇本作「再思，斯可也」。

❸「魯大夫」至「謚也」，篁墩本、邢本同，「大夫」，卜寫鄭本作「卿」，「文謚也」作「之謚」。「父」下，皇本有「也」字。

❹「文子」上，卜寫鄭本、鄭乙本有「言」字。

❺「乃」，邢本、伊氏本同，篁墩本、皇本作「及」，卜寫鄭本無此字，阮校記謂「及」字是。又，篁墩本、皇本「思」下有「也」字。

❻「喻」，正平本同，伊氏本作「愈」，永禄本作「⿰口愈」，篁墩本、皇本、邢本、卷子本、大永本作「俞」，《論語馬氏訓説》引亦作「俞」，又末多一「也」字。按：此處當以「俞」爲正。又，此馬注「衛」至「也」略同鄭注。卜寫鄭本云：「甯武子，衛大夫甯愈之謚也。」

❼「其智可及其愚不可及」，卜寫鄭本同，篁墩本、皇本、邢本二「及」下均有「也」字。

❽「佯」，篁墩本、邢本同，皇本、永禄本作「詳」，正平本、大永本作「詐」。阮校記云：「佯、詳，古字通。」「詐」當爲「詳」字之誤。

❾「歸與」，篁墩本、皇本、邢本二字重，「與」，卜寫鄭本作「歟」，二字亦重。

❿「吾」至「簡」，《釋文》至「狂簡」絶句，云：「鄭讀至『小子』絶句。」《四書考異》謂《禮記・表記》正義引《論語》，「小子」亦不連「狂簡」。按：皇本、邢本同《釋文》，均至「狂簡」絶句，今從之。

⓫「不知」至「之」，篁墩本、邢本、天文本同。「不」上，卜寫鄭本、鄭乙本、《史記・孔子世家》引有「吾」字。鄭乙本、卜寫鄭本無「以」字。皇本、唐本、津藩本、正平本末有「也」字。

⓬「▨」，篁墩本、《史記・孔子世家》集解引作「曰」，皇本、邢本、永禄本、《論語孔氏訓解》引作「故曰」。

狂者，❶進取於大道，❷□作穿鑿以成文章，❸不知所以裁制。我當歸以裁之，❹遂歸也。❺

子曰：「伯夷、叔齊不念舊惡，怨是□□。」❻孔曰：伯夷、叔齊，孤竹君之二子。❼孤竹，國名。❽

子曰：「熟謂微生高直？❾孔曰：微生，性，❿名高，魯人也。或乞□焉，⓫乞諸其鄰而與之。」孔曰：乞諸四以應求者，⓬用意委曲，非爲直人也。

子曰：⓭「巧言、令色、足恭，孔曰：足恭，便僻貌。⓮右丘明耻之，⓯丘亦耻之。孔

---

❶「狂者」，篁墩本、皇本、《史記・孔子世家》集解引同，邢本、《論語孔氏訓解》引「狂」下多一「簡」字。

❷「取」，篁墩本、邢本、《史記・孔子世家》集解引同，皇本、永祿本、《論語孔氏訓解》引作「趨」。

❸「□」，諸本作「妄」。「作」，邢本同，篁墩本、皇本、《史記・孔子世家》集解引無此字。《史記・孔子世家》集解引又無「文」字。

❹「以」，《論語孔氏訓解》引作「而」。「裁之」，邢本作「裁之耳」，皇本、《論語孔氏訓解》引作「裁制之耳」，此句，《史記・孔子世家》集解引作「當歸以裁耳」。

❺「也」，邢本、皇本、《論語孔氏訓解》引末無此字。

❻「□□」，諸本作「用希」。

❼「子」下，皇本、《論語孔氏訓解》引多一「也」字。

❽「名」下，皇本、《論語孔氏訓解》引多一「也」字。

❾「熟」，諸本作「孰」。

❿「性」，諸本作「姓」。此處當以「姓」爲正。

⓫「或」下，正平本有「人」字。《考文補遺》謂古本「或」下亦有「人」字。「□」，篁墩本、皇本、邢本作「醯」，鄭乙本作「醓」。《釋文》作「醯」，云：「亦作醓。」《五經文字》謂「醓」，俗字。

⓬「諸四」，篁墩本、皇本、邢本、《論語孔氏訓解》引「諸」作「之」，「四」下有「鄰」字。按：底本作「諸」恐誤，又脱「鄰」字。

⓭「子曰」，《釋文》云：「一本此章有『子曰』字，恐非。」《四書考異》云：「舊無『子曰』二字。」按：篁墩本、皇本、邢本、《群書治要》引有此二字，卜寫鄭本亦有。唐寫本既均有「子曰」二字，説「舊無」恐不確。

⓮「僻」，《釋文》、《論語孔氏訓解》引作「辟」。「貌」上，皇本、《論語孔氏訓解》引有「之」字，下有「也」字，《群書治要》引末亦有「也」字。

⓯「右」，諸本作「左」，底本誤。

曰：左丘明，魯大夫。❶匿怨而友其人，孔曰：心内相怨□□詐親也。❷左丘明恥之，丘亦恥之。」

顔淵、❸季路侍，子曰：「盍各言爾志？」❹子路曰：「願車馬衣輕裘與朋友共弊之而無憾。」❺孔曰：憾，恨也。❻顔淵曰：「願無伐善，孔曰：不自稱己之善也。❼無

❶ 「孔曰」至「夫」，此注「孔曰」，篁墩本、皇本、邢本、《論語孔氏訓解》引同，大永本作「苞氏曰」，恐誤。又，「丘明」上，《群書治要》引無「左」字。「大夫」，篁墩本、正平本同，邢本作「太史」，皇本、卷子本、永禄本、《群書治要》、《論語孔氏訓解》引作「大史也」。《釋文》出「大史」，云：「(大)音泰。」《論語集解考異》卷三云：「依《漢書·藝文志》、杜預《左傳》序，當以作『史』者爲正。蓋字近似而訛。」

❷ 「□□」，諸本作「而外」。「也」，篁墩本、邢本末無。

❸ 「淵」，卜寫鄭本作「回」，係避唐諱而改。下同，不再出校。

❹ 「言」，卜寫鄭本、鄭乙本、鄭丙本、皇本、唐本、津藩本、卷子本、足利本、邢本、永禄本、正平本、篁墩本、天文本作「曰」。

❺ 「輕」，卜寫鄭本、鄭乙本、鄭丙本、鄭補本、篁墩本、皇本、邢本、天文本同。錢大昕《金石文跋尾》、劉寶楠《論語正義》、阮校記均認爲唐以前《論語》各本無「輕」字，宋人於唐石經旁妄加「輕」字，相沿至今。《論語孔氏訓解》引陳鱣説，亦認爲此處無「輕」字。然唐寫本皆有「輕」字，《白虎通·三綱六紀》篇引亦有「輕」字，清人失考。「共」，篁墩本、皇本、邢本同，卜寫鄭本、鄭丙本無此字，恐誤脱。「弊」，篁墩本、邢本作「敝」。阮校記謂「敝」正字，「弊」俗字。按：此句絶句有異説。《四書考異》據張横渠《論語説》、何焯《義門讀書記》，謂至「敝之」斷句。《論語譯注》則云：「一種從『共』字斷句，把『共』字作謂詞。一種作一句讀，『共』字看作副詞，修飾『敝』字。這兩種讀法所表現的意義並無顯明的區别。」

❻ 「孔曰」至「也」，諸本同。按：此孔注同鄭注。卜寫鄭本、鄭乙本云：「憾，恨。」

❼ 「不自稱」，邢本同，篁墩本、皇本作「自無稱」。「也」，篁墩本、邢本末無。

施勞。」孔曰：不以勞事置施於□。❶子路曰：「願聞子之志。」子曰：「老者安之，朋友信之，少者懷之。」❷鄭曰：懷，歸。❸子曰：「已矣乎，吾未能見其過而內自訟者。」❹包曰：訟，猶責也。言人有過莫能自責。❺

子曰：「十室之邑，必有忠信如丘者焉，不如丘之好學也已矣。」❻

❶「不」，卷子本、伊氏本、邢本同，篁墩本、皇本作「無」。「□」，篁墩本、邢本作「人」，皇本同，又後多一「也」字。

❷「朋友」至「懷之」，《四書考異》謂《韓詩外傳》四卷、六卷皆倒引作「少者懷之，朋友信之」。

❸「鄭」至「歸」，篁墩本、卷子本、正平本無此注。邢本、《論語孔氏訓解》引作：「孔曰：懷，歸也。」皇本、大永本、永禄本亦作孔注，然注文爲：「懷，安也。」卜寫鄭本則作：「懷，來。」此注各本注者不同，內容亦異，未知孰是。《考異》卷三曰：「安國此注已見《里仁》篇，今又重出，恐屬剩文。且據經文，已云『老者安之』，至『少者懷之』亦以『安』爲釋，未爲允協。竊惟『懷之』是『懷來』之義，本似不須注而自明，故二古本及此本（篁墩本）不有注者自爲正。」

❹「乎吾」，大永本作「吾乎」。「未能見」，卜寫鄭本作「未見」，篁墩本、皇本、邢本、《群書治要》引作「未見能見」。「者」下，篁墩本、皇本、邢本有「也」字，大永本有「矣」字。

❺「責」，篁墩本、邢本同。《群書治要》引「責」下多一「也」字。皇本、大永本、《論語包氏章句》引「責」下多「者也」二字。按：此包注（「訟」至「責」）略同鄭注。卜寫鄭本云：「訟猶責也。人無能有過而內自責。」

❻「也已矣」，卜寫鄭本、篁墩本、皇本、邢本、伊氏本、天文本作「也」，卷子本、大永本、永禄本、正平本作「者也」，津藩本作「也已」，唐本作「者也已」。「好學」下，《四書考異》謂《七經小傳》本亦有「者」字。

《雍也》篇整理説明

《雍也》篇共有二個集解寫本，一爲伯希和本，一爲吐魯番阿斯塔那六七號墓所出文書。另有三件吐魯番所出鄭注寫本。本篇共分三十章。

底本：伯三六四三號。本篇共存十八行，起篇題，迄第八章「（賜也可）使從政（也與）」。第八行至第十八行上部有殘，第十七、十八行下部亦殘。該本爲唐懿宗時期寫本（詳見《公冶長》篇整理説明）。

校本：阿斯塔那六七／一四號文書（簡稱阿六七號）。本篇共存十七行，起第五章「（孔曰辭讓不）受」，迄第二十六章「（子）曰何爲（其然也）」。每行僅存下部數字。原載《吐魯番出土文書》第七册。該書題解謂同墓出有武周時期文書，知此爲唐寫本。

參校本：（一）阿斯塔那一八四號墓一二／一（b）——一二／六（b）號鄭注寫本（簡稱阿一八四號鄭本）。（二）阿斯塔那二七號墓二五（a）、一八／三號鄭注寫本（簡稱阿二七號鄭本）。（三）阿斯塔那二七號墓二一、二二號鄭注寫本（簡稱鄭戊本）。鄭注本解説詳見王著。

伯希和三六四三號寫本

雍也第六❶

子曰：「雍也可使南面。」❷包曰：可使南面者，言任諸侯治。❸

仲弓問子桑伯子。王曰：伯子，書傳無見焉。❹子曰：「可也，簡。」以其能簡，故曰可也。❺仲弓曰：「居敬而行簡，以臨其民，不亦可乎？❻孔曰：居身敬肅，臨下寬略，則可。❼居簡而行簡，無乃太簡乎？」❽包曰：

---

❶「雍也第六」上，篁墩本有「論語」二字，「六」下有「凡三十章，何晏集解」數字。

❷「面」，阿一八四號鄭本、唐本、天文本同。正平本「面」下有「也」字。《七經考文補遺》謂古本「面」下亦有「也」字。

❸「者」，邢本同。「南面」下，《史記·仲尼弟子列傳》集解、《文選》卷五四陸士衡《五等論》注引無「者」字。「治」，《史記·仲尼弟子列傳》集解引作「之治」，《五等論》注引作「治之也」，篁墩本作「可使治國」，皇本作「可使治國政也」，大永本作「可使治國者也」。按：《論語包氏章句》引同皇本，謂《五等論》注引作「之治也」，與今本有異。《釋文》引同底本、邢本，云：「一本無『治』字，一本作『言任諸侯治國也。』」與前舉諸本均不同。又，此包注（「可」至「治」）同鄭注。阿一八四號鄭本云：「可使南面者，言任諸侯治□（國）之政。」《禮記·檀弓》正義引末句作「言任諸侯治也」。

❹「焉」，篁墩本、邢本同。皇本、永禄本作「也」。

❺「以」上，邢本有「孔曰」二字，《論語孔氏訓解》引從之，篁墩本、皇本同底本作何晏自注，未知孰是。

❻「居敬」至「可乎」，諸本同。《四書考異》引《說苑·修文》篇記仲弓之言爲：「居敬而行簡，以道民，不亦可乎。」與諸本稍異。

❼「可」下，皇本有「也」字。

❽「太」，北監本、毛本同，篁墩本、皇本、邢本作「大」。《釋文》出「大」，云：「音泰，下同。」

伯子之簡太簡。❶子曰：「雍之言然。」

哀公問：❷「弟子孰爲好學？」❸孔子對曰：「有顏回者好學，不遷怒，不貳過。不幸短命死矣，今也則亡，❹未聞好學者。」❺凡人任情，喜怒爲理。❻顏淵任道，怒不過分。遷者，❼移也。怒當其理，不移易。❽不貳過者，有不善未嘗復行也。❾

子華使□□，□□爲其母請粟。❿子曰：「與之釜。」馬曰：弟子公西華，赤，字也。⓫

---

❶「包曰」至「簡」，此包注同鄭注。阿一八四號鄭本云：「伯子之簡太簡。」

❷「問」，阿一八四號鄭本、唐石經、邢本同，「問」下，篁墩本、皇本、古本、唐本、津藩本、足利本、正平本、天文本有「曰」字。《文選》卷一六潘安仁《懷舊賦》注引下有「孔子」二字。

❸「熟」，諸本作「孰」，底本誤。

❹「有顏回」至「則亡」，諸本同。「短」，原作「矩」，誤，據諸本改。《文選》卷一六潘安仁《懷舊賦》注引無「好學，不遷怒，不貳過」八字。同書卷五六《楊仲武誄》注引同，又無「今也則亡」四字。《論衡・問孔》篇則引無「不幸短命死矣」六字，存文作：「有顏回者好學，今也則亡。不遷怒，不貳過。」次序亦異。又，《釋文》出「今也則亡」，云：「本或無『亡』字，即連下句讀。」但此本今未見。

❺「者」，阿一八四號鄭本同。篁墩本、皇本、邢本「者」下有「也」字。

❻「爲」，諸本作「違」，底本誤。

❼「者」，大永本無此字。

❽「易」下，篁墩本、皇本、邢本有「也」字。

❾「也」，邢本末無此字，此注《群書治要》引作：「顏回，孔子弟子也。遷者，移也。不貳過，有不善未嘗復行也。」似有所增刪。

❿「□□□□」，篁墩本、皇本、邢本、《文選》卷二一虞子陽《詠霍將軍北伐詩》注引作「於齊冉子」。「冉子」，《史記・仲尼弟子列傳》引作「冉有」。

⓫「弟子」上，篁墩本、皇本、邢本、《論語馬氏訓説》有「子華」二字。「赤字也」，皇本同。篁墩本無「也」字，邢本作「赤之字」。

▨。❶□□。曰：「□□庾。」❷▨曰庾也。❸冉子與之粟五秉。馬曰：十六斛曰▨。❹□□：「□之適齊，❺乘肥馬，衣輕裘。吾聞之：❻君□□□□□□。」❼□曰：❽非冉有□之太多也。❾

原思爲之宰，包曰：弟子原憲也，❿思，字也。孔子▨。⓫□□粟九百，⓬辭。孔曰：九百，九百

---

❶「▨」，諸本作「六斗四升曰釜」六字，皇本又末有「也」字。按：此馬注(「弟子」至「釜」)略同鄭注。阿一八四號鄭本、阿二七號鄭本云：「子華，孔子弟子公西華赤之字。……六斗四升曰釜也。」

❷「□」至「庾」，前二「□」，篁墩本、皇本、邢本作「請益」。後二「□」，篁墩本、皇本、邢本作「與之」。《文選・詠霍將軍北伐詩》注引無「請益曰」三字。「庾」，阿一八四號鄭本作「臾」。

❸「▨」，諸本作「十六斗」。「曰」，篁墩本、皇本、《文選・詠霍將軍北伐詩》注引作「爲」。邢本、伊氏本、《史記・仲尼弟子列傳》集解引無「也」字。

❹「曰」，皇本、《論語馬氏訓說》引作「爲」。「▨」，篁墩本、《史記・仲尼弟子列傳》集解引作「秉，五秉合八十斛」；邢本、伊氏本同，又「合」下多一「爲」字。皇本、《論語馬氏訓說》引末有「也」字。按：此馬注末句同鄭注。阿一八四號鄭本云：「五秉合爲八十斛也。」

❺「□□□」，諸本作「子曰赤」。篁墩本、皇本、邢本「齊」下有「也」字。

❻「之」下，篁墩本、皇本、邢本有「也」字。

❼「君□□□□□□」，篁墩本、皇本、邢本作「君子周急不繼富」。《論語譯注》云：「周，後人寫作『賙』，救濟。」「急」，阿一八四號鄭本、阿二七號鄭本作「給」。

❽「□」，諸本作「鄭」。

❾「□」，篁墩本、皇本、邢本、阿二七號鄭本、鄭戊本、《史記・仲尼弟子列傳》集解引作「與」。篁墩本無「之」字。「之」下，阿一八四號鄭本多一「粟」字。邢本末無「也」字。

❿「也」，篁墩本、邢本無此字。

⓫「▨」，篁墩本、邢本作：「爲魯司寇，以原憲爲家邑宰。」皇本同，又末有「也」字。此包注(「弟子」至「邑宰」)略同鄭注。阿一八四號鄭本、阿二七號鄭本云：「原思孔子□(弟)子原憲之字。時孔子仕魯，以原爲家邑臣。」

⓬「□□」，諸本作「與之」。

斗。❶辭，辭讓不□。❷子曰：「毋！孔曰：禄，法也。▨。❸□□□□□□黨乎！」❹鄭曰：五家爲鄰，五鄰爲里，萬千五百家爲鄉，五百家爲黨也。❺

子□□，□：「□□□❻子騂且角，雖欲勿用，山川其□□？」❼▨❽角者，角周正。忠犧牲。❾雖欲以其所生犁而▨乎，❿言父雖不善，不害於子之義也。⓫

子曰：「□□，□□□□□□仁，⓬其

---

❶「斗」下，皇本、《論語孔氏訓解》引有「也」字。

❷二「辭」字，卷子本、邢本、永禄本、伊氏本同，篁墩本、皇本、《論語孔氏訓解》引不重。「□」，卷子本、邢本、永禄本、伊氏本作「受」，篁墩本、皇本、《論語孔氏訓解》引同，又下有「也」字。按：此孔注同鄭注。阿一八四號鄭本、阿二七號鄭本云：「辭讓不受。」

❸「法」下，篁墩本無「也」字，作：「禄，法。所當受，無以讓。」邢本、永禄本、伊氏本「所」下多一「得」字。「無」，卷子本作「毋」。邢本無「以」字。皇本、《論語孔氏訓解》引末有「也」字。

❹「□□□□□□」，阿二七號鄭本、篁墩本、皇本、邢本作「以與爾鄰里鄉」。

❺「也」，阿一八四號鄭本、皇本同，阿二七號鄭本、鄭戊本、篁墩本、邢本無此字。

❻「□□□□□□」，阿一八四號鄭本、篁墩本、皇本、邢本作：「謂仲弓曰：犂牛之。」

❼「□□」，篁墩本、皇本、邢本、《史記・仲尼弟子列傳》引作「舍諸」。「舍」，阿一八四號鄭本作「捨」。《釋文》作「舍」，云：「音捨。注同。」

❽「▨」，篁墩本作：「犂，雜文；騂，赤色。」皇本「文」、「色」下各有「也」字。《史記・仲尼弟子列傳》集解引僅「色」下有一「也」字。阿六七號殘，存文「色」下亦有「也」字。按：此何注略同鄭注。阿一八四號鄭本云：「犁(犂)牛，雜毛不純色。騂，赤也。」

❾「忠」，諸本作「中」，底本誤。「牲」下，皇本有「也」字。

❿「雖」，阿六七號無此字。「犁」，諸本作「犂」，底本誤。「▨」，諸本作「不用，山川寧肯舍之」八字。

⓫「子」，邢本、大永本、《史記・仲尼弟子列傳》集解引同。「子」上，篁墩本、皇本有「其」字。「義」，篁墩本、皇本、邢本、前舉《弟子列傳》集解引作「美」。篁墩本、邢本、前舉《弟子列傳》集解引無「也」字。

⓬「□□□□□□□」，阿一八四號鄭本、篁墩本、皇本、邢本作：「回也，其心三月不違。」

餘則日月至焉而已矣。」餘人⧄。❶

□□子問：❷「仲由□□□□也與？」❸

子曰：「□□□，❹⧄。❺□□政乎丘⧄使從⧄？」❻

❶「餘人」上，篁墩本、皇本有「言」字。「⧄」，篁墩本、邢本作：「暫有至仁時，唯回移時而不變。」皇本同，又末有「也」字。

❷「□□」，篁墩本、皇本、邢本作「季康」。

❸「□□□□」，篁墩本、皇本、邢本作「可使從政」。阿一八四號鄭本、阿二七號鄭本無「也」字。

❹「□□□」，諸本作「由也果」。

❺「⧄」，邢本作：「包曰：果，謂果敢決斷。」皇本同，又末有「也」字。「包」，阿六七號殘，存文作「苞氏」。按：此包注同鄭注。阿一八四號鄭本云：「□，謂果敢强斷決。」

❻「□□」，諸本作「於從」。「丘」，諸本作「何」，底本誤。前一「⧄」，諸本作「有，曰：賜也可」五字。後一「⧄」，諸本作「政也與」三字。

《述而》篇整理説明

《述而》篇共有六個寫本，均爲伯希和、斯坦因本。另有一件敦煌出白文寫本、十一件鄭注寫本（其中三出敦煌，八出吐魯番）。

本篇分章不一。邢本、《論語譯注》分爲三十八章，皇本分爲三十七章。皇本將「子食於有喪者之側，未嘗飽也」，與「子於是日哭，則不歌」，合爲一章，是以少一章。朱子《集注》同此。《釋文》、篁墩本則云：舊三十九章，今三十八章。《釋文》於「子於是日哭，則不歌」與「亡而爲有」之下分別云：「舊爲別章，今宜與前章合。」即此二章分別與前章合而爲一。據此，則「今」之章數當比舊之章數少二章，應爲三十七章。篁墩本「子於是日哭，則不歌」與前章合爲一章，與皇本恰同，是以實爲三十七章。今依三十八章分章法。

底本：斯〇八〇〇號。本篇共存七十行，起篇題，迄篇末，首尾完整。唯前九行下部有殘。此本卷面清晰，書法遒秀，《敦煌古籍敘録》疑其必出於學士大夫之手，並斷其爲中唐寫本。此卷《泰伯》篇「民」字缺筆，避唐太宗諱，誠爲唐寫本。

校本：（一）伯二六七七號。本篇殘存十二行，起篇題，迄第十一章「死而無悔者吾不與也」。每行均有殘闕，且中闕第三章末句至第六章經文。末有「咸通十年（八六九）」、「咸通十一年（八七〇）」題記，知爲唐懿宗時期寫本。（二）伯三七〇五號。本篇共存六十一行，起篇題，迄篇末。前五行上下部均有殘，六至十一行上部亦殘。該卷《泰伯》篇「治」作「理」字，避唐高宗諱，知爲唐寫本。（三）伯三一九四號。本篇殘存三十五行，起第十二章末注「好古人之道」，迄篇末。前八行下部有殘，第十一行中部亦殘。《泰伯》篇「治」字避諱作「理」字，知爲唐寫本。（四）伯二六九九號。本篇殘存四十八行，起第十二章末注「（好古）人之道」，迄篇末。行間基本無闕。下篇亦避「治」字諱，知爲唐寫本。（五）伯三五三四號。本篇殘存十八行，起第二十八章末「知之者次也」，迄篇末。前十二行下部均有殘。末有題記：「彥年四月七日孟郎郎寫記了」。下篇避「民」、「治」字諱，知爲唐寫本。

參校本：（一）伯三七八三號白文本。本篇殘存五十行。起第三章「是吾憂」，迄篇末。下篇避「民」、「治」、「淵」字諱，末有題記：「文德元年（八八八）五月十三日燉煌郡學士張圓通書」，知爲唐僖宗末期寫本。（二）伯二五一一號鄭注本。（三）斯六一二一號鄭注本。（四）斯一一九一〇號鄭注本。（五）至（十二）爲吐魯番阿斯塔那二七號墓、一八四號墓所出鄭注本，編號分別爲阿斯塔那一八四號墓一八／七（b）、一八／八（b）（簡稱鄭辛本）；阿斯塔那二七號墓三八（b）（簡稱鄭壬本）；阿斯塔那一八四號墓一八／七（b）、一八／八（b）（簡稱鄭癸本）；阿斯塔那二七號墓三九（b）（簡稱鄭子本）；阿斯塔那二七號墓一八／四（a）（簡稱鄭丑本）；阿斯塔那二七號二六（a）（簡稱鄭寅本）；阿斯塔那二七號墓一八／一一（a）（簡稱鄭卯本）；阿斯塔那二七號墓一八／五（a）（簡稱鄭辰本）。鄭注本解説詳見王著。

斯坦因〇八〇〇號寫本

述而第七卷第四❶

子曰：「述而不作，信而好古，竊□□□□□。」❷〼我若老彭，❸但述之耳。❹

子曰：「默而識之，❺學□□□，□□□□，□❻有於我哉？」鄭曰：人無是行

❶「述而」上，伯二六七七號、篁墩本有「論語」二字。「而」下，伯二六七七號無「第」字。篁墩本無卷數。下云：「舊三十九章，今三十八章。何晏集解。」

❷「竊□□□□□」，此句伯三七〇五號、篁墩本、皇本、邢本、正平本、天文本、《論語筆解》引作「竊比於我老彭」。伯二六七七號、斯六一二一號鄭本缺「彭」字。「比於我」，《論語集解考異》卷四引卷子本、大永本作「比我於」，云：「二本字法與包咸注合，爲正。」又云：「皇疏一本作『比於我於老彭』，恐剩一『於』字。」金校記、王著亦云後者句法與包注「我若老彭」合，當以「比我於」爲正。

❸「〼」，篁墩本、邢本作：「包曰：老彭，殷賢大夫。好述古事」十二字，伯三七〇五號無「老彭」二字。「事」下，皇本多一「也」字。《釋文》出「老彭」，云：「包云殷賢大夫也。」

❹「但述」，篁墩本、邢本同，皇本、永禄本、伊氏本作「祖述」。按：此處作「祖述」義長。《論語筆解》引此注作：「包曰：若老彭，祖述之而已。」與諸本異。

❺「默」至「識」，諸本同。《釋文》出「默」，云：「俗作『嘿』。」阮校記謂《五經文字》云：「『默』與『嘿』同。經典通爲語『默』字。」《集注》曰：「識」音「志」，又如字。

❻「□□□□□□□□」，篁墩本、皇本、邢本作「而不厭，誨人不倦，何」。鄭辛本「人」作「而」，餘同。伯三七〇五號闕「而」字，另，與伯二六七七號同，「厭」均作「猒」。斯六一二一號鄭本闕「何」字。《彙考》云：「《說文》甘部云：猒，飽也。引申爲猒足、猒倦、猒憎。厭爲壓之本字，從厂，猒聲。與猒別，通假爲猒足、猒倦、猒憎義。」然《釋文》作「厭」字，同刊本。今通行亦均作「厭」。

於我，❶我獨有之。❷

子曰：「□□□□，□□□□，❸聞義不能徙，❹不善不□□，□□□□。」❺▨。❻

子之燕居，❼申申如也，夭夭□□。❽▨。❾

❶「人」上，邢本無「人」字。篁墩本、皇本「無」下多一「有」字。

❷「之」下，皇本有「也」字。

❸「□□□□□□□□」，伯二六七七號作「德之不脩，學之不講」。「脩」，斯六一二一號鄭本、鄭辛本、篁墩本、邢本、皇本、《群書治要》引同，天文本等作「修」。《彙考》稱各本「脩」均作「修」。謹：《説文》肉部云：『脩，脯也。』又彡部云：『修，飾也』。引申爲修治義。此當以『修』爲正，『脩』則通假字。」又，「脩（修）」、「講」下，斯六一二一號鄭本、古本、皇本、唐本、津藩本、正平本、武内本、卷子本、大永本、永禄本各有一「也」字，鄭辛本、篁墩本、邢本、《群書治要》引同，伯二六七七號無此字。伯三七〇五號殘存「之不講」，末亦無「也」字。

❹「徙」，唐石經、斯六一二一號鄭本、鄭辛本、鄭壬本、邢本、伊氏本、永禄本、《群書治要》、《釋文》引同，篁墩本、卷子本、大永本、天文本、足利本、唐本、津藩本、正平本作「從」。《考文補遺》亦稱：一本作「聞義不能從」。又，斯一一九一〇號、唐本、古本、皇本、津藩本、正平本「徙」下多一「也」字。

❺「□□□□□」，諸本均作「能改，是吾憂」。皇本、《群書治要》引「改」下有「也」字。天文本校勘記在「改」下注云：「各本末有『也』字。」篁墩本、邢本、天文本引「憂」下亦有「也」字。鄭辛本、鄭壬本「改」、「憂」下均有「也」字。

❻「▨」，篁墩本、邢本作：「孔曰：夫子常以此四者爲憂。」伯三七〇五號殘存「常以▨爲憂」。皇本、《群書治要》、《論語孔氏訓解》引末有「也」字。

❼「燕」，伯三七〇五號、斯六一二一號鄭本、鄭辛本、篁墩本、皇本、邢本同。《釋文》出「燕」，云：「鄭本作『晏』。」《後漢書・仇覽傳》注亦引作「晏」。阮校記云：「『晏』，正字，『燕』，假借字。」金校記云：「『晏』乃『燕』之古字。」

❽「申申如」下，大永本無「也」字。「□□」，斯六一二一號鄭本、篁墩本、皇本、邢本作「如也」。鄭辛本二「如」下皆無「也」字。

❾「▨」，篁墩本、邢本作：「馬曰：申申、夭夭，和舒之貌。」皇本末有「也」字。

□□：❶「甚矣吾衰也！❷久矣吾不復夢見⧄！」❸⧄，❹不復夢見周公⧄。❺周公，欲行其道也。❻

子曰：「志於道。❼志，慕也，道□□體，❽故志之而已。❾□□□，❿據，杖也。德有成形，故可據也。⓫依於仁，依，倚也。仁者功施於人，故可倚也。⓬

❶「□□」，諸本作「子曰」。

❷「也」，鄭辛本末無此字。

❸「復」，伯三七〇五號、鄭辛本、鄭壬本、篁墩本、皇本、邢本、唐本、津藩本、正平本、天文本同，斯六一二一號鄭本無此字。《釋文》出「不復」，云：「本或無『復』字，非。」阮校記引《經義雜記》云：「據陸氏所見本，知經無『復』字，乃後人援注所增。以經云『久矣，吾不夢見』，先時曾夢見，故注云『不復夢見』，『復』字正釋『久矣』字。陸氏反以無『復』字爲非，不審之至！」王著云：如所考不誤，斯六一二一號鄭本無「復」字實屬可貴。否則當從金校記所云，根據注文，原應有「復」字。又，《四書考異》曰：舊人多將「久矣」二字連上爲句，即作「甚矣吾衰也久矣」，並舉劉越石《重贈盧諶》詩、楊龜山《資聖院記》引爲證。且云「吾衰也」下絶句，乃朱子分句法。按：「甚矣」、「久矣」之下各接句子以相對，語氣更勝，今從朱子分法。「⧄」，斯六一二一號鄭本、鄭辛本、篁墩本、邢本、天文本、《論語筆解》引作「周公」二字，皇本、古本、唐本、津藩本、正平本作「周公也」三字。

❹「⧄」，篁墩本、皇本、邢本作「孔曰：孔子衰老」。

❺「⧄」，邢本作「明盛時夢見」五字，皇本「明」上有「也」字。篁墩本「時」上有「之」字，卷子本「時」下有「也」字。

❻「也」，篁墩本、足利本無此字。

❼「志」，諸本同。《魏書・崔光傳》引「志」上有「士」字。

❽「□□」，伯三七〇五號、篁墩本、皇本、邢本作「不可」。

❾「已」，篁墩本、皇本、邢本同，伯三七〇五號作「也」，卷子本作「已矣」，大永本、永禄本作「已也」。

❿「□□□」，諸本作「據於德」。

⓫「據」至「也」，此注皇本同。大永本「杖」作「扙」，無「形」字。伯三七〇五號殘存「據，杖⧄形，故可據也」。篁墩本、邢本末無「也」字。

⓬「倚也」，卷子本同。大永本「倚」作「依」。皇本、永禄本「倚」下多一「之」字。篁墩本、邢本末無「也」字。

遊於藝。」❶藝，謂六▨據依。❷▨。❸

□□：❹「自行束脩以上，則吾未嘗無誨焉。」❺孔云：言人能奉禮，自行束脩以上者，則皆誨之。❻

子曰：❼「不憤不啟，不悱不發。舉一隅而示之，❽不以三隅反，則吾不復也。」❾

❶「遊」，斯六一二一號鄭本、鄭辛本、篁墩本、邢本、《魏書·崔光傳》引同。皇本、閩本、毛本、北監本「遊」作「游」。阮校記、《彙考》皆云「遊」乃「游」之俗字。

❷「謂六▨」，諸本均無「謂」字。「六▨」，伯二六七七號作「六藝不足」，篁墩本、皇本、邢本作「六藝」，「藝」下多一「也」字。

❸「▨」，伯二六七七號、邢本作「故曰遊」三字，篁墩本、皇本作「故曰遊也」四字。按：「遊」當作「游」。參見本頁校勘記❶。又，此注首句同鄭注。鄭辛本云：「藝，謂六藝。」鄭壬本末有「也」字。斯六一二一號鄭本殘，存文無「謂」字。

❹「□□」，諸本作「子曰」。

❺「則」，大永本同，伯三七〇五號作「者」，篁墩本、皇本、邢本、正平本、天文本、《論語筆解》引則無「則」或「者」字。底本、伯三七〇五號、大永本當涉注文而衍此字。「誨」，《釋文》云：「魯讀『誨』爲『悔』，今從古。」

❻「者」，伯二六七七號無「者」字。「誨」上，篁墩本、皇本、邢本、《論語筆解》引多一「教」字。皇本「之」下多一「也」字。《論語筆解》引「之」下多一「焉」字。

❼「子曰」，伯三七〇五號、篁墩本、皇本、邢本同，伯三七八三號白文無此二字。《四書考異》云：「何異孫《十一經問對》曰：此宜合上爲一章。『不憤』上『子曰』字當是衍文。」按：何說與伯三七八三號正合，然諸本仍另爲一章。疑伯三七八三號誤脱「子曰」二字，非原文如此。

❽「隅」至「之」，伯三七八三號白文、皇本、古本、唐本、津藩本、正平本、武内本、卷子本、大永本、永祿本、《文選》卷二張平子《西京賦》注引同。鄭辛本「隅」作「嵎」。篁墩本、足利本、天文本、伊氏本「隅」下無「而」字。伯三七〇五號「示」下闕「之」字。邢本無「而示之」三字。《四書考異》所據本亦無此三字。晁公武《蜀石經考異》、《文獻通考》、阮校記、《彙考》皆云以有「而示之」三字爲勝。

❾「吾」至「也」，篁墩本、皇本、唐本、津藩本、足利本、天文本同。斯一一九一〇號、唐石經、邢本「則」下無「吾」字。伯二六七七號、古本、正平本、武内本「復」下無「也」字。

鄭曰：孔子與人言，❶必待其人心憤憤、口悱悱，乃後啟爲説之。❷如此則識思之深。❸説則舉一端以語之，❹其人不思其類，❺則不復重教。❻

子食於有喪者之側，❼未嘗飽也。❽

喪者哀戚，飽食於其側，是無惻隱之心也。❾

❶「與人言」，伯二六七七號、伯三七〇五號、篁墩本、皇本、邢本同。鄭辛本、鄭壬本作「之教」。此乃集解對鄭注刪改所致。

❷「啟」下，諸本有一「發」字，底本誤脱。皇本「爲」下多一「之」字。「之」，伯三七〇五號、鄭辛本、篁墩本、邢本、伊氏本同，卷子本、皇本作「也」。

❸「此」，鄭辛本、鄭壬本作「是」。伯三七〇五號「此」下無「則」字，篁墩本、皇本、邢本「深」下有「也」字。

❹「説」，伯三七〇五號無此字，恐誤脱。「端」，諸本作「隅」。

❺「類」下，鄭辛本有「比方而來」四字。

❻「教」下，篁墩本、邢本、鄭辛本多一「之」字，皇本多「之也」二字。

❼「子」至「側」，伯二六七七號、篁墩本、皇本、邢本同。伯三七〇五號殘存「喪者之側」四字。伯三七八三號白文無「有」字。《四書考異》云：《禮記·檀弓》記此文無「子」、「有」二字。

❽「也」，伯三七八三號白文、篁墩本、皇本、邢本同。伯二六七七號、伯三七〇五號、鄭辛本無此字。

❾「喪者」至「心也」，此注伯二六七七號、篁墩本、皇本、邢本同底本作何晏自注。伯三七〇五號首有「鄭曰」二字。鄭辛本云：「喪亡哀戚，飽食於其側，是無惻隱之心。」唯「者」作「亡」，末無「也」字，餘同底本。王著云：「伯三七〇五號集解引作『鄭曰』當是。」謂底本等脱注者。又，「慼」，邢本同，伯二六七七號、伯三七〇五號、篁墩本、皇本作「戚」。阮校記云：「依《説文》當作『慽』。从心，戚聲。假借作『戚』，或作『慼』。」此注，底本、伯二六七七號、伯三七〇五號、邢本、閩本、北監本、毛本、伊氏本置於經文「未嘗飽也」之下，篁墩本、皇本、正平本置於經文「子於是日也，哭則不歌」之下。按：底本等是將「子食於有喪者之側，未嘗飽也」作一章，「子於是日也，哭則不歌」作另一章，皇本等則將二者合爲一章（本篇分章之異可參見題解）。《釋文》出「子於是日哭則不歌」，云：「舊以爲别章，今宜合前章。」則分二章爲舊説，合一章爲新説。

子於是日哭，則不歌。❶

子謂顏淵曰：「用之則行，舍之則藏，❷唯我與爾有是夫！」孔曰：言可行則行，可止則止，唯我與顏淵同也。❸子路曰：「子行三軍，則誰與？」孔曰：大國三軍，子路見孔子獨美顏淵，以爲己勇，❹至於夫子爲三軍將，亦當唯與己同，❺故發問。❻子曰：「暴虎憑河，❼死而無悔者，吾不與也。孔曰：暴虎，徒搏也。憑河，徒涉也。❽必也臨事而懼，好謀而成者乎？」❾

❶「子」至「歌」，鄭辛本、篁墩本、邢本、天文本同。皇本、古本、唐本、津藩本、正平本、武内本「日」下有「也」字。《四書考異》曰：「『是日』下有『也』字，則『哭』字當連下讀，與《曲禮》正合（《禮記·曲禮上》篇作『哭日不歌』）。」按：皇本、邢本等均將「哭」字屬上讀，今從之。又，邢本、伊氏本此句下有注，云：「一日之中，或哭或歌，是褻於禮容。」底本、伯二六七七號、伯三七〇五號、篁墩本、皇本無此注；而底本、伯二六七七號、伯三七〇五號此經句另作一章，其下無注，是否皆誤脱，或傳本如此，未可知。鄭辛本云：「一日之中，或哭或歌，是褻於禮容也。」是鄭注同於何注。王著謂邢本等此注非何注，實爲鄭注，邢本等當脱注者。

❷「舍」，伯二六七七號、篁墩本、皇本、邢本同。伯三七〇五號、鄭辛本、鄭壬本作「捨」。《釋文》出「舍」，云：「音赦，止也；音捨，放也。」

❸「也」，邢本無此字，篁墩本、皇本作「耳」。

❹「己」，伯三七〇五號、篁墩本、邢本同。皇本、大永本、永祿本、伊氏本「己」下多一「有」字。

❺「唯」，篁墩本、皇本同，伯三七〇五號、邢本作「誰」。「同」，伯三七〇五號、邢本同，篁墩本、皇本作「俱」。

❻「發」下，皇本、篁墩本、邢本下多一「此」字。伯三七〇五號、皇本末多一「也」字。

❼「憑」，伯三七〇五號，伯三七八三號白文、鄭辛本、皇本、古本、唐本、正平本同，注亦同。篁墩本、邢本、伊氏本、天文本作「馮」，注亦同。《釋文》出「馮」，云：「字亦作『憑』。」阮校記云：「《説文》作『淜』。『馮』，假借字。『憑』，俗字。」《彙考》云亦然。

❽「暴」至「也」，皇本同。「搏」，伯三七〇五號作「博」，誤。《釋文》出「搏」，云：「音博。」伯三七〇五號、篁墩本、邢本無二「也」字。此孔注同鄭注。鄭辛本云：「暴虎，徒搏。憑河，徒涉。」

❾「乎」，伯三七八三號白文同。伯三七〇五號無此字，篁墩本、皇本、邢本作「也」。

子曰：「富而可求者，❶雖執鞭之士，❷吾亦爲之。❸鄭曰：富貴不可求而得之，❹當修德以得之，若於道可求者，❺雖執鞭賤職，❻我亦爲之。❼如不可求，❽從吾所好。」❾孔曰：所好者，好古

❶「富」至「者」，大永本「富」下多一「貴」字。伯三七〇五號、伯三七八三號白文、鄭辛本無「者」字，篁墩本、皇本、邢本「者」作「也」，《鹽鐵論・貧富》引亦作「也」。《四書考異》云：《史記・伯夷列傳》引作「富貴如可求」。按：「如」、「而」古通。此「富」下多「貴」字，《論語集解考異》卷四云：「鄭注『富貴不可求而得』，據此，鄭本當有『貴』字。大永本恐依鄭本。」然今所見鄭本無「貴」字。篁墩氏此説誤。大永本、《伯夷列傳》或另有所本，或誤衍此字。《四書考異》又云：《韓詩外傳》卷一、《説苑・立節》篇等引末無「也」字。

❷「鞭」，《釋文》出「鞭」，云：「或作『硬』，音吾孟反，非也。」「士」，伯三七〇五號、篁墩本、皇本、邢本、伯二五一〇號鄭本、鄭辛本同，伯三七八三號白文作「事」。《鹽鐵論・富貴》引亦作「事」。按：據鄭本注「執鞭之士，士之卑者」，此當作「士」。作「事」誤。

❸「吾亦爲之」，伯三七〇五號、篁墩本、邢本同。「亦」，鄭癸本作「可」。大永本「吾亦」倒置作「亦吾」，末有「也」字。伯三七八三號白文末有「矣」字。《釋文》出「吾亦爲之」，云：「一本作『吾爲之矣』。」無「亦」字，末亦多「矣」字。

❹「得之」，邢本、伊氏本同。篁墩本「得」下無「之」字。伯三七〇五號「得之」作「德之者」，皇本作「得者也」。

❺「可求者」，大永本作「可求得」，《史記・伯夷列傳》引作「可求而得之者」。

❻「鞭」下，邢本有「之」字。

❼「之」下，伯三七〇五號有「也」字，皇本有「矣」字。按：此鄭注與鄭本注異。伯二五一〇號鄭本注云：「□而，知也。孔子應聘諸國，莫能見□知道終不可行，故發此言。執鞭之士，士之卑者。」疑集解引注時作過删改。

❽「求」，伯三七〇五號、伯二五一〇號鄭本、鄭癸本、鄭子本、伯三七八三號白文、篁墩本、邢本、天文本、伊氏本同。皇本、古本、唐本、津藩本、正平本「求」下有「者」字。

❾「好」，伯三七〇五號、鄭癸本、鄭子本、伯三七八三號白文、篁墩本、皇本、邢本同。伯二五一〇號鄭本「好」下有「也」字。

人之道也。❶

子之所慎：齋，❷戰，疾。孔曰：此三者，人所不能慎，❸而夫子慎之也。❹

子在齊聞《韶》，三月不知肉味，❺周曰：❻孔子在齊，聞習韶樂之盛美，❼故忽忘於肉味

❶ 「好古」，伯三一九四號、伯三七〇五號同。篁墩本、皇本、邢本、《論語孔氏訓解》、《史記・伯夷列傳》集解引無「好」字。「也」，皇本同，他本均無此字。

❷ 「齋」，伯二六九九號、伯二五一〇號鄭本、鄭子本、邢本同，伯三一九四號、伯三七〇五號、鄭癸本、熹平石經、皇本、篁墩本、武内本、正平本、天文本、《群書治要》引作「齊」。《釋文》出「齊」，云：「本或作『齋』，同。」阮校記云：「古多假『齊』爲『齋』。」《彙考》亦云然。

❸ 「人」，伯三七〇五號無此字，當爲誤脱。

❹ 「而夫子慎之也」，伯三七〇五號作「而□吾也」，疑誤。「慎之」上，皇本、《論語孔氏訓解》多一「能」字，邢本多「獨能」二字。又，伯二六九九號、篁墩本、邢本無「也」字。

❺ 「子在」至「味」，此句伯二六九九號、伯三七〇五號、伯三七八三號白文、伯二五一〇號鄭本、鄭癸本、鄭子本、鄭丑本、石經、伊氏本、邢本、《史記・孔子世家》引同。皇本、古本、唐本、正平本、足利本、天文本「韶」下有「樂」字。《四書考異》謂程子遺書曰：「三月」字誤，當是「音」字。《四書辨疑》曰：以「三月」二字併一，甚爲牽强。「聞韶」下亦不須更有「音」字。王滹南曰：或言「月」爲「日」字之誤，皆不可必，當姑闕之。湛囦静語曰：此章諸家説不一，皆不若以「子在齊」爲一句，「聞韶三月」爲一句，「不知肉味」爲一句，義自明白。按：皇本等「韶」下有「樂」字，則「三月」爲「音」字之説自破。然石經及諸寫本均無「樂」字。疑「樂」字爲後人因諸家之説不一而妄增，抑或涉注文而衍。此句仍從皇本、邢本等在「聞韶(樂)」下斷句。

❻ 「周曰」，篁墩本、皇本、邢本、《論語周生氏義説》引同。伯二六九九號、伯三七〇五號作「包曰」。伯三一九四號殘。未知孰是。

❼ 「聞」至「美」，《文選》卷一八成公子安《嘯賦》注引無「習」、「美」二字。永禄本「聞習」下有「齊君」二字，疑爲衍文。

也。❶曰：❷「不圖爲樂之至於斯。」❸王曰：爲，作也。❹不圖作韶樂乃至於此。❺此，齊也。❻

冉有曰：「夫子爲衛君乎？」鄭曰：爲，猶助也。❼衛君者，謂輒也。❽靈公逐太子蒯聵。❾

---

❶「忽忘」，伯二六九九號、伯三一九四號、伯三七〇五號、邢本、伊氏本同。皇本、永祿本無「忘」字，篁墩本、《史記·孔子世家》集解無「忽」字。按：皇疏曰：「忽，猶忘也。」據此不當有「忘」字。又，前舉《嘯賦》注引無「於」、「也」二字。伯二六九九號、伯三一九四號、伯三七〇五號、邢本、伊氏本、永祿本無「也」字。

❷「曰」，伯二六九九號、伯三七八三號白文、篁墩本、皇本、邢本同，伯三一九四號、伯三七〇五號、伯二五一〇號鄭本、鄭子本、鄭癸本無此字。

❸「圖」，伯二六九九號、伯三一九四號、伯三七〇五號、伯二五一〇號鄭本作「啚」。《五經文字》云：「『啚』，古鄙吝字。『圖』字從『啚』，俗用爲圖謀，字非。」《彙考》亦云「『啚』，俗謁爲『圖』。」又，「至」，伯三七〇五號作「志」，誤。篁墩本、皇本、邢本末有「也」字。

❹「爲作也」，伯二六九九號、篁墩本、皇本、邢本同。伯三七〇五號無「也」字。《釋文》出「爲樂」，云：「並如字。王云：『爲，作也。』本或作『嫣』，音居危反，非。」

❺「乃」，伯二六九九號同，伯三七〇五號、篁墩本、皇本、邢本無此字。《文選》卷一八成公子安《嘯賦》注引作「之」。

❻「此齊也」，篁墩本、邢本、《嘯賦》注引同，伯二六九九號、伯三七〇五號無「此」字，皇本「此」字重，大永本作「斯齊」。阮校記云：「疑皇本衍一『此』字。」說甚是。大永本「斯」當爲「此」字之誤。又，伯三七〇五號、邢本無「也」字。《嘯賦》注又引孔注，云：「不圖於韶樂之至於斯。」則此王注略同孔注。

❼「鄭曰」，伯二六九九號、伯三一九四號、伯三七〇五號、皇本、邢本、大永本同，篁墩本作「孔曰」。按：此注與伯二五一〇號鄭本、鄭子本、鄭丑本注同，確爲鄭注，篁墩本誤。又，伯二五一〇號鄭本末無「也」字。

❽「君」下，鄭癸本、鄭子本無「者」字，「輒」下無「也」字。

❾「靈公」，伯三七〇五號、伯二五一〇號鄭本、鄭癸本、鄭子本、鄭丑本同。「靈」上，伯二六九九號、篁墩本、皇本、邢本多一「衛」字。

公薨而立孫輒。❶後晉趙鞅納蒯聵於戚成，❷衛石曼姑帥師圍之，❸故問其意助輒不乎。❹

子貢曰：「諾，吾將問之。」❺入，曰：「伯夷、叔齊何人也？」子曰：❻「古之賢人也。」❼曰：「怨乎？」曰：「求仁而得仁，又何怨？」❽孔曰：伯夷、叔齊讓國遠

❶「公薨而」，伯二六九九號、篁墩本、皇本、邢本同。「公薨」，伯二五一〇號鄭本、鄭子本、鄭丑本作「至卒」。伯三七〇五號無「而」字。

❷「成」，伯三一九四號、伯三七〇五號、鄭癸本、鄭子本、鄭丑本、邢本作「城」，伯二六九九號、伯二五一〇號鄭本、篁墩本、皇本無此字。阮校記云：「無『城』字是也。」又云：「正義亦衍『城』字。」金校記亦以「城」爲衍字。

❸「姑」，伯二五一〇號鄭本作「沽」。「帥」下，伯二六九九號無「師」字。

❹「故問」至「不乎」，伯二五一〇號鄭本首多「孔子時在衛」五字。此五字，鄭丑本「時」在「孔」字上。鄭子本無「時」字。集解本均無此數字，蓋何晏集成時刪。又「不」，伯二六九九號、伯三七〇五號、鄭癸本、鄭子本、篁墩本、邢本同。伯二五一〇號鄭本、皇本作「否」。伯二六九九號、伯二五一〇號鄭本「乎」下多一「也」字。

❺「諾」，伯二六九九號作「若」。《釋文》出「吾將問之」，云：「一本無『將』字。」

❻「子」，伯三七〇五號、伯三七八三號白文、伯二五一〇號鄭本、鄭子本、鄭丑本、篁墩本、皇本、古本、唐本、津藩本、正平本、足利本同。邢本、《論語筆解》、《四書考異》所據本無此字。《彙考》云：「依《論語》文例，此以有『子』字爲是。」按：此章爲冉有、子貢、孔子三人對話，此句乃孔子問答之首句，「子」字不可省。邢本等本誤。

❼「之」，伯二六九九號無此字。《文選》卷二三阮嗣宗《詠懷詩》注引無「也」字。

❽「又何怨」，伯二六九九號、伯三一九四號、伯三七〇五號、唐石經、邢本同。「又」，伯二五一〇號鄭本、鄭丑本作「有」字。按：「又」、「有」古字通。伯三七八三號白文、鄭子本、篁墩本、皇本、古本、唐本、津藩本、正平本、足利本、武内本「怨」下多一「乎」字。阮校記云：《左傳》哀三年正義、《史記·伯夷列傳》索隱、《文選》江淹《雜體詩》注引並有「乎」字。古本如此。

去，❶終於餓死，故問怨耶。❷以讓爲仁，豈有怨乎？❸出，曰：「夫子不爲也。」❹鄭曰：父子争國，惡行也。❺孔子以伯夷、叔齊爲賢且仁，故知不助衛君明矣。❻

子曰：「飯蔬食飲水，❼曲肱而枕之，樂亦在其中矣。孔曰：蔬食，菜食。❽肱，臂也。孔子以此爲樂。❾不義而富且貴，❿於我如浮

❶「伯夷叔」，伯二六九九號、伯三一九四號、伯三七〇五號、皇本同。篁墩本、邢本無「伯」、「叔」二字。

❷「耶」，伯三七〇五號同，伯二六九九號、伯三一九四號、篁墩本、邢本作「邪」，皇本、卷子本、永禄本作「乎」。

❸「讓」，伯三一九四號、伯三七〇五號、篁墩本、皇本、邢本同，伯二六九九號、大永本下多一「國」字。「豈有怨乎」，邢本同。伯三一九四號、伯三七〇五號作「豈得怨乎」，篁墩本、皇本作「豈怨乎」，永禄本作「何怨乎」，大永本作「豈怨乎也」，伯二六九九號作「山有死哉」，大約爲「豈有怨哉」之誤。

❹「也」，伯二六九九號、伯三七八三號白文、篁墩本、皇本、邢本同，伯三七〇五號、伯二五一〇號鄭本、鄭子本無此字。大永本「也」作「矣」。

❺「惡行也」，皇本同，《論語筆解》引無「行」字，伯二六九九號、伯三七〇五號、篁墩本、邢本無「也」字，伯二五一〇號鄭本作「行惡」，鄭子本、鄭丑本作「惡行之甚」。

❻「故知不助衛君明矣」，伯二五一〇號鄭本此句上尚有「君子成人之美，不成人之惡」十一字，集解本皆無，蓋何晏未取。又，「矣」，伯二六九九號、伯三一九四號、伯三七〇五號、鄭子本、篁墩本、邢本、伊氏本同，皇本作「也」，伯二五一〇號鄭本作「矣也」。

❼「䟽」，伯三一九四號、伯三七〇五號、伯三七八三號白文、伯二五一〇號鄭本、鄭子本、唐石經、邢本作「疏」，注同，伯二六九九號、篁墩本、皇本、古本、足利本、正平本、天文本、武内本作「蔬」，注同。《釋文》出「疏」，云：「本或作『蔬』。」阮校記、《彙考》皆云：《説文》無「蔬」字，新附增補，蓋後起之字。「䟽」殆「疏」之譌變。

❽「蔬食菜食」，篁墩本、邢本同，伯三七〇五號作「蔬食菜」，伯二六九九號作「蔬菜食也」，皇本二「食」下均有「也」字。伯三一九四號殘存「菜食」二字。

❾「樂」下，伯二六九九號、皇本有「也」字。

❿「且貴」，《後漢書·劉般傳》注引無此二字。

雲。」鄭曰：富貴而不以義得者，❶於我如浮雲，言非己之有也。❷

子曰：「加我數年，❸五十以學《易》，❹可以無大過矣。」❺易窮理盡性，以至於知命。❻年五十而知天命。以知天命之年，❼讀至命之書，故可以無大過。❽

子所雅言，孔曰：雅言，正言也。❾《詩》、

---

❶「富」，伯三七〇五號作「當」，誤。又，「而不以義得者」，伯三七〇五號作「不義者」，伯二六九九號、篁墩本、皇本、邢本無「得」字。

❷「言」，伯三一九四號同，篁墩本、皇本、邢本無此字。伯二六九九號、邢本末無「也」字。伯三七〇五號殘存「己之有也」四字。按：集解本此鄭注與鄭本此注大異。伯二五一〇號鄭本注云：「浮雲無潤澤於萬物。人之欲富貴，道行以爲名譽，不以其道得之，於我身有損，故不居。《禮記》曰：德潤身，富潤屋也。」鄭子本無「我」字，餘同。

❸「加」，伯二六九九號、伯三一九四號、伯三七〇五號、伯二五一〇號鄭本、伯三七八三號白文、篁墩本、皇本、邢本同，《史記·孔子世家》、《風俗通義·窮通》引作「假」。

❹「五」至「易」，伯二六九九號、伯三一九四號、伯三七〇五號、伯三七八三號白文、伯二五一〇號鄭本、篁墩本、皇本、邢本同。鄭子本「五十」前多「年至」二字，恐爲衍字。卷子本舊校云：摺本「以學易」作「而學易」。按：此當以「以」字爲正。《釋文》出「學易」，云：「如字。魯讀『易』爲『亦』，今從古。」

❺「以」，伯二五一〇號鄭本無此字。

❻「知」，伯二六九九號、伯三七〇五號、篁墩本、皇本、邢本、皇疏引皆無此字。恐底本衍。

❼「天」，大永本同，伯二六九九號、伯三一九四號、伯三七〇五號、篁墩本、皇本、邢本無此字。皇疏引亦無「天」字。恐底本等涉上文而衍。

❽「可」至「過」，邢本同。伯三七〇五號無「可」字，伯二六九九號無「以」字。又，伯三七〇五號、篁墩本、皇本「過」下有「也」字，大永本「過」下有「矣」字。

❾「雅」至「也」，此注伯三一九四號、篁墩本、皇本、邢本同。伯二六九九號無「也」字。伯三七〇五號作「雅者正也」。按：此説同鄭本。伯二五一〇號鄭本注云：「雅者正也。」《論語筆解》引「言」、「者」作「音」。韓愈曰：「『音』作『言』，字之誤也，傳寫因注云雅音正言，遂誤爾。」李翱曰：「孔、鄭注皆分明，但誤一『音』字。」

《書》、執禮，皆雅言也。❶鄭曰：讀先王典法，必正言其音，然後義全，❷故不可有所諱。禮不誦，故言執也。❸

葉公問孔子於子路，子路不對。孔曰：葉公名諸梁，楚大夫，食菜於葉。❹僭稱公。不對者，❺未知所以答也。❻子曰：「汝奚不曰，❼其爲人也，發憤忘食，樂以忘憂，不知老之將至云爾。」❽

---

❶「也」，篁墩本、皇本、邢本同。伯三一九四號、伯三七八三號白文、伯二五一〇號鄭本、鄭子本無此字。

❷「正」，伯三一九四號、伯三七〇五號作「政」。此當以作「正」爲是。二本並無「然」字。「音」，伊氏本作「意」。此乃形近致誤。

❸「諱」下，皇本有「也」字。伯二六九九號、篁墩本、邢本「執」下無「也」字。此注《論語筆解》引首無「讀」字，應屬誤脱。又無「故不可」以下注文，當爲省略。按：集解本此鄭注與鄭本有異。伯二五一〇號鄭本、鄭子本云：「雅者正也，讀先王典法，不可有所避諱。禮不誦，故言執也。」「讀」上，多「雅者正也」四字，中無「必正言其音然後義全」九字，又無「故」字，多「避」字。

❹「夫」下，伯二六九九號有「也」字。「食」上，大永本多一「公」字。伯二六九九號脱「食」字。「菜」，伯三七〇五號、皇本、伊氏本、毛本、《論語孔氏訓解》作「采」。阮校記云：「《周禮·太宰》注公卿大夫之采邑，《釋文》：『采音菜』。古『采』、『菜』字通，故釋『菜』，本作釋『采』。」又，大永本、篁墩本無「於」字。

❺「者」，伯二六九九號、伯三一九四號、篁墩本、皇本、邢本同，伯三七〇五號作「吾」，大永本、《史記·孔子世家》集解引無此字。

❻「未」，《論語孔氏訓解》引作「不」。伯三七〇五號「所」下無「以」字。「答」，《史記·孔子世家》作「對」。伯二六九九號「答」下有「之」字。篁墩本、邢本「答」下無「也」字。

❼「汝」，伯二六九九號、伯三一九四號、伯三七〇五號、伯三七八三號白文、伯二五一〇號鄭本、鄭子本、皇本、卷子本、大永本、武内本同，篁墩本、邢本、正平本、天文本作「女」。

❽「知」至「至」，伯二六九九號、伯三七八三號白文、伯二五一〇號鄭本、篁墩本、邢本、伊氏本、天文本同。「知老」，伯三七〇五號作「少危」，誤。皇本、古本、唐本、津藩本、正平本、卷子本、永禄本、武内本「將至」下有「也」字。

子曰：「我非生而知之者，❶好古，敏以求之者。」❷鄭曰：言此者，勸勉人學也。❸

子不語：怪，力，亂，神。❹王曰：❺怪，怪異也。力，謂若奡盪舟，烏獲舉千鈞之屬也。❻亂，謂臣弑君，子弑父。❼神，謂鬼神之事。或無益於教化，或所不忍言。❽

---

❶「之」，伯三一九四號、伯三七〇五號、伯三七八三號白文、篁墩本、皇本、邢本同。伯二六九九號無此字。

❷「以」上，皇本、永祿本、武内本多一「而」字。伯二六九九號、伯三一九四號、伯三七〇五號、伯二五一〇號鄭本、古本、足利本、唐本、津藩本、篁墩本、正平本、天文本作「而」。又，伯二五一〇號鄭本、古本、皇本、足利本、唐本、津藩本、篁墩本、正平本、永祿本、天文本、武内本、邢本「者」下有「也」字。

❸「勸勉人學也」，伯三一九四號、伯三七〇五號無「勸」字，伯二六九九號作「勸人言」，邢本作「勸人學」，伯二五一〇號鄭本、篁墩本作「勉人學」，皇本作「勉勸人於學也」，大永本、永祿本作「勉於人學也」。卷子本記云：摺本「勉」作「觀」。按：「觀」爲「勸」字之誤。

❹「怪」，伯二六九九號、伯三七〇五號作「⿰忄左」，正平本、天文本作「恠」。《五經文字》云：「『怪』作『恠』，及從工者，皆訛。」

❺「王曰」，伯二六九九號、伯三一九四號、伯三七〇五號、皇本、邢本、《史記·孔子世家》集解引同。篁墩本作「孔曰」。《考文》云：足利本亦作「孔曰」，《論語孔氏訓解》云從足利本。按：今所見寫本及多數刊本均作王注，恐篁墩本等誤。

❻「異也」至「屬也」，伯三一九四號、伯三七〇五號「異」下無「也」字。「屬」，伯二六九九號、伯三一九四號、伯三七〇五號、篁墩本、邢本下無「也」字。皇本、《史記·孔子世家》集解引同底本。

❼「亂」至「父」，篁墩本、邢本、《史記·孔子世家》集解引同。「亂」，伯二六九九號作「我」，誤。伯三一九四號無「謂」字。「弑」，伯二六九九號、伯三一九四號、伯三七〇五號、大永本作「煞」。按：下殺上謂「弑」，此當以作「弑」爲正。又，「父」下，伯二六九九號、皇本有「也」字。伯三七〇五號此句作「亂臣煞父」，有脱文。

❽「事」至「言」，伯二六九九號、邢本同。「事」、「化」、「言」下，皇本各有一「也」字。「言」下，伯三一九四號、伯三七〇五號、篁墩本、《史記·孔子世家》集解引有「也」字。

子曰：「我三人行，❶必得我師焉：❷擇其善者而從之，其不善者而改之。」❸言我三人行，本無賢愚，擇其善者從之，不善者改之，❹故無常師也。❺

子曰：「天生德於予，❻桓魋其如予何？」包曰：桓魋，宋司馬也。❼天生德者，謂授以聖

❶「我」至「行」，伯二五一〇號鄭本、伯三七八三號白文、篁墩本、皇本、唐石經、古本、足利本、武内本、津藩本、正平本、天文本、《群書治要》、《穀梁傳》僖公三十七年范甯注引同。伯三一九四號、伯三七〇五號、邢本、《晉書・禮志》引無「我」字。「行」上，伯二六九九號多一「同」字。《釋文》作「我三人行」，云：「一本無『我』字。」按：「我三人行」，即三人中一人爲我，與其下何晏注合，且較「三人行」意思更明。當以有「我」爲是。

❷「必得」，古本、篁墩本、皇本、足利本、唐本、津藩本、正平本、唐石經、武内本、天文本、《史記・孔子世家》引同，伯二六九九號、伯三一九四號、伯三七〇五號、伯二五一〇號鄭本、伯三七八三號白文、邢本、《穀梁傳》僖公三十七年范甯注、《晉書・禮志》引作「必有」。《釋文》出「必得」，云：「本或作『必有』。」

❸「而」，《潛夫論・德化》篇引作「我則」，疑誤。「改」，伯三七〇五號誤作「政」。

❹「其」至「改」，大永本同。伯二六九九號、伯三一九四號、篁墩本、皇本、邢本、《群書治要》引無「其」及二「者」字。伯三七〇五號亦無「其」及二「者」字，又「從」誤作「我」，「改」誤作「政」。

❺「無」至「也」，伯三一九四號、伯三七〇五號、皇本同。伯二六九九號脱「無」字，篁墩本、邢本、《群書治要》引無「也」字。

❻「德於予」，伯三一九四號、伯三七八三號白文、篁墩本、皇本、邢本同。「德」下，伯三七〇五號有「少曰」二字，疑衍。「德」下，伯二六九九號有「者」字，「予」作「以」，恐誤。伯二五一〇號鄭本「予」下有「者」字。

❼「司馬」下，篁墩本、皇本、《論語包氏章句》引多一「黎」字。伯二六九九號、伯三一九四號、邢本同底本無此字。「司馬」，伯三七〇五號誤作「可」。陳鱣《論語古訓》云：「『司馬黎』，《集解》俱誤，當作『司馬犂兄』也。是『黎』應作『犂』，後且多一『兄』字。」今按：《史記・仲尼弟子列傳》「司馬耕字子牛」條索隱引孔安國云：「宋人，弟安子曰司馬犂。」又按云：「牛是桓魋之弟，以魋爲宋司馬，故牛遂以司馬爲氏也。」皇疏亦云：「桓魋，宋司馬也。」是桓魋本官宋司馬，有二弟，長名耕，次名犂，均以宋爲貫，以司馬爲姓。可見注「桓魋」爲「宋司馬犂」顯誤，而無「犂」或「犂」後加「兄」俱通。寫本及邢本均無「犂」字，應以無「犂」字爲是。

性。❶德合天地，❷吉無不利。❸故曰其如予何也。❹

子曰：「二三子以我爲隱子乎？❺吾無隱乎爾。包曰：二三子，謂諸弟子也。❻聖人智廣道深，❼弟子學之不能及，以爲有所隱匿。故解

❶「天生」至「聖性」，此句伯三一九四號、《史記・孔子世家》集解引同。「德者」，伯二六九九號作「得者」，篁墩本、皇本、正平本、《論語包氏章句》引作「德於予者」，「授以聖性」，伯三七〇五號殘闕「授」字，伯二六九九號作「授聖」，皇本、邢本、正平本、《論語包氏章句》引作「授我以聖性」。皇本、《包氏章句》引末並有「也」字。按：此句皇本作「天生德於予者謂授我以聖性」，「於予」與「授我」相對；寫本作「天生德者謂授以聖性」，無「於予」二字，亦無「我」字；邢本作「天生德者謂授我以聖性」，上無「於予」，下有「授我」，不相對。疑集解包注本無「於予」、「我」三字，如四種寫本、《孔子世家》集解所引，後人或涉經文加「於予」二字，又加「我」字以相對，或與鄭注混淆而改之。伯二五一〇號鄭本即云：「天生德於予者，謂授我以聖性。」

❷「德合」，伯二六九九號、伯三一九四號、伯三七〇五號、邢本、《史記・孔子世家》集解引同，篁墩本、皇本、《論語包氏章句》引作「合德」。

❸「吉」下，皇本、永祿本、《論語包氏章句》引多一「而」字。「不利」，伯二六九九號作「刑」，此必有脱誤。

❹「故曰」下，大永本有「桓魋」二字，當涉經文而衍。伯二六九九號闕「何也」二字。伯三一九四號、伯三七〇五號、篁墩本、邢本、《史記・孔子世家》集解引「何」下無「也」字。

❺「以」至「乎」，伯二六九九號、伯三七八三號白文、伯二五一〇號鄭本、篁墩本、皇本、邢本、古本、唐本、足利本、津藩本、正平本、天文本、武内本同。「以」上，鄭寅本有「汝」字。「隱子乎」，唐石經、邢本、《四書考異》所據本作「隱乎」，伯三一九四號、伯三七〇五號作「隱於子乎」。按：此句作「隱乎」較簡明，作「隱子乎」亦通，作「隱於子乎」更確切。三者皆可，未知原本爲何。

❻「弟子」下，伯二六九九號、伯三一九四號、伯三七〇五號、篁墩本、邢本無「也」字。

❼「聖人」，伯三一九四號、伯三七〇五號作「聖者」。「智」，伯二六九九號、篁墩本、邢本作「知」。《釋文》亦作「知」，云：「音智。」

之。❶吾無行而不與二三子者，❷是丘也。」包曰：我所爲，無不與爾共之，是丘之心也。❸

子以四教：文，行，忠，信。四者有形質，可舉以教也。❹

子曰：「聖人，吾不得而見之矣；得見君子者，斯可矣。」❺疾世無明君也。❻子曰：❼「善人，吾不得而見之矣；得見有恒者，❽斯可矣。亡而爲有，❾虚而爲盈，約而爲泰，難乎有恒矣。」❿孔曰：難可名之，爲有

❶「之」下，皇本有「也」字。按：此包注略同鄭注。伯二五一〇號鄭本注云：「二三子者謂諸弟子。聖人知道廣大（鄭寅本作「智廣道大」），弟子學之不能及，以爲有所懷俠（鄭寅本作「狹」）要術，見於顔色，故解之。」

❷「吾無行而」，伯三一九四號、伯三七〇五號、伯二五一〇號鄭本、篁墩本、邢本、天文本同。「吾」上，伯二六九九號多「子曰」二字，「行而」作「而行」，誤倒。「無」下，皇本、古本、唐本、津藩本、正平本多一「所」字，伯三七八三號衍一「而」字。

❸「包曰」至「心也」，伯三一九四號、伯三七〇五號同。「我」下，伯二六九九號多一「有」字。「共之」下，篁墩本、皇本、邢本多一「者」字。篁墩本、邢本「心」下無「也」字。此包注略同鄭注。伯二五一〇號鄭本注云：「我每有所爲，皆與汝共爲之，是之本心。」

❹「四者」至「也」，皇本同。「四」上，大永本有「此」字；「形」作「刑」，誤；「可」上有「故」字。末「也」，伯三一九四號、伯三七〇五號作「之」，伯二六九九號、篁墩本、邢本無此字。

❺「得」，伯二六九九號作「行」，誤。

❻「疾」至「也」，伯三一九四號、伯三七〇五號、篁墩本、皇本、邢本同。「疾」上，伯二六九九號有「孔曰」二字，末無「也」字。伯三一九四號、伯三七〇五號末亦無「也」字。王著謂此注當從伯二六九九號作孔注，他本均脱注者。此注同鄭注。伯二五一〇號鄭本注云：「疾世無明君也。」

❼「子曰」，諸本同。集注疑「子曰」爲衍文。《四書考異》云：「按『善人』以下别爲一章，故加『子曰』字。而詩（《毛詩・賓之初筵》）正義引之，亦間以『又曰』二字。」以證「子曰」並非衍文。

❽「恒」，宋石經作「常」。避真宗諱改。

❾「亡」，《釋文》云：「『亡』如字。一音『無』。此舊爲别章，今宜與前章合。」

❿「矣」，伯二五一〇號鄭本無此字。

常也。❶

子釣而不網，❷弋不射宿。孔曰：釣者，一竿釣也。❸綱者，爲大綱，❹以横絶流，❺以繳繫釣，羅屬着網也。❻弋，繳射也。宿，宿鳥也。❼

子曰：「蓋有不知而作之者，我無是也。」鄭曰：時人有穿鑿妄作篇籍者，故云然也。❽多聞，擇其善者而從之，❾多見而識之，❿知之

---

❶「也」，伯二六九九號、伯三一九四號、伯三七〇五號、篁墩本、邢本無此字。

❷「網」，伯三一九四號、伯三七〇五號、伯三七八三號白文作「䋄」；伯二五一〇號鄭本、篁墩本、皇本、邢本作「綱」；伯二六九九號此字模糊，據其下注文，應作「綱」。《釋文》亦作「綱」，云：「音剛」。《四書考異》云：「《十一經問對》問：『綱』字不是『網』字乎？對曰：朱子之説正作『綱』字。」底本注文亦作「經」即「綱」字，經文誤作「網」。

❸「者」至「也」，此句伯二六九九號、皇本同。伯三一九四號無「者」字。伯三一九四號、伯三七〇五號、篁墩本、邢本末無「也」字。

❹「大綱」，篁墩本、邢本、邢疏同，伯二六九九號、伯三一九四號、伯三七〇五號、皇本、閩本、毛本作「大網」。皇疏亦作「大網」。按：此處當以作「大網」爲是。若作「綱者爲大綱」，無異於同義語之反覆。又，《文選》卷一〇潘安仁《西征賦》注引作「綱者爲大綱」，亦誤。

❺「以横絶流」，《文選》卷一〇《西征賦》注引無此四字。

❻「網」，伯二六九九號、伯三一九四號、伯三七〇五號、篁墩本、皇本、邢本作「綱」。按：此處當作「綱」。前述「綱者」爲何物（大網也），此述「綱者」有何用，非云網也。底本誤。

❼「弋」，伯三七〇五號誤作「大」，「鳥」下有「者」字。邢本「鳥」下無「也」字。

❽「鄭曰」，伯二六九九號、伯三一九四號、伯三七〇五號、篁墩本、皇本、邢本均作「包曰」。「人」下，篁墩本、皇本有「多」字。「篇籍」下，伯二六九九號、伯三一九四號、伯三七〇五號無「者」字。篁墩本、邢本末無「也」字。按：伯二五一〇號鄭本此注作：「疾時人多穿鑿，妄作篇籍也。」與集解本大同小異。集解他注同鄭注者頗多，此注僅一本寫本作鄭曰，未可遽斷此爲鄭注。

❾「多」至「之」，伯二六九九號、伯三一九四號、伯三七〇五號、篁墩本、皇本、邢本同。伯三七八三號白文此句下有「其不善者而改之」七字。按：此當涉本篇第二七章「擇其善者而從之，其不善者而改之」而衍。

❿「多見而識」，伯三一九四號、篁墩本、皇本、邢本、天文本同。伯二六九九號「見」上脱「多」字，「識」作「職」，誤。

次也。」❶孔曰：如此，❷次於生知者也。❸

互鄉難與言，童子見，門人或。❹鄭曰：互鄉，鄉名也。❺其鄉人言語自專，不達時宜，而有童子來見孔子，門人怪孔子見之。❻子曰：「與其進也，不與其退也，❼唯何甚？孔曰：教誨之道，❽與其進，不與其退。怪我見此童子，惡惡何一甚也。❾人潔己以進，❿與其潔也，不保其往也。」⓫鄭

❶「知之次也」，正平本作「知次也」，伯三七〇五號作「知之也」，伯二五一〇號鄭本、鄭卯本作「知之者次」，伯三七八三號白文作「知之者次也」。

❷「如此」，伯三一九四號，伯三七〇五號、篁墩本、皇本同。伯二六九九號作「知此」，「知」應爲「如」字之誤。伯三五三四號、邢本、卷子本下多一「者」字。

❸「次於生知者也」，伯三一九四號、伯三七〇五號作「次於生知」，伯二六九九號作「次于生之」，永祿本作「次於生知之者」，皇本作「次於生知者也」，篁墩本作「次於知之者」，伯三五三四號作「次如知之者也」，邢本作「次於天生知之」，伊氏本作「次於天生知之者」。

❹「或」，伯二五一〇號鄭本、伯三一九四號、伯三七〇五號、伯三七八三號白文同。伯二六九九號、篁墩本、皇本、邢本作「惑」。按：「或」、「惑」義通。

❺「鄉名也」，伯二六九九號、伯三五三四號、篁墩本、皇本、邢本同。伯三一九四號、伯三七〇五號少一「鄉」字。伯二五一〇號鄭本末無「也」字。

❻「怪」下，伯三五三四號有「之」字。「之」，皇本作「也」字。

❼「進」至「退也」，篁墩本、皇本、邢本同。「進」下，伯三一九四號、伯三五三四號、伯三七〇五號、伯三七八三號白文、伯二五一〇號鄭本、鄭卯本無「也」字。「退」下，伯二六九九號無「也」字。

❽「教」，伯三五三四號、皇本同。伯三一九四號、伯三七〇五號「教」上有「言」字。

❾「何一」，伯二六九九號、邢本作「一何」，大永本下多一「之」字，篁墩本末無「也」字。按：此孔注同鄭注。伯二五一〇號鄭本云：「教誨之道，與其進，不與其退，怪我見此童子，惡惡何一甚。」「誨」，鄭卯本作「訓」，「道」下有「當」字。

❿「潔」，伯二六九九號、伯三一九四號、伯三七〇五號、伯二五一〇號鄭本、鄭卯本、皇本同，唐宋石經、篁墩本、邢本作「絜」（注同）。阮校記云：「《廣韻》十六屑云：『絜』，清也。經典通用『絜』。案：『潔』，俗『絜』字。」又，「以」下，伯二六九九號多一「其」字。

⓫「潔」至「往也」，篁墩本、皇本、邢本同。「潔」下，伯三七八三號白文無「也」字。《四書考異》云：黃憲《天祿閣外史·適晉》篇引「不」作「焉」。伯三七〇五號無「其」字。伯二六九九號、伯三五三四號「往」下無「也」字。伯二五一〇號鄭本、鄭卯本無二「也」字。

曰：往，猶去也。❶人虛己自潔而來，當與之進，❷亦何能保其去後之行也。❸

子曰：「仁遠乎哉？我欲仁，斯仁至矣。」❹包曰：❺仁道不遠，❻行之即是也。❼

陳司敗問昭公知禮乎，❽孔曰：司敗，官名，陳大夫也。昭公，魯昭公也。❾孔子對曰：❿「知禮。」孔子退，⓫揖巫馬期而進之，⓬曰：

---

❶「也」，伯二五一〇號鄭本無此字。

❷「之進」，伯二五一〇號鄭本、鄭卯本同。篁墩本作「其進」，皇本作「其進之」。

❸「也」，伯三一九四號、伯三五三四號、伯三七〇五號、篁墩本、邢本末無此字。

❹「斯仁至矣」，伯三一九四號、伯三五三四號、伯三七〇五號、伯三七八三號白文、篁墩本、皇本、邢本、《群書治要》引同。伯二六九九號闕「仁」字。《四書考異》云：「《後漢書·列女傳》班昭《女誡》曰：古人有言：『仁遠乎哉？我欲仁而仁斯至矣。』《潛夫論·德化》篇亦引作『仁斯至矣』。」按：此當以《論語》本爲準。

❺「包曰」，大永本作「孔曰」，似誤。

❻「遠」，伯三七〇五號誤作「包」。

❼「即」，邢本、伊氏本同，伯二六九九號、伯三一九四號、伯三五三四號、伯三七〇五號、篁墩本、皇本、《群書治要》引作「則」。「也」上，皇本多一「至」字，篁墩本、伊氏本作「至」字，伯二六九九號、伯三一九四號、伯三五三四號、伯三七〇五號、邢本無此字。按：此注略同鄭注。鄭卯本曰：「仁道不遠，行之則是。」「之」，伯二五一〇號鄭本注作「時」。

❽「問」，伯三七八三號白文無此字。當係誤脱。

❾「官名」下，伯二六九九號、皇本有「也」字。「夫」下，伯三一九四號、伯三七〇五號、篁墩本、邢本無「也」字。伯二六九九號末無「也」字。

❿「對」，伯二六九九號、伯三七〇五號、伯二五一〇號鄭本、鄭卯本、伯三七八三號白文、篁墩本、皇本、古本、足利本、唐本、津藩本、正平本、武内本、天文本同。伯三一九四號、唐石經、邢本無此字。《白虎通》卷二《諫諍》引亦無此字。

⓫「孔子退」，伯三五三四號無此三字。當係誤脱。

⓬「期而進之」，伯二六九九號、伯三一九四號、伯三五三四號、伯三七〇五號、伯三七八三號白文、伯二五一〇號鄭本、鄭卯本、篁墩本、邢本、唐本、正平本、天文本同。「之」，皇本、古本作「也」。又，《四書考異》云：「《史記·仲尼弟子列傳》、《呂氏春秋》『期』皆作『旗』。」又云：「按，巫馬子名施。《說文》云：施，旗……皆字子旗。古人爲字，使人聞其字而知其名，率多如此。此當以『旗』爲正，『期』字通借。」

「吾聞君子不黨，君子亦黨乎？君娶於吴，❶爲同姓，謂之吴孟子。君而知禮，孰不知禮？」❷孔曰：巫馬期，弟子，名施。❸相助匿非曰黨。魯、吴俱姬姓，❹禮，同姓不婚，❺而君娶之，❻當稱吴姬，諱曰孟子也。❼巫馬期以告之。❽子曰：「丘也幸，❾苟有過，人必知之。」孔曰：以司敗之言告也。❿諱國惡，禮也。⓫聖人道弘，故授以爲過也。⓬

❶「娶」，伯二六九九號、伯三一九四號、伯三七〇五號、伯二五一〇號鄭本、鄭卯本、伯三七八三號白文、篁墩本、皇本同。伯三五三四號、邢本作「取」。《釋文》出「娶」，云：「本今作『取』。」《彙考》云：「此自以作『娶』爲正。『取』則通假字也。」

❷「禮」，伯二五一〇號鄭本作「也」。

❸「弟子」下，皇本有「也」字。《史記·仲尼弟子列傳》集解引無此七字。按：此句同鄭注。伯二五一〇號鄭本注云：「巫馬期，孔子弟子，名施。」

❹「魯吴俱姬姓」，《史記·仲尼弟子列傳》集解引無此五字。「姓」下，伯二六九九號、皇本有「也」字。

❺「婚」，伯二六九九號、伯三一九四號、伯三五三四號、伯三七〇五號同。篁墩本作「昏」，邢本作「昬」。阮校記云：「『昬』、『婚』，古字通。案，『昬』當作『昏』，從日，氏省。」

❻「君」，伯三一九四號、伯三七〇五號作「名」，當係「君」字之誤。「娶」下，篁墩本多一「吴」字，皇本作「娶吴女」。

❼「孟」上，大永本、永禄本多一「吴」字，末同。伯二六九九號、伯三一九四號、伯三七〇五號、篁墩本、邢本、《史記·仲尼弟子列傳》集解引無「也」字。

❽「之」，伯二五一〇號鄭本、鄭卯本同。伯二六九九號、伯三一九四號、伯三五三四號、伯三七〇五號、伯三七八三號白文、篁墩本、皇本、邢本無此字。

❾「也」，伯三五三四號作「之」。

❿「之言告也」，篁墩本、皇本、邢本同。「司敗」下，卷子本無「之」字。「告」下，伯二六九九號、伯三一九四號、伯三七〇五號無「也」字。

⓫「國」下，大永本有「之」字。「禮」下，伯三一九四號、伯三五三四號、伯三七〇五號無「也」字。

⓬「道弘」上，皇本、永禄本、《論語孔氏訓解》引多「智深」二字，篁墩本多「知深」二字。「授」，伯二六九九號、伯三一九四號、伯三五三四號、伯三七〇五號、《孔氏訓解》引作「受」。伯三一九四號、伯三五三四號、伯三七〇五號、篁墩本、邢本末無「也」字。此句《史記·仲尼弟子列傳》集解引作「聖人之道弘，故受之爲過也」。

子與人歌而善，❶必使反之，❷而後和之。樂其善，故使重歌，而後自和之也。❸

子曰：「文，莫吾猶人也。❹莫，無也。文無者，猶俗言文不也。❺文不吾猶人者，❻言凡文皆不勝於人也。❼躬行君子，則吾未之有得。」❽孔曰：身爲君子，❾己未能也。❿

子曰：「若聖與仁，⓫則吾豈敢？孔曰：孔子謙，不敢自名仁聖也。⓬抑爲之不厭，誨

---

❶「善」，伯二六九九號、伯三五三四號、篁墩本、皇本、邢本同。伯三一九四號、伯三七〇五號、伯二五一〇號鄭本、伯三七八三號白文下有「之」字。

❷「反」，伯二五一〇號鄭本、鄭卯本作「返」字。

❸「樂」至「也」，此注伯二六九九號「樂」上有「孔曰」二字。他本同底本作何注。篁墩本末無「也」字，伯二六九九號、伯三五三四號、邢本無「後」、「也」二字，伯三一九四號、伯三七〇五號無「後自」、「也」三字。

❹「也」，伯二五一〇號鄭本、鄭卯本無此字。

❺「猶」，篁墩本、皇本、邢本同。大永本「猶」上多「言」字。

❻「文」至「者」，伯二六九九號脱「文不」二字。伯三一九四號、伯三七〇五號末無「者」字。

❼「言」至「也」，皇本同。「言凡」，邢本作「凡言」。「文」，伯三七〇五號作「聞」，誤。伯二六九九號、伯三一九四號、伯三七〇五號、篁墩本、邢本末無「也」字。

❽「得」，鄭卯本、篁墩本、邢本、天文本同，伯二六九九號、伯三一九四號、伯三七〇五號、伯二五一〇號鄭本作「德」，伯三七八三號白文、皇本、古本、唐本、津藩本、正平本、武内本下有「也」字。《彙考》云：「『德』、『得』，經傳多通用。」金校記云：「『德』爲『得』之假借字。」

❾「身爲」，伯二六九九號、邢本同，伯三一九四號、伯三七〇五號作「躬行」，皇本、篁墩本、永禄本作「躬爲」。「君子」下，皇本、永禄本多一「行」字。

❿「能」下，篁墩本中多一「得」字，皇本多「得之」二字。

⓫「仁」，伯三一九四號、伯三七〇五號、伯二五一〇號鄭本、伯三七八三號白文作「人」。按：「人」、「仁」古字通。然此處當以作「仁」爲本字。

⓬「敢」至「也」，皇本同。「敢」下，大永本有「欲」字，當係衍文。伯二六九九號、伯三一九四號、伯三五三四號、伯三七〇五號、篁墩本、邢本「聖」下無「也」字。

人不倦，❶則可謂之云爾已矣。」❷公西華曰：「正唯弟子不能學也。」❸馬曰：正如所言，弟子猶不能學，況仁聖乎？❹

子疾病，❺子路請禱。包曰：禱，禱請於鬼神也。❻子曰：「有諸？」周曰：言有此禱請於

---

❶「人」，伯二五一〇號鄭本作「而」。「倦」，鄭卯本、唐本作「惓」。《彙考》云：「《集韻》云：『惓』，罷也。『倦』字，許亦訓『罷』。『倦』、『惓』，疑爲一字之異構。」

❷「之」至「矣」，伯二六九九號、伯三一九四號、伯三五三四號、伯三七〇五號同。篁墩本、皇本、邢本無「之」字。伯二五一〇號鄭本、伯三七八三號白文無「已矣」二字。

❸「正」，伯二六九九號、皇本、邢本同。《釋文》云：「魯讀『正』爲『誠』，今從古。」伯二五一〇號鄭本、伯三一九四號、伯三七〇五號、伯三七八三號白文「學」下無「也」字。

❹「馬曰」，篁墩本、正平本作「包曰」，伯二六九九號、伯三一九四號、伯三五三四號、伯三七〇五號、皇本、邢本、大永本同底本。《論語包氏章句》云：「今兩存之。」按：唐寫本皆作馬注，疑篁墩、正平二本誤。又，「學」下，伯二六九九號、皇本有「也」字。此注略同鄭注。伯二五一〇號鄭本注云：「孔子之行正爾，弟子不學及，況于聖人乎？」

❺「子疾病」，伯二六九九號、伯三一九四號、伯三七〇五號下有注，云：「包曰：疾甚曰病。」伯三五三四號、篁墩本、皇本、邢本同底本無此注，當係誤脱。《釋文》出「子疾」，云：「一本云『子疾病』，皇本同，鄭本無『病』字。案集解於《子罕》篇始釋『病』則此有『病』字非。」王著舉伯三一九四號等所引包注，云：「是釋『病』不始於《子罕》篇。又，鄭本原有『病』字（伯二五一〇號鄭本作「子疾病」）。《釋文》恐誤。」其説甚是。

❻「禱」至「也」，伯三一九四號、伯三七〇五號、皇本同。「鬼神」下，伯三五三四號有「之事」二字。按：下句周注作「請於鬼神之事」，伯三五三四號當涉此而衍「之事」二字。又，伯二六九九號、篁墩本、邢本「神」下無「也」字。《世説新語》劉孝標注云：「包氏《論語》曰：禱，請也。」與此注異。疑其非舉原文，唯取義耳。

鬼神之事。❶子路對曰：「有之。《誄》曰：❷『禱爾乎上下神祇。』」❸孔曰：子路失旨，❹誄，禱篇名也。❺子曰：「丘之禱久矣。」❻孔曰：

❶「禱」至「事」，此注伯二六九九號、邢本同。伯三五三四號「請」下無「於」字。大永本「禱」字重，末有「之也」二字。伯三一九四號、伯三七〇五號、篁墩本、皇本末有「乎」字。

❷「誄」，伯二六九九號、伯三五三四號、伯三七八三號白文、伯二五一〇號鄭本、鄭辰本、篁墩本、皇本、邢本同，伯三一九四號、伯三七〇五號作「詸」，此當係「誄」字之誤。《釋文》亦作「誄」，云：「《說文》作『讄』，孔作『譟』。」《論語孔氏訓解》輯注云：「案《說文》引《論語》『誄』作『讄』，許君所稱古文也。孔注作『誄』者，何晏依今文改。」據此，則作「讄」乃《古文論語》，作「誄」，乃《齊》、《魯論語》。《集注》曰：「讄」、「誄」，「同是九軌反，而義不同。」今按：「讄」，或從纍作「譟」，禱也。累功德以求福之義。「誄」，謚也。哀死而述行以謚之之辭。《集注》謂「譟」、「誄」之混淆，「必開元、長興史書之誤」。《四書考異》則云：「當鄭氏時已兩文並傳」，說「開元、長興時誤，誣之矣。」阮校記亦云：「鄭君注《周禮・小宗伯》引作『讄』。《大祝》仍引作『誄』，蓋二字相混已久。」按：今所見諸本皆作「誄」，蓋因《古文論語》流傳不廣，二字相混已久。繹義應作「讄」。

❸「爾」，古本、永祿本作「示」，《考文》曰足利學一本亦作「示」。此字當係「尔」即「尒」字之誤。又，「乎」，伯二六九九號、伯三一九四號、伯三七〇五號、伯二五一〇號鄭本同，伯三五三四號、篁墩本、皇本、古本、邢本、永祿本作「于」，伯三七八三號白文、鄭辰本作「於」。按：「于」、「乎」形近易混，疑此當作「于」字。

❹「旨」，伯三一九四號、伯三五三四號、伯三七〇五號、篁墩本、邢本作「指」；伯二六九九號作「桓」，當係「指」字之誤。阮校記云：「作『旨』是也。」皇本、永祿本「旨」下多一「也」字。

❺「名也」，伯三一九四號、伯三七〇五號無「名」字，邢本無「也」字。

❻「禱久矣」，伯二六九九號、伯三一九四號、伯二五一〇號鄭本、鄭辰本、伯三七八三號白文、篁墩本、邢本、伊氏本同。「禱」下，皇本、卷子本、正平本、永祿本有「之」字。《四書考異》云：「按孔注云『某禱之久矣』，繹文則舊本宜有下『之』字。」然寫本均無此字。又，伯三五三四號末有「也」字。

孔子素行合於神明，❶故曰丘之禱久矣。❷

子曰：「奢則不遜，❸儉則固。與其不遜也寧固。」❹孔曰：俱失之也。❺奢不如儉，奢則僭上，❻儉則不及禮。❼固，陋也。❽

子曰：「君子坦蕩蕩，❾小人長戚戚。」❿鄭曰：坦蕩蕩，寬廣貌也。⓫長戚戚，多憂懼也。⓬

---

❶「素」下，大永本多一「德」字。

❷「之禱」，皇本作「禱之」，卷子本、永祿本下多一「之」字。

❸「遜」，底本原作「愻」，後塗改，下仍作「愻」，伯二六九九號、伯三一九四號、伯三五三四號、伯三七〇五號、伯二五一〇號鄭本、鄭辰本、正平本、武内本同，篁墩本、邢本作「孫」。《釋文》出「孫」，云：「音遜。」阮校記云：「依《説文》當作『愻』。《論語》多假『孫』爲之。『遜』乃『愻』遁字。」

❹「也」，伯二六九九號、伯三一九四號、伯三五三四號、伯三七〇五號、伯二五一〇號鄭本、鄭辰本、正平本、武内本無「也」字。「固」，《隋書・煬帝紀》詔引作「陋」。

❺「也」，伯二六九九號、伯三一九四號、伯三五三四號、伯三七〇五號、篁墩本、邢本無此字。

❻「則」，伯二六九九號、伯三一九四號、伯三七〇五號、邢本無此字。

❼「禮」下，篁墩本、皇本、正平本有「耳」字。

❽「固」下，伯三五三四號有「之」字。「陋」下，伯三一九四號、伯三七〇五號有「之」字。按：此孔注同鄭注。伯二五一〇號鄭本注云：「俱失之。奢不如儉，奢則僭上，儉則不及禮。」唯無末三字。

❾「蕩蕩」，《釋文》云：「魯讀『蕩』爲『湯』，今從古。」

❿「戚」，伯三一九四號、伯三七〇五號作「慼」。

⓫「也」，伯二六九九號、伯三一九四號、伯三五三四號、伯三七〇五號、伯二五一〇號鄭本、篁墩本、邢本無此字。

⓬「懼」下，皇本中多一「貌」字。「也」，篁墩本作「貌」。伯三一九四號、伯三七五號、邢本末無「也」字。

子曰温而厲，❶威而不猛，❷恭而安也。❸

❶「子曰」，伯二六九九號、伯三一九四號、伯三七〇五號同，伯三五三四號、伯三七八三號白文、鄭辰本、伯二五一〇號鄭本、篁墩本、皇本、邢本無「曰」字。《釋文》亦無「曰」字，作「子温而厲」，云：「一本作『子曰』，『厲』作『例』。皇本作『君子』。案此章説孔子德行，依此文爲是也。」阮校記曰：「《子張》篇君子有三變章義疏云：所以前卷云『君子温而厲』是也，則皇本此處當脱一『君』字。」、《四書考異》亦云當脱「君」字。按：此章既講孔子德行，「子曰」之「曰」字當爲衍文，「子」上有「君」字亦不妥。《論語》中「君子」一般泛指有德行的人，講孔子，則直稱「子」。且今見諸本均無作「君子」者，此處當以作「子温而厲」爲是。

❷「威」，伯三七八三號白文本作「戚」，誤。「威」下，皇本無「而」字，據文法及本章句式，「威」下當有「而」字，皇本誤脱。《三國志・吴書・步騭傳》引「威而不猛」在「恭而安」句後。當爲誤倒。

❸「恭」至「也」，伯三五三四號同。伯二六九九號、伯三一九四號、伯三七〇五號、伯二五一〇號鄭本、伯三七八三號白文、篁墩本、皇本、邢本無「也」字。又，伯二六九九號、伯三一九四號、伯三七〇五號此句下有何注：「威，法也。」（伯二六九九號「威」上似還有一字，模糊不可辨識）他本皆無，均誤脱。

《太伯》篇整理説明

《太伯》篇共有五個集解寫本，均爲伯希和、斯坦因本。另有二件敦煌出白文寫本，及三個鄭注寫本（其中一出敦煌，二出吐魯番）。本篇共分二十一章。

底本：斯〇八〇〇號。本篇共存五十二行，起篇題，迄篇末，首尾完整。

校本：（一）伯二六九九號。本篇共存四十八行，起篇題，迄篇末。首尾雖全，但中間多處模糊不清。（二）伯三一九四號。本篇共存三十七行半，起篇題，迄篇末。（三）伯三五三四號。本篇共存四十六行，起篇題，迄篇末。（四）伯三七〇五號。本篇共存四十一行，起篇題，迄篇末。

參校本：（一）伯三七八三號白文本。本篇共存三十九行，無篇題，經文首尾完整。（二）斯六〇二三號白文本。本篇殘存十三行，起第十三章中「(危邦不)入亂邦(不居)」，迄篇末，每行上部均缺，多俗譌字。文中「民」字缺筆避唐諱，知爲唐寫本。（三）伯二五一〇號鄭注本。（四）吐魯番阿斯塔那二七號墓二八(a)、一八/六號鄭注本（簡稱鄭巳本）。（五）吐魯番阿斯塔那二七號墓二九(a)、三〇(a)號鄭注本（簡稱鄭午本）。鄭注本解説詳見王著。

本篇斯〇八〇〇號、伯二六九九號、伯三一九四號、伯三五三四號、伯三七〇五號、伯三七八三號均爲唐寫本。詳見《述而》篇整理説明。

斯坦因〇八〇〇號寫本

太伯第八❶

子曰：「太伯其可謂至德也已矣。❷三以天下讓，❸民無得而稱焉。」❹王曰：太

❶「太伯」，伯三五三四號、伯二五一〇號鄭本、鄭辰本同，伯二六九九號、伯三一九四號、伯三七〇五號、篁墩本、皇本、邢本作「泰伯」。《彙考》云：「經傳『大』、『太』、『泰』通用。……『太伯』作『泰伯』，爲漢以後事。」又，「泰伯第八」上，篁墩本有「論語」二字，下有「凡二十一章何晏集解」九字。「泰伯」下，伯二六九九號有「篇」字。篇題下伯三五三四號有「何晏集解」四字。

❷「太」，伯二六九九號同，但與篇題作「泰」異。此字，他本各同篇題，參閱本頁校勘記❶。《史記·吴太伯世家》亦作「太」。

❸「三以」，伯二六九九號、伯三五三四號、伯二五一〇號鄭本、伯三七八三號白文、篁墩本、皇本、邢本同，伯三一九四號、伯三七〇五號作「三分」。按：《史記·吴太伯世家》正義引江熙云：「太伯知其必有天下，故欲傳國於季歷。……太王薨而季歷立，一讓也；季歷薨而文王立，二讓也；文王薨而武王立，遂有天下，三讓也。」明言太伯三讓天下，王肅、皇侃此章注、疏亦皆云太伯以天下三讓，作「三分」誤。

❹「民無得」，伯三一九四號、伯三七〇五號、伯三七八三號白文、篁墩本、皇本、邢本、唐本、正平本、天文本同。「民」字，伯三五三四號避諱缺筆。「民」，伯二六九九號作「人」字，亦避諱改。然亦有作「人」字而非避諱者，如《後漢書·劉祐傳》云：「昔太伯三讓，人無德而稱焉。」蓋因「民」、「人」古時混用。《後漢書》「德」與底本等異。《釋文》出「得」，云：「本亦作『德』。」阮校記據《後漢書·丁鴻傳》論及李賢注所引《論語鄭注》皆作「德」，謂鄭本作「德」。王著據出土鄭本及《後漢書》標點本，謂阮氏誤，鄭本實作「得」。此説可信。然陸氏當見集解本有作「德」者。阮校記云：「字雖作『德』，而義仍爲『得』，蓋『德』、『得』古字通」。《四書考異》意見相同。「稱」，《風俗通義·過譽》引《論語》：「泰伯三讓，民無得而稱之焉。」前句有省略。「稱」下多一「之」字。

伯，周大王之太子。❶次弟仲雍，❷少弟季歷。❸季歷賢，❹又生聖子文王昌。❺昌必有天下，故太伯以天下三讓於王季。其讓隱，❻故無得而稱焉，❼所以爲至德也。❽

子曰：「恭而無禮則勞，❾慎而無禮則葸，❿葸，畏懼之貌。⓫言慎而不以禮節之，則常畏

❶「大王」，伯二六九九號、伯三一九四號、伯三五三四號同，篁墩本、皇本、邢本作「太王」，《釋文》出「大王」，云：「(大)音泰。下同。」伯三七〇五號作「大夫」，誤。又，伯二六九九號無「之」字。「太子」，伯二六九九號、伯三一九四號、伯三五三四號、伯三七〇五號、篁墩本、皇本同，大永本作「大子」，邢本、永禄本作「長子」。按：「太子」，《後漢書·和帝紀》注、同書《丁鴻傳》注引鄭注，以及皇疏、邢疏均作「長子」。又，伯二六九九號、皇本末有「也」字。

❷「弟」，篁墩本無此字。

❸「少弟」，伯二六九九號、伯三一九四號、伯三五三四號、伯三七〇五號、邢本同底本。「弟」下，篁墩本、皇本有「曰」字。

❹「季歷」，伯三七〇五號無此二字，當係誤脱。

❺「聖」，皇本作「賢」。

❻「讓」，伯三七〇五號此字重，應有衍字。

❼「故無」，伯二六九九號、伯三一九四號、伯三五三四號、伯三七〇五號、篁墩本、邢本同，皇本、永禄本「故」下多「民家」二字，卷子本、大永本「故」下多一「民」字。又，「焉」，伯二六九九號作「之」，篁墩本作「之者」，伯三一九四號、伯三七〇五號作「言之」，伯三五三四號、皇本、邢本作「言之者」。

❽「所」，伯三五三四號、篁墩本、皇本、邢本同，伯三七〇五號無此字。「德」，伯二六九九號作「得」。按：此處以作「德」爲正。又，「也」，伯三一九四號、伯三七〇五號作「已矣」。

❾「勞」，伯三七〇五號脱此字。

❿「慎」，伯二五一〇號鄭本作「順」。金校記云：「『順』與『慎』，古書通用之例甚多。」

⓫「葸」上，伯二六九九號有「包曰」二字。伯三一九四號、伯三五三四號、伯三七〇五號、篁墩本、皇本、邢本同底本作何晏自注。《釋文》出「葸」，云：「何云畏懼貌。」亦作何注，《論語筆解》則引作王肅注，云：「王曰：葸，懼貌。」按：似作何注是。又，伯三一九四號、伯三七〇五號無「懼」字。皇本、《群書治要》引末有「也」字。

懼。❶勇而無禮則亂，直而無禮則絞。馬曰：絞，絞刺也。❷君子篤於親，❸則民興於仁；❹故舊不遺，則民不偷。」包曰：興，起也。君能厚於親屬，❺不遺忘其故舊，行之美者，❻則民皆化之。❼起爲仁厚之行，不偷薄也。❽

曾子有疾，召門弟子，曰：「啟予足！啟予手！❾鄭曰：啟，開也。曾子以爲受身體於父母，❿不敢毀傷，⓫故使弟子開衾而視之也。⓬

❶「節」，伯二六九九號無，當係誤脱。「畏懼」下，皇本有「也」字。

❷「絞刺也」，伯二六九九號、伯三一九四號、伯三七〇五號、篁墩本、皇本、邢本同。「刺」，伯三五三四號作「剋」，誤。《群書治要》引無「也」字。《論語筆解》引作「絞，刺也」，接上注「王曰：葸，懼貌」之下，似均作王注。但《釋文》出「絞」字，云：「馬云刺也。」則作馬注是。

❸「君子」上，伯二五一〇號鄭本有「子曰」二字，恐有衍誤。

❹「於」，大永本無此字。《論語集解考異》卷四引卷子本舊人記亦云「本無『於』字。」按：寫本及其他刊本均同底本有此字。

❺「君」，《群書治要》引無此字。

❻「者」下，皇本、《群書治要》引有「也」字。

❼「民」，《群書治要》引無此字。

❽「也」，伯三五三四號、皇本同，伯二六九九號、伯三一九四號、伯三七〇五號、篁墩本、邢本、《群書治要》引末無此字。

❾「曰」，伯三七八三號白文無此字，當係誤脱；又，二「予」均作「余」。

❿「受」上，伯二五一〇號鄭本多「孝子」二字。「受」下，《論語鄭氏注》多一「其」字。「父母」上，伯二五一〇號鄭本多一「其」字。

⓫「不敢毀傷」，伯二六九九號、伯三一九四號、伯三五三四號、伯三七〇五號、篁墩本、邢本同。皇本、正平本、《論語鄭氏注》引「傷」下有「之」字。此句，伯二五一〇號鄭本作：「當完全之，今有疾，或恐死。」與諸本異。《後漢書·崔駰傳》注引作：「父母全己生之，亦當全而歸之。」袁鈞、馬國翰等以爲即鄭注，然與集解本鄭注及鄭本注均異。

⓬「弟子」上，伯二五一〇號鄭本有「諸」字，末無「也」字。伯三一九四號、伯三七〇五號末亦無「也」字。

詩云：『戰戰兢兢，如臨深淵，❶如履薄冰。』孔曰：言此詩者，喻己常戒慎，恐有所毀傷也。❷而今而後，❸吾知免夫！小子！」周曰：乃今日而後，我自知免於患難矣。❹小子，謂弟子也。❺呼之者，欲使聽識其言。❻

曾子有疾，孟敬子問之。❼馬曰：孟敬子，❽魯大夫仲孫捷也。❾曾子言曰：「鳥之將死，其鳴也哀；人之將死，其言也善。包

❶「淵」，唐石經此字避諱缺筆，伯三七八三號白文作「泉」，亦避諱改。

❷「孔曰」至「傷也」，伯三五三四號同。「戒」，皇本、正平本、永祿本作「誡」。「有」下，伯三一九四號、伯三七〇五號無「所」字。伯三一九四號、伯三七〇五號、篁墩本、邢本末無「也」字。按：此孔注同鄭注。伯二五一〇號鄭本云：「言此詩者，喻己常戒慎，恐有所毀傷。」

❸「後」上，伯三七八三號白文無「而」字。「今」上，《四書考異》謂《陳龍川集》、《應仲實書》引文無「而」字。

❹「知」，伯二六九九號作「之」。

❺「小子」上，伯二六九九號有「夫」字。「弟子」上，伯二六九九號、伯三五三四號、篁墩本、皇本、邢本無「謂」字。伯三一九四號、伯三七〇五號亦無「謂」字，又，「弟子」下無「也」字。

❻「呼」下，皇本、正平本無「之」字。「其言」下，皇本、伯二六九九號有「也」字。按：此周注「乃今」至「言」同鄭注。伯二五一〇號鄭本云：「今日而後，我自知勉(免)於患難矣。言小子者，呼之欲使聽識其言也。」

❼「敬」，伯三七八三號白文作「武」。

❽「馬曰」，伯三一九四號、伯三五三四號、伯三七〇五號、篁墩本、皇本、邢本同，伯二六九九號作「孔曰」，疑誤。

❾「仲孫」，伯三一九四號、伯三七〇五號作「重孫」。按：「仲孫」爲複姓，作「重孫」誤。「捷」，卷子本、大永本作「踕」，又下有「也」字。《釋文》作「捷」，云：「本又作『踕』，同。」伯二六九九號、伯三一九四號、伯三五三四號、伯三七〇五號、篁墩本、邢本末無「也」字。按：此馬注「孟」至「捷也」略同鄭注。伯二五一〇號鄭本云：「孟敬子，魯卿仲孫捷之謚。」

曰：欲誡敬子。❶言我且死，❷言善可用也。❸君子所貴乎道者三：❹動容貌，斯遠暴慢矣；正顏色，斯近信矣；❺出辭氣，斯遠鄙倍矣。❻鄭曰：此道禮也。❼動容貌，能濟濟蹌蹌，❽則人不敢暴慢之。❾正顏色，能矜莊嚴慄，❿則人不敢欺誕之。⓫出辭氣，能順而說之，⓬則無惡戾之言入於

---

❶「誡」，伯二六九九號、伯三一九四號、伯三五三四號、伯三七〇五號、篁墩本、皇本、邢本作「戒」。

❷「言」上，伯二六九九號衍「孔子」二字。「且死」，伯三一九四號、伯三五三四號、卷子本同，皇本、大永本、永祿本作「且將死」，伯二六九九號、篁墩本、邢本作「將死」。

❸「也」，伯二六九九號、伯三一九四號、伯三七〇五號、篁墩本、邢本末無此字。

❹「乎」，伯二六九九號、伯三一九四號、伯三五三四號、伯三七〇五號、伯二五一〇號鄭本、伯三七八三號白文、唐本、津藩本、篁墩本、皇本、邢本、天文本同，正平本無此字。

❺「矣」，伯三七〇五號作「女」，誤。

❻「倍」，伯三五三四號、伯二五一〇號鄭本、伯三七八三號白文、篁墩本、皇本、邢本同，伯三一九四號、伯三七〇五號無此字。按：皇疏云：「侃謂暴慢，鄙倍同是惡事，故曰遠。」則「鄙」下當有「倍」字。

❼「禮」上，伯二六九九號、伯三一九四號、伯三五三四號、伯二五一〇號鄭本、篁墩本、皇本、邢本有「謂」字，鄭巳本有「節」字。「禮」，伯三七〇五號作「醴」。

❽「能濟濟蹌蹌」，伯二六九九號、伯三五三四號、篁墩本、邢本同。伯三一九四號、伯三七〇五號作「能禮之人」，與他本異，不知何故。「蹌蹌」，伯二五一〇號鄭本、鄭巳本作「鏘鏘」。《釋文》出「蹌」，云：「本或作『鏘』，同。」阮校記云：「依《說文》，當作『蹡』。『蹌』，假借字，『鏘』，俗字。」

❾「之」上，伯二五一〇號鄭本、鄭巳本有「輕蔑」二字。皇本、正平本末有「也」字。

❿「能」，伯二六九九號作「皆」。「莊」，伯三七〇五號誤作「在」。「慄」，伯二五一〇號鄭本同，伯三一九四號、伯三五三四號、伯三七〇五號、篁墩本、皇本、邢本作「栗」。

⓫「誕」，伯三一九四號、伯三五三四號、伯二五一〇號鄭本、鄭巳本、篁墩本同。伯三七〇五號、邢本、永祿本作「詐」。按：皇疏云：「誕，猶詐妄也。」則字當作「誕」。又，皇本、正平本末有「也」字。

⓬「之」，伯三一九四號、伯三五三四號、伯三七〇五號、伯二五一〇號鄭本同，皇本無此字。

耳也。❶籩豆之事，則有司存。」❷包曰：敬子忘大務小，❸故又誡之以此也。❹籩豆，禮器也。

曾子曰：「以能問於不能，以多問於寡；有若無，實若虛，犯而不校，❺包曰：校，報也。言見侵犯不報也。❻昔者吾友，嘗從事於斯矣。」❼馬曰：友，謂顔淵也。❽

❶「於」，鄭巳本作「其」，末無「也」字。篁墩本、邢本末亦無「也」字。

❷「籩」，伯二六九九號、伯二五一〇號鄭本、篁墩本、皇本、邢本同，伯三一九四號、伯三五三四號、伯三七〇五號、伯三七八三號白文、鄭巳本作「邊」。王著云：「『籩』爲『邊』之假借字。」「存」，伯三五三四號、鄭巳本下有「焉」字。

❸「忘」，篁墩本、皇本同，伯二六九九號、伯三一九四號、伯三五三四號、伯三七〇五號、邢本、伊氏本作「忽」。

❹「誡」，諸本作「戒」。伯二六九九號無「之」字。「此也」，伯三七〇五號作「且」。伯二六九九號、伯三一九四號、篁墩本、邢本無「也」字。

❺「挍」，伯二六九九號、伯三一九四號、伯三五三四號、伯三七〇五號同，伯二五一〇號鄭本作「効」，篁墩本、皇本、邢本作「校」，注均同。《字彙》云：「今文從木，誤。」《十駕齋養新録》三云：「按《説文》手部無『挍』字，漢碑木旁字多作手旁，此隸體之變，非别有『挍』字。」按：「挍」、「校」經典通用。王著則云：「校」、「効」古可通用。

❻「包曰」至「也」，伯三一九四號、伯三七〇五號同。「侵犯」下，皇本、正平本、《論語包氏章句》多一「而」字。「不報也」，皇本、永禄本、《論語包氏章句》引作「不校之也」。「也」，伯二六九九號、伯三五三四號作「之」。按：此包注略同鄭注。伯二五一〇號鄭本云：「効，報也。言人見侵犯不報。」《彙考》云：「蓋集解誤以鄭注爲包注。又改『効』爲『校』也。」按：集解孔、包、馬、鄭等注彼此同者甚多，蓋互有承襲，非盡誤也。《彙考》之説難從。

❼「昔者」至「矣」，此句《四書考異》謂《史通・序傳》篇引作「吾之先友嘗從事於斯矣」。與諸本異，恐誤。又，「嘗」，伯二五一〇號鄭本、伯三七八三號白文、鄭巳本作「常」。金校記云：「『常』與『嘗』，古書通用。」

❽「友」至「也」，皇本同。伯三一九四號、伯三七〇五號無「友」字，恐誤脱。「淵」，伯二六九九號作「回」，恐係避諱改名。伯三五三四號、篁墩本、邢本末無「也」字。

曾子曰：「可以託六尺之孤，❶孔曰：六尺之孤，幼少之君也。❷可以寄百里之命，孔曰：攝君之政令也。❸臨大節而不可奪也，❹孔曰：❺大節，安國家，定社稷。❻奪，不可傾奪也。❼君子人與？❽君子人也。」❾

曾子曰：「士不可以不弘毅，任重而

❶「託」，伯二六九九號、伯三五三四號、伯二五一〇號鄭本、伯三七八三號白文、篁墩本、皇本、邢本同，伯三一九四號、伯三七〇五號作「説」，當係形近致誤。《玉篇》引作「侂」。阮校記云：「『侂』與『託』，古字通。」又云：「從言者以言託寄之，從人者以人託寄之，義各不同。今從言，蓋通俗字。」

❷「幼」上，皇本有「謂」字。伯二六九九號、伯三一九四號、伯三五三四號、伯三七〇五號、篁墩本、邢本末無「也」字。《論語孔氏訓解》謂邢疏及《儀禮・喪服》疏等引作「六尺之孤，年十五已下」。按：此乃鄭注，非孔注，《論語孔氏訓解》誤引。

❸「政令也」，伯三五三四號、皇本同。「政」，伯二六九九號作「正」。「令」，伯三一九四號、伯三七〇五號作「命」。伯三一九四號、伯三七〇五號、篁墩本、邢本末無「也」字。

❹「而」至「也」，篁墩本、皇本、邢本同。「而」，伯二六九九號作「如」。按：「而」、「如」，古書通用。又，伯二五一〇號鄭本無「可」字。伯二六九九號、伯三一九四號、伯三五三四號、伯三七〇五號、伯二五一〇號鄭本、伯三七八三號白文末無「也」字。

❺「孔曰」，伯二六九九號、伯三一九四號、伯三五三四號、伯三七〇五號、篁墩本、皇本、邢本首均無此二字，作何晏自注，恐底本誤。

❻「大節」下，皇本有「者」字。「稷」，伯三七〇五號作「禮」，誤。「稷」下，皇本有「也」字。

❼「奪」下，皇本有「者」字。「不可」上，伯二六九九號有「言」字。「也」上，皇本有「之」字。伯二六九九號、伯三一九四號、伯三五三四號、伯三七〇五號、篁墩本、邢本末無「也」字。

❽「與」，伯三七八三號白文作「余」，誤。

❾「人」，伯二六九九號無此字。《釋文》引亦無此字，云：「一本作『君子人也』。」

道遠。包曰：弘，大也。毅，强也，❶而能斷也。❷士弘毅，然後能負重任，致遠路也。❸仁以爲己任，不亦重乎？❹死而後已，不亦遠乎？」孔曰：仁以爲己任，❺重莫重焉。死而後已，遠莫遠焉。

子曰：「興於詩，包曰：興，起也。言修身當先學詩也。❻立於禮，包曰：❼禮者，所以立身也。❽成於樂。」包曰：❾樂，所以成性也。❿

子曰：「民可使由之，不可使知之。」⓫由，用也。可使用而不可使知者，百姓能日用而

---

❶「大」下，伯三五三四號無「也」字。「毅强也」，《群書治要》引作「大毅」，伯三一九四號、伯三七〇五號作「毅果敢」，伯二六九九號作「毅强者」，伯三五三四號、篁墩本、皇本、邢本無「也」字。

❷「而」，伯二六九九號無此字。「斷」上，篁墩本、皇本多一「決」字。「也」，伯二六九九號、伯三一九四號、伯三七〇五號作「決」，伯三五三四號無「也」字。按：此包注（「弘」至「斷也」）略同鄭注。伯二五一〇號鄭本云：「弘，大也。毅，强而能斷也。」

❸「也」，伯三五三四號、《群書治要》引同，伯二六九九號、伯三一九四號、伯三七〇五號、篁墩本、邢本無此字。

❹「不」，伯三七八三號白文無此字，當係誤脱。

❺「仁以」，《群書治要》引同。伯二六九九號、伯三一九四號、伯三五三四號、伯三七〇五號、篁墩本、皇本、邢本作「以仁」。

❻「言」，伯三五三四號無此字。「修」，篁墩本、皇本同，伯二六九九號、伯三一九四號、伯三五三四號、伯三七〇五號、邢本作「脩」。伯二六九九號、伯三一九四號、伯三七〇五號、篁墩本、邢本末無「也」字。

❼「包曰」，伯三五三四號、篁墩本、皇本、邢本、《論語筆解》、《論語包氏章句》引同，伯三一九四號、伯三七〇五號作「孔曰」，恐誤。

❽「者」至「也」，《論語筆解》引無「者」、「也」二字。伯三一九四號、伯三七〇五號、篁墩本、邢本末無「也」字。

❾「包曰」，伯二六九九號、伯三一九四號、伯三五三四號、伯三七〇五號、邢本、《論語筆解》、《論語包氏章句》引同，篁墩本、皇本作「孔曰」，恐誤。

❿「所」至「也」，《論語筆解》引無「所」、「也」二字。伯二六九九號、伯三一九四號、伯三五三四號、伯三七〇五號、邢本末無「也」字。

⓫「民」，底本、伯三七八三號白文、唐石經缺筆，伯三一九四號、伯三七〇五號作「人」，均避唐諱。

不能知也。❶

子曰：「好勇疾貧，亂也。❷包曰：好勇之人而患疾己貧賤者，❸必將爲亂也。❹人而不仁，❺疾之以甚，亂也。」❻孔曰：❼疾惡太甚，亦使其爲亂也。❽

子曰：「如有周公之材之美，❾使驕

❶「也」，伯三五三四號、伯三七〇五號、皇本同，伯二六九九號、伯三一九四號、篁墩本、邢本末無此字。

❷「也」，伯二五一〇號鄭本、伯三五三四號、篁墩本、皇本、邢本同，伯二六九九號、伯三一九四號、伯三七〇五號、伯三七八三號白文、鄭巳本末無此字。

❸「而」至「己」，皇本同。「人」下，伯三一九四號、伯三七〇五號無「而」字。「己」下，伯二六九九號、《論語包氏章句》引有「之」字。

❹「也」，伯三一九四號、伯三五三四號、伯三七〇五號、篁墩本、邢本、《論語包氏章句》末無此字。

❺「人」，伯三五三四號作「仁」。伯三七〇五號「仁」作「人」字。「人」、「仁」，古時通用。「而」，《論衡・問孔》篇作「之」。

❻「以」，伯二五一〇號鄭本、伯三一九四號、伯三七〇五號、伯三七八三號白文同，伯二六九九號、伯三五三四號、篁墩本、邢本、《論語包氏章句》引作「已」。《彙考》云：「漢人通假『以』字爲『已』。」又，伯二六九九號、伯三一九四號、伯三七〇五號、伯三七八三號白文末無「也」字。

❼「孔曰」，伯二六九九號、伯三一九四號、伯三五三四號、篁墩本、皇本同，伯三七〇五號無此二字，恐係誤脱。邢本、《論語包氏章句》引作「包曰」，亦誤。

❽「太」，皇本作「大」。《釋文》出「大」，云：「音泰。」伯二六九九號、伯三一九四號、伯三五三四號、伯三七〇五號、篁墩本、邢本末無「也」字。

❾「如」，《四書考異》謂《顔氏家訓・治家》篇引文作「雖」。但今本《顔氏家訓集解》同底本作「如」。王利器集解云：「『如』，羅本、傅本、顔本、程本、胡本、何本作『雖』。」「材」，伯二六九九號、伯三一九四號、伯三五三四號、伯三七〇五號、伯二五一〇號鄭本、伯三七八三號白文、篁墩本、皇本、邢本、《群書治要》引均作「才」。《彙考》云：「『材』、『才』同音，故可通假。」「美」上，伯三七〇五號無「之」字，當係誤脱。

且吝，❶其餘不足觀也已矣。」❷孔曰：周公者，周公旦也。❸

子曰：「三年學，不至於穀，不易得。❹孔曰：穀，善也。❺言人三年學，❻不至於善，不易可得。❼言必無也。❽所以勸人學也。❾

子曰：「篤信好學，守死善道。❿危邦不入，亂邦不居。天下有道則見，無道則隱。包曰：言行當常然也。⓫危邦不入，謂始往

❶「使」上，皇本、古本、永禄本、武内本有「設」字，伯二六九九號、伯三一九四號、伯三七〇五號、伯二五一〇號鄭本、伯三七八三號白文、篁墩本、邢本、唐本、正平本、天文本同底本無此字。又，「吝」，武内本、大永本作「悋」。《釋文》出「吝」，云：「本亦作『悋』。」

❷「足」至「矣」，伯三一九四號、伯三七〇五號、皇本、古本、津藩本、正平本、卷子本、大永本、武内本同。「觀」上，伯三七八三號白文無「足」字。伯三五三四號、伯三七八三號白文無「也已矣」三字。伯二五一〇號鄭本、伯二六九九號、篁墩本、邢本、天文本、《群書治要》、《顔氏家訓·治家》篇引無「矣」字。

❸「也」，伯二六九九號、伯三一九四號、伯三七〇五號、篁墩本、邢本無此字。

❹「得」，鄭已本同。伯二五一〇號鄭本「得」下有「也」字。伯三七八三號白文「得」下有「乎」字。伯三五三四號、篁墩本、古本、唐本、津藩本、正平本、足利本、皇本、天文本「得」下有「也已」二字。

❺「也」，伯二六九九號、伯三五三四號、篁墩本、皇本、邢本、《釋文》引同，伯三一九四號、伯三七〇五號末無此字。

❻「年」，伯二六九九號、伯三五三四號同。伯三一九四號、伯三七〇五號、篁墩本、皇本、邢本作「歲」。

❼「易」，伯二六九九號、伯三一九四號、伯三五三四號、伯三七〇五號、篁墩本、皇本、邢本無此字。

❽「無也」，伯二六九九號、邢本同，伯三一九四號、伯三七〇五號、伊氏本無「也」字。篁墩本、皇本作「無及也」。

❾「人學也」，伯三五三四號同。「人」下，皇本有「於」字。伯二六九九號、伯三一九四號、伯三七〇五號、篁墩本、邢本末無「也」字。

❿「守」，伯三七〇五號作「統」，誤。

⓫「言」至「也」，伯二六九九號、伯三五三四號、皇本同。伯三一九四號無「常」、「也」二字。篁墩本、邢本無「也」字。此注，伯三七〇五號作「言然」，應有脱誤。

也。❶亂邦不居，今欲去也。❷亂謂臣弒君、子弒父也。❸危者，將亂之兆也。❹邦有道，貧且賤焉，恥也；❺邦無道，富且貴焉，恥也。」❻

子曰：「不在其位，不謀其政。」❼孔曰：欲各專一於其職也。❽子曰：「師摯之始，《關雎》之亂，洋洋乎盈耳哉！」鄭曰：師摯，魯太師之名也。❾始，猶首也，周道衰微，❿鄭、衛之音

---

❶「謂」，邢本、伊氏本無此字。「始」下，伯二六九九號、伯三一九四號、伯三五三四號、伯三七〇五號、篁墩本、皇本、邢本、伊氏本有「欲」字，底本誤脱。伯二六九九號、伯三一九四號、伯三五三四號、伯三七〇五號、篁墩本、邢本、伊氏本末無「也」字。

❷「今」至「也」，伯三一九四號、伯三五三四號、伯三七〇五號同。「今」上，伯二六九九號有「謂」字，末無「也」字。伯二六九九號、篁墩本、邢本亦無「也」字。按：此包注（自「言行當」至「去也」）略同鄭注。伯二五一〇號鄭本云：「言篤信好學，守死善道，行當然也。危邦不入，始欲往也。亂邦不居，今欲去。」

❸「亂謂」至「父也」，此句邢本末無「也」字，餘同。伯二六九九號殘存「亂謂臣▨父▨」，亦同。伯三五三四號、皇本作：「臣弒君子弒父亂也。」「弒」，伯三一九四號、伯三七〇五號作「煞」，末無「也」字，餘同。行文次序與底本稍異。

❹「也」，篁墩本、邢本無此字。

❺「也」，伯三五三四號、伯二五一〇號鄭本、伯三七八三號白文、斯六〇二三號白文、篁墩本、皇本、邢本同，伯二六九九號、伯三一九四號、伯三七〇五號末無此字。

❻「也」，伯二六九九號、伯三一九四號、伯三七〇五號末無此字。

❼「其政」，伯二六九九號、伯三一九四號、伯三七〇五號、伯二五一〇號鄭本、伯三七八三號白文、篁墩本、邢本、天文本同。「其」下，斯六〇二三號白文衍一「事」字。皇本、古本、唐本、津藩本、正平本、大永本、永祿本、卷子本、武內本末有「也」字。

❽「欲」至「也」，皇本、《群書治要》引同。「欲」下，伯二六九九號、伯三五三四號多一「令」字。「職」，伯三一九四號、伯三七〇五號作「政」。伯二六九九號、伯三一九四號、伯三七〇五號、篁墩本、邢本末無「也」字。

❾「魯」至「也」，伯二五一〇號鄭本、皇本同。《史記・十二諸侯年表》集解引無「魯」、「也」二字。「太」，伯三五三四號、篁墩本、邢本作「大」，下同。伯二六九九號、伯三一九四號、伯三五三四號、伯三七〇五號、篁墩本、邢本末無「也」字。

❿「衰微」，伯二六九九號、伯三一九四號、伯三七〇五號、邢本同。《史記・十二諸侯年表》集解引亦同。卷子本無「微」字，伯二五一〇號鄭本、伯三五三四號、篁墩本作「既衰」，皇本、永祿本作「既衰微」。

作，正樂廢而失節，❶魯太師摯識《關雎》之聲，而首理其亂者。❷洋洋盈耳，❸聽而美之也。❹

子曰：「狂而不直，孔曰：狂者進取，宜直也。❺侗而不願，孔曰：侗，未成器之人，❻宜謹願也。❼悾悾而不信，❽包曰：悾悾，慤也，❾宜可信也。❿吾不知之矣。」⓫孔曰：言皆與常度反，我不知之。⓬子曰：「學如不及，⓭猶恐失之。」

❶「廢」，伯二六九九號作「發」，當爲「廢」字之誤。

❷「而」至「者」，此句伯二六九九號、伯三五三四號、皇本、《初學記》卷一五、《太平御覽》卷五六四引同。《史記·十二諸侯年表》集解引無「而」字，「者」作「也」。伯三一九四號、伯三七〇五號無「理」字，當係誤脱。邢本誤作「有」。伯二五一〇號鄭本、篁墩本無「者」字。

❸「洋」至「耳」，伯三一九四號、伯三七〇五號同。「洋洋」下，伯二六九九號、伯二五一〇號鄭本、皇本、《初學記》卷一五、《太平御覽》卷五六四引有「乎」字。「盈耳」下，伯二五一〇號鄭本、皇本有「哉」字。

❹「聽」，《太平御覽》卷五六四引誤作「德」。皇本無「之」字。伯二六九九號、伯三五三四號、伯二五一〇號鄭本、篁墩本、邢本、《初學記》卷一五、《太平御覽》卷五六四引末無「也」字。

❺「也」，伯二六九九號、篁墩本、邢本無此字。

❻「人」，伯三一九四號、伯三七〇五號同。「人」下，皇本有「也」字。

❼「也」，伯二六九九號、伯三五三四號、篁墩本、邢本末無此字。《釋文》出「願」，云：「孔曰謹也。」似有省略。

❽「悾悾」，伯二六九九號、伯三一九四號、伯三七〇五號、篁墩本、皇本、邢本、《論語包氏章句》引同，伯三五三四號、伯二五一〇號鄭本、伯三七八三號白文作「空空」，注同。《彙考》云：「『空』、『悾』，古通用。」金校記亦云：「同音通用，『空空』爲『悾悾』之借字。」

❾「慤」，伯三五三四號同。「慤」下，篁墩本、皇本、《論語包氏章句》引重，永祿本多一「謹」字。伯二六九九號、伯三一九四號、伯三七〇五號、永祿本無「也」字。

❿「也」，伯二六九九號、伯三一九四號、伯三七〇五號、篁墩本、邢本無此字。

⓫「知之」，伯三七八三號白文作「之知」。「矣」，大永本作「也」。

⓬「我」至「之」，伯三五三四號、邢本同。篁墩本、皇本「我」上有「故」字。「之」，皇本、伯三一九四號、伯三七〇五號作「也」。

⓭「學」下，伯二五一〇號鄭本有「而」字。

孔曰：❶學自外入，至孰乃可長久。❷如不及，❸猶恐失之也。❹

子曰：「巍巍乎，舜、禹之有天下也，❺而不與焉。」美舜、禹也。❻己不與求天下而得之也。❼巍巍者，❽高大之稱也。❾

子曰：「大哉堯之爲君也！❿巍巍乎，唯天爲大，唯堯則之。⓫孔曰：則，法也。

❶「孔曰」，伯二六九九號、伯三一九四號、伯三五三四號、伯三七〇五號、篁墩本、皇本、邢本均無此二字，即作何晏自注，底本恐誤。

❷「孰」，篁墩本、皇本作「熟」。大永本「長」下多一「亦」字。

❸「如」上，大永本有「學」字。

❹「也」，伯二六九九號、伯三一九四號、伯三五三四號、伯三七〇五號、邢本無此字，篁墩本、皇本作「耳」。

❺「舜」至「也」，篁墩本、皇本、邢本同。「舜」下，伯二五一〇號鄭本無「禹之」二字。《群書治要》引無「之」、「也」二字。「也」，伯二六九九號、伯三一九四號、伯三五三四號、伯三七〇五號、伯二五一〇號鄭本、伯三七八三號白文、《漢書・王莽傳》、《晉書・劉寔傳》、《白虎通・聖人》篇引無此字。

❻「也」，伯二六九九號、邢本同，伯三一九四號、伯三五三四號、伯三七〇五號、篁墩本、皇本無此字。

❼「己」上，伯二六九九號、邢本多「言」字，閩本、北監本多「信」字。「己」，伯三一九四號、伯三七〇五號無此字。「不與求」，伯三七〇五號作「百與求」，伯二六九九號、大永本作「不預求」，伯三五三四號作「不求」。「而得之」，伯三五三四號「得」作「德」，伯三一九四號、伯三七〇五號脱「得之也」三字。「也」，伯二六九九號、伯三五三四號、篁墩本、邢本無此字。

❽「巍巍者」，皇本同。伯三一九四號、伯三七〇五號首多「洋洋」二字。篁墩本、邢本無「者」字。

❾「稱」，伯三七〇五號作「指」。伯二六九九號、伯三一九四號、伯三五三四號、伯三七〇五號、篁墩本、邢本末無「也」字。

❿「也」，伯三五三四號、伯二五一〇號鄭本、篁墩本、邢本、《群書治要》引同，伯二六九九號、伯三一九四號、伯三七〇五號、伯三七八三號白文無此字。

⓫二「唯」，伯三一九四號、伯三五三四號、伯三七〇五號、伯三七八三號白文、篁墩本、皇本、邢本同，毛本、《論語筆解》、《説苑・至公》篇、《後漢書・班固傳》注均引作「惟」。《四書考異》云：「按舊本《論語》例用『唯』字，此自當以『唯』爲正。」

美堯能法天而行化也。❶蕩蕩乎，民無能名焉。❷包曰：蕩蕩，廣遠之稱也。❸言其布德廣遠，❹民無能識其名。❺巍巍乎，其有成功也。❻功成化隆，高大巍巍。❼煥乎其有文章也。」❽換，明也。❾其立文垂制，又著明也。❿

舜有臣五人，⓫而天下治。⓬孔曰：禹、

❶「也」，伯二六九九號、伯三五三四號、皇本、《群書治要》引同，伯三一九四號、伯三七〇五號、邢本末無此字。

❷「民」，底本、伯二五〇一號鄭本、伯三七八三號白文字缺筆避唐諱。

❸「也」，伯三五三四號、皇本、《群書治要》引同。伯二六九九號、伯三一九四號、伯三七〇五號、篁墩本、邢本無此字。

❹「言其」，《論語筆解》無此二字。

❺「民」，伯三一九四號、伯三七〇五號作「而」。「民」下，伊氏本無「能」字。「識其名」，《論語筆解》引同，伯三一九四號、伯三七〇五號作「識而名之」，篁墩本作「識名」，皇本、《群書治要》引作「識名焉」，邢本、伊氏本作「識其名焉」，伯三五三四號作「識其名也」。

❻「也」，伯二五〇一號鄭本、篁墩本、皇本、邢本同，伯二六九九號、伯三一九四號、伯三五三四號、伯三七〇五號、伯三七八三號白文無此字。

❼「巍」下，皇本有「也」字。

❽「煥」至「章也」，古本、永祿本、《群書治要》引同。《論語集解考異》卷四謂大永本、《廣弘明集》法琳上秦王啓引「煥」字重。「文章」下，伯二六九九號、伯三一九四號、伯三五三四號、伯三七〇五號、伯二五〇一號鄭本、斯六〇二三號白文、伯三七八三號白文、篁墩本、皇本、邢本無「也」字。《四書考異》云：「《漢書·儒林傳》敘、《論衡·齊世》篇、《陳書·文學傳》序、《唐文粹·柳冕答孟判官書》引，『文章』下俱有『也』字。」又，《漢書·儒林傳》敘、《後漢書·馬融傳》注引此句在「巍巍乎其有成功」之上，當爲誤倒。

❾「換」，當作「煥」，底本誤。

❿「又」，伯二六九九號、伯三五三四號、篁墩本、邢本、《群書治要》引同，伯三一九四號、伯三七〇五號作「有」，皇本作「復」。按：「又」、「有」，古常通用。「又」、「復」，形異義近。「著明也」，伯二六九九號作「著著明明」，伯三一九四號、伯三七〇五號無「也」字。

⓫「有」下，伯三五三四號多「亂」字，當涉下文「予有亂臣十人」而衍。「有臣」，大永本作「臣有」，誤倒。

⓬「治」，伯三七八三號白文作「理」，應係避諱改字。

稷、契、❶皋陶、伯益也。❷武王曰：「予有亂臣十人。」❸馬曰：❹亂，治也。❺理官者十人也。❻謂周公旦、邵公奭、太公望、❼畢公、榮公、大顛、閎夭、散宜

❶「契」，皇本、《群書治要》引同。伯三一九四號作「羿」。按：《史記・殷本紀》謂「契長而佐禹治水有功」，帝舜任之爲司徒，封于商。契爲舜之治臣，作「羿」，誤。

❷「也」，伯二六九九號、伯三一九四號、伯三七〇五號、篁墩本、邢本末無此字。按：此注略同鄭注。伯二五一〇號鄭本云：「五人者，禹、稷、契、皋陶、伯益也。」

❸「予」，伯二五一〇號鄭本無此字，當係誤脱。「亂臣」，伯三一九四號、伯三五三四號、伯三七〇五號、伯二五一〇號鄭本、伯三七八三號白文、篁墩本、皇本、邢本、《群書治要》引同。伯二六九九號此處殘，據間距亦有「亂臣」二字。唐石經「臣」字旁注，伊氏本無「臣」字。《困學紀聞》引亦無「臣」字。《釋文》出「予有亂十人」，云：「本或作『亂臣十人』，非。」阮校記云：「凡有『臣』字者，皆後人據僞《泰誓》妄增。」按：前引唐寫本均有「臣」字，《彙考》云：是唐時通行本率如此。又，《爾雅・釋詁》「亂……治也」郭璞注云：「《論語》曰：『予有亂臣十人。』」邢疏引同，校勘記云：「單疏本、雪牕本同。」是刊本也多有「臣」字。阮氏之説恐未必然。

❹「馬曰」，伯二六九九號、伯三一九四號、伯三五三四號、伯三七〇五號、篁墩本、皇本、邢本同，《論語集解考異》卷四謂卷子本、舊版本作「孔安國曰」。按：唐寫本均作「馬曰」，此作孔注恐誤。

❺「治」，邢本、《群書治要》引同，伯二六九九號、伯三一九四號、伯三五三四號、伯三七〇五號、篁墩本、皇本作「理」，應係避諱改字。

❻「理官者」，伯三五三四號、篁墩本、皇本、《群書治要》引同，伯三七〇五號作「以官」，伯三一九四號作「官」。伯二六九九號作「避官者」，邢本作「治官者」。伯三一九四號、伯三五三四號、伯三七〇五號、篁墩本、邢本末無「也」字。

❼「旦」至「望」，《群書治要》引無「旦」、「奭」、「望」三字。「邵」，伯三一九四號、伯三七〇五號同，伯二六九九號、伯三五三四號、篁墩本、皇本、邢本、《釋文》、《文選》卷一〇潘安仁《西征賦》注引作「召」。

生、南宫括，❶其一人謂文母也。❷

孔子曰：「才難，豈其然乎？❸唐、虞之際，於斯爲盛。❹有婦人焉，❺九人而已。孔曰：唐者，堯號。虞者，舜號。❻際者，堯、舜交會之間也。❼斯，此也。❽此，周。❾言堯、舜交會之間，比於此周，❿周最盛，⓫多賢才，⓬然尚有一婦人，其餘九人而已。大才難得，豈不然乎！⓭叁分天下

---

❶ 「括」，伯二六九九號同，伯三一九四號，伯三五三四號、伯三七〇五號、篁墩本、皇本、邢本、《群書治要》、《西征賦》注引作「适」。

❷ 「其」下，皇本、卷子本、大永本多一「餘」字。「文」下，大永本有「王」字。伯二六九九號、伯三一九四號、伯三五三四號、篁墩本、邢本末無「也」字。按：此注（自「亂治也」至「其一人謂文母也」）略同鄭注。伯二五一〇號鄭本云：「亂猶理也。武王言我有治理政事者十人，謂文母、周公、邵公、太公、畢公、榮公、太巔、宏夭、散宜生、南宫括。」

❸ 「才」至「乎」，《漢書・王嘉傳》、同書《劉向傳》贊引「才」作「材」，「乎」作「與」。《北史・文苑傳》則引「乎」作「也」。「其」，伯二六九九號、伯三一九四號、伯三五三四號、伯三七〇五號、伯二五一〇號鄭本、伯三七八三號白文、斯六〇二三號白文、篁墩本、伯二五一〇號鄭本誤作「期」。

❹ 「盛」，伯二七〇五號作「威」，誤。

❺ 「有」下，伯二六九九號，伯二五一〇號鄭本、永禄本、伊氏本多一「一」字。

❻ 「者」至「舜號」，伯三五三四號、篁墩本、邢本同。伯三一九四號、伯三七〇五號二「者」均誤作「有」。伯二六九九號無「虞者舜號」，當係誤脱。二「號」下，皇本均有「也」字。

❼ 「也」，皇本同，伯二六九九號，伯三一九四號，伯三五三四號，伯三七〇五號、篁墩本、邢本無此字。

❽ 「也」，伯三一九四號、伯三五三四號、伯三七〇五號、篁墩本、永禄本、大永本無此字。

❾ 「此周」，伯三五三四號作「周也」，伯二六九九號作「此周也」，大永本作「此於周」，永禄本作「此斯於周」，篁墩本作「此此於周」，皇本作「此此於周也」，邢本、《群書治要》引無此句。

❿ 「此」，邢本、大永本、伊氏本無此字。

⓫ 「盛」，伯三一九四號作「成」，誤。

⓬ 「才」，篁墩本、《群書治要》引無此字。

⓭ 「大」，伊氏本、《群書治要》引作「人」。伯二六九九號「乎」下有「也」字。

有其二，❶以服事殷。❷周之德，❸其可謂至德也已矣。」❹苞曰：　殷紂淫亂，文王爲西伯，而有聖德，天下歸周者，❺三分有二，❻而猶以服事殷，❼故謂之至德也。❽

子曰：「禹，吾無間然矣。❾孔曰：　孔子推禹功德之盛，❿言己不能復間廁其間。⓫菲飲食

❶「叁」，伯三五三四號同，伯二六九九號，伯三一九四號，伯三七〇五號，伯二五一〇號鄭本、鄭午本、伯三七八三號白文、斯六〇二三號白文、篁墩本、邢本、正平本、天文本作「三」，古本、皇本、永禄本、武内本作「參」。《釋文》作「參」，云：「一音三。本又作『三』。」《彙考》云：「『三』，正字，『叁』，通假字。」阮校記云：「《後漢書·伏湛傳》、《文選·典引》注並引作『參』，是古本皆作『參』字。」

❷「以」，《四書考異》謂《後漢書·袁術傳》「文王三分天下猶服事殷」注引《論語》均作「猶」。《後漢紀》何進述文、《史通·疑古》篇引《論語》亦作「猶」。諸本均同底本。《三國志·魏武帝紀》注引作「以」。應以作「以」爲是。

❸「之」，伯三一九四號、伯三五三四號、伯三七〇五號、伯三七八三號白文、伯二五一〇號鄭本、鄭午本、邢本、《詩·酌》篇正義、《三國志·魏武帝紀》注引同，古本、皇本、篁墩本、唐本、津藩本、足利本、正平本、天文本無此字。

❹「其」至「矣」，伯三七八三號白文、斯六〇二三號白文、古本、皇本、唐本、津藩本、正平本、天文本、篁墩本同。伯三一九四號、伯三七〇五號、伯二五一〇號鄭本、鄭午本、邢本無「其」字。《文選》卷二〇沈休文《樂遊苑詩》注、《三國志·魏武帝紀》注引亦無「其」字，又無「也已」二字。伯二六九九號無「也」字。伯三五三四號作「可謂爲德至也已矣」，與諸本異，恐有誤。

❺「天下」下，伯三五三四號、皇本、大永本、永禄本有「之」字，卷子本有「之民」二字。

❻「有」，大永本作「其」。

❼「猶以」，伯二六九九號作「自己」，誤。

❽「也」，伯二六九九號、伯三一九四號、伯三七〇五號、篁墩本、邢本無此字。

❾「無間」，伯三一九四號作「興間」，伯三七〇五號作「興問」，皆誤。篁墩本、足利本無「矣」字。

❿「盛」，伯三一九四號、伯三五三四號、伯三七〇五號、篁墩本、皇本同。「盛」下，伯二六九九號、邢本有「美」字。

⓫「能」，伯三五三四號無此字。「廁」，伯二六九九號、伯三五三四號、皇本同，篁墩本、邢本作「厠」，伯三一九四號、伯三七〇五號作「側」。按：「廁」、「厠」、「側」義通。又，伯三五三四號、皇本「間」下有「也」字。

而致孝乎鬼神，❶馬曰：　菲，薄也。致孝鬼神，❷祭祀豐潔也。❸惡衣服而致美乎黻冕，❹孔曰：　損其常服，以盛祭服。❺卑宮室而盡力乎溝洫。❻苞曰：　方里爲井，井間有溝，溝廣深四尺。十里爲城，城間有洫，❼洫廣深八尺也。❽禹，吾無間然矣。❾

❶「飲」，伯三七八三號白文作「衣」。「乎」，鄭午本、《文選》卷三《東京賦》注引作「於」。又，《東京賦》注引此句置「惡衣服」句之下，當係誤倒。

❷「致孝」，伯三五三四號、篁墩本、邢本同。「孝」下，伯二六九九號、《群書治要》引有「於」字，皇本、永祿本有「乎」字，伯三一九四號、伯三七〇五號作「至乎」，中脱「孝」字。

❸「祭」上，《群書治要》引有「謂」字。「潔」，伯三一九四號、伯三五三四號、伯三七〇五號、皇本同，篁墩本、邢本作「絜」。又，伯三一九四號、伯三五三四號、伯三七〇五號、篁墩本、邢本無「也」字。

❹「乎」，《群書治要》、《文選》卷二〇《東京賦》注引作「於」。伯三七〇五號誤脱「冕」字。

❺「服」下，伯二六九九號、伯三五三四號、皇本有「也」字。

❻「乎」，《群書治要》引無此字，《文選》卷二〇《東京賦》注引作「於」。

❼二「城」，伯二六九九號、邢本、伊氏本均作「成」，伯二六九九號亦作「成」，但字不重。

❽「也」，伯三一九四號、伯三七〇五號末無此字。

❾「矣」，永祿本無此字。「矣」下，伯三五三四號有「也」字。此句後，伯二六九九號、伯三一九四號、伯三五三四號、伯三七〇五號尚有「論語卷第四」五字。

《子罕》篇整理説明

《子罕》篇共有四個集解寫本，均爲伯希和、斯坦因本。另有一件敦煌出白文寫本、一件俄藏白文寫本和五件鄭注寫本（其中二出敦煌，三出吐魯番）。

本篇分章，篁墩本、《釋文》、《論語譯注》共三十一章；皇本、邢本將第三十、三十一章合爲一章，共三十章。今取三十一章分章法。

底本：伯三三〇五號。本篇共存四十六行，起第一章，迄三十一章末，無篇題。前三十五行上部均稍殘，前十五行下部亦有殘。該本錯别字較多，卷末有題記，爲：「學生李改書一卷」。文中「治」作「理」，避唐高宗諱，知爲唐寫本。

校本：（一）斯三九九二號。本篇殘存二十八行，起第十一章末「欲罷不（能）」，迄第二十七章「（不忮）不求」。每行多有殘闕。中脱第十三章末「沽之哉」句及其下包注。該本「棄」作「弃」，當係避「世」字諱之變體，又據書法，知爲唐寫本。《敦煌遺書總目索引》誤定爲《學而》篇。（二）伯三四六七號。本篇殘存二十一行，起第十六章「（入）則事父兄」，迄第二十一章「（豈）不□思」。中脱第二十四章「異與之言」至「繹之爲貴」，及其下馬注。末二行僅存數字。據書法知爲唐寫本。（三）伯四六四三號。本篇殘存十一行，起第二十二章末「（秀而不實）有矣夫」，迄第二十七章末注「何足以爲善也」。每行均有殘。據書法知爲唐寫本。《敦煌遺書總目索引》亦誤定爲《學而》篇。

參校本：（一）伯三七八三號白文本。本篇共存四十九行，起第一章，迄篇末，無篇題。該本爲唐僖宗末期寫本，詳見前二篇題解。（二）斯六〇二三號白文本。本篇殘存二十四行，起第二章「（達巷）黨人曰」，迄第十六章「入則（事父兄）」。前二十四行上部均有殘。中脱第六章「子聞之」至「故多能鄙事」。據書法知爲唐寫本。（三）Дx.〇二一四四號白文本（簡稱俄〇二一四四號）。本篇共存二行，起二十四章「言能無從乎」，迄三十章

「室是遠而」。每行下半截均有殘。(四)伯希和二五一〇號鄭注本。(五)上博二四五七九號鄭玄注本。本篇共存三十二行，起第七章「子云吾不試，故藝」，迄第二十七章(「是道也，何足以臧」注)「(子路於)大事簡略，故」。(六)至(八)均爲吐魯番阿斯塔那二七號墓所出鄭注本，編號分別爲：阿斯塔那二七號墓三一/一(a)、三一/二(a)號(簡稱鄭未本)；　阿斯塔那二七號墓三二(a)、一八/七(a)號(簡稱鄭申本)；　阿斯塔那二七號墓一八/八(a)、三三(a)號(簡稱鄭酉本)。　鄭注本解説詳見王著。

伯希和三三〇五號寫本

子罕第九

□□□□□命與仁。❶罕者，希也。和者，❷義之和也。命者，天之命。❸仁者，行之盛也。寡能及之，故希言也。❹

達巷黨人：❺「大哉孔子！博□□□□□□。」❻□曰：❼達巷者，黨名。❽五百家爲黨，此黨之人□孔子博學道藝，❾不成一名而已者乎。❿

❶「□□□□□」，諸本作「子罕言利與」。闕文上，篁墩本有篇題，爲：「論語子罕第九　凡三十一章　何晏集解。」據此補篇題「子罕第九」。

❷「和」，篁墩本、皇本、邢本作「利」。此注既釋經文「利」等，底本「和」當爲「利」字之誤。

❸「命」下，篁墩本、皇本、邢本有「也」字。按：此注釋「罕」、「利」、「仁」，各句末均有「也」字，依句法，釋「命」之句末亦當有「也」字，底本誤脱。

❹《論語筆解》引此注作：「包曰：寡能及之，故希言。」作包注，又末無「也」字，與諸本異。前無「罕者」至「盛也」一段，當係删略。

❺「達巷」，底本原作「達卷」，誤，今改。伯三七八三號白文作「遠巷」，亦誤。「人」下，伯二五一〇號鄭本、斯六〇二三號白文、伯三七八三號白文、篁墩本、皇本、邢本有「曰」字，底本誤脱。

❻「□□□□□□」，伯二五一〇號鄭本、篁墩本、皇本、邢本作「學而無所成名」。伯三七八三號白文無「所」字。斯六〇二三號白文此句殘，存文同。

❼「□」，篁墩本、皇本、邢本作「鄭」。

❽「巷」至「名」，伯二五一〇號鄭本、皇本、邢本、大永本、永禄本、伊氏本同。「達巷」下，篁墩本、卷子本無「者」字，鄭午本、《讀書雜鈔》引多一「黨」字。諸本「名」下有「也」字。

❾「□」，諸本作「美」。

❿「而已」，《史記·孔子世家》集解引作「也」。伯二五一〇號鄭本、鄭午本、篁墩本、皇本、邢本、《孔子世家》集解引無「者乎」二字，疑底本衍。伯二五一〇號鄭本此下尚有「言其無不明達也」（鄭午本同，唯「無」下多一「所」字），集解本未採用。

子聞之，謂弟子曰：❶「吾何執？執射乎？❷□□□□□□□❸□□❹聞人美之，承以謙也。❺五執▨名六藝之卑也。❻

子曰：「麻免，❼禮也；今也純，❽儉，吾從衆。孔曰：冕，緇布▨績麻三十升▨❾故從儉也。❿拜下，禮也；⓫今拜乎上，⓬泰也。⓭

❶「謂」，伯三七八三號白文同，伯二五一〇號鄭本、篁墩本、皇本、邢本「謂」下有「門」字。

❷「射」，伯二五一〇號鄭本、斯六〇二三號白文、伯三七八三號白文、篁墩本、皇本、邢本作「御」，底本誤。

❸「□□□□□□□」，伯二五一〇號鄭本、篁墩本、皇本、邢本作：「執射乎？吾執御矣。」《考文補遺》謂古本「執射乎」上多一「吾」字，末無「矣」字。伯三七八三號白文無「執射乎」三字，當係誤脱。斯六〇二三號白文殘，存文同。

❹「□□」，諸本作「鄭曰」。

❺「承以謙也」，皇本、正平本、《史記・孔子世家》集解引同，伯二五一〇號鄭本、鄭午本、篁墩本、邢本作「承之以謙」。伯二五一〇號鄭本此下尚有「吾於所名，當何所執乎」，集解本未採用。

❻「五」，諸本作「吾」，底本誤。「▨」，邢本作「御欲」，伯二五一〇號鄭本、鄭午本、篁墩本、皇本、正平本、《史記・孔子世家》集解引作「御者欲」。「名」，《孔子世家》集解引作「明」。「卑也」，皇本、邢本同，篁墩本無「也」字，伯二五一〇號鄭本、鄭午本作「褻事」。

❼「免」，諸本作「冕」，底本誤。

❽「純」，唐石經此字缺筆，避唐諱。

❾前一「▨」，篁墩本、皇本、邢本作「冠也古者」。後一「▨」，諸本作「布以爲之純絲也絲易成」。《釋文》出「純」，云：「絲也」，同諸本。

❿「故」，篁墩本、邢本同，皇本作「或」。篁墩本、邢本「儉」下無「也」字。此注《後漢書・陳元傳》注引作何晏注，云：「麻冕，緇布冠也，古績麻三十升以爲之。純，絲也。絲易成，故從儉。」按：此與孔注相較，唯「冕」上多一「麻」字，「古」下少一「者」字，餘均同。可見所云「何晏注」實指何晏集解，諸本作孔注不誤。

⓫「也」，伯三七八三號白文、斯六〇二三號白文無此字。

⓬「乎」，伯二五一〇號鄭本、伯三七八三號白文、篁墩本、皇本、邢本同，鄭午本作「于」。

⓭「也」，伯二五一〇號鄭本、鄭午本、伯三七八三號白文、篁墩本、皇本、邢本同，正平本無此字。

雖違衆，❶吾從下。」王曰：❷臣之與君行禮▨成禮。❸時君驕泰，❹故於▨❺今從下禮之恭。❻

子絶四：謂絶四者。❼毋意，❽以道爲度，故不任意。❾毋必，用之則行，舍之則藏，故無專必。❿毋固，無可無不可，故無固行之也。⓫毋我。述古▨作⓬▨⓭唯道是從，故不受其身也。⓮

---

❶「雖」，伯三七八三號白文誤作「難」。

❷「王曰」，《後漢書·陳元傳》注引作何晏注，參見第一四一頁校勘記❿。

❸「▨」，篁墩本、皇本、《後漢書·陳元傳》注引作「者下拜然後升」，邢本無「升」字，餘同。阮校記云：「有『升』字爲是。」又，《陳元傳》注引無「成禮」二字。

❹「君」，諸本作「臣」，底本誤。

❺「▨」，篁墩本、邢本作「上拜」，皇本作「上拜也」。

❻「恭」下，篁墩本、皇本、邢本、《後漢書·陳元傳》注引有「也」字。

❼「謂絶四者」，篁墩本、皇本、邢本均無此注。

❽「意」，伯三七八三號白文、斯六〇二三號白文、篁墩本、皇本、邢本、《論語筆解》、《釋文》引同。伯二五一〇號鄭本、鄭午本作「億」。按：此處當以作「意」爲正，「億」爲假借字。

❾「意」下，皇本、《史記·孔子世家》集解引有「也」字。

❿「舍」至「必」，篁墩本、邢本、《史記·孔子世家》集解引同。「舍」，皇本、卷子本作「捨」。「專必」上，伊氏本、永禄本有「自」字，末有「也」字。皇本、卷子本末亦有「也」字。

⓫「之也」，皇本、《史記·孔子世家》集解引無「之」字，篁墩本、邢本無「之也」二字。

⓬「▨」，篁墩本、皇本、邢本、《史記·孔子世家》集解引作「而不自」。

⓭「▨」，諸本作「處群萃而不自異」。

⓮「受」，邢本、《史記·孔子世家》集解引作「有」，篁墩本、皇本作「自有」。篁墩本、邢本、《孔子世家》集解引末無「也」字。《論語筆解》此章經文下引注云：「王曰：不任意，無專必，無固行，無有其身也。」按：此四句與集解本何晏四注末句同（唯第四句「無有」之「無」，集解本作「不」，然義實相同），當係摘集解注而成。然謂爲王肅注，與諸本異。唐寫本及諸刊本似不可能均脱注者，疑《筆解》引誤。

子畏於匡，包曰：　匡人誤圍夫子，爲楊虎。❶楊虎曾暴於匡，❷夫子弟子顏〼虎俱往。❸後尅夫子御至匡，❹匡人相與共識尅。又夫子容貌與虎相似，故匡人以兵而圍之。❺曰：「文王既殁，❻文不在兹乎？孔曰：　兹，此也。言文王王雖已死，❼其文見在此。此，自此其身。❽天之將喪斯文也，後□□不得與於斯文也。❾孔曰：　文王既殁，故孔子自謂後死也。言天將哀此文者。❿本不當我知之。⓫今使我知之，⓬未哀之也。⓭天之未喪斯文

---

❶「爲」上，諸本有「以」字，底本誤脱。又，「楊」，諸本作「陽」，底本誤，下同。

❷「曾」，邢本同，篁墩本、皇本作「嘗」。《釋文》作「嘗」，云：「如字。本或作『曾』。」

❸「〼」，篁墩本、皇本作「剋時又與」。「剋」，邢本作「尅」。《釋文》出「顏剋」，云：「諸書或作『顏亥』。」又，「往」，篁墩本、皇本同，邢本作「行」。

❹「剋」下，諸本有「爲」字，底本誤脱。又，「至」下，諸本有「於」字。

❺「人」至「之」，《論語集解考異》卷五云：「大永本『人』下有『誤』字，『兵』下有『而』字（同底本），末有『也』字。大永本記云：一本『人』下有『乃』字。」篁墩本、皇本、邢本無「而」字。

❻「殁」，伯二五一〇號鄭本、伯三七八三號白文、篁墩本、皇本、邢本、《史記·孔子世家》引均作「没」。「没」、「殁」，義通。

❼「王」至「死」，諸本「王」字不重，底本誤衍。「雖已死」，大永本作「已雖死没」，文法不通，必有誤。「死」，篁墩本、皇本、《論語孔氏訓解》引作「没」。

❽「自」至「身」，篁墩本同。「自」下，邢本、《論語孔氏訓解》有「謂」字。皇本、《論語孔氏訓解》「身」下有「也」字。

❾「□□」，諸本作「死者」。伯三七八三號白文末無「也」字。

❿「哀」，諸本作「喪」，底本誤。「此」，《論語孔氏訓解》引作「斯」。

⓫「不當我」，底本原衍一「不」字，已删。「我」上，篁墩本、皇本、邢本、《史記·孔子世家》集解、《論語孔氏訓解》引有「使」字，底本誤脱。

⓬「使我知之」，底本「使」，原誤作「便」，已改正。「知之」，皇本、邢本同，篁墩本無「之」字。

⓭「未哀之也」，篁墩本、皇本、邢本、《論語孔氏訓解》引作「未欲喪也」，《史記·孔子世家》集解引作「未欲喪之也」。

也，❶□□其如予何」？❷馬曰：如其予何，❸猶言奈何，❹天之未喪此文，❺則我當傳之。匡人欲奈我何，言其不能違天以害己也。❻

太宰問於子貢曰：❼「夫子□□與？❽何其多能也。」❾包曰：❿太宰，大夫官名也。⓫或吴或宋，未可分也。疑孔子多能於六藝。⓬子貢曰：「天縱之將聖，⓭又多能。」⓮孔曰：言

❶「也」，伯二五一〇號鄭本、斯六〇二三號白文、伯三七八三號白文、篁墩本、皇本、邢本、天文本同，唐本、津藩本、卷子本、正平本末無此字。

❷「□□」，諸本作「匡人」。

❸「如其予何」，大永本、《史記・孔子世家》集解引作「如予何」，篁墩本、皇本作「如予何者」，邢本作「其如予何者」。

❹「奈」下，諸本有「我」字，末有「也」字，底本有脱字。

❺「之」至「文」，篁墩本、邢本同。《史記・孔子世家》集解引無「之」字。皇本末有「也」字。

❻「其」至「也」，邢本同。《史記・孔子世家》集解引無「其」字。「以」，皇本作「而」，篁墩本無「以」字。篁墩本、《孔子世家》集解引末無「也」字。

❼「太」，篁墩本、皇本、武内本、天文本同，邢本作「大」，注同，《釋文》出「大」，云：「音太。」《白虎通・聖人》篇引無「於」字。

❽「□□」，伯二五一〇號鄭本、斯六〇二三號白文、伯三七八三號白文、篁墩本、皇本、邢本作「聖者」。

❾「也」，伯二五一〇號鄭本、伯三七八三號白文、永禄本末無此字。

❿「包曰」，篁墩本、皇本、邢本作「孔曰」。《論語孔氏訓解》引亦作孔注。

⓫「也」，篁墩本、邢本末無此字。

⓬「孔」，底本原誤作「禮」，已改正。又，「六藝」，篁墩本、皇本、邢本、《論語孔氏訓解》引作「小藝」。皇本「藝」下有「也」字。按：此章孔子言「吾少也賤，故多能鄙事」，「鄙事」與「小藝」義近。邢疏亦云：「此章論孔子多小藝也。」底本作「六藝」，恐誤。

⓭「天」上，伯二五一〇號鄭本、伯三七八三號白文、篁墩本、皇本、邢本有「固」字。《風俗通義・窮通》篇引《論語》「固天縱之莫盛於聖」，首亦有「固」字。唯「莫盛於聖」與此注「將聖」含義不類。又，「固」，《論衡・知實》篇引作「故」。按：孔注、邢疏引亦有「固」字。皇疏更云：「固，故也。」是底本誤脱「固」字。

⓮「能」，伯二五一〇號鄭本、伯三七八三號白文、斯六〇二三號白文同。篁墩本、皇本、邢本、《論衡・知實》篇引「能」下有「也」字。

天故縱大聖之德，❶故使多能也。❷子聞之：❸「太宰知我者？❹吾少也賤，故多能鄙事。君子多乎哉？不。」❺包曰：我少小貧賤，常自執事，故多能爲鄭人之事。❻君□固不當多能。❼

罕曰：❽「子云，『吾不試，故藝』。」鄭曰：牢，弟子子牢。試，用也。❾言孔子自云我不見任用，❿故多伎藝也。⑪

子曰：「吾有知乎哉？無知也。知者，知意之知也。知者，⑫言未必盡。⑬今我誠盡也。⑭

---

❶「故」，諸本作「固」。又，「縱」下，皇本、《論語孔氏訓解》引有「之」字。

❷「故」，諸本作「又」。篁墩本末無「也」字。伯二五一〇號鄭本注（「言天」至「能也」）略同鄭注。按：此孔注云：「言天縱大聖人之心，既使之聖，又使之多所能。」

❸「之」下，伯二五一〇號鄭本、伯三七八三號白文、篁墩本、皇本、邢本有「曰」字，底本誤脱。

❹「者」，伯二五一〇號鄭本同。伯三七八三號白文、邢本作「乎」，皇本、篁墩本、古本、唐本、津藩本、足利本、正平本、天文本、武内本下多一「乎」字。《彙考》云：「無『乎』字語氣不足，此疑誤脱。」

❺「不」下，諸本有「多也」二字，底本誤脱。

❻「鄭」，諸本作「鄙」，底本誤。

❼「□」，諸本作「子」。「故」，諸本作「固」。「能」下，皇本有「也」字。

❽「罕」，諸本作「牢」，底本誤。

❾前「牢」，底本原誤作「罕」，已改正。「牢」下，《史記·孔子世家》集解引多一「者」字。「弟子」上，伯二五一〇號鄭本、上博二四五七九號鄭本《孔子世家》集解引有「孔子」二字。「子牢」下，篁墩本、皇本、邢本、正平本、《釋文》引有「也」字。「用也」下，伯二五一〇號鄭本、上博二四五七九號鄭本尚有「藝伎藝也」四字，集解本均無，當係删略。

❿「言」至「用」，篁墩本、皇本、邢本、正平本、《史記·孔子世家》集解引無「任」字。伯二五一〇號鄭本、鄭未本、上博二四五七九號鄭本作「言我少不見用」，與集解本稍異。

⑪「伎藝也」，伯二五一〇號鄭本同。「伎」上，篁墩本、皇本多一「能」字。「伎」，伯二五一〇號鄭本、鄭未本、篁墩本、皇本、正平本、《釋文》引同，邢本作「技」。上博二四五七九號鄭本、篁墩本、邢本末無「也」字。

⑫「知者」上，邢本同。篁墩本、皇本有「言」字。

⑬「盡」下，皇本多一「也」字。

⑭「也」，篁墩本、邢本末無此字。

有鄙夫來問於我，❶空如也。❷我叩兩端而竭焉。」❸孔曰：有鄙夫來問▨空空然，❹我則發事之終始兩端以語之。竭書其所知，❺不爲有愛之。❻

子曰：「鳳鳥不至，河不出圖，言已矣夫！」❼孔曰：有聖人受命，❽則鳳鳥至，河出圖。❾□□無此瑞，❿吾已矣夫者，不得見。⓫河圖，八對是也。⓬

---

❶「來」，伯三七八三號白文、皇本、古本、唐本、津藩本、卷子本、大永本同，伯二五一〇號鄭本、鄭未本、上博二四五七九號鄭本、唐石經、篁墩本、邢本、正平本、天文本、伊氏本無此字。「問」下，鄭未本多一「事」字。

❷「空如也」，伯二五一〇號鄭本、上博二四五七九號鄭本、伯三七八三號白文、斯六〇二三號白文、篁墩本、皇本、邢本「空」字重。鄭未本作「悾悾」。《釋文》作「空空」，云：「如字。鄭或作『悾悾』，同，音空。」斯六〇二三號白文無「也」字。

❸「兩」上，伯二五一〇號鄭本、上博二四五七九號鄭本、伯三七八三號白文、斯六〇二三號白文、篁墩本、皇本、邢本多一「其」字。「而竭」，伯二五一〇號鄭本無，當係誤脱。

❹「▨」，諸本作「於我其意」四字。

❺「書其」，篁墩本、皇本、邢本、《論語孔氏訓解》引「書」作「盡」，無「其」字。底本應有衍誤。

❻「愛」上，永祿本有「所」字。「之」，皇本作「也」。篁墩本、永祿本、邢本無「之」字。

❼「言」，諸本作「吾」，底本誤。

❽「有」，篁墩本、皇本同，邢本、《論語筆解》引無此字。

❾「鳳鳥」，《論語筆解》引作「鳳凰」。

❿「□□」，《論語筆解》引作「今」，篁墩本、皇本、邢本作「今天」。《史記·孔子世家》集解引此注作：「聖人受命，則河出圖，今無此瑞。」

⓫「不得」，篁墩本、皇本、《史記·孔子世家》集解引同，邢本、《論語筆解》引「不」上多一「傷」字。諸本「見」下有「也」字。

⓬「八對」，諸本作「八卦」，《論語筆解》引作「迺（及？）八卦」。按：此孔注（「有聖人受命」至「不得見」）大部同鄭注。伯二五一〇號鄭本注云：「有聖人受命，則鳳鳥至，河出圖，今天無此瑞。吾已矣者，傷不得見用也。」「者」，鄭申本作「夫」。「傷」下多「有道」二字。

子見齊衰者、❶冕衣裳者與瞽者，❷包曰：冕，冠也，❸大夫衣服。❹瞽，盲。❺見之，雖少，❻作；❼過之，必趍。❽包曰：作，起也。趨，疾行也。此夫子哀有喪、尊在位、恤不成人也。❾

顔淵喟然歎曰：喟然，歎聲。❿「仰之彌高，鑽之彌堅。言不□窮□也。⓫瞻之在前，忽

❶「子」，斯六〇二三號白文下衍「曰」字。

❷「冕」，伯二五一〇號鄭本、鄭申本、上博二四五七九號鄭本作「弁」。《釋文》出「冕」，云：「鄭本作『弁』，魯讀弁爲絻。」阮校記云：「今之作冕者，蓋《魯論》也。」「裳」，伯二五一〇號鄭本作「常」。《彙考》弁言云：「『常』爲正字，『裳』爲或體，後以『常』爲經常借意所專，而衣裳乃以或體字行。今此作『常』，猶存朔誼。」

❸「冕」上，篁墩本、皇本多「冕者」二字，邢本「冕」下多一「者」字。

❹「衣」，諸本作「之」。「服」下，皇本有「之」字。

❺「瞽盲」下，邢本多一「也」字，篁墩本、皇本作「瞽者盲者也」。

❻「雖少」，伯二五一〇號鄭本、伯三七八三號白文、斯六〇二三號白文、邢本同。篁墩本、皇本、古本、唐本、津藩本、足利本、正平本、天文本「少」下多一「者」字。

❼「作」上，伯二五一〇號鄭本、伯三七八三號白文、斯六〇二三號白文、篁墩本、皇本、邢本多一「必」字，底本誤脱。

❽「趍」，伯三七八三號白文、大永本同，上博二四五七九號鄭本、篁墩本、皇本、邢本作「趨」。《彙考》云：「《説文》『趨』、『趍』爲二字，經傳常通用。」按：「趍」乃「趨」之俗字。

❾「不成人也」，皇本同。篁墩本、邢本無「也」字。

❿「然歎聲」，篁墩本同。邢本、伊氏本無「然」字。「然」下，大永本多一「者」字。皇本末有「也」字。

⓫二「□」，諸本分別爲「可」、「盡」二字。篁墩本、邢本末無「也」字。

焉在後。❶言惚怳不可爲形象。❷夫子循循然善誘人，❸循循，次序貌。誘，進也。言夫子正以此道勸人進有次序也。❹博我以文，約我以禮，❺欲罷不能。既竭吾才，如有所立卓爾，雖欲從之，末由也已。」❻孔曰：言夫子既以文章開博我，又以禮節約我，❼使我欲罷而不能，❽已竭我才矣，❾其有所立，則又卓然不可及。❿言己雖蒙夫子之善誘，猶不能及夫子之所立也。⓫

❶「焉」，伯二五一〇號鄭本、上博二四五七九號鄭本、伯三七八三號白文、篁墩本、皇本、邢本、古本、唐本、足利本、正平本、天文本、唐石經、《後漢書・黄憲傳》、《列子・仲尼》篇引同，《四書考異》謂《四書集編》、《四書纂疏》、《論語集説》等引亦同，閩本、北監本、毛本、《論語筆解》引作「然」。

❷「惚怳」，邢本作「恍惚」，篁墩本、皇本、卷子本作「忽怳」，《史記・孔子世家》集解引作「忽恍」，大永本、伊氏本作「惚怳」，永禄本作「怳忽」，《釋文》出「惚怳」，云：「本今作『恍惚』。」皇本末有「也」字。按：此何注略同包注。《論語筆解》引包曰：「恍惚不可得而形容。」

❸「循循」，伯二五一〇號鄭本、鄭申本、伯三七八三號白文、篁墩本、皇本、邢本、《史記・孔子世家》、《論語孔氏訓解》、《釋文》引均同，《後漢書・趙壹傳》、同書《李膺傳》、《三國志・步騭傳》引作「恂恂」。阮校記謂：「蓋作『循』者《古論》，作『恂』者《魯論》。鄭從《魯論》，故字作『恂』。」今按：伯二五一〇號鄭本、鄭申本皆作「循」，阮氏之説誤。

❹「勸人進」，篁墩本、皇本作「勸進人」，邢本作「進勸人」，《史記・孔子世家》集解引作「進勸人學」。「次序也」，邢本、伊氏本作「所序」。篁墩本、皇本末無「也」字。

❺「博」至「禮」，上博二四五七九號鄭本、伯三七八三號白文、篁墩本、皇本、邢本同。「文」下，鄭申本有「章」字，「禮」下有「法」字。「我」，伯二五一〇號鄭本作「之」。按：鄭本注作：「一則博我以文章，一則約我以禮法。」「文」下有「章」字，「禮」下有「法」字，疑鄭申本涉注文而衍此二字。

❻「末」，《史記・孔子世家》作「蔑」。

❼「節」，篁墩本、皇本、邢本、《史記・孔子世家》集解、《論語孔氏訓解》引「節」字重，底本恐誤脱。

❽「而」，《史記・孔子世家》集解引無此字。

❾「已竭我」，篁墩本、皇本、邢本、《論語孔氏訓解》引同。斯三九九二號「已」上有「既」字。「我」，《史記・孔子世家》集解引作「吾」。

❿「又」，《史記・孔子世家》集解引無「又」字。

⓫「之所立也」，斯三九九二號、皇本同。《史記・孔子世家》集家引無「之」字。篁墩本、邢本末無「也」字。

子疾病，孔曰：❶疾甚曰病。❷□路使門人爲臣。❸鄭曰：孔子嘗爲大夫，❹故子路欲使弟子行其臣之禮也。❺病間，曰：「久矣哉，❻由之行也詐！❼無臣而爲有臣。吾誰欺？欺天乎！孔曰：小差曰間。❽言子路有是心非今日也。❾且予與其死於臣之手也，❿無寧死於

---

❶「孔曰」，篁墩本、皇本、邢本作「包曰」。《論語包氏章句》引集解亦作包注。但稱《周禮·天官·疾醫》疏引作鄭注。按：今查十三經注疏本《周禮》，原文爲：「故注《論語》云：疾甚曰病。」疑馬氏所據本「故」誤作「鄭」，是以誤作鄭注。又，伯二五一〇號鄭本、《左傳》桓公五年正義引鄭注均作：「病，謂病益困也。」上博二四五七九號鄭本作：「病謂疾益困。」亦可證前注非鄭注。底本錯訛較多，疑其作孔注亦誤。

❷「病」下，皇本有「也」字。

❸「□」，諸本作「子」。「使」，《論衡·感類》篇引作「遣」。恐引誤。

❹「嘗」，底本原誤作「當」，已改正。

❺「故」至「也」，《論語筆解》引無「故」字，「其」作「爲」。篁墩本、邢本末無「也」字。按：此注與鄭本注有異。伯二五一〇號鄭本、上博二四五七九號鄭本載注爲：「子路欲使諸弟子以臣禮葬大夫，君之禮葬孔子。」鄭申本略同。

❻「矣哉」，伊氏本作「哉矣」，恐誤。

❼「也詐」，伯三七八三號白文同，伯二五一〇號鄭本、篁墩本、皇本、邢本、《論衡·感類》篇引作「詐也」，《釋文》引無「也」字。

❽「小差」，斯三九九二號同。篁墩本、皇本「小」上多一「病」字。「小」，皇本、邢本、《文選》卷三四《七發》注、《釋文》引作「少」。皇本《七發》注引末有「也」字。

❾「有」，斯三九九二號，篁墩本、皇本同，邢本、永祿本「有」上多一「久」字，伊氏本上多一「之」字。「非」，斯三九九二號、邢本同。「非」下，篁墩本、皇本多一「唯」字，大永本、永祿本下多一「適」字。按：此孔注同鄭注。伯二五一〇號鄭本、上博二四五七九號鄭本注云：「言子路久有是心，非但今日。」鄭申本無「久」字。

❿「予」至「也」，篁墩本、皇本、邢本同。上博二四五七九號鄭本無「予」字，「也」，大永本作「矣」，伯二五一〇號鄭本、伯三七八三號白文、斯六〇二三號白文、鄭申本無「也」字。

二三子之手乎！❶□曰：無寧，寧也。❷二三子，門人也。就使我□□而死其手，❸我寧死弟子之手乎也。❹且予縱不得大葬，❺孔曰：君臣禮葬之也。❻予死於道路乎？」❼馬曰：就使我不得以君臣禮葬，❽有二三子在，寧當死□於道路乎？❾

子貢曰：「有美玉於斯，韞櫝而藏諸？❿求善賈而沽諸？」⓫馬曰：韞，藏也。櫝，匱也。藏諸匱中。⓬沽，賣也。得□賈寧肯賣之耶

---

❶「乎」，鄭申本無此字。

❷「□」，諸本作「馬」。按：此馬注同鄭注。伯二五一〇號鄭本、上博二四五七九號鄭本注云：「毋（無）寧，寧也。」

❸「□□」，諸本作「有臣」。「而」下，大永本多一「與」字。

❹「死」至「乎也」，斯三九九二號同。「死」下，邢本多一「於」字。篁墩本、皇本末無「也」字。

❺「且」，上博二四五七九號鄭本無此字。

❻「之也」，斯三九九二號同。皇本無「之」字，篁墩本、邢本無此二字。

❼「予」，斯三九九二號無此字，斯六〇二三號白文作「弔」，誤。

❽「臣」下，皇本多一「之」字。

❾「寧當」，斯三九九二號同，篁墩本、皇本、邢本上多一「我」字。「死□」，斯三九九二號作「死棄」，篁墩本、皇本、邢本作「憂棄」。

❿「韞」，鄭申本作「蘊」。「櫝」，斯三九九二號、斯六〇二三號白文、伯三七八三號白文、大永本同，《後漢書·張衡傳》注、《文選》卷五左太沖《吴都賦》注、同書卷四〇《答東阿王牋》注引亦同，伯二五一〇號鄭本作「櫃」。篁墩本、皇本、邢本、鄭申本、上博二四五七九號鄭本作「匵」，《釋文》出「匵」，云：「本又作『櫝』。」《彙考》云：「『匵』、『櫝』，古今字。」

⓫「賈」，伯三七八三號白文、斯三九九二號、上博二四五七九號鄭本、篁墩本、皇本、邢本同，伯二五一〇號鄭本、鄭申本、《文選》卷二六顔延年《直東宫答鄭尚書》注引作「價」。《論語集解考異》卷五云：「此經文及馬注『賈』音義與『價』同。」《彙考》云：「『賈』、『價』當是古今字。」又，「而」，上博二四五七九號鄭本作「如」。「沽」，漢石經作「賈」。按：此「賈」當同下句「待賈」之「賈」，讀作「古」，賣也。

⓬「藏諸匱中」，斯三九九二號、篁墩本同。邢本「藏」上多一「謂」字。皇本「中」下多一「也」字。

也。❶子曰：「沽之哉！沽之哉！❷我待賈者也。」❸包曰：沽之哉，沽之哉者，❹不衒賣之辭。❺我居而待賈也。❻子欲居九夷。❼馬曰：❽九夷，東方之夷，有九種也。或曰：「陋，如之何？」子曰：「君子居之，何陋之有！」孔曰：君子所居者則化也。❾

子曰：「吾自衛返於魯，❿然後樂正，《雅》、《頌》各得其所。」鄭曰：返魯，魯哀公十一年冬，⓫是衰樂廢，⓬孔子來還，乃正之。⓭故《雅》、《頌》

❶「□」，諸本作「善」。「肯」，斯三九九二號、邢本同，篁墩本、皇本無此字。「之耶也」，斯三九九二號同，篁墩本、邢本作「之邪」，永禄本作「也邪」，皇本作「之耶」。

❷「沽」字，漢石經、《論語包氏章句》引作「賈」。參閲第一五〇頁校勘記⓫。

❸「賈」，伯三七八三號白文、上博二四五七九號鄭本、篁墩本、皇本、邢本等同，伯二五一〇號鄭本、《白虎通·商賈》篇、《後漢書·張衡傳》注、同書《逸民傳》敘注、《文選》卷一八《琴賦》注引均作「價」。按：此處作「賈」是。又，伯三七八三號白文、鄭申本、唐本、津藩本、正平本無「也」字。

❹「沽」至「者」，篁墩本、皇本、邢本、《論語包氏章句》引「沽之哉」不重，又無「者」字。

❺「辭」下，皇本、《論語包氏章句》有「也」字。

❻「賈也」，邢本作「賈」，篁墩本作「賈者」，皇本、《論語包氏章句》引作「賈者也」。

❼「欲」，斯三九九二號誤作「路」。

❽「孔曰」，斯三九九二號同，篁墩本、皇本、邢本、《論語馬氏訓説》引作「馬曰」，未知孰是。

❾「者」，皇本同，斯三九九二號、篁墩本、邢本、伊氏本無此字。「則」，斯三九九二號、邢本、伊氏本同，篁墩本、皇本、大永本、《論語馬氏訓説》引作「皆」。篁墩本、邢本、伊氏本「化」下無「也」字，大永本「也」作「德」。

❿「返於」，斯三九九二號、伯二五一〇號鄭本同。「返」，上博二四五七九號鄭本、皇本、古本、唐本、津藩本、正平本、武内本作「反」。篁墩本、伯三七八三號白文、斯六〇二三號白文、邢本、伊氏本無「於」字。

⓫「魯」至「冬」，斯三九九二號、篁墩本同。邢本無「魯」字。「十一」，伯二五一〇號鄭本作「十二」。伯二五一〇號鄭本、皇本「冬」下有「也」字。

⓬「是」下，斯三九九二號、伯二五一〇號鄭本、篁墩本、皇本、邢本有「時道」二字，底本誤脱。

⓭「正之」下，皇本、正平本有「也」字。

各得其所也。❶

子曰：「出則事公卿，入則事父兄，喪事不敢不勉，不爲酒困，何有於我哉？」▨困▨也。❷

子在川上曰：「逝者如斯夫！不舍晝夜。」❸包曰：❹逝，往也。言凡往者，如水之流也。❺

子曰：「吾未見好德□好色者。」❻疾時人薄於德、厚於色，故發此言也。❼

❶「故」下，篁墩本、皇本、正平本有「曰」字。篁墩本、邢本末無「也」字。按：伯二五一〇號鄭本注作「故雅頌之聲，各應其節不相奪倫」與集解本引注異。

❷「▨困▨也」，斯三九九二號、篁墩本、皇本、邢本作：「馬曰困亂也。」《釋文》引同。伯三四六七號無「也」字。

❸「舍」，諸本同。《文選》卷一九張茂先《勵志詩》注引作「捨」。《釋文》出「舍」，云：「音捨。」《四書考異》謂《楚辭辨證》引顔師古云：「《論語》『不舍晝夜』，謂曉夕不息耳。今人或音『捨』者，非是。」

❹「包曰」，伯三四六七號、篁墩本、邢本、《論語包氏章句》、正平本、《文選》卷一三潘安仁《秋興賦》注引同，皇本作「鄭曰」。伯二五一〇號鄭本注云：「逝，往也。言人年往如水之流行，傷有道而不見用也。」末句爲集解本所無，前數句與集解本亦不盡同，疑皇本誤注者。

❺「往」下，邢本多一「也」字。「水」，伯三四六七號、篁墩本、皇本、邢本、永禄本、卷子本、《秋興賦》注引作「川」，大永本作「川水」。伯三四六七號、篁墩本、邢本、大永本「流」下無「也」字。

❻「□」，諸本作「如」。「好色者」，伯三四六七號、斯三九九二號、永禄本同，伯三七八三號白文無「者」字，伯二五一〇號鄭本、上博二四五七九號鄭本、篁墩本、皇本、邢本「者」下有「也」字。

❼「疾」至「言也」，斯三九九二號同。「德」下，篁墩本、邢本多一「而」字。「故」下，皇本、永禄本、伊氏本多一「以」字。伯三四六七號、篁墩本、邢本末無「也」字。按：此注未標注者，當即何注，然與鄭注同。上博二四五七九號鄭本、伯二五一〇號鄭本注云：「疾時人薄於德而厚於色，故發此言。」《論語集解考異》謂「皇作鄭玄曰」，不知根據何本。王著引武内義雄之説，謂此與伯二五一〇號鄭本吻合。似應定爲鄭注，各本誤脱注者。

子曰：「譬如爲山，❶未成一簣，❷止，吾止也。❸包曰：簣，土籠也。此勸人進於道德。❹爲山者□功雖已多，❺未成一籠而中道止者，我不已其□功多而善之，❻見其志不遂，故不與也。❼譬如平地，雖覆一簣，進，吾往也。」馬曰：譬平地者，❽將進加功，❾雖覆□簣，❿我不以見其少而薄之，⓫據其欲進而與。⓬

子曰：「語之而不惰，⓭其回也與！」⓮顔淵解，故語之而不惰。⓯餘人不解，故有惰語之時也。⓰

❶「譬」，《漢書・禮樂志》引作「辟」。

❷「簣」，伯三四六七號、上博二四五七九號鄭本、伯三七八三號白文、篁墩本、皇本、邢本、《群書治要》引同，伯二五一〇號鄭本作「匱」。《彙考》云：『匱』、『簣』俱爲求位切，古多通用。《漢書・王莽傳》、《後漢書・班固傳》注引『簣』均作『匱』」。

❸「止」，底本原誤作「正」，已改正。上博二四五七九號鄭本無「也」字。

❹「進」，《群書治要》引無此字。

❺「□」，諸本作「其」。

❻「已」，伯三四六七號、篁墩本、皇本、邢本、《群書治要》引作「以」。「□」，諸本作「前」。皇本「之」下有「也」字。

❼「也」，伯三四六七號無此字。

❽「譬」，伯三四六七號、斯三九九二號、篁墩本、皇本、邢本、《群書治要》引無此字，底本衍。

❾「進加」，大永本作「加進」。

❿「雖」下，伯三四六七號、篁墩本、皇本、邢本、《群書治要》引多一「始」字。「□」，諸本作「一」。

⓫「見其」，邢本、《群書治要》引作「其功」，伯三四六七號作「其前功」，篁墩本、皇本作「其見功」。皇本「之」下有「也」字。

⓬「與」下，伯三四六七號、篁墩本、邢本、《群書治要》引有「之」字，皇本有「之也」二字。

⓭「惰」下，斯三九九二號、伯三四六七號、伯二五一〇號鄭本、篁墩本、邢本、皇本有「也」字。

⓮「也與」，正平本無「也」字。「與」，伯二五一〇號鄭本作「歟」。

⓯「解」至「惰」，邢本同。「解」上，篁墩本、皇本多一「則」字。伯三四六七號無「故」字。皇本無「而」字。「惰」，伯三四六七號作「墮」，但其經文仍作「惰」。

⓰「也」，伯三四六七號、篁墩本、邢本末無此字。

子謂顔淵□：❶「惜乎！吾見其進，❷未見其止。」❸馬曰：❹孔子謂顔淵進益未止，痛惜之甚也。❺

子曰：「苗而不秀者有矣夫！❻秀而不實者有矣夫！」❼孔曰：言方物有生而不育成者，❽喻人亦然也。❾

子曰：「後生可畏，❿焉知來者不如今也？⓫後生謂少年也。⓬□五十而無聞

---

❶「□」，諸本作「曰」字。

❷「進」，伯三四六七號、伯三七八三號白文同。斯三九九二號、伯二五一〇號鄭本、上博二四五七九號鄭本、篁墩本、皇本、邢本、《論語包氏章句》引「進」下有「也」字。

❸「未見其止」，伯三七八三號白文同。伯二五一〇號鄭本作「其退也」。伯三四六七號、篁墩本、皇本、邢本、《論語包氏章句》引「止」下有「也」字。

❹「馬曰」，伯三四六七號、皇本、永禄本同，篁墩本、邢本、正平本作「包曰」。《論語包氏章句》注謂應「從皇本」。按：二寫本與皇本同作馬注，自應以作馬注爲是。

❺「進益」上，伊氏本多「謂曰」二字。「痛」上，永禄本多「故」字。伯三四六七號無「甚」字。篁墩本、邢本末無「也」字。

❻「者」，上博二四五七九號鄭本無此字。

❼「者」，上博二四五七九號、斯三九九二號鄭本無此字。

❽「方」，伯三四六七號、斯三九九二號簡寫作「万」，諸刊本均作「萬」，底本誤。

❾「也」，伯三四六七號、斯三九九二號、篁墩本、邢本末無此字。

❿「畏」，伯三四六七號、斯三九九二號、伯二五一〇號鄭本、伯三七八三號白文、篁墩本、邢本同。皇本、古本、唐本、津藩本、正平本「畏」下有「也」字。

⓫「焉」至「也」，伯四六四三號、上博二四五七九號鄭本、伯三七八三號白文同。「來者」下，伯三四六七號、伯二五一〇號鄭本、篁墩本、皇本、邢本多一「之」字。伯三四六七號「今」下無「也」字。「焉」，《新序・雜事》篇引作「安」，「者」下亦有「之」字，「今」下無「也」字。《宋書・索虜傳》、《文選》卷四二魏文帝《與吴質書》注引均有「之」字，末無「也」字。

⓬「後」至「也」，此注大永本作「孔注」，伯三四六七號、伯四六四三號、篁墩本、皇本、邢本同底本作何晏自注。按：此處應從寫本作何注。又，「少年」，伯四六四三號、伯三四六七號同，篁墩本、皇本、邢本作「年少」。《釋文》作「少年」，云：「本今作『年少』。」伯三四六七號、篁墩本、邢本「年」下無「也」字。

焉，❶斯亦不足畏也已矣。」❷

子曰：「法語之言，能無從乎？改之爲貴。孔曰：▨人過以正道告之，❸口無不順▨者，❹能必自改之，乃爲貴也。❺巽與之言，❻能無説乎？❼繹之爲貴。馬曰：巽，恭也，謂恭巽謹敬之言。❽聞之無不説者，❾能尋繹之行乃爲貴

---

❶「□」，諸本作「四十」，但此處應作「卌」。

❷「已矣」，伯三四六七號、斯三九九二號、伯三七八三號白文、皇本、古本、唐本、津藩本、正平本、天文本、武内本同。伯二五一〇號鄭本、上博二四五七九號鄭本、篁墩本、邢本、大永本無「矣」字。阮校記云：「皇本、高麗本（正平本）『已』下有『矣』字是也。」

❸「▨人」，伯三四六七號、篁墩本、皇本、邢本作「人有」，斯三九九二號作「言有人」，疑底本同斯三九九二號，缺文爲「言有」二字。

❹「無」下，皇本多一「所」字。「▨者」，伯三四六七號、斯三九九二號、篁墩本、皇本、邢本作「從之」，斯三九九二號、永禄本作「從也」。疑底本缺文爲「從之」二字。

❺「能」至「貴也」，斯三九九二號殘，存文「能必」上多一「若」字。「也」，大永本作「矣」，篁墩本、邢本末無「也」字。按：此孔注同鄭注。伯二五一〇號鄭本、上博二四五七九號鄭本注云：「人有過行，以正道告之，口無不順從之者，能必改，乃爲貴。」鄭西本「能必」下多一「自」字，「乃」下多一「可」字。

❻「巽」，伯四六四三號、篁墩本、皇本、邢本同，伯三七八三號白文作「遜」，伯二五一〇號鄭本、上博二四五七九號鄭本、鄭西本作「選」。今本《釋文》作「巽」，云：「音遜。」不及「選」。王著引金校記之説，謂古寫本《釋文》云：「（巽）鄭本作『譔』。」

❼「説」，斯三九九二號、伯二五一〇號鄭本、篁墩本、皇本、邢本同，上博二四五七九號鄭本、伯三七八三號白文俄〇二一四四白文，作「悦」，注同。按：「説」、「悦」古書通用。

❽「巽」至「之言」，斯三九九二號、篁墩本同。「恭巽」，伯三四六七號作「恭順」，邢本作「恭孫」。「謹敬」，《論語馬氏訓説》引作「敬謹」。皇本、《馬氏訓説》引「言」下有「也」字。

❾「説者」，伯四六四三號、邢本、伊氏本同。「説」，參見本頁校勘記❼。篁墩本「説」下無「者」字。篁墩本、皇本、大永本、永禄本、《論語馬氏訓説》引「者」下有「也」字。

也。❶□而不繹，❷從而不改，吾末如之何也已矣。」❸

子曰：「主忠信，無友不如己者，❹過則勿憚改。」慎所主所友，❺有過務改，皆所以爲益。❻

子曰：「三軍可奪帥，❼疋夫不可奪志。」❽孔曰：三軍雖衆，人心不一，❾則其將帥

---

❶「之行」，伯四六四三號作「行之行」，伯三四六七號、篁墩本、皇本、邢本、《論語馬氏訓説》引作「行之」，底本有誤。又，「乃」，大永本作「仍」。《論語馬氏訓説》注謂釋玄應《大智度論音義》引無「乃」字。伯三四六七號、篁墩本、邢本「貴」下無「也」字。

❷「□」，伯三四六七號、伯四六四三號、伯二五一〇號鄭本、篁墩本、邢本作「説」，伯三七八三號白文、鄭西本、正平本、皇本作「悦」。郭璞《方言》注引亦作「悦」，又「繹」作「懌」。按：據皇、邢二疏，「繹」作尋繹、分析解。「懌」無此義，恐誤。

❸「末」，伯二五一〇號鄭本、上博二四五七九號鄭本、伯三四六七號、斯三九九二號、篁墩本、皇本、邢本同，伯三七八三號白文、津藩本、天文本作「未」。「也已矣」，唐本、津藩本作「已也矣」，伯二五一〇號鄭本無「也」字，大永本無「矣」字。

❹「無」，伯四六四三號、伯二五一〇號鄭本、伯三七八三號白文、鄭西本、古本、唐本、足利本、正平本、天文本同，伯三四六七號、唐石經、邢本作「毋」。《釋文》出「毋」，云：「音無。」

❺「慎所」，伯三四六七號、斯三九九二號、邢本同，篁墩本、皇本「慎」下多一「其」字。邢本「主」下無「所」字。

❻「有過」下，斯三九九二號多「也」字。伯三四六七號、卷子本、大永本「益」下有「也」字，皇本、永祿本「益」下有「者也」二字。

❼「帥」，伯三四六七號、伯四六四三號、伯三七八三號白文、伯二五一〇號鄭本、鄭西本、《後漢書・橋玄傳》論引同。篁墩本、皇本、邢本、天文本「帥」下有「也」字。

❽「疋」，伯三四六七號、伯四六四三號、伯三七八三號白文、伯二五一〇號鄭本、鄭西本同，他本作「匹」。《廣韻》云：「『匹』，俗作『疋』。」伯三七八三號白文無「可」字，當係誤脱。「奪志」，伯三四六七號、斯三九九二號、伯三七八三號白文、《後漢書・橋玄傳》論注、《文選》卷三七羊叔子《讓開府表》注引同，伯二五一〇號鄭本、鄭西本、篁墩本、皇本、邢本「志」下有「也」字。

❾「孔」至「一」，底本前七字單行大寫，誤入經文。又，「不」，伯三四六七號、斯三九九二號、邢本同，篁墩本、皇本作「非」。

可奪而取。❶足夫雖微，苟守其志，不可得而奪也。❷

子曰：「衣弊緼袍，❸與衣狐狢者立，❹而不恥者，❺其由也與？❻孔曰：愠，枲著也。❼『不忮不求，何用不臧？』」馬曰：忮，害；臧，善也。❽言不忮害，不貪求，何用爲不善。疾貪惡忮害之詩也。❾子路終身誦之。子曰：「是道也，何足以臧？」馬曰：臧，善也。尚復有美於是者，何足以爲善也。❿

---

❶「奪而取」，篁墩本同。「奪」下，皇本、卷子本、永禄本多一「之」字。「取」下，伯三四六七號、邢本、伊氏本多一「之」字。

❷「而奪也」，伯三四六七號無「而」、「也」二字。

❸「弊」，斯三九九二號、伯三四六七號、伯三七八三號白文、俄〇二一四四號白文、伯二五一〇號鄭本、鄭西本、皇本、古本、正平本、武内本同，《説文》衣部引亦同，篁墩本、邢本、天文本作「敝」。《釋文》出「弊」，云：「本今作『敝』。」阮校記云：「『弊』乃『敝』之俗字。」

❹「狢」，伯三四六七號、伯二五一〇號鄭本、上博二四五七九號鄭本、伯三七八三號白文、古本、唐本、正平本、天文本同，篁墩本、皇本、邢本作「貉」，阮校記謂《汗簡》引《古論語》作「貈」。《釋文》作「貉」，云：「依字當作『貈』。」阮校記云：「『貈』正字，『貉』假借字，『狢』俗字。」

❺「而」，《四書考異》謂《事文類聚别集》引無此字。

❻「也與」，唐本、正平本無「也」字。「與」，伯二五一〇號鄭本作「歟」。

❼「愠」，伯四六四三號同，伯三四六七號、篁墩本、皇本、邢本、《論語孔氏訓解》引作「緼」。按：此釋經文「緼」，作「愠」誤。又，「枲」下，《後漢書・崔寔傳》注引無「著」字。伯三四六七號、篁墩本、邢本「著」下無「也」字。

❽「害」，底本原誤作「容」，已改正。伯三四六七號、篁墩本、皇本、邢本、《釋文》引下有「也」字。伯二五一〇號鄭本云：「忮，害也。臧，善也。」

❾「也」，伯四六四三號、皇本同，伯三四六七號、篁墩本、皇本、邢本末無此字。

❿「以」下，伯三四六七號多一「此」字。篁墩本、邢本末無「也」字。

子曰：「歲寒，然後知松柏之後彫也。」❶太寒之歲，❷衆木皆死，然後知松柏小彫傷。❸平歲則衆木亦不有死者。❹故須歲寒然後別之。❺喻凡人處理世，❻亦能自脩整。❼與君子同在濁世，然後知君子正不苟容也。❽

子曰：「智者不惑，❾包曰：不惑亂。❿仁者不憂，孔曰：無憂患也。⓫勇者不懼。」⓬

子曰：「可與共學，未可與適道；

❶「彫」，伯三四六七號、伯三七八三號白文、俄〇二一四四白文、伯二五一〇號鄭本、鄭西本、篁墩本、唐本、正平本、邢本、天文本同，古本、皇本、武内本作「凋」。《釋文》出「彫」，云：「依字當作『凋』。」阮校記云：「《釋文》是也。『彫』是假借字。」注同。「彫」下，伯三四六七號、伯三七八三號白文、俄〇二一四四白文、伯二五一〇號鄭本、鄭西本無「也」字。

❷「太」，伯三四六七號、篁墩本、皇本、邢本作「大」。

❸「知松柏小」，伯三四六七號脱「知」字。「柏」下，皇本多一「之」字。「小」，篁墩本、邢本、皇本同，伯三四六七號作「少」。

❹「歲」下，伯三四六七號有「時」字，他本均無。恐衍。「不有」，伯三四六七號、篁墩本、皇本、邢本作「有不」。按：此處作「有不」是。

❺「然」，伯三四六七號同，篁墩本、皇本、邢本作「而」。

❻「理」，伯三四六七號、篁墩本、皇本、邢本作「治」，《釋文》亦作「治」，底本避諱改字。

❼「脩」，邢本同，伯三四六七號、篁墩本、皇本作「修」。《干禄字書》云：「『脩』、『修』，上脯脩，下修飾。」則作「修」是。

❽「君子」下，伯三四六七號、篁墩本、皇本、邢本有「之」字。篁墩本、邢本末無「也」字。

❾「智」，伯三四六七號、伯三七八三號白文、俄〇二一四四號白文、伯二五一〇號鄭本、鄭西本、古本、皇本同，篁墩本、邢本作「知」。《釋文》出「知」，云：「音智。」「惑」，俄〇二一四四號白文、伯三七八三號白文作「或」。按：「或」、「惑」，古書通用。下同。

❿「亂」下，伯三四六七號、皇本有「也」字。

⓫「無」，伯三四六七號、篁墩本、邢本同，皇本作「不」。伯三四六七號、篁墩本、邢本末無「也」字。

⓬「不懼」，阮校記云：「《考文》古本此下有『孔安國曰無畏懼也』八字，皇本、閩本、北監本、毛本並脱。」按：底本、伯三四六七號二寫本及篁墩本、邢本等刊本亦均無此注。

適，之也。雖得學，❶惑得異端，未必能之道。❷可與適道，未可與立；雖能之道，未必能有所立也。❸可與立，未可與權。」❹雖能有所立，未必能權量其輕重之極也。❺「唐棣之華，❻偏其反而。❼豈

❶「得」，諸本無，底本衍。

❷「惑」，伯三四六七號、篁墩本、皇本、邢本作「或」。大永本「道」下有「也」字，皇本、永禄本「道」下有「者也」二字。

❸「有」上，篁墩本、皇本多一「以」字。「立」上，篁墩本、皇本多一「成」字，「立」下皇本多一「者」字。篁墩本、邢本「立」下無「也」字。按：此注諸本均無注者，當作何晏自注。但《論語筆解》引孔曰：「雖能之道，未必能有所立。」與何注全同。接云：「雖有所立，未必能權量輕重。」亦基本同集解本下句何注。又載韓愈云：「孔注猶失其義……」

❹「可與共學」至「未可與權」，諸刊本同。《論語筆解》云：「（此章）正文傳寫錯倒。當云：『可與共學，未可與立；可與適道，未可與權。』」《四書考異》謂《毛詩·緜》正義、《説苑·權謀》篇、《三國志·魏武帝紀》、《周書·宇文護傳》論並引作「可與適道，未可與權」，與《筆解》之説正合。阮校記説亦同。今按：底本、伯三七八三號白文、俄〇二一四四號白文、伯二五一〇號鄭本均同諸刊本。伯三四六七號雖殘，存文亦同。説明此章行文順序唐已如此。

❺「雖能」至「極也」，皇本同。「極」下，篁墩本、邢本無「也」。《論語筆解》引無「能」、「其」、「之極也」等。參見本頁校勘記❸。

❻「唐棣」，伯二五一〇號鄭本、伯三七八三號白文、篁墩本、皇本、邢本、《釋文》引同。《春秋繁露·竹林》篇、《文選》卷五五劉孝標《廣絶交論》注引作「棠棣」。《四書考異》引朱子《集注》云：「《論語》及《詩·召南》作『唐棣』，《小雅》作『常棣』，無作『棠』者，而《小雅》『常』字亦無『唐』音。」今按：《爾雅·釋木》云：「唐棣，栘。」又云：「常棣，棣。」二者本非一物。《四書考異》引宋祁《筆記》云：「詩有『棠棣之華』，逸詩有『唐棣之華』，世人多誤以『棠棣』爲『唐棣』。」何注明言《論語》此句出自逸詩，則字當以作「唐棣」爲是。

❼「偏」，伯三七八三號白文、篁墩本、皇本、邢本、《釋文》、《文選》卷五五劉孝標《廣絶交論》注引同，伯二五一〇號鄭本作「翩」，鄭西本原作「偏」，後去「亻」旁，右用朱筆補一「羽」字，亦作「翩」。《彙考》云：「（鄭）注云『其華翩翩，順風而返』。是『翩翩』爲狀唐棣之花飄動之詞也。《集注》云『偏』，《晉書》作『翩』，然則『反』亦當與『翻』同，言華之摇動也。是也。《詩·小雅·角弓》『翩其反矣』，句法與此同。後世因其同音芳連切，借爲『偏』，從而釋爲偏頗，以附會反經合道，失之。」又，伯二五一〇號鄭本脱「而」字。

不爾思，室是遠而。」逸詩也。唐棣栘偏其反而後合。❶賦此詩者，❷以言棣道反而後至於大順。❸思其人而不得見者，其室遠也。以言思權而不得者，❹其道遠也。子曰：「未之思也，❺夫何遠之有？」❻夫思者當思其反，是不思，所以爲遠。❼能思其遠，❽何反之有。❾言權可知，唯不知思耳。思之有□□，❿斯可知矣也。⓫

❶「栘」，底本原誤作「移」，已改正。「栘」下，篁墩本、皇本、邢本有「也」字。「其」，篁墩本、皇本、邢本作「華」，《文選》卷五五劉孝標《廣絶交論》注引作「棠棣之華」。

❷「者」，邢本同，篁墩本、皇本、《文選》卷五五劉孝標《廣絶交論》注引無此字。

❸「棣」，諸本作「權」，底本恐誤。篁墩本無「於」字。皇本、《廣絶交論》注引「順」下有「也」字。

❹「權」下，永禄本有「道」字，《論語集解考異》謂皇本亦作「權道」，與今見諸本有異。「得」下，篁墩本、皇本、邢本多一「見」字。

❺「未」，伯三七八三號白文、鄭西本、篁墩本、皇本、邢本同，伯二五一〇號鄭本作「末」。《釋文》作「未」，云：「音味。或作『末』者，非。」《彙考》則引本篇「末由也已」、《憲問》篇「末之難矣」、《陽貨》篇「末之也已」等，云：「語法與此同，『末』、『未』同爲否定之詞，未必非也。」其説甚是。

❻「有」，伯三七八三號白文、唐石經、邢本、伊氏本同。皇本、篁墩本、古本、唐本、津藩本、足利本、正平本、天文本「有」下多一「哉」字。

❼「反」，篁墩本、皇本、邢本「反」字重。皇本「遠」下有「也」字。

❽「遠」，篁墩本、皇本、邢本作「反」。

❾「反」，諸本作「遠」，底本誤。

❿「□□」，篁墩本、皇本、邢本作「次序」。

⓫「知矣也」，篁墩本作「知也」，皇本、邢本、伊氏本作「知矣」，大永本作「知耳」，《論語集解考異》謂「所見」，邢本作「見矣」。

《鄉黨》篇整理説明

《鄉黨》篇共有六個集解寫本（一爲原列寧格勒亞洲民族研究所藏本，五爲伯希和、斯坦因本）。另有三件敦煌出白文寫本和三件鄭注寫本（其中一出敦煌，二出吐魯番）。

本篇據篁墩本、《釋文》、《論語譯注》，一章。今據《譯注》，分作二十七節。

底本：伯三三〇五號。本篇共存三十九行，起篇題，迄篇末，首尾完整。文中避「治」字諱，知爲唐寫本。

校本：（一）列寧格勒亞洲人民研究所藏本，編號爲Дх.〇一三九九號（簡稱列〇一三九九號。本篇殘存十三行，起第二節「（侃侃如）也」，迄第六節首句注「孔曰一入☐盛☐」。中脱第二節末句「君在踧踖如也」及以下馬融注。又，七至十三行下部均有殘。（二）伯三二七一號。本篇殘存三十四行，起第五節「足蹜蹜如有（循）」，迄篇末。前十三行均缺上半部。末有題記，爲「乾符肆年（八七七）丁酉正月拾叁廟堂内記也」，知爲唐僖宗時期寫本。（三）斯五七二六號。本篇殘存七行，起第六節末句孔注「月朔□□皮弁服」，迄第九節周注「所得牲體☐神惠」。前七行下部均有殘，第六、七行上部亦有殘。該本書法清麗，爲唐代寫本。（四）斯六〇七九號。本篇殘存四行，起第十節「（祭）肉不出（三日）」，迄第十三節孔注「鄉人飲酒之禮主於老☐而後出」及下句經文首字「鄉」。四行上部均殘。據書法知爲唐寫本。（五）伯二六六三號。本篇殘存十六行，起第十五節「問人於他邦」，迄篇末，前四行下部均殘。據書法知爲唐寫本。

參校本：（一）伯三七八三號白文本。本篇共存四十二行，末有題記一行。無篇題，起第一節首句，迄篇末，首尾完整。爲唐僖宗時期寫本。（二）Дх.〇二一四四號白文本（簡稱俄〇二一四四號白文）。本篇存三行，起篇題「鄉黨第十」，迄

「朝与下大夫言」。每行下半截均有殘。(三)斯〇九六六號白文本。本篇殘存七行,起第二十二節「非祭肉不拜」,迄篇末,字多俗譌。(四)斯五七五六號白文本。本篇殘存十九行,起第六節「長一身(有半)」,迄第二十三節「非祭肉不拜」,每行下部均殘,字多俗譌。(五)伯二五一〇號鄭注本。(六)吐魯番出鄭注本,編號爲阿斯塔那二七號墓三四、一八/九(a)號(簡稱鄭戌本)。(七)吐魯番出鄭注本,編號爲阿斯塔那二七號墓三五、一八/一〇(a)號(簡稱鄭亥本)。鄭注本詳見王著,此處不贅。

伯希和三三〇五號寫本

鄉黨第十

何晏集解　馬融集❶

孔子於鄉黨，恂恂如也，❷似不能言者。王曰：恂恂，温恭貌也。❸其在宗廟廷，❹便便言，❺唯謹爾。❻孔曰：便便，辯貌。❼雖辯而謹

❶「鄉黨」至「集」，篁墩本篇題「鄉黨」上有「論語」二字，「第十」下有「凡一章」三字，無「馬融集」三字。按：《集解》乃何晏彙集八家注（包括馬融注）而成，此作「馬融集」，誤。

❷「恂恂」，伯二五一〇號鄭本、篁墩本、皇本、邢本、《釋文》引同。《四書考異》引《隸釋》曰：「劉修碑云：『其於鄉黨遜遜如也』。祝睦碑則云：『鄉黨逡逡』。皆與《論語》異。」今按：《史記·孔子世家》索隱云：「（恂恂）有本作『逡逡』，音七旬反。」「逡逡」當即「逡逡」之訛。此處當以作「恂恂」爲正。注同。

❸「恭貌也」，皇本、《史記·孔子世家》集解引同。「恭」下，邢本、《釋文》、《文選》卷六〇任彦昇《齊竟陵文宣王行狀》注引有「之」字，末無「也」字。篁墩本末亦無「也」字。

❹「廷」上，伯二五一〇號鄭本、伯三七八三號白文、篁墩本、皇本、邢本有「朝」字，底本誤脱。

❺「便便」，伯二五一〇號鄭本、伯三七八三號白文、篁墩本、皇本、邢本同，《史記·孔子世家》作「辯辯」。《釋文》作「便便」，云：「辯也。」則字當作「便便」。

❻「爾」下，伯二五一〇號鄭本多一「也」字。

❼「孔曰」，篁墩本、皇本、邢本均作「鄭曰」。《史記·孔子世家》集解引亦作鄭注。然鄭本注與此異。「便便」，伯二五一〇號鄭本注云：「便便，辯貌。」《太平御覽》卷四六三引同。「辯貌」上，《大藏音義》卷一引多一「言」字。王著云：「伯三三〇五號集解引作孔注，恐有所本。實均本於《爾雅·釋訓》，原文爲：『便便，辯也。』」又，「辯貌」，邢本作「辯也」，篁墩本作「辨也」，皇本作「言辨貌」，永禄本作「言辨貌也」。《釋文》云「辯也」。當以作「辯」爲是。

敬。❶朝，與下大夫言，偘偘如也；❷孔曰：偘偘，和樂貌也。❸與上大夫言。誾誾□□。❹□曰：❺誾誾，□正之貌。❻君在，❼踧踖如也，與與如也。馬曰：君在，視朝。❽踧踖，恭敬貌。與與，威儀中適之貌。❾

君召使擯，❿鄭曰：君召使擯□，⓫謂有賓客

❶「謹敬」，篁墩本、邢本同，毛本、閩本、北監本作「敬謹」。皇本、《史記・孔子世家》集解引「敬」下多一「也」字。

❷「偘」，伯二五一〇號鄭本、伯三七八三號白文同，篁墩本、皇本、邢本、《釋文》作「侃」。《廣韻》云：「『偘』同『侃』。」又，伯二五一〇號鄭本末無「也」字。王著云：「據底本（鄭本）前後體例，此處應有一『也』字。」《四書考異》謂《史記・孔子世家》「與上大夫」二句置「與下大夫」二句之上。《論語孔氏訓解》依之。今按：《史記・孔子世家》行文順序並非完全搬《論語》，位置變換之例甚多。如本篇「入公門，鞠躬如也」，《論語》下接「如不容，執圭，鞠躬如也」，《史記・孔子世家》下接「趨進，翼如也」。

❸「偘」至「也」，皇本同，《史記・孔子世家》集解引無「偘偘」、「也」三字。「樂」下，邢本多一「之」字，末無「也」字。列〇一三九九號、篁墩本末亦無「也」字。按：此孔注同鄭注。伯二五一〇號鄭本注云：「偘偘，和樂貌也。」

❹「□□」，諸本作「如也」。

❺「□」，列〇一三九九號、篁墩本、皇本、邢本均作「孔」。《史記・孔子世家》集解、《文選》卷五三李蕭遠《運命論》注引同。

❻「□」，諸本作「中」。「之」，底本旁補，列〇一三九九號、皇本無此字。列〇一三九九號、皇本、《史記・孔子世家》集解引未有「也」字。按：此孔注同鄭注。伯二五一〇號鄭本注云：「誾誾，中正貌也。」

❼「君在」，底本原小寫誤入注文，已改正。

❽「君在」，篁墩本、邢本同，皇本「在」下多一「者」字。「視」上，篁墩本、皇本多一「君」字。篁墩本、皇本、邢本句末有「也」字。按：此馬注同鄭注。伯二五一〇號鄭本注云：「君在，視朝也。」

❾「恭敬」下，篁墩本、邢本多一「之」字。二「貌」下，皇本各有一「也」字。「之」，底本旁補。

❿「擯」，伯二五一〇號鄭本、伯三七八三號白文、篁墩本、皇本、邢本同，列〇一三九九號、《史記・孔子世家》作「儐」。《釋文》出「擯」，云：「本又作『儐』，亦作『賓』，皆同。」

⓫「□」，列〇一三九九號、篁墩本、皇本、邢本等集解本作「者」，伯二五一〇號鄭本無此字。

使迎之。❶色勃如也，❷孔曰：必變色也。❸足躩如也。❹包曰：盤僻貌也。❺揖所與立，左右手，❻依後前，❼襜如也。❽鄭曰：揖左人，左其手；揖右人，右其手。❾一俛一仰，依前後，襜如也。❿趍進，⓫翼如也。孔曰：言端好

❶「謂」，諸本無此字。「使」上，列〇一三九九號、伯二五一〇號鄭本多一「之」字。列〇一三九九號，皇本、《史記·孔子世家》集解引「之」下有「也」字。

❷「也」，伯二五一〇號鄭本、伯三七八三號白文、篁墩本、皇本、邢本同，列〇一三九九號無此字。

❸「也」，皇本同，列〇一三九九號、篁墩本、邢本、《史記·孔子世家》集解引無此字。

❹「躩」，列〇一三九九號同，伯三七八三號白文、大永本、永禄本作「躍」。按：此處當以作「躩」爲是。又，列〇一三九九號無「也」字。

❺「盤」至「也」，皇本同。邢本「盤」上多「足躩」二字，大永本「盤」上多「足躩如」三字。「盤」，大永本、正平本作「槃」。《釋文》出「盤」，云：「字又作『磐』。」阮校記云：「當作『般』。假借作『盤』，俗作『磐』。」據此，「槃」亦非正字。「僻」，列〇一三九九號、篁墩本、邢本、大永本、《釋文》引作「辟」。又，「辟」下，大永本多一「之」字。列〇一三九九號、篁墩本、邢本末無「也」字。

❻「手」，列〇一三九九號、伯二五一〇號鄭本、伯三七八三號白文、唐石經、邢本同。「手」上，古本、篁墩本、皇本、唐本、津藩本、足利本、正平本、天文本多一「其」字。阮校記云：「皇本『手』上有『其』字。案鄭注云：『揖左人，左其手。揖右人，右其手。』疑皇本是。」然鄭本經文並無此「其」字。

❼「依後前」，列〇一三九九號、伯二五一〇號鄭本、伯三七八三號白文、篁墩本、皇本、邢本作「衣前後」，底本誤。

❽「也」，列〇一三九九號無此字。

❾「揖左」至「手」，列〇一三九九號、篁墩本、皇本、邢本同。「右人」上，大永本無「揖」字。伯二五一〇號鄭本「揖右人右其手」在「揖左人左其手」之上。王著云伯三三〇五號（即底本）等「與經文先『左』後『右』合。」

❿「依」，諸本作「衣」，底本誤。篁墩本、皇本「依」上多一「故」字，「襜」上多一「則」字。

⓫「趍」，列〇一三九九號、伯二五一〇號鄭本、伯三七八三號白文、宋石經同，篁墩本、皇本、邢本作「趨」。參見第一四七頁校記❽。

也。❶賓退，必復命曰：「賓不顧矣。」鄭曰：復命白君，賓已去矣。❷

入公門，鞫躬如也，❸如不容。孔曰：斂□。❹立不中門，行不履閾。❺孔曰：閾，謂門限。❻過，勃□也，❼足躩如也。❽包曰：過君之空位也。❾其言似不足者。攝齋昇堂，❿鞠

❶「好也」，列〇一三九九號、篁墩本同。「好」，皇本、《論語孔氏訓解》引作「正」。邢本「好」下無「也」字。

❷「鄭曰」，列〇一三九九號，邢本同，篁墩本、皇本、正平本作「孔曰」。按：伯二五一〇號鄭本注云「復命白君曰：賓已去」，與集解本注文基本相同，可證作「鄭曰」是。又，皇本無「君」字，「矣」作「也」字。「白君」，大永本作「君曰」，誤。「矣」，卷子本、大永本作「也」。

❸「鞫」，諸本作「鞠」，底本誤。以下「鞫」應作「鞠」，均徑改，不再出校。「躬」，列〇一三九九號、伯三七八三號白文、篁墩本、皇本、邢本、《史記·孔子世家》同，伯二五一〇號鄭本作「窮」。阮校記云：「『躬』又作『窮』。《儀禮·聘禮》記執圭入門，鞠躬焉如，恐失之。《釋文》作『窮』。云：『劉音弓，本亦作躬。』《群經音辨》云：『鞠躬，容謹也。鄭康成説禮，孔子之執珪，鞠窮如也。』是鄭、陸所據本作『窮』。但字雖作『窮』，讀仍如『躬』，蓋鞠躬本雙聲字。」説甚是。

❹「□」，列〇一三九九號、篁墩本、皇本、邢本作「身」。列〇一三九九號、皇本末有「也」字。「斂□」，《論語集解考異》卷五謂慧琳引作「斂容也」。

❺「閾」，伯二五一〇號鄭本、伯三七八三號白文、篁墩本、皇本、邢本、《釋文》引同，大永本作「閫」，注同。《論語集解考異》卷五云：「案《禮記》鄭玄注：『閫，門限也。』字異而義同。」

❻「謂門限」，列〇一三九九號、篁墩本、皇本、邢本、《文選》卷一班孟堅《西都賦》注引無「謂」字。列〇一三九九號、篁墩本、皇本、《釋文》、《西都賦》注引「限」下有「也」字。按：此孔注同鄭注。伯二五一〇號鄭本注云：「閾，門限也。」

❼「過勃□也」，此注伯二五一〇號鄭本、伯三七八三號白文、篁墩本、皇本、邢本作「過位，色勃如也」。列〇一三九九號同，唯無「也」字。底本誤脱「位」、「色」二字，殘「如」字。

❽「躩」，參見第一六五頁校勘記❹。列〇一三九九號「位」下無「也」字。

❾「也」，邢本無此字。

❿「齋」，列〇一三九九號、伯三七八三號白文、古本、大永本、永禄本、武内本同，伯二五一〇號鄭本、篁墩本、皇本、邢本、《釋文》作「齊」。按：「齋」、「齊」，經傳通用。下同，不再出校。又，「昇」，諸本均作「升」。列〇一三九九號「堂」下有「矣」字。

躬如也，❶屏氣似不息者。孔曰：皆重慎也，衣下曰齊。攝齊者，摳衣也。出，降等。❷逞顔色，❸怡怡如也。孔曰：先屏氣，下皆舒氣，❹故怡怡如也。沒階，趨進，❺翼如也。孔曰：沒，盡也；下盡階也。❻復其位，踧踖如也。孔曰：來時所過位也。❼

執圭，❽鞠躬如也，如不勝。包曰：爲君使躬，❾問隣國，執持君之圭。鞠躬者，敬慎之至。❿上如揖，下如授。勃如戰色，足縮縮如有循。⓫鄭曰：上如揖，授王宜敬也。⓬下如授，不敢忘

---

❶「也」，伯二五一〇號鄭本無此字。

❷「降」下，諸本有「一」字，底本誤脱。

❸「逞」，篁墩本、皇本、邢本、《釋文》引同。「逞」下，伯二五一〇號鄭本、列〇一三九九號、伯三七八三號白文有「其」字。

❹「皆」，諸本作「階」，底本誤。

❺「沒階趨進」，伯二五一〇號鄭本、伯三七八三號白文、篁墩本、皇本、邢本同。《釋文》出「沒階趨」，云：「一本作『沒階趨進』，誤也。」《四書考異》云：「朱子或問曰：問何以知無『進』字。曰：降而盡階，則爲趨而退矣，不得復有『進』字也。《論語集説》曰：『進』疑是『退』字。按：《子華子・孔子贈》篇以爵執圭，子華子沒階而進，再拜而言。似可證此『進』字之非衍誤。」阮校記引《經義雜記》，謂：「自兩漢以至唐初，皆作『沒階趨進』。趨進者，趨前之謂也。『進』字不作『入』字解，舊有此字非誤。」

❻「也」，皇本同。篁墩本、邢本無此字。

❼「也」，邢本無此字。

❽「圭」，伯三七八三號白文、篁墩本、皇本、邢本同。「圭」，伯二五一〇號鄭本作「珪」。鄭戌本殘，據注文亦作「珪」。按：「圭」、「珪」，經傳通用，但此處以「珪」爲正。

❾「使」下，篁墩本，皇本有「以」字。「躬」，諸本作「聘」，底本誤。下同。

❿「至」下，皇本有「也」字。

⓫「縮縮」，伯三七八三號白文同，伯三二七一號、伯二五一〇號鄭本、篁墩本、皇本、邢本、唐本、津藩本、正平本、天文本、武内本、《釋文》引作「蹜蹜」。按：「蹜」意舉足促狹。此處當以「蹜」爲正。下同。又，伯二五一〇號鄭本「循」字重，鄭戌本作「遁」，皆誤。唐本、津藩本、正平本、武内本「循」下有「也」字。

⓬「授王」，列〇一三九九號，伯二五一〇號鄭本、篁墩本、皇本、邢本、《書鈔》卷八六引作「授玉」。《釋文》出「授玉」，云：「一本作『受玉』。」阮校記云：「本（邢本）『玉』誤『王』，疏同，今正。」列〇一三九九號、鄭戌本、篁墩本、邢本「敬」下無「也」字。

禮。❶戰色，敬也。❷足縮縮如有循，❸舉前，曳踵行之。❹享禮，有容色。鄭曰：享，獻。❺躬禮也。❻既聘而享，享用圭璧。❼有庭實也。❽私覿，❾偷偷如也。❿鄭曰：既享，乃以私禮見。⓫覿，見

❶「禮」，鄭戌本、篁墩本、邢本同，伯三二七一號，伯二五一〇號鄭本、皇本、《書鈔》卷八六「禮」下有「也」字。

❷「戰色敬也」，篁墩本、皇本、邢本同，伯二五一〇號鄭本、鄭戌本作「勃如戰色，恐辱君命」。《書鈔》卷八六引同鄭本，唯「命」下多一「也」字。按：此注集解本與鄭本異，恐爲何晏删改所致。

❸「縮縮」，當作「蹜蹜」，參見第一六七頁校勘記⓫。《書鈔》引無「足蹜蹜」三字。「循」，鄭戌本作「遁」，亦誤。

❹「曳踵行之」，「之」，皇本作「也」，篁墩本、邢本無「之」字，永禄本作「踵而行也」，伯二五一〇號鄭本、鄭戌本作「踵圈豚而行」，《書鈔》卷八六引作「踵行之慎也」。

❺「獻」，伯二五一〇號鄭本同。「獻」下，伯三二七一號、列〇一三九九號，鄭戌本、篁墩本、皇本、邢本、《書鈔》卷八六引多一「也」字。

❻「躬」，伯三二七一號同，他本作「聘」。「躬禮也」，《書鈔》引無此三字。列〇一三九九號、篁墩本、皇本、邢本「禮」下無「也」字。

❼「享」，伯三二七一號，伯二五一〇號鄭本、篁墩本、皇本同，列〇一三九九號、鄭戌本、邢本、《書鈔》卷八六引無此字。「圭」，伯二五一〇號鄭本作「珪」。參見第一六七頁校勘記❽。「璧」，伯三二七一號作「辟」。按：此處當以「璧」爲正。

❽「也」，列〇一三九九號、伯三二七一號、皇本同。伯二五一〇號鄭本、鄭戌本、篁墩本、邢本、《書鈔》卷八六引無此字。又，伯三二七一號「也」下多「君子者，天子也」一句，諸本均無。王著云：「按此章經文並無『君子』二字，疑係誤入。」

❾「覿」，諸本同。《論語孔氏訓解》謂《説文解字》引作「儥」，云：「《説文》無『覿』字，有『儥』字，據此當作『儥』。」

❿「偷偷」，諸本及《釋文》引均作「愉愉」。底本恐形近致誤。注同。又，鄭戌本無「也」字，當係誤脫。

⓫「乃」，篁墩本、皇本、邢本、《書鈔》卷八六引同，伯二五一〇號鄭本、鄭戌本無此字。「私禮」下，鄭戌本多一「相」字。

也。❶愉愉，顏色和也。❷

君子不以紺緅飾，孔曰：□入曰緅。❸飾者，不以爲領袖緣，❹紺者，齋服盛色，以爲飾，❺不以衣齋服也。❻紺者，❼三年陳以緅飾衣，❽爲其喪服也。❾

---

❶「覿見也」，鄭戌本無「也」字。按：此三字，伯二五一〇號鄭本、鄭戌本、篁墩本、皇本、邢本、《書鈔》引均置於「既享」前。從行文順序看，置於「既享」前較正確。

❷「愉愉」，底本原誤作「偷偷」，已改正。「也」，皇本同，篁墩本、邢本、《太平御覽》卷三八八引無此字。此注，伯二五一〇號鄭本、鄭戌本引並無，王著云：「當是脫漏。」

❸「□入」，伯三二七一號、篁墩本、皇本、邢本作「一入」，大永本作「五入」。「緅」，諸本同。阮校記以爲：「緅」乃「縓」字之誤。《爾雅》謂一染謂之縓，即孔所云「一入」也。《考工記》謂五入爲緅。孔本經注皆當作「縓」，不當作「緅」。阮校記遂斷定：「自集解采孔氏説而經文仍從『緅』字，又改注文之『縓』亦爲『緅』，而二文相亂。」《論語集解考異》卷五則稱：「（大永本）『五入』同《考工記》，然孔注自爲『一入』，説見皇疏。諸舊本並無作『一入』者也。」今按：據《儀禮》、《周禮·考工記》、《爾雅》皆言「一入（染）爲縓」，「五入爲緅」，孔注「一入爲緅」，「一」與「緅」不合，必有一誤。或如阮氏所説，集解改注文「縓」爲「緅」，有誤。然今見寫本及刊本均作「緅」，而「一入」大永本作「五入」，諸舊本無作「一入」者，則孔注「一入」當視爲「五入」之誤。

❹「袖」，諸本同，《釋文》出「褎」，云：「字亦作『袖』。」阮校記云：「（袖）俗字也。」伯三二七一號、篁墩本、皇本、邢本、《釋文》引下有「也」字。

❺「飾」，篁墩本、皇本同，邢本、伊氏本「飾」下有「衣」字。

❻「不以」，諸本作「似」，底本衍「不」字。「似」誤作「以」。篁墩本、邢本「服」下無「也」字。

❼「紺」，諸本作「緅」，底本誤。

❽「陳」，諸本作「練」，底本誤。

❾「其」下，《論語孔氏訓解》引多一「似」字，篁墩本、皇本、邢本、大永本多「似衣」二字，篁墩本、皇本、邢本、《孔氏訓解》引末均無「也」字。

故皆不以飾衣也。❶紅紫不以爲褻服。王曰：褻服，私居非公會之服也。❷皆以不正，❸褻尚不衣，正服無所施也。❹當暑，縝絺紘，❺必表而出之。❻孔曰：暑則單服。絺紘，葛也，必表而出，加上衣也。❼緇衣，羔裘；素衣，麑裘；❽黄衣，狐裘。❾

❶「故」至「也」，皇本同，《論語孔氏訓解》引無「故」字。「以」下，邢本有「爲」字。篁墩本、邢本末無「也」字。

❷「私居」，伯三二七一號、篁墩本、皇本同。「居」下，邢本、伊氏本多一「者」字。「服也」，伯三二七一號同，「服」下，皇本、大永本、永禄本多一「者」字，篁墩本、邢本無「也」字。

❸「皆」下，篁墩本、皇本、邢本無「以」字。

❹「也」，篁墩本、皇本，邢本無此字。

❺「縝」，伯三七八三號白文、伯二五一〇號鄭本、鄭戌本、篁墩本、皇本、古本、唐本、津藩本、足利本、正平本、卷子本、武内本同，唐石經、邢本、天文本、《論語孔氏訓解》引作「袗」，伊氏本、《文選》卷四七王子淵《聖主得賢臣頌》注引作「紾」。《釋文》出「紾」，云：「本又作『袗』。」不及「縝」。《四書考異》云：「按《廣韻》云：『紾』，單衣，或作『縝』，同。又云：『縝』，單也。是『紾』與『縝』不僅音同，古實相通用。」阮校記、《彙考》則認爲「袗」，正字；「縝」，俗字。今按：「縝」、「紾」、「袗」三字音義均同，經典通用。又，「紘」，諸本作「綌」。「綌」與「紘」音義皆異，底本形近致誤，或説「紘」當爲「紭」之譌，「紭」乃「綌」之俗字。

❻「之」，伯三二七一號、伯三七八三號白文、伯二五一〇號鄭本、鄭戌本、唐石經、邢本、《論語孔氏訓解》引同。篁墩本、皇本、古本、唐本、津藩本、足利本、正平本、天文本無此字。按：皇疏亦無「之」字。《四書考異》因云：「依皇氏説，句末應無『之』字。」但上引底本及四寫本均有「之」字，伯三二七一號、邢本孔注及邢疏引亦並有「之」字，似應以有「之」字爲是。

❼「出」至「也」，篁墩本、皇本、《論語孔氏訓解》引同底本。「出」下，伯三二七一號、邢本多一「之」字。邢本末無「也」字。

❽「麑」，伯三七八三號白文、伯二五一〇號鄭本、篁墩本、皇本、邢本同，阮校記據《釋文》、《説文》及《禮記》、《儀禮》注，謂鄭本「麑」作「麛」。但伯二五一〇號鄭本、鄭戌本仍作「麑」，與阮説不符。

❾「狐裘」，伯三二七一號、皇本、永禄本、《論語孔氏訓解》引下有注，爲：「孔曰：服皆中外之色相稱也。」底本、閩本、北監本、毛本、篁墩本、邢本亦有此注，但置經文「短右袂」下、孔注「私家裘長」上。阮校記認爲係分節不同所致。

褻裘長，❶短右袂。孔曰：服皆中外之色相稱也。私家裘長，主温。❷短右袂，便作事也。❸必有寢衣，長一身有半。孔曰：今之被也。❹狐狢之厚以居。❺鄭曰：在家以接賓客。❻去喪，無所不佩。❼孔曰：去，除也。非喪則備佩所宜也佩之。❽非惟裳，❾必煞之。❿王曰：衣必有煞縫，唯惟裳無煞耳也。⓫羔裘玄冠不以弔。孔曰：喪主素，吉主玄，吉凶異服也。⓬吉月，必朝服而朝。孔

❶「褻裘長」，諸本同。《説文》引作「絬衣長」。《論語孔氏訓解》據此謂古論語「褻裘」作「絬衣」。

❷「温」下，皇本、永禄本、大永本、卷子本、《論語孔氏訓解》引有「也」字。

❸「袂」下，篁墩本多一「者」字。篁墩本、邢本末無「也」字。按：此孔注同鄭注。伯二五一〇號鄭本注云：「短右袂，便於事。」

❹「今」至「也」，篁墩本、邢本同底本。皇本、《論語孔氏訓解》引無「之」字。「被」上，伯三二七一號有「臥」字。《論語集解考異》卷五云：「『被』，皇疏一本作『被衣也』。」按：此孔注同鄭注。伯二五一〇號鄭本，鄭戌本云：「今時卧被。」《周禮・天官・玉府》疏引鄭注作「今之臥被」。

❺「狢」，伯三二七一號、伯三七八三號白文、伯二五一〇號鄭本、篁墩本、皇本、邢本作「貉」。《説文》引作「貈」。按：「貈」爲正字，「貉」爲假借字。「狢」爲俗字。參見第一五七頁校勘記❹。

❻此句篁墩本、邢本同底本。「以」上，鄭戌本、《詩・召南・羔羊》正義引多一「所」字，伯二五一〇號鄭本「以」作「所」。伯三二七一號、皇本「客」下多一「也」字，正平本「客」下多「之也」二字。

❼「佩」，伯二五一〇號鄭本、伯三七八三號白文、篁墩本、皇本、邢本同。《釋文》出「佩」，云：「字或從王旁，非。」

❽「宜」下，諸本下無「也」字，末「之」作「也」字。

❾「惟」，伯三七八三號白文、斯五七五六號白文、唐本、正平本同，伯二五一〇號鄭本、篁墩本、皇本、邢本、《釋文》作「帷」。天文本校勘記云：「作『惟』誤。」《彙考》云：「『惟』字當是隸書以形近而譌。」

❿「煞」，伯三二七一號、伯二五一〇號鄭本、伯三七八三號白文、斯五七五六號白文同，篁墩本、皇本、邢本作「殺」。

⓫「惟」，伯三二七一號作「長」，爲「帷」字之誤。「耳也」下，伯三二七一號無，篁墩本、皇本、《論語孔氏訓解》引有「故不相弔也」一句，他本均脱。

⓬「也」，大永本、《論語孔氏訓解》引同，篁墩本、皇本、邢本無此字。篁墩本、皇本、《論語孔氏訓解》引「也」下有「故不相弔也」一句，他本均脱。

曰：吉月，朔也。朝服，皮弁服也。❶有明衣，❷布也。❸孔曰：以布爲沐浴衣也。❹齊必變食，孔曰：改常饌也。❺居必遷坐。孔曰：易常處也。❻食不猒精，膾不猒細。❼食饐而餲，❽孔曰：饐餲，臭味變也。❾魚腇而肉敗，❿

❶「吉月」至「服也」，伯三二七一號、篁墩本、皇本、邢本、《論語筆解》、《論語孔氏訓解》引「月」字重，底本脱一「月」字。「朝服」，《論語筆解》引作「吉服」，又，「服」下多一「即」字。按：此釋經文「朝服」，作「吉服」誤。又，「弁服」下，伯三二七一號多一「者」字。又按：斯五七二六號、篁墩本、邢本末無「也」字。又按：此孔注同鄭注。伯二五一〇號鄭本注云：「吉月，月朔也。朝服，皮弁服。」鄭戌本引末有「也」字。

❷「有」上，斯五七五六號白文有「齊必」二字。伯三二七一號、伯二五一〇號鄭本、鄭戌本、足利本、天文本同，唯「齊」作「齋」。《釋文》出「齊」，云：「本或作『齋』，同。」底本誤脱此二字。

❸「也」，伯二五一〇號鄭本、篁墩本、古本、足利本、正平本、武内本、天文本同，斯五七五六號白文、伯三七八三號白文、鄭戌本、皇本、邢本無此字。

一七二

❹「以」至「也」，皇本同。篁墩本、邢本末無「也」字。伯三二七一號殘，存文爲「□自□欲□之也」，與諸本異。

❺「饌」，邢本、伊氏本同，伯三二七一號、篁墩本、皇本、《論語孔氏訓解》引作「食」。伯三二七一號、篁墩本、邢本、伊氏本末無「也」字。

❻「也」，皇本同。斯五七二六號、篁墩本、邢本無此字。

❼「猒」，斯五七二六號、伯三七八三號白文同，諸刊本作「厭」。又，《釋文》出「膾」，云：「又作『鱠』，非。」

❽「餲」下，鄭戌本多「不食」二字。

❾「臰」，皇本同，篁墩本、邢本作「臭」，《玉篇》云：「『臰』，俗『臭』字。」又，「也」，伯三二七一號、皇本同，篁墩本、邢本無此字。

❿「腇」，伯二五一〇號鄭本同，伯三二七一號、伯三七八三號白文、鄭戌本作「餧」，斯五七二六號、篁墩本、皇本、邢本、《史記・孔子世家》集解、《論語孔氏訓解》引作「餒」。注同。《釋文》出「餒」，云：「奴罪反。《説文》云魚敗曰餒，本又作『鮾』，字書同。」阮校記云：「『餒』、『餧』、『鰈』古今字，『鮾』，俗字。」《彙考》云：「『餧』、『腇』、『鯘』爲一字，『腇』、『鯘』爲由『餧』而孳乳之或體；『餒』、『脮』、『鮾』亦爲一字，『脮』、『鮾』又由『餒』而孳乳之或體。」今按：據《説文》、《論語譯注》，魚腐爛曰「餒」，則字當以「餒」爲正。

不食。孔曰：魚敗曰餒也。❶色惡，不食。臭惡，不食。失飪，❷不食。孔曰：失飪，失生熟之節也。❸不時，❹不食。鄭曰：不時，非朝夕日中之食也。❺割不正，不食。❻不得其醬，不食。馬曰：魚膾非芥醬不食。肉雖多，不使勝食氣。❼唯酒無量，不及亂。❽酤酒市脯不食。❾不

❶「孔曰」，斯五七二六號、篁墩本、皇本，《史記·孔子世家》集解引同，邢本無此二字，似作何晏自注。阮校記云：「疑此（邢本）有脱字。」今據寫本，可斷其確脱注者。又，「餒」，參見第一七二頁校勘記❿。又，斯五七二六號、篁墩本、邢本末無「也」字。

❷「飪」，伯三二七一號、伯二五一〇號鄭本、伯三七八三號白文、鄭戍本、大永本同，篁墩本、皇本、邢本、《論語孔氏訓解》引作「餁」，注同。《集韻》云：「（餁）同飪。」王著云：「『餁』實爲『飪』之別體。」

❸「節」下，篁墩本、邢本無「也」字。按：此孔注同鄭注。伯二五一〇號鄭本注云：「失飪，失生熟之節。」

❹「不」，鄭戍本作「非」，注同。

❺「之食也」，斯五七二六號、鄭戍本、篁墩本、邢本作「時」，伯二五一〇號鄭本、皇本作「時也」。此注既釋「不時」，底本作「食」，誤。伯三二七一號殘存「▨謂生非其時，若冬梅李實▨」，與諸本異。按：該寫本所引實爲江熙注。皇疏引江熙云：「不時，謂生非其時，若冬梅李實也。」又，「時」，《儀禮·既夕禮》疏引作「食」，末多「一日之中三時食」七字，亦異。

❻「不食」，伯三二七一號下有注，爲：「煞不以道，爲不正也。」斯五七二六號、篁墩本、皇本、邢本均無此注。按：該寫本所引實爲江熙注。皇疏引江熙云：「殺不以道，爲不正也。」「煞」同「殺」。

❼「氣」，伯二五一〇號鄭本、伯三二七一號、伯三七八三號白文、篁墩本、皇本、邢本同，《説文》引作「既」，阮校記案云：「《禮·中庸》『既廩稱事』，鄭君注『既』讀爲『餼』。《説文》無『餼』字，『氣』即『餼』字，是『既』與『氣』通也。」

❽「及」，伯三二七一號誤作「乃」。又，該寫本下有注，爲：「齋而有酒□除惡之疾。」諸本皆無，不知何據。

❾「酤」，《漢書·食貨志》、《太平御覽·資産部》引同，斯五七二六號誤作「活」，伯三二七一號、伯二五一〇號鄭本、伯三七八三號白文、篁墩本、皇本、邢本作「沽」。《釋文》出「沽」，云：「音姑。買也。」按：「酤」亦音「姑」，據《説文》，義爲買酒。「沽」、「酤」同音同義，故通用。

徹薑食。❶孔曰：徹，去。齊禁薰物，❷薑辛而不臰，故不去也。❸不多食。孔曰：不過飽也。❹

祭於公，❺不宿肉。周曰：助祭於君，所得牲體，❻歸則以班賜□留神惠也。❼祭肉不出三日。出三日，不食之矣。鄭曰：自其家祭肉也。❽過三日不食，是褻鬼神之餘祚。❾

食不語，寢不言。

❶「徹」，伯二五一〇號鄭本、伯三七八三號白文同，斯五七二六號、鄭戌本殘，據注文，亦同，伯三二七一號、篁墩本、皇本、邢本、《釋文》、《論語孔氏訓解》引作「撤」。阮校記云：「《説文》無『撤』字，『撤』乃『徹』之俗字。」

❷「徹」，或作「撤」，參見本頁校勘記❶。「去」下，伯三二七一號、斯五七二六號、篁墩本、皇本、邢本、《論語孔氏訓解》引有「也」字。「齊」或作「齋」。參見第一六六頁校勘記❿。「薰」，篁墩本、皇本、邢本同，北監本、毛本、《論語孔氏訓解》引作「葷」，伯三二七一號、斯五七二六號作「焄」。《釋文》出「焄」，云：「本或作『葷』，同。本今作『薰』。」阮校記云：「『葷』，古多作『薰』，或作『焄』。」按：「焄」當爲「君」字之譌。

❸「臰」，或作「臭」，參見第一七二頁校勘記❾。「不去」，伯三二七一號作「不徹」。篁墩本、邢本「去」下無「也」字。

❹「不」至「也」，皇本同。篁墩本、邢本無「也」。伯三二七一號作：「孔曰：過飽。又少所啖。」按：該寫本「過」上脱一「不」字。後句，諸本均無，當據江熙注。皇疏引江熙云：「少所啖也。」中無「又」字。此「又」字恐係書者自加，以銜接孔、江二注。

❺「公」，諸本同，《四書考異》謂《太平御覽》引作「君」。

❻「體」，底本原誤作「禮」，已改正。

❼「則」，伯三二七一號無此字。「以」，篁墩本、皇本同，邢本無此字。「□」，諸本作「不」，伯三二七一號、斯五七二六號、篁墩本、邢本末無「也」字。按：此周注「助祭」至「惠也」同鄭注。伯二五一〇號鄭本注云：「助祭於君，所得牲體，歸即班賜，不留神惠。」

❽「也」，伯三二七一號、伯二五一〇號鄭本、皇本同二篁墩本、邢本無此字。

❾「祚」，伯三二七一號、伯二五一〇號鄭本、篁墩本、皇本、邢本無此字。伯三二七一號、皇本「祚」下有「也」字。

雖蔬食菜羹，❶苽祭，必齊如也。❷孔曰：齊，嚴敬貌也。三物雖薄，祭之必敬也。❸

席不正，不坐。❹

鄉人飲酒，杖者出，斯出矣。❺孔曰：杖者，老人也。❻鄉人飲酒之禮，❼主於老者。❽禮畢，出，孔子從而後出也。❾鄉人儺，朝服而立阼階。❿

---

❶ 「雖蔬食」，斯六〇七九號脱「雖」字。「蔬」，伯三二七一號、斯六〇七九號、伯二五一〇號鄭本、伯三七八三號白文、古本、皇本、邢本、大永本、永禄本同，篁墩本、唐本、北監本、毛本、正平本、天文本、《釋文》、《論語孔氏訓解》引作「疏」。伯二五一〇號鄭本脱「食」字。

❷ 「苽」，伯二五一〇號鄭本、伯三七八三號白文、古本、皇本、武内本同，伯三二七一號、篁墩本、唐本、正平本、邢本、天文本、《釋文》、《論語孔氏訓解》引作「瓜」。《論語譯注》云：「有些本子作『必祭』，『瓜』恐怕是錯字。」按：《釋文》云：「魯讀瓜爲必。」作「必」爲《魯論》。阮校記云：「『苽』，俗字。」《彙考》云：「『苽』爲另一植物。……字從瓜聲，故可通。」據此，當以「瓜」爲正字。又，「齊」或作「齋」。下同。

❸ 「齊」至「敬也」，此注伯三二七一號、皇本、《論語孔氏訓解》引同。篁墩本、邢本無二「也」字。按：此孔注同鄭注。伯二五一〇號鄭本注云：「齊，嚴敬貌也。三物雖薄，祭之必敬。」

❹ 「正」，伯三二七一號作「政」，「不坐」下有注，爲：「政席，所以恭敬也。」諸本均無。按：該寫本所引當爲范甯注。皇侃疏引范甯云：「正席，所以恭敬也。」

❺ 「斯」，《考文》謂一本作「則」。

❻ 「人」，《論語孔氏訓解》引作「者」。

❼ 「鄉人」，伯三二七一號無此二字，恐係誤脱。

❽ 「老者」，伯三二七一號、篁墩本、皇本、邢本、《論語孔氏訓解》引二字重。

❾ 「後出也」，伯三二七一號、皇本同，篁墩本作「出」，卷子本作「出之」，大永本、永禄本作「出也」，邢本、伊氏本作「後出」。按：此孔注「鄉人」至「出也」略同鄭注。伯二五一〇號本注云：「正齒位之禮，主於老者。禮畢出，孔子從而後出也。」

❿ 「立阼階」，唐本、津藩本、正平本、天文本同，伯三二七一號、伯二五一〇號鄭本、伯三七八三號白文、篁墩本、皇本、邢本、《論語筆解》、《論語孔氏訓解》引「立」下多一「於」字。《釋文》引同，又無「階」字，云：「本或作『於阼階』。」

孔曰：儺，驅逐疾鬼。❶恐驚先祖，故朝服立於廟之阼階。❷

問人於他邦，再拜而送之。❸孔曰：拜送使者，敬也。❹

康子饋藥，拜而受之。❺包曰：遺孔子藥。❻曰：「丘未達，不敢嘗。」❼孔曰：未知其故，故不嘗也。❽

---

❶「疾」，伯三二七一號、篁墩本、皇本、邢本、《論語筆解》、《釋文》、《論語孔氏訓解》引作「疫」，《呂氏春秋》高誘注引亦作「疫」，底本誤。

❷「立」至「階」，篁墩本同。「立」上，邢本、《論語筆解》引多一「而」字。皇本、《論語孔氏訓解》引無「於」字。「阼」，底本原誤作「祚」，今正。伯三二七一號、皇本、《論語孔氏訓解》引末有「也」字。

❸「拜而」，伯二六六三號、伯三二七一號、伯二五一〇號鄭本、斯五七五六號白文、唐石經、皇本、邢本同。「拜」下，大永本多一「也」字。篁墩本、唐本、津藩本、足利本、正平本、天文本無「而」字。

❹「孔曰」，伯三二七一號、篁墩本、皇本、邢本、《論語孔氏訓解》引同，伯二六六三號作「鄭□（曰）」。伯二五一〇號鄭本注云：「拜送使者，敬也。」然集解本他注同鄭注者甚多，未必盡誤。此處仍以作「孔曰」爲是。又，「敬」下，皇本、《論語孔氏訓解》多一「之」字。

❺「拜」，伯三七八三號白文誤作「邦」。伯三二七一號無「之」字。《釋文》出「拜而受之」云：「一本或無『而』、『之』二字。」

❻「遺」，皇本、大永本同，伯三二七一號、篁墩本、邢本作「饋」。《釋文》出「遺」，云：「本今無此字。」《經典釋文彙校》云：「校者不知『饋』即『遺』字，因云本今無。」阮校記云：「《廣雅·釋詁》云：饋，遺也。『饋』、『遺』俱從貴，聲義本相通。」説甚是。

❼「嘗」，伯二六六三號、伯三二七一號、伯二五一〇號鄭本、伯三七八三號白文、斯五七五六號白文、唐石經同，篁墩本、皇本、邢本、天文本、古本一本、唐本、津藩本、正平本、武内本作「甞」，下同。《玉篇》、《集韻》皆謂「甞」同「嘗」。《四書考異》云：「當以『嘗』爲正。」又，伯二五一〇號鄭本脱「敢」字。伯二五一〇號鄭本、古本一本、唐本、津藩本、正平本、武内本末有「之」字。

❽「不」下，伯二六六三號、伯三二七一號、邢本多一「敢」字。「也」上，伯三二七一號、篁墩本、皇本、邢本、《論語孔氏訓解》引有一「禮」字，底本誤脱。

廄焚。❶子退朝，曰：「傷人乎？」不問馬。馬曰：重人賤畜也。退朝，自君之朝來歸也。❷君賜食，必正席先嘗之。❸孔曰：敬君惠也。❹既之嘗，❺乃以班賜也。❻君賜腥，❼必熟而

❶「廄」，伯三二七一號、伯二五一〇號鄭本、伯三七八三號白文、斯五七五六號白文、皇本、津藩本、正平本、天文本、武内本、閩本、北監本、毛本同，唐石經、篁墩本、邢本、《釋文》引作「廐」。《玉篇》云：「『廐』字，俗『廄』字。」《四書考異》引李涪《論語刊誤》曰：「此『廄』字，殳者，戈戟之屬。馬亦武事，故曰『廄庫』。若從先(廐)，即失武庫之意。」

❷「馬曰」，伯二六六三號同，伯三二七一號、篁墩本、皇本、邢本作「鄭曰」。按：此馬注確同鄭注。伯二五一〇號鄭本注云：「重人賤畜。退朝，自君之朝來歸。」恐底本及伯二六六三號誤引注者。又，「畜」下，伯二六六三號、篁墩本、邢本無「也」字。「退朝」下，皇本多一「者」字。「君」，伯二六六三號、伯三二七一號同，皇本作「魯」，篁墩本作「魯君」。伯二六六三號、伯三二七一號、篁墩本、邢本末無「也」字。

❸「之」，伯三二七一號、伯二五一〇號鄭本、唐石經、皇本、邢本、大永本、永禄本、《論語孔氏訓解》引同，篁墩本、足利本、津藩本、正平本、天文本無此字。《考文》亦謂一本無「之」字。

❹「君」下，篁墩本多一「之」字。

❺「之嘗」，諸本作「嘗之」，底本誤倒。

❻「班」，伯三二七一號、篁墩本、皇本、邢本、《論語孔氏訓解》引同，閩本、北監本、毛本作「頒」。阮校記謂「頒」爲假借字。伯三二七一號、篁墩本、邢本末無「也」字。按：此孔注(「敬君」至「賜也」)同鄭注。伯二五一〇號鄭本注云：「敬君之惠，既嘗，乃以班賜。」

❼「腥」，伯二六六三號、伯三二七一號、伯二五一〇號鄭本、伯三七八三號白文、篁墩本、皇本、邢本同，《論語孔氏訓解》引作「胜」。《釋文》出「腥」，云：「《説文》、《字林》並作『胜』。」《五經文字》云：「『胜』，先丁反。『腥』，先定反。經典通用『腥』爲『胜』字。並先丁反。」《論語孔氏訓解》注則云：「《説文解字》：『胜』，不熟也。『腥』，星見食豕令肉小息也。陳氏鱣曰：按此當作『胜』，今依之。」

薦之。薦其先祖。❶君賜牲，❷必畜之。侍食於君，君祭，先飯。鄭曰：於君祭則先飯矣。❸若爲君常食然也。❹

疾，君視之。❺東首，加朝服，拖紳。❻包曰：❼夫子疾，❽處南牖之下，東首，加其朝服，拖紳，大帶。❾不敢不朝服見君。❿

❶ 此注，伯二六六三號、伯三二七一號、篁墩本、皇本、邢本、伊氏本、《論語孔氏訓解》引作孔注，底本誤脱「孔曰」二字。「薦」，底本原爲重文符號，該符號前爲經文「之」字。然作「之」不通，諸本均作「薦」，遂從之。又，篁墩本、皇本、《論語孔氏訓解》引「薦」字重。

❷ 「牲」，伯三二七一號、伯二五一〇號鄭本、伯三七八三號白文、斯五七五六號白文、鄭亥本同，篁墩本、皇本、邢本作「生」。《釋文》出「生」，云：「魯讀生爲牲，今從古。」

❸ 「於」上，鄭亥本多一「若」字。伯二五一〇號鄭本、鄭亥本無「矣」字。

❹ 「君」，伯二六六三號、伯三二七一號、伯二五一〇號鄭本、鄭亥本、邢本、大永本、伊氏本同，篁墩本、皇本作「先」，永禄本下多一「先」字。「常」，諸本作「嘗」，底本誤。「也」，伯二六六三號、皇本同，他本無此字。此注《釋文》作「若爲嘗食然」，云：「一本作『若爲君嘗食然』。」

❺ 「之」，伯三二七一號作「其」，誤。

❻ 「拖」，伯二六六三號、伯三二七一號、伯三七八三號白文、篁墩本、皇本、邢本、天文本同，唐本、正平本誤作「抱」，伯二五一〇號鄭本、鄭亥本作「絁」。《彙考》云：「此作『絁』，音、義俱不洽，疑誤。」王著則云：「『絁』爲『纏』之俗字。」《四書考異》謂舊文「拖」作「拕」，《説文解字》引作「袉」。《湛困靜語》謂許氏東漢時所見《論語》本如此。《漢書・龔勝傳》作「拕」。唐石經作「拖」。《釋文》亦作「陁」，云：「本或作『拖』。」《集韻》云：「『拕』，或作『拖』，又作『陁』。」

❼ 「包曰」，篁墩本、皇本、邢本同，伯二六六三號、伯三二七一號作「孔曰」，未知孰是。

❽ 「疾」下，伯三二七一號、皇本有「也」字，大永本末有「之」字。

❾ 「紳大帶」，伯二六六三號同。篁墩本、皇本、邢本「紳」字重。「帶」下，伯三二七一號、皇本有「也」字。

❿ 「不朝」下，伯三二七一號多一「於」字，伯二六六三號、篁墩本、皇本、邢本多一「衣」字。《釋文》引亦有「衣」字。按：「於」字乃「衣」之誤，底本誤脱「衣」字。又，伯三二七一號、皇本句末有「也」字。此注下，伯三二七一號尚有注，爲：「南牖下□□君南面視之者也。」諸本均無，又按：該寫本所引當爲欒肇注。皇疏引欒肇云：「南牖下，欲令南面視之者也。」

君命召，不俟駕行矣。鄭曰：急趨君命也，❶行出而車既駕，隨之也。❷

入太廟，每事問。❸

朋友死，無所歸，曰：「於我殯。」❹孔曰：重朋友之恩。❺無所歸，言無親昵。❻

朋友之饋，雖車馬，非祭肉，❼不拜。孔曰：不拜，有通財之義也。❽

寢不尸，包曰：偃臥四體，❾布展手足，似死之

❶「急趨」，伯二六九九號誤倒作「趨急」。伯二六九九號、篁墩本、邢本末無「也」字。「也」，鄭亥本作「而行之」。

❷「行出」，皇本、永祿本作「出行」。「車」上，鄭亥本多一「其」字。「車」，伯三二七一號誤作「居」。伯二五一〇號鄭本、邢本、伊氏本、《史記・孔子世家》集解引無「既」字。「也」，伯三二七一號同，他本均無。

❸「問」下，篁墩本、皇本有注，爲：「鄭曰：爲君助祭也。太廟，周公廟也。」伯二六六三號、伯三二七一號、卷子本、邢本同底本無此注。伯二五一〇號鄭本注與此注亦稍異，爲：「謂助祭於周公之廟。」鄭亥本「問」下多一「也」字。

❹「朋友」至「我殯」，諸本同。《白虎通・三綱六紀》引作：「朋友無所歸，生於我館乎，死於我於殯。」疑有衍義，非原文。

❺「重」，伯二六六三號脫此字。「恩」下，伯三二七一號、皇本有「也」字。

❻「歸」下，卷子本、大永本有「者」字。篁墩本、皇本無「言」字。《論語孔氏訓解》引亦無「言」字，又，「昵」下，有「也」字。按：此孔注「重朋」至「親昵」同鄭注。伯二五一〇號鄭本注云：「重朋友之恩，無所歸，無親昵。」「歸」下，鄭亥本多一「者」字，「無」上多一「言」字。

❼「雖」至「肉」，諸本同。《禮記・玉藻》正義引「雖車馬」與「非祭肉」上下易位。

❽「拜」下，邢本有「者」字。「義」，大永本作「儀」。伯二六六三號、伯三二七一號、篁墩本末無「也」字。按：此孔注略同鄭注。伯二五一〇號鄭本注云：「朋友有通財之義，故不拜之。」

❾「偃」，伯二六六三號、伯三二七一號、邢本、大永本、篁墩本同。「偃」上，皇本、《論語包氏章句》引多一「不」字。按：經文爲「寢不尸」，此注有「不」字義長。又，「臥」，篁墩本作「仆」。

人。❶居不客。❷爲室家敬難久也。❸

子見齊衰者，❹雖狎，必敬。❺孔曰：雖狎者，素親狎也。❻見冕者與瞽者，雖褻，❼必以貌。周曰：褻，謂數相見也，必當以貌禮。❽

---

❶「之人」，伯二六六三號、伯三二七一號、篁墩本、邢本、皇本均無「之」字。伯三二七一號末有「矣」字。

❷「客」，伯二六六三號、斯〇九六六號白文、唐石經、《論語孔氏訓解》引同，伯三二七一號、篁墩本、皇本、邢本、正平本作「容」。《釋文》出「客」，云：「客，苦百反。本或作『容』，羊凶反。」阮校記云：「唐石經作『客』字不誤。《經義雜記》云：『居不客，言居家不以客禮自處。』《集解》載孔注云：爲室家之敬難久，謂因一家之人，難久以客禮敬己也。」據此，則當以「客」爲正。

❸「爲」上，伯二六六三號、伯三二七一號、篁墩本、皇本、邢本有「孔曰」二字，底本誤脫。「室家」下，伯二六六三號、伯三二七一號、篁墩本、皇本多一「之」字。「室家」，正平本作「家室」。篁墩本、邢本末無「也」字。按：此注同鄭注。伯二五一〇號鄭本注云：「爲其室家之敬難久也。」鄭亥本作：「室家之道難久。」《書鈔》卷八六引無「其」字。

❹「子」，伯三二七一號、伯二五一〇號鄭本、篁墩本、皇本、古本、唐本、足利本、正平本、天文本、武内本同，伯二六六三號、斯〇九六六號白文、伯三七八三號白文、鄭亥本、邢本、《論語孔氏訓解》引無此字。「衰」，伯三七八三號白文、斯〇九六六號白文、鄭亥本、篁墩本、皇本、唐本、古本、足利本、正平本、天文本、邢本、《釋文》引同，伯二六六三號、伯三二七一號、伯二五一〇號鄭本作「縗」。

❺「雖」，斯〇九六六號白文無此字。「敬」，諸本作「變」，底本誤。

❻「雖」，伯二六六三號、伯三二七一號、篁墩本、皇本、邢本、永祿本、《論語孔氏訓解》引均無此字。「素」下，皇本、永祿本、《論語孔氏訓解》引多一「相」字。篁墩本、邢本無「也」字。

❼「褻」，伯三七八三號白文誤作「藝」。

❽「也」，篁墩本、邢本無此字。伯三二七一號無「必」字。「貌禮」，閩本、北監本、毛本作「禮貌」。阮校記謂作「貌禮」爲是。皇本、卷子本末有「也」字。篁墩本、邢本末有「之」字，伯三二七一號末有「之者也」三字。

凶服者式之。❶式負板者。❷孔曰：凶服，送死之服。❸負板者，❹持邦國之圖，❺有盛饌，必變色而作。❻孔曰：作，起也。敬主人之親饋也。❼迅雷風烈必變。鄭曰：敬天之怒也。❽風疾而雷爲烈也。❾升車，必正立，執綏。周曰：必正立，❿

❶「式之」上，武内本有「必」字。斯〇九六六號白文無此二字。

❷「板」，底本原誤作「极」，已改正。按：「板」，伯二六六三號、伯三二七一號、伯二五一〇號鄭本、伯三七八三號白文、斯〇九六六號白文、鄭玄本、大永本同，篁墩本、皇本、邢本、《論語孔氏訓解》引作「版」。

❸「凶服」下，伯二六六三號、伯三二七一號、皇本、永禄本、《論語孔氏訓解》引多一「者」字。「服」，邢本作「衣服」，伯二六六三號、篁墩本、皇本、《論語孔氏訓解》引作「衣物」。伯二六六三號、皇本、《論語孔氏訓解》引末有「也」字。此注，伯三二七一號作：「凶服者，送死人之於物也。」「於」當爲「衣」之誤。阮校記云：「(衣服)毛本作『衣物』，《正義》同。按皇本亦作『衣物』，『服』字非也。」

❹「者」，皇本、《論語孔氏訓解》引無此字。

❺「之」，伯二六六三號無此字。「圖」下，邢本有「籍」字。伯二六六三號、伯三二七一號有「籍也」二字，篁墩本有「籍者」二字。皇本、《論語孔氏訓解》引有「籍者也」三字。

❻「而」，伯三二七一號作「如」。按：「而」、「如」，經典通用。

❼「也」，伯二六六三號、伯三二七一號、皇本同，篁墩本、邢本末無此字。

❽「之」，伯三二七一號作「知」，誤。伯二五一〇號鄭本、篁墩本、邢本末無「也」字。

❾「而」，伯二六六三號、伯三二七一號、伯二五一〇號鄭本、鄭玄本、篁墩本、皇本、邢本無此字，底本恐衍。「風疾」上，伯二五一〇號鄭本、鄭玄本有「爾雅曰」三字。王著引金校記云：「今本《爾雅·釋天》作『疾雷爲霆』。無此(風疾雷爲烈)文，『爾雅曰』三字恐誤。」

❿「必」，皇本無此字。

執綏，所以爲安也。❶車中，不内顧，❷包曰：車中，不内顧者，❸前視不過衡軛，❹傍視不輢轂也。❺不疾言，❻不親指。

❶「以」，伯二六六三號無此字。篁墩本、邢本末無「也」字。

❷「中」，伯三二七一號作「忠」，誤。「不」，伯二六六三號、伯三二七一號、伯二五一〇號鄭本、伯三七八三號白文、斯〇九六六號白文、篁墩本、皇本、邢本同，《釋文》亦同，云：「魯讀『車中内顧』，今從古也。」即《魯論》無「不」字。據《文選》卷三張平子《東京賦》並注、崔駰《車左銘》、《漢書・成帝紀》贊並注引皆無「不」字。阮校記云：「《魯論》、《古論》雖所傳不同，然究以無『不』字爲是。」又云：「包（注）亦依《魯論》爲説也。惟《集解》既從《古論》，而又采包注以爲附之，不知者並增『不』字，誤益誤矣。」按：今查《文選・東京賦》並注及《車左銘》，均有「不」字。查《漢書・成帝紀》贊均有「不」字。且注以「不迴眄」釋「不内顧」，有「不」字甚明。阮氏舉例均誤。《集解》既從《古論》，經文已有「不」字。何須後人增之！至多增包注而已。且此節講孔子乘車之禮，突出孔子「儼然端嚴」貌。皇疏云：「内，猶後也。顧，迴頭也。升在車上，不迴頭後顧也。所以然者，後人從己者不能常正，若轉顧見之，則掩人私不備。非大德之所爲。故衛瓘云：不掩人之不備也。」「不」字亦甚明。阮氏論斷誤。

❸「車」，伯二六六三號、篁墩本、邢本同，伯三二七一號、皇本、永祿本作「輿」，閩本、北監本、毛本作「居」。此注釋經文「車中不内顧」，作「居」誤。《釋文》出「輿」，云：「一本作『車』。」《漢書・成帝紀》贊注引誤脱「車中不」三字。大永本、伊氏本多一「言」字。

❹「前」上，篁墩本、永祿本、伊氏本無「者」字。「軛」，伯三二七一號、篁墩本、邢本、《漢書・成帝紀》贊注引同，伯二六六三號、皇本、卷子本、大永本、永祿本作「枙」。《釋文》出「枙」，云：「本今作『軛』。」

❺「傍」，篁墩本、邢本同，伯二六六三號、伯三二七一號、皇本、《漢書・成帝紀》贊注引作「旁」。「視」，伯三二七一號作「顧」。「不」下，諸本有「過」字，底本誤脱。「輢」，伯二六六三號作「倚」。「轂」，《成帝紀》贊注引作「較」，誤。伯三二七一號、篁墩本、邢本、《成帝紀》贊注引末無「也」字。

❻「言」下，伯三二七一號有注，爲：「車行則言傷疾也。」諸本均無。按：該寫本所引爲繆協注。皇疏引繆協云：「車行則言傷疾也。」

色斯舉矣，❶馬曰：見顏色不善則去矣。❷翔而後集。周曰：迴翔審觀，而後下止。❸曰：❹「山梁雌雉，時哉時哉！」❺子路拱之，❻三嗅而作。❼言山梁雌雉得時而人不得時。❽

❶「色」至「矣」，《論語集注》謂其中必有闕文。

❷「矣」，伯三二七一號同，篁墩本、皇本、邢本作「之」，伯二六六三號無此字。

❸「止」下，伯三二七一號、皇本、卷子本、永祿本有「也」字。按：此周注同鄭注。伯二五一〇號鄭本注云：「迴翔審觀，而後下止也。」「迴」，鄭玄本作「回」，「止也」作「至」。

❹「曰」，伯三二七一號、伯二五一〇號鄭本、伯三七八三號白文、斯〇九六六號白文、篁墩本、皇本、邢本同。「曰」上，《論語筆解》、《文選》卷三四枚叔《七發》注引多一「子」字。伯二六六三號無「曰」字。

❺「時哉時哉」，伯二五一〇號鄭本、伯三七八三號白文、斯〇九六六號、篁墩本、皇本、邢本、《文選》卷三四枚叔《七發》注引同。伯二六六三號、伯三二七一號「時哉」不重。《釋文》出「時哉」，云：「一本作『時哉時哉』。」《四書考異》、阮校記均謂《後漢書・班固傳》注、《太平御覽》卷九一七引「時哉」不重。阮校記又據皇邢二疏文義，謂「俱不當重『時哉』」。《經典釋文彙校》則云：「重者近人所加。」

❻「拱」，鄭玄本同，伯二六六三號、伯三七八三號白文、斯〇九六六號白文、古本、唐本、津藩本、皇本、正平本、武內本作「供」，伯三二七一號、伯二五一〇號鄭本、天文本、《論語筆解》引作「共」。《釋文》作「共」，云：「本又作『供』。」阮校記云：「『共』、『供』，古字通。」均不及「拱」。《論語集注》則謂「共」字當爲「拱執」之義。《論語譯注》亦謂「共」通「拱」。

❼「嗅」，伯三二七一號、伯三七八三號白文、篁墩本、皇本、邢本、《論語筆解》引同，伯二五一〇號鄭本、斯〇九六六號白文作「臭」，伯二六六三號、《玉篇》引作「齅」。《論語孔氏訓解》注謂《玉篇》所引爲《古論語》。《說文通訓定聲》以爲「齅」亦作「嗅」。阮校記以爲「嗅」乃「齅」之俗字。王著云：「臭」、「嗅」古可通用。又，《四書考異》引《論語集說》謂「嗅」疑作「嘆」。《論語筆解》韓愈則云：「吾謂『嗅』當作鳴鳴之鳴雉之聲也。」

❽「得」至「不得」，伯二六六三號、伯三二七一號同。「得」下，篁墩本、皇本、邢本多一「其」字。「不得」下，邢本亦有「其」字。

故嘆之。❶子路以其時物，故供具之。❷非本意，❸不苟食，故三嗅而起也。❹

論語卷第五❺

❶「故」下，篁墩本、皇本、邢本同，伯二六六三號、伯三二七一號多「孔子」二字。

❷「供具之」，伯二六六三號、皇本同，篁墩本、邢本作「共具」，伯三二七一號作「供俱」。

❸「非」下，篁墩本、皇本多一「其」字。

❹「起也」上，邢本多二「作」字。伯三二七一號作「去之也」。伯二六六三號末無「也」字。按：此注末標注者，應作何晏自注。然與周注略同。《論語筆解》引周曰：「子路共之，非本意，不苟食，故三嗅而作。」《論語周氏章句》注因謂《集解》誤脫「周曰」二字。然寫本及諸刊本均無此二字，謂均誤脫，似難成立，特此存疑。

❺「論」至「五」，伯二六六三號、伯三二七一號、伯三七八三號白文、斯〇九六六號白文同。

《先進》篇整理説明

《先進》篇共有十一個集解寫本，十爲伯希和、斯坦因本，一爲吐魯番出文書。其中二爲底本，餘九加二底本所省略部分作校本。另有一件敦煌出白文《論語》。

本篇分章不一。《釋文》、篁墩本分爲二十三章，皇本、邢本分爲二十四章，《論語譯注》分爲二十六章。今依二十三章分章法。

底本：（一）伯三二五四號。本篇共存八十三行，起篇題，迄第二十三章中注「孔曰置琴起對☐爲政之具」。今取前二十行半即前七章爲底本，餘作校本。該本「世」作「代」，「民」作「人」，避唐諱。又據《敦煌遺書總目索引》，另面有「大中六年（八五二）令狐安子狀」，知爲唐宣宗時期寫本。（二）斯三〇一一號。本篇共存六十三行半，無篇題，起第一章首句，迄篇末。前十二行上部均有殘。卷中有題記：「金光明寺學郎　戊寅年十一月六日僧馬永隆手寫論語一卷之耳。」此「戊寅年」，翟理斯以爲唐宣宗大中十二年（八五八），但陳鐵凡以爲唐高宗儀鳳三年（六七八），總之，亦爲唐寫本。

校本：（一）斯〇七八二號。本篇共存五十一行，起篇題，迄末章中「子曰（何傷乎）」。文中「民」字缺筆，「世」作「代」字，避唐諱，知爲唐寫本。（二）吐魯番阿斯塔那六七號墓一四/四(a)號寫本（載《吐魯番出土文書》第七册，簡稱阿六七號本）。本篇殘存五行，起第一章「（先）進於（野人）」，迄第二章「德行顔（淵）」。五行上部均殘。據該書題解，同墓出有武周及唐代文書，知爲唐寫本。（三）伯二六二〇號。本篇殘存六十四行，起第二章「閔子騫冉伯牛」，迄篇末，前十三行殘缺較甚。文中「民」字缺筆，知爲唐寫本。（四）伯三四七四號。本篇殘存二十七斷行，起第二章「政事冉有季路」，迄第十九章首「子路問曰」。前十四行上、下部均有殘。第十五至末行下部亦殘，據書法，知爲唐寫本。（五）伯四七三二號。本篇殘存六行，起第十一章「季路問（事鬼神）」，迄第十三章「閔子騫曰仍舊貫」。六行下部均殘。據書法知爲唐寫本。（六）伯三四〇二號。本篇殘存六十七行，起第十一章「問其死曰未知生」，迄篇末。前八行上部均有殘。前三行下部亦有殘，文中「民」字缺筆避唐諱，知爲唐寫本。（七）伯三一九二號。本篇殘存二十四行半，起第十九章「（子）曰有（父兄在）」，迄篇末。前二行僅存中間數字，第六至十二行亦有殘。文中「民」字缺筆，末有題記：「丙子年三月五日寫書了張□□讀。」背面爲大中十二年（八五八）四月社司轉帖與借券，知爲唐宣宗時期寫本。（八）伯二六八七號。本篇殘存十行，起第十九章「（由也）兼人故退之」，至第二十一章注「（孔）安國曰（備）臣數而（已）」，中缺，接末章「夫子喟然，」迄「夫子何哂（由也）」。文中「民」作「人」，又據書法，知爲唐寫本。（九）伯三六〇六號。本篇共存二十五行，起二十一章「止今由也與求也」，迄末章「唯求則非（邦也與）」。文中「民」字缺筆，知爲唐寫本。

參校本：伯二五四八號白文本。本篇共存六十八行，起篇題，迄篇末。前六十一行上部均缺一、二字。文中「民」字缺筆，「淵」字變體，避唐諱，知爲唐寫本。

伯希和三二五四號寫本

論語先進篇第十一卷第六

何晏集解❶

子曰：「先進於禮樂，野人也。後進於禮樂，❷君子也。先進，❸後進，謂士先後輩也。❹禮樂因代損益，❺後進與禮樂俱得時中，❻斯君子矣。先進有古風，斯野人。❼如用之，則吾從先進。」將

❶「論語」至「集解」，斯○七八二號僅有「論語卷第六」五字。篁墩本無「篇」及「卷第六」，「何晏」上多「凡二十三章」。伯二五四八號白文作「論語卷第六先進第十一何晏集解」。然題雖爲集解，實際却無注，爲白文本。

❷「於」，《四書考異》據孔注「後進與禮樂」句，疑《古論》「於」作「與」。按，邢疏亦有「後進與禮樂」句，但諸本均同底本，馬國翰輯《古論語》引亦同底本。

❸「先進」上，邢本有「孔曰」二字，《論語孔氏訓解》從之。《論語集解考異》云：「伊、皇、邢此注作『孔安國曰』。」是伊氏及皇本亦作孔注。但今見皇本及斯○七八二號、斯三○一一號，篁墩本無。阮校記云：「《釋文》出『先進』，云『包云謂仕也』，是陸又以此注爲包注。」今按：唐寫本皆無「孔曰」或「包曰」，當從之作何注。

❹「士」，邢本、伊氏本、《釋文》作「仕」。「先後」下，大永本多一「之」字。

❺「代」，斯○七八二號、斯三○一一號同，阿六七號本、篁墩本、皇本、邢本作「世」。按：改「世」爲「代」，係避唐諱。又，「代」下，斯○七八二號多一「所」字。

❻「時」下，伯二六二○號、斯○七八二號、斯三○一一號、篁墩本、皇本、邢本、《釋文》引多一「之」字，底本誤脱。

❼「野人」，斯○七八二號無，當係誤脱。斯○七八二號、篁墩本、皇本，邢本末有「也」字。

移風易俗，❶歸之淳素。❷先進猶近古風，故從之。❸

子曰：「從我於陳、蔡者，皆不及門。」❹鄭曰：言弟子從我而厄□陳、蔡者蔡者，❺皆不及仕進之門，而失其所。❻

德行：❼顏淵，❽閔子騫，冉伯牛，仲弓。言語：宰我，子貢。政事：冉有，季路。文學：❾子游，子夏❿。

❶「將」上，篁墩本、皇本，正平本有「包曰」，斯〇七八二號、斯三〇一一號、阿六七號本、邢本、伊氏本同底本作何晏自注。《論語包氏章句》注謂「邢本脫『包曰』」。然寫本均無此二字，當從之作何注。

❷「歸」，阿六七號本作「皈」。按：「歸」、「皈」音、義均同，故可通用。又，「淳」，斯〇七八二號、斯三〇一一號、篁墩本、邢本同，皇本、卷子本作「純」。按：「淳」、「純」音義同，亦可通用。

❸「近」至「之」，篁墩本、皇本、邢本同。「古」，斯三〇一一號作「故」。斯〇七八二號無「近」字，末多一「也」字。

❹「門」下，斯〇七八二號、伯二五四八號白文、唐石經、邢本、伊氏本、《論語筆解》引多一「也」字，斯三〇一一號、篁墩本、皇本、古本、唐本、津藩本、正平本、足利本、天文本多「者也」二字。阿六七號本殘，存「皆不得」三字，似誤「及」爲「得」，又似「及」上多一「得」字。

❺「弟子」下，斯〇七八二號、皇本、卷子本多一「之」字。斯三〇一一號無「而」字。「□」，諸本作「於」。末重「蔡者」二字，諸本皆無，底本誤衍。

❻「皆」上，大永本衍一「之」字。斯〇七八二號、皇本、卷子本、大永本句末有「也」字。

❼「德行」，斯〇七八二號、斯三〇一一號、伯二五四八號白文、篁墩本、皇本、邢本、天文本、《論語筆解》引同。《論語集解考異》云：「卷子、舊版、大永(首)並有『子曰』二字。」天文本校勘記云：「《考文補遺》引古本一本、正平本上有『子曰』二字，各本無。」《論語稽求篇》亦曰舊有「子曰」二字。皇疏云：「此章初無『子曰』者，是記者所書，並從孔子印可而録在論中也。」阮校記據此云：「二字之無尤確鑿。物觀以彼國別藏寫本謬稱古本，未可援之實史記矣。」今所見底本及另三寫本均無「子曰」二字，可證阮説是。

❽「淵」，伯二五四八號白文此字缺筆，當避唐諱。

❾「文學」下，《後漢書・儒林傳》注引多一「則」字。

❿「子遊」，《彙考》謂本當作「子斿」。「子夏」，伯二五四八號白文作「子貢」，誤。

子曰：❶「回也非助我者，❷於吾言無所不悅。」❸孔□：助□□。❹言回聞言即解，無所發起增益於己。❺

子曰：「孝哉閔子騫！❻人不間於其父母昆季弟之言。」❼陳群曰：言子騫爲人，❽上事父母，下順兄弟，動靜盡善，故人不得有▨。❾

❶「子」，斯〇七八二號無此字。

❷「者」下，伯二五四八號白文，篁墩本、皇本、邢本有「也」字，斯〇七八二號，伯二六二〇號同底本無「也」字。

❸「悅」，斯〇七八二號、斯三〇一一號，伯二五四八號白文同，篁墩本、皇本、邢本作「說」。《釋文》亦作「說」，云：「音悅。」「悅」、「說」，經傳通用。

❹此注斯〇七八二號、斯三〇一一號、伯三四七四號、邢本、伊氏本作「孔曰：助益也」。篁墩本、皇本同，唯「助」下多一「猶」字。

❺「所」至「己」，斯〇七八二號、伯三四七四號同，「所」，邢本無此字，篁墩本、皇本作「可」，大永本下多一「可」字。「己」上，大永本多一「作」字，伯二六二〇號、皇本、大永本「己」下多一「也」字。

❻「哉閔子」，斯〇七八二號誤脫此三字。

❼「人」，斯三〇一一號作「民」並缺筆。按：此處當以「人」爲正。伯二五四八號白文誤脫「不」字。「於」下，斯三〇一一號無「其」字。「昆」，卷子本作「兄」。《說文》云：「周人謂『兄』爲『昆』。」是「兄」、「昆」可通用。斯〇七八二號、斯三〇一一號、伯二六二〇號、伯三四七四號、伯二五四八號白文、篁墩本、皇本、邢本、《釋文》無「季」字，底本誤衍。

❽「子騫」，斯〇七八二號、斯三〇一一號、伯二六二〇號、伯三四七四號、邢本、伊氏本同，篁墩本、皇本「子」上多一「閔」字。「爲人」，篁墩本、皇本同，斯〇七八二號、斯三〇一一號、伯二六二〇號、伯三四七四號、邢本、伊氏本無此二字。《論語陳氏義說》注謂邢本誤脫「閔」、「爲人」三字，並謂《史記·仲尼弟子列傳》集解引同皇本有此三字。但今查《仲尼弟子列傳》集解，却引無此三字。按：前引諸寫本亦多無此三字，恐係傳本不同，非誤脫也。

❾「不得」，斯三〇一一號誤脫此二字。「▨」，斯三〇一一號、篁墩本、邢本作「非間之言」。伯二六二〇號無「非」字。斯〇七八二號、伯三四七四號、皇本、《文選》卷五三李蕭遠《運命論》注引末多一「也」字。

南容三覆白圭，❶孔曰：詩云：白圭之坫尚可磨，❷斯言之坫不可爲也。❸南容讀詩，至此三反。反覆言之，是其心慎言。❹孔子以其兄之子妻之。

季康子問：❺「弟子孰爲好學？」孔子對曰：❻「有顔回者好學，❼不幸短命死矣，今也則亡。亡，無。❽未聞好學者也。」❾

❶「覆」，伯二六二〇號、斯〇七八二號同，斯三〇一一號、伯二五四八號白文、篁墩本、皇本、邢本、《釋文》、《史記·仲尼弟子列傳》引作「復」。「圭」《弟子傳》作「珪」。

❷「坫」，斯〇七八二號同，斯三〇一一號、伯二六二〇號、篁墩本、皇本、邢本、《釋文》引作「玷」，下同。

❸「之」，篁墩本、皇本、邢本同。「之」下，斯三〇一一號多「是其」二字，末無「也」字。斯〇七八二號末亦無「也」字。

❹「反」，諸本無此字，「覆」下有「之」字。斯〇七八二號、斯三〇一一號、篁墩本、皇本、邢本句末有「也」字。

❺「季」至「問」，伯二六二〇號、伯三四七四號、斯〇七八二號、斯三〇一一號、伯二五四八號白文、篁墩本、皇本、邢本同。《釋文》出「康子問」，云：「一本作『季康子』，鄭本同。」

❻「對」，《四書考異》謂王柏《論語通義》以前有季康子兩問，均無此「對」字，則此「對」字疑誤。按：諸本均同底本，有「對」字是。

❼「回」，斯三〇一一號作「淵」。《彙考》云：「依《論語》文例，孔子與時人言皆稱弟子之名，此當以作『回』爲是。」又，《論衡·問孔》篇無「好學」二字。斯〇七八二號、伯二六二〇號、伯三四七四號、唐本、津藩本、正平本、卷子本、《問孔》篇末有「不遷怒不貳過」六字（斯〇七八二號「貳」誤作「耳」），斯三〇一一號、伯二五四八號白文、篁墩本、皇本、邢本同底本無此六字。《彙考》云：「此疑涉『哀公問弟子章』而衍。」按：此篇各本歧異較多，疑爲傳本不同所致。

❽「亡無」，此注伯二六二〇號、伯三四七四號、斯〇七八二號置下句經文「未聞好學者也」之下，又末多「也」字。篁墩本、皇本、邢本無此注。

❾「未」至「也」，伯二六二〇號、斯〇七八二號、津藩本、正平本、武内本、《論衡·問孔》篇引同。篁墩本、皇本、古本、足利本、天文本末無「也」字。斯三〇一一號、伯二五四八號白文、唐石經、邢本等無此句。按：此亦爲傳本不同所致，非誤脱。

顏淵死，顏路請子之車以爲之槨。❶孔曰：路，顏淵父也。❷家貧，欲請孔子之車賣以作槨也。❸子曰：「才不才，亦各言其子。❹鯉也死，❺有棺而無槨。吾不徒行以爲槨之。❻

❶「子」上，斯三〇一一號多一「孔」字，當衍。又，「以爲之槨」，斯〇七八二號、斯三〇一一號、皇本、天文本、武内本、《論衡·問孔》篇引同，大永本上多一「欲」字，「槨」，伯二五四八號白文、唐石經、古本、邢本作「椁」。《彙考》云：「椁」、「槨」古今字。篁墩本、唐本、津藩本、足利本、正平本無此四字。阮校記則云：「《釋文》出『無椁』，云『古廓反』，不爲『之椁』作音，似陸氏所據本亦無此四字。」《考文》云足利本無此四字係「誤脱」。《論語集解考異》卷六則認爲：「諸舊本及《經典釋文》無此四字爲正。《史記·仲尼弟子傳》云：顏回死，顏路貧，請孔子車以葬云云，無爲椁之事。《弟子傳》皆據《論語》而爲文，是史遷所見亦無此文也，故云『以葬』。注家據下『有棺無椁』之文，遂解云『賣以爲椁』，其實亦推説而已。後人却據注及下文，插入此四字無疑。」今按：《釋文》乃唐初所撰，上舉五寫本亦皆唐本，或有此四字，或無此四字，似唐時已有二種不同傳本。

❷「路」上，篁墩本、皇本多一「顏」字。「淵」上，邢本無「顏」字。「父」上，皇本有「之」字。伯二六二〇號、斯〇七八二號末無「也」字。

❸「欲」至「也」，斯〇七八二號同。「欲」上，篁墩本、皇本多一「故」字。伯二六二〇號、篁墩本、邢本末無「也」字。

❹「子」，斯〇七八二號、伯三四七四號同，斯三〇一一號、伯二五四八號白文、篁墩本、皇本、邢本末有「也」字。

❺「也」，斯〇七八二號、斯三〇一一號、伯二六二〇號、伯三四七四號、伯二五四八號白文、篁墩本、皇本、邢本、天文本同，古本、唐本、正平本無此字。

❻「不」，斯〇七八二號、伯二六二〇號、篁墩本、邢本同，皇本、古本、唐本、津藩本、卷子本、正平本、大永本、武内本「不」下多一「可」字，《論衡·問孔》篇引下多「可以」二字。「槨之」，諸本作「之槨（椁）」，底本誤倒。

吾❶從大夫之後，吾不可以徒行。」❷孔曰：鯉，孔子之子伯魚也。孔子時爲大夫，言從大夫之後，❸不可以徒行者，❹謙辭。❺

顔淵死。子曰：「噫！包曰：噫，痛傷之聲。❻天喪予！天喪

斯坦因三〇一一號寫本

（上缺）天喪予！天喪予！」天喪予者，若喪己也。再言之者，痛惜之甚。❼

顔淵死，子哭之慟。❽馬曰：慟，哀過。❾從者曰：「子慟矣！」子曰：❿「有慟乎？

---

❶「吾」上，斯〇七八二號、斯三〇一一號、伯二六二〇號、伯二五四八號白文、篁墩本、皇本、邢本有「以」字，底本誤脱。

❷「不」至「行」，斯〇七八二號、伯三四七四號同。「不可以」，皇本、足利本作「以不可」。伯二五四八號白文、唐石經、邢本、伊氏本無「以」。斯三〇一一號、伯二五四八號白文、古本、皇本、篁墩本、唐本、津藩本、邢本、正平本、大永本末有「也」字。

❸「言」，斯〇七八二號、伯三四七四號、邢本、伊氏本同。「言」上篁墩本、皇本多一「故」字，「言」下多一「吾」字。

❹「以」，斯〇七八二號無此字。斯〇七八二號、邢本、伊氏本無「者」字。

❺「謙」上，篁墩本、皇本多一「是」字。斯〇七八二號、皇本、邢本、伊氏本「辭」下有「也」字。

❻「聲」下，斯〇七八二號、皇本有「也」字。

❼「再言」下，伯三二五四號無「之」字。「痛惜」下，伯二六二〇號無「之」字。「之甚」，伯三二五四號作「之者也甚」，疑誤。伯二六二〇號、伯三四七四號、斯〇七八二號、皇本末有「也」字。

❽「慟」下，伯三二五四號有「也」。

❾「過」，《釋文》引同。斯〇七八二號、伯二六二〇號、伯三二五四號、篁墩本、皇本、邢本、《論語馬氏訓説》引末有「也」。

❿「子」，伯二六二〇號、伯三二五四號、伯三四七四號、篁墩本、古本、唐本、津藩本、足利本、正平本、天文本、武内本同，伯二五四八號白文、唐石經、邢本、《論語孔氏訓解》引無此字。

孔曰：不自知己之悲哀過。❶非夫人之爲慟而誰爲？」❷

顔淵死，門人欲厚葬之。子曰：「不可。」禮貧：富有宜。❸顔淵貧而門欲厚葬之，❹故不聽也。❺門人厚葬之，子曰：「回也視予猶父也，予不得視猶子。❻非我也，夫二三子也。」❼馬曰：言回自有父，父意欲聽門人厚葬之，❽我不得割止也。❾非其厚葬，故云耳。❿

季路問事鬼神。⓫子曰：「未能事人，焉能事鬼？」⓬曰：「敢問死。」⓭曰：

---

❶「過」下，斯〇七八二號、伯二六二〇號、伯三四七四號、皇本有「也」字。

❷「非」至「爲」，斯〇七八二號、伯三二五四號、伯二五四八號白文、篁墩本、邢本同。「非夫人」，《論衡・問孔》篇引作「吾非斯人」。皇本、古本、唐本、津藩本、正平本末有「慟」字，大永本末有「慟也」二字。

❸「有」上，篁墩本、皇本有多一「各」字。

❹「貧而」上，斯〇七八二號、伯二六二〇號、伯三二五四號、伯三四七四號、篁墩本多一「家」字，「門」下有「人」字，邢本「門」下亦有「人」字。

❺「也」，斯〇七八二號、篁墩本、邢本末無此字。

❻「回」，斯〇七八二號作「迴」。「回也」下，伯三二五四號脫「視」字。伯二五四八號白文脫「父也予不得視」六字。「猶子」下，伯二六二〇號、伯三四七四號、伯二五四八號白文、篁墩本、皇本、邢本有「也」字。

❼「也」，篁墩本、皇本、邢本同，斯〇七八二號、伯二六二〇號、伯三二五四號、伯三四七四號無此字。

❽「之」，斯〇七八二號、篁墩本、邢本無此字。

❾「割止也」，斯〇七八二號、伯二六二〇號、伯三二五四號、伯三四七四號無「也」字，篁墩本作「制止」，皇本作「制止也」。

❿「耳」，邢本同，伯二六二〇號、伯三二五四號、斯〇七八二號、篁墩本、皇本作「爾」。伯二六二〇號、皇本末有「也」字。斯〇七八二號、伯三二五四號末有「然也」二字。

⓫「季」，《考文》謂一本作「子」。「事」下，伯三二五四號、斯〇七八二號多一「於」字。

⓬「事人」至「鬼」，伯三二五四號誤脫「事人焉能」四字。「鬼」下，《鹽鐵論・論鄒》引多一「神」字。

⓭「敢問」下，伯三四〇二號、伯三二五四號有「其」字。

「未知生，焉知死？」❶陳曰：鬼神及死，事難明也，❷語之無益，故不答。❸

閔子騫侍側，❹誾誾如也；子路，行行如也；❺冉有、❻子貢，侃侃如也。❼子樂。❽鄭曰：樂各盡其性。❾行行，剛強之貌。❿「若

❶「死」下，伯三四〇二號、伯三二五四號有「也」字。

❷「事」上，伯三二五四號、伯三四〇二號、伯三四七四號、斯〇七八二號有「其」字。「明」下，伯二六二〇號、伯三二五四號、伯三四〇二號、伯三四七四號、斯〇七八二號、篁墩本、邢本、皇本無「也」字。

❸「答」下，斯〇七八二號、伯三四七四號、皇本有「也」字，伯三二五四號、伯三四〇二號有「之也」二字。按：此陳注（「鬼神」至「不答」）略同馬注。《世説新語・簡傲》篇注引馬融曰：「死事難明，語之無益，故不答。」

❹「騫」，篁墩本、皇本、古本、唐本、津藩本、正平本、天文本、足利本同，伯二六二〇號、伯三四〇二號、伯三二五四號、斯〇七八二號、伯二五四八號白文、唐石經、邢本無此字。

❺「行行」，《説文解字》引作「侃侃」，誤。

❻「有」，伯二六二〇號、伯四七三二號、斯〇七八二號、伯二五四八號白文、邢本、伊氏本同，篁墩本、唐石經、唐本、津藩本、正平本、天文本作「子」。

❼「侃」，諸寫本多作「偘」。《玉篇》云：「偘同侃。」

❽「子樂」，伯二六二〇號、伯三四〇二號、伯三二五四號、伯三四七四號、斯〇七八二號、篁墩本、邢本、正平本、天文本同。「樂」下，皇本、古本、唐本有「曰」字。阮校記云：「孫奕《示兒編》曰：『子樂』必當作『子曰』聲之誤也。始以聲相近而轉『曰』爲『悦』，繼又以義相近而轉『悦』爲『樂』。知『由也不得其死』，則何樂之有！今考《文選・幽通賦》及《座右銘》兩注並引『子路行行如也，子曰：若由也不得其死然。』與孫説正合。」按鄭玄注云：「樂各盡其性。」皇侃疏云：「孔子見四子之各極其性，無所隱情，故我亦懽樂也。」孫、阮之説雖能解釋經文，但與注文不合。蓋「子樂」係針對上文「閔子騫侍側，誾誾如也；子路，行行如也；冉有、子貢，侃侃如也」而言，非針對下文「若由也，不得其死然」而言。前引底本及另五寫本均作「子樂」，亦可證作「樂」不誤。

❾「性」下，皇本有「也」字。

❿「行行」，伯二六二〇號、伯三四七四號、篁墩本、皇本、邢本同，伯三二五四號、伯三四〇二號、斯〇七八二號作「侃侃」，誤。伯二六二〇號、伯三二五四號、伯三四〇二號、伯三四七四號、斯〇七八二號、皇本句末有「也」字。

由也，不得其死然。」❶孔曰：不得以壽終。❷

魯人爲長府。閔子騫曰：「仍舊貫，如之何？何必改作？」鄭曰：長府，藏名，❸藏貨曰府。❹仍，因之。貫，事也。因舊事則可，❺何乃復更改作也。❻子曰：「夫人不言，言必有中。」❼王曰：必有中，❽善其不欲改作。❾

子曰：「由之瑟，❿奚爲於丘之門？」

❶「其」，斯〇七八二號無此字，當係誤脱。

❷「終」下，伯二六二〇號、伯三二五四號、伯三四〇二號、斯〇七八二號、皇本有「也」字。

❸「名」下，篁墩本、皇本、邢本有「也」字。

❹「貨」上，伯三二五四號、伯三四〇二號、皇本、邢本多一「財」字，斯〇七八二號多一「别」字。斯〇七八二號脱「曰」字。

❺「可」下，邢本有「也」字。

❻「復」，斯〇七八二號無此字。又，「也」，作「之」，伯二六二〇號、篁墩本、邢本末無此字。

❼「中」下，伯三二五四號有「也」字。

❽「必」，斯〇七八二號同，「必」上，伯二六二〇號、伯三二五四號、伯三四七四號、篁墩本、皇本、邢本有「言」字。又，「中」下，以上各本有「者」字，底本誤脱。

❾「其」，斯〇七八二號、伯三二五四號、篁墩本、皇本同，伯二六二〇號、伯三四七四號作「子騫」。「不欲」下，斯〇七八二號、伯二六二〇號、伯三二五四號、伯三四〇二號、伯三四七四號多「勞人」二字，篁墩本、皇本、邢本多「勞民」二字，底本誤脱。又，「改」上，皇本多一「更」字。「作」，篁墩本、邢本同，伯三二五四號、伯三四〇二號作「之」。斯〇七八二號、伯二六二〇號、伯三四七四號、皇本末有「也」字。

❿「之」，斯〇七八二號、伯二六二〇號、伯三二五四號、伯三四〇二號、伯二五四八號白文、唐石經、邢本同。「之」下，篁墩本、皇本、古本、唐本、津藩本、正平本、足利本、天文本多一「鼓」字。《彙考》謂斯三〇一一號（即底本）有「鼓」字，且云：「蓋唐、宋以前人所見本皆如此作。」大誤。實唐寫本皆無「鼓」字。此字恐後人據馬注、皇疏、邢疏增補。

馬曰：子路鼓瑟，不合雅頌。❶門人不敬子路。子曰：「由也升堂矣，未入於室也。」❷馬曰：升我堂矣，未入室耳。❸門人不解，謂孔子言爲賤子路，故復解之❹。

子貢問❺：「師與商也孰賢？」❻子曰：「師也過，商也不及。」孔曰：俱言不得中。❼曰：「然則師愈與？」❽子曰：「過猶不及。」❾愈，猶勝也。❿

❶「子路」，伯二六二〇號、伯三二五四號、伯三四〇二號、伯三四七四號、斯〇七八二號、邢本同，「子」上，篁墩本、皇本、正平本多一「言」字。「雅頌」，篁墩本、皇本、邢本同，斯〇七八二號、伯二六二〇號、伯三二五四號、伯三四〇二號、伯三四七四號作「雅誦」。按：此處當以「雅頌」爲正。斯〇七八二號、伯二六二〇號、伯三四〇二號、皇本末有「也」字。

❷「也」，伯二五四八號白文、篁墩本、皇本、邢本同。伯二六二〇號、伯三二五四號、伯三四〇二號、斯〇七八二號無此字。《四書考異》謂《儀禮・鄉射》疏、《孝經・序》疏引俱無此字。

❸「入」，伯二六二〇號、伯三二五四號、伯三四〇二號、斯〇七八二號、篁墩本、皇本同，邢本、大永本「入」下多一「於」字。

❹「爲」，伯二六二〇號、篁墩本、皇本、邢本同，伯三二五四號、伯三四〇二號、伯三四七四號、斯〇七八二號無此字。「賤」，伯二六二〇號誤作「我」。伯三四七四號、斯〇七八二號、皇本句末有「也」字。

❺「問」，斯〇七八二號、伯二六二〇號、伯三二五四號、伯三四〇二號、伯三四七四號、伯二五四八號白文、篁墩本、邢本同，皇本、古本、大永本、武内本「問」下多一「曰」字。

❻「賢」下，伯二六二〇號、皇本、古本、唐本、津藩本、正平本、武内本、大永本、卷子本多一「乎」字。

❼「俱言」，斯〇七八二號、伯二六二〇號、伯三二五四號、伯三四〇二號、篁墩本、皇本、邢本作「言俱」，底本誤倒。斯〇七八二號、伯二六二〇號、伯三二五四號、伯三四〇二號、皇本句末有「也」字。

❽「愈」，斯〇七八二號作「俞」，下同。按：「愈」、「俞」，同音通假。

❾「及」，伯二六二〇號、伯三二五四號、伯三四〇二號、伯三四七四號、斯〇七八二號、篁墩本、邢本同，皇本、古本、唐本、津藩本、正平本末有「也」。

❿「也」，伯三四七四號無此字。

季氏富於周公，孔曰：　周公，天子之宰，卿士。❶而求也爲之聚斂而附益之。❷孔曰：　❸冉求爲季氏宰，爲之急賦稅。❹子曰：　「非吾徒也。❺小子鳴鼓而攻之，❻可也。」鄭曰：　門人也。❼鳴鼓，聲其罪以責。❽

柴也愚，❾弟子高柴也，❿字子羔。⓫愚，愚直之

---

❶「士」，伯三二五四號作「仕」。伯二六二〇號、斯〇七八二號、皇本末有「也」。

❷「求」至「之」，伯二六二〇號、伯三二五四號、伯三四〇二號、伯三四七四號、斯〇七八二號、篁墩本、邢本同，「求」下，古本一本無「也」字，「益」下無「之」字。後「之」皇本作「也」。

❸「孔」下，斯〇七八二號衍「子」字。

❹「急賦稅」，篁墩本、皇本、邢本同。「急」，伯二六二〇號、伯三二五四號、伯三四〇二號、伯三四七四號、斯〇七八二號作「給」。按：　皇疏、邢疏皆引作「急」，作「急」義長，當以作「急」爲正。伯二六二〇號、斯〇七八二號、皇本末有「也」字。

❺「非」，伯三四〇二號無此字，當係誤脫。

❻「而」，斯〇七八二號、伯二六二〇號、伯三二五四號、伯三四〇二號、篁墩本、邢本同，皇本無此字，《論衡·順鼓》篇引亦無此字。「攻」，斯〇七八二號、伯三二五四號、伯三四〇二號誤作「政」。

❼「門人」上，伯二六二〇號、斯〇七八二號、篁墩本、皇本、邢本多「小子」二字，伯三二五四號、伯三四〇二號多「小人子」三字。按：　此處以作「小子」爲正，底本誤脫此二字。

❽「責」下，伯三二五四號多一「之」字，皇本多一「也」字，伯二六二〇號、伯三四七四號多「之也」二字。

❾「愚」，斯〇七八二號作「遇」，誤。此句及以下「參也魯，師也辟，由也喭」三句，《四書考異》謂《史記·仲尼弟子列傳》作「師也辟，參也魯，柴也愚，由也喭」，次序不同。

❿「柴」下，伯二六二〇號、伯三二五四號、伯三四〇二號、伯三四七四號、篁墩本、邢本無「也」字。

⓫「子羔」，《釋文》出「子羔」，云：　「音高。《左傳》作『子羔』，《家語》作『子高』，《禮記》作『子皐』，三字不同。」按：　唐寫本均作「子羔」。

愚。❶參也魯，孔曰：魯，鈍也。曾子遲鈍。❷師也僻，❸馬曰：子張才過人，失在邪僻文過。❹由也喭。❺鄭曰：子路之行失於㕹喭。❻子曰：「回也其庶乎，屢空。賜不受命，❼而貨殖

❶「愚」下，伯二六二〇號、伯三四七四號、皇本有「也」字。

❷「子」，伯二六二〇號、伯三二五四號、伯三四〇二號、伯三四七四號、斯〇七八二號、皇本同，「子」下篁墩本、邢本多一「性」字。伯二六二〇號、伯三四七四號、斯〇七八二號、皇本末有「也」字。

❸「師也僻」，斯〇七八二號、伯二六二〇號、伯三二五四號、伯三四〇二號、篁墩本、皇本、古本、足利本、武內本同。唐本、津藩本、正平本、卷子本、天文本作「師僻也」，《論語集解考異》云：「此句（師僻也）與上句（柴也愚，參也魯）異字法。……案自柴至賜皆一例句法……似中間不可復異字法也，未詳孰是。」按：唐寫本均作「師也僻」，作「師僻也」恐誤。又，「僻」，伯二五四八號白文、邢本、《釋文》引作「辟」。「僻」、「辟」，同音通假。

❹「文過」，伯二六二〇號無此二字。伯二六二〇號、斯〇七八二號、皇本「過」下有「也」字。

❺「由也喭」，伯二六二〇號、伯三二五四號、伯三四〇二號、伯三四七四號、斯〇七八二號、篁墩本、皇本、邢本同。《釋文》出「也喭」，次序亦同。津藩本、正平本、卷子本、天文本作「由喭也」，恐誤。參見第三〇七頁校勘記。古本、足利本作「由喭」，間脫「也」字。「喭」，《彙考》謂其他各本均作「諺」。阮校記云：「《書·無逸》正義引作『諺』。案《說文》有『諺』無『喭』。『喭』乃『諺』之俗字。」《四書考異》引《集注》謂凡傳稱「喭曰」者皆從言，古文篆字之從言者皆作口，則兩文通用。《彙考》說亦同，且明言「喭」未必爲俗字。說當是。

❻「於」，伯三四〇二號上多一「其」字，伯三二五四號下多一「其」字。「㕹」，斯〇七八二號作「浚」，邢本、伊氏本作「畔」，篁墩本作「眫」。阮校記云：「《釋文》出『㕹』字，云：『本今作畔。』案《廣韻》二九：『換』出『㕹』字，云：『㕹，㕹喭失容。』據此則字不當作『畔』。」按：今本《釋文》作「叛」，非「㕹」。《經典釋文彙校》云：「『叛』，宋本同。盧本改作『㕹』。考證云：『㕹』舊作『叛』，是因偏旁相近而誤。邢作『畔』，非。焯案：作『叛』、作『畔』皆爲不誤。『㕹喭』聯綿字。」又，斯〇七八二號、皇本末有「也」字。

❼「賜」下，大永本有「也」字，伯二六二〇號有「而」字。

焉，❶億則屢中。」❷言回庶幾聖道，❸雖數空匱，而樂在其中，❹賜不受教命，❺唯財貨是殖，億度是非，蓋美回所以厲賜。❻一曰：屢，猶每；空，猶虚中也。❼以聖人之善，❽教數子之庶幾，猶不至於知道者，各内有此害也。❾其於庶幾每能虚中者，唯回道深遠，❿不虚心不能知。⓫

❶「貨」下，伯二六二〇號多一「合」字。《論語筆解》謂「貨」當爲「資」，「殖」當爲「權」字之誤。按：此係韓愈之推論。唐寫本（如伯二六二〇號、伯三二五四號、伯三四〇二號、伯三四七四號、斯〇七八二號）均同底本作「貨殖」，則應以作「貨殖」爲是。

❷「億」，伯二六二〇號、伯三二五四號、伯三四〇二號、伯三四七四號、斯〇七八二號、伯二五四八號白文、篁墩本、邢本、《論語筆解》引同。皇本、正平本作「憶」，注同。阮校記云：「『億』、『憶』，皆『意』之俗字。」伯三四〇二號句末有「也」字。

❸「言」，《論語筆解》引無此字。

❹「在其中」，伯二六二〇號脱「在」字。皇本、卷子本、大永本末多一「矣」字。

❺「教」，伯三二五四號無此字，當係誤脱。

❻「回」下，伯三四〇二號、斯〇七八二號有「也」字。「厲」，伯三四七四號同，伯二六二〇號、伯三二五四號、伯三四〇二號、篁墩本、皇本、邢本、《論語筆解》引作「勵」，斯〇七八二號無此字。伯二六二〇號、伯三二五四號、伯三四〇二號、篁墩本、皇本、邢本、《論語筆解》引句末有「也」字。

❼「每」，斯〇七八二號脱此字。「每」下，伯二六二〇號、伯三二五四號、伯三四〇二號、篁墩本、皇本、邢本有「也」字。伯二六二〇號、伯三二五四號、伯三四〇二號、斯〇七八二號末無「也」字。

❽「善」，伯二六二〇號、篁墩本同。「善」下，伯三二五四號、伯三四〇二號、斯〇七八二號、皇本、邢本、伊氏本有「道」字。按：皇疏、邢疏引末並有「道」字，底本等恐誤脱此字。

❾「此害也」，伯二六二〇號、伯三四七四號同。伯三二五四號、伯三四〇二號、斯〇七八二號無「此」字。篁墩本、皇本、邢本無「也」字。

❿「道」上，伯二六二〇號多一「其」字，斯〇七八二號、篁墩本、皇本、邢本多一「懷」字，伯三二五四號、伯三四〇二號作「德」字。斯〇七八二號無「深」字。

⓫「知」，伯二六二〇號、伯三二五四號、伯三四〇二號、斯〇七八二號同。「知」下，篁墩本、皇本、邢本有「道」字。

子貢雖無數子之病，❶然亦不知道者。❷雖不窮理而幸中，雖非天命而偶富，亦所以不虛心。❸

子張問善人之道。子曰：「不踐迹，❹亦不入於室也。」❺孔曰：踐，循也。言善人不但循追舊迹而已，❻亦小多能創業，❼然亦不能入於聖人之室。❽子曰：❾「論篤是與，君子者乎？色

❶「雖」至「病」，伯二六二〇號、伯三二五四號、伯三四〇二號、伯三四七四號、邢本同。篁墩本、皇本無「雖」、「之」二字。「病」，斯〇七八二號作「疾」。

❷「然亦不」，篁墩本、皇本、邢本同。「然亦」，斯〇七八二號作「但循」。「不」下，伯二六二〇號、伯三二五四號、伯三四〇二號、伯三四七四號、斯〇七八二號多「至於」二字。

❸「心」，伯二六二〇號、伯三四七四號同。「心」下，篁墩本、皇本、邢本多一「也」字。伯三二五四號、伯三四〇二號多「之道」二字，斯〇七八二號多「之道也」三字。

❹「迹」，伯二六二〇號、伯三二五四號、伯三四〇二號、伯三四七四號、斯〇七八二號、伯二五四八號白文、篁墩本、皇本、邢本、《論語筆解》引同，《三國志・司馬朗傳》注、《文選》卷五三陸士衡《辯亡論》注引作「跡」。《釋文》出「迹」，云：「本亦作『跡』。」《五經文字》云：「『迹』，經典或作『跡』。」阮校記則云：「『跡』乃『迹』之俗字。」

❺「也」，伯二六二〇號、伯三二五四號、伯三四〇二號、伯三四七四號、斯〇七八二號、伯二五四八號白文、篁墩本、皇本、邢本、《論語筆解》引末無此字，底本恐衍。

❻「但」至「已」，伯二六二〇號、伯三二五四號、伯三四〇二號、皇本、邢本同。篁墩本無「但」字。斯〇七八二號無「但循」二字，又「迹」誤作「追」。伯三四七四號「循」誤作「脩」。《論語筆解》引無「言」、「追」、「而已」四字。

❼「小多」，伊氏本無「小」字，邢本、《論語筆解》引作「少」，伯二六二〇號、伯三二五四號、伯三四〇二號、伯三四七四號作「少多」，篁墩本、皇本作「多少」。斯〇七八二號作「名」，疑誤。又，「多」下，《論語筆解》引無「能」字。

❽「亦」，伯三二五四號、伯三四〇二號作「迹」，斯〇七八二號無此字。伯三二五四號、伯三四〇二號、邢本無「能」字，然邢疏引有，疑誤脱。又，「室」，伯二六二〇號作「宮室」，篁墩本、邢本作「奧室」，皇本作「奧室也」，斯〇七八二號作「室也」，伯三四七四號作「窮也」，伯三二五四號作「□室也」，伯三四〇二號作「□也」。《論語筆解》引無「然」、「於」二字，「室」上亦多一「奧」字。

❾「曰」，斯〇七八二號誤脱此字。

莊者乎？」論篤者，謂口無擇言也。❶君子者，謂身無擇行也。❷色莊者不惡而嚴，❸以遠小人也，❹言此三者，皆可以爲善人也。❺

子路問：「聞斯行諸？」❻苞曰：振窮救乏之事。❼子曰：「父兄在，❽如之何其聞

❶「也」，伯二六二〇號、伯三二五四號、伯三四〇二號、伯三四七四號、斯〇七八二號、篁墩本、皇本、邢本無此字。按：此句及其下「君子者，謂身無擇行也。色莊者，不惡而嚴」等注，寫本及刊本均作何晏自注。但《論語筆解》引孔曰：「論篤是口無擇言。君子是身無行，色莊者，不惡而嚴。」與集解本何注基本同，却作孔注。或何注本同孔注，或《筆解》引誤注者。

❷「擇」，伯二六二〇號、伯三二五四號、伯三四〇二號、篁墩本、皇本、邢本、《釋文》引作「鄙」，斯〇七八二號無此字。按：此句釋「君子身無擇行」不妥，「身無行」更悖謬，底本「擇」當爲「鄙」字之誤，斯〇七八二號則誤脱「鄙」字。又，伯二六二〇號、伯三四〇二號、斯〇七八二號、篁墩本、皇本、邢本末無「也」字。

❸「莊」，伯二六二〇號誤作「亦」。斯〇七八二號無「莊者」二字。

❹「小人」下，皇本多一「者」字。伯二六二〇號、伯三四〇二號、斯〇七八二號、篁墩本、邢本末無「也」字。

❺「善」下，底本衍一「人」字。「善人也」，伯三四〇二號，作「小人之也」，恐誤。篁墩本、邢本末無「也」字。

❻「斯」，斯〇七八二號脱此字。按：本章子路、冉有分別提問「聞斯行諸」，孔子亦分別作答，公西華又復述此二問、二答，文字相近極易混淆。寫本除伯二五四八號白文同刊本外，其餘諸本各有脱訛。

❼「振」，伯二六二〇號、伯三四〇二號、斯〇七八二號同，伯三二五四號、篁墩本、皇本、邢本、《論語包氏章句》、《史記・仲尼弟子列傳》集解引作「賑」。按：此處以「賑」爲正。「乏」，伯二六二〇號、斯〇七八二號、篁墩本、皇本、邢本、《論語包氏章句》、《弟子傳》集解引同，伯三二五四號、伯三四〇二號作「厄」。伯二六二〇號、皇本、《論語包氏章句》、《弟子傳》集解引句末有「也」字。

❽「父」上，斯〇七八二號多「聞有」二字，他本多一「有」字，底本當有脱字。

斯行之。」❶孔曰：當白父兄，不可自專也。❷冉有問：「聞斯行諸？」子曰：「聞斯行諸。」❸公西華曰：「由也問『聞斯行諸』，子曰『有父兄在』；❹求也問『聞斯行諸』。❺赤也惑，敢問。」❻孔曰：惑其問同而答異。❼子曰：「求也退，故進之。由也兼人，故退之。」鄭曰：言冉有性謙退，子路務在勝上人，❽各因其人之失而正之。❾

❶「行」，伯三四〇二號脱此字。末「之」字，伯二六二〇號、伯三二五四號、伯三四〇二號作「諸」，他本同底本。《經傳釋詞》云：「『之』猶『諸』也。」寫本「之」、「諸」多通用。皇本、古本、唐本、津藩本、正平本、卷子本末有「也」字。

❷「當」下，伯三二五四號、伯三四〇二號多一「先」字。「不可」，邢本、《論語孔氏訓解》引作「不得」，篁墩本、皇本作「不可得」。「也」，伯三四〇二號作「之」，斯〇七八二號、篁墩本、邢本、《史記・仲尼弟子列傳》集解引無「也」字。斯〇七八二號自經文「父兄在」至此注末重，當衍。

❸「諸」，伯二六二〇號、伯三二五四號、伯三四〇二號、斯〇七八二號、伯二五四八號白文、篁墩本、皇本、邢本作「之」。

❹「在」，篁墩本、皇本、邢本同。「在」下，伯二六二〇號多「如之何」三字，伯三二五四號、伯三四〇二號、大永本多「如之何(其)聞斯行諸」七字，恐均誤衍。

❺「求」下，伯三二五四號、伯三四〇二號無「也」字，「諸」作「之」字。「求」下，斯〇七八二號、篁墩本、皇本、邢本末多「子曰聞斯行之」六字，底本及伯三二五四號、伯三四〇二號均無，恐均誤脱。

❻「惑」，斯〇七八二號作「或」。

❼「惑」至「異」，伯二六二〇號、伯三四〇二號、篁墩本、皇本、邢本同，伯三二五四號、皇本末有「也」字。斯〇七八二號作「而答門同異」，應有脱誤。

❽「上」，伯二六二〇號、伯三二五四號、伯三四〇二號同，斯〇七八二號、伯二六八七號、篁墩本、皇本、邢本作「尚」。

❾「其」，篁墩本、皇本、邢本同，斯〇七八二號無此字。「人」，伯二六二〇號、伯三二五四號、伯三四〇二號作「民」。「人」下，伯三二五四號、伯三四〇二號無「之失」二字。「正」，伯三四〇二號、斯〇七八二號作「政」，伯三二五四號作「改」，均誤。伯二六二〇號、伯三一九二號末有「也」字。

子畏於匡，顏淵後。孔曰：言與孔子相失，故在後。❶子曰：「吾以汝爲死矣。」❷曰：「子在，回何敢死？」苞曰：❸言夫子在，已無所敢死。❹

季子然問：「仲由、冉求可謂大臣與？」孔曰：季子然，季氏子弟也。❺自多得臣此二子，故問之也。❻子曰：「吾以子爲異之問，曾由與求之問。❼孔曰：謂子問異事耳。❽則此

---

❶「言」，伯二六八七號、伯三一九二號、篁墩本、邢本同，斯〇七八二號作「其」。伯二六二〇號、伯三二五四號、斯〇七八二號、皇本、《論語孔氏訓解》引末有「也」字。

❷「汝」，伯二六二〇號、伯三一九二號、伯三二五四號、伯三四〇二號、斯〇七八二號、津藩本、正平本、大永本、武內本同，伯二六八七號、伯二五四八號白文、篁墩本、邢本、天文本、《論語筆解》引作「女」。按：「女」、「汝」，古書通用。「死」，《筆解》韓愈云：「『死』當爲『先』字之誤也。上文云『顏淵後』，下文云『回何敢先』，其義自明，無死理也。」李翱云：「以回德行亞聖之才，明非敢死之士也。古文誤脱。包注從而謬舛。退之辯得其正。」可備一說。

❸「包曰」，伯三一九二號作「孔曰」，他本均同底本，作「孔曰」當誤。

❹「所」，伯二六二〇號、伯三一九二號、伯三二五四號、伯三四〇二號無此字。「敢」，《史記·孔子世家》集解引作「致」。伯二六二〇號、伯二六八七號、伯三二五四號、伯三四〇二號、《論語筆解》引句末有「也」字。

❺首「季」字，伯二六二〇號、篁墩本、皇本同，伯二六八七號、伯三一九二號、伯三二五四號、伯三四〇二號、邢本無此字。「季氏」下，伯三一九二號、皇本多一「之」字。伯二六二〇號、伯三一九二號、篁墩本、邢本末無「也」字。

❻「此」上，伯二六二〇號、伯三二五四號、伯三四〇二號多一「以」字。「之」，斯〇七八二號誤作「爲」，伯二六八七號、伯三一九二號、伯三四〇二號、篁墩本、邢本末無「也」字。

❼「問」下，伯三二五四號、伯三四〇二號有「也」字。

❽「子」下，伯三一九二號、伯三二五四號多一「然」字。按：經文作「子」，注亦當作「子」。皇疏云：「子，指子然也。」

二人之問，安足大。❶所謂大臣者，以道事君，不可則止。今由與求也，可謂具大臣矣。」❷孔曰：言備具臣數而已。❸曰：「然則從之者與？」❹孔曰：問爲臣皆當從君所欲。❺子曰：「煞父與君，亦不從也。」❻孔曰：言此二子雖從其主，❼亦不與爲大逆。❽

❶「大」下，伯二六二〇號、伯三一九二號、伯三二五四號、伯三四〇二號、斯〇七八二號、邢本有「乎」字。篁墩本、皇本此句作「安足爲大臣乎」，與他本異。按：「安足大（乎）」，指季子然此問爲小問；「安足爲大臣乎」，則指子然此問非大臣應提之問。此章既問仲由、冉求爲大臣與否，則自不當涉及子然。邢疏云：「安足多大乎，言所問小也。」所言甚明。七種寫本均作「安足大（乎）」，因而皇本等作「安足爲大臣乎」必誤。

❷「大」，諸本無此字，底本衍。

❸「具」，斯〇七八二號同，伯二六二〇號、伯三一九二號、伯三二五四號、伯三四〇二號、伯三六〇六號、篁墩本、皇本、邢本無此字。伯三一九二號、伯三二五四號無「而已」二字。斯〇七八二號、伯三二五四號、皇本句末有「也」字。

❹「者」，伯三一九二號、伯三六〇六號、斯〇七八二號、篁墩本、皇本、邢本同，伯二六二〇號、伯三二五四號、伯三四〇二號作「也」。

❺「欲」，伯三二五四號、伯三四〇二號同。「欲」下，伯二六二〇號、伯三一九二號、伯三六〇六號、皇本有「耶」字，篁墩本、邢本有「邪」字，斯〇七八二號有「也」字。按：「耶」、「邪」經傳通用。

❻「煞」，伯三二五四號、伯三六〇六號同，武内本作「殺」，伯三四〇二號、斯〇七八二號、篁墩本、皇本、邢本、《釋文》引作「弑」。按：下殺上曰弑。此處當以作「弑」爲勝。伯三四〇二號、斯〇七八二號末無「也」字。

❼「言此」，篁墩本、皇本無此二字。伯二六二〇號、伯三一九二號、伯三二五四號、伯三四〇二號、伯三六〇六號、斯〇七八二號、邢本無「此」字。「其主」，伯三一九二號、伯三六〇六號、篁墩本、皇本同，邢本作「其王」，阮校記謂「王」當作「主」，伯二六二〇號、伯三二五四號、伯三四〇二號、斯〇七八二號作「君主」。

❽「與」，斯〇七八二號作「可」。伯三四〇二號下有「也」字。皇本句末有「也」字。

子路使子羔爲費宰。❶子曰：「賊夫人之子。」❷苞曰：子羔學未熟習，❸而使爲政，所以賊害。❹子路曰：「有民人焉，❺有社稷焉，❻何必讀詩，❼然後爲學？」孔曰：言治民事神，❽於是而習之，亦學。❾子曰：「是故惡夫

❶「使」上，《後漢書・劉梁傳》注引多一「將」字。「費」，伯三一九二號、伯三六〇六號、斯〇七八二號、伯二五四八號白文、篁墩本、皇本、邢本、《釋文》、《劉梁傳》注引同，伯二六二〇號、伯三四〇二號作「鄪」，《論衡・藝增》篇引作「郈」，《史記・仲尼弟子列傳》作「費郈」，《論語孔氏訓解》引從之。按：皇疏云：「費，季氏采邑也。」《左傳》僖公元年云：「公賜季友汶陽之田及費。」費即季氏之邑。《春秋》定公十二年云：「叔孫州仇師帥墮郈。」杜注云：「郈，叔孫氏邑。」郈非季氏邑甚明。又，《史記・魯周公世家》云：「以汶陽，鄪封季友。」索隱曰：「『鄪』或作『費』，同音祕。」《彙考》云：古代縣邑名多從邑，作季氏所封費邑本當作『鄪』，後世譌省爲『費』。」說當是。

❷「子」下，伯二六二〇號、伯三四〇二號、伯二六〇六號有「也」字。

❸「熟」，底本原誤作「孰」，已改正。

❹「賊害」，斯〇七八二號同，邢本作「爲賊害」，篁墩本、《史記・仲尼弟子列傳》集解引作「賊害人」，皇本作「賊害人也」，伯二六二〇號、伯三四〇二號作「賊害之」，伯三二五四號、伯三六〇六號作「賊害之也」，伯三一九二號殘存「害也」二字。

❺「民」，底本、伯二六二〇號、伯二五四八號白文缺筆避唐諱。「人」下，斯〇七八二號衍一「民」字，伯三一九二號作「仁民」。按：「仁」、「人」，古書通用。

❻「有社稷焉」，《論衡・問孔》篇引在「有民人焉」之上。

❼「詩」，諸本作「書」，底本誤。

❽「言」，斯〇七八二號無此字。「治」，伯三四〇二號作「冶」。按：唐代文獻未見「治」避諱缺筆作「冶」者，此處當爲誤書。「民」，伯三四〇二號、篁墩本、皇本、邢本同，伯二六二〇號、伯三二五四號、伯三六〇六號、斯〇七八二號、《史記・仲尼弟子列傳》集解引作「人」。

❾「之」，伯三四〇二號、伯三六〇六號、斯〇七八二號、皇本、《史記・仲尼弟子列傳》集解引無此字。「亦」，伯二六二〇號無字。「學」下，伯二六二〇號、伯三一九二號、伯三四〇二號、伯三六〇六號、篁墩本、皇本、邢本有「也」字，斯〇七八二號有「之也」二字。

佞者。」❶孔曰：疾其以口給應，❷遂己非而不知窮。❸

子路、曾晳、孔曰：❹晳，曾參父，名點。❺冉有、公西華侍坐。子曰：「與吾一日長乎爾，❻毋吾以也。❼孔曰：言我問汝，汝無以我長，❽故難對。❾居則曰：『不吾知也！』孔曰：汝常居云人不之己。❿如或知爾，則何以哉？」孔曰：如有用汝者，⓫則何以爲治。⓬子路

---

❶「佞」，伯三四〇二號脫此字。大永本末有「也」字。

❷「口」，《史記·仲尼弟子列傳》集解引無此字。

❸「遂己」，伯三一九二號作「己遂」，伯三二五四號、伯三四〇二號、伯三六〇六號、斯〇七八二號無「遂」字。「窮」下，伯二六二〇號、伯三二五四號、伯三六〇六號、斯〇七八二號、《史記·仲尼弟子列傳》集解引有「也」字，皇本、《論語孔氏訓解》引有「者也」二字。

❹「孔曰」，伯三一九二號無，當係誤脫。

❺「晳」上，斯〇七八二號、篁墩本、皇本多一「曾」字。「參」下，斯〇七八二號多一「之」字。斯〇七八二號、伯二六二〇號、伯三六〇六號、皇本末有「也」字。

❻「與」，諸本作「以」，底本誤。「乎」，斯〇七八二號作「於」。

❼「毋」，伯三一九二號、篁墩本、邢本同，伯二六二〇號、伯三四〇二號、伯三六〇六號、斯〇七八二號、皇本作「無」。《釋文》作「毋」，云：「音無。」斯〇七八二號脫「吾」字。《釋文》出「以」，云：「鄭本作『已』。」

❽「汝」，伯三一九二號、篁墩本、邢本作「女」。按：「汝」、「女」，古書通用。伯三一九二號脫「以」字。

❾「故難對」，伯三二五四號無「故」字，「難」下衍一「也」字。伯二六二〇號、伯三二五四號、伯三四〇二號、伯三六〇六號、斯〇七八二號、皇本末多一「也」字。

❿「云」，伯二六二〇號、斯〇七八二號作「之」，誤。「之」，斯〇七八二號同，他本作「知」，底本及斯〇七八二號誤。伯三四〇二號、伯三六〇六號、斯〇七八二號、皇本末有「也」字。

⓫「汝」，斯〇七八二號誤作「我」。

⓬「治」，邢本同。「治」下，伯二六二〇號、伯三一九二號、伯三二五四號、伯三六〇六號、斯〇七八二號有「也」字，篁墩本、皇本有「乎」字。《論語集解考異》卷六謂邢本句末脫「乎」字。

帥爾而對，❶帥爾，先三人對。❷曰：「千乘之國，攝乎大國之間，❸加之以師旅，❹因之以饑饉；❺苞曰：攝，攝迫於大國之間。❻由也爲之，比及三年，可使有勇，且知方也」。❼方，義方也。夫子哂之。馬曰：哂，笑。❽「求！爾

❶「帥」，伯二六二〇號、伯三一九二號、伯三四〇二號、伯三六〇六號、斯〇七八二號同，篁墩本、邢本、天文本作「率」，伯二五四八號白文、皇本、古本、武內本作「卒」，各本注亦同。《四書考異》云：「皇本作『卒爾』，與《孟子·梁惠王》『卒然』義正相合。今之作『率』，似因形近致訛。」阮校記云：「『率』、『卒』古字通。《莊子·人間世》注：『率然附之』，《釋文》：『率，本或作卒。』」按：阮説當是。又，「率」、「帥」同音通假。又，篁墩本此句末有「曰」字，底本及他本「曰」字置下句經文之首。

❷「爾」，伯二六二〇號誤作「汝」。伯二六二〇號、皇本句末有「也」字。

❸「之」，伯二六二〇號、伯三一九二號、伯三四〇二號、伯三六〇六號、斯〇七八二號、皇本、邢本同，篁墩本、唐本、津藩本、正平本、天文本無此字。

❹「之」，伯三二五四號、伯三四〇二號無此字。

❺「饑」，斯〇七八二號、伯二五四八號白文、篁墩本、皇本、邢本同，伯二六二〇號、伯三一九二號、伯三四〇二號、伯三六〇六號、古本、唐本、正平本、武內本作「飢」。《釋文》出「饑」，云：「音機。鄭本作『飢』，同。」阮校記云：「『飢』乃飢饉，字當作『饑』。」《彙考》云：「兩字音同義近，實爲古今字。」

❻「攝迫於」，伯三六〇六號、篁墩本同，皇本作「攝迫乎」，伯三二五四號、伯三四〇二號作「迫攝於」，伯二六二〇號作「迫攝迫於」，斯〇七八二號作「白攝於」，伯三一九二號作「猶迫也攝於」，邢本作「迫也迫於」，卷子本作「迫也迫乎」。皇本、卷子本句末有「也」字。

❼「使」，斯〇七八二號作「所」，「且」作「具」，均誤。《考文》謂一本「使」下有「民」字。伯三一九二號「也」作「已」。

❽「馬」至「笑」，伯三一九二號、伯三四〇二號、邢本同。「馬曰」，斯〇七八二號作「孔曰」，恐誤。「笑」，斯〇七八二號作「小」，誤。伯二六二〇號、伯三六〇六號、斯〇七八二號、篁墩本、皇本、《文選》卷一一孫興公《遊天台山賦》注引末有「也」字。

何如？」對曰：「方六七十，而五六十，❶求性謙退，言欲得方六七十，如五六十小國治之而已。❷求也爲之，比及三年，可使足民也。❸如其禮樂，以俟君子。」孔曰：求自言能足民而已。❹謂衣食足也。❺若禮樂之化，當以待君子，謙。❻「赤！爾何如？」對曰：「非曰能之，❼願學焉。❽

❶「而」，諸本作「如」，底本注亦作「如」。按：「而」、「如」，經傳通用。

❷「十」下，諸本有「里」字，底本誤脱。「而已」，伯二六二〇號作「而也」，恐脱一「已」字。伯三二五四號、皇本末有「也」字。

❸「民」，底本、伯二六二〇號、伯三一九二號、伯三六〇六號、斯〇七八二號缺筆避唐諱，伯三二五四號、伯三四〇二號作「人」。「也」，伯三二五四號、伯三四〇二號、伯三六〇六號、皇本、津藩本、古本、唐本、正平本、卷子本、大永本、武内本同，伯二六二〇號、伯三一九二號、斯〇七八二號、篁墩本、邢本、天文本無此字。

❹「自」，伯二六二〇號無此字。「言」，伯三一九二號、伯三六〇六號、斯〇七八二號、篁墩本、皇本、邢本作「云」，伯三四〇二號誤作「臣」。伯二六二〇號「已」誤作「人」。

❺「謂」，伯二六二〇號作「爲」。伯二六二〇號、伯三一九二號、伯三二五四號、伯三四〇二號、伯三六〇六號、斯〇七八二號末無「也」字。

❻「君子」，伯三一九二號、斯〇七八二號、篁墩本、皇本、邢本同。「子」下，伯二六二〇號、伯三二五四號、伯三四〇二號、伯三六〇六號有「者」字。「謙」，伯三一九二號、斯〇七八二號同，伯二六二〇號、伯三二五四號、伯三六〇六號、邢本、伊氏本作「謙也」，篁墩本作「謙辭也」，皇本作「謙之辭也」，伯三四〇二號作「謙之大」，應有衍誤。

❼「非曰」，斯〇七八二號誤脱此二字。「能之」，伯二六二〇號、伯三一九二號、伯三四〇二號、斯〇七八二號、伯二五四八號白文、皇本、邢本同。「能」上，篁墩本、足利本、天文本、《考文》引古一本多一「敢」字，「之」下，唐本、津藩本、正平本、大永本、卷子本多一「也」字。

❽「願」上，伯三四〇二號衍一「以」字。

宗廟之事，如會同，端章甫，願爲小相焉。」❶鄭曰：云我非自言能也，❷願學爲之。❸宗廟之事，謂祭祀之。❹諸侯時見曰會，殷見曰同。❺端，玄端也。❻衣玄端，❼冠章甫，諸侯日視朝之服也。❽小相，爲相君。❾「點！爾何如？」鼓瑟希，❿孔曰：思所以對，故音希。⓫鏗爾，⓬舍瑟而作，對曰：

❶「爲」，伯三二五四號此字重，誤。

❷「云」，伯二六二〇號、伯三一九二號、伯三二五四號、伯三四〇二號、斯〇七八二號同，大永本作「言」，伯三六〇六號、篁墩本、皇本、邢本無此字。「自言能之」，斯〇七八二號作「因言」，誤。「能」下，伯二六二〇號、伯三一九二號、伯三二五四號、伯三四〇二號、伯三六〇六號、篁墩本、邢本、大永本無「也」字。

❸「願」，伯三一九二號脱此字。

❹「之」，伯三四〇二號、篁墩本、皇本、邢本作「也」，伯二六二〇號、伯三一九二號、伯三二五四號、伯三六〇六號、斯〇七八二號無此字。

❺「殷」，伯二六二〇號、伯三一九二號、伯三二五四號、伯三四〇二號、伯三六〇六號、篁墩本、皇本、邢本、正平本同，邢本作「衆」，阮校記據閩本、北監本、毛本作「衆」，邢疏、《釋文》作「殷」，謂「字當作『殷』」。」説當是。又，「見」，伯三二五四號、篁墩本、皇本、正平本同，伯三一九二號、伯三四〇二號、伯三六〇六號、邢本作「覜」。《釋文》作「覜」，云：「本或作『見』。」按：據《説文》：「頫，視也。」則「頫」、「見」義相通。

❻「玄端也」，伯二六二〇號、篁墩本、皇本、邢本同。伯三四〇二號，無此三字，伯三二五四號無「玄端」二字，伯三一九二號、斯〇七八二號無「也」字。

❼「衣」，伯三一九二號無此字。

❽「視」，伯三一九二號作「觀」。「朝」下，皇本無「之」字。伯三一九二號、篁墩本、邢本末無「也」字。

❾「爲」，伯三一九二號同，伯二六二〇號、伯三四〇二號、篁墩本、皇本、邢本作「謂」。按：敦煌寫本「謂」、「爲」通用。「相君」，伯三六〇六號作「君之禮法也」。邢本末有「之禮」二字，皇本末有「禮者」二字，篁墩本末有「之禮者」三字，伯三一九二號末有「之禮法」三字，伯二六二〇號、伯三四〇二號末有「禮法也」三字。伯三二五四號末有「禮法禮」三字。

❿「鼓瑟」上，伯三四〇二號衍「對曰」二字。

⓫「故音希」，伯三一九二號、伯三四〇二號、篁墩本、邢本同，皇本、卷子本、大永本下多一「其」字。伯二六二〇號、斯〇七八二號、皇本、卷子本、大永本末有「也」字。

⓬「鏗」，諸本同，《四書考異》謂《玉篇》、《類篇》、《集韻》引作「摼」。

「異乎三子之撰。」❶孔曰：置瑟起對。撰，具也，❷爲政之具也。鏗者，❸投瑟之聲。子曰：「何傷乎？亦各言其志也。」❹孔曰：各言己志，於義無傷。❺曰：「暮春者，❻春服已成，❼冠者

❶「三子」，伯三一九二號同，他本「子」下有「者」字。「撰」，諸本同，《釋文》引亦同，云：「鄭作『僎』，讀曰詮。詮之言善也。」

❷「對」下，伯三一九二號、斯〇七八二號、皇本有「也」字。「具」下，伯二六二〇號、伯三四〇二號、伯三六〇六號無「也」字。

❸「鏗者」，伯二六二〇號、伯三一九二號、伯三四〇二號、伯三六〇六號、邢本、《釋文》引同，「鏗」下，篁墩本、皇本、《論語孔氏訓解》引多一「爾」字。《論語集解考異》卷六謂邢本脱「爾」字。按：唐寫本均同邢本，《考異》之説恐誤。又，《釋文》出「鏗爾」，云：「琴聲，本今作『瑟』聲。」

❹「也」，伯二六二〇號、伯三一九二號、伯三六〇六號、篁墩本、皇本、邢本同，伯三四〇二號、大永本無此字。《釋文》出「亦各言其志」，云：「一本作『亦各言其志也』。」

❺「無傷」，伯二六二〇號、伯三四〇二號、伯三六〇六號、篁墩本、邢本同。「無」，伯三一九二號作「何」，末有「也」字。皇本末有「之」字。

❻「暮」，伯二六二〇號、伯三一九二號、伯三四〇二號、伯三六〇六號、篁墩本、皇本、古本、唐本、正平本、足利本、武内本同，伯二五四八號白文、唐石經、卷子本、邢本、天文本作「莫」。《四書考異》謂《論衡・明雩》篇、《後漢書・儀禮志》注、《文選》何敬祖《答張華詩》、《初學記》、《太平御覽》等均引作「暮」。徐鉉《新修字義》謂譌謬本「暮」作「莫」。今按：《釋文》作「莫」，云：「音暮。本亦作『暮』。」《彙考》亦云：「『莫』、『暮』，古今字。」

❼「春」，伯二五四八號白文脱此字。「已」，諸本作「既」。《彙考》云：「『已』、『既』，古多通用。」

五六人，❶童子六七人，浴乎沂水之上，❷風乎舞雩，詠而歸。」❸苞曰：❹暮春者，季春三月也。❺春服既成者，❻衣單袷之時。❼我欲得冠者五六人，童子六七人，浴於沂水之上，❽風涼於舞雩之下，歌詠先王之道，而歸夫子之門。❾夫子喟然歎曰：「吾與

❶「冠」至「人」，伯二六二〇號、伯三四〇二號、伯三六〇六號、伯二五四八號白文、唐石經、邢本、伊氏本同。「冠」上，篁墩本、皇本、古本、唐本、津藩本、足利本、正平本、天文本多一「得」字。按：此「得」字唐寫本均無，恐涉注衍。又，《四書考異》謂《周禮·司巫》疏置此句在下句「童子六七人」下。

❷「水之上」，伯二六二〇號、伯三一九二號、伯三四〇二號、伯三六〇六號、伯二五四八號白文、篁墩本、皇本、邢本、《論語筆解》引無此三字，底本恐涉注衍。又「浴」，《論語筆解》韓愈云：「『浴』當爲『沿』字之誤也。周三月，夏之正月，安有浴之理哉！」《四書考異》據漢有「三月上巳祓除，官民潔於東流水上」之俗，證韓説之誤。

❸「歸」，伯二六二〇號、伯三一九二號、伯三四〇二號、伯三六〇六號、伯二五四八號白文、篁墩本、皇本、邢本同，《釋文》引亦同，云：「鄭本作『饋』。『饋』，酒食也。魯讀饋爲歸，今從古。」《四書考異》云：「《論衡》作『饋』，云：『饋』，祭也，歌詠而祭也。《史記·仲尼弟子傳》注徐廣亦曰：『歸』，一作『饋』。」據此，則《古論》作「饋」，《魯論》作「歸」，《集解》從《魯論》。

❹「包曰」，伯二六二〇號、伯三一九二號、伯三四〇二號、伯三六〇六號、篁墩本、皇本、邢本同，《論語筆解》引作「孔曰」。《論語包氏章句》謂《史記·仲尼弟子列傳》集解引亦作「孔曰」。按：今本《弟子傳》引實同底本作包注。

❺「者」至「也」，伯三一九二號無「者季春」及「也」四字。

❻「者」，皇本同，伯二六二〇號、伯三一九二號、伯三四〇二號、伯三六〇六號、篁墩本、邢本無此字。

❼「時」下，皇本有「也」字。

❽「於」，伯三一九二號、篁墩本作「乎」。

❾「而」，伯三一九二號、《史記·仲尼弟子列傳》集解引無此字。「歸」下，伯二六二〇號、伯三一九二號、伯三四〇二號、伯三六〇六號、《史記·仲尼弟子列傳》集解引多一「於」字。伯二六二〇號、伯三六〇六號、皇本末有「也」字。

點也！」❶周曰：善點之獨知時也。❷三子者出，曾皙後。❸曾皙曰：「夫三子者之言何如？」❹子曰：「亦各其志也已矣。」❺曰：「夫子何哂由也？」❻子曰：❼「爲國以禮，其言不讓，是故哂之。」苞曰：爲國以禮，禮貴讓。❽子路言不讓，故哂之。❾「唯求則非邦也矣？」❿「焉見方六七十，⓫如五六十而非邦也者？」

---

❶「點」，《史記・仲尼弟子列傳》作「蒧」。伯三四〇二號末無「也」字。

❷「之」，伯三一九二號、伯三四〇二號、篁墩本、邢本無此字。篁墩本、邢本末無「也」字。

❸伯三一九二號誤脱「者」及「曾皙後」四字。

❹「三子者」上，伯三四〇二號多一「二」字。伯三一九二號脱「三」、「者」二字。

❺「其」上，諸本有「言」字，底本誤脱。「也已矣」，伯二六二〇號、篁墩本、皇本、邢本同，伯三一九二號、伯三四〇二號、伯三六〇六號無「已矣」二字，伯二六八七號無此三字。

❻「夫子」，伯二六二〇號、伯二六八七號、伯三一九二號、伯三四〇二號、伯三六〇六號、篁墩本、邢本、唐本、正平本、天文本同，古本、皇本作「吾子」，皇疏云：「點呼孔子爲『吾子』也。」《考文》據此謂作「吾」字不誤。《彙考》則云：「惟《論語》一書中孔門弟子稱孔子皆爲『夫子』，作『吾』者非。」按：底本及另五寫本均作「夫子」。可證《彙考》説是。

❼「子」，伯二六二〇號、伯三一九二號、伯三四〇二號、伯三六〇六號、篁墩本、皇本、唐本、正平本、足利本、天文本同，伯二五四八號白文、邢本無此字。

❽「禮貴讓」，伯二六二〇號、伯三四〇二號、篁墩本、邢本同。伯三一九二號無「禮」字。「禮」下，皇本多一「道」字。「讓」，伯三六〇六號作「謙」。

❾「哂之」，伯三四〇二號、篁墩本、邢本作「笑之」，伯二六二〇號、伯三一九二號、皇本作「笑之也」，伯三六〇六號作「笑之言也」。

❿「矣」，諸本作「與」。

⓫「焉」，大永本同，伯二六二〇號、伯三一九二號、伯三四〇二號、伯二五四八號白文、篁墩本、皇本、邢本作「安」。《釋文》作「焉」，云：「本今無此字。」《經典釋文彙校》云：「盧云：案此『焉』字即『安見方六七十』之『安』字。校者不知，因云本今無。」今按：「校者」指宋時校《釋文》者，唐時寫本已多作「安」，宋時當更少見作「焉」者。

「唯赤則非邦也與？」「宗廟會同，❶非諸侯如之何？❷孔曰：明皆諸侯之事。❸，與子路同，徒笑子路不讓。❹赤也爲之小，❺孰能爲之大？」❻孔曰：赤謙言小相，能爲大相也。❼（下缺）

❶「宗」至「同」，唐石經、邢本、伊氏本同。「宗廟」，伯二五四八號白文誤作「廟廟」。「宗廟」下，伯二六二〇號、伯三一九二號、伯三四〇二號、篁墩本、皇本、唐本、津藩本、正平本、足利本、天文本多「之事如」三字。《釋文》作「宗廟會同」，云：「本或作『宗廟之事如會同』，非。」

❷「非」至「何」，伯三一九二號、篁墩本、皇本、唐本、津藩本、正平本、足利本、天文本、武内本同。「如之何」，伯二六二〇號作「之事而何」。伯三四〇二號作「如之而何」，伯二五四八號白文、唐石經、邢本、伊氏本作「而何」。《釋文》出「非諸侯而何」，云：「一本作『非諸侯如之何』。」

❸「事」下，伯三四〇二號有「也」字。

❹「讓」下，伯二六二〇號、皇本有「也」字。

❺「小」，伯二六二〇號、伯三一九二號、伯三四〇二號、伯二五四八號白文、唐石經、篁墩本、邢本、伊氏本同。「小」下，皇本、唐本、津藩本、正平本、卷子本、大永本有「相」字。

❻「能」，伯二六二〇號、伯三一九二號、伯三四〇二號、伯二五四八號白文、篁墩本、唐石經、邢本、伊氏本同，正平本無此字，末有「相」字。皇本、唐本、津藩本末亦有「相」字。

❼「小相」下，伯二六二〇號、伯三一九二號、伯三四〇二號、邢本有「耳誰」二字，篁墩本、皇本有「耳孰」二字。「也」上，皇本多一「者」字，伯三四〇二號、篁墩本、邢本末無此字。

《顔淵》篇整理説明

《顔淵》篇共有九個集解寫本，八爲伯希和、斯坦因本，一爲羅振玉藏敦煌文書。另有一件敦煌出白文《論語》，一件日本書道博物館藏敦煌出鄭注寫本。本篇共分二十四章。

底本：伯二六二〇號。本篇共存五十八行半，起篇題，迄篇末，首尾完整。

校本：（一）伯三一九二號。本篇共存五十二行半，起篇題，迄篇末，首尾完整。（二）伯三四〇二號。本篇共存八十三行，起篇題，迄篇末，首尾完整。（三）斯三〇一一號。本篇共存二十行半，起篇題，迄第八章中鄭注「駟馬追之不及」。（四）伯二六八七號。本篇共存六十四行，起第一章首，迄第二十一章中「先事後得」。前六行及五十九至末行下部均有殘。（五）伯二六六四號。本篇共存十五行，起第六章末馬注「其德行高遠」，迄第十二章末何注「故不豫諸也」。第一行上下均有殘。據書法，知爲唐寫本。（六）伯三六〇六號。本篇共存二十五行，起第七章末「（民無）信不立」，迄第十九章「子欲善（而民善矣）」。第十三至十九行下部有殘。（七）伯三四四一號。本篇共存三十八行，起第八章中「（夫子之説）君子」，迄篇末。末有題記：「大中七年（八五三）十一月廿六日學生判官高英達寫記」，知爲唐宣宗時期寫本。（八）羅振玉藏敦煌寫本，載《西陲秘籍叢殘》（敦煌遺書散録編號爲〇六六六，簡稱羅乙本）。本篇殘存二十一行，起第十九章中「（子欲善）而民善矣」。迄篇末，文中「民」字缺筆避唐諱，知爲唐寫本。

參校本：（一）伯二五四八號白文本。本篇共存六十四行，起第一章首句，迄篇末。每行首一、二字均殘。（二）日本書道博物館藏鄭本。解説詳見王著。

本篇伯二六二〇號、伯三一九二號、伯三四〇二號、斯三〇一一號、伯二六八七號、伯三六〇六號、伯二五四八號白文均爲唐寫本，詳見《先進》篇整理説明。

伯希和二六二〇號寫本

（上缺）顏淵第十二❶

顏淵問仁。子曰：「尅己復禮爲仁。❷馬曰：尅己，約身。❸復，反也。身能反禮，則爲仁矣。❹一日尅己復禮，天下歸仁焉。馬曰：一日猶見歸，❺况終身乎。❻爲仁由己，❼而

❶「顏」至「二」，斯三〇一一號、伯三一九二號、伯二五四八號白文同。「顏」上，伯三四〇二號、篁墩本多「論語」二字。篁墩本篇題下尚有「凡二十四章何晏集解」九字。

❷「尅」，伯三四〇二號、古本、皇本、唐本、正平本同，斯三〇一一號、伯三一九二號、伯二五四八號白文、天文本、《論語筆解》、《群書治要》、《文選》卷一九張茂先《勵志詩》注引作「克」，卷子本、大永本作「剋」，下及注同。據《字彙》，「剋」同「尅」，又，「克」亦同「剋」。《論語集解考異》卷六謂作「剋」。

❸「身」下，皇本、卷子本、大永本、《論語筆解》引多一「也」字。

❹「復」上，伯三一九二號、斯三〇一一號、篁墩本、皇本、邢本、《論語筆解》、《文選》卷一張茂先《勵志詩》注引有「孔曰」或「孔安國曰」，伯三四〇二號則同底本併前「尅己約身」作馬注。按：《論語筆解》引「尅己約身」至「則爲仁矣」後附韓愈云：「孔、馬得其皮膚未見其心焉。」是其中確有孔注，底本及伯三四〇二號誤脱注者。又，伯三一九二號無「也」字。「身」，伯三四〇二號誤作「享」，又「仁」作「人」。斯三〇一一號末無「矣」字。伯二六八七號末多一「也」字。「反」，前舉《勵志詩》注引二均作「及」，末「矣」作「也」。

❺「歸」，篁墩本、皇本、邢本、《群書治要》引同，伯三一九二號誤脱此字。

❻「况」下，《文選》卷一九張茂先《勵志詩》注引多一「於」字。伯三四〇二號無「身」字。伯三一九二號、斯三〇一一號、張茂先《勵志詩》注引末無「乎」字。

❼「由」，伯三四〇二號作「猶」，誤。

由人乎哉？」❶孔曰：行善在己，不在於人也。❷顏淵曰：❸「請問其目。」包曰：知其必有條目，故請問之也。❹子曰：「非禮勿視，非禮勿聽，非禮勿言，非禮勿動。」❺鄭曰：❻此四者，尅己復禮之目也。❼顏淵曰：❽「回雖不敏，請事斯語矣。」王曰：敬事此語，必行之也。❾

仲弓問仁。子曰：「出門如見大賓，❿使民如承大祭。⓫孔曰：爲人之道，⓬莫尚於

---

❶「人」，斯三〇一一號作「仁」。按：此處作「人」爲是。

❷「於人也」，大永本同。斯三〇一一號、篁墩本、皇本、邢本、《群書治要》引無「於」字。「人」下，皇本多一「者」字。伯三一九二號、斯三〇一一號、《群書治要》引末無「也」字。

❸「顏淵」，《群書治要》引無此二字。

❹「請」至「也」，皇本同底本。伯三四〇二號無「請」字。伯三一九二號、斯三〇一一號、篁墩本、邢本、《群書治要》引末無「也」字。

❺「非禮勿視至非禮勿動」，《四書考異》謂《禮記・曲禮》正義引作：「非禮勿動，非禮勿言，非禮勿視，非禮勿聽。」王安石《臨川集・三聖人論》引文亦同。前後易位。

❻「鄭曰」，伯三四〇二號、斯三〇一一號、篁墩本、皇本、邢本同，伯三一九二號作「孔曰」，恐誤。

❼「也」，伯三一九二號、斯三〇一一號、篁墩本、邢本、《群書治要》引末無此字。

❽「顏淵」，《群書治要》引無此二字。

❾「必」，伯三四〇二號作「而學」。伯三一九二號、斯三〇一一號、篁墩本、邢本、《群書治要》引末無「也」字。

❿「見」，伯三一九二號誤脱此字。

⓫「民」，底本、伯三一九二號、伯三四〇二號、伯二五四八號白文此字缺筆，避唐諱（以下「民」字缺筆不再出校）。「民」，伯二六八七號、斯三〇一一號作「人」，亦避唐諱。

⓬「爲人」，伯二六八七號、篁墩本、《群書治要》引無「爲」字。「人」，伯二六八七號、伯三一九二號、斯三〇一一號、篁墩本、皇本、邢本、《群書治要》引作「仁」，按：「人」、「仁」，古書通用，但此處以作「仁」爲勝。

敬。❶己所不欲，勿施於人。在邦無怨，在家無怨。」包曰：❷在邦，爲諸侯。❸在家，爲卿大夫也。❹仲弓曰：「雍雖不敏，請事斯語矣。」❺

司馬牛問仁。子曰：❻「仁者，其言也認。」❼孔曰：認，難也。牛，宋人，❽弟子司馬犁者也。❾曰：「其言也認，❿斯可謂之仁矣

---

❶「尚」，伯三一九二號作「過」。「於」，伯三四〇二號同，伯二六八七號、伯三一九二號、斯三〇一一號、篁墩本、皇本、邢本、《史記・仲尼弟子列傳》集解、《群書治要》引作「乎」。伯二六八七號、伯三四〇二號、皇本「敬」下有一「也」字。

❷「包曰」，伯二六八七號、伯三四〇二號、斯三〇一一號、篁墩本、皇本、邢本、靜本、《史記・仲尼弟子列傳》集解、《論語包氏章句》引同。伯三一九二號作「孔曰」，恐誤。

❸「爲」，伯三一九二號作「謂」。皇本《論語包氏章句》引末有「也」字。

❹「爲」，伯三一九二號作「謂」。伯二六八七號、伯三一九二號、伯三四〇二號、斯三〇一一號、篁墩本、邢本、靜本、《群書治要》引末無「也」字。

❺「請」至「矣」，伯三一九二號此句下有注文，爲：「事，用也。」伯三四〇二號亦有注文，爲：「事，猶用也。」無注者姓氏，當係何注。伯二六八七號、斯三〇一一號及篁墩本、皇本、邢本等傳世本均無此注，當係誤脱。又，皇疏上章末云：「事，猶用也。」與此注同，當係借用。

❻「子」，伯三一九二號無此字，當係誤脱。

❼「認」，伯三一九二號、伯三四〇二號、斯三〇一一號同，伯二六八七號、伯二五四八號白文、靜本、篁墩本、皇本、唐本、津藩本、邢本、卷子本、正平本、天文本《史記・仲尼弟子列傳》集解、《論語孔氏訓解》、《説文》引作「訒」。下同。《釋文》作「訒」，云：「字或作『仞』。」《彙考》云：「『認』、『仞』皆爲『訒』之譌。」説甚是。又，唐本、津藩本、卷子本、正平本末有「也」字。

❽「宋人」下，篁墩本有「也」字。

❾「馬」下，伯三一九二號有「名」字。「犁」下，伯三四〇二號、皇本、《論語孔氏訓解》引無「者」字，伯二六八七號、伯三一九二號、斯三〇一一號、篁墩本、邢本無「者也」二字。

❿「也認」，伯三四〇二號無「也」字，當誤脱。「認」當作「訒」。參見本頁校勘記❼。

乎？」❶子曰：「爲之難，言之得無認乎？」❷孔曰：言之難，❸言仁亦不得不難。❹

司馬牛問君子。子曰：「君子不憂不懼。」孔曰：牛兄桓魋將爲亂，自宋來學。❺常自憂懼，❻故孔子解之耳。❼曰：「不憂不懼，斯謂之君子乎？」❽子曰：「内省不疾，❾夫何

❶「可」至「乎」，伯三四〇二號同底本。斯三〇一一號、伯二五四八號白文、邢本無「可」字。「矣乎」，《史記·仲尼弟子列傳》無「矣」，伯三一九二號無「乎」，伯二五四八號白文、斯三〇一一號、篁墩本、古本、邢本、天文本作「已乎」，伯二六八七號作「已矣」，卷子本作「乎矣」，皇本、唐本、津藩本、足利本、正平本作「已矣乎」。

❷「之」，伯三四〇二號誤脱此字。「認」當作「訒」。

❸「孔」，邢本作「子」，誤。又，「言之」，伯三四〇二號作「行之」，斯三〇一一號作「行人」，伯二六八七號、伯三一九二號、篁墩本、皇本、邢本、《史記·仲尼弟子列傳》集解、《論語孔氏訓解》引作「行仁」，按：此處當以「行仁」爲正。

❹「亦」，伯三四〇二號誤作「言」。「難」，《史記·仲尼弟子列傳》集解引作「訒」，恐誤。又，伯二六八七號、前舉《仲尼弟子列傳》集解引句末有「也」字，皇本、《論語孔氏訓解》末有「矣」字。

❺「自」上，諸本有「牛」字，底本誤脱。

❻「常自」，諸本無「自」字，恐底本衍。「常」下，伯三一九二號多一「懷」字。

❼「解」，《論語孔氏訓解》引作「改」，恐誤。又，「之」下諸本無「耳」字。「耳」，《史記·仲尼弟子列傳》集解引作「也」。

❽「斯」下，伯二六八七號、伯三一九二號、伯三四〇二號、伯二五四八號白文、篁墩本、皇本、卷子本、唐本、津藩本、足利本、正平本、天文本、《史記·仲尼弟子列傳》引多一「可」字，斯三〇一一號、邢本同底本無此字。又，「乎」，伯二六八七號、《史記·仲尼弟子列傳》同，伯三一九二號、伯三四〇二號無此字，斯三〇一一號、伯二五四八號白文、古本、篁墩本、皇本、唐本、津藩本、邢本、卷子本、足利本、正平本作「已乎」，朱子集注本作「矣乎」。

❾「疾」，伯三一九二號、伯三四〇二號同，伯二六八七號、斯三〇一一號、伯二五四八號白文、篁墩本、皇本、邢本、《史記·仲尼弟子列傳》、《論語包氏章句》、《釋文》引作「疚」。

憂何懼？」包曰：❶疾，病也。❷自省無罪惡，❸有何憂懼。❹

司馬牛憂曰：「人皆有兄弟，我獨亡。」鄭曰：❺牛兄桓魋行惡疾，恐死亡無日，❻我爲無兄弟。❼子夏曰：❽「商聞之矣：❾死生有命，富貴在天。君子敬而無失，與人恭而

❶「包曰」，伯二六八七號、伯三四〇二號、斯三〇一一號、篁墩本、皇本、邢本、《史記·仲尼弟子列傳》集解引同，伯三一九二號作「孔曰」，恐誤。

❷「疾病也」，「疾」當作「疢」，參見第二一八頁校記勘記❾。伯三一九二號、《史記·仲尼弟子列傳》集解引末無「也」字。

❸「自省」，伯二六八七號、伯三一九二號、伯三四〇二號、邢本、《史記·仲尼弟子列傳》集解、《論語包氏章句》引同，篁墩本、皇本作「内省」，斯三〇一一號作「自性」。按：此處當以「自省」爲是。

❹「有何」，伯三四〇二號同，伯二六八七號、伯三一九二號、斯三〇一一號、篁墩本、皇本、邢本、《史記·仲尼弟子列傳》集解引作「無可」，皇本、《論語包氏章句》引作「無所可」。伯三四〇二號、皇本、《論語包氏章句》引句末有「也」字。

❺「鄭曰」，伯二六八七號、伯三四〇二號、斯三〇一一號、篁墩本、皇本、邢本、《論語鄭氏注》、《太平御覽》卷五一四引同，伯三一九二號作「孔曰」，恐誤。

❻「疾恐」，伯二六八七號、伯三一九二號、伯三四〇二號、斯三〇一一號、篁墩本、皇本、邢本等無此二字，底本衍。又，「亡」，皇本、《論語鄭氏注》、《太平御覽》卷五一四引作「喪」。

❼「我」下，篁墩本、皇本、《論語鄭氏注》引多一「獨」字，邢疏引亦有「獨」字，伯二六八七號、伯三一九二號、伯三四〇二號、斯三〇一一號、邢本、《太平御覽》卷五一四引無此字。又，伯三一九二號、皇本、《論語鄭氏注》引句末有「也」字。

❽「子夏曰」，《四書考異》謂《論衡·祿命》篇及《辨祟》篇均引作「孔子曰」，惟《命義》篇引屬子夏；又《大戴禮·本命》篇注引亦作「孔子曰」。按云：「以此爲孔子語也，亦宜。」

❾「矣」，《文選》卷五三李蕭遠《運命論》注引無此字。諸本同底本。

有禮。四海之内，皆爲兄弟也，❶君子可患乎無兄弟也？」❷包曰：君子疎惡而友賢，❸九州之人，皆可以禮相親也。❹

子張問明。子曰：「浸潤之譖，膚受之愬，❺不行焉，可謂明矣。❻鄭曰：譖人之言，如水之浸潤，漸以成之。❼馬融曰：膚受，❽皮膚外語，非其内實。❾浸潤之譖，膚受之愬，不行

❶「爲」至「也」，伯三四〇二號、古本、唐本、津藩本、足利本、正平本、天文本、武内本、《鹽鐵論·和親第四十八》引同。伯二五四八號白文、唐石經、邢本、《論語包氏章句》引無「爲」字。伯二六八七號、伯三一九二號、斯三〇一一號、《文選》卷二九蘇子卿《詩四首》注引無「也」字。

❷「可」，諸本作「何」，底本誤。《文選》卷二九蘇子卿《詩四首》注引末無「也」字。

❸「疎」，伯三四〇二號、皇本引同，伯二六八七號、伯三一九二號、斯三〇一一號、篁墩本、邢本作「疏」，據《字彙》，「疎」乃「疏」之俗字。

❹「相」，伯二六八七號、伯三一九二號同，伯三四〇二號重，斯三〇一一號、篁墩本、皇本、邢本、《論語包氏章句》引無此字。伯二六八七號、伯三一九二號、篁墩本、邢本末無「也」字。

❺「愬」，《四書考異》謂《漢書·五行志》、同書《儒林傳》注引作「訴」。按：據《説文》，「愬」爲「訴」之或體。《公羊傳》昭三十一年：「負孝公之周愬天子」之「愬」，《釋文》即云：「本亦作『訴』。」

❻「矣」，伯三四〇二號同，《四書考異》謂《漢書·五行志》、同書《王尊傳》、《晉書·五行志》引亦同，《群書治要》引作「也已」，伯三一九二號作「矣」，伯二六八七號、斯三〇一一號、伯二五四八號白文、篁墩本、皇本、邢本、《論語馬氏訓説》引作「也已矣」。

❼「漸」至「之」，伯三一九二號、邢本、伊氏本同。伯二六八七號無「漸」字。「漸以」，斯三〇一一號、伯三四〇二號、篁墩本、皇本、《群書治要》、《論語鄭氏注》引作「以漸」。「成」上，伯三四〇二號多一「也」字。「成之」，篁墩本作「成人之禍」，皇本、《論語鄭氏注》引同，又末多一「也」字。

❽「受」，伯三一九二號、篁墩本、《群書治要》引同。「受」下，伯三四〇二號、斯三〇一一號、皇本、邢本、《論語馬氏訓説》引多「之愬」二字。

❾「非其内實」，《論語馬氏訓説》引無此四字。伯三一九二號、皇本、《群書治要》引末有「也」字。

焉，可謂遠矣。」❶馬曰：無此二者，非但爲明，其德行高遠，人莫能及也。❷

子貢問政。子曰：「足食，足兵，民信之矣。」❸子貢曰：❹「必不得已而去，於斯三者何先？」❺曰：「去兵。」曰：❻「必不得已而去，於斯二者何先？」曰：「去食。自古皆有死，❼民無信不立。」❽孔曰：死者，古今常道。❾人皆有之，治邦不可失信也。❿

❶「矣」，《群書治要》引作「也矣」，伯三一九二號、斯三〇一一號、伯二五四八號白文本、篁墩本、皇本、邢本、《論語馬氏訓説》引作「也已矣」，伯二六八七號殘存「也□□」，當亦爲「也已矣」。按：此句與上段末句「可謂明矣」對稱，底本末字作「矣」是。斯三〇一一號等二句末均作「也已矣」，體例亦相統一。唯伯三一九二號前作「已矣」，後作「也已矣」，有悖體例。

❷「能及也」，伯二六六四號同，伯三一九二號、《群書治要》引無「能」字。「及」上，伯三一九二號、皇本、《群書治要》、《論語馬氏訓説》引多一「之」字。伯二六八七號、伯三一九二號、斯三〇一一號、篁墩本、邢本末無「也」字。

❸「民」，伯二六八七號、伯三一九二號、伯三四〇二號、斯三〇一一號、伯二五四八號白文、邢本同。「民」上，篁墩本、正平本多一「使」字，皇本多一「令」字。

❹「子貢」，阮校記謂皇本無此二字，然今本有之，阮氏所據應屬别本。又，「貢」，《群書治要》引作「贛」。

❺「必」至「先」，《釋文》至「而去」絶句，云：「一讀『而去於斯』爲絶句。」茲從前者。

❻「曰」，伯二六八七號、斯三〇一一號、篁墩本、皇本、古本、唐本、足利本、正平本、天文本、《群書治要》引同。「曰」上，伯三一九二號、伯二五四八號白文、邢本有「子貢」二字。伯二六六四號、伯三四〇二號無「曰」字，當係誤脱。

❼「古」，斯三〇一一號作「故」。按：「故」、「古」舊常通用。

❽「無」，伯二六六四號、伯二六八七號、伯三一九二號、伯三四〇二號、斯三〇一一號，伯二五四八號白文、邢本同，古本、篁墩本、皇本、唐本、津藩本、足利本、正平本、《群書治要》引作「不」。又，「立」下，伯三四〇二號有「也」字。

❾「道」下，皇本、《論語孔氏訓解》有「也」字。

❿「也」，伯二六六四號、伯二六八七號、伯三一九二號、伯三六〇六號、皇本、《論語孔氏訓解》引同，斯三〇一一號、篁墩本、邢本、《群書治要》引無此字。

棘子成曰：❶「君子質而已矣，何以文爲？」❷鄭曰：舊説云，❸棘子成，衛大夫也。❹子貢曰：「惜乎，夫子之説君子也！❺駟不及舌。❻鄭曰：惜乎夫子之説君子也，❼過言一出，駟馬追之不及。❽文猶質也，質猶文也。虎豹之鞹猶犬羊之鞹也。」❾孔曰：皮去毛曰鞹，虎豹與犬羊別者，❿正以毛文異耳。⓫今使文質同者，⓬何以別虎豹與犬羊耶。⓭

---

❶「棘」，阮校記謂《漢書・古今人表》、《三國志・秦宓傳》作「革」。又，「成」，篁墩本、皇本、正平本作「城」。

❷「文爲」，伯二六六四號、伯二六八七號、伯三四〇二號、斯三〇一一號同，伯三一九二號、正平本、大永本、《七經考文》引一本作「爲文」。唐本、津藩本、卷子本、正平本、大永本末有「矣」字。

❸「云」，伯二六六四號、伯三四〇二號、伯三六〇六號、皇本同，大永本作「曰」。

❹「也」，伯二六八七號、伯三一九二號、斯三〇一一號、篁墩本、邢本末無此字。

❺「説」下，唐本、津藩本、卷子本有「之」字。伯二六六四號無「也」字。

❻「舌」下，伯三四〇二號有「也」字。

❼「也」，伯三四〇二號、斯三〇一一號末無此字。

❽「及」，伯二六六四號、斯三〇一一號、邢本同。「及」下，篁墩本有「舌」字，伯二六八七號、伯三一九二號、伯三四〇二號有「也」字，皇本有「舌也」二字。

❾「鞹」，伯二六六四號、伯二六八七號、伯三一九二號、伯三四〇二號、伯三六〇六號、皇本、卷子本、大永本同，伯三四四一號、伯二五四八號白文、篁墩本、邢本作「鞟」。《論語集解考異》卷六云：「『鞹』爲正。」阮校記云：「今作『鞟』者，省文也。」甚是。又，伯三一九二號、伯三四四一號、伯二五四八號白文、篁墩本、邢本、天文本末無「也」字。

❿「者」，邢本無此字。阮校記云：「邢疏本有『者』字。《釋文》亦明出『別者』字，今注誤脱。」

⓫「毛」，伯三一九二號無此字。「異」下，伯二六六四號無「耳」字。

⓬「今」，伯三一九二號無此字。「同」下，伯三四〇二號無「者」字，恐均誤脱。

⓭「何」上，伯三一九二號多一「則」字。「耶」，篁墩本、邢本作「邪」。伯二六六四號、伯三四四一號無「耶」字。

哀公問於有若曰：「年饑，用不足，如之何？」有若對曰：❶「盍徹乎？」❷鄭曰：盍，❸何不也。周法什一而稅，謂之徹。❹徹，通也。❺爲天下之通法。❻曰：「二，吾猶不足，如之何其徹也？」❼孔曰：❽二，謂什二而稅。❾對

---

❶「有若」，《群書治要》引無此二字。

❷「乎」，伯三一九二號無此字。《四書考異》謂《考工記・匠人》注引作「與」。

❸「盍」，伯二六六四號、伯三一九二號、伯三四〇二號、伯三四四一號、伯三六〇六號、邢本、大永本、《周禮・考工記・匠人》疏引同。「盍」下，伯二六八七號、篁墩本、皇本、正平本、日本書道博物館藏鄭本、《論語鄭氏注》引多一「者」字。

❹「周法」，伯二六六四號、伯二六八七號、伯三一九二號、伯三四〇二號、伯三六〇六號、篁墩本、皇本、邢本、《群書治要》、《論語鄭氏注》引同，日本書道博物館藏鄭本作「周禮」，《左傳》宣公十五年疏引無此二字。「什」，皇本、日本書道博物館藏鄭本作「十」。《群書治要》引句末有「也」字。此注，《周禮・考工記・匠人》疏引作：「（徹）謂十一之通稅。」與諸本異。

❺「也」，伯二六六四號、伯二六八七號、伯三一九二號、伯三四〇二號、伯三六〇六號、《周禮・考工記・匠人》疏、《左傳》宣公十五年疏引同，伯三四四一號作「法」。「通」下，日本書道博物館藏鄭本無「也」字。

❻「爲」至「法」，伯二六八七號、篁墩本、邢本、日本書道博物館藏鄭本、《左傳》宣公十五年疏引同。「爲」上，伯二六六四號多一「謂」字。篁墩本、皇本無「之」字。「之通」，伯三四〇二號誤倒作「通之」。「法」，伯三一九二號作「稱」，又末多一「也」字。伯二六六四號、伯三四四一號、伯三六〇六號、皇本末亦多一「也」字。伯三四〇二號末多「矣也」二字。

❼「也」，伯三一九二號無此字，大永本作「乎」字。

❽「孔曰」，伯二六六四號、伯二六八七號、伯三四〇二號、伯三四四一號、伯三六〇六號、篁墩本、皇本、邢本、《論語孔氏訓解》引同，伯三一九二號作「包曰」，當誤。

❾「什」，伯三一九二號、皇本作「十」。「二」，伯三四四一號誤作「一」。皇本、《群書治要》、《論語孔氏訓解》引末有「也」字。按：此孔注同鄭注。日本書道博物館藏鄭本、《周禮・考工記・匠人》疏引鄭注云：「二謂十二而稅。」

曰：「百姓足，君孰與不足？❶百姓不足。」❷孔曰：孰，誰也。❸

子張問崇德辯惑。❹包曰：❺辯，猶别也。❻

子曰：「主忠信，徙義，崇德也。❼包曰：徙

❶「百」，伯二六八七號誤脱此字。「孰」，伯三四〇二號、伯三四四一號作「熟」。「孰」下，伯二六六四號無「與」字。「足」下《鹽鐵論・未通第十五》引有「乎」字。《四書考異》謂《隋書・煬帝紀》、《舊唐書・韋思謙傳》、《文選》卷七潘安仁《籍田賦》注、蘇軾《擬進士對御試策》引此句及下二句作孔子語。今按：諸本均作有若語，《煬帝紀》等當誤。

❷「百姓不足」下，諸本此句有「君孰與足」四字，底本誤脱。「君」上，伯三四〇二號多一「若」字，當衍。「孰」，《後漢書・楊震傳》引作「誰」。「與」，《漢書・谷永傳》引作「予」。

❸「也」，伯三四〇二號末無此字。按：此孔注同鄭注。日本書道博物館藏鄭本云：「孰，誰。」

❹「德」，伯二五四八號白文作「得」。「辯」，伯二六六四號、伯二六八七號、伯三一九二號、伯三四〇二號、伯三四四一號、伯三六〇六號同，伯二五四八號白文、篁墩本、皇本、邢本、《群書治要》引作「辨」，注同。按：據包注「辨猶别也」，字當以「辨」爲是。「惑」，伯三四四一號作「或」，《釋文》作「惑」，云：「本亦作『或』。」

❺「包曰」，伯二六六四號、伯二六八七號、伯三四〇二號、伯三四四一號、伯三六〇六號、篁墩本、皇本、《論語包氏章句》引同，伯三一九二號、邢本作「孔曰」。按：伯三一九二號篇前有五處注者異於諸本，均誤，疑此處亦誤。邢本凡注者異於皇本，阮校記均出校，唯此無校，疑邢本原同皇本，亦爲手民所誤。總之，應以「包曰」爲是。「辯」，仍當作「辨」，參見本頁校勘記❹。

❻「猶」，伯二六八七號、伯三四〇二號、伯三四四一號、篁墩本、皇本、邢本、《釋文》、《群書治要》、《論語包氏章句》引無此字。「也」，伯二六八七號、伯三四〇二號、《群書治要》引末無此字。日本書道博物館藏鄭本云：「辨，猶别。」又按：此包注同鄭注。

❼「也」，伯二六六四號、伯三四四一號、伯三六〇六號、伯二五四八號白文、篁墩本、唐本、邢本、正平本同，伯二六八七號、伯三一九二號、伯三四〇二號、古本、皇本、日本書道博物館藏鄭本無此字。

義，見義事則徙意而從之也，❶愛之欲其生，❷惡之欲其死，❸既欲其生，❹又欲其死，是惑也。❺包曰：愛惡當有常。一欲生之，一欲死之，是心惑也。❻『誠不以富，亦知以異。』」❼鄭曰：此詩小雅

❶「事」，伯二六六四號、伯三四四一號、伯三六〇六號同，伯二六八七號、伯三一九二號、篁墩本、皇本、邢本、《群書治要》、《論語包氏章句》引無此字。「事」下，伯三一九二號無「則」字。「意」下，伯二六八七號、伯三一九二號、皇本、《群書治要》引無「而」字。伯二六八七號、伯三一九二號、《群書治要》引末無「也」字。按：此包注同鄭注。日本書道博物館藏鄭本云：「徙義，見義事，徙意而從之。」

❷「愛」，伯二六八七號、伯三一九二號、伯三四〇二號、伯三四四一號、伯三六〇六號、伯二五四八號白文、日本書道博物館藏鄭本、篁墩本、邢本、天文本、《群書治要》引同。「愛之」，伯二六六四號誤作「受而」。「生」下，古本、皇本、唐本、津藩本、正平本多一「也」字。

❸「死」，伯二六六四號、伯二六八七號、伯三一九二號、伯三四〇二號、伯三四四一號、伯三六〇六號、伯二五四八號白文、日本書道博物館藏鄭本、篁墩本、邢本、天文本、《群書治要》引同。「死」下，古本、皇本、唐本、津藩本、正平本多一「也」字。

❹「生」，伯二六六四號、伯二六八七號、伯三一九二號、伯三四〇二號、伯三四四一號、伯三六〇六號、伯二五四八號白文、日本書道博物館藏鄭本、篁墩本、唐本、邢本、正平本、天文本、《群書治要》引同。「生」下，古本、皇本多一「也」字。

❺「是」，《考文》引古本作「其」。日本書道博物館藏鄭本、正平本末無「也」字。

❻「常」上，伯三一九二號多一「其」字。「是」下，伯三四四一號、伯三六〇六號無「心」字。伯二六八七號、伯三四〇二號末無「也」字。按：此包注略同鄭注。日本書道博物館藏鄭本云：「愛惡當有常，於一人之身，一欲生之，一欲死之，是惑。」

❼「知」，諸本作「祇」，《釋文》亦作「祇」，又下注文：「祇，適也。」今按：《詩・小雅・我行其野》作「成不以富，亦祇以異」，阮校記謂，唐石經作「祇」，並謂「从『氏』則繆極矣」。

也。❶祇，適也，言此行誠不可以致富，❷適足爲異耳，❸取此詩之異義以非之。❹

齊景公問政於孔子。孔子對曰：「君君，臣臣，父父，子子。」孔曰：當春秋之時，❺陳恒制齊，❻君不君，臣不臣，❼故以此對之。❽公曰：

❶「也」，伯二六八七號、伯三一九二號、伯三四〇二號、伯三六〇六號、篁墩本、皇本、邢本、《論語鄭氏注》引同，伯二六六四號、伯三四四一號無此字。日本書道博物館藏鄭本亦無「也」字。又「小雅」後多「我行其野之句」六字。《詩・周南・關雎》篇題正義引亦多此六字。又末有「也」字。

❷「誠」，伯三四〇二號作「成」。按：此處以作「誠」爲是。

❸「爲」上，伯二六六四號、伯三六〇六號同，伯二六八七號、篁墩本、邢本多一「以」字，皇本多「以是」二字。

❹「取此」，伯三四四一號倒置作「此取」。「詩」下，伯二六八七號無「之」字。「之」下，伯三四〇二號無「異」字。伯三一九二號、皇本末多一「也」字。此句日本書道博物館藏鄭本作「適可見其心志與人有（異）而□之」，與此注異。

❺「春秋」，伯二六六四號、伯三四〇二號、伯三六〇六號同，伯二六八七號、伯三一九二號、伯三四四一號、篁墩本、皇本、邢本、《史記・孔子世家》集解、《論語孔氏訓解》引作「此」。「秋」下，伯二六八七號、伯三四〇二號、篁墩本、皇本、《論語孔氏訓解》引無「之」字。

❻「恒」，伯二六六四號、伯二六八七號、伯三一九二號、伯三四〇二號、伯三四四一號、伯三六〇六號、篁墩本、皇本、《史記・孔子世家》集解、《論語孔氏訓解》引同，邢本作「桓」。《論語集解考異》卷六云：「明監本注疏作『桓』。唯疏中猶作『恒』。案據《史記》，作『恒』字誤。或云『恒』者，蓋避宋諱。然『恒』亦宋諱，則此説不足據矣。直是因字似而誤矣。」今按：唐寫本均作「恒」，避宋諱之説自不成立。又，《史記》實作「恒」，《考異》引誤。《左傳》亦作「恒」。「陳恒」一名「陳常」，「恒」、「常」互釋，作「桓」則明顯不通。

❼「臣不臣」下，伯三一九二號、伯三四四一號、篁墩本、皇本、邢本、《論語孔氏訓解》引多「父不父子不子」六字。伯二六六四號、伯二六八七號、伯三四〇二號、伯三六〇六號、《史記・孔子世家》集解引同底本無此六字。《論語集解考異》卷六云：「『父不父，子不子』，卷子、舊版、大永並無此六字。案三本無此六字爲是。蓋注意舉重者而略輕者也。」

❽「此對之」，伯二六六四號、伯二六八七號同。邢本無「此」、「之」二字。篁墩本無「之」字。「之」，伯三一九二號、伯三四〇二號、伯三四四一號、伯三六〇六號、大永本、《史記・孔子世家》集解、《論語孔氏訓解》引作「也」字。

「善哉！信如君不君，❶臣不臣，父不父，子不子，雖有粟。吾焉得而食諸。」❷孔曰：言將危也，❸陳氏果滅齊。❹

子曰：「片言可折獄者，❺其由也與？」孔曰：片，猶偏也，聽誦必須兩詞以定是非，❻偏信一言以折獄者，❼唯子路耳也。❽子路無宿諾。❾

❶「不君」，伯三四〇二號誤脱此二字。

❷「焉」，伯二六六四號、伯三四〇二號、伯三六〇六號同，伯二六八七號、伯三一九二號、伯三四四一號、伯二五四八號白文、日本書道博物館藏鄭本、古本、篁墩本、皇本、唐本、津藩本、足利本、正平本、天文本作「豈」，邢本無此字。《釋文》作「吾焉得而食諸」，云：「本亦作『焉得而食諸』。『焉』，於虔反。本今作『吾得而食諸』。」阮校記云：「案《史記・仲尼世家》及《漢書・武五子傳》並作『豈』，與皇本合。《太平御覽》二十二引『吾惡得而食諸』。『豈』、『焉』、『惡』三字義皆相近，疑今本（邢本）『吾』下有脱字。」今按：據黄焯《經典釋文彙校》，《釋文》凡作「本今」者，均宋人校書者按語，所引「吾」下無「焉」、「豈」、「惡」等字，與邢本同，則宋時諸本「吾」下已均脱字。

❸「危」下，伯三一九二號、伯三四〇二號無「也」字。

❹「齊」下，皇本、正平本有「也」字。

❺「可」下，諸本有「以」字。《釋文》引亦有「以」字。底本誤脱。「折」，《釋文》曰：「魯讀『折』爲『制』，今從古。」《四書考異》謂《太平御覽》注「片」讀爲「半」。又云：「鄭云『半也』，是義爲半，音不爲半，《太平御覽》注傳之失真。」

❻「誦」，伯二六六四號、伯二六八七號、伯三一九二號、伯三四〇二號、伯三四四一號、伯三六〇六號、篁墩本、皇本、邢本、《史記・仲尼弟子列傳》集解引作「訟」，底本誤。「詞」，前引寫本均同，篁墩本、皇本、邢本、《仲尼弟子列傳》集解引作「辭」。

❼「以」，《史記・仲尼弟子列傳》集解引無此字。

❽「耳」，伯二六八七號、伯三一九二號、伯三六〇六號、篁墩本、皇本、邢本、《史記・仲尼弟子列傳》集解引作「可」，伯三四〇二號作「終可」，伯三四四一號無此字。「也」，伯三四〇二號作「矣」，伯二六八七號、伯三一九二號、邢本無此字。

❾「諾」下，伯三四〇二號有「也」字。

宿，猶豫也。❶子路篤信，恐臨時多故，故不豫諾也。❷

子曰：「聽訟，吾猶人也。❸包曰： 與人等也。❹必也使無訟乎！」❺王曰： 化之在前也。❻

子張問政。子曰：「居之無倦，❼行之以忠。」❽王曰： 言爲政之道，居之於身，無得懈倦，❾行之於人，❿必以忠信也。⓫

---

❶「豫」，伯三一九二號、篁墩本、皇本、邢本同，伯二六六四號、伯二六八七號、伯三四〇二號、伯三四四一號、伯三六〇六號作「預」。伯三四〇二號、伯三四四一號、伯三六〇六號末無「也」字。

❷「故」，伯三四〇二號、伯三六〇六號無此字。篁墩本、邢本無「也」字。

❸「訟」，底本原作「誦」，後塗墨改作「訟」。又，「訟」下，伯二六八七號多一「也」字。「人」下，《群書治要》引無「也」字。

❹「與」上，篁墩本、皇本多一「言」字。伯二六八七號、伯三一九二號、伯三四四一號、伯三六〇六號，篁墩本、邢本無「也」字。

❺「也」，伯三四〇二號無此字。伯二五四八號白文末無「乎」字。

❻「也」，伯二六八七號、皇本同。伯三一九二號、伯三四〇二號、伯三四四一號、篁墩本、邢本、《群書治要》引末無此字。

❼「居」，伯三四四一號誤作「君」。《四書考異》謂《唐文粹》常仲儒《河中府新修文宣王廟碑》引作「學」。「倦」，《釋文》云：「亦作『卷』。」阮校記引《九經古義》謂當作「券」。又舉《周禮・考工記》注云：「『券』，今『倦』字也。」

❽「以」，伯二五四八號白文脱此字。

❾「得」，伯三一九二號作「所」。「懈」，伯三一九二號、伯三四四一號、邢本作「解」。按： 此處「懈」爲正字。

❿「人」，伯三四〇二號、伯三四四一號、伯三六〇六號同，篁墩本、皇本、邢本、《論語王氏義説》引作「民」。按： 此處作「民」是，作「人」係避唐諱。

⓫「信也」，伯三一九二號缺，殘存「矣也」二字，是「也」上多一「矣」字。伯二六八七號無此二字，篁墩本、邢本無「也」字。

子曰：「君子博學於文，❶約之以禮，亦可以弗畔矣夫！」❷弗畔，不違道也。❸

子曰：「君子成人之美，不成人之惡。小人反是。」

季康子問政於孔子。❹孔子對曰：「政者，正也。子師而正，❺熟敢不正？」❻鄭曰：康子，❼魯上卿，諸臣之師也。❽

❶「君子」，伯三四〇二號、伯三四四一號、伯三六〇六號、古本、篁墩本、皇本、唐本、津藩本、足利本、正平本、天文本同，伯二六八七號、伯三一九二號、伯二五四八號白文、唐石經、邢本、《論語筆解》引無此二字。天文本校勘記、《四書考異》亦云今本無此二字。《釋文》作「博學於文」，云：「一本作『君子博學於文』。」可證初唐至晚唐（伯三一九二號、伯三四四一號均宣宗大中時期寫本）一直存在兩種傳本，並相沿至今。又，「君子博學於文」至「可以弗畔矣夫」，《雍也》篇已見，《論語筆解》韓愈謂此爲「簡編重錯」。阮元《雍也》篇校勘記云：「案無『君子』者是。」又云：「有『君子』者蓋後人所加。」

❷「弗」，伯三四四一號作「不」，末無「夫」字。

❸「弗」上，此注伯二六八七號、伯三四四一號、皇本、邢本、伊氏本有「鄭曰」二字。伯三一九二號、伯三四〇二號、伯三六〇六號、篁墩本同底本無注者，恐誤脫。又，「道」上，伯三一九二號多一「大」字。伯二六八七號、伯三一九二號、篁墩本、邢本無「也」字。

❹「於」，《群書治要》引無此字。

❺「師」，伯三四四一號、大永本同，伯二六八七號、伯三四〇二號、伯三六〇六號及篁墩本等刊本作「帥」，《釋文》云：「帥，所類反，又所律反，並與『率』同。」《四書考異》云：「《孝經·聖治章》疏引文『帥』作『率』。」今按：作「帥」是，作「師」乃形近致誤。「而」，伯二六八七號、伯三四〇二號、伯三四四一號、伯三六〇六號、古本、篁墩本、皇本、唐本、津藩本、足利本、正平本、天文本、《群書治要》引同，伯二五四八號白文，邢本、《論語鄭氏注》引作「以」。

❻「熟」，伯三四四一號同，他本作「孰」，當以「孰」爲是。「正」，伯三四〇二號作「政」，當以「正」爲是。

❼「康子」上，篁墩本、皇本、《論語鄭氏注》引多一「季」字，伯二六八七號、伯三一九二號、伯三四〇二號、伯三四四一號、伯三六〇六號、大永本、《群書治要》引同底本無此字。

❽「臣」，伯三四四一號誤作「侯」。「師」，當爲「帥」字之誤，參見本頁校勘記❺。「帥」下，日本書道博物館藏鄭本多一「者」字。伯二六八七號、《群書治要》引末無「也」字。

季康子患盜，問於孔子。❶孔子對曰：❷「苟子之不欲，❸雖賞之不竊。」❹孔曰：情欲也。❺言人化於上，❻不從其令，從其所好。❼

季康子問政於孔子：❽「如煞無道，❾以就有道，何如？」孔曰：就，成也。欲煞以止姦

❶「於」，《群書治要》引無此字。

❷「孔子」，伯二五四八號白文無此二字，當係誤脫。

❸「苟子之」，伯三一九二號、伯三四〇二號、伯三四四一號、伯三六〇六號、伯二五四八號白文、篁墩本、邢本、《群書治要》引同，日本書道博物館藏鄭本「苟」字殘，餘亦同。唐本、津藩本、卷子本無「子之」二字。伯二六八七號、古本、皇本、正平本、天文本無「之」字。

❹「竊」下，《文選》卷一〇潘安仁《西征賦》注引有「也」字。

❺「情」，伯三六〇六號同。「情」上，伯二六八七號、伯三一九二號、伯三四四一號多一「欲」字，伯三四〇二號多一「知」字，皇本、邢本、伊氏本多「欲多」二字。「欲」，伯二六八七號、邢本作「慾」。《釋文》作「慾」，云：「本今作『欲』。」伯三四四一號、篁墩本、邢本末無「也」字。

❻「人」，伯二六八七號、伯三一九二號、伯三四〇二號、伯三六〇六號同，篁墩本、皇本、邢本、《群書治要》引作「民」。按：此處作「民」是，作「人」係避唐諱。又，「人」下，伯三一九二號多一「皆」字。

❼「令」上，篁墩本、皇本多一「所」字。「好」下，伯三一九二號、皇本多一「也」字。又按：此孔注「言人」至「所好」同鄭注。日本書道博物館藏鄭本云：「人化於上，不從其令。從其所好也。」

❽「政」，伯二六八七號此字被墨塗去。《群書治要》引亦無「政」字。

❾「如」上，伯二六八七號、伯三一九二號、伯三四四一號、伯二五四八號白文、篁墩本、皇本、邢本、《群書治要》引均有「曰」字，伯三六〇六號同底本無此字，當係誤脫。又，「煞」，伯三一九二號、伯三四〇二號、伯三四四一號、伯三六〇六號同，伯二六八七號、伯二五四八號白文、篁墩本、皇本、邢本、《群書治要》引作「殺」，注同。伯三四〇二號將此句及下句「以就有道」置於「孔子對曰：子爲政」之「子」與「爲政」間，恐誤。

也。❶孔子對曰：❷「子爲政，焉用殺？子欲善，❸君子之德，風也，小人之德，草也，❹草上之風，❺必偃。」孔曰：亦欲令康子先自正。❻偃，仆之化也，❼草上加之以風，❽無不仆者，猶民化於上也。❾

❶「欲」，伯三四〇二號誤作「知」，「欲」下，伯二六八七號、伯三一九二號、伯三四〇二號、伯三四四一號、篁墩本、皇本、邢本均多一「多」字，伯三六〇六號同底本無此字，當係誤脱。「也」，伯二六八七號、伯三一九二號、伯三四四一號、篁墩本、邢本末無此字。

❷「孔子」，《群書治要》引無此二字。

❸「子欲善」下，伯三四〇二號、羅乙本、伯二五四八號白文、篁墩本、皇本、邢本、《群書治要》引有「而民善矣」四字（羅乙本「民」字缺筆避唐諱）。伯三一九二號、伯三四四一號、日本書道博物館藏鄭本亦有此四字，惟「民」避唐諱作「人」，底本誤脱。

❹「風也」至「草也」，伯三四〇二號、伯三四四一號、羅乙本、古本、唐本、卷子本、正平本、天文本同。伯二六八七號、伯三一九二號、伯二五四八號白文、日本書道博物館藏鄭本、篁墩本、邢本無二「也」字。《四書考異》、阮校記均謂《漢書·董仲舒傳》、《説苑·政理》篇引有二「也」字。

❺「草」，伯三四〇二號誤脱此字。「上」，伯三一九二號、伯三四四一號、伯二五四八號白文、日本書道博物館藏鄭本、唐本、津藩本、邢本、《群書治要》引同，伯二六八七號、古本、皇本、唐石經、篁墩本、足利本、正平本、天文本作「尚」。《釋文》出「尚」。云：「本或作『上』。」阮校記云：「『尚』、『上』古字通。」又，「尚」下，伯二六八七號多「加以」二字，當衍。

❻「欲」，伯三四四一號誤脱此字。伯二六八七號、《群書治要》引無「令」字。伯三一九二號脱「正」字。「正」，伯三四〇二號、伯三四四一號作「政」，「正」下，羅乙本、皇本、《群書治要》引有一「也」字。

❼「之化」，諸本下無此二字，底本當衍。

❽「草上加之以風」，伯三四〇二號、羅乙本同，伯二六八七號、伯三一九二號、伯三四四一號、篁墩本、皇本、邢本、《群書治要》引作「加草以風」。

❾「民」，伯二六八七號、伯三四四一號作「人」。「民」下，伯二六八七號、伯三一九二號、伯三四〇二號、伯三四四一號、篁墩本、皇本、邢本、《群書治要》引多一「之」字。伯二六八七號、篁墩本、邢本末無「也」字。按：此孔注（「亦欲」至「上也」）同鄭注。日本書道博物館藏鄭本云：「亦欲使康子先自正也。偃，僕也。草上加之以風，無不□僕也。猶人之化於上也。」

子張問：「士何如斯可謂之達矣？」❶子曰：「何哉，爾所謂之達矣？」❷子張對曰：「在邦必聞，在家必聞。」鄭曰：言士之在所皆能有名譽也。❸子曰：「是聞也，非達也。夫達也者，❹質直如好義，❺察言而觀色，慮以下人。❻馬曰：常有謙退之志。❼察言語，觀顔色，❽知其所欲，❾其念慮常欲以下人也。❿在邦必達，⓫在家必達。馬曰：謙尊而不可踰

❶「何如」，伯三一九二號作「如何」。「矣」，伯二六八七號、伯三四〇二號、伯三四四一號、伯二五四八號白文、日本書道博物館藏鄭本、篁墩本、皇本、邢本、《論語筆解》引同，伯三一九二號、古本、唐本、津藩本、正平本、天文本作「也」。《考文》謂古本無「斯」、「矣」二字，「矣」一本作「也」。

❷「之」，伯三四〇二號、羅乙本、日本書道博物館藏鄭本、大永本同，伯二六八七號、伯三一九二號、伯三四〇二號、伯三四四一號、伯二五四八號白文、皇本、篁墩本、唐本、津藩本、正平本、天文本無此字。「矣」上，古本、唐本、津藩本、正平本、天文本、大永本多一「者」字。「矣」，前舉其他本作「者」字。

❸「之」，伯三四四一號無此字。「在所」諸本作「所在」，底本誤倒。又，伯二六八七號、伯三一九二號、伯三四四一號、篁墩本、邢本末無「也」字。

❹「也」，伯三四〇二號、伯三四四一號、伯二五四八號白文、篁墩本、皇本、邢本、《論語筆解》引同，伯三一九二號、日本書道博物館藏鄭本、古本、皇本、唐本、津藩本、卷子本、正平本、天文本無此字。

❺「如」，諸本作「而」。《釋文》亦作「而」。按：「如」、「而」古書通用。

❻「人」下，伯三四〇二號有「也」字。

❼「志」，伯三一九二號作「心」。

❽「觀」，伯二六八七號、伯三一九二號、伯三四〇二號、伯三四四一號、羅乙本、邢本同，篁墩本、皇本作「見」。伯三四〇二號誤脱「顔色」二字。

❾「其」，羅乙本、皇本同，伯三四四一號無此字。

❿「念」，伯三四〇二號無此字，邢本、伊氏本作「志」。「常」下，伯二六八七號無「欲」字。伯二六八七號、伯三一九二號、篁墩本、邢本、伊氏本末無「也」字。「欲以下人也」，《史記·仲尼弟子列傳》集解引作「欲下於人」。

⓫「在邦」下，羅乙本誤脱此二字。

也。❶夫聞也者，❷色取仁而行違，❸居之不疑。馬曰：此言人佞，❹假人者之色，❺行之則違，❻安居其僞而不自疑也。❼在邦必聞，在家必聞。」❽馬曰：佞人黨多也。❾

樊遲從遊於舞雩之下，包曰：舞雩之處有壇墠樹木，故下可遊焉。❿曰：⓫「敢問崇德，脩

❶「而」，伯二六八七號、伯三一九二號、伯三四〇二號、伯三四四一號、篁墩本、皇本、邢本、《史記·仲尼弟子列傳》集解引多「光卑而」三字，羅乙本多「光卑夫聞也者卑而」八字。按：羅乙本衍「夫聞也者卑」五字。又，「也」，伯二六八七號作「之」，伯三四四一號、篁墩本、邢本、《仲尼弟子列傳》集解引末無此字。

❷「也」，伯三一九二號、伯三四〇二號、伯三四四一號、伯二五四八號白文、篁墩本、邢本同，伯二六八七號、日本書道博物館藏鄭本、古本、皇本、唐本、津藩本、正平本、天文本無此字，羅乙本誤脫此句。

❸「仁而」，伯三四四一號作「人如」。按：「仁」與「人」、「而」與「如」，古書通用。

❹「此」，羅乙本無此字。伯三四四一號下多「二」字，恐衍。「人佞」，諸本作「佞人」，底本誤倒。「佞人」下，皇本、《史記·仲尼弟子列傳》集解引多一「也」字。

❺「假人」，伯三四〇二號、伯三四四一號、羅乙本同，伯二六八七號、邢本、《仲尼弟子列傳》集解引作「假仁」，伯三一九二號、篁墩本、皇本亦作「假仁」，「假人」上多「佞人」二字。

❻「達」，諸本作「違」，底本誤。伯三四四一號作「爲」，亦爲「違」字之誤。

❼「僞」，伯三四〇二號作「爲」。伯三四四一號作「色」，均誤。「也」上，皇本、卷子本多一「者」字。「也」，伯二六八七號作「之」，伯三一九二號、伯三四〇二號、羅乙本、篁墩本、邢本、《史記·仲尼弟子列傳》集解引無此字。

❽「家必聞」，羅乙本誤脫此三字。

❾「也」，伯三一九二號、伯三四〇二號、篁墩本、邢本、《史記·仲尼弟子列傳》集解引無此字。

❿「故」下，篁墩本、皇本多一「其」字。「下」，伯三四四一號作「人」。「焉」，伯三四四一號、皇本作「也」，「焉」下，伯三一九二號有「也」字。按：此包注同鄭注。日本書道博物館藏鄭本云：「舞雩之處有壇墠樹木，故下可遊焉。」

⓫「曰」上，《群書治要》引多「樊遲」二字，當係自加。

慝，辯惑。」❶孔曰：慝，惡也。修，治。治惡爲善。❷子曰：「善哉問！先事後德，❸非崇德與？❹孔曰：❺先勞於事，然後得禄也，❻攻其惡，無攻人之惡，❼非脩慝與？一朝之忿，❽忘其身，以及其親，非惑與？」

樊遲問仁。子曰：「愛人。」問智。❾

❶「辯」，伯二五四八號白文、日本書道博物館藏鄭本、篁墩本、皇本、邢本、《群書治要》引作「辨」。按：此處作「辨」是。「慝」，伯三四四一號作「匿」，「惑」作「或」。

❷「修治」下，伯三一九二號、伯三四〇二號、篁墩本、皇本、邢本、《群書治要》引有「也」字。「治惡」，羅乙本作「里惡」，「治」作「里」，係避唐諱，然「修治」之「治」未避，恐係遺忘。「治」下，伯三一九二號多一「人」字，恐衍。伯三一九二號、伯三四〇二號、皇本末有「也」字。按：此孔注前二句略同鄭注。日本書道博物館藏鄭本云：「脩，理也。慝，惡也。」

❸「後」上，日本書道博物館藏鄭本多一「而」字。「後德」諸本作「後得」。按：「德」、「得」古書通用，然此處以作「得」爲是。

❹「非」上，伯三四四一號多一「爲」字，恐衍。

❺「孔曰」，伯三一九二號、伯三四〇二號、羅乙本、篁墩本、皇本、邢本同，伯三四四一號無此二字，當係誤脫。

❻「勞」下，伯三一九二號多一「人」字，當衍。「得禄也」，伯三四〇二號、羅乙本同，伯三四〇二號作「得禄之也」，伯三一九二號作「食禄」，篁墩本、邢本、《群書治要》引作「得報」，皇本作「得報也」。按：寫本皆作「禄」，刊本均作「報」，應以寫本爲是。

❼「無」，伯三四〇二號、伯三四四一號、伯二五四八號白文、日本書道博物館藏鄭本、篁墩本、邢本同，伯三一九二號、唐本、皇本、卷子本、正平本、天文本、《群書治要》引作「毋」，《春秋繁露・仁義法》篇引作「不」。按：「無」、「毋」、「不」三字義同。

❽「忿」，伯三一九二號、羅乙本、篁墩本、皇本、邢本、《群書治要》引同，伯三四〇二號作「怨」，當誤。伯三四四一號誤脫此字。

❾「智」，伯三四〇二號、羅乙本、古本、皇本、正平本、武內本、《群書治要》引同，伯三一九二號、伯三四四一號、篁墩本、邢本等作「知」。《釋文》出「知」，云：「音智，下同。」

曰：❶「知人。」❷樊遲未達。子曰：「舉直措諸枉，❸能使枉者直。」包曰：舉正直之人用之，❹廢置耶枉之人，❺則皆化爲直。❻樊遲退，見子夏曰：「向也，❼吾見於夫子而問智，子曰：『舉直措諸枉，能使枉者直』，何謂也？」子夏曰：「富哉言乎！❽孔曰：富，盛也。❾舜有天下，選於衆，❿舉皋陶，不仁者遠矣。湯有天下，選於衆，伊尹，⓫不仁

❶「曰」，伯三一九二號、伯三四四一號同。「曰」上，伯三四〇二號、羅乙本、伯二五四八號白文、篁墩本、皇本、邢本多一「子」字。按：孔子答樊遲前二問均作「子曰」，此答問亦應相同，底本等誤脱「子」字。

❷「知」，伯三四〇二號作「智」，此處應以作「知」爲是。

❸「措」，伯三一九二號、伯三四〇二號、伯三四四一號、羅乙本、《群書治要》引同，伯二五四八號白文、篁墩本、皇本、唐本、邢本、天文本作「錯」，《釋文》作「錯」。云：「或作『措』，同。」又，「諸」，《考文補遺》謂古本作「於」。「枉」，伯三四四一號誤作「往」。

❹「用」，伯三四〇二號、伯三四四一號、篁墩本、皇本、邢本同。「用」上，伯三一九二號、羅乙本多一「而」字。

❺「置」，《群書治要》引無此字。「耶」，羅乙本同，他本均作「邪」。按：「耶」、「邪」，古書通用。

❻「皆」，伯三一九二號作「人」，「爲」作「其」。羅乙本、《群書治要》引末有「也」字。

❼「向」，伯三四〇二號、羅乙本同，伯二五四八號白文、篁墩本、邢本作「鄉」，伯三一九二號、伯三四四一號、日本書道博物館藏鄭本、皇本、古本、唐本、津藩本、卷子本、正平本、大永本、武内本作「嚮」。《釋文》出「鄉」，云：「又作『曏』，同。」按：段氏《説文解字注》卷七云：「向者即曏字也。」阮校記云：「嚮，俗字。曏，正字。鄉，假借字。」

❽「言」，伯三一九二號、伯三四〇二號、伯三四四一號、羅乙本、邢本同。「言」上，篁墩本、皇本、古本、唐本、津藩本、足利本、正平本、天文本多一「是」字。當從寫本以無「是」字爲是。

❾「盛也」，伯三四〇二號、羅乙本、皇本、邢本同。「盛」上，篁墩本多一「猶」字。伯三一九二號、伯三四四一號無「也」字。

❿「於」，正平本、天文本無此字，當誤脱。

⓫「伊尹」上，諸本有「舉」字，底本誤脱。

者遠矣。」孔曰：言舜湯有天下，❶選於衆，❷舉皋陶伊尹，則不仁者遠，仁者至矣。

子貢問友。子曰：「忠告以善道，❸否則止，❹無自辱焉。」❺包曰：忠告，以是非告之，❻以善導之，❼不見從之則止。❽必言之，或見辱也。❾

曾子曰：「君子以文會友，孔曰：友以

❶「言」，伯三四〇二號、羅乙本、篁墩本、皇本、邢本、《群書治要》引同，伯三一九二號、伯三四四一號無此字，恐誤脫。又，「湯」下，伯三一九二號、伯三四四一號多一「俱」字。

❷「選」下，諸本有「擇」字，底本誤脫。又，「衆」，伯三四〇二號誤作「還」。

❸「以」，伯三一九二號、伯三四〇二號、伯三四四一號、羅乙本同，伯二五四八號白文、篁墩本、邢本、天文本作「而」，古本、皇本、唐本、津藩本、卷子本、正平本、武内本作「而以」。「道」，伯三一九二號、伯二五四八號白文、日本書道博物館藏鄭本、篁墩本、邢本同，伯三四〇二號、羅乙本、皇本、古本、唐本、津藩本、卷子本、正平本、天文本、武内本作「導」。《釋文》作「道」，云：「導也。」伯三四〇二號、伯二五四八號白文、古本、皇本、篁墩本、唐本、津藩本、邢本、卷子本、正平本、天文本、武内本末多一「也」字。

❹「否」，伯三一九二號、伯三四〇二號、伯三四四一號、羅乙本、日本書道博物館藏鄭本、古本、皇本、唐本、津藩本、正平本、武内本同，天文本作「不」，伯二五四八號白文、篁墩本、邢本、《文選》卷四三孫子荆《爲石仲容與孫皓書》注引作「不可」。

❺「無」，伯三一九二號、伯三四〇二號、伯三四四一號、羅乙本、日本書道博物館藏鄭本、古本、皇本、篁墩本、足利本、正平本、《文選》卷四三孫子荆《爲石仲容與孫皓書》注引同，唐石經、邢本、大永本作「毋」。《釋文》作「毋」，云：「音無。」

❻「非」，伯三一九二號誤脫此字。「之」下，皇本有「也」字。

❼「導」，皇本同。伯三四〇二號、篁墩本作「道」，伯三一九二號、伯三四四一號、羅乙本、邢本上多一「道」字。

❽「之」，諸本無此字，底本當衍。

❾「或」，伯三一九二號無此字。伯三一九二號、伯三四〇二號、篁墩本、邢本末無「也」字。

文德合也，❶以友輔仁。」孔曰：友相切磋之道，❷所以輔成己之仁。❸

論語卷第六❹

❶「友」，伯三一九二號脱此字。篁墩本、邢本無「也」字。

❷「友」，伯三四〇二號、羅乙本、邢本同，伯三一九二號、伯三四四一號作「朋友」，篁墩本、皇本作「友有」。《釋文》作「有」，云：「本今作『友』。」

❸「以」，篁墩本、邢本同，伯三四〇二號誤脱此字。「之」，伯三一九二號誤作「不」。伯三四四一號、羅乙本、皇本末有「也」字。

❹「論」至「六」，伯三一九二號、伯三四〇二號、伯三四四一號、伯二五四八號白文、篁墩本同。羅乙本無此句。伯二五四八號白文下又有「經二千六十四字」七字，篁墩本下有「經二千六十四字，注一千九百四十六字」十六字。

《子路》篇整理説明

《子路》篇共有四個集解寫本，一爲俄羅斯藏文書，三爲伯希和、斯坦因本。另有三個鄭注寫本（其中一出敦煌，二出吐魯番）。本篇共分三十章。

底本：斯三〇一一號。本篇共存五十七行半，起篇題，迄篇末，首尾完整。該本爲唐寫本。詳見《先進》篇題解。

校本：（一）俄Дx.〇〇九五三號（簡稱俄〇〇九五三號）。本篇共存二十二行，起篇題，迄第十二章「必世而後仁」孔注「王者必卅年」。每行下部均殘。文中「民」字缺筆，避唐諱，知爲唐寫本。（二）伯二五九七號。本篇共存三十三行，起第十七章末孔注「（見小）利妨大事」，迄篇末。文中「民」字缺筆避唐諱，知爲唐寫本。（三）伯三六〇七號。本篇共存五行，起第二十七章「（子曰剛毅）木訥近於仁」，迄篇末。據書法，知爲唐寫本。

參校本：（一）日本書道博物館藏敦煌所出鄭注寫本。（二）、（三）均爲日本龍谷大學藏吐魯番所出鄭注寫本。鄭注寫本解説詳見王著。

斯三〇一一號寫本

子路第十三卷第七❶

子路問政。子曰：「先之勞之。」孔曰：先導之以德，❷使人信之，❸然後勞之也。《易》曰：悅以使人，人忘其勞。❹請益。曰：「毋倦。」❺孔曰：子路嫌其少，故請益。曰無倦者，行此上事無倦，則可。❻

仲弓爲季氏宰，問政。子曰：「先有司，王曰：言爲政當先任有司而責其事。❼赦小

❶「子路」上，俄〇〇九五三號有「論語」二字，餘同底本。篁墩本有「論語」二字，無「卷第七」三字，篇題下有「凡三十章何晏集解」八字。

❷「導」，篁墩本、皇本、邢本、大永本、《群書治要》、《史記・仲尼弟子列傳》集解、《論語孔氏訓解》引同，《釋文》作「道」，云：「道，導也。本今作『導』。」大永本無「之」字。

❸「人」，篁墩本、皇本、邢本、《史記・仲尼弟子列傳》集解、《群書治要》、《論語孔氏訓解》引作「民」。按：此處作「民」是，作「人」係避唐諱，下同。

❹「悅」，《史記・仲尼弟子列傳》集解、《群書治要》引同，篁墩本、皇本、邢本、《論語孔氏訓解》引作「說」。《釋文》出「說」，云：「音悅。」按：「說」、「悅」，古書通用。二「人」字，篁墩本、皇本、邢本、《史記・仲尼弟子列傳》集解、《群書治要》、《論語孔氏訓解》引均作「民」。說見上。

❺「毋」，《群書治要》引同，篁墩本、皇本、邢本、《論語孔氏訓解》引作「無」。《釋文》出「毋」，云：「音無。」又云：「本今作『無』。」《論語集解考異》卷七云：「『毋』、『無』同，經傳通用。」

❻「可」，俄〇〇九五三號、篁墩本、邢本、《史記・仲尼弟子列傳》集解引同。皇本、《論語孔氏訓解》引末有「也」字。大永本、《群書治要》引末有「矣」字。

❼「而」下，篁墩本、皇本、邢本、《群書治要》引多一「後」字，底本恐誤脫。

過，舉賢才。」曰：「焉知賢才而舉之？」❶曰：「舉爾所知；爾所不知，人其舍諸？」孔曰：汝所不知者，❷人將自舉之。❸各舉其所知，❹則賢才無遺。❺

子路曰：「衛君待子而爲政，子將奚先？」苞曰：問往將何所先行。❻子曰：「必也正名乎！」❼馬曰：正百事之名。❽子路曰：「有是哉，子之迂也！❾奚其正？」。❿苞曰：迂，猶遠。⓫言孔子之言遠於事。⓬子曰：「野哉，⓭由也！孔曰：野，不達。⓮君子於其

---

❶「知」，俄〇〇九五三號作「智」。又，「賢」下無「才」字。

❷「汝」，俄〇〇九五三號、篁墩本、皇本同，邢本作「女」。

❸「之」，邢本無此字。

❹「各舉」，邢本無此二字。

❺「遺」下，皇本有「也」字，《群書治要》引有「矣」字。

❻「行」，篁墩本、邢本、《史記・孔子世家》集解引同。皇本末有「也」字。《群書治要》引末有「之也」二字。

❼「必」，俄〇〇九五三號脱此字。

❽「百」，篁墩本、邢本同。俄〇〇九五三號誤爲「者」字，又同皇本、《史記・孔子世家》集解、《群書治要》引末有「也」字。

❾「迂」，篁墩本、皇本、邢本同。《釋文》同，云：「音于。」又云：「鄭本作『于』。」阮校記云：「『迂』、『于』，古字通。」

❿「正」，古本、篁墩本、皇本、唐本、津藩本、邢本、正平本、天文本同。「正」下，《考文補遺》謂古本有「名」字。

⓫「遠」下，篁墩本、皇本、邢本、《史記・孔子世家》集解、《釋文》引有「也」字。

⓬「遠」，俄〇〇九五三號、篁墩本、邢本、《史記・孔子世家》集解引同，「遠」上，皇本、《論語包氏章句》引多一「疏」字。又，《史記・孔子世家》集解、《論語包氏章句》引末多一「也」字。

⓭「野」，俄〇〇九五三號作「也」。

⓮「不」上，篁墩本、皇本、邢本多一「猶」字，《論語孔氏訓解》多一「由」字。「不達」，《史記・孔子世家》集解引同底本無此二字。又，俄〇〇九五三號、皇本、《史記・孔子世家》集解、《論語孔氏訓解》引末有「也」字。

所不知，蓋闕如也。苞曰：君子於其不知，當闕而勿據。〼不知正名之義而謂之迂遠。❶名不正，則言不順；言不順，則事不成；事不成，則禮樂不興；禮樂不興，則刑罰不中；孔曰：❷禮以安上，樂以移風。二者不行，則有淫刑濫罰。❸刑罰不中，則民無所錯手足。❹故君子名之必可言行。❺王曰：所名之事，必可得而明言，❻所言之事，必可得而遵行。❼君子於其言，無所苟而已矣。」

樊遲請學稼。子曰：「吾不而老農。」❽請學圃。曰：❾「吾如老圃。」❿馬曰：樹五穀曰稼，樹菜蔬曰圃。樊遲出，子曰：「小人哉，樊須也！⓫上好禮，則民莫敢不

---

❶「〼」，諸本作「今由」。「遠」下，俄〇〇九五三號、皇本有「也」字。

❷「孔曰」，俄〇〇九五三號、篁墩本、邢本、《史記・孔子世家》集解、《論語孔氏訓解》引同，皇本、《論語包氏章句》引作「包曰」。按：此處當從寫本作孔注。

❸「有」至「罰」，篁墩本、邢本同。俄〇〇九五三號無「有」、「刑」二字，《群書治要》引無「有」字，末有「矣」字。皇本、《史記・孔子世家》集解引末有「也」字。

❹「民」，篁墩本、皇本、邢本同，底本此字缺筆，當避唐諱，《後漢書・章帝紀》、《舊唐書・酷吏傳》論引作「人」。「錯」，邢本同，篁墩本、皇本、《群書治要》引作「措」。阮校記云：「毛本『錯』作『措』，疏仍作『錯』。」《釋文》作「錯」，云：「本又作『措』。」按：「錯」、「措」，經典通用。

❺「言行」，俄〇〇九五三號、篁墩本、皇本、邢本作「言也言之必可行也」，「言」下，《群書治要》引無「也」字，餘同。「言」下，底本當脱「(也)言之必可」數字。又末脱「也」字。

❻「而明言」，篁墩本、邢本同。《史記・孔子世家》集解、《群書治要》引無「而」字。皇本、《群書治要》、《論語王氏義説》引末有「也」字。

❼「而遵行」，《史記・孔子世家》集解引無「而」字，末多一「者」字，皇本、《論語王氏義説》引末有「也」字。

❽「而」，篁墩本、皇本、邢本作「如」。《經傳釋詞》云：「『而』猶『如』也。二字可以互用。」

❾「曰」，邢本同，篁墩本、皇本、古本、唐本、津藩本、足利本、正平本、天文本上多一「子」字。

❿「如」上，諸本多一「不」字，底本誤脱。

⓫「也」，篁墩本、皇本、邢本同，《考文》謂古本無此字。

敬；上好義，則民莫敢不服；上好信，則民莫敢不用情。孔曰：情，情實也，❶言人化於上，各以實應。❷夫如是，則四方之民襁負其子而至矣，❸焉用稼？」苞曰：禮以義信，❹足以成得，❺何用學稼以教人乎！❻負者以器曰襁。❼

子曰：「誦《詩》三百，授以政，❽不達；使於四方，不能專對。雖多亦奚以爲？」❾專，猶獨也。

子曰：「其身正，不令而行；其身不正，雖令不從。」王曰：❿令，教令。

子曰：「魯、衛之政，兄弟也。」⓫苞曰：

---

❶「情」，《史記・仲尼弟子列傳》集解引無此字。

❷「人」，俄〇〇九五三號同，篁墩本、皇本、邢本、《史記・仲尼弟子列傳》集解、《群書治要》、《論語孔氏訓解》引作「民」。「於」，邢本、《史記・仲尼弟子列傳》集解引同，篁墩本、皇本作「其」，俄〇〇九五三號、《群書治要》引無此字。「實」上，篁墩本、皇本多一「情」字。皇本、《群書治要》引末有「也」字。俄〇〇九五三號末有「之」字。

❸「襁」，篁墩本、皇本、邢本、《群書治要》引同，《釋文》作「繈」，云：「又作『襁』，同。」《四書考異》謂正字當作「襁」。

❹「禮以義信」，俄〇〇九五三號、篁墩本、皇本、邢本、《史記・仲尼弟子列傳》集解引作「禮義與信」，底本恐誤。

❺「得」，諸本作「德」。

❻「以」，篁墩本無此字。「人」，俄〇〇九五三號、篁墩本、皇本、邢本、《史記・仲尼弟子列傳》集解引作「民」。

❼「者以」，《史記・仲尼弟子列傳》集解引作「子之」。俄〇〇九五三號、皇本末有「也」字。

❽「授」下，篁墩本、皇本、邢本多一「之」字，底本誤脱。

❾「爲」，俄〇〇九五三號、篁墩本、皇本、唐本、邢本同。正平本、天文本、《考文補遺》引古本一本末多一「哉」字。

❿「王曰」，大永本作「鄭曰」，篁墩本、皇本、邢本無此二字，似作何注，未知孰是。

⓫「兄弟也」，篁墩本、唐本、正平本、天文本同，大永本首多一「如」字。俄〇〇九五三號、古本、皇本末無「也」字。

魯，周公之封。衛，康叔之封也。❶周公康叔既爲兄弟，康叔睦於周公，其國之政亦如兄弟。❷

子謂衛公子荆，「善居室。王曰：荆與蘧瑗史鰌並爲君子。❸始有，曰：『苟苔矣。』❹少有，曰：『苟完矣。』富有，曰：『苟美矣。』」子適衛，冉有僕。❺孔曰：孔子之衛，冉有御。❻子曰：「庶矣哉！」孔曰：庶，衆也。言衛人衆多。❼冉有曰：「既庶矣，又何加焉？」曰：「富之。」曰：「既富矣，又何加焉？」曰：「教之。」❽

子曰：「苟有用我者，期月而已可也，❾三年有成。」❿孔曰：言成有用於我政事者，

❶「也」，篁墩本、邢本末無此字。

❷「弟」下，皇本、《論語包氏章句》引有「也」字。

❸「君子」下，皇本有「也」字。

❹「苔」，俄〇〇九五三號、篁墩本、皇本、邢本作「合」。皇疏釋此句爲「苟且遇合」。俞樾《群經平議》云：「合，給也，足也。」據此則應以作「合」爲是。作「苔」當以與「合」形近而譌。

❺「有」，俄〇〇九五三號、邢本、正平本、天文本同，篁墩本、皇本、古本、唐本、津藩本、足利本、《群書治要》、《論衡・問孔》篇引作「子」。按：據注，應以作「有」爲是。

❻「孔」，俄〇〇九五三號衍一「孔」字，又同皇本、《群書治要》引末有「也」字。

❼「人衆多」，邢本同。「人」，篁墩本、皇本、《群書治要》引作「民」。皇本、《群書治要》引末有「也」字。

❽「教之」，阮校記云：「《考文》古本此下有：『王肅曰民富然後教義也衣食足後知辱』十六字。」底本及篁墩本、皇本、邢本等刊本均無此注。

❾「期」上，卷子本多一「其」字。又，「期」，俄〇〇九五三號、篁墩本、邢本、卷子本、《後漢書・郎顗傳》注引同，皇本、《史記・孔子世家》、《後漢書・鮑昱傳》注引作「朞」。《四書考異》謂《公羊傳》十四年疏、《後漢書・何敞傳》等引皆作「朞」，又云：「按『期』字雖多作『朞』，而陸氏有『期者，朞』之釋，是舊經本爲『期月』也。」又，俄〇〇九五三號無「可」字。

❿「三」至「成」，《後漢書・鮑昱傳》注引作「三年乃有成功」，同書《郎顗傳》注引作「三年乃成功」。

期年而可以行其政教，❶必三年乃有成。❷

子曰：「『善人爲邦百年，亦可以勝殘去煞矣。』❸王曰：勝殘暴之人，使不爲惡也。❹去煞不用煞。❺誠哉是言也。」❻孔曰：古有此言，孔子信之。❼

子曰：❽「而有王者，❾必世如後人。」❿孔曰：三十年曰世。如有受命王者，必三十年仁政乃成。⓫

子曰：「苟正其身矣，⓬於從政乎何有？能不政其身，如政人何？」⓭

❶「年」，諸本作「月」，底本誤。

❷「成」，邢本、《史記·孔子世家》集解引同。「成」下，篁墩本、皇本多一「功」字。皇本、《史記·孔子世家》集解引末有「也」字。

❸「亦」，《後漢書·郎顗傳》注引無此字。末無「矣」字。又，「煞」，俄〇〇九五三號同，他本作「殺」。

❹「勝」上，皇本多「勝殘者」三字，篁墩本、《群書治要》引多「勝殘」二字。邢本「殘」字重，《史記·孝文本紀》集解引末無「也」字。

❺「煞」，諸本作「殺」。皇本「去殺」下多一「者」字。「不用」下，皇本、篁墩本、邢本、《群書治要》引多一「刑」字，末多一「也」字。《史記·孝文本紀》集解則引同底本。

❻「哉」下，大永本多一「乎」字。

❼「孔」上，篁墩本、皇本、《論語孔氏訓解》引多一「故」字。「之」下，皇本、《論語孔氏訓解》引多一「也」字。

❽「子曰」，底本衍此二字。

❾「而」，俄〇〇九五三號、篁墩本、皇本、邢本、《群書治要》引作「如」。

❿「世」，底本此字缺筆避唐諱，注同。「如後人」，俄〇〇九五三號、篁墩本、皇本、邢本、《群書治要》引作「而後仁」，《論衡·宣漢》篇、《史記·孝文本紀》贊引作「然後仁」。

⓫「成」，篁墩本、邢本、《史記·孝文本紀》集解、《群書治要》引同。皇本末有「也」字。

⓬「矣」，《群書治要》引無此字。

⓭「能不」，諸本作「不能」，底本誤倒。「政」，篁墩本、皇本、邢本、《群書治要》引作「正」。《彙考》云：「『正』、『政』古通用。」又，「人」上，《考文》謂一本有「其」字。

冉子退朝。❶周曰：謂罷朝於魯君。❷子曰：「何晏也？」對曰：「有正。」❸馬曰：政者，有所改更匡政。❹子曰：「其事也。馬曰：事者，凡行常事。❺如有政，雖不吾以，吾其與聞之。」❻馬曰：如有政，非常之事，我爲大夫，雖不見任用，必當與聞之。❼

定公問：「一言而可以興邦，有之？」❽孔子對曰：「言不可矣若是其幾也。❾王曰：以其太要言不能政興國。❿幾，近也。有近一言可以興國。⓫人之言曰：『爲君難，爲臣不易。』如知爲君之難也，⓬不幾乎一言

❶ 「冉子」，篁墩本、皇本、邢本、《論語周生氏義説》引同，《論語筆解》引作「冉有」。《四書考異》引周應賓《九經考異》稱内府本作「冉有」。又謂《集説》、《集編》、《纂疏》三本俱作「冉有」。當以作「冉有」爲是。

❷ 「魯君」下，皇本、《論語周生氏義説》引有「也」字。《釋文》云：「周生烈云君之朝。」此「君之朝」恐非周注原文。

❸ 「正」，篁墩本、皇本、邢本、《論語筆解》引作「政」。按：據注，應以作「政」爲是。

❹ 「改更匡政」，大永本作「匡改更正也」。「政」，邢本、《論語馬氏訓説》、《論語筆解》引作「正」。韓愈云：「『政』爲正字。」當是。皇本末有「也」字。

❺ 「行」，邢本同。「行」上，篁墩本、皇本、伊氏本、《論語馬氏訓説》引多一「所」字。「事」下，皇本、《論語馬氏訓説》引有「也」字。

❻ 「之」，《鹽鐵論·刺議第二十六》引作「諸侯」。按：據注，作「諸侯」誤。

❼ 「之」，皇本、《論語馬氏訓説》引作「也」。

❽ 「之」，篁墩本、皇本、邢本、《群書治要》引作「諸」。按：「之」、「諸」，古書多通用。

❾ 「矣」，篁墩本、皇本、邢本作「以」。《彙考》云：「『以』、『矣』，字俱從『已』得聲，故可通假。」

❿ 「太」，篁墩本、皇本、邢本、《群書治要》引作「大」。「言」上，諸本多一「一」字，底本誤脱。「政」，篁墩本、皇本、邢本作「正」，《群書治要》引無此字。皇本、《群書治要》引末有「也」字。

⓫ 「言」至「國」，邢本同。「言」下，大永本多一「而」字。《群書治要》引無「可以」二字。篁墩本、皇本無「以」字。皇本、《群書治要》、《論語王氏義説》引末有「也」字。

⓬ 「之」，皇本、《考文補遺》引古本二本無此字。大永本無「也」字。

而興邦乎？」孔曰：事不可言而成，❶而之此則可近。❷曰：「一言而喪邦，❸有諸？」孔子對曰：「言不可以若是其幾也。人之言曰：『予無樂乎爲君，唯樂其言而莫予違也。』❹孔曰：言無樂於爲君。所樂者唯樂其言而不見違。❺如善而莫之違也，❻不亦善乎？如不善而莫之違也，不幾乎一言而喪邦乎？」孔曰：人君所言善，無違之者，則善。❼所言不善，❽而無敢違之者，則近一言而喪國。❾

葉公問政。子曰：「近者説❿，遠者來。」

子莒父宰，問政。⓫鄭曰：舊説云，莒父，魯

---

❶「言」上，篁墩本、《群書治要》引多一「一」字，皇本、邢本、伊氏本多「以一」二字，底本恐有脱字。又，皇本末有「也」字。

❷「而之」，篁墩本、皇本、《群書治要》引作「知如」，邢本作「如知」。「近」下，篁墩本、皇本、邢本多一「也」字。《群書治要》引末多一「之」字。

❸「而」，唐石經、邢本、《群書治要》引同。「而」下，篁墩本、唐本、足利本、正平本、天文本多一「可」字，皇本、古本多「可以」二字。

❹「樂」，篁墩本、皇本、古本、唐本、津藩本、足利本，正平本、天文本此字在「而」字之下。唐石經，邢本、伊氏本、《群書治要》引無此字。《彙考》云：「案此以『唯』下有『樂』字爲是。」今按：據孔注「唯樂其言而不見違也」，《彙考》説當是。

❺「違」下，皇本、《群書治要》引有「也」字。

❻「如」，《群書治要》引同。「如」下，他本多一「其」字。

❼「善」下，篁墩本、皇本、邢本、大永本有「也」字。《群書治要》引有「之」字。

❽「所」，邢本、大永本、《群書治要》引同。「所」上，篁墩本、皇本多一「其」字。

❾「國」下，皇本有「也」字。《群書治要》引有「矣」字。

❿「説」，篁墩本、邢本同，皇本、卷子本、《群書治要》引作「悦」，《釋文》出「説」，云：「音悦。」

⓫「子」下，諸本多「夏爲」二字，底本誤脱。

下邑。❶子曰：「毋欲，毋見小利。❷欲速，則不達；見小利，則大事不成。」孔曰：事不可以速成，而欲其速則不達矣。小利妨大，❸則大事不成。❹

葉公語孔子曰：「吾黨有直躬者，孔曰：直躬，直身而行。❺其父攘羊，而子證之。」周曰：有因而盜曰攘。孔子曰：「吾黨之直者異於是：父爲子隱，❻直在其中矣。」

樊遲問仁。子曰：「居家恭，❼執事敬，與人忠。雖之夷狄，不可棄也。」❽苞曰：雖之夷狄無禮義之處，猶不可棄去而不行。❾

子貢問曰：「何如斯可謂之士矣？」❿子曰：「行己有恥，孔曰：有恥者，有所不爲。⓫使於四方，不辱君命也，可謂士矣。」曰：「敢問其次。」「宗族稱孝矣焉，鄉黨稱悌

---

❶「云」，篁墩本、邢本同，皇本作「曰」。「邑」下，皇本、《群書治要》引有「也」字。

❷二「毋」，唐本、津藩本、正平本、天文本、《群書治要》引同；篁墩本、足利本上作「毋」，下作「無」；皇本、古本上作「無」，下作「毋」；邢本作二「無」。《四書考異》云：「今以辭義審之，兩言一體，略無輕重低昂，未必字法有簡別，若非此『毋』爲『無』，則應皆作『毋』耳。」又，「欲」下，諸本有「速」字，底本誤脱。

❸「小利」上，篁墩本、皇本多一「見」字。「妨大」下多一「事」字。邢本、《群書治要》引同底本無此二字。

❹「成」下，皇本有「也」字，《群書治要》引有「矣」字。

❺「行」下，伯二五九七號、皇本有「也」字。

❻「隱」下，伯二五九七號、篁墩本、皇本、邢本有「子爲父隱」四字，底本誤脱。《四書考異》謂《韓詩外傳》卷八、《新序・節士》篇引孔子語均以「子爲父隱」置「父爲子隱」句前，《義疏》幾諫章引文亦同。

❼「家」，伯二五九七號、篁墩本、皇本、邢本、《群書治要》引作「處」，底本誤。

❽「棄」，伯二五九七號誤作「葉」。又，「棄」下，無「也」字。

❾「不行」，伯二五九七號脱「不」字。「行」下，皇本多一「也」字，《群書治要》引多一「之」字。

❿「謂之」，《論語筆解》引作「以爲」。

⓫「者」，卷子本、邢本、大永本、《論語筆解》引同，伯二五九七號、篁墩本、皇本無此字。篁墩本無「所」字。皇本、大永本末有「也」字。

焉。」❶「敢問其次。」❷曰：「言必信，行必果，硜硜然小人也！❸抑亦可以爲次矣。」鄭曰：行必果，❹所欲行必果敢爲之。❺硜硜者，小人之貌。❻抑亦其次，言可次爲次。❼曰：「今之從政者何如？」子曰：「噫！斗筲之人，何足算也？」❽鄭曰：噫，心不平之聲。筲，竹器。容斗。❾算，數也。

❶「子曰行己有恥」至「鄉黨稱悌焉」，伯二五九七號及諸刊本次序均同。《論語筆解》引作：「子曰：『宗族稱其孝焉，鄉黨稱其悌焉。』曰：『敢問其次。』曰：『行己有恥，使於四方，不辱君命。』」注云：「舊本『子曰行己有恥』爲上文，簡編差失也。」韓愈以爲：「孝悌爲百行之本，無以上之者。」李翺則稱「請以四科校量次第，則孝悌當德行科，上也；使四方不辱君命，當言語科，次也；……以推文字可知焉。」或簡編差失，尚難遽斷。又，「君命」下，伯二五九七號、篁墩本、皇本、邢本、《論語筆解》引無「也」字，「宗族」上有「曰」字，底本誤脫；「孝」下無「矣」字，底本當衍。伯二五九七號「宗族稱孝焉」下有「鄉黨稱孝焉」五字，諸本均無，當亦衍。二「稱」下，《論語筆解》引皆多「其」字。「悌」，唐石經、邢本、正平本作「弟」。《釋文》出「弟」，云：「亦作『悌』，同。」

❷「敢問」上，諸本有「曰」字，底本誤脫。

❸「硜」，《論語集解考異》卷七謂《孟子》趙岐注引作「悻」。《論語筆解》韓愈云：「硜硜，勇敢貌，非小人也。『小』當『之』字。古文『小』與『之』相類，傳之誤也。」又，「也」，伯二五九七號、唐本、津藩本、卷子本、正平本、大永本同，篁墩本、皇本、邢本、《論語筆解》引作「哉」。

❹「果」下，伯二五九七號多一「者」字。

❺「欲」，伯二五九七號無此字。「敢」，伯二五九七號、卷子本、邢本同，篁墩本、皇本無此字。

❻「者」，伯二五九七號作「然」。「貌」下，伯二五九七號、篁墩本、皇本、邢本多一「也」字。

❼「可」下，伯二五九七號、篁墩本、皇本、邢本多一「以」字，底本誤脫。「次」下，伯二五九七號、皇本有「也」字。

❽「算」，伯二五九七號、唐石經、皇本、邢本同，篁墩本作「筭」。《釋文》出「算」，云：「本或作『筭』。」阮校記云：「案鄭君注『算，數也』，不當作『筭』字。」按：「筭」、「算」，古書常通用。阮校記又云：「《漢書・公孫賀傳》贊及《鹽鐵論・大論》(算)並引作『選』，乃『算』之假借字。」

❾「器」下，伯二五九七號多一「也」字。「容斗」下，邢本、《釋文》引多「二升」二字，伯二五九七號多「二升也」三字，篁墩本多「二升者」三字，皇本多「二升者也」四字，底本當有脫字。

子曰：「不得中行而與之，必也狂狷乎！」苞曰：中行，行得其中者。❶言不得中行，則欲得狂狷。❷狂者進取，狷者有所不爲。」❸苞曰：狂者進取於善道，狷者守節無爲。欲得此二人，❹以時多進退，取其恒一。❺

子曰：「南人有言曰：『人而無恒，不可以作巫醫。』❻孔曰：南人，南國之人。❼鄭曰：言巫醫不能無常之人。❽善夫！」❾苞曰：善南人之言。❿『不恒其德，惑承之羞。』」⓫孔曰：此《易》恒卦之辭。⓬言德無常則羞辱承之。⓭子曰：「不占而已矣。」鄭曰：《易》所以占吉凶。⓮無恒之人，《易》所不占。⓯

❶「行」下，伯二五九七號、篁墩本、皇本、邢本及釋玄應《大智度論音義》引多一「能」字。伯二五九七號無「其」字，「者」作「也」。

❷「狷」下，伯二五九七號、卷子本、大永本多一「也」字。篁墩本、邢本、《論語包氏章句》引末多一「者」字，皇本末多「者也」二字。

❸「所不爲」，伯二五九七號誤脱此三字，又脱注及下章首句。「爲」下，篁墩本、皇本、邢本多一「也」字。

❹「人」下，卷子本、篁墩本、皇本、邢本、大永本、《論語包氏章句》引多一「者」字。

❺「一」下，卷子本、大永本多一「也」字，皇本、《論語包氏章句》引多「者也」二字。

❻「巫」，《四書考異》引支允堅《異林》云：「『巫』疑是『筮』字，古通用。」

❼「南人」，《群書治要》引無此二字。「人」下，皇本、《群書治要》引多一「也」字。

❽「無」上，伯二五九七號、篁墩本、皇本、邢本、《群書治要》引多一「治」字，底本誤脱。「常」，伯二五九七號、邢本作「恒」。皇本末有「也」字。

❾「夫」，伯二五九七號、皇本、唐石經、邢本、《釋文》引同，篁墩本、足利本作「哉」。

❿「言」下，伯二五九七號、篁墩本、皇本、邢本、《群書治要》引有「也」字。

⓫「惑」，諸本作「或」，底本誤。

⓬「之」，伯二五九七號作「受」，恐誤。「辭」下，皇本有「也」字。

⓭「言」，伯二五九七無此字，皇本末有「也」字。

⓮「凶」下，皇本有「也」字。

⓯「所」下，伯二五九七號多「以」字。「占」下，伯二五九七號、皇本多一「也」字。

子曰：「君子和而不周，❶小人同而不和。」君子心和，然其所見各異，故曰不周。❷小人所其好者同，❸然各爭利，故曰不和。❹

子貢問曰：「鄉人皆好之，何？」❺子曰：「未可也。」❻「鄉人皆惡之，何如？」子曰：「未可也；不如鄉人之善者好之，❼其不善者惡之。」❽孔曰：善人善己，惡人惡己，是善明惡者。❾

子曰：「君子易事而難説者。❿孔曰：不責備於一人，故易事。⓫説之不以道，不説也；⓬及其使人也，器之。⓭孔曰：度才而觀

❶「周」，伯二五九七號及諸刊本作「同」，底本誤。

❷「周」，諸本作「同」，底本誤。

❸「其」，伯二五九七號、篁墩本、皇本、邢本、《釋文》、《群書治要》引作「嗜」，底本誤。

❹「利」，伯二五九七號、邢本、《群書治要》引同。「利」上，篁墩本、皇本多一「其」字。「和」下，皇本、《群書治要》引多一「也」字。

❺「何」下，諸本有「如」字，底本誤脱。

❻「也」，《四書考異》謂《公羊傳》莊公十七年注引末無此字。下同。

❼「如」，諸本同，《四書考異》云：「《公羊傳》注、《論衡·定賢》篇引作『若』。」

❽「之」，伯二五九七號、龍大藏鄭本、篁墩本、皇本、邢本、天文本、《群書治要》引同。「之」下，唐本、津藩本、卷子本、正平本、《考文》引古本多一「也」字。

❾「是」，伯二五九七號無此字。「善明」之「善」，伯二五九七號、篁墩本、皇本、《群書治要》引字重，「惡者」之「惡」字亦重，底本誤脱一「善」字及一「惡」字。「者」，諸本作「著」，底本誤。皇本、《群書治要》引末有「也」字。按：此孔注應同鄭注。龍大藏鄭本云：「□□善己，惡人惡己，善▨。」

❿「説」，伯二五九七號、《群書治要》引作「悦」。《釋文》出「説」，云：「音悦，下同。」「者」，伯二五九七號、篁墩本、皇本、邢本、《群書治要》引作「也」，底本恐誤。

⓫「備於」，篁墩本、皇本、邢本、《群書治要》引同，伯二五九七號無此二字。「事」下，伯二五九七號、篁墩本、皇本、《群書治要》引有「也」字。

⓬「説」，伯二五九七號、正平本、《群書治要》引二「説」皆作「悦」。龍大藏鄭本上殘，存文「説」亦作「悦」。上文「難説」，《釋文》出「説」，云「音悦，下同」，當指此。「道」下，《四書考異》謂《禮記·曲禮》注引有「則」字。

⓭「之」，伯二五九七號、篁墩本、皇本、唐本、《群書治要》引同。正平本、天文本、大永本作「也」。

之。❶小人難事而易説也。❷説之雖不以道，説也；❸及其使也，❹求備焉。」

子曰：「君泰而不憍，小人憍而不泰。」❺君子自縱泰，似憍而不憍。小人拘忌，而實自憍矜也。❻

子曰：「剛、毅、木、訥近人。」❼王曰：剛，無欲。毅，果敢也。❽木，質樸也。訥，遲鈍也。❾有斯四者，近於仁。❿

子路問曰：「何如斯可謂之士矣？」⓫「切切偲偲，⓬怡怡如也，可謂士矣。朋友

---

❶ 「才」，伯二五九七號誤作「找」。「觀之」，篁墩本作「任官」，皇本、卷子本、大永本作「任官也」，邢本、《群書治要》引作「官之」，伯二五九七號作「官」，底本「觀」必爲「官」字之誤。

❷ 「説也」，伯二五九七號此章前後「説」均作「悦」，唯此及下句作「説」，蓋「説」、「悦」古書通用。又，伯二五九七號、《群書治要》引末無「也」字。

❸ 「説也」，篁墩本、皇本、邢本同。龍大藏鄭本作「則悦」，伯二五九七號、《群書治要》引作「悦也」。

❹ 「使」下，伯二五九七號、龍大藏鄭本、篁墩本、皇本、邢本、《群書治要》多一「人」字，底本當脱。龍大藏鄭本末無「也」字。

❺ 「君」下，諸本有「子」字，底本誤脱。二「憍」，諸本均作「驕」，注同。按：此處作「驕」爲是。

❻ 「也」，篁墩本、邢本末無此字。

❼ 「近」上，龍大藏鄭本多「斯」字。「近」下，伯三六〇七號多一「於」字。「人」，伯二五九七號、伯三六〇七號、龍大藏鄭本、篁墩本、皇本、邢本作「仁」。

❽ 「欲」下，伯二五九七號、伯三六〇七號、皇本多一「也」字。「敢」下，伯二五九七號、篁墩本、邢本無「也」字。

❾ 「也」，伯二五九七號、篁墩本、邢本末無此字。

❿ 「斯」，伯二五九七號、邢本同，伯三六〇七號、篁墩本、皇本作「此」。「仁」下，伯二五九七號、伯三六〇七號、皇本多一「也」字。

⓫ 「之」，伯二五九七號、伯三六〇七號、龍大藏鄭本、篁墩本、唐本、邢本、正平本、天文本同，古本、皇本無此字。

⓬ 「切」上，伯二五九七號、伯三六〇七號、龍大藏鄭本、篁墩本、皇本、邢本多「子曰」二字，底本誤脱。「偲偲」，伯二五九七號、龍大藏鄭本作「愢愢」。《釋文》出「偲」，云：「本又作『愢』。」

切切偲偲，兄弟怡怡。」❶馬曰：切切偲偲，相切責之貌。❷怡怡，和順之貌。❸

子曰：「善人教民七年，❹亦可以即戎矣。」苞曰：❺即，就。戎，兵。可以攻戰也。❻

子曰：「以不教民戰，❼是謂棄之。」馬曰：言用不習之人使之攻戰，❽必破敗。是謂棄之。❾

❶「怡」，伯三六〇七號、唐石經，邢本、伊氏本同。「怡」下，龍大藏鄭本、篁墩本、足利本、天文本多一「如」字，伯二五九七號、古本、皇本、唐本、津藩本、正平本、大永本多「如也」二字。

❷「貌」下，伯三六〇七號有「也」字。

❸「和順」，伯三六〇七號、篁墩本、邢本同，伯二五九七號、皇本作「順和」。「貌」下，伯二五九七號、皇本多一「也」字。

❹「民」，底本、伯二五九七號此字缺筆避唐諱。

❺「包曰」，伯二五九七號、伯三六〇七號、篁墩本、皇本、邢本同，《論語筆解》引無此二字，恐誤脱。

❻「即就戎兵」，伯二五九七號、伯三六〇七號同。皇本、正平本作「即戎就兵」。「就」、「兵」下，邢本各多一「也」字，「兵」下《論語筆解》引多一「也」字。又，「可」，邢本作「言」。伯二五九七號、伯三六〇六號、篁墩本、邢本末無「也」字。《論語集解考異》卷七云：「卷子本舊人記云：摺本作『苞氏曰：即，就也。戎，兵也，可以攻戰。』」

❼「以」，伯三六〇七號、篁墩本、皇本、邢本、《群書治要》引同，伯二五九七號無此字。《四書考異》謂《白虎通・三教》篇、《後漢書・傳燮傳》、同書《鄭太傳》、《隋書・經籍志》引亦無「以」字。

❽「之」，伯三六〇七號同，篁墩本、皇本無此字。「人」，伯二五九七號、卷子本、皇本、邢本、大永本、《群書治要》引作「民」。「戰」上，伯二五九七號、大永本、《群書治要》引無「攻」字。

❾「謂」，伯二五九七號、伯三六〇七號、篁墩本、皇本、邢本同，《群書治要》引作「爲」，大永本無此字。「之」下，皇本有「也」字。

《憲問》篇整理説明

《憲問》篇共有五個集解寫本，均爲伯希和、斯坦因本。另有一件日本龍谷大學藏吐魯番出鄭注寫本。

本篇分章不一。《釋文》、皇本、邢本、《論語譯注》分爲四十四章，篁墩本、朱子《論語集注》分爲四十七章。今依四十四章分章法。

底本：斯三〇一一號。本篇共存八十六行，起篇題，迄篇末，唯末三行上部略有殘缺。

校本：（一）伯二五九七號。本篇共存五十八行，起篇題，迄第二十五章中「曰夫子何爲」，中脱第十三章一段。（二）伯三六〇七號。本篇共存十八行，起篇題，迄第八章末注「馬曰世叔」。末三行上部及末二行下部有殘。（三）伯二七一六號。本篇共存七十一行，起第九章中鄭注「猶詩言所謂人也」，迄篇末。中脱第四十二章一段。末有題記：「大中九（年）（八五五）三月廿二日學生令狐再晟寫記。」又有：「咸通五年（八六四）四月十二日童子令狐文進書記。」知爲唐宣宗時期寫本。（四）伯三三五九號。本篇共存二十行，起第三十七章「（賢者）避世」，迄篇末。文中「世」字缺筆，或作「代」，「民」作「仁」，或作「臣」，避唐諱，知爲唐寫本。

參校本：日本龍谷大學藏鄭注寫本（簡稱龍大藏鄭本）。僅存篇題及第十一章前二句。詳見王著。

本篇斯三〇一一號、伯二五九七號、伯三六〇七號均爲唐寫本，詳見《子路》篇整理説明。

斯三〇一一號寫本

（上缺）憲問恥第十四❶

憲問恥。子曰：「邦有道，穀；孔曰：穀，禄也。邦有道，當食禄也。❷邦無道，穀，恥也。」❸孔曰：君無道，而在其朝食禄，是恥辱。❹「克、伐、怨、欲不行焉，可以爲仁矣？」馬曰：克，好勝人。❺伐，自伐其功。❻怨，忌小怨。❼欲，貪欲。❽子曰：「可以爲難矣，仁則吾不知也。」❾苞曰：四者行之難未足以爲仁。❿

❶「憲問」上，篁墩本多「論語」二字。「問」下，伯二五九七號、伯三六〇七號、篁墩本無「恥」字，底本衍。篇題下，伯三六〇七號有「何晏集解」四字，篁墩本有「凡四十七章何晏集解」九字。

❷「禄」上，篁墩本、皇本多一「其」字。伯二五九七號、伯三六〇七號、篁墩本、邢本、《史記・仲尼弟子列傳》集解引無「也」字。

❸「也」，龍大藏鄭本無此字。

❹「在其朝」，伯二五九七號、伯三六〇七號、篁墩本、皇本、邢本、《史記・仲尼弟子列傳》集解引同，《釋文》出「在朝」，云：「本今作『在其朝』。」則《釋文》所據本無「其」字。又，「辱」下，伯二五九七號、皇本、《仲尼弟子列傳》集解引多一「也」字。

❺「克」，伯二五九七號作「尅」，卷子本、大永本作「剋」。「人」下，皇本、《史記・仲尼弟子列傳》集解引多一「也」字。

❻「自伐」，伯二五九七號誤倒作「伐自」。皇本句末多一「也」字。

❼「小怨」，《史記・仲尼弟子列傳》集解引作「怨也」。

❽「欲」，大永本作「慾」。皇本、《史記・仲尼弟子列傳》集解引末有「也」字。

❾「不知也」，伯二五九七號、篁墩本、皇本、邢本同。「不」，《史記・仲尼弟子列傳》集解引作「弗」。「也」，伯三六〇七號作「矣」。

❿「四」至「仁」，伯二五九七號、伯三六〇七號、邢本、《史記・仲尼弟子列傳》集解引同。「四者」上，篁墩本、皇本多一「此」字。「難」下多一「者」字。皇本末多一「也」字。

子曰：「士而懷居，不足以爲士矣」。❶士當志道，不求安，而懷居，非士。❷

子曰：「邦有道，危言危行；危，厲也。❸邦有道，可以厲言行。❹邦無道，危行言遜。」❺遜，順也。❻厲行，不隨俗。順言，以遠害。❼

子曰：「有德者必有言，德不可以憶中，故女有言。❽有言者不必有德。仁者必有勇，用者必有仁。」❾

南宮括問於孔子曰：❿孔曰：括，南宮敬叔，魯大夫。⓫「羿善射，奡湯舟，⓬孔曰：羿，

---

❶「矣」，大永本作「也」。

❷「居」上，伯二五九七號、伯三六〇七號、篁墩本、皇本、邢本多一「其」字，末多一「也」字，底本當誤脫。

❸「危」上，伯二五九七號、篁墩本、皇本、邢本多「包曰」二字，《論語包氏章句》引集解亦作包注。伯三六〇七號同底本作何晏自注。《論語包氏章句》云：「《左傳序》正義何晏以危爲厲。」則《左傳》正義引亦作何注。未知孰是。

❹「可」，伯三六〇七號作「所」。「行」下，伯二五九七號、皇本、邢本多一「也」字。

❺「遜」，伯三六〇七號、皇本、古本、唐本、津藩本、卷子本、正平本、天文本、大永本、武内本同，伯二五九七號作「愻」，篁墩本、邢本作「孫」，注同。《釋文》出「孫」，云：「音遜。」《四書考異》謂《後漢書・第五倫傳》注、同書《郭太傳》注引均作「遜」。按：今本《郭太傳》注實作「孫」。

❻「遜順也」，《論語集解考異》卷七云：「唐慧琳云：『愻，孫寸反。』孔注《尚書》曰：『愻，順也。』何晏集注(解)《論語》：『愻，恭也。』慧琳所引未詳是否。」今按：唐寫本及刊本均作「遜，順也」，慧琳所引恐誤。

❼「害」下，伯二五九七號、皇本多一「也」字。

❽「德不」至「有言」，此十字爲注文，底本大寫誤入經文。其中「女」，諸本作「必」，底本誤。又，皇本末有「也」字。

❾「用」上，《群書治要》引多一「有」字。「用」，諸本作「勇」，「必」上多一「不」字。底本誤脫。

❿「括」，《史記・仲尼弟子列傳》集解引同，伯二五九七號、伯三六〇七號、篁墩本、皇本、邢本作「适」，《釋文》作「适」，云：「本又作『括』。」

⓫「夫」下，伯二五九七號、皇本有「也」字。

⓬「湯」，伯二五九七號、伯三六〇七號、篁墩本、皇本、邢本、《釋文》、《史記・仲尼弟子列傳》集解引作「盪」。

有窮之君。❶篡夏后相之位，❷其臣寒浞煞之，❸因其室而生奡。奡多力，能陸地行舟，爲夏后小康所煞也。❹俱不得其死然。❺禹、稷躬稼而有天下。」夫子不答。馬曰：禹盡力於溝洫，稷播百穀，❻故曰躬稼。❼禹及其身，稷及後世，皆王。❽括意欲禹、稷比孔子，❾孔子謙，故答□。❿南宮括出，子曰：「君子哉若人！尚德哉若人！」⓫孔曰：賤不義而貴有德，故曰君子。⓬

---

❶「窮之君」，篁墩本、《史記・仲尼弟子列傳》集解引同。「窮」下，卷子本、邢本、《論語集解考異》卷七引慧琳《音義》多一「國」字，伯三六〇七號多一「困」字，當爲「國」字之誤。「之」下，伯二五九七號多一「國」字。皇本末多一「也」字。

❷「篡夏后相之位」，伯二五九七號、伯三六〇七號、篁墩本、皇本、邢本同。《史記・仲尼弟子列傳》集解引無「相之」二字。《論語集解考異》卷七引慧琳《音義》無此六字，作「善射者也」，大異。

❸「其」至「煞」，伯二五七九號、伯三六〇七號同。「其臣」上，《論語集解考異》卷七引慧琳《音義》多一「被」字。「臣」，《史記・仲尼弟子列傳》集解引作「徒」，「煞」作「殺」。

❹「小」，伯二五九七號、伯三六〇七號、篁墩本、皇本、邢本、《釋文》、《史記・仲尼弟子列傳》集解引作「少」。「煞」，篁墩本、皇本、邢本作「殺」。伯二五九七號、伯三六〇七號末無「也」字。

❺此句下伯三六〇七號有注，爲：「孔曰：此二子皆不得以壽終。」篁墩本、邢本有注同，唯「二子」下多一「者」字。皇本注末多一「也」字。伯二五九七號同底本無注，疑均誤脱。

❻「播」下，伯三六〇七號多一「植」字，篁墩本、皇本多一「殖」字。伯二五九七號、邢本、《史記・仲尼弟子列傳》集解引同底本無此二字。

❼「稼」下，皇本、《仲尼弟子列傳》集解引有「也」字。

❽「及」，伯二五九七號誤作「乃」。「及」下，大永本多一「其」字。皇本句末多一「也」字。

❾「欲」下，諸本多一「以」字，底本誤脱。

❿「故」，伯三六〇七號無此字。「故」下，諸本多一「不」字，底本誤脱。「□」，諸本作「也」。

⓫「尚」，《史記・仲尼弟子列傳》集解引作「上」。按：「尚」、「上」，經傳通用。

⓬「君子」下，篁墩本、皇本多一「也」字。

子曰：「君子而不仁者有矣夫，❶未有小人而人者也。」❷孔曰：雖曰君子，❸猶未能備也。❹

子曰：「愛之，能勿勞乎？忠焉，能勿誨乎？」孔曰：言人有所勞，必欲勞來之。❺有所忠，必欲教誨之。❻

子曰：「爲命，卑謀草創之，❼孔曰：卑謀，鄭大夫氏名。❽謀於野則獲，於國否。❾鄭國將有

❶「而」，篁墩本、皇本、邢本、《群書治要》、《論語筆解》引同，伯二五九七號、伯三六〇七號下多一「有」字。

❷「人」，伯二五九七號、伯三六〇七號、篁墩本、皇本、邢本、《群書治要》、《論語筆解》引作「仁」。韓愈云：「『仁』當爲『備』字之誤也。豈有君子而不仁者乎？既稱小人，又豈求其仁耶？吾謂君子才行或不備者有矣，小人求備則未之有也。」李翺亦云：「孔注云『備』是解其『不備』明矣。正文『備』作『仁』誠字誤。」此説若不誤，則「備」字誤作「仁」當在漢唐間。但伯三六〇七號孔注「備」下多一「仁」字，此字若非誤衍，則韓、李之説恐誤。

❸「曰」，《論語筆解》引無此字。

❹「也」，伯二五九七號、皇本、《群書治要》引同，伯三六〇七號作「仁」，篁墩本、邢本、《筆解》引無此字。

❺「勞」，伯二五九七號、伯三六〇七號、篁墩本、皇本、邢本等作「愛」，底本誤。伯三六〇七號無「欲」字。
「來」，伯二五九七號作「賚」。

❻「之」下，伯二五九七號、皇本多一「也」字。

❼「卑」，伯二五九七號、伯三六〇七號、唐本、津藩本、正平本、卷子本、大永本、《群經音義》引鄭本同，篁墩本、皇本、邢本、《釋文》引作「裨」。阮校記、《彙考》均云「古本作卑也」。又，「謀」，諸本作「諶」，底本誤。《漢書·古今人表》作「湛」。「湛」、「諶」古書通用。《釋文》出「草創」，云：「依《説文》，此是創瘡字，創制之字當作『刱』。」阮校記云：「『草創』乃『艸刱』二字之假借。」但寫本及諸刊本均作「草創」。又，唐本、津藩本、足利本末無「之」字。

❽「氏」，伯二五九七號、伯三六〇七號、邢本同，篁墩本、皇本無此字，「名」下，篁墩本、皇本、邢本多一「也」字。

❾「於國」上，篁墩本、皇本多一「謀」字，伯二五九七號、邢本同底本無此字。「國」下，諸本多一「則」字，底本誤脱。

之諸侯之事，❶則使乘車以適野而謀作盟會之辭。❷世叔討論之，❸行人子羽修飾之，❹東里子産潤色之。」馬曰：世叔，大夫游吉。❺討，治也。卑謀既造謀，❻世叔復治論之。❼，詳而審之❽行人，掌使之官。子羽，公孫揮。❾子産居東里，因以爲號。❿更此四賢而成，故鮮有敗事也。⓫

或問子産。子曰：「惠人也。」孔曰：惠，愛也。子産，故之遺愛。⓬問子西。曰：「彼哉！彼哉！」馬曰：子西，鄭大夫。彼哉彼哉，言無足稱。⓭或曰，楚令尹子西。⓮問管仲，曰：「人也。猶詩言所謂伊人也。⓯奪伯氏駢邑三

❶ 「有」下，諸本無「之」字，底本因求注文雙行對齊而妄增之。「事」，伯二五九七號、伯三六〇七號、篁墩本、皇本同，邢本作「辭」。按：邢疏引作「事」，作「辭」當誤。

❷ 「車」，伯二五九七號、伯三六〇七號、篁墩本、皇本、邢本同，《釋文》無此字，云：「本今作『乘車以』。」「辭」下，伯二五九七號、伯三六〇七號、皇本多一「也」字。

❸ 「世」，底本此字缺筆避唐諱。

❹ 「修」，伯二五九七號、邢本作「脩」。阮校記云：「脩訓脯，修訓治，經傳假脩爲修治字。」《彙考》則云：「修、脩，古通。」又，篁墩本、唐本、津藩本、足利本、正平本、天文本末無「之」字。

❺ 「大夫」上，篁墩本、皇本、邢本多一「鄭」字，伯二五九七號同底本無此字。諸本句末多一「也」字。

❻ 「卑」，或作「裨」。「謀」當係「諶」字之誤。參見第二五七頁校勘記❼。伯二五九七號誤脱「既造謀」三字。

❼ 「治論」下，伯二五九七號、篁墩本、皇本、邢本多一「而」字，底本恐脱。

❽ 「之」下，皇本多一「也」字。

❾ 「揮」，篁墩本、皇本、邢本同，伯二五九七號作「翬」。
「揮」下，伯二五九七號、皇本多一「也」字。

❿ 「號」下，皇本有「也」字。

⓫ 「也」，篁墩本、邢本末無此字。

⓬ 「故」，伯二五九七號、篁墩本、皇本、邢本作「古」。
「愛」下，皇本多一「也」字。

⓭ 「稱」下，伯二五九七號、皇本有「也」字。

⓮ 「西」下，皇本有「也」字。

⓯ 「猶」至「也」，此注皇本作鄭注，《論語集解考異》卷七謂大永本作「馬融曰」。伯二五九七號、伯二七一六號、篁墩本、邢本同底本作何晏自注。「詩」下，皇本、大永本恐誤。又，伯二五九七號多一「之」字。篁墩本、邢本末無「也」字。

百，飯蔬食，❶没齒無怨言。」❷孔曰：伯氏，齊大夫。駢邑，地名。❸齒，年也。伯氏食邑三伯家，❹管仲奪之，使至疏食，而没齒無怨言，其當理故。❺

子曰：「貧而無怨難，富而無憍易」。❻

子曰：「孟公綽爲趙、魏老則優，不可以爲滕、薛大夫。」❼孔曰：公綽，魯大夫。❽趙、魏，皆晉卿也。❾家臣稱老，公綽性寡欲，趙魏貪賢，家老無職，故優。滕、薛，小國，大夫職煩，故不可爲。❿

---

❶「蔬」，伯二五九七號、皇本、古本、唐本、正平本、天文本同，篁墩本、邢本作「疏」，注同。《釋文》出「蔬」，云：「本今作『疏』。」又，天文本末多「飲水」二字，校勘記云：「古本、皇本、唐本、正平本同，但今本皇本無此二字。」

❷「没」，伯二五九七號經注均誤作「設」，「齒」下又多一「而」字。

❸「名」下，皇本多一「也」字。

❹「伯」，諸本作「百」。按：此處當以作「百」爲是。

❺「其」上，伯二五九七號、篁墩本、皇本、邢本多一「以」字，底本誤脱。「其當」，伯二五九七號、邢本同，篁墩本、皇本作「當其」。「理」下，邢本無「故」字。按：底本「故」字原寫在注文前行末。從文氣看，「故」下還應有一「也」字。如伯二五九七號、篁墩本、皇本、邢本「故」下均有一「也」字。底本「故」字移前，省略「也」字，均係爲求注文雙行對齊。

❻「無憍易」，伯二五九七號誤脱「無」字。「憍」，諸本作「驕」，《釋文》引亦作「驕」。又，篁墩本、足利本此句下有注，爲：「王肅曰：貧者善怨，富怨富者善驕。二者之中，貧者尤難使不怨也。」大永本、伊氏本、《考文》引古本略同，唯「富怨」大永本作「善怨」，伊氏本、《考文》引古本無此二字。按：此二字當係衍文。伯二五九七號、伯二七一六號、皇本、邢本則同底本無此注。

❼「以」至「夫」，伯二七一六號、篁墩本、邢本同。伯二五九七號無「以」字，餘亦同。「夫」下，皇本、古本、唐本、津藩本、正平本、卷子本多一「也」字。

❽「夫」下，皇本多一「也」字。

❾「也」，伯二五九七號、篁墩本、邢本末無此字。

❿「爲」，伯二五九七號、篁墩本、邢本同。「爲」下，大永本多「臣也」二字，伯二七一六號、皇本多一「也」字。

子路問成人。子曰：❶「若臧武仲之智，❷馬曰：魯大夫臧孫紇。❸公綽之不欲，❹馬曰：孟公綽。❺卞莊子之勇，周曰：卞邑大夫。❻冉求之藝，文之以禮樂，❼孔曰：❽加之以禮樂文成之。❾亦可以爲成人矣。」曰：「今之成人者何必然？❿見利思義，馬曰：義，然後取，不可以苟得。⓫見危授命，久要不忘平生之言，亦可以爲成人矣。」⓬孔久要，⓭舊約。平生，

❶「子」，伯二五九七號、伯二七一六號、皇本、唐石經、邢本、伊氏本、大永本、《文選》卷九曹大家《東征賦》注引同，古本、篁墩本、唐本、津藩本、足利本、正平本、天文本無此字。

❷「智」，伯二五九七號、伯二七一六號、篁墩本、皇本同，唐石經、邢本作「知」。《釋文》出「知」，云：「音智。」

❸「紇」下，伯二七一六號、皇本有「也」字。

❹「公」上，伯二五九七號多一「孟」字，他本均無，恐涉注文而衍。「欲」，大永本作「慾」。

❺「孟公綽」，伯二七一六號、邢本同。「孟」上，篁墩本、皇本、《論語馬氏訓説》引多「魯大夫」三字。「綽」下，皇本、《論語馬氏訓説》引有「也」字，伯二五九七號多「魯在夫也」四字。《文選》卷九曹大家《東征賦》注引末多一「也」字。

❻「夫」，伯二七一六號、篁墩本、邢本同。「夫」下，皇本多一「也」字，伯二五九七號多一「魯」字，當係妄增。

❼「文」，伯二五九七號作「加」，恐涉注文而誤。大永本無「之」字。

❽「孔曰」，伯二五九七號、篁墩本、皇本、邢本同，伯二七一號六號無此二字，恐誤脱。

❾「加」下，伯二五九七號無「之」字。「成之」，伯二七一六號、篁墩本、邢本無「之」字，皇本作「成也」，伯二五九七號作「成之也」。

❿「者」，大永本無此字。

⓫「可以」，伯二五九七號、伯二七一六號、篁墩本、皇本、邢本、《論語馬氏訓説》引無此二字，底本當衍。「得」下，伯二七一六號多一「爲」字，恐係妄加。伯二五九七號、篁墩本、皇本、《論語馬氏訓説》引末多一「也」字。

⓬「可」，伯二五九七號脱此字。

⓭「孔」，底本此字寫於經文「矣」字右上，當係抄者發現遺脱注者後補加。「孔」下當有「曰」字。篁墩本、皇本、邢本、《論語孔氏訓解》、《文選》卷一六陸士衡《歎逝賦》注、同書卷二〇沈休文《别范安成詩》注引均作孔注。伯二五九七號、伯二七一六號無「孔曰」，疑誤脱。

猶小時。❶

子問公叔文子於公明賈曰：「信乎，夫子不言，不笑，不取乎？」❷孔曰：❸公叔文子，衛大夫公叔拔也。文，謚。❹公明賈對曰：❺「以告者過也。夫子時然後言，❻人不厭其言；❼樂然後笑，人不厭其笑；❽義然後取，人不厭其取也。」❾子曰：「其然？豈其然乎？」❿馬曰：⓫美其

---

❶「要」，伯二七一六號誤作「爲」。「約下」，篁墩本、皇本、邢本、《論語孔氏訓解》多一「也」字。《歎逝賦》注、《別范安成詩》注引無「久要舊約(也)」一句，又無「猶」字。又，「小」，伯二五九七號、伯二七一六號、篁墩本、皇本、邢本、《釋文》、《論語孔氏訓解》、《歎逝賦》注引作「少」。皇本、《歎逝賦》注、《別范安成詩》注引末多一「也」字。

❷「乎」，《群書治要》引無此字，《論衡・知實》篇引作「有諸。」

❸「孔曰」，篁墩本、皇本、邢本、《論語孔氏訓解》引同，伯二五九七號、伯二七一六號無此二字，疑誤脱。

❹「叔」，伯二五九七號、伯二七一六號、篁墩本、皇本、邢本、《釋文》引作「孫」，底本誤。「拔」，伯二五九七號、伯二七一六號、篁墩本、皇本、《釋文》引同，邢本作「枝」，邢疏引作「拔」。阮校記謂作「拔」是，又云「集解、集注諸本『枝』字皆形近傳寫之譌，案此疏中作『技』尤誤。」又，「拔」下，伯二五九七號、伯二七一六號、邢本無「也」字。伯二五九七號、篁墩本句末多一「也」字。

❺「公明賈」，《群書治要》、《論衡・知實》篇引無此三字。

❻「時」，伯二七一六號誤脱此字。

❼「言」，伯二五九七號、伯二七一六號、篁墩本、邢本、天文本同。「言」下，古本、皇本、唐本、津藩本、卷子本、正平本、大永本、《群書治要》、《論衡・儒增》篇引多一「也」字。

❽「笑」，伯二五九七號、伯二七一六號、篁墩本、邢本、天文本、《群書治要》引同。「笑」下，皇本、古本、唐本、津藩本、卷子本、正平本、大永本、《論衡・儒增》篇引多一「也」字。

❾「也」，古本、皇本、唐本、津藩本、卷子本、正平本、大永本、《群書治要》引同，伯二五九七號、伯二七一六號、篁墩本、邢本、天文本無此字。

❿「其然」，《論衡・儒增》篇、同書《知實》篇引作「豈其然乎」。伯二五九七號誤脱「豈其然乎」四字，又脱馬注及下章首句。

⓫「馬曰」，篁墩本、皇本、邢本同。伯二七一六號無此二字，恐誤脱。

得道，嫌不能悉然。❶

子曰：「臧武仲防求爲後於魯，❷雖曰不要君，吾不信也。」孔曰：防，武仲故邑。❸爲後，立後。❹魯襄公二十三年，武仲爲孟氏所譖，出奔邾，自邾如防，❺使爲以大蔡納請曰：❻紇非敢害，智不足也。❼非敢私請，苟守先祀。無廢二動。❽敢不避邑也。❾乃立臧爲。紇致防而奔齊。❿此所謂要君。⓫

子曰：「晉文公譎而不正，鄭曰：⓬譎者，詐也，爲召天子而使諸侯朝之。⓭仲尼曰：以臣召君，不可以訓。⓮故書曰：⓯天王狩於河陽，⓰是譎而不

---

❶「嫌」下，篁墩本、皇本多一「其」字，伯二七一六號、邢本、大永本同底本無此字。伯二七一六號、皇本句末多一「也」字。

❷「防」上，諸本有「以」字，底本誤脱。

❸「邑」下，伯二五九七號、伯二七一六號、篁墩本、皇本多一「也」字。

❹「後」下，伯二五九七號、篁墩本、皇本、邢本多一「也」字。

❺「自邾如」，伯二七一六號脱此三字。又，「防」作「如」。

❻「使」上，伯二七一六號多一「如」字。卷子本、大永本、伊氏本無「爲以」二字。「以」下，伯二五九七號多一「文」字。

❼「敢」，邢本作「能」。「害」下，伯二五九七號、伯二七一六號、篁墩本、邢本多一「也」字。「智」，邢本作「知」。伯二七一六號末無「也」字。

❽「守」，伯二七一六號誤作「宗」。「動」，諸本作「勳」，底本誤。

❾「避」，邢本作「辟」。《釋文》出「辟」，云：「音避。」伯二五九七號、伯二七一六號、篁墩本、皇本、邢本末無「也」字。

❿「防」，伯二五九七號作「内」。

⓫「君」下，伯二五九七號、篁墩本、皇本有「也」字。

⓬「鄭曰」，篁墩本、皇本、邢本、《論語鄭氏注》引同。伯二五九七號、伯二七一六號無此二字，疑誤脱。

⓭「爲」，伯二七一六號、篁墩本、皇本、邢本、大永本作「謂」，伯二五九七號無此字。「召」下，篁墩本、皇本多一「於」字。

⓮「以」，伯二五九七號無此字。

⓯「故」，伯二五九七號作「敬」。

⓰「狩」，《釋文》引同，云：「本亦作『守』。」

正也。❶齊恒公正而不譎。」❷馬曰：伐楚以公義，❸責苞茅之貢不入，❹問昭王南征不還，是正而不譎。❺

子路曰：「桓公煞公子糺，❻召忽死之，❼管仲不死。」曰：「未人乎？」❽孔曰：齊襄公出，❾無常。鮑叔牙曰：君使民慢，❿亂將作矣。奉公子小伯出奔莒。⓫襄公從弟公孫無知煞襄公，⓬管夷吾邵忽奉公子糺奔魯。⓭齊人煞無知，魯伐齊，納子糾。小白自莒先入，是爲桓公。乃煞子糾，召忽死之。⓮

❶「譎」，伯二五九七號誤作「語」，「正」下多一「之」字。

❷「恒」，伯二七一六號同，伯二五九七號、篁墩本、皇本、邢本、《漢書・鄒陽傳》引作「桓」。按：此處當以作「桓」爲正。又，「正」，《鄒陽傳》引作「法」。

❸「以」，伯二伯地五九七號誤作「似」。

❹「責」下，伯二五九七號多一「之」字。「苞」，邢本同，伯一五九七號，伯二七一六號、篁墩本、北監本、毛本作「包」。阮校記引《五經文字》云：「包，裹也。經典或借『苞』字爲之。」

❺「譎」下，皇本、邢本多一「也」字。

❻「煞」，伯二五九七號同，他本作「殺」。下同。「糺」，伯二五九七號、伯二七一六號、大永本同，篁墩本、皇本、邢本、《釋文》引作「糾」。按：此處當以作「糾」爲是。注及下同，不再出校。

❼「召」，伯二七一六號作「邵」。《釋文》出「召」，云：「音邵。」

❽「人」，伯二五九七號、伯二七一六號、篁墩本、皇本、邢本作「仁」。

❾「襄」，伯二五九七號誤作「桓」。「出」，諸本作「立」，底本誤。

❿「民」，伯二七一六號作「人」。

⓫「伯」，伯二五九七號、伯二七一六號及諸刊本作「白」。按：此處以作「白」爲是。伯二七一六號無「出」字。

⓬「煞」，伯二五九七號同，伯二七一六號、皇本、邢本、大永本作「殺」，篁墩本作「弑」。《釋文》出「殺」，云：「本今作『弑』。」阮校記云：「《考文》所載足利本作『弑』，與《釋文》合。按述其實則曰『殺』，正其名則曰『弑』，注述其實也，則當作『殺』。」

⓭「邵」，底本經文及他注皆作「召」。參見本頁校勘記❼。「奔」上，諸本多一「出」字，底本脱。

⓮「之」，皇本作「也」。「之」下，伯二五九七號、伯二七一六號多一「也」字。

子曰：「桓公九合諸侯，不以兵車，管氏之力也。❶如其人，如其人。❷孔曰：誰如管仲之人。❸

子貢曰：「管仲非仁者與？桓公煞公子糺，不能死，❹又相之。」子曰：「管仲相桓公，霸諸侯，一匡天下，馬曰：匡，正也。天子微弱，桓公師諸侯以尊周室，❺一正天下。❻民到于今受其賜。❼受其賜者，謂不被髮左衽之惠。❽微管仲，吾其被髮左衽矣。馬曰：❾微，無也。無管仲，則君不君，臣不臣，皆爲夷狄。❿豈匹夫匹婦之爲諒也，⓫自経於溝瀆而莫之知也？」⓬王曰：自経，経死於溝瀆中也。⓭管仲召忽

---

❶「氏」，諸本作「仲」，底本誤。

❷二「人」，諸本均作「仁」。

❸「誰」下，伯二七一六號多一「能」字。「人」，諸本作「仁」。「仁」下，伯二七一六號多一「也」，皇本多一「矣」字。

❹「公」，伯二五九七號誤脱此字。

❺「師」，篁墩本、邢本作「帥」，伯二五九七號、皇本、《論語馬氏訓説》引作「率」。按：「帥」、「率」義同，「師」爲「帥」之譌。

❻「天下」下，伯二五九七號、伯二七一六號、皇本、《論語馬氏訓説》引多一「也」字。

❼「民」，底本、伯二五九七號、伯二七一六號此字缺筆避唐諱。

❽「謂」，伯二五九七號、伯二七一六號、篁墩本、皇本同，邢本作「爲」。皇本句末多一「也」字。

❾「馬曰」，伯二五九七號、篁墩本、皇本、邢本同，伯二七一六號無此二字，恐誤脱。

❿「狄」下，皇本多一「也」字，《論語馬氏訓説》引多一「矣」字。

⓫「豈」下，諸本多一「若」字，底本誤脱。「爲」，伯二七一六號作「謂」。伯二五九七號末無「也」字。

⓬「経」，伯二五九七號、伯二七一六號、卷子本、大永本同，篁墩本、皇本、邢本、《漢書・晁錯傳》贊注、《後漢書・應劭傳》引作「經」。《論語集解考異》卷七云：「案通本作『經』，舊本作『経』。或云『経』訛，然注音云『耋』，的然非誤字。」又云：「皇侃義疏云：『或云自経自縊也。』此侃意似亦爲『経』。」按：「経」乃爲「經」之俗字。又，「而」，《晁錯傳》贊注引作「人」，末無「也」字。

⓭「自」，諸本無此字，底本衍。「自」下，伯二七一六號無「経経」，恐誤脱。「経」，諸刊本均作「經」，參見本頁校勘記⓬。「瀆」下，篁墩本、皇本多一「之」字。

之於公子糾，君臣之義未正成，❶故死之未足深嘉也，❷不死未足多非。死既難，❸亦在於過厚，❹故仲尼但美管仲之功，❺亦不言召忽不當死。❻

公叔文子之臣大夫僎，❼與文子同升諸公。孔曰：❽大夫僎本文子家臣，❾薦之，使與己並爲大夫，同升在公朝。❿子文之，⓫曰：「可以爲『文』矣。」孔曰：行如此，可謚爲文。⓬

子曰衛靈公之無道，⓭康子曰：「夫

❶「正」，伯二五九七號無此字。

❷「也」，伯二五九七號、伯二七一六號、篁墩本、皇本、邢本末無此字。

❸「死」，伯二五九七號無此字。「死」下，皇本、邢本多一「事」字，伯二五九七號亦有「事」字，篁墩本同底本無此字。

❹「厚」，伯二五九七號誤作「後」。

❺「之」，伯二七一六號無此字。

❻「死」下，伯二五九七號、伯二七一六號、篁墩本、皇本有「也」字。

❼「僎」，伯二五九七號、伯二七一六號、篁墩本、皇本、邢本同，《釋文》亦同，云：「本又作『撰』(此字據《經典釋文彙校》改)。」《五經文字》云：「僎，西兗反。今經典音撰，又音遵。」阮校記云：「《漢書・古今人表》又作『大夫選』。古『選』、『撰』、『僎』三字並通。」

❽「孔曰」，伯二五九七號及諸刊本同，伯二七一六號無此二字，恐誤脱。

❾「臣」下，皇本多一「也」字。

❿「在」，伯二七一六號無此字。「朝」下，伯二七一六號、皇本句多一「也」字。

⓫「文」，諸本作「聞」，底本誤。伯二五九七號作「問」，亦誤。

⓬「行」上，伯二五九七號、皇本、邢本、卷子本、大永本多一「言」字，伯二七一六號、篁墩本同底本無此字。「此」，卷子本、大永本同，伯二五九七號、伯二七一六號、篁墩本、皇本、邢本作「是」。伯二五九七號、伯二七一六號、皇本句末多一「也」字。

⓭「子曰」，伯二五九七號、古本、皇本、篁墩本、唐本、津藩本、足利本、正平本、武内本同。唐石經、邢本作「子言」，伯二七一六號、《群書治要》引作「子謂」。《釋文》出「子曰」，云：「一本作『子言』，鄭本同。」「之」，《後漢書・明帝紀》注引無此字，餘同。「道」下，伯二七一六號、篁墩本、邢本、足利本、正平本、天文本、《群書治要》引多一「也」字，古本、皇本、唐本、津藩本、卷子本、大永本、武内本多「久也」二字。伯二五九七號「無道」下模糊，似有兩字之空隙，疑亦多「久也」二字。

如是，奚而不喪？」❶孔子曰：「仲叔圉治賓客，祝鮀治宗廟，王孫賈治軍旅，❷夫如是，奚其喪？」孔曰：言雖無道，❸所任者各得其才，❹何爲當亡。❺

子曰：「其言之不怍，則其爲之也難」。❻馬曰：怍，慙也。内有其實，❼則言之不慙。積其者，爲之難。❽

陳成子弑簡公。❾孔子沐浴而朝，告於哀公曰：「陳恒弑其君，❿請討之。」馬曰：成子，⓫齊大夫陳恒也。將告君，故先齊。齊必沐浴。⓬公曰：「告夫三子者！」⓭孔曰：謂三卿也。

❶「奚」，伯二七一六號誤作「矣」。「而」《後漢書・明帝紀》注引作「其」。

❷三「治」，《後漢書・明帝紀》注引均作「主」。又，「鮀」作「它」。

❸「言」，伯二五九七號、伯二七一六號、邢本同。「言」下，篁墩本、皇本多一「君」字。

❹「者」上，伯二七一六號多一「用」字。「得」，諸本及《釋文》作「當」，底本恐誤。

❺「亡」上，伯二七一六號多一「喪」字。「亡」下，伯二七一六號、《群書治要》引多一「也」字，伯二五九七號、篁墩本、皇本多一「乎」字，卷子本、大永本多「乎也」二字。

❻「其」，伯二五九七號、伯二七一六號、篁墩本、古本、皇本、唐本、津藩本、足利本、正平本、天文本同，唐石經、邢本無此字。「也難」，伯二五九七號、伯二七一六號、邢本同，皇本、古本、武内本無「也」字，唐本、津藩本、正平本作「難也」，篁墩本、足利本、天文本作「也難也」。

❼「其」，伯二五九七號無此字。

❽「其」下，諸本有「實」字，底本脱。「難」，邢本同，伯二五九七號上多一「也」字，篁墩本、皇本下多一「也」字。伯二七一六號下多「成也」二字。

❾「弑」，邢本同，伯二五九七號作「煞」，伯二七一六號、篁墩本、皇本、津藩本、正平本作「殺」。《釋文》出「弑」，云：「本亦作『殺』，同音試，下同。」

❿「恒」，古本、正平本作「桓」。

⓫「成子」上，篁墩本、皇本多一「陳」字。伯二五九七號、伯二七一六號、邢本同底本無此二字。

⓬二「齊」，伯二五九七號、伯二七一六號、篁墩本、皇本同，邢本、伊氏本均作「齋」，《釋文》作「齊」，云：「亦作『齋』字。」

⓭「夫」，伯二七一六號無此字。「三」上，篁墩本、皇本、古本、唐本、津藩本、足利本、正平本、天文本多一「二」字。諸本末無「者」字。

孔子曰：「以吾從大夫之後，不敢不告也。❶君曰告夫三子者！」❷馬曰：我禮當告君，不當告三子。❸君使我往，故復往之。❹之三子告，❺不可。孔子曰：「以吾從大夫之後，不敢不告也。」❻馬曰：孔子由君命之三子告，❼不可，故復以此辭語之惡。❽

子路問事君。子曰：「勿欺也，❾而犯之。」孔曰：事君之道，義不可欺，當能犯顏諫爭。❿

子曰：「君子上達，小人下達。」孔曰：本爲上，末爲下。⓫

---

❶「也」，伯二五九七號、伯二七一六號無此字。

❷「告」至「子」，篁墩本、邢本、足利本、天文本同。「夫三」二字，伯二七一六號誤倒。「三」上，皇本、古本、唐本、津藩本、正平本、武內本多一「二」字。伯二五九七號誤脱「告」、「子」二字。

❸「我」下，篁墩本、皇本多一「於」字，「三」上多一「二」字。伯二五九七號無「禮」字。

❹「之」，伯二五九七號作「告」，伯二七一六號作「耳」，篁墩本、皇本作「也」，邢本無此字。

❺「之三」，伯二五九七號、邢本、卷子本、伊氏本同。伯二七一六號無「之」字。「三」上，伯二七一六號、篁墩本、皇本、古本、唐本、津藩本、足利本、正平本、天文本、武內本多一「二」字。《釋文》出「之三子告」，云：「本或作『二三子告』，非也。」阮校記謂皇疏亦無「二」字，云：「今有『二』字者甚誤。」

❻「也」，唐本、津藩本、邢本、天文本同，伯二五九七號、伯二七一六號、古本、皇本、正平本末無此字。

❼「三」上，篁墩本、皇本多一「二」字。

❽「惡」，伯二五九七號、篁墩本、邢本作「而止」，伯二七一六號、皇本作「而止也」，底本誤。

❾「也」，伯二五九七號、篁墩本、唐本、邢本、正平本、天文本同，古本、皇本作「之」，伯二七一六號、《七經考文補遺》引古本、《群書治要》引無此字。

❿「能」，《群書治要》引無此字。「顏」下，篁墩本、皇本多一「色」字。「爭」，伯二七一六號、大永本作「諍」。伯二五九七號、大永本末多一「也」字，邢本末多一「之」字。

⓫「孔曰」，伯二五九七號、伯二七一六號、篁墩本、皇本、邢本無此二字，疑底本衍。又，「末」，伯二五九七號、伯二七一六號、邢本同，篁墩本、皇本、北監本、毛本作「末」。阮校記謂作「末」是。皇本末多一「也」字。

子曰：「古之學者爲己❶今之學者爲人。」❷孔曰：爲己，履而行之。❸爲人，從能言之。❹

蘧伯玉使人於孔子。❺孔子與之坐而問焉，❻孔曰：伯玉，衛大夫蘧瓊之，❼曰：「夫子何爲？」對曰：❽「夫子欲寡其過而未能也。」❾言夫子欲寡其過而未能無過。❿使者出。子曰：「使乎！使乎！」陳曰：再言使乎者，善之，言使得其人。⓫

子曰：「不在其位，不謀其政。」曾子曰：「君子思不出其位。」⓬孔曰：不出其職。⓭

---

❶「古」，伯二五九七號作「故」。「己」下，大永本多一「也」字。

❷「人」，伯二五九七號、伯二七一六號、篁墩本、皇本、邢本、天文本、《論語筆解》引同。唐本、津藩本、正平本、大永本末多一「也」字。

❸「履」下，皇本、卷子本、大永本多一「道」字。伯二五九七號此字下模糊，不能辨識。伯二七一六號、篁墩本、邢本、《論語筆解》引同底本無此字。「之」下，皇本多一「也」字。

❹「從」，諸本作「徒」，底本誤。皇本、《論語筆解》引句末多一「也」字。

❺「蘧」，伯二五九七號、篁墩本、皇本、邢本、《釋文》引同，伯二七一六號作「璩」，注同。據《洪武正韻》，「璩」作姓，同「蘧」。

❻「之」，古本、正平本作「人」。

❼「衛」，伯二七一六號誤作「爲」。「瓊」，伯二七一六號作「遽」，篁墩本、皇本、邢本作「瑗」，伯二五九七號此字模糊難辨。按：伯玉名瑗，以字行，作「瓊」、「遽」皆誤。又，「之」爲衍字，當係抄者爲使注文雙行對齊而妄增。伯二七一六號、皇本句末有「也」字。

❽「對曰」，伯二七一六號作「子曰」。按：此乃孔子問而使者答，作「子曰」誤。

❾「也」，伯二七一六號末無此字。

❿「過」下，皇本多一「也」字。

⓫「者」，皇本、卷子本、大永本無此字。「者」下，伯二七一六號無「善之」二字，當誤脱。「之」下，篁墩本、皇本、邢本、卷子本、大永本多一「也」字。伯二七一六號、篁墩本、皇本、卷子本、大永本末多一「也」字。

⓬「思」下，伯二七一六號多一「而」字。

⓭「不」至「職」，伯二七一六號、大永本無此注，疑誤脱。「出」，篁墩本、皇本、邢本作「越」。皇本句末多一「也」字。

子曰：「君子恥其言之過其行也。」❶

子曰：「君子道者三，我無能焉：仁者不優，❷智者不惑，❸勇者不懼。」子貢曰：「夫子自道也。」

子貢方人。❹孔曰：比方人。❺子曰：「賜也賢乎哉夫？我則不暇。」❻孔曰：不暇比方之人。❼

子曰：「不患人之不己知，患其不能也。」❽王曰：徒患己之無能。❾

子曰：「不逆詐，不億不信，❿抑亦先覺者，是賢乎？」孔曰：先覺人情者，是寧能爲賢乎。或時反怨人。⓫

---

❶「子」，伯二七一六號誤脱此字。「之」，篁墩本、皇本、古本、唐本、津藩本、足利本、正平本、天文本同，伯二七一六號、唐石經、邢本、伊氏本作「而」。《四書考異》謂「而」字蓋「之」字之誤。阮校記云：「邢本亦當與皇同。今注疏本乃後人依朱文公本校改，非邢氏之舊矣。」按：今見唐寫本有作「而」者，唐石經亦作「而」，邢本同寫本之例不勝枚舉，未必盡如阮氏所説乃後人改也。據《詞詮》，「而」字用法同「之」。又，伯二七一六號、篁墩本、邢本、足利本、天文本末無「也」字。

❷「優」，諸本作「憂」。按：此處以作「憂」爲正。

❸「智」，伯二七一六號、皇本同。篁墩本、邢本、《論語筆解》引作「知」。《釋文》引同，云：「音智。」

❹「方人」，諸本同。《釋文》云：「鄭本作『謗人』。」

❺「人」下，伯二七一六號、篁墩本、皇本、邢本、《論語筆解》、《釋文》引多一「也」字。

❻「哉夫我」，伯二七一六號、唐石經、邢本、伊氏本同，皇本、古本作「我夫哉」，篁墩本、唐本、足利本、正平本、天文本作「我夫我」。阮校記按云：「皇本、高麗本（正平本）皆非也。」説當是。

❼「之」，諸本無此字。「人」下，篁墩本、皇本、邢本多一「也」字。

❽「其」，唐石經、邢本、大永本同，伯二七一六號、篁墩本、皇本、古本、唐本、津藩本、足利本、正平本、天文本、伊氏本作「己」。「不」，篁墩本、皇本、古本、唐本、津藩本、足利本、正平本、大永不本作「無」。「能」，伯二七一六號作「知人」，恐誤。大永本末無「也」字。

❾「能」下，皇本多一「也」字。

❿「億」，卷子本、大永本作「憶」。按：《釋文》出「不億」，當以作「億」爲是。

⓫「反」，伯二七一六號誤作「久」。「怨」，《釋文》出「怨」，云：「本或作『寃』。」今見諸本皆作「怨」。皇本句末有「也」字。

微生畝謂孔子曰：「丘何爲是栖栖者與？❶無乃爲佞乎？」苞曰：微生，姓也。畝，名。❷孔子曰：❸「非敢爲佞，疾固也」。❹苞曰：「疾世固陋，❺欲行道以化之。❻

子曰：「驥不稱其力，而稱其德。」❼鄭曰：德者，調良之謂。❽

或曰：「以德報怨，何如？」子曰：「何以報德？德，❾因惠之德。❿以直報怨，以德報德。」

子曰：「莫我知也夫！」子貢曰：「何爲其莫知子也？」⓫子貢怪夫子言何爲其莫知己，故問。⓬子曰：「不怨天，不尤人，馬曰：

---

❶ 「丘何爲是」，諸本同，《釋文》出「丘何」，云：「或作『丘何爲』（此「爲」據《經典釋文彙校》及阮校記補）。鄭作『丘何是』。本今作『丘何爲是』。」

❷ 「名」，大永本作「字」。按：邢疏云：「微生畝，隱士之姓名也。」作「字」誤。又，「姓」下，伯二七一六號、篁墩本、皇本、大永本無「也」字，「名」下多一「也」字。邢本「姓」、「名」下均無「也」字。

❸ 「曰」，邢本同。「曰」上，伯二七一六號、篁墩本、皇本、古本、足利本、唐本、正平本、天文本多一「對」字。

❹ 「佞」，伯二七一六號誤作「接」。「佞」下，諸本均有「也」字。「固」下，伯二七一六號無「也」字。

❺ 「世」，底本缺筆，伯二七一六注號作「代」，均避唐諱。

❻ 「之」，伯二七一六號、邢本、伊氏本同，篁墩本、皇本作「人也」。

❼ 「而」，伯二七一六號同。篁墩本、皇本、邢本無此字，句末多一「也」字。

❽ 「德」至「調」，邢本、伊氏本同。「德」，伯二七一六號作「得」，餘亦同。「調」上，篁墩本、皇本多一「謂」字，末「謂」作「德」。皇本末多一「也」字。

❾ 「德」，伯二七一六號作「報」。

❿ 「因」，諸本作「恩」，底本誤。「德」下，伯二七一六號、篁墩本、皇本多一「也」字。

⓫ 「何」至「也」，此句伯二七一六號作「何爲其智」，恐有誤。

⓬ 「其」，伯二七一六號作「而」，篁墩本、皇本、邢本、《史記·孔子世家》集解引無此字。「知」，伯二七一六號誤作「之」。「問」下，多「之也」二字，皇本多一「也」字。《孔子世家》集解引多一「之」字。

孔子不用於世而不怨天，❶不知己，亦不尤人。❷下學而上達。孔曰：下學人事，上知天命。❸知我者其天乎！」聖人與天地合德，故曰唯天知己。❹

公伯寮愬子路於季孫。❺馬曰：愬，譖也，伯寮，魯人，弟子。❻子服景伯以告，孔曰：❼魯大夫子服何。告，告孔子。❽曰：「夫子固有

---

❶「孔子」，伯二七一六號作「夫子」。「世」，伯二七一六號作「代」，《後漢書・趙壹傳》注引作「時」，均避唐諱。

❷「不知」上，篁墩本、皇本、邢本、《趙壹傳》注引多一「人」字，伯二七一六號、《史記・孔子世家》集解引同底本無此字。「人」下，伯二七一六號、皇本、《趙壹傳》注引有「也」字。按：「不知」上有「人」字，則當在「怨天」下斷句。

❸「知」，《史記・孔子世家》集解引作「達」。「命」下，伯二七一六號、皇本、《後漢書・張衡傳》注引有「也」字。

❹「德」上，篁墩本、皇本、邢本、《史記・孔子世家》集解引多一「其」字。伯二七一六號作「得」。「己」下，皇本多一「也」字。

❺「寮」，伯二七一六號、篁墩本、皇本、邢本同，《說文》引作「竂」，《史記・仲尼弟子列傳》作「繚」，索隱謂亦作「遼」，《論語馬氏訓說》引《仲尼弟子列傳》則作「僚」。據《六書正譌》，「寮」乃「竂」之俗字。「愬」，《說文》引作「訴」。按：「愬」、「訴」義同。

❻「弟子」下，篁墩本、皇本、邢本多一「也」字。

❼「孔曰」，邢本同。篁墩本、皇本、《論語馬氏訓說》引作馬注。伯二七一六號無此二字，似作何晏自注。按：伯二七一六號誤脫注者之例頗多，疑此處亦脫。又，邢本與皇本等刊本不同之處，阮氏均出校記，然此處未出。馬國翰《玉函山房輯佚書》遇類似情況，一般亦二說並存，然其《馬氏訓說》卷引之，《孔氏訓解》卷未引。因疑阮、馬二氏所見邢本同皇本等刊本作馬注。而今見邢本作「孔曰」，卻與底本暗合。孰是孰非，未可遽斷。

❽「大夫」下，伯二七一六號誤脫「子」字。「何」下，諸本有「忌」字，底本誤脫。「忌」下，篁墩本、皇本、邢本有「也」字。伯二七一六號「告」字不重。「子」下，皇本多一「也」字。

惑志，孔曰：季孫信讒，恚子路。❶於公伯寮也，❷吾力猶能肆諸市朝。」鄭曰：吾勢力能辯子路之無罪於季孫，❸使之誅寮而肆之。❹有罪既刑，陳其屍曰肆。❺子曰：「道之將行也與，❻命也；道之廢也與，❼命也。公伯寮其如命何！」❽

子曰：「賢者避世，❾孔曰：世主莫德而臣。❿其次避地，馬曰：⓫去亂國而治邦。⓬其次避色，孔曰：色斯舉矣。⓭其次避言。」孔曰：有

❶「讒」，皇本誤作「纔」，《史記·仲尼弟子列傳》集解引作「譖」。「恚」，伯二七一六號誤作「悉」。「恚」下，大永本多一「於」字。「路」下，皇本、大永本多一「也」字。

❷「也」，伯二七一六號、篁墩本、皇本、古本、唐本、津藩本、足利本、正平本、天文本、武内本同，唐石經、邢本末無此字。

❸「力」，伯二七一六號、邢本、伊氏本同，篁墩本、皇本、《史記·仲尼弟子列傳》集解、《論語鄭氏注》引無此字。「力」下，伯二七一六號、邢本多一「猶」字。「辯」，篁墩本、皇本、邢本作「辨」。

❹「之」，《史記·仲尼弟子列傳》集解引前作「人」。「誅」下，篁墩本、皇本、《論語鄭氏注》引多一「伯」字。後「之」，皇本、《論語鄭氏注》引作「也」。《仲尼弟子列傳》集解引末多一「也」字。

❺「肆」下，伯二七一六號、皇本、《論語鄭氏注》引多一「也」字。

❻「也」，伯二七一六號無此字。

❼「廢」上，諸本有「將」字，底本誤脱。

❽「如」，伯二七一六號作「而」。

❾「避」，伯二七一六號、皇本、古本、唐本、津藩本、卷子本、正平本、大永本同。篁墩本、邢本、天文本作「辟」，下同。《釋文》出「辟」，云：「音避。」阮校記云：「『避』是正字。」

❿「德」，伯二七一六號同，伯三二五一號、篁墩本、皇本、邢本、大永本作「得」。「臣」上，大永本多一「爲」字。「臣」，皇本誤作「匡」。「臣」下，伯二七一六號、大永本多一「也」字，皇本多「之也」二字。

⓫「馬曰」，伯二七一六號、篁墩本、皇本、邢本同，伯三二五一號作「孔曰」，恐誤。

⓬「而」，諸本作「適」，《釋文》引亦作「適」，底本誤。「治」，伯二七一六號避諱作「理」。「邦」下，伯二七一六號、皇本多一「也」字。

⓭「矣」，皇本作「也」。

悪言乃去。❶子曰：❷「作者七人矣。」❸苞曰：作，爲也。爲之者凡七人，謂長沮、桀溺、丈人、石門、荷蕢、儀封人、楚狂接輿。❹

子路宿於石門。晨門曰：❺「奚自？」晨門者，閽人也。❻子路曰：「自孔氏。」曰：❼「是知其不可而爲之者與？」❽苞曰：言孔知世不可爲而無爲之。❾

子擊磬於衛，有荷蕢而過孔氏之門，❿

---

❶「乃」，伯二七一六號作「必」。「去」下，伯二七一六號、篁墩本多一「之」字，伯三二五一號、皇本多一「也」字。

❷「子曰」，《四書考異》引《四書辨疑》謂當爲衍文。按：寫本及諸刊本均同底本有此二字。

❸「者」，伯二七一六號誤脱此字。「七」，皇疏引鄭康成曰：「『七』當爲『十』字之誤也。」

❹「荷」，伯二七一六號、伯三二五一號、篁墩本、皇本、邢本同，《釋文》亦同，云：「本又作『何』（此字據阮校記、《經典釋文彙校》改）。」阮校記云：「《漢書・古今人表》正作『何』（蕢）。按『何』、『荷』正俗字。」又，「封」上，伯二七一六號誤脱「儀」字。「輿」下，伯二七一六號、伯三二五一號、皇本多一「也」字。

❺「石門」，篁墩本、皇本、古本、唐本、津藩本、足利本、正平本、天文本此二字重，伯二七一六號、伯三二五一號、唐石經、邢本同底本此二字不重。《四書考異》云：「按前篇子張問達章皇氏疏引沈居士曰：『若長沮、桀溺、石門晨門有德。』若此以『石門晨門』四字爲稱，可爲『石門』有複文之證。」又，「石門」下，伯二七一六號多一「者」字，誤脱「晨門曰」三字。

❻「閽」，篁墩本、皇本、邢本同，伯二七一六號、伯三二五一號作「行」，恐誤。《釋文》出「閽」，云：「音昏，本或作『昬』（二『昬』字據《經典釋文彙校》改），同。」

❼「曰」，伯二七一六號誤脱此字。

❽「可」下，伯二七一六號多一「也」字，恐衍。

❾「孔」下，諸本有「子」字，底本誤脱。伯三三五九號「世」字缺筆避唐諱。「無」，諸本作「強」，底本誤。「之」下，皇本多一「也」字。

❿「孔氏」，伯二七一六號、伯三三五九號、皇本、唐石經、津藩本、卷子本、邢本、大永本同，古本、篁墩本、足利本、正平本、天文本、武内本、伊氏本作「孔子」。「門」下，諸本多一「者」字，底本誤脱。

曰：「有心哉，擊磬乎！」蕢，草器也。❶有心哉，❷謂契契然。❸既而曰：「鄙哉，❹硜硜乎！莫己知也，斯已而已矣。❺此硜硜徒信也而已，言亦無益。❻深則厲，淺則揭。」苞曰：以衣涉水爲厲。揭，褰衣，❼言隨世以行己，❽若遇水必以濟。❾知其不可，則當不爲。❿子曰：「果哉，末

❶「草」上，伯三三五九號多一「荷」字，當衍。伯二七一六號末無「也」字。

❷「哉」，諸本無此字，底本衍。

❸「契契然」，伯二七一六號「契」字不重，當脫一「契」字。「然」下，篁墩本、皇本多一「也」字。

❹「鄙哉」，篁墩本、皇本、邢本同。伯二七一六號、伯三三五九號此二字重。

❺「斯已而已」，篁墩本、皇本、邢本同。「斯」上，伯二七一六號多一「如」字，「斯」下無「已」字。伯三三五九號無「已而」二字。

❻「硜硜」下，伯三三五九號、邢本多一「者」字。「也」，伯二七一六號、篁墩本、皇本、邢本作「已」，伯三三五九號無此字。「益」，伯三三五九號作「信」。「益」下，篁墩本、皇本多一「也」字。《九經古義》引何注云：「此硜硜者，謂磬聲也。」與此注不類。

❼「揭褰衣」，伯二七一六號、伯三三五九號同。「揭」，篁墩本、皇本、邢本均以爲《釋文》引均重。篁墩本、皇本、邢本無「褰」字。《論語集解考異》卷七云：「皇疏一本作『褰衣』。」按：「深厲淺揭」出自《詩經・邶風・匏有苦葉》。《詩經・鄭風・褰裳》云「褰裳涉溱」。「褰」作「撩起」解，以之釋「揭」，合乎古意。皇疏亦云：「褰衣涉水曰揭。」又，《爾雅・釋水》云：「深則厲，淺則揭。揭者，揭衣也。」郭璞注云：「謂褰裳也。」是「揭衣」、「褰衣」釋「揭」均有所本。唐寫本均作「褰衣」，撰於唐初之《釋文》引作「揭（衣）」，是唐時兩種傳本並存，後世却多以「揭衣」行。又，「衣」下，伯三三五九號、篁墩本、邢本多一「也」字。

❽「世」，伯三三五九號避諱作「代」，伯二七一六號脫此字。伯三三五九號脫「行」字。

❾「遇」，篁墩本、皇本同，伯二七一六號、伯三三五九號、邢本、伊氏本作「過」。「濟」，篁墩本誤作「齊」。

❿「爲」下，皇本多一「也」字。

之難矣。」❶末之己志，❷而便譏己，所以爲杲也。❸末，無也。無難者，❹以其不解己之道也。❺

子張曰：「《書》云：❻『高宗諒陰，三年不言。』何謂也？」孔曰：❼高宗，殷之中興王武丁也。諒，信也。陰，猶默也。❽子曰：「何必高宗，古之人皆然。君薨，百官總己，馬曰：己，己百官。❾以聽冢宰三年。」❿孔曰：冢宰，天官卿，佐王治者。⓫三年喪畢，然後王自聽政。⓬

子曰：「上好禮，則民易使也。」⓭民莫敢不敬，故易使。⓮

---

❶「杲」，諸本作「果」，底本誤，注亦誤。又，「矣」上，《考文補遺》謂古本有「也」字。

❷「之」，諸本作「知」，底本誤。

❸「杲」，當作「果」，參見本頁校勘記❶。又，「杲」下，伯三三五九號、篁墩本、邢本無「也」字。

❹「無」下，篁墩本多一「以」字。

❺「不」下，伯二七一六號、篁墩本、皇本、邢本多一「能」字。「不解」，伯三三五九號作「能能解」，首「能」字當爲「不」字之誤。《釋文》出「不解」，云：「本今作『不能解』。」又，「道」上，伯三三五九號、皇本無「之」字。「道」下，篁墩本、邢本無「也」字。

❻「云」，大永本作「曰」。

❼「孔曰」，伯二七一六號、篁墩本、皇本、邢本同。伯三三五九號作「馬曰」，恐誤。

❽「信也」，伯二七一六號作「也信」，恐誤倒。「信」下，伯三三五九號無「也」。「默」，伯三三伯二七一六號誤作「嘿」。

❾「己己」，伯三三五九號、篁墩本、皇本同，伯二七一六號、邢本不重。「官」下，伯二七一六號、皇本有「也」字。

❿「以聽」，《後漢書·陳元傳》、《白虎通·爵》篇引無「以」字。「聽」下，伯二七一六號、伯三三五九號、篁墩本、皇本、邢本、《陳元傳》、《爵》篇有「於」字。《四書考異》云：「《書伊訓》『百官總己以聽冢宰』無『於』字。《公羊傳》文公九年注述文亦無『於』字。」

⓫「卿」，篁墩本無此字。「治者」，諸本同。《釋文》作「治也」，云：「本今作『治者』。」

⓬「政」下，皇本多一「也」字。

⓭「民」，伯三三五九號作「仁」，末無「也」字。

⓮「民」，伯三三五九號作「臣」，當誤。又，「使」下，伯三三五九號、皇本多一「也」字。

子路問君子。❶子曰：❷「修己以敬。」❸孔曰：敬其身。❹曰：「而斯而已乎？」❺曰：❻「修己以安人。」孔曰：人謂朋友九族。❼曰：「如斯而已乎？」❽曰：「修己以安百姓。修己以安百姓。堯舜其猶病諸？」孔曰：病，猶難也。❾

原壤俟。❿馬曰：原壤，魯人，孔子故舊。⓫夷，踞。俟，待。踞待孔子。⓬子曰：「幼而不愻悌，⓭長而無述焉，⓮老而不死，是爲

❶「子」，伯二七一六號誤作「事」。

❷「子」，伯二七一六號誤脫此字。

❸「修」，皇本、唐本、津藩本、天文本、伯二七一六號、伯三三五九號、篁墩本、邢本、《群書治要》引作「脩」。按：此處以作「修」爲正。又，「敬」下，正平本、《考文補遺》引古本多一「人」字。《論語集解考異》卷七云：「大永本舊人記云：『一本作脩己以敬人。』案作『敬人』，與下二句『安人』、『安百姓』句法相同，然與孔注不合，或是鄭氏之本與？」今按：皇疏云：「故君子自修己身而自敬也。」與孔注「敬其身」義同。均係敬己，而非敬人。可證集解本「敬」下無「人」字。

❹「敬其身」，伯二七一六號此注及下二句並脫。「身」下，皇本《群書治要》引有「也」字。

❺「而」，伯三三五九號、篁墩本、皇本、邢本、《群書治要》引作「如」。

❻「曰」上，大永本有「子」字。按：此「子」字當衍。

❼「族」下，皇本多一「也」字。

❽「而」，伯二七一六號作「如」。

❾「也」，伯三三五九號末無此字。

❿「壤」下，諸本有「夷」字，底本誤脫。

⓫「人」下，伯三三五九號多一「也」字。「舊」下，皇本多一「也」字。

⓬「夷踞」下，皇本有一「也」字。「俟待」下，伯三三五九號、篁墩本、皇本、邢本、《論語筆解》引有一「也」字。

⓭「愻」，伯二七一六號同，篁墩本、邢本、天文本作「孫」，伯三三五九號、皇本、古本、唐本、津藩本、卷子本、正平本、大永本、武內本作「遜」。《釋文》作「孫」，云：「音遜。」《彙校》云：「案『愻』爲遜順之本字，『遜』、『孫』皆通假字。」又，「悌」，篁墩本、邢本、天文本、《釋文》引作「弟」。

⓮「而」，伯二七一六號、伯三三五九號、篁墩本、皇本、邢本同，《釋文》引無此字。《經典釋文彙校》云：「抑誤脫也。」按：說甚是。上、下句「幼」、「老」下均有「而」字，此句亦當有之。

賊。」❶賊，爲賊害。❷以杖叩其脛。❸孔曰：叩，擊也。脛，腳脛。❹

闕黨童子將命。❺馬曰：闕黨將命者，❻傳賓主之語出入。❼或問之曰：「益者與？」子曰：「吾見其居於位也。❽童子隅坐無位，成人乃有位。❾見其□□□□□，□□❿益者

❶ 「是」，伯二七一六號、伯三三五九號、篁墩本、邢本同。大永本無此字。「賊」下，皇本、古本一本、唐本、津藩本多一「也」字。

❷ 「賊」至「害」，伯二七一六號、篁墩本同。「爲」，皇本、邢本、伊氏本作「謂」。「害」下，皇本有「也」字。伯三三五九號無此注，當係誤脱。

❸ 「叩」，伯二七一六號誤作「和」，注同。《論語筆解》引作「扣」，注云：「『扣』，文之誤也，當作『指』，指其足脛使知夷踞之罪。」按：孔注云：「叩，擊也。」作「指」非，「扣」亦擊也，與「叩」同音同義，似可通用。

❹ 「擊」下，伯三三五九號無「也」字。伯三三五九號、皇本句末多一「也」字。

❺ 「命」，伯三三五九號、篁墩本、邢本、天文本同。「命」下，伯二七一六號多一「者」字，皇本、古本、唐本、津藩本、正平本多一「矣」字。

❻ 「闕黨」下，伯二七一六號多「童子」二字，伯三三五九號、篁墩本、皇本、邢本下多「之童子」三字，底本恐有脱字。

❼ 「主」，伯二七一六號作「客」。「入」下，伯二七一六號、伯三三五九號、皇本有「也」字。

❽ 「居」，正平本作「踞」。伯二七一六號末無「也」字。

❾ 「童」上，伯二七一六號多「孔曰」二字。恐衍。伯三三五九號、篁墩本、皇本、邢本同底本作何晏自注。又，「成」下，伯二七一六號脱「人」字，「位」誤作「爲」。「位」下，篁墩本、皇本有「也」字。

❿ 「□□□□□□□」，伯二七一六號、篁墩本、皇本、邢本闕文作「與先生並行也非求」。「生」，伯三三五九號作「王」。

也，❶欲速成者也。」❷苞曰：先王，成人也，❸並行，〼❹

□語卷第七❺

❶「也」，伯二七一六號、伯三三五九號末無此字。

❷「者也」，篁墩本、皇本、邢本同。「者」上，伯二七一六號多一「人」字。伯三三五九號無「者」字。伯二六一七號、大永本末無「也」字。

❸「王」，諸本作「生」，底本誤。「也」，伯二七一六號「也」作「者」，伯三三五九號無「也」字。

❹「〼」，伯三三五九號作「不差在後違禮欲速成者則非求益也」十五字。「後」下，皇本多一「也」字。「違」，伯二七一六號誤作「爲」。「成」下，伯二七一六號、邢本、伊氏本多一「人」字。「成者」下，皇本有「也」字。篁墩本、皇本末多「者也」二字。

❺「□」，伯二七一六號、篁墩本作「論」。「第七」，篁墩本下有「經二千三百九十四字，注二千五百五十六字」十八字。

《衛靈公》篇整理説明

《衛靈公》篇共有四個集解寫本，均爲伯希和、斯坦因本。

本篇分章不一。皇本、邢本、《論語譯注》分爲四十二章。《釋文》云「凡四十九章」。篁墩本則云「凡四十九章，今四十一章」，又謂舊版、大永本分爲三十章。今依四十二章分章法。

底本：伯二一二三號(《敦煌遺書總目索引》原編爲伯二四九六號)。本篇共存六十一行，起篇題，迄篇末，首尾完整，然中脱第三十三章經文及注，又少第十八、十九、二十三、二十四章鄭、包、王、何四注。文中「民」字缺筆避唐諱，知爲唐寫本。

校本：(一)斯〇七四七號。本篇共存三十三行，起第七章中「邦無道如矢」，迄篇末。卷末有「申年十二月及上夫」等字樣。文中「世」作「代」，或「民」字缺筆避唐諱，知爲唐寫本。(二)伯三七四五號。本篇共存三十九行半，起第十二章末注「(王)曰君子當思患而預防」，迄篇末。前十六行下部均殘。末有題記「咸通三年(八六二)二十五日學生張文晉書」，知爲唐懿宗時期寫本。(三)伯三四三三號。本篇共存三十九行，起第十五章首句「子曰躬自厚」，迄篇末，前五行上部有殘。卷末有題記「丁未年十月十六日張堅堅寫畢功了」。文中「世」作「代」，或「民」字缺筆，知爲唐寫本。

伯希和二一二三號寫本

衛靈公第十五❶

何晏集解

衛靈公問陳於孔子，❷孔曰：軍陣行列之法。❸孔子對曰：❹「俎豆之事，則嘗聞之矣，孔曰：俎豆，禮器。❺軍旅之事，未之學也。」鄭曰：萬二千五百人爲軍，五百人爲旅。❻軍旅末事，本未立，不可教以末也。❼明日遂行。

在陳絶粮，❽從者病，莫能興。孔曰：從者，弟子。興，起也。孔子去衛如曹，曹不容，又之宋，遭

❶「衛」上，篁墩本多「論語」二字，「五」下多「凡四十九章 今四十一章」十字。

❷「陣」，《論語筆解》引同，篁墩本、皇本、邢本、正平本、《顔氏家訓・書證》篇引作「陳」。《釋文》出「陣」，云：「本今作『陳』。」《書證》篇云：「俗本多作阜傍車乘之車（即『陣』）。」阮校記亦云「『陣』爲『陳』之俗字」。《四書考異》云：「按『陣』爲晉以後人所改，在古經實與今同文也。陸氏《釋文》主其時尚之本爲『陣』而云『本今作陳』，則『陳』字已漸復自唐初矣。」按：《經典釋文彙校》謂《釋文》作「本今」云云者皆宋人所爲。又，底本、《論語筆解》及《釋文》引均作「陣」，可證唐時仍多作「陣」字。

❸「陣」，刊本作「陳」。參見本頁校勘記❷。又，「法」下，皇本多一「也」字。

❹「孔子」，《論語筆解》引無此二字。

❺「器」下，皇本多一「也」字。

❻「旅」下，皇本多一「也」字。

❼「不可」上，篁墩本、皇本多一「則」字。「末」下，篁墩本、皇本、邢本、《論語筆解》引有「事」字，底本誤脱。篁墩本、邢本、《論語筆解》引句末無「也」字。

❽「粮」，皇本、古本、唐本、津藩本、正平本、大永本同，篁墩本、邢本、天文本作「糧」。《釋文》出「糧」，云：「音粮。鄭本作『粻』，音張。」阮校記云：「案『糧』，正字。『粮』、『粻』皆俗字。」

宋人之難，❶又之陳，會吴伐陳，陳亂，故乏食。❷子路慍□□：❸「君子亦有窮乎？」❹子曰：「君子固窮，小人窮斯濫矣。」▨子固有窮時，❺但不如小人▨濫溢爲非。❻

子曰：「賜也，汝以予爲多學而識之者與？」❼對曰：「然，孔曰：然，謂多學而識之。❽曰非與？」❾孔曰：問今不然耶。❿曰：「非也，予一以貫之。」善有元，事有會，天下殊塗而同歸，⓫百慮而一致，⓬能知其元則衆善舉矣，⓭故不待多學，以一知之。⓮

子曰：「由！知德者鮮矣。」⓯王曰：君子固窮，而子路慍見，故謂之少於知德。⓰

---

❶「遭」上，邢本有一「宋」字，恐衍。又，後一「宋」，諸本作「匡」，底本恐誤。

❷「食」下，皇本多一「也」字。

❸「□□」，諸本作「見曰」。

❹「有」，皇本、唐本、津藩本、邢本、卷子本、伊氏本、大永本同，篁墩本、足利本、正平本、天文本無此字。

❺《論語集解考異》卷八謂皇本亦無「有」字，當據別本。「▨」，諸本作「濫溢也君」四字。「固」下，篁墩本、皇本、邢本多一「亦」字。

❻「▨」，諸本作「窮則」二字。「非」下，皇本多一「也」字。

❼「汝」，皇本同，篁墩本、邢本作「女」。

❽「然」下，皇本多一「者」字，句末多一「也」字。

❾「曰」，篁墩本、皇本、邢本無此字，底本誤衍。又，《釋文》出「者與」，云：「音餘，下『非與也』，『與』同。」是陸氏所據本「非與」下多一「也」字。

❿「問」，篁墩本、皇本、邢本同，閩本、毛本、北監本作「謂」。「耶」，皇本、大永本同，卷子本作「邪」，篁墩本、邢本無此字。「耶」下，卷子本、大永本多一「也」字。

⓫「天」上，大永本多一「故」字。

⓬「而」，大永本無此字。

⓭「能」，篁墩本、皇本、邢本無此字，底本恐衍。

⓮「以一」，邢本作「而一」，篁墩本、皇本作「一以」。

⓯「矣」，《考文補遺》謂古本作「乎」。

⓰「德」，邢本、《論語筆解》引同。「德」下，篁墩本多一「者」字，皇本多「者也」二字。

子曰：「無爲而治者，其舜也與？夫何爲哉？恭已正南面而已矣。」❶言任官得其人，故無爲而治。❷

子張問行。子曰：「言忠信，行篤敬，雖蠻陌之邦，❸亦可行矣。❹言不忠信，行不篤敬，雖州里，行乎哉？鄭曰：二千五百家爲州，❺五家爲隣，五隣爲里。行乎哉，言不可行。❻立則見其參於前，❼在與則見其倚於衡，❽夫然後行。」❾言思念忠信，❿立則常想見參然

❶「已」，諸本作「己」，底本誤。《毛詩・大雅・卷阿》鄭玄箋引無「矣」字。

❷「而治」，皇本、邢本、卷子本、大永本同，篁墩本、《群書治要》引無此二字。「治」下，皇本、卷子本、大永本、《群書治要》引多一「也」字。

❸「陌」，篁墩本、皇本、邢本、《群書治要》、《釋文》引作「貊」，底本誤。《説文》作「貌」，《四書考異》謂當爲「貉」字之誤。按「貉」同「貊」。

❹「亦可」，諸本無此二字，恐底本衍。

❺「二千」，《史記・仲尼弟子列傳》集解引同。「二」上，篁墩本、皇本、邢本多一「萬」字，按：邢疏云：「《周禮・大司徒》職云：五家爲比，五比爲閭，四閭爲族，五族爲黨，五黨爲州。是二千五百家爲州也。今云萬二千五百家爲州誤也。」底本及《仲尼弟子列傳》集解引無「萬」字，是唐時未誤，後人傳抄致誤也。

❻「行」下，皇本、《群書治要》引多一「也」字。

❼「參」，邢本、《論語筆解》、《史記・仲尼弟子列傳》引同，篁墩本、皇本、古本、唐本、津藩本、足利本、正平本、天文本下多一「然」字。「前」下，諸本均多一「也」字。

❽「與」，篁墩本、皇本、邢本、《論語筆解》、《論語包氏章句》、《釋文》引作「輿」，底本誤。又，「衡」下，篁墩本、皇本、邢本、《論語筆解》、《論語包氏章句》引多一「也」字，《史記・仲尼弟子列傳》同底本。

❾「行」，篁墩本、邢本、《論語筆解》、《論語包氏章句》、《史記・仲尼弟子列傳》同。「行」下，皇本、古本、唐本、津藩本、卷子本、正平本、天文本多一「也」字。

❿此注諸本首多「包曰衡軛也」五字，底本誤脱。又，「軛」，皇本、邢本、《論語筆解》、《論語包氏章句》引同，篁墩本作「栀」，《史記・仲尼弟子列傳》集解引作「軶」。《釋文》出「栀」，云：「音厄。本今作『軶』。」按，「軶」隸省作「軛」。

在前，❶在與則若倚車扼。❷子張書諸紳。孔曰：紳，大帶。❸

子曰：「直哉史魚！孔曰：衛大夫史鰌。❹邦有道，如矢；邦無道，如矢。」孔曰：有道無□，❺行直如矢不曲。❻子曰：❼「君子哉蘧伯玉！❽邦有道，則仕；邦無道，則卷而懷之。」❾包曰：卷而懷之，❿謂不與時政柔順，故不忤於人。⓫

子曰：「可與言而不與言，⓬失人；⓭不可與言而與言，⓮失言。⓯智者不

❶「前」上，邢本、卷子本、《論語筆解》、《論語包氏章句》引多一「目」字，篁墩本、皇本、《史記・仲尼弟子列傳》集解引同底本無此字。

❷「與」，「輿」之誤，參見第二八二頁校勘記❽。《論語筆解》引無「若」字，大永本「倚」下有「於」字。「車」，邢本、《論語筆解》、《史記・仲尼弟子列傳》集解引同，篁墩本、皇本、大永本、《論語包氏章句》引作「衡」。「扼」，作「梔」、「軛」，參閲第二八二頁校勘記❿。底本誤。「扼」下，皇本、《論語包氏章句》引有「也」字。

❸「帶」下，皇本、《史記・仲尼弟子列傳》集解、《群書治要》引多一「也」字。

❹「鰌」下，皇本多一「也」字。

❺「□」，諸本作「道」。

❻「不曲」，篁墩本、皇本同。「不」上，邢本、卷子本多一「言」字。「曲」下，皇本、卷子本、大永本多一「也」字。

❼「子曰」，諸本無此二字，底本誤衍。

❽「玉」，斯〇七四七號誤脱此字。

❾「則」下，諸本多一「可」字，底本脱。「之」，斯〇七四七號、篁墩本、皇本、邢本、《文選》卷一六潘安仁《閒居賦》注引同，唐石經、唐本、津藩本、正平本、《後漢書・周黄徐姜申屠傳》引作「也」。

❿「之」，斯〇七四七號同，大永本作「者」，篁墩本、皇本、邢本無此字。

⓫「故」，斯〇七四七號、篁墩本、皇本、邢本無「故」字。
「人」下，皇本多一「也」字。

⓬「不與」，斯〇七四七號、篁墩本、皇本、古本、唐本、津藩本、足利本、正平本、天文本同。「與」下，阮校記謂閩本、北監本、毛本、朱子集注本有「之」字。伊氏本亦有此「之」字。阮校記以爲無「之」字是。

⓭「人」下，大永本有「也」字。

⓮「而與」下，斯〇七四七號、篁墩本、皇本、邢本、天文本有「之」字。「言」下，唐本、津藩本、卷子本、正平本多一「之」字。

⓯「失言」下，大永本有「也」字。

失人，❶亦不失言。」❷

子曰：「士志於仁，❸無求生以害仁，❹有煞身以成仁。」❺孔曰：生而害仁，死而成仁，❻則志士仁人不愛其身矣。❼

子貢問爲仁。子曰：「工欲善其事，必先利其器。居是邦也，事其大夫之賢者，友其士之仁者。」❽孔曰：言工以利器爲用，人以賢友爲助。❾

---

❶「智」，斯〇七四七號、皇本、古本、大永本、武内本同，篁墩本、邢本作「知」。《釋文》作「知」，云：「音智。」

❷「言」下，皇本有何注，爲：「所言皆是，故無所失者也。」斯〇七四七號、篁墩本、邢本均無。按：皇疏云：「謂此人可與共言，而已不可與之言，則此人不復見顧，故是失於可言之人也。言與不可言之人共言，是失我之言者也。唯有智之士則備照二途，則人及言並無所失也。」此與皇本何注「所言皆是」意異，疑集解本無此注，後人加之。

❸「士志於仁」，斯〇七四七號同，篁墩本、皇本、邢本、《群書治要》、《文選》卷二四曹子建《贈徐幹詩》注、《太平御覽》卷四一九引作「志士仁人」。按：孔注云：「則志士仁人不愛其身矣（也）」，似經文當作「志士仁人」。

❹「仁」，斯〇七四七號、篁墩本、皇本、邢本、《群書治要》、《太平御覽》卷四一九引同，唐石經、《文選》卷二四曹子建《贈徐幹詩》注引作「人」。按：皇疏云：「既志善行仁，恒欲救物，故不自求我之生以害於仁恩之理也。」「仁」作「仁恩」解。阮校記云：「字當作『仁』。」

❺「煞」，斯〇七四七號同，篁墩本、皇本、邢本、《群書治要》引作「殺」。

❻「生」至「成仁」，斯〇七四七號同。「生」上，篁墩本、皇本、邢本、《群書治要》引多「無求」二字。按：如無「無求」二字，此句與下句「則志士仁人不愛其身」不相銜接，疑底本與斯〇七四七號均有脱誤。又，「而害」，邢本作「以害」。「而」下，篁墩本、皇本、邢本、《群書治要》引多一「後」字。

❼「矣」，篁墩本、皇本、邢本、《群書治要》引作「也」，斯〇七四七號無此字。

❽「者」，斯〇七四七號、篁墩本、邢本同。「者」下，皇本、古本、唐本、津藩本、正平本、天文本多一「也」字。

❾「人」，斯〇七四七號作「仁」。按：當以作「人」爲正。又，「助」下，皇本、正平本多一「也」字。

顔淵問爲邦。❶子曰：「行夏之時，據見萬物之生以爲四時之始，取其易知。❷乘殷之輅，❸馬曰：❹殷車曰大輅。《左傳》曰：大輅越席，昭其儉。❺服周之冕，包曰：冕，禮冠。周禮之文備，❻取其黈曠塞耳，❼不任視聽。樂則《韶舞》。❽《韶舞》，舜樂，❾盡善盡美，故取之。❿放鄭聲，遠佞人。鄭聲淫，佞人殆。」孔曰：鄭聲、佞人亦俱能感人心，⓫與雅樂賢人同，而使人淫亂危殆，故當放遠之。⓬

子曰：「人無遠慮，⓭必有近憂。」王

❶「問」下，斯〇七四七號多一「於」字。

❷「知」下，皇本、《群書治要》引多一「也」字。

❸「輅」，斯〇七四七號、篁墩本、皇本、邢本、《群書治要》引同，《釋文》引亦同，云：「音路。本亦作『路』。」

❹「馬曰」，篁墩本、皇本、邢本、《論語馬氏訓説》引同，斯〇七四七號作「包曰」。

❺「席」下，皇本、卷子本有「也」字。「昭」，卷子本、大永本作「照」。「儉」下，篁墩本、皇本、邢本、《論語馬氏訓説》、《群書治要》引多一「也」字。

❻「冠」下，斯〇七四七號、皇本有「也」字。「禮之」，斯〇七四七號、篁墩本、皇本、邢本作「之禮」。「文」下，斯〇七四七號、篁墩本、皇本、邢本多一「而」字。皇本句末多一「也」字。

❼「曠」，斯〇七四七號、皇本、邢本、《群書治要》引作「纊」，篁墩本、伊氏本作「纊」，《釋文》出「纊」，云：「音曠。」《論語集解考異》卷八云：「作『纊』者因字近而誤。」

❽「則」，《群書治要》引無此字。

❾「舞」，斯〇七四七號同，篁墩本、皇本、邢本、《群書治要》引無此字。「舜樂」下，斯〇七四七號、篁墩本、皇本、邢本、《群書治要》引有「也」字。

❿「之」下，斯〇七四七號、皇本有「也」字。

⓫「鄭聲」下，《群書治要》引多一「淫」字，「佞人」下多一「危」字，無「亦」字，「感」作「惑」。邢本、邢疏引亦作「惑」，斯〇七四七號、篁墩本、皇本同底本作「感」。按：孔注此句下接云：「與雅樂賢人同。」是鄭聲、佞人與雅樂、賢人俱能感人心。據此，則此處作「感」字義協。

⓬「之」下，皇本、《群書治要》引多一「也」字。

⓭「人」，斯〇七四七號、邢本同。「人」下，篁墩本、皇本、古本、足利本、唐本、津藩本、正平本、天文本、《群書治要》引多一「而」字。

曰：君子當思患而預防之。❶

子曰：「已矣乎！❷吾未見好德如好色者。」❸子曰：「臧文仲其竊位者與！知柳下惠之賢而不與立。」❹孔曰：柳下惠，展禽。❺知賢而不舉，是竊位。❻子曰：「躬自厚而薄責於人，則遠怨矣。」❼孔曰：責己厚，❽責人薄，所以遠怨咎。❾

子曰：「不曰『如之何，孔曰：如之何者，❿猶言不曰奈是何。⓫如之何』者，吾末如之何也已矣。」孔曰：如之何者，言禍難已成，吾亦無如之何。⓬

---

❶「王曰」至「之」，邢本、伊氏本同。「患」，皇本、大永本作「慮」，「之」作「也」。「預」，大永本作「豫」。伯三七四五號無「之」字。斯〇七四七號、篁墩本無此注，疑誤脱。

❷「乎」，斯〇七四七號、伯三七四五號、篁墩本、唐本、邢本、正平本、天文本同，皇本、古本無。

❸「者」，斯〇七四七號同。「者」下，篁墩本、皇本、古本、唐本、正平本、天文本有「也」字。

❹「立」，斯〇七四七號、《文選》卷四一楊子幼《報孫會宗書》注引同。「立」下，篁墩本、皇本、邢本、《群書治要》引多一「也」字。

❺「展禽」下，皇本、邢本、《群書治要》引多一「也」字。

❻「知賢」，伯三七四五號、斯〇七四七號、邢本、《群書治要》引同。「知」下，篁墩本、皇本多一「其」字。「而不」，伯三七四五號誤作「不而」。《群書治要》引無「而」字。「是」，伯三七四五號、斯〇七四七號、篁墩本、皇本、大永本、《群書治要》引作「爲」，邢本作「是爲」。「位」下，篁墩本多一「者」字，斯〇七四七號、皇本、大永本、《群書治要》引多一「也」字。

❼「怨」，斯〇七四七號誤脱。

❽「責己厚」上，篁墩本、皇本多一「自」字，斯〇七四七號，伯三四三三號、邢本、《群書治要》引同底本無。

❾「咎」下，邢本、《群書治要》引多一「也」字，斯〇七四七號、伯三四三三號、皇本多「之也」二字。此注伯三七四五號上殘，存「人薄所以遠怨咎」七字，單行大寫，誤入經文。

❿「如」上，斯〇七四七號、篁墩本、皇本、邢本多「不曰」二字，底本誤脱。

⓫「言」，斯〇七四七號脱此字。「何」下，伯三四三三號、斯〇七四七號、皇本、邢本多一「也」字。

⓬「已」，斯〇七四七號作「以」。「何」下，斯〇七四七號、皇本多一「也」字。

子曰：「群居□日，❶言不及義，好行小惠，❷難矣哉！」鄭曰：小惠，謂小小才智。❸難矣哉，言終無所成。❹

子曰：「君子義以爲質，❺禮以行之，遜以出之，❻信以成之。君子哉❼！」

---

❶「□」，諸本作「終」。

❷「惠」，伯三四三三號、伯三七四五號、斯〇七四七號、皇本、古本、大永本同，篁墩本、唐本、正平本、邢本、天文本作「慧」，注同。《釋文》出「慧」，云：「音惠。小才知。魯讀慧爲惠，今從古。」按：此當以「慧」爲正。阮校記云：「古多假『惠』爲『慧』。」

❸「謂」，斯〇七四七號無此字。「才」上，伯三四三三號、篁墩本、邢本多一「之」字。「智」，伯三四三三號無「智」字，篁墩本、邢本、《釋文》作「知」。「智」下，伯三四三三號、皇本多一「也」字。

❹「無」，伯三四三三號誤作「於」。「所」，伯三四三三號、伯三七四五號、斯〇七四七號、篁墩本、皇本、邢本均無。「成」下，斯〇七四七號多一「功」字，伯三四三三號多一「也」字，皇本句多「功也」二字。

❺「君」至「質」，伯三四三三號、伯三七四五號、篁墩本、皇本、邢本、《論語筆解》引同。斯〇七四七號上多一「以」字。「爲質」，《釋文》云：「一本作『君子義以爲質』，鄭本略同。」《經典釋文彙校》引盧云：「案正文『爲質』當作『義以爲質』。」是陸氏所據本首無「君子」二字。同書又引臧氏云：「下方云『君子哉』，明不當先有『君子』。」阮校記亦云：「案文義，『君子』字不當有。《孝經·三才章》疏引亦無『君子』字。《經義雜記》云：有者係衍文。蓋先説『義以爲質』四句，然後言『君子哉』，明不當先言『君子』也。」此説當是。然寫本及《論語筆解》引首均有「君子」二字，《釋文》引一本亦有，是唐時此二字已衍。李翺似認爲此處有「君子」是，但《筆解》載其説，稱：「上云『君子』者，舉古之君子也。下云『君子哉』者，言今之學者能依此次序乃能成君子耳。」稍嫌牽強。

❻「遜」，皇本、卷子本、大永本同，斯〇七四七號、伯三四三三號作「愻」，篁墩本、邢本、《論語筆解》引作「孫」。《釋文》出「孫」，云：「音遜。」

❼「君子哉」，伯三七四五號、皇本、邢本、卷子本、伊氏本、大永本此句下均有注。邢本注爲：「鄭曰：義以爲質，謂操行。孫以出之，謂言語。」皇本、卷子本、伊氏本此注「操行」下及末各多一「也」字。伯三七四五號此注殘存「鄭曰：義以爲□，謂操行也。遜□」。大永本作孔注，末多「之爲之」三字，恐誤注者。伯三四三三號、斯〇七四七號、篁墩本同底本無此注，疑誤脱。

子曰：「君子病無能焉，不病人之不己知。」❶

子曰：「君子疾没世而名不稱焉。」❷疾，猶病也。❸子曰：「君子求諸己，小人求諸人。」君子責己，小人責人。❹

子曰：「君子矜而不爭，包曰：矜，矜莊。❺群而不黨。」孔曰：黨，助也。君子雖衆，不相私助，義之與比。❻

子曰：「君子不以言舉人，包曰：有言者不必有德，故不可以言舉人。❼不以人廢言。」❽

---

❶「知」下，伯三七四五號、篁墩本、皇本、邢本多一「也」字，伯三四三三號、斯〇七四七號多「病己不知人」五字，當衍。此句下，伯三七四五號、皇本、邢本、卷子本、伊氏本、大永本有注。邢本注爲：「包曰：君子之人但病無聖人之道，不病人之不己知。」伯三七四五號注殘，存文同，《論語集解考異》卷八謂卷子本、伊氏本、皇本、邢本注「君子」下無「之人」二字，此四本及大永本「聖人」上有「能」字，句末有「也」字，與今見各本不盡相同。又云：「予家藏本舊人記云：『苞氏云：君子之人，人但病無聖人之道，不病所人之不知己也。』」然伯三四三三號、斯〇七四七號、篁墩本、正平本同底本無此注。

❷「世」，伯三七四五號、篁墩本、皇本、邢本同，伯三四三三號、斯〇七四七號避諱改作「代」。

❸「也」，伯三七四五號句末無此字。

❹「君子」，伯三四三三號、斯〇七四七號、篁墩本、邢本、《群書治要》引同。「君」上，伯三七四五號多一「言」字。「人」下，伯三七四五號、皇本有「也」字。

❺「莊」下，伯三四三三號、斯〇七四七號、篁墩本、皇本、邢本有「也」字。

❻「比」，伯三四三三號、篁墩本、邢本同。「比」下，斯〇七四七號、皇本有「也」字。

❼「人」下，伯三四三三號、伯三七四五號、皇本、《群書治要》引有「也」字。

❽「不」至「言」，此句下，邢本、卷子本、伊氏本、大永本有注。邢本注爲：「王曰：不可以無德而廢善言。」《論語集解考異》卷八云：「卷子、大永、伊有『王肅曰：不以無德而廢善言』十一字注。皇、邢同，唯『不』下有『可』字。卷子本舊人記云：『摺本無此注。』然今明監本有之，知古時槧本亦自與明本異。」按：今見皇本與伯三四三三號、伯三七四五號、斯〇七四七號、篁墩本、正平本同底本均無此注。

子貢問曰：「有一言而可以終身行之者乎？」❶子曰：「其恕乎！❷己所不欲，❸勿施於人。」❹

子曰：「吾之於人也，❺誰毁誰譽❻？其有所試矣。❼包曰：所譽者輒試之以事，❽不虚譽而已矣。❾斯人也，❿三代所以直道而

❶「有」，篁墩本、邢本、天文本同，《文選》卷三七曹子建《求通親親表》注引無此字。「有」下，伯三四三三號脱「一」字。「可以」，《文選》卷九曹大家《東征賦》注引無「可以」二字。《群書治要》引無「以」字。斯〇七四七號、皇本、古本、唐本、津藩本、正平本、卷子本、《群書治要》引無「之」字。

❷「其」，斯〇七四七號無此字，當誤脱。

❸「己所不欲」上，卷子本多「子曰其」三字，《論語集解考異》卷八因疑此句别爲一章。按：諸本均無此三字，疑衍。

❹「人」下，皇本、古本、唐本、津藩本、卷子本、正平本、大永本多一「也」字，伯三四三三號、伯三七四五號、斯〇七四七號、篁墩本、邢本、天文本、《文選》卷九曹大家《東征賦》注、同書卷三七曹子建《求通親親表》注引同底本無此字。又，邢本、卷子本、伊氏本此句下有何注，爲：「言己之所惡，勿加施於人。」伯三四三三號、斯〇七四七號、篁墩本、皇本、正平本同底本無此注。

❺「也」，伯三四三三號、伯三七四五號、斯〇七四七號、篁墩本、邢本同，皇本、古本、《後漢書・韋彪傳》注引無此字。

❻「誰」至「譽」，伯三四三三號、斯〇七四七號、篁墩本、皇本、古本、足利本、唐本、津藩本、正平本、武内本此句下多「如有可譽者」五字，邢本、伊氏本、《後漢書・韋彪傳》注引「可」作「所」，餘同。《彙考》云：「案此以作『可』爲勝。」底本當有脱誤。

❼「有」，斯〇七四七號無此字。

❽「所譽者」，伯三四三三號、邢本、卷子本同，伯三七四五號、篁墩本、皇本無「者」字，斯〇七四七號無此三字，當有誤脱。又，諸本無「之」字。

❾「虚」，伯三四三三號、伯三七四五號、斯〇七四七號、邢本、大永本同，篁墩本、皇本作「空」。「譽」，斯〇七四七號誤作「與」。「矣」，皇本同，斯〇七四七號作「也」，伯三四三三號、伯三七四五號、篁墩本、邢本無此字。

❿「人」，伯三四三三號、斯〇七四七號同，伯三七四五號、篁墩本、皇本、邢本、《漢書・景帝紀》、《論衡・非韓》篇、同書《率性》篇引作「民」。按：伯三七四五號「民」字缺筆避諱，作「人」亦避唐諱。又，《後漢書・韋彪傳》注引無「人（民）也」二字，似有脱誤。伯三四三三號、《漢書・景帝紀》引無「也」字。

行。」❶馬曰：三代，夏殷周，❷用人如此，❸無所阿私，所以云直道而行之。❹

子曰：「吾猶不及史之闕文也。❺包曰：古之史於字有疑，❻則闕之以待知者。❼有馬者借人乘之，今亡矣夫！」❽包曰：有馬不能調良，❾則借人使習之。❿孔子自謂及見其如此，至今無有矣。⓫言此者，以喻多穿鑿矣。⓬

---

❶「三代」下，伯三四三三號、伯三七四五號、斯〇七四七號、篁墩本、皇本、邢本、《漢書·景帝紀》、《後漢書·韋彪傳》注引有「之」字。「行」下，有「也」字，《論衡·非韓》篇、《率性》篇引同底本無此二字。

❷「周」下，皇本、《論語馬氏訓説》引有「也」字。

❸「人」，或作「民」。參見第二八九頁校勘記❿。

❹「之」，伯三四三三號、皇本作「也」，篁墩本、邢本無此字。「道」下，伯三七四五號、斯〇七四七號有「也」字，無「而行之」三字。阮校記謂正平本無此馬注。

❺「不」，伯三四三三號、伯三七四五號、斯〇七四七號及諸刊本無此字，底本衍。「史」，斯〇七四七號作「使」。「史」下，唐石經無「之」字。

❻「史」上，伯三四三三號、伯三七四五號、斯〇七四七號、邢本、伊氏本多一「良」字，篁墩本、皇本同底本無此字。「史」，斯〇七四七號誤作「使」。「字」上，諸本有「書」字，底本誤脱。

❼「則」至「者」，卷子本無「則」字。皇本句末多一「也」字。伯三七四五號此句作「則闕知也」，恐誤。

❽「今」，伯三四三三號、伯三七四五號、斯〇七四七號、邢本同。皇本、古本、足利本、唐本、津藩本、正平本、天文本「今」下多一「則」字。「矣」，阮校記云：「今集注本作『已』，非。」「已」，《四書考異》謂釋文本、筆解本、宋石經本、南軒解本、集説本、纂箋本、《漢書·藝文志》引文俱作「矣」。《五經文字》序引無「夫」字。

❾「有馬」下，伯三四三三號、皇本多一「者」字。「調」下，伯三七四五號脱「良」字。

❿「使」，邢本、卷子本、大永本、伊氏本作「乘」。「使」下，皇本多一「乘」字。

⓫「自」，伯三七四五號誤作「曰」。伯三四三三號無「及」字。「其」下，篁墩本、皇本、邢本多一「人」字。「其」，伯三七四五號作「人」，「至」作「言」。

⓬「喻」，諸本作「俗」，底本誤。「矣」，伯三四三三號、皇本作「也」，斯〇七四七號、篁墩本、邢本無此字，伯三七四五號無此句，當誤脱。

子曰：「巧言亂德。小不忍而亂大謀。」❶孔曰：巧言利口則亂德義。小不忍則亂大謀。❷

子曰：❸「衆惡之，必察焉；衆好之，必察焉。」❹王曰：惑衆阿黨比周，❺惑其人特立不群，故好惡不可不察。❻

子曰：「人能弘道，非道弘人。」❼才大者道隨大，才小者道隨小，❽故不能弘人。❾

子曰：「過而不改，是謂過矣。」

子曰：「吾嘗終日不食，終夜不寢，❿以思，無益，⓫不如學也。」

子曰：「君子謀道不謀食。耕也，餧在其中矣；⓬學也，禄在其中矣。⓭君子憂

---

❶「而」，伯三四三三號、伯三七四五號同，斯〇七四七號、篁墩本、皇本、邢本、伊氏本作「則」，足利本、唐本、津藩本、正平本、天文本、《群書治要》引無此字。又，《考文》謂一本句末有「之也」二字。

❷「謀」下，皇本多一「也」字。

❸「子曰」，伯三四三三號無此二字，當誤脱。

❹「衆惡之必察焉」，伯三四三三號在「衆好之必察焉」之下。《四書考異》謂《潛夫論・潛歎》篇、《涉史隨筆》、《論語辨惑》舉此文，均以「衆好」句易置「衆惡」句上。按：此與伯三四三三號同，似均屬誤倒。

❺「惑」，諸本均作「或」，當是。下同。

❻「察」下，伯三四三三號、斯〇七四七號、篁墩本、皇本、邢本多一「也」字。

❼「子曰」至「弘人」，伯三七四五號、邢本、大永本、《群書治要》引同。「人」下，篁墩本、皇本、古本、足利本、唐本、津藩本、正平本、天文本有「也」字，伯三四三三號、斯〇七四七號此句及注均誤脱。

❽「才」上，篁墩本、邢本首有「王曰」二字，伯三七四五號、皇本、大永本同底本作何晏自注。二「才」，皇本、《群書治要》引均作「材」。

❾「弘」，伯三七四五號誤作「和」。「人」下，伯三七四五號、皇本、《群書治要》引有「也」字。

❿「夜」，伯三四三三號誤作「日」。「寢」，大永本作「寐」。

⓫「無」，伯三四三三號誤作「並」。

⓬「餧」，底本此字旁補一「餒」字，當爲正字。伯三四三三號、斯〇七四七號、大永本作「餧」，篁墩本、皇本、邢本作「餒」，注同，《釋文》出「餒在」。按：「餧」、「餒」義通。

⓭「中」，伯三四三三號作「忠」，誤。

不憂貧。」❶鄭曰：餒，餓也。言雖耕而不學，❷故飢餒。❸學則得禄，不耕而不餒，❹勸人學。❺

子曰：「智及之，❻仁不能守之；❼不莊以莅之，❽則人不敬。❾包曰：不嚴以臨之，則人不敬其上。❿智及之，仁能守之，不莊

---

❶「憂」下，諸本有一「道」字，底本誤脱。「貪」下，唐本、津藩本、卷子本、正平本、大永本多一「也」字，伯三四三三號、斯〇七四七號、篁墩本、皇本、邢本同底本無此字。伯三七四五號此句作「君子憂貧」，脱「憂道不」三字，句末亦無「也」字。

❷「言」下，伯三四三三號、皇本、邢本、卷子本多一「人」字，伯三七四五號、斯〇七四七號、篁墩本同底本無此字。「雖」下，諸本有一「念」字，底本當誤脱。伯三七四五號脱「不」字。

❸「飢餒」，伯三四三三號、斯〇七四七號同，伯三七四五號、篁墩本、皇本、邢本作「飢餓」。

❹「不」上，伯三七四五號、斯〇七四七號、篁墩本、皇本、邢本多一「雖」字。斯〇七四七號誤脱。「餒」，伯三七四五號、斯〇七四七號、邢本、伊氏本同，篁墩本作「飢」，皇本、大永本作「飢餓」。

❺「勸人學」，篁墩本同。「勸」上，斯〇七四七號多「可以」二字，伯三七四五號多「所以」二字，伯三四三三號多「雖得之」三字，邢本多一「此」字。「勸人」下，大永本多一「於」字。伯三四三三號、皇本、大永本句末有一「也」字。

❻「智」，伯三四三三號、伯三七四五號、斯〇七四七號、皇本同，篁墩本、邢本作「知」。《釋文》出「知」，云：「音智，注及下同。」

❼「仁」至「之」，斯〇七四七號誤脱「仁」字。此句下諸本有經文及注。經文爲「雖得之必失之」。注文爲「包曰：智能及治其官，而仁不能守，雖得之必失之」。伯三四三三號無「而」字。「守」下，伯三四三三號、大永本多一「之」字。伯三四三三號、皇本句末多一「也」字。又，經文爲「智及之，仁能守之」，底本誤脱。

❽「莅」，《釋文》引作「涖」，諸本同底本。

❾「人」，伯三四三三號、斯〇七四七號同，伯三七四五號、篁墩本、皇本、邢本作「民」，注同。

❿「人」，伯三四三三號、斯〇七四七號同，刊本作「民」，伯三七四五號脱此字。「敬」下，伯三七四五號、斯〇七四七號、篁墩本、皇本、邢本多一「從」字，伯三四三三號多「從之」二字。皇本句末有「也」字。

以莅之，❶動之不以禮，未善也。」❷動必以禮，然後善。❸

子曰：「君子不可小知而可大受，❹小人不可大受而可小知。」❺君子之道深遠，❻不可小了知而可大受。❼小人之道淺近，❽可小了知而不可大受。❾

子曰：「民之於仁也，❿甚於水火。馬

---

❶「不」，諸本無此字，底本衍。

❷「未善也」下，《釋文》出「子曰：父在觀其志，父没觀其行」，云：「集解無此章，鄭本有，云古皆無此章。」今見唐寫本及諸刊本均無此章。

---

❸「動」上，伯三四三三號、伯三七四五號、斯〇七四七號、篁墩本、皇本、邢本多「王曰」二字，恐底本誤脱注者。又，「善」下，伯三七四五號、斯〇七四七號、皇本多一「也」字。

❹「受」，伯三四三三號、伯三七四五號、斯〇七四七號同。「受」下，篁墩本、皇本、邢本多一「也」字。

❺「不」至「知」，伯三四三三號、斯〇七四七號同。伯三七四五號誤脱「不可」二字。「大受」下，唐本、津藩本、卷子本、正平本多一「也」字。「知」下，篁墩本、皇本、邢本多一「也」字。

❻「君子」上，邢本、卷子本多「王曰」二字。伯三四三三號、伯三七四五號、斯〇七四七號、篁墩本、皇本同底本作何晏自注。

❼「不可」下，篁墩本、皇本多一「以」字。

❽「近」，伯三七四五號、斯〇七四七號、篁墩本、皇本、邢本同，大永本作「薄」，伯三四三三號作「道」，當誤。

❾「小了」上，斯〇七四七號無「可」字，當脱。「可」下，篁墩本、皇本多一「以」字。伯三四三三號、篁墩本、皇本、邢本句末多一「也」字。

❿「民」，伯三七四五號及諸刊本同，伯三四三三號、斯〇七四七號作「人」。伯三七四五號「於」字重，誤。伯三四三三號、斯〇七四七號末無「也」字。

曰：水火仁，皆所仰者而生，❶仁最爲甚。❷水火，吾見蹈而死者，❸未見蹈仁而死者也。」❹馬曰：蹈水火或時煞人，蹈仁未嘗煞人。❺

子曰：「當仁，不讓於師。」❻孔曰：當行仁之事，不復讓於師。行仁急。❼

子曰：「君子貞而不諒。」孔曰：貞，正也。諒，信。❽君子之人，正其道耳，言必信。❾

❶「水火」下，篁墩本、皇本多一「與」字，邢本多一「及」字。伯三四三三號、伯三七四五號、斯〇七四七號同底本，無「與」或「及」二字，又，「仁」作「人」。「皆」，邢本作「故」。「皆所」，伯三七四五號作「之所皆」。「所」上，篁墩本、皇本、邢本多一「民」字。伯三四三三號、伯三七四五號、斯〇七四七號無此「民」字，又無「者」字。「者」，篁墩本、皇本、邢本在「生」下。伯三四三三號、斯〇七四七號，皇本句末有「也」字。按：　三種寫本「仁」作「人」，並省連詞「與」或「及」，又省主語「民」，易誤以「人」爲主語，而「水火」二事爲所仰對象，如伯三七四五號可讀作：　「水火，人之所皆仰而生。」伯三四三三號、斯〇七四七號可讀作：「水火，人皆所仰而生也。」底本無主語「民」字，其義亦難明。諸刊本作：　「水火與仁，皆(故)民所仰而生者(也)。」民所仰爲水火仁三事，其義甚明，與皇疏「仁、水、火三事，皆民人所仰以生者也」亦合，當以此爲是，疑寫本有脱字。

❷「仁」上，大永本多一「而」字。「甚」下，皇本、大永本有「也」字。

❸「者」，伯三四三三號、伯三七四五號、斯〇七四七號同，篁墩本、皇本、邢本句末多一「矣」字。

❹「也」，篁墩本、皇本、邢本同，伯三四三三號、伯三七四五號、斯〇七四七號末無此字。

❺「煞」，刊本均作「殺」。「人」下，伯三四三三號多一「也」字，皇本多「者也」二字。

❻「當仁」上，伯三四三三號多「君子」二字，「於師」間多一「歸」字，當衍。

❼「行仁急」上，邢本多一「言」字。「仁」，伯三四三三號作「人」。伯三四三三號、斯〇七四七號、皇本句末有「也」字。

❽「正」下，篁墩本、邢本無「也」字。《論語筆解》韓愈云：「『諒』當爲『讓』字誤也。」按：韓説似屬揣測，無實據，今見各本均作「諒」。又，「信」下，伯三四三三號、伯三七四五號、斯〇七四七號、篁墩本、皇本、邢本、《論語筆解》引有「也」字。

❾「之」至「信」，《論語筆解》引無「之人」及「耳言」四字。「言必」間諸本多一「不」字，底本誤脱。「信」上，皇本多一「有」字，邢本、《論語筆解》引多一「小」字，大永本多「不小」二字。《論語筆解》韓愈云：「孔説加一『小』字爲『小信』，妄就其義，失之矣。」又，「信」下，斯〇七四七號、皇本多一「也」字。

子曰：「事君，敬其事而後食。」❶孔曰：先盡力而後食禄。❷

子曰：「有教無類。」馬曰：言人在見教，無有種類。❸

子曰：「道不同，不相爲謀。」❹

子曰：「辭達而已矣。」凡事莫過於實。❺辭達則足矣，不煩文艶之辭。❻

師冕見，孔曰：師，樂人，盲者，名冕。❼及階，子曰：「階。」❽及席，❾子曰：「席。」❿皆坐，子告之曰：⓫「某在斯，某在斯。」孔曰：曆告以坐中人姓字所在處。⓬師冕出。子張

---

❶「食」上，伯三四三三號、斯〇七四七號、篁墩本、皇本、邢本多一「其」字。「食」下，伯三七四五號多「其禄」二字，《郡齋讀書志》載蜀石經此句作「敬其事而後食其禄」。阮校記謂此「是依注文妄增也」。當是。

❷「而」至「禄」，邢本同。「而」，伯三四三三號、斯〇七四七號、篁墩本、皇本作「然」。伯三七四五號無「而」字，「食禄」間多一「其」字。「禄」下，伯三七四五號、皇本多一「也」字。

❸「類」下，斯〇七四七號多一「也」字。

❹「謀」下，伯三四三三號、大永本多一「也」字。

❺「凡事」上，皇本、邢本、伊氏本多「孔曰」二字，伯三四三三號、伯三七四五號、斯〇七四七號、篁墩本、正平本同底本作何晏自注。

❻「辭」下，伯三七四五號、皇本多一「也」字。

❼「師」，斯〇七四七號、篁墩本、邢本同。「師」下，伯三七四五號多一「冕」字。「者」下，伯三四三三號、皇本多一「也」字。伯三四三三號、伯三七四五號、皇本句末有「也」字。

❽「階」下，諸本有「也」字，底本誤脱。

❾「及席」，伯三七四五號、斯〇七四七號、篁墩本、皇本、邢本同。「席」下，伯三四三三號、古本、唐本、津藩本、卷子本、正平本、天文本多一「也」字。阮校記云：「案文義不當有『也』字。」説甚是。

❿「席」下，諸本有「也」字，底本誤脱。

⓫「告」，《考文》謂古本作「謂」。

⓬「曆」，諸本作「歷」。按：（「曆」通「歷」。然此處作列次解，作「歷」爲勝。）又，「坐」，皇本作「座」。「字」，卷子本作「名」。「所」上，篁墩本、皇本、《論語孔氏訓解》引句多一「及」字。「在」下，大永本多一「之」字。「處」下，伯三七四五號、皇本、大永本、《孔氏訓解》引有一「也」字。

曰：❶「與師言之道與？」子曰：「然，固相師之道也。」孔曰：❷相，導。❸

❶「曰」上，諸本多一「問」字，底本誤脱。

❷「孔曰」，伯三四三三號、伯三七四五號、斯〇七四七號、篁墩本、皇本、邢本作「馬曰」，底本恐誤。

❸「導」，篁墩本、皇本、邢本、《釋文》、《論語馬氏訓説》引同，伯三四三三號、伯三七四五號、斯〇七四七號作「道」。「導」下，諸本多一「也」字。

《季氏》篇整理説明

《季氏》篇共有四個集解寫本，均爲伯希和、斯坦因本。本篇共分十四章。

底本：伯三四三三號。本篇共存六十六行，起篇題，迄篇末，首尾完整。

校本：（一）伯三七四五號。本篇共存六十一行，起篇題，迄篇末，其中第一章和第十三章經注有脱誤。（二）斯〇七四七號。本篇共存四十五行，起篇題，迄第十三章末「又聞君（子之遠其子）」。其中多行不清，第十五行以後，又多行下部有殘，第二十七至三十六行殘缺更甚。（三）伯二一二三號。本篇共存四十三行，起篇題，迄第九章首「孔子曰：生而知之者上也」。

本篇各卷均爲唐寫本，詳見《衛靈公》篇整理説明。

伯希和三四三三號寫本

季氏第十六❶

何晏集解❷

季氏將伐顓臾。❸冉有、季路見於孔子曰：「季氏將有事於顓臾。」孔曰：顓臾，伏羲之後，❹風姓之國。本路之附庸，❺當時臣屬魯。季氏□其土地，❻欲滅而有之。❼冉有、季路爲季氏家臣，❽

❶「季」至「六」，伯二一二三號、伯三七四五號、斯〇七四七號同。「季」上，篁墩本多「論語」二字。

❷「何」至「解」，伯二一二三號、篁墩本同。伯三七四五號、斯〇七四七號無此四字。

❸「臾」，伯二一二三號、伯三七四五號、斯〇七四七號、正平本、北監本、天文本、《釋文》引同，唐石經、篁墩本、皇本、邢本作「臾」。阮校記云：「『臾』是正字，省作『臾』。」《彙考》亦云應以「臾」爲是。下同，不再出校。

❹「伏羲」，伯二一二三號、伯三七四五號、斯〇七四七號、篁墩本、邢本同，卷子本、正平本、大永本作「宓羲」，皇本作「宓犧」。《釋文》出「宓」，云：「音密。又音伏。本亦作『伏』。」阮校記據《五經文字》所云：「《論語》注亦用作『宓犧』，字音伏。」以爲：「是唐時《論語》注俱作『宓犧』。」今按：《釋文》既云「本亦作『伏』」，則陸氏唐初所見本亦有作「伏」者。又，底本及另三寫本均作「伏羲」，足證唐時《論語》注多作「伏羲」者，亦足證阮説不確。

❺「路」，諸本作「魯」，底本誤。

❻「□」，諸本作「貪」。「土」，伯二一二三號、斯〇七四七號、邢本、伊氏本同，伯三七四五號、篁墩本、皇本無此字。

❼「有」，伯二一二三號、伯三七四五號、斯〇七四七號、篁墩本、皇本同，邢本作「取」字。

❽「冉有」下，伯二一二三號、伯三七四五號、斯〇七四七號、篁墩本、皇本、邢本多一「與」字，底本誤脱。「路」下，斯〇七四七號無「爲」字。「家臣」，伯三七四五號、斯〇七四七號同，篁墩本、皇本、邢本無「家」字，伯二一二三號無此二字。「冉有」以下，伯三七四五號單行大寫，誤入經文。

來告孔子也。❶孔子曰：「求！無乃爾是誰過與？❷孔曰：冉求爲季氏宰，❸相其室，❹爲之聚斂，❺故孔子獨疑教之也。❻今夫顓臾，❼昔者先王以爲東蒙主，孔曰：使主祭蒙山。❽且在封城之中矣，❾孔曰：魯七百里封。❿顓臾爲附庸，在

---

❶「子」，皇本作「氏」。「孔子」下，斯〇七四七號多一「之」字。伯二一二三號、篁墩本、邢本無「也」字。「來告」，伯三七四五號單行大寫誤入經文，又無「孔子也」三字。

❷「乃」，底本誤作「及」，據諸本改正。「誰」下，伯二一二三號、斯〇七四七號、《群書治要》引多一「之」字，伯三七四五號、篁墩本、皇本、邢本無「誰」字。《彙考》云：「此當誤衍『誰之』二字。」説甚是。

❸「求」，伯二一二三號、斯〇七四七號、篁墩本、皇本、邢本同，伯三七四五號上衍一「有」字，大永本作「有」。

❹「相」，伯二一二三號無此字。

❺「爲」上，伯三七四五號、篁墩本多一「而」字。「斂」上，伯三七四五號無「聚」字，當誤脱。

❻「孔」，皇本作「君」，當誤。「獨」，斯〇七四七號作「猶」，恐誤。「教」上，伯二一二三號、伯三七四五號、斯〇七四七號、篁墩本、皇本、邢本有「求」字，底本誤脱。「教之也」，斯〇七四七號同，伯三七四五號、皇本、正平本、卷子本、大永本無「之」字，篁墩本、邢本無「也」字，伯二一二三號無「之也」二字。

❼「今」，《四書考異》謂《太平寰宇記》引同，伯二一二三號、伯三七四五號、斯〇七四七號、篁墩本、皇本、邢本引無。

❽「山」下，伯三七四五號、斯〇七四七號、皇本有「也」字。

❾「封」，伯二一二三號，伯三七四五號、斯〇七四七號同，篁墩本、皇本、邢本作「邦」。《釋文》出「邦」，云：「『邦』或作『封』。」阮校記據孔注、邢疏作「封」，云：「案『邦』與『封』古字雖通，然此處疑本作『封』字。」《四書考異》亦云：「集解孔氏曰：『魯七百里之封，顓臾在其域中。』似其所據《古論》字爲『封』。」又，「城」，諸本作「域」，底本誤。「中」下，《周禮・大司徒》注引無「矣」字。

❿「封」，伯二一二三號、伯三七四五號、邢本、伊氏本作「之封」，斯〇七四七號、篁墩本、皇本作「之邦」。參見本頁校勘記❾。

其城中矣。❶是社稷之臣。❷何以伐爲？」❸孔曰：已屬魯，爲社稷之臣，❹何用伐爲也。❺冉有曰：「夫子欲之，吾二臣者皆不欲。」❻孔曰：❼歸咎於季氏也。❽孔子：❾「求！周任有言曰：❿『陳力就列，不能者止。』馬曰：⓫

❶「在」至「矣」，斯〇七四七號同。「在其」，大永本作「其在」。「城」，伯二一二三號、伯三七四五號、篁墩本、皇本、邢本、大永本作「域」。「矣」，伯三七四五號、皇本、大永本作「也」，篁墩本、邢本、伊氏本無「矣」字。

❷「臣」，伯二一二三號、伯三七四五號、斯〇七四七號、《周禮・大司徒》注引同。「臣」下，篁墩本、皇本、邢本有「也」字。

❸「伐爲」，伯二一二三號、伯三七四五號、斯〇七四七號、邢本、伊氏本同，篁墩本、皇本、古本、唐本、津藩本、足利本、卷子本、正平本、大永本、天文本作「爲伐」。《四書考異》云：「按孔氏注『何用滅之爲也』，『伐爲』字必不容倒。《顔淵》篇『何以文爲』，或本亦作『爲文』，皆大失語氣。」説甚是。又，「爲」下，皇本、古本、唐本、津藩本、卷子本、正平本、大永本有「也」字。

❹「屬」，伯二一二三號作「居」。「之」，伯二一二三號無。

❺「伐爲也」，斯〇七四七號無「也」字，伯二一二三號作「滅之」，篁墩本、邢本作「滅之爲」，伯三七四五號、皇本作「滅之爲也」。

❻「欲」，伯二一二三號、伯三七四五號、《群書治要》引同。「欲」下，斯〇七四七號、篁墩本、皇本、邢本有「也」字。

❼「孔曰」，斯〇七四七號、篁墩本、皇本、邢本均同，伯二一二三號、伯三七四五號無此二字，恐誤脱注者。

❽「也」，伯二一二三號、篁墩本、皇本、邢本、《群書治要》引句末無此字。

❾「孔子」下，伯二一二三號、伯三七四五號、斯〇七四七號、篁墩本、皇本、邢本有「曰」字，底本誤脱。「孔子曰」，《文選》卷九曹大家《東征賦》注引作「子謂冉有曰」，似非《論語》原文。

❿「求」，《文選》卷二四張茂先《答何劭詩》注引無此字。「有」下，斯〇七四七號脱「言」字。

⓫「馬曰」，伯二一二三號、伯三七四五號、斯〇七四七號、篁墩本、皇本、邢本同，《論語孔氏訓解》謂據集解，《文選》卷二四張茂先《答何劭詩》注引應作孔注，但今本集解及《答何劭詩》注均引作馬注。

周任，古之良史。❶言當陳其材力，❷度己所任以就其位，不能則當止也。❸危而不持，顛而不扶，❹則將焉用彼相矣。❺包曰：❻輔相人者，當能持危扶顛；❼若不能，何用相爲也。❽且爾言過矣，虎兕出於押，❾龜王毁於櫝中，❿是誰之過與？」⓫

❶「史」，伯二一二三號、伯三七四五號、斯〇七四七號、篁墩本、皇本、邢本、《群書治要》、《答何劭詩》注引同，正平本、大永本作「吏」。「史」下，伯三七四五號、斯〇七四七號、正平本、大永本、《群書治要》引有「也」字。

❷「其」，伯三七四五號、篁墩本、《群書治要》引無此字。「材」，斯〇七四七號同，伯二一二三號、伯三七四五號、篁墩本、皇本、邢本、正平本、《群書治要》引作「才」。「力」，正平本作「事」。

❸「也」，伯三七四五號、篁墩本、邢本句末無此字。

❹「顛而不扶」，《後漢書·安帝紀》引在「危而不持」上。

❺「用彼」，斯〇七四七號脱此二字。「焉」，《漢書·王嘉傳》引作「安」。按：「焉」、「安」經傳通用。

❻「包曰」，伯三七四五號、斯〇七四七號、篁墩本、皇本、邢本、正平本、《論語包氏章句》引同，伯二一二三號作「鄭曰」，疑誤。

❼「能」，正平本無此字。

❽「也」，斯〇七四七號、皇本、《群書治要》引同，伯二一二三號、伯三七四五號、篁墩本、邢本、正平本無此字。

❾「於」，伯二一二三號、伯三七四五號、斯〇七四七號、篁墩本、邢本、《釋文》引同，古本、皇本無此字。「押」，伯三七四五號同，斯〇七四七號作「狎」，伯二一二三號作「匣」，篁墩本、皇本、邢本、古本、天文本、《群書治要》、《文選》卷四〇任彦昇《百辟勸進今上牋》注引作「柙」（《四書考異》謂《勸進牋》注引作「匣」，與今本異）。《釋文》出「匣」，云：「本今作『柙』。」阮校記云：「《五經文字》云『柙』與『匣』同，見《論語》。按『柙』訓檻，『匣』訓匱。是『柙』爲正字，『匣』爲假借字。」今按：「押」、「狎」爲動詞，與本句作名詞不符，當係「柙」字之訛。

❿「王」，諸本作「玉」，底本誤。「毁」下，皇本、古本、唐本、津藩本、正平本、卷子本無「於」字。「櫝」，伯二一二三號作「犢」，誤。

⓫「與」，伯二一二三號、伯三七四五號、斯〇七四七號、篁墩本、皇本、邢本、正平本、《群書治要》引同。「與」下，唐本、津藩本、卷子本有「也」字。

馬曰：❶押，檻也。櫝，匱也，❷失虎毀玉，❸非典守者過耶。❹冉有曰：「今夫顓臾，固而近於鄪。❺馬曰：❻固，爲城郭完堅，❼兵甲之利。❽鄪，季氏邑也。❾今不取，❿後世必爲子孫之憂。」⓫

---

❶「馬曰」，伯三七四五號、斯〇七四七號、篁墩本、皇本、邢本、《論語馬氏訓説》引同，伯二一一二三號作「孔曰」，疑誤。

❷「押」，當作「柙」。「檻」下，伯二一一二三號無「也」字，「櫝」作「犢」，誤。「匱」，斯〇七四七號、伯三七四五號、邢本、伊氏本、《釋文》引同，伯二一一二三號作「簣」，大永本、正平本、卷子本作「樻」，篁墩本、皇本作「櫃」。阮校記云：「『櫃』乃『匱』之俗字。」

❸「失虎毀玉」，底本此四字係旁補，邢本、大永本、《群書治要》引同，皇本、《論語馬氏訓説》引無「虎」、「玉」二字，伯三七四五號誤作「失疾毀」，伯二一一二三號、斯〇七四七號、篁墩本、卷子本無此四字。

❹「非」上，邢本多一「豈」字。「過」上，伯二一一二三號、伯三七四五號、篁墩本、皇本、邢本、正平本、大永本、《論語馬氏訓説》引多一「之」字，斯〇七四七號、《群書治要》引同底本無此「之」字。「耶」，斯〇七四七號、皇本、正平本、大永本同，篁墩本、邢本、《論語馬氏訓説》引作「邪」，伯二一一二三號、伯三七四五號、《群書治要》引無此字。斯〇七四七號、伯三七四五號、正平本、大永本、《群書治要》引句末有「也」字。

❺「鄪」，伯三七四五號、斯〇七四七號同，伯二一一二三號、篁墩本、皇本、邢本、《群書治要》、《論語馬氏訓説》、《釋文》引作「費」。按：「鄪」、「費」同音，以「鄪」爲正。參見第二〇五校勘記❶。注同，不再出校。

❻「馬曰」，伯三七四五號、斯〇七四七號、篁墩本、皇本、邢本同，伯二一一二三號作「孔曰」，恐誤。

❼「爲」，篁墩本、皇本、邢本、《論語馬氏訓説》引作「謂」，伯二一一二三號、伯三七四五號、斯〇七四七號、《群書治要》引無此字。

❽「兵」上，伯三七四五號有「之」字，恐誤。伯二一一二三號、斯〇七四七號、篁墩本、皇本、邢本、《論語馬氏訓説》引無「之」字。「甲」下，《群書治要》引有「也」字，無「之利」二字。「利」下，斯〇七四七號、篁墩本、皇本、邢本、《論語馬氏訓説》引有「也」字。

❾「氏」，斯〇七四七號同。「氏」下，皇本、正平本、卷子本、大永本、《論語馬氏訓説》引多一「之」字。伯二一一二三號、伯三七四五號、篁墩本、邢本、《群書治要》引無「也」字。

❿「取」，伯三七四五號誤脱此字。

⓫「後」至「憂」，斯〇七四七號、伯三七四五號同。「孫」下，伯二一一二三號、篁墩本、皇本、邢本、《群書治要》引無「之」字。斯〇七四七號、大永本句末有「也」字。《釋文》出「必爲子孫憂」，云：「本或作『後世必爲子孫憂』。」按：今見寫本、刊本均有「後世」二字。

孔子曰：「求！君子疾夫，孔曰：疾如汝之言。❶舍曰欲之而必爲之辭。❷孔曰：舍其貪利之説，而更作他辭，是所疾也。❸丘也聞有國有家者，❹不患寡而患不均，❺孔曰：國，諸侯。家，卿大夫。❻不患土地民人寡少，❼患政治之不均

❶「汝」，邢本作「女」。「汝」下，《群書治要》引無「之」字。「言」下，斯〇七四七號、皇本有「也」字。

❷「必」，伯二一二三號、伯三七四五號、斯〇七四七號、邢本、《群書治要》引同。「必」下，篁墩本、皇本、古本、唐本、津藩本、足利本、正平本、天文本多一「更」字。「辭」下，伯三七四五號有「也」字。

❸「而」至「也」，伯二一二三號、篁墩本、皇本、邢本同。「而更」，斯〇七四七號作「更而」。正平本、卷子本無「而」字。伯三七四五號、《群書治要》引句末無「也」字。

❹「聞」下，伯三七四五號、大永本多一「之」字。

❺「寡」，伯二一二三號，伯三七四五號、斯〇七四七號、篁墩本、皇本、邢本同，《四書考異》謂《春秋繁露・度制》篇、《魏書・張普惠傳》引作「貧」。《張普惠傳》校勘記謂《册府元龜》卷四七二、宋本亦同。《論語譯注》云：「『不患寡而患不均，（下句）不患貧而患不安』當作『不患貧而患不均，不患寡而患不安』。『貧』和『均』是從財富着眼，下文『均無貧』可以爲證；『寡』和『安』是從人民着眼，下文『和無寡』可以爲證。説詳俞樾《群經平議》。」《四書考異》與《論語譯注》一從實例言之，一從義理及下文推之，皆謂此句「寡」當作「貧」。然「不患寡而患不均」下孔注云：「不患土地人民寡少，患政治之不均平也。」下句「不患貧而患不安」下孔注云：「憂不能安民耳，民安則國富。」皇疏亦云：「言夫爲諸侯及卿大夫者，不患土地人民寡少，所患政治之不能均平耳。」又云：「爲國家者何患民貧乏耶，政患不能使民安。」邢疏基本相同。注、疏言之鑿鑿，未可輕疑，至少漢孔安國作注時已經如此。唐寫本皆作「不患寡而患不均」亦可證之。他書引文易誤，未可盡信。

❻「國」至「夫」，伯二一二三號、斯〇七四七號、篁墩本、邢本同。「國」、「家」下，正平本、卷子本各有一「者」字。「諸侯」、「卿大夫」下，皇本、大永本各有一「也」字。「卿大夫」下，正平本、卷子本有一「也」字。「大夫」上，伯三七四五號誤脱「卿」字。

❼「民」，底本及伯二一二三號、斯〇七四七號均缺筆避唐諱，下同，不再出校。「民人」，伯二一二三號、斯〇七四七號同，篁墩本、皇本、邢本、《群書治要》引作「人民」，伯三七四五號無「民」字。「寡」上，伯三七四五號、斯〇七四七號、篁墩本、皇本、邢本、《群書治要》引多一「之」字。

平也。❶不患貧而患不安。孔曰：憂不能安人耳。❷民安則富也。❸蓋均無貧，和無寡，安無傾。❹包曰：政教平均，❺則不貧矣。❻上下和同，❼不患寡矣。❽小人安寧，❾不傾危矣也。❿夫如是，故遠人不服，則修文德以來之。⓫既來之，則安之。今由與求也，相夫子，遠人不服，而不能來也；⓬邦分崩離析，而不能守；⓭

❶「政」，底本誤作「攻」，已改正。「治」，伯二一一二三號、斯〇七四七號、篁墩本、皇本、《群書治要》引同，邢本作「理」。《釋文》作「治」，云：「本今作『理』。」伯三七四五號誤脱「治之」二字。「平」下，伯二一一二三號、伯三七四五號、篁墩本、邢本、《群書治要》引無「也」字。

❷「安人」，斯〇七四七號同，伯二一一二三號、篁墩本、皇本、邢本、《群書治要》引作「安民」。

❸「民」，伯二一一二三號作「人」。「富」上，伯二一一二三號、篁墩本、皇本、邢本、《群書治要》引多一「國」字，末無「也」字，斯〇七四七號末亦無「也」字。伯三七四五號此注及下句經文均脱。

❹三「無」字，《漢書·食貨志》引均作「亡」。

❺「政教」，斯〇七四七號作「教政」。「平均」，伯二一一二三號、伯三七四五號、篁墩本、皇本、邢本、《群書治要》引作「均平」。

❻「貧」上，皇本、正平本、大永本、《群書治要》引多一「患」字。

❼「和」，斯〇七四七號作「知」。

❽「不」上，《群書治要》引多一「則」字。

❾「小人」，邢本、《群書治要》引作「大小」，伯二一一二三號、伯三七四五號、斯〇七四七號、篁墩本、皇本作「小大」。

❿「矣也」，皇本、卷子本、大永本無「矣」字，伯三七四五號、斯〇七四七號、篁墩本、邢本、《群書治要》引無「也」字，伯二一一二三號無此二字，正平本作「也矣」。

⓫「修」，斯〇七四七號、篁墩本、皇本、正平本、武内本、天文本同，伯二一一二三號、伯三七四五號、古本、邢本、《群書治要》引作「脩」。按：此處當以作「修」爲正。又，「之」，古本作「也」。

⓬「不」，伯三七四五號作「弗」。伯二一一二三號無「也」字。

⓭「守」，伯二一一二三號、斯〇七四七號、《群書治要》引同。「守」下，伯三七四五號、篁墩本、皇本、邢本有「也」字。

孔曰：民有異心曰分，❶欲去曰□，❷不可會聚曰離析也。❸而謀動干戈於邦內。❹孔曰：❺干，楯；戈，戟也。❻吾恐季孫之憂，不在於顓臾，❼而在蕭牆之內。」❽鄭曰：蕭牆，蕭謂屏也。❾君臣相見之禮，至屏而加肅敬焉。是以謂之蕭牆。後季氏家臣陽虎果囚季桓子也。❿

---

❶「民」，伯二一一二三號作「人」。「異」，伯二一一二三號、伯三七四五號、斯〇七四七號、篁墩本、皇本同，邢本作「畏」。按：邢疏引亦作「異」，邢本作「畏」，似誤。「分」上，伯三七四五號誤脱「曰」字。

❷「□」，諸本作「崩」。

❸「會聚」，伯三七四五號作「聚會」。「析」下，伯二一一二三號、伯三七四五號、斯〇七四七號、篁墩本、皇本、邢本無「也」字。

❹「邦內」，《釋文》出「邦內」，云：「鄭本作『封內』。」

❺「孔曰」，伯三七四五號無此二字，當誤脱。

❻「楯」，伯二一一二三號、斯〇七四七號、篁墩本、皇本、邢本同，《論語孔氏訓解》引作「盾」。《釋文》出「盾」，云：「又作『楯』。」按：《文選》卷二七《從軍詩》注引孔安國《尚書傳》曰：「戈，戟；干，盾也。」亦作「盾」。則「盾」、「楯」通。伯三七四五號作「猶」，當爲「楯」字之誤。「楯」下，篁墩本、皇本、邢本有「也」字。

❼「於」，伯三七四五號、唐石經、正平本同，伯二一一二三號、斯〇七四七號、篁墩本、皇本、邢本、《群書治要》引無。《釋文》亦無，云：「或作『不在於顓臾』。」是陸氏所見亦有兩種不同傳本。

❽「在」下，《隸釋》載漢石經多一「於」字。又，「內」下，伯二一一二三號、伯三七四五號、皇本、邢本有「也」字。

❾前「蕭」字下，伯二一一二三號、伯三七四五號、斯〇七四七號、篁墩本、皇本、邢本多「之言肅」三字，斯〇七四七號、篁墩本、皇本、邢本多「之言肅也」四字。底本「蕭」旁似補有「之言」等字，但模糊不清。「牆蕭」，篁墩本、皇本作「蕭牆」，底本誤倒，伯二一一二三號、伯三七四五號、斯〇七四七號、邢本、《群書治要》引無「蕭」字。按：上已釋「蕭」作「肅」，此當釋「牆」作「屏」，「牆」上再加「蕭」字，似衍。

❿「季氏」下，皇本、正平本、卷子本多一「之」字。「囚」，底本原誤作「困」，已改正。伯三七四五號誤脱「桓」字。「子」下，伯二一一二三號、斯〇七四七號、篁墩本、邢本無「也」字。

孔子曰：「天下有道，則禮樂征伐自天子出；天下無道，則禮樂征伐自諸侯出。自諸侯出，蓋十世希不失矣；孔曰：希，少也。周幽王爲犬戎所煞，❶平王立而東遷洛邑。❷周始微弱，❸諸侯自作禮樂，❹專行征伐，❺始於隱公，至昭公，十世，❻失政，死於乾侯也。❼自大夫出，五世希不失矣；孔曰：季文子初得政，至桓子，五世，爲家臣陽虎所囚也。❽倍臣執國命，❾三世希不失矣。馬曰：❿陪，重也，謂家臣也。⓫虎爲季氏臣，⓬至虎三世而出奔也。⓭天下有道，則政不在

❶「煞」，伯二一二三號、伯三七四五號、斯〇七四七號同，篁墩本、皇本、邢本、《論語筆解》引作「殺」。「煞」同「殺」。

❷「立」至「邑」，斯〇七四七號同。「平」下，伯二一二三號、伯三七四五號、篁墩本、皇本、邢本、《論語筆解》引無「立而」、「洛邑」四字。

❸「周始微弱」，《論語筆解》引無此四字。

❹「諸侯」下，伯三七四五號多一「便」字。

❺「專行征伐」，《論語筆解》作「征伐專行」。篁墩本無「行」字。

❻「至」，伯三七四五號誤作「王」，斯〇七四七號無此字。

❼「失政」，斯〇七四七號誤作「矣」，又「死」作「故」。「死」下，皇本、大永本無「於」字。伯二一二三號、篁墩本、皇本、大永本、《論語筆解》引句末無「也」。「也」，邢本作「矣」。

❽「也」，伯二一二三號、伯三七四五號、篁墩本、邢本、《論語筆解》引無此字。

❾「倍」，諸本作「陪」，底本誤。

❿「馬曰」，伯二一二三號作「孔曰」，恐誤。

⓫「陪」至「也」，《論語筆解》引無此句。「家」下，伯三七四五號無「臣也」二字。伯二一二三號、斯〇七四七號、篁墩本、邢本、《文選》卷二六潘安仁《河陽縣詩》注引無「也」字。

⓬「虎」，伯二一二三號、伯三七四五號、斯〇七四七號、篁墩本、邢本、《論語筆解》引作「陽虎」，皇本、正平本、《論語馬氏訓説》引作「陽氏」。「臣」，斯〇七四七號、伯二一二三號、伯三七四五號、篁墩本、皇本、邢本、《論語筆解》、《論語馬氏訓説》引作「家臣」。按：此處以作「家臣」爲是。

⓭「至」，伯三七四五號無此字。「也」，篁墩本、邢本作「齊」，「也」上皇本、《論語馬氏訓説》引多一「齊」字。「奔」下，伯二一二三號、伯三七四五號、斯〇七四七號、《論語筆解》引無「也」字。

於大夫。❶孔曰：❷制之由君也。❸天下無道，❹則庶人不議。」孔曰：❺無所非義也。❻

孔子曰：「禄去公室五世矣，❼鄭曰：言此之時，魯定公之初。❽魯自東門襄仲煞文公之子赤而立宣公，❾於是政在大夫，爵禄不從君出，至定公爲五世矣。政逮於大夫四世矣，❿孔曰：文子、武子、悼子、平子。⓫故夫三桓之子孫微矣。」⓬孔曰：

❶「不在於」，斯〇七四七號同。伯三七四五號無「不」、「於」二字。伯二一二三號、篁墩本、皇本、邢本無「於」字。

❷「孔曰」，伯三七四五號無此二字，當係誤脱。

❸「制」，伯三七四五號作「則」。「君」下，伯二一二三號、伯三七四五號、斯〇七四七號、篁墩本、邢本無「也」字。

❹「無」，諸本作「有」，底本誤。

❺「孔曰」，伯三七四五號無此二字。當係誤脱。

❻「義」，伯二一二三號、伯三七四五號、斯〇七四七號、篁墩本、皇本、邢本作「議」，底本恐誤。「義」下，伯二一二三號、伯三七四五號、斯〇七四七號、篁墩本、邢本無「也」字。

❼「禄」下，伯二一二三號、伯三七四五號、斯〇七四七號、篁墩本、皇本、邢本、《論語筆解》引多一「之」字。「世」，《漢書・劉向傳》顔師古注引作「君」，下句「四世」亦作「四君」。按：改「世」爲「君」，恐避唐諱。

❽「言」，伯二一二三號作「當」。皇本句末有「也」字。

❾「魯」下，斯〇七四七號衍「定公」二字。「煞」，篁墩本、皇本、邢本作「殺」。《論語筆解》引無「煞文公之子赤而」七字。

❿「逮」至「矣」，伯二一二三號、伯三七四五號、篁墩本、皇本、邢本、《論語筆解》引同底本。「逮」，斯〇七四七號誤作「仁」。唐本、津藩本、正平本、天文本無「於」字。《文選》卷五五陸士衡《演連珠》注引亦無「於」字，又句末無「矣」字。

⓫「孔曰」，伯二一二三號、伯三七四五號、斯〇七四七號、邢本、卷子本、伊氏本、《論語筆解》、《論語孔氏訓解》引同，篁墩本、皇本、正平本作「鄭曰」。按：作孔注者有中國傳本邢本，有日本傳本卷子本、伊氏本，有唐人撰《論語筆解》，有清人輯《論語孔氏訓解》，尤其有包括底本在内的四種唐寫本。且邢以「注孔曰：文子、武子、悼子、平子」出疏，並云：「此據《左傳》及《世家》文也。」可證其爲孔注不誤。而作鄭注者僅日本傳本。疑孔注、鄭注本相同，後人誤孔作鄭。又，「平子」下，皇本有「也」字。

⓬《文選》卷五五陸士衡《演連珠》注引無「故」、「之」二字。

三桓，謂仲孫、叔孫，季孫。❶三卿皆出桓公，故曰三桓。❷仲孫氏改其氏稱孟氏，❸至哀公皆衰矣也。❹

孔子曰：「益者三友，損者三友。友直，友諒，友多聞，益矣。友便僻，❺馬曰：便僻，❻巧避人之所忌以求容媚。❼友善柔，馬曰：面柔也。❽友便佞，❾損矣。鄭曰：❿便，僻，謂佞

❶「三桓」下，皇本多一「者」字。《論語筆解》引無「謂」字。「孫」下，皇本、《文選》卷五五陸士衡《演連珠》注引有「也」字。

❷「故曰」，《論語筆解》引無此二字。斯〇七四七號無「曰」字。「桓」下，斯〇七四七號、篁墩本、皇本、邢本有「也」字。

❸「仲孫」上，伯二一二三號多一「謂」字，當衍。

❹「哀公」下，伯二一二三號多一「時」字。「衰矣也」，斯〇七四七號同，伯二一二三號作「衰之矣」，伯三七四五號作「衰之」，皇本無「矣」字，篁墩本、邢本無「矣也」二字。

❺「僻」，伯二一二三號、斯〇七四七號、卷子本、大永本、正平本、《後漢書·爰延傳》注引同，伯三七四五號、篁墩本、皇本、邢本、《群書治要》、《論語馬氏訓說》引作「辟」，《釋文》出「辟」，云：「婢亦反。」《四書考異》云：「集解讀『辟』爲『避』。《示兒編》曰前漢《佞幸傳》正引此語，『辟』字從女，與《孟子》『便嬖不足使令於前』同，則『辟』讀爲『寵嬖』之『嬖』亦通。」阮校記云：「高麗本（正平本）『辟』作『僻』。案馬讀『辟』爲『避』，鄭讀『辟』爲『譬』。今高麗本作『僻』，蓋與《釋文》同。今既采馬注，而字又作『僻』，其誤甚矣。」按：據此，「辟」爲正字，讀作「避」或「嬖」。

❻「僻」，當作「辟」。斯〇七四七號無此字。

❼「巧避」，伯二一二三號、伯三七四五號、斯〇七四七號、皇本、《群書治要》、《論語馬氏訓說》引同，篁墩本、邢本作「巧辟」。「人」下，皇本、《群書治要》、《論語馬氏訓說》引無「之」字。「忌」，伯三七四五號作「惡」。「媚」下，斯〇七四七號、卷子本、大永本有「也」字，皇本、《論語馬氏訓說》引有「者也」二字。

❽「柔」下，皇本、《群書治要》、《論語馬氏訓說》多一「者」字，伯三七四五號多「之人」二字。「也」，伯二一二三號作「和」，斯〇七四七號、篁墩本、邢本無。

❾「友便佞」，《四書考異》謂《太平御覽》引「友便佞」在前句「友善柔」之上。「便」，《四書考異》謂《說文解字》引作「諞」。阮校記云：「『諞』見《周書》，與『便巧』之『便』同。」

❿「鄭曰」，斯〇七四七號作「孔曰」，恐誤。

而辯。❶

孔子曰：「益者三樂，損者三樂。❷樂節禮樂，動得禮樂之節。❸樂道人之善，❹樂多賢友，益矣。樂驕樂，孔曰：恃尊貴以自恣。❺樂佚遊，❻王曰：佚遊，出入不節。❼樂宴樂，損矣。」孔曰：宴樂，躭荒淫瀆。❽此三者自損之道。❾

孔子曰：「侍於君子有三愆：孔曰：愆，過。❿言未及之而言謂之躁，⓫鄭曰：躁，不

❶「僻」，伯二一二三號、伯三七四五號、斯〇七四七號、皇本、《群書治要》引作「辯」。邢本亦作「辯」，然校勘記引作「辨」，云：「北監本、毛本『辨』作『辯』。」邢疏引云：「便，辨也。」似邢本應作「辨」。篁墩本亦作「辨」。按：字當以「辯」爲是，作「僻」、「辨」皆訛。又，末「辯」字，篁墩本、邢本亦作「辨」。「辯」下，斯〇七四七號、伯三七四五號、皇本、邢本有「也」字，伯三七四五號有「之」字。

❷「損者三樂」，斯〇七四七號脱此句。

❸「動」至「節」，伯二一二三號、伯三七四五號、斯〇七四七號、邢本、正平本、伊氏本同。「動」下，篁墩本、皇本多一「靜」，《群書治要》引多一「則」字。「得」下，皇本多一「於」，末多一「也」字。

❹「道」，伯二一二三號、伯三七四五號、斯〇七四七號、篁墩本、唐本、津藩本、邢本、《群書治要》引同，古本、大永本作「導」。

❺「恃」，伯二一二三號作「怙恃」，伯三七四五號、斯〇七四七號、篁墩本、皇本、邢本作「恃」，底本當形近致誤。「自」，正平本作「即」。「恣」下，斯〇七四七號、皇本有「也」字。

❻「佚」，《釋文》出「佚」，云：「本亦作『逸』，音同。」阮校記云：「『佚』、『逸』，字多通用。」

❼「不節」，《群書治要》引同，伯三七〇五號作「不節也」，篁墩本作「不知節也」，伯二一二三號作「不義」，「義」當爲「節」之誤。

❽「躭」，諸本作「沈」。「瀆」，《群書治要》引作「黷」。「瀆」下，皇本、卷子本多一「也」字。

❾「此」，篁墩本、邢本無此字。「道」下，斯〇七四七號、皇本有「也」字。

❿「孔曰」，伯二一二三號無，當係誤脱。「過」下，篁墩本、皇本、邢本有「也」字，伯三七四五號有「之也」二字。

⓫「躁」，伯二一二三號、伯三七四五號、斯〇七四七號、篁墩本、皇本、邢本同，《釋文》出「躁」，云：「魯讀『躁』爲『傲』，今從古。」《四書考異》據《荀子·勸學》篇所云「未可與言而言謂之傲」，按云：「荀卿所用《論語》與魯讀同爲『傲』字，可見《魯論》所傳得未經秦厄之真也。」

安靜。❶言及之而不言謂之隱，❷孔曰：❸隱，匿。不盡情實。❹未見顔色而言謂之瞽。」周曰：未見君子顔色所趣向，❺而便逆先意説也者，❻猶瞽。❼

孔子曰：「君子有三戒：少之時，血氣未定，戒之在斗；及其壯也，血氣防剛，❽戒之在鬬；及其老也，血氣既衰，戒之在得。」❾孔曰：得，貪得。❿

孔子曰：「君子有三畏：畏天命，順吉逆凶，天之命也。畏大人，大人，師聖人，與天地合其德也。⓫畏聖人之言。深遠不可易知，⓬則聖人

---

❶「靜」下，皇本句有「也」。

❷「而」，伯二一二三號、伯三七四五號、斯〇七四七號、篁墩本、邢本、《群書治要》引同，皇本、正平本無此字。

❸「孔曰」，伯二一二三號無，似係誤脱。

❹「情實」，伯三七四五號作「爲之」，當誤。「實」下，皇本有「也」字。

❺「未」上，伯三七四五號多一「言」字，「所」誤作「不」。「向」，伯二一二三號、伯三七四五號、斯〇七四七號、皇本、《群書治要》引同，篁墩本、邢本作「嚮」。《釋文》作「鄉」，云：「本又作『向』。」

❻「説也者」，諸本作「語者」。

❼「瞽」下，伯二一二三號同，篁墩本有「者」字，斯〇七四七號、邢本下有「也」字，伯三七四五號下有「之也」二字，皇本、《群書治要》引下有「者也」二字。

❽「防」，諸本作「方」，底本誤。「剛」，伯三七四五號誤作「則」。

❾「得」，諸本同，《釋文》引亦同，云：「或作『德』，非。」

❿「得」下，皇本、《群書治要》、《論語孔氏訓解》引有「也」字。

⓫「師」，諸本作「即」，底本似誤。「其」，斯〇七四七號、篁墩本、皇本、邢本同，伯二一二三號、伯三七四五號、《群書治要》引無此字。「德」，伯三七四五號誤作「人」。「德」下篁墩本、皇本多一「者」字，伯二一二三號、篁墩本、邢本無「也」字。

⓬「知」，伯二一二三號、斯〇七四七號、邢本、《釋文》引同，伯三七四五號、篁墩本、皇本無此字。《論語集解考異》卷八謂篁墩本脱「知」字。今按：皇疏云：「理皆深遠，不可改易。」是「易」作「改易」解，其下不能加「知」字，則「知」字非脱，至少梁皇侃作疏時所據本無「知」字。而邢疏云：「聖人之言深遠不可易知測。」是「易」作「容易」解，其下又應有「知」字。包括底本在内的三種唐寫本及《釋文》引有「知」字，一種唐寫本無「知」字，可見唐時已有兩種傳本。

之言。❶小人不知天命而不畏，❷恢疏，故不知畏。❸狎大人，❹直而不肆，故狎之也。❺侮聖人之言。」不可小知，故侮之也。❻

孔曰：❼「生而知之者上也；❽學而知之者次也；困而學之，又其次也；孔曰：困，謂有所不通。❾困而不學，民斯爲下矣。」

孔子曰：「君子有九思：視思聽，❿色思温，貌思恭，言思忠，事思敬，疑思問，忿思難，見得思義。」

孔子曰：「見善如不及，⓫見惡如探

---

❶「則」，伯二一二三號、斯〇七四七號、篁墩本、皇本同，伯三七四五號、邢本作「側」。按：此「側」字，恐爲「則」之誤，又恐爲「測」之誤。「言」下，伯三七四五號有「人如」二字，恐衍。篁墩本、皇本、邢本句末有「也」字。

❷「畏」，伯二一二三號、《群書治要》引同。「畏」下，伯三七四五號、篁墩本、皇本、邢本有「也」字。

❸「畏」下，皇本有「也」字。

❹「大」，伯三七四五號脱此字。

❺「之也」，斯〇七四七號、皇本同。伯三七四五號無此二字，伯二一二三號、篁墩本、邢本無「也」字。

❻「可」至「也」，皇本同底本。「可」下，伯二一二三號有「以」字。「知」，伯三七四五號誤作「之」，又無「之」字。篁墩本、邢本無「也」字。

❼「孔」下，諸本有「子」字，底本誤脱。

❽「生」上，《四書考異》謂《毛詩·思齊》正義引多一「天」字。「之」下，《論衡·實知》篇引無「者」字。「上」下，《晉書·石勒載記》、《顔氏家訓·勉學》篇引均無「也」字。

❾「通」下，伯三七四五號、皇本、《群書治要》引有「也」字。

❿「視思」下，篁墩本、皇本、邢本有「明聽思」三字，底本誤脱。「聽」下，伯三七四五號多一「思」字，當衍。「聽」下，斯〇七四七號脱「思」字。

⓫「見」至「及」，《四書考異》引《朱子集·答江德功》謂此章文勢斷續，或有闕文，或非一章，皆不可考。

湯。❶未見其人矣，❷吾聞其語矣。❸孔曰：探湯，喻去惡疾也。❹隱居以求其志，行義以達其道。吾聞其語矣，未見其人也。」齊景公有馬千駟，死之日，人無德而稱焉。❺孔曰：千駟，四千匹也。❻伯夷、叔齊餓死于首陽之下，❼馬曰：首陽山在河東蒲坂，❽華山之北，河曲之中。❾民到于今而稱之。❿其斯之謂與？⓫

❶「見惡」，斯〇七四七號同，《四書考異》謂《後漢書·黨錮傳》、《大戴禮》注引亦同，伯三七四五號、篁墩本、皇本、邢本、《群書治要》引作「不善」。

❷「未」，諸本作「吾」，底本誤。

❸「矣」，正平本無此字。

❹「也」，斯〇七四七號、伯三七四五號、篁墩本、邢本無此字。

❺「人」，斯〇七四七號同，伯三七四五號、篁墩本、皇本、邢本、古本、唐本、正平本、足利本、天文本、《群書治要》引作「民」。「德」，斯〇七四七號、篁墩本、邢本、伊氏本同，伯三七四五號、皇本、古本、唐本、津藩本、正平本、足利本、天文本、《群書治要》、《文選》卷二六潘安仁《河陽縣詩》注、同書卷三八任彥昇《爲范始興作求立太宰碑表》注引作「得」。《四書考異》謂此章貴德，宋儒改「德」爲「得」，而近代刻本又回改爲「德」。今按：包括底本在内的唐寫本，二作「德」，一作「得」，是唐時已有二種不同寫法，蓋因「德」、「得」經傳通用。但此處應以作「德」爲正。

❻「四」，卷子本無此字，當脱。篁墩本、邢本無「也」字。

❼「死」，斯〇七四七號誤作「駟」。伯三七四五號、篁墩本、皇本、邢本、《群書治要》、《論語馬氏訓説》引無此字。

❽「蒲坂」，伯三七四五號、斯〇七四七號、篁墩本、正平本、卷子本同。「坂」下，皇本、邢本、大永本、伊氏本、《論語馬氏訓説》引多一「縣」字。

❾「中」下，伯三七四五號、皇本、《論語馬氏訓説》引有「也」字。

❿「而」，斯〇七四七號同，伯三七四五號、篁墩本、皇本、邢本、《群書治要》、《文選》卷九曹大家《東征賦》注引無此字。

⓫「之」，伯三七四五號、斯〇七四七號、篁墩本、皇本、邢本同，唐本、津藩本、正平本、卷子本無此字。

王曰：此所謂以德爲稱。❶

陳亢問於伯魚曰：❷「子亦有異聞乎？」馬曰：以爲伯魚孔子之子，所聞當有異耳。❸對曰：「未也。❹嘗獨立，孔曰：立，謂孔子。❺鯉趨而過庭。曰：『學詩乎？』對曰：『未也。』❻『不學詩，無以言。』❼鯉退而學詩。他日，又獨立，鯉趨而過庭。曰：『學禮乎？』對曰：『未也。』『不學禮，無以立。』❽鯉退而學禮。聞斯二矣。」❾亢退而喜曰：❿「問一得三，聞詩，聞禮，又聞君子之遠其子。」⓫

---

❶「稱」，邢本、《群書治要》引同。「稱」下，篁墩本有「者」字，伯三七四五號、斯〇七四七號有「也」字，皇本、大永本有「者也」二字。

❷「亢」，《説文解字》引作「伉」。

❸「耳」，斯〇七四七號同。皇本、《論語馬氏訓説》引作「也」。伯三七四五號、篁墩本、邢本無此字。

❹「也」，斯〇七四七號脱此字。

❺「立」上，篁墩本、皇本、邢本有「獨」字，底本誤脱；伯三七四五號有「獨之」二字，衍一「之」字。「子」下，皇本有「也」字。

❻「也」，《考文》謂古本作「之」。

❼「不學」上，篁墩本、皇本、古本、唐本、津藩本、正平本、天文本有「曰」字，伯三七四五號、斯〇七四七號同底本無此字。「言」下，伯三七四五號、皇本、唐本、津藩本、卷子本、正平本、大永本有「也」字，斯〇七四七號、篁墩本、古本、邢本、天文本同底本無此字。又，伯三七四五號下脱經文「鯉退而學詩」至「不學禮無以立」一節。

❽「立」，斯〇七四七號、篁墩本、皇本、邢本、天文本同，「立」下，唐本、津藩本、卷子本、正平本有「也」字。

❾「矣」，斯〇七四七號、篁墩本、唐本、津藩本、正平本、天文本同，《考文》謂足利本亦同，邢本作「者」。「矣」上，伯三七四五號，皇本多一「者」字。

❿「亢」上，伯三七四五號、斯〇七四七號、篁墩本、皇本、邢本等有「陳」字，底本誤脱。「而」，斯〇七四七號、伯三七四五號、篁墩本、皇本、邢本同，唐本、津藩本、正平本無此字。

⓫「子」下，伯三七四五號、篁墩本、皇本、邢本有「也」字。

邦君之妻，❶君稱之曰夫人，❷夫人自稱曰小童；邦人稱之曰君夫人，❸稱諸異邦，❹曰寡小君；異邦人稱之，亦曰君夫人。❺孔曰：小君，君夫人之稱。❻對異邦謙，故曰寡小君。當此之時，❼諸侯適妾不正，❽稱號不實，故孔子正言其禮也。

論語卷第八❾

❶「邦」，《論語譯注》謂《魯論》作「國」。

❷「君」，《考文》謂古本無此字。按：他本均有「君」字，古本無，恐爲誤脱。

❸「邦」，《白虎通·爵》篇、同書《嫁娶》篇引作「國」。卷子本無「之」字，句末有「也」字。

❹「諸」，唐石經作「謂」。

❺「人」下，伯三七四五號、篁墩本、皇本、古本、唐本、津藩本、邢本、正平本、大永本有「也」字。

❻「稱」下，皇本有「也」字。

❼「之」，卷子本、正平本無此字。

❽「適」，伯三七四五號、篁墩本、皇本、邢本作「嫡」。《釋文》亦作「嫡」，云：「本又作『適』，同。」

❾「論」至「八」，伯三七四五號同。

《陽貨》篇整理説明

《陽貨》篇共有二個集解寫本，均爲斯坦因本。

本篇分章據篁墩本、《釋文》、皇本、邢本，共二十四章。《論語譯注》謂二十四章乃何晏集解分章法，另據漢石經分作二十六章。今從前者。

底本：斯〇六一八號。本篇殘存三十二行，起第十六章首句孔注「(惡其邪)好而奪正色也」，迄篇末。第十九章脱「夫三年之喪」至章末，據書法判斷爲唐寫本。

校本：斯五七八九號。本篇殘存五行，起第十六章「(惡鄭聲之)亂(雅)樂」，迄第十九章「君子三年不爲(禮)」。據書法判斷爲唐寫本。

斯坦因〇六一八號寫本

陽貨第十七

何晏集解

（上缺）好而奪正色也。❶惡鄭聲之亂雅樂，❷包：鄭淫，❸聲之哀者。惡其邪好而奪雅樂。❹惡利口之覆邦家。❺孔曰：利口之人，多言少實，苟能悦媚時君，❻覆傾國家。❼

❶ 此注前缺。「正色」下，篁墩本、邢本無「也」字。

❷ 「雅樂」下，正平本、天文本同。篁墩本、皇本、邢本、《群書治要》、《論語包氏章句》引有「也」字。斯五七八九號殘存「亂樂」，中脱「雅」字。

❸ 「包」下，諸本有「曰」，「鄭」下有「聲」字，底本誤脱。

❹ 「邪好而」，斯五七八九號作「耶好而」，《群書治要》引作「邪音而」，篁墩本、皇本、邢本、《論語包氏章句》引無此三字。「奪」，斯五七八九號、篁墩本、皇本、《群書治要》引同，邢本、伊氏本、《論語包氏章句》引作「亂」。按：據經注，此處作「亂」是。又，斯五七八九號誤脱「樂」字。「樂」下，皇本、《論語包氏章句》引有「也」字。

❺ 「家」，斯五七八九號、唐本、津藩本、正平本同。「家」下，篁墩本、皇本、古本、足利本、武内本、《群書治要》引有「也」字，邢本、卷子本、天文本有「者」字。《論語集解考異》卷九云：「卷子本記云：摺本無『者』字。」《四書考異》謂《尹文子·大道下》篇引亦無「者」字。

❻ 「悦」，諸本同，《釋文》出「説」，云：「音悦。本今作『悦』。」

❼ 「覆傾」，斯五七八九號、篁墩本、皇本、邢本、大永本作「傾覆」，底本誤倒。「國」上，篁墩本、皇本多一「其」字，「家」下，皇本多一「也」字。

子曰：「予欲無言。」子貢曰：「子如不言，則小子何述焉？」言之爲益少，故欲無言。❶子曰：「天何言哉？❷四時行焉，百物生焉。天何言哉？」

㝪悲欲見孔子，❸孔子辭之以疾。❹將命者出戶，❺取瑟而歌，使之聞之。㝪悲，❻魯人也。孔子不欲見，故辭以疾。❼爲其將命不已，❽故歌。令將命者悟，❾所以令㝪悲思之。❿

宰我問：「三年之喪，期已久矣。⓫

---

❶「少」，大永本作「小」。「言」下，皇本有「也」字。

❷「天」至「哉」，《釋文》同，云：「魯讀『天』爲『夫』，今從古。」《四書考異》云：「按兩『天何言哉』宜有别。上一句（按指本句）似從《魯論》所傳爲勝。」

❸「㝪」，斯五七八九號同，篁墩本、皇本、邢本作「孺」，注同。《釋文》出「孺」，云：「字亦作『㝪』。」《五經文字》亦云：「『孺』，經典及《釋文》或作『㝪』，與『孺』同。」《玉篇》則云：「『㝪』，俗『孺』字。」

❹「之以疾」，斯五七八九號、皇本、唐本、津藩本、正平本、天文本、卷子本、大永本、武内本同。篁墩本、邢本無「之」字。

❺「戶」，斯五七八九號、篁墩本、皇本、邢本同，《文選》卷一六向子期《思舊賦》注、同書卷四七《三國名臣序》贊注引無此字。按：皇疏云：「出戶，謂受孔子疾辭畢而出孔子之戶以去也。」當有「戶」字。

❻「㝪悲」上，斯五七八九號有「孔曰」二字，篁墩本、皇本、邢本同底本作何晏自注，未知孰是。

❼「辭」，斯五七八九號、皇本、正平本同。「辭」下，篁墩本、邢本多一「之」字。

❽「命」下，斯五七八九號、篁墩本、皇本、邢本有「者」字，底本誤脱。「不已」，邢本同，篁墩本、皇本間多一「知」字，斯五七八九號間多「知其」二字。按：此處以有「知」字爲是。「知」下另加「其」字，不通，恐衍。

❾「令」，底本原誤作「今」，已改正。

❿「之」，斯五七八九號、篁墩本、邢本同，皇本作「也」。

⓫「期」，斯五七八九號、篁墩本、皇本、邢本同，《世説新語・規箴》注引作「朞」。《釋文》出「期」，云：「音基，下同，一本作『其』。」《經典釋文彙校》引盧云：「疑『其』當作『朞』。」按：阮校記引《釋文》謂一本作「朞」。則「其」當「朞」字之誤。

君子三年不爲禮，禮必壞；三年不爲樂，樂必崩。舊穀既沒，新穀既升，鑽燧改火，期可已矣。」馬曰：周書令有更火，❶春取榆柳之火，夏取棗杏之火，季夏取桑柘之火，秋取作楢之火，❷冬取槐檀之火。一年之中，鑽火各異木，❸故曰改火。❹子曰：「食夫稻，衣夫錦，❺於汝安乎？」❻曰：「安。」「則爲之！❼夫君子居喪，❽食旨不甘，聞樂不樂，居處不安，故不爲也。今汝安，❾則爲之！」孔曰：旨，美。❿責其無仁恩於親，⓫故再言汝安則爲之。⓬

❶「令」上，篁墩本、皇本、邢本、《論語馬氏訓説》、《史記・仲尼弟子列傳》集解引有「月」字，底本誤脱。「更火」，篁墩本、皇本、《論語馬氏訓説》引同，邢本、《仲尼弟子列傳》集解引下有「之文」二字。

❷「作」，篁墩本、皇本、邢本、《論語馬氏訓説》、《史記・仲尼弟子列傳》集解引作「柞」。

❸「火」，《論語馬氏訓説》謂釋玄應《涅槃經音義》引作「燧」。

❹「改火」下，篁墩本、皇本、邢本有「也」字。

❺「稻」、「錦」，篁墩本、邢本、《世説新語・規箴》注、《太平御覽》卷八一五引同，皇本、古本、唐本、津藩本、正平本、卷子本、大永本、武内本下各有一「也」字。

❻「汝」，皇本、武内本同，漢石經、古本、唐本、津藩本、篁墩本、正平本、武内本作「女」，下及注同。又，漢石經無「乎」字。

❼「則」上，篁墩本、邢本、天文本、《太平御覽》卷八一五引多「女安」二字，皇本、古本、武内本多「曰汝安」三字，唐本、津藩本、正平本多「之汝安」三字。《彙考》引俞樾云：「『女安則爲之』，上省『子曰』二字。」今按：俞樾似未見日本傳皇本、古本、武内本。有「曰」字，無「子」字，應以此爲是。又，《世説新語・規箴》注引無此句。

❽「君子」，《世説新語・規箴》注引同。「子」下，篁墩本、皇本、邢本多一「之」字。

❾「今」，底本原誤作「令」，已改正。

❿「美」下，篁墩本、皇本、邢本、《史記・仲尼弟子列傳》集解引有「也」字。

⓫「恩」，皇本、邢本、伊氏本同，篁墩本、《仲尼弟子列傳》集解引無此字。「於」，底本原誤作「放」，已改正。

⓬「再」，《史記・仲尼弟子列傳》集解引無，當脱。

宰我出。子曰：❶「予之不仁也！子生三年，然後免於父母之懷。」孔子未三歲，爲父母懷抱。❷子曰：❸「飽食終日，無所用心，難矣哉！不有博弈者乎？❹爲之，猶賢乎已。」❺爲其無所據樂，善生淫欲也。❻

❶「子」，篁墩本、皇本、唐本、津藩本、邢本、天文本同。正平本、大永本無，當脱。

❷「孔」至「抱」，此注「孔」上篁墩本、皇本、邢本、《史記・仲尼弟子列傳》集解引有「馬曰」二字。《論語馬氏訓説》引亦作馬注，底本誤脱注者。又，「孔子」，篁墩本、皇本、邢本、《論語馬氏訓説》引無「孔」字，《仲尼弟子列傳》集解引無此二字。「未」，篁墩本、皇本、《論語馬氏訓説》、《仲尼弟子列傳》集解引作「生未」，邢本、大永本作「生於」。《論語集解考異》卷九云：「(於)連上讀。」按，此似不通。經文云：「子生三年，然後免於父母之懷。」注作：「子生未三歲，爲父母所懷抱。」與經文正合。此處以作「生未」爲是。又，「三」，邢本作「二」，誤。「懷」上，諸本有「所」字，底本誤脱。「抱」下，皇本、《論語馬氏訓説》、《仲尼弟子列傳》集解引有「也」字。

❸「子曰」，底本此二字上有脱文。篁墩本、皇本、邢本作：「夫三年之喪，天下之通喪也。孔曰：自天子達於庶人。予也有三年之愛於其父母乎！孔曰：言子之於父母，欲報之德，昊天罔極，而予也有三年之愛乎！」此脱文與前「子曰」云云爲一句，其中經文「通喪」，《史記・仲尼弟子列傳》引作「通義」；「乎」，漢石經無。注文「庶人」下，一本有一「也」字；「德」，一本作「恩」。

❹「弈」，唐本、正平本、天文本、北監本、毛本、《釋文》引同，篁墩本、皇本、邢本、《論語馬氏訓説》引作「奕」。《彙考》云：「案『弈』、『奕』原爲二字，音同義異。《説文》廾部云：『弈，圍棋也。從廾，亦聲。』又大部云：『奕，大也。從大亦聲。』此當以『弈』爲正。世俗混用，通假之也。」説甚是。

❺「乎」，《四書考異》謂《法言・寡見》引文作「於」。

❻此注「爲」上皇本、邢本有「馬曰」二字，《論語馬氏訓説》引亦作馬注，篁墩本、正平本同底本作何晏自注，未知孰是。「欲」，篁墩本、邢本同，皇本、正平本、大永本、卷子本作「慾」。《釋文》作「慾」，云：「本今作『欲』。」阮校記云：「『欲』、『慾』，古今字。」

子路曰：「君子尚勇乎？」子曰：「君子亦有惡義以爲上，❶君子有勇而無義爲亂，小人有勇而無義爲盜。」❷

子貢問曰：❸「君子亦有惡乎？」❹子曰：「有，惡稱人之惡者，❺孔曰：❻好稱説人之惡，以爲惡。❼惡居下流而訕上者，❽孔曰：訕，謗毀。❾惡勇而無禮者，惡果敢而窒

❶「亦有惡」，諸本無此三字。《彙考》云：「案『亦有惡』三字係涉下文而衍。」説當是。

❷二「有」字，《史記・仲尼弟子列傳》引均作「好」，二「爲」字均作「則」。二「無義」，《漢書・地理志》均作「亡誼則」。

❸「貢」，《群書治要》引作「贛」。「問」，皇本、古本、唐本、正平本、卷子本、大永本、《群書治要》引同，篁墩本、邢本、天文本無此字。

❹「亦」，漢石經、《群書治要》引無此字。漢石經無「惡」字。「乎」，正平本、卷子本、《群書治要》引作「也」。

❺「稱」上，篁墩本、皇本、邢本、《群書治要》引有「惡」字，底本誤脱。又，「人」下，《群書治要》引無「之」字。

❻「孔曰」，篁墩本、皇本、邢本作「包曰」，《論語包氏章句》引亦作包注，底本疑誤。

❼「之」，《群書治要》引無此字。「以爲」上，篁墩本、皇本、邢本、《群書治要》、《論語包氏章句》引有「所」字，句末有「也」字。皇本亦末有「也」字。「爲惡」，《論語包氏章句》注謂邢本作「可惡」，與今本異，當係據他本。

❽「流」，篁墩本、皇本、邢本、《群書治要》引同，《論語孔氏訓解》引無此字，注云：「漢石經無『流』字。案《四輩經音義》、《比邱尼經音義》引並無『流』字，下引孔注知古論與石經同。」又，皇疏云：「又憎惡爲人臣下而毀謗其君上者也。」邢疏云：「謂人居下位而謗毀在上，所以惡之也。」阮校記據此云：「皇、邢兩本亦無『流』字。《九經古義》云當因《子張》篇『惡居下流』涉彼而誤。《鹽鐵論》『大夫曰：文學居下而訕上。』《漢書・朱雲傳》云：『小臣居下訕上。』是漢以前皆無『流』字。」今按：謂漢以前皆無「流」字似可成立，然謂皇、邢兩本亦無「流」字則恐未必。且今見唐寫本有「流」字，《群書治要》引亦有「流」字，至遲唐時已作「下流」。

❾「毀」下，篁墩本、皇本、《群書治要》引有「也」字。

者。」❶馬曰：窒，窒塞也。❷曰：「賜也亦有惡乎？」❸「徼以爲智者，❹孔曰：徼，❺抄人之意以爲己有。❻惡不遜以爲勇者，❼惡訐以爲直者。」孔曰：❽訐，謂功發人之陰私唯也。❾

子曰：「唯女子與小人爲難養，❿近之則不遜，遠之則怨。」⓫子曰：「年卌而見惡焉，⓬其終也已。」鄭曰：年在不或，⓭爲人所惡，⓮終無善行。⓯

❶ 「窒」，篁墩本、皇本、邢本、《群書治要》引同，唐本、津藩本作「室」。《釋文》出「窒」，云：「魯讀『窒』爲『室』，今從古。」阮校記云：「『室』乃『窒』之省文。《隸釋》載漢韓勑脩孔廟後碑，以『窒』爲『室』。」

❷ 《群書治要》引「窒」字不重，「塞」下無「也」字。

❸ 「乎」，篁墩本、邢本、天文本同，皇本、古本、唐本、津藩本、正平本、《群書治要》引作「也」。

❹ 「徼」上，諸本有「惡」字，底本誤脱。「徼」，篁墩本、皇本、邢本同，武内本作「憿」，《四書考異》謂古本作「撽」，《釋文》出「徼」，云：「鄭本作『絞』。」阮校記云：「敫聲、交聲古音同部，故得通借。」「智」，皇本、古本、武内本同，篁墩本、邢本作「知」。

❺ 「徼」下，篁墩本、皇本、邢本、《群書治要》、《釋文》引多「抄也」二字，《論語孔氏訓解》引多「鈔也」二字。

❻ 「抄人」上，皇本、《孔氏訓解》引多一「惡」字，「有」下多一「也」字。

❼ 「遜」，皇本、古本、武内本、《群書治要》引同，篁墩本、邢本作「孫」。《釋文》出「孫」，云：「音遜，下同。」

❽ 「孔曰」，篁墩本、皇本、邢本作「包曰」，《論語包氏章句》引亦作包注，底本恐誤。

❾ 「功」，諸本作「攻」，底本誤。「唯」，諸本無，底本誤衍。

❿ 「養」，《後漢書・爰延傳》、同書《楊震傳》注引同。「養」下，篁墩本、皇本、邢本有「也」字。

⓫ 「則」，篁墩本、唐本、邢本、正平本、《後漢書・爰延傳》、同書《楊震傳》注引同。「則」下，皇本、古本下多一「有」字。

⓬ 「卌」，諸本作「四十」。「卌」下，漢石經無「而」字。

⓭ 「或」，篁墩本、皇本、邢本作「惑」。按：「或」、「惑」，古書通用。

⓮ 「爲」上，篁墩本、皇本、邢本多一「而」字。

⓯ 「行」下，皇本有「也」字。

《微子》篇整理説明

《微子》篇共有二個集解寫本，均爲伯希和、斯坦因本。二本經拼接，均作底本，省略部分作校本。

本篇分章，據篁墩本、皇本、邢本、《論語譯注》，共十一章。《釋文》謂凡十四章。今從前者。

底本：（一）斯〇六一八號。本篇共存四十八行，起篇題，迄第八章經文首句下何注。該本錯脱較多，有四處誤脱孔、包注，二處抄寫半截注文，全文未完，便徑書「論語卷第九」。爲使注文雙行對齊，常將經文闌入注文。據書法，當爲唐寫本。（二）伯二六二八號。本篇殘存二十七行，起第六章中何注「（士）有避士之法」，迄篇末。文中缺筆書「民」字，知爲唐寫本。今取第八章首句何注至篇末與斯〇六一八號拼接爲底本。

斯坦因〇六一八號寫本

微子第十八❶

微子去箕之子爲之奴，❷比干諫而死。馬曰：微、箕，二國名，子爵也。微子，紂之庶兄。箕子，比干，紂之諸父。❸微子見紂無道，❹早去之。箕子佯狂爲之奴，❺比干以諫見煞也。❻孔子曰：「殷有三人焉。」❼仁者愛人，❽三人者行異而同稱仁，❾以其俱在憂亂寧乎。❿

❶「微」上，篁墩本有「論語」二字，「八」下，篇題下有「凡十一章」四字。

❷「箕之」，諸本作「之箕」，底本誤倒。

❸「父」下，皇本、《論語馬氏訓説》引有「也」。

❹「紂」下，大永本多一「之」字。

❺「佯」，篁墩本、皇本、邢本、《論語馬氏訓説》引同，卷子本、正平本、大永本作「詳」，下同。《論語集解考異》卷九云：「案慧琳云：通俗文『詳』，虚辭也。《漢書》作『陽』，謂不真也。『佯』，似羊反，弱也，非此義也。」今按：此處當以作「佯」爲正。「之」，諸本無。

❻「見」上，皇本、卷子本、正平本、大永本、《論語馬氏訓説》引多一「而」字。「煞」，諸本作「殺」。「煞」下，篁墩本、邢本無「也」字。

❼「殷」，《論語筆解》引作「商」。「人」，篁墩本、皇本、邢本、《論語筆解》、《論語馬氏訓説》引作「仁」。《四書考異》引張存坤《雅俗稽言》云：「或謂『仁』即井有仁焉之『仁』，當作『人』。夫子言『殷有三人』如此。」今按：「人」、「仁」，古書通用。然據其注：「仁者愛人。三人行異而同稱仁，以其俱在憂亂寧民也。」此處以作「仁」爲是。

❽「仁者」上，皇本有「馬曰」二字，《論語馬氏訓説》引亦作馬注。篁墩本、邢本同底本，作何晏自注。《論語筆解》引孔注云：「三人行異而同仁，其憂亂寧民。」内容與本注基本相同，卻作孔注，未詳孰是。

❾「者」，諸本無此字。「行異」，邢本同。「行」下，篁墩本、皇本、《論語馬氏訓説》引多一「各」字。

❿「乎」，篁墩本、邢本作「民」，皇本、《論語馬氏訓説》引作「民也」，底本誤。此注《群書治要》引無「仁者愛人」、「者」、「稱」、「以」七字。

柳下惠爲士師，孔曰：❶師，典獄之官。❷三黜。❸人曰：「子未可以去乎？」❹曰：「直道而事人，焉人往而不三黜？❺孔曰：苟直道而事人，❻所至之國俱當復三黜也。❼枉道而事人焉，❽何必去父母之邦？」

齊景公待孔子曰：「若季氏，則吾不能，以季、孟之閒待之。」孔曰：魯三卿：季氏爲上卿，❾最貴。孟氏爲下卿，不用事。言欲待之以二者之間。❿曰：「吾老矣，不能用也。」孔子行。以聖道難成，故云老不用也。⓫

---

❶「孔曰」，篁墩本、皇本、邢本同，《論語孔氏訓解》引亦同，但注謂《孟子》正義引作「鄭曰」。按：當爲鄭注同孔注。

❷「師」上，諸本有「士」字，底本誤脱。「官」下，皇本、《群書治要》引有「也」字。

❸「黜」下，《文選》卷四七袁彦伯《三國名臣序》贊注引有「之」字。

❹「乎」，《後漢書・崔駰傳》注引作「矣」。

❺「人」，篁墩本、皇本、邢本、《群書治要》、《論語孔氏訓解》引無此字，底本衍。

❻「而」，篁墩本、皇本、邢本、《群書治要》、《論語孔氏訓解》引作「以」。

❼「所至」，篁墩本、邢本同。「所」上，皇本有「於」字，《論語孔氏訓解》引有「則」字。《群書治要》引無此二字，末又無「也」字。

❽「焉」，篁墩本、皇本、邢本、《群書治要》引無此字，底本恐衍。

❾「三」，《論語筆解》引作「二」，恐誤。「上」，諸本同，阮校記謂《史記・孔子世家》集解引作「正」，但今本《孔子世家》集解及《論語孔氏訓解》引均同底本。

❿「欲」，諸本無此字，底本衍。「間」下，皇本、《史記・孔子世家》集解、《論語孔氏訓解》引有「也」字。

⓫「老」，篁墩本同，邢本作「吾老」，皇本、正平本、大永本作「老矣」。「不」，大永本同。「不」下，篁墩本、皇本、邢本、正平本多一「能」字。「用」下，篁墩本、邢本、正平本無「也」字。《論語筆解》引作「聖道難行，故言老不能用矣」。

齊人歸女樂，❶季桓子受之，三日不，❷孔子行。孔曰：子，季然期也。❸使定公受齊人之女樂，❹君臣桓與觀之，❺廢朝禮三日。❻

楚狂接輿歌而過孔子，❼孔曰：接輿，楚

❶「歸」，篁墩本、皇本、邢本同，《四書考異》謂《漢書·禮樂志》顔師古注、《後漢書·蔡邕傳》注、《文選》卷三九鄒陽《上書》（即《獄中上書自明》）注引作「餽」，但今本《蔡邕傳》注、《獄中上書自明》注引實均作「饋」。《釋文》作「歸」，云：「鄭作『饋』。」按：「歸」，鄭本多作「饋」。「饋」、「歸」，古今字。

❷「不」下，諸本有「朝」，底本誤脱。

❸「子」上，諸本有「桓」，底本誤脱。又，「然」，篁墩本、皇本、邢本、《論語孔氏訓解》引作「孫」，底本誤。

❹「之」，篁墩本、皇本、邢本、《論語孔氏訓解》引無此字，底本衍。

❺「桓」，諸本作「相」，底本誤。

❻「日」下，皇本、《論語孔氏訓解》引有「也」字。

❼「輿」，篁墩本、皇本、邢本、《釋文》、《文選》卷三九鄒陽《獄中上書自明》注、《論語孔氏訓解》引同，《彙考》引《論語集注》考證謂「《莊子》一本又作『與』」。又云：「與」、「輿」同音，故可通假。「孔子」下，篁墩本、古本、唐本、津藩本、足利本、正平本、天文本多「之門」二字，皇本、邢本、《史記·孔子世家》、《獄中上書自明》注引同底本無此二字。阮校記云：「高麗本（正平本）有『之門』二字，頗與古合。蓋接輿乃楚狂之名，過孔子者，過孔子之門也。《莊子·人間世》言：孔子適楚，楚狂接輿遊其門。正指此事。故鄭君注『孔子下』，云『下堂出門』，最爲明確，包咸以『下』爲『下車』，甚誤。」《四書考異》則云：「按《高士傳》，楚狂姓陸名通，則接輿非其名，乃接孔子乘輿耳。後文『孔子下』不云『下輿』，以輿已先見此也。既言接輿，何得再言遊門。莊周趁一時之筆，鄭康成遂訓後『下』字爲『下堂出門』，蒙未敢以爲信也。」二説頗異。今按：「接輿」，據皇疏、邢疏，乃楚人陸通之字，非楚狂之名，亦無接乘輿之意。包咸注「下，下車也」。可知包氏所據本「過孔子」爲「過孔子之輿」，非「過孔子之門」，當無「之門」二字。晉人江熙集解云：「言下車，明在道聞其言也。」皇疏云：「孔子初在車上，聞接輿之歌感切於己。」邢疏云：「下謂下車。」皆爲「過孔子之輿」之意，則當皆無「之門」二字。阮校記據《莊子·人間世》謂鄭注作「下堂出門」，鄭氏所據本實際亦無「之門」二字。唐寫本及李善《文選》注引亦均無「之門」二字。似可斷定，漢唐以下，大陸寫本、傳本皆作「楚狂接輿歌而過孔子」。下有「之門」二字者皆日本傳本。不詳日本傳本如何衍此二字。

人，❶佯狂而來歌，欲以❷感切孔子。曰：「鳳兮鳳兮！何德之衰？❸往者不可直，❹來者猶可追。❺今之從政殆。」❻孔曰：而者，❼言世亂言之宿已其。❽不可復始，❾再傷之深。❿孔子欲下

❶「楚人」下，皇本、《史記・孔子世家》集解引有「也」字。

❷「欲以」，邢本、《孔子世家》集解、《論語孔氏訓解》引同，皇本作「以欲」，篁墩本無「欲」字，《論語集解考異》卷九謂當係誤脱。

❸「何」下，漢石經多一「而」字。「衰」，篁墩本、邢本、天文本、《史記・孔子世家》、《文選》卷三九鄒陽《獄中上書自明》注引同。「衰」下，漢唐石經、皇本、古本、唐本、津藩本、正平本有「也」字。阮校記謂《莊子・人間世》作「何如德之衰也」。又，篁墩本、皇本、邢本、卷子本、大永本、正平本、《論語孔氏訓解》、《史記・孔子世家》集解引此句下有注，爲：「孔曰：比孔子於鳳鳥（皇本、《孔氏訓解》引『鳥』下有『也』字）。鳳鳥待聖君乃見（《孔子世家》集解引無『鳳鳥』，皇本、卷子本、正平本、大永本、《孔氏訓解》引「君」下多一「而」）。非孔子周行求合，故曰衰也（邢本無「也」字）。」底本誤脱。

❹「直」，諸本作「諫」，底本誤。「直」下，漢石經、皇本、古本、唐本、正平本、武内本有「也」字，《論語孔氏訓解》引有「兮」字，唐石經、篁墩本、邢本、天文本同底本無此二字。又，篁墩本、皇本、邢本、《史記・孔子世家》、《孔氏訓解》引此句下有注，爲：「孔曰：已往所行，不可復諫止（《孔氏訓解》引無「止」字，皇本、《孔子世家》集解引句末有「也」字）。」底本誤脱。

❺「追」，唐石經、篁墩本、邢本、天文本同。「追」下，漢石經、皇本、古本、唐本、津藩本、正平本、《史記・孔子世家》集解引有「也」字，《莊子・人間世》引亦有「也」字。又，篁墩本、皇本、邢本等此句下有注，爲：「孔曰：自今已來，可追自止，辟亂隱居（皇本、卷子本、正平本、大永本等「辟」作「避」，末有「也」字）。」底本誤脱。

❻「今」上，篁墩本、皇本、邢本、《論語孔氏訓解》、《史記・孔子世家》集解引有「已而已而」四字，又「殆」上有「者」，下有「而」字，底本均誤脱。

❼「而」，《史記・孔子世家》集解引作「言已而」，篁墩本、皇本作「已而」，邢本作「已而已而」。

❽「言之宿已其」，諸本作「已甚」。

❾「始」，卷子本、正平本作「治」，篁墩本、皇本、邢本、《史記・孔子世家》集解、《論語孔氏訓解》引作「治也」。

❿「再」下，諸本有「言之者」三字，底本誤脱。「深」，篁墩本、皇本、卷子本、正平本、《孔子訓解》引作「甚」。

與足言。❶趍而避之，❷不得與之言。❸

長沮、桀溺耦而耕，孔子過之，使子路問津焉，孔曰：長沮，桀溺，隱者也。秬廣五寸，二秬爲耦。津，濟渡處。❹長沮曰：「夫執輿者爲誰？」❺子路曰：「爲孔丘。」「是魯孔丘之徒與？」❻對曰：❼「然。」❽「是知津矣。」❾孔曰：❿言數周周流，自知津處也。⓫問於桀溺。桀溺曰：「子爲誰？」曰：「爲仲由。」「是

❶「欲下」，諸本作「下欲」，底本誤倒。「足」，諸本作「之」，底本誤。

❷「趍」，篁墩本、皇本、邢本等作「趨」。按：「趍」同「趨」。「避」，篁墩本、邢本、《釋文》作「辟」。

❸「言」，篁墩本、唐本、邢本、正平本、天文本同。「言」下，皇本、古本有「也」。又，諸本此句下有注，爲：「包曰：下，下車（皇本、《史記·孔子世家》集解引句末有「也」字）。」底本誤脱。

❹「孔曰」，篁墩本、皇本、邢本作「鄭曰」，《史記·孔子世家》集解引「耜廣五寸」以下亦作「鄭曰」。《論語鄭氏注》注謂所據集解、《文選》卷七潘安仁《藉田賦》注、同書卷二七顏延年《北使洛詩》注、同書卷五九王簡棲《頭陁寺碑文》注及《涅槃經音義》等書引「津濟渡處」亦均作鄭注。底本似誤。又，「秬」，諸本作「耜」。下同。按：「秬」，「𪏰」或字。「𪏰」，黑黍也。「耜」，犂鏵也。此處以作「耜」是，底本誤。「處」下，皇本有「也」字。

❺「輿」，漢石經作「車」，他本同底本。《論語集解考異》卷九謂或疑作「轡」。皇疏云：「執輿猶執轡也。」又，「誰」下，古本、皇本、武内本有「乎」字。

❻「是」上，諸本有「曰」字，底本誤脱。又，諸本無「之徒」二字，底本衍。

❼「對」，皇本、古本、唐本、卷子本、正平本、大永本、武内本同，漢石經、篁墩本、邢本、天文本無此字。

❽「然」，漢石經作「是」，諸本作「是也」，底本誤。

❾「是」上，篁墩本、皇本、古本、唐本、津藩本、邢本、正平本、武内本有「曰」字，漢石經同底本無此字。

❿「孔曰」，篁墩本、皇本、邢本、《史記·孔子世家》集解、《論語馬氏訓説》引皆作「馬曰」，底本當誤。

⓫「周」，諸本不重，底本衍一「周」字。「也」，篁墩本、邢本無。《釋文》亦有「也」字，云：「本今無『也』字。」

魯孔丘之徒與？」❶對曰：「然。」「滔滔者天下皆是也，❷而誰易之？❸孔曰：滔滔者，周流之貌。❹言當今天下治亂周空，❺舍此適彼，故曰而誰以易之政。❻且而與其徒避人之士，❼豈若從避世之士哉？」❽櫌而不輟。❾士有避人之

❶「是」上，篁墩本、皇本、邢本有「曰」字。「是魯」，《史記・孔子世家》作「子」，《文選》卷一四班孟堅《幽通賦》注引作「桀溺曰」。《釋文》出「孔子之徒與」，云「一本作『子是』。本今作『孔丘之徒與』。」

❷「滔」上，篁墩本、皇本、邢本有「曰」字。又，「滔滔」，諸本同。《釋文》出「滔滔」，云：「鄭本作『悠悠』。」按：《史記・孔子世家》作「悠悠」，阮校記、《論語孔氏訓解》注因謂鄭從《古論》。

❸「誰」下，篁墩本、皇本、邢本、《文選》卷一四班孟堅《幽通賦》注、《論語孔氏訓解》引有「以」字。《彙考》云：「各本『誰』下有『與』字。」

❹「滔滔」，篁墩本、皇本、邢本同，《史記・孔子世家》集解、《文選》卷四九干令升《晉紀總論》注、《論語孔氏訓解》引作「悠悠」。阮校記、《論語孔氏訓解》注謂孔注當同鄭本原作「悠悠」，何晏據經文改作「滔滔」。又，邢本、大永本無「者」字。「貌」下，皇本、《孔子世家》集解、《論語孔氏訓解》引有「也」字。

❺「周」，諸本作「同」，底本誤。

❻此句篁墩本、皇本、邢本、《史記・孔子世家》集解、《論語孔氏訓解》引無「而」、「政」二字。「之」下，皇本、《論語孔氏訓解》引有「也」字。

❼「而」，《文選》卷一四班孟堅《幽通賦》注引無此字。「徒」，諸本作「從」，底本誤。「避」，漢石經、皇本、正平本、武内本、天文本、《幽通賦》注引同，篁墩本、邢本作「辟」，下及注同。又，「士」下，篁墩本、皇本、邢本、天文本有「也」字。

❽「豈」至「哉」，篁墩本、皇本、邢本此句下有何注「士有辟人之法」云云，但底本置此何注於下句「櫌而不輟」之下。

❾「櫌」，漢石經同，篁墩本、皇本、邢本、《釋文》、《史記・孔子世家》集解、《詩・小雅・大田》正義、《論語鄭氏注》引作「耰」，伯二六二八號作「耰」。阮校記云：「《説文》亦引作『櫌』，與漢石經合。《五經文字》云：『櫌』，音憂，覆種，見《論語》。經典及《釋文》皆作『耰』。」「耰」當爲「櫌」、「耰」之俗別字。又，「櫌」下，漢石經無「而」字。

法，有避世之法。長沮、桀溺謂孔子爲士，從避人之法。❶子路行以告。❷夫子橅然，❸爲其不達己意而非己也。❹曰：「鳥獸不可與同群，❺孔曰：隱於山林，是同群。❻吾非斯人之徒與而誰與？❼

❶「士有」至「之法」，此注諸本置「豈若從避世之士哉」經句下，參見第三二八頁校勘記❽。「避人之法」下，皇本有「也」字，伯二六二八號有「者也」二字。此注末，諸本又有「己之爲士，則從辟世之法」十字，其中，伯二六二八號、《史記・孔子世家》集解引句末有「也」字，皇本句末有「者也」二字。底本當誤脱。此處（即經文「耰而不輟」下）諸本另有注，爲：「鄭曰：耰，覆種也。輟，止也，覆種不止，不以津告。」其中，伯二六二八號、皇本句末有「也」字。底本當亦誤脱。

❷「行」，伯二六二八號、篁墩本、皇本、邢本同，漢石經無此字。阮校記云：「案《史記・孔子世家》亦無『行』字，因『丈人章』而誤衍也。皇侃疏已有『行』字。」

❸「夫」，漢石經無此字。又，「橅」，篁墩本、皇本、邢本、《孔子世家》作「憮」，武内本作「撫」。《四書考異》謂《廣韻》引《論語》「夫子憮然」，云或作『憮』。」《彙考》云：「案『橅』爲『模』字之或體。《漢書・韋玄成傳》『其規橅可見』，師古曰：『橅』讀曰摹。《集韻》：『模』，亦作『橅』。此當以『憮』爲是。」説甚是。

❹「非」，伯二六二八號、《史記・孔子世家》集解引同。「非」上，篁墩本、皇本、邢本、卷子本、大永本多一「便」字。

❺「群」，篁墩本、邢本、天文本同。「群」下，伯二六二八號、皇本、古本、唐本、津藩本、正平本、武内本有「也」字。

❻「於」，伯二六二八號、邢本、《史記・孔子世家》集解引同，《文選》卷五五劉孝標《廣絶交論》注引作「居」，篁墩本、皇本、《論語孔氏訓解》引作「居於」。「同群」，伯二六二八號、邢本、《廣絶交論》注、《孔子世家》集解引同。「同」上，篁墩本、皇本、《孔氏訓解》引多「與鳥獸」三字。《論語集解考異》卷九謂「邢疏明監本無此三字，不成義，明此脱缺」。説當是。又，「群」下，伯二六二八號多「之道也」三字，皇本、《孔氏訓解》、《廣絶交論》注引多一「也」字。

❼「之」至「誰與」，伯二六二八號、皇本、邢本同。篁墩本無「之」字。《釋文》引無「而」字。「誰與」下，篁墩本有「之」字。《七經考文》謂一本「誰與」下亦有「之」字。「與」下，《三國志・管寧傳》引有「哉」字。

孔曰：吾自當與此天下人同群，❶安能去人徒鳥獸居。天下有。❷天下有道，丘不與易也。」言凡天下有道者，❸丘皆不與易也。❹己大而人小故也。❺

子路從而後，遇丈人，以杖荷蓧。❻包曰：丈人，老者也。❼篠，竹器名。❽子路問曰：「子見夫子乎？」丈人曰：「四體不勤，五穀不分，孰爲夫子？」苞氏：❾丈人云，不勤勞四體，分殖五穀，誰爲夫而索之耶也。❿植其杖而

❶「天下」下，伯二六二八號多一「之」字。

❷「徒」，諸本作「從」，底本誤。「居」下，伯二六二八號有「也」字，篁墩本、皇本、邢本下有「乎」字。諸本均無「天下有」三字。按：此三字與下句經文前三字同，「天」字右上角原有「⌐」形符號，大約表示此下非注文。書寫者此舉當係爲使注文雙行對齊之故。

❸「言凡」上，篁墩本、皇本、正平本有「孔曰」二字，《論語孔氏訓解》引亦作孔注，伯二六二八號、邢本同底本作何晏自注，《史記·孔子世家》集解引亦作何注。

❹「也」，正平本作「之」。

❺「己」下，《論語集解考異》卷九謂皇本有「道」字，但今見皇本無此字。

❻「蓧」，篁墩本、邢本、《文選》卷四二應休璉《與從弟君苗君胄書》注引同，伯二六二八號、皇本、古本、大永本、武内本作「篠」，注同。《説文》、《玉篇》引作「莜」。《釋文》出「蓧」，云：「本又作『條』，又作『莜』。」阮校記云：「『莜』爲本字，『蓧』爲假借字，『條』又爲『蓧』之省文。《史記·孔子世家》引包氏注：『蓧，草器也。』字當從艸無疑。今包注作『竹器』，『竹』乃『艸』字之訛。皇本竟改從竹，作『篠』，並云『籮籠之屬，』誤益甚矣。」

❼「人」下，伯二六二八號多一「者」字。「老者也」，《史記·孔子世家》集解引無「也」字，邢本作「老人也」，伯二六二八號作「老人稱也」。

❽「篠」，諸本當作「蓧」。「竹」，伯二六二八號、篁墩本、皇本、邢本、《論語包氏章句》引同，《孔子世家》集解引作「草」，阮校記云：「竹」，乃「艸」字之訛。又，「器」下，邢本無「名」字。「名」下，伯二六二八號、皇本、《孔子世家》集解引有「也」字。

❾據諸本，「苞氏」下脱一「曰」字。按：包咸注，底本或作「包曰」，或作「苞氏曰」。又，「丈」，底本原似作「大」，已改正。

❿「分殖」上，伯二六二八號、篁墩本、皇本、邢本、《論語包氏章句》、《史記·孔子世家》集解引有「不」字，「夫」下有「子」字。底本誤脱。「耶」，篁墩本、邢本作「邪」。諸本無末「也」字。

芸。❶孔曰：植，倚。除草曰芸。❷子路拱之而立。❸未知所以答也。❹止子路宿，殺鷄爲季而食之，❺見其二子焉。明日，子路行以告。子曰："隱者也。"使子路反見之。至，則行矣。孔曰：子路反至其家，丈人出行不在也。❻子路曰：❼"不仕無義。鄭曰，留言以丈人二子。長幼之。❽長幼之節不可廢也；君臣之義，❾如之何其可廢也？❿孔曰：言汝父子相養不可

❶「植」至「芸」，伯二六二八號、篁墩本、皇本、邢本同。「植」，漢石經作「置」，「芸」作「耘」。《文選》卷四二應休璉《與從弟君苗君胄書》注、同書卷四五陶淵明《歸去來辭》注引亦作「耘」。《釋文》出「芸」，云："音云。多作『耘』字。"阮校記云："『植』、『置』古字通。『耘』爲本字，『芸』乃假借字。"

❷「倚」下，伯二六二八號、篁墩本、皇本、邢本、《釋文》、《史記·孔子世家》集解引有「也」字。「芸」下，皇本有「也」字。

❸「之」，伯二六二八號、篁墩本、皇本、邢本無此字。

❹「也」，篁墩本、邢本無此字。

❺「殺」，伯二六二八號、唐本作「煞」。「季」，諸本作「黍」，底本誤。

❻「也」，伯二六二八號、篁墩本、邢本、《史記·孔子世家》集解引無此字。

❼「子路曰」，伯二六二八號、篁墩本、皇本、邢本、《論語鄭氏注》引同。《論語集解考異》卷九云："案朱熹《集注》、福州有國初時寫本作『子路反，子曰』，未知是否。重案鄭注『留言以語丈人之二子』，則有此二字不與注合。福本或是齊、古之遺，否則後人妄加，未可信也。"今按：據鄭注，當無「反」、「子」二字。

❽「以」下，伯二六二八號、篁墩本、皇本、邢本、《釋文》、《論語鄭氏注》引有「語」字，底本誤脱。「丈人」下，篁墩本、皇本、邢本、《論語鄭氏注》引有「之」字。「子」下，皇本、《論語鄭氏注》引有「也」字。諸本均無「長幼之」三字。按：此三字與下句經文前三字同，「長」字右上角原有「┐」形符號，似示此下非注文。

❾「義」，伯二六二八號、篁墩本、皇本、邢本同，漢石經作「禮」。

❿「可廢也」，皇本、古本、唐本、津藩本、卷子本、大永本、正平本、《後漢書·申屠蟠傳》注引同。篁墩本、邢本、天文本無「可」字，「也」作「之」字。「廢」下，伯二六二八號多一「之」字。

廢也，❶反可廢君臣之義邪。欲潔其也。❷欲潔其身，❸而亂大倫。苞氏曰：倫，道理也。❹君子之仕也，行其義也。道不行，❺已知之矣。」苞曰：言君子之仕，所以行君臣之義，❻不自必道德行也。❼孔子道不見用，逸民伯己自知也。❽

逸民：❾伯夷、叔齊、虞仲、夷逸、朱張、柳下惠、少連。❿免民者，⓫節待超逸。⓬苞氏曰：

論語卷第九

❶「汝」，篁墩本、邢本作「女」。「汝」下，伯二六二八號、篁墩本、皇本、邢本多一「知」字，底本當誤脱。「廢」下，伯二六二八號、篁墩本、皇本、邢本無「也」字。

❷「邪」，皇本作「耶」。諸本均無「欲潔其也」四字。按：此四字前三字與下句經文前三字同，「欲」字右上角原有「「」形符號，似示此下非注文。

❸「潔」，伯二六二八號、篁墩本、皇本同，邢本作「絜」。阮校記謂「潔」乃「絜」之俗字。

❹「道」，伯二六二八號、邢本同。「道」下，篁墩本、皇本有「也」字。《論語集解考異》卷九謂邢本「脱『也』字訛缺」。今按：唐寫本亦無「也」字。實則無「也」字，作「道理」亦通。皇疏云：「大倫，謂君臣之道理也。」邢疏云：「欲清絜其身，則亂於君臣之義大道理也。」均釋「倫」作「道理」。

❺「道」下，伯二六二八號、篁墩本、皇本、古本、唐本、邢本、正平本、天文本有「之」字。「行」下，伯二六二八號、皇本、古本、唐本、正平本有「也」字。

❻「義」，邢本同。「義」下，伯二六二八號、篁墩本、皇本有「也」字。

❼「不自必」，伯二六二八號、篁墩本同，皇本作「不必自」，邢本作「不必自己」。「德行也」，伯二六二八號同，篁墩本、邢本作「得也」，皇本作「得行也」。

❽「逸民伯」，諸本無。按：此三字與下句經文前三字同，當爲書者所加。參見第三三〇頁校勘記❷。又，「己自知也」，伯二六二八號作「知之也」，篁墩本、邢本作「自己知之」，皇本作「自己知之也」。

❾「民」，唐石經缺筆，伯二六二八號作「人」，均避唐諱。

❿「伯夷」至「少連」，包注云：「此七人皆逸民之賢者也。」然《集注考證》據師古注不以「夷逸」爲人名，謂虞仲隱逸於夷，故曰「虞仲夷逸」。阮校記則云：「鄭氏不以『朱張』爲人姓名。」即僅有逸民五人。今標點姑從包注七人之説。以下以伯二六二八號寫本爲底本。

⓫「免」，諸本作「逸」。

⓬「待」，諸本作「行」。

伯希和二六二八號寫本

逸、朱張、柳下惠、少連。逸人者，節行超逸者。❶苞曰：此七人皆逸人賢者也。❷子曰：「不降其志，不辱其身者，❸伯夷、叔齊與！」鄭曰：言其直己之心，不入庸君之朝。❹謂「柳下惠、少連，降志❺辱身矣，言中倫，行中慮，其斯而已矣。」❻孔曰：但能言應倫理，行應思慮，若此而已。❼謂「虞仲、夷逸，隱居放言，❽苞曰，放，置也，置不復言世務也。❾身中清，廢中權。❿馬曰：清，純潔也。⓫遭世亂，自廢棄以

❶「人」，諸本作「民」，底本避唐諱改。「者」，篁墩本、皇本同，斯〇六一八號、邢本無此字。「者」下，皇本、邢本有「也」字。

❷後一「人」，諸本作「民」。底本「賢」字右下角有一缺筆「民」字，當係書者改「人」爲「民」，而誤置「賢」字旁。又，「民」下，篁墩本、皇本、邢本多一「之」字，大永本同底本無此「之」字。斯〇六一八號無此注及以下經注，左行大寫「論語卷第九」。

❸「者」，皇本、古本、唐本、津藩本、正平本、武内本、卷子本、大永本同，篁墩本、邢本、天文本無此字。

❹「朝」下，皇本有「也」字。

❺「降志」，《四書考異》云：「古史伯夷傳、孔子傳引文『降志』下皆有『而』字。」

❻「而已矣」，篁墩本、皇本、邢本同。漢石經作「以乎」。阮校記云：「『已』、『以』，古字通。」

❼「若」，卷子本、正平本、大永本同，篁墩本、皇本、邢本作「如」。「已」下，皇本有「矣」字，大永本有「也」字。

❽「逸」，漢石經作「佚」。阮校記云：「二字古字多通用。」又，「隱居」下，卷子本、正平本、大永本有「以」字，篁墩本、皇本、邢本、《史記・孔子世家》、《論語包氏章句》引同底本無此字。

❾「置」，篁墩本、《史記・孔子世家》集解引同，皇本、邢本、《論語包氏章句》引無此字。「務」下，篁墩本、邢本無「也」字。

❿「身」，篁墩本、皇本、邢本同，《史記・孔子世家》作「行」。

⓫「潔」，皇本、邢本、《論語馬氏訓説》引同，篁墩本、《史記・孔子世家》集解引作「絜」。

免患，合於禮。❶我則異於是，無可無不可。」馬曰：亦不必進，亦不必退，唯義所在也。❷

太師摯適齊，❸亞飦干適楚，❹孔曰：❺亞，次也，次飦樂師。摯、干，皆名。❻三飦繚適蔡，四飦缺適秦，苞曰：三飦，四飦，樂章名也，❼文各異。師、繚、缺，皆名也。❽鼓方叔入于河，苞曰：鼓，擊鼓者也。❾方叔，名也。❿入，謂居其內也。⓫播鞉武入于漢，⓬孔曰：播，猶搖也。⓭武，名也。少師陽、擊磬襄入于海。孔國安曰：⓮魯哀公

---

❶「自」，皇本、邢本、大永本、《論語馬氏訓説》、《史記・孔子世家》集解引同，篁墩本作「身」，當誤。「禮」下，諸本有「也」字。

❷「也」，篁墩本、邢本、《史記・孔子世家》集解引無此字。

❸「太」，皇本同，篁墩本、邢本作「大」。

❹「亞飦」，《論語集解考異》謂大永本「亞」作「惡」。「飦」，篁墩本、皇本、邢本作「飯」。《玉篇》云：「『飦』，俗『飯』字。」下不再出校。

❺「孔曰」，《論語孔氏訓解》謂《物觀補遺》此注作「包曰」。按：諸本同底本均作「孔曰」，作「包曰」恐誤。

❻「師」下，篁墩本、皇本、邢本、《論語孔氏訓解》引有「也」字。「皆」，皇本作「共」。「名」下，有「也」字。

❼「也」，皇本同，篁墩本、邢本無此字。

❽「也」，篁墩本無此字。

❾「也」，篁墩本、皇本、邢本、《論語包氏章句》引無此字。

❿「也」，篁墩本、邢本無此字。

⓫「其」下，篁墩本、皇本、邢本有「河」字，底本誤脱。「內」下，邢本無「也」字。

⓬「鞉」，大永本同，篁墩本、邢本作「鼗」，《釋文》出「鼗」，云：「亦作『鞉』。」皇本、古本、唐本、津藩本、正平本、天文本、卷子本、大永本、武内本作「鞀」。《彙考》云：「案《説文》革部鞀下出鞉云：『鞀，或從兆聲。』又出『𪔂』云：『鞉或以鼓兆，𪔂即鼗。』……則鞀、鞉、𪔂、鼗實皆一字之異構也。」《四書考異》則云：「按鼗、鞉、鞀字別義同。」

⓭「猶」，邢本無此字。

⓮「國安」，應爲「安國」，底本誤倒。按：「孔安國」，底本或作「孔曰」，或作「孔安國曰」。

時，禮毀樂崩，❶樂人皆去。陽、襄，皆名也。❷

周公謂魯公，❸孔曰：魯公，周公之子伯禽，❹對於魯也。❺曰：❻「君子不施其親，❼孔曰：施，易也。❽不以他人之親易己親也。❾不使大臣怨乎不已。孔曰：以，用也。怨不見聽用也。❿故舊無大故，則不相遺棄也。⓫無求備於一人！」⓬孔曰：大故，謂惡逆之事。⓭

---

❶「毀」，皇本、卷子本、大永本、《論語孔氏訓解》引同，篁墩本、邢本作「壞」。

❷「也」，篁墩本、邢本無此字。

❸「謂」，篁墩本、皇本、唐本、津藩本、邢本、《群書治要》引同，正平本、天文本作「語」。

❹「伯」下，大永本有一「夷」字，當衍。「禽」下，皇本、大永本、《群書治要》引有「也」字。

❺「也」，大永本作「名」，誤。篁墩本、邢本無此字。

❻「曰」，篁墩本此字置上句經文「魯公」之下。皇本、邢本同底本。當以底本爲是。

❼「施」，篁墩本、皇本、邢本、《群書治要》引同，《釋文》作「弛」，云：「本今作『施』。」《論語集解考異》云：「朱云：福本作『弛』。」《論語筆解》云：「『施』當爲『弛』。」《四書考異》、阮校記等均云：「施」、「弛」，古多通用。

❽「施易」，篁墩本、皇本、邢本同。「施」，《論語孔氏訓解》據《釋文》作「弛」，《論語集解考異》卷九云：「家藏本舊人校補，『易』上有『猶』字。案《詩・皇矣》鄭箋云：施，猶易也。古人相承有此釋。當以有『猶』字者爲是。然今所見諸本無有『猶』字者。」

❾「之親」，邢本、《論語筆解》、《群書治要》引同，皇本、伊氏本、《論語孔氏訓解》引無「之」字，篁墩本、卷子本、正平本、大永本無此二字。「己親也」，篁墩本作「其親」，皇本、《論語孔氏訓解》引作「其親也」，邢本、《論語筆解》、《群書治要》引作「己之親」。

❿「也」，皇本、《群書治要》、《論語孔氏訓解》引同，篁墩本、邢本、《論語筆解》引無此字。

⓫「相遺」，《禮記・檀弓》正義引同，篁墩本、皇本、唐石經、邢本、《群書治要》引無此二字。又，「棄」下，《禮記・檀弓》正義引無「也」字。

⓬「無」，篁墩本、皇本、邢本、《群書治要》引同，卷子本、正平本、大永本作「毋」。

⓭「事」下，皇本、《群書治要》引有「也」字。

周有八士：伯達、伯适、仲突、仲忽、叔夜、叔夏、季隨、季騧。苞曰：周時有四乳，❶生得八子，❷皆爲顯士，故記之也。❸

❶「有」，篁墩本、皇本、邢本、《論語包氏章句》引無此字，底本似衍。

❷「生」，篁墩本、皇本無此字。「生」下，邢本、《釋文》、《論語包氏章句》無「得」字。

❸「也」，卷子本、大永本、正平本同，篁墩本、皇本作「耳」，邢本、《論語包氏章句》引作「爾」。

《子張》篇整理説明

《子張》篇有一個集解寫本，爲伯希和本。

本篇分章據《釋文》、筸墩本、皇本、邢本、《論語譯注》，共二十五章。皇疏謂凡有二十四章，實二十五章，亦同。

底本：伯二六二八號。本篇共存五十二行，起篇題，迄篇末，首尾完整。

文中「民」、「世」等字缺筆避唐諱，知爲唐寫本。

伯希和二六二八號寫本

子張第十九❶

何晏集解

子張曰：「士見危致命，孔曰：致命，不愛其死。❷見得思義，祭思敬，喪思哀，其可已矣。」

子張曰：「執德不弘，信道不篤，焉能爲有？焉能爲亡？」孔曰：言無所輕重。❸

子夏之門人問交於子張。孔曰：問與人交接之道。❹子張曰：「子夏云何？」對曰：「子夏曰：『可者與之，其不可者距之。』」❺子張曰：「異乎吾所聞也。❻君子尊賢而容衆，嘉善而矜不能。❼我之大賢與，❽於人何所不容？我之不賢與，❾人將距我，如之何其距人？」苞曰：友交當如子夏，汎交當如子張也。❿

❶「子」上，篁墩本有「論語」二字，「九」下有「凡二十五章」五字。

❷「死」，篁墩本、皇本、邢本、《論語孔氏訓解》引作「身」。「死」下，皇本、《孔氏訓解》引有「也」字。

❸「重」下，皇本、《論語孔氏訓解》引有「也」字。

❹「道」下，皇本、《論語孔氏訓解》引有「也」字。

❺「距」，漢石經、皇本、唐本、津藩本、卷子本、正平本、大永本、天文本、武内本同，篁墩本、邢本作「拒」，下同。《釋文》於「人將距我」句出「距」，云：「本今作『拒』。」《五經文字》云：「『拒』與『距』同。」

❻「也」，古本、唐本、津藩本、足利本、卷子本、正平本、大永本、天文本同，篁墩本、皇本、邢本末無此字。

❼「嘉」，卷子本作「喜」，當誤。

❽「之」，篁墩本、皇本、唐本、津藩本、邢本同，正平本、天文本、《考文補遺》引古本無此字。

❾「之」，篁墩本、皇本、唐本、津藩本、邢本同，正平本、天文本、《考文補遺》引古本無「之」字。

❿「也」，篁墩本、皇本、邢本末無此字。

子夏曰：「雖小道，必有可觀者焉；小道，謂異端也。❶致遠恐泥，苞曰：泥難不通。是以君子不爲也。」❷

子夏曰：「日知其所亡也，❸孔曰：知其所未聞也。❹日無忘其所能，可謂好學也已矣。」

子夏曰：「博學而篤志，孔曰：廣學而厚識之。❺切問而近思，切問者，切問於己所學而未悟之事也。❻近思者，近思己所能及之事也。❼汎問所未學，❽遠思所未達，則於所習者不精，❾所思者不解。❿仁在其中矣。」

子夏曰：「百工居肆以成其事，君子學以致其道。」苞曰：言百工處其肆則事成，猶君子學以致其道。⓫

❶「也」，篁墩本、邢本無此字。

❷「不」，《漢書・藝文志》引作「弗」。「爲」，《考文補遺》引古本作「學」。

❸「也」，篁墩本、皇本、邢本、《論語孔氏訓解》引末無此字。

❹「知」上，諸本多一「日」字，底本當脱。篁墩本、邢本末無「也」字。

❺「之」下，皇本、《論語孔氏訓解》引有「也」字。

❻「而」，邢本無此字。「悟」，卷子本、正平本、大永本作「寤」。按：「寤」通「悟」。又，篁墩本、邢本句末無「也」字。

❼「近」，邢本無此字。「思」下，皇本多一「於」字。「能」上，邢本、伊氏本多一「未」字。按：此章乃勸學。據下文「汎問所未學」云云，此處則應切問己之所學，近思己之所能。「能」上以無「未」字爲是。又，篁墩本、邢本句末無「也」字。

❽「汎」上，皇本多一「若」字。

❾「習」，篁墩本、邢本、大永本同，皇本作「學」。「者」下，大永本有「無」字。按：此「無」字與上下文義相悖，當爲衍文。

❿「所」至「解」，邢本同。「所」上，篁墩本、皇本多一「於」字。「不」上，大永本多一「無」字，誤。參見本頁校記勘記❾。皇本末有「也」字。

⓫「致」，邢本同。篁墩本、皇本作「立」。皇本末有「也」字。

子夏曰：「小人之過也必文。」❶孔曰：文飾其過，不言實也。❷

子夏曰：「君子有三變：望之儼然，❸即之也温，聽其言也厲。」鄭曰：厲，嚴正也。❹

子夏曰：「君子信而後勞其民；未信，則以爲厲己也。王曰：厲，病也。❺信而後諫；❻未信，則以爲謗己也。」❼

子夏曰：「大德不踰閑，❽孔曰：閑，猶法也。小德出入可也。」孔曰：小德不能不踰法，故曰出入可也。❾

子游曰：「子夏之門人小子，❿當洒

---

❶ 「必文」，篁墩本、唐本、邢本、正平本、天文本、《群書治要》引同，皇本作「必則文」，《論語孔氏訓解》引作「必之文」，《考文》謂古本作「則必文」。《四書考異》、阮校記皆謂「必則文」於義不通，作「則必文」是。

❷ 「實」上，篁墩本、皇本、《論語孔氏訓解》引多「其情」二字，邢本、《群書治要》引多一「情」字。篁墩本、邢本末無「也」字。

❸ 「儼」，篁墩本、邢本、天文本同，皇本作「嚴」。《釋文》出「儼」，云：「本或作『嚴』，音同。」阮校記云：「古多借『嚴』爲『儼』。《公羊·桓二年傳》注『儼然人望而畏之』，《釋文》亦云『儼，本又作嚴。』」

❹ 「也」，篁墩本、邢本末無此字。

❺ 「病」上，篁墩本、邢本多一「猶」字，皇本、卷子本、大永本、《釋文》、《群書治要》、《論語王氏義説》引同底本無此字。

❻ 「信而」，篁墩本、皇本、邢本、《群書治要》引同。「信」上，《後漢書·李雲傳》注引多「事君」二字。

❼ 「未信」，篁墩本、皇本、邢本、《群書治要》引同。「未」上，《後漢書·李雲傳》引多「其君」二字，末無「也」字。「也」，唐本、津藩本、卷子本、正平本、天文本、《考文補遺》謂古本作「矣」。

❽ 「不」，《春秋繁露·玉英》篇引作「無」。

❾ 「也」，皇本、《論語筆解》引同，篁墩本、邢本無此字。

❿ 「小子」，《四書考異》謂《大戴禮·衛將軍文子》篇注、《周禮·隸僕》鄭箋引無此二字。

掃應對進退，❶則可矣，抑末也。❷本之無，❸如何？」❹苞曰：言子夏弟子但當應對賓客脩威儀禮節之事則可，❺然此但是人之末事耳。不可無其本，❻故云本之無如之何。❼子夏聞之，曰：「噫！孔曰：噫，不平之聲。❽言游過矣！❾君子之道，孰先傳焉？孰後傳焉？苞曰：言先傳業者必先厭倦，❿故我門人先將教以小事，⓫後將教以大道也。⓬辟諸草木，⓭區以別矣。馬曰：言大道

❶ 「洒」，篁墩本、皇本、邢本、閩本、北監本、毛本同，伊氏本作「灑」。《釋文》出「洒」，云：「正作『灑』。」《五經文字》謂經典或借「洒」爲「灑」。又，「掃」，篁墩本、皇本、閩本、北監本、毛本同，邢本作「埽」，《四書考異》謂《周禮》注引亦作「埽」。《釋文》作「掃」，云：「本今作『埽』。」阮校記云：「『埽』，經典及《釋文》多作『掃』，是俗字。」

❷ 「末」，篁墩本、皇本、邢本、《論語包氏章句》引同。《釋文》出「末」，云：「『本末』之『末』。字或作『未』，非也。」

❸ 「無」上，篁墩本、皇本、邢本、《論語包氏章句》引有「則」字。「無」下，大永本有「則」字。

❹ 「如」下，篁墩本、皇本、邢本、《論語包氏章句》引多一「之」字。按：包注亦有「之」字。底本此處恐有脱誤。

❺ 「但」，邢本、伊氏本同，篁墩本作「於」，皇本、《論語包氏章句》引作「但於」。諸本均無「應」字，底本當衍。「脩」，邢本同，篁墩本、皇本、《包氏章句》引作「修」。

❻ 「本」下，皇本有「也」字。

❼ 「云」，大永本作「曰」。「本之」下，篁墩本、皇本、邢本、《論語包氏章句》引有「則」字，大永本同底本無此字。又，皇本、《包氏章句》引末有「也」字。

❽ 「不」上，篁墩本、皇本、邢本、《論語孔氏訓解》引有「心」字，底本誤脱。皇本、《孔氏訓解》引末有「也」字。

❾ 「矣」，《四書考異》謂《唐文粹·李翺答王載言書》引作「也」。

❿ 「業」，邢本、《論語包氏章句》引同，篁墩本、皇本作「大業」。「先」，皇本、邢本、《釋文》、《論語包氏章句》引同，篁墩本無此字，恐誤脱。

⓫ 「將」，篁墩本、皇本、邢本、《論語包氏章句》引無此字，底本恐衍。

⓬ 「教」下，大永本有「之」字。篁墩本、邢本末無「也」字。

⓭ 「辟」，諸本作「譬」。按：注亦作「譬」。此處以作「譬」爲是。

與小道殊異，譬如草木，異類區別，言學當以次也。❶君子之道，焉可誣也？❷馬曰：君子之道，焉可使誣。言我門人但能灑掃而已也。❸有始有卒者，❹其唯聖人乎！」孔曰：終始如一，唯聖人耳。

子夏曰：「仕而優則學，❺馬曰：行有餘力，則以學文。❻學而優則仕。」

子游曰：「喪致乎哀而止。」孔曰：毁不滅性。❼

子游曰：「吾友張也，爲難能也，苞曰：言子張容儀之難及。❽然而未仁也。」❾

曾子曰：「堂堂乎張也，難與並爲仁矣。」鄭曰：言子張容儀盛，而於仁道薄也。

曾子曰：「吾聞諸夫子：❿人未有

---

❶「次」下，大永本有「者」字。篁墩本、邢本末無「也」字。

❷「誣」，篁墩本、皇本、邢本、《論語馬氏訓説》引同。據阮校記，《九經古義》謂《漢書・薛宣傳》引作「憮」。云：「蘇林曰：『憮』，同也，兼也。晉灼曰：『憮音誣。』……是《論語》古本有『憮』者。當是古、魯異傳。」

❸「也」，篁墩本、邢本末無此字。

❹「卒」，篁墩本、皇本、邢本同，《考文》謂古本作「終」。

❺「仕」至「學」，《四書考異》謂《玉篇》引此句在「學而優則仕」句下。《朱子文集》云：「舊亦嘗疑兩句次序顛倒。今云各有所指，甚佳。」諸本次序同底本。

❻「則」下，皇本多一「可」字。皇本、《論語馬氏訓説》引末有「也」字。

❼「滅」，篁墩本、皇本、邢本、《論語孔氏訓解》引同，卷子本、正平本作「傷」，大永本作「傷滅」。《論語集解考異》卷九云：「案：『毁不滅性』，《孝經》文。先儒引經釋經不可換文，然『滅性』以猶煩解，易以『傷』字，兼寓訓釋之義，先儒注中引經間有此例，此注蓋亦此類，未可以違經文而輒疑舊本也。」又，皇本、卷子本、大永本、《孔氏訓解》引末有「也」字。

❽「子張」，篁墩本、邢本同。「張」下，皇本、大永本有一「之」字。「難」上，大永本有「能」字，末有「也」字。皇本末有「者也」二字。

❾「也」，篁墩本、皇本、邢本無此字。

❿「夫子」，漢石經無「夫」字。「夫子」下，大永本有「曰」字。

自致者，❶必也親喪乎！」馬曰：言人雖未能自致盡於他事，至於親喪，必自致盡也。❷曾子曰：「吾聞諸夫子，孟莊子之孝也，其他可能；❸其不改父之臣與父之政，是難矣。」❹馬曰：孟莊子，魯大夫仲孫速也。❺謂有諒陰之中，❻父臣及政雖不善者，不忍改也。❼

孟氏使陽膚爲士，❽苞曰：「陽膚，曾子弟子也。❾士師，典獄官也。❿問於曾子。曾子曰：「上失其道，民散久矣。⓫如得其情，則哀矜而勿喜！」⓬馬曰：民之離散，爲輕漂犯

---

❶「未」下，大永本有「能」字。「者」，漢石經、唐本、津藩本、卷子本、正平本、大永本作「也者」，篁墩本、皇本、邢本、天文本、《論語馬氏訓説》引作「者也。」

❷「也」，篁墩本、邢本無此字。

❸「可能」下，篁墩本、皇本、邢本、《論語馬氏訓説》引有「也」字。「他」，《馬氏訓説》注謂皇本作「它」。與今見皇本異，當據他本。

❹「難」下，邢本多一「能」字。「矣」，篁墩本、皇本、古本、唐本、津藩本、足利本、正平本、天文本、武內本、邢本、《論語馬氏訓説》引作「也」。

❺「速」，篁墩本、皇本，《論語馬氏訓説》引同，邢本、閩本、北監本、毛本作「連」。阮校記云：「案『連』當作『速』。」

❻「有」，篁墩本、皇本、邢本、《論語馬氏訓説》引作「在」，底本誤。「陰」，邢本同，篁墩本、皇本《馬氏訓説》引作「闇」。按：此處「陰」通「闇」。

❼「政」上，篁墩本、皇本、邢本、《論語馬氏訓説》引多一「父」字，大永本同底本無此字。「不」上，邢本多一「有」字。「改」下，皇本、《論語馬氏訓説》引有「之」字。

❽「士」下，篁墩本、皇本、邢本、《論語筆解》、《群書治要》、《論語包氏章句》引有「師」字，底本誤脱。

❾「也」，篁墩本、邢本無此字。

❿「獄」下，邢本多一「之」字。篁墩本、邢本句末無「也」字。

⓫「民」，底本、唐石經缺筆避唐諱，注同。

⓬「則」，篁墩本、皇本、邢本、卷子本、《論語筆解》、《群書治要》、《論語馬氏訓説》引同，《鹽鐵論·後刑》章、《舊唐書·懿宗紀》引作「即」。阮校記云：「『即』、『則』古字通。」「喜」，卷子本作「嘉」。

法，❶乃上之所爲也，❷非民之過也。❸當哀矜之，❹勿自喜能得其情也。❺

子貢曰：「紂之不善，❻不如是之甚矣。❼是以君子惡居下流，天下之惡皆歸焉。」孔曰：紂爲不善，以喪天下，後世憎甚之，❽皆以天下之惡歸之於紂也。❾

子貢曰：「君子之過，❿如日月之蝕：⓫過也，人皆見之；更也，人皆仰之。」孔曰：更，改也。

衛公孫朝，馬曰：朝，衛大夫。⓬問於子貢曰：「仲尼焉學？」子貢曰：「文武之道，未墜於地，⓭在人。賢者識其大者，⓮不

---

❶「漂」，《群書治要》引作「剽」。

❷「也」，篁墩本、邢本、《群書治要》引末無此字。

❸「也」，篁墩本、邢本末無此字。

❹「當」，《論語筆解》引無此字。

❺「也」，篁墩本、邢本、《論語筆解》引末無此字。

❻「善」下，篁墩本，邢本同。皇本、古本、唐本、津藩本、卷子本、正平本、大永本、天文本、《群書治要》引有「也」字。

❼「之」，漢石經作「其」。「矣」，篁墩本、皇本、邢本、《群書治要》引作「也」。

❽「世」，底本缺筆避唐諱。「甚之」，《群書治要》引作「之甚」。

❾「也」，篁墩本、邢本句末無此字。

❿「過」下，篁墩本、皇本、邢本、《群書治要》引有「也」字，底本恐誤脱。

⓫「蝕」，皇本、唐本、津藩本、正平本、大永本、武内本、《晉書·潘尼傳》、《北史·蕭大圜傳》引同，篁墩本、古本、邢本、天文本、《群書治要》引作「食」。又，「蝕」下，篁墩本、唐本、津藩本、邢本、天文本有「焉」字，皇本、正平本、大永本、武内本有「也」字。

⓬「朝」，篁墩本同。「朝」上，卷子本、邢本有「公孫」二字。皇本《論語馬氏訓説》引句末有「也」字。

⓭「墜」，篁墩本、皇本、邢本同，漢石經作「隧」。阮校記云：「『墜』、『隧』古字通。」

⓮「識」，篁墩本、皇本、邢本同，漢石經作「志」。《漢書·劉歆傳》引亦作「志」。阮校記云：「案『志』、『識』古今字。康成注《周禮·保氏》章云：『志，古文識。』賈疏云：『古之文字少志意之志，與記識之識同。後代自有記識之字，不復以志爲識。』」本篇第六章「博學而篤志」，皇疏、邢疏皆云：「志，識也。」

賢者識其小者。莫不有文武之道焉。夫子焉不學？孔曰：文武之道，未墜落於地，賢與不賢，各有所識，夫子無所不從學也。❶而亦何常師之有？」❷孔曰：無所不從學，故無常師。❸

叔孫武叔語大夫於朝，馬曰：魯大夫叔孫州仇也。武，謚也。❹曰：「子貢賢於仲尼。」子服景伯以告子貢。子貢曰：「譬諸宮牆，❺賜之牆及肩，❻窺見室家之好。❼夫子之牆數仞，❽不得其門而入，❾不見宗廟之

---

❶「學」上，皇本、《論語孔氏訓解》引多一「其」字。篁墩本、邢本、《史記·仲尼弟子列傳》集解引句末無「也」字。

❷「而亦」，《四書考異》謂《晉書·禮志》引作「夫」字。

❸「無常師」上，篁墩本多一「曰」字。皇本、《論語孔氏訓解》引句末有「也」字。

❹「仇」、「謚」下，篁墩本、邢本均無「也」字。

❺「譬」，漢石經作「辟」。阮校記云「『譬』正字。『辟』，假借字。」「諸」，篁墩本、邢本作「之」。唐本、津藩本、卷子本、正平本、大永本、《考文補遺》引古本一本末有「也」字。

❻「賜」至「肩」，大永本同。「牆」下，篁墩本、皇本、邢本有「也」字。《彙考》云：「案『賜之牆及肩』句與下『夫子之牆數仞』句對文，句法全同，似以無『也』字爲是。足利本、纂喜本、津藩本、正平本、天文本兩句『牆』字下俱有『也』字。竊謂此二句宜一致，如有『也』，則應俱有，無『也』，則應俱無，於義方洽。」按：今見底本兩句均無「也」，篁墩本兩句均有「也」。皇本、邢本前句有「也」，後句無「也」，未詳孰是。

❼「窺」，漢石經、閩本、北監本、毛本同，篁墩本、皇本、邢本、天文本、《釋文》引作「闚」。《五經文字》云：「『窺』與『闚』同。」唐本、津藩本作「繢」。天文本校勘記云：「作『繢』誤。」又，「見」，漢石經作「其」。

❽「夫」，皇本重，《考文》謂一本亦重。「之」，《風俗通義》引作「宮」。「牆」下，篁墩本、足利本、唐本、津藩本、正平本、天文本有「也」字。「仞」，篁墩本、皇本、邢本等及《風俗通義》引同。「仞」，《四書考異》謂魏李仲琁《孔子廟碑》、《汲縣太公碑》引皆作「刅」。《釋文》出「仞」，云：「一作『刅』，音同。」

❾「入」，篁墩本、邢本同。皇本、古本、唐本、卷子本、正平本、大永本末有「者」字。

美，百官之富。得其門者或寡矣，❶苞曰：七尺曰仞。❷夫子之云，❸不亦宜乎！」苞曰：夫子，謂武叔。❹

叔孫武叔毁仲尼。子貢曰：「無以爲也！仲尼不可毁。❺他人之賢者，丘陵也，❻猶可踰也；仲尼，如日月也，❼無得而踰焉。人雖欲自絶也，❽其何傷於日月乎？多見其不知量也。」言人雖欲自絶棄於日月，❾其何能傷之乎！❿適自見其不知量也。⓫

陳子禽謂子貢曰：「子爲恭也，仲尼豈賢於子乎？」子貢曰：「君子一言以爲智，⓬一言以爲不智，言不可不慎也。夫子

❶「得」下，大永本多一「入」字。

❷「仞」下，皇本、《論語包氏章句》引有「也」字。

❸「之」，篁墩本、邢本、《論語包氏章句》引同。皇本無此字，當誤脱。

❹「謂」，《論語包氏章句》引作「指」。皇本、《包氏章句》引句末有「也」字。

❺「毁」下，篁墩本、皇本、邢本、《文選》卷五三李蕭遠《運命論》注引有「也」字。

❻「者」，《風俗通義·山澤卷·邱》引無此字。「丘陵也」，《風俗通義·山澤卷·邱》引「丘」作「邱」。《後漢書·列女傳》注引亦作「邱」，上並多一「猶」字，「也」作「焉」。

❼「如」，底本旁補，篁墩本、皇本、足利本、唐本、津藩本、正平本、《考文補遺》引古本同，《後漢書·孔融傳》注、同書《列女傳》注引亦同，邢本、伊氏本無此字，《文選》卷四〇楊德祖《答臨淄侯牋》注引亦無此字。又，《孔融傳》注引無「也」字。

❽「也」，皇本、古本、唐本、津藩本、卷子本、正平本、大永本同，篁墩本、邢本、天文本句末無此字。

❾「雖」下，邢本無「欲」字。此句《文選》卷五三李蕭遠《運命論》注引作「人雖自絶也」。按：《運命論》注引文與《論語》諸本歧異甚多，似爲意引。

❿「傷」下，皇本無「之」字。此句《文選》卷五三李蕭遠《運命論》注引作「其何傷於日月乎」。

⓫「適」下，皇本、邢本、伊氏本多一「足」字。卷子本、正平本無「其」字。「適自」，《文選》卷五三李蕭遠《運命論》注引作「多」字。

⓬「智」，皇本同，篁墩本、邢本作「知」，下同。《釋文》出「知」，云：「音智，下同。」

之不可及也，❶猶天之不可階而升也。❷夫子之得邦家，❸孔曰：謂爲諸侯若卿大夫。❹所謂立之斯立矣，❺導之斯行，❻綏之斯來，動之斯和。其生也榮，其死也哀，如之何其可及也？」孔曰：綏，安也。言孔子爲政，其立教則無不立，導之則莫不興行，安之則遠者來至，動之則莫不和睦，❼故能生則榮顯，死則哀痛。❽

❶「也」，篁墩本、皇本、邢本、天文本同。唐本、津藩本、卷子本、《考文補遺》引古本二本、《後漢書・張衡傳》注引無此字。

❷「也」，《後漢書・張衡傳》注引無此字。

❸「之」，唐本、正平本、《考文補遺》引古本二本無此字。「家」下，篁墩本、皇本、邢本、天文本等有「者」字。

❹「夫」下，皇本有「也」字。

❺「矣」，諸本無此字，底本衍。

❻「導」，古本、皇本、唐本、正平本、武内本同，篁墩本、邢本、天文本作「道」，注同。《釋文》出「道」，云：「音導。」

❼「睦」，篁墩本、邢本同，皇本、卷子本、正平本、大永本作「穆」。阮校記云：「『睦』、『穆』，古書多通用。」

❽二「則」字下，篁墩本、皇本均多一「見」字，邢本同底本無此字。又，「痛」下，篁墩本、皇本、邢本有「也」字，卷子本、大永本有「矣也」二字。

《堯曰》篇整理説明

《堯曰》篇有一個集解寫本，爲伯希和本。

本篇分章據《釋文》、簠墩本、皇本、邢本、《論語譯注》，共三章。

底本：伯二六二八號。本篇殘存七行，起篇題，迄第一章中「朕躬有（罪）」。該本爲唐寫本，詳見《微子》篇整理説明。

伯希和二六二八號寫本

堯曰第廿❶

何晏集解

堯曰：「咨！爾舜！天之歷數在爾躬，❷歷數，謂列次也。允執其中。四海困窮，天禄永終。」苞曰：允，信也。困，極也。永，長也。言爲政信執其中，則能窮極四海，天禄所以長終。❸舜亦以命禹。孔曰：舜亦以堯曰命己之辭命禹也。❹曰：「予小子履，❺敢用玄牡之，❻敢昭告于皇皇后帝：❼孔曰：履，殷湯名也。❽

❶「堯」上，篁墩本有「論語」二字，「廿」作「二十」，「廿」下有「凡三章」三字。

❷「歷」，邢本作「厤」，篁墩本、皇本作「曆」，注同。

❸「終」下，皇本有「也」字。

❹「曰」，諸本無此字，底本衍。「也」，篁墩本、邢本句末無此字。

❺「曰」，底本原在「予」下，右上角有一小墨點，應爲互乙符號，諸本「曰」在「予」上，故改正之。《四書考異》云：「程子遺書曰：『曰』字上少一『湯』字。《論語辨惑》曰：此章編簡絶亂，有不可知者。程氏云當脱一『湯』字。嗚呼！豈特此一字而已哉！一云古文『履』字篆文與『湯』類。蓋『履』者『湯』之誤。」今按：孔安國注云：「履，殷湯名也。」皇疏云：「然《易説》云湯名乙，而此言名履者。《白虎通》云：湯本名履，克夏以後，故從殷家生子以日爲名，故改履名乙以爲殷家法也。」

❻「之」，諸本無此字，底本誤衍。

❼「皇皇后帝」，篁墩本、皇本、邢本同，《白虎通・三軍》篇引作「皇天上帝」，同書《三正》篇引作「皇王后帝」，《四書考異》謂柳宗元《論語辨》引作「皇天后土」。今按：《白虎通》前後引文不同，似難爲據。柳氏引恐亦誤。

❽「也」，邢本句末無此字。

此伐桀告天文也。❶殷家尚白，❷未變夏禮，故用玄牡。皇，大也。❸后，君也。大大君帝也，❹謂天帝也。墨子引湯誓，❺其辭若此。❻有罪不敢赦。苞曰：順天奉法，❼有罪者不敢擅赦也。❽帝臣不蔽，簡在帝心。☐位也。❾罪過不可隱蔽也。❿簡在天心故也。⓫朕躬（下缺）

❶「文」上，篁墩本、邢本多一「之」字，句末無「也」字。

❷「家」，篁墩本、皇本、《論語孔氏訓解》引同，邢本作「冢」。阮校記云：「皇本作『家』是也。」

❸「也」，篁墩本、邢本句末無此字。

❹「也」，篁墩本、皇本、邢本句末無此字。

❺「湯誓」，阮校記引孫志祖云：「今《墨子・兼愛》篇作『湯説』。疑『説』字正，『誓』字訛。」

❻「此」下，皇本、《論語孔氏訓解》引有「也」字。

❼「順」，篁墩本、邢本同，皇本、《論語包氏章句》引作「從」。

❽「也」，篁墩本、邢本末無此字。

❾「☐」，篁墩本、皇本、邢本作「言桀居帝臣之」六字。《論語筆解》引亦爲此六字。又，「帝」上，多「包曰」二字。《論語包氏章句》從之，亦作包注。未知孰是。

「位」下，篁墩本、邢本、《論語筆解》引無「也」字。

❿「罪」上，篁墩本、皇本多一「有」字。篁墩本、皇本、邢本、《論語筆解》引末無「也」字。

⓫「簡」上，篁墩本多一「已」字，皇本、邢本、伊氏本多「以其」二字。「故」下，邢本無「也」字。

附録一：寫本目録

一　《論語集解》寫本（共六十四件）

斯坦因所藏文書（十五件）

斯〇六一八號、斯〇七四七號、斯〇七八二號、斯〇八〇〇號、斯一五八六號、斯三〇一一號、斯三九九二號、斯四六九六號、斯五七二六號、斯五七八一號、斯五七八九號、斯五七九二號、斯六〇七九號、斯七〇〇二號、斯七〇〇三號Ａ。

伯希和所藏文書（四十一件）

伯二一二三號、伯二五九七號、伯二六〇一號、伯二六〇四號、伯二六一八號、伯二六二〇號、伯二六二八號、伯二六六三號、伯二六六四號、伯二六七六號、伯二六七七號、伯二六八一號、伯二六八七號、伯二六九九號、伯二七一六號、伯二七六六號、伯二九〇四號、伯三一九二號、伯三一九三號、伯三一九四號、伯三二五四號、伯三二七一號、伯三三〇五號、伯三三五九號、伯三四〇二號、伯三四三三號、伯三四四一號、伯三四六七號、伯三四七四號、伯三五三四號、伯三六〇六號、伯三六〇七號、伯三六四三號、伯三七〇五號、伯三七四五號、伯三九六二號、伯三九七二號、伯四六四三號、伯四六八六號、伯四七三二號、伯四八七五號。

羅振玉藏敦煌寫本（二件）

敦煌遺書散録〇六六五號、敦煌遺書散録〇

六六六號（均載《西陲秘籍叢殘》）。

蘇聯列寧格勒亞洲民族研究所藏本（三件）

Дх〇一三九九號、Дх一四六〇號、Дх〇〇九五三號。

英國圖書館藏敦煌本（一件）

ch. 七三. V i i i (Iol. C 一〇三 a, b)。

吐魯番阿斯塔那墓葬出寫本（一件）

六七TAM六七：一四／四(a)。

日本靜嘉堂文庫藏吐魯番寫本（一件）

二 白文《論語》寫本（共七件）

斯坦因所藏文書（三件）

斯〇九六六號、斯五七五六號、斯六〇二三號。

伯希和所藏文書（三件）

伯二五四八號、伯三六四三號、伯三七八三號。

俄Дх〇二一四四號

三 《論語鄭注》寫本（共三二件）

斯坦因所藏文書（四件）

斯三三三九號、斯六一二一號、斯七〇〇三B號、斯一一九一〇號。

伯希和所藏文書（一件）

伯二五一〇號。

吐魯番阿斯塔那墓葬出土文書（二四件）

TAM一九：三二～三四號；

TAM二七：一八／一號；
TAM二七：一八／四(a)號；
TAM二七：一八／五號；
TAM二七：一八／八(a)、三三(a)號；
TAM二七：一八／二(a)號；
TAM二七：一八／二、二三(a)、二四(a)號；
TAM二七：二一、二二號；
TAM二七：二五(a)、一八／三號；
TAM二七：二六號；
TAM二八(a)、一八／六號；
TAM二七：二九(a)、三〇(a)號；
TAM二七：三一／一(a)、三一／二(a)號；
TAM二七：三二、三二(a)、一八／七(a)號；
TAM二七：三四、一八／九(a)號；
TAM二七：三五、一八／一〇(a)號；
TAM二七：三六(b)、三七(b)號；
TAM二七：三八(b)號；
TAM二七：三九(b)號；
TAM八五：一／一、一／二號；
TAM一八四：一二／一(b)～一二(b)號；
TAM一八四：一八／七(b)、一八／八(b)號；
TAM三六〇：三／一二(b)、二(b)、一〇(b)、九(b)、八(b)、七(b)號；
TAM三六三：八／一號。

日本藏本(二件)

龍谷大學藏吐魯番寫本、書道博物館藏敦煌寫本。

上海博物館藏文書(一件)

上博二四五七九號。

四 皇侃義疏講經本(共一件)

伯希和所藏文書(一件)

伯三五七三號。

附録二：主要參考論著目録

《周禮注疏》（《十三經注疏》本）
《周易正義》（《十三經注疏》本）
《毛詩正義》（《十三經注疏》本）
《禮記正義》（《十三經注疏》本）
《史記·孔子世家》（中華書局一九八二年十一月版）
《史記·仲尼弟子列傳》（中華書局一九八二年十一月版）
《漢書》（中華書局一九六二年六月版）
《後漢書》（中華書局一九六五年五月版）
董仲舒《春秋繁露》（《龍谿精舍叢書》本）
王充《論衡》（《百子全書》本）
應劭《風俗通義》（《百子全書》本）
班固《白虎通》（《百子全書》本）
《文選》（上海古籍出版社一九八六年八月版）
葉德輝《天文本論語校勘記》（《觀古堂所著書》本）
劉寶楠《論語正義》（清同治五年刊本）
羅振玉《西陲秘籍叢殘》（貞松堂刻本）
《經傳釋詞》（萬有文庫本）
日本山井鼎等《七經孟子考文並補遺》（《文選樓叢書》本）
日本篁墩吉《論語集解考異》（寬政三年四月聚珍版）
日本金谷治《唐抄本鄭氏注論語集成》（平凡社昭和五十三年五月版）
《吐魯番出土文書》（文物出版社出版）
余嘉錫《世説新語箋疏》（中華書局一九八三年八月版）
黄焯《經典釋文彙校》（中華書局一九八三年七月再版）
楊伯峻《論語譯注》（中華書局一九八〇年十二月版）
陳祚龍《敦煌古抄文獻會最》（臺灣新文豐出版公司一九八二年版）
陳鐵凡《敦煌論語異文彙考》（臺北《孔孟學

報》一九六一年創刊號）
陳鐵凡《敦煌論語影本叙録》（臺北《孔孟學報》一九六一年創刊號）
王重民《敦煌古籍叙録》（中華書局一九七九年版）
王素《唐寫本論語鄭氏注及其研究》（文物出版社一九九一年十一月版）
榮新江《靜嘉堂文庫藏吐魯番資料簡介》（《敦煌吐魯番學研究論集》一九九六年）
何晏《論語集解》、皇侃《論語義疏》（《叢書集成》本）
顔之推《顔氏家訓》（《百子全書》本）
魏徵《群書治要》（日本天明七年刊本）
《臣軌》（《東方學會叢書初集》本）
韓愈等《論語筆解》（《古經解彙函》本）
陸德明《經典釋文》（中華書局一九八三年九月版）
《太平御覽》（中華書局一九六〇年二月版）
《九經字樣》（《古經解彙函》本）
《干禄字書》（《古經解彙函》本）
《五經文字》（《古經解彙函》本）
《初學記》（中華書局一九六二年一月版）
邢昺《論語注疏》（《十三經注疏》本）
阮元《論語注疏校勘記》（《十三經注疏》本）
翟灝《四書考異》（《學海堂經解》本）
馬國翰《玉函山房輯佚書》（楚南書局重刊本）

鳴謝

《儒藏》精華編惠蒙善助，共襄斯文；謹列如左，用伸謝忱。

本煥法師　壹佰萬元

北京大學《儒藏》編纂中心

圖書在版編目(CIP)數據

儒藏．精華編．二八一/北京大學《儒藏》編纂中心編．—北京：北京大學出版社，2007.4

ISBN 978-7-301-11999-0

Ⅰ．儒…　Ⅱ．北…　Ⅲ．儒家　Ⅳ．B222

中國版本圖書館 CIP 數據核字(2007)第 041389 號

書　　名：**儒藏**(精華編二八一)
著作責任者：北京大學《儒藏》編纂中心
責 任 編 輯：馬辛民　謝丹雲　金春梅
標 準 書 號：ISBN 978-7-301-11999-0/B·0685
出 版 發 行：北京大學出版社
地　　址：北京市海淀區成府路 205 號　100871
網　　址：http://www.pup.cn
電 子 信 箱：dianjiwenhua@163.com
電　　話：郵購部 62752015　發行部 62750672　編輯部 62756694
出版部 62754962
印　刷　者：北京中科印刷有限公司
經　銷　者：新華書店
787 毫米×1092 毫米　16 開本　54.5 印張　566 千字
2007 年 4 月第 1 版　2007 年 11 月第 2 次印刷
定　　價：1200.00 元

ISBN 978-7-301-11999-0
9 787301 119990 02 >
定價：1200.00元